上海市志

文学·艺术分志
群众文艺卷

1978—2010

上海市地方志编纂委员会　编

上海古籍出版社

上海市群众艺术馆设施图

2010 年，上海市群众艺术馆新馆落成
地址：古宜路 125 号

20 世纪 60 年代，上海市群众艺术馆旧址
（原苏联领事馆）
地址：黄浦路 20 号

1979 年，上海市群众艺术馆旧址
（原为已故京剧表演艺术家周信芳私人住宅）
地址：长乐路 788 号

1996 年，上海市群众艺术馆旧址
地址：复兴中路 597 号文化广场北楼的
二楼和五楼

上海市工人文化宫
地址：西藏中路 120 号

中国福利会少年宫
地址：延安西路 64 号

黄浦区文化馆
地址：浙江中路 379 号

南市区文化馆
地址：文庙路 215 号

卢湾区文化馆
地址：重庆南路 308 号

徐汇区文化馆（徐汇区西南文化艺术中心）
地址：罗香路 237 号

静安区文化馆
地址：乌鲁木齐北路 459 号

闸北区文化馆

地址：中兴路 1111 号

长宁文化艺术中心

地址：仙霞路 650 号

长宁区新泾文化馆（长宁民俗文化中心）
地址：北渔路 95 号

虹口区文化馆
地址：广中路 123 号

虹口文化艺术馆
地址：巴林路 68 号

普陀区文化馆
地址：兰溪路 138 号

普陀区甘泉文化馆
地址：延长西路 400 号

普陀区桃浦文化馆
地址：雪松路 280 号

普陀区长风文化馆
地址：金沙江路 588 号

杨浦区文化馆
地址：中原路 188 号

浦东新区文化艺术指导中心
地址：崂山路 687 号

浦东新区浦东文化馆
地址：浦东大道 143 号

浦东新区浦南文化馆
地址：杨新路 61 号

浦东新区川沙文化馆
地址：新川路 607 号

闵行区群众艺术馆
地址：莘松路 350 号
（原上海县文化馆
原址：莘松路 378 号）

宝山区文化馆
地址：友谊路 2359 号

宝山区月浦文化馆
地址：龙镇路 88 号

嘉定区文化馆
地址：梅园路 210 号

松江区文化馆

地址：谷阳南路 24 号

南汇区文化艺术中心

地址：靖海路 509 号

金山区文化馆

地址：蒙山北路 280 号

青浦区文化馆
地址：公园路 78 号

奉贤区文化馆
地址：解放东路 889 号

崇明县文化馆
地址：八一路 335 号

最早一批社区文化活动中心

1984 年 5 月，漕河泾文化中心正式开放

1986 年 5 月，罗泾文化活动中心正式开放

1989 年 1 月，莘庄镇文化活动中心正式开放

1985 年，"上海市农村群众文
化工作暨新场乡镇文化中心成
立五周年座谈会"在南汇新场
举行

1985 年 8 月，上海市群众文化
学会成立大会召开

1987 年 4 月 3 日，第四届"江南
之春"美术作品展授奖大会在上
海市群众艺术馆举行

1996 年 1 月 3 日，上海市农村文化工作会议在宝山宾馆举行

1999 年，第一届中国沿海开放城市群众文化理论研讨会在上海克拉玛依天山石油大厦举行

2000 年 12 月 15 日，首届长江沿岸城市、第二届中国沿海开放城市群众文化理论研讨会在上海明珠大饭店举行

2001 年 7 月 23 日，《上海故事》全国著名作家笔会在衡山宾馆举行。梁晓声、池莉、邓刚、叶辛等 12 名中国文坛著名作家出席笔会，为《上海故事》题词祝贺 200 期

2004 年 6 月 10 日，"都市风采"——第四届全国直辖市群众文化理论研讨会在上海徐汇区田林宾馆举行

2005 年 3 月 17 日，上海市群众文化表彰奖励大会在广电大厦举行

2005 年 5 月 27 日，上海市群众文艺创作工作会议在上海图书馆举行

2006 年 10 月 17 日，长江三角洲公共文化论坛在上海市委党校举行

1992 年，话剧小品《张三其人》
获第二届全国"群星奖"金奖

1996 年，少儿舞蹈《白鸽》获第六届全国
"群星奖"金奖

1997 年，小品《小夜曲》获第七届全国"群星奖"金奖

1997 年 12 月 5 日，第七届全国"群星奖"戏
剧曲艺颁奖晚会在南京举行
图为《小夜曲》的金奖奖牌

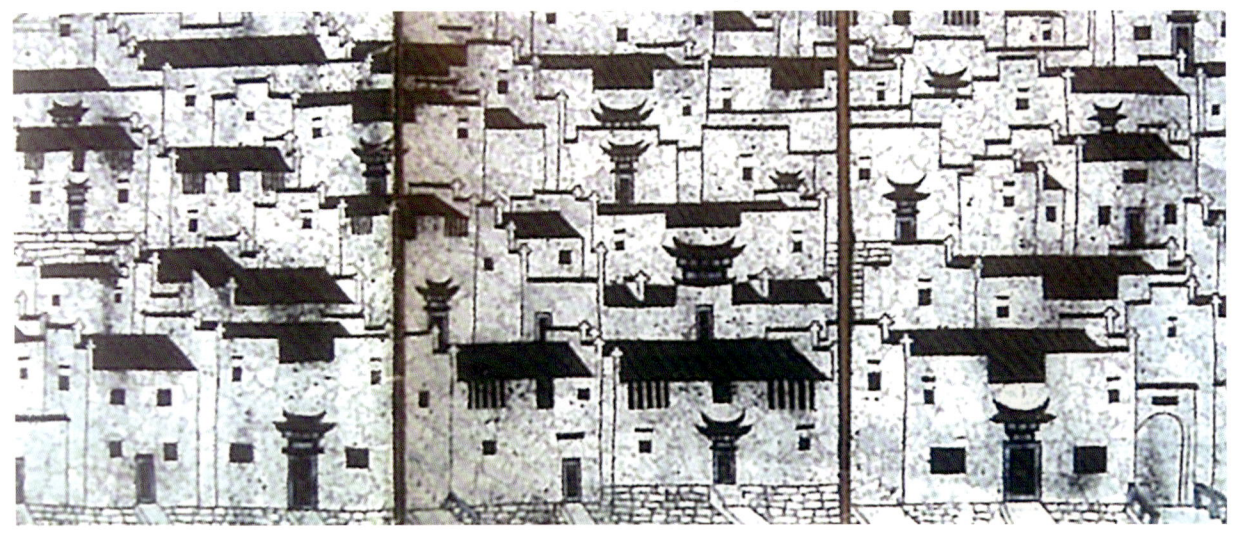

1998年，漆画《古镇新韵》获第八届全国"群星奖"银奖

1998年，重彩画《南湖红舟》获第八届全国"群星奖"铜奖

1998年，版画《开发区》获第八届全国"群星奖"优秀奖

1999 年，民乐合奏《灯节》获第九届全国"群星奖"金奖

2000 年，舞蹈《红领巾告诉我》获第十届全国"群星奖"金奖

2001 年，沪剧小戏《花农嫁女》获第十一届全国"群星奖"金奖

2002 年，国画《蟹爪兰》获第十一届全国"群星奖"金奖

2004 年，小品《奶奶的香水》获第十三届全国"群星奖"群星奖

2007 年 12 月 27 日，上海市群文优秀创作节目展演暨全国"群星奖"颁奖晚会在艺海剧院举行

图为歌曲《祖国，我为你干杯》

2010年，群舞《玩瓜》获第十五届全国"群星奖"群星奖

2010年，萨克斯四重奏《海上变奏曲》获第十五届全国"群星奖"群星奖

2010年，广场舞《2010海上风》获第十五届全国"群星奖"群星奖

2010年，沪书《存心不还》获
第十五届全国"群星奖"群星奖

2010年，男女声四
重唱《古镇音画》
获第十五届全国
"群星奖"群星奖

2010年，沪语歌舞剧《花开灿烂》
获第十五届全国"群星奖"群星奖

2010 年，男声表演唱《老爸老爸顶呱呱》获第十五届全国"群星奖"群星奖

2010 年，小品《婚纱》获第十五届全国"群星奖"群星奖

2010 年，童声合唱《黑眼睛》获第十五届全国"群星奖"群星奖

2002年，"歌唱新生活　迎接十六大"——全国"四进社区"文艺展演活动黄浦区豫园社区专场

2004年，舞蹈《时髦外婆》获第三届全国"四进社区"银奖

2005年，小品《对门》获第四届全国"四进社区"金奖

2005 年，民乐合奏《清晨》获第四届全国"四进社区"银奖

2006 年，舞蹈《社区小义工》获第五届全国"四进社区"金奖

2006 年，情景表演唱《人间真情在》获第五届全国"四进社区"金奖

"江南之春"

1981 年 3 月 5 日，首届上海"江南之春"画展在上海美术展览馆举行

1997 年，重彩画《小镇风情》获第九届上海"江南之春"画展二等奖

1999 年，第十届上海"江南之春"（张桥杯）画展开幕式在上海美术馆举行

1999 年，版画《春江水暖》获第十届上海"江南之春"画展二等奖

2001 年 5 月 11 日，第十一届上海"江南之春"画展开幕式在上海美术馆举行
图为市文广局党委副书记刘建讲话

2001 年，农民画《捕鱼归来》获第十一届上海"江南之春"画展（金桥杯）一等奖

2005 年，第十三届上海"江南之春"（敏之杯）画展开幕式在上海图书馆举行

2005 年，国画《云栖之地》获第十三届上海"江南之春"（敏之杯）画展一等奖

2005 年，版画《小村秋色》获第十三届上海"江南之春"（敏之杯）画展一等奖

2009 年 6 月 1 日，第十五届上海"江南之春"（杨行杯）画展暨 30 年回顾展在刘海粟美术馆举行

其他群文创作

1978 年，上海热处理厂工人、业余作者宗福先创作的四幕话剧《于无声处》被文化部和全国总工会授予"戏剧舞台上的一声春雷奖"，后被公认为是开启新时期现实主义戏剧大幕的剧作

1980 年，市工人文化宫话剧团创作演出了多场次话剧《血，总是热的》（编剧宗福先、贺国甫，导演苏乐慈）。该剧获得 1981 年首届全国优秀剧本奖、1982 年首届上海戏剧节剧本一等奖，发表于 1981 年《工人创作》第 1 期，北京电影制片厂改编拍摄了同名故事影片

1980 年春节，上海市区群众文艺创作节目调演在虹口区文化馆剧场举行

图为女声二重唱

1981 年 11 月，上海首届戏剧节
郊区剧组演出合影

1984 年 10 月 12 日，第二届上海"十月歌会"在上
海文化广场举行

1985 年 10 月 27 日，第二届上海"十月业余剧展"
开幕活动在中国福利会少年宫举行

1988 年 10 月 17 日，第四届上海"十月歌会"合唱
比赛决赛在上海音乐学院举行

1991 年 11 月 3 日，第三届上海"十月业余剧展"在浦东文化馆举行

图为奉贤县青村乡文化馆演出的沪剧《桃红柳绿》

1992 年 10 月 6 日，第六届上海"十月歌会"举行

图为闸北区文化馆演出的小合奏《水乡吟》（最佳创作表演奖）

1996 年 11 月 16 日，第七届上海"十月歌会"在新世纪广场举行

图为男声独唱《小马扎》（优秀创作演出奖）

2006年，"劳动者之歌"——上海市行业歌曲创作展评活动在南京路世纪广场举行

2006年6月27日，"洋山颂"——上海市小品、小戏大赛颁奖文艺晚会在南汇区文化艺术中心剧场举行

1985年9月，上海市纪念抗日战争胜利四十周年历史歌曲演唱会在上海杂技场举行

1994年5月27日，"庆祝上海解放45周年市歌咏大会"在上海体育馆举行

1997 年，上海各界庆祝香港回归
祖国联欢晚会在新世纪广场举行

1998 年 12 月 12 日，上海市群
文系统纪念党的"十一届三中
全会"召开二十周年文艺演出
在新世纪广场举行

1999 年 10 月 1 日，庆祝建国
五十周年上海市广场文化展演
周开幕式在陈毅广场举行

1999年，上海各界庆祝澳门回
归祖国联欢晚会在外滩广场举行

2001年6月28日，"献给母亲
的歌——庆祝中国共产党建党
八十周年群文优秀作品专场"
在艺海剧院举行
图为合唱《没有共产党就没有新中国》

2002年，"喜迎
十六大 欢度艺术
节"——上海市百
场群文展演活动开
幕式在上海体育场
举行

2004 年 8 月，"邓小平之歌——纪念邓小平诞辰 100 周年大型诗歌朗诵音乐会"

2004 年，庆祝上海解放五十五周年暨"六一"国际儿童节少儿书法现场赛在上海市群众艺术馆举行

2005 年，纪念世界反法西斯战争胜利和中国人民抗日战争胜利六十周年活动"抗战珍存——上海市民抗战时期图文资料藏品展"在上海四行仓库举行

2006 年 6 月 27 日，"党在我心中——纪念中国共产党成立 85 周年大会"

2006 年 6 月 30 日，纪念建党八十五周年——"阳光·大地"党团员歌咏比赛颁奖晚会在东方艺术中心举行
图为文广新闻传媒集团合唱团、闵行区教工合唱团演唱的交响合唱《红旗颂》

2007 年 10 月 23 日，庆祝中国共产党第十七次全国代表大会胜利召开大型歌会在上海国际体操中心举行

2008 年 8 月 2—6 日，"来自上海的问候——奥运城市文化广场上海专场演出"在北京天安门广场和世贸天阶举行

2008 年 10 月 1 日，庆祝中华人民共和国成立五十九周年演出在中山公园举行

2009 年 5 月 27 日，"爱我中华　唱响上海"——庆祝上海解放六十周年群众歌会在中山公园举行

2009 年 10 月 9 日，"海宝之夜"——庆祝中华人民共和国成立六十周年暨 2009 年虹桥文化之秋开幕式"龙之梦"音乐焰火晚会

中国上海国际艺术节群文活动

1998 年 5 月 3 日，"群星璀璨耀东方"活动在新世纪广场举行，这标志着群文活动首登国际性文化艺术节舞台

1999 年 11 月 2 日，"欢乐聚申城，友谊传四海"——首届中国上海国际艺术节群文活动在复兴公园举行

2000 年 11 月 1 日，第二届中国上海国际艺术节中外艺术家和市民联欢在世纪公园举行

2001 年 11 月 2 日，第三届中国上海国际艺术节"天天演"活动在东方绿舟举行

2004 年 11 月 6 日，"我们的家园"——群文综合艺术成果展演中福会少年宫专场在中山公园举行
图为戏剧小品《礼貌》

2005 年 10 月 17 日，第七届中国上海国际艺术节群文
开幕活动暨首届民乐、民谣、民舞展演开幕式在南京
东路世纪广场举行

2005 年，中国上海国际艺术节群文演出活动

2005 年 10 月 18 日，第七届中国上海国际艺
术节"天天演"在南京东路世纪广场举行
图为瑞士詹克哥核梵格狂欢乐队行街表演

2005 年 10 月 25 日，第七届中国上海国际艺术节"天天演"活动在南京东路世纪广场举行
图为舞蹈《脊梁》

2006 年，中国上海国际艺术节群文活动

2006 年 10 月 22 日，第八届中国上海国际艺术节群文活动戏曲"天天演"活动在豫园中心广场举行

2007年，第九届中国上海国际艺术节暨第五届虹桥文化之秋"天天演"在中山公园举行

2009年11月17日，虹桥文化之秋上海国际艺术节群文活动闭幕式

2010年10月，第十二届上海国际艺术节"天天演"开幕式在南京东路世纪广场举行

2010年9月26日，第十二届中国上海国际艺术节群文活动开幕式在上海市群众艺术馆星舞台举行

图为舞蹈《2010海上风》

2009年6月6日，上海市"迎世博"海宝广场舞大赛展演在上海大舞台广场举行

2010年，上海世博会城市文化广场"周周演"活动奉贤区专场在东方明珠广场举行

2010年，上海世博会城市文化广场"周周演"活动江苏省海门市专场在东方明珠广场举行

2010年4月25日，上海世博会城市文化广场"周周演"活动开幕式在南京东路世纪广场举行

2010 年，上海世博会城市文化广场"周周演"活动云南楚雄专场在东方明珠广场举行

2010 年，上海世博会城市文化广场"周周演"活动无锡江阴专场在南京东路世纪广场举行

2010 年，上海世博会城市文化广场"周周演"活动浦东新区教育局专场在东方明珠广场举行

2010 年 8 月 28 日，"世博文化体验日"，非洲联合馆各国艺术家与社区书画爱好者互动画团扇

2010 年 9 月 25 日，"大地情深 美好生活"第十五届全国"群星奖"获奖节目在城市文化广场巡演

2010 年 11 月 5 日，"我们共同走过"——2010 上海世博会城市文化广场"周周演"活动闭幕式在静安寺下沉式广场举行

2010 年 10 月 8—12 日，上海世博会"上海周"欢乐大巡游在世博园举行

图为巡游先导轮滑队伍

图为"上海周"巡游队伍中的机器人方阵

图为"上海周"巡游队伍中的艺术体操队伍定点表演场景

2010 年 10 月 8—12 日，上海世博会"上海周"欢乐大巡游在世博园举行
图为"上海周"巡游中的花车

图为"上海周"巡游中，在世博园世博大道沿途观看的中外观众

图为"上海周"巡游第四方阵创意服饰时装秀

1980 年 5 月 27 日，"上海之春"
群文活动在儿童艺术剧场举行

图为上海市工人文化宫业余民族乐
团演出的民乐合奏《捷报纷飞》

1986 年 5 月 19 日，第十二届"上海之春"
业余专场在南市影剧院举行

图为合唱《前进吧朋友》

1989 年，上海文化艺术节少儿歌舞专场
在杨浦区控江中学举行

图为合唱《祖国像妈妈一样》

1991 年 5 月 15 日，第十四届"上海之春"在云峰剧场举行

图为上海市行知艺术师范学校演出的无伴奏合唱《茉莉花》

1995 年 6 月，"百架钢琴大联奏"广场音乐会在陈毅广场举行

2002年5月1日，上海市庆祝"五一"国际劳动节群文活动在黄浦公园举行

图为黄浦区春天少年合唱队少儿合唱《同一首歌》

2003年4月13日，上海国际茶文化节"城上城之春"社区文化"天天演"在不夜城绿地广场举行

2005年10月，上海市群众艺术馆参与策划并与上海东方电视台文艺频道共同主办《精彩老朋友》节目，全国21个省市自治区派队参加活动

图为节目录制现场

2006年5月1日，庆祝"五一"国际劳动节群文活动在中山公园举行

2006年6月11日，第六届上海市"阳光·大地"党团员优秀歌曲合唱大赛决赛在艺海剧院举行
图为奉贤区教师合唱队合唱《永恒的星座》

2007年5月1日，江浙沪劳动者"五一"大联欢在南京东路世纪广场举行

2007年，"和风联百家"新春特别节目在西郊百联举行

2008 年，上海朱家角水乡世界音乐节

2009 年春，上海桃花节在南汇区举行

2010 年 10 月 26 日，"长风杯"——新上海人歌手大赛决赛盛典第十二届中国上海国际艺术节群文活动暨 2010 苏州河文化艺术节闭幕式在上海市群众艺术馆星舞台举行

1985 年 4 月 13 日，上海市群众艺术馆主办的文化馆音乐干部进修班结业典礼在黄浦区文化馆举行

1988 年 11 月，农村轻音乐培训班结业演奏会在上海市群众艺术馆举行

2006 年 1 月 15 日，上海市群众艺术馆主办的市民艺术大课堂正式启动

图为二胡演奏家马晓晖二胡艺术讲座

2007 年，上海越剧院举办"让
市民走进越剧"活动
图为青年演员和观众交流场景

2009 年，歌剧院艺术团王仁亮
团长指导学员合唱

2009 年，社区指导员平雪瑛
老师在辅导学员沪剧身段

2009 年，社区指导员指导学员跳广场舞

2009 年，市民艺术大课堂·上海歌剧院进社区专场演出

2009 年 4 月 29 日，市民艺术大课堂"乐和万家"上海民乐团精品音乐会在西郊百联举行

2009 年 6 月 17 日，市民艺术大课堂社区合唱指挥班在南汇区文化馆开课

图为授课老师现场讲解

2010 年 11 月 5 日，"上海世博城市文化体验日"最佳方案颁奖仪式在浦东新区浦兴社区文化中心举行

图为获奖单位合影

2004 年，指挥家曹鹏为上海市民普及音乐知识

2005 年，歌唱家周小燕参加《上海故事》"党在我心中"专刊出版活动

2006 年 5 月 1 日，在"五月的芬芳"——长宁区群众广场歌曲原创作品展演中，男高音歌唱家魏松现场演唱

2006年，越剧表演艺术家袁雪芬等为上海东方社区文化艺术指导中心"社区文化指导示范点"揭牌

2007年，上海大学教授胡申生（右二）指导浦东新区基层团队

1983年1月底，上海市宝山县举办罗店民间文艺年会，25万群众前往观看

2004年3月，首届上海民间艺术博览会在上海展览中心开幕

2005年，南汇区非物质文化遗产保护工程"锣鼓书艺术培训基地"揭牌仪式

2005年6月10—11日，全国非物质文化遗产保护工作会议在北京举行。根据会议精神，上海正式启动非物质文化遗产保护工作

2005年，上海市非物质文化遗产保护工作会议在广电大厦举行

2005年，上海举办非物质文化遗产保护工作培训班

图为民俗学家乌丙安授课

2006 年，上海宝山国际民间艺术节开幕式中的罗店龙船表演

2006 年，上海青浦田山歌赴央视录制《民歌中国》节目

2006 年，中国"文化遗产日"暨上海民族民间艺术博览会开幕活动在上海东亚展览馆举行

2006 年 2 月 12 日，"欢乐上海——闹元宵"文艺演出在龙华广场举行

图为上海中医药大学演出的京剧打击乐《京园素描》

2006 年 2 月 12 日，"欢乐上海——闹元宵"文艺演出在龙华广场举行

2006年2月12日，文化部等9部委主办的"中国非物质文化遗产保护成果展"在中国国家博物馆举行，上海13项非物质文化遗产参加

2007年，上海文化大团拜活动现场
图为滚灯表演

2009年，上海市非物质文化遗产项目展示
图为崇明灶花

2010年10月，"文化遗产日"——上海非物质文化遗产系列活动启动仪式在普陀区图书馆举行

海派绒绣
图为《上海外滩夜景》

何克明灯彩艺术
图为《金鸡报晓》

老凤祥金银细金制作技艺
图为《八仙神葫》

顾绣
图为《调良图》

曹素功墨锭制作技艺

图为《"御制兰亭高会"墨》

嘉定竹刻

图为《浮雕夏日清趣图笔筒》

海派玉雕

图为《笑口常开》

南翔小笼馒头制作工艺

周虎臣毛笔制作技艺

徐行草编

图为《龙凤拖》

浦东派琵琶演奏技艺

京剧
图为京剧《霸王别姬》

沪剧
图为沪剧《江姐》

上海港码头号子

上海田山歌

舞草龙

滚灯

《上海市志·文学·艺术分志·群众文艺卷（1978—2010）》编纂委员会及编纂人员

编纂委员会

主　　任　朱咏雷（2011.12—2012.02）

胡劲军（2012.02—2016.09）

于秀芬（2016.09—2020.12）

方世忠（2020.12—　）

副 主 任　王小明（2011.12—2016.03）

王　玮（2016.03—2017.06，2018.12—2020.09）

尼　冰（2017.06—2018.12）

程梅红（2020.09—　）

委　　员　（以姓氏笔画为序）

王一川　王春明　凤　智　方　雷　方　坤　许艳卿　李向阳　杨茵喻

杨继桢　杨燕娜　吴榕美　邹　波　闵雪生　沈　峰　沈秋娟　张　洁

陆　文　陆引娟　陈　宏　陈澄泉　金冬云　宗全林　夏建琴　黄　玮

曹伟明　黄海盛　葛永铭　萧烨璎

顾　　问　（以姓氏笔画为序）

田沛泽　李晓霞　杨鑫基　张阿君　张黎明　郑崇选　胡蕴琪　费翔宝

钱泽红　徐　荣　徐卫平　高兴林　黄惠民　蒯大申　魏　芙

编纂办公室

主　　编　萧烨璎

副 主 编　张　洁　吴榕美

总　　纂　吴榕美

撰　　稿　（以姓氏笔画为序）

于书晴　马亚平　王　运　韦燕华　邓亦敏　田沛泽　任蔼瑾　全昌杰

刘杜芳　刘莉萍　孙雪兴　苏颐忠　李　果　李　柯　李志豪　杨立华

吴晓惠　吴培华　吴榕美　闵雪生　陈伟忠　陈起众　郑慧慧　胡砚捷

侯小声　俞志清　柴焘熊　徐开麟　徐剑清　高　芸　黄　晓　曹伟明

眭朝辉　曾　澜　蔡丰明　蔡维扬　潘　铮　魏　琪

《上海市志·文学·艺术分志·群众文艺卷（1978—2010）》
提供资料单位（排列不分先后）

上海市黄浦区文化馆	上海市徐汇区文化馆（西南文化艺术中心）
上海市静安区文化馆	上海长宁文化艺术中心
上海长宁民俗文化中心	上海市虹口区文化馆
上海市普陀区文化馆	上海市普陀区甘泉文化馆
上海市普陀区桃浦文化馆	上海市杨浦区文化馆
上海市浦东新区文化艺术指导中心	上海市浦东新区浦东文化馆
上海市浦东新区浦南文化馆	上海市浦东新区川沙文化馆
上海市闵行区群众艺术馆	上海市宝山区文化馆
上海市宝山区月浦文化馆	上海市嘉定区文化馆
上海市松江区文化馆	上海市金山区文化馆
上海市青浦区文化馆	上海市奉贤区文化馆
上海市崇明区文化馆	上海市文化和旅游局
中共上海市委老干部局	上海市总工会宣教部
上海市群众艺术馆	上海图书馆
上海市档案馆	上海市工人文化宫
中国福利会少年宫	上海市科技艺术教育中心
上海金山农民画院	上海市残疾人联合会
上海市收藏协会	上海文化年鉴办公室
华东师范大学大学生艺术团	上海小荧星教育培训有限公司

《上海市志·文学·艺术分志·群众文艺卷（1978—2010）》
提供资料个人（以姓氏笔画为序）

马亚平	王婉卿	韦燕华	卢轶群	卢秋勤	田沛泽	史晓凤	任万勇
任菡瑾	全昌杰	刘 栩	刘艳红	孙雪兴	苏颐忠	李 英	杨立华
杨淘沙	杨鑫基	吴榕美	闵雪生	沈伟民	沈建忠	张伟民	张阿君
张国伟	陆人伟	陈 寅	陈小霞	陈起众	范亚敏	周建义	赵崇琦
胡蕴琪	俞志清	姚喜观	柴焘熊	钱光辉	钱张帆	倪一梅	徐 岚
徐 皓	徐卫平	徐剑清	徐雍安	殷星妹	高兴林	高国强	郭 慧
黄 晓	萧烨璎	曹伟明	崔星虹	葛永铭	蔡维扬	魏 琪	瞿思佳

《上海市志·文学·艺术分志·群众文艺卷（1978—2010）》的编纂工作，得到了各方面的有力支持。资料提供名单如有遗漏，敬请谅解！

《上海市志·文学·艺术分志·群众文艺卷（1978—2010）》
评议专家名单

组　　长　　刘　建

成　　员　　（以姓氏笔画为序）

王小明　孙培兴　沈文忠　赵其华　张黎明　张亚非　胡国强　郑土有

曹伟明　蒯大申

《上海市志·文学·艺术分志·群众文艺卷（1978—2010）》
审定专家名单

组　　长　　刘　建

成　　员　　（以姓氏笔画为序）

吕　健　刘　妮　沈文忠　赵其华　郑土有　胡国强　陆　建　蒯大申

《上海市志·文学·艺术分志·群众文艺卷（1978—2010）》
验收单位和人员名单

验收单位　　上海市地方志办公室

验收人员　　洪民荣　姜复生　黄晓明　黄文雷　杨军益

业务编辑　　刘雪芹

序

1978—2010 年,是上海群众文化历程中承上启下、创新探索、繁荣发展的重要时期。

1978 年以后,在党的十一届三中全会精神指引下,市委、市政府将发展群众文化事业作为城市社会主义精神文明建设的重要组成部分,纳入国民经济和社会发展的总体规划,推动群众文化机构的恢复运行和群众文化工作的蓬勃发展。伴随改革开放的进程,上海的群众文化工作始终坚持先进文化的发展方向,通过积极探索文化体制、机制改革,规范运行和管理机制,激发创新活力,推动群众文化事业健康有序发展,保障人民群众的基本文化权益。

这三十三年间,上海的群众文化事业基本形成政府主导、社会支持、共建共享的新格局。群众文化机构不断完善,逐步形成比较完备的城市群众文化设施网络与服务体系;群众文化组织茁壮成长,工作水准不断提高;群众文艺创作蓬勃发展,精品佳作大量涌现,富有鲜明时代特征、贴近生活、为广大市民所喜闻乐见的群众文艺作品,映射出上海城市日新月异发展的精气神;群众文化活动精彩纷呈,各种重大节庆活动、品牌活动、赛事活动、广场文化活动、社区文化活动,极大地丰富了市民的文化生活,成为展示上海群众文化形象的靓丽风景线;群众文化培训广泛开展,各类科学、规范的培训工作,有效提高了群众文化工作者的素养;群众文化研究理论硕果累累,实践调查、课题调研、研讨会、学术交流等活动,深入思考和研究了新时期群众文化发展的特点与规律;非遗保护工作十分出色,一大批具有上海地方特点的非遗资源得到挖掘与保护,具有非遗特点的文艺形式在群众文化活动中得到普及与推广,成为频频亮相的特色品牌项目……

《上海市志·文学·艺术分志·群众文艺卷(1978—2010)》荟萃了 1978—2010 年这一历史时期的珍贵资料,计 90 余万字,197 张彩图,105 张插图,86 张表格,篇章内容包括：大事记，机构与场馆，群众文艺组织，群众文艺创作，群众文化理论研究、民间文艺研究和艺术普及，群众文化事业管理，非物质文化遗产保护，人物。志书作为独特而重要的史料，全面、客观、真实地记述了这一时期群众文化发展的全貌，既记述成绩，也再现发展脉络。

盛世修志，垂鉴未来。志书让我们更深入地了解上海群众文化事业发展的昨天，更好地把握群众文化繁荣的今天，从而坚定地开创群众文化美好的明天。历史总是相似的，群众文化工作者辛勤耕耘、默默奉献、开拓创新、砥砺奋进的精神风貌也是相通的。让我们站在新时代前沿，汲取志书蕴含的智慧与力量，按照习近平总书记对文艺工作提出的新要求，向着"坚持与时代同步伐、以人民为中心、以精品奉献人民、用明德引领风尚"的目标前行，谱写上海群众文化事业发展更加绚丽的新篇章。

是为序。

《上海市志·文学·艺术分志·群众文艺卷(1978—2010)》编纂委员会

2021 年 5 月

《上海市志(1978—2010)》凡例

一、本志坚持以马克思主义为指导,遵循辩证唯物主义和历史唯物主义原理,实事求是记述上海市自然、政治、经济、文化和社会的历史与现状。

二、本志为上海市首轮社会主义新方志中《上海通志》《上海市专志系列丛刊》之续,续义不续例,体例方面创新调整,并对首轮志书补缺正误。采用小篇平列体,分别编纂,陆续出版,汇为全志。

三、本志记述地域范围,以2010年底上海市行政区划为准。由上海市辐射至全国其他地区及国外事物,兼及记述。

四、本志记述内容的时限,上起1978年,下迄2010年,反映这一时期上海改革开放全貌。首轮《上海市专志系列丛刊》所缺或记述内容不够丰富的分志、分卷,上溯至事物发端。中国共产党分志、人民代表大会分志、人民政府分志、人民政协分志、民主党派分志,为保持同一届次内容记述的完整性,下延至2010年后的首个换届年份。

五、本志按自然、政治、经济、文化和社会为序设置分志、分卷,事以类从,类为一志,并兼顾当代社会分工的原则。全志除总述外,中国共产党分志、农业分志、工业分志、商业分志、服务业分志、城乡建设分志、金融分志、口岸分志设置综述卷,并设经济综述分志,加强全志整体性。各分志、分卷采用篇章节体,卷首设概述、大事记,以专记、附录、索引殿后。

六、本志体裁以述、记、志、传、图、表、录为主,力求内容与形式统一。

七、本志人物传遵循"生不立传"原则。入传人物排列先后以卒年为序,在世人物以人物简介(排列以生年为序)、人物表(人物录)记载。

八、本志采用规范的语体文、记述体,行文按《〈上海市志(1978—2010)〉编纂行文规范》,力求严谨、朴实、简洁、流畅,以第三人称记述。

九、本志纪年,凡1949年5月27日上海市解放以前的用历史纪年,一般标示朝代、年号、年份,括注公元纪年;1949年5月27日上海市解放后,一律采用公元纪年。

十、本志所记述的地名、机构名称、职称及币种、计量单位,一般按当时称谓。

十一、本志所用统计资料,原则上根据统计部门公布的材料;未列入统计部门统计的,根据部门统计的材料。

十二、本志资料来源于国家档案馆、上海市及有关省市档案馆、部门档案馆(室),以及历史文献、口碑资料、社会调查、部门提供的材料等,均经考证核实,一般不注明出处。

编 纂 说 明

一、《上海市志·文学·艺术分志·群众文艺卷(1978—2010)》客观全面地记述了1978—2010年上海群众文化事业改革、探索、创新、发展的轨迹和成果。

二、本卷记述的主体是经各级文化主管部门注册登记、认可的群众文化机构、群众文艺团队,内容涵盖1978—2010年群众文艺创作、群众文艺活动、群众文化理论研究、民间文艺研究、艺术普及、群众文化事业管理、非物质文化遗产、人物等。与《上海群众文化志》(1999年版)、其他文化艺术专志记载的角度和重点不同。

三、本卷记述内容的时限为1978—2010年,收录的大事记、上海群众文化范畴所获各类奖项等也与之同步。大事记记述的主要是全市群众文化年度要事,还包括文化体制改革、重要政策法规的颁布和实施情况等内容。

四、本卷人物篇记述范围是1978—2010年期间对上海群众文化事业作出重要贡献的人士,从事群众文化工作的2010年前具有研究馆员、副研究馆员职称的人员,以及2010年前被认定为国家级非物质文化遗产项目代表性传承人的人物。

五、本卷人物遵循"生不立传"原则,入传人物为1978—2020年2月底离世人员(保留《上海群众文化志》〔1999年版〕记述的在志书期限内离世的人物),排列先后以卒年为序。在世人物以人物简介(排列以生年为序)、人物表记载。人物事迹记述时限至2010年。

六、由于时间跨度长,部分人物的档案、联系方式缺失,无法完整搜集人物篇所有离世和在世人员的照片,为了保持志书的完整性,所有人物照片均没有收入。此外,因市、区相关单位合并、改制、多次搬迁,兼之部分单位过去缺乏档案记录及留存意识,很多资料已缺损或丢失,本卷编纂者做的是抢救性收集和记载工作,故而颇多条目内容无法完整记载。

七、本卷以国家语言文字相关规定为行文基本准则、以《〈上海市志(1978—2010)〉编纂行文规范》为指导。

八、本卷相关记述资料和统计资料来源于原上海市文化广播影视管理局档案室、上海市档案馆、上海市群众艺术馆档案室、上海市相关部门档案室、各区文化馆档案室、《上海市志》、《上海年鉴》、《上海文化年鉴》等,所有资料均为公开文献,一般不注明出处。

目　录

CONTENTS

概　述

上海的群众文化(下称群文)源远流长,自明清时期开始,民众自发开展的活动,就有民间故事、民间音乐、民间舞蹈等。据资料记载,由政府部门参与设立专门机构开展群众文艺活动,始于民国元年(1912年)开办的上海县通俗教育馆。民国20年(1931年),政府当局设立上海市立民众教育馆,进行生计、文化、健康、休闲等教育,包括文化艺术普及活动,扶植培育富有地方特色的江南丝竹,组织推广沪剧、越剧、滑稽戏等戏曲艺术样式。在革命思想影响下,抗战时期,群文活动运用具有鲜明爱国主义色彩的戏剧、音乐、舞蹈,走上大街小巷宣传抗日救国;解放战争时期,各种群众活动用文艺的表现方式号召民众"反饥饿、反内战、反迫害"。

中华人民共和国成立以后,党和政府高度重视文化事业,普及文化艺术知识,开展群众文化艺术活动,扶植群众文艺团队发展,并逐步建设为人民大众提供公益性文化服务的公共文化设施。至1966年,全市初步建成市、区(县)、街道(乡镇)三级文化馆(站),教育、工青妇等行业系统与群众团体相继建立少年宫(少年之家)、青年宫(青少年活动中心)、工人文化宫(工人俱乐部)等。依托这些公共文化设施机构及群众文艺团队,全市各类群众性文艺活动蓬勃展开。1950年,全市举办歌咏竞赛,有213支歌队参与;1960年举办上海"红五月"歌咏比赛,有6 000多人参加;同年,"上海之春"音乐舞蹈月首次举办,引起社会轰动,其间创作的《听话要听党的话》等优秀歌曲在群众中广泛传唱。除了革命歌曲广受群众欢迎外,跳集体舞也是这一时期群众喜爱的活动,尤其是在青年中。1952年,全市30万职工参加中苏友好月集体舞活动,其间创作的《找朋友》《青年友谊圆舞曲》等集体舞蹈一直流传至今。1963年开始,全市推广新故事活动,促进故事活动在全市广泛开展,至1964年,郊区农村故事员已达一万余人。其间,群众文化学会、协会等组织相继成立,群众性的文化艺术教育、群众文化理论研究、群众文化干部业务培训等工作也逐渐展开,全市群众文化事业健康有序地发展。1966年以后,由于受到"文化大革命"的严重影响,公共文化机构普遍停止正常活动,群众文化事业受到严重破坏。

"文化大革命"结束后,在党的十一届三中全会精神指引下,上海市委、市政府推动群众文化事业恢复重建。伴随改革开放的进程,上海群众文化事业被纳入政府经济社会发展规划,保障了群文事业健康稳定地发展。上海全面加强群众文化事业的组织领导,建立市群众文化工作委员会,负责统筹协调全市群众文化工作;建立上海市群众文化奖励基金理事会,鼓励先进,促进群众文化事业发展。市文化主管部门制定一系列发展群众文化事业的相关政策制度,规范群众文化事业的建设、管理与服务。全市各级、各系统公共文化机构坚持"为人民服务、为社会主义服务"的方向,坚持"百花齐放、百家争鸣"的方针,创作出许多群众喜闻乐见的文艺作品,开展丰富多彩、覆盖城乡的群众文化活动,形成一批具有上海特色、时代特征的群众文化活动品牌,推进群众文化理论研究与对外交流活动,全市群众文化呈现企业文化、农村文化、校园文化、社区文化、家庭文化、军营文化等全方位发展的良好态势,逐步形成政府主导、社会支持、人人参与的新局面,对宣传党的方针政策、保障市民的文化权益、营造良好的城市文化氛围发挥了积极作用。

一

1978—1986年,上海加强对群众文化事业的组织领导,群文事业得以全面整顿、恢复前行。其间,公共文化设施进行修缮,机构整顿恢复,员工全面培训。在解放思想的政策指引下,公共文化设施的功能逐步回归,群众文艺创作热情空前释放,群众文艺活动日益活跃,出现许多在全国产生广泛影响的文艺作品和具有地域特色的群众文化活动样式。

1978年2月,市文化局召开上海市文、博、图工作座谈会,要求全市群众文化设施全面整顿,快速开放。1978年初,南汇县文化馆首先对旧馆舍进行翻建,拉开了新时期基层文化馆馆舍建设的帷幕;同年,南市区文化馆、金山县文化馆、青浦县文化馆也恢复了独立建制,落实馆址。1979年3月8日,市委宣传部批准恢复上海市群众艺术馆(下称市群艺馆)建制。川沙县文化馆、黄浦区浦东文化馆、徐汇区文化馆等也开始馆舍的改建或扩建。吴淞区、杨浦区、长宁区、闸北区、普陀区在整顿过程中陆续建立新的文化馆。1980年,杨浦区辽源街道建立全市第一个文化中心站,促进了全市街道(乡镇)文化站、文艺工厂的迅速恢复或兴建。教育系统、总工会与共青团等团体机构建立的少年宫、青少年活动室、工人文化宫(俱乐部)等公共文化设施,也都进行了清理整顿和修缮。至1986年,全市有1家市群艺馆、27家区(县)文化馆、350家街道(乡镇)文化站、161家郊县文艺工厂,三级公共文化馆设施网络初步形成。全市还建有市工人文化宫、市青年宫、中国福利会(下称中福会)少年宫各1家;区(县)工人文化宫(俱乐部)22家、少年宫22家;企业举办的俱乐部695家。全市公共文化设施都相继正常开放,并成为群众文化事业的骨干力量。

在整顿设施机构期间,上海注重加强群众文艺基本队伍建设。一方面,依托上海师范大学等高校,培养群众文艺干部,解放文艺思想,提高专业素养,并针对基层群众文艺工作者开展岗位培训,提升专业能力与业务水平,全市逐步形成一支相对稳定的群众文艺专职干部队伍。另一方面,着力扶植与培育群众文艺团队,形成群文活动中的基础群体。1980年,上海京剧之友社成立;1981年,上海市集邮协会、上海老年合唱艺术团成立;1983年,上海工人茉莉花艺术团、上海市盲人聋哑人业余艺术团成立;1984年,上海市小伙伴艺术团改建成立;1985年,上海小荧星艺术团成立。各区(县)群众文艺团队也纷纷重建或新建,其中有代表性的,包括卢湾区文化馆的"老妈妈合唱团"、黄浦区文化馆的"上海雅风评弹之友社"、青浦县的徐泾艺术团、崇明县文化馆的业余魔技团、川沙故事队、青浦区白鹤镇的沪剧队等,群众文艺团队蓬勃发展,成为群众文艺活动的骨干力量。

依托全市公共文化设施功能的恢复和群众文艺团队的兴起,群众文艺创作与展演迎来明媚的春天。1978年,《文汇报》发表小说《伤痕》,深刻揭露"四人帮"的罪行。同年9月23日,由市工人文化宫首次演出四幕话剧《于无声处》,打破了文艺界的思想禁锢,被文化部和全国总工会誉为"戏剧舞台上的一声春雷",开启了新时期现实主义戏剧的大幕。传统文化艺术也重新绽放光彩,越剧、沪剧、淮剧、京剧等一批传统戏曲的剧目重上舞台;民族民间舞蹈中较有代表性的浦东绕龙灯、金山打莲湘、青浦拜香舞、奉贤滚灯等又开始流传;《跑马溜溜的山上》等一批抒情歌曲也广为传唱。揭露"四人帮"罪行的文艺作品,成为当时文艺创作的主基调,说唱《古彩戏法》、滑稽戏《真假医生》、评弹《冤案》等传遍大街小巷。上海群众文艺活动以"调演""会演"的形式,掀起了展示交流的高潮。1978年3月,上海以群众文化交流会演拉开了全市群众文艺演出活动的序幕,包括反映农村生活、农业建设的"上海市农村群众文艺创作节目交流演出"。"文化大革命"期间中断的少年儿童"布谷鸟歌咏节",1979年重新举办。1980年,市文化局、市总工会等在改革开放后首次联合举办上海市群众歌咏比赛。1981年,举办首届上海戏剧节,涌现出《血,总是热的》《路》等一批业余创作大戏;同年创办"江南之春"画展,此后每两年举办一届,集中展示民众的绘画、书法等各类作品,金山农民画、宝山吹塑版画、松江丝网版画等民间艺术画种,也在评选和展览中纷纷亮相。1982年12月,第一届"上海故事会串"在雅庐书场举行,此后每年举办一次,连续举办10届。市文化局从1982年开始,主办上海"十月歌会"。1983年举办首届上海"十月业余剧展",以主题鲜明、辐射面广、参与人数多、涌现出许多优秀原创作品而著称,包括舞蹈《海港细雨》《祖国的骄傲》《捉蟹》,表现劳动者精气神的话剧《角落里的火花》《水应该喝甜的》《魔方》等受到欢迎。伴随改革开放的大潮,境外的文艺新思潮、新流派、新形式也开始在申城传播。1984年,交谊舞、迪斯科、摇滚乐、流行歌曲、电子游艺等活动形式也在公共文化设施内展开。1985年,举办首届"通俗歌曲创作·业余歌手演唱比赛",比赛中涌现出的《难忘今宵》《月亮走我也走》等新歌为大众喜爱。残疾人和老年人文艺会演分别在1984年、1985年开始举行。其间,群众文艺也开始走出国门开展对外交流:1979年由市文化局组团的中国上海少年儿童艺术团出访南斯拉夫,参加国际儿童艺术节并获金奖;1981年金山农民画赴联邦德国波恩展出;1985年上海聋人艺术团前往美国洛杉矶参加世界聋哑人第十五届运动会的戏剧节。这一时期创作的作品,都带有思想解放的时代特征,不仅歌颂真善美,也鞭挞假恶丑,内容贴近现实生活,表达真情实感,重现"百花齐放"的新气象。

1985年3月,市政府成立上海市群众文化工作委员会,各区(县)也相继建立协作协调组织,发挥统筹协调作用,促进全社会形成合力,推动群众文化事业的繁荣发展。同年8月,上海市群众文化学会成立,创办《群众文化研究》,搭建了新时期群众文艺理论研究与业务交流的平台。1986年,上海市召开大型文艺创作座谈会,确立了繁荣群众文艺创作的指导思想;同年12月,市群众文化工作委员会等单位召开"从事群众文艺25年以上者表彰大会",向400多位长期从事群众文化工作的老同志颁发荣誉证书,激发广大群众文艺工作者的积极性与主动性。

至此,上海公共文化设施全部开放,功能全面恢复,群众文艺活动全方位展开,呈现逐步发展的良好趋势。

二

1987—1996年,随着市场经济建设高潮的掀起,文化体制改革的逐步推进,给群众文化事业发展带来新的机遇与挑战,群众文化进入探索改革、生机勃发的阶段。这一时期,全市群众文化紧跟社会改革开放的步伐,探索群众文化与市场经济接轨的新路径;普遍开展公共财政资金投入制度的改革,创设文化经费多渠道融入的新机制;开展人事管理制度改革,建立推动群众文化人才流动、增强活力的新途径。群众文化在积极探索改革中焕发生机,砥砺奋进。

20世纪80年代,市场经济日益发展,社会事业百废待兴,群众文化事业面临经济体制改革的巨大挑战与发展机遇。在此期间,各级财政对公共文化的投入普遍减少,大多数公共文化机构变全额拨款为差额拨款单位,有的甚至完全停止财政投入,变为"自收自支、自负盈亏"的单位。在此特定的历史条件下,全市公共文化机构面临整个行业的生存和发展问题,1987年开始全面转向"以文补文、多业助文",普遍开展创收工作。1988年,文化部副部长高占祥到南汇县调研,高度赞扬南汇县开辟文化经济资源、发展文化事业的新举措,称之"南汇精神"。1989年10月,文化部在上海普陀区真如文化馆召开全国部分文化馆实行"以文补文"经验交流会,真如文化馆作专题经验交流。全市公共文化机构在保证开放的同时,普遍利用公共文化设施场所开展各种有偿服务与经营活动,有的与企业联合开发多种商业经营项目,有的出租场地设施收取租金。黄浦区浦东文化馆、虹口区曲阳文化馆等,开展多业创收助文经营,馆内日常活动经费保障自给;市工人文化宫成立大潮汐文化发展实业总公司,开设多种文化经营项目,并积极向外投资,支持业务活动开展;沪东工人文化宫试行承包责任制,以"创收"反哺职工文化活动。公共文化机构多种经营所得,一部分用于员工薪资和福利待遇,以稳定队伍;另一部分用于补充公用经费的缺乏,补贴场馆开放与群众文化活动经费。财政经费投入机制的改革,促使群众文化机构探索多渠道资金支持的途径,维持公共文化馆的生存与运行,努力在有限的条件下开展群众文化活动。但也由此造成部分公共文化设施被挪用,公共服务功能被改变,公共文化设施的公益性职能被削弱。

同时,文化事业单位的人事制度改革也在逐步展开。1986年全市文化系统开始专业技术职称评定工作,至1989年12月,完成首次专业技术职务的评聘,评出群众文化研究馆员7人、副研究馆员60人、馆员394人。1995年12月8日,市人事局印发《上海市事业单位实行聘用合同制暂行办法》,全市公共文化机构的用人制度陆续由固定制用工改为聘用合同制。其间,青浦区文化馆作为人事制度改革试点单位,实行馆长负责制、部室主任职责制、工作人员岗位责任制。人事制度的改革,改变了群众文化单位用工"终身制"和分配"大锅饭"现象,在一定程度上调动了员工的工作积极性与主动性。

公共文化设施建设的投入,也改变了由政府财政拨款的单一方式,闸北区、川沙县、卢湾区、嘉定区、青浦区、奉贤区、宝山区、闵行区、长宁区、虹口区、浦东新区潍坊街道等许多区(县)、街道(乡镇)通过社会集资、银行贷款、设施置换等多种方式,重建文化馆(艺术指导中心)。普陀区、徐汇区、杨浦区等还拥有多个区级馆,其中,杨浦区拥有6个区级文化馆;新建的徐汇区文化艺术中心,建筑面积18 800平方米,成为上海最大的文化馆。1993年,中福会少年宫与上海大观园合作,在淀山湖畔建立占地20万平方米的儿童野外活动营地——"中国福利会少年村";1997年,共青团上海市委建立"青少年活动中心",总建筑面积31 522平方米。全市公共文化设施规模有所扩大,面积有所增加,呈现出新的景象。

在改革大潮中,上海的群众文艺创作与群众文艺活动表现得生机勃勃。1986年,中共上海市委发布《关于"七五"期间社会主义精神文明建设的实施规划》,要求上海群众文化进一步净化文化环境,繁荣文艺创作,完善文化娱乐设施,开展健康愉快、丰富多彩的群众文艺活动,打破条、块分割的格局,向社区、农村辐射,形成各社区、地域的文化特色,努力为社会主义精神文明建设和丰富人民群众文化生活作出贡献。全市群众文化机构举办各文艺门类的创作培训班,加强群众文艺队伍建设;市群艺馆创办《群文论苑》和《大世界》杂志,为广大群众文化工作者提供发表作品和交流经验的平台。在群文创作的内容表达上,不仅有反映社会主义建设伟大成就、具有时代特征的作品,也有抒发百姓生活情趣、具有都市特色的作品;在表现形式上,既有体现传统民族民间元素的作品,也有融合外来文化色彩的作品,呈多元化趋势。1991年,由市工人文化宫话剧团创作的《大桥》,荣获"文华大奖""五个一工程"奖;声乐作品《五十六根琴弦连北京》,获得"五个一工程"奖;合唱《十月畅想曲》、舞蹈《白鸽》、少儿器乐《红领巾圆舞曲》、民乐合奏《水乡吟》、故事《作弊的三好学生》等获文化部"群星奖"金奖;说唱《竞选鸭司令》、话剧小品《天下父母心》等获得"群星奖"银奖。

20世纪90年代,上海兴起广场文化活动,成为全市群众文艺活动新的亮点和特点。1993年9月,黄浦区在南京西路仙乐斯广场,连续4天组织举办由上海交响乐团演出的交响音乐会;同年9月26日至10月10日,卢湾区在复兴公园推出万余人参与的大型广场文化系列活动;同年11月,黄浦区政府在外滩陈毅广场举行"美的旋律——外滩音乐会"。由此,拉开了上海广场文化活动的新篇章。此后,各类重大庆典活动、主题宣传活动、文艺交流展示展演活动等,陆续在东方明珠塔下、徐家汇商圈广场、南京路上、中山公园草坪、静安区下沉式广场等各大绿地、广场举行。据统计,1996年全市经常开展群众文艺活动的广场有60多个,举办广场文化活动1 000多场,吸引市民400多万人次参加。同时,各区(县)各系统的各类艺术节活动陆续在广场展开,始于1990年的黄浦旅游节,由文化活动引领,至1996年升级更名为上海旅游节;1991年春,南汇县创办桃花节;1994年开始,闸北区每年举办国际茶文化节等活动,高潮迭起。经文化部批准,由宝山区政府主办的上海宝山国际民间艺术节自1995年开始连续举办,内容丰富、特色鲜明,吸引了五大洲的民间艺术团登陆上海舞台,成为全市知名的大型文化活动品牌项目。其间,还有市妇联等单位联合举办的"爱我上海,爱我家"上海家庭文化节,市总工会举办的上海职工文化艺术节,市教委组织的小孔雀舞蹈节、金孔雀舞蹈节、大学生校园文化节、上海国际少年儿童文化艺术节等。群众性合唱活动是市民参与面最广、影响力最大的一项传统群众文艺活动,在此期间,先后举办了1989年"爱我中华,爱我上海"群众歌咏大会、纪念《黄河大合唱》诞生50周年合唱活动、1996年"世纪回响"歌会等。国内一系列群众文艺活动大赛,也在上海群众文艺舞台上展开,包括1992年举办的"'新苗奖'首届全国儿童京剧邀请赛"等。1989年,由市群艺馆与市工人文化宫等联合举办的"长城杯"国际标准舞大赛,引进新的活动样式,并逐步成为上海市民喜爱的文体活动。

广场文化活动的蓬勃兴起与公共文化的改革探索,成为这个时期群众文化理论研究和业务交流的重点内容。1993年9月,市群众文化学会等举办"全国社区文化研讨会",探讨社区文化发展新思路;1999年开始,市群艺馆连续承办两届"中国沿海开放城市群众文化理论研讨会";2000年,市群艺馆等单位主办"长江沿岸城市群众文化理论研讨会"。这些会议集中研究城市群众文化的发展趋势与深化文化体制改革的对策。

其间,群众文艺对外交流活动也逐步活跃。1985年、1987年,中福会少年宫小伙伴艺术团分别赴朝鲜、日本访问演出;1989年,市工人文化宫茉莉花艺术团赴日本横滨参加第二届神奈川国际业余戏剧节,并于1990年再次被邀赴日本大阪访问演出;1993年,宝山区群众艺术馆民间艺术团赴意大利西西里岛参加"意大利第34届国际艺术节"等活动。这些国际间的文艺交流活动,对群众文艺工作者拓展艺术视野、学习国外公共文化建设的先进经验,对展示中华优秀传统文化、提升上海群众文艺的知名度发挥了积极作用。

文化体制机制改革的探索与实践,促使全市群众文化工作努力调整思路、焕发活力,在上海城市社会经济大发展的历史阶段,促进了群众文化事业的新需求和新发展。

三

1997—2010年,伴随改革开放的深化和社会主义文化建设高潮的到来,上海群众文化事业在总结改革实践经验中,不断完善与创新运行管理体制机制,迈向转型升级、兴盛发展的新阶段。

1997年,市政府制定并颁布《上海市公共文化馆管理办法》,以政府法规的形式,进一步指明公共文化馆的性质、任务,规范群众文化建设、运行和管理机制,保障群众文化事业的公益性。1998年,市政府召开上海市社区文化工作会议,要求全市加强社区文化设施建设,形成政府投入和社会各方共同参与、多渠道投资的机制;增强社区文化设施的综合性功能;建立社区内文化设施资源共享的模式。市政府还提出上海社区文化设施建设的五年总体目标,即初步建成结构合理、布局优化、设施先进、多层次的社区文化设施网络。

2002年,遵循全国基层文化工作会议精神,召开上海市基层文化工作会议,指导公共文化建设、服务、管理走上规范发展的轨道。2006年,全市群众文化表彰奖励大会提出,要以公共文化服务体系建设为中心,整体提高上海公共文化服务水平和质量。

这一时期,全市进入公共文化建设新的阶段,陆续新建普陀区文化馆、徐汇区文化艺术中心、卢湾区文化馆、青浦区文化馆、南汇区文化艺术中心、徐汇区西南文化艺术中心、杨浦区文化馆、宝山区文化馆等。自2003年开始,市政府全面部署,推动以街道(乡镇)为重点的公共文化建设,市委宣传部、市文广局等10个部委办局,于2004年联合制定并颁发《上海市社区文化活动中心基本配置要求》,对街道(乡镇)文化站、图书馆、少年之家、老年活动室等进行整合,统一建设社区文化活动中心。新建的社区文化活动中心(以下称社区文化中心),设在街道(乡镇),是融文、体、科、教、信息服务于一体的标准化、综合性、多功能的社区公共文化设施,并要求将服务向居(村)延伸,建设一批设置在市民家门口的居(村)委综合性文化活动室,完善全市四级公共文化(活动中心)设施网络。2010年,市群艺馆新馆落成,2011年5月1日正式对公众开放。新馆面积17 525平方米,馆内设立36个可供群众活动的用房和区域,室外建有市民休闲廊和小广场,并确立了市群艺馆建设的新目标:成为全市群众文化创作中心、大型群众文化活动组织和示范中心、信息服务和公共文化资源配送中心、民俗民间文化保护中心、群众文化团队服务中心和群众文艺人才培训中心,成为上海公共文化服务示范与引领的阵地。其间,各行业系统和群众团体建立的青少年宫(文化活动中心)、工人文化宫(俱乐部)等设施机构,逐步健全和完善。各类社会机构也不断推进在公园、绿地、商厦、广场、地铁站等场所建立群众文化活动的新空间。2000年以后,各区县公共文化机构逐步开始"退租还文",至2010年,全部恢复公共文化设施的服务功能。至此,全市基本形成覆盖城乡的城市公共文化设施网络与服务系统。

同时,群众文艺队伍也在发展中成长,不仅有一支相对稳定、具有专业技能的群众文艺专职工作者队伍,还涌现出一批优秀的群众文艺团队。市文广局于2006年评选了全市群众文艺优秀合唱团16支、优秀乐团16支、优秀舞蹈团8支,包括黄浦区青少年活动中心合唱团、市北中学合唱分团、上海市邮政合唱团,上海学生艺术团民乐二团、上海白玉兰室内乐团、市工人文化宫茉莉花民乐团,中福会少年宫东方小伙伴艺术团舞蹈团、沪东工人文化宫艺术团舞蹈团、百合花艺术团舞蹈团等;各区(县)亦拥有一批优秀群众文艺团队,浦东新区金桥镇合唱团、金山区山阳镇文广中心民乐队、杨浦区艺韵舞蹈团和虹口区文化馆戏剧小品、闵行区沪剧小戏、北站街道少儿京剧等特色团队具有代表性,这些团队为上海的群众文艺普及和发展增光添彩。

随着群众文艺队伍的壮大,群众文艺创作与群众文化活动以其辐射面广、参与率高、影响力大,受到社会广泛赞誉。依托"上海之春"国际音乐节,每年举行一次新人新作展评展演活动,打造群众文艺新人新作评选的舞台,推动贴近生活、贴近基层、贴近群众的原创作品不断涌现,在全国性的文艺竞赛中争金夺银。其间,荣获全国"群星奖"金奖的作品包括小品《小夜曲》《送玫瑰花的人》《水晶心》《心中的金牌》、民乐合奏《灯节》、无伴奏合唱《牧归》、独唱《塔里木的胡杨》、舞蹈《同行》、沪剧小戏《花农嫁女》、故事《公鸡会下蛋吗》、国画《蟹爪兰》、上海说唱《登高》等。依托中国上海国际艺术节(下称艺术节),打造群众文艺团队展示展演平台,让市民享受优秀的群众文艺成果。其中具有标志性意义的活动包括:2002年第四届艺术节群众文艺活动在南京路世纪广场举行,开启艺术节"天天演"的序幕,800多名中外专业演员、3 000多名群众演员参与表演,现场吸引了数十万人次的市民观看,使南京路变成了"世界艺术风情一条街";"外国艺术家进社区""我们的家园"文艺团队展示与交流、"缤纷长三角"江浙沪群众文化联动系列活动等,体现了国际艺术节是"艺术的盛会、人民的节日"的办节宗旨。在传统节庆和国家重大纪念日活动中,群众文化活动在营造城市氛围方面发挥了重要作用,其中围绕香港、澳门回归和北京奥运会、上海世博会等举办的群众文艺主题庆典活动,成为城市的一道独特的风景线。特别是上海世博会前后,展开了多层次、多角度、丰富多彩的群众文化活动:2008年,在南京路步行街新世纪广场、中山公园、静安寺广场同时举行"庆十一、颂改革、迎世博"大型群众广场文化活动;2009年,举办"爱我中华　喜迎世博——爱国歌曲大家唱"社区合唱大赛;2010年,举行上海世博会"上海周"巡游和群众文化活动专场演出;世博会期间举行"璀璨耀浦江"——上海世博会城市文化广场"周周演"活动,在半年间的每个周末,以"海上风""民族风""时尚风""世界风"为主题,在全市大街小巷举行了三万余场主题演出,吸引观众1 500万人次,充分展现出上海市民的文化素养与上海城市的文明程度。

在群众文化蓬勃发展的进程中,全市逐渐形成"一街(镇)一品,一区(县)多品"的新局面,培育了一批群众文化品牌,包括宝山国际民间艺术节、"金秋闵行"上海合唱节、青浦淀山湖文化艺术节、普陀苏州河文化艺术节、黄浦国际艺术节"天天演"、长宁虹桥文化艺术之秋和金山的农民画等;在街道(乡镇)也形成一批各具特色的"民间文化艺术之乡"项目,包括宝山区罗店镇的龙船、奉贤区柘林镇的滚灯、浦东新区三林镇的舞龙、长宁区新泾镇的西郊农民画、松江区车墩镇的丝网版画等。此外,还有各系统创建的特色品牌活动,市教委的"上海学生戏剧节"、市总工会的"振兴中华读书活动"、市妇联的"上海家庭文化节"等,为上海营造了浓郁的群众文化氛围。

群众文化理论研究方面,紧紧围绕新时期群众文化的转型发展与深化改革的讨论,在此期间进一步得到加强。2002年,市群艺馆将创刊于1985年的《群文论苑》与《大世界》两刊合一为《群文世界》,成为群文理论研究交流的平台。社区文化、广场文化、校园文化、民间文艺等领域,也在不断进行比较深入的调查研究与理论探讨,先后举办了"广场文化与城市文明"长三角群众文化研讨会、"都市风采"全国直辖市群众文化理论研讨会、"京津沪渝深五城区群众文化论坛""上海虹桥文化论坛"等项目活动,产生了一批理论与实践相结合的优秀论文,《都市社区文化建设刍议》《社区文化重在建设》等获得"群星奖"论文金奖,对全市公共文化建设进行了比较深刻的思考与总结。

2005年以后,全市推进以社区文化中心为重点的公共文化服务体系建设,着力创新运行的管理体制机制,以实现公共文化服务的均等化,搭建了面向社区基层的文化资源配送平台,建立了以"东方"命名的6个配送机构,提升了基层公共文化的供给服务水平。打浦桥街道等一批社区文化中心,委托社会主体实施专业化运行管理,积极探索公共文化多元化发展的路径和办法。为构建公正、透明的监管机制,制定社区文化中心的绩效评估指标体系,委托上海社会科学院文学研究所评估研究中心进行评估考核,组织"市民巡访团"测评公共文化机构的市民满意度。运行管理制度的改革与创新,使公共文化建设的主体趋向多元,使政府从办文化向管文化转变,有力地促进了面向基层的群众文化活动广泛深入地开展,带动了社区文化、企业文化、校园文化、家庭文化、楼宇文化等的整体发展。至2010年,上海拥有市、区(县)、街道(乡镇)文化馆(中心、站)240家,总面积1 116 410平方米;村(居)委综合文化活动室(中心)5 245家,总面积870 998平方米;工人文化宫(俱乐部)19家,青少年活动中心、少年宫、少科站、活动营地36家;可容纳200人到1 500人以上的公共文化活动广场近百个。全市文化馆、图书馆、美术馆、博物馆等公共文化设施总面积近295万平方米,基本实现打造"15分钟公共文化服务圈"的发展目标。在群众文化活动方面,2010年,全市有组织的各类文艺团队超过1.8万支,参加者达到22万余人;创作各类文艺作品10 067件,获国家级奖87项;全年开展群众文艺活动47万场次,参与人次逾3 608万;创作文艺作品与开展群众文化活动数量,同2005年相比,分别提高了150%和66%。上海初步建成了覆盖城乡、功能齐全、运行有效的公共文化服务体系,满足了市民群众的基本文化需求,为推动上海城市建设、促进社会和谐发挥了积极作用。

　　展望未来,任重道远,上海群众文化事业要继续坚持以社会主义核心价值观为引领,坚持以人民为中心的工作导向,坚持以保障群众基本文化权益为根本目标,不断深化体制机制改革,紧随时代发展的步伐,加大文化与科技的融合力度,努力实现公共文化服务均等化、社会化、数字化、效能化,为上海建成现代公共文化服务体系,为建设文明美好的城市,助力人民创造幸福生活,成就新业绩,作出新贡献。

大事记

《欢庆》 华家顺摄

1978 年

1月1日　上海市摄影创作办公室、上海市饮食服务公司联合主办的人像摄影艺术展览在上海美术展览馆开幕。展出上海照相行业职工创作的 200 余幅人像摄影作品。

2月2日　杨浦、静安、普陀、长宁、卢湾、虹口、南市、徐汇八个区和上海市工人文化宫(下称市工人文化宫)的业余作者近 300 人在市工人文化宫举行迎春赛诗会。涌现出 300 首新民歌。

2月　上海市文化局(下称市文化局)召开上海文化馆、博物馆、图书馆工作座谈会。要求全市群众文化设施全面整顿,快速开放。

2月　南汇县文化馆对旧馆舍进行翻建,拉开全市基层文化馆馆舍建设序幕。

3月4—5日　市文化局在嘉定县举办 1978 年春节上海市农村群众文艺创作节目交流演出。各县社办工厂、农村、街道、学校业余演出队的节目共有 22 台,400 多人参加演出。

5月23日至6月15日　第八届"上海之春"音乐舞蹈月举行。分别举办革命历史歌曲演唱会、舞蹈专场、青年专场和儿童音乐舞蹈专场演出。演出 13 台 62 场,其中音乐、舞蹈类节目 288 个,2 000 多名文艺工作者参加演出。

6月20日　上海市教育局(下称市教育局)、中国美术家协会上海分会主办的上海市少年儿童画展在上海美术展览馆开幕,展出作品 300 多件。

同月　川沙县北蔡乡开办市郊第一个以工养文,亦工亦艺的经济文化实体——农村"文艺工厂"。此后,"文艺工厂"在全市 10 个县中普遍展开。

7月15日　上海民间工艺品展览在上海工艺美术陈列室展出。全市数百名民间工艺美术作者的 1 000 多件作品参加展览。这是中华人民共和国成立以来,上海首次举办的民间工艺品展览。

9月23日　宗福先创作的话剧《于无声处》在市工人文化宫剧场首演。随即奉调进京演出 38 场,成为当时具有代表性的剧目。12月17日,文化部、全国总工会在北京工人俱乐部举行《于无声处》剧组授奖大会。

10月1日　上海市总工会(下称市总工会)主办的"工人诗会"在市工人文化宫举行。来自全市各企业的劳动模范、先进生产者、科技工作者、青年突击手、工人诗人、画家、文艺积极分子等 6 000 多人参加了活动。

12月5日　金山农民画展览在上海美术展览馆举行,展出近百件作品,题材广泛,风格独特。

1979 年

1月10日至3月3日　市文化局、市总工会、共青团上海市委(下称团市委)、上海市妇女联合会(下称市妇联)联合举办 1979 年春节上海市群众文艺创作剧目调演。230 个音乐、舞蹈、戏剧、曲艺节目参演。

3月8日　上海市委宣传部批准恢复上海市群众艺术馆(下称市群艺馆)建制。

3月25日至4月10日　团市委、市教育局和上海市劳动局(下称市劳动局)联合举办1979年春季上海市大中学生文艺(创作)会演。近20所高等院校和几百所中学、中专、技校参加。

5月23日　上海工人摄影展览在市工人文化宫举行。150余幅参展作品由10个区文化宫和广大业余摄影爱好者拍摄的作品评选产生。

6月1日　团市委、市教育局、中国福利会(下称中福会)和卢湾区革命委员会等联合主办的上海市庆祝"六一"国际儿童节联欢大会在复兴公园举行。3.6万余名中外儿童参加。

同日　市教育局、团市委、市妇联、中福会、中国美术家协会上海分会联合举办的上海市儿童美术作品展览在上海美术展览馆开幕。展出作品280余件。

6月11—23日　由市文化局组团的中国上海少年儿童艺术团出访南斯拉夫,参加国际儿童艺术节并获最高金奖。艺术团共演出8场,访问7个城市。

6月　市文化局、市教育局等6家单位联合举办上海市第二届"布谷鸟"歌咏节。全市90%的学校开展"大家唱"活动。

9月　市工人文化宫发起的新长征读书活动在全市展开,开启新时期职工读书活动的序幕。

10月2—11日　市委宣传部、市文化局、市总工会、团市委、上海市农场局(下称市农场局)、中福会和各区联合举办"群众文艺庆祝新中国成立三十周年献演"。50个各类节目参演,演出22场。

10月　市工人文化宫创作并排演的话剧《天黑之后行动》连演42场。天津、西安等地先后移植剧目上演。

1980 年

1月31日　市工人文化宫编辑、出版的综合性工人文艺月刊《工人创作》复刊。该刊创刊于1958年7月。

3月10日　"国际儿童年"世界儿童绘画比赛最佳作品展览在中国福利会少年宫(下称中福会少年宫)开幕。胡晓舟(6岁)的绘画作品《荡秋千》获得一等奖。

4月8日　团市委、上海市高等教育局(下称市高教局)、市文化局、上海市学生联合会(下称市学联)联合举办的1980年春季上海市大学生文艺(创作)会演在上海师范大学拉开序幕。41所大专院校和分校演出了138个包括歌剧、话剧、音乐、舞蹈、曲艺等多种形式的文艺节目。

4月27日至5月20日　金山县农民画首次在北京美术馆展出。首都美术界反响热烈。

4月29日　闸北区彭浦文化馆开馆。

5月2日　第九届"上海之春"音乐舞蹈月在文化广场开幕。举办16台专场,演出233个节目。市委书记夏征农、市委副书记兼市委宣传部部长陈沂、文化部艺术局副局长关鹤童、中国音乐家协会副主席李凌出席开幕式。音乐舞蹈月于5月31日闭幕。

5月19日　市文化局举行1976—1979年创作演出获奖作品颁奖大会。214个作品获奖,其中包括91个群众文艺舞台类作品。

5月　市文化局、上海市广播事业局(下称市广播事业局)、市教育局、市总工会、中国音乐家协会上海分会、团市委联合举办1980年上海市群众歌咏比赛。这是改革开放后首次举办的全市性群众歌咏比赛;224支业余合唱团、10 390人参加了比赛。

同月　上海职工演出代表队赴京参加全国职工业余艺术调演。选送独幕话剧《屋外有热流》

《开窗》《八月中秋》。其中,《屋外有热流》获得全国总工会、文化部颁发的"勇于探索,敢于创新"奖。

同月 市教育局举办 1980 年上海市"布谷鸟"歌咏节。全市 88 万小学生中的 83 万人参加了歌唱和赛歌活动。

6 月 1—11 日 上海农民代表演出队赴京参加全国部分省、自治区、直辖市农民业余艺术调演。表演唱《夸夸农业现代化》《六样机》在中南海向中央领导同志作汇报演出。

8 月 1 日 市教育局、市妇联、中福会少年宫、中国美术家协会上海分会在市美术展览馆联合举办上海市儿童美术作品展览。展出作品 300 余件。

8 月 14—15 日 市文化局在南汇县新场镇召开上海市农村文化工作会议。会后,上海市农业局(下称市农业局)向各县相关条线转发市文化局《关于进一步办好文艺工厂的意见》的通知。

8 月 19 日 市总工会、中国美术家协会上海分会在市美术展览馆联合举办 1980 年上海市职工美术作品展。展出作品 350 多件。

9 月 26 日至 1981 年 1 月 市教育局、团市委、中福会少年宫、中国戏剧家协会上海分会在中福会少年宫联合举办上海市少年儿童戏剧会演。16 个剧种的 82 个节目参加会演,评出各类奖项 71 个。

9—11 月 金山县农民画赴比利时、美国交流展出。

10 月 18 日 市委宣传部转发市文化局《关于逐步把公社(集镇)建设成为农村文化中心的意见》,要求逐步建立和完善社、镇文化中心。

10 月 30 日 上海京剧之友社在黄浦区文化馆成立。这是研究与学习京、昆艺术的业余团体。1981 年 5 月更名为上海京昆之友社,社长范肇鹏,社员 102 人。

11 月 上海市首个街道文化中心站——杨浦区辽源街道文化中心站建成开放。

12 月 市工人文化宫创作并排演的话剧《血,总是热的》在上海影剧场上演。该剧后获得文化部优秀剧本奖和上海戏剧节剧本一等奖。

1981 年

1 月 24—26 日 市农场局职工业余话剧观摩演出在市工人文化宫举行。8 个农场的 8 个话剧作品参加演出。

1 月 上海老年合唱艺术团成立,团员来自各系统、单位、社区合唱团的领导和骨干,约 150 人。

1 月 上海市集邮协会成立。创始会员 113 人,市委副书记兼宣传部部长陈沂担任名誉会长,胡辛人任会长;编辑出版《上海集邮》双月刊。

2 月 2 日 市群艺馆、中国美术家协会上海分会、解放日报社、市农场局联合举办的首届"江南之春"画展在宝山县文化馆开幕。展出美术作品 162 件,其中农民画 60 件。观众 1 万人次。同时确定该画展每两年举办一次。

2 月 25—27 日 市文化局、市教育局、上海市民政局(下称市民政局)、市盲人聋哑人协会在市民政局礼堂联合举办上海市盲人聋哑人文艺会演。11 个区县的 300 名聋哑盲人演员表演了 68 个节目,其中 28 个节目获奖。

5 月 13—24 日 上海市少年儿童"布谷鸟"歌咏节演唱比赛举行。分为 6 个主题专场进行,演唱了近 200 首歌曲。

5 月 市文化局、市总工会、团市委、中国音乐家协会上海分会联合举办 1981 年上海市业余独唱比赛。共举办 220 场赛事，参加比赛人数约 4 200 人，51 人获奖。

5 月　上海市少年儿童文化艺术委员会成立。

6 月 1 日　市文化局、市妇联、团市委、中国美术家协会上海分会在上海美术馆联合举办上海市儿童美术作品展览。展出 300 余件作品。陈沂致辞。

6 月 4—8 日　中华人民共和国成立以后首次举行上海市儿童钢琴比赛。208 名小钢琴手参赛；江晨(7 岁)、应天峰(12 岁)、许忠(12 岁)获得一等奖。

6 月 30 日　市文化局与中国美术家协会上海分会举办纪念中国共产党成立 60 周年上海美术展览。展出美术作品 300 余件。

7 月 1—14 日　上海市盲人演奏团应邀赴日本参加亚洲地区残疾人音乐比赛，并在日本奈良、大阪、东京、鹿儿岛等地巡演。

8 月 8 日　联合国粮农组织救济委员会联邦德国分会主席维·迪尔斯曼到金山观赏农民画。选中 55 幅，带往联邦德国杜赛尔道夫展出。10 月 21 日赴波恩展出，开幕式由联邦德国外长哈姆-布吕歇尔夫人主持，中国驻联邦德国大使张彤出席了开幕式。

9 月 21 日　市文化局、上海市财政局(下称市财政局)、上海市集体事业办公室联合颁发《关于市区街道文化站、图书馆经费使用以及有关事项的联合通知》。

9 月至 1982 年 2 月　市教育局、市文化局、团市委、市文联、市妇联和中福会联合举办第一届上海市少儿"小孔雀"歌舞节。全市中小学创作 700 多个集体舞和歌舞作品，79 个节目分别获得创作奖和演出奖。全市 70 多万少年儿童参加了集体舞活动。此后每两年举办一届。

10 月 10 日至 11 月 11 日　上海农垦群众文艺演出队赴北京参加全国农垦部分省市文艺调演。演出五幕话剧《在这片土地上》。剧组受到国务院副总理万里、习仲勋的接见。

11 月 3 日　文化部在北京召开全国农村文化艺术工作先进集体、先进工作者表彰大会。上海市南汇县新场镇文化服务中心、上海县三林文化站、金山县图书馆获全国先进集体称号；吴彤章、徐林祥等荣获先进工作者称号。

11 月 8—12 日　19 个文艺单位 600 余人在人民广场举行"中国国际残疾人年"文艺义演。

12 月 21—26 日　上海举行首届上海戏剧节。业余演出团队创作演出的话剧《血，总是热的》《路》《在这片热土上》《快乐的单身汉》《百万马克》以及沪剧《钢城春燕》《定心丸》等参加首届戏剧节的演出。

1982 年

2 月 10 日　由市工人文化宫、《工人创作》编辑部等 18 个单位联合举办的"我们的生活"诗歌朗诵会在上海体育馆举行。1.6 万名职工参加。

2 月 27 日　市文化局、上海市电影局、市农业局在新光剧场召开上海市农村群众文化先进集体、先进工作者表彰大会。表彰群众文化先进集体 22 个、先进工作者 35 人。

4 月 30 日　市总工会、团市委、解放日报社、上海市新闻出版局(下称市新闻出版局)联合发起举办"振兴中华职工读书活动"。

5 月 2 日　第十届"上海之春"音乐舞蹈月在文化广场开幕。演出 19 台 320 多个节(剧)目。8 000 人出席开幕式，全国各省市观众约 2 000 余人。

5 月 8 日　1982 年上海市"红领巾读书奖章"活动在中福会少年宫举行开幕式。活动评选出红领巾读书积极分子 2 万名、活动指导先进个人 200 名、先进集体 100 名。

5 月　全国农垦文化工作会议在前进农场召开。前进农场俱乐部关于知识性、娱乐性、战斗性三结合的工作经验得到大会的肯定。

7 月 13 日　全国少年儿童"红五月"歌咏比赛举行颁奖大会。上海人民广播电台少年儿童广播合唱团、上海市市东中学、上海市长白一村小学、上海市乌鲁木齐南路幼儿园分别获得少年宫组、中学组、小学组、幼儿园组一等奖。

10 月 12—17 日　市文化局、市总工会、团市委、市高教局等 9 家单位联合举行首届上海"十月歌会"。全市 45 万群众、2 000 多支歌队参加,创作歌曲近千首,涌现许多体现时代精神的行业歌曲。此后每两年举办一届。

12 月 8—10 日　市群众艺术馆和市青年宫联合在卢湾区雅卢书场举办改革开放后首届故事会串。参赛故事 42 个,其中,《二上江城》《暴发户》《飞来的官司》获得一等奖。

1983 年

1 月 28—30 日　宝山举办"罗店民间文艺年会",恢复中断了 25 年的年会机制。古镇各色纸扎旱龙船、彩灯琳琅满目,25 万群众前往观赏。

同月　黄浦区浦东文化馆率先实行承包责任制。该承包责任制包括以岗位责任制为中心的经营管理责任制、馆长负责制、干部聘任制和职工目标责任制等。

3 月 3—7 日　市文化局在松江县举行上海市农村文艺工厂经验、产品、节目三交流大会。有 9 个文艺工厂介绍了办厂情况,陈列展出 150 多种产品等。

5 月　上海市盲人聋哑人业余艺术团成立,下设民乐、舞蹈、京剧、魔术 4 个组。

7 月 3—25 日　应中国摄影家协会邀请,宝山彭浦乡 23 位农民摄影作者的 83 幅作品在北京王府井大街"摄影之窗"展出。《人民日报》、《中国日报》英文版、《中国妇女》英文版作了报道。

7 月 20—26 日　市文化局、市农业局、中国美术家协会上海分会在徐汇区文化馆联合举办上海农民书画大赛。展出作品 132 幅;其中,26 幅作品入选于国庆期间在北京开幕的全国农民书画大赛展评;7 幅作品获奖;文化部等单位授予上海"全国农民书画大赛伯乐奖"。

8 月　市工人文化宫、沪东工人文化宫、沪西工人文化宫、罗店工人俱乐部、上港五区工人俱乐部获得全国总工会表彰,被授予"工人的学校和乐园"奖旗。

9 月 23—29 日　市文化局举行业余戏剧创作剧目调演。参演的沪剧《赶不走的媳妇》、话剧《角落里的火花》等作品获好评。

10 月 27 日　市文化局、市总工会、市教育局、团市委、中国戏剧家协会上海分会联合举办第一届上海"十月业余剧展"。市委宣传部副部长丁锡满在开幕式上讲话。确定此后两年举行一届。

10 月 25 日至 11 月 10 日　北京、大连、上海、武汉、重庆 5 城市职工工业摄影作品展览在市工人文化宫开幕。观众近 10 万人次。

10 月　上海选手参加全国少儿民乐独奏比赛。其中,业余组 12 名选手、专业组 6 名选手获得一等奖;业余组 10 名选手、专业组 6 名选手获得二等奖。

12 月 24 日　市文化局、市总工会、团市委、市广播事业局联合举办上海市纪念毛泽东同志 90 周年诞辰歌会,演唱了毛泽东同志诗词歌曲 40 余首。

1984 年

2月16日　市文化局、嘉定县政府联合举办1984年上海市暨嘉定县元宵灯会。7个县、70多家单位的业余演出团队、2 700多位演员组成一支长达2.7千米的民间文艺表演队伍,表演了118个民间歌舞节目,观众约20万人次。

2月16—18日　新民晚报社、上海电视台等单位与市工人文化宫联合举办"春申谜会",开展征文、电视猜谜节目等活动。全国21个城市的谜界人士应邀来沪,3.4万多人参加现场活动。

3月24日至4月10日　上海市职工灯彩展览在长宁区工人俱乐部体育馆进行。展出158套彩灯,观众2万多人次。

4月16日　市工人文化宫贾洪源编剧的《街上流行红裙子》由中国青年话剧院首演。后长春电影制片厂拍摄同名电影。

4月25日　市总工会召开基层工会文体工作会议,宣布成立上海市职工业余爱好者组织联合会,协调指导全市职工各类爱好者协会的工作。

5月3日　在芬兰第六届国际青少年绘画比赛中,中国有88幅参赛作品获奖。其中,上海获奖作品20幅,《摇篮是我的故乡》等5件作品获得金奖,《江南水乡》等5件作品获得银奖。

5月　上海业余歌手叶茵、火磊等8人赴北京参加全国"建设者之歌"创作歌曲比赛。4人获得优秀歌手称号,并有多首创作歌曲获奖。

同月　上海市职工美术作品展览在市工人文化宫开幕。展出作品501幅,11幅获得一等奖的作品之后参加在太原举行的全国职工书法、美术、摄影展评;其中,1幅获得一等奖,3幅获得二等奖,4幅获得三等奖。

同月　中国上海市儿童艺术团应美国加州文化使节基金会的邀请,访美27天,先后在洛杉矶、旧金山、华盛顿等地演出。其间应美国总统里根和其夫人南希的邀请在白宫演出,500多位共和党妇女代表观赏。

6月4日　市民政局、市文化局、上海市广播电视局(下称市广电局)、中国音乐家协会上海分会、盲聋哑人协会联合举办上海市盲人音乐会演。150名盲人参加了74个节目的演出;26个节目获奖,其中17个优秀节目录音后参加全国比赛。

7月25日　全国少年"故事大王"选拔赛在上海举行。12个省市选送的25名小故事员经过5天角逐,产生了12名全国"故事大王";上海2人分别获得特等奖和一等奖。

8月24日　上海"十月歌会"的集体舞比赛在上海文艺会堂举行。37支队伍近700人参加决赛;杨浦区齐齐哈尔路第四小学、上海师范学院附属中学、闵行区吴泾医院、上海毛巾十二厂获得第一名。

8月24日至10月25日　松江县华阳桥乡农民钱炳荣举办家庭画展。展出作品104幅,成为上海农村第一个由农民举办的家庭画展。

9月12日　上海工人茉莉花艺术团一行9人,应法国共产党《人道报》邀请,赴巴黎参加该报创刊80周年庆祝活动。法共中央书记、国际部长格雷麦茨和法共政治局委员波普朗等观看演出。

9月24日　应中共中央总书记胡耀邦的邀请,3 000名日本青年访问中国,在上海进行"1984年中日青年友好联欢"活动。

10月1日　第二届上海"十月歌会"展演在人民广场举行。3.5万人组成的全市各条战线的群众文艺队伍在 28 个活动区域展示演出。

10 月 29 日　上海市职工美术爱好者协会、上海市职工书法爱好者协会、上海市职工摄影爱好者协会分别成立。

11 月　市文化局下发《关于认真做好文化站配备专职人员工作的通知》。全市 381 个文化站，至 1985 年配备专职人员 181 人。

12 月 17 日　上海聋哑人艺术团应邀赴中国香港参加"国际聋人戏剧节"演出，受到欢迎。

12 月　杨浦区昆明街道牵头在全市率先成立街道社区文化横向协作组织——群众文化协作委员会。

1985 年

2 月 7—15 日　陕西户县、上海金山、吉林东丰三县 180 幅（每县选送 60 幅）农民画作品巡回展在上海美术馆举行。

同月　市群艺馆内部不定期发行的《新故事》改名为《上海故事》，32 开本，公开发行。创刊时为双月刊，1987 年改为月刊，每期发行数十万份。该刊获得"中国大众文学事业突出贡献奖"。

3 月 1 日　上海市人民政府发出《关于成立上海市群众文化工作委员会的通知》。副市长刘振元担任委员会主任，委员 22 人。

3 月 11 日　上海市群众文化工作委员会成立大会、上海市文化系统群众文化先进表彰大会在友谊电影院举行。市人大常委会主任胡立教、副市长刘振元等出席。大会分别对全市文化系统 59 个群众文化工作先进集体、29 名先进工作者进行表彰。

6 月 20 日至 7 月 11 日　中福会少年宫小伙伴艺术团部分团员参加团中央组织的中国京沪少年儿童音乐舞蹈团，出访朝鲜人民民主主义共和国。金日成观看演出。

6 月 25—29 日　江苏省、浙江省、上海市群艺馆和上海人民广播电台联合在上海市举办首届"江、浙、沪故事大会串"，两省一市选拔的 18 个故事参演。

7 月 12 日　上海聋哑人艺术团应邀前往美国洛杉矶，参加世界聋哑人第十五届运动会的戏剧节演出，获得成功。

8 月 16—22 日　首届华东六省一市少儿舞蹈交流演出在上海举行。华东地区 29 个少年宫舞蹈队的 55 个节目参加演出。

8 月 29 日　上海市群众文化学会（下称市群文学会）在静安区文化馆召开成立大会。刘振元、丁锡满担任学会名誉会长，刘念劬任会长。学会办公室设在市群艺馆。

9 月 1 日　纪念抗日战争和世界反法西斯战争胜利 40 周年历史歌曲演唱会在上海杂技场举行。由新四军、八路军老战士组成的老干部合唱团，以及业余合唱团的 1 500 余人参加演出。

10 月 18—19 日　上海市老龄工作委员会（下称市老龄委）、市文化局在上海市政府大礼堂举行上海市首届老年人文艺交流演出。演出戏曲、音乐、朗诵、魔术等节目。

10 月 31 日至 11 月 2 日　市委宣传部在金山石化总厂召开上海市社区文化研讨会，200 余人出席会议。

12 月 9 日　上海市老干部合唱团成立。

12 月 12—17 日　市青年宫举行上海青年艺术节。由"大家唱""大家摄影""大家时装""大家书画"等"大家艺术"和 29 项艺术表演组成，接待青年 6 万多人次。

12月13—23日　市对外友好协会和中国福利会联合举办首届上海国际儿童艺术节。邀请北美、澳大利亚、欧洲8个国家和亚洲10个国家的少年儿童到上海举行儿童绘画展览和儿童音乐、舞蹈表演。

12月至1986年2月　市群艺馆发起并联合上海电视台等单位举办首届"通俗歌曲创作·业余歌手演唱比赛"。征集创作作品2万余件,涌现出《难忘今宵》《月亮走我也走》《心声》《最亮的星星就是我》等优秀歌曲。

1986 年

1月　市群文学会创办的《群众文化研究》(16开本,季刊)正式出版。1988年更名为《群文论苑》。

2月　普陀区、嘉定县联合举办"真如镇城乡社区文化交流庙会"。组织各类文化活动76场次,吸引观众20万人次。

3月22日　上海职工"戏剧之春"交流演出在上海县莘庄开幕。历时1个月,演出了5台大戏、23个小戏;涌现了话剧《朝朝暮暮》《脱班》和越剧《戏妻》等一批优秀创作剧目。

3—6月　上海市作家协会、解放日报社、文汇报社、新民晚报社、青年报社、劳动报社、萌芽编辑部、市园林局、上海电视台、市工人文化宫、市青年宫等18个单位联合举办1986年端阳节诗歌大奖赛。收到诗歌新作4 000多首。

5月1日　市总工会、解放日报社、文汇报社、上海人民广播电台在上海杂技场联合举办纪念"五一"国际劳动节100周年"上海工人之歌——星期广播音乐会"。

7月9—20日　市文化局、中国美术家协会上海分会、济南军区政治部在上海美术馆联合主办"祖国在我心中"画展。展出以老山前线战士的战斗生活为主题的150余幅作品。

同月　中国音乐家协会上海分会、上海口琴协会、上海口琴总厂联合举办首届全国口琴独奏锦标赛。490人参赛,上海选手季申演奏的《罗马尼亚狂想曲》第一号获得一等奖。

8月8日　市文化局、上海市司法局(下称市司法局)、上海市公安局(下称市公安局)、上海市高级人民法院、上海市检察院以及市总工会、团市委、市妇联等单位联合举办上海法制文艺会演。

8月22日　"十年一瞬间"摄影作品展览在市青年宫举行。

8月　在北京举行的全国少儿歌曲评选中,上海的《拍手,拍手》等8首歌曲获奖。

8—10月　市总工会举办全市职工"音舞之夏""班组之声"文艺交流演出。50万职工参加活动;全市30个系统的3万多个班组的数十万职工参加"班组之声"活动。

9月13日　黄浦区在黄浦画苑的基础上成立上海黄浦画院。画院拥有30名顾问和70名画师、45名青年创作人员,成员遍及全市各条战线。

10月4—27日　第三届上海"十月歌会"在沪东造船厂4万吨级船台上举行开幕式。副市长刘振元指挥全场职工高唱《歌唱祖国》。全市80多万人参加这届歌会,创作歌曲3 300多首。

10月　市工人文化宫创作、摄制的反映企业班组生活的电视剧《零号首长》,入选中央电视台全国电视喜剧展播剧目。

11月1日　宝山区月浦文化馆、普陀区桃浦文化馆对公众开放。新建的桃浦文化馆被列为上海市年度15件实事建设项目之一。

11月13日　上海市工艺美术从艺50周年授励暨命名大会举行。全市38位工艺美术专家分别获得"特级工艺美术大师"和一、二、三级"工艺美术大师"称号。

12月1日　上海石化总厂设立100万元的精神文明成果奖励基金,用于奖励在思想政治工作、文学艺术、体育等方面取得优秀成果的单位和个人。

12月1—8日　第一届全国民间音乐舞蹈比赛在北京举行。上海的《捉蟹》《推虾乐》获得三等奖;《枷》《金鸡报晓》获得丰收奖。

12月26日　市群众文化工作委员会(下称市群工委)、市文化局、市教育局、上海市体育运动委员会(下称市体委)、上海市科学技术委员会(下称市科委)、中福会联合在上海宾馆举行从事群众文艺工作25年以上者表彰大会。市委、市政府、市群工委领导向400名长期从事群文工作的老同志颁发荣誉证书。

1987 年

2月14日　上海在南市区文庙首次举办民俗文化庙会。现场表演经发掘、整理的优秀民间艺术30余种,包括具有100多年历史的"小热昏"和南北滑稽、江南丝竹、苏州文书、的笃班、担子戏等,观众近3万人次。

3月3日至7月　市群艺馆协助上海科学教育电影制片厂拍摄彩色纪录片《上海农民艺术沙龙》,展现上海农村丰富多彩的民间艺术。该纪录片被厂方评选为3部优秀影片之一,被译成7种语言向国外发行。

4月24日至5月10日　市文化局、市司法局组建上海市法制文艺赴新疆交流演出团,应邀前往石河子、昌吉、吐鲁番、乌鲁木齐演出。历时17天,演出21场,行程1 250千米,观众3万余人次。

4月25日　杨浦区鞍山文化馆建成开放。

5月8日　市群工委在吴淞区文化馆召开上海市市区群众文化工作经验交流会。400余人参加会议。中国群文学会秘书长徐明到会致辞,副市长谢丽娟出席并讲话。

5月　上海宝钢一期工程配套项目吴淞区文化馆建成开放。

7月28日至8月3日　应日本渊中中学邀请,中福会少年宫小伙伴艺术团赴日本长崎参加联欢演出。

8月26日　上海国际儿童音乐舞蹈交流演出开幕。中福会少年宫小伙伴艺术团、小荧星艺术团、伤残儿童演出队和美、日、加拿大儿童演出团同台献艺。演出100多个音乐、舞蹈节目,6 000多位小观众和各界人士观看演出。

8—12月　上海举办1987年上海市少儿(低幼)创作歌曲评奖。收到应征作品1 100件(业余创作的作品占63%),从中评选20首优秀歌曲,由上海文艺出版社编成《活页歌选》向中小学推广试唱。

9月1日　市文化局委托上海大学举办的首届上海市文化馆大专班开学,学制2年。

9月22日至10月3日　上海市职工文化艺术博览会在沪东工人文化宫举行。市长江泽民为博览会题词:"职工艺术之花"。博览会举办文艺演出、艺术展览等文化娱乐活动。设立22个分场,职工5.5万人次参加活动。

9月28日至10月5日　嘉定县首届"文化艺术节"举办7场文艺演出和5个艺术品展览会。观众7万余人次。

9月28日至10月7日　上海吴淞区首届文化节在上钢五厂开幕。刘振元为文化节题词。

9月30日　第一届中国艺术节(华东)分场在上海拉开帷幕。市长江泽民在开幕式上指挥全场大合唱。华东六省一市、南京军区800多人参加演出。

10月17日　上海市法制故事比赛在市工人文化宫举行。22个区县及广东、福建、江西、江苏、山东、浙江、天津等省市400余篇故事参赛,40篇作品分别获等级奖。

10月17—26日　"美在静安"首届静安区文化艺术节在区文化馆举行。分别举办"美在校园""美在街道"系列展览、"绝活表演"文艺专场演出。

11月14日　上海江南丝竹协会成立。陆春龄任会长,团体会员26个。

11月17—23日　市总工会、上海有线电厂、劳动报社、《建设者》月刊在市工人文化宫联合主办全国16个城市职工舞蹈会演。16个代表队、59个节目在4台演出中展示。

11月26日　在全市文艺创作座谈会上,市政府宣布拟设立创作基金和上海市文艺大奖。

12月　上海首次启动群众文化专业职称评审工作。至1989年12月,全市评出研究馆员7人、副研究馆员60人、馆员394人。

12月至1988年2月　市文化局、市广电局、解放日报社、新民晚报社、中国音乐家协会上海分会举行"第三届'金兔杯'上海市通俗歌曲创作·业余歌手演唱比赛"。应征创作歌曲3 000多首,评选出优秀歌曲《我热恋的故乡》《十五的月儿十六圆》等。

1988 年

2月9日　文化部命名金山县为"中国现代民间绘画之乡"。

3月2日　市文化局、市总工会、团市委、上海人民广播电台在市体育馆联合举办元宵百龙大奖赛。各区县参赛龙队近百个,其中嘉定县工人俱乐部《龙的传人》获得特等奖,南汇县新场舞龙协会的《四龙献宝》、上海县的《龙腾虎跃》获得优秀奖。

3月4日　市妇联、市文化局、文汇报社等8家单位主办的1988年"新建杯"上海妇女书画展在上海美术馆开幕。其间汇展上海各界妇女书画精品170件。市委副书记吴邦国、副市长谢丽娟和市委老领导夏征农、钟民等出席开幕式。

3月24日　嘉定县文化馆新馆开放。馆内设有教学大楼、小剧场、舞厅、游艺宫等设施。

4—10月　第四届上海"十月歌会"举行。全市10万多职工群众参加比赛。歌会中呈现了多声部和难度较高的无伴奏合唱,在演唱形式上有所突破。

5月17日　第十三届"上海之春"音乐舞蹈月开幕。音乐节历时10天。全市专业、业余文艺工作者和来自英国的华裔钢琴家傅聪演出了12台20场音乐舞蹈节目,3万多名观众观赏演出。

6月5日　中国曲艺家协会上海分会、上海文化发展基金会、上海电视台、上海人民广播电台联合主办的上海曲艺艺术节开幕。180多位专业、业余曲艺演员演出10台、61个节目。

6月7日　文化部副部长高占祥到南汇县调研。高度赞扬南汇县开辟文化经济资源发展文化事业的新举措,称之为"南汇精神"。

6月23日　上海市华侨联合会和大地文化社联合举办"华声曲"征歌活动。共征集海内外歌曲6 000首,其中15首被评选为优秀歌曲。

9月19日　市文化局在静安区文化馆召开"以文补文,多业助文"经验交流表彰会。会上对7个区县文化局和34个基层单位及个人进行了表彰和奖励。

9月21日　杨浦区延吉文化馆建成开放。

10月3—12日　应文化部群文司邀请,松江农民丝网版画在北京音乐厅艺术家画廊举办展览,展出作品100幅。高占祥参加开幕式并题词:"美从民间来"。

10月17日　市文化局、市农业局、中国电影家协会上海分会等联合举办上海农村摄影比赛。自445幅参赛作品中选送28幅参加次年在北京举行的中国农村摄影大奖赛,有3件作品获农民作者优胜奖。

同日　文化部在北京举办全国少儿民族乐器比赛。上海6名选手参赛,获4个一等奖;其中,3个乐曲作品优秀奖均由上海获得。

11月17日　浙、沪、苏、皖三省一市在杭州联合举办群众戏剧小品大奖赛。上海参赛的9个小品中,杨浦区文化馆与空军政治学院合作的《春花与豹子》获大奖,《裸》获得一等奖,另有7个作品分别获得二、三等奖;5位主要演员获得优秀演员奖。

同日　市政府发布《上海市社会文化管理暂行办法》。

11月30日　虹口区曲阳文化馆建成开放。该馆建设是市政府年度计划完成的与人民生活密切相关的实事之一。

12月　上海市农民书画协会成立。

1989 年

1月5日　市文化局、上海大学文学院、川沙县文化局、《上海故事》编辑部联合举办夏友梅故事艺术评论会。

1月18日　市委宣传部和市委政策研究室联合召开上海市社区文化建设经验交流会。大会提出:社区文化应寓教于乐,有益于身心健康,抵制腐朽文化的侵袭。

2月11日　上海县文化馆民间舞蹈队表演的《龙腾虎跃》,应邀赴北京参加由中国舞蹈家协会等单位联合举办的1989年春节北京第三届龙潭杯民间花会,荣获优胜奖、组织奖和教练奖。

2月19日　1988年首届上海市"卡拉OK"通俗歌曲演唱大奖赛在上海市体育馆落下帷幕。1 600多名参赛歌手来自各行各业,市蓬莱中学女学生胡蓓蔚获得一等奖。

2月20日　上海举办"'89复兴灯会""豫园灯会""文庙元宵灯会"等一系列灯会,欢度蛇年元宵节,吸引数百万市民参与。

3月5—11日　第二届全国残疾人艺术调演在北京举行,上海参演的4个节目全部获奖。其中,独唱《何惧泰山十八盘》获得创作一等奖,京哑剧《狮子楼》获得演出一等奖。

3月8日　上海市"三八"妇女节群众歌咏大会在上海杂技场举行。市委书记江泽民等市领导出席。

3月17日　在全国农民书画大赛中,上海市26幅作品入选,7件作品分别获得绘画、篆刻的等次奖。

3月19日　上海—九州中日民间文化交流活动在普陀区体育馆和少年宫举办。

3月20日　文化部、农业部、水利部、中国摄影家协会联合举办中国农村摄影大奖赛。上海入选作品28件,其中3件获奖。宝山县月浦乡农民摄影作者滕根泉的《老来喜》《咱们村里的年青人》获得优胜奖。

3月　市群艺馆编辑出版的群文刊物《大世界》复刊(创刊于1980年),为16开本、双月刊。

4月27—29日　上海市第七届故事会串在江苏省昆山县向直镇举行。以"故事员的故事"命名创作和即兴表演。150 余人参赛,评选出 4 个创作一等奖,5 个创作二等奖,5 个优秀表演奖。

4 月 2 日至 5 月 28 日　市总工会在沪西工人文化宫举办上海职工第二届文化艺术博览会。设 1 个中心会场,35 个分会场,举办各类文艺比赛和展示活动。全市 100 多万职工参加活动。

4 月　文化部命名松江县为"中国现代民间绘画之乡"。

4 月　市群艺馆、市工人文化宫、中国舞蹈家协会上海分会联合举办"长城杯"上海首届国际标准舞大赛。

5 月 2—9 日　市高教局、团市委、市学联共同举办首届上海市大学生校园文化节,全市 51 所高校的 2 000 余人参加活动。

5 月 15 日　上海市社区文化建设经验交流会在市政协会议厅召开。

5 月至 11 月 3 日　"'89 上海文化艺术节"举行。9 月 16 日艺术节开幕式在上海杂技场举行。来自各行各业和学生团体的 12 支歌队近 2 000 人参加演唱,市长朱镕基带领 125 名局级以上干部高唱《干部廉政歌》。艺术节期间各类群文演出 500 多场,近 200 万人参加活动。

6 月 4 日　上海市环境保护局、市教育局、中福会少年宫联合举办的"我与蓝色地球"儿童画展在中福会少年宫开幕。

8 月 19 日　普陀区文化馆、曹杨街道办事处联合举办"曹杨新村家庭楼台歌会"。12 户家庭歌手在阳台上拉歌、对歌、邀歌。

9 月 10 日　全市 40 个群众团体、文化单位提出开展"我爱上海"系列活动倡议。

9 月　上海市精神文明建设活动委员会,市妇联,中共长宁区委、区政府联合举办"爱我上海、爱我家"——上海市首届家庭文化节。全市各区、县组织各类家庭文化活动 7 000 多场,参加人次近 100 万。

10 月 1 日　市长朱镕基等市领导参加在沪东工人文化宫举办的杨浦区庆祝建国 40 周年游园会,观看由工人、部队联合演出的文艺节目和全国书画邀请赛展览。

10 月 1—3 日　在中华人民共和国成立 40 周年之际,上海举办国庆游园观灯活动。参加游园活动的市民约 600 多万人次。

10 月 7—10 日　文化部在普陀区真如文化馆召开全国部分文化馆"以文补文"经验交流会。全国 14 个省、自治区、直辖市的 50 位从业者出席会议,交流开展"以文补文"的情况,探讨新形势下面临的问题。

10 月 17—24 日　市工人文化宫茉莉花艺术团赴日本横滨参加第二届神奈川国际业余戏剧节。

11 月 7—11 日　首届全国城市群众文化学术讨论会在云峰宾馆开幕。全国群文学会副会长、文化部群文司司长常泊出席并致开幕词。

11 月 20 日　川沙县文化局、县文化馆、县总工会、县工业局、川沙县东沟乡人民政府联合在东沟乡影剧院为"'89 上海文化艺术节声乐比赛"中获民族唱法一等奖的陆利文举办个人演唱会。

12 月 17 日　上海聂耳、星海学会与上海音乐学院、市群艺馆、老年音乐学会、合唱指挥学会、儿童音乐学会和文化发展基金会在上海市政府礼堂联合举办纪念《黄河大合唱》诞生 50 周年音乐会。

12 月 23 日　金山县文化馆落成开放。

12 月 30 日　金山县举行 1990 年迎春文艺晚会。市长朱镕基登台演唱京剧《龙凤呈祥》选段。

1990 年

3月5日　市教育局、团市委、市广电局、上海儿童少年工作协调委员会、上海文化发展基金会、中福会在上海杂技场联合举办"'90上海少年儿童文艺活动年"开幕式。

3月18日　上海市艺术教育委员会成立。委员会由51人组成。此后,各区县也相继建立艺术教育委员会。

5月4日　金山县山阳乡投资300万元建成山阳乡文化中心大楼,成为全市郊县乡镇文化中心建设的领跑者。

同日　市文化局、上海美术馆、上海收藏欣赏联谊会共同举办"'90上海艺术节——首届上海民间收藏精品展"。近百位海上藏家提供了近万件展品;约5万多人次参观。这是国内第一次举办大规模的民间收藏展。

5月12—22日　"'90上海艺术节"在宝山钢铁总厂剧场和全市17家剧场举行。上演32台64场音乐、舞蹈、戏剧节目;观众约10万人次。

7月16日　全市评选出"十佳农民歌手"。其中的3位选送参加全国农民歌手邀请赛。

7月　中国社会音乐研究会、中国音乐家协会歌声编辑部、中央人民广播电台文艺部联合举办首届全国歌咏比赛。上海徐汇区歌队在比赛中获大奖,进入"十佳歌队"行列。

8月2日　文化部群众文化司等单位在辽宁省抚顺市主办首届全国新故事比赛会。上海代表队参赛的3部作品及表演者全部获奖。其中,《弥留之际》获得特别荣誉奖。

9月14日至10月30日　"'90上海·自贡金秋艺术灯会"在鲁迅公园开幕。35个大型灯组、500盏各式彩灯吸引250万中外游客前往观赏。

9月21—27日　举办首届上海黄浦旅游节。共有"做一天上海市民"、浦江夜游、广场音乐会等20多项特色活动。

10月1日　松江县农民丝网版画应邀赴北京展览,为期10天。文化部副部长高占祥为展览会开幕剪彩。

11月24—28日　深圳、新疆、上海三地少年儿童优秀美术作品"三区市儿童画联展"在上海美术馆展出。328幅儿童画参展。

11—12月　华东师范大学、上海人民广播电台联合举办"'90'施尔康杯'上海市高校协作歌手大赛"。200多名来自全市35所大专院校的选手角逐"上海市十佳大学生歌手";大赛征集到近百首原创歌曲。

12月　文化部在北京召开全国先进文化馆、站经验交流暨表彰大会。松江县文化馆副馆长陆军获得全国文化系统劳动模范称号;上海4个文化馆、7个文化站被评为全国先进文化馆、站;2名文化馆长、6名文化站长被评为全国先进文化馆(站)长。

1991 年

1月1日　上海市学生艺术团成立,下设24个分团,926名团员。

2月　市群艺馆、浦东新区、杨浦区、川沙县文化馆联合举办"开发浦东、振兴中华"全国部分省市灯谜创作邀请赛。

3月4日　市文化局、市妇联、市新闻出版局联合成立上海家庭读书活动指导委员会。办公室设在市文化局。

3月5日　宝山钢铁厂总部建立开展企业文化活动的社团——宝钢艺术团。

4月6—7日　南汇县创办桃花节,社会各界人士和外宾500余人首次在种植面积3万亩的连绵桃园内参加踏青赏花活动。

4月17日至5月2日　上海龙华庙会在龙华古镇举行,约800万人次参加庙会。

5月7日　第十四届"上海之春"音乐节在市政府大礼堂举行开幕式。自这一届开始,"上海之春"音乐舞蹈月更名为"上海之春"音乐节,并改由上海音乐家协会、市对外文化交流协会和上海文化发展基金会等主办。3 500多人参加演出,观众约2.2万人。

5月1日至7月1日　上海市民族事务委员会、长宁区政府等5个单位在中山公园联合主办首届中华民俗风情大型游艺会。

7月1日　持续24小时的"上海一日"大型摄影活动于零时拉开帷幕。300多位专业、业余摄影者分别在全市350多个摄影点,用1 200多个胶卷拍摄了43 000多张照片。

9月5—10日　首届大世界戏剧节在上海大世界游乐中心举行,逾5万市民参加活动。

9月18—28日　上海市精神文明建设委员会、市妇联、市文化局等20多家单位联合举办"爱我上海爱我家"上海市第二届家庭文化节。各区县妇联推出活动200多个,百万户家庭艺术作品进行展示。

9月　文化部群众文化司主办、黄浦区文化馆承办的"'91'和平杯'中国京剧票友邀请赛"在沪举行。上海参赛者获金奖1枚、银奖和铜奖各2枚。

同月　文化部群众文化司在沈阳举行全国优秀秧歌大赛。上海县龙舞队获优胜奖、精神文明奖、集体组织奖。

10月2—20日　市教育局、市文化局、市艺术教育委员会举办以"歌颂祖国、热爱艺术"为主题的上海市首届学生艺术节。其间,演出了600多个文艺节目,展出900多件艺术作品。

10月18日　文化部、人事部联合表彰上海南汇县为全国文化工作先进地区;上海市舞蹈学校等单位为全国文化工作先进集体;川沙县文化馆夏友梅等为全国文化系统先进工作者。

10月19日　市工人文化宫创作的话剧《大桥》在北京首都剧场举行首场演出。作品后荣获"文华大奖""五个一工程"奖。全国总工会授予上海市工人文化宫话剧团全国先进集体称号,并颁发"五一劳动奖状"。

10月22日　中共中央政治局常委、全国政协主席李瑞环视察上海市戏曲学校,观看在校学生、毕业生及校外小朋友演出的京、昆折子戏。

10月　市总工会举办"'91上海国际工人文化艺术交流"活动。美国巴尔的摩鸡冠花园林夏日剧团、日本横滨小剧场剧团、俄罗斯敖德萨诗歌戏剧剧团与上海工人茉莉花艺术团同台演出。市委副书记陈至立出席开幕式并观看演出。

12月24日　金山县张道余创作的《女厂长传奇》、韩仁钧创作的《难成眷属》参加"'91中国新故事大赛",获全国最佳新故事奖。

12月　文化部举办第一届"群星奖"比赛,评选全国群众文艺创作作品最高奖。浦东文化馆创作的话剧小品《锁》,黄淑子、朱良镇创作的歌曲《祖国,我深深地爱您》均获二等奖。

1992 年

3月20日　市高教局、团市委和市学联等单位联合主办的"'92上海大学生校园文化系列活动"开幕。

3—5月　市委宣传部、市文化局、市音乐家协会等联合举办《中华大家唱（卡拉OK）曲库》歌曲群众歌唱比赛。

5月1日至6月12日　团市委、市高教局、市学联等举办"'92'李宁杯'第二届上海市大学生歌手创作歌曲大赛"。全市37所大专院校的选手角逐"上海市最佳大学生歌手"。大赛征集了200首原创歌曲，评出优秀歌曲8首。

5月10—30日　举行"'92上海艺术节"。演出了32台65场音乐、舞蹈、戏剧节目；观众8.7万余人次。艺术节期间还举办了3个艺术展览会。

6月10日　文化部少儿司举办"新苗奖"首届全国儿童京剧邀请赛。上海市参赛的《空城计》《铡美案》获得一等奖，上海队胡慧春等获一等奖，钱芸获二等奖，戎兆琪、姜凌获三等奖，钱宏获表演奖。

6月22—25日　第三届华东戏剧小品大赛在虹口区曲阳文化馆举行。虹口区创作、演出的《张三其人》获大奖，《天下父母心》获一等奖。

7—8月　文化部举办中国儿童美术日记比赛。上海的曹文、宋神、赵玮、龚晶获得一等奖。

8月25日　文化部、财政部授予浦东文化馆"全国以文补文先进集体"称号。

9月14日　市文化局、上海市物价局、市财政局联合发文《关于业余艺术教育管理费收取、使用、管理办法通知》。

9月19日　市农业局等在静安区文化馆举办反映上海农村改革开放、经济建设丰硕成果的摄影作品展。

9月24日　市文化局制定《上海市群众性文化艺术社会团体管理暂时规定》，并于10月9日公布《上海市业余文艺团（队）管理暂行规定》。

9月　江、浙、沪"江南风"歌曲创作演唱大赛举办。上海参赛的歌曲作品《赶海》获创作特等奖，《白兰花》获创作一等奖。

同月　上海县马桥乡旗忠村文化中心大楼建成开放。建筑面积4000平方米，是上海郊区同期建成的面积较大的村级文化设施。

10月15日　"'92上海静安金秋活动节"闭幕。历时40天，精心组织的8大系列33类106个项目活动，吸引了近200万国内宾客和35个国家、地区的2万余名海外人士参与。

10月25日　汇集万余件古今藏品的"'92上海民间收藏品大展"在三山会馆开幕。大展列为"'92中国友好观光年全国百项节目"和上海年度十大节庆活动之一。106位收藏家参展。

10月28日　文化部群文司、少数民族文化司主办的全国民族文化博览、民间美术大展中，上海樊星涛的微雕作品《清明上河图》、金山县张新英的农民画《猫》获一等奖。展览期间，全国民族文化博览"民族之花"评选揭晓，上海韩冬冬获汉族金花第一名。

10月　全国儿童戏剧（录像）评比揭晓。上海选送的《猴子捞月》《聪明的曹冲》获一等奖。

12月10—11日　黄浦区文化馆举办全国部分城市戏剧小品汇展。北京、上海、广州、沈阳、武汉、济南、重庆等城市选送作品参加展演。

12月　在第二届全国"群星奖"评选中，闸北区创作的民乐合奏《水乡吟》和虹口区创作的话剧小品《张三其人》双双荣获金奖。

1993 年

1月6日　市群工委和市少儿文艺委员会联合举行表彰大会。表彰1992年全市群文创作在全国获得73个奖项的戏剧、音乐、美术、摄影和少儿作品。

2月　上海市群众文化工作者协会成立。

2月　宝山区群众艺术馆民间艺术团的百幅吹塑版画作品纳入中国文联的组团项目，参加意大利第三十四届国际艺术节。

4月11—17日　上海市经济委员会、市农业局、上海市对外经济贸易委员会等单位联合举办上海市首届乡镇企业文化艺术节。艺术节共展示了150多幅乡镇企业职工的美术、书法作品，举办了30多场乡镇企业参赛节目的文艺展演。

4月30日　上海市庆祝"五一"文艺晚会在美琪大戏院举行。中共中央政治局常委、中央军委副主席刘华清，上海市委书记吴邦国、市长黄菊、市委副书记陈至立、王力平出席。

5月5日　上海市精神文明建设委员会办公室（下称市文明办）、市城市美学促进会、解放日报社等12个单位联合主办的上海"景泰杯"群众诗歌大赛在市工人文化宫举行。参加活动的职工约56万人；参赛稿件19.8万篇。上海凤凰自行车公司何燕创作的《小鸡东东》等8首诗歌获"优秀作品奖"。

5月30日至6月1日　市教育局、市文化局、中福会、上海美育学会等单位主办的上海"六一"少年儿童画展在上海美术馆举行。由各区、县少年宫选送的1 000余件儿童画中选拔出397件作品参加展览。

5月31日　中福会少年宫与上海大观园联合组建的"中国福利会少年村"奠基仪式在大观园东园举行。在淀山湖畔建立占地20万平方米的儿童野外活动营地。

6月2—8日　文化部群文司在中国美术馆举办'93全国群星美术大展。宝山区龚赣弟、松江县周洪声、奉贤县陈丽丽、南市区张光世、上海县邢元虎、金山县陈韦华获大展优秀作品奖。

8月27日　上海电视台、市农业局联合举办上海市首届乡村歌手大赛。

9月17—20日　全国社区文化研讨会在上海虹口区举行。文化部副部长高占祥，市委副书记陈至立，市委常委、市委宣传部长金炳华及全国各省市群众文化理论工作者130多人参加会议。

9月18日　中国民间美术学会、宝山区文化局、吴淞乡人民政府共同举办全国民间绘画艺术交流展。

9月26日至10月10日　卢湾区在复兴公园推出万余人参与的大型广场文化系列活动。

10月20—25日　"'93中国京剧票友邀请赛"决赛在天津举行。上海米兰业余京剧团6人参赛，刘佩君和张育文获京剧十大名票金牌，4人分别获得银牌和铜牌。

11月6日　黄浦区在外滩广场举办"美的旋律"——外滩音乐会。由海运集团公司职工艺术团演出。

11月7日　市文化局、市教育局、市少年儿童文化艺术委员会、市艺术教育委员会主办上海市社会力量办学艺术院校文艺会演。其中21个节目获奖。

11月10日　"'93上海优秀儿童剧展演"在儿童艺术剧场开幕。展演为期110天，展示了12

台、600 多场精彩演出。

11 月 12 日　以纪念毛泽东 100 周年诞辰为主题,上海市新四军老战士书画摄影作品展在上海美术家画廊开幕。

11 月 29 日　市级机关首届文化艺术节在市工人文化宫开幕。副市长徐匡迪、龚学平参加。

11 月　上海音乐家协会、市艺术教育委员会、市群艺馆等单位联合主办上海第二届业余吹奏乐比赛。上海宝钢管乐团、市三女中管乐队等 24 支队伍、1 100 人参加比赛。

同月　市教育局、市艺术教育委员会举办上海市学生金孔雀舞蹈节。其间,创作、推广近百支校园集体舞。

12 月 26 日　市教育局、中福会、上海市摄影家协会联合主办的上海市第七届少年儿童摄影展览在上海市教育画廊举行,1 300 余幅作品参加展览。

12 月 28 日　静安区文化馆综合大楼、艺术楼土建工程完工。建筑面积再次扩建至 17 080 平方米;新建成的综合大楼成为上海设施最好的文化馆之一。

1994 年

1 月 2 日　1994 年上海国际少年儿童文化艺术节启动。漂流瓶投放活动和"金钥匙"授予仪式在中福会少年宫举行。市长黄菊将 200 把"金钥匙"授予少年儿童代表,并向全市小朋友致以新年祝贺。

1 月 24 日　上海市艺术教育委员会、上海文华实业总公司、东方电视台、上海民族乐团主办的"'94 上海民族音乐普及演出"在曲阳文化馆拉开序幕。活动历时 5 个月。

2 月　上海市群众文化学会举行上海市群众文化学会工作会议。全市 800 余人出席了会议。

4 月 1 日至 6 月 10 日　华东师范大学、上海东方广播电台等单位联合举办"'94'海螺杯'第三届上海市大学生歌手·创作歌曲大赛"。近 30 所学校的 150 名优秀校园歌手参加;80 位词曲作者参加优秀创作歌曲评选,评选出 10 首"优秀创作歌曲"。

4 月 17 日　"'94 上海国际茶文化节"在闸北公园举行。

4 月 30 日　上海市群众歌会举办。来自各行各业的合唱团和学生乐团演员同台演出;正在上海考察的中共中央总书记、国家主席江泽民出席并和大家一起引吭高歌。

4—10 月　市教育局、市文化局、上海文化发展基金会等 11 个单位联合举办"'94 上海学生戏剧节"。150 个节目参赛,参加演出的学生 1 100 多人。

5 月 27 日　市文化局牵头组织的庆祝上海解放 45 周年歌咏节在上海体育馆举行。1.8 万名来自各条战线的歌手和啦啦队歌唱祖国取得的成就;市委市政府和驻沪部队主要领导登台与群众一起引吭高歌。

6 月 20 日　市委宣传部、市委组织部在上海戏剧学院实验剧场联合主办"阳光·大地"优秀歌曲演唱赛决赛。

6 月 24 日　中国金山农民画展在古巴卡马圭市隆重开幕,展出了 20 多幅具有浓郁乡土气息的画作。

6 月 30 日　"'94 上海(浦东新区)首届中华艺术博览会"在上海展览中心开幕,博览会为期 8天,展出了 4 000 余件文化瑰宝。

7 月 9 日　市工人文化宫创作的 16 集电视连续剧《大潮汐》荣获全国"五个一工程"奖。

7月23—28日　市教育局、中福会、上海市人民对外友好协会、上海市文化发展基金会等10个单位主办"'94上海国际少年儿童文化艺术节"。来自五大洲22个国家和地区的44个团队675人及全国各地30个观摩团共计1 200余人前来参加交流活动。

8月6日　全国150多所高校参加的"'94'超天杯'中国大学生创作歌曲邀请赛"在上海闭幕。上海铁道学院张东晨创作演唱的歌曲《我的大学》获最佳歌曲与最佳作词两项大奖。

9月14日　金山县枫泾中洪村陈富林全家6人应中央电视台"家庭奇趣大观"专题节目邀请,进京拍摄家庭绘画专题片。

9月22—29日　"'94上海市职工文艺展演"在市工人文化宫茉莉花实验剧场举行。来自基层工会、文化宫、俱乐部的30个团队参加,100多个节目参演。

9月27日至10月6日　市文化局组织演出队赴北京参加国庆45周年游园演出。三林乡舞龙《新龙飞舞》、胡桥乡的民间舞蹈《滚灯》、中福会少年宫小伙伴艺术团的大型儿童舞蹈《中国风》、市三女中少女吹奏乐《打虎上山》进京参演。

9月28日至10月6日　"'94上海桂花节开幕式暨'桂花秋韵'文艺晚会"在徐家汇广场举行。桂花节接待市民游客300余万人次。

10月8日　崇明县大新乡前卫村举办"前卫金秋文化旅游节"。这是全市第一个村级单位举办的文化旅游节。副市长龚学平前往祝贺。

10月17日　北京、天津、上海三市工人文化宫联合主办的"'94京津沪职工南北戏曲交流演出"在上海举行闭幕式。

10月　"七五"国家艺术科研重点项目《中国民族民间舞蹈集成·上海卷》正式出版。

同月　第七届上海"十月歌会"举行。从1 800个节目中选出49个声乐、器乐、舞蹈节目,参加在新世纪广场举行的决赛。男声独唱《怎能忘记》等5个节目、民乐合奏《节》等2个节目、舞蹈《春雨》等3个节目获最佳演出奖。

11月1日　"金山农民画"明信片由邮电部发行。这套明信片一套6枚,采用图案《蔗田鸭群》《沙船迎春》《安居乐业》《嬉踢毽子》《猪肥业大》《元宵灯节》。

1995 年

1月31日　全国第二届中小学生合唱录像比赛揭晓。上海派出9个参赛队,获总分第一名。吴淞中学、杨浦艺校、洋泾中学、长白一小、崇明县实验小学获得一等奖。

4月25日　中福会少年宫木偶小组的师生制作的120套乒乓玩偶作品,被在天津举行的第四十三届世界乒乓球赛组委会选定为大赛礼品,赠送给参赛的各国代表。

4月　虹口区被文化部、人事部评为"全国文化模范城区"。

5月15日　市委宣传部、市文明办、市妇联等单位联合举行"上海市第四届家庭文化节"开幕式暨上海市"五好家庭"表彰大会。

6月10—14日　第八届"江南之春"画展在静安区文化馆举行。画展收到170余幅作品;105幅作品入选参展,包括金山农民画、宝山吹塑版画、松江丝网版画、青浦水印木刻等。

6月24日　黄浦区在外滩陈毅广场举办"百架钢琴大联奏"广场音乐会。

6月28日　上海召开社区文化工作会议。市委副书记陈至立、副市长龚学平参加会议并讲话。

7月7日　以纪念抗战胜利50周年为主题,市委老干部局、市老龄委、市退休职工管理委员会联合主办上海市抗日救亡歌曲演唱会。全市各条战线离退休老同志组成的 52 支歌队,在黄浦体育馆演唱抗日救亡歌曲。

7 月 14 日　中福会少年宫与台湾中华文化基金会联合举办"上海—台北少儿书法交流展"颁奖仪式。20 个区(县)、3 000 余名少年儿童的作品应征参加选拔活动。

7 月 29 日　上海老、中、青、少百余位画家在外滩陈毅广场,共同创作题为"上海画界绘'七不'四代画家广场大盛会"的巨幅画卷。

8 月 20 日　金山县漕泾镇建国村 90 岁农民画家阮四娣入选《世界现代美术大辞典》;接受"世界艺术名人"证书。

9 月 18 日　建筑面积约 5 万平方米的宝山区工人文化活动中心建成开放。

9 月　在"尊龙杯"全国农民歌手演唱大赛中,上海选手获民歌唱法 2 个金奖、1 个银奖;市群艺馆获优秀组织奖。

10 月 22 日　市文化局、上海市广播电影电视局(下称市广电局)、上海毛巾一厂联合主办"'95'颂中华'全国卡拉 OK 大奖赛上海'天鹅杯'赛"。全市 1 500 人参加初赛,选拔出 18 名选手参加决赛。李晓雯、朱震芳、张筱雯获一等奖。

10 月 28 日　上海市振兴中华读书指导委员会、市总工会主办的"'95 上海首届读书节"在市工人文化宫开幕。读书节书展推出 2 万种新书。

10 月 29 日　经文化部批准,由宝山区委区政府、文化局主办的"'95 中国上海·宝山国际民间艺术节"开幕。艺术节历时 11 天。

10 月 30 日至 11 月 5 日　应日本横滨市邀请,中福会少年宫组团一行 5 人,参加"上海—横滨少儿动物绘画赛"。上海的 4 名小作者获金奖。

11 月 2 日　市文化局主办,市国际标准舞协会、市群艺馆等 12 个单位联合承办"'95 上海国际友好城市国际标准舞邀请赛"。上海联队分别获职业摩登舞组第一、二名,获职业拉丁舞组第二、三名等;获业余摩登舞组第二、四名,获业余拉丁舞组第三名。

1996 年

1 月 3 日　上海市农村文化工作会议在宝山宾馆举行。市委副书记陈至立、副市长龚学平出席会议并讲话。

1 月 6 日　上海举办上海市中小学生京剧邀请赛暨第三届全国"新苗杯"少儿京剧邀请赛上海地区(业余)比赛。全市 13 个区县的 26 所学校和少年宫的 35 个节目参赛。

1 月 24 日　1995 年度上海市群众文化活动表彰大会在市文化局举行,表彰 1995 年群文系统获得市级以上各种奖项的单位和个人。其中,虹口区被评为全国文化工作先进区,奉贤县被评为全国文化工作先进县。

4 月 12 日　虹口区推出"文化菜篮子工程"。

4 月 16 日至 10 月 16 日　上海市教育委员会(下称市教委)、市文化局、市广电局、上海市劳动局(下称市劳动局)、团市委、中福会联合主办上海市第二届学生艺术节。全市近 200 万大、中、小学学生参加了 3 000 多项艺术活动;3 万多学生参加比赛;收到学生艺术作品 5 000 多件。

4 月 30 日　"世纪回响五一歌会"在上海体育馆举行。中共中央总书记、国家主席江泽民,国家副主席荣毅仁及其他中央和市委领导,上海各族、各界群众 1.5 万人参加歌会。

同日　中共中央总书记、国家主席江泽民视察上海市文明单位——闸北区青少年活动中心并题词:"培育一代新人"。

5月18—30日　"'96上海艺术节"举行。33台剧目参加演出;20个区县在60个活动点分别开展丰富多彩的广场文化艺术活动。艺术节举办被评为"'96上海十大文化新闻"之一。

5月　文化部命名青浦县、松江县为全国文化先进县。

6月1日　在联合国儿童基金会成立50周年之际,上海16岁中学生张乐陆设计的4枚邮票被邮电部列为《儿童生活》特种邮票并发行。

7月21日至8月1日　经国家教委、市教委推荐,上海市学生艺术团第一次代表中国赴荷兰阿姆斯特丹市参加"'96第二十届国际音乐教育协会交流演出"。

8月8日　市长徐匡迪、市纪委书记张惠新、市政府秘书长冯国勤视察虹口区锦苑小区"文化菜篮子工程"实施情况,听取闸北、宝山、杨浦、虹口区关于开展群众文化和精神文明建设的工作汇报。

8月17日　上海东方小伙伴艺术团的舞蹈《金葵花》参加中央电视台、广州电视台在广州联合举办的"'96全国首届少儿电视艺术团演出周",获演出一等奖和团体优秀奖。

9月5日　中国第一支由下岗女工组成的管乐团——永昌女子管乐团在沪西工人文化宫挂牌成立。

9月14日　文化部授予金山县"全国万里边疆文化长廊建设先进县"称号;授予宝山区"全国万里边疆文化长廊建设成绩显著"单位的称号。

9月22日　中福会、上海宋庆龄基金会、市信鸽协会等联合举办沪港少年和平鸽友情传递活动的放飞仪式,拉开了"'97上海国际少儿艺术节"的序幕。

10月5日　上海市职工文艺展演在中国大戏院开幕。连续3天在市工人文化宫影视剧场、沪西工人文化宫等进行了舞蹈、器乐、声乐、小品专场演出。

10月21—26日　第三届"新苗奖"全国少儿京剧邀请赛在沪举行。上海地区获5个一等奖、3个二等奖、1个三等奖,上海队是获奖最多的参赛队。

12月24日　文化部授予宝山区宝山镇"中国民间艺术之乡"和"吹塑版画艺术之乡"称号。

同日　上海市群众文化奖励基金理事会成立,启动100万元奖励基金。陈至立、龚学平任名誉理事长,周慕尧任理事长。

12月27日　虹口区文化艺术馆对公众开放。

12月　普陀区文化馆重新翻建。历时2年完成,建筑面积1.8万平方米。

1997年

5月2日　黄浦区文化馆受市文化局外事处委托,组建上海民间艺术团赴比利时、法国参加欧洲国际民俗艺术节演出。这是群众文艺团队首次走出国门。

5月4日　团市委建立的上海市青少年活动中心正式对外开放。这是"八五"期间上海精神文明建设十大文化设施之一,总建筑面积达到31522平方米,成为全市青少年校外教育活动阵地和公益性服务机构。

5月9—26日　第十七届"上海之春"音乐节举办。上海专业、业余团体及国外艺术团体演出了音乐舞蹈剧(节)目23台,其中包括"获奖少儿舞蹈专场"等,观众近5万人次。

5月14日　上海市第五届家庭文化节开幕。

5月31日　市教委、市文化局、中福会、市艺术教育委员会联合举办的"'97上海市'敏之杯'六一少年儿童绘画作品展"在上海美术馆开幕。

6月3—5日　市群艺馆、市美术家协会、解放日报社、上海农民书画协会在上海图书馆联合主办第九届上海"江南之春"画展。展出作品150件。展览结束后,部分作品到松江、金山等地巡回展出。

6月5日　"迎香港回归、颂祖国昌盛"群众性广场文化活动月揭幕。50多台广场文化活动在全市各区县展开。

6月16日　200名上海青少年在外滩滨江大道上铺设的长达1997分米的白布上挥毫泼墨,描绘香港回归祖国的历程,表达上海青少年迎接香港回归的喜悦心情。画作由上海历史博物馆收藏。

6月18日　"永久的怀念——忆小平、迎回归音乐朗诵会"在广电大厦演播厅举行。活动表达了上海人民对邓小平的敬仰、怀念之情。

6月30日至7月1日　上海在外滩黄浦公园举行"庆祝香港回归祖国联欢晚会"。50多个群众文艺团体、2000多演员参加演出。

7月4日　第四届上海市职工文化艺术节在上海美术馆开幕。市委副书记陈至立为艺术节题词。

7月　文化部主办的"中国青少年艺术大赛·第五届'桃李杯'舞蹈比赛"在广州举行。上海参加比赛的23位选手中,19位获奖:获金奖2名、银奖3名、铜奖7名和优秀表演奖7名。

8月2—8日　市教委、市文化局、中福会、上海人民对外友好协会、团市委联合主办"'97上海国际少年儿童文化艺术节"。12个国家,27个少儿艺术代表团,1500名少年儿童参加;118个节目参加了30场演出;参与活动的少年儿童近80万人。

9月22日　上海市政府颁布《上海市公共文化馆管理办法》。

10月12日　第八届全国运动会在上海开幕。市文化局承办开幕式大型文艺表演《祖国万岁》,2万多人参加了表演。表演气势恢宏,绚丽多彩,受到海内外好评。

10月14日　上海地区口头文学精品的集合——《中国歌谣集成·上海卷》在北京通过终审。

12月4日　市文明办、上海石油股份有限公司主办的"迈向都市文明"——"石化杯"上海精神文明建设摄影展在上海图书馆开幕。展出作品300余幅。陈石麟拍摄的《民工的春节》、郭辉拍摄的《八运啦啦队》和范文成(10岁)拍摄的《聋哑学校的教师》荣获一等奖。

1998 年

1月13日　上海市计划生育委员会(下称市计生委)、上海市计划生育协会、市文化局在中国大戏院联合举办"'98上海市人口与计划生育文艺汇演"。16个区县参加会演。

1月24日　上海民间文艺家协会、上海作协儿童文学委员会、团市委少年部、上海人民广播电台、上海教育电视台、上海《采风》《小朋友》编辑部等举行"儿歌创作50年纪念仪式暨生肖系列'光明杯'小铁牛儿歌大赛颁奖会"。

3月28日　"'98上海国际艺术节"的节旗揭幕。艺术节推出的节中节——南汇桃花节、青浦红楼艺术节等大型民俗活动和群众性的广场文化演出同时揭幕。

4月1日　上海市社区文化工作会议召开。会议提出:五年初步建成全市社区公共文化设施网络。

5月3日 "'98上海国际艺术节·群星璀璨耀东方"文艺晚会在外滩新世纪广场举行。以广场文化为主要形式的群众文化活动首次登上国际艺术节舞台。艺术节期间,共举行26台大型群众文艺演出,300场广场文化活动,观众60余万人次。

5月15日 首届社区艺术展在上海图书馆开幕。来自各行各业和少年儿童作者创作的作品225件,包括国画、书法、雕塑、摄影、船模、工艺品等。

6月29日 第二届读书节表彰大会在市工人文化宫举行,300多位活动积极分子和读书爱好者受到嘉奖。

7月6—10日 市文化局、市艺术教育委员会、闸北区人民政府、东方电视台联合主办的"百乐奖上海市少儿京剧邀请赛暨第四届'新苗奖'全国少儿京剧邀请赛"上海业余组选拔赛在上海铁路文化宫举行。

7月20日 市育才中学、格致中学、第三女子中学、上海中学等12所重点中学学生自发组织的"飞越梦想"——上海市部分重点中学文艺会演首场演出在市三女中举行。门票收入捐赠苏州河综合治理工程。

8月24—28日 第四届中国国际民间艺术节上海展演周在宝山举行。

8月25日 虹口区曲阳文化馆少儿合唱团、上海市学生艺术团、行知艺术师范学校少女合唱团、上海音乐学院万马青年合唱团参加文化部举行的"第二十四届哈尔滨之夏音乐会全国合唱比赛"。分别获得少儿组、业余组和专业组一等奖。

9月9日 上海电视台、立邦涂料中国有限公司主办,市群艺馆、上海电视台《戏剧大舞台》承办的"'98第五届'立邦杯'戏歌大赛暨首届业余戏歌大赛"在上海电视台广电大厦举行颁奖晚会。

10月26日 上海举行"让晚霞更绚丽"——庆祝国际老年人节暨上海市敬老日文艺晚会。

11月18日 第一支市级大学生业余舞蹈团体——上海市大学生艺术团上海师范大学舞蹈团成立。

11月30日 市群艺馆、虹口区曲阳文化馆在曲阳文化馆联合主办"世纪之交公共文化馆的管理与发展"理论研讨会。会议围绕公共文化馆如何适应上海国际大都市地位进行改革和管理的有关问题进行探讨。

12月5日 由市教委、上海市教育发展基金会、市文化局、市广电局等联合主办的"'98上海市布谷鸟学生音乐节"历时半年,落下帷幕。396支歌队、23 000多名学生参赛。

12月12日 市文化局、市群艺馆、黄浦区文体局在外滩新世纪广场联合主办上海群文系统专场文艺演出。全市500余名群文工作者用戏剧、音乐、舞蹈等形式展示群众文化建设的丰硕成果。

1999 年

1月7—10日 第八届全国"群星奖"(美术、书法、摄影)作品展览在北京中国美术馆举行。上海63幅美术、书法、摄影作品入选展出。

1月28日 "春之声至"——南市区学生艺术教育汇报演出暨新春联欢会在上海大剧院举行。

2月18日至3月7日 嘉定区政府在秋霞圃主办"'99嘉定迎春文化灯会"。

3月10日 市文化局、市教委、团市委等五单位联合主办"校园四季歌——'99高雅艺术高校巡演系列活动"。上海交响乐团、京剧院、芭蕾舞团、昆剧团、民族乐团、越剧院、歌剧院等9个单位参演。

3月27日 市群艺馆、市曲艺家协会等单位联合举办的"丁氏杯"上海市业余曲艺大赛在中国大戏院举行决赛。60多个曲目、200多人参赛。

4月6—24日 市教委在全市大中小学组织"'爱国荣校'上海市千校校歌、革命歌曲大汇唱"活动,拉开"上海大学生艺术节"的帷幕。

4月30日至5月5日 第十届"江南之春"(张桥杯)画展在上海美术馆举行。展出入选作品199幅,其中获奖作品34幅。

5月25日 以"再创新业绩、奔向新世纪"为主题的第五届上海市职工文化艺术节在沪东工人文化宫开幕。

6月16—18日 "'99中国沿海开放城市群众文化理论研讨会"在沪举行。这是由上海市、广东省、福建省、厦门市、深圳市、珠海市群众艺术馆共同参与发起的第一届沿海城市群众文化理论研讨会。

8月 首卷《上海群众文化志》经过10年编撰,正式出版发行。

9月25日至10月2日 市文明办、市文化局联合举办庆祝中华人民共和国成立50周年"上海市广场文化展演周"活动。全市展演20台节目,438场演出;9.6万余人次参演;观众137万人次。

10月2日 首届中国上海国际艺术节在复兴公园举行开幕式。国际艺术节组委会领导李源潮、潘震宙、金炳华、周慕尧等出席。

10月12日 市计生委、市文化局、市广电局、上海市计划生育协会主办,市群艺馆承办的"上海市'世界60亿人口'宣传周"文艺演出在宛平剧院举行。

11月17—22日 第九届全国"群星奖"决赛在重庆举行。上海黄浦区青少年活动中心民乐合奏《灯节》、静安区文化馆无伴奏合唱《牧归》获金奖。市文化局获组织奖。

11月25日 市群艺馆与解放日报社等新闻单位联合主办的"'99上海故事创作演讲大赛"演讲决赛在皇冠娱乐城举行。

12月14日 在上海市文艺、理论、出版优秀作品表彰大会上,市群艺馆在上海庆祝中华人民共和国成立50周年群众文艺创作组织工作中成绩显著,被授予组织工作奖。

12月19日 "上海各界庆祝澳门回归祖国联欢晚会"在外滩陈毅广场的澳门回归倒计时牌下举行。社会各界的4 000余人参加联欢活动。同时,各区县分别举行丰富多彩的庆祝澳门回归祖国联欢活动。

2000 年

2月16日 全国文化先进县、先进集体、先进工作者表彰大会在北京人民大会堂举行。市群艺馆馆长赵其华获全国文化系统先进工作者称号,并在表彰会上作交流发言,受到国务院总理朱镕基的接见。

2月23日 市群文学会、市群艺馆、闵行区文化局联合举办的"上海市新城文化建设理论研讨会"在闵行区群众艺术馆举行。

5月7日 "第五届全国残疾人运动会·江浙沪残疾人书法、美术、摄影展览会"在上海图书馆开幕。同时,"生命之光"中国残疾人艺术团专场文艺晚会在上海东方电视台演播厅展演。

5月22日 应全国总工会和文化部邀请,市工人文化宫创作的话剧《中国制造》赴京演出。中共中央政治局常委、中央书记处书记、中华全国总工会主席尉健行,中共中央政治局委员、中宣部部长丁关根观看了该剧。

6月10日　江、浙、沪八城市越剧名票邀请赛在杭州举行。市群艺馆组织参赛的上海票友李美君演唱的《杜十娘·投江》获金奖。

7月8—29日　市群艺馆承办的"荣欣国际装饰风情博览中心开业系列文化活动"在四川北路福海商厦拉开帷幕。

7月28日至8月2日　上海国际少年儿童文化艺术节举办。海内外的44个艺术团体在沪举行44场演出;全市百余万少年儿童参加活动。

9月2—3日　市群艺馆群星艺术团在新加坡黄金剧场以"海韵之声"为主题举行演出。演唱《阿诗玛》《刘三姐》《五朵金花》《上甘岭》等近50首中华人民共和国成立后的优秀电影歌曲。

9月8—10日　2000年上海"石化杯"社区文化大赛拉开帷幕。数十万居民参与大赛。该活动被评为2000年度上海市精神文明建设十大新闻之一。

10月15日　由市群艺馆承办的"百年放歌——淮海路百年庆狂欢夜"活动在淮海路举行。

12月12—15日　"首届长江沿岸城市、第二届中国沿海开放城市群众文化理论研讨会"在上海举行。文化部社文司、市委宣传部、上海市文化广播影视管理局(下称市文广局)、市文明办有关领导出席会议并讲话。

12月27日　"社区——我们欢乐的家"综合展示及颁奖晚会在上海电视台广电大厦演播厅举行。市委副书记龚学平,市委常委、市委宣传部部长殷一璀等观看演出并为获奖者颁奖。

12月31日　"走进新世纪再创新辉煌"——上海各界人士迎接21世纪联欢活动在外滩新世纪广场举行。千余名群众共同参加联欢活动。

2001 年

3月17日　上海举行社区文化指导员队伍成立大会。市委副书记龚学平,市委常委、市委宣传部部长殷一璀向童双春、司徒汉、马莉莉、王汝刚、石林、徐昌酩、赵志刚等首批70余名文艺界知名人士颁发了社区文化指导员聘书。

4月9—19日　市文广局主办、市群艺馆承办的上海市首届社区文化指导员师资培训班开班。60多名各区县社区文化工作者参加首届培训班。

4月15日　解放日报社和福岛民报社联合主办的"中日友好青少年摄影展"在福岛文化中心开幕。摄影展以"人与自然和谐发展"为主题,选取上海市和福岛县青少年拍摄的100幅佳作参加展览。

4月20日至5月19日　团市委举行上海社区青少年文化艺术月活动。组织歌舞、器乐、小品、演讲、摄影、插花等文化艺术活动;近百个街道、20余万人次的青少年参与文化艺术月活动。

4月22日　团市委、市文广局、上海电视台在东方明珠电视塔下举行"党在我心中"——上海青年纪念建党80周年"五四"广场文化活动。

4月26日至5月2日　闸北区政府、市文广局、市茶叶学会等7家单位联合举办上海国际茶文化节。25万人次的市民参加了各项活动。

4月28日　上海市群众文化奖颁奖大会在上海图书馆举行。市委副书记龚学平,市委常委、市委宣传部部长殷一璀等出席会议并为荣获1999—2000年度群众文化奖的177个单位和个人颁奖。

4月30日　上海各界庆祝"五一"国际劳动节歌会在上海国际体操中心举行。中国工程院党组书记徐匡迪等与4000多名劳动模范、社会各界代表共同庆祝劳动者的节日。

5月4—13日　市文广局、市文联、上海文化广播影视集团(下称上海文广集团)联合主办第十九届"上海之春"国际音乐节。经文化部、国家广电总局、上海市人民政府批准,音乐节与上海国际广播音乐节合并,更名为"上海之春"国际音乐节,由市文广局、市文联和上海文广集团共同主办;并要求音乐节"举办各种能吸引音乐爱好者参与的、有助于丰富社会文化生活、培育音乐观众的群众性音乐活动"。

5月10日　上海华侨摄影学会等单位联合举办的"老上海风情录"摄影抓拍比赛在上海影视乐园开赛。全市各行各业的500多名摄影工作者和爱好者参加活动。

5月21日　市群艺馆与徐汇区文化局联合举办"社区文化建设理论研讨会"。北京、天津、大连文化局、文化馆与上海的群文工作者就"如何组织社区文化活动"展开专题研讨。

6月6日　市群艺馆与浙江、江苏省群艺馆、海盐县人民政府联合在浙江海盐举办"江、浙、沪民间舞蹈'滚灯'大会串"。上海各地数十支滚灯队伍参加表演。

6月9日　市群艺馆、华鹰旅行社联合举办的2001年上海市"华鹰杯"国标舞大赛在黄浦区体育馆拉开帷幕。安徽、浙江、江苏、上海的近500名选手参加各舞种的竞赛。

同日　市文广局、中福会、市教委、上海敏之体育文化交流中心在上海美术馆联合举办上海市学生书画作品展。

6月14日至8月　上海、天津、内蒙古二市一区群众艺术馆共同举办的"新世纪的展望"——上海、天津、内蒙古美术、摄影、书法联展在黄浦区图书馆开幕。7月移师天津。8月在内蒙古闭幕。展出精品佳作150幅。

6月23日　市民族事务委员会、市少数民族联合会共同主办的"洪长兴杯"上海市少数民族业余歌手比赛落下帷幕。35个单位的120位歌手参赛。

6月28日　"献给母亲的歌"——庆祝中国共产党建党80周年群文优秀作品专场演出在艺海剧场举行。

6月30日　上海市庆祝中国共产党建党80周年大型歌会在上海大舞台举行。市委、市人大、市政府、市政协领导与全市各界百支歌队的万余名群众放声高歌,共庆党的生日。

7月20日　市群艺馆主办的"2001上海故事创作演讲大赛(黄渡杯)"演讲决赛在嘉定区黄渡镇黄渡公园举行。

7月23—25日　《上海故事》全国著名作家笔会在衡山宾馆举行。梁晓声、池莉、邓刚、叶辛等12名中国文坛著名作家出席笔会,并对《上海故事》创刊200期题词祝贺。

8月13—17日　文化部、民政部、教育部、国家广电总局、中国残疾人联合会共同主办第五届全国残疾人艺术会演。上海代表队获第三赛区团体总分第一;获4个金奖,3个银奖,1个特别奖。

9月22日　"党的光辉照我心"——上海市社区歌咏大赛决赛在卢湾区文化馆举行。35支合唱队参加角逐。此次大赛收到创作歌曲370多首;45万社区居民参加初赛。该活动被评为年度上海市精神文明建设十大新闻之首。

11月2日　全市群文美术、摄影创作采风作品展在静安区文化馆新世纪画廊开幕。展出美术作品40幅、摄影作品52幅。

11月6—9日　全国首届海岛县(市)文化工作交流会在崇明县举行。7个海岛县(市)文化工作者、领导和专家参加交流会。会议收到全国13个海岛县(市)的33篇论文。

11月21日　文化部主办的第十一届全国"群星奖"揭晓,上海创作演出的浦东文化馆的小品

《送玫瑰花的人》、故事《公鸡会下蛋吗》,浦东新区文化艺术指导中心的小品《水晶心》,闵行区群众艺术馆的沪剧小戏《花农嫁女》,上海交通大学的小品《心中的金牌》获金奖。市群艺馆《社区文化重在建设——关于上海社区文化工作的探索与展望》等3篇论文获金奖。

12月25—28日 "2001上海静安群文论坛"在静安区文化馆举行。来自北京等地的20余位文化馆馆长对中国加入WTO以后公共文化馆面临的机遇和挑战、定位与走向等问题进行研讨。

2002 年

1月21日 上海市职工文艺创作奖励基金理事会和市总工会《主人》杂志理事会同时宣告成立。此后每年评选奖励企业职工创作的影视、戏剧、文艺、音舞等优秀作品。

1月 市群艺馆将《群文论苑》与《大世界》两刊合一为《群文世界》,该刊成为群文理论研究交流的平台。

2月18日 市总工会授予陈心豪、朱晔其、米福松、金苗苓、黄懋立、沈刚强、董伟民、张遴骏、赖成钊9位同志"上海工人艺术家"称号。

2月22日 陈宝定算盘收藏65周年庆典暨捐赠仪式在上海科技馆举行。上海市收藏协会会长吴少华出席并致贺词。

4月18日 中央电视台、市委宣传部、浦东新区管理委员会、浦东新区人民政府在东方明珠广场联合举办"同一首歌"走进上海浦东之"爱我中华"大型演唱会。

4月24日 上海市老年书法展在上海图书馆首次举行。书法展收到应征稿1 000余件。上海市书法家协会主席周慧珺等出席开幕式。

5月2—4日 市群艺馆与徐汇区文化局在徐汇区田林社区广场联合举办"欢乐大家唱"上海社区戏曲、曲艺大奖赛。全市50多个社区、百余名戏曲曲艺爱好者参加比赛,大赛评出各类奖项。

5月19日 以纪念毛主席《在延安文艺座谈会上的讲话》发表60周年为主题,市委宣传部、市文广局、闵行区人民政府、上海文广集团联合在莘庄地铁站文化广场举行"百花盛开满申城"广场文艺展演。市委副书记龚学平出席活动。

5月23日 市群艺馆与市摄影家协会、解放日报社等单位联合主办的"我们的家园"——上海社区摄影作品巡回展在南京路步行街开幕。

7月3日 青浦区徐泾镇人民政府和市群艺馆等单位在上海逸夫舞台联合主办"她从水乡来"——许月琴个人演唱会。

7月11—13日 市文广局主办、市群艺馆承办的上海市首届公共文化馆馆长研讨班在松江举行。

8月9日 上海故事杂志社与徐汇区文化局等单位联合举办的"我们的暑期生活"社区故事创作演讲决赛在徐汇影剧场举行。

8月24—31日 全市举行上海市文化进社区活动展示周。举办811场不同层次和规模的各类社区文化活动。

9月5日 市群艺馆与云南省歌舞团、上海电视台文艺频道在上海大剧院联合举办大型歌舞《云南女儿》演出。市委副书记殷一璀、云南省委副书记旦增出席。演员杨丽萍、宗庸卓玛、杨学进等参加演出。

10月2日至11月30日 市群艺馆与各区县主办"喜庆十六大欢度艺术节"——"我们的家园"

社区优秀文艺节目巡回展演,深入社区组织广场文艺演出。

10月12日　市文广局、市群艺馆、市舞蹈家协会在卢湾区体育馆举办"我们的家园"——上海市社区健身集体舞大赛。19个区县的31支队伍、700多名市民选手参加活动。

10月14—20日　中国群众文化学会主办、市群艺馆承办的全国社区文化骨干培训班在上海举行,全国17个省、自治区、直辖市的文化局、文化馆的55名成员来沪参加学习。

10月19—20日　中央文明办、文化部和中央电视台在上海联合主办"歌唱新生活,迎接十六大"——全国"四进社区"文艺展播举行。市群艺馆参与组织在浦东万邦都市花园的主会场演出,并在卢湾区、静安区、闸北区、普陀区、黄浦区的相关社区组织5台分会场演出。

11月2日至12月2日　第四届中国上海国际艺术节"南京路世界艺术风情一条街暨艺术节'天天演'活动"在南京路世纪广场举行。参与活动的市民有近百万人。

11月30日至12月2日　2002年社区文化论坛暨第十九届全国部分城区文化馆馆际交流会在长宁区举行。北京、天津、成都等16个城区文化局、文化馆的群众文化工作者围绕"社区文化"主题展开讨论。

12月13—15日　第17期《群众文化论丛》作者理论研讨会在上海举行。市群艺馆受中国群众文化学会委托,编辑出版第17期《论丛》,全书收入论文29篇,共22万余字。

12月16—20日　中国群众文化学会论文评奖暨理论研讨会在浙江黄岩举行。市群艺馆沈伟民、苏颐忠的论文《无墙的博物馆——上海民间美术"观"》、任菡瑾的《加强文化参与繁荣社区文化——上海社区文化志愿服务体系的现状与思考》获一等奖。

12月16—18日　市群艺馆在青浦朱家角镇举办"2002上海群文戏剧创作研讨班"。各区县文化馆、文化站的30名戏剧创作者参加研讨班。研讨班邀请了毛时安、陆军、赵化南等专家授课。

12月30日　在上海民间收藏品陈列馆建馆10周年和上海收藏欣赏联谊会成立15周年之际,上海民间收藏大展在三山会馆举行,展出近5 000件藏品。

2003 年

3月10日　市总工会召开2003年上海市职工文体工作会议,授予市工人文化宫"五星级文化宫"称号。至此,市、区及行业和企业的工人文体活动场所有60家,面积约31万平方米。

5月　在全市群文系统开展"守望相助众志成城抗非典"专题创作作品征集活动。

7月18日　市文广局在宝山区举行上海市"中国民间艺术之乡"建设经验交流会暨现场展示活动,同时并为文化部命名"中国民间艺术之乡"称号的宝山月浦镇、青浦白鹤镇、浦东川沙镇、崇明新河镇授牌。

7月　市群艺馆和各区文化局主办"党旗下,我们众志成城"——庆祝建党82周年"我们的家园"社区巡回展演。分别在静安、卢湾、徐汇、长宁、杨浦、普陀、黄浦等区的社区内展开。

8月9日　由市文广局、市群艺馆承办组织的第二届全国残疾人职业技能竞赛开幕式——"让我们共同努力"文艺演出在东方电视台举行。国务院副秘书长汪洋、中国残疾人联合会主席团主席邓朴方以及上海市党政主要领导出席开幕式。

8—12月　以"提高法律素质,做新一代上海人"为主题举行上海市社区法制文艺会演活动。创作排演500多个作品;演出近1 000场;观众人数近百万。

9月2—3日　市群艺馆与市舞蹈家协会举办全市群文舞蹈编导培训班。各区县文化馆、文化站、少年宫及社区街道350名学员参加培训。

10月19日　首届长江三角洲文化合作与发展论坛在上海举行。长三角地区16个城市的领导、各省市宣传部长、文化厅(局)长等180余位代表出席。论坛围绕长三角文化合作趋势、地域文化资源、成果共享模式进行探讨。

11月23日　在南昌举行的第二届全国"四进社区"文艺展演中,上海的《感谢停电》《滚灯》获金奖,合唱《上海,你越长越高》获银奖。

11月23—24日　宁波市委宣传部、上海市群众文化学会、宁波市镇海区人民政府在宁波市联合主办的"宁波·上海社区文化与城市精神'双城论坛'"。论坛邀请上海市社会科学院研究员蒯大申等专家;与会者围绕"社区文化与城市精神"展开研讨。

12月13—14日　市群艺馆、市舞蹈家协会、市老龄委共同主办的"'颂美好生活、展美好未来'我们的家园"——上海市社区舞蹈大赛在卢湾区文化馆白玉兰剧场举行。

12月24日　在北京京西宾馆召开全国群文表彰大会。闵行区群众艺术馆戏剧演出队《花农嫁女》剧组被评为"全国首届服务农村　服务基层文化工作先进集体"称号。中宣部部长刘云山为获奖代表颁奖。

2004 年

1月4日　中国文联、中央人民广播电台和中央电视台主办的"中华情"歌曲征集评选揭晓。徐汇区金秋合唱团黄耀国作曲的女声独唱《台湾来的俏姑娘》(霄鹏作词)获创作奖。

2月10日　2003年上海市群文优秀创作节目展演在卢湾区文化馆白玉兰剧场举行。在各类获奖节目中精选14个获得金、银奖的作品作回顾展示。市委副书记殷一璀,市委常委、市委宣传部部长王仲伟,副市长杨晓渡等市领导出席观看。

2月25日　市文广局召开上海民族民间文化保护工程动员部署工作会议。会上宣布成立上海民族民间文化保护工程中心。

3月2日　市委宣传部、市文明办、上海市发展改革委员会(下称市发改委)、市文广局等10部委办局制定并颁发《社区文化活动中心配置要求(2004版)》。

3月18日　上海民间艺术博览会在上海展览中心开幕,全国20个省市249个团体和个人的民间艺术品参展。

4月26日　2004年上海市学生戏剧节在复旦大学相辉堂拉开帷幕。戏剧节期间,共举办了15场市级展演专场交流活动。

4月30日　市总工会与市文广局共同主办的庆祝"五一"国际劳动节文艺晚会在上海大剧院举行。晚会以群众文艺作品为主体。市委、市人大、市政府、市政协领导出席活动。

5月1日　市文广局、市总工会、黄浦区委、区政府联合主办的"五月颂歌"——庆祝"五一"国际劳动节群众文化巡演开幕式在黄浦公园新世纪广场举行。

5月27日　"爱我中华——上海,你是我心中的歌"庆祝上海解放55周年广场文化活动在南京路步行街举行。殷一璀、杨晓渡等出席活动。

5月31日　上海市文化信息资源共享工程工作会议在上海图书馆举行。全市计划建成20个社区文化中心和80个信息苑。

5月　第二十二届"上海之春"国际音乐节增加优秀业余管乐团、合唱团广场音乐会等群众文艺展演活动,开展"天天演""周周演"。

6月10—11日 第四届"都市风采"全国直辖市群众文化理论研讨会在上海徐汇区田林宾馆召开。

7月3日 中法文化年闭幕系列活动——巴黎"上海周"活动在巴黎都日丽公园举行。上海市非遗保护中心组织的烙画、剪纸、吹画和宝山的竹乐表演,受到法国友人欢迎。

7月10日 "2004首届上海国际少儿文化艺术博览会"开幕。来自中国、匈牙利、美国、日本、韩国等国家和地区的少年儿童2 000多人参加开幕式。

7月21日 市委宣传部、市文明办、上海市信息化办公室在上海图书馆联合召开上海市社区信息苑推进工作会议。王仲伟到会讲话。

9月3日 全市公共文化馆评估工作总结会议在浦东新区文化艺术指导中心举行。会上为获文化部命名的一级馆称号的6个单位颁奖。

9月25日 市委、市人大、市政府、市政协领导与全市42支市民合唱团一起登上上海大剧院舞台,参加"祝福您,伟大祖国"——上海群众歌咏展示主题演唱会。

10月1日 上海市庆祝国庆55周年歌咏大会、游园活动在浦东世纪公园举行。市委、市人大、市政府、市政协领导出席了世纪公园的主会场活动。在全市120个公园中,95%的公园有自发的市民合唱活动;歌咏队伍在3 000支以上,人数达百万。

10月16日 第六届上海国际艺术节群文活动开幕式及"天天演"活动在南京路步行街和豫园商城举行。出席国际文化政策论坛第七届部长年会的各国文化部长、政府官员和国际组织代表100余人在文化部部长孙家正、上海市委副书记殷一璀、副市长杨晓渡陪同下参加了活动。

10月17日 第六届中国上海国际艺术节暨第四届宝山国际民间艺术节在宝山开幕。艺术节期间,16个国家和地区的500多位民间艺术家与宝山艺术爱好者共同参加文艺巡演。

11月6日 "我们的家园"——群文综合艺术成果展演在全市"东西南北中"5个展演点举行23场综合性的广场文艺演出。

11月10日 市委宣传部、市文明办、市文广局、上海文广集团、市文联共同主办"在灿烂的阳光下"——上海"十月歌会"市民合唱比赛。19个区县由社区、企业、机关和学校的职工群众组成的38支合唱团参加比赛。

11月26日 在全国第三届"四进社区"文艺展演活动暨全国文化先进社区命名表彰大会上,上海舞蹈《时髦外婆》和《快乐的上树工》《奶奶的香水》分获银奖及铜奖;4个社区被评为全国文化先进社区;殷星妹等三人被评为优秀社区文化辅导员。

12月1日 第四届中国京剧艺术节群文活动以"走近京剧、关注国粹"为主题开展系列活动。包括刘令华国粹油画展、中国京剧文化收藏展等13个项目。

2005 年

1月27日 市文广局、市群艺馆在艺海剧场举行上海市群众文化优秀创作节目展演。1 000多名社区群众观看演出。

1月29日 上海建成首批社区文化活动中心。南京西路街道、曹家渡街道社区文化活动中心挂牌。

3月10日 上海召开全市群众文化工作会议。提出四个目标、四大任务、七项举措,力争上海群文工作走在全国前列。

3月12日　市文广局主办、市群艺馆承办的"党在我心中——保持共产党先进性教育活动"全市群文创作节目举行首场演出。后续分赴卢湾、黄浦、长宁、静安、徐汇、奉贤、普陀、闸北、虹口、杨浦等区县进行巡演。

3月17日　2004年度群文奖励基金表彰大会在上海电视台广电大厦召开。113个先进集体、个人获奖。副市长杨晓渡出席会议并讲话。

3月　市文广局举办的合唱指挥高级进修班开班。全市40名学员参加了80课时的学习。

5月1日　由市总工会主办,市总工会宣教文体部、市工人文化宫、各区县工会承办的庆祝"五一"国际劳动节晚会在市委党校举行。市委、市人大、市政府、市政协领导出席晚会。

5月1—7日　由市文广局组织全市开展各类"五一"群众文化活动近700场次,平均每天100场次。

5月5—15日　2005年"上海之春"国际音乐节期间,市群艺馆牵头组织全市业余管乐比赛、文化进工地、世纪二胡盛会、群文新人新作展演等群众性文化活动。

5月9日　市文广局主办,市群艺馆、长宁区文化局承办"激情五月大家唱"——纪念反法西斯战争胜利60周年群众歌咏活动。全市各行各业的合唱团参加演出。

5月27日　上海群众文化创作工作会议在上海图书馆举行。提出贯彻落实上海文艺创作会议精神,以推进群众文艺"精品、优品、新品"实施工程为目标。

6月2日　市委宣传部牵头的东方讲坛开讲一周年。讲坛举办点发展到125个;举办各类讲座1 300余场;听众超过40万人次。

6月23—25日　上海非物质文化遗产保护工作培训班在市文广局人才交流培训中心举行。

7月24日　中福会创办的国际少儿艺术节移师澳大利亚,以"和平、友谊、未来"为主题的"2005国际少儿艺术节"在悉尼歌剧院开幕。

9月2—30日　由市文广局、文汇新民联合报业集团主办,市群艺馆、上海市新四军历史研究会、上海市收藏协会等联合承办的"抗战珍存"——上海市民抗日战争时期图文资料藏品展览在四行仓库开幕。新四军、"飞虎队"等抗战老兵及后代专程前往参展。

9月17日　"上海市高雅艺术进校园交响音乐会"巡演活动在上海大学礼堂拉开帷幕。至10月6日,在15所高校中展开巡回演出活动。

10月1日　市文广局和黄浦区人民政府联合举办"祝福你!祖国"——庆祝国庆56周年世纪广场音乐会。国庆期间,951场(次)群众文化活动全面展开。

10月16—24日　南汇石雕、金山黑陶、嘉定竹刻和黄草编织参加浙江嘉兴举办的"2005年江南文化节"民族民间文化展览。

10月17日　第七届中国上海国际艺术节群众文化活动暨首届民谣民乐民舞展演在南京路步行街世纪广场开幕。活动邀请民族歌、舞、乐精粹聚会申城,集中展示中国民谣民乐民舞风采。市领导与数千位市民参加活动。

10月19日　首届"敏之杯"中老年书画作品大赛在上海图书馆举行。展出美术书法作品451幅;张渭人、陈可爱、李祖德获得一等奖。

10月30日至11月1日　市文广局、徐汇区人民政府、中国文化报社在徐汇区西南文化艺术中心联合举办"京、沪、渝、深"四城区公共文化发展论坛。文化部社图司副司长刘小琴等出席论坛。

10月31日　"唱响城市精神,展示行业风采"——上海市行业歌曲创作竞赛活动结果揭晓。12

首词作被评为优秀行业歌曲的歌词。

11月2日 "露香园顾绣理论研讨会暨绣品展览"在黄浦区文庙举行。30幅顾绣作品展出;40多位代表出席研讨会。

11月4日 由市群艺馆、上海东方电视台文艺频道主办的"当代中华'老夫老妻'魅力展"举行总决赛。全国21个省市、自治区群艺馆派出代表队来沪参加赛事。

11月6—7日 "我们的家园"在浦东世纪大道崂山西路地铁广场、中山公园、闵行七宝文化广场、闸北不夜城绿地、淮海公园等5个点全面展开。全市各区县和各系统单位组合演出23场;节目总计219个。

11月12日 第四届全国"四进社区"文艺展演在江苏省扬州市举行。上海浦东新区三林镇等五个街道社区被命名为"全国文化先进社区"。许国屏、张道余等四人被评为"社区文化优秀辅导员"。黄浦区文化馆创作的小品《对门》、虹口区青少年活动中心创作的舞蹈《端午乐》获金奖。

11月15—20日 上海民族民间艺术博览会在上海展览中心举行。展品1 000多种、3万余件,16个省市自治区的200多家单位和个人参展。

11月20日 市文广局、市文明办、市总工会、市文联、上海文广新闻传媒集团联合主办的"与文明同行,做可爱的上海人"小品大赛颁奖晚会在闵行虹桥社区文化活动中心举行。《对门》《一束康乃馨》等15个作品获奖。

11月23日 100幅松江农民丝网版画精品在上海图书馆展出。

12月1日 上海召开群众文化活动特色项目和特色区域命名展示会。5个"全国文化先进区"、3名全国"社区优秀文化辅导员"、13个"群文特色项目"、7个"群文特色区域"受到表彰和命名。杨晓渡出席活动并发表讲话。

12月3日 文汇报社、上海书协、安徽宣城市政府联合举办的"'翰墨传薪'全国书法大展"特展在宝山区文化馆举行。

12月19日 上海市群文小节目展演暨颁奖晚会在艺海剧院落幕。小品《对门》、京剧打击乐《京园素描》等19个节目获优秀作品奖。市委副书记殷一璀、副市长杨晓渡出席晚会。

12月21日 上海市非物质文化遗产普查现场会在浦东新区三林镇召开。会上发布《关于在全市开展非物质文化遗产普查工作的通知》。市非物质文化遗产保护工作局际联席会议成员单位、各区县和有关单位200多人参加了会议。

12月31日 嘉定区成立嘉定竹刻协会。嘉定竹刻启动非物质文化遗产保护工程。

2006 年

1月5—19日 市委组织部、市委宣传部、市文广局联合主办"党在我心中"——上海市共产党员先进性教育活动农村文艺巡演活动。市群艺馆组织专业艺术院团的马莉莉、茅善玉、小翁双杰、李国静等演员,在10个郊区乡镇演出20场。

1月15日 市群艺馆主办的"民族艺术大课堂"启动。二胡演奏家马晓晖参加讲演,并与近千名民乐爱好者进行交流。

2月12日 市文广局、徐汇区人民政府、上海文广集团共同主办的"2006欢乐上海——闹元宵活动"中心会场开幕活动在龙华广场举行。副市长杨晓渡等参加活动,与5万多市民共庆元宵佳节。

同日　由国家文化部和民族民间文化保护工程国家中心联合举办的中国非物质文化遗产保护成果展在北京首都博物馆开幕。上海的顾绣、田山歌、乌泥泾手工棉纺织技艺、嘉定竹刻、罗店龙船、滑稽戏等 11 个项目参展。

2 月 16 日　市委副书记殷一璀，市委常委、市委宣传部部长王仲伟，副市长杨晓渡到市群艺馆调研公共文化服务体系建设情况。

3 月 1 日　市委宣传部、市文广局确定在浦东新区和长宁区开展社区文化活动中心建设与管理试点工作。

4 月 26 日　上海美术馆策划举办的"帮助浦东民工小学接受艺术教育"系列活动拉开帷幕。

5 月 1 日　市文广局组织庆祝"五一"文化广场系列群众文化活动，分别在南京路步行街新世纪广场、国际客运中心码头工地、静安寺广场、中山公园音乐广场、古美街道平阳路双拥广场、曹杨公园等地举行。"五一"期间，全市开展各类群文活动近 800 场次。

5 月 5—16 日　举行第二十三届"上海之春"国际音乐节。其中的群文活动包括新人新作评选和行业歌曲创作展评。

5 月 11 日　"都市韵律"——上海市群众性优秀文艺团队表彰大会暨颁奖音乐会在东方艺术中心举行。全市 16 支合唱团、16 支乐团、9 支舞蹈团被命名为首批"上海市群众性优秀文艺团队"。

同日　2006 年上海市残疾人书画、摄影、美术作品展在上海图书馆开幕。

6 月 1 日　第六届上海优秀儿童剧展演在艺海剧院落下帷幕。先后有 70 万中小学生观看演出。

6 月 2 日　中国首批非物质文化遗产名录发布（518 项）。上海申报的江南丝竹、昆曲、京剧、越剧、沪剧、锣鼓书、顾绣、嘉定竹刻和乌泥泾手工棉纺织技艺榜上有名。

6 月 5 日　"知荣辱、讲文明、迎世博"——上海青少年原创动漫作品大赛启动。

6 月 8 日　上海非物质文化遗产保护工作座谈会在上海博物馆举行。杨晓渡出席会议并讲话。

同日　"2006'文化遗产日'非物质文化遗产·上海民间收藏展"在三山会馆开幕。收藏展汇集沪上 50 余位工艺大师、收藏家及民间艺人的千余件展品。

6 月 10 日　在东亚展览馆外广场，首个"中国文化遗产日"系列活动暨"2006 民族民间艺术博览会"举行开幕仪式，副市长杨晓渡出席。上海、北京、甘肃、陕西等 12 个兄弟省市参展，展出 100 多个种类上万件作品。

6 月 27 日　市级机关系统纪念建党 85 周年"党在我心中"书法摄影展在上海图书馆举行。

6 月 30 日　由市委宣传部主办，市文广局、市群艺馆协办的上海市纪念中国共产党成立 85 周年——"阳光·大地"党团员歌咏比赛颁奖晚会在东方艺术中心举行。

7 月 13 日　市文广局举办"根深叶茂抒情怀"——钱光辉农村戏剧作品专场演出，展示了钱光辉常年在农村文化建设第一线的创作成果。

7 月 24 日　在文化部开展的全国第三批"文化先进社区"和"全国社区文化优秀辅导员"评选中，徐家汇街道、真新村街道、曹杨新村街道、罗店镇被评为全国文化先进社区，李为民、聂鸿翔被授予全国社区文化优秀辅导员称号。

8 月 2 日　上海小荧星合唱团在"2006 香港国际青少年合唱节"上，以具有浓郁生活气息的表演，从来自世界 44 个合唱团中脱颖而出，摘得金奖。

9 月 1 日　2005 年度上海市群众文化表彰奖励大会在上海电视台广电大厦举行。表彰年度群众文化先进集体、先进个人和优秀项目 97 个。副市长杨晓渡出席会议并作重要讲话。会议提出要以公共文化服务体系建设为中心,整体提高公共文化服务水平和质量。

同日 上海市东方社区文化艺术指导中心在市群艺馆挂牌成立。

9月15日 上海市第九届家庭文化节开幕。293户"五好文明家庭"、100户学习型家庭受表彰。同时,第八届家庭教育宣传周暨中国女红文化展在上海图书馆揭幕。

9月23日 市群艺馆、上海电视台共同主办的"上海建设社会主义新农村"——"花样年华"全昌杰戏剧作品展演、"上海群文领军人物"——全昌杰作品研讨会在闵行区浦江镇影剧院举行。文化部社文司司长张旭出席活动。

9月27日 "2006上海国际少年儿童文化艺术博览会"在上海浦东世纪广场举行。

9月28日 上海故事杂志社在上海科学会堂举办"党在我心中"《上海故事》专刊首发活动。现场讲述汇编故事中上海优秀共产党员、时代楷模——周小燕等人的优秀事迹。

9月 开始"建设社会主义新郊区新农村"百场群文优秀节目巡演活动在10个郊县农村展开。

10月1日 由市文广局、黄浦区人民政府主办,市群艺馆、黄浦区文化局承办的"祖国,您好!"——上海市庆祝建国57周年广场文艺演出活动分别在南京路新世纪广场、静安寺下沉式广场、徐家汇公园、中山公园举行。市委、市政府领导出席活动。

10月17日 第八届中国上海国际艺术节群文活动开幕式暨第五届上海宝山国际民间艺术节开幕式在宝山区举行。18个国家的500位中外民间艺术家先后亮相。

同日 上海市文广局、江苏省文化厅、浙江省文化厅共同主办的"长江三角洲公共文化论坛"在市委党校举行。论坛主题是"群众文化工作与公共文化服务"。副市长杨晓渡和文化部社文司司长张旭出席,约150人参加会议。

10月18日 以"快乐上海、和谐家园"为主题的第八届中国上海国际艺术节"天天演"在南京路世纪广场开幕。活动历时一个月。

同日 第八届中国上海国际艺术节群文活动"泥土的芬芳·中国金山农民画30周年回顾展"及"金山农民画艺术发展论坛"在外滩18号创意中心开幕。

10月20日至11月5日 市文广局、市文联、杨浦区人民政府在创智天地广场联合举办第一届"创新城市·创意生活"——2006年上海市民"创智天地"艺术(美术·书法·摄影)大展。

10月21日 第八届中国上海国际艺术节群文系列活动"水乡音花"——长三角地区田山歌展演在青浦区文化馆剧场举行。

10月22日 上海宝山罗店龙船文化节开幕,23个国家和地区千余位民间艺术家参加中国龙船表演。

10月22—23日 第五届全国"四进社区"文艺展演活动暨全国文化先进社区命名表彰会在北京举行。上海选送的闵行区颛桥文化站的小品《缘是一家人》、情景表演唱《人间真情在》、少儿舞蹈《社区小义工》获金奖。

10月23日 静安区文化局等单位在静安公园举办以纪念长征胜利70周年为主题的"百米书法长卷颂长征"的创作活动。

10月26日 第八届中国上海国际艺术节"我们的家园"——群文综合艺术成果展演在陆家嘴地铁广场举行首场演出。至11月15日,各区县及中国福利会少年宫、武警上海市总队参加全市21个专场演出。

10月30日 以"青山夕照"为题的上海市老年书法展在明园文化艺术中心开幕。600余人出席开幕式,展出的419件作品书体种类齐全。

10月31日　"2006中国民间画乡杨行论坛"举行。全国10个民间画乡代表聚首上海。

11月16日　中国民俗学会、徐汇区政府和东华大学联合主办的黄道婆文化研讨会在市委党校举行。

11月18日　市委宣传部指导、东方宣传教育服务中心承办的"阳光星期六"首场音乐会在上海南洋模范中学举行。

11月21日　市工人文化宫创排的话剧《民工兄弟》在沪东工人文化宫进行首轮公演。该剧用艺术的手法塑造外来务工者形象。

12月4日　中央电视台举行"2006'中国魅力十大乡村'颁奖晚会"。以"金山农民画"而兴盛的金山区枫泾镇中洪村入选"中国魅力十大乡村"名录。

12月14日　东方宣教中心、宣传系统人才交流中心、上海演艺工作者联合会共同举办的"和谐心声"——上海演艺工作者下社区活动启动。

2007 年

1月10日　首届"迎世博"上海民间手工艺作品大赛揭晓。参赛的万件作品具有独特的上海地域风尚。

1月22日　全市首个社区画院——上海虹桥画院在刘海粟美术馆举行成立仪式。

1月23日　文化部社图司副司长李宏率文化部评估工作组，对长宁区文化艺术中心进行全国文化馆定级试评估。长宁区作为全国文化馆评估试点，圆满通过评估。

2月5日　市文广局主办、市群艺馆承办的2006年上海群文优秀创作节目展演在艺海剧院举行。市委副书记殷一璀，市委常委、市委宣传部部长王仲伟，副市长杨定华与社区群众近700人观看演出。

2月13日至3月12日　市文广局与黄浦区人民政府联合主办的"海上年俗"——首届上海春节民俗风情展在三山会馆举行。展出近50位收藏家、民间艺人提供的与过年节庆相关的历史资料和收藏实物。

2月22日　宝山区罗泾新苑书场推行"一元书场"，天天为农民群众演出，受到市民百姓欢迎。

3月4日　由市文广局、长宁区人民政府联合主办，市民间文艺家协会、市群艺馆、长宁区文化局承办的"2007'欢乐上海，和谐家园'文化大团拜元宵会活动"在中山公园举行。

3月8日　市发改委、市委宣传部、市文广局共同印发《关于加快"十一五"期间社区文化活动中心建设的通知》，明确"十一五"期间推进社区文化活动中心建设的指导思想、目标任务、建设原则、资金安排和建设审批等内容。

4月3日　市委书记习近平到杨浦区殷行街道调研，并参加在此举办的特奥会"你行，我也行"阳光活动。

4月28日　由市文广局、市教委、徐汇区人民政府等单位共同主办的2007年"上海之春"国际音乐节群文活动开幕式在上海师范大学举行。全市各大专院校学生团队参加演出，2 000多名大学生观看了演出。

5月1日　市文广局、黄浦区人民政府在南京路新世纪广场主办"光荣的节日"——江浙沪劳动者"五一"大联欢广场活动。市有关领导与2 000名工作在黄浦区的江浙沪三地建设者共度节日。

5月5日　"上海之春"国际音乐节的重要项目"世博号角"管乐行进活动在南京路步行街世纪

广场举行。中国北京、香港、台湾、上海五城区和日本爱知县的8支管乐队向上海市民展示行进式管乐表演。

5月7日 "2007上海国际少年儿童文化艺术节'市长授金钥匙'"仪式在中福会少年宫举行。

5月9日 市文广局发文命名宝山区罗店镇(罗店龙船)、浦东新区川沙新镇(沪剧)、金山区山阳镇(民乐)、徐汇区龙华街道(庙会民间文艺)、青浦区朱家角镇(民间藏书)等12个街道和乡镇为"上海民间文化艺术之乡"。

5月10—13日 市文广局主办、市群艺馆承办的"2007上海之春"群文新人新作暨"小节目"、第十一届上海"十月剧展"评选活动展开。全市141个新作品参评,评出49个音乐、舞蹈、小品、小戏、曲艺等优秀新人新作奖。

5月14日 国务院总理温家宝到长宁区虹储社区活动室观看市民自己创作作品的演出。市委书记习近平、市长韩正陪同。

5月28—30日 第十四届"枫泾杯""江南之春"画展在上海刘海粟美术馆举行。画展以"建设社会主义新农村"为主题,24个单位的140幅优秀作品参展。

6月8日 人事部、文化部在北京人民大会堂召开全国文化遗产保护工作表彰大会。国务委员陈至立出席会议。上海陈勤建获全国非物质文化遗产保护先进工作者称号,张黎明、陶继明、张伟强获文化部非物质文化遗产保护工作先进个人称号;徐汇区文化局获文化部非物质文化遗产保护工作先进集体称号。

6月9日 文化部公布第一批国家级非物质文化遗产项目代表性传承人226名。上海的"顾绣"传承人戴明教和"乌泥泾手工棉纺织技艺"传承人康新琴被授予国家级非遗项目代表性传承人称号。

6月9—13日 2007年"文化遗产日"系列活动暨"中国元素,海上聚宝"上海民族民俗民间文化博览会在上海东亚展览馆举行。83项上海首批非物质文化遗产名录项目在民博会上亮相。

6月25日 上海市收藏协会集报专业委员会在三山会馆举办上海报纸收藏成果展。

7月21日至8月21日 文化部中国文化管理学会、市群艺馆等单位在上海阳光色画城美术馆联合举办"红色回忆"——老战士书画收藏展。展出解放军百余位高级将领、老战士创作的400多幅作品。

8月3日 市作协、上海文艺出版社联合主办,黄浦区文化馆协办的《上海诗人》丛书新版问世。赵丽宏任主编,季振邦任执行主编。

8月13日 "中华赞歌"——纪念"8·13"淞沪会战70周年军民抗日歌曲大联唱暨撞钟仪式在宝山淞沪抗战纪念馆南草坪举行。各区县各系统和陆、海、空三军、上海警备区合唱团敬献花篮后,通过队形变换轮番演唱抗战歌曲,最后举行撞钟仪式。

8月20日 首届上海市民诗歌创作大赛落下帷幕。大赛收到作品1 746篇;《上海,我们不散的宴席》《农民工和他的妻子》等10篇作品获最佳作品奖。

8月30日 根据《文化部办公厅关于推荐国家非物质文化遗产保护工作专家库专家和报送重大祭奠公祭活动情况的通知》精神,市文广局向文化部报送10个门类21人作为国家专家库专家候选名单。

10月1日 市文广局和黄浦区政府在南京路新世纪广场共同举办"群星耀浦江,献礼十七大"文艺演出活动,参加全国"群星奖"比赛的优秀歌舞节目为市民进行展示。国庆期间,全市举办群文活动1 550场(次),总场次比上年增加45%。

10月17日　第九届中国上海国际艺术节群文开幕式暨"SVA·SONY金秋闵行"上海合唱节在闵行区体育馆举行。市委常委、市委宣传部部长徐麟等领导出席并致辞。约5 000名市民参加开幕式文艺演出。

11月1日　市文广局下发《上海市社区文化活动中心管理暂行办法》和《上海市社区文化活动中心基本配置要求》的通知,要求各区县按照通知要求建设社区文化活动中心。

11月6日　第二届中国戏剧奖·小戏小品奖暨2007全国小戏小品大赛评选揭晓。上海京剧院的《小吏之死》和虹口区文化艺术馆的《寻找男子汉》获金奖。

11月19日　上海金山、陕西户县、吉林东丰、青海湟中和重庆綦江"五地农民画展"在上海金山农民画村开幕。同时,举行中国农民画高峰论坛。

11月21日　文化部主办的第十四届"群星奖"评选揭晓。男声独唱《塔里木的胡杨》获创作大奖;上海宝山国际民间艺术节获服务奖。

11月29日　市文广局下发《上海市社区文化活动中心服务标准(试行)》。

12月1日　国家非物质文化遗产保护中心主办的"顾绣保护工程——历史名作复制及研究课题"研讨会在北京中国艺术研究院召开。

12月18日　国家文物局授予松江区全国文化遗产保护工作先进集体称号。

12月27日　上海市群文优秀创作节目展演暨"群星奖"获奖作品颁奖晚会在艺海剧院举行。

同日　2007年中国群众文化年度论文评选揭晓。《大力发展文化志愿服务体系　有效促进和谐社会构建》等3篇论文同获一等奖。

2008 年

1月7日　文化部副部长周和平前往闵行区马桥镇星星村综合文化活动室、七宝镇社区文化活动中心,考察农村文化信息资源共享工程工作。对上海推进文化共享工程与农村数字电影播放点、农村信息苑"三位一体"建设的做法给予肯定。

1月13日　上海首个农民工子弟合唱团"放牛班的孩子"走进上海音乐厅。

1月17日　93岁的上海收藏家陈宝定创办全国首个网上民间算具博物馆。

2月1日　市文广局、黄浦区人民政府联合举办"花样年画"——海上年俗风情展在三山会馆开幕。展出500件年俗藏品。展期贯穿春节期间。

2月20日　第二批国家级非物质文化遗产项目代表性传承人公布,上海27名非遗传承人上榜。

2月21日　市文广局、上海世博会事务协调局(下称上海世博局)、卢湾区联合举办迎接2010年世博会开幕倒计时800天暨上海市民闹元宵活动。同日,"长三角民俗文化展示活动"汇聚龙华宝塔广场,举行元宵佳节的文化活动。

同日　上海大剧院举行首个艺术开放日——"交响开放日"活动。指挥家洛林·马泽尔执棒,与上海大同中学、上海天山中学、美国国际学校等8所学生交响乐团同台演出。

2月21—25日　文化部、教育部共同在福建省厦门市主办第二届中国少年儿童合唱节。黄浦区青少年活动中心的春天少年合唱团荣获"小百灵杯"第一名。

3月2日　金山廊下镇村民邵炳观向镇政府捐赠历时5年创作的作品《江南乡村风俗农事图》。画作长26米、宽0.65米,描绘了360行的2 000余人物。

3月15日 以传承海派文化为主题的"百年旗袍展"在上海美术馆开幕。展出的百款旗袍均为传世实物。

3月26日 "民生档案——票证记忆"展览在市档案馆外滩新馆展出。计划经济时代的各类票证展现在观众面前。

同日 首届奉贤菜花节在庄行镇开幕。菜花节设计组织了田园爱情派对、菜花写生、奉贤农副产品展销等24项主题活动。

4月22日 上海民间文艺家协会、金山区文化局联合主办的"郁林兴故事创作研讨会"在金山枫泾召开。全市故事创作、故事演讲、理论研究的代表50余人参加会议。

4月30日 以"赞美劳动者、激励建设者、颂扬奉献者"为主题的上海市庆祝"五一"国际劳动节文艺晚会在上海大剧院举行,展演了各系统职工创作的优秀文艺作品。

同日 市文广局,上海市体育局,徐汇区区委、区政府在市委党校共同举办"2008奥运唱响春天——'上海之春'国际音乐节群文开幕活动暨徐汇区第十届社区文化艺术节开幕式"。1 800名社区群众参加活动。

5月17日 由市文广局主办、市群艺馆承办的"海上春潮——大爱和鸣"演唱会在杨浦大剧院举行。这是上海群文工作者在48小时内赶排的一台文艺演出,向四川地震灾区的同胞表达关怀和牵挂之情。

同日 市委宣传部、市民政局、市文广局、市总工会、团市委、市妇联、市文明办、市红十字会、市慈善基金会、上海文广集团等单位联袂举行"血脉相连众志成城——上海市社会各界赈灾文艺晚会"。

5月19日 文化部下发《关于命名一、二、三级文化馆的决定》。徐汇区文化馆等上海市19个区县文化馆被命名为一级馆。

同日 第七届上海优秀儿童剧展演活动在南汇文化艺术中心落幕。11个省市的表演团体在2个月中走进50家剧场,演出近700场,小观众约40万人次。

6月11日 市文广局、上海市农业委员会在松江区召开"村级公共服务中心建设工作现场会",介绍泖港镇镇政府加强农村文化建设的经验。

6月12日 "薪火相传"——上海市国家级非物质文化遗产项目代表性传承人颁证仪式暨2008年"文化遗产日"专场晚会在兰心大戏院举行。市委常委、市委宣传部部长王仲伟出席活动,并为国家级项目代表性传承人转授国家文化部颁发的证书。

6月14日 国务院公布第二批国家级非物质文化遗产名录。上海申报的码头号子、淮剧、独脚戏、面人、金银细工制作技艺、素食制作技艺、吴歌、滚灯、苏州评弹、黄杨木雕、木版水印技艺、中医正骨疗法、端午节等24个项目名列其中。

6月26日 第四批"全国文化先进社区""全国社区文化优秀辅导员"评选揭晓。临汾路街道、岳阳街道、嘉定镇街道、龙华街道被评为全国文化先进社区;静安区文化馆谢克宁、虹口文化艺术馆俞志清被授予全国社区文化优秀辅导员。

7月2—12日 以"舞蹈青春·欢乐校园"为主题的2008年上海市学生舞蹈节举办。全市19个区县的学校展示了200多个优秀节目,近万名青少年学生参加了集体舞、表演舞两个项目的市级比赛。

8月7日 奥运会"祥云小屋"系列中的"锦绣上海"开展。受到中外运动员和观众好评。浦东陆家嘴社区海派秧歌——"上海紫竹调"代表上海参加北京奥运会开、闭幕式及广场演出。

8月7—13日　应北京市文化局邀请，"来自上海的问候"——奥运城市文化广场上海专场演出在天安门广场和世贸天阶举行。市群艺馆组织实施，上海武警文工团和中福会少年宫参加演出。

9月8日　迎世博倒计时600天，市教委指导、中福会少年宫设计的"小伙伴礼仪城"向全市少年儿童开放。活动围绕仪表礼仪、剧场礼仪、用餐礼仪、观展礼仪等十余项内容展开。

9月11—16日　"2008年上海民族民俗民间文化博览会暨中秋民俗嘉年华"活动在东亚展览馆举行。以富有中秋文化特征的"花好月圆"为主题，展示项目1 000多种10 000多件；吸引观众10万余人次。

9月27日至10月3日　应北京市人民政府邀请，市文广局再次组织奥运会期间倍受好评的"祥云小屋""锦绣上海"进京，参加"十一"黄金周期间的"中国故事"文化展示活动。

10月1日　市文广局、市农委、黄浦区政府主办，市群艺馆、黄浦区文化局承办的"祝福您，祖国——庆祝中华人民共和国成立59周年暨建设新农村、展示新风采"主题文化活动在南京路步行街世纪广场举行。

10月3—4日　中福会少年宫举行"放飞梦想"——2008年上海首届少年儿童文化教育博览会暨中福会少年宫"科技与艺术"主题游园活动。4场活动吸引了近万名孩子和家长在少年宫欢度假日。

10月7—13日　配合"上海2008世界华人收藏家大会"的"上海收藏文化周"在上海金茂大厦开幕，市群艺馆和市收藏协会及金茂大厦共同举办开幕展"海派民间收藏展"。收藏文化周设14个分会场，遍及全市8个区域。

10月9日　"纪念中日和平友好条约缔结30周年——中日书画篆刻交流展"在静安区文化馆隆重开幕。活动展出中日两国书法家的100幅书画篆刻作品。展览在上海首展后移师日本展出。

10月17日　第十届中国上海国际艺术节群文活动暨第六届上海宝山国际民间艺术节开幕活动在宝山体育中心体育场举行。

10月17日至11月上旬　第二届"创新城市·创意生活"——上海市民艺术（书画摄影）大展在杨浦区文化馆举行。

10月19日　市文广局、上海国际艺术节中心、黄浦区人民政府在南新雅大酒店共同主办第十届中国上海国际艺术节"天天演"活动主题论坛。文化部社文司副司长李宏出席论坛并致辞。

10月22日　以弘扬长三角非物质文化遗产为主题的"乐声悠扬·民间天籁"——长三角非物质文化遗产保护项目民间音乐展演在上海宛平剧院举行。展演以劳动号子、民歌为主。

10月30日　"华夏风采——上海市大学生艺术作品展"和"校长书画摄影作品展"在华东政法大学开幕。42所高校选送书法、绘画、雕塑、DV等9大类303件作品参展。

10月　市教委在全市高校开展全国第二届大学生艺术展演上海市选拔活动。61所高校推荐的217个优秀作品参加各门类比赛；近万名学生参加声乐、器乐、舞蹈、戏剧小品专场的选拔。

11月3日　文化部组织开展的"中国民间文化艺术之乡"命名评审揭晓，上海21个街镇被命名为"中国民间文化艺术之乡"。

11月5—10日　文化部、江苏省政府在苏州共同主办首届中国农民文艺会演。上海市参演的沪剧小戏《花缘》荣获金穗奖；舞蹈《编》《农家画谣》荣获银穗奖。

11月8—30日　上海"迎世博600天行动计划"活动单元之一的"非物质文化遗产·中国故事巡展"在徐汇区西南文化中心揭幕。

11月12日　"2008上海市外来务工者文艺展演活动"在徐汇区体育馆举行。12个区县104支文艺团队近万人参加,包括表演唱、舞蹈、曲艺、小品、器乐演奏等表演形式,展示了外来务工者的精神风貌和艺术才能。

11月16日 "第十届中国上海国际艺术节群文活动闭幕式暨中国·奉贤滚灯艺术节活动"在奉贤区现代农业园区内举行。该项目联合长三角地区的滚灯艺术资源,举办行街、展示等系列活动。

11月18日 市教委、中福会、市文明办、中福会少年宫和市科技艺术教育中心在中福会少年宫联合举办"小童心大中国"——上海少年纪念改革开放30年暨迎接建国60周年系列活动。

11月26日 以纪念改革开放30周年为主题的"足迹、回响、明天"大型经典诗歌朗诵会在东方艺术中心举行。

11月28日 市文广局、上海市残疾人联合会(下称市残联)共同举办纪念改革开放30周年上海市残疾人歌唱比赛展演活动。

11月 中宣部、中央文明办、文化部、中国文联共同主办的第六届全国"四进社区"文艺展演在武汉闭幕。上海选送的小品《白雪的记忆》获金奖;舞蹈《超市即景》《留守妈妈》获银奖。

12月12日 国家人口计生委、中国戏剧家协会等单位共同主办的第十三届中国人口文化奖(舞台艺术类)评选揭晓。上海选送的6个作品分别获得一、二、三等奖。

12月14日 市文广局、上海世博局、团市委共同主办,市群艺馆、市摄影家协会、上海艺术摄影协会、东方网承办的"世博印象"——上海市民数码摄影大赛启动仪式在香港新世界下沉式广场举行。该赛事连续举办3届,以数码摄影记录世博会建设和展示全程。

12月16日 迎世博倒计时500天之际,市文广局、市文明办和杨浦区人民政府在杨浦区文化馆联合主办了"春华秋实"——社区文化指导员辅导成果展演。

2009 年

1月21日 "迎春送福 世博纳祥"——上海市"迎世博贺新年送春联展示活动"暨"吉庆春联"2009海上年俗系列风情展在长宁民俗文化中心开幕。

2月7—9日 长三角非物质文化遗产保护项目——"迎世博"扎灯大赛暨大型公益灯展活动举办。6万多上海市民、外来务工者参加活动。

2月16日 市文广局主办、市群艺馆承办的"2008年上海市群文优秀创作节目展演"在上海戏剧学院上戏剧院举行。参演的10个节目均为在全国、全市创作赛事中获奖的作品。

2月23日 市文广局公布第一批上海市非物质文化遗产项目代表性传承人名单。共计211名;其中包括29名上海市的国家级非物质文化遗产项目代表性传承人。

3月22日 市文明办、市文广局共同举办"上海市迎世博百场文艺巡演活动"启动仪式。仪式上为演出团队进行了授旗。巡演团队每周双休日在全市演出4—5场,历时半年。

3月31日 "2009中华元素创意大赛"启动。面向社会征集具有民族民俗民间文化特征的创意设计和艺术作品。

4月9—13日 浦东新区文广局、区民族和宗教办公室、三林功能区在三林镇举行"2009浦东三林民俗文化节"。

4月16日 市文联、市书法家协会、静安书画院三方签订协议设立"上海市青少年书法艺术奖",鼓励、帮助有志于书法艺术的青少年成长和提高。

4月28日 2009年"上海之春"国际音乐节群文活动开幕式在上海中医药大学体育场举行。活动以太极武术、民乐演奏等表演形式集中展示中华传统文化;1 500名大学生参加了活动。

5月9—13日 市文广局主办、市群艺馆承办"上海之春"新人新作评选。25个作品获优秀新人新作奖。同时,组织"上海之春"新人新作评选暨上海市迎世博文艺百场巡演。

5月23日 纪念上海解放60周年,上海市委老干部局在上海东方艺术中心举办老干部歌会。69支老干部歌队、2 100位老同志参加演出。

5月24日 市文广局、黄浦区委、区政府在南京东路世纪广场共同举行"咏六十华章·颂浦江精彩"——庆祝上海解放60周年广场文化展演周暨黄浦区"国歌嘹亮"群众文艺活动首场演出。

5月27日 市文明办、市文广局、市文联、长宁区政府在中山公园音乐广场共同主办"爱我中华·唱响上海"——庆祝上海解放60周年群众歌会。

5月28日至6月15日 市文广局、黄浦区政府在上海文庙主办的"端阳申江——端午民俗风情展"。包括特色粽子展示、端午民俗风情展等活动。

5月 市文广局召开了专业院团社区文艺指导员派送工作会议,明确2009年"指导员派送工作覆盖所有区县和指导员派出工作覆盖所有专业艺术院团"的"双覆盖"目标。

6月1—3日 市群艺馆、市美术家协会、解放日报社、市农民书画协会、刘海粟美术馆、宝山区杨行镇政府联合主办的"江南之春"30年回顾展暨第十五届(杨行杯)"江南之春"画展在上海刘海粟美术馆开幕,189幅作品参展。

6月6日 由市文广局主办、市群艺馆承办的上海市迎世博"海宝"广场舞大赛在上海体育场外广场举行,大赛评出6个优秀作品奖等奖项。

6月11日 全国非物质文化遗产保护、古籍保护暨文博事业杰出人物表彰、颁证、授牌电视电话会议在国务院小礼堂召开。上海分会场会议设在市政府3M会议厅。上海的张静娴获得全国非遗保护先进工作者称号,32人被文化部确定为第三批国家级非遗项目代表性传承人。

6月13日 我国第四个"文化遗产日",全市开展形式多样、内容丰富的非遗和古籍宣传展示活动50余项;上海市非物质文化遗产网开通试运行。

同日 "上海文化论坛——中华元素:诠释、演绎及现代表达"高峰论坛揭幕。上海市政协、市委宣传部、市文广局、市文联领导及全国各地专家、学者出席论坛。

6月22日 市政府公布了第二批上海市非物质文化遗产名录和第一批上海市非物质文化遗产扩展项目名录,计50项。

6月23日 市委宣传部、上海世博局、黄浦区政府联合主办"世博论坛·开埠地三民文化与上海城市发展"在文庙举行,350多位代表参加论坛活动。

6—11月 市文广局、市文明办、市文联共同主办"爱我中华·喜迎世博——爱国歌曲大家唱"上海市社区合唱大赛。全市220余支社区团队参加区县级的比赛,18个区县的47支团队参加了复赛。

7月28日 "祖国颂"——庆祝中华人民共和国成立60周年上海摄影艺术精品展在上海美术馆开幕,展出了53位作者的105幅摄影作品。

8月10—11日 文化部、教育部共同在内蒙古呼和浩特市举行第三届中国少年儿童合唱节。中福会少年宫小伙伴艺术团合唱团获得了"小百灵杯"第一名的成绩。

8月12日 市文广局、上海世博局、团市委主办,市群艺馆、市摄影家协会、上海艺术摄影协会及东方网承办的"世博印象——上海市民数码摄影大赛"获奖作品展开幕式在徐汇艺术馆举行。

8月26日　"上海市迎世博百场文艺巡演"群文活动在上海奉贤区落幕。

9月2—6日　文化部、重庆市人民政府共同主办的"永远的辉煌"——全国第十一届老年合唱节在重庆市举行。全国25个省(自治区、直辖市)的60支老年合唱团参加比赛;上海宝钢淞涛合唱团获红岩杯(金奖)第二名。

9月19日　市委宣传部等单位主办的"庆祝中华人民共和国60华诞——纪念《黄河大合唱》诞生70周年大型歌会"在上海江湾体育场举行。歌会现场,数万市民引吭高唱《黄河颂》,阵容壮观;黄河流域相关省市与上海10地联播。

9月25日至10月20日　"盛世画卷"——庆祝中华人民共和国成立60周年上海群文美术大展在嘉定文化馆和陆俨少艺术院展出。经专家评选,18个参展单位的240幅作品中,有124幅作品获等次奖。

9月29日至10月5日　2009年上海民族民俗民间文化博览会在上海东亚展览馆举行。民博会以"礼仪天下,和谐中华"为主题,展示传统文化创意设计精品;吸引观众8万人次。

10月1—3日　全市各区县文化单位、相关企事业单位、社会团体精心组织了"庆十一·颂国庆·迎世博"为主题的大型游园活动。

10月13日　"'阳光·艺术·活力'2009年上海残疾人艺术博览会"在市工人文化宫开幕,博览会囊括了上海及外省市大量残疾人的优秀艺术作品。

10月17日　由市文广局、市文联、闵行区政府、上海文广新闻传媒集团、中国上海国际艺术节中心主办,市群艺馆、市音乐家协会、闵行区文广局承办的第十一届中国上海国际艺术节群文开幕活动暨"金秋闵行"第二届上海合唱节开幕式在上海城市剧院举行。

10月25日　"城市记忆——京津沪渝市民艺术摄影大赛"优秀作品展在上海金茂大厦举行。

11月8日　市文明办、市文广局、市文联主办,市音协承办的"爱我中华·喜迎世博——爱国歌曲大家唱"上海市社区合唱大赛决赛在上海音乐厅举行。奉贤区南桥镇市民合唱团等10支社区合唱队荣获"2009上海市十佳优秀社区合唱团"称号。

12月22日　"2009年中华元素创意盛典"在兰心大戏院举行。评选出舞台艺术、中华元素创意系列活动标志、世博会吉祥物"海宝"服饰、中华元素产品四大类优秀作品56个。

同日　以"儿童看世界,世界看儿童"为主题的2009年"国际儿童日"新闻图片全国巡回展上海地区展览在中福会少年宫举行。

12月31日　首批上海市国家级非遗名录系列专题片《上海港码头号子》《评弹》《嘉定竹刻》《朵云轩木刻水印技艺》《功德林素食制作技艺》《石氏伤科疗法》摄制完成;首批上海市国家级非遗名录项目丛书《越剧》等5卷进入出版程序。

2010 年

1月28日　"小八腊子开会喽"上海市优秀童谣征集评选暨"童声念童谣,文明迎世博"朗诵大赛颁奖典礼在中国福利会(下称中福会)少年宫举行。

2月4日至3月5日　市文广局、黄浦区政府共同主办"迎虎如意"——第四届海上年俗风情展在上海文庙举行,展出书画历、生肖文化作品和节庆器物等。

3月1日　教育部、上海市政府共同主办的"阳光下成长"——全国第三届中小学生艺术展演活动闭幕式暨颁奖晚会在上海东方艺术中心举行。

3月10日 "小手牵世博，童眼看巨变"——上海市幼儿迎世博摄影展在浦东洋泾文化广场落下帷幕。160幅获奖作品制成影集向世博献礼。

3月11日 市书法家协会、静安区总工会、静安区文化局在静安区图书馆联合举办"迎世博·融合·推广"——上海现代刻字艺术展。

3月23日 2010年上海民族民俗民间文化博览会开幕式暨上海民族民俗民间文化博览馆开馆仪式在上海浦东金凤凰广场举行。

3月 团市委、市妇联、中福会、市文明办、市教委、市公安局、市总工会、市少工委联合主办的"童乐世博"——2010年上海少年儿童庆祝"六一"国际儿童节博览会在中福会少年宫举行。2.5万名家长和儿童参与了近百场各类主题活动。

4月16日 市文广局、上海世博局、团市委共同主办的"世博印象"——上海市民数码摄影大赛在徐汇区艺术馆举行第二届比赛获奖作品展。同时启动第三届比赛，拍摄主题为"世博进行时"。

4月29日 "世博号角"——2010"上海之春"国际音乐节管乐艺术节开幕式暨中外大型队列行进吹奏表演在江湾体育场奏响。来自日本、韩国、美国、瑞士、泰国和中国北京理工附中等4所中小学的管乐团及上海的管乐团4000多人齐聚一堂，庆贺世博会的召开。

5月1日至10月31日 市文广局主办，市群艺馆和各区县承办的"璀璨耀浦江"——上海世博会城市文化广场"周周演"活动，在世博会期间的27个周末，全市12个区的"上海世博会城市文化广场"展开。演出近600场次，吸引中外观众300万人次。

5月19日 上海东方社区文化艺术指导中心、市群艺馆、普陀区文化局共同主办"世博城市文化体验日"活动，启动仪式在曹杨社区文化活动中心举行。

6月11日 "2010年文化遗产日"——上海非物质文化遗产系列活动启动仪式在上海普陀区图书馆举行。仪式结束后，举行了"海上春潮"——上海民歌新唱音乐会。

6月15日 在文化部主办的第十五届全国"群星奖"评选中，浦东祝桥镇的上海说唱《登高》等获群星奖，全昌杰、胡蕴琪、顾亚平、陈白桦、黄涛被文化部授予首届"中国群文之星"称号。

7月21日 "世博合唱节"在上海世博文化中心举行。合唱队伍由2010人组成。

8月3日 市残联、市文广局联合举办的"绽放生命、共享世博"——中外残疾人艺术作品展暨上海市残疾人文化活动周在上海图书馆开幕。

8月16日 市书法家协会、静安区社会组织联合会共同举办的首届上海楷书大赛作品展在恒源祥美术馆开幕。展览收到作品1200多件；展出作品230幅。

9月8—9日 在辽宁省营口市经济技术开发区举行的第七届全国"四进社区"文艺展演活动中，上海宝山区文化馆的现代舞《双面胶》、虹口区文化艺术馆的小品《实话实说》、松江区文化馆和宝山区文化馆的男女声二重唱《永远在一起》获优秀作品奖。

9月27日 "我们的太空家园"——全国少年儿童绘画大赛在上海世博园太空家园馆落下帷幕。

9月27日至11月9日 "世博风城市情"第三届上海市民艺术(美术、书法、摄影)大展在上海杨浦区文化馆举行。收到社会各界应征作品2300多件，参展作品450多件。

9月29日 市文广局、市总工会主办的"同在阳光下"——上海假日农民工免费电影专场放映活动在长宁区工人文化宫拉开帷幕。启动仪式上，市群艺馆向农民工赠送3万余册《上海故事》杂志。

同日 青浦区朱家角人文艺术馆开馆。已故画家吴冠中亲笔题写的馆名同时揭幕。

10月8—12日　上海世博会"上海活动周"欢乐大巡游在世博会浦东园区内举行。巡游活动持续一周；包括6辆花车、500多位演职人员。每天3场在世博大道3千米的欢乐大巡游，充分展示上海的文化特色，赢得沿途中外游客的欢呼与喝彩。

10月15日　"青山夕照"——上海市老年书法展在明圆文化艺术中心开幕。展出老年书法作品400余件，包括真、草、隶、篆等各种书体。《青山夕照——上海市老年书法展作品集》在开幕式上首发。

10月16日　上海宝山国际民间艺术博览馆开馆仪式在宝山顾村公园博览馆广场举行。市委常委、市委统战部部长杨晓渡出席开馆仪式，并宣布博览馆开馆。市文广局向该馆授予"上海市非物质文化遗产项目保护传承基地"标牌。

10月26日　"长风杯"新上海人歌手大赛决赛盛典暨第十二届中国上海国际艺术节群文活动、2010苏州河文化艺术节闭幕式在上海广播电视台广电大厦演播厅举行。同时，表彰了为艺术节做出贡献的单位和个人。

12月3日　"2010上海——都江堰市学生动漫画大赛颁奖典礼"在上海艺海剧院举行。

12月13日　第五批中国历史文化名镇(村)名单公布。上海金山区枫泾镇、青浦区朱家角镇、南汇区新场镇、嘉定区嘉定镇街道榜上有名。

12月28日　"春华秋实"——2009年上海市社区文化指导员派送工作成果系列展示活动在普陀区图书馆剧场举行。

同日　市群艺馆、上海艺术摄影协会主办的"新润疆色"——上海市群文系统摄影干部南疆采风摄影巡回展在青浦赵巷镇文化体育服务中心开幕，共展出了87幅作品。

第一篇
机构与场馆

《世博演艺中心》 郭长耀摄

上海的群众文化机构,在民国时期,有民众教育馆从事普及文化艺术教育工作。中华人民共和国成立以后,各级政府大力发展群众文化事业,全市逐步建立起由政府主办的、专门为人民大众提供公益性文化服务、组织群众文化活动的公共文化设施机构,设有市群众艺术馆,区(县)文化馆(艺术馆、艺术指导中心),街道(乡镇)文化站(中心),统称公共文化馆。至1966年,全市初步形成市、区(县)、街道(乡镇)三级公共文化馆服务网络。上海市教育委员会、共青团上海市委、上海市市总工会等行业系统与群众团体,也相继建立了工人文化宫(俱乐部)、少年宫(少年之家)、青年宫、青少年科技教育中心(活动中心)等为各类群体服务的公共文化机构。"文化大革命"期间,公共文化设施一度遭到破坏,有的机构被迫解散,有的停止正常工作,有的设施被改变性质、用途。

1978年以后,遵循党的十一届三中全会精神,上海各级政府加强对群众文化事业的领导,按行业系统实施分级管理制度,市政府文化行政部门行使主管全市群众文化的职能,区(县)政府文化行政部门负责管理辖区的群众文化工作。从加强对全市群众文化工作协调与指导的实际出发,建立上海市群众文化工作委员会、上海市艺术教育委员会、上海市群众文化学会等组织机构。全市群众文化事业迅速克服"文化大革命"所遭受的影响,公共文化设施逐渐恢复开放。至1986年,全市拥有市群众艺术馆1家,区(县)文化馆(艺术馆、艺术指导中心)27家,街道(乡镇)文化站(中心)350家,郊县文艺工厂161家,初步形成了三级公共文化馆服务网络;全市还建有市工人文化宫、市青年宫、中国福利会(下称中福会)少年宫各1家;区(县)工人文化宫(俱乐部)22家、区(县)少年宫22家;各类企业办的俱乐部695家。

随着市场经济的发展、文化体制改革的展开,1987年后,全市公共文化机构紧跟社会改革步伐,普遍实施"以文补文,多业助文"的运营机制,通过政府投入、集资借贷、机构调整重组等多种方式,有的对陈旧的设施进行改建扩建,有的调整后重建新馆。1990年5月4日,金山县山阳乡投资300万元建成山阳乡文化中心大楼,成为全市郊县乡镇文化中心建设的领跑者。普陀区、徐汇区建成面积超过10 000平方米的文化馆新馆舍,中福会少年宫新建野外活动场地中国福利会少年村,宝山区建成工人文化中心,上海市青少年活动中心也建成开放,全市公共文化设施保持稳步发展的趋势。

进入21世纪以后,上海积极推进社会主义文化大发展大繁荣,先后召开上海市基层文化工作会议、上海市文化工作会议,制订"十一五"文化发展规划。2003年,市委、市政府在调查研究上海基层文化建设情况的基础上,作出全面部署与安排,全市掀起新一轮公共文化设施建设高潮。各区(县)政府结合行政区域的合并调整,纷纷重建新的文化馆设施,文化馆规模进一步扩大,设施更加先进,功能更加

图1-0-1 金山县山阳乡文化中心大楼率先建成(1990年5月4日)

完备。其间,市委、市政府重点推进基层公共文化设施建设,对于多头、分散、低水平重复建在街道(乡镇)的文化站、少年之家、图书馆、老年活动室等简陋设施,进行资源整合,实行共建共享,建立融文、体、科、教、信息服务于一体的标准化、综合性、多功能的社区文化活动中心,并将服务向居(村)延伸,陆续建成一批设置在市民家门口的居(村)委综合性文化活动室。2010 年,上海市群众艺术馆新馆建成开放,标志上海群众文化事业跃上新的台阶。

第一章 行政机构

上海群众文化行政机构,自1978年开始,由行政管理机构、协调指导机构、培训教育机构等组成,至2010年,逐步形成政府主导、条块结合、协调联动、齐抓共管的合力。

第一节 行政管理机构

在市委、市政府领导下,上海群众文化事业实行按行业系统分级管理,由市政府文化行政部门主管,市财政、规划、人事、建设等政府相关行政管理部门根据各自职责协同管理。

一、上海市文化局

上海市文化局是市政府主管全市文化艺术工作的职能部门。党的十一届三中全会以后,转变和加强了对全市文化艺术事业管理的政府职能,以适应社会主义市场经济条件下文化艺术事业的建设和发展。按照文化事业管理职责,内设12个职能处室,即办公室、政策法规处、戏剧处、音舞处、群众文化美术图书馆处、文化市场处、外事处、计划财务处、人事教育处、后勤管理处、党委办公室(台湾事务办公室、宣传处、统战处)、组织处(老干部处),设置纪律检查委员会(监察室与纪律检查委员会合署)。

1978年后,市文化局设立群众文艺组,至1979年9月恢复为群众文化处,承担全市群众文化工作的日常管理职责,管理全市群众业余文化艺术事业、公共图书馆事业和社会文化社团,指导开展社区文化、农村文化、企业文化、校园文化等各种群众性业余文化,协助市有关部门组织全市艺术、群文、图书资料等专业技术职称评审工作,指导区(县)系统文化业务建设。

1997年,市政府制定并颁发《上海市公共文化馆管理办法》,明确市文化局是全市公共文化馆的行政主管部门;区(县)文化行政部门负责辖区内的公共文化馆的管理;公共文化馆承担开展公益性文化活动的职能;市文化局对群众文化工作的日常管理,由群众文化处担任,后改为群众文化美术图书馆处负责,先后由市文化局副局长杨振龙、干树海分管。

二、上海市文化广播影视管理局

2000年4月,根据《中共中央国务院关于上海市人民政府机构改革方案的通知》(下称《通知》),上海市政府将原上海市文化局和广播电影电视局"撤二建一",设立上海市文化广播影视管理局。《通知》明确,上海市文化广播影视管理局(下称市文广局)是主管全市文化艺术工作、广播电视宣传和文化、广播、电影、电视事业的市政府职能部门,负责管理全市群众文化艺术活动以及群众艺术馆、文化馆、公共图书馆事业和社会文化社团,指导、推动开展各类群众性文化活动,负责全市非物质文化遗产保护工作。市文广局对群众文化的日常管理工作由社会文化广播电视处负责,2002年由社会文化处(2010年更名为公共文化处)负责管理,先后由副局长梁晓庄、局党委副书记刘建、副局长王小明分管。

三、上海市社区公共文化服务工作领导小组

2004年,成立上海市社区公共文化服务工作领导小组(下称领导小组),以适应新形势、新任务的需要,着力加强基层公共文化建设。领导小组由市委宣传部牵头,市文明办、市发展改革委、市农委、市教委、市财政局、市规划局、市文广局、市新闻出版局、市总工会等17家相关委办局共同组成。领导小组组长为市委常委、市委宣传部部长王仲伟,领导小组的日常工作由市文广局负责,办公室设在市文广局。领导小组的职责是进行统筹规划,推动全市以社区文化活动中心为重点的公共文化事业建设,推动全市公共文化资源的整合,协调国家重大公共文化工程任务的落实。各区(县)也相应建立统筹协调辖区公共文化事业建设的组织机构。领导小组于2011年调整为上海市公共文化服务工作协调小组,担负推进全市公共文化服务体系建设、统筹协调全市公共文化重大事项及社区文化活动中心建设与管理的职能。

第二节　协调指导机构

一、上海市群众文化工作委员会

上海市群众文化工作委员会是全市群众文化工作的协调机构,它的前身是1958年由中共上海市委成立的群众文艺工作委员会,以加强党对群众文艺工作的领导,调动各方面力量,广泛开展群众业余文艺活动为宗旨。1965年8月19日,中共上海市委决定将市委群众文艺工作委员会改名为市委群众文化工作委员会。"文化大革命"期间,市和区(县)两级群众文化工作委员会解体。

1985年3月1日,市政府发出《关于成立上海市群众文化工作委员会的通知》,重新成立上海市群众文化工作委员会(下称市群工委),以加强全市群众文化事业的建设,统筹规划、指导和协调全市群众文化工作与重大活动。市群工委由市文化局、市总工会、共青团市委、市妇联、中福会、市计委、市建委、市体委、市农委、市财政局、市公安局、市广播电视局、市新闻出版局、市教育局、市文联、市老龄委等组成。市群工委主任为上海市副市长刘振元,副主任有丁锡满(中共上海市委宣传部副部长)、刘念劬(市文化局副局长)、陈秀凤(市总工会副主席)、范希平(共青团市委副书记)、沈彦芳(市妇联副主任)、朱可常(中福会党组书记),委员22人。市群工委秘书长由市文化局副局长杨振龙担任(1990年改任副主任)。市群工委负责规划、协调全市群众文化活动。市群工委办公室设在市文化局,由市文化局群众文化处具体负责市群工委办公室的工作,并行使对全市群众文化工作的指导和管理职能。各区(县)和街道(乡镇)也相继成立群工委。同年3月11日,上海市群众文化工作委员会成立大会、上海市文化系统群众文化先进表彰大会在友谊电影院举行。市领导刘振元、胡立教等出席。

市群工委每年召开工作会议,总结上年度群众文化工作,研究并通过新一年的工作计划。市群工委成立后,推动上海市群众文化学会的建立,广泛开展群众文化工作的理论研究与学术交流,以适应改革开放新形势,开创群众文化工作新局面。市群工委先后召开上海市农村群众文化工作座谈会、上海市社区文化工作研讨会、城市群众文化工作交流会、上海市群众文艺创作会等,总结与交

流关于发展社区文化、农村文化、广场文化,依靠社会力量办群众文化事业等方面的经验,推动全市群众文化活动的蓬勃开展。市群工委还审议由市文化局起草的《上海市公共文化馆管理办法》,负责审批上海市群众文化奖励基金(每年 100 万元)资助的群众文艺活动项目和资金额度,组织表彰从事群众文化工作作出积极贡献的集体与个人,统筹协调社会各行业各系统共同主办大型群众文化活动。通过市群工委统筹协调,全市群众文化工作逐步形成各行业、各系统相互配合、齐抓共管的局面。

市群工委后因组织领导层的变化,未能及时作出调整,2000 年后停止工作。2004 年,成立上海市社区公共文化服务工作领导小组,承担起统筹规划、协调发展全市群众文化工作,推进全市公共文化服务体系建设的职责。

二、上海市群众文化奖励基金理事会

上海市群众文化奖励基金理事会(下称理事会)成立于 1996 年 12 月 24 日,由中共上海市委副书记陈至立和副市长龚学平任名誉理事长,市政府副秘书长周慕尧任理事长,由上海市精文投资有限公司出资 1 000 万元设立此基金,每年用 100 万元奖励群众文化工作中的先进集体、个人和优秀作品、优秀项目。理事会每年召开全市群众文化表彰奖励大会,总结经验,宣传先进。至 2010 年,连续召开表彰颁奖会 15 次,推动了上海群众文化事业的繁荣发展。

三、上海市艺术教育委员会

上海市艺术教育委员会于 1990 年 5 月 18 日成立,由 51 名委员组成,聘请艺术教育知名人士张瑞芳、司徒汉等 36 人担任顾问和委员。委员会设主任 1 人,副主任 4 人;设秘书长 1 人、副秘书长 5 人。第一届上海市艺术教育委员会主任为上海市教育局副局长凌同光。

上海市艺术教育委员会是协助市教育局领导、管理全市中小学、幼儿园和中等职业学校、中等专业学校以及校外教育机构艺术教育工作的协调和咨询机构。其主要工作任务是宣传国家有关美育与艺术教育的方针、政策和行政法规;协助市教育局管理中小学、幼儿园和中等职业学校、中等专业学校以及校外教育机构的艺术教育工作;协调市宣传、文化、艺术教育等部门、团体、单位的相关艺术教育工作;在制订和实施《上海市学校艺术教育发展规划》、开展艺术教育研究和改革、加强艺术师资队伍建设等重大问题和重大艺术教育活动中,向教育行政部门提供咨询、给予指导。

上海市艺术教育委员会和市教育局共同制订《1990 年—2000 年上海市学校艺术教发展规划》,对全市学校艺术教育工作提出工作目标和具体措施。1990 年 12 月,市艺术教育委员会主办上海市首届学校艺术教育工作研讨会,研讨艺术教育工作,交流艺术教学经验。市艺术教育委员会还组织、协调有关方面参与制订《上海市学校艺术教育工作评估指标》《上海市学校艺术教育工作规程实施意见》和上海市学校艺术教育"九五""十五""十一五"发展规划、政策等;参与组织历届上海市学生音乐节、舞蹈节、戏剧节、电影节、艺术节;组织实施 4 轮上海市学校艺术教育实验课题工作等。市艺术教育委员会还多次举办上海市学生艺术设计大赛,组织学校艺术科研项目申报工作,并根据上海国民经济和社会发展的总体规划,研究提出全市艺术教育改革发展战略。

第三节　专业培训和学术交流机构

一、上海市文化广播影视管理局人才培训交流中心

上海市文广局人才培训交流中心（下称培训中心），是在原上海市广播电影电视局人才培训交流中心、上海市文化系统人才交流中心和上海市文化艺术干部学校3家单位基础上于2000年11月成立的，是上海文广影视行业的培训机构，具有独立法人资格的事业单位，隶属于市文广局，办公地点位于岳阳路44号。培训中心下设办公室、培训部、交流部、财务部等职能部门。至2010年，培训中心主任先后由孟平安、宋进军担任。

培训中心的工作范围，是承担全市文广影视系统内各单位党政管理干部、专业技术人员和行业各类技术工种从业人员的继续教育、政治培训、业务培训及各种技术工种从业资格、等级的鉴定和培训；承担文广系统、行业内各类人才交流、人才中介、人力资源开发和待岗人员委托管理工作。

培训中心的工作方针是"立足文广、服务行业、面向社会、坚持发展"，先后举办群众文化专业技术人员能力水平职称培训、文化馆馆长岗位培训、社区文化活动中心负责人岗位培训等，是群众文化行业培养梯度专业人员的基地。

二、上海市群众文化学会

上海市群众文化学会（下称市群文学会）成立于1985年8月，是上海市社会科学界联合会与市文化局领导下的市级公益性、群众性、专业性的社会组织；是全市群众文化工作者开展群众文化理论研究、群众文化活动、群众文化培训，提升全市群众文化工作者管理能力、学术水平、专业技能的社会组织；是中国群众文化学会的团体会员单位。1985年8月29日，上海市群众文化学会在静安区文化馆召开成立大会，确定了市群文学会的业务范围，包括群众文化理论研究、学术交流、决策咨询、专业培训、科学普及、成果评奖、编辑出版相关的理论研究和信息交流资料或有关书籍等。市群文学会历任会长有上海市副市长刘振元、市文化局副局长杨振龙、市文化局党委副书记刘建。

1994年2月，市群文学会举行上海市群众文化学会工作会议，全市800余人出席了会议。会议主要回顾和总结理事会工作，表彰学术研究成果和颁发证书，宣布调整后的理事名单。

1999年11月至2010年，市群文学会设基础理论、应用理论、群众文化史等研究小组。依托市群艺馆，每年编写群众文艺论文选题参考目录，组织会员开展群众文艺理论研讨和交流活动，主办群众文化理论刊物《群文论苑》（原名《上海群众文化研究》）。

市群文学会的日常业务工作，由市群艺馆调研部承担，它是市群艺馆内设的工作部门，负责开展对全市群众文化工作现状和发展方向的调查研究工作，开展对群众文化基础理论和应用课题的探索、研究，编辑、出版群众文艺作品和理论研究资料、著作，为全市各类群众文化工作机构和单位的群众文艺理论研究工作提供指导性服务。

第二章 公共文化馆

上海公共文化馆是由政府设置,向社会公众开放,主要承担全民艺术普及和优秀传统文化传承功能,组织和指导群众文化活动的公益性文化机构,包括市级群众艺术馆、区(县)级文化馆(艺术馆、艺术指导中心)、街道(乡镇)社区文化活动中心(站),以及由居(村)委建设的综合文化活动室(中心)。据统计,1978 年全市有区(县)文化馆 20 家,总面积 2 万余平方米。1979 年,上海市群众艺术馆恢复建制。至 2010 年,全市公共文化馆有市群众艺术馆 1 家,区(县)文化馆(艺术中心,艺术指导中心)26 家,社区文化中心(站)213 家,总面积 1 116 410 平方米,另有居(村)委综合文化活动室(中心)5 245 家,面积 870 998 平方米。全市基本建成四级公共文化馆网络与服务系统,成为全市群众文化工作的骨干力量。

第一节 上海市群众艺术馆

上海市群众艺术馆(下称市群艺馆)是 1956 年由市政府建立的全民所有制文化事业单位,是组织与指导全市群众文化艺术活动、开展文化艺术普及教育、培训群众文化在职干部、辅导基层群众文艺团队、研究群众文化理论的公益性文化服务机构,也是群众参与文化艺术活动的主要场所。市群艺馆策划设计具有引领示范作用的市级公共文化场馆阵地活动,以满足广大市民的精神文化需求。

图 1-2-1 上海市群众艺术馆一楼展厅

一、机构沿革

市群艺馆于 1956 年 12 月 30 日成立,设在复兴中路 526 号,以后迁至中百一店楼上,后又转至黄浦路 20 号(原苏联领事馆馆址)临时办公。"文化大革命"期间,市群艺馆被撤销建制。1979 年 3 月 8 日,市委宣传部批准市文化局关于恢复市群艺馆建制的意见,市群艺馆设在长乐路 788 号(已故京剧表演艺术家周信芳的私人住宅)办公。1987 年,市群艺馆迁至黄陂北路 226 号原美术馆内;1996 年,馆址设在复兴中路 597 号文化广场北楼的二楼和五楼;2001 年 6 月,又搬迁到古宜路 125 号原上海市戏曲学校;2006 年,市政府决定市群艺馆馆舍在古宜路原地进行扩建改造。

2010 年,市群艺馆新馆馆舍落成,建筑面积 15 525 平方米,加上保留改建的原上海市戏曲学校振飞楼的 2 000 平方米,总计 17 525 平方米,使用面积为 11 391 平方米。馆内设立 36 个供群众活动的空间和区域,使用面积为 7 797 平方米;室外建有市民休闲廊和小广场,共计 1 400 平方米,可开展群众性的广场文艺和户外健身活动。

二、工作职能

市群艺馆的办馆宗旨是为人民大众、为社会主义服务,以提供公益性服务为原则。随着社会发展和人民群众对精神文化生活需求的增长,市群艺馆不断拓展服务功能,扩大服务范围,提升服务效能。

20 世纪五六十年代建馆初期,市群艺馆受到馆舍条件限制,无法开展阵地服务,提出"面向全市,以农村、基层为重点"的工作方针。市群艺馆员工深入工厂、田间,广泛组织和培育群众文艺团队,开展各类文化活动,并联合区(县)文化馆,举办各类节庆活动。20 世纪八九十年代,市群艺馆大力推动群众文艺创作,策划组织全市各类主题的大型广场文化活动,广泛开展群众文化艺术培训,对全市区级文化馆进行业务指导,成为全市群众文化活动的组织中心,并承担上海市群众文化学会办公室的职能。进入 21 世纪,面对大力发展社会主义文化的新形势、新要求,市群艺馆迎来了新的发展机遇。市委、市政府要求新建的市群艺馆建成与上海国际大都市文化发展相适应的、标志性的公共文化设施,对市群艺馆的功能定位重新审视并作出调整。2004 年,市文广局制定的《贯彻落实上海市文化工作会议精神,推进上海群众文化创新发展的意见》和《上海市群众文化发展规划纲要(2005—2010)》中提出,市群艺馆要深化改革,强化组织、指导、展示、培训、服务五大功能;要对全市文化馆发挥指导、引领作用,对全市重要群众文艺活动发挥策划、示范作用,对全市群众文化队伍发挥培训、辅导作用,对全市群众文化活动资源发挥整合、调配作用,对全市群众文化信息发挥集成、传播作用,使市群艺馆发展成为全市群众文艺创作中心、大型群众文化活动的组织和示范中心、信息服务和公共文化资源配送中心、民族民间文化保护中心、群众文化团队服务和群众文化人才培训中心,在全市群众文化工作中发挥引领作用和示范作用。2006 年,市群艺馆制订《上海市群众艺术馆事业发展五年规划》,提出要充分发挥身居全市群众文化工作龙头地位的优势,以综合性的文化服务功能,服务上海居民、服务全国、面向世界,形成与上海国际经济中心城市地位相适应的群众文化工作新局面。

市群艺馆 365 天常年免费开放,平均每周开放 56 小时,为社会公众提供艺术展览、文化讲座、公益演出、信息服务、非遗展示和图书阅览、视听、数字电影播映及艺术普及教育等公益服务;市民大众可以免费走进市群艺馆,听讲座,看演出,接受各类培训,举办市民个人书画、手工、收藏展览等;各类文化组织、文化团队、民营剧团,都可登上市群艺馆星舞台展示展演。据统计,2010 年,市群艺馆共计举办各类讲座研讨活动 110 次,举办展览 5 项,组织文艺演出 161 场次,举办文艺训练班 118 班次。

图 1 - 2 - 2　上海市群众艺术馆星舞台

三、内设机构

市群艺馆 1956 年建立时设立有办公室、辅导部、研究部和编辑部共 4 个部门;1996 年根据工作发展的需要,市群艺馆设立办公室、艺术活动部、创作中心、调研部、音视工作室、上海故事杂志社等6个工作部门;2005年工作调整后,设立办公室、创作工作部、调研部、培训辅导部、信息部、活动部;2010年新馆落成,馆舍使用面积扩大,服务功能拓展,全馆调整工作机构,建立办公室、创作部、活动部、调研部、培训辅导部、事业发展部、非遗保护中心办公室、上海故事杂志社等7个部门。

表1-2-1 2010年上海市群众艺术馆各部门工作职能情况表

部门名称	工 作 职 能
办公室	负责拟订和落实全馆日常党务和行政工作,落实党政领导交办的各项任务,协调全馆日常行政事务;负责组织、人事、劳资、宣教、创建文明单位等日常事务性工作;负责全馆计划、报告、总结的起草工作;管理艺术档案室、馆网站;承办文书、文印、信息、接待安排以及综合性协调工作。
创作部	负责拟定和实施本馆及全市群众音乐、舞蹈、戏剧、曲艺、美术、书法、摄影七大艺术门类的创作工作计划;负责组织和实施对基层群众文艺的创作指导、队伍培育以及创作基地、示范点的建立与监管;负责组织和实施全国"群星奖"比赛上海作品选拔及"上海之春"群文新人新作展评展演等各类赛事活动,负责组织获奖节目、优秀创作节目及领军人物、群文之星和优秀人才个人作品的展演、推广活动;负责拟定和完善《上海市群众艺术馆创作制度和奖励办法》,落实馆领导交办的各项工作任务。
活动部	负责策划组织、统筹协调全市群众文化资源,承担国家级和全市性的重大节庆和重要事件的群众文化活动,联合全市区(县)和系统开展相关大型活动,完成上级交办的各项任务;负责场馆内展览、讲座、节庆活动等的策划、部署与实施和公益电影放映。
调研部	负责全市群众文化理论的研讨和调研,编辑出版《群文世界》双月刊,承担市群文学会的日常工作;联系各区(县)文化馆、文化中心的相关群文理论工作者,组织开展学术理论探讨和研究活动;按照上级领导要求,进行各类课题的调研并撰写调研报告;承担上海市群众文艺志的编写协调工作。
培训辅导部	负责全市社区文化指导员网络的建设、管理和服务平台,负责推进和实施社区文艺指导员的招募、培训、管理和考核工作,不断完善和提升指导员的派送工作;制订全市群众文化人才建设规划,策划和实施对公共文化机构的管理者和群众文化活动的策划者、组织者、辅导员等各类业务骨干的培训活动;负责馆办老年大学的各项工作。
非遗保护中心办公室	作为上海市非物质文化遗产保护工作的专业机构,按照上级文化管理部门的工作要求,落实全市非遗保护规划和保护实施的具体工作。
上海故事杂志社	在市群艺馆的领导下,高质量地完成每年14期(2期增刊)《上海故事》的编辑、出版、广告和发行工作;举办与《上海故事》相关的各类故事活动、笔会活动、发行和宣传活动等。
事业发展部	负责市群艺馆剧场(上海星舞台)的日常运营及演出项目的执行管理工作,落实馆里交办的各项演出任务;负责组织协调和策划安排剧院的演出项目和内容,负责剧场演出项目的引进、编排和执行等各项工作,负责落实和完成剧场各项演出计划;负责演出项目艺术档案的建设工作;负责演出项目的宣传和发布,网站或微博等数字化平台的建设工作;负责协调馆艺校(上海新群星艺术专修学校)运营过程中的各类事务性工作;负责馆录音棚的日常管理和运营工作。

表1-2-2 1978—2010年上海市群众艺术馆历任馆长一览表

姓 名	职 务	任 职 时 间
习 文	副馆长(主持工作)	1981年11月—1988年8月
邱士龙	副馆长(主持工作)	1985年10月—1990年7月
赵家彦	馆长	1990年7月—1993年10月

姓　名	职　　务	任　职　时　间
季金安	馆长（1993年11月起兼任党支部书记）	1993年10月—1995年4月
赵其华	党支部书记、馆长	1995年4月—2003年7月
张　坚	副馆长（主持工作）	2003年7月—2005年10月
孟平安	党支部书记、馆长	2005年10月—2009年9月
萧烨璎	馆长	2009年10月—

2008年，市群艺馆被文化部评定为一级文化馆；2010年，获得市委、市政府颁发的上海世博工作优秀集体等多种奖项。

第二节　区（县）文化馆（艺术馆、群艺馆、艺术指导中心）

区（县）文化馆是按照上海行政区划，由各区（县）政府设置的群众文化机构，包括区（县）级群众艺术馆、群众文化艺术指导中心等，是上海公共文化馆网络系统的中心环节。区（县）文化馆为辖区民众提供基本文化服务，担负组织区域群众文化活动，开展群众文艺创作，普及文化艺术知识，指导基层群众文化工作等方面的职责。

上海区（县）文化馆于20世纪50年代相继建成。"文化大革命"期间遭到破坏。据统计，1978年全市有区（县）文化馆20家，总面积2万余平方米。同年2月，市文化局召开上海文化馆、博物馆、图书馆工作座谈会，要求全市群众文化设施全面整顿，快速开放。全市区（县）文化馆在文化行政主管部门领导下，迅速进行设施修缮、机构重组、功能恢复，向社会开放。同月，南汇县文化馆首先对旧馆舍进行翻建，拉开了新时期基层文化馆馆舍建设的帷幕，至年底，该馆实行独立建制，并下辖周浦、新场、大团、惠南4个分馆，形成一定规模；同年，南市区文化馆在修复后的文庙中重建机构，馆舍面积3 915平方米；金山县文化馆、青浦县文化馆也恢复独立建制，馆址得到落实。1979年，川沙县文化馆、黄浦区浦东文化馆、徐汇区文化馆等也开始进行馆舍的改建或扩建；吴淞区、杨浦区、长宁区、闸北区、普陀区在整顿过程中陆续重建新的文化馆。至20世纪80年代中期，全市区（县）文化馆全部正常开放，功能全面恢复，进入发展新阶段。从20世纪80年代中后期开始，随着经济建设高潮的掀起，文化体制改革的逐步推进，为区（县）文化馆的发展带来新的挑战与机遇。1987年以后，各区（县）文化馆全面推进改革，探索"以文补文，多业助文"的发展新机制，通过政府投资、贷款集资、置换重组等多种方式，闸北区、川沙县、卢湾区、嘉定区、青浦区、奉贤区、浦东新区潍坊街道等重建新的文化馆；长宁区、虹口区、宝山区、闵行区等新建的文化馆称为群众艺术馆（艺术指导中心）。还有的区"一区多馆"，普陀区有区文化馆、甘泉文化馆；徐汇区有区文化艺术中心、梅陇文化馆；杨浦区除有区文化馆外，还建有九歌文化馆、九赋文化馆、九颂文化馆，加上20世纪80年代建的鞍山文化馆和延吉文化馆，该区一度出现6个区级文化馆并存的状况。随着上海城市的发展，行政区划陆续发生变化，区（县）文化馆合并、撤销、易名、搬迁以及改变行政隶属关系等的情况不断出现。1988年，宝山县和吴淞区"撤二建一"，原宝山县文化馆和吴淞区文化馆合并，重组为新的宝山区文化馆，原下辖的大场、罗店、泗塘、呼玛地区的4个文化分馆陆续撤销。

1989 年 12 月 23 日,金山县文化馆落成开放。1996 年 12 月,普陀区文化馆竣工,总建筑面积 18 000 平方米;新建的徐汇区文化艺术中心,建筑面积 18 800 平方米;1999 年底建立的卢湾区文化馆,建筑面积 13 100 平方米。至 1999 年,全市拥有区(县)文化馆 45 家,总建筑面积增加到 161 459 平方米。

进入 21 世纪后,市委、市政府召开上海市基层文化工作会议、上海市文化工作会议,对发展群众文化事业做出全面规划,出台一系列政策措施,大力加强基层公共文化建设,全市掀起新一轮建设热潮。杨浦区进行文化馆整合重组,建立新的杨浦文化馆,建筑面积达 10 800 平方米;2004 年 10 月建成的徐汇区西南文化艺术中心,建筑面积 11 887.77 平方米;2005 年实施改扩建后的宝山区文化馆新馆,面积 10 197 平方米;2010 年开工兴建的嘉定区文化馆新馆,总建筑面积 10 018 平方米。新建的还有长宁区民俗文化中心、虹口区文化艺术馆、闵行区群众艺术馆、浦东新区文化艺术指导中心等。这一时期新建的文化馆,规模进一步扩大,设施更加先进。至 2010 年,上海区(县)级文化馆总数为 26 家,总建筑面积达到 200 768 平方米。

文化部对全国县级以上公共文化馆实施评估定级,2004 年完成首次评定。闵行区群众艺术馆等 6 家文化馆被评定为一级文化馆,11 家区(县)文化馆被评为二级馆,4 家区(县)文化馆被评为三级馆。2008 年,文化部开展第二次评估定级,浦东文化艺术中心等 19 家区(县)文化馆被评定为一级文化馆,4 家区(县)文化馆被评为二级馆,2 家区(县)文化馆被评为三级馆。

表 1-2-3　1978—2010 年上海区(县)文化馆发展基本情况统计表

年　份	数量(个)	从业人员(人)	场地面积(平方米)	组织活动及展示(场次)
1978	20	788	20 712	6 616(含放映)
1992	34	1 371	146 920	—
1998	45	2 017	148 283	2 337
2002	48	1 582	191 000	3 611
2006	29	1 142	187 000	1 096
2010	26	1 139	200 768	5 048

一、黄浦区文化馆

黄浦区文化馆建于 1958 年 11 月,馆址在南京东路 670 号,原是上海三大游乐场之一的先施乐园。1979 年以后,黄浦区文化馆根据人民群众对文化生活需求的变化,及时对群众文化的功能进行重新分析和定位,明确以自娱自乐、自我教育为主,突出参与性。1984 年后,该文化馆先后试行承包责任制、馆长负责制、干部任期目标责任制等改革措施,社会效益、经济效益及管理水平不断提高。1992 年,黄浦区文化馆通过向银行贷款,筹集资金 1 600 万元,扩建部分活动场所,将馆内四楼场地改建为高档的文化娱乐场所,命名为"皇冠娱乐城",黄浦区文化馆继续保留,并实行"一套班子两块牌子"的管理模式。1995 年,黄浦区文化馆位于先施大楼内四、五楼,业务活动用房面积共计 2 845 平方米,内设戏曲厅、排练厅 2 个、教室 3 个、书画创作室、展览室、会议室、音响室、服装间、艺术档案室,宣传橱窗(47 平方米)。

2000年,黄浦、南市二区"撤二建一",建立新的黄浦区,原南市区文化馆变更为文庙管理所,新黄浦区的群众文化工作由黄浦区文化馆负责。根据区政府的要求,针对新黄浦区文化设施北多南少的状况,须完善区域内的社会文化事业布局。2008年,该文化馆搬离南京路,迁至"南129地块"筹建新的文化馆;同年底,该文化馆搬入南市影剧院和中华路990号临时办公。

至2010年,黄浦区文化馆从业人员53人;历任馆长是郭佩攸、孙云梯、彭美德、刘建、童佩兰、周幸波、陆寅莺。1990年、1997年,分别被市文化局评为上海市先进文化馆;2004年,被文化部评定为二级文化馆;2008年,被评定为一级文化馆。

二、南市区文化馆

南市区文化馆坐落于文庙路215号上海文庙内。"文化大革命"期间,南市区文化馆被迫解散。1978年后,逐步修复重建,并成立南市区文化馆业余艺术学校。

南市区文化馆占地面积7 260平方米,馆舍面积3 915平方米,设有录像厅、桌球房、咖啡室、茶室、儿童乐园等活动场馆。内设党支部、馆长室、财务室、行政管理部、社区文化部、剧场、东园娱乐部、南市艺校等8个工作部室;另设有奎元文化经营公司和文庙书屋。1986年春节,南市区文化馆在文庙首次举办特价书市;1986年5月,和上海书店共同举办首次旧书交换集市,取得较好的社会效应,上海市市长江泽民到书市视察并亲笔题写"文庙书市"四字。1998年6月,文庙建成一座仿明清风格的书刊交易市场。经南市区机构编制委员会批准,1999年建立文庙管理处,实行与文化馆"一套班子两块牌子"的管理模式,开展文物和群众文化管理工作。2000年,黄浦、南市二区"撤二建一",建立新的黄浦区,南市区的群众文化工作由黄浦区文化馆负责,南市区文化馆6名群众文化业务干部调入黄浦区文化馆工作。

合并前,南市区文化馆共有从业人员39人、群众文化专业人员24人;历任馆长是顾炎培、景文治、陆宝兴、王爱珍。1990年、1994年,该馆被市文化局分别评定为上海市先进文化馆。

三、卢湾区文化馆

卢湾区文化馆始建于1958年5月,馆址在丽园路原浙绍永锡堂。1959年迁至重庆南路249号,1963年迁至皋兰路20号,1973年迁至重庆南路270号原伯多禄教堂。全馆面积4 997.9平方米,有大剧场、小剧场、排练间、化妆室、展览厅、阅览室、弹子房、舞厅等设施。1994年6月末,为配合南北高架建设和落实宗教政策,卢湾区文化馆搬离,先后在中山南一路1028号新馆基地的裙房、复兴中路535号办公。

1999年,由卢湾区政府投资近8 000万元,和上海市电力局共同在重庆南路308号建大楼。大楼主楼为22层,裙房5层。大楼的主楼7层以下及5层裙房为文化馆用房,建筑面积近12 000平方米。2000年1月10日,新馆开始试运行。设馆长1人,书记兼副馆长1人,副馆长1人,下设行政办公室、群文部、演艺部、剧场部、物业部。新馆配置中央空调、电梯等设备。底楼的白玉兰剧场拥有615个座位,具备放映、演出、会务功能;三楼多功能排练厅,可为社区文艺团队、社区戏曲爱好者提供排练、娱乐休闲的场地;四楼琴房、舞蹈房、教室,是艺术培训的基地;五楼1 500平方米的展厅,为各类大型培训讲座、书画展览提供交流展示的场所。新馆的职能定位为履行公共文化组织、协调、指导、培训、创作、展示、服务7大功能职责。2007

图 1-2-3　卢湾区文化馆

年,底楼大厅等实施改造工程,增设大型电子显示屏,开辟展示专柜,调整五楼阵地,建设多功能展厅,进一步拓展文化馆的展览展示功能和公共文化宣传功能。

至 2010 年,卢湾区文化馆共有从业人员 71 人;历任馆长是吴志宽、刘鸿宾、文忠山、郑荣发(代)、王恩元、钟惠康、曹　刚、宋九经(副代)、陆培元(副代)、李伟明、张忠。自 2001 年至 2008 年,该馆连续 4 届被授予上海市文明单位称号;2004 年,被文化部评定为二级文化馆;2008 年被评定为一级文化馆。

四、徐汇区文化馆(徐汇区西南文化艺术中心)

徐汇区文化馆始建于 1952 年,馆址在天钥桥路 30 号,馆舍是历史遗存的徐家汇育婴堂的部分建筑,初建时占地 9 600 平方米。"文化大革命"初期,文化馆与区俱乐部、区图书馆、区科技馆一度合并,易名为徐汇区工人文化科技馆。1972 年,恢复徐汇区文化馆原建制。1979 年 2 月,徐汇区政府投资 40.4 万元,扩展建设新馆与小剧场。1994 年,因徐家汇商圈建设需要,徐汇区文化馆与徐汇剧场合并,整体搬迁至田林东路 588 号,建成徐汇区文化艺术中心(下称文艺中心)。占地面积 10 000 平方米,建筑面积 18 800 平方米,馆内设有区文化馆、区阳光艺术学校、浩清图书馆、徐汇影剧场、徐文书苑、徐汇展厅、多功能厅等文化设施,是功能设施较全的公益性文化艺术中心。文艺中心承担区节庆活动、广场文化活动等各类文化活动的组织、策划和演出的职能,建立了社区文化培训指导中心,对特色文化团队、协会实施管理和指导。1994 年 9 月,徐汇区文化馆分馆建成开放。分馆位于双峰路 420 号,建筑面积 1 127 平方米,设有图书馆、少年阅览室、多功能活动厅、老年活动室、棋牌室等公共文化服务设施。

2004 年 10 月,徐汇区新建西南文化艺术中心(下简称西南艺术中心)落成开放。西南艺术中心位于罗香路 237 号,占地面积 4 683 平方米。西南艺术中心建筑面积 11 887.77 平方米,总投资 4 800 万元,为市政府批准建立的 100 家地区文化活动中心之一。西南艺术中心主要服务徐汇区西南的凌云、长桥街道和华泾镇。2006 年 3 月,徐汇区文化艺术中心的全部建筑设施以及部分人员划归田林街道,改称田林街道社区文化活动中心。西南艺术中心挂牌徐汇区文化馆,与西南艺术中心"两块牌子一套班子",开始承担区级文化馆职能。

西南艺术中心(徐汇区文化馆),设有图书馆、琴房、排练厅、培训教室、展示厅、芳草书苑、多功能会议厅、信息苑、科普 DIY、西南影城等面向群众开放的公共文化活动空间。其职能包括组织区域群众开展文艺创作、群众文化活动、群众文化骨干和市民的培训辅导和提供场馆的图书阅览、展览展示、信息服务等,凸显公益性文化服务职能,以满足和丰富区域群众对文化的需求。

至 2010 年,西南艺术中心(徐汇区文化馆)共有从业人员 68 人;徐汇区文化馆历任馆长是武承润、徐春华、何济茂、傅来根、王杏玉、张如芳、陈峨、石建华。2004 年和 2008 年,该馆两次被文化部评定为一级文化馆。

五、静安区文化馆

静安区文化馆创建于 1958 年,前身分别为江宁区文化馆、新成区文化馆。1958 年 4 月,江宁区文化馆建馆,馆址临时设在康定路胶州路区政府内;1959 年 10 月迁至常德路 940 号,与江宁区工人俱乐部合署办公。1958 年 5 月,新成区文化馆建馆,馆址设在北京西路 1185 号丽都花园内。1960 年初,原江宁、新成两区合并为静安区,原江宁、新成两区的文化馆也合并为静安区文化馆。静安区文化馆于 1960 年 2 月 24 日成立,馆址位于乌鲁木齐北路 459 号,馆舍面积 5 645 平方米,是区政府设立的公益性文化事业单位。1980 年静安文化馆改扩建,1984 年 5 月 1 日重新对外开放,至 1990 年共接待来馆活动群众 500 余万人次。1992 年文化馆再次扩建至 17 080 平米,其中部分场馆由朝代娱乐有限公司"钱柜"经营。静安区文化馆主体场馆用于公益性群众文化活动,免费开放的公共空间包括多功能活动室、培训教室、声乐室、琴房、舞蹈排练房、玉兰展厅、剧场、书场、阅览室、乒乓房等活动厅室。静安区文化馆承担组织区域群众开展文艺创作和活动、教学培训、交流展示、文化娱乐、信息服务等职能,满足群众的基本文化需求。

至 2010 年,静安区文化馆从业人员有 56 人;历任馆长是金钜康、魏荣苏、戴先、张行、韦燕华。该馆 2004 年被文化部评定为二级文化馆,2008 年被评为一级文化馆;2000 年,获得上海工人先锋号称号;1999 年至 2010 年,连续被评为上海市文明单位。

六、闸北区文化馆

闸北区文化馆创建于 1963 年,它的前身是闸北区人民委员会文化科于 1958 年建立的群众文艺组,无固定活动场地,借用学校教室开办业余艺术学校。1963 年 9 月,经市文化局统筹,撤销群众文艺组建立区文化馆,位于新疆路 268 号;1983 年迁址河南北路 489 号,后又迁至乌镇路废旧物资公司仓库;1986 年迁入七浦路 232 弄 3 号。1990 年由市、区人民政府投资 487 万元,区文化局筹资 500 多万元,建造占地面积 6 350 平方米、建筑面积 4 674 平方米的文化馆 4 层大楼,位于中兴路 1111 号,至 1992 年 7 月 1 日建成开放。新馆设有画室、练功房、多功能会议室、儿童乐园、舞厅、卡拉 OK 厅、健身房、游艺室等现代化设施;拥有合唱、曲艺、民乐、话剧、越剧等群众文化团队。

至 2010 年,闸北区文化馆共有从业人员 36 人;历任馆长是王凯、陆义安、沈少卿、黄锡贵、侯小声、黄锡贵、杨桂兴、周国成、李志明。2008 年,该馆被文化部评定为一级文化馆。

七、长宁文化艺术中心

长宁文化艺术中心前身为长宁区文化馆,建于 1958 年 5 月,设于江苏路 367 号;1959 年春长宁区文化馆与长宁工人俱乐部合并,迁至愚园路 1136 弄 31 号;1960 年,又迁回区工人俱乐部。1959—1960 年秋,在延安西路增设文化站,开设电影、电视、棋类和图书阅览等活动项目。1962 年 11 月,长宁区文化馆恢复独立建制,馆址仍设在区工人俱乐部,至 1965 年初,迁至愚园路 1182 号。"文化大革命"中,长宁区文化馆各项业务活动一度停顿,更名为长宁区革命文化馆,后又将人员分流至区属各文化单位。1975 年 4 月,恢复长宁区文化馆建制;同年 5 月,改称长宁区青年宫,隶属共青团长宁区委领导;1976年3月,迁至延安西路;1977年10月恢复长宁区文化馆原名。1992年10月18日,长宁区文化馆用地被批租,兴建沪西文化大厦,长宁区文化馆主体于1997年2月搬迁到仙霞路650号,并更名为长宁文化艺术中心(下称艺术中心)。建筑面积9 213.23平方米,设有主任(馆长)室、行政办公室、艺术指导部、艺术培训部、艺术展览部、综合演艺部、文化服务部等工作部门。艺术中心坚持公益为民,365天对公众开放;常设18个公益服务项目,包括艺术培训、艺术阅览、舞蹈欣赏、评弹、讲座、舞厅、公益电影和各类演出等。2006年至2010年,艺术中心每年平均举办艺术展览18场,观众年均22 076人次;开设评弹书场,平均每年举办347场,听众62 644人次(不含改建的2009年);还创建有长宁星期音乐会、长宁舞蹈欣赏季、长宁戏曲季等多个品牌活动项目。

至2010年,艺术中心共有从业人员67人;历任馆长为袁荫华、张桂兰、吴义俊、阮平、赵富康、杨柏、马锦梅、吴培华、宋建社。2007年1月23日,文化部社图司副司长李宏率文化部评估工作组,对长宁区文化艺术中心进行全国文化馆定级试评估,长宁区作为全国文化馆评估试点圆满通过评估。该馆2004年被文化部评定为二级文化馆,2008年被评为一级文化馆。

八、长宁区新泾文化馆(长宁民俗文化中心)

长宁区新泾文化馆前身为长宁区新泾放映站,后更名为新泾电影院,1954年8月14日正式对外开放,位于哈密路433号。1987年12月31日筹建长宁区新泾文化馆,原新泾电影院编制及电影放映职能变更至新泾文化馆,地址在天山西路201号(北渔路95号)。1991年5月4日,新泾文化馆建成开馆,建筑面积4 976.77平方米,为沪西地区社区群众提供公共文化服务;但南楼整栋与北楼一楼从事出租经营。2004年,新泾文化馆更名为长宁民俗文化中心,确立为民俗文化主题文化馆,以弘扬民俗文化、传承民间技艺为办馆宗旨,设置行政部、群文部、阵地部、非遗部。开辟群乐剧场、常乐梨园、知乐书斋、博乐展堂、沪剧基地、非遗展示厅、雅乐茶室、福乐舞厅、民俗老街微缩景观等设施,为地区居民提供基本的公共文化服务。平均每年放映免费电影、组织公益性演出上百场,年均接待群众20多万人次。长宁民俗文化中心经过2007—2008年的基建改造,逐步收回出租场地作为公共文化用房。2010年,利用西侧原出租的50米走道,建成北新泾老街微缩景观(称民俗老街)等多个服务大众的文化设施。

至2010年,长宁民俗文化中心共有从业人员22人;历任馆长是范尚周、米孝项、金必炎、罗则民(主持)、关家骏(主持)、甘继麟(主持)、金克野、许少祖、毛惠敏(代)、周兴才(代)、高根法、宋文君、徐剑清、顾富国。2008年,该中心被文化部评定为二级文化馆。

九、虹口区文化馆

虹口区文化馆于1958年9月5日成立,位于乍浦路439号,面积约160平方米。1960年,提篮桥区撤销并入虹口区,区文化馆与区工人俱乐部合署办公。1962年合署建制分开,虹口区文化馆迁至乍浦路388号虹口大戏院二楼;1965年,该戏院划归区文化馆使用。1982年,区政府将多伦路59号鸿德堂增拨给区文化馆使用;1986年,乍浦路388号改建为文化娱乐厅;1990年6月30日将多伦路59号归还教会。1991年,在广中路123号建新馆,1993年5月正式启用。至2010年,虹口区文化馆共有从业人员14人。

十、虹口文化艺术馆

虹口文化艺术馆于 1996 年 12 月 27 日对公众开放,由曲阳文化发展有限公司(下属单位包括曲阳文化馆、虹口区文化馆、虹口文化艺术馆、虹口越剧团和艺术创作中心;1988 年 11 月 30 日,虹口区曲阳文化馆建成开放)自筹资金建造,馆址在巴林路 68 号。建筑面积 2 430 平方米,内设办公室、活动辅导部、艺术创作部和培训部。2010 年,虹口文化艺术馆迁至水电路 1412 号虹口区图书馆 4 楼,总面积 3 859.37 平方米,馆内设有小剧场、展览厅、排练厅、教室等,承担组织开展全区群众文化工作的职责。

至 2010 年,虹口文化艺术馆共有从业人员 28 人;历任馆长是刘展、王均全、何剑平、张伟明、董国勇。2008 年,该馆被文化部评定为二级文化馆,并获 2008 年度上海市群众文化先进集体称号;2009 年,被中国戏剧协会列为上海(虹口)小戏小品创作基地。

十一、普陀区文化馆

普陀区文化馆始建于 1952 年,前身为真如文化馆,1954 年并入曹杨新村文化馆,后又恢复真如文化馆建制,1958 年正式改名为普陀区文化馆。占地面积 6.9 亩,地处上海西北角的曹杨新村街道,是一幢砖木结构的矮平房建筑,为曹杨工人新村的配套文化设施。1994 年,区文化馆被定为普陀区重点改建工程;1996 年底建成普陀区文化馆,位于普陀区兰溪路 138 号,总建筑面积 16 735 平方米,为文化事业差额拨款单位,2012 年改制为全额拨款公益性文化事业单位。内设馆长室、综合办公室(办公室、财务室、后勤部)、艺术部、活动部、创作部、配送部、培训部、非遗办公室、事业部等工作机构。承担群众文艺创作中心、培训中心、配送中心、活动中心以及非遗保护中心等职能;馆内设有剧场、舞蹈排练室、多功能排练厅、艺术培训教室、多功能报告厅、"城市创艺空间"综合展厅、非遗展示厅、图书阅览室等,并设有室外活动广场,实施免费开放,提供公益性服务。

至 2010 年,普陀区文化馆共有从业人员 42 人;历任馆长是孙济堂、序礼铭、蒋莺、杨定彪、查文有、殷星妹。1994 年,该馆被评为上海市先进文化馆;2000 年,被授予上海市文化工作先进集体称号;2008 年,被文化部评为一级文化馆;2009 年,获得年度上海群众文化工作先进集体称号。

十二、普陀区甘泉文化馆

普陀区甘泉文化馆地处延长西路 400 号,位于宜川商业中心,始建于 1996 年 4 月,是普陀区政府 1997 年实事项目之一;由普陀区文化局下属宜川文化馆和上海展宏房地产有限公司联合兴建,主楼 4 层以上部分为商住用房。1999 年 9 月落成开馆,建筑面积 6 700 平方米,其中业务活动场地约 3 800 平方米,另有室外活动场地近 1 000 平方米。设立行政办公室、业务辅导部和群文艺校部等部门。馆内设有舞蹈排练房、艺术辅导培训教室、书画沙龙活动室、多功能厅、演讲厅、报刊阅览室、电子阅览室等 10 余个公益性文化活动厅室。所有公共文化服务项目与设施全部面向社会开放,平均每天对社会开放时间 10 小时以上,平均每周累计开放时间 70 小时以上,基本满足群众文化活动培训辅导、休闲娱乐的需要。

至 2010 年,普陀区甘泉文化馆有从业人员 25 人,设置馆长 1 人(兼任党支部书记),副馆长 1

人;历任馆长是杨振发、查文有。2004年,该馆被评为上海市群众文化先进集体;2005年,获得上海市文明单位称号。

图1-2-4　普陀区甘泉文化馆

十三、普陀区桃浦文化馆

普陀区桃浦文化馆建于1986年11月,原址位于雪松路280号,是上海市人民政府1986年15件实事工程之一。最初占地面积3 600平方米,建筑面积1 006.96平方米。设有馆长室、社区文化组、文化娱乐阵地组和三产服务组。1993年,机构重新进行优化配置,调整为办公室、文化艺术组、社区协会组、娱乐阵地组、三产总务组、对外开放组、有线电视站。1996年进行扩建改造,增设图书室、桌球房、溜冰场、舞厅、老年康乐中心等娱乐设施。截至2010年底,馆舍占地面积7.2亩,建筑面积6 893.3平方米。

1997年,桃浦文化馆与光新电影院两单位合并,一套领导班子和工作人员联合办公,对内属于一个单位,对外仍作为两个相对独立的单位。2006年,光新电影院因市政动拆迁被拆除,正式并入桃浦文化馆。2010年,根据职能变化,桃浦文化馆内设机构进行调整,设立馆长室、办公室、剧场部、群文部、财务室、后勤部、有线部、舞厅溜冰部。桃浦有线管理站于2010年5月1日纳入桃浦镇政府管理。至2010年,桃浦文化馆共有从业人员49人;历任馆长是陆介生、薛鑫男、徐顺途、袁建敏。2008年,该馆被文化部评为二级文化馆;同年被评为上海市拥军优属模范单位、上海市群众文化先进单位。

十四、普陀区长风文化馆

长风文化馆建于1994年,占地2.5亩,建筑面积3 996.30平方米,4层楼房,位于金沙江路588号,总投资1 300万,于1995年9月建成开放。内部设有排练厅、多功能活动室、图书室、阅览室等,还设有老年教育专用教室和老年学校,是长风社区居民、企事业单位职工和驻地官兵的文化休闲活动场所,是社区文明建设的重要阵地。2002年10月,长风街道在社区学校划出2 000平方米,供文化馆用于开展公益性群众文化活动,使文化用地进一步扩大。设置行政办公室、群文部、工程部、成人图书馆、少儿图书馆。

至2010年,文化馆有从业人员19名,具有各类职称人员占职工总数75%以上;历任馆长是孙玉国、李英。20多个创作作品先后获得国家级、地区和市级奖项,创办的"长风杯"新上海人歌手大赛获得上海市群文活动的优秀项目奖,1999—2008年获上海市拥军优属模范单位、1999—2008年获上海市巾帼文明岗称号、2010年获上海市五一巾帼奖等。2004年6月,被文化部评为二级文化馆。

十五、杨浦区文化馆

杨浦区文化馆始建于1958年,最早位于控江路1255号,占地面积5 900平方米;1981—1986

年,将位于扬州路上东新剧场以及位于爱国路上的定海剧场改建作为杨浦区文化馆分馆使用。1987—1988年,该区又增设鞍山文化馆和延吉文化馆。1989年,杨浦区文化馆因筹建新馆拆除,临时搬至沪宁剧院办公;1997年,迁至控江路1155号建立的新馆,其中的剧场等设施划归上海杨浦文化娱乐有限公司(杨浦大剧院)经营,总占地面积10 800平方米。新馆名称改为杨浦文化馆,保留原有的鞍山文化馆和延吉文化馆。在杨浦区新一轮整体发展布局中,鉴于区域内资源平衡等因素,1994—1996年,在杨浦区北部区域,增设市光娱乐总会、开鲁文化馆、国和文化馆;1996—1998年,以上场馆分别改名为九歌文化馆、九赋文化馆、九颂文化馆。2001年,杨浦文化馆、鞍山文化馆、延吉文化馆三馆合并,统称为新的杨浦文化馆,后鞍山文化馆撤销,划归四平路街道办事处。同年,九歌文化馆改名为中原文化馆;九赋文化馆与九颂文化馆并入中原文化馆,分别命名为国和路、开鲁路分馆。杨浦文化馆以开展动态类活动为主,中原文化馆以组织静态类活动为主。

2006年,杨浦区文化馆系统整体改制,原控江路1155号的杨浦文化馆除保留部分办公区域继续使用外,活动场地全部交由杨浦大剧院管理;撤销原延吉文化馆及中原文化馆开鲁路分馆、国和路分馆,将中原路188号中原文化馆升级改造为新的杨浦区文化馆,新增占地面积达7 830平方米。升级改造后的杨浦区文化馆作为区域内唯一的公益性文化馆,建筑面积11 350平方米,公益性用房面积9 118.02平方米,下设群众文化活动部、培训调研部、音乐舞蹈室、书画摄影室、非遗办公室、资源配送办公室、行政办公室。

馆内设有群星剧场、多功能报告厅、交流活动区、蔚然展厅、电子阅览室、艺术沙龙、舞蹈排练厅、非遗展厅、文化艺术培训教室等,为杨浦市民提供多样性的公共文化服务。2008年,创办业余文艺爱好者内部交流的群文刊物《杨浦文艺》。至2010年,杨浦区文化馆共有从业人员38人;历任馆长是苗如海、孙菊英、刘善祥、杨文广、姚国伟、缪辉、裘金凤。2004年,该馆被文化部评定为二级文化馆;2008年,被文化部评为一级文化馆;2009年由上海市老龄工作委员会命名为上海市爱心助老特色基地先进单位;2010年,获得上海群众文化工作先进集体称号。

十六、浦东新区文化艺术指导中心

浦东新区文化艺术指导中心(浦东潍坊文化馆)于1996年7月成立,位于崂山路687号,馆舍6层,建筑面积6 717.57平方米。设有剧场、展厅、图书馆、录音棚、音乐休闲厅、舞蹈房、声乐房及各类艺术培训设施共40余项,并设有创作研究室、音乐工作室、舞蹈工作室、戏曲工作室、文学工作室等工作部门20余个,负责统筹管理和服务全区的群众文化活动。

浦东新区文化艺术指导中心原隶属于浦东新区社会发展局,2000年8月划归浦东新区宣传部(文广局)管理。2008年,随着浦东、南汇两区合并,南汇文化馆、南汇电影发行放映管理站、外高桥文化馆整体划入浦东新区文化艺术指导中心,并将浦东新区潍坊文化馆更名为浦东新区文化艺术指导中心(同时挂牌浦东新区群众文化艺术馆、浦东新区电影发行放映管理站),为行政五级事业单位;总部设在崂山路687号,下设惠南分中心(靖海路509号)、外高桥分中心(慈善街69号);单位核定编制121人。

至2010年,浦东新区文化艺术指导中心共有从业人员102人;历任馆长是屠天恩、闵雪生、杨建平、王玺昌。2003年,该中心被评为上海市群众文化工作先进集体;2004、2008年,被文化部评定为一级文化馆;2004—2009年,获上海市文化科技卫生"三下乡"活动先进集体称号;2008年,被评为全国服务农民服务基层文化建设工作先进集体。

【浦东新区文化艺术指导中心外高桥分中心】

浦东新区文化艺术指导中心外高桥分中心的前身为成立于 1956 年的上海市东郊区的文化机构,1958 年,东郊区改为上海市浦东县,此机构改为浦东县文化馆。同年,在江苏省川沙县划归上海市后,其县文化馆改名为上海市川沙县文化馆。1961 年上海撤销浦东县建制后,浦东县文化馆划归川沙县文化馆,成为其高桥分馆。川沙县文化馆高桥分馆一直运营至 2006 年,浦东新区区域改为 6 大功能区域,高桥分馆与川沙图书馆高桥分馆合并成立浦东新区外高桥功能区文化馆(图书馆),隶属于浦东新区外高桥功能区管理。浦东新区与南汇区合并,功能区域建制撤销,浦东新区外高桥功能区文化馆(图书馆)建制同时撤销,并入浦东新区文化艺术指导中心,成为其外高桥分中心。

十七、浦东新区浦东文化馆

浦东文化馆始建于 1956 年,原为上海市总工会东昌区工人俱乐部,占地面积 22 370.97 平方米。浦东文化馆伴随上海城市建设发展,先后 6 次更名(浦东县文化馆、浦东工人俱乐部、黄浦区工人文化科技馆、黄浦区工人革命馆、黄浦区工人文化宫)。1981 年 10 月更名为浦东文化馆。1993 年,黄浦区文化局将浦东文化馆移交给浦东新区。2002 年浦东文化馆完成人事制度改革,试行聘用合同制,编制 75 人,设办公室、群众文化工作部、阵地活动部、浦东新舞台、物业管理部;2006 年,浦东文化馆划归浦东新区陆家嘴功能区域管理;浦东新区与南汇区合并后,浦东文化馆回归浦东新区宣传部(文广局)管理。

至 2010 年,浦东文化馆共有从业人员 41 人;历任馆长是姚岳杰、徐维新、王坚、黄飞、倪一梅。1990 年,该馆被文化部授予全国先进文化馆称号;1994 年获上海市先进文化馆称号;2004 年被文化部评定为一级文化馆。

十八、浦东新区浦南文化馆

浦南文化馆成立于 1989 年 2 月,馆址在浦东新区浦东南路 5055 号(上南路口),建筑面积 3 663 平方米,设有影剧院、投影录像室、电子游戏房、桌球房、舞厅、酒吧、图书阅览室等活动阵地。2003 年,因市政重点工程地铁 8 号线建设,浦南文化馆除剧场外的房屋均被拆除;剧场也因多年失修存在火灾隐患,被停止使用;2005 年,文化馆剩余的设施建筑全部被拆迁。2005—2009 年,文化馆先后在崂山东路 687 号、齐河路 508 号、三林路 338 号、上南路 2779 号办公。2009 年 5 月,浦南文化馆搬迁至杨新路 61 号,总建筑面积 2 510 平方米,设有办公室、阵地部、辅导部、活动部;内设图书馆、电子阅览室、多功能厅、舞蹈教室、琴房、戏曲沙龙室、文学美术室、器乐室、摄影教室、声乐教室、培训教室等,为市民免费提供文艺培训、图书阅览、展览展示、公益电影放映、运动健身、文化团队排练、艺术沙龙交流演出、公益讲座、非遗传承等服务,辐射 6 个街镇,以满足区域人民群众基本文化需求。

至 2010 年,浦南文化馆共有从业人员 31 人;设馆长兼书记 1 人,副书记 1 人,副馆长 1 人;历任馆长是叶涵青、沈国平、闵雪生、杨建平、周建义。2006 年,该馆被评为上海市群众文化工作先进集体。

十九、浦东新区川沙文化馆

川沙文化馆前身是川沙县文化馆,始建于1950年春,最初称川沙县人民文化馆,馆址在城厢镇(现川沙镇)北门大桥南堍西侧,即北城壕路旧民众教育馆;1954年迁至乔家弄场署街24、26号;1958年迁至商会街2号(财神庙旧址);1980年5月1日改建,启用东向开门(门牌为东城壕路50号)。1958年

图1-2-5 浦东新区文化艺术指导中心

3月,文化馆被列为县级文化事业单位,下设洋泾分馆、高桥分馆、杨思分馆、城厢镇分馆。4大分馆是川沙文化馆的派出机构,人员、工资、行政、业务、经费统一由县文化馆管理。

1993年,川沙县撤县并入浦东新区,川沙县文化馆改名为浦东新区川沙文化馆。川沙文化馆设馆长、支部室,以下设置三部一室一校一分馆(高桥分馆),隶属浦东新区社会发展局文体处。1996年7月,新馆舍于新川路607号破土动工,五层大楼,4 200平方米,1998年1月落成并对公众开放。1999年,文化馆整体划归浦东新区宣传部和文化广播电视局管理,负责新区12个乡镇的群众文化辅导工作;2002年4月,划归浦东新区农工委管理;2004年10月,浦东新区农工委撤并后,划归浦东新区宣传部管理;2006年6月,整体建制划归川沙功能区域管理,高桥分馆与川沙文化馆分离;2007年5月至2010年,川沙文化馆负责川沙新镇6大社区的群众文艺活动和辅导工作。

川沙文化馆2010年共有馆舍建筑面积9 737.76平方米(老馆620平方米、新馆4 313.45平方米、分馆4 600平方米),室外活动场地使用面积1 300平方米,设置办公室、文艺活动部、美术摄影部、培训部共三部一室。内设排练厅、展览厅、多功能厅、图书阅览室、棋牌室、健身厅及艺术辅导培训专用教室等;还设有宣传橱窗、栏,总长45米;拥有展览和演出设备及广场文艺演出的舞台、灯光、音响设备,以及艺术展览设备、专业流动展板和服装、道具、乐器等。

至2010年,川沙文化馆共有从业人员32人;历任馆长是王乐德、段国强、陆锦明、闵雪生、夏友梅、曹伟丽、杨耀昌、郭慧。2008年,该馆被文化部评定为一级文化馆。

二十、闵行区群众艺术馆

闵行区群众艺术馆前身为新泾区文化馆、上海县文化馆,地处北新泾。1959年由北新泾搬迁至莘庄莘建路353号;1986年10月,搬至莘松路378号。闵行区和上海县撤二建一后,1993年7月,上海县文化馆正式定名为闵行区群众艺术馆,同时,原闵行区文化馆更名为江川文化馆。新馆重建后搬回莘松路。馆舍总面积为6 755平方米,由于重建的原因,部分房屋拆除,实有面积3 778平方米。设汇艺展厅,每年承办区级、市级的各类美术、书法、摄影等门类的展览展示30余场;每月定期组织书法讲座、摄影讲座分享会,培育市民文艺爱好者;设有星艺剧场,常年举办各类惠民演出专场、精品演出季活动,基层特色团队展示活动以及各门类艺术沙龙等。设有馆长兼支部副书记1人,副馆长2人,下设文化活动部、文艺创作部、基层培训部、《闵行文艺报》《上海歌词》编辑部等业

务部门。系闵行区文艺创作、文化活动、艺术培训等公益文化的策划、实施部门,是闵行区社区公共文化服务指导中心。

至2010年,闵行区群众艺术馆共有从业人员34人,其中业务人员25人,占职工总数的71%。业务干部大多来自文艺院团或毕业于艺术院校。历任馆长有阮籁深、黎明、唐文清、郁贤镜、朱大榕、全昌杰。2003年,该馆在全国服务农民服务基层文化建设工作中获得"先进集体"称号;同年,被评为上海市群众文化工作先进集体;2004年、2008年,被文化部评定为一级文化馆。

二十一、宝山区文化馆

宝山区文化馆的前身为1950年建成开放的宝山县人民教育馆,1952年更名为宝山县文化馆,馆址始在县前街,后至友谊路6号,馆舍不足300平方米。1976年,将位于县前街9号的原区政府大会堂(包括招待所)划归宝山县文化馆,馆舍总面积约为2 000平方米,下辖江湾、大场、罗店3个分馆。1978年隶属县委宣传部;1980年归口宝山县文化局管理。1984年,江湾分馆划归虹口区。宝山县文化馆以开展群众文化工作为主,同时还兼有公共图书馆的职能,一度总称宝山县文化图书馆。

1980年吴淞区建区后,于次年10月在泗塘新村虎林路103号建立吴淞区科技文化馆。1987年,位于牡丹江路1760号的宝钢一期工程配套文化设施落成,吴淞区文化馆于同年5月开馆。馆舍面积为5 742平方米,内有影剧院、小剧场、舞厅、游艺活动室、图书阅览室等。

1988年,宝山县和吴淞区"撤二建一",组建新的宝山区文化馆,分为东、西二馆。东馆是原宝山县文化馆,西馆为原吴淞区文化馆,建筑总面积为7 000多平方米。东馆中的原宝山县政府大会堂在1996年旧区改建中被拆除。2001年,将友谊路6号(东馆中的另一部分)改建成1 200平方米的3层楼房。2003年区政府实施文化馆改扩建工程,至2004年完成,文化馆总面积扩大到11 797平方米。

1992—2000年,宝山区文化馆分出业务人员建立宝山区群众艺术馆。宝山区文化馆内设创作室、艺术培训部、文化娱乐部、公共关系部、行政事务部,全馆总编制为72人(其中4个分馆10人)。宝山区群众艺术馆设置办公室、表演艺术部、造型艺术部和文化活动部,在编人员30人;宝山区群艺馆历任馆长是潭玉歧、王歆宇、周永。2001年,宝山区群众艺术馆又并入宝山区文化馆。

至2010年,宝山区文化馆共有从业人员65人;历任馆长是王宝华、王绵富、冯海林、应文灿、胡建、王绵富、龚赣弟、陈贤明。1990年,宝山区文化馆被文化部评为"全国先进文化馆";2004年、2008年,被文化部评为一级文化馆;2009年,被评为上海市群众文化先进集体;连续获得第八届至第十四届上海市文明单位。

宝山区文化馆还下辖大场、罗店、泗塘、呼玛4个分馆,其中大场分馆在1990年至1995年以宝山区大场文化馆的名称另行建制,为区文化局直属的副科级单位;1996年又恢复为宝山区文化馆分馆;2003年至2005年,这些分馆先后撤销。

二十二、宝山区月浦文化馆

宝山区月浦文化馆前身为吴淞区月浦文化馆,1985年11月由吴淞区政府批准成立,馆址在月浦镇龙镇路 88 号,位于宝山区北翼;占地面积 7 900 平方米,建筑面积 4 200 平方米,于 1986 年 9 月开馆。1988 年,宝山区与吴淞区合并,同年 12 月,吴淞区月浦文化馆更名为宝山区月浦文化馆。历经多次改扩建,至 2010 年,月浦文化馆馆舍面积达 8 889 平方米。内设影剧院、录像厅、舞厅、综合业务楼、溜冰场、咖啡厅、小商品市场,主要承担为月浦地区及宝山北部地区的人民群众提供群众文化服务的职责。2007 年开始,月浦文化馆在承担区级文化馆职责的同时,兼管月浦镇文化服务中心的图书阅览、市民健身等相关服务,实行资源共享,拓展整体服务效能。

至 2010 年,月浦文化馆有从业人员 37 人;历任馆长是王远福、杨林松、顾正贤、潘法权、盛适、郭骥。

二十三、嘉定区文化馆

嘉定区文化馆前身为嘉定县文化馆,始建于 1952 年 11 月,并无固定场所。至 1987 年,建馆于嘉定镇梅园路 210 号,占地 4 119 平方米,建筑面积 2 060 平方米。1988 年 3 月 24 日,嘉定县文化馆新馆开放,馆内设有教学大楼、小剧场、舞厅、游艺宫等设施。1993 年 4 月,嘉定撤县建区,嘉定县文化馆改称嘉定区文化馆。2005 年,嘉定区政府斥资 248 万元,对文化馆进行原址改建。改建后,嘉定区文化馆有行政楼、培训楼、展示厅、会演厅等 4 大工作用房,共计 2 060 平方米。2010 年,在塔秀路 33 号开工重新建设新馆。嘉定区文化馆内设群文活动部、创作辅导部、艺术培训部、嘉定区非物质文化遗产办公室等机构,承担组织、指导全区群众文艺活动,扶持基层文艺团队运行,以及保护、开发区内优秀民族民间民俗文化资源等职能。嘉定区文化馆为市民提供公益文化服务,提倡艺术创新,经过多年不懈的努力,打造出百姓大舞台、百姓大展台、百姓讲座、百姓巡演等群众喜闻乐见的群众文化品牌活动。

至 2010 年,嘉定区文化馆共有从业人员 29 人;历任馆长是王学文、黄承富、周琴妮、俞泉明、吕连敦、蔺乐平、钱凤娟、夏峰、姚强、费翔宝、张霖。2008 年,该馆被文化部评定为一级文化馆。

二十四、松江区文化馆

松江区文化馆的前身为松江县文化馆,始建于 1950 年 7 月,馆址在秀野桥西。1958 年,文化馆迁入醉白池公园;1983 年 9 月,在谷阳南路 24 号建馆,建筑面积 1 381 平方米;2000 年,文化馆翻新,至 2010 年,馆舍面积 4 526 平方米。1986 年 6 月,建松江县泗泾文化图书分馆,馆舍面积 627 平方米,属松江区文化馆;1995 年,馆舍扩建后面积达 1 853 平方米。2007 年,泗泾文化图书分馆脱离松江区文化馆,归属松江区泗泾镇政府。

松江区文化馆作为松江区政府设立的公益性文化事业机构,是组织开展大中型文化活动、业务辅导、文艺培训等的重要阵地。内设党务、行政办公室、艺术档案室、文艺辅导部、艺术培训部、美影部、创作部、松江区非遗保护分中心普查办公室、顾绣工作室、刘勇工作室、周洪声工作室。

至 2010 年,松江区文化馆共有从业人员 28 人;历任馆长是陈大年、朱荫能、李维高、薛亚锋、陆春彪。1999 年,该馆被文化部授予全国先进文化馆称号;被上海市农口系统评为第九届、第十一届文明单位;2004 年、2008 年,被文化部评定为三级馆。

二十五、南汇区文化馆

南汇区文化馆的前身,是解放前的城厢民众教育馆。解放后由人民政府接管,1951年改称人民教育馆;1952年底,更名为人民文化教育馆,馆址迁往南门(原救济院),活动面积约150平方米;1953年1月,更名为人民文化馆;1954年3月,定名为南汇县文化馆,迁址到北门(第三食堂弄内),占地面积200平方米。1969年,与县图书馆合并为县文化图书馆;1978年,建新馆舍,两馆分开独立编制;1979年10月,新大楼落成,为文化图书馆大楼,一、二层为图书馆,三、四层为文化馆,文化馆面积约600平方米。1981年原农展馆撤销,一楼划归文化馆,馆舍扩大为800平方米。2002年开始建造南汇文化艺术中心,2005年竣工,位于靖海路509号,建筑面积9 160平方米。2009年,浦东新区与南汇两区合并,南汇区文化馆整体并入浦东新区文化艺术指导中心。

图1-2-6 南汇区文化馆

南汇区文化馆历任馆长是金城、潘文珍、张治国、顾永刚、张宏、顾永刚。该馆获2002年度上海市群众文化工作先进集体;2003年度上海市文化"三下乡"先进集体;2004年度上海市文化工作和大型群众文化活动优秀组织奖;2005年10月,被文化部、人事部授予全国文化工作先进集体荣誉称号;2008年,被文化部评定为一级文化馆。

二十六、金山区文化馆

金山区文化馆前身为金山县文化馆,建于1951年,是解放前遗留的县民众教育馆馆舍,面积175平方米,隶属于县人民政府教育科。1958年,县文化馆迁入朱泾镇工人俱乐部,扩大县文化馆馆舍和规模;1960年1月在张堰镇建立县文化馆分馆,与县文化馆分别负责南北两片的业务辅导工作。"文化大革命"期间,县文化馆工作一度陷于停顿。1978年5月1日,金山县文化馆恢复建制。1989年,新建金山县文化馆文化娱乐中心大楼,建筑面积2 020平方米。设演出辅导中心、文化娱乐中心、文化艺术公司三大块,主要用于开展阵地文化活动,原文化馆馆舍作为办公用房。

1997年,金山撤县建区,金山县文化馆与石化地区工人文化宫合并,建立金山区文化馆,馆址迁入石化象州路原石化工人文化宫,拥有馆舍面积7 764平方米。设置馆长室、副馆长室、办公室、财务室、总务部、档案室、非遗保护办公室、文艺演出部、美术摄影部、创作调研部、舞美部等工作部门。内设舞厅、游戏机房、排练厅、展览厅、多功能厅、电子阅览室、健身房、老年及少儿活动室等活动场所。

至2010年,金山区文化馆共有从业人员59人;历任馆长是陆汉生、胡林森、李素青(代)、胡林森、黄亦男、孙仁元、王奇方(主持)、李逸(主持)、陈伟民(主持)、黄美娟(主持)。2004年,该馆被文化部评定为三级文化馆;2008年,被评定为一级文化馆;1983年,被授予全国"三八"红旗集体称号;

1995—1997 年,连续 3 年被评为上海市群众文化先进集体荣誉称号。

二十七、青浦区文化馆

青浦区文化馆前身为青浦县立民众教育馆,始建于 1927 年,设在青浦镇北门原在明女校旧址,是由县教育行政部门管理的社会教育机构。1949 年 5 月,青浦解放,人民政府接管民众教育馆,1950 年 2 月命名为青浦人民文化教育馆;同年 9 月,更名为青浦人民文化馆;1954 年,改称为青浦县文化馆。1958 年文化馆分成文化、博物、图书三馆,对外三块牌子,对内一套班子。"文化大革命"期间,文化馆工作一度陷于瘫痪。1974 年,中山公园大门两侧平房全部拆除后,建成一幢 776 平方米的文化大楼。1978 年 12 月,县文化馆独立建制,设创作、文艺、美术、摄影和后勤 4 个组室。1982 年 4 月,朱家角和练塘两镇文化站作为县文化馆分馆,增设书场、茶座、录像放映等项目;编辑、出版《青浦画廊》《青浦文艺》小报;举办文艺创作、戏剧、音乐、摄影、美术等各种学习班;1987 年创办《青浦文艺》报。1993 年,青浦县文化馆被确定为全国群众文化事业改革试点单位,文化馆新设立群众文化活动部、社会文化服务部、办公室。

1999 年,青浦撤县建区,其更名为青浦区文化馆。2001 年,青浦区文化馆新馆建成,建筑面积 6 350 多平方米,其中公益性用房面积 3 000 多平方米。设有多功能影视剧院、歌舞厅等娱乐场地,有 10 多个公益性文化活动项目。2004 年,青浦区文化馆调整工作部门,设办公室、创作辅导部、艺术活动部、社会文化服务部、影剧院及民族文化保护分中心办公室。

至 2010 年,青浦区文化馆共有从业人员 39 人;历任馆长有周道金、王宣明、曹伟明、沈大钧、钱昌萍、戴靖。1991 年,该馆被评为上海市先进文化馆;1997 年,被评为上海市群众文化先进集体;1999 年、2001 年被授予第九届和第十届上海市农口系统文明单位称号;2004 年,被文化部评定为二级文化馆;2008 年,被文化部评定为一级文化馆。

二十八、奉贤区文化馆

奉贤区文化馆的前身,是建于 1950 年 6 月 1 日的奉贤县人民文化教育馆,馆址在南桥小学原址;1951 年,奉贤县人民文化教育馆更名为奉贤县人民文化馆,馆址搬至南桥镇中街东园弄东面;1954 年,奉贤县人民文化馆改名为奉贤县文化馆,馆址在南桥中街(俗称灯光球场);1967 年,奉贤县文化馆迁址至南桥西街新建西路 24 号。1995 年 4 月 28 日,奉贤县文化馆新馆落成,馆址在南桥镇解放中路 307 号,为 3 层楼房,占地 0.53 公顷,建筑面积 3 000 平方米。设有录像厅、歌舞厅、桌球厅、游艺厅以及书画展厅和老年活动室等文化娱乐设施。2004 年撤县设区,改名为奉贤区文化馆,并于 2008 年 6 月 15 日迁往解放东路 889 号新址,新馆建筑面积 8 246.85 平方米。

奉贤区文化馆以"敬奉贤人、见贤思齐"为办馆理念,承担区域群众文化辅导与培训、群众文艺创作、群众文化活动组织、搜集整理民族民间文化遗产等服务功能。

至 2010 年,奉贤区文化馆共有从业人员 28 人;历任馆长是祁从权、马贵民、钱光辉、潘勇刚、宋藕莲、钱国弟、瞿建国。2004 年、2008 年,该馆被文化部评定为国家二级文化馆;2007 年,获上海文化科技卫生"三下乡"活动先进集体;2008 年,获全国服务农民服务基层文化建设工作"先进集体"称号;2009 年,被评定为年度上海市群众文化工作先进集体。

二十九、崇明县文化馆

崇明县文化馆的前身,为1950年2月建立的崇明县人民教育馆,馆址设在原民众教育馆城内的南街旧址;1951年12月,更名为崇明县文化馆;1956年,迁至城桥镇八一路62号(现为八一路335号);1971年开始,逐渐在原馆址翻建新馆舍,至2010年,馆舍面积为4750平方米。内设办公室、辅导部、美术与摄影部、文艺活动部、阵地活动部、非遗保护办公室等部门。设有展览厅、排练厅、小剧场及开展各类文艺培训的教室、书场、舞厅、卡拉OK厅、电子游艺机房、录像放映室、桌球房等。

1962年9月,在堡镇设立堡镇文化分馆。1966年6月"文化大革命"开始,堡镇文化分馆撤销。1987年底,在堡镇通富路60号建造堡镇分馆,于1989年5月12日正式开馆,馆舍面积750平方米。堡镇分馆设有舞厅、录像放映室、电子游艺机房、桌球房等,供群众活动。

至2010年,崇明县文化馆共有从业人员38人;历任馆长是顾冠军、林子材、施仲君、王超。2004年、2008年,该馆两度被文化部评定为一级文化馆;1984—1996年,先后获上海市先进文化馆、上海市群众文化先进集体称号;2004年,被评为上海市文化科技卫生"三下乡"先进集体;2004—2010年,连续获得上海市文明单位称号。

表1-2-4   2010年上海市部分区(县)文化馆基本情况表

名　　称	馆 舍 地 址	从业人员(人)	场地面积(平方米)	组织活动及展示(场次)	培训班(班次)
黄浦区文化馆	迎勋路71号	53	6 000	107	16
卢湾区文化馆	重庆南路308号	71	13 172	98	108
徐汇区文化馆(徐汇区西南区文化艺术中心)	罗香路237号	68	12 009	430	179
静安区文化馆	乌鲁木齐北路459号	56	17 080	517	141
闸北区文化馆	中兴路1111路	36	5 828	360	未统计
长宁文化艺术中心	仙霞路650号	67	8 931	295	88
长宁民俗文化中心	天山西路201号	22	4 758	136	88
虹口区文化馆	广中路123号	14	2 000	未统计	未统计
虹口文化艺术馆	水电路1412号	28	3 606	78	5
普陀区文化馆	兰溪路138号	42	16 735	148	未统计
普陀区甘泉文化馆	延长西路400号	25	6 797	4	189
普陀区桃浦文化馆	雪松路280号	49	7 267	12	72
普陀区长风文化馆	金沙江路588号	19	2 200	102	120
杨浦区文化馆	中原路188号	38	11 350	504	377
浦东新区文化艺术指导中心	崂山路687号	102	16 701	504	104
浦东新区浦东文化馆	浦东大道143号	41	6 181	10	36

名　　　称	馆 舍 地 址	从业人员（人）	场地面积（平方米）	组织活动及展示（场次）	培训班（班次）
浦东新区浦南文化馆	三林镇杨新路 61 号	31	2 510	139	252
浦东新区川沙文化馆	川沙镇新川路 607 号	35	4 820	86	117
闵行区群众艺术馆	莘松路 350 号	38	1 080	143	50
宝山区文化馆	牡丹江路 1760 号	65	11 970	128	9
宝山区月浦文化馆	龙镇路 90 号	37	7 739	52	145
嘉定区文化馆	塔秀路 33 号	29	4 032	509	172
松江区文化馆	谷阳南路 24 号	28	3 436	71	16
金山区文化馆	石化城象州路 238 号	59	8 180	91	1
青浦区文化馆	青浦镇公园路 78 号	39	6 350	171	72
奉贤区文化馆	南桥镇解放东路 889 号	28	6 500	365	8
崇明县文化馆	城桥镇八一路 335 号	38	5 536	108	18

第三节　街道（乡镇）和居（村）委综合文化活动室（中心）

　　街道（乡镇）文化站（活动中心）和居（村）委综合文化活动室（中心），是公共文化馆网络体系中的基层点。街道（乡镇）文化站（活动中心）是由街道办事处或乡镇人民政府设立的公益性文化机构，是全市公共文化馆网络系统中的第三级机构。2004 年，上海市委、市政府决定将原来多头、分散建在街道（乡镇）的文化站、图书馆、少年之家等简陋的公共文化设施整合在一起，统一在街道（乡镇），建设融文、教、科、体、信息服务于一体的综合性、多功能的社区文化活动中心，成为社区共建共享的公共文化服务平台。居（村）委综合文化活动室（中心）是由居（村）委会设置在所辖区域内的公共文化设施，是公共文化馆系统中的第四级，是为居民群众提供公益性基本文化服务最基层的设施，以方便群众就近参与群众文化活动。至 2010 年，全市有街道（乡镇）文化活动中心（站）213 家，居（村）委综合文化活动室（中心）5 245 家。

一、街道（乡镇）文化站

　　上海街道（乡镇）文化站于 1958 年前后陆续建立，至 1966 年，建成市区街道文化站 101 家，有工作人员 151 人；公社办的文化站 172 家，工作人员 340 人。"文化大革命"期间，文化站受到破坏。1978 年以后，文化站逐步恢复建设。1980 年 11 月，杨浦区辽源街道建成全市第一个集文化、教育、娱乐于一体的街道文化中心站。随后，各社镇也纷纷将原文化站、图书馆、广播站、书场、电影放映队、新华书店、文艺工厂等联合组成文化中心或文化中心站。至 1986 年，全市有 350 家街道（乡镇）文化站（中心）、161 家郊县文艺工厂。20 世纪 80 年代后期，随着市场经济的发展，文化体制改革的展开，文化馆普遍实施"以文补文、多业助文"的经营机制，街道（乡镇）文化站（中心）亦面临开放资金不足的困境,既要坚持为群众提供文化服务,又要依靠自身力量来维持生存,于是普遍走上创收之路,有的文化站甚至被动迁出,成为从事多种经营活动的场所,公共文化服务功能一度被削弱。1987年5月,上海市群众文化工作委员会召开上海市群众文化工作经验交流会,要求各级政府将第三级公共文化设施的建设作为为市民办实事的工作来抓,以加强基层文化建设,推动群众文化事业发展。

1990年,文化部开展先进文化站评选工作,上海闸北区彭浦文化中心站等7家单位被评为全国先进文化站;1991年,黄浦区东昌街道等16家文化站被市文化局评为上海市先进文化站。自1992年开始,市文化局开展对全市街道(乡镇)文化站(中心)考评定级,强调要摆正主业与副业位置,重视开展公益性服务,促进文化站(中心)的软硬件建设。经实地考核评估,15家街道(乡镇)文化站(中心)被评为特级文化站,47家被评定为一级文化站,成为全市文化站建设的榜样。至1992年底,市区139个街道,有文化站(中心)136家,场地面积106 258平方米;郊县204个乡镇,有文化站(中心)204家,场地面积123 831平方米;还有集镇文化中心161家。

1995年,上海市社区文化工作会议召开,强调社区文化是社会主义精神文明建设的重要组成部分,要求净化文化环境,营造健康向上的社区文化氛围,街道(乡镇)文化站(中心)重新获得重视。

1997年市政府颁布《上海市公共文化馆管理办法》,明确街道(乡镇)文化站(中心)是公益性文化事业单位,不得任意改变它的功能用途。同年,全市再次召开社区文化工作会议,要求把上海文化建设的重点转移到社区,对全市社区文化建设起到促进作用。1998年,全市有街道(乡镇)文化站(中心)309家,总面积扩大到193 850平方米;2002年,全市有街道(乡镇)文化站(中心)221家,总面积达到197 000平方米。其间,因街道(乡镇)行政区划合并调整等原因,街道(乡镇)文化站(中心)数量有所减少,但总面积反而有所增加。街道(乡镇)文化站(中心)逐步走上健康有序的发展轨道,全市已形成比较稳定的街道(乡镇)文化站(中心)设施网络。

2004年以后,全市开始建设社区文化活动中心,街道(乡镇)文化站(中心)被整合,其职能由社区文化活动中心承担。2005年1月29日,上海首批社区文化活动中心在南京西路街道、曹家渡街道社区文化活动中心挂牌。

表1-2-5 1978—2002年上海市街道(乡镇)文化站发展情况统计表

年　份	数量(个)	场地面积 (平方米)	从业人员 (人)	组织文艺活动 (场次)	办培训班 (班次)
1978	344	未统计	589	未统计	未统计
1998	309	193 850	2 252	5 495	1 987
2002	221	197 000	1 852	8 139	4 472

二、社区文化活动中心

【发展概况】

2002年6月,市委、市政府召开上海市基层文化工作会议,要求以全国基层文化工作会议精神为指导,深刻认识新时期文化建设的重要意义,大力加强基层文化建设,丰富群众文化生活,提升市民的思想道德水平。市委、市政府分管领导率队,先后深入街道(乡镇)开展专题调查研究。调查结果显示,上海街道(乡镇)公共文化设施虽已全面建成,但存在设施简陋、功能低下、多头重复建设的弊病。2004年,市委、市政府决定改革社区公共文化建设中存在条块分割、各自为政的弊端,整合资源,建立综合性、共建共享的社区公共文化设施。在长宁区和浦东新区开展试点后,市委宣传部、市文广局等10部委办局共同发文,要求将街道(乡镇)原有的文化站(中心)、图书馆、社区学校、社区老年活动中心、社区青少年活动室等设施整合于一体,设置融文、教、科、体、信息服务于一体的标准化、多功能、综合性的街镇级公共文化服务设施,统称为社区文化活动中心(下称社区文化中心),并制定颁发《上海市社区文化活动中心配置要求》,明确社区文化中心是政府主办的公益性文化设施,配置多功能厅、活动室、教室、图书馆、信息服务苑等必备设施,并规定使用面积在3 500平方米左右,要求一室多用,开放时间错位,以提高设施利用率,降低闲置率。其间,成立上海市社区公共文化服务工作领导小组,规划、统筹和协调全市以社区文化中心为重点的公共文化建设。各区(县)和街道(乡镇)也相应建立统筹协调组织,合力推进社区文化中心建设。对于社区文化中心的建设资金,市社区公共文化服务工作领导小组确定由市、区(县)财政予以全力保障,市财政为新建的每个社区文化中心平均资助250万元,远郊区(县)新建的社区文化中心,每个再增加250万元。2004年和2005年,市政府将社区文化中心建设列为市政府实事项目着力推进。2004年,首批落成开放的有卢湾区五里桥街道,徐汇区长桥和凌云街道,静安区曹家渡和南京西路街道,闸北区临汾街道,杨浦区五角场街道,普陀区曹阳新村街道,浦东新区花木、浦兴路街道和唐镇镇、三林镇、康桥镇,宝山区友谊街道,闵行区浦江镇,嘉定区菊园新区街道、新城路街道,金山区石化社区,松江区岳阳路街道,崇明县建设镇等20家社区文化中心,到2006年建成80家。2007年3月,市文广局发出《关于加快"十一五"期间社区文化活动中心建设的通知》,规划要求至"十一五"结束,全市社区文化中心总体达到210家。上海基层社区文化中心的建设,在保留文化站功能的同时,兼具多种功能,是基层文化工作的综合体,成为上海文化的特色和亮点。

卢湾区 1978年有五里桥、打浦桥、丽园路、顺昌路、济南路、嵩山路、淮海中路、瑞金二路8个街道,均设有文化站。1996年5月,卢湾区撤销8个街道建制,按新设立的五里桥、打浦桥、淮海中路、瑞金二路4个街道设立文化站(中心)。自2004年起,卢湾区全面推进社区文化中心建设,通过租赁、转让、置换等不同方式,获取社区文化中心建设用地,进行改扩建,建设资金列入财政预算。至2006年,4个街道都建成社区文化中心,总面积达到14 932平方米,平均每个社区文化中心面积为3 733平方米。各社区文化中心都拥有多功能室、展示厅、书画室、舞蹈房、各类培训教室、图书馆、少儿阅览室、东方信息苑、健身房等设施,提供多样化、有特色的公共文化服务。其中的五里桥街道,1998年文化站面积1 500平方米,被市文化局评定为特级文化站、先进文化站。2000年11月,国家副主席胡锦涛在市领导陪同下视察五里桥文化中心。2006年,五里桥街道新建社区文化中心面积升至3 500平方米。

嘉定区 1993年有嘉定镇、南翔镇等18个镇级文化站,名称各异,大多名为"文化服务中心"或"文广服务站"。随着全市推进社区文化中心建设,嘉定区通过新建或改扩建,按标准建立新的社区文化中心。菊园新区于2005年1月建成社区文化中心并投入使用,面积5 283平方米,设有图书馆、影视厅、排练厅、展示廊、歌舞厅、东方信息苑、健身房、乒乓房等;南翔镇于2005年始建社区文化中心,2007年9月投入使用,建筑面积为11 160.53平方米,由镇文化广播服务中心管理运行,拥有小剧场、文化沙龙室、排练厅、书画苑、图书馆、东方信息苑、百姓健身房、乒乒房、台球房、棋牌室、沙弧球室等服务设施,开设瓷画班、戏曲班、合唱班、各类棋牌等多个公益培训项目,建有南翔百花艺术团、青年话剧社、竹文化沙龙、戏曲沙龙、书画沙龙、摄影沙龙、槎溪瓷缘社等文化团队。至2010年,嘉定全区共有社区文化中心(文体中心)12个,总面积达到87 021平方米。

至2010年,全市建成标准化社区文化中心203家,总面积为896 640平方米,基本达到街道(乡镇)全覆盖。

表1-2-6 2004—2010年全市街道(乡镇)文化站/文化中心发展情况统计表

年 份	数量(个)	场地面积 (平方米)	从业人员 (人)	组织文艺活动 (场次)	办培训班 (班次)
2004	219/20	325 614	2 248	28 025	9 432
2006	216/80	122 682	2 144	46 486	26 798
2008	216/135	738 323	2 024	37 397	19 494
2010	213/203	896 640	3 510	30 632	18 756

说明:第一栏"数量"数据为全市文化站(活动中心)总数与年度建成的社区文化中心数的比值。

【工作职能】

《上海市社区文化活动中心管理暂行办法》明确,社区文化中心是基层群众文化工作的基地,也是社区宣传教育的重要阵地。必须坚持社会主义先进文化的前进方向,坚持政府主导、以人为本、因地制宜、运行有效、惠及全民的原则,为社区群众提供书报阅读、团队活动、教育培训、娱乐健身、影视放映、展览展示、网络信息等各类健康有益的公益文化服务,开展群众性文化、体育、科普、普法、思想道德教育和青少年校外活动。社区文化中心是市民参与群众文化活动、享受基本文化服务的场所,是党在基层开展思想教育的重要阵地,是全国信息资源共享工程建设、农村电影放映工程建设、农家书屋建设、社区学校建设、上海中心图书馆建设等在基层的集成设施。社区文化中心同时设立以文化为主要内容、以互联网信息技术为手段的社区信息苑,提供全国信息资源共享工程、数字图书、数字影院、视频点播、电子政务等多样化的信息服务。

【运行管理方式】

根据《上海市社区文化活动中心管理暂行办法》,社区文化中心要实行专业化运行管理,街道、乡镇人民政府可以委托具有专业管理资质的单位运行社区文化中心,也可自行组建管理队伍负责运行。

由街道、乡镇人民政府自行组建管理队伍负责运行的,比较有代表性的有浦东新区三林镇社区文化中心。该中心于2005年2月1日建成开放,总建筑面积4 500平方米。由三林镇文广服务中心为运行主体单位,文广服务中心主任负责管理社区文化中心;管理人员由原来文化中心事业编制的18人组成;由各文艺团队的200多人的文化服务志愿者为活动中心的电影放映、沪剧沙龙、公益舞会等活动做服务工作。镇政府成立由镇政府分管领导、文广服务中心、文艺团队、社区居民代表共同组成的文化活动中心管理委员会,每季度召开例会,总结工作、制订计划、统筹安排各项任务。此外,虹口区四川北路街道社区文化中心,则直接由街道办事处宣传科科长任主任,吸纳原文化站工作人员及招聘社会人员,组成工作机构负责运作。

由街道、乡镇人民政府委托具有专业资质的社会机构运行管理的有两种模式：一种是将社区文化中心整体委托有资质的、专业化的民办非营利机构管理，其中有代表性的是黄浦区打浦桥街道社区文化中心。该中心是由原来上海采矿机械厂4 300平方米旧厂房于2005年以长期租赁的办法改建而成的，街道办事处委托上海华爱社区服务管理中心作为运营机构，承担社区文化中心的日常管理事务。同时，打浦桥街道成立由社区群众、华爱社区服务管理中心和街道办事处代表组成的社区文化活动中心管理委员会，建立联席会议制度，形成重大事务民主协商机制，以加强对托管单位的管理。打浦桥街道仍保留原文化站(文体团队联合会)机构，办公面积40平方米，主要负责培育社区文体团队和组织社区体育活动。而闸北区临汾街道社区文化中心，则委托由街道培育、扶持的民非组织——临汾明悦文化服务中心(下称明悦)运行管理。街道办事处与明悦签订关于临汾社区文化活动中心委托管理服务合约，街道出资，由明悦承担文化中心的运行管理。临汾社区文化中心的执行主任由明悦理事会授权聘任，服务员工由执行主任聘用。明悦根据合约规定，以公益性原则、人性化服务、社会化运作、规范化管理和目标化考核为管理文化中心的基本方针，采用全天候服务的运行模式，负责策划组织社区文化中心的各项活动，为社区各类团队及文化体育、教育培训等活动提供服务平台。

另一种模式，是将社区文化中心的部分功能项目，委托有资质的社会机构实行专业化管理。其中，社区文化中心的信息服务项目，全市统一委托由东方网控股的东方数字社区发展有限公司，按统一标准在全市各社区文化中心建设东方社区信息苑，实行连锁管理，保障日常对公众开放和服务。此外，还有农村数字电影放映，全市委托东方永乐农村数字电影院线承担对居(村)委综合文化活动室(中心)数字电影发行放映的指导、维护和内容的配送，定期深入居、村进行电影放映。也有的街道办事处或乡镇政府采取购买服务的办法，将社区文化中心的物业管理、健身房、亲子服务等项目，选择专业公司委托运行管理，提高专业服务水平。

【资源供给】

针对上海基层公共文化设施长期存在资源不足、服务水平不高的缺陷，在市委宣传部统筹下，新建东方社区信息苑、东方宣教中心、东方讲坛、东方社区学校指导中心、东方文艺指导中心、东方永乐农村数字电影院线，并与上海图书馆、市群艺馆共同组成公共文化资源配送系统，整合社会文化资源，按需为社区文化中心等基层公共文化机构配送多样化的文化产品，使新建的社区文化中心有充分的文化资源为市民提供良好的服务。产品涵盖宣教类、信息服务类、文艺指导类、社区教育类、电影放映类、讲座等，按需免费向社区文化中心等基层单位配送文化产品与服务，以增强服务能力，满足市民群众的基本文化需求。市委宣传部每年从文化专项资金中安排5 000余万元作为配送工作经费。配送机构采用资源整合、百姓点菜、政府买单、区(县)联动、按需配送的运作方式，为社区、农村乡镇提供各类优质的文化产品与服务。至2010年，东方宣传教育服务中心提供宣教产品，服务群众近1 800万人次；东方讲坛建立讲座举办点335个，汇集讲师1 000人，内容涵盖1 000多个选题，举办各类讲座14 000多场，直接听众361万人次；全市社区学校开设1 000多门、超过45万课时的课程；东方社区信息苑，集聚近9T容量的多媒体和图文内容，共计服务3 728万人次；东方文艺指导中心拥有7大艺术门类的指导员2 156名，服务社区群众逾5万人次。

各区也建立相应的资源配送机构，一方面和市配送单位对接，将市级配送资源按需有计划地向社区文化中心等基层单位提供；另一方面，整合辖区内的优质文化资源，向基层配送，丰富街道(乡镇)和居(村)公共文化产品的供给与服务。

表1-2-7　2010年上海市公共文化产品配送机构情况表

配送机构名称	建立时间	主管单位	工作职能
东方社区信息苑	2004	东方网	为社区居民提供公共上网、公益培训、放映公益数字电影为主的功能服务。
东方宣教服务中心	2004	市委宣传部	采集制作优秀宣教产品,组织各种形式的形势任务宣传活动,发挥思想宣传教育作用。
东方讲坛	2004	市社联	提供社会教育系列和学术文化系列讲座。
东方社区学校指导中心	2004	市文明办	组织协调各区(县)相关部门,赴学校及分校(教学点)开展专业化指导、规范化管理,提供多元化的公共文化配送服务。
东方永乐数字电影院线	2006	上海电影集团	承担居(村)委综合文化活动室数字电影发行放映的指导、护维和内容配送任务。
东方社区文化指导中心	2006	市群艺馆	提供音乐、舞蹈、戏剧、曲艺、美术、书法、摄影7个门类的文艺指导员配送资源,辅导培训社区文艺团队;指导社区文艺创作和社区文艺活动的开展,参与组织全市重大群众文艺活动的交流和展示。

【监督管理】

2005年6月,上海市社区文化服务中心(下称服务中心)成立,是从事社区文化服务的民办非营利性组织,业务主管部门为市委宣传部。服务中心以推动社区文化建设为主旨,承接政府委托,统筹协调社区文化中心的建设、运行和管理;受托对社区文化活动中心调研、巡查;协调和指导东方社区信息苑的建设和管理;独立开展以社区文化服务为主导的公益性讲座、演出及各种文化培训等。各街道办事处、乡镇人民政府也建立由社会各方代表组成的社区文化中心管理委员会,负责对社区文化中心运行机构的监督和管理,以加强对社区文化中心管理,推动社区文化中心的持续发展。

2008年,市文广局启动对社区文化中心考核评估工作。同年9月1日,制定并颁发《上海社区文化活动中心绩效评估指标体系(试行)》(下称指标体系)与评估办法,委托上海社会科学院文学研究所评估研究中心组建专家评估组作为第三方评估机构,负责对社区文化中心考评。据2008年对全市建成一年以上的77家社区文化中心的评估结果,每个社区文化中心平均每周开放时数77小时,每年可提供社区居民阅读报刊128种、新书1 866册,年均举办展览17.6个、放映电影78场、文艺演出94.6场、开办社区教育114.9班次、上网浏览时数89 782.4小时、辅导团队29支,全年服务群众23.6万人次,社会公众满意度平均达85%,总体上超过社区文化中心服务标准的规定。

2009年,市文广局制定5大类17个小项的公共文化服务测评指标,委托上海市民巡访团对社区文化中心进行巡访,形成常态监管机制,对社区文化中心服务效能的提升发挥了一定作用。

表1-2-8　2010年上海各区(县)街道(乡镇)文化活动中心(站)基本情况统计表

单位名称	机构数(个)	场地面积(平方米)	从业人员(人)	组织文艺活动及展示(场次)	举办训练班(班次)
黄浦区	6	16 014	52	1 000	1 460
卢湾区	4	14 932	112	375	437

单位名称	机构数（个）	场地面积（平方米）	从业人员（人）	组织文艺活动及展示（场次）	举办训练班（班次）
徐汇区	13	45 216	206	3 342	4 267
长宁区	10	32 558	150	1 410	514
静安区	5	15 265	80	2 066	1 109
普陀区	9	44 476	103	2 041	1 089
闸北区	9	37 020	118	1 197	1 483
虹口区	8	33 124	167	1 087	1 177
杨浦区	12	46 654	144	2 711	807
闵行区	12	70 702	336	1 424	570
宝山区	12	62 827	170	1 600	1 042
嘉定区	12	65 160	169	2 099	673
浦东新区	38	195 110	705	6 416	2 747
金山区	11	41 120	229	1 444	293
松江区	15	49 286	134	1 275	266
青浦区	11	39 811	310	1 307	22
奉贤区	8	38 930	167	854	452
崇明县	18	48 432	158	1 141	348
合　计	213	896 637	3 510	32 789	18 756

至2010年，全市有街道（乡镇）文化活动中心（站）共213家；其中，属于标准化的社区文化中心203家，社区文化中心数量占街道（乡镇）总数的95.3%。

三、居（村）委综合文化活动室（中心）

20世纪80年代，在构建街道（乡镇）文化站的同时，上海一部分乡村和市区街道的里弄居民委员会建立文化室，便于群众就近参加文化活动。1992年9月，上海县马桥乡旗忠村文化中心大楼建成开放，建筑面积4 000平方米，是上海郊区同期建成的面积较大的村级文化设施。1994年，杨浦区在全区33条里弄中，建立243家里弄文化室。1995年、1998年，上海市相继召开社区文化工作会议，会议提出，要落实市委、市政府要求，把上海文化设施建设重点转移到社区公共文化设施上来，增强社区文化设施的综合性功能，使之成为社区居民学习、娱乐、锻炼、休闲的良好场所，促进全市精神文明建设，努力实现经济、社会、文化的全面发展。至2002年，全市共建设完成3 773家居（村）文化活动室。

2004年，根据上海市文化工作会议精神，市文广局制订《上海群众文化三年发展规划纲要（2005—2010年）》，提出以居（村）委为单元，因地制宜建设具有书刊阅览、娱乐休闲、公共信息传播等功能的小型综合文化活动室，面积在150平方米左右，重点满足老人、儿童等闲暇时间较多的社

图 1-2-7 东方社区信息苑为社区居民提供公共上网、公益培训、放映公益数字电影等服务（2004 年）

区居民就近、方便享受最基本的公益性文化服务。2007 年,市文广局在长宁区召开居(村)委综合文化活动室建设交流会,推广该区虹桥街道虹储居委会的经验,以加快居(村)综合文化活动室建设。同年,在市社区公共文化服务领导小组统筹规划与协调下,颁发《关于推进本市农村文化信息建设的意见》,要求结合综合文化活动室建设,将农村文化信息资源共享工程基层点、农村信息苑、农村数字电影放映点建在一起,实现综合文化活动室"一站式"服务。2008 年 6 月,市农委与市文广局在松江区泖港镇黄桥村召开上海村级公共服务中心建设现场推进会。会议提出,将农家书屋、农村科技书屋、农村健身点、农村数字电影放映点、公共电子阅览室以及党员活动室等,都纳入村综合文化活动室的共同平台,"一室多用",提供书刊阅读、影视放映、文体活动、教育培训和信息查询等服务,组织开展群众文艺、体育、科普等宣传教育活动,最大限度地发挥资源共享的效用。要求到 2010 年,实现村综合文化活动室的全覆盖,让村民走出家门、步行 15 分钟,就能获得基本文化服务。2009 年,市文广局重点介绍闵行区和长宁区的经验,各区(县)和街道(乡镇)以改建、扩建、新建等方式,建成一批崭新的综合文化活动室,具有书报阅览、文化娱乐、健身锻炼等综合性的基本服务功能。在面积较大的文化活动室,还融入法律援助、卫生服务、村委办公及其他综合服务功能。名称有文体活动室,或农家乐、村民之家、农民会所、为农综合服务站等,虽名称各异,但目标均为方便居民就近、经常和可选择地参加文化活动。

南汇区在 2003 年至 2005 年的 3 年间,在全区 185 个行政村中,除因规划控制地区以外,134 个村建成标准化的村文化服务中心(下称服务中心)。服务中心实行统一功能、统一设施、统一贴补、统一标志和冠名。村文化服务中心具有宣传教育、文化娱乐、体育健身、医疗保健、村务公开、村民自治等基本功能,配置多功能活动室、图书阅览室、老年活动室、室内室外健身设施、红十字卫生站、医疗计生服务、为民小超市、就业指导、法律咨询、调解服务和村委办公室,室外设有戏台、旗杆、宣传栏等,面积控制在 750 平方米左右,占地面积约 2 500 平方米,并规定作为办公用房的面积不能超过总面积的 10%。其中,宣桥镇张家桥村建立的服务中心,建筑面积 900 平方米,户外场地约 400 平方米,于 2004 年 3 月建成开放,基本做到一月有一次文艺演出、一次电影放映、一次沪剧沙龙活动,村里建有腰鼓队、沪剧队、健身队,还不定期举办一些大型群众文化活动。

长宁区将推进居民区文化活动室建设纳入区委区政府的民心工程、实事工程计划,到 2007 年,建成 176 个标准化的居民区文化活动室,实现对所有居委的全覆盖,总面积达 23 528 平方米,文化活动室平均在 130 平方米以上。要求 82% 以上的活动室具有独立阅览室,有 20 种以上的报纸、100 种以上的杂志;60% 以上的活动室拥有 3 台以上电脑,供居民学习、上网;居民走出家门 5 分钟便能享受到基本的公共文化服务。其中,虹桥街道虹储居民区文化活动室始建于 2001 年,经改造后,面积扩展到 200 多平方米。设置图书阅览室、亲子活动室、党员议事厅、电脑培训室、医疗保健室等 7 个单间和 1 个多功能厅;活动项目涵盖学习、娱乐、服务、健身、休闲等多个方面。同时,依靠小区志愿者的力量,为居民提供丰富的文化服务,平均每月服务达 1 500 余人次。

闵行区区委、区政府自 2007 年上半年开始,将原有 357 家老年活动室改造成标准化的文化活动室,作为区政府实事项目推进。区财政保障为每个文化活动室配备1名经统一招聘、考试和体检后合格的文化服务员。其中,七宝镇九星村综合文化活动室,面积2 100平方米,设有图书室、健身室、书苑、东方信息苑、多媒体视频室、科普教育中心、党员之家等,是一个以文化服务为主体的、各方共享的综合性服务平台。至2007年12月上旬,闵行区标准化的文化活动室全面完工投入使用。

奉贤区南桥镇南渡村于2008年建成农家会所,占地13 000多平方米,除有农村医疗保健、农村超市等服务外,其中有多功能活动礼堂700平方米、电化教室120平方米、阅览室(农家书屋)60平方米、健身房40平方米等文化活动场所,还有文化体育广场5 300平方米。

嘉定区嘉定镇街道在建好用好文化活动室的同时,逐步拓宽基层公共文化服务空间。自2007年起,以自觉发起、自愿参加、自由设计为宗旨,在有条件的居民家中建立社区百姓睦邻点,在街道和居委会指导下开展活动,每周组织有相同爱好的居民到睦邻点参加活动,主题内容由居民自主确定。至2010年,该区已建成了81家百姓睦邻点,平均每200户就有一家。百姓睦邻点各具特点,有以文体爱好者为主的快乐睦邻点和曲艺之家,有热心社区事务的帮帮乐、手拉手救助点,有关于日常生活的亲亲宝贝、宠物沙龙、爱心编结社,也有以邻里相互慰藉为主要内容的新上海人之家、归侨连心点等,使居民找回传统邻里的亲近感受。

经各区(县)各街镇对居(村)委综合文化活动室的持续建设,至2010年,全市5 333个居(村)委中,建有综合文化活动室5 245个,占居(村)委总数的98.3%,面积87万余平方米。

表1-2-9 2002—2010年上海市居(村)委综合文化活动室(中心)发展情况统计表

年 份	数量(家)	活动面积(平方米)
2002	4 531	未统计
2004	4 733	564 534
2006	4 939	576 737
2008	5 211	644 512
2010	5 245	870 998

表1-2-10 2010年上海市公共文化馆(活动中心、站)基本情况统计表

名 称	数量(个)	从业人员(人)	场地面积(平方米)	举办活动(场次)
市群艺馆	1	53	19 000	166
区文化馆	25	1 101	195 230	4 940
县文化馆	1	38	5 540	108
社区文化中(站)	213	3 510	896 640	32 789
合 计	340	4 702	1 116 410	38 003

第三章 青少年宫(活动中心)

1978年开始,通过全市的规划统筹,上海各行业系统恢复或建立起服务各类群体的文化设施机构。青少年文化活动设施主要为市教委、团市委、中福会及区(县)、街道(乡镇)政府主办的少年宫、青少年活动中心、少年之家等,为全市广大青少年服务。全市的青少年活动阵地,场馆新老交织,建筑富有特色,不同类型的机构服务和活动内容也风格各异,凸显丰富、新颖、精致的上海特色。至2010年,全市共有青少年活动中心、少年宫、少科站、青少年活动营地36家。

第一节 中国福利会少年宫

中国福利会少年宫(下称中福会少年宫),是由宋庆龄亲自选址创建的一座综合性、群众性的少年儿童校外教育机构,也是上海的市级少年宫。中福会少年宫秉承宋庆龄的儿童教育思想,坚持实验性、示范性的方针,立足上海、面向全国,为少年儿童开展思想性、知识性、趣味性、实践性相结合的富有创新特色的教育活动,提高少年儿童全面发展的素养、优良的道德情操、自强自立的创新精神,推动学校科技、文艺课外活动的发展。至2010年,参加中福会少年宫各项活动的少年儿童超过2 400万人次,被社会誉为少年儿童快乐成长的"金色摇篮",全国青少年校外活动示范基地。

一、发展概况

中福会少年宫于1953年6月1日正式创建,地址在延安西路64号,为原建于1924年的英籍嘉道理爵士的私邸。中福会少年宫是中华人民共和国成立后最早创建的少年宫之一,面向全市6—16岁的青少年,通过开展文化、艺术、科技、体育锻炼以及丰富多彩的少年儿童文化活动等多种形式,使广大青少年在生动活泼的活动中,陶冶情操、开阔眼界,学习各种技能技巧,在德、智、体、美、劳诸方面得到全面发展。1954年6月,毛泽东主席应宋庆龄邀请,为中国福利会少年宫题写宫名。1958年,宋庆龄为中国福利会成立五周年题词:"儿童们在少年宫里不能只是享受幸福的童年,更要紧的是学习劳动的本领,学习为集体工作,为祖国做有益的事,准备为人民谋幸福!"1993年,江泽民为中福会少年宫成立40周年题词:"为培养21世纪的开拓创新的人才而辛勤耕耘。"领导的关怀与指示,为少年宫的进一步发展指明了方向和目标。

中福会少年宫占地1.5万平方米,建筑面积3 300平方米。室内有少年厅、电影室、游艺室、图书馆、阅览室和兴趣小组活动室等;室外有大草坪、篮球场、溜冰场、种植园地和大型体育设施"勇敢者的道路"等。1964年,上海市人民政府根据宋庆龄的建议,拨款100万人民币,扩建和新建了小剧场、科技楼、游艺楼和天象馆等。改革开放以后,增设大型游乐设施、科技知识宫、电脑游戏室、多功能讲演厅等,建筑面积扩大到8 000多平方米。1993年5月31日,其与上海大观园合作,在淀山湖畔建立一座占地面积20万平方米的儿童野外活动场地——中国福利会少年村。

二、运行状况

几十年间,中福会少年宫遵循宋庆龄的儿童教育思想,坚持实验性、示范性的方针,坚持面向少年儿童、面向学校、面向少先队,大力开展一系列思想性、知识性、趣味性、实践性相结合的富有创新特色的主题教育活动;举办展览、社会调查、考察等实践活动;组织、发展小伙伴艺术团、小伙伴俱乐部、少年儿童大世界等项目;开展读书、集邮、夏令营、体育、游戏等寓教于乐活动;首创布谷鸟歌咏节、小孔雀舞蹈节、戏剧节和少年儿童游戏节等一系列在上海乃至全国有影响的少儿活动;先后承办 3 届上海国际少年儿童艺术节。1997 年举办的利用国际互联网和中华信鸽邀五洲的放飞活动、2000 年举办的网络少年邀五洲活动,在国内外产生了一定影响力。

以提高少年儿童文化、艺术、科技素养,陶冶情操,培养自立、自强和创新精神为目标,中福会少年宫开设 30 多个门类,100 多个科技、艺术类兴趣小组,广泛开展科技展览、表演交流、参观访问、与科学家见面等科普活动。1983 年 6 月 1 日,成立中国福利会儿童计算机活动中心,在 1994 年纪念邓小平关于"计算机普及要从娃娃抓起"的指示发表 10 周年时,开展历时 11 个月涉及 8 项具体内容的计算机竞赛展示活动;全市 500 余所、4 万多名中小学生参加活动,使全市青少年计算机普及活动迈上新台阶。

中福会少年宫遵循宋庆龄"加强科学研究"的谆谆教诲,始终坚持以科研为先导,用理论指导实践。1983 年,成立全国最早的校外教育研究室。1986 年,分别建立华东地区儿童合唱、手风琴、舞蹈、民乐、戏剧、绘画、游戏等研究会,定期举办培训班、研修班及各种专题报告会。还组织开展上海市少年宫系统的中心教研组活动,编辑出版《怎样开展校外教育》《校外教育手册》等教育专著和论文、少先队校外活动期刊和科研资料,建立起校外教育信息资料库。承担国家教育部委托的全国青少年学生校外教育培训中心(上海部)和团中央委托建立中国教育学会少年儿童校外教育分会研修基地的任务,举办近 40 期各类培训班或研讨会,覆盖全国 28 个省、自治区、直辖市 4 000 余名校外教育机构的管理人员、骨干教师;先后承接并完成《少年宫教育发展史》《面向 21 世纪中国少年宫的现状调查与对策研究》《21 世纪少年宫综合实践活动的研究与开发》《少年宫——适合中西部地区校外教育发展的活动模式研究》《在"特殊"学校开展校外科技文化教育的运行模式》等多项全国性的科研任务。

中福会少年宫立足上海,服务全国,大力依靠社会力量,建立少年野营基地、科普教育基地和国防教育基地;组建流动少年宫、小伙伴科普团,用大篷车的形式把游艺活动、录像资料、文娱节目送到社区、学校;设立叶仲午奖学金、嘉道理助学金,扶助贫困少年儿童;先后赴安徽、内蒙古、海南、江西、重庆、新疆、西藏、陕西等地,为贫困地区的教师、学生开展科技、艺术培训工作,向当地提供电脑、图书等教学设备,开展文化支边工作。

中福会少年宫积极开展对外交往与合作,成为向世人展示中国少年儿童精神风貌的一个重要窗口。中福会少年宫建立的小伙伴业余电台,与五大洲 7 000 多个电台建立联系。小伙伴艺术团等团队,先后赴南斯拉夫、美国、英国、法国、德国、澳大利亚、韩国、日本、朝鲜、新加坡、匈牙利及中国香港、中国澳门、中国台湾等 20 多个国家和地区进行儿童文化艺术交流,展现中国少年儿童的风采,被誉为"和平小大使"。

中福会少年宫接待过来自五大洲 100 多个国家(地区)的国际友人和中国香港、中国台湾同胞及海外侨胞近 7 000 批的参观访问,接待来自世界各地的国际友人和青少年科技文化团体代表超过 13 万人次,派出教师出席各种国际(地区)性校外教育会议、业务交流、考察、进修、讲学及国际夏令营活动。中福会少年宫已成为国际少年儿童文化交流的纽带和中心。

三、主要成果

中福会少年宫致力于培养跨世纪人才,学生有的在科学论文、文学作品方面成就卓著,有的在艺术表演等方面获得国际和全国大奖。在教育教学实践基础上,中福会少年宫教师们编写出版的教育专著、论文、教学丛书有 30 余种。

中福会少年宫被社会誉为少年儿童快乐成长的"金色摇篮",先后被评为全国精神文明建设先进单位、全国先进儿童工作集体、国家一级一类(优秀)少年宫、全国科普教育先进单位等。截至2010 年,连续 15 次获评上海市文明单位,被命名为全国小公民道德建设活动实践基地、全国青少年校外活动示范基地和全国科普教育基地。

第二节　青少年活动(教育)中心

一、上海市科技艺术教育中心

上海市科技艺术教育中心(上海市学生活动管理中心)系上海市教委直属的事业单位,前身为创建于 1957 年 6 月 1 日的上海市青少年科技教育中心(原市少科站)和上海市艺术教育中心,2008年 4 月更名为上海市科技艺术教育中心(下称科艺中心),形成集全市青少年德育、科技、艺术、体育、卫生为一体的校外活动管理、指导、协调和服务机构。科艺中心有教职工 70 人,其中高级教师占教师总数近 40%。

【工作职能】

科艺中心协助市教委有关职能部门组织统筹和规范管理上海学生科技、艺术、体育和卫生等教育活动;指导各区(县)教育行政部门、校外教育机构和学校开展各类综合性、推广普及型的竞赛活动;承办各类国内外青少年综合性展示活动;会同市师资培训专业机构,负责对学校科技、艺术、体育和卫生教师以及校外教育机构教师进行业务培训;参与学校科技、艺术、体育和卫生等专项督导督察工作;参与对学校和校外教育机构承办的科技、艺术、体育和卫生传统特色项目的专项性评估;开展对全市具备体育、艺术特长学生的日常管理与资格条件认定等工作;通过上海市学生活动管理中心,开展学校德育活动项目的实施与研究工作;指导、协调全市学校和校外教育机构开展学生科技、艺术、体育和卫生等方面的课余及校外教育工作,为区(县)校外教育机构建设发展提供专业服务;组织举办全市学生各类专项竞赛展示活动;组织全市学生参加国内外各类专项竞赛展示活动;做好社会科普、艺术、体育、卫生和德育资源的推广、利用等服务工作;为全市各级各类学校科技、艺术、体育和卫生的课余及校外教育提供咨询服务;为社会关心支持学校科技、艺术、体育和卫生教育工作提供服务保障;研制科技、艺术、体育、卫生专项校外教育活动的配套器材及用具,提供教学资料,建立健全专项校外教学资料库。

【运行状况】

科艺中心坚持办人民满意的校外教育、办学生喜欢的校外活动的办学理念,每年精心策划组织上海模型节、学生艺术单项比赛、阳光体育大联赛、健康教育主题活动等百余项具有时代特征的活动,并承担教育部与上海市各类科技艺术教师的专业培训工作,提升学校科技艺术辅导员和校外教师的专业素养和研究水平。通过对区(县)各校外教育机构的指导、服务、协调与示范,形成富有上海特色的校外科技艺术中心教研组的业务指导机制,建立科技创新、头脑奥林匹克等 11 个科技中心教研组以及民乐、书画等 15 个艺术中心教研组。

科艺中心着力打造上海市学生交响乐团和上海市青少年科学研究院,培养高水平艺术与科技后备人才。此外,以推进全民学习、终身学习为目标,分别建立上海老年大学科技分校和上海市民智慧生活体验基地,将服务对象由青少年学生,拓展到老年群体乃至广大市民,让市民感受和体验高新科技给生活带来的变化。

【获得荣誉】

科艺中心先后被中央精神文明建设指导委员会授予全国未成年人思想道德建设工作先进单位称号;被中宣部、科技部、中国科协评为全国科普工作先进集体;被教育部评为全国艺术教育先进单位;先后获得上海市科普工作先进集体、上海市平安单位等多项荣誉称号。

二、上海市青年宫

上海市青年宫(下称青年宫),是团市委建立的面向全市青年的公共文化事业机构。

青年宫位于江西中路 200 号原金城银行大楼,于 1958 年 2 月 18 日对外开放。面积 1 755 平方米,共 7 层。内设展览厅、图书馆、阅览室、学生运动资料陈列馆和电影场、大会场。青年宫建立后经常举办各类展览会、报告会、讲座、歌咏会、文艺培训和青年读书月等活动,并成立学生课余文工团、大学生合唱团等文艺团体,得到市委、团市委领导的多次表扬。1959 年 7 月,基督教青年会四川中路分会改为该宫的分部。1966 年 8 月,青年宫被移作他用。1973 年 3 月 16 日,经市委批复,把大世界作为青年宫的活动场所。1987 年 1 月,大世界游乐中心对市民开放,同时保留青年宫的建制和职能,继续为全市青年开展有益的文化娱乐活动。随着 2010 年大世界再次开门迎接全体市民群众,青年宫的职能逐渐弱化。

1978 年后,青年宫迅速发展,举办各种讲座、报告、展览等活动,对广大青年进行思想理论和形势、政策教育,并开设高中文理科、高校自学考试等培训班,以及经济合同法等讲座,满足青年学习文化、追求知识的需要。自 20 世纪 80 年代开始,先后举办纪念"八一"全国青年征诗征文比赛、八城市业余歌手(民歌唱法)比赛、全国青年十大摄影家和十大摄影佳作大奖赛、上海青年五项全能比赛,以及中国电影表演艺术家学会奖获奖影星和上海青年影迷联谊会等活动。青年宫通过各种培训与活动,培养了一批青年人才。

三、上海市青少年活动中心

上海市青少年活动中心(上海市青年发展服务中心,下称青少年活动中心)是团市委直属的青少年校外教育活动阵地和公益性服务机构,是集教育、科技普及、文化娱乐、会议中心及综合配套设施等多功能于一体的青少年活动、培训、交流中心。

【发展概况】

青少年活动中心的前身是上海青年文化活动中心,是"八五"期间上海市精神文明十大文化设施之一,成为全市青少年校外教育活动阵地和公益性服务机构。青少年活动中心于1992年由团市委立项,1993年7月破土动工,1996年底竣工,1997年5月4日正式对社会开放。青少年活动中心位于闸北区汉中路188号,总占地面积8 300平方米,总建筑面积31 522平方米,总投资52 301万元。

青少年活动中心自1997年开放以后,在发展思路、功能定位及业务格局上作了多次大的调整。1999年,将原来以商务楼、酒店、青少年文化娱乐场所"三位一体"混合经营业态,转变为与青少年活动、青年教育并举的发展思路和格局;2002年,提出以争创社会、经济效益为一体,以青少年素质教育和青年社会化服务事业为"两翼"的"一体两翼"战略定位;2003年,提出深化"一体两翼"发展战略和巩固主业、开发置业、搞好物业的"三业"目标;2006年,提出为青少年健康成长服务,为青年人生发展服务的发展理念,进一步明确青少年活动中心的公益性功能定位。同年5月,经市编委批准更名为上海市青少年活动中心(上海市青年发展服务中心)。青少年活动中心自1997年至2010年为自收自支的事业单位,实行企业化管理,以培训、活动、购买政府服务、租赁、物业等收入,为全市青少年提供公益性服务。青少年活动中心有职工109人,其中有高级职称3人,中级职称29人,初级职称14人。

【运行状况】

青少年活动中心以公益性、为青少年健康成长和人生发展提供优质服务为发展理念,面向全市青少年,致力于建设与上海国际大都市相匹配的青少年活动中心和共青团服务青少年的公共服务平台,成为激发青少年发展潜能、实现青少年理想的助推平台。

青少年活动中心打造禁毒科普教育馆、手拉手艺术团、上海少年科学院、红色印记、上海国际青少年互动友谊营、YBC上海办公室、"中国100"青年英才培养计划等一系列在上海乃至全国具有社会影响的公益性服务品牌项目。

青少年活动中心设有美术、琴房、舞蹈、英语、科技、文学、体育、棋类等专业教室及各类活动室40余间,总面积为7 400平方米;开设器乐、舞蹈、美术、书法、故事表演、棋类、武术、柔道、英语、小记者等近30门兴趣技能课程。每年有3万余人次青少年参加各类校外培训。同时,结合教学实践活动,举办和谐童韵、新年音乐会、书画童言青少年美术教育成果展、舞蹈教学专场演出及才艺小舞台、书法笔会、文学社采风、外教互动体验、阳光体育、动漫主打星等一系列教学实践活动。通过舞蹈、弦乐、民乐培训及公益性演出,开展艺术创作实践和文化交流活动,培养一大批青少年舞蹈、音乐艺术人才,在国内外重大比赛中屡获殊荣,被誉为"友谊的小天使,快乐的小精灵"。

青少年活动中心组织开展富有特色的青少年主题活动,推动社会主义核心价值体系深入人心。开展以红色印记为品牌,策划党团史知识动漫巡展、党团史教育校园行、征文比赛、绘画征集、红色之旅夏令营、红领巾护照、红色寻访等活动;以中国人民抗日战争胜利70周年为契机,举办青少年海防夏令营、抗战胜利专题音乐会;围绕中国2010年上海世博会,策划喜迎世博、参与世博、体验世博、服务世博一系列公益性活动。

青少年活动中心内设立940平方米的科技艺术活动馆,开展青少年科普培训、科学实验、科技创造、交流展览、科技竞赛及校园科技环保创意DIY系列活动及青少年科技动手制作系列活动,并在全市16个区(县)、79所学校里开展"少年儿童科技启明星"争章活动。

青少年活动中心内开设的上海市禁毒科普教育馆,建成于 2003 年 6 月 25 日,建筑面积 2 100 平方米,展览面积 1 100 平方米,是华东地区第一家青少年毒品预防教育基地。展馆由青春有悔、毒品近在你我身边、毒品是罪恶之源、禁毒关乎民族存亡、戒毒是唯一出路、千万不要吸第一口及禁毒有我等主题展区组成。自 2003 年开馆至 2010 年,接待近 200 万参观人次。同时,编辑出版《上海市中小学毒品预防教育教案集》《上海市中小学合成毒品预防教育教案集》《禁毒有我——上海市禁毒科普教育馆参观实践手册》等禁毒教育专著。该馆通过专题网站、微博、微信,发布禁毒知识、活动及案例等信息,开展一系列校外禁毒科普教育活动。

青少年活动中心还组织开展青少年文化交流活动。以互动、交流、友谊为主题,每年 7 月中下旬,举办国际青少年互动友谊营,邀请世界各地的青少年来沪开展文化交流活动。自 2005 年创办至 2010 年,共举办 6 届,已经形成中国文化、我爱上海和国家主题秀 3 个特色主题活动,来自五大洲近 50 个国家和地区的 900 多名青少年参加各类活动。

2010 年,在团中央、团市委、市青少年发展基金会等单位的支持下,青少年活动中心实施旨在培养有社会责任感、推动社会进步、具备领导能力、国际视野的 100 名"青年英才培养计划"公益项目,为青年提供全方位、多视角的英才学习能力和素质培训,帮助青年人提高职业能力。

【获得荣誉】

青少年活动中心多次获得团中央、文化部授予的全国先进青少年宫、中国青少年社会教育"银杏奖"、优秀团队奖等荣誉称号;所属的上海市禁毒科普教育馆,被国家禁毒委员会、中国科协分别授予国家禁毒教育示范基地和全国科普教育基地;上海市青少年文化培训学校被上海市教育评估院评为上海市社会力量办学(非学历教育)教学管理示范院校;手拉手艺术团被中国舞蹈家协会授予五星级教学会员单位称号;上海市青少年活动中心网被评为上海市文明网站。

四、区(县)青少年活动中心

上海各区(县)都建有青少年活动中心(下称区〈县〉活动中心),是区(县)所属的为未成年人服务的综合性校外教育机构,在区域层面承担着重要的校外教育任务。

区(县)活动中心一种是由各区(县)政府兴建的。其中黄浦区青少年艺术活动中心创建于 1960 年,由区教育局领导;浦东新区活动中心成立于 2001 年 4 月,由浦东新区人民政府投资建造。另一种是由各区(县)少年宫或少科站经过改造或合并而成的。其中,静安区活动中心由静安区少年宫和区少科站合并,于 1997 年 6 月 1 日揭牌成立;嘉定区活动中心前身为嘉定县少年宫,始建于 1963 年 6 月。虹口区、徐汇区、崇明县等少年宫的建设均如此。

区(县)活动中心的场馆建设一般面积较

图 1-3-1　长宁区少年宫

大,具有一定规模,有比较完备的功能设施。其中,青浦区活动中心总占地面积33.4亩,总建筑面积19 787平方米;崇明县活动中心坐落于崇明县城东侧,占地面积19.2亩,建筑面积8 391平方米,另于2014年建立堡镇分中心;闵行区活动中心独立区域有6层,建筑面积7 712平方米,拥有民族文化体验馆、攀岩馆、航天模拟飞控中心、赛事演播厅、天象馆5个主题场馆,40个项目专用活动室;浦东新区活动中心拥有合唱室、钢琴房、民乐排练厅、管弦乐排练厅、舞蹈房、绘画室、影视表演排练厅、多功能演讲厅、影剧场、露一手小舞台、游泳池、乒乓馆、溜冰场和武术馆,还有模型室、科技DIY室、科学实验室、中心网站、虫虫乐园、蝴蝶苑、月亮河等几十个艺术类、科技类、体育类群众文化活动场所与活动项目,可同时为近万名少年儿童提供各类活动。

各区(县)活动中心配置相应的专业教学、管理人员与工作机构,以适应校外教育工作的需要。其中,奉贤区活动中心前身是1972年创建的奉贤县少年宫和1992年创建的奉贤县少科站合并而成的,是区教育局直属的教育事业单位,实行主任负责制,下设办公室、教科室、艺教部、科技部、群文活动部及奉城分部,承担区域内中、小、幼学生素质教育的组织指导,青少年兴趣社团和团队活动的指导、培训、示范等职能。普陀区活动中心设有主任室、办公室、艺术部、科技部、德育部、体育部、总务部等7个组织机构。闵行区活动中心在编教职工74人,拥有一支科技、艺术、德育、体育专职师资队伍,其中具有中高级职称的教师占到教师总数的85%。闸北区活动中心有教职工65人,其中高级职称教师占21.57%,中级职称教师占47.06%,初级职称教师占31.37%,建成7个名师工作室,构建了一支符合一流校外教育发展要求的师资队伍,其中被命名表彰的国家级优秀教师6名,市级优秀教师17名,区级优秀教师30名。1996年4月30日,国家主席江泽民视察上海市文明单位——闸北区青少年活动中心并题词"培育一代新人"。

区(县)活动中心遵循公益性、开放性、趣味性原则,整合各类社会资源,积极创新素质教育模式,于每周二至周日面向中、小、幼学生开放,组织开展各类主题鲜明、形式多样的素质教育活动。其中,松江区活动中心,拥有30多个学生文艺社团,并不断拓展创新,举办科技创新教育、航空模型、环境保护、信息科技、生命科学、头脑奥林匹克、应用化学和金钥匙科技等20多项新兴的科技活动项目,因其成绩突出,成为上海市科普教育基地、上海市知识产权试点学校,获得松江区文明单位、松江区科协系统先进集体等荣誉称号。闵行区活动中心举办小学生快乐活动日、中学生参加的科技启明星计划和由少儿电视栏目举办的"成长ing"等各项活动;代表闵行区教育局和相关单位每年举办闵行区学生科技节(周)、艺术节、合唱节、六一主题集会等;每学年还举办包括八大类、400个班级、约12 000名学生参加的公益培训活动;成立闵行区学生艺术团和闵行区少年科学研究院,培养科技艺术后备人才,每年有近千人次学生在全国、上海市各级各类科技艺术比赛中获奖。卢湾区活动中心自2005年开始,接纳百万余名青少年学生的教学、参观活动,平均每年为区内学生免费开设各类培训班近200个,每年承办科技、艺术节等各类活动400余项;在国内外重大科艺赛事中平均每年都获得上百个奖项,先后获得上海市未成年人思想道德建设工作先进单位、上海市教卫党委系统文明单位、上海市科技教育工作先进单位、上海市科普教育基地先进集体、中国青少年科技辅导员协会优秀团体会员单位等称号,并实现区文明单位"五连冠"。

随着国际交流的日益频繁,上海各区(县)活动中心频频受邀组织学生艺术团代表上海市出访国外,成为上海校外教育国际交流的窗口。徐汇区青少年活动中心每年举办在全国有较大影响的学生科技节、艺术节、中小学生运动会及希望之星等百余场系列活动,参加活动的人数累计达30万人次,吸引了世界各国的外宾和青少年前来参观、学习,还先后受邀出访日本、德国、荷兰等地,该活动中心被社会誉为"活动的天地,成才的摇篮"。

第四章　工人文化宫(俱乐部)

中华人民共和国成立后,上海市总工会就建立起为广大职工提供文化服务的工人文化宫(俱乐部)。1950 年 4 月 30 日,沪西工人俱乐部成立;翌日,沪东劳动公园(今杨浦区工人俱乐部)和浦东工人俱乐部相继开放;它们是上海市总工会最早建立的公共文化机构。同年 9 月 30 日,上海市工人文化宫(下称市工人文化宫)成立。此后,作为全国最大的工业城市,上海各区(县)与产业工会也先后建立了工人文化宫(俱乐部)。"文化大革命"期间,上海的工人文化宫(俱乐部)遭受破坏,工作一度停顿。自党的十一届三中全会后,职工文化事业逐步恢复,伴随城市发展的步伐,全市的工人文化宫(俱乐部)在不断改革中前进。1983 年 8 月,市工人文化宫、沪东工人文化宫、沪西工人文化宫、罗店工人俱乐部、上港五区工人俱乐部获得全国总工会表彰,被授予"工人的学校和乐园"奖旗。2003 年,市总工会授予市工人文化宫为上海市一级工人文化宫(五星级),授予沪东工人文化宫、黄浦区工人文化宫、沪西工人文化宫、卢湾区工人体育场、闵行区工人文化宫等 5 家单位为上海市一级工人文化宫(四星级)。至 2010 年,全市共有工人文化宫(俱乐部)19 家,形成以市工人文化宫为中心,以沪东、沪西工人文化宫为两翼的工会系统公共文化事业网络。

第一节　上海市工人文化宫

上海市工人文化宫是市总工会直属的公益性文化事业单位。1950 年 5 月 13 日,市总工会购置位于西藏中路 120 号的东方饭店,筹建上海市工人文化宫,于同年 9 月 30 日开放。市长陈毅为市工人文化宫题词"面向生产,学习文化",并亲笔题写"工人的学校和乐园"匾额。市工人文化宫占地面积 2 591 平方米,为一幢建筑面积 12 240 平方米的法式六层楼房;1989 年经加层改建,扩大为15 824 平方米。

市工人文化宫 1950 年成立之初,设立工运史料馆、工人图书馆、弈棋室、健身房、乒乓室和剧场,组织职工开展文化、教育活动。同时成立市工人文化宫文工团,下设歌咏、话剧、舞蹈、器乐 4 个分队。同年 12 月,参与组织第一次工人戏剧观摩演出。1951 年 4 月开始,与有关单位联合举办上海工人文学写作班,后来成为著名工人作家的胡万春、唐克新、费礼文等都参加首期学习。同年 5 月,参与组织上海市红五月工人歌咏比赛和工人美术展览会。1952 年 5 月,面向经济建设,主办上海市工业生产成绩展览会,历时 4 年之久。1954 年初,在市工人文化宫二楼圆厅设置宣传劳动模范先进事迹的光荣廊,翌年迁至南京西路人民公园处,长廊达 120 米,设立达 40 余年,成为社会主义精神文明的宣传窗口。同年 4 月,由市工、青、妇等组织联合发起鲁迅奖章读书运动,1955 年 5 月,更名为红旗读书运动,举办政治理论、文学创作等各类讲座,并成立由参加"五卅"运动和上海工人三次武装起义的老同志组成的老工人讲师团,不仅在全市广泛宣传革命传统,还远赴福建等地演讲。1958 年 3 月,编辑出版第一期《工人习作》,以推动工人创作,弘扬读书风气,提高职工素质。1959 年 1 月,成立以职工子女为主的红孩子艺术团,创作、演出《金色童年》等节目。

"文化大革命"时期,市工人文化宫基本停止对外活动。1973 年元旦,市工人文化宫重新开放。先后参与组织学习革命样板戏等 16 场歌咏大会,创作、演出独幕话剧《一月的汽笛》和编辑发行《上海工人文艺作品汇编》《国内报刊消息》等。

1978年以后,市工人文化宫通过改革,提升管理水平,举办"实践是检验真理的唯一标准"的讲座;同年9月创作、演出话剧《于无声处》,轰动全国。之后,又先后创作《血总是热的》《屋外有热流》《主人与公仆》《大桥》《大潮汐》《天堂回信》《都市情话》《股疯》《欢乐家庭》《大上海出租车》等作品,先后获得文华大奖、"五个一工程"奖、全国五一劳动奖状、上海市文化艺术奖等。1980年开始,连续举办12届迎春邮展和上海职工八小时以外——生活集锦展览会。1981年,组建上海市工人文化宫、俱乐部职工旅游服务部。1982年开始,负责组织全市振兴中华读书活动,一直延续多年。1983年主办体育运动邮票展览,国际奥委会主席萨马兰奇、国际足联主席阿维兰热出席了开幕式。改革开放以后,市工人文化宫组建的上海工人茉莉花艺术团,先后多次出访法国、意大利、日本等国家。

自1985年开始,市工人文化宫实行内部改革,逐步走上自负盈亏、自我发展的道路。2000年以后的10年,市工人文化宫从扩大经营自主权着手,划小承包经营单位,推进内部机制改革,实行双向选择、竞争上岗,建立效率优先、兼顾公平的分配制度;对影视剧场、舞厅、桌球、卡拉OK、咖啡茶座、图书展销、培训展览、集邮服务、酒家食苑等文化经营项目加强管理,参与文化市场的竞争;开办大潮汐文化发展实业总公司,对外投资欢乐文华休闲村、东方建筑五金有限公司等。同时,市工人文化宫组织开展各类职工文化活动,承办上海市劳动模范春节茶话会,庆祝"五一"国际劳动节文艺联欢会等。至2010年,上海工人茉莉花艺术团面向基层与职工,演出文艺节目突破130场。其中,代表市总工会配合上海读书节"三送"活动,为外来务工建设者慰问演出20场。上海工人茉莉花艺术团民乐团、舞蹈团出访韩国参加礼山风物节交流演出;上海工人茉莉花艺术团合唱团参加在上海东方艺术中心举行的上海、大阪缔结友好城市25周年文化交流音乐会演出活动。组织拍摄工会新闻及相关信息78次,拍摄制作《市总——前进中的上海工会》《有一种希望叫读书——上海市振兴中华读书活动巡礼》《知识工人的楷模——李斌事迹简介》等3部公益性宣传片。按照市总工会关于开展职工素质教育工程的要求,开设文化、艺术和技能等培训班计540余期。2010年,培训职工近1.5万人次,举办社科理论与文化热点讲座11场,图书馆外借及阅览约11 000人次,主办与承办各类展览、会务活动96场,对外承接会展项目34场。

市工人文化宫不断探索事业与产业的协调发展,主体功能日趋完善,形成以创作、制作、培训、展会、演艺、团队为特色的六大功能,在提升职工文艺创作水平,加强职工素质培训,繁荣职工文化等方面做出努力,并取得可喜的成果。2003年,市文化宫被全国总工会授予示范工人文化宫和全国职工文化(影视话剧创作)示范基地称号。

第二节　沪西、沪东工人文化宫

一、沪西工人文化宫

沪西工人文化宫设立在武宁路71号,是全市面积最大的园林式工人文化宫,占地面积6.98万平方米,建筑面积1.31万平方米,于1959年7月破土动工,1960年10月落成,1961年2月7日正式开放,是普陀区总工会直属的公益性文化事业单位。经市总工会和普陀区委决定,定名上海市总工会沪西工人俱乐部,以继承发扬大革命时期沪西地区建立的沪西工友俱乐部的光荣历史传统;1970年,普陀区文化馆、图书馆与沪西工人俱乐部合并,更名为普陀区文化宫;1979年2月10日,经上海市总工会决定,改名为上海市总工会沪西工人文化宫(下称西宫),属市总工会领导。

西宫以1幢钢筋混凝土框架结构、3层主体大楼为中心,前有南北草坪、花坛及耸立的上海工人三次武装起义塑像等;后有足球场、篮球场、游泳池以及各类室外游艺设施;南侧有艺术培训教学楼和招待所;北侧有1万多平方米的人工湖,可供划船、垂钓,湖中有大岛、小岛,湖周有石舫、水榭、假山等景点。1992年初,湖边塑有沪西工人领袖刘华半身雕像。西北部有餐厅、茶室及"横滨·上海友好馆";主楼底层设小剧场和展览厅;二楼设讲演厅、游艺厅和藏书近10万册的图书馆;三楼为活动室和办公室。1973年原属该宫的少年宫划出,另成立区少年宫。1975年建成大剧场,1978年定名为沪西工人影剧院。原属西宫领导的澳门路俱乐室,于1982年改建成沪西职工技术交流站。至2010年,公共文化活动场地主要包括一幢建筑面积6 875平方米的主大楼,建筑面积439平方米的戏曲沙龙,建筑面积685平方米的演艺中心,建筑面积150平方米的上海市爱国主义教育基地——沪西革命史陈列馆和刘华烈士、上海工人三次武装起义雕像。

西宫作为工人的学校和乐园,开展职工文化活动,举办各类艺术培训班,成立各种工人业余艺术团体,取得较大成绩。但在"文化大革命"中,被诬为"黑色染缸",工作人员被下放"五七"干校劳动,职工文化活动被迫停止。

1979年,西宫重建文艺创作队伍,编印《沪西文艺》《沪西诗丛》,发表各类作品5 000多篇,其中2 185篇在各省、市报刊发表。1980年,西宫创作并演出的话剧《开窗》,入选由全国总工会、文化部、中国剧协举办的文艺调演;独幕话剧《婆婆妈妈》及沪剧《金蜂记》《心灵的考试》等剧目,参加首届上海"十月业余剧展"和全市第二届戏剧节,分别获得一、二等奖。一批优秀美术、摄影、文学作品在省、市报刊上发表和获奖。20世纪80年代初,影视评论逐渐兴起,1985年,西宫建立影视评论组(后扩大成立影评协会),开展群众性影视评论活动,评论文章经常在报刊发表,受到中国电影评论协会的重视,影评协会被评为全国先进协会。

20世纪80年代以后,西宫的事业得到全面恢复和发展,新增12个景点,添置大型游乐设施。工人的美术、书法、摄影、影评、书评、集邮、钓鱼等爱好者协会相继成立。每逢重大节日西宫都组织大规模的游园晚会、青少年游园活动等。1980年开始,西宫被市政府外事办公室列为接待国外工会、工人代表团参观访问的单位。1989—1990年,每年入宫参加活动人次达1 300万。

1983年、1989年被全国总工会评为先进集体;1985年被市群众文化工作委员会评为先进单位,被市绿化委员会评为市绿化先进单位。

1983—1990年,西宫运行经费实行自负盈亏,利用设施出租以维持生存,慢慢演变成为小商品的集市。进入21世纪,普陀区与市总工会、市规划局一起研究,开始对西宫升级改造,为职工群众提供优质的文化服务。

二、沪东工人文化宫

沪东工人文化宫(下称东宫),位于平凉路1500号,1957年2月由市总工会拨款250万元建造,1958年10月1日落成开放;占地面积2.48万平方米,建筑面积1.63万平方米,绿化面积1.3万平方米。东宫矗立着迎接上海解放的群体塑像,1号楼为东宫影剧院和演艺策划中心,2号楼为会展会务中心,3号楼为东宫进修学校和上海新东宫文创中心,7号楼为东宫钢琴培训中心;设有健身、桌球、舞蹈、网吧等文体休闲娱乐项目和餐厅、招待所、商场等服务设施,是杨浦区职工文化、休闲娱乐活动中心之一。

图 1-4-1 市总工会联合会建造的沪东工人文化宫(1957 年 2 月)

东宫自建立开始,确立开展职工群众文化活动、为广大职工服务的宗旨,相继组建职工业余文工团、工人业余创作室、职工业余艺术学校。东宫的文艺干部深入工厂,辅导群众文娱活动,组织厂际竞赛、交流演出。1963 年,东宫创作演出的滑稽戏《两地春秋》、沪剧《红又红》,在市职工文艺会演中获得优秀奖。1958—1965 年间,东宫经常举办各种展览、大家唱、纳凉晚会、读书会、科技夜市等活动,剧场常有来自国内外文艺团体优秀剧目的演出。每天进入东宫活动的人数达五六千人,节日达上万人次。

"文化大革命"期间,东宫的群众文化活动停滞。1972 年开始,东宫逐步恢复群众文化活动,承办节庆游园会、歌咏大会等大型活动。1974 年东宫全面恢复对外开放。

1978 年以后,东宫恢复生气,增添许多新的活动项目。1979 年,重建业余艺术团和创作室。1980 年以后,建立信鸽、钓鱼、花卉、书画、集邮、工艺美术等各种协会,以及基层工会俱乐部等 16个,有 500 多个基层团体单位参加,拥有会员 1.5 万人。1982 年,东宫业余艺术团有 14 个舞蹈节目在全国及全市会演中获优秀奖。1988—1990 年,该艺术团在东宫演出 565 场,到工厂、部队演出193 场,观众近 20 万人次。1983—1989 年,该业余艺术团创作的文学、美术、书法、摄影等作品中,有 217 位业余作者的书画、篆刻作品入选市级展览会,其中 23 人的作品入选日本、比利时及中国香港举行的国际书画展。1985 年,东宫组织创作的诗歌、小说、故事等文学作品近 200 篇在报刊发表。1988—1990 年,东宫的文学创作获市级奖励 32 次。东宫还先后出版《春苗》《杨浦集邮》《东宫报》等内部刊物 11 种。东宫经常组织各种讲座、报告会和展览会,自 1988 年以后,听众和观展人数约 30余万人次。开办文艺、专项技能班 40 余种,培训各类人才 1.3 万余人。作为工会系统对外文化交流的窗口,东宫接待过亚洲、非洲、欧洲、拉丁美洲等 40 余个国家和地区的友好使者 656 批、7 920 人。

1985 年开始,东宫试行承包责任制,一手抓职工文化,一手抓创收,1988—1990 年收入 1 011万元。

2001 年 7 月 1 日,东宫改建完成,总建筑面积 24 600 平方米,绿化覆盖率达 20.5%,有 8 个功能活动区、1 个 3 000 平方米的开放式文化活动广场和 1 个 5 000 平方米的绿化休闲庭园,集教育培训、文体活动、娱乐休闲、艺术交流、影视演出、演艺策划、会务会展、餐饮健身、商务办公为一体。高6 层的主体建筑,呈对称错落形态,具有浓郁的文化气息和现代特色,以焕然一新的形象重新对外开放,成为沪东地区的新地标。经杨浦区总工会决定,于 2004 年 1 月 1 日和 2005 年 4 月 11 日,分别将坐落于江浦路控江路的杨浦区职工文化体育中心和坐落于通北路霍山路的杨浦区工人俱乐部整体建制划归东宫管理，达到整合资源，形成规模、形成品牌的目的；东宫的整体实力得到提升，业务门类更为齐全，辐射范围也得到进一步扩大。东宫在机构设置、分配模式、人员管理上进行一系列的改革，对原来各自独立的3个单位的相关制度进行了统一规整，精简人员，优化机构设置，强化管理，东宫的事业发展走上良性循环的轨道。2006年，组织东宫艺术团参与进社区等公益性演出60余场。2007年，承办第三届"百川之音"长宁区新上海人歌曲演唱大赛。2008年，组建民乐队与铜管乐队，同年获得上海市职工器乐比赛优秀演出奖。2009年，在市、区"迎世博600天"行动计划活动中，倡导"我微笑、你温馨"的爱岗敬业精神，做好迎世博宣传、培训、管理等工作，举办天南海北大会串——长宁职工优秀戏曲、曲艺节目展演、上海"电气杯"——第二届上海市职工歌手大赛，承办"星伟杯"长三角地区斯诺克俱乐部团体赛等。

1960年，东宫被评为上海市群众文化工作先进单位；1989年，获全国职工文化先进集体、上海市职工文化工作先进单位称号；连续3届获上海市文明单位称号。

第三节 区(县)职工俱乐部

上海各区(县)工人俱乐部，是在市总工会领导下建立与兴办起来的、为广大职工服务的公益性文化设施，其中有相当一部分早在20世纪50年代就已建立。其中，虹口区工人俱乐部成立于1954年，1959年底虹口区与提篮桥区合并后，原有的提篮桥区工人俱乐部和虹北工人俱乐部，改称虹口区第一、第二工人俱乐部，这两个俱乐部均有1 000个左右座位的大剧场和文娱活动室、图书馆、阅览室。徐汇区工人俱乐部，建于1956年3月，原址在乌鲁木齐北路495号，1959年10月1日迁入漕溪北路35号，占地面积6 600平方米。闸北区工人俱乐部，其前身是闸北区工人之家，1959年5月1日建成新舍，坐落于天目西路99号，占地面积7 000平方米，建筑面积5 419平方米。设有912席座位的影剧场；有3幢活动楼，分别设有排练室、活动室、阅览室和展览厅。长宁区工人俱乐部，1937年为好莱坞游乐场，50年代初期，市政府和长宁区政府先后将该处12 292平方米土地拨给市总工会，建立长宁区工人俱乐部，1955年5月竣工，建有剧场(后又兼放映电影)、文化活动楼、篮球场、职工宿舍和食堂。1960年，长宁区工人俱乐部被评为市文教先进单位。

上海的各大工厂企业于20世纪50年代建立企业工人俱乐部，为各自系统或单位职工服务。最早的是1952年建立的位于杨浦区的上海沪东造船厂工人俱乐部。1954年上棉十二厂建立影剧院，面积1 300平方米，有1 000余个座位，并在各车间设立"红角"；1979年建立新剧场，座位1 500席，并设有录像放映室；1985年，利用深达3层的地下室，建成上棉十二厂新俱乐部，总面积1 500平方米，内设桌球室、游艺活动室、乒乓室、摄影室、桥牌室、象棋室、文艺活动室等，还有一个大活动厅，用于电视录像放映及各种展览活动。

"文化大革命"时期，工人俱乐部有的停办，有的挪作他用，有的名存实亡。

1978年以后，各个工人俱乐部又重新恢复活力。区(县)工人俱乐部经过整顿修建，重新向社会开放，以群众文化娱乐活动和业余团队演出活动为主，逐渐转向注重工人文化素质的培养与提升，开展活动的形式也更趋多样化。虹口区工人俱乐部，除举办群众性的文娱联欢活动外，还经常举办形式多样的群众文艺演出。1991年举办的虹口区首届职工合唱节和市第三届职工文化艺术博览会(虹口分场)，有1.3万余名职工和2 000多位文艺积极分子参加；1993年，市民群众在虹口的两个俱乐部参加各项文化娱乐活动的达 421 万人次；到图书馆借书和阅览的有 22 万人次；1993年，虹口区第一工人俱乐部图书馆被评为市争创文明图书馆先进单位。长宁区工人俱乐部在 20 世纪 80 年代后，一手抓职工文化活动，一手抓创收，维持机构运营，补充职工文化经费。先后开办舞厅、录像室、弹子房、卖品部、白玉兰餐厅以及联营性质的华龙经营部、红楼卡拉 OK 等项目；1983 年后，举办富有民间传统艺术特色的职工彩灯展览和元宵灯会，至 1992 年，共办 6 届，每届观众均在万人以上；1984 年，指导环卫工人潘淑霞以清洁工人的价值为主题演讲 200 余场；1992 年 5 月，组织 10 人诗歌队参加市工人文化宫"'92 腾飞的上海"骏马杯诗歌大赛，获团体总分第一名。上海市邮电俱乐部于 1979 年重新向社会开放，占地 3 000 多平方米。内设影剧场、文艺排练室、舞厅、咖啡茶座、乒乓房、游艺机室，是邮电职工开展文化娱乐活动的场所。邮电俱乐部建有邮电工人艺术团（又称绿波艺术团），分设合唱队、管乐队、话剧队、京剧队、曲艺队、车技队、魔术队，曾代表上海职工出访日本和意大利等国。1991 年，市邮电管理局拨款扩建。上海市交运工人俱乐部创办于 1984 年8 月，面积 2 200 平方米，设有影剧场、桌球房、录像茶座及电子游戏机活动厅，成立收藏、集邮、美术、书法、影评、文学和戏曲创作等 14 个协会，先后举办十省市摄影比赛、"金三角"集邮联展、全国交通系统职工文学创作大奖赛；与上海图书馆合办政治讲座等活动。其与化工物品汽车运输公司合拍的专题片《劳模二重奏》，获"上海杯"基层录像专题评选三等奖；1988 年，被评为上海市群众文化事业先进单位；1989 年，被评为全国总工会群众文化先进集体，同年获上海市职工文艺博览优秀组织奖。上海矽钢片厂俱乐部于 1988 年建成，新剧场占地面积 1 000 平方米，有航空座椅 860 席，有现代化的舞台灯光、音响、空调设施等；图书馆面积 500 平方米，还设有录像放映室、桌球室、电子游戏室、乒乓室。上海柴油机厂俱乐部于 1987 年投资 220 万元建成影剧场，占地 2 511 平方米，座位 1 186 席，定时对外开放。三川俱乐部地处淮海西路 510 号，是上海第十钢铁厂主办的多功能综合性文化活动场所，1987 年 7 月对外开放，设有 1 个 1 048 个座位的影剧院、大屏幕的录像室和桌球房等设施，另设歌舞厅、招待所及综合百货商店等经营项目；1989 年，为第五届"长宁之夏"暨新华路街道艺术节主会场；1990 年 8 月，为中国音乐学院慰问上海冶金工人演出的晚会现场。1995年 9 月 18 日，宝山区工人文化活动中心建成开放，建筑面积约 5 万平方米。

　　进入 21 世纪以后，随着各项社会事业的发展、变化，人们的文化娱乐生活方式日益丰富，工厂企业纷纷改革重组，工人俱乐部产生新的变化，一部分逐渐消亡，也有相当一部分在设施与功能上有所调整。其中，虹口区第一、第二工人俱乐部和工人体育场于 2002 年合并成为虹口区工人文体活动中心(下称文体活动中心)，隶属于区总工会，系差额拨款事业单位。文体活动中心设有大型影剧场、专用电影厅、多功能活动厅、专题会议室、多媒体教室、大型地下停车场、大型社会餐饮酒店、茶座、咖啡厅、健身俱乐部、美容馆等活动区域，并配备 24 小时自助银行服务功能。该文体活动中心自成立以后，主要开展与承办各种区域性的文化服务与大型演出活动。2004 年，主办区第二届职工文化艺术节展演；2005 年，承办韩国釜山广域市东莱区民俗艺术团访华交流演出、东方国际模特大赛决赛暨上海服装节闭幕式和"上海·通州"小品展示与研讨活动；2006 年，承办上海合作组织成员国第二届艺术节·蒙古国歌舞晚会、上船澄西·职工艺术节；同年，该文体活动中心所属的职工京剧团在逸夫舞台举行建团 22 周年对外公演，京剧表演艺术家梅葆玖题词祝贺；同年，该文体活动中心职工京剧团获上海十大票房荣誉称号。2007 年，承办上海城投首届职工文化艺术节、"2007 夏季特奥会·虹口联欢专场"等。1994—2007 年，联合上海电视大学为区域内的职工开办 40 余个专业培训班和培训项目，培训毕业生 1 500 余人、专业干部 1 220 人，各类培训结业 1.1 万人次。

2008年,在推动社会主义文化大发展大繁荣的精神指引下,上海工会系统积极探索新时期职工文化阵地建设新途径,召开上海工会推进区县职工文化建设工作会议,市总工会协调各地区所属的公共文化设施资源,与各区(县)政府、区(县)总工会合力推动工人文化宫的新一轮建设。同年,新建的长宁区工人文化宫正式对外开放,面积达18 000平方米,并与江苏街道资源共享,创建全市工人文化宫的首个职工书屋;2009—2010年,举办长宁职工优秀戏曲、曲艺节目展,上海"电气杯"第二届上海市职工歌手大赛;开设各类培训班35个。崇明县工人文化宫、金山区工人文化宫也相继落成。

各区(县)工会还依托社区文化中心,建立50个首批职工书屋示范点和社区职工文化活动中心等一批职工文化阵地。至2010年,全市基本形成以工人文化宫、社区职工文化活动中心、职工书屋、农民工业余学校为平台的"四位一体"的文化服务阵地,工人文化宫呈现新风貌。

表1-4-1　2010年上海区(县)工人文化宫(俱乐部)一览表

名　称	地　址	建筑面积(平方米)	成立日期	备　注
浦东新区工人文化宫	新川路59号	10 677	1951年8月	原川沙工人俱乐部
徐汇区工人文化体育中心	桂林路46号	6 600	1997年4月	
长宁区工人文化宫	愚园路1250号	19 000	1955年7月	原长宁工人俱乐部
闸北区工人俱乐部	天目西路99号	10 334	1959年5月	
虹口区工人文体活动中心	飞虹路528号	18 230	20世纪50年代中后期	原虹口区第一、第二工人俱乐部,虹口区工人体育场
黄浦区工人文化宫	普育东路227号	9 000	1953年11月	原南市区工人俱乐部
静安区工人俱乐部	常德路940号	9 702	1950年4月	
宝山区工人文化活动中心	牡丹江路209号	11 892	1994年	
闵行区工人文化宫	碧江路310号	10 400	1988年12月	原闵行区工人俱乐部
嘉定区工人俱乐部	永盛路1190号	3 200	1984年10月	
金山区工人文化宫	杭州湾大道601号	48 000	1952年	原金山工人俱乐部
松江区工人文化宫	中山中路364号	3 518	1951年4月	原松江县工人俱乐部
青浦区工人文化宫	青浦镇青松路37号	3 297	1951年	原青浦城厢镇工人俱乐部
奉贤区工人文化宫	南桥镇188号	6 800	1954年	原奉贤县工人俱乐部
崇明县工人文化宫	城桥镇朝阳门路17号	4 321	1952年7月	崇明县工人俱乐部

在上海市委、市政府领导下,至2010年,上海有市、区(县)、街道(乡镇)文化馆(中心、站)240家,总面积1 116 410平方米;村(居)委综合文化活动室(中心)5 245家,总面积870 998平方米。全市有工人文化宫(俱乐部)19家;青少年活动中心、少年宫、少科站、青少年活动营地等36所;可容纳200—1 500人以上的公共文化活动广场近百个,全市公共文化设施总面积近295万平方米;还有一

批由各社会机构建立在公园、绿地、商厦、广场、地铁站等处为群众提供文化活动的新空间。全市基本形成覆盖城乡、梯度配置、资源共享、运行有效的公共文化设施网络,按服务半径计算,基本实现打造"15分钟公共文化服务圈"的目标,营造了浓郁的城市文化氛围,为市民群众提供了就近参与群众文化活动、享受公共文化服务的良好环境。

第二篇
群众文艺组织

《彩霞》 徐卫平摄

上海的群众文艺组织在民国初年开始出现,除了具有中国传统艺术风格的国乐社、丝竹队外,军乐队、口琴队等社团率先在上海的高等学府里组建,反映了"西风东渐"对上海城市文化的影响。中华人民共和国成立后,群众文化机构相继设立,许多群众文艺组织也陆续产生。1978年开始,群众文艺组织逐步恢复活动,特别是20世纪80年代以后,各类群众文艺组织以各种形式如雨后春笋般涌现。全市注册的群众文化社会团体、民办非企业单位等文化类组织总数逐年增加,至2010年,已达960个。

　　民国年间和抗战时期创建的一些民间社团和行业艺术团队,在中华人民共和国成立后持续开展活动,丰富了群众的文化生活;许多团体在改革开放后重组或恢复社团组织,是民众和各行业职工参与文化活动和展示艺术才华的重要载体。其中有代表性的包括创立于民国初年的民间集邮社团和洋泾国乐社;诞生于抗日战争年代的渤海纵队文工团,解放以后改称淞沪警备区文工团,改革开放后重新组建为上海警备区文工团。中华人民共和国成立以后创建了许多行业的群众性文艺团体,其中,1950年成立的工人业余艺术团,之后更名为上海市工人茉莉花艺术团,数十年间保持组织建制和培训活动,成为上海职工艺术社团的旗帜。

　　改革开放之后,上海的群众文艺组织包括群众文化社会团体和群众文化艺术团队,是各类社会群体、社区群众基于共同的兴趣爱好而发起组织、依法登记成立的,是政府职能部门对群众文化指导和管理的延伸,是广大群众文艺活动参与者相互交流、相互学习的渠道和网络,具有公益性、学术性、艺术性的特点。群众文化社会团体大致分两类:一类是由政府行政部门或机构组织领导的团体,对行业发展和运行进行研究和探索,对群众性文艺活动进行统筹指导,其中具有代表性的有上海市群众文化学会、上海市群众文化工作者协会、上海市职工业余爱好者组织联合会等;另一类是群众自发组织、自愿参加、自行运营的社会团体,属于民间社团,其中较为活跃并有广泛社会影响的有上海市收藏协会、上海京昆之友社、上海口琴会等,这些社会团体在骨干成员带领下,逐步发展成为繁荣上海群众文化的重要力量。这个时期组建的群众文化艺术团队,涵盖的艺术门类多样,类型丰富,有声乐、器乐、舞蹈、戏曲、曲艺、绘画、书法、摄影、诗词、时装、收藏、阅读等,各区县还有独具特色的剪纸队、编织队、锣鼓队、舞狮队、皮影队等民间艺术团队。这些团队通过开展培训、演出、展示等各类文化活动,丰富了群众的精神文化生活。其中具有代表性的有中国福利会少年宫小伙伴艺术团,是青少年课外艺术教育的阵地,也成为上海很多外事活动和庆典活动的主要展示团队;上海邮电工人业余艺术团,1988年更名为电信绿波艺术团,其中的合唱团是全市职工合唱团队中的佼佼者;上海市老年合唱艺术团、市残疾人艺术团成为不同年龄、不同人群的艺术爱好者集聚的优秀社团;由闸北彭浦农民业余摄影小组发展建立的彭浦摄影协会和金山农民画院率先走出上海,进行对外展示交流,成为区域品牌。

　　1990年代开始,群文艺术团队的管理运行模式,多采取政府引导和群众自主管理相结合的原则。各级政府、行业系统和文化主管部门进行引导、扶持工作;各行业相关部门、市群艺馆、各区(县)文化馆发挥专业指导作用,对团队业务骨干开展艺术培训,提高团队整体艺术水平;各街道、乡镇文化中心发挥纽带作用,发现和发掘基层文艺人才和骨干,组织团队开展基层文化活动;各街镇还利用市群艺馆下设的东方文化配送中心文艺指导员派送的师资资源,为特色团队提供专业的教学培训,打造街镇的品牌活动和品牌团队。较为优秀的团队在组织、管理与创作作品方面的能力较强,积极参与全市、系统行业、区县及各街镇文化中心的演出和活动。比较有代表性的团队有上海学生艺术团、永昌女子管乐团、卢湾区春天合唱团、黄浦区文化馆舞蹈团等。

2000年以后,政府部门为群众文艺团队的建设制定相关政策制度,推动群众文艺团队健康有序发展。上海市文化广播影视管理局2005年制定《上海市非职业优秀文艺团队评选意见》,旨在培育和发掘一批组织建设好、艺术水平高的群众优秀文艺团队,以此带动和丰富社区居民的文化娱乐生活。有些区(县)也推出相应的举措,嘉定区制定《关于嘉定区农村文化指导员队伍配备的实施意见》《关于嘉定区群众文化团队评估定级办法》,设立文化发展资金给予团队补贴和奖励,推动了群众文艺团队发展。比较有代表性的团队有上海城市交响乐团、复旦大学昆曲社、上海城隍庙道教乐团、浦东新区机关合唱团、徐汇区文化馆舞蹈团、金山区故事大篷车、静安社区戏剧工坊等。

随着艺术水平的逐步提升和管理运作机制的日渐完善,上海的群众文艺团队活跃在广场文化活动、重大节庆活动和传统文化传承等各个群众文化领域。群众文艺团队的繁荣发展,促进了市民自我管理和自我价值的实现、文化艺术素养的提升,推动了全市群众文化事业向多层次与多样化发展。

第一章 社 会 团 体

群众文化社团历史悠久,涉及门类多样,以协会、学会、联谊会、联合会、促进会、俱乐部、社、沙龙等命名。有民国时期延续下来的集邮协会、口琴会、沪东国乐社等,也有成立于20世纪50年代的社团,但大多数社团都成立于改革开放之后。

上海的社会团体分两类,其中一类是政府部门和行业系统于20世纪80年代以后陆续组建成立的学会、协会,以加强管理和协调工作。此类社团由各级政府部门核拨活动经费,作为政府职能部门和行业系统群众文化工作的延伸,是引领群众文化工作者开展群众文化理论研究、群众文化活动、群众文化培训,提升全市群众文化工作者管理能力、学术水平、专业技能的社会组织,一般设在市、区(县)的群众艺术馆和文化馆,具有组织规范、业务对口、号召力强的特点。通常在各级政府部门、行业系统、文化单位的领导下,组织、策划市级、区(县)级、行业系统举办的各类群众文化活动,发挥指导作用。隶属市文广局的上海市群众文化学会、上海市群众文化工作者协会和各区县文化(广)局、文联下属的音乐舞蹈、戏曲曲艺、美术书法协会等,均属于这一类社会团体组织。

另一类是群众自发组织、自愿参加的社会团体组织,也称为"民间社团",有少量早在20世纪20—50年代成立的社团,大多数是成立于20世纪80年代之后,涉及文学、音乐、舞蹈、戏曲、书画、摄影、收藏、集邮、读书等文化艺术门类,具有研究、传承、表演、展示、交流功能的社会团体组织。此类社会团体一般按类别开展活动,以自娱自乐为主,并参与各级政府、行业系统举办的文化活动。其活动经费一般来源于政府补贴、企业赞助、自筹等多种渠道。

群众文化社团在群众文化研究和活动中,发挥积极的指导和推动作用。随着城市经济的持续发展,群众文化社团在各级政府的重视、关心、支持下,组织结构日趋完善,活动内容丰富多彩,文化艺术水平逐步提高,不断适应广大市民雅俗共赏的文化需求,对群众文化事业的繁荣和发展发挥了促进作用。

第一节 市 级 社 团

一、上海市群众文化学会

上海市群众文化学会(下称市群文学会)成立于1985年8月,1990年10月加入上海市社会科学界联合会,是上海市社会科学界联合会、上海市文广局领导下的公益性、群众性、专业性的社会组织,是中国群众文化学会的团体会员单位。学会办公室设在市群艺馆,日常工作由市群艺馆调研部承办。业务范围包括学术研究、学术交流、决策咨询、专业培训、科学普及、成果评奖、编辑出版群众文化理论研究与信息交流刊物资料等。

市群文学会成立时第一批会员共123人,是由市文化局、市总工会、共青团市委、中国福利会、市高教局、市教育局、市文联、市科协、社会科学院、市体委、驻沪部队、新闻学院推荐发展入会。至1992年底,拥有会员305人,2010年在册会员360人。

市群文学会的领导成员,第一届由副市长刘振元和市委宣传部副部长丁锡满担任名誉会长,市文化局常务副局长刘念劬任会长,市群艺馆馆长纪广山任秘书长;1990年8月,换届选举,由市文化局副局长、市群文工作委员会副主任杨振龙任会长,市文化局群文处副处长李太松为秘书长;1999年11月至2010年,学会由市文广局党委副书记刘建任会长,市群艺馆馆长赵其华任秘书长。市群文学会设基础理论、应用理论、群众文化史等研究小组;按照核准章程所规定的业务范围,遵循诚实守信、公平公正、自主办会的原则开展活动。

市群文学会依托市群艺馆,每年编发撰写群众文化论文选题参考目录,举办一至二期论文加工班,组织会员开展群众文化理论研究的讨论和交流活动。主办的群众文化理论刊物《群文论苑》(原名《上海群众文化研究》)于1986年1月试刊,1987年3月创刊,16开本,每季度出1期。1990年7月,《群文论苑》在全国部分省、市群众文化刊物第四届年会上获优秀群众文化理论刊物奖。市群文学会在历年全国的群众文化理论研究活动年度评选中获得一系列奖项。

表 2-1-1 1985—2011 年上海市群众文化学会历届负责人一览表

届　别	成立或换届时间	会　长	秘书长
第一届	1985 年 8 月	刘念劬	纪广山
第二届	1990 年 8 月	杨振龙	李太松
第三届	1999 年 11 月	刘建	赵其华

二、上海市群众文化工作者协会

上海市群众文化工作机构众多,由于分属各个系统,缺少能横向联系、相互交流学习的渠道和纽带。1989年,上海的部分区(县)文化馆、站提议建立一个群众文化工作者的组织。经过多次酝酿,1992年1月,由静安区文化馆、徐汇区文化馆、黄浦区文化馆、黄浦区浦东文化馆、宝山区文化馆、普陀区真如文化馆、杨浦区延吉文化馆、虹口区曲阳文化馆、闵行区文化馆、南市区文化馆、南汇县文化馆、闸北区彭浦新村文化中心站、卢湾区五里桥街道文化站、徐汇区漕河泾镇文化中心站共14个单位联合发出倡议,得到全市各群众文化事业单位及群众文化工作者的热烈响应。在市文化局的支持下,上海市群众文化工作者协会从1992年开始筹建,1993年2月24日经市民政局批准为市级法人社团,1993年7月9日举行成立大会筹备会、理事会。1994年1月20日在黄浦区文化馆召开第一次全体会员大会,宣告上海市群众文化工作者协会成立,有团体会员25个,个人会员150人。

上海市群众文化工作者协会(下称市群文工作者协会)是上海群众文化工作者自愿组成的社会文化团体,受市文化局领导,具体业务由市文化局群众文化处指导。其宗旨是加强群众文化工作者之间的联系和协作,以提高群众文化工作者政治、文化素质,繁荣群众文化事业,促进社会主义精神文明建设。经费来源除会员缴纳的会费外,还通过多种经营进行有偿服务,以及争取社会赞助。

市群文工作者协会设会长、副会长、常务理事、理事及秘书长、副秘书长若干名。市文化局副局长干树海为首任会长。市文化局局长孙滨为名誉会长;聘请吴申耀(市总工会副主席)、王仲伟(共青团市委副书记)、许德馨(中福会秘书长)、杨振龙(市文化局副局长)、冯致仁(市文化局政治部副主任)、李祖良(市总工会宣传部副部长)为顾问。理事会由97人组成。市群文工作者协会下设办公室及活动组织部、交流培训部、管理研究部、经营服务部、文艺创作部。市群文工作者协会创办上海群星文化艺术进修学院,设置文学创作、影视表演、音乐舞蹈、美术摄影、美容化妆、时装设计及表演、节目主持、现代文化管理等学科,培训各类文化艺术和管理人才,并建立人才信息资料库;开展国际民间文化交流,出国深造咨询;推动群众文化发展基金会的建立;成立"群星"艺术团,组建少儿艺术团、国际舞表演团、越剧团、沪剧团等;不定期编印《群协会刊》。

三、上海市集邮协会

民国元年(1912年),上海有集邮团体上海邮票会。民国12年(1923年),群众性的集邮组织神州邮票研究会在上海成立。民国14年(1925年),改组为上海邮界联欢会,后又更名为中华邮票会,并出版会刊《邮乘》。民国15年(1926年),杭州成立新光邮票会,出版会刊《新光月刊》,于民国28年(1939年)迁至上海。中华人民共和国建立前后,上海已有不少民间集邮组织。

1981年1月10日,在市邮电部门的关心下,由社会集邮界人士胡辛人、马任全等人发起,在市工人文化宫召开第一次上海市集邮协会(下称市邮协)全体会员大会,上海市集邮协会宣告成立。会员113人,出席大会的有102人,选举产生第一届集邮协会理事会,上海市委宣传部部长陈沂担任名誉会长,胡辛人任会长,有3名副会长;编辑出版《上海集邮》双月刊。1982年2月14日,市邮协召开第二次会员大会,选举产生第二届理事会,并增选副会长1名。1983年6月15日,根据邮电部通知,并经市委宣传部批准,市邮协归属上海市邮电管理局领导。1984年5月16日,市邮协召开代表大会,选举产生第三届理事会,李长剑担任会长。1988年5月28日和1992年11月10日,分别召开换届大会,选举产生新任理事会,由奚益培担任第四届、第五届会长。1997年5月21日至2010年,由王观锴担任第六届、第七届、第八届会长。至2010年底,上海有区县级集邮协会,工、青、妇、商、学、农等各行各业的邮协,以及各基层邮协,形成全市的三级集邮网络。全市各级集邮组织共计1303个,其中直属团体会员202个,集邮爱好者达70万人,注册会员76 063人;拥有10多名全国著名的邮学家和集邮家。

集邮协会网络的建立与健全,为多层次、多样性地开展各类集邮活动创造了条件。市邮协会刊《上海集邮》为集邮爱好者集邮研究、信息交流提供平台。该协会坚持举办"集邮活动日"青少年集邮培训班,普及集邮知识,提高集邮水平。

上海集邮界在全国性邮展和世界、国际邮展中屡次获得大奖。1984年4月,陈湘涛的《大龙票版式研究》邮集,在西班牙马德里世界邮票展览上获银奖;同年9月,马佐璋的《中国解放区纪念邮票》邮集在澳大利亚墨尔本国际邮票展览上获银奖;1987年10月,刘广实的《中国民信局》邮集在丹麦哥本哈根世界邮展、捷克斯洛伐克布拉格世界邮票展览、英国伦敦世界邮展上均获得镀金奖;1988年8月,林鹗明的《欧洲音乐史》邮集,在捷克斯洛伐克布拉格世界邮展上获得银奖;1990年5月,高承栋的《华北解放区邮票》邮集,在英国伦敦世界邮票展览上获得大银奖;同年9月,在北京举办的国际邮展上,林鹗明的《现代奥运会》邮集和王心惠的《新中国邮戳上——中华体育之窗》邮集,均获得镀金奖。

表2-1-2 1981—2010年上海市集邮协会历届负责人一览表

届　　　别	名　誉　会　长	会　长	秘书长
第一届(1981年1月10日第一次会员大会选举产生)	陈沂	胡辛人	
第二届(1982年2月14日第二次会员大会选举产生)		胡辛人	

（续表）

届　　别	名　誉　会　长	会　长	秘书长
第三届（1984 年 5 月 16 日第一次代表大会选举产生）		李长剑	
第四届（1988 年 5 月 28 日第二次代表大会选举产生）	杨堤、谢希德、陈沂、胡辛人	奚益培	冯永祥
第五届（1992 年 11 月 10 日第三次代表大会选举产生）	陈至立、夏克强、杨堤、陈沂、谢希德、胡辛人	王观镅	冯永祥
第六届（1997 年 6 月 21 日第四次代表大会选举产生）	陈至立、夏克强、陈沂、杨堤、谢希德、胡辛人	王观镅	沈世瑞
第七届（2002 年 6 月 22 日第五次代表大会选举产生）	殷一璀、龚学平、陈沂、杨堤、胡辛人	王观镅	沈世瑞
第八届（2008 年 5 月 18 日第六次代表大会选举产生）		王观镅	

四、上海口琴会

上海的口琴音乐起源于 20 世纪 20 年代。黄涵秋、萧剑青编著的《口琴吹奏法》在开明书店和北新书店出版发行，口琴演奏开始风行上海。王庆勋创建中华口琴会，培养了石人望、黄青白、梁日照、鲍明珊等一批知名的口琴演奏家。民国 24 年（1935 年），上海口琴会成立。"文化大革命"期间，上海口琴会停止活动。1979 年 8 月上海口琴会恢复活动，至 2005 年，一直由陈剑晨担任会长；2005年 7 月起由陈宜男担任会长。

图 2-1-1　"792 为你解忧新春特别行动"新春口琴音乐会（2000 年）

上海口琴会持续开展市民口琴培训普及工作,1981—2010 年共培训学员 3 500 多人次,深入全市多所大、中学校和部分工厂辅导 2 000 多人次。积累了《节日的狂欢》《凤阳花鼓》《丰收圆舞曲》《蓝色的多瑙河》《在北京的金山上》《洪湖水浪打浪》《美丽的姑娘》等口琴独奏、合奏、重奏名曲 100 多首,其中有不少是原创曲目。

上海口琴会积极组织、参与各种口琴比赛活动,展现上海口琴爱好者演奏水平,扩大口琴会的影响。1981 年,组织参加在日本举办的国际口琴录音比赛,获得合奏第二名等多个奖项,受到文化部和中国音协的表彰;1983 年,上海口琴会和音协上海分会、市群艺馆、青年宫、国光口琴厂等联合举办全市口琴独奏比赛,193 人参赛;1984 年 9 月和 1986 年 6 月,该会与上海市学生联合会举办两届大学生口琴比赛;1986 年 7 月,与中国音协上海分会、上海口琴总厂联合举办首届全国口琴独奏锦标赛,490 人报名参赛。

1984 年 5 月,全日本口琴联盟组成 47 人的代表团访沪,举行中日联欢会和口琴技艺交流会,组成 80 多人的中日混合口琴队,在上海音乐厅演出《在希望的田野上》《樱花》等合奏曲;1988 年 7 月,邀请中国台湾口琴家刘金山、张雷鸣和香港青年口琴家陈国勋联袂来沪演出。

该会广泛开展演出推广活动,除组织专场音乐会外,还深入学校、企业等为群众表演口琴演奏,通过媒体推广口琴演奏。1986—2010 年,组织演出 149 场,其中在上海音乐厅、市政府礼堂等举行专场音乐会 24 场,在各大学、企业、文化宫、文化馆等演出 42 场,其他场所演出 53 场,电台广播 11 次,录像 5 次,灌唱片 6 次,为电视、电影配音 5 次。

五、上海市职工业余爱好者组织联合会

1984 年 4 月 25 日,市总工会在全市基层工会文体工作会议上宣布成立上海市职工业余爱好者组织联合会,协调和指导全市各职工单项爱好者协会的工作。1985 年 6 月,全国总工会根据上海、江苏等地的经验,作出《关于在职工群众中建立和发展各种兴趣爱好小组的决定》。此后全市各级工会积极推进兴趣爱好者活动,各类爱好者协会相继成立。同年 10 月 29 日,上海市职工美术爱好者协会、上海市职工书法爱好者协会、上海市职工摄影爱好者协会在同一天先后成立。1985 年 8 月 20 日,上海市职工曲艺爱好者协会成立,会员 300 人。至 1986 年底,全市建有美术、书法、摄影、集邮、钓鱼、灯谜、收藏、影视评论、桥牌、工艺美术、曲艺、武术气功、练功 18 法、8 分钟练功法等 14 个单项职工爱好者协会。1987 年 5 月 12 日,上海市职工业余爱好者组织联合会第一次代表大会在徐汇区工人俱乐部举行,大会通过了管理条例并选举了领导机构。

这些协会针对全市职工开展相关的艺术活动,培育了一大批职工业余文艺骨干,为企业文化建设发挥了积极作用。其中,上海市职工摄影爱好者协会成立至 1990 年,先后举办上海职工摄影艺术作品展,时代之影职工影展,上海职工美术、摄影、书法联展,当代职工风采摄影展,国际风情展等17 个摄影展。该协会许多会员摄影水平不断提高,一批优秀职工摄影艺术作品在全国及国际摄影作品展览或比赛中获得荣誉。工人摄影家高保鑫被推选为中国摄影家协会理事和上海市摄影家协会常务理事,250 名摄影作者先后加入中国摄影家协会或上海市摄影家协会。

六、上海市收藏协会

上海市收藏协会前身为 1986 年成立的上海收藏欣赏学会,会址在南京西路 456 号上海美

术馆内,以欣赏、求知、联谊、创造为宗旨。吴少华任会长,王承德任秘书长,全国文联主席周魏峙为联谊会顾问。1987年1月,更名为上海收藏欣赏联谊会,会员2 687人,还发展日本、加拿大、美国等20多个国家的外籍人士为名誉会员。1991年,该会成为上海市民政局首批登记注册的市级社团。2004年7月,上海收藏欣赏联谊会更名为上海市收藏协会(下称市收藏协会)。

市收藏协会不断发展壮大,至2006年已拥有注册会员近6 000人,下设集报、交通票证、钟表、中医秘方、旅游文化、扑克牌、股票、连环画、大铜章、彩票、玉器、陶瓷、书画13个专业委员会,另有可口可乐、女红、红楼梦等多个专题收藏沙龙。

自20世纪80年代开始,市收藏协会在三山会馆、上海文庙、豫园商城等处举办近百场展览、交流、咨询活动。1983年,上海继家庭收藏馆王安坚钟表馆之后,还涌现出50多家家庭博物馆,约占全国民间收藏馆总数的60%;1992年10月,与上海市旅游局、南市区人民政府联合在三山会馆内创办上海民间收藏品陈列馆;1990年5月,在上海艺术节期间,与上海美术馆合办首届上海民间收藏精品展;1993—2000年6月间,先后举办迎东亚运珍石展、上海民间收藏精品展、古董艺术家具展、华夏观赏石博览会、历代佛人像艺术展、上海收藏欣赏联谊会成立10周年收藏展、钱民权乡村民俗用品收藏展、迎接新世纪中外古董钟表展、千年古灯展、中外经典船模展等;2005年7月4日,在三山会馆举办"勿忘历史,祈福和平"——纪念抗日战争暨反法西斯战争胜利60周年文物史料收藏展;2007年,举办"军魂颂"大型爱国主义教育展、"世博遗珍"——历届世博会中国获奖工艺品汇展,参与举办"海上年俗"——首届上海春节民俗风情展等;同年,举办各类活动221次(项),举办免费咨询、鉴定、授课49次,进行文化交流活动17次。

市收藏协会创办的《上海收藏家》由双月刊发展到月刊,发行量也从2 000份增至8 000份,不定期编印彩色版《上海收藏家》特刊,发行超过1万份。刊物不仅报道多姿多彩的收藏活动,还在头版设立"收藏论坛"刊登系列评论。

市收藏协会自创立之后,团结广大收藏爱好者,以收藏为己任,积极倡导"守护历史记忆,传承中华文化"的理念,为促进祖国文博事业发展作出了贡献,连续获得市文广局颁发的特色活动奖,上海市2005年群众文化优秀活动奖;获得"上海市先进民间组织"称号。

表2-1-3 1986—2010年上海市收藏协会历届负责人名单一览表

届 别	成立(换届)时间	会 长	副 会 长	秘书长
第一届	1986年6月10日	吴少华	王承德、赵金志	王承德(兼)
第二届	1991年8月7日	吴少华	王承德、赵金志、潘乃健	王承德(兼)
第三届	1997年1月20日	吴少华	王承德、赵金志、刘超、谢冷梅	王承德(兼)
第四届	2001年4月15日	吴少华	王承德、杜宝君、赵金志、刘超	王承德(兼)
第五届	2005年1月29日	吴少华	朱裕平(常务)、刘超、许四海、周伯钦、陈克涛、王承德、蔡宝武、赵金志、冯建忠	朱裕平(兼)
第六届	2010年3月13日	吴少华	朱裕平(常务)、张坚、许四海、董水淼、吴林、徐文强、陈克涛、宣家鑫、艾耀国、王承德	朱裕平(兼)

七、上海越剧爱好者协会

上海越剧爱好者协会由上海市群众艺术馆牵头,于1987年9月20日成立。该协会由上海越剧院院长袁雪芬任名誉会长,越剧演员尹桂芳等23人任顾问,纪广山、颜南海先后任会长,不定期开展各种联谊活动,与外省市交流、培训骨干,举办越剧流派演唱会和理论研讨等。

图2-1-2 "上海市民走进越剧 新百年系列活动"——越剧艺术讲座(2007年2月13日)

八、上海江南丝竹协会

上海江南丝竹协会成立于1987年,是上海江南丝竹团队、丝竹界人士和爱好者自愿组织的学术性团体。首任会长陆春龄,有团体会员39个,个人会员689人。该会旨在团结、组织全市丝竹界同仁发掘整理、继承发展优秀的江南丝竹音乐艺术,开展各种形式的演出活动和学术研讨活动,培养接班人,繁荣发展优秀民间音乐艺术,丰富和活跃群众的文化生活。

自成立至2010年,协会先后组织演出300余场,观众约25万人次;发掘整理传统江南丝竹乐曲《秋月穿波》《普安咒》《皮影调》等多首曲目;排演除"八大曲"以外的传统乐曲30多首;组织撰写《江南丝竹的形成和艺术特点》《谈江南丝竹的鼓板》等一批学术论文和史料;举办江南丝竹学术交流专场和"中花六板"专题交流演出及江南丝竹发展战略研讨会等。协会还编印《江南丝竹曲选》(第一集)、刊载《絮花落》等13首传统乐曲,并多次组织丝竹界专家,为全市民乐教师讲授江南丝竹的知识技能。

表2-1-4 1987—2009年上海江南丝竹协会历届负责人名单一览表

届 别	成立(换届)时间	会 长	副 会 长	秘书长
第一届	1987年11月14日	陆春龄	周惠、凌律、景文治	景文治(兼)
第二届	1996年10月23日	陆春龄	凌律(常务)、周惠、陆宝兴	陈国政
第三届	2003年1月	陆春龄	凌律、闵雪生、王国振	王晓君
第四届	2009年3月	陆星毅	李景文、韦世德、龚文硕、陆潜、吴文浩	王晓君

九、上海艺术摄影协会

上海市艺术摄影协会于1988年成立,初期为中国艺术摄影学会上海分会,后经民政局批准为市级法人社团,更名为"上海艺术摄影协会"。该会属市文广局业务主管、市群艺馆业务指导,是由全市摄影家、摄影工作者、摄影爱好者自愿组成的非营利性社会团体。

该会致力于加强摄影爱好者之间的艺术交流,团结和促进摄影创作和摄影理论研究活动,举办各类摄影展览与比赛,举办各类摄影技术培训班,为广大摄影爱好者提供展示作品的平台;积极推进摄影创作,组织创作活动,创作了不少优秀作品。2009 年 6 月 22 日至 7 月 6 日,该会组织历时 15 天赴四川、青海摄影创作采风,市群艺馆、各区县文化馆及部分基层文化站摄影干部 21 人参加采风活动。该会为上海摄影艺术事业的发展搭建舞台,还提供作品著作权保护方面的咨询和帮助。

表 2 - 1 - 5　1988—2008 年上海艺术摄影协会历届负责人名单一览表

届　别	成立或换届时间	会　长	秘书长
第一届	1988 年	杨振龙	王榕屏
第二届	2004 年	王榕屏	李晓霞
第三届	2008 年	孟平安	周宏

第二节　区县社团和其他社团

一、区(县)级社团

【沪东江南丝竹会】

沪东江南丝竹会原名沪东国乐社,成立于民国 34 年(1945 年)下半年,由周根生、赵阿桃发起组织,社址设于江浦路 831 弄(物华里)4 号,民国 37 年(1948 年)迁址江浦路 1045 号,社员有 10 余人,由瞿冬生任辅导。1954 年初,沪东国乐社由沈连生、顾启华、朱少梅等主持改组,更名为民韵国乐社,社址定在江浦路陈家头 25 号,社员有 20 余人,请丝竹名家金筱伯任辅导。“文化大革命”期间停止活动。1980 年 4 月起恢复活动,更名为沪东江南丝竹会,会员有 22 人。

【黄浦区文化馆业余创作组】

1958 年,黄浦区建立了群众业余创作室,创办了《黄浦文艺》,为业余作者提供发表创作作品的园地。创作组下设戏剧、曲艺、诗歌、作曲、绘画、灯谜等 6 个小组,共有组员 100 多人。1979 年,诗歌创作组吸收 20 余名青年参加。1990 年代初,黄浦区文化馆机构调整,创作组撤销,创作工作由区创作研究室及文化馆艺术辅导中心承担。

【浦东灯谜爱好者协会】

浦东灯谜爱好者协会成立于 1978 年,原名为浦东文化馆灯谜小组,1985 年更名为浦东灯谜爱好者协会,并创办《浦东谜刊》。该协会在浦东文化馆开辟灯谜活动室,坚持 10 年每天开放,并以一周一谜、一日一谜的形式,推出灯谜新作,参与者达 10 万人次。1989 年 10 月,该协会在浦东文化馆举办“红楼谜会”,邀请来自各省、市的谜友,以古典小说《红楼梦》为题材,创作灯谜 1 200 多条,撰写论文 122 篇。

【黄浦区小草连环画研究会】

黄浦区小草连环画研究会成立于 1981 年,原为黄浦区文化馆的连环画创作组;1983 年扩大创作队伍,更名为连环画创作学习班;1985 年与上海《万花筒》连环画报社联办;1990 年更名为小草连环画研究会。

【闸北区彭浦镇摄影团队】

1981年,彭浦镇文化站带领群众开展摄影活动。1982年彭浦农民业余摄影小组成立,会员有200多人。1983年7月,应中国摄影协会邀请,彭浦农民业余摄影专辑影展84幅作品赴北京展出,成为全国第一个进京举办的农民影展。1984年,上海人民美术出版社出版全国第一本《农民摄影作品集》。同年,上海电视台文化生活组摄制"镜头对准希望的田野"的专题报道,中央新闻电影制品厂摄制新闻片在全国放映。1985年,摄影小组成员中的李为民、程启明、杨瑞德、顾愉、潘一新、陈立群6人成为中国摄影家协会上海分会会员。

1988年,彭浦摄影协会成立,会员有150多人。该协会担负着全镇群众摄影的组织、辅导、培养、发展工作。在社区、学校、企业园区开展各类摄影培训活动。培育实验小学的"小眼睛"摄影队、市新中高级中学的西藏班摄影队等青少年摄影团队;建立社区摄影队、社区残疾人摄影队等57个摄影爱好者团队,有3 000名队员。

彭浦镇每年举办各类主题摄影展30余场,每年举办一次大型社区摄影日活动;举行快乐摄影培训、即时摄影创作等系列活动;参与公益活动,为耄耋老人拍生日照、为金婚夫妇拍婚纱照、为文明家庭拍全家福等。

至2010年,全镇摄影爱好者有近900幅作品入选全国、省市级摄影展,200多幅作品在国内各级大赛中摘金夺银。4人获得高级摄影师职称。

彭浦镇成为第一批由文化部以摄影项目命名的中国民间艺术之乡。2009年,彭浦镇政府投入100万元,在新建的文化活动中心专辟200平方米建成展示厅,将彭浦镇的摄影历程、摄影佳作以及摄影服务社区等档案资料向社区开放和展示,另设有摄影棚、传统暗房、照片冲洗设备,配置了影室设备、数码后期处理设备等内设功能,为摄影爱好者提供交流、创作、培训、研讨的平台。

【金山农民画院】

1984年,由金山县财政拨款,投资11万元,在原文化馆农民画组的基础上,成立金山农民画院,建筑面积670平方米,坐落在上海西南风景秀丽的江南古镇——金山朱泾镇内。画院主要从事民间艺术创作,也是集辅导、展览、销售为一体的阵地窗口,同时也是农民画家们切磋技艺、互相交流的场所。截至2000年,金山农民画院共有职工8人,设正副院长各1人,其中中级职称4人。画院设有农民画展厅、艺术史料馆、创作辅导室和销售部。农民画家1 000余人,有26位被金山区政府命名为金山农民画画师,画师们分别成为中国美术家协会、中国民间文艺家协会、上海市美术家协会、上海民间文艺家协会的会员。画院除注重提高农民画艺术质量,抓好辅导创作,提高农民画作者的创作积极性和作品的艺术质量外,还积极开发农民画衍生系列工艺品,以金山农民画为主题制成壁挂、丝巾、T恤衫、贺卡、明信片、笔记本、艺术陶盘、瓷板画和磨漆画等,受到美术界的广泛好评,并为收藏者所喜爱。

该画院于2002年被中国文联书画艺术中心评为五星级画廊;2006年被中国民间文艺家协会授予"中国农民画艺术研究中心"资质。2007年,金山农民画被列入首批上海市非物质文化遗产名录,成为上海社会主义新农村建设的标志性文化成果。

【静安区静苑书画社】

静安区静苑书画社成立于1985年1月。该书画社创办静苑函授中心,面向全国招生,先后举办71个班次,共培训全国各地近2 000位学员。书画社主办"静苑杯"上海青年书画大赛和"静苑杯"上海青年书画展。

【青浦区摄影家协会】

青浦区摄影家协会成立于1986年3月,前身为青浦县摄影学会,会员60名;2001年3月,该学会更名为青浦区摄影协会,会员95名;2010年6月,由协会理事会通过,报上级领导部门批准,更名为上海市青浦区摄影家协会,会员76名。会员拍摄大量照片,如实记录青浦经济与社会发展的历史轨迹。有300多幅作品入选国际国内的摄影展及各类比赛,并获得多项大奖。

【上海县新泾镇田野摄影协会】

上海县新泾镇田野摄影协会于1986年7月成立,有会员100余人、骨干30余人;其中,中国摄影家协会会员3人,中国艺术摄影学会会员5人,上海市摄影家协会会员7人。20世纪90年代,新泾乡成为市摄影家协会外事活动接待点,数度接待"全日本写真联盟"等国外同道,先后2次获得上海市摄影家协会颁发的基层优秀组织奖。

1987年,该协会与市摄影家协会联合举办"新泾杯"田野摄影艺术展。1993年,和上海市青年摄影家协会联合举办"田野风"全国农村艺术摄影大赛。1997年,在长宁区文化艺术中心举办田野摄协最长者《杨扬摄影艺术展》,展出其作品100幅,之后又在市郊巡展。2003年,其协会成员徐卫平获上海市摄影家协会授予的"2002年度上海优秀摄影家"称号。

【崇明美术家协会】

崇明美术家协会成立于1986年4月,设办公室、理论部、连环画与插画部、油画部、国画部、版画部、陶艺与雕塑部、外联部、教育部、老年部。至2010年,拥有会员96人。首任会长秦思忠,历任会长季金安、钱士康。历任副会长林子材、徐茂平、盛振中。历任秘书长徐茂平(兼)、盛振中(兼)、陶力星。该协会举办的主要活动有:2001年,与浙江省溧泗县联合举办崇明——嵊泗书画联展;2004年,举办庆祝国庆55周年崇明县各界人士书画作品展,并出版作品集;2005年9月,举办"交流、创新、融合"——台湾·海南·崇明三岛艺术家作品展,并编辑出版作品集;2009年11月,与浙江省金华市举办"彩墨江南"金华书画院·崇明画院书画作品交流展;2010年10月,举办"生态崇明·画忆江南"中国长三角油画名家邀请展。

【崇明摄影家协会】

崇明摄影家协会成立于1986年7月,下设办公室、创作部、艺术部、联络部。2010年有会员162人。首任会长田长春,历任会长李家敏、黄祖兴、黄飞。历任副会长群风、黄志明、汤明、施仲君、黎军、顾娟、王超。历任秘书长汤明(兼)、顾勤。该协会举办的主要活动有:2005年,以反映崇明生态岛风光为主题组织协会会员拍摄摄影作品,并编辑出版《崇明风光》摄影集;多次与江苏省启东市和海门市摄影协会举办"江风海韵"摄影联展;2007年11月,与浙江省嵊泗县举办崇明·嵊泗摄影作品联展;2010年6月,与浙江省武义县举办上海崇明——浙江武义摄影作品联展。

【黄浦画院】

1986年9月13日,黄浦区在黄浦画苑的基础上成立上海黄浦画院。画院隶属区文化馆,拥有30名顾问和70名画师、45名青年创作人员,成员遍及全市各条战线。下设山水画研究会、花鸟研究会、青浦淀山湖山水研究会。

【卢湾区评弹艺术促进会】

经大华书场经理徐美琴倡议，卢湾区评弹艺术促进会于1987年5月成立。会员45名，由卢湾区评弹爱好者组成。卢湾区评弹艺术促进会以弘扬民族文化、振兴评弹艺术为宗旨，在"促进"两字上作文章，组织举办评弹艺术交流演出，开展小型多样的评弹艺术普及活动。

【静安区摄影协会】

静安区摄影协会成立于1987年6月，由中国摄影协会理事、摄影家陈海汶担任会长。每年举办各类公益性摄影培训班10多期，为青少年举办摄影沙龙班，传授摄影知识。

【金山县摄影协会】

金山县摄影协会成立于1987年7月，常年举办摄影讲座、画廊、展览和比赛活动。金山县文化馆、少年宫、老年大学、老干部活动室和乡镇文化站成为业余摄影者的活动园地。摄影爱好者深入农村、工厂、学校、医院等，拍摄贴近社会、生产和生活的作品。

【浦东新区莲溪文学协会】

浦东新区莲溪文学协会成立于1989年3月，原为川沙县莲溪文学协会，创建时有会员45人。浦东新区成立后，更名为浦东新区莲溪文学协会。2007年以后，相继编印中国浦东乡土文学文集：第一卷《热土恋情》、第二卷《春韵竹风》、第三卷《野花狂草》、第四卷《莲溪笔谈》、第五卷《碧野吟》、第六卷《风雨征途潇洒路》、第七卷《喜迎世博话心声》、第八卷《光辉世博满天霞》。

【青浦国际标准舞协会】

青浦国际标准舞协会成立于1989年，原名为青浦县交谊舞协会，由青浦区文广局主管，有会员241名。协会由全区国际标准舞爱好者、交谊舞爱好者和社会人士组成，开展国标舞和交谊舞教学、比赛、推广等活动。

【浦东新区文学协会】

浦东新区文学协会成立于1991年，原为川沙县文学协会，会长夏友梅。浦东新区成立后，更名为浦东新区文学协会。2004—2007年，浦东新区文学协会与川沙文化馆联合举办了3届浦东故事邀请赛；2007年编辑出版故事作品集《时代的浪花》；2008年，举办首届浦东杯"外来建设者之歌"全国征诗活动，编辑出版精选诗歌集《外来建设者之歌》。浦东新区文学协会创办报刊《浦东文学》，至2009年底共出版47期，累计编辑发表会员和区内外作者创作的小说、诗歌、散文等各类文学作品150余万字，并协助浦东新区民间故事全集的编辑工作。

【青浦区书画协会】

青浦区书画协会成立于1991年6月，原为青浦县书画社，社长岑振平。2003年4月，更名为青浦区书画协会，会长余维廉，秘书长任凤刚，有会员110人。

【崇明收藏协会】

崇明收藏协会成立于 1992 年 9 月。会员由崇明县收藏爱好者组成,崇明县县长田长春担任名誉会长,县财政局局长群风担任会长,沈志雄、沈锦荣、孙钟、何凤岩担任副会长。

【浦东新区摄影家协会】

浦东新区摄影家协会成立于 1994 年 6 月 18 日,有会员 86 人。前身为川沙县摄影协会,历任会长徐金安、吕文明,历任秘书长周坚强、徐国庆、娄国强。该协会每年举办展览,举办"浦东之春"大型摄影展、"文明在浦东"摄影巡回展、"科技之光"——张江杯数码摄影展、"辉煌的历程"——澳门回归祖国 5 周年成就图片展、瑞士华人罗元培的世界风光摄影展、"市民眼中的浦东"摄影展、"浦东,我的家园"摄影比赛等大型摄影比赛展示活动 20 多个,用镜头记录浦东新区开发开放的变化和发展。至 2010 年,获得全国和省市奖项的作品共有 200 多件。

【杨浦区故事协会】

杨浦区故事协会成立于 1994 年,由杨浦地区故事写作、故事演讲爱好者组成,协会隶属杨浦区文学艺术界联合会,由杨浦区文化馆协管;有会员 100 多人。首任会长沈中海,民俗专家任嘉禾、"故事大王"黄宣林等为协会顾问。1994 年 9 月,该协会创办《民风报》,后更名为《民风故事》;2008 年再次更名为《杨浦故事》,至 2010 年已出版 190 余期。该协会每年举办写故事、讲故事活动。

【浦东新区集邮协会】

浦东新区集邮协会成立于 1998 年 7 月,原为川沙县集邮协会,会长陈良安。2009 年底拥有会员 1 090 人。2002 年,该协会与上海市进才实验学校结对共建青少年集邮活动示范基地;2006 年 3 月,其会员单位上海市进才实验学校被授予"全国青少年集邮活动示范基地"称号。

【嘉定区摄影团体】

20 世纪 90 年代,嘉定区的摄影作品主要来自机关、企事业单位的宣传工作者。随着社会的发展,摄影爱好者越来越多,艺术水平不断提高。2006—2010 年,嘉定区文联摄影工作委员会、上海市摄影家协会老年分会嘉定支会、嘉定区教育摄影协会等摄影团体先后成立,为摄影工作者提供交流平台,举办了一系列摄影展。2006 年,举办首届嘉定区摄影艺术作品展。此后每两年举办一届,至 2010 年共举办 3 届。

【浦东新区各界人士书画会】

浦东新区各界人士书画会成立于 2001 年 5 月。该书画会多次与相关单位共同主办艺术交流和创作活动,先后举办第七届国际名家书画展、"祖国万岁"——浦东新区各界人士书画摄影展、"辉煌历程谱新篇"——迎十六大浦东嘉兴两地书画联展、纪念长征胜利 60 周年——浦东南通政协书画联展等。

【杨浦画院】

杨浦画院成立于 2002 年 10 月,隶属于杨浦区文化馆,业务主管为杨浦区文化局。由书法家刘小晴担任院长。该画院提倡艺术形式、风格、流派的多样化,画院组织画师和创作员深入生活,进行艺术创作;开展理论研究、学术交流;组织展览、比赛、评奖活动。

【浦东新区国际标准舞协会】

浦东新区国际标准舞协会成立于 2004 年 2 月,至 2009 年底,拥有会员 208 人;首任会长高建强,秘书长张爱民。协会分设幼儿舞蹈队、少年舞蹈队、白领舞蹈队、中青年舞蹈队、老年舞蹈队等 5 支国际标准舞团队。2007 年 2 月,该协会受中国香港国际标准舞总会邀请,参加第五届香港"紫荆花"杯公开赛,获得 4 个大奖;2010 年 7 月,受新加坡、马来西亚国标协会的邀请,参加"鱼尾师杯"和"明日之星"杯公开赛,获得 7 个大奖。

图 2-1-3 浦东新区国际标准舞协会会员获奖合影

【浦东新区锣鼓书艺术协会】

浦东新区锣鼓书艺术协会成立于 2005 年,有会员 68 人。该协会先后设立了少儿培训基地和中青年培训基地,并在大团镇的中小学开设了锣鼓书普及班和提高班,传授锣鼓书的相关技艺。

【嘉定竹刻协会】

嘉定竹刻协会成立于 2005 年 12 月 20 日,同时,嘉定竹刻启动保护工程。嘉定区辟出专门场馆,开办培训班,成立工作室,保护融绘画、书法、雕刻于一体的嘉定竹刻,以改变因制作工艺复杂、耗时费力、经济效益低而后继乏人的状况,开展嘉定竹刻的传承工作。

【静安书法协会】

静安书法协会成立于 2005 年,拥有会员 187 人,由市文史馆馆员、市书法家协会顾问、书法家高式熊担任会长。该协会每月举行一次书法沙龙活动,每周举办一次书画交流活动,每年春节深入社区为居民写春联、送春联,受众面逾 10 万人次。2008 年,举办《海上楷书邀请展》。

【静安区收藏协会】

静安区收藏协会成立于 2005 年 3 月,由收藏鉴赏家蔡国声担任会长,有会员 89 人。该协会以"提升收藏水平,普及收藏知识,服务社区群众"为宗旨,开展红色经典藏品展、百年电影——电影海报展、书画名作进入百姓家等系列特色活动,为收藏爱好者普及收藏知识,并由专家实施零距离鉴赏指导。每年开设春、秋两季培训班各 14 场(班),受众逾 1 000 人次;每月举办沙龙 1 次,每年受众逾 500 人次;每年举办各类展览 30 场(次),受众数万人次。

【嘉定区文学艺术界联合会】

嘉定区文学艺术界联合会成立于 2006 年 3 月,由中共嘉定区委宣传部领导,会员由嘉定区从事文学、美术、书法、摄影、音乐、舞蹈、戏曲、曲艺、民间艺术、群众文艺的人士、团体和单位组成。副主席王漪(主持工作)、殷慧芬、张旻、陈启宇,秘书长先后由王其良、杨祖柏担任。内设文学、美术书法、摄影、音乐舞蹈、戏曲曲艺、民间艺术 6 个工作委员会。按照"联络、协调、服务"的工作方针,团结全区文艺工作者,发挥地区文艺特色,开展各类文化活动。

【青浦音乐家协会】

青浦音乐家协会成立于 2006 年,有个人会员 80 多人、团体会员 3 个。该协会开展青浦区声乐大奖赛、青少年器乐比赛等各类活动;每年定期组织会员到敬老院、部队及社区义务演出;还配合区内各类音乐活动,派送音乐专业人员下基层辅导。

【静安区舞蹈协会】

静安区舞蹈协会成立于 2007 年,由国家一级编导魏芙担任会长。该协会致力于为广大会员提供展示舞姿、提高技艺、表达自我的机会。2008 年,舞蹈协会组织各类培训 112 次,展演 15 次;2010年,组织各类培训 234 次,展演 64 场次。

【静安区民间工艺协会】

静安区民间工艺协会成立于 2007 年 7 月,由高级工艺美术师、《上海工艺美术》杂志主编汤兆基任会长,拥有会员 109 人。会员由民间工艺师、民间艺术爱好者组成。民间工艺协会至 2010 年底,开发了江南面塑、微型画、剪纸、编结等 29 个艺术类别,创作了上千件作品,组织各类展示交流活动 255 场次,开展培训 31 次,举办大型主题展览 5 次,受众 2 万人次。

【静安区合唱协会】

静安区合唱协会成立于 2007 年 10 月,由歌唱家任桂珍担任会长。该协会以"培训指导、观摩学习、展示交流、创作研讨、普及提高"为宗旨,开展了"扬歌静安"——小区合唱节、"春天的故事"——中外优秀歌曲大家唱等系列活动。定期举办合唱辅导培训班,以提升群众合唱艺术水平。

【静安区戏曲协会】

静安区戏曲协会成立于 2007 年 10 月,由京剧表演艺术家王梦云担任会长,有团体会员 25 个、个人会员 132 名;会员的年龄覆盖从 4 岁至 90 多岁,有京剧、沪剧、越剧、锡剧、甬剧和评弹 6 个剧种。2007 年 12 月至 2010 年,开设各类培训 34 场次,组织交流展示活动近 100 场,组织 1 450 人次进行 118 场次演出。

【静安区文化社会组织联合会】

静安区文化社会组织联合会成立于 2008 年 6 月。该联合会有合唱、戏曲、舞蹈、民间工艺、书法、收藏、摄影、读书等 8 个注册的区属文化类协会,以及上海华侨乐团、上海东方国乐团、上海中华笛文化研究所、上海百音鸟乐团、上海口琴会、上海城市交响乐团、上海张军昆剧艺术中心、上海小荧星艺术团等 8 个非区属成员单位。通过团体和个人入会形式,对全区 520 支合唱、戏曲、舞蹈、手工艺、书画、读书、收藏、摄影等群众性社区文化团队、9 800 余名会员实施有效服务和管理。2008—2010 年,组织各类培训、交流、展示活动 2 034 场次,参与市民 9.2 万人次,受众 130.31 万人次。举办的活动主要有"春天的邀请"文化社会组织成果展、"凝聚在阳光下"文艺展演等。静安区文化社会组织联合会每年组织文化志愿者到社区、部队、学校、工地和敬老院进行慰问巡演。

【静安区读书协会】

静安区读书协会成立于 2008 年 9 月,由上海市振兴中华读书指导委员会办公室副主任刘宝华担任会长,参与主体涉及社会各个阶层人士。该协会致力于推广和延伸群众读书活动,邀请专家、学者作读书专题讲座;建立以楼组读书和楼宇读书为主的都市书坊;培训读书活动辅导员、图书业务管理员;开展读书征文、演讲朗诵活动;举办"社区共享阅读,千人诵读经典"首届静安市民阅读日活动等。2010 年,开展各种读书征文、演讲和朗诵活动 45 场次,受众逾 2.5 万人次。

【上海崇明灶文化研究会】

上海崇明灶文化研究会成立于 2008 年 9 月,会长汤进达,个人会员 108 人,团体会员 15 个,下设灶花绘制专业委员会、灶花理论专业委员会、活动策划委员会。每年承办崇明灶花艺术节,举办灶文化理论研讨会,并对崇明全县现存灶花进行普查存档。聘请上海炎黄文化研究会常务副会长丁锡满,复旦大学哲学院副院长、博士生导师陈学明,上海社会科学院哲学研究室主任、终身研究员周山,上海《炎黄子孙》杂志常务副主编倪家荣等 4 人为研究会顾问。2010 年,该研究会组织部分会员赴浙江嘉兴,参加江、浙、沪灶花邀请赛。

二、其他社团

【上海京昆剧之友社】

上海京昆剧之友社原名京剧之友社,1980 年 10 月 30 日由退休老人范肇鹏、邱和雨、杜亿佳等 8 人发起成立,社址设在浙江中路 379 号黄浦区文化馆内,是研究与学习京、昆艺术的业余团体。1981 年 5 月,更名为上海京昆之友社。社长范肇鹏,名誉社长俞振飞,社员 102 人。先后聘王正屏、许思言、李仲林、方传芸、郑传鉴、蔡正仁、钱英郁、何慢、龚义江、张之江等 30 余人为顾问。该社坚持"以京扬昆",在京剧观众中普及昆剧,社内京、昆剧活动兼之。该社以研究、宣传、普及京、昆剧为宗旨,邀请俞振飞、秦瘦鸥及上海昆剧团演员蔡正仁、华文漪、岳美缇、计镇华、梁谷音、刘异龙、王芝泉等前来演讲并作示范演出。1989 年,该社在京昆沙龙中特辟昆剧专场,聘请南北昆剧名家与曲友联欢;为配合上海昆剧演出,编写刊印相关宣传材料。举办京、昆艺术讲座 11 期,讲学 120 次,听众 25 000 人次;举办京剧研习班、声训班 5 期;举办京昆剧照、音带、资料展览多次;编印《京剧老生流派》《昆曲艺术特色》、许思言遗著《戏迷新传》及《京昆之友》小报等书刊 110 多种。

图 2-1-4 京昆剧之友社演出照

自 1990 年开始,该社协助上海师范大学开设京剧选修课;举办麒派艺术知识竞赛、徽班进京 200 年知识竞赛;在黄浦区文化馆长期承办京剧大家唱,举办星期京剧演唱会、京昆沙龙;举办周信芳 90 周年诞辰、杨宝森 80 周年诞辰等纪念活动,余叔岩、言菊朋等到该社演唱或演讲。该社还与北京、天津、南京、苏州、扬州、福州、黑龙江、香港等地的业余京昆团队开展交流学习活动,并与日本等国的社团开展交流活动。

【上海市农民书画协会】

上海市农民书画协会成立于 1988 年 12 月,有会员 214 名,由全市各县农口等系统单位的书画工作者和书画爱好者组成。协会受上海市文化局与上海市农委的双重领导,市文化局为该协会活动的指导单位。农民书画协会借助市农展馆的平台,创立自己的品牌,每年至少举办一次有影响的展览,同时采用各种举措不断推动金山农民画发展。

【上海市京剧爱好者联谊会】

上海市京剧爱好者联谊会成立于 1988 年,为上海各业余京剧团队的聚合性组织,挂靠上海剧协和上海艺术研究所。由上海市工人艺术团京剧团、黄浦区京昆剧之友社、上海铁路京剧爱好者协会、上海电业职工业余京剧团、上海纺织京剧团、大江京剧研究社、梅兰芳艺术研究小组、黄桂秋艺术研究小组、星集业余京剧社、卢湾区京剧协会、上海师范大学京剧之友社、上海市老干部活动室京剧社、青年京剧振兴社 13 家业余团队发起组织成立。负责人为上海艺术研究所戏曲研究室主任王家熙与上海剧协柴俊为,13 家团队为该会的团体会员。1989 年 9 月 24 日,该联谊会组织 13 家京剧业余爱好者参加由上海人民广播电台在中国剧场举办的星期戏曲广播会,作现场广播。

1990 年底,青年京剧振兴社因故停办,程砚秋艺术研究小组加入该会为团体会员。每逢全市性的京剧活动,该联谊会即召集 13 家团队共同举办,举办祝贺俞振飞 88 岁诞辰大型演唱会、欢迎赵燕侠茶话会、杨宝森艺术研讨会等活动。

【上海民间艺人协会】

上海民间艺人协会成立于 1989 年 6 月,经市文化局同意,市民政局于 1991 年 4 月核准登记为法人社团,有会员 302 人。该协会要求会员遵守《上海市演出管理办法》。协会组织会员赴郊区举行慰问驻沪部队的演出活动;参加在上海文庙举行的民俗文化庙会;支持民间艺人"送戏下乡"。2000 年 6 月,在中国剧场举行上海民间艺人庆祝建党 80 周年文艺汇演。

【宝钢文学艺术团体联合会】

1989 年 12 月,宝钢召开文学创作会议,决定筹建宝钢文学艺术团体联合会(下称宝钢文联)。1991 年 6 月 1 日,宝钢文联第一届委员会召开第一次全会,明确文联在党委领导下实行主席负责制。宝钢文联下设办公室(对外称秘书处),挂靠总厂党委宣传部,1993 年 5 月,改为挂靠总厂工会。宝钢文联下辖宝钢美术书法协会、宝钢摄影协会、宝钢花卉盆景协会、宝钢音乐舞蹈协会、宝钢影视协会、宝钢戏剧曲艺协会、中国散文诗学会宝钢分会、宝钢文学协会等 8 个协会。1999 年 10 月,宝钢文联组织撰写的报告文学集《世纪钟声》、报告文学《描绘宝钢蓝图的人们》、诗歌集《跨越》等,由百花文艺出版社出版;由中国职工思想政治工作研究会在北京举办的纪念中国共产党成立 80 周年中国职工书画展上,宝钢文联选送的 3 幅美术作品均获奖;在市文广局、市文联等单位联合举办的"都灵杯"2001 年上海当代诗会活动中,宝钢文联有 14 篇作品获奖,包括大赛唯一的一等奖。

【上海国际京剧票房】

上海国际京剧票房(下称国票)成立于 1990 年元宵节,首任理事长由原上海市市长汪道涵担任;副理事长李储文、舒适、程十发、吴承惠、程之;总干事许世德,副总干事李葆炎、王思及、杨柏年、王永平、周明秋;干事唐家模、李玉明、王守信、罗绍志。该社团成立之初,聘请陈沂、俞振飞、刘兴文、陈从周、邓云乡、卢文勤为名誉顾问;中国香港票友金如新、张雨文、钱江、李如声,中国台湾票友罗吟梅,旅美票友朱文熊为名誉理事。国票采取会员制,成员中有大学教授、工程师、医师、企业家、书画家、新闻记者、电影演员、退休京剧专业演员(陈鹤昆、舒昌玉)等,朱镕基是其中的普通会员。

国票成立以后,在泰兴路306号每周举办一次清唱活动。自1993年5月开始,与京昆剧之友社合作,每周三晚在黄浦区文化馆举办"国剧艺苑"京剧清唱茶座,邀约老中青专业演员及海上名票轮流演唱。国票还组织票友界联谊,开展京剧艺术的探索研究;组织重要演出和参加社会文化活动,为纪念京剧须生泰斗余叔岩100周年诞辰举办海内外余派会演;为纪念京剧艺术大师梅兰芳、周信芳百年诞辰,以及京剧大师程砚秋逝世33周年等举办专场主题演唱会;举办少年儿童京剧清唱大奖赛、麒派艺术系列座谈会、录制京剧练唱伴奏带等。此外,还通过组织比赛、艺术研讨、培训教唱、举办讲座、录制影像、著书立说等活动,为票友和京剧爱好者提供交流平台,向大众普及京剧知识,传播民族文化。

【上海牡丹画院】

上海牡丹画院成立于2002年10月,院址在浦东牡丹园内,成员34名。画院设立董事会,首任院长夏顺奎,副院长杭英等。该画院坚持党的"双百方针",以弘扬海派文化,加强国内外牡丹书画艺术交流和其他书画艺术的研究为主要业务。牡丹画院自建立以来,开展了一系列书画展览和交流活动。2003年,开展"百幅牡丹颂文明"活动,同年,牡丹画院获上海市群众文化奖励基金优秀组织奖;2004年,举办"百幅牡丹"献爱心活动;2005年,开展百次牡丹讲座进社区活动,举行的100多场次讲座遍及全市,听众逾5 000人次;2005年,在浦东举办牡丹书画、牡丹盆花联展;2007年1月,在浦东图书馆举办迎春牡丹书画盆花展等。画院出版了《画牡丹十招》《写意画牡丹用水法十招》等系列技法书籍。

【上海音乐学院"戏·韵"戏曲社】

上海音乐学院"戏·韵"戏曲社成立于2008年,隶属于上海音乐学院团委和研究生部;以传承戏曲文化、感悟民族精髓为宗旨。社员由硕士、博士研究生及部分本科生组成;剧种包含京剧、昆曲、越剧、黄梅戏、粤剧、豫剧等。上海京剧院国家一级演员方小亚、优秀青年演员丁爽,上海昆剧团国家一级演员黎安、沈昳丽、吴双,优秀青年演员胡维露、汤泼泼、袁佳、卫立、黄亚男、张莉、姚徐依、陶思妤,上海越剧院优秀青年演员沈歆雯、王清等为同学们进行辅导。"戏·韵"戏曲社连续7年在东方艺术中心、上海音乐厅、贺绿汀音乐厅等地举办专场演出;还应上海音乐厅"音乐午茶"之邀举办"戏韵痴梦"——300期特别企划之戏曲专场演出;另外,还随上海音乐学院研究生部第三党支部赴上海边防总队演出,参与东方艺术中心"名家名剧月"京剧片段展示等。

第二章 艺术团队

群众文化艺术团队是群众参与、享受、创造文化艺术活动的载体，也是传播、繁荣、发展群众文化的重要力量。上海的群众文化艺术团队由市行业系统和区县、街镇、村居等不同层面或各级文化服务单位组成，可分为综合、单项、民间艺术展示等三种类型。

市级层面的团队主要由市总工会、武警公安、警备区、文化教育等行业系统单位组建。其中具有代表性的有上海工人茉莉花艺术团、上海电信绿波艺术团、上海演出家艺术团、上海警备区文工团、武警上海总队政治部文工团、金盾艺术团、中福会少年宫小伙伴艺术团、上海小荧星艺术团等。此类表演团队具有较为完善的组织架构、一定的保障运作经费、规范的管理制度、较为稳定的成员队伍，基本配备了编导和舞美音响等专业团队，创作和演艺水平较高，是准专业的表演团队。这些团队主要参与市级、国家级的重大文化活动和各行业系统下基层的慰问演出。

区县、街镇层面的艺术团队主要包括文化馆（群艺馆）组建的馆办文艺团队、民政局登记注册的民办非企业单位和文化馆站组建的街道、乡镇示范性综合型文艺团队。具有一定代表性的有：上海百合花艺术团、长宁区"送欢乐"艺术团、川沙县文化馆沪剧团、崇明县文化馆越剧团、上海雅风评弹之友社、金山区故事大篷车团队、浦东新区浦东说书表演团、青浦徐泾艺术团、奉贤庄行"小舢板"演出队等。此类表演团队有一定创作、表演的能力和水平，运作经费来源于政府补贴、企业赞助和自筹，是区县、街镇举办文化艺术活动和送文化下基层、下村居巡演的主要力量，创作作品大多参加"上海之春"、上海"十月业余剧展"（下称上海"十月剧展"）等市级比赛和会演，还受邀参加上海及跨区域、跨省市的文化交流演出活动。各区县积极贯彻政府搭台、各方参与、百姓唱戏的原则，为群众文化艺术团队营造发展壮大的良好环境，依托各种节庆活动，利用剧场、广场、绿地，为群众文化艺术团队提供展示、交流的舞台，大大提高了群众文化艺术团队自我展示、自我服务的能力，产生了较好的社会影响力。

村居级的表演团队是以老年人为主体的娱乐型团队，以跳广场舞、唱歌唱戏、习练乐器、自编自演简短的小品、快板、表演唱为主，大多在村居委员会文化活动室、市民广场、公园等场所开展活动，也参加街镇组织举办的艺术节活动或区县级文艺会演和比赛。

综合类团队的演出节目一般由音乐舞蹈、小戏小品、曲艺等组成；单项类团队的演出节目以音乐、舞蹈、戏曲、曲艺等单项艺术门类为主；民间艺术类团队主要承载着地域特色的表演和活动形式，大多参与春节、元宵节、端午节等的节庆游乐活动和展示，比较有代表性的有罗店龙船、崇明灶花、胡桥滚灯、金山农民画、三林舞龙等。

上海每年举办的"江南之春"、上海"十月剧展"、上海"十月歌会"、"我们的家园"——社区优秀文艺节目展演、建设社会主义新郊区新农村群众文艺优秀节目巡演等全市性群众文艺创作作品评比和交流活动，在促进群众文化队伍创作水平提升的同时，也为群众文化艺术团队提供了交流、竞技、展示的舞台。

第一节　行业、系统表演艺术团

一、行业职工表演艺术团

【上海工人茉莉花艺术团】

上海工人茉莉花艺术团前身是上海市工人文化宫业余艺术团,成立于1950年10月13日,是在解放前益友社(中华人民共和国成立后属店员工会文工团)的基础上组建成立的,初建时定名为上海市工人文化宫文工团。1954年9月,更名为上海市工人业余艺术团,当时有4个分团。该团在1966年因"文化大革命"被迫解散,至1978年7月重建。

1983年,上海市工人文化宫从各个分团、队中挑选人员,组成上海工人茉莉花艺术团(下称茉莉花艺术团),设有合唱、管弦乐、民族乐、舞蹈、话剧、京剧、沪剧、越剧、曲艺、评弹、舞台美术等分团(队),并成立了话剧、戏曲、曲艺、诗歌7个创作小组,有团员850人。

茉莉花艺术团是各行各业职工优秀文艺爱好者的聚集地。该团积极开展各类职工文化艺术活动,踊跃参加国内外文艺交流与合作,展现广大职工群众丰富的业余生活及艺术境界,是活跃全市职工和市民文化艺术生活、展示积极向上的职工风貌、加强精神文明建设的一支重要团队。

该团自成立以来,艺术水平稳步提高,创作业绩显著。1978年,市工人文化宫戏剧创作组宗福先创作的话剧《于无声处》,在市工人文化宫剧场首演,随即奉调进京演出38场。全国各地选排、移植该剧的文艺团体达3 000多个,成为轰动一时的代表性剧目;文化部、全国总工会特举行颁奖大会。1980年5月,该团赴京参加全国职工业余艺术调演,独幕话剧《屋外有热流》《开窗》《八月中秋》获得全国总工会、文化部颁发的"勇于探索,敢于创新"荣誉奖状。

1978—1990年,茉莉花话剧团创作排演《于无声处》《天黑以后行动》《屋外有热流》《血总是热的》《街上流行红裙子》《大桥》《路》《有一个航次》《六个小伙子和一个姑娘》《女人三重奏》《主仆咏叹调》《中国制造》《谁主沉浮》《我为歌狂》《民工兄弟》《杏花雨》《生辰纪念》等优秀作品,获得全国首届优秀剧本奖、"五个一工程"奖、"文华大奖"等各类国家级的奖项。1991年10月,该团创作的《大桥》在北京首都剧场举行首场演出,中共中央政治局委员、北京市委书记李锡铭,中顾委常委陈丕显和全国总工会、中国文化报社、北京市委领导出席观看。首演前,全国总工会授予茉莉花话剧团全国先进集体称号并颁发"五一劳动奖状"。同年,话剧《大桥》获第三届上海"十月剧展"特别荣誉奖;1992年,获文化部第二届"文华大奖""文华导演奖"和"文华舞台美术奖";同年8月获得第六届全国优秀剧本创作奖;1994年,获得宝钢高雅艺术奖励基金高雅艺术奖。1994年,创作的16集电视连续剧《大潮汐》获得全国"五个一工程"奖。2000年,应全国总工会和文化部邀请,茉莉花艺术团创作的话剧《中国制造》赴京演出,中共中央政治局常委、中央书记处书记、中华全国总工会主席尉健行,中共中央政治局委员、中宣部部长丁关根观看了演出。该剧还在上海连演2个多月32场,取得了社会效益和经济效益双丰收。

茉莉花艺术团在40年的创作和表演实践中,造就了一批著名的艺术家,并为各类专业文艺团队输送了人才。如剧作家陈心豪、宗福先、贺国甫、史美俊、贾鸿源,话剧导演苏乐慈,话剧演员张孝忠、冯广泉,曲艺演员黄永生、王飘,笛子演奏家俞逊发,漫画家沈天呈、郑辛遥、王益生,微雕家周长兴,电影演员张闽,以及上海市"十佳歌手"之一的史燕谊等。

该团每年推出具有浓郁特色的歌舞、器乐、戏曲节目,参加上海市的"五一"晚会、春节劳模茶话会等重大演出，每年慰问基层单位职工演出近百场。还经常举行"咱们工人有力量""浦江鼓韵"等大型广场文艺演出。仅 2007 年，茉莉花艺术团参加市工人文化宫"茉莉飘香、情系职工"战高温慰问演出，服务一线职工 1.6 万人。

1982—2010 年，该团经常活跃在文化艺术交流的舞台上，应邀去日本、韩国、法国、意大利、泰国、荷兰、比利时、卢森堡等国进行文化交流，并与中国香港、中国澳门的社会团体开展交流活动。1982 年，该团的《狮子舞》参加香港希尔顿国际艺术献瑞演出，获一等奖；其民乐团、舞蹈团出访韩国参加礼山风物节交流演出。该团合唱团参加在上海东方艺术中心举行的上海·大阪缔结友好城市 25 周年文化交流音乐会演出活动。1991 年，上海市总工会举办"'91 上海国际工人文化艺术交流"，美国巴尔的摩鸡冠花园林夏日剧团、日本的横滨小剧场剧团、俄罗斯的敖德萨诗歌戏剧剧团与中国的上海工人茉莉花艺术团同台演出，上海市委副书记陈至立、上海市总工会主席江荣出席开幕式并观看演出。

茉莉花民族乐团 有专职专业指挥及民乐专家组指导，是上海规模较大、水准较高、具有一定影响力的成人非职业民族器乐爱好者团队；基本团员 90 余人，由全市职工优秀的民乐爱好者组成。该民族乐团经常参加市总工会的"茉莉飘香，情系一线"慰问基层职工、上海市"五一"晚会及春节劳模茶话会等重大演出活动。2010 年，获得第三届浦东"洋泾杯"长三角地区优秀民乐团队邀请赛金奖第一名。该民族乐团还经常举办专场音乐会，展示中国民族音乐作品。

图 2-2-1 茉莉花民族乐团专场音乐会演出照

茉莉花管乐团 创始于 20 世纪 50 年代，有着悠久的历史和光荣的传统，在各种大型演出活动中，展示了当代上海工人的艺术风采和精神风貌。团员 70 余人，分别来自全市各企事业单位。他们中有在职的董事长、总经理、教授、工程师、医生、外籍员工等，具有较好的专业训练基础，有较高的艺术素养和较强的管乐演奏能力，经常举办音乐会。在上海市人民代表大会开幕式、宋庆龄陵墓奠基仪式、南浦大桥通车剪彩、上海国际电视节开幕式等重大仪式上担当仪仗队。

茉莉花舞蹈团 由全市各系统的优秀职工组建而成,有团员30余人。每年参加市级、区级,以及基层文化演出逾70场,为数以万计的一线职工送去优质的舞蹈节目。通过多年的积累,茉莉花舞蹈团拥有较完善的日常管理制度。除了为了演出所进行的专门排练之外,该舞蹈团每周都安排固定的训练时间,内容包括舞蹈基训与舞蹈技能拓展。在国家级著名编导的指导下,该团积累了《开拓先锋》《鼓韵盛世》等多个优秀原创艺术作品。

茉莉花合唱团 前身为上海工人合唱团,被评为上海市非职业优秀文艺团队。茉莉花合唱团旨在聚集热爱音乐、热爱歌唱的广大职工,普及合唱艺术,提高广大职工的艺术素质,展现职工风采,活跃群众文化生活。合唱团成立以来经常参加全市各类重大活动的演出,并得到合唱指挥家马革顺、司徒汉、萧白、郑裕峰、曹鹏等亲临指导。萧白、林振地、王燕担任该团常任指挥。1994年,该合唱团参加了有江泽民出席的"五一"文艺晚会,演唱了由市工人文化宫艺术指导赵国平作曲的《带头羊之歌》,并在中央电视台综合频道播出。1995年,茉莉花合唱团和美国林费尔德大学合唱团在上海音乐厅举行交流演出。该合唱团被评为上海市十佳歌队,并长期为全市专业团队输送许多人才,也为基层企事业单位培养了不少声乐骨干。

茉莉花沪剧团 成立初期有演职人员30余名,后不断扩大,增至50余名。演出过传统沪剧《大雷雨》《庵堂相会》《雷雨》等。向佩玲、王兴仁、徐伯涛、王珊妹等沪剧演员担任过该团的指导老师。该团还取材工业战线的劳模、先进人物的事迹,编排表演唱和独幕沪剧小戏进行演出。在市工人文化宫工人创作组的支持下,创作排练大型沪剧《金色的梦幻》《钢城春燕》《被陷害的税务官》等,参加上海市职工文艺会演和全国职工文艺会演,并下工厂、矿山慰问演出。

茉莉花沪剧团还为专业沪剧团和民营沪剧团培养输送人才,如李恩来、顾春荣先后进入上海长宁沪剧团,陈辉、陆炳辉、李敏慧、贡春林等相继进入上海勤苑沪剧团,徐步科、戴孟莉、张亚林也相继加入勤怡沪剧团,王晓莉被文慧沪剧团聘为正式编制的演员。还有不少演员在市级、各区县、各系统的比赛中屡屡获奖。冯国跃获得"群星奖",在上海电视台举办的沪剧大奖赛中获得"荧屏奖"十佳榜首荣誉称号;张翠芳在"中华杯"戏曲卡拉OK大奖赛中获得一等奖,还在各区戏曲比赛中获得金奖。戴孟莉、王美娣、叶娟娟先后举办个人演唱专场。叶娟娟、张翠芳、王美娣等在各社区开办沪剧培训班,对市民进行辅导,组织排练等。

【上海电信绿波艺术团】

上海电信绿波艺术团的前身是上海邮电工人业余艺术团,始建于1959年,是一个拥有声乐、器乐、舞蹈、杂技和马戏等多种艺术门类的职工艺术演出团队,艺术团的演员全部从当时邮电管理局下辖各基层单位爱好艺术的职工中选出。1988年,上海邮电工人业余艺术团更名为绿波艺术团。

为庆祝中国共产党成立60周年,该艺术团排练220人的大合唱,演唱《秋收起义》《工农兵联合起来》《红军不怕远征难》《咱们工人有力量》等歌曲,上海电信主管领导干部也一起登台演唱。艺术团还排练大型舞蹈《欢庆解放》《祖国颂》等。1987年底,该艺术团在原有基础上组成短小精干的"乌兰牧骑"式的绿波演出队,深入基层,面向职工,到基层生产单位和郊县邮电部门开展宣传五讲四美、婚事新办、先进人物和先进事迹等慰问演出。至1990年底,绿波艺术团分别赴京、津、赣、闽、浙、苏、鲁等地巡回演出,为在北京举行的亚洲运动会、全国邮电工作会议、全国邮电科技会议、世界电信日、世界邮政日等作祝贺演出。该艺术团的歌咏队积极参加"上海之春"、上海"十月歌会"等文艺会演和比赛。

1998年,邮电部进行体制调整,邮电和电信实行分营,绿波艺术团整体建制划入上海电信有限公司,成为上海电信下辖的企业艺术团队,除对电信业务的宣传和推广外,也承担电信对内对外的各项公关接待活动。他们结合企业的业务和通信特点,通过自编自导的小品、歌舞、魔术等形式,宣传电信的各项业务和良好形象。

随着电信业务的稳步发展,绿波艺术团的演出开始逐步走进社区。自 2000 年起,绿波艺术团以每年 100 场次的频率参加社区的各项文艺演出,观众达到 75 万人次。他们的舞台遍及全市的各大广场、各个街镇和各居民住宅区,通过形式多样、雅俗共赏的文艺表演,树立电信企业积极形象的同时,为上海的精神文明建设添砖加瓦。

2001 年 2 月,上海电信有限公司和上海渔政部门联合举办了"光缆连万家,大家爱护它"为主题的保护国际海底光缆的特别宣传活动,绿波艺术团编排节目,连续三年在上海周边的崇明、启东、舟山群岛的各小岛上进行巡回演出,宣传保护国际海底光缆的重要性,大大提高了渔民们爱护国际海底光缆的自觉性。

2003 年 8 月,上海嘉金高速公路一期建设的徐泾段对接完成,绿波艺术团应上海建设单位的邀请,前往工地现场进行慰问演出,对日夜辛劳在工地一线的工人们表示慰问。在之后嘉金高速公路陆续完成的各个路段工程对接的两年多时间里,陆续进行了 15 场露天现场慰问演出。

在多年持续下社区、进工地的演出活动中,绿波艺术团吸引了上海各大媒体的关注,《新民晚报》《劳动报》《每周广播电视》《上海电视》《上海精神文明》都进行了相关的报道,《解放日报》还在头版刊登大幅照片,东方电视台、上海有线电视台,以及虹口电视台、长宁电视台等都予以了详细的追踪报道,社会影响力逐步扩大。

该团还是中外邮电文化交流的使者。1982—1986 年,该艺术团先后为美国、英国、日本、澳大利亚、新西兰、南斯拉夫、罗马尼亚、朝鲜等数十个国家的邮电官员和工会代表团来华交流活动进行演出,加深了与各国邮电同行间的友谊。

1993 年 2 月,受中国文联委托,绿波艺术团作为中国派出的一支民间艺术团队,参加在意大利举行的第三十八届国际民间艺术节。此次艺术节共有 20 多个国家的团队参与,其中亚洲的参赛团队则是中国和韩国。比赛中,绿波艺术团以舞蹈、民乐、魔术和车技为主线,将中国悠长的历史传统和文化精髓展现在世界各国友人面前,获得比赛金奖。意大利博物馆专门将其以敦煌为原形,结合西藏民族特色的舞蹈《香音神》的整个演出进行了留档保存,同时将该舞蹈的演出服装旗袍留在了博物馆的服装展示区。

2001 年 12 月,绿波艺术团小乐队正式成为上海市政府的国宾伴宴乐队,首次在上海市政府接待国宾挪威首相邦德维克的宴会上进行伴宴演奏。自此,绿波小乐队先后为印度、韩国、意大利、法国、奥地利等 20 多个国家的领导人进行国宾伴宴演奏,用各种中外乐器演奏不同国家的名曲,共进行近 30 场高级别高层次的外事接待演奏。

2002 年,绿波艺术团将 1988 年以后演出的经典乐曲和歌曲进行整理和录制,制作了绿波第一波和第二波音乐专辑,成为上海电信赠送国内外嘉宾的礼品。

2007 年 11 月 27 日,上海市政府在上海西郊宾馆会晤来华访问的法国总统尼古拉·萨科奇时,在观摩完绿波小乐队的精彩献演后,萨科奇总统很有兴趣地询问俞正声书记这是一支什么乐队时,俞书记自豪地说,这是一支企业的乐队。绿波小乐队在与市政府签约的 7 年间,每年的年终岁末,都会收到外事办国宾处向上海电信公司发来的感谢信。

绿波艺术团在注重团队技艺提升的同时,也未放松艺术创作,创作了一大批反映邮电通信生产和邮电工人工作、生活的各类文艺作品,比较有代表性的包括舞蹈《绿衣姑娘》《送报乐》《迎解放》;合唱《绿色的燕子》《押运员之歌》《话务员之歌》《十二大精神放光芒》《一个伟大的名字永放光辉》;

独唱《我们在哪里相见》《啊,信箱》《我的心儿随着电波歌唱》《我的家在四川路桥头》;曲艺《新西游记》《银线架金桥》《金子的心》《语言美》;器乐曲《我送喜信走得欢》《投递路上》等。

绿波艺术团许多节目获得上海市群文创作或优秀演出奖。舞蹈《迎解放》获上海市群众文艺会演优秀奖;合唱《一个伟大的名字永放光辉》、独唱《我的家在四川路桥头》获上海市歌咏比赛创作演出奖;民乐《风雨送信》获创作奖;车技队获优秀奖;民乐队获演出奖;合唱队获上海市优秀歌唱团和优秀演出奖。

2003年4月,绿波艺术团获得上海市职工精神文明"十佳好事"的称号;2005年,获得中央企业反腐倡廉歌曲创作优胜奖;2008年10月,获得上海市"五一文化奖"、上海职工器乐演奏大赛团队一等奖。

【宝钢管乐团】

宝钢管乐团成立于1988年5月,由宝钢总厂团委组织,有团员40人,均来自总厂各生产厂部。乐团得到总政军乐团、指挥家黄贻钧和日本管乐专家岩藤孙彦等有关团队和专家的指导。

该乐团积累了300余首风格不同的中外名曲,为宝钢各种会议、庆典、礼宾活动和慰问一线职工等活动演奏。参加上海"五一"音乐会、"上海之春"、第八届全国运动会、上海市劳模表彰会等重大演出,多次在上海大剧院、外滩陈毅广场等地为市民演奏。1994年,在上海音乐厅举办第四期吹奏乐音乐会,表演《奉献序曲》《樱花》《库班奇萨克》《非洲交响乐》《音乐之声》等管乐曲。1998年,举办6场"情系灾区"广场音乐会。

该乐团在1991年、1993年上海业余管乐队比赛中分别获得一等奖和上海市职工文艺演出金奖;2000年,该乐团参加在波兰列布尼克市举行的第九届"金竖琴"国际音乐节,与希腊、德国、捷克、匈牙利、波兰、斯洛伐克等国家8支乐团同场竞技,获得这次比赛的最高奖——"金竖琴"奖,同时获得最佳乐团、指挥、独奏单项奖。同年,上海电影音像出版社出版了该乐团演奏的《红旗颂》《光荣与辉煌》等管乐专辑。

图 2-2-2 宝钢管乐团演出照

【宝钢艺术团】

宝钢艺术团前身是宝钢电声乐团。1990年7月12日,上海宝山钢铁总厂决定在宝钢电声乐团基础上,扩大人员,公开向全社会招聘新演员,成立宝钢艺术团,归口总厂工会领导。1991年3月5日,上海宝山钢铁总厂建立开展企业文化活动的宝钢艺术团。同年3月12日,新组建的宝钢艺术团首次向社会亮相,在上海商城剧场举行"宝钢艺术团首场公演暨颁发证书"仪式。1991年9月,赴市总工会黄山疗养院慰问演出,受到黄山市领导和人民群众的赞扬。

【宝钢淞涛合唱团】

宝钢淞涛合唱团成立于1992年4月,由宝钢离退休职工组成,隶属于宝钢集团有限公司,是中国合唱协会及上海音乐家协会合唱专业委员会团队会员;历任团长孙旭、朱文彬。进入 21 世纪后,由宝钢老干部大学管理,并由副校长刘威宇兼任团长,队员保持在 60—70 人,平均年龄 61 岁。该团管理规范,经费得到保障,有固定的排练场所。每年在宝钢集团有限公司离退休职工中组织一次招生考试,以补充调整队员,保证团队演唱水平。

建团以后,该团经常受邀参加上海大型演出和社区的义演活动,其中包括全市组织的《黄河大合唱》诞生 70 周年的万人唱《黄河》活动。2010 年上海世博会期间,在宝山区东方丽都社区举行"世博进社区"宝钢淞涛艺术团专场演出;参加上海市在宝山区举行的"迎世博——倒计时 400 天"的大型文艺演出;参加世博园区内市民广场中宝山区社区市民活动专场演出;参加世博园区外的"周周演"活动等。

该团在市级、国家级重大演出活动中获得许多奖项。1998 年、2000 年,参加第一、二届"夕阳红"全国老年电视合唱大赛分别获得银奖和金奖;2005 年和 2010 年,分别获得上海第一、二届无伴奏合唱比赛所有组别的金奖第一名和第二名;2007 年、2008 年,分别获得上海音乐家协会主办的无伴奏合唱比赛总决赛金奖。合唱《远方的客人请你留下来》获得第十七届"上海之春"合唱比赛铜奖;独唱《春天的故事》获得上海退休职工迎香港回归暨第三届文艺会演团队第一名;合唱《曾乐组歌》(六首)获得 1998 年上海"十月歌会"优秀创作奖;女声表演唱《送报歌》获得上海工业系统离退休职工文艺会演一等奖;独唱《沁园春·雪》获得上海工业系统离退休职工文艺会演二等奖;女声小组唱《同一首歌》获得全市老年独唱、重唱、小组唱会演二等奖;女声小组唱《工地小憩》获得 2002 年上海"十月歌会"创作奖;2006 年,合唱《在灿烂的阳光下》在上海市首届"光明杯"迎世博评选中获得"银发使者"称号;2009 年 5 月,参加上海市委组织部等主办的庆祝上海解放 60 周年"托起城市的荣光"大型歌会,担任中心舞台的演出,被中共上海市市级机关工作委员会授予特别贡献奖;2005 年、2007 年、2009 年,该团由市文广局推荐代表上海参加由文化部主办的第七届、第九届、第十一届"永远的辉煌"——中国老年合唱节比赛,均获得金奖;2006 年,获得市文广局评选的非职业优秀合唱团队称号。

图 2-2-3　宝钢淞涛合唱团演出照

【永昌女子管乐团】

1996 年 9 月 5 日,中国第一支由下岗女工组成的管乐团——永昌女子管乐团在沪西工人文化宫挂牌成立。由永昌服饰总公司吸收下岗女工 45 人,原申新九厂细纱车间党支部书记顾琴担任永昌女子管乐团领队。1996 年 8 月 6 日起,由沪西工人文化宫负责集训。经过 4 个多月的刻苦学习,12 月 31 日晚,该管乐团在普陀区庆祝 1997 年元旦文艺晚会上首次登台演出,其中钱锦凤的中音号、牟凤娟的萨克斯管、陈海琴的小号和黄培勤的敲鼓等尤获好评。永昌女子管乐团的建立,被列为 1996 年上海十大文化新闻奖之一,1997 年获上海市总工会再就业工程排头兵榜首称号。之后,该管乐团继而又多次参加其他演出活动。后因永昌服饰总公司不再提供资金支持,仅剩下 20 多人。1999 年 8 月起,永昌女子管乐团一直在东方明珠塔担任仪仗演奏。

【上海演出家艺术团】

上海演出家艺术团成立于 1999 年 6 月,是经市文广局批准、具有演出许可证的专业文化艺术表演团队。该艺术团为独立企业法人,接受上海演出行业协会的工作指导。经过多年的发展,上海演出家艺术团有 3 个表演分团:轻音乐、歌舞杂技、舞蹈团,演员总计 100 多人。艺术团法人代表、名誉团长李家骅,团长周恺。

上海演出家艺术团的足迹遍布了工厂、校园、营房、社区、农村,通过上海国际艺术节的"天天演"、夏季纳凉晚会、儿童剧展演贺岁专场和一年一度的"送戏下乡"等平台,为上海市民演出 1 000 余场,观众约 70 万人次。艺术团还到上海儿童福利院、癌症康复俱乐部、爱心学校等单位为特殊观众群体演出。

该艺术团所属舞蹈团以女演员为主,她们均毕业于全国各地的专业舞蹈院校,受过良好的专业舞蹈训练,阵容整齐,表演水平良好,拥有多个特色鲜明的舞蹈(包括民间舞、现代舞等)成品节目。艺术团的其他歌舞、曲艺、杂技节目,形式多样、贴近生活。

二、武警公安、警备系统表演艺术团

【上海警备区文工团】

上海警备区文工团诞生于抗日烽火年代,前身为渤海纵队文工团。1947 年,编入渤海区行政公署宣传大队第 2 队。1948 年 8 月,在济南战役前夕由渤海区宣传大队第 2 队与第 7 师、第 11 师文工团合并成渤海纵队文工团。1949 年 2 月,改编为第 33 军文工团,后又改称淞沪警备区文工团。1986 年 8 月,在"南京路上好八连"军乐队基础上重新组建了融军乐、舞蹈、曲艺、声乐等为一体的综合性文工团。2000 年 12 月,以该团力量为主成立了上海双拥艺术团。

该团长期坚持为部队服务、为基层官兵服务、为战斗力建设服务的宗旨,写兵、唱兵、演兵,经常深入基层连队、海防哨所慰问演出。经过不断研究和摸索,逐步形成了自己独特的艺术风格,成为南京军区和上海军内一支颇具影响力的文艺团队。1998 年和 2004 年分别参加了中央电视台的双拥晚会,近万名观众观看了该团演出的《红红的日子》《双拥颂》等文艺节目。2001 年参加了中央电视台"八一"晚会,受到中央军事委员会主席江泽民、副主席胡锦涛等党和国家领导人及军委首长的亲切接见。在上海世博会期间,该团把海宝的欢歌送到海防前哨,让世博吉祥物陪伴坚守哨位的战友,获得首届全军"十佳战士文艺之星"称号并荣立二等功的分队长陈赢冰,带着海宝和长笛,与王雯雯等一起来到执勤点,表演器乐合奏节目《月亮和兵》。

该团重视人才培养和专业建设,与上海主要艺术院校、文艺团队和广播电视台等建立紧密的协作关系。军事化的管理和专业化的培训,使警备区文工团拥有一支风气优良、纪律严明、素质一流的团队。培养了出演《玉观音》《幸福像花儿一样》等影视剧女主角的知名演员孙俪,"天天向上"节目主持人钱枫,全军"十佳战士文艺之星"陈赢冰、杨文婷等一批文艺人才。编创和表演的文艺节目在全国、全军的评比中多次获奖,在军内外具有广泛的影响。1996 年,舞蹈《咱当兵的人》获得第六届"群星奖"铜奖;1998 年,快板《党小组长》、舞蹈《荔枝飘香》获得全军文艺会演一等奖;1999 年,小品《二娃学电脑》、音舞快板《战上海》、舞蹈《军营菜篮四季飘香》、评弹与舞蹈《玉兰花开满军营》分别获得南京军区业余文艺汇演表演二、三等奖;同年,张莉、刘华参加全军双拥晚会,获得优秀表演奖,分别荣立三等功;2000 年,舞蹈《荔枝飘香》获得"群星奖",领舞孙俪荣立二等功。该团还具有一支颇有实力的军乐队,先后培养出一批颇有影响的管乐演奏员,2002 年,长号演奏员丁晓峰在全国雅马哈长号成人组比赛中获一等奖。同年,音舞快板《边关欢歌》获得了第十一届"解放军文艺奖"最高奖,主要创编人员张莉、何媛媛分别荣立二等功;2003年,音乐剧《阳光哨所》获得全军第五届"战士文艺奖"表演一等奖;2005年,小品《连队拔河赛》、歌曲联唱《光荣歌》、鼓舞说唱《军营新歌新气象》和器乐相声《婚礼进行曲》等分别获得南京军区业余文艺会演二、三等奖和最佳节目奖;2008年,音舞表演唱《夸夸咱的兵妈妈》获得全军第七届"战士文艺奖"表演二等奖。该团在APEC会议、第八届全运会等大型庆典及外事迎宾活动中均有良好表现。

该艺术团还成功举办或参与了近百场大型文艺演出,许多优秀节目多次在中央电视台、上海电视台播出,深受好评。该团获上海市拥政爱民模范集体、上海市精神文明建设先进单位等殊荣,被誉为"霓虹灯下的文艺轻骑兵"。

【武警上海市总队政治部文工团】

武警上海市总队政治部文工团前身为上海公安总队文工队,组建于1950年,1955年撤销。1969年上海警备师组建文艺宣传队。1982年,武警上海总队重新组建后,1983年组建武警上海市总队政治部文工团。全团共55名官兵,下设军乐队、舞蹈队、歌队、话剧队和后勤保障分队。

建团开始,始终坚持"服务基层,面向社会"的宗旨和"弘扬先进文化,唱响时代旋律,打造精品力作,服务基层官兵"的队训,是一支深受部队官兵和广大群众喜爱的部队文艺团队。该文工团先后举办《上海请检阅》《浦江卫士情怀》《霓虹灯下新哨兵》《强国梦卫士情》《强军路上大步走》等大型文艺晚会,江泽民、习近平、俞正声等党和国家领导人观看《我们的队伍向太阳》《军旗飘扬》等晚会。创立至今,创作各类节目1 000余个、话剧2部,参加演出4 000多场。先后涌现出指挥徐荣、作曲家桑楠、词作家姜忠民、作曲家王玮等艺术家。创作小品《演练》、歌曲《巡逻长江口》、舞蹈《都市帅兵》、音乐短剧《女兵的颜色》、大型情景剧《情暖警营》等一批优秀作品。该团获得省级以上奖项400多个;在全国、全军和武警部队各类比赛中也屡屡获奖。

1987年12月,该团成立武警上海总队政治部军乐队。这支队伍走遍全总队每个中队、哨所,为部队演出1 000余场,为上海各界演出、军乐仪仗表演2 000余场。军乐队连续12年承担上海市两会开、闭幕式的军乐司礼任务;先后圆满完成2001年上海APEC会议各国元首入场的迎宾司礼任务;2005年至2010年国庆上海市人民广场升旗仪式的国歌演奏任务;2010年,在上海世博会开、闭幕式上演出。军乐队焦杨获得首届亚太地区小号独奏比赛银奖;安刚在中国首届优秀管乐人才独奏比赛中获得单簧管成人组金奖;潘毅之获得全国首届管乐独奏比赛银奖。1989年7月,军乐队参加武警部队文艺调演获优秀表演团队奖;2005年,获得"上海之春"管乐比赛社会组金奖。江泽民、朱镕基、杨尚昆、李先念等党和国家领导人先后观看过军乐队的演出,部分演员代表武警部队出访过意大利、日本等国。

该团歌队是活跃在上海的一支有较高艺术水准的优秀团队。主要演员均毕业于全国各大音乐院校,主要以民族、美声、通俗唱法为主,在全国、全军各类大赛中屡获大奖,多次圆满完成上海市、武警部队的重大演出任务,在各大媒体频频亮相。1986年2月,歌唱演员杨伟利、王敏参加上海市首届通俗歌曲业余选手决赛,分别获得二等奖;同年4月,陈忆代表上海市参加中央电视台第二届青年歌手大奖赛业余组美声唱法决赛,获得优秀歌手奖;1987年,余争平、沈汉芳、陈列东和沈艳4名歌手参加上海市第三届通俗歌曲比赛,分别获得二等奖和三等奖;1988年,歌唱演员陈忆参加中央电视台全国青年歌手大赛,获得美声唱法二等奖;沈汉芳、余争平被中央电视台聘为特邀演员;1989年4月,陈忆、沈汉芳、陈列东参加武警部队首届业余歌手大奖赛,分别获美声组一等奖、民歌组三等奖、美声组优胜奖;1991年,声乐演员沈汉芳参加华东六省一市民歌大赛,获得二等奖;2002年5月,歌队参加文化部举行的全国群众歌咏比赛,获三等奖。20多年来,歌队人才辈出,先后涌现出全国青歌赛民族唱法银奖获得者敖长生、民族唱法荧屏奖获得者朱志容,"五个一工程"奖获得者殷为杰等一批优秀演员。

该团舞蹈队在历年的上海市庆"七一""八一"电视文艺晚会中,都担任重要演出任务。参加过中央电视台"同一首歌——走进上海"、"群星耀东方"、上海国际艺术节开闭幕式、上海国际电影节开闭幕式、2008年北京奥运会城市文化广场文艺演出,以及《为奥运喝彩》广场文艺演出等重大活动。舞蹈《都市帅兵》《走过霓虹》获得全军文艺会演一、二等奖。

该团话剧队多次参加全国、全军、武警部队及省、市的各项比赛,小品《天涯共此时》《演练》《押运》《电梯楼梯》《镇定针》及音乐短剧《吉祥伞》《南京路上橄榄绿》均获大奖;小品《女兵的颜色》获"群星奖";原创话剧《第七安检组》被评为武警部队文艺会演最佳晚会奖,并作为世博文化遗产被世博展览馆永久收藏。原创大型情景剧《情暖警营》多次在上海电视台播出。话剧队先后涌现出全国

图2-2-4 军民联欢文艺晚会

曲艺牡丹奖提名奖演员董德平、武炳然,全军"战士文艺奖优秀演员"许逸俊、魏龙溪、于妍,影视演员孙茜等一批优秀演员。

此外,该团积极参加社会公益活动和精神文明建设活动,包括上海市两会、APEC会议乐队仪仗任务,六国峰会、国际特奥会开幕式、北京奥运城市文化广场的文艺演出、世博百场文艺巡演等大型活动,多次被上海市委市政府评为"军民共建精神文明建设先进单位""拥政爱民先进单位""上海市优秀文艺团队""武警部队优秀文工团""群众文化工作先进集体""上海市精神文明建设先进单位"。

【金盾艺术团】

金盾艺术团也称上海公安消防总队文工团,组建于20世纪70年代,1992年7月被公安部正式命名为金盾艺术团。隶属于上海市公安消防总队,是全国公安消防部队和驻沪部队中唯一的一支专业文艺团队。

金盾艺术团在公安部、上海市公安局和上海市消防总队的领导下,坚持党领导文艺的方向,坚守宣传消防、服务部队、服务社会的主阵地,以"弘扬消防精神,传播平安文化"为己任,讴歌公安消防战士的英雄风采,传播平安知识,足迹遍布全国,构筑了独特的公安文艺长廊,赢得了"火中凤凰、警营奇葩"的美誉。该团按照部队的管理条例,遵循艺术的发展规律,先后从地方和部队文艺院团引进各类艺术人才近百人,培养了一批思想好、觉悟高、有理想、有才干的专业文艺人才。经过40年的努力,其组织建设、艺术建设初具规模,艺术品格、艺术水准日臻成熟。

上海市公安消防总队尊重知识、尊重人才,为青年文艺人才创造良好的工作、生活环境和发展空间,扶持培育了一批优秀演员,为文工团的发展储备人才。该团积极推荐一些有实力的演员参加全国、上海等有重大影响的比赛和演出,并根据他们的自身条件量身定做艺术作品,发挥他们的艺术特质。该团的许多优秀人才成长为享有盛誉的编导、作曲等创作专家和声乐、话剧、曲艺等专业

的优秀演员,在各自岗位上发挥了重要作用。仝阿梅已成为著名军旅歌手,易坚东、李泽等也是颇具影响的实力歌手,计翼彪因为主演在上海东方电视台播放的情景剧《开心公寓》而在上海拥有很高的知名度和人气。

该团倾力创作或与外界合作创作的音乐、歌舞、话剧和综艺剧等各类作品计300余部,这些创作作品将受众的感受和宣传的有效性融入艺术和审美中,具有时代感。如歌曲《一个都不能少》采用了流行音乐的写法,并糅合了摇滚的元素;歌曲《幸福就在不远处》运用了音乐剧的叙事手法;滑稽戏风格的小品《群租房》、沪语演唱《买汰烧》等将防火宣传融入鲜明的地方特色,成为群众喜闻乐见的作品。

该团立足上海面向全国,立足部队面向社会,经过自身不懈努力,不仅在部队专业艺术团队崭露头角,也赢得了社会广泛关注。自建团以来,参加公安部历届春节晚会的演出,完成上海的各类演出任务和重大的礼仪活动。1992年以来,参加公安部举办的"公安文化基层行"文艺小分队全国巡回慰问演出,演出足迹遍布中国各地的军营田野、街道里弄、工厂学校。应邀去京、苏、皖等地演出,10多年共计演出3 000多场,观众约400余万人次。该团每到一处,都传播法治观念,宣传消防知识,被誉为"都市里的乌兰牧骑",被公安部政治部荣记集体二等功。该团先后出访日本、韩国、新加坡、奥地利、德国等国,并前往中国香港、中国澳门、中国台湾进行文化交流。该团参加上海国际艺术节等文化交流活动近90次,并参与杨浦区的节庆、专题、社区、广场等文艺演出活动。2001年11月,参加杨浦区文化局承担的在南京路步行街世纪广场组织的中国上海国际艺术节"天天演"专场演出,博得3 000名中外观众和游客的阵阵喝彩。

该团是双拥工作模范单位,先后与惠民中学、沪东工人文化宫、上海卷烟厂、杨浦区社会福利院等单位建立共建关系。每年3月5日和重阳节为福利院老人进行慰问演出,部分演员与老人结成对子,定期上门探望和服务。

2002年至今,该团组织演出了40余台大型节目,不少作品获得国内外大奖。演员的演唱、表演和创作人员的作品多次获得国家级和部级奖项,80余人次在国家和省市级各类文艺比赛中获奖。该团多次获得上海市"拥政爱民模范单位""军民共建社会主义精神文明先进单位""爱心助老特色基地"等荣誉称号。

三、文化教育系统表演艺术团

【中国福利会少年宫小伙伴艺术团】

中国福利会少年宫小伙伴艺术团是由国家名誉主席宋庆龄于1955年5月28日亲手创办的上海第一个儿童艺术团。1991年成为上海市艺术教育委员会领导的上海市学生艺术团分团之一。1996年6月,小伙伴艺术团与上海东方电视台联袂组建上海东方小伙伴艺术团,使这支少儿文艺团队有了更大的展示与发展空间。

小伙伴艺术团由6—16岁爱好艺术的中、小学生组成。该团设有合唱、舞蹈、民乐、管弦乐、手风琴、钢琴(电子琴)、戏剧、影视、木偶、书画工艺10个演出分团,共有小演员800多名。时任中国福利会副巡视员、少年宫主任、上海市舞蹈家协会副主席陈白桦担任团长,艺术家贺绿汀、熊佛西、丁善德、周小燕、胡蓉蓉等担任名誉顾问。

历届小伙伴艺术团的孩子们在课余时间到少年宫进行学习和训练,参加上海市和全国少年儿童的文艺会演和比赛。他们还经常深入学校、工厂、部队、农村演出,参加节日庆祝活动以及电视、电影的录音、录像等,许多优秀节目参加国家和上海各类重大活动和慰问演出活动,获得一致好评。1994 年,艺术团赴北京参加国庆 45 周年游园演出,江泽民在观看舞蹈《中国风》后称赞:"这个节目很有特色,表演得很好。"该舞蹈还参加 2002 年中央电视台"六一"晚会演出和第九届 APEC 领导人非正式会议、第三十五届亚行理事会年会开幕式的文艺演出。2002 年 6 月,在法国巴黎香榭丽舍剧院,《中国风》再次为上海申办 2010 年世博会增光添彩;2008 年,该节目参加庆祝西藏民主改革 50 周年主题活动演出,表现了各族少年儿童团结向上的精神风貌,展现民族团结、和谐发展的时代精神。

2006 年,该团应邀参加"永远的长征"——上海市纪念红军长征胜利 70 周年文艺晚会演出,近 200 名舞蹈、合唱小演员表演大型歌舞《我们是共产主义接班人》,展现新时代少年儿童的精神风貌。2007 年,该团舞蹈、声乐、影视团参加在东视剧场举行的上海市庆祝中国人民解放军建军 80 周年——《我们的队伍向太阳》大型文艺晚会,表演大型情景剧《陈毅进城》和少儿歌舞《闪闪的红星》。同年,参加在上海展览中心举行的上海市各界人士春节团拜会,由 62 名小演员参演的开场舞蹈《和谐新春》和尾声舞蹈《盛世和韵》为团拜会文艺演出的现场增添喜庆祥和的气氛。2008 年,该团参加了"血脉相连 众志成城"——上海市社会各界赈灾文艺晚会,艺术团 64 名小演员表演为抗震救灾义演连夜赶排的励志歌舞《生命的希望》,孩子们极富震撼力的表演,传递心手相连、团结一致、众志成城、重建家园的勇气和力量。2010 年,小伙伴合唱团参加国际博物馆协会第二十二届大会暨第二十五届全体会议闭幕式文艺演出。该团还应邀参加第九届 APEC 首脑非正式会议、第三十五届亚行年会开幕式、上海合作组织成立五周年文艺晚会、2007 上海世界特殊奥林匹克运动会闭幕式、俄罗斯"中国年·上海周"开幕式、北京奥运文化广场展演、2010 上海世博会开闭幕式、亚洲相互协作与信任措施会议第四次峰会晚会等国内外重大演出活动。

小伙伴艺术团还参加"上海之春"国际音乐节、上海国际艺术节各类活动和全国各种少年儿童文艺会演、比赛以及国际少年儿童艺术节等演出活动。许多作品在全国、省市会演、比赛中获奖,有代表性的包括民乐《金蛇狂舞》《丝长竹青》,童话剧《我的蟋蟀好朋友》《妙手回春》《小珍珠贝》,戏剧小品《我的蟋蟀好朋友》《猪八戒读天书》《跟自己开玩笑》《GREEN 行动》,舞蹈《微笑的白玉兰》《诚实》《共同的太阳》《巾帼小不点》,声乐《黑眼镜》《老爸老爸顶呱呱》等。其中,舞蹈《白鸽》获得 1996 年第六届"群星奖"金奖;舞蹈《剪窗花》《金葵花》分别获全国少儿舞蹈比赛、"'96 全国首届少儿电视艺术团演出周"金奖、一等奖和团队优秀奖;大型舞蹈《中国风》获得宝钢高雅艺术奖、上海市群众文化优秀作品创作奖;舞蹈《巾帼小不点》获得 2007 年全国第二届中小学艺术展演一等奖;相声《书包》获得全国少儿曲艺大赛一等奖;小品《奇妙的游戏机》获得全国少儿电视小品赛一等奖;合唱团参加 1991 年、1996 年、1998 年、2002 年上海市布谷鸟歌咏节比赛均获一等奖第一名;2004 年参加上海市首届双语歌曲大赛获特等奖;2009 年参加由文化部、教育部共同主办的第三届中国少年儿童合唱节,获得"小百灵杯"第一名。

随着改革开放的深入,国家、地区之间的交往日益频繁,中福会少年宫艺术团与各国少年儿童之间的文化交流活动也不断发展。1970—2010 年,该艺术团先后应邀出访南斯拉夫、比利时、美国、英国、法国、德国、澳大利亚、韩国、日本、朝鲜、新加坡、菲律宾、匈牙利等国献艺,还到中国香港、中国澳门、中国台湾地区进行儿童文化艺术交流,并在新加坡维多利亚剧院、维也纳金色大厅、悉尼歌剧院、英国泰恩歌剧院等专业剧院举办小伙伴专场音乐会和综合文艺展演,被中外友人誉为"中国的小大使""上海的城市名片"。

小伙伴艺术团多次被评为上海市劳动模范集体、上海市群众文化工作先进集体,并获得上海市群众性优秀文艺团队等荣誉。2008年1月,小伙伴艺术团获得美国总统艺术人文委员会、美国博物馆和图书馆协会、美国艺术基金会、美国人文基金会共同颁发的"站得更高"奖,由此成为中国第一个获得此项殊荣的民间艺术机构。2010年,在北京人民大会堂隆重举行的中国2010年上海世界博览会总结表彰大会上,中国福利会少年宫小伙伴艺术团荣膺由中共中央、国务院颁发的"上海世博会先进集体"称号,在全国377家获奖单位和集体中,该团是唯一获得表彰的少年儿童艺术团队。

【上海小荧星艺术团】

上海小荧星艺术团成立于1985年,拥有舞蹈团、合唱团、歌舞团、演奏团、影视戏剧团5个分团,在团学员800人左右,年龄在4—18岁。小荧星艺术团是上海市大型少年儿童综合文艺表演团队,致力于选拔艺术人才,培养明日之星,提升少儿的艺术素质、个人修养和综合能力。很多昨日的小团员,陆毅、冯绍峰、胡歌、谭元元、黄圣依和成千上万的热爱艺术的少年儿童从小荧星出发,成为影视界和艺术界明星,或者活跃在全国电视荧屏和国内外文化交流的舞台上。

建团25年间,小荧星艺术团不断亮相各类国内外高规格的大型活动及重要赛事,活跃在电视荧屏、电影银幕及艺术舞台上,参加上海市各项重大文艺演出活动近千场,包括亚太经合组织(APEC)峰会晚宴、非洲开发银行理事会年会、特奥会开幕式、女足世界杯开幕式、世界游泳锦标赛开幕式、布雷根茨国际艺术节、美国林肯艺术中心"上海等你来"天籁童声合唱音乐会、日本仓敷音乐节开幕式、第二十七届博尔扎诺国际舞蹈艺术节、台北市儿童艺术节、上海世博会开闭幕式、中华人民共和国成立60周年电视文艺晚会等大型演出活动。

图2-2-5 小荧星艺术团创立初期,在学校走廊里练功的舞蹈团孩子们

该团创作了许多少儿艺术作品,并在全国和国际多项艺术比赛中屡获大奖。在第八、九届世界合唱大赛,维也纳青少年合唱比赛,中德合唱邀请赛,首届中国少儿合唱节比赛,第四、五、七届"小荷风采"全国少儿舞蹈展演大赛等国内外各类比赛中囊括金奖;接连获得2010年CCTV全国儿童歌曲大奖赛儿童最喜爱歌曲奖、2010年新加坡魅力金狮奖、2010年CCTV全国少儿曲艺大赛二等奖、2010年CCTV全国少儿曲艺大赛优秀作品奖。该团创作演出的歌舞《好一朵茉莉花》《友谊天长地久》在APEC上海峰会上获得各国来宾的广泛赞誉,参演的小演员受到党和国家领导人的接见。表演的《好日子》《欢乐歌》等民乐重奏节目也成为对外文化交流演出的重要曲目。

小荧星合唱分团 该团以弘扬高雅艺术为宗旨,演绎经典曲目为己任。在弘扬经典艺术作品的基础上,特别注重对本国、本地区歌曲的推广和传唱,具有代表性的包括唱遍大江南北的《歌声与微笑》,生动活泼的《济公》《上海叫卖小调》等。合唱团积极参加全市和国内外的重要活动,在中外文化交流中弘扬中华民族精神,以精彩的表演得到了国家领导人的高度赞扬。2002年,随上海市政府代表团赴法国巴黎申办 2010 年上海世博会,并在申博晚宴上演出;参加"中日友好之夜"大型音乐歌舞晚会演出,团员陆放领唱歌曲《一衣带水》;2004 年,与澳门演艺学院舞蹈团合作参与"沪澳情·两地缘"——庆祝澳门回归 5 周年;沪澳青少年大联欢综合晚会演出;2005 年,参加日本爱知世博会的开幕式及闭幕式演出;2006 年,参加第三届中俄妇女文化周闭幕式和"动画伴我飞翔"——纪念中国动画 80 周年庆典晚会演出;2007 年,赴日本参加第二十一届仓敷音乐节开幕演出;参加国务院为非洲开发银行理事会年会举行的欢迎晚宴演出;参加纪念"八一三"淞沪抗战 70 周年军民抗日歌曲大联唱暨撞钟仪式演出;参加 2007 年世界夏季特殊奥林匹克运动会开幕式,与作曲家、指挥家谭盾同台演绎歌曲《天地与我为一》;2008 年,参加日本"早安少女组"上海演唱会,并与该组合合唱世博歌曲《世界博览》;参加 2010 上海世博会倒计时 100 天大型演唱会。

小荧星合唱分团获得 2006 年中国文化部、教育部颁发的"全国优秀合唱团"的称号;获得中国首届少年儿童合唱节最高荣誉奖——"小百灵杯",以及香港国际青少年合唱节金奖;同年参加香港童声协会举办的 2006 香港国际青少年合唱节,在来自世界各地的 44 个合唱团中脱颖而出,获得金奖;2007 年,参加由中国合唱协会、中国教育学会音乐专业委员会主办的中国第四届童声合唱节,获得最高奖项——中国优秀童声合唱团奖;2008 年,在香港获得第四届全国童声合唱金奖;同年参加上海国际童声合唱展演颁奖暨汇报演出晚会,演唱歌曲《编花篮》《春潮》《花非花》,获得一等奖;参加以"唱响童心"为主题的 2010 年全国儿童歌曲大奖赛,获得多个金牌。

20 多年间,小荧星合唱分团录制了 70 余张专辑,推广了一大批风格清新、健康向上的优秀作品,包括《歌声与微笑》《走进十月的阳光》《叫卖小调》《路边的童谣》《济公》《我们的共同世界》等脍炙人口的少儿合唱名曲,被誉为"真善美的传播者"。为迎接上海世博会,发行《世界博览》和《上海你好》两张合唱专辑。录制发行的音乐专辑多次获奖,2007 年发行第三张专辑 CD——小荧星合唱系列之获奖金曲;代表作《叫卖小调》合唱专辑在 2009 年获得第七届中国金唱片奖;同年制作并出版《瓦砾下的花朵——小荧星爱心合唱专辑》,获得由中国出版工作者协会举办的第二届中华优秀出版物奖、抗震救灾特别奖。

小荧星舞蹈分团 舞蹈团以民族舞、芭蕾舞、拉丁舞、爵士舞、踢踏舞等多种风格为表演形式,训练有素的集体表现,频频活跃于各大文艺演出的舞台上,承担着政府及广电系统重要的演出任务。舞蹈团的成员们作为上海各大文艺晚会的小主力军,参加过女足世界杯,上海世博会开、闭幕仪式,中央电视台庆祝六一,世界游泳锦标赛等所有在上海举行的各类大型活动演出。创作的《播撒希望》等节目获得全国少儿音乐舞蹈大赛特别奖和金奖。创作演出的《2008,看我们的》《中华采风》《鹅池》等舞蹈作品谱写时代旋律,成为大型文艺演出中的优秀节目。《童语撷趣》《上海小戏迷》《水清鱼儿欢》获得"小荷风采"全国少儿舞蹈大赛金奖。

小荧星歌舞分团 歌舞团以音乐剧、歌舞组合为主要表现形式,是艺术团中最具现代感和时尚气息的艺术分团。成立至今,小荧星歌舞团活跃在电视荧屏、电影银幕及各大艺术舞台上,多次参与上海世博会开、闭幕式等重要的大型演出及出访活动。活动中,孩子们多次受到江泽民、李长春等国家领导人的接见。此外,小荧星歌舞团多次参加包括 CCTV 全国儿童歌曲大奖赛等全国儿童赛事,取得了全国金奖的优异成绩,是央视儿童歌曲大奖赛开赛以来成绩颇佳的团队,受到包括中央电视台等全国各大卫视的关注。多次参与中央电视台《艺术人生》《非常 6+1》《央视少儿春晚》等栏目及湖南卫视《天天向上》《快乐大本营》、凤凰卫视《鲁豫有约》、东方卫视《中国达人秀》《群星耀东方》、浙江卫视《中国梦想秀》等全国数十家卫视名牌栏目的节目录制。

小荧星影视分团 影视团以相声、小品、主持、朗诵、配音、儿童舞台剧等为主要培训形式,为各类文艺演出、广告拍摄、广播电视节目、舞台戏剧和影视剧输送很多优秀的小演员。影视分团的学员们参加过《城南旧事》《上海一家人》《孽债》《上海往事》《老鼠爱大米》《爱在离别时》《芝麻街孩子》《少年包青天》《火力少年王》《长江七号》《幸福1＋1》《胭脂雪》《回家的路》《对岸的战争》《爆丸小子》《孩奴》《璀璨人生》《北风寒》《爱可以重来》《心曲》等百余部优秀影视剧作品的拍摄，并参与拍摄了数千条国际品牌的平面和电视广告。参加2008年北京奥运会、2010年上海世博会等多个大型活动的演出。国内知名的影视明星陆毅、胡歌等都出自小荧星影视团，因此该团也被誉为"明星的摇篮"。

小荧星演奏分团　是旨在弘扬中华民族精神，展现中国民族文化特色的民乐队，主要创作和演奏各类中国民族民间曲目：《赛马》《好日子》《江南风韵》等各种独奏、合奏民乐节目，多次代表中国儿童民乐表演的较高水准，参加文化交流活动的演出。2002年7月21日，代表"和平小天使"的小荧星演奏分团赴中国台湾进行交流演出，同年随上海市赴法国申博演出团演出；2005年5月，先后参加台湾国民党主席连战所率领的代表团以及亲民党主席宋楚瑜所率领的代表团的欢迎晚宴的演出。

演奏团还拥有轻音乐队，以普及高雅文化艺术，演奏亚非拉欧各国经典民族和各类现代曲目为特色。在新民乐风尚的影响下，该团将中西乐器演奏结合起来，以具有时代特色的表演形式，体现21世纪青少年的国际化艺术风貌。

【上海市学生艺术团】

上海的学生艺术团队发端于民国初年，并在"五四"新文化运动的影响下逐步形成并发展。改革开放以后，各类学生艺术社团开始恢复建设，各级学校也展开多层次、全方位新的探索，促进学生艺术团的有序发展。

1991年，市教委组建上海市学生艺术团，旨在进一步提高广大青少年的艺术修养，培养一批具有较高素质的青少年艺术人才。该团在市教委直接领导下，由上海市科技艺术教育中心（上海市学生活动管理中心）管理，是具有一定艺术特长的中小学生和中等职业学校学生组成的大型艺术团队。该团下设同济大学附中合唱团、市北中学合唱团、黄浦区青少年艺术活动中心（下称青中心）春天少年合唱团、长宁区少年宫民乐团、杨浦区少年宫民乐团、黄浦区青中心民乐团、市三女中吹奏乐团、南模中学学生交响乐团、浦东新区青中心民乐团、民航上海中专管乐团、仲盛舞蹈团、黄浦区青中心工艺表演团、长宁区青中心工艺表演团、市二中学影视剧团等24个分团，这些分团大多相对独立，并分属于相关的学校管理。其排练演出门类，涵盖交响乐、管乐、民乐、合唱、舞蹈、工艺美术、戏剧戏曲等12个项目，约有1000多名团员。经过近20年的努力，各分团每年均创编、排练和演出一批具有较高质量的新作品，团员们具有一定的艺术水准，积极参加教育部、市教委等组织的各级各类展演、比赛活动，参与国内外文化艺术交流活动。

2002年，教育部下发《全国学校艺术教育发展规划（2001—2010）》，作为学校艺术教育的奋斗目标和行动纲领，规划中明确指出，课外、校外艺术活动是学校艺术教育的重要组成部分，既与艺术课教学相互联系，又具有与艺术学科教学相区别的独特的教育价值。文件下达后，各级学校组建学生艺术团蔚然成风。各级各类学校因地制宜，充分利用一切有利条件，普遍成立各种艺术活动小组和社团，充分发挥社会文艺团队和艺术家的作用，帮助学校开展艺术活动。

此外，许多区县也成立区县一级的学生艺术团。至2010年，上海已有85%以上的区县建立区县一级学生艺术团，90%以上的学校成立了以"三团一队"（合唱团，舞蹈团，文学、美术社团和乐队）为主的艺术团队。平均每个学校有1/4的学生参加各类兴趣小组，成为开展艺术活动的骨干。学校广播站、黑板报、活动中心成为学生开展艺术活动的良好载体。至 2010 年,全市有 15 个学生团队成为上海市重点艺术团队。

【上海大学艺术团】

上海大学艺术团是非艺术专业大学生进行艺术实践的重要平台,也是进行艺术素质教育的载体之一。艺术团的演练实践主要由日常的理论学习和技能训练、定期音乐会或展演两个部分组成。艺术团的团员由上海大学的普通学生和音乐专业的学生共同组成,通过定期排练和演绎使学生获得更直接的艺术体验。上海大学有 8 大学生艺术团,分别是交响乐团、民乐团、管乐团、合唱团、弦乐团、打击乐团、钢琴协会、舞蹈团。其中,民乐团、管乐团和合唱团为市教委命名的上海市级艺术团,其余为校级艺术团。各个艺术团都有专业教师指导,定期考核。学校为艺术团团员设立艺术类单项奖学金。经过十余年的发展,艺术团在校内外产生了一定的影响,对校园文化建设发挥着积极的作用。

上海大学管乐团　成立于 1993 年,有团员 50 余人。乐团多次参加校内外大型演出并举办多场专场音乐会。先后获得中国首届非职业优秀管乐团队(大学组)金奖、全国第一届大学生艺术展演上海地区器乐比赛一等奖、"上海之春"管乐比赛金奖、上海非职业管乐团队展演评比活动大学组金奖、全国第二届大学生艺术展演器乐比赛全国一等奖等各大奖项。2008 年,该团被上海市科教党委授予上海唯一一个上海市大学生管乐艺术实践基地。

上海大学打击乐团　成立于 1998 年,是全国高校第一支打击乐团,有来自不同学院的打击乐团员 20 余名,历任乐团指导老师中有上海交响乐团打击乐首席周雄。成立的 20 多年间,该乐团稳步发展,规模不断壮大。2000 年,上海市市长徐匡迪为上海大学打击乐团题词"艺术之鼓,催人奋进"。2002 年 10 月,上海大学打击乐团于兰心大戏院成功举办专场音乐会。2007 年,获得上海学生音乐节高校比赛专场民乐项目二等奖;2008 年,获得第三届全国鼓艺大赛金奖以及全国第二届大学生艺术展演上海赛区选拔赛器乐项目二等奖。每年,上海大学的"泮池之声"新年音乐会、迎新生音乐会,打击乐团的曲目都会让师生们耳目一新。该打击乐团每学期举办专场音乐会和打击乐交流活动,凝聚打击乐爱好者群体,为推广打击乐艺术做出努力。

上海大学钢琴协会　成立于 1999 年底,旨在丰富大学生课余生活的同时,为有钢琴特长的同学和对钢琴有兴趣的爱好者提供锻炼和展示自己的舞台。成立以后,在 3 位专业钢琴教师的带领下,协会培养了几十名文、理、工科专业的演奏级优秀业余钢琴人才,其中数名成员举办个人独奏音乐会,有的学生因出色的演奏技艺被美国的专业音乐学院录取。协会打造的钢琴音乐周活动受到广大音乐爱好者的欢迎。

上海大学民乐团　成立于 2000 年 9 月,由校内民乐演奏专业以及来自全校爱好民乐并具有民乐专长的学生组成,团员 40 余人。该民乐团多次参加上海市级比赛及校内外的演出,先后多次获得各类省市级专业比赛的大奖。2008 年获得全国第二届大学生艺术展演活动上海赛区民族器乐项目一等奖;2010—2011 学年获上海大学"玄陵艺术精英奖励基金"艺术普及三等奖。

上海大学合唱团　该团是一支兼具古典与流行、传统与前卫,富有原创精神的大学生合唱团,获全国大学生艺术展演各类奖项:2005 年,该团演唱的《祝福》获得上海群众文化系统评选的优秀作品奖;全国大学生艺术歌曲演唱比赛大合唱优秀奖;上海第四届大学生艺术节声乐专场一等奖;演唱的《夜来香》《再别康桥》获全国第二届大学生艺术展演上海市活动艺术表演类甲组一等奖;上海市学生音乐节一等奖;上海市大学生艺术歌曲演唱比赛一等奖。该团还多次举办专场音乐会,参与各类公益活动和大型慈善音乐会。

【上海师范大学舞蹈团】

上海师范大学舞蹈团成立于 1998 年,是由上海市教委和上海师范大学共同组建的市级大学生舞蹈团体。舞蹈团团长为上海师范大学音乐学院舞蹈系主任郑慧慧教授,团员为在读优秀的舞蹈系学生。舞蹈团的管理、运作以及剧目的创作、排练均由舞蹈系教师承担。舞蹈团以原创为特色,成为展示学校艺术教育特色、对外文化交流、校园人文风采的窗口。

上海师范大学舞蹈团成立以来,先后创作了《我们的旋律》《都市晨曲》《网恋》《再见还是你》《青春礼赞》《门》等 20 多个优秀作品,在全国大学生舞蹈比赛、华东六省一市大学生舞蹈比赛、全国舞蹈比赛、全国"桃李杯"艺术院校舞蹈比赛、全国"荷花杯"舞蹈比赛等舞蹈赛事中分别获得创作与表演等各类奖项 50 多个,在全国师范院校同类舞蹈团中名列前茅,备受关注。

该舞蹈团在坚持为校园基层普及舞蹈服务的同时,努力拓展实践空间,在艺术上不断精益求精,成功举办了《我们的旋律》《奔向新世纪》《中国舞韵》《吾心舞语》等十多个舞蹈专场演出;参加了上海国际艺术节、里昂双年舞蹈节、卡乌斯蒂宁国际艺术节、斯拉夫仁集国际艺术节等近 10 个国际艺术节演出;先后出访了法国、韩国、埃及、新加坡、德国、芬兰、白俄罗斯等国家;还去中国台湾进行交流演出;参与国庆 50 周年、迎澳门回归、上海 APEC 国际会议、申博成功庆典等大型重要活动的演出。

【东方白玉兰舞蹈团】

市群众艺术馆于 2004 年 8 月申报组建东方白玉兰舞蹈团。这是一支群众性文艺表演团队,旨在进一步活跃群众的文化生活,提升业余文艺爱好者的艺术素养,提高群文创作的质量,力争创作贴近现实、反映上海生活的作品。

该团在上海市老年文化艺术大学舞蹈班培训的基础上,选拔优秀的学员组建而成,女性中老年团员 24 人,平均年龄 52 岁,成员主要来自上海 10 个区的近 20 个社区。建团以后,在艺术创作、表演和队伍发展方面树立"追求艺术,服务大众"与"和谐友爱,共同进取"的团队精神,在群众文化活动中起到引领、示范的作用。该舞蹈团的指导教师,既有上海专业艺术院团的著名教学专家,也有毕业于中央舞蹈学院的上海戏剧学院舞蹈分院、远东芭蕾学校的青年教师,他们都具有较高的艺术素养和教学水平。该团每周定期活动 1 次,排练的固定场所在市群艺馆。每年上半年以抓基础训练为主,统一训练风格,为后续的演出、比赛打下坚实的基础;若遇有演出任务时,采取集中排练或个别定时训练的方式进行集训。

该团成立创作组,专题研究、讨论创作的方向、主题等。在创作上,紧紧抓住海派特色,先后创作一批贴近时代、贴近生活,具有一定艺术水准的作品。排演的舞蹈节目力求题材多样、内容丰富,具有现实性和积极向上的特点,在艺术呈现和社会反响方面取得了一定成效。其中,为配合党的先进性教育活动创作排练的《红梅畅想》,用现代舞蹈语汇重塑先烈的崇高形象,歌颂"红岩精神",获 2005 年上海群文新人新作比赛创作奖。

【上海城市交响乐团】

上海城市交响乐团于 2005 年由上海曹鹏音乐中心组建,是世界非职业交响乐团联盟组织成员之一。该乐团由居住在上海、具有一定演奏水平的中外音乐爱好者组成,以传播爱心为理念,让音乐成为年轻人心中的时尚,是一个为热爱音乐的年轻人实现梦想的音乐乐园。乐团成员跨越年龄、国籍和职业,成为共同创造和传播音乐艺术的伙伴。乐团以"城市之声——走入市民、走进企业、走出上海、走向世界"为主题开展系列活动,推广交响乐、普及交响乐。

该乐团经常参加全市和国内外的交流活动,在上海世博会的宣传活动中,与世界非职业交响乐团联盟联合打造世界交响乐团音乐盛典,共同奏响"世博强音 世纪交响"的和平乐章。应邀赴日本成功举办音乐会,赴中国台湾进行音乐交流,让音乐艺术成为连接音乐爱好者情感的纽带、沟通的桥梁,受到国际音乐界的关注,享有一定声誉。

上海城市交响乐团致力于提高成员的音乐造诣,更注重培育成员的团队合作精神和服务社会的责任感。天使知音沙龙是该乐团开拓的关爱自闭症儿童身心健康的活动样式,在参与公益慈善活动的过程中体现出年轻人的奉献精神。团员们为推广城市交响乐事业,促进和谐社会构建作出了积极的贡献。该乐团获得政府及有关部门的多个奖项,并成为上海文化基金会的资助项目。

四、老年与残疾人艺术团

【上海市残疾人艺术团】

上海市残疾人艺术团始建于 1958 年。是当时的上海市盲人、聋人协会组织开展美术、京剧、舞蹈、相声、魔术、滑稽戏等艺术活动,并逐步建立的相应的业余组织。1983 年 5 月成立上海市盲人、聋哑人业余艺术团,有团员 20 人。1988 年 8 月,上海市残疾人联合会成立,该艺术团更名为上海市残疾人艺术团,由热爱艺术并具有一定艺术特长的残疾人组成,设有民乐、舞蹈、京剧、魔术 4 个组,团员有 50 多人。为了让更多的残疾人参与艺术活动,市残联探索"业余团队专业管理"的社会化运作模式和办法,由艺术专家、专业人士参与培训和演出,下设舞蹈团、合唱团、民乐团、戏剧小品团、轮椅国标舞蹈团等分团,发展团员上百人。

该团多次参加"上海之春"、上海国际音乐节、"蓝天下的挚爱"慈善晚会、上海旅游节开幕式大巡游等国际、国内大型社会文化活动;参加首届中国艺术节的演出,并以代表性的优秀节目进入中南海为中央领导作汇报演出;举办各类专场或综合性演出、新年专场音乐会,经常赴企业、社区、大学等进行慰问演出。仅 1990 年,该团就去学校、厂矿等单位演出 51 场,观众达 4.5 万人次,展示了残疾人艺术的魅力。

在全国和全市各项艺术比赛中,该团多次获得殊荣。1985 年 12 月,聋人手语歌舞剧《我的中国心》《小草》获全国聋哑人表演艺术录像比赛一等奖;参赛的 6 个节目,分别获 2 个一等奖、3 个二等奖,以及摄像、舞美、创作、表演、导演等 11 项奖励。1986 年 5 月,该团在第十二届"上海之春"表演手语歌舞《我的中国心》,获得一等奖。1988 年 11 月,第二届全国残疾人艺术调演华东地区调演在上海举行,该团表演的 9 个节目,分别获得一等奖 4 个、二等奖 3 个、三等奖 2 个,居华东地区五省一市获奖节目数之首;其中,有 4 个节目入选 1989 年 3 月在北京举行的第二届全国残疾人艺术会演。京哑剧《狮子楼》获演出一等奖、创作二等奖,《何惧泰山十八盘》获创作一等奖、演出三等奖,舞蹈《我们的生活充满着希望》获演出二等奖,独舞《银鳗女》获演出三等奖。京哑剧《狮子楼》在调演结束后,留京为国家领导人及首都各界人士进行汇报演出 6 场。1989 年,参加上海市文化艺术节,现代舞《我们的生活充满着希望》获优秀成果奖(艺术大奖),另外 4 个节目均获优秀演出奖。1990年 7 月,获奖节目参加上海艺术节群众文艺优秀作品展演。

该团在文化交流中,为促进各国和地区间残疾人的友谊作出了积极的贡献。1981 年"国际残疾人年"，也是日本创办"蒲公英之花"音乐会的起始之年，该团赴日本参加亚洲地区残疾人音乐比赛，并在日本奈良、大阪、鹿儿岛等地访问演出。此后的10年，该团每年应日本"蒲公英伤残之家"的邀请，前往参加音乐节演出，与日本残疾人建立了友谊，促进了相互间的文化交流。1984年12月，该团赴中国香港参加第五届亚洲聋人大会的国际聋人戏剧节活动。1985年7月，中国残疾人福利基金会应美国聋人协会的邀请，组织上海残疾人艺术团前往美国洛杉矶，参加世界聋人第十五届运动会的戏剧节演出。1989年，该团在日本东北部十几个城市巡回演出18场。当观众知晓京剧《狮子楼》《三岔口》等节目均是由聋哑人表演时，感叹不已；大型舞蹈《我们的生活充满希望》表现了残疾人追求理想、自强不息的精神，也深深地感染和鼓舞了在场的日本残疾人。

2009年又重组上海市残疾人合唱团，从全市残疾人声乐爱好者中选拔团员，由61名视力障碍、肢体障碍者组成的合唱团，聘请上海音乐学院专业老师担任合唱团教师和指挥，积累演唱上百首中外歌曲，知名度不断提高，残疾人合唱品牌享誉国内外。残疾人合唱团连续参加在北京举办的第十一届、十二届中国国际合唱节，获得金奖、银奖的好成绩。2010年6月，合唱团参加"共享世博、共享欢乐"中外残疾人艺术会演。同年10月，参加"伊拉克馆日"的演出活动。该团还举办新年合唱音乐会，展示了残疾人的声乐艺术才华。

上海市残疾人艺术团经过多年的品牌建设，业余团队专业化管理的发展模式已见成效。艺术团成员提高文化艺术水平，提升自身的文化素养，逐步成为各区县基层残疾人活动的艺术骨干，并在各自生活的社区的文化艺术工作中发挥着积极的作用，成为宣传残疾人事业的文化使者。

图2-2-6　上海市残疾人艺术团文艺演出（2009年）

【上海老年合唱艺术团】

上海老年合唱艺术团成立于1981年1月4日，是上海音乐家协会合唱专业委员会的团体会员。有团员150余人，均为来自各系统、单位、社区合唱团的领导和骨干，以知识分子居多，包括许多业余歌咏爱好者、老一代专业音乐工作者和部分专业艺术院团的退休演员，年龄最长的76岁。贺绿汀、丁善德、孟波、周小燕、马革顺、葛朝祉为艺术顾问。

该团成立以后，不断得到上海著名音乐家的支持和指导，多位著名指挥家在合唱团执棒。进入21世纪，上海音乐学院教授、民族声乐教育家石林担任团长。先后有数百名团员参加合唱排练和演出。该团积极参加全市一些重大活动的演出，包括庆祝建党60周年，抗战胜利、国庆40周年，纪念聂耳、冼星海、黄自、萧友梅、田汉和贺绿汀等的作品音乐会，以及"上海之春""十月歌会"等的演出。同时，经常下基层为工人、农民、战士、学生进行慰问演出，1981—1983年演出40多场，观众达7万余人。建团至1992年的11年间，上海电视台为合唱团作专题介绍、录像、转播等30多次；其中，合唱团成立5周年音乐会，通过中央电视台向全国播放。上海人民广播电台多次将该团演出作为"星期广播音乐会"进行播放，包括专题报道、录音等30次。除演出以外，该团还参加中日两国合拍的电视剧《长寿之路》的全部音乐配音工作；参与以该团作为背景题材拍摄的故事片《最后的太阳》的音乐配音工作。

【上海市老干部合唱团】

上海市老干部合唱团成立于 1985 年 12 月 9 日,前身是上海市离休干部歌咏兴趣小组,成立时称上海市离休干部合唱团。团员中有老红军、老八路、新四军和解放军老战士,以及地下党老同志和从事过文艺工作的老演员。20 世纪 90 年代后,为了提高艺术质量,配合各个时期的宣传演出任务,又吸收部分退休老干部参加,改称为上海市老干部合唱团至今。2010 年,团长为马松山,常务副团长为胡亦为。

建团 25 年间,先后有 200 多位老同志参加市老干部合唱团,坚持参加排练、演出活动的一般有七八十人。老干部合唱团成立后,经历了几个不同阶段:开始都是离休干部;随着时间的推移以及离休老干部的高龄化,逐年吸收部分退休干部参加;2008 年党中央下发 10 号文件后,老干部工作进入一个新的时期,退休干部成为老干部合唱团的主要力量。大量退休干部的加盟,使该团充实了新生力量,保持了蓬勃的生气,丰富了表演的色彩,提高了演出节目的质量。

该团得到市委老干部局和老干部活动中心的领导和支持,经常参加全市的许多重大活动,并经常与全国的一些兄弟省市进行访问交流,还经常到部队、工厂、学校、机关、电台、电视台参加演出。上海人民广播电台还将该合唱团的节目编辑成《老战士的心声》专题节目播出,中央新闻电影记录制片厂为该合唱团拍摄《歌唱——记上海市老干部合唱团的一天》,在中央电视台播映。每年的全市老干部春节团拜会上,都有该团演出的节目。

该团参加了许多歌唱比赛,十几次获得奖旗、奖状、奖杯。1994 年,获得"上海市十佳歌团"称号;2004 年,在庆祝上海解放 55 周年举行的"红五月歌会"比赛上,获得上海白玉兰奖。

【上海银发艺术团】

上海银发艺术团成立于 1992 年,2001 年重组。由市退管会、市退休职工活动中心联合主办,具有独立法人资质,是非营利性文化艺术活动的社会团队。该团先后在魏润华、顾莉萍、诸斌 3 位团长的带领下,逐步发展到演员数量逾百位,涵盖合唱、舞蹈、民乐、时装、戏曲 5 个表演团队的规模。该团成员以专业文艺团队退休、部队文工团转业的演员及业余文艺爱好者中的优秀人才为主。银发艺术团致力于建设具有特色的一流团队,制订了 2002—2012 年目标管理发展计划,定期举行演员业务考核,经常邀请知名编导和教师授课、排练。组织开展文艺创作、交流、演出、比赛等,通过这些活动提升艺术团的整体水平。

2001 年重组以来,银发艺术团积极配合党和政府各项政治任务、重大节庆活动,创作排练、演出各类富有时代气息的文艺作品。该团坚持"创新、自愿、小型、多样"的原则,展示上海老年人的精神面貌和艺术才华,丰富银龄人群的文化生活。该团不仅排练大量优秀的文艺作品,还大胆尝试运用新颖的手法和演出形式,创作了许多赞美上海老年人晚年幸福生活的作品。2002 年,创排的音舞快板《美好时光》、民乐合奏《好日子》作为上海代表团赴北京参加全国老年文艺调演,获得金奖和银奖,受到胡锦涛等中央领导的亲切接见。该团的沪剧、越剧、时装表演、合唱、舞蹈等节目参加中国上海国际艺术节、上海老年文化艺术节比赛,均获大奖。2001 年,参加上海市退休职工纪念建党 60 周年戏曲会演演唱、越剧演唱,上海市退休职工第二届时装表演,均获二等奖;2004 年,舞蹈《牡丹颂》获上海市首届广场中老年健身舞蹈会演现代舞一等奖;2005 年的舞蹈《时代的旋律》、2007 年的舞蹈《爵士风》分别获得上海市第二、三届广场中老年健身舞蹈会演现代舞一等奖和优秀创编奖;2007 年的合唱《大漠之夜》、舞蹈《爵士风》、时装表演《银星璀璨》获上海中老年艺术大赛最高奖——金玉兰奖;同年,踢踏舞《爵士风》获 CCTV《相约夕阳红》文艺大赛一等奖;2008 年 7 月,踢踏舞《靓的旋律》、民族舞《弓舞》获得上海市第五届老年文化艺术节舞蹈大赛银奖;同年,踢踏舞《时代的脚步》在第十届长三角地区踢踏舞邀请赛中获得中老年组金奖,还获得"2009'畅享和谐'全国中老年春节电视联欢晚会"金牡丹奖;2010年,获得"禾健杯"上海市中老年表演唱小合唱大赛金奖和第六届世界合唱比赛铜奖。2002—2010年,上海银发艺术团在"上海之春"、中国上海国际艺术节"天天演"舞台多次亮相;经常深入基层、街道、敬老院进行慰问演出,共计299场。银发艺术团还多次与上海文广新闻传媒集团大型活动部联合主办"越唱越年轻""全球华人乐龄才艺大赛"等大型系列活动。2001—2010年,该团多次接待来自美国、日本、韩国、越南以及来自中国香港的老年代表团,进行中外老年文化交流演出。

第二节 区(县)艺术团队

一、音乐、舞蹈类表演团队

【浦东洋泾国乐社】

清宣统元年(1909年),由浦东丝竹界人士沈允中、沈家麟发起创立洋泾清音班,民国34年(1945年),更名为洋泾丝竹队。"文化大革命"时期,洋泾丝竹队被迫缩小队伍,活动地点转入家庭。1983年,沈惠君恢复洋泾丝竹队。1991年,倪一梅、俞华康和唐文德、沈惠君夫妇重组洋泾丝竹队,更名为洋泾国乐社。

20世纪90年代初,俞华康创作的《荷塘月色》在上海音乐家协会主办的"长征杯"比赛中获得作品与演奏两个一等奖。1998年9月,赴法国参加东方音乐家艺术节。2005年6月,参加了上海音乐家协会主办的上海第二届长三角地区业余民族乐团展演。2006年,应上海广播电台邀请,录制了《荷塘月色》,并制成《碧荷香韵》CD发行。2006—2010年,连续承办三届"洋泾杯"长三角地区民乐团队邀请赛。编写《洋泾丝竹行》一书。

该国乐社定期为建平中学、进才中学、第二中心小学等学校辅导乐队,每年参与各类演出活动。

【上海国乐研究会】

上海国乐研究会成立于民国30年(1941年),创始人兼首任会长是国乐大师孙裕德。该会拥有周惠、周皓、孙文妍等演奏家。自1941年成立至1949年间,该会举行重要演出15次,慈善演出7次。民国31年(1942年)11月,为普育堂、圣母院、安老院等募捐演出;民国33年(1944年)10月,由新闻报社、申报馆、联华银行主办"募集贷助学金"演奏;民国36年(1947年),到美国巡演60多场。1950年后该研究会集体加入上海国乐联谊会,孙裕德任联谊会副主任。该会的三分之二成员被中国各音乐艺术学院或专业文艺单位吸收成为专业教师或专业演奏员。

1981年,为配合上海市民间艺术集成办公室编写《上海地区民间音乐集成》,在孙文妍的召集下,上海国乐研究会复会。近30年来,该研究会坚持每周排练,并参加各种演出活动,从复会之年到2010年,已累计演出百余场。先后应香港雨果唱片公司邀请录制《江南丝竹》CD专辑,应上海有声录音公司、浙江音像出版社邀请录制《江南丝竹》盒带。

该会还为上海财经大学、上海音乐学院、上海半度音乐工作室、扬州大学、浙江师范学院、苏州科技大学、长宁区少年宫、黄浦区青少年活动中心等举办江南丝竹专场讲座和演奏。

2007年,该研究会获得国际江南丝竹比赛优秀奖;2009年,获得第五届长三角地区民族乐团展演保护传统文化重大贡献奖。

【金山区山阳镇民乐团】

金山区山阳镇民乐团成立于1978年,有团员100多人。2008年,山阳镇(民乐)被文化部命名为中国民间文化艺术之乡。至2010年,全镇拥有固定民乐队16支,分布在村委会、居委会、学校、敬老院、阳光之家、老年大学等。山阳镇民乐团是其中最有代表性的乐团,被评为上海市非职业优秀乐团。山阳镇民乐团获得徐小燕、夏飞云、田沛泽、周军、闵惠芬、陆春龄等指导并同台演出。

山阳镇民乐团成立以后,每年参加展演和比赛。1982年,参加"上海之春"民乐比赛,获得一等奖。1995年,赴日本进行文化交流。该团编排的《渔歌》《欢腾的港湾》《丰收锣鼓》《鼓乐雄风》《鸭子拌嘴》《中国龙》《激情飞扬》《龙腾虎跃》《牛斗虎》《战鼓》等民乐合奏、打击乐节目,在世博会市民广场、南京路世纪广场、上海演艺中心以及上海各区县的市民广场展演。

1990—2010年,山阳镇民乐团为学生开设民乐培训班,参加培训的学生累计1 500多人。其成员还为金山区的6个戏曲协会、戏曲沙龙、戏迷俱乐部、老年大学戏曲班等进行定期伴奏。

【黄浦区文化馆口琴队】

黄浦区文化馆口琴队成立于1978年2月,由口琴演奏家、教育家、口琴设计师程明德创建并担任艺术指导、乐曲编配及指挥,口琴演奏家石人望任顾问。2000年更名为上海皇冠口琴乐团,由程晓明担任团长,团员30多人。乐团分6个声部,根据演奏不同乐曲的需要,加入特制效果的口琴及其他音簧乐器、吉他、电贝斯和打击乐器等,可达10多个声部。

该乐团本着"传播普及口琴音乐,丰富群众文艺"的宗旨,经常下社区、部队、学校进行拥军爱民、敬老爱幼的演出。此外,还前往北京、天津、兰州、武汉、南京、杭州、丽水等地,与当地的口琴团队进行交流和演出。其坚持每年举办不同主题、不同风格、不同乐曲的口琴专场音乐会。建团以后,演出200多场,演奏300多首中外名曲,观众达2万多人次。

该团经常参加"上海之春"、中国上海国际艺术节、华夏口琴艺术节等重大演出和比赛,《青春舞曲》《迎春舞曲》《口琴进行曲》等获得"上海之春"创作奖;《茶花女幻想曲》《快乐铜匠》等获得市级演出奖。该团还多次应上海人民广播电台、电视台邀请录制了数十套独奏、重奏、合奏等200多首中外名曲,并在电台、电视台举办口琴讲座。

【卢湾区老妈妈合唱队】

卢湾区老妈妈合唱队成立于1979年,前身是淮海街道文化站在1960年至1962年间组织的退休妇女歌咏队,1979年8月始由卢湾区文化馆主管。团长胡蔚然,有队员40名,平均年龄66岁,由各企事业单位的退休人员组成。

该队自成立以后,先后创作排演了20多个紧扣时代主题、题材多样、风格迥异的表演唱作品,多视角地反映时代风貌和百姓丰富的精神世界。她们下部队、下农村、到社区,演出数百场。该队也参加中国上海国际艺术节,"上海之春"、"十月歌会"及各种文艺会演。主要宣传卫生、计划生育、消防安全、环保绿化,演唱歌曲有《报春花开别样红》《党把我们当成宝》《老阿嫂种树》《没有共产党就没有新中国》《上海真是好地方》等。

该团队在塑造艺术形象和音乐风格方面不断尝试新颖的手法,表演形式上从单一的歌唱发展到说、唱、舞结合。1988年,参加上海"三八"妇女节会演,创作演唱的《幸福晚年笑哈哈》《拥军花鼓》获一等奖,时任上海市长的江泽民亲自为她们颁发奖状。1989年,参加九省市反映老年人生活的《老年人文化生活》电视短片拍摄,在广东、北京、湖南、陕西、江西、浙江、上海等地交流播放。1990年,该队参加第五届上海"十月歌会"演出,获得"常青歌队"荣誉称号;1992年,其创作演出反映上海城市建设的《南浦大桥好风光》获得第六届上海"十月歌会"优秀奖;1994—1995年,创作排演的《OK地铁》《双龙戏珠夸浦东》参加全国表演唱大赛获得一等奖;1999年,《我侃也是大学生》参加"爱我中华"全国表演唱大赛获得一等奖,在上海电视台《说说唱唱戏一台》栏目中滚动播出一年时间;表演唱《七不新风歌》由上海电视台推荐参加国际人口文化节的录播;表演唱《我家孙女踢足球》获得全国第十三届"群星奖"。2002年,该团队被评为卢湾区首批优秀群众文艺团队,并被载入《上海音乐志》;团长胡蔚然获得上海市机关事业单位"老有所为精英奖"。

【崇明县文化馆业余魔技团】

崇明县文化馆业余魔技团成立于1980年,有演职员24名,崇明县文化馆副馆长施斌兼任团长,文化馆业务干部张德辉和黄晓任副团长、前台主任;主要演员施良、筱佩芳。主要节目包括大型魔术《空箱换人》《炮打真人》《花轿抢亲》,杂技《吃火喷火》《顶技》,小魔术、小丑等十多套。1980—1983年,在崇明和江苏启东、海门等地演出200多场,观众18万多人次。

【川沙县文化馆民乐团】

川沙县文化馆民乐团成立于1981年,由川沙县文化馆音乐干部闵雪生任团长兼指挥,卜志康任副团长兼团务,有团员40多人。由川沙县城厢镇、洋泾、凌桥、严桥、金桥、东沟、施湾、杨思等文化站和文艺工厂以及川沙县工人俱乐部的青年民乐爱好者组成,平均年龄25岁。

该团自成立以来,排练民乐合奏、重奏、独奏和江南丝竹等器乐作品30多首,参加县、市有关群众文化演出活动,并为川沙县群众文化演出的舞蹈、表演唱、上海说唱、沪剧等大量节目担任伴奏工作。该团应邀由上海人民广播电台录制部分民乐合奏并播放,还应邀参加由上海音乐厅、上海音乐学院举办的演出活动。

1983年,在市群艺馆举办的民乐独奏比赛中,该团笙演奏员张仁获得三等奖,扬琴演奏员金卫明、大提琴演奏员杨家华分获优秀演奏奖。1989年,由闵雪生创作的民乐合奏《碧海银波》、卜志康创作的民乐合奏《喜庆》获得上海市艺术节器乐专场演出优秀创作奖和演出奖。

该团部分团员被吸收进入川沙县沪剧团乐队,也有团员考入上海音乐学院和上海师范大学。

【上海沧海轻音乐团】

上海沧海轻音乐团成立于1985年,由朱祖杰、耿振兴、龚东升三人发起,经崇明县文化局批准,由崇明县堡镇文化站托管。郑梅春任政治指导员,堡镇文化站长吴晓明为名誉团长,朱祖杰任团长。团员由崇明县企事业单位的文艺爱好者组成,有演职人员32名。1985年11月,崇明县政府给崇明县文化局一次性拨款3万元,作为该团添置乐器、音响的专项经费。

该团下设轻音乐队和歌舞队。轻音乐队有架子鼓、键盘、萨克斯、长笛、单簧管、小号、长号、电吉他、电贝斯等演奏员10人,歌舞队有男女歌手4人,民族舞、现代舞有演员12人。

1987年,该团获得崇明县人民政府颁发的"实事工程奖"。1990年,该团《西班牙斗牛士》《溜冰圆舞曲》两首轻音乐曲参加市群艺馆举办的轻音乐演奏比赛,获得二等奖,并被《解放日报》誉为全市基层第一支轻音乐队。1991年,该团独唱演员惠丽华家庭获得上海电视台举办的第九届卡西欧家庭演唱赛银奖。

自成立至 2002 年,该团排演群众喜闻乐见的轻音乐、通俗歌曲、民族舞、现代舞等节目 100 多个,每年深入崇明各乡镇、农场、社区、敬老院、驻崇部队演出累计 300 多场,观众达 20 多万人次。2003 年 1 月,该团解散。

【杨浦区文化馆合唱团】

杨浦区文化馆合唱团成立于 1989 年,属于文化馆馆办团队,原名鞍山(中原)文化馆聂耳星海合唱团。团员来自上海各个行业,固定团员 60 人左右;首任团长刘永正,继任团长刘翠屏。由中国音乐家协会会员、中国合唱协会理事、上海音协合唱专业委员会秘书长徐以忠担任指挥。

2001 年,该合唱团获得"上海之春"音乐节世纪之春合唱邀请赛上海市"十佳好歌团"称号;2006 年,其合唱的《浦江静悄悄》入围第十二届上海"十月歌会"决赛。

2001 年之后,该合唱团在杨浦文化艺术节、各街道的纳凉晚会、双拥系列演出,与同济、复旦等大学联合演出等达 120 多场。

2008 年开始,该团每年参加"上海之春"国际音乐节"中华号角"管乐艺术节开、闭幕式大合唱的演出,并与中国人民解放军军乐团合作表演《国歌》《管乐节节歌》《欢乐颂》等曲目;2010 年,参加世博合唱节和世博会闭幕式大合唱演出,与全市 50 支优秀合唱团联袂演出,演唱《茉莉花》《雪绒花》《希伯莱奴隶合唱》等中英文歌曲。

【黄浦区文化馆舞蹈队】

黄浦区文化馆舞蹈队成立于 1993 年,团长孔繁荣,队员 50 人。该团队经常参加区、市、全国各类演出活动和比赛。1996 年,舞蹈《扦脚女》获得第六届全国"群星奖",舞蹈《广场鸽》获得优秀创作演出奖,舞蹈《风从东方来》获得创作演出奖;1998 年,舞蹈《警花》获得上海比赛创作奖、优秀表演奖;2003 年,参加全国第二届中老年广场舞大赛,健身舞《世博情怀》获得大奖,舞蹈《红旗颂》《水乡之恋》《秧歌》获得一等奖;2004 年,舞蹈《时髦外婆》获得第十三届"群星奖"。舞蹈《农家画谣》等节目参加社区市民进世博演出和上海世博会城市文化广场"周周演"活动。

1997 年,黄浦区文化馆受市文化局外事处委托,组建上海民间艺术团赴比利时参加奥斯洛克市的民间艺术节,表演团队和演员主要来自上海魔术团,黄浦区文化馆舞蹈队、民乐队。表演民族器乐、民族舞蹈以及魔术、杂技等艺术节目。

【静安合唱团】

静安合唱团成立于 1994 年 1 月,是上海市首批 20 支群众文化团队之一,有团员 50 人。通过静安区文化馆举行的卡拉 OK 月赛选拔团员,由教师、医生、机关干部、企业经理、私营业主等组成,团址设在乌鲁木齐北路 459 号区文化馆内。文化馆为该团提供设备齐全、环境良好的声乐教室,每周排练两次,曹丁、石林等名家经常应邀来团指导。

1996 年,获得上海市"阳光·大地"全市党团员优秀歌曲演唱比赛二等奖;1997 年,获得第十七届"上海之春"合唱邀请赛金奖;1999 年,合唱《牧归》获得第九届"群星奖"金奖;2002 年,获得第六届中国合唱节合唱比赛二等奖;2003—2005 年,先后获得第二届、第四届上海市"阳光·大地"全市党团员优秀歌曲演唱比赛金奖;2004 年,获得上海"十月歌会"社区演唱比赛一等奖;2007 年,获得上海市"光明杯"合唱大赛金奖。

【卢湾区长青艺术协会京剧团】

卢湾区长青艺术协会京剧团成立于 1994 年 9 月,采取普通会员制。京剧团票友多为离退休老人,每周安排一次练唱排练,每年举办两次大型专场演出。长青京剧团在逸夫舞台等演出京剧 20余场,演出新老剧目 70 多个,有 8 位老票友被编入中国经济出版社出版的《中国当代京剧票友大典》。

1995 年,长青艺术协会京剧团应邀参加上海电视台举办的上海市十大京剧票房联谊活动;1998 年,卢湾区老龄会和长青艺术协会京剧团联合举办卢湾区群众戏曲专场演出剧照展览,展出剧照 130 余幅;2000 年,长青艺术协会京剧团接待澳大利亚来宾,介绍京剧艺术的魅力,并举行展演;2004 年,长青艺术协会京剧团组织 50 多位票友参加第四届中国京剧艺术节开幕式的团队演唱活动。

【卢湾区上海春天合唱团】

卢湾区上海春天合唱团成立于 1996 年 5 月,是隶属于卢湾区文化馆的非职业合唱团,团员人数常年保持在 50 人左右,团长邹宁宁,历任指挥王曦、钱大维、郑会武、何建平、方勇等。该团通过多渠道发布征选通知,吸收不同年龄段的团员加入,是一支充满活力、功底深厚的优秀文艺团队,具有专业的训练方法、严格的排练制度以及良好的团队氛围。其拥有各具代表性的中外合唱经典作品几十首。从中外经典合唱曲目到当代创作作品,排练曲目内容广泛,并着重无伴奏合唱训练。该团长期活跃在社区、部队、学校、广场等演出场所,承担市、区等各类大型文艺演出任务。2006 年,获得首批"上海市非职业合唱团"称号;2010 年,在上海市第一届无伴奏合唱比赛中获得金奖;多次在上海"十月歌会"比赛中获得优秀演唱奖;并多次在上海群文"新人新作"评选中获得优秀新人新作奖。

【普陀区文化馆合唱团】

普陀区文化馆合唱团成立于 1997 年,原为普陀区文化馆业余合唱团,团员 30 余人,由普陀区文化局社文科副科长王蓓任团长兼指挥。2008 年初,更命名为普陀区文化馆合唱团,团长杨燕,有团员 30 余人;由普陀区机关、企事业单位职工、文化系统职工等声乐爱好者组成。普陀区文化局每年给予经费补贴。

该团管理规范,坚持每周排练。演唱形式有重唱、小组唱、合唱。演唱曲目风格多样,有《大海啊故乡》《在银色的月亮下》《春雨》《我和我的祖国》《提灯女神》《黑眉毛》《梦中楼兰》《摇篮曲》《渔光曲》《乘着歌声的翅膀》《幽蓝的天空》《猜调》《玛依拉》《相亲相爱》《唱一首童年的歌》等中外艺术歌曲和创作歌曲 50 多首。

该团参与上海苏州河文化艺术节开幕闭幕式、中国上海国际艺术节群众文化系列活动、上海世博会倒计时 600 天城市文化广场周周演、"风采苏州河　魅力新普陀"专场演出等重大群众文化演出活动 100 多场,经常参加拥军、敬老、下工业园区等公益演出和青少年培训活动。

该团的女声小组唱《提灯女神》获得第八届上海"十月歌会"三等奖;合唱《白桦林》获得全市社区歌咏大赛二等奖;女声小合唱《亲亲母亲河》获得 2009 年"上海之春"群文新人新作比赛新作奖;男声小合唱《大家都来唱红歌》获得首届华东六省一市"新红歌"大赛表演大奖、创作银奖、辅导大奖。

【闵行区江川街道白玉兰合唱团】

闵行区江川街道白玉兰合唱团成立于 1997 年,队员 80 人;历任团长倪明、钟玉娟。由江川社区各界声乐爱好者自发组成,是上海音乐家协会合唱专业委员会的团体会员。

该团坚持服务社区,积极赴社区、企业、工地、敬老院演出,每年演出十几场。2002 年,获得上海市第二届老年文化艺术节歌咏大赛一等奖;2003 年,获得"上海职工合唱节"最佳人气奖;2009 年,获得"爱我中华,喜迎世博"爱国歌曲大家唱活动"上海市优秀社区合唱团"称号;2010 年,参加"上海市第二届无伴奏合唱比赛",合唱《故乡的亲人》《伊犁姑娘》获得银奖。

【闵行民族乐团】

闵行民族乐团成立于 1999 年,有演奏员 60 人,团长章吉华。乐团成员由闵行区民族音乐爱好者组成。

1999 年 10 月,该团原创民乐合奏《古丝道随想》获得第八届上海"十月歌会"创作二等奖;2000 年 10 月,民乐合奏《节日的草原》获得第九届上海"十月歌会"创作奖。2002 年 4 月,应日本长崎大村市政府邀请,赴日演出 3 场;2009 年春,为韩国首尔市松坡区官员来沪访问伴宴演奏。

该乐团自成立以后,积累原创民族管弦乐作品 30 余首。2005—2010 年,每年举办"丝竹情韵"专场演出。

【虹口区文化馆舞蹈队】

虹口区文化馆舞蹈队成立于 1999 年,隶属于虹口区文化局,是由区文化馆主管的成人业余艺术团体,有队员 30 多人。

该团队获得全国首届中老年广场舞蹈大赛一等奖、全国第二届中老年广场舞蹈大赛特等奖;舞蹈《绿色的梦》《老胳膊老腿舞起来》《一米阳光》《欢乐行》获得"上海之春"新人新作舞蹈比赛优秀新作奖;舞蹈《婚纱寄梦》《我们这群人》获得"上海之春"新人新作舞蹈比赛新人新作奖;广场舞《春天交响曲》获得上海市民广场舞大赛创作奖。

该团队多次赴国内各省市参加巡演,并代表上海市人民政府赴马来西亚参加国宴演出,代表中国老龄艺术团赴澳大利亚参加交流演出。

【闸北区文化馆管弦乐团】

闸北区文化馆管弦乐团创建于 2000 年,成员从最初的十几人,发展到 60 多人,曲目从合唱伴奏和礼仪演奏发展到管弦乐曲,主要演奏曲目有管弦乐《北京喜讯到边寨》《多瑙河之波》,歌剧《卡门序曲》和大型铜管乐曲《红旗颂》等。

该乐团除演奏大型曲目外,还编排弦乐四重奏、铜管五重奏、木管五重奏、小号三重奏等演奏形式,以适应社区各种小型演出。

至 2010 年,该乐团参加上海解放 55 周年、国庆 56 周年、反法西斯胜利 60 周年活动的演出和浦东干部学院开工、卢浦大桥通车仪式、南北高架延伸段通车仪式等国家级、市级各类演出 100 多场。

【虹口区欧阳"秋之韵"舞蹈队】

虹口区欧阳"秋之韵"舞蹈队成立于 2000 年,有队员 38 人,其平均年龄 56 岁。2002 年,该队表演的舞蹈《酥油飘香》获得第五届中国上海国际艺术节第二名;2005年,获得第七届上海市老年运动会第二套健身秧歌比赛金奖;2008年,表演的朝鲜舞《长白鼓韵》获得市老体协舞蹈大赛金奖。

【闵行区古美社区文化志愿者艺术团合唱队】

闵行区古美社区文化志愿者艺术团合唱队成立于2001年,有队员55人。该团通过举办培训班,邀请专业老师授课,提高队伍的整体演唱水平;通过招考班进行考试、面试,选拔优秀的声乐爱好者,动态调整充实合唱团,不断提高合唱团成员的演唱水平。该团经常参加市、区、街道的演出、比赛,先后参加上海纪念中国共产党成立85周年歌咏比赛、第六届上海市"阳光·大地"全市党团员优秀歌曲演唱比赛和古美社区文化节、春节联欢会、艺术团巡演等各类演出活动。在2005年"激情闵行"庆祝中华全国总工会、上海市总工会成立80周年闵行区职工歌咏比赛中,该团演唱的舞剧《红色娘子军》插曲《娘子军连歌》获得二等奖;同年在上海绿化林业行业"七一"歌会比赛中,获得一等奖;2006年,获得第十届上海"十月歌会"决赛银奖。

【浦东新区机关合唱团】

浦东新区机关合唱团成立于2002年12月,该团又名浦东新区公务员合唱团,由新区机关党委牵头,其成员来自新区各党政机关、人民团体和事业单位,有成员50多人。历任团长陈高宏、邓捷,历任副团长胡宪雄、蔡竞、余华、郭新忠,艺术顾问陈南岗,历任指挥朱燕婷、赵家圭、王瑾,钢琴伴奏陈南岗、刘薇。

该合唱团自成立开始,坚持每周一次排练,积累保留《青春舞曲》、《茨冈》、《半个月亮爬上来》、《摇篮曲》(勃拉姆斯)、《巨龙昂首》、《沃尔塔瓦河》、《猎人进行曲》、《同一首歌》等40余个曲目,先后在嘉兴大剧院、江阴大剧院、德国汉诺威马克特教堂、上海音乐学院贺绿汀音乐厅、浦东新区青少年活动中心剧场、南汇文化艺术中心剧场等举办专场音乐会。该团还与德国布伦瑞克市交响乐团联合在该市音乐厅举行专场募捐义演;与IFC节日交响乐团和合唱团、英国牛津大学合唱团在东方艺术中心联合演出德语版贝多芬第九交响曲(合唱交响曲)。该团积极参加市、区各种公益展示和基层演出活动,两次获得上海市"阳光·大地"全市党团员优秀歌曲演唱三等奖。2006年,获得上海对外文化交流先进集体、"上海市优秀非职业文化团队"等荣誉称号。自成立至2010年,该合唱团编印内刊《知音》20期。

【宝山区文化馆青年声乐队】

宝山区文化馆青年声乐队成立于2002年,团长黄涛,有队员38人,平均年龄29岁。该声乐队成立以来,演出节目先后获得上海市一等奖和全国性奖项30多次。男声独唱《塔里木的胡杨》获得第十四届"群星奖";情景表演唱《永远在一起》获得全国"四进社区"文艺展演与评比金奖;男声组合《工匠》入选全国职工春晚演出;纯人声演唱获得首届全国阿卡贝拉演唱大赛金奖。

2008年,该社团成员代表上海参加北京奥运会城市文化广场的演出;参加2010上海世博会宣传演出;多次参加中国上海国际艺术节、上海宝山国际民间艺术节等大型文化活动的演出。其录制的音乐作品多次由上海电视台和中央电视台播出。

【上海城隍庙道教乐团】

上海城隍庙道教乐团成立于2002年,团长吉宏忠、名誉团长陈莲笙,有团员32人。2008年上海道教音乐被列入国家级非物质文化遗产保护名录,上海城隍庙成为该名录的传承保护基地。

1980年,上海城隍庙陈莲笙道长组织上海道教界相关人士与上海音乐学院合作,对道教斋醮仪式及音乐进行采集整理、拍摄录制,出版《中国道教音乐·上海卷》《中国道教斋醮仪范·上海卷》等音像资料片,上海音乐学院老院长贺绿汀、江明惇、桑桐、上海京剧院俞振飞等参加了该资料片的鉴定会;1986年,拍摄全真道坤道《进表科仪·香港卷》、全真道《关灯教花科仪》等录像片;2006年,录制出版了由年轻道长演奏的道教音乐《迎仙客(一)》CD片,并与英国ARC公司签约向全世界发行;2008年,拍摄《上海道教音乐》专题片,录制出版了道教音乐《迎仙客(二)》CD片;同年9月,应邀出访英国伦敦大学进行文化交流,举办两场道教音乐会和道教文化讲座;2010年,编排在传统道教音乐中加入电声乐器的经文歌,将《太上老君说常清静经》《无上玉皇心印妙经》两部经文以混声合唱的形式咏唱,并由金牌大风公司摄制向全国发行;2006—2010年编辑出版《上海道教音乐集成》《浦东道教音乐集成》图书两册;陈大霖抢救性收集整理了道曲400多首。

该道教乐团自成立至2010年,参加2005年在广州举办的第五届两岸三地道教音乐会演,2006年10月在浦东东方艺术中心举办"钧天玉音"专场音乐会,2010年上海世博会举办为期一个月的展演;多次参加上海音协民管会组织的比赛和演出;参加历年上海民俗文化节·三林圣堂庙会、上海豫园庙会、长三角民族音乐会演、香港和成都中国道教音乐会演等各种活动120多场。

【杨浦区艺韵舞蹈团】

杨浦区艺韵舞蹈团成立于2002年,隶属于杨浦区文化馆。团长为徐维君;有团员20人,平均年龄60岁,由辖区舞蹈爱好者组成。该团每年参加市级、区级群众文化赛事和各类群众文化活动60多场次。该团2006年获得上海市非职业优秀舞蹈团队称号。

【徐汇区文化馆舞蹈队】

徐汇区文化馆舞蹈队成立于2006年,成员由辖区内热爱舞蹈的退休干部职工以及全职妈妈组成,平均年龄55岁。由市群艺馆舞蹈指导张阿君和徐汇区文化馆王淑萍担任辅导老师。

该团队的代表节目包括当代舞《红旗颂》、蒙古舞《向天歌》、朝鲜舞《吉祥鼓舞》、古典舞《海上倩影》、剧情舞《织织乐》《留守妈妈》等。

2006年,舞蹈《织女情》获得第十二届上海"十月歌会"(舞蹈类)金奖;2007年5月,舞蹈《织织乐》获得"上海之春"新人新作比赛(舞蹈类)优秀新人新作奖,并入围全国第十四届"群星奖"舞蹈类半决赛;2008年,舞蹈《留守妈妈》获得"上海之春"新人新作暨第十三届"十月歌会"评选(舞蹈类)优秀新人新作奖,该舞蹈后续在北京举行的"京、津、沪、渝"舞蹈大赛上获得一等奖;2009年,舞蹈《云溪竹境》获得"上海之春"群文新人新作暨上海市迎世博百场文艺巡演新人新作奖。

自成立到2010年,该团队参加全国和全市的重大文艺演出活动和比赛60多场。

【普陀区文化馆民乐队】

普陀区文化馆民乐队成立于2007年8月,由普陀区文化馆馆长杨定彪担任队长,唐永和任常务副队长,李作明任乐队指挥;队员28人,其中7名骨干成员是文化馆的在职业务人员。

该乐队定期开展排练,注重创作,原创作品有民乐合奏《申城春晖》、器乐小合奏《苏河遐想——2010》、新民乐组合《流淌的记忆——苏州河印象(二)》等,排演曲目有民乐小合奏《旱天雷》《步步高》《姑苏行》等,还经常派队员辅导甘泉、长风、石泉、长征等社区的民乐队。

原创民乐合奏《流淌的记忆——苏州河》获得 2008 年"上海之春"群文新人新作比赛新作奖;同年 10 月,原创民乐合奏《申城春晖》和指定曲目《故乡行》参加中国上海国际艺术节第三届浦东"洋泾杯"长三角地区民乐队邀请赛,获得 3 个金奖(指定曲目演奏金奖、创作曲目金奖、演奏曲目金奖);器乐小合奏《苏河遐想——2010》和新民乐组合《流淌的记忆——苏州河印象(二)》获得 2009 年"上海之春"群文新人新作比赛优秀新人新作奖和新人新作奖。

该乐队先后参加上海音乐学院大学生普陀区艺术实践基地签约仪式演出;2009 年,应"上海之春"国际音乐节组委会的邀请,该乐队联合上海青年民乐团、上海民族乐团共同组成 70 人的新普陀区艺术团民乐队,在上海音乐学院贺绿汀音乐厅隆重上演"中国记忆江南·新语"——民族室内乐与新人名家民乐专场音乐会。

该乐队经常参加市区各类文化活动。参加 2009 年普陀区各界人士迎新团拜会,2010 年上海世博会城市文化广场"周周演",2010 上海世博会"畅想苏州河,舞动十八湾"社区市民活动等演出 100 百多场。上海世博会开园第 100 天,该乐队应邀到卡塔尔国家馆演出,与卡塔尔艺术家交流互动。该乐队还经常派队员辅导甘泉、长风、石泉、长征等社区的民乐队。

【宝山区文化馆舞蹈队】

宝山区文化馆舞蹈队成立于 2007 年,团长为李晶晶,有队员 26 名。自成立至 2010 年,编排原创舞蹈《双面胶》《双声道》《婚礼的祝福》《我心中的一片红》《自从有了你》《抹不去的记忆》《一个八拍》《撒椒》《哇!》等作品。先后获得第十五届"群星奖"、"上海之春"新人新作舞蹈比赛优秀新人新作奖。该队还出访比利时等国家进行文化交流。

二、戏剧、曲艺类表演团队

【上海昆曲研习社】

上海昆曲研习社成立于 1957 年 4 月 10 日,是由赵景深、徐凌云、殷震贤、管际安、朱尧文等发起成立的一支业余昆曲社团,赵景深任社长,管际安任副社长。聘请许伯遒和包棣华司笛,华传浩和陆巧生担任导师。社员有 100 多人,大多来自原平声、赓春、同声、虹社、啸社、风社等曲社好友,并引进一大批爱好昆曲的新人和大专院校师生。艺术大师俞振飞、言慧珠及"传"字辈名家也积极参加曲社活动。研习社每周进行拍曲活动,并定期举办昆曲知识讲座,经常被邀请至大专院校及基层文化单位作演唱示范,演出剧目有《乔醋》《见娘》《闹学》《游园》《惊梦》《琴挑》《刀会》《斩娥》《寄子》等。

该研习社在"文化大革命"前中止。1979 年 2 月恢复活动,历任社长赵景深、朱尧文、樊伯炎。为了庆祝曲社恢复,该研习社在上海师范大学举行昆曲演唱会,樊伯炎、梁谷音、叶惠农等演出精彩剧目。该研习社除定期举行拍曲活动外,每周还在豫园古戏台增辟昆曲茶座,向中外游人介绍传统戏曲艺术。在普及昆曲活动中,由曲友与专家合作,先后记录出版《昆剧曲调》《我演昆丑》《昆剧表演一得》等书,定期编印《社讯》,报道有关专业、业余昆曲活动情况,并积极培育新一代曲友接班人。1994 年 3 月下旬,主办上海业余昆剧爱好者会演,演出《赐福》《认子》《迎像哭像》《绣房》《见娘》《哭监》《拾画》和《藏舟》等剧目。

2000 年之后,该研习社活动持续不断。2007 年国庆期间,该社在莫干山路 50 号艺术创意园区举办坐板吟唱名剧舞袖和陈九戏曲人物画作品展等活动;2008 年 1 月 20 日,该研习社在福州路401号上海古籍书店举办百戏之祖大观园——结缘昆曲赏析会活动;同年11月30日,叶蕙农和甘纹轩合作《长生殿·定情》,由上海人民广播电台"星期戏曲广播会"直播;同年12月6—7日,为庆祝上海昆曲研习社成立50周年暨该社艺术顾问倪传钺老师101岁诞辰,在瑞金二路街道文化活动中心演出《长生殿》串折"同期";2009年2月1日,该研习社在兰心大戏院举办社庆"彩串",内容有清唱、化装清唱和名家祝贺演唱,曲目包括南京昆曲社社长汪

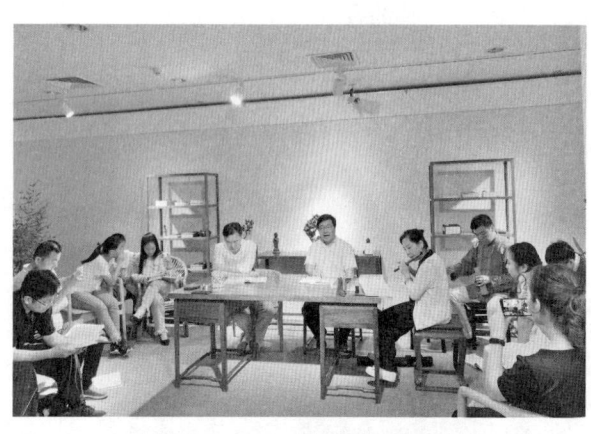

图2-2-7　上海昆曲研习社排练照

小丹和赵卫演唱的《牡丹亭·惊梦》、时年84岁的甘纹轩演唱的《浣纱记·采莲》等;作为业余曲社最郑重的一种形式——"同期"活动,同年5月30日,该社经松江籍社员曲家金睿华联动松江区文化馆在松江醉白池举办"同期"曲叙活动,老曲家们示范演唱《惊梦·山坡羊》《哭像·脱布衫》《惊变·石榴花》《佳期·十二红》等知名曲牌,年轻曲友高昱、王瑛合作演唱了《藏舟》全折,王飈和赵一凡演唱早已绝迹于舞台的汤显祖名作《邯郸梦·番儿》等。

【虹口区文化馆业余话剧队】

虹口区文化馆业余话剧队成立于1961年,有演职员28名。创作演出《崇高的职责》《角落里的火花》《生活的希望》《来自东京》等话剧30多部。每年参加上海"十月剧展"、上海戏剧节和下社区演出活动。

1979年,独幕话剧《崇高的职责》获得上海庆祝国庆30周年群众文艺献演一等奖;1983年,话剧《角落里的火花》获得首届上海"十月剧展"一等奖并获得第二届上海戏剧节一等奖,《脸皮风波》获得第二届上海"十月剧展"二等奖;1992年,《张三其人》和《天下父母心》获得华东地区小品大赛大奖和一等奖,同年《张三其人》获全国"群星奖"金奖。后该话剧队解散。

【杨浦区文化馆沪剧队】

杨浦区文化馆沪剧队成立于1962年,队长为顾承飞,有施招娣、仇文燕、任静娟、王毅敏、张剑菁、邹敏芬、缪荷华、蔡惠珍、丁萍、张林法、乐文信、吴君硕、李才宝、许国栋、徐志康、范伯鸣、季志祥、陆才根、俞丽清、徐洪根、张平、王瑞泉等演职员30名。除了"文革"期间停止活动,队伍中的成员虽经不断流动更新,但一直持续开展排演活动。该队密切配合党的中心工作,参加"五讲四美""计划生育""人口普查"等街头宣传,赶排演出专题节目;深入工厂、青少年宫、街道里弄等进行演出,宣传党的方针政策。该队排演《阿必大》《庵堂相会》《大雷雨》《红莲花》等50个剧目,移植排演《于无声处》。创作和排演许多以宣传新理念新风尚为主题的作品,有《拆墙》《岁月悠悠》《选女婿》等小戏。队员们常自己动手制作布景、道具,《拆墙》景都由队员自己制作。创排的独幕剧《选择》《镜子》《家宴》等,在市级创作剧目展演和交流演出中,均获得名次。1995—2010年,到街道、工厂等单位演出累计238场。该沪剧队2012年解散,部分队员到各社区文化活动中心继续参加排练演出活动。

【青年宫话剧队】

青年宫话剧队成立于 1974 年,有演职员 30 名。先后创作演出大小话剧、校园生活系列小品 16个,举办话剧表演训练班 40 期,培训学员 1 200 多人次。1979 年,独幕话剧《妈妈》获当年上海市群众文艺会演二等奖。1984 年,小品《流言》《伞》由上海电视台、中央电视台录像,并多次播出。

【卢湾区文化馆业余话剧队】

卢湾区文化馆业余话剧队成立于 1976 年,有演职员 32 名。1976 年排练话剧《于无声处》,连演28 场;九幕话剧《第二次握手》连演 50 多场;《一双绣花鞋》《约会》《法官与逃犯》等 10 多个小话剧,演出 30 多场。1981 年,原创独幕话剧《百万马克》入选首届上海戏剧节演出,并获得二等奖,该剧后改编成电影《金钱梦》;1983 年,原创大型话剧《石库门》获市首届上海"十月剧展"二等奖;1985 年,创作话剧《彩色的问号》获得第二届上海"十月剧展"优秀创作奖;1988 年,小品《雨夜》获得江、浙、沪戏剧小品比赛一等奖。

【奉城芳馨艺术团】

奉城芳馨艺术团原名头桥戏曲班,成立于 1976 年,有演职员 20 名。1980 年,沪剧小戏《摇篮曲》参加文化部戏曲会演。2007 年,原创沪剧小戏《真假孝子》获得上海市老年教育节会演牡丹奖一等奖。2010 年,小品《从我做起》参加上海世博会"秀空间"演出。

【虹口区文化馆曲艺队】

虹口区文化馆曲艺队成立于 1977 年,现有团员 25 名。曲艺队先后为专业滑稽剧团输送许国士、王汝刚、徐笑灵、毛猛达等 8 人。演员汤伟华在 1990 年、1991 年两次被评为市职工十佳曲艺演员。

自成立至 2010 年,该团先后排演《朱团长请客》《轧朋友》《侬看哪能办》《满意勿满意》《甜甜蜜蜜》《巧结良缘》《提心吊胆》《啥格面子》《老山战歌》等 10 部滑稽大戏,演出 485 场,观众达 38.4 万人次。仅 2006 年,排演各类曲艺、说唱和小滑稽曲目 45 个,下社区、部队、学校公益演出 20 余场。

【川沙县文化馆沪剧团】

川沙县文化馆沪剧团成立于 1978 年 5 月,是在川沙县文化馆沪剧培训班的基础上建立的,培训班学员和各乡镇文艺骨干经过考核吸收为团员。川沙县文化局、文化馆给予该团建设大力支持,并任命川沙县文化馆音乐干部闵雪生任团长兼政治指导员,川沙县文化馆音乐老干部黄尤西为顾问,县文化局副局长陈伟忠、川沙县文化馆副馆长陆锦明为分管领导。该团作为业余剧团,经济上独立核算,自负盈亏,主管部门为川沙县文化馆。

1978—1983 年,该团排练演出《碧落黄泉》《少奶奶的扇子》《爱情与枪声》《爱与恨》《谁是母亲》等传统沪剧大戏;创作排演《血泪姻缘》等原创剧目。在川沙、南汇、奉贤、金山、黄浦、杨浦、宝山等区县演出 570 多场次,观众达 40 万人次。

【崇明县文化馆业余越剧团】

崇明县文化馆业余越剧团成立于 1979 年 1 月,由在"文化大革命"中解散的原崇明县进化、进艺两个越剧团的演职员为班底,另在有关企事业单位和文化站商借一批乐队人员和青年演员组成,有演职员 35 人,由崇明县文化局主管。崇明县文化馆馆长顾冠军兼任团长,崇明县文化馆副馆长金海滨、原进化越剧团戴水源任副团长,导演高振威、王云泉,主要演员钟玉华、薛春莲、万美珍、黄慧芝、刘哈哈。该团排演有《梁山伯与祝英台》《王老虎抢亲》《九斤姑娘》《小姑贤》《盘夫》等戏,在崇明和江苏启东、海门演出 250 多场,观众达 20 多万人次。

【上海雅风评弹之友社】

上海雅风评弹之友社原名黄浦区文化馆评弹之友社,成立于 1981 年 5 月 10 日。初始社员有30 多人,至 1986 年增至 136 人。1992 年 1 月,该社接受香港企业家、"雅风集"(评弹票房)主人张宗宪每年资助 1 万元,更名为上海雅风评弹之友社。张宗宪任名誉社长,黄浦区文化局局长陆元德任社长;上海市曲艺家协会主席吴宗锡、副主席李庆福,市文化局副局长赵介纲、黄浦区副区长和上海著名评弹艺人担任顾问。为加强社员的艺术实践,该社自 1984 年下半年开始,改原来不定期演出为每逢周日上午举办星期评弹茶座。先期在玉茗楼书场连续举办 22 期,后移至大华书场,至1986 年 8 月 7 日演满 100 期。在庆祝成功举办 100 期的演出中,该社联合市曲协、卢湾区文化局、大华书场等举行百期演唱会,邀请专业评弹演员同台演出,并有苏州、常州业余评弹团队代表祝贺献演,香港"雅风集"(评弹票房)驻巴黎分会总代表曹魁元暨夫人等先后发来贺电、赠送花篮。其后 200 期、300 期、1992 年 10 月的 400 期、1996 年 11 月的 600 期,都组织大型庆祝演唱会。该社通过星期评弹茶座这个平台,经常邀请专业演员和著名评弹艺人联袂演出,多次举办大型评弹流派演唱会。1985 年,该评弹之友社与常州、苏州的业余评弹团队联合发起评弹会书,1987年无锡演员加入,称为"苏、锡、常、沪四市业余评弹会书",每年轮流在 4 地举行,至 1993 年已组织 8 届。

【卢湾青年越剧团】

卢湾青年越剧团成立于 1986 年,由越剧演员宋九经(原卢湾区文化馆馆长,卢湾越剧团专业演员)创建,继任团长冯芳芳,拥有 30 多名团员。其编排上演了《剑笔情》《姻缘错》《明月重圆》等一批原创剧目,其中《姻缘错》在大世界连演两个月共 50 场。该团还排演了经典剧目《红楼梦》《梁祝》《何文秀》《蝴蝶梦》《春草》《双狮宝图》等近百部大型古装戏和折子戏,拥有《红楼梦》《五女拜寿》《三看御妹》《碧玉簪》《孟丽君》《盘妻索妻》等多部保留大戏。

1992 年,《剑笔情》获得 1992 年中国艺术节文华奖。2004 年,越剧团赴香港进行"两湾共牵手"越剧交流演出。2006 年,参加上海文广新闻传媒集团戏剧频道"名家名段任你点"栏目、文艺频道上海国际艺术节群众文艺晚会的录制。同年,《盘妻・赏月》获得中国越剧艺术节民营剧团擂台赛银奖,《宝玉夜祭》获上海首届戏曲比赛一等奖。2005—2008 年,连续四年参与全国社区及海外华人越剧交流演出活动。2009 年,上海电台在上海兰心大剧院为卢湾青年越剧团举办以"青枝玉叶送春来"为主题的专场演出和"星期戏曲广播会"专场演出。

【浦东新区大团镇戏迷俱乐部】

浦东新区大团镇戏迷俱乐部成立于 2001 年,有演职员 40 名。由庄文辉、蔡惠青、顾月琴发起成立,演职人员平均年龄 60 多岁。至 2010 年,该团排演了《借黄糠》《大雷雨》《罗汉钱》《孟姜女》《阿必大》等一批传统剧目,创编有《一百万的媳妇》《家有喜事》《楼上楼下》《文明城区展新貌》《和谐新农村》等 30 多个小品、小戏、锣鼓书节目,演出 300 多场。

【复旦大学昆曲社】

复旦大学昆曲社于 2001 年 3 月 6 日成立,由复旦大学中文系江巨荣教授、刘明今教授和物理系张慧英教授共同发起,由江巨荣担任社长,刘明今、马美信任副社长,张慧英任秘书长,登记在册的社员有 200 多人。该社先后聘请上海昆剧团王君惠、上海戏曲学校吴崇机教授参与昆曲演唱及昆笛吹奏。2004—2009 年,该社邀请上海昆曲研习社曲家柳萱图、甘纹轩两位老师为社员拍曲,传授清曲演唱艺术。其间,共习唱昆曲传统折子戏 10 余出,并在两位老师的指引下定期举办"同期"活动,至 2010 年共举办 8 期。2008—2010 年,先后邀请朱晓瑜、周志刚、王维艰、吴燕妮等教授昆曲演唱与身段。2008 年 6 月,策划并制作社刊《复旦昆曲》,收录昆曲资料,学习前辈治学,发表习曲心得,推广同道交流。

该社积极参加各类昆曲活动,参与第一届至第十届虎丘曲会,以及第一届至第四届在苏州举办的青年曲会等。在第十届虎丘曲会的评比中荣膺"优秀曲社"称号,社员胡家骧(复旦大学中文系博士研究生)获"优秀曲友"称号。2005—2008 年,复旦大学昆曲社选派社员参加第四届、第五届及第六届全国高校京剧演唱研讨会比赛,以昆剧表演与京剧同台竞技,夺得一等奖 1 次,二等奖 1 次,三等奖 1 次。

该社成立以来,每年定期举办曲叙联欢活动。2010 年 2 月 27 日,该社举办"庆元宵庚寅年新春曲叙"活动,并与苏州欣和曲社曲友联欢,邀请南京昆曲社、南京大学昆曲社、上海昆曲研习社、上海国际昆曲联谊会、上海石门社区昆曲社、上海湖南街道昆曲社、上海三乐曲社、上海同济大学曲社等兄弟曲社欢度佳节。同年 11 月 25 日,该社举办"隽雅辉煌——庆祝复旦大学工会成立 60 周年复旦昆曲社专场演出",以曲社师生为演出主体,并邀昆剧小生演员张军等几位青年昆剧演员到场演出,上演了《牡丹亭·惊梦》《孽海记·思凡》《凤凰山·百花赠剑》《长生殿·小宴》等折子戏片段,以及清唱《浣纱记》《玉簪记》《虎囊弹》《邯郸梦》《长生殿》等剧中的名曲,现场观众有 300 余人。

【松江区文化馆戏曲沙龙】

松江区文化馆戏曲沙龙成立于 2002 年,有演职员 49 名。2005 年,其越剧小戏《董其昌学书》获得全国都市票友大赛个人表演金奖;2008 年,吹打唱《阿侬农民哈哈笑》获得首届中国农民文艺会演丰收奖。自成立至 2010 年,戏曲沙龙每年送戏下乡演出 120 余场。

【金山区"故事大篷车"】

金山区"故事大篷车"成立于 2004 年底,团长郁林兴,有成员 250 多人。"故事大篷车"以宣传党和政府的中心工作、丰富群众文化生活为宗旨,下设故事创作队、方言故事演讲队、成人普通话故事演讲队、少儿故事演讲队等 4 支队伍,开展故事创作、故事巡讲活动。

图 2-2-8 松江区文化馆戏曲沙龙沪剧排练照(2010 年)

该团队自成立以来,深入农村、社区开展巡回演讲 1 500 多场次,观众达 20 多万人次。《解放日报》、《文汇报》、《东方城乡报》、中央电视台新闻联播、上海电视台等作过报道。

该团队获得 2005 年度上海市群众文化优秀活动项目奖、2007 年度上海市文化科技卫生"三下乡"活动优秀项目奖。2010 年,"金廉杯"华东六省一市廉政故事大赛在枫泾举办,共征集原创故事作品819篇,并将80多篇优秀作品汇编为《防线》一书,赛事被评为第十二届中国上海国际艺术节优秀活动项目。

该团参加第十三届中国上海国际艺术节浦东"川沙杯"长三角地区故事邀请赛、首届及第二届"海丰杯"吴根越角新故事创作邀请赛、第十五届中国上海国际艺术节"缤纷长三角·浦东川沙杯"故事邀请赛,均获得优秀组织奖。

【静安社区戏剧工作坊】

静安社区戏剧工作坊成立于2005年,有演职员25名。2005年,排演的小品《外婆的灶披间》演出100多场。2006年,其创作排演的社区风情剧《都市空间》演出10多场。2007—2008年,工作坊参与全市文艺资源配送服务工作,累计演出200余场。其排演的小品《外婆的灶披间》获得上海市消防文艺会演一等奖。

【静安区文化馆青年越剧团】

静安区文化馆青年越剧团成立于2008年,有演职员50名,排演有折子戏《玉堂春·游园初会》《血手印花园会》《静安最美》等多部剧目。自成立至2010年底,该团每年参加市级比赛和区级大型文艺演出30多场。

2009年,该团越剧开篇《静安·最美》、越剧《湖丝情》获得"上海之春"新人新作奖。2010年,越剧《七仙女看世博》获得上海市第三届社区"乡音和曲"银奖;同年,《十八相送》参加上海广播电视台《百姓戏台》的录制。

【浦东新区浦东说书表演团】

浦东新区浦东说书表演团成立于2009年7月,团长为北蔡镇文化服务中心主任赵宏财,有团员33人,主要演员有市级浦东说书传承人陈建纬、康毅,资深艺人吴天希、王金康、王明兰等。2008年,浦东说书被列入国家级非物质文化遗产名录,北蔡镇为传承保护基地。

至2010年,浦东说书表演团参加街镇、区、市、全国比赛和展演累计800多场。2008年、2010年,北蔡镇举办两届缤纷长三角"浦东北蔡杯"曲艺邀请赛,来自长三角地区10多个县市80多个曲艺节目参加比赛。

三、综合型表演团队

【青浦徐泾艺术团】

1979年,青浦县徐泾乡文化站组建徐泾业余沪剧团,由全乡30多名戏曲爱好者组成。1987年,徐泾业余沪剧团更名为徐泾艺术团。该团通过创办小型加工企业,采取"半工半文、以工养文"的运作机制,艺术团人员亦工亦艺进行排练演出,以补经费不足。

1979—1988年,该团排演了传统沪剧《半把剪刀》《借黄糠》《庵堂相会》《家庭公案》《母与子》和现代新编沪剧《梅子青青》《初春》《洞房之夜》《月儿园》《桃花盛开》等10多部剧目。

1991年,徐泾艺术团自制两个移动舞台,编排短小精悍的小品、戏剧等文艺节目,送戏下乡、进企业举办宣传演出活动,使广大百姓在寓教于乐中了解党和政府的方针政策。该艺术团排演反映赌博害己害人的沪剧小戏《苦酒》、小戏曲《月夜寻夫》,歌颂公安人员的小品《钓》,反映学雷锋的独脚戏《沐浴》等,当年就演出 80 多场,跑遍 10 多个村、60 多个企业。

1992 年开始,该团完善文艺人员的培训计划,注重作品的创作和表演艺术质量,邀请上海戏曲界的名师来团指导,先后创作排演《动迁之前》《就业曲》《变》《看徐泾》《阿福根谈动迁》《夸夸我们身边的好党员》《越搞越麻烦》《红包》《沉船之后》《小手牵大手》《虚情假意》《自作自受》《健康档案》《社区是我家》《毛脚服岳丈》《纽带》《喜从何来》《亲亲我的宝贝》等沪剧小戏、小品、表演唱、舞蹈几十个节目,走进社区、走进村居、走进企业,每年巡演 80 多场,并参加区、市的各类文艺展演比赛。1997 年 8 月,该团代表上海农民应邀参加在日本九州市举行的亚洲秧歌节民间文化艺术交流演出活动,展演原创沪剧表演唱《领略一番水乡情》。

该团用群众喜闻乐见的文艺形式,立足农村,服务基层,服务百姓,多次被授予"全国文明单位""上海市文化艺术科技三下乡先进单位""上海市三八红旗集体""全国巾帼文明岗""服务农民,服务基层文化建设"先进集体等称号。其所属的文化中心站于 1990 年获文化部颁发的"全国先进文化站"称号。

【奉贤庄行文化"小舢舨"演出队】

1997 年,依照奉贤县庄行镇党委镇政府的文化下乡精神,庄行文化站组建一支文化"小舢舨"下村演出队伍。"小舢舨"的历任团长有薛国强、何文浩、唐建龙、蒋军英。该演出队从开始的 10 名演职人员,发展到政府各部门及部分事业单位共同参与,集文化艺术、医疗卫生、计划生育、综合治理、农业致富、社会保障于一体的宣传队伍。

10 多年间,"小舢舨"演出队积极创作具有时代精神、反映农村变化、贴近农民生活、群众喜闻乐见的文艺作品 200 余部,巡回下乡到田头、社区、工厂为百姓送戏上门演出 400 多场,吸引观众 20 余万人次。该演出队的许多节目在参加区、市及全国比赛中获奖。2003 年,由钱光辉编剧的沪剧小戏《相约十二点》获得"飘柔魅力"新上海人小品小戏大赛暨第九届上海"十月剧展"金奖、上海市群众文化奖评比优秀创作演出奖、第六届中国上海国际艺术节"我们的家园"群文综合艺术成果展演优秀节目奖;2007 年,该队的表演唱《毛脚医生》获得中国上海国际艺术节"我们的家园"群文展演优秀创作奖;2009 年,由瞿建国、范颖创作的小品《红丝带》获得上海市群文新人新作一等奖、全国剧本一等奖;2010 年,小品《红丝带》参加华东六省一市小品大赛获得银奖。

2005 年,该演出队获得上海市群众文化奖励基金理事会授予的上海市群众文化优秀活动项目奖。

【上海百合花艺术团】

上海百合花艺术团成立于 1999 年 5 月,隶属浦东新区文化广播影视管理局,由浦东新区文化艺术指导中心主管业务,是民办非企业单位。团长由浦东新区文化艺术指导中心副主任陆家栋兼任,团艺术委员会委员由浦东新区文化艺术指导中心相关领导兼任。文化部部长、文联党组书记高占祥为艺术团题名"中国上海百合花艺术团"。该团拥有舞蹈、民乐、戏曲(京、越、淮)3 个分团,是集音乐、舞蹈、戏曲、魔技、武术、时装表演为一体的大型综合文艺表演团队。有 7 名专、兼职艺术及管理人员,业余演职员约 170 人。可进行大型民族音乐演唱演奏音乐会,民族舞蹈、京、越、淮剧等各类艺术专场及综合性演出。

该团积极参加浦东新区区委宣传部举行的"文化进社区"百场巡演活动,举行了 100 多场演出;参加上海世博会"周周演"演出和文化艺术活动展演;到工地、下部队、赴各区县进行公益性慰问演出和慈善演出;多次参加上海重大节日庆典文艺活动。

该团多次参加全国和上海市的各项大型文艺演出活动并获奖。其民乐分团从 2004 年至 2010 年参加 6 届长三角地区民族乐队展演,连续 5 届获最高殊荣;2005 年,获浦东新区优秀特色项目团队称号;2006 年,创作舞蹈《戏迷乐》获上海市社区舞蹈比赛中老年金奖;同年该团被市文广局命名为"优秀非职业舞蹈团";2008 年,在中国上海国际艺术节"洋泾杯"优秀民乐团邀请赛中,民乐团获演奏金奖、指定作品演奏金奖和组织奖;2009 年,浦东新区举行迎世博——百支优秀文化团队评比,该艺术团的民乐、戏曲两个分团分别获得第一名,舞蹈分团获第五名。2010 年,该团被上海音乐家协会民族管弦乐专业委员会评为"2006—2009 年度上海市优秀民乐团"。

该团获得上海市浦东新区文化发展基金会的支持,开展国内外文化交流活动,当好"中国人民的友好使者"。1999—2009 年,该团应邀出访法国、韩国、意大利、日本、芬兰、泰国、马来西亚、柬埔寨、新加坡和文莱参加国际艺术节或民间文化交流活动;前往中国香港、中国澳门进行交流演出。1999 年,该团应法国国际艺术节组委会邀请,在伊斯瓦尔市演出,在来自 13 个国家的艺术团中,该团优秀演员沈越获得艺术节的最高奖项——"艺术皇后"奖。2000 年 5 月,经中国文联推荐,该团参加韩国首届国际民间文化艺术节,舞蹈《欢乐大摆裙》在闭幕综合场演出中获得第一名。2004 年,该团参加韩国城南国际艺术节,与来自 9 个国家和地区的 12 个团队同台演出 9 场,展演《真假美猴王》《挑滑车》《贵妃醉酒》等民族气息浓郁的京剧节目。该团多次接待来自日本、马来西亚等国的艺术代表团,以及来自中国台湾、中国香港的艺术团体,与他们进行现场交流。该团还为美国、韩国、芬兰等国际友人辅导乐器和舞蹈。2009—2010 年,在上海世博会召开前,特举办外国友人二胡、琵琶、古筝、笛子、柳琴、扬琴等速成班和国际标准舞、民间舞蹈培训班。2003 年,该团被市文广局评为"上海市文广影视对外交流工作先进单位";2005 年,被中国国际文化交流中心授予"国际演出重点推荐单位"。

【长宁区"送欢乐"艺术团】

2005 年,长宁区文化局组建以青年业务骨干为主体的长宁区"送欢乐"艺术团,同时在全区建立 16 个分团。该团团员由主持、歌唱、舞蹈、戏剧小品等门类的专业人员以及舞美人员组成,成立初期,主要是由长宁文化艺术中心的群文业务干部为主要团员,后来涵盖长宁区文化系统引进的各类专业人才,吸收的年轻团员大部分毕业于全国各大专业艺术院校或来自专业文艺院团,还有海归人才。团员有舞蹈、声乐、器乐专业,平均年龄 25 岁左右。他们以各自的艺术特长参与演出,同时也组织、策划各类公益活动,将更高质量,富有朝气的演出和活动带给市民。

"送欢乐"艺术团得到长宁区文化局和长宁文化艺术中心的指导和关心,充分利用团队的专业艺术水平和组织协调能力,主办弦乐专场、铜管乐专场、合唱专场、舞蹈专场、经典老歌专场等演出活动,冬季送温暖、夏季巡演进社区医院、进地铁、进园区等公益活动。该团参与每年的上海国际艺术节群文展演、虹桥文化之秋开闭幕式、中国上海国际艺术节中山公园天天演以及区属机关企事业单位的各类群众文化演出活动等。

该团每年新春伊始便开展一系列文化演出活动。团员们深入社区、工地、敬老院,为社区居民、癌症病人、孤寡老人、残疾人、外来务工人员等各类人员送上公益文艺演出千余场,受益群众约 2 000 多万人次。演出节目除了舞蹈、戏曲、魔术等表演形式外,还进行现场送年画和赠送新年礼盒活动。2005 年,该团以乌兰牧骑小分队的形式下基层演出,为居民送欢乐,为新泾镇等街道居民、癌症俱乐部患者、敬老院孤老演出 40 场,观众达 1.8 万人次;同年 7 月 10 日《新民晚报》的头版专门刊登题为《欢乐送到居民家门口——长宁"送欢乐"艺术团暑天巡演专业演员进社区》的报道。2008年,该艺术团足迹遍及10个社区街道,为广大市民进行了各类公益性演出100余场,受益群众近2.8万人次。

该团表演的节目多次获奖:2003年12月,群舞《风》在上海社区舞蹈比赛中获得新人组金奖;2007年11月,舞蹈《枫叶袖》、葫芦丝与舞蹈《竹楼情歌》获得第九届上海国际艺术节"我们的家园"——群众综合艺术成果展演优秀创作奖;2008年,情景舞蹈《映像》获得"上海之春"新人新作暨第十三届"十月歌会"评选新人新作奖;2009年7月,舞蹈《绿》获得当年度"上海之春"群文新人新作暨上海市迎世博百场文艺巡演评选新人新作奖。

2005年,该团被评为长宁区群众文化先进集体、长宁区先进志愿者集体。2008年,该团走进社区巡演活动获得上海文化发展基金会的资助。2009年,该团获得上海市优秀群文活动项目奖、长宁区新长征突击队称号。2010年,该团被评为"迎世博"上海市巾帼文明岗。

图2-2-9　长宁区"送欢乐"艺术团暑期巡演(2008年)

【上海永新艺术团】

上海永新艺术团成立于2005年12月,属民办非企业单位,注册在崇明县民政局,由崇明县城桥镇地区的文艺爱好者组成。团长石永新,副团长顾星源、徐峰,艺术顾问王霖、高振威、柴焘熊、黄晓,有演职员28人。

该团拥有300多平方米的排练场地,具有齐全的灯光、音响、演出车辆等设备。自成立以后,该团成员凭着一股执着的精神,经崇明县文化馆专业老师的支持和辅导,创作排演小品、小戏、舞蹈、表演唱等100多个节目,为崇明地区的乡镇、社区、部队、敬老院演出120多场。该团积极参加崇明县政法委主办的"平安崇明"、崇明县环保局主办的"创生态崇明、建和谐家园"、平安保险公司主办的"平安之夜"等专题宣传活动巡回演出35场。2007年,该团部分节目被中国黄河电视台选送到美国有线电视台播放。

2008年,该团参加上海市老年文化艺术节演出并获得银奖;同年参加第十届中国上海国际艺术节——长三角地区业余沪剧擂台赛获得优秀组织奖,团员赵志琴获得优秀演唱奖。2009年,该团参加上海市公路处主办的小品小戏比赛,参赛的崇明山歌小戏《海岛女所长》获得最佳演出奖。2010年,《崇明报》和崇明电视台对该团进行过专题报道。该团还积极参加崇明地区每两年举办一次的"金音杯"戏曲大奖赛,顾飞、汪树红、张娟、施伟明等团员分别获得过金奖和银奖。

【2006年首批上海市群众性优秀文艺团队】

2006年举办首届上海市优秀群众性业余文艺团队(非职业合唱团、非职业乐团、非职业舞蹈团)评选活动,根据组织完善、活动正常、管理规范、成绩显著的基本条件和具有较高艺术水准的专业条件,以及团队对社会的影响力、当年在全国性政府赛事中的获奖成绩,历经推荐申报、初审、展演和综合评定四个阶段,产生入选名单。

上海市优秀非职业合唱团(16支)

上海市学生艺术团黄浦区青少年活动中心春天少年合唱团

上海市学生艺术团市北中学合唱分团

上海市邮政局合唱团

浦东新区金桥镇合唱团

闵行区教师合唱团

中国福利会少年宫东方小伙伴艺术团合唱团

长宁区教工合唱团

上海文广新闻传媒集团合唱团

浦东新区三林镇合唱团

静安区文化馆合唱团

上海市工人文化宫茉莉花合唱团

宝钢松涛合唱团

虹口文化艺术馆合唱团

上海电信合唱团

上海市卢湾区春天合唱团

浦东新区机关合唱团

上海市优秀非职业乐团(16支)

上海市学生艺术团民乐二团(杨浦区少年宫)

上海白玉兰室内乐团

上海市工人文化宫茉莉花民族乐团

上海市学生艺术团黄浦区青少年活动中心民乐团

上海市学生艺术团民乐一团(长宁区少年宫)

上海市学生艺术团浦东新区少年宫民乐团

金山区山阳镇文广中心民乐队

上海交通大学学生交响乐团

上海市学生艺术团南洋模范中学交响乐团

上海市学生艺术团市三女中室内吹奏乐团

上海市学生艺术团民航上海中等专业学校管乐团

上海师范大学附中均瑶吹奏乐团

浦东新区少年宫管弦乐团

上海市学生艺术团罗店中学管乐团

上海市学生艺术团天山中学管弦乐团

上海爱乐手风琴乐团

上海市优秀非职业舞蹈团(9支)

中福会少年宫东方小伙伴艺术团舞蹈团

上海市总工会沪东工人文化宫艺术团舞蹈团

上海百合花艺术团舞蹈团

静安区文化馆中老年舞蹈团

上海建青实验学校舞蹈团

长宁区少年宫学生舞蹈团

杨浦区艺韵舞蹈团

徐汇中学舞蹈团

上海学生艺术团仲盛舞蹈团

第三节　民间艺术团队

上海的民间艺术团队,或因拥有历史传承的特色民间艺术项目而形成,或是区域内民众因爱好自发组建。相关民间艺术项目的传承和创立,与相应的民间艺术团队相辅相成,共同成长或发展。

一、市级品牌民间艺术团队

【金山区金山农民画团队】

金山农民画是源自古老的江南民间艺术,在发展过程中融合灶头壁画、蓝印花布等多种传统民间美术元素,逐渐形成农民画的特色风格,是属于一种传统民间艺术经过现代转化后形成的民间艺术种类。它不仅保留了民间艺术创作的许多特征,也体现了现代艺术的一些手法。

20世纪五六十年代,在金山县文化馆吴彤章等美术老师的指导下,金山民间涌现出一批绘画积极分子。1974年,程十发、韩和平、陈家声、汪观清等画家先后到枫泾中洪村体验生活与创作,还为当地农民举办培训班,农民画作品产生质的飞跃。1977年,金山农民画第一次在上海举办展览。1980年春,金山农民画首次在中国美术馆展出。1988年,金山县由文化部命名为现代民间绘画之乡。2007年,金山农民画绘画技艺被列入首批上海市非物质文化遗产名录。

1988—2010年,金山农民画参加各类比赛、展览,其中获奖50余次,获奖作品100多幅。金山区将金山农民画列入对外文化交流重大项目,组织优秀作品到友好城市举办展览,同时也鼓励画家赴国外举办个人画展。从1980年9月赴比利时布鲁塞尔国际博览会展出开始,金山农民画先后赴意大利米兰世博会、泰国国家美术馆、英国建筑中心等33个国家和地区展出交流,总计展出1 200多幅作品。2006年由中国民间文艺家协会设定中国农民画艺术研究中心,先后举办中国农民画高峰论坛及发展论坛。

金山区与上海美协、民协、各地美协等专业机构承办或参与全国画乡展览40余次,先后有数百幅作品被中国美术馆、中国画艺术研究院、中国民间艺术博物馆等单位收藏。

金山农民画创作团队中有6位被认定为上海市非物质文化遗产代表性项目(金山农民画艺术)代表性传承人,18位被认定为金山区非物质文化遗产项目代表性传承人,28位由金山区政府命名为金山农民画画师,39位分别成为中国美术家协会、中国民间文艺家协会、上海市美术家协会、上海民间文艺家协会会员。

【南汇区周浦镇书画团队】

周浦镇的书画历史悠久,尤以清嘉庆、道光年间为盛,有画师数十名。民国时期有一批书画家活跃于艺坛。

中华人民共和国成立后,周浦镇的书画创作得到快速发展,人才辈出,传承有序。20世纪50年代,周浦中学学生成立列宾美术小组,他们勤奋好学,得到胡问遂、苏局仙、唐炼百、叶凤池等当地书画名家的授艺辅导,成为周浦书画界的中坚力量;有2人考入浙江美术学院,张大卫、许艺城、陈辉光、吴进才等日后成为知名画家。20世纪70年代,列宾美术小组骨干成员收徒授艺,培养出劳继雄、陆忠德、顾潜馨、刘见谷等一批书画人才。

1986年,周浦镇成立书画协会,有会员50多人。周浦镇的书画家先后在上海朵云轩、上海美术馆、深圳博物馆等地举办书画展20余次;在日本、美国、新加坡等国举办书画展6次。在省市级出版社出版画册20多本,在省市级报刊发表书画作品170余幅。有30余人加入中国书法家协会、上海市书法家协会、上海市美术家协会。2000年5月,周浦镇(书画)由文化部命名为中国民间文化艺术之乡。周浦镇的书画队伍不断发展,后续还专门成立开放周浦美术馆,成为美术书法团队展示和交流的平台。

【崇明县新河镇民乐团队】

新河镇地处崇明岛中部,历史悠久,文化底蕴深厚,是国家级非遗名录——"瀛洲古调派琵琶"、江南丝竹演奏形式——"牡丹亭"、上海市级非遗名录"崇明吹打乐"的发源地和传承基地。2002年新河镇由文化部命名为中国民间艺术之乡;2008年由文化部命名为中国民间文化艺术之乡。

1976年,新河镇文化站成立新河民乐队,队员有20多人。1998年,扩建成立新河镇民间音乐业余艺术团,下设新河民乐(江南丝竹)队、竞存小学民乐队、少儿琵琶演奏队、青年女子琵琶演奏队、老年民乐爱好者俱乐部、新河吹打乐队等,队员扩充到100多人。历任指挥是宋荣生、朱克瑞、黄晓、陈权等,首席演奏员有李春方、宋维益、金忠礼、石磊、陈忠信、沈明星、周伟明、任斌魁、钱卫平等。该团由新河镇文广站管理,新河文化活动中心提供活动场所,新河镇政府每年给予经费补贴。常年开设民乐培训班,每周参加培训人员在60人左右。

新河镇每两年举办一次崇明新河"富盛杯"长三角地区民乐团队和江南丝竹团队邀请赛,每次有来自江浙沪的20多支民乐团队受邀参加,参赛人员累计超过3000人。2008年开始,每年举办崇明区少年民乐单项乐器擂台赛,每年有几十位小乐手参赛。

该团获得上海市江南丝竹比赛银奖、最佳演奏奖、最佳传承奖、上海市首届浦东"洋泾杯"社区民乐大赛铜奖等奖项;被评为"上海百支江南丝竹优秀团队"。2009年,该团少儿民乐队参加全国第三届中小学生艺术展演活动,由市教委授予"艺术教育特色项目"。2010年8月,青年女子琵琶演奏队拍摄的《琵琶艺术·瀛洲古调派琵琶》在上海广播电视台文艺频道播出。

至2010年,该团每年参加江浙沪三地交流巡演,上海市民俗文化节、文化遗产日展示、区县艺术节演出以及赴村居和敬老院巡演等活动500多场。

【奉贤区柘林镇胡桥滚灯团队】

胡桥滚灯起源于江南地区,距今已有700多年的历史,用于祈求风调雨顺、五谷丰登的祭祀活动和民间传统节日举办的庙会活动。

奉贤胡桥滚灯队成立于1981年10月,队员有潘震、沈雪平、倪民其等10位男青年,由民间老艺人陈伯明、吴伯明传授耍灯技艺,参加在嘉定县举办的上海市首届乡镇企业职工文艺会演"行街"活动。陈伯明和吴伯明是继奉贤滚灯第一人吴友根、第二代传人吴小兵后的第三代传人。他们两人在胡桥地区以精湛的耍灯技艺享有盛誉。陈伯明创造的在长凳上缠腰脱鞋的技巧、吴伯明的"白鹤生蛋""鹁鸪冲天""日落西山"成为奉贤滚灯的独特技艺。

1990年以后,胡桥滚灯团队进行表演形式和灯具的革新,改变了男子单一大滚灯表演,特别是男女同台表演使滚灯表演更具有舞蹈性,其伴奏形式也从单纯的锣鼓演变为音乐锣鼓伴奏,使滚灯的表演形式得到丰富。1992年,奉贤滚灯第一次以新的姿态出现在上海的舞台上,参加上海市各界人士团拜会。从此,奉贤滚灯从田头走上舞台,频频亮相区(县)、市级乃至全国的文艺舞台,参加各类文体活动和比赛,并多次获得奖项。2002年,《上海日报(外文报)》第七版整版介绍奉贤滚灯。2003年,中央电视台四台"华夏文明"专栏到奉贤拍摄滚灯专题片,并在央视四台播放。2004年,奉贤滚灯队参加上海举办的全国农运会闭幕式、上海国际旅游节、上海国际艺术节、第二届全国亿万妇女健身大展示等多项重要活动。2005年,奉贤滚灯队参加首届(张家港)长江流域民间艺术展。同年,福建海峡电视台"精彩出击"栏目为奉贤滚灯拍摄专题片,将奉贤滚灯介绍给全世界的华人和港澳台同胞。

2005年,柘林镇将胡桥学校、胡桥绿太阳幼儿园、胡桥社区老年大学、成人技校、文广中心被列为滚灯团队的培训基地,重点进行社区居民的滚灯培训,在每一个社区都独立组建滚灯团队。至2010年,胡桥滚灯拥有团队84支,其中学校5支、军营3支、企业4支、事业单位2支。该镇还组织民间艺人、舞蹈老师编创滚灯舞、滚灯操,举办培训班、搭建展演平台,并利用团队风采大比拼、文化遗产日、滚灯操舞专题比赛、滚灯艺术节等品牌项目展示团队的滚灯艺术风采。柘林镇还建立滚灯艺术陈列馆,长年对外开放。展示影像、图片、服装、各种规格的灯具、纸艺灯彩、制作工具等实物和资料。

2003年,柘林镇(胡桥滚灯)由文化部命名为中国民间艺术之乡。2007年,滚灯列入上海市首批非物质文化遗产名录。

【宝山区罗店镇罗店龙船团队】

端午节罗店划龙船习俗始于明、盛于清,20世纪30年代、50年代仍有展示和比赛。后停止活动。1983年恢复活动,吸引观众10万余人。1992年,张氏四兄弟出资建造一条新的龙船,罗店镇政府也投资先后打造7条龙船,使群众性的龙船活动蓬勃开展起来。

罗店龙船造型独特,别具一格,底平而吃水浅,出驶快,宜于在当地狭小河道行驶。表演形式丰富,船上有乐队为表演伴奏。2006年,罗店龙船列入上海市非物质文化遗产名录。同年2月,罗店龙船队赴北京参加文化部举办的中国非物质文化遗产保护成果展。同年6月,参加首个中国文化遗产日上海系列活动暨2006上海民族民间艺术博览会,《罗店龙船》(船模)获得铜奖。2008年,罗店镇(龙船)由文化部命名为中国民间文化艺术之乡。罗店龙船的代表人物为造船世家张福明、张福成4兄弟和他们的5个儿子。

罗店镇有龙船制作队伍1支(26人),划船表演队6支(120余人),龙船民乐演奏队6支(36人),大型龙船舞蹈队1支(40人),民俗文化表演队19支。每年举办龙船文化节,每次为期3—5天,直接参与表演500余人,累计参与群众130余万人。

【青浦区朱家角镇民间藏书团队】

朱家角镇历代文人众多,藏书丰富。有明代藏书家陆书声、陆书德;圆津禅院清华阁书箱压架;藏书过万的马文卿藏书楼。御医陈连舫留下医书无数;清代小说家陆士鄂留有《新中国》小说等著作150余部;清代刑部右侍郎王昶藏书5万余册,还写下《金石萃编》等百部千卷。朱家角镇拥有历代18位进士,都是藏书家。2008年,朱家角镇(民间藏书)由文化部命名为中国民间艺术之乡。

1990年开始,镇内开展民间藏书开发利用活动,举办3次大型研讨会,分别3次进行全镇性藏书普查。民间特色藏书家庭18户,藏书最丰者周陀星藏书逾5 000册,全镇初查社区藏书逾20万册。1991年,评选出20位"民间藏书大王",东湖街号称"藏书一条街"。民间藏书开发利用这项活动,每两年举办一届,建读书小组,说书里书外故事。朱家角镇政府先后投入800万元,改建朱家角图书馆,开设民间藏书展示厅,定期将藏书户的部分藏书在镇图书馆进行展示。商业街的几十家咖吧、茶吧,都提供现当代书籍和古籍供人阅读。

朱家角镇148支文艺团队的成员几乎家家都有藏书,全镇28个行政村均建立农家书屋,每周开放5天。全镇一半以上居委会建立读书小组,每月不少于2次活动;交流读书心得,相互交换藏书,形成读书氛围。2000年,大新街居委会成立读书小组,每周活动一次,参加者以老年人为主;同年,东湖街居委会成立健康读书小组,2010年成立残联读书小组。

朱家角镇文体中心建立有30人的书评小组,组织古书名目、古诗词赏析、清阅朴读、108个茶客等各类征文比赛。珠溪中学、朱家角中学均成立文学社,培养了一批批年轻的书评人。在中、小学开展读书征文活动,有百余篇童话、诗歌、散文在全国各地的杂志发表。众多文学爱好者出版《风情朱家角》《王昶传》《亚文诗选》《东方色彩骑士》等百种文化书籍;李振东的诗词《沁园春・一九九二感事》,杨凤生编写的《散曲小令、格律》、田山歌《插秧天》等几十部作品,多次赴京、赴国外展示。

【松江区车墩镇丝网版画团队】

1990年,松江县车墩镇成立了丝网版画研究会;有会员16人,由中国美术家协会、上海市美术家协会、上海民间艺术家协会、松江版画院的会员和画师组成。松江丝网版画与金山农民画、宝山农民画一起并称为上海三大农民画。该画种画面大胆、夸张,古拙并带有稚气,显出泥土气息和艺术天趣。2008年,车墩镇(丝网版画)由文化部命名为中国民间文化艺术之乡。

1989年10月3—12日,松江县农民丝网版画展在北京音乐厅艺术家画廊举办,展览会共举办10天,共展出作品100幅。每天参观者络绎不绝,受到有关领导和中外观众的普遍赞誉。时任文化部常务副部长高占祥参加开幕式,并题词"美从民间来"。参加开幕式活动的还有中国美协、中国版画研究会的领导和专家。新华社、中央电视台、《人民日报》和《解放日报》《文汇报》等媒体都进行了专题报道。

1990—2010年,该团队每年定期在社区、学校举办丝网版画普及、体验培训班,累计培训1 000多人次。每年组织创作人员赴新场古镇、召稼楼古镇、上海影视基地、松江乡镇街景、韩湘水博园古建筑、南翔古镇、青浦陈云故居等地采风。举办"老街华阳"丝网版画作品展;车墩镇女子丝网版画作品展和车墩镇残疾人士的丝网版画作品展;"大美车墩"——松江百姓明星五人版画联展;"军地文化情"——车墩镇消防中队师生版画作品展;车墩镇"宜居、宜业、宜游"丝网版画作品展;"艺风采"车墩镇女子版画六人作品展等。该团队入选和获得市级以上展览大赛奖项的作品有106件。其间,2005年11月,由上海图书馆和松江区人民政府主办的松江农民丝网版画精品展于23—27日在上海图书馆举行,上海图书馆展出其馆藏的100张松江农民版画;该展览结束后又赴外省市和海外进行巡展交流。

【浦东新区金桥镇书画团队】

金桥书画历史悠久,"金桥之春"书画展是金桥镇的文化特色品牌。自1985年举办第一届书画展,至2010年连续举办20多届;连续3年举办浦东、杭州、苏州三地中国画联展;举办"金桥杯"浦东新区市民艺术作品展、"文心若水 金桥淡墨"书画艺术展等活动。2000年金桥镇（书画）由文化部命名为中国民间艺术之乡。2008年，又被文化部命名为中国民间文化艺术之乡。

金桥镇建有金桥家园书画沙龙、金桥镇阳光书画社；金桥镇在辖区的多条马路两旁开辟书画文化长廊；成立浦东书画创作基地（金桥）；在文体中心创设海派书画创作室；在村居委建立书画活动室。金桥书画队伍的代表人物有徐建融、徐立铨等。

金桥镇书画团队每年在金桥书画创作基地和海派书画创作室开展丰富多彩的采风、交流、赏析活动，年参与人数3 000多人；每年在社区、农村、国际社区举办迎新写春联活动，每次送出春联近千对；每年举办高雅艺术进社区——艺术家走进百姓书法、国画专题讲座，每次200多人受益；连续多年举办"金桥杯"浦东新区市民艺术（书法、美术、摄影）作品展，并将部分优秀作品送到各居委活动空间举行展览，使居民群众足不出户即乐享文化大餐。

【浦东新区三林镇舞龙团队】

三林舞龙起源于明代，村宅、行帮、氏族等组队参加灯会、庙会、行街巡游表演。中华人民共和国成立后，三林舞龙有了长足的进步，由行街表演逐渐转向广场表演，由随意性舞动转向艺术性表现。三林舞龙团队将舞蹈艺术优美的肢体语言、戏曲的步法亮相、武术的精气神韵、杂技的腾跃翻滚等融入舞龙的技巧中。高超的技艺、优美的构图、灵活的步伐、独特的风格，是三林舞龙现代竞技舞龙的特点。2001年，三林镇（舞龙）由文化部命名为中国民间艺术之乡；2004年，由国家体育总局社体中心、中国龙狮运动协会授予"中国龙狮运动之乡"。2011年，三林舞龙被列入第三批国家级非物质文化遗产保护名录。三林舞龙的代表人物为陆大杰。

三林镇的舞龙队伍不断成长壮大，1996年，三林舞龙队被正式命名为"上海市舞龙队"，先后10多次出访海外，将中国优秀传统文化传播到世界各地。至2010年，在全镇建立20多支老、中、青、幼舞龙队伍，80多支健身队伍，每年参与舞龙舞狮活动的社区群众达8 000多人次。三林镇每年组织社区龙狮表演赛、学校龙狮展示赛、趣味龙狮健身赛等各类展示和比赛活动100多场。

三林镇舞龙团队代表上海参加全国体育大会、全国农民运动会、全国龙狮锦标赛等重大赛事；4次代表国家参加亚洲室内运动会、世界龙狮锦标赛、国际龙狮邀请赛等赛事，总计获得金牌72枚，银牌17枚，铜牌11枚。其中，1990年世界"龙狮锦标赛"在上海源深体育中心举行，此次活动吸引了19个国家和地区的30多支精英队伍参加，三林舞龙队代表中国获得3金2银和全能第一的优异成绩。此外，三林舞龙团队多次随市领导出国访问，传播优秀的龙狮文化；参加了人民大会堂、APEC会议、北京奥运会、上海世博会等演出和交流活动；每年还接待日本NHK、英国BBC等境外艺术团队和媒体的采访。三林镇建造有国家级非遗项目浦东绕龙灯传承基地——三林龙狮会馆、龙狮广场，在三林文广中心设立了龙狮指导部。该团队还组织专家、学者对三林舞龙竞技相关的资料进行系统收集和整理，编写民俗文化书籍。

【浦东新区陆家嘴街道海派秧歌团队】

浦东新区陆家嘴街道海派秧歌团队创建于2003年；队员来自社区舞蹈爱好者，代表人物有民间老艺人、国家一级编导、舞蹈家协会会员、音乐家协会会员、高校退休教师等60余位。

至2010年，该团创编了《茉莉飘香》《太湖春韵》《紫竹聆风》和《吴越弄弦》《金风蝶韵》《海上丽影》等6套海派秧歌。2008年，陆家嘴街道（秧歌）由文化部命名为中国民间文化艺术之乡。

2003开始，陆家嘴街道每年举行"社区海派秧歌比赛"，组织海派秧歌广场舞普及版《超级舞林》、海派秧歌千人展示等活动;每年有30多支秧歌团队、数以万计的居民职工参加海派秧歌活动。

该团队参加国际民间民俗健身舞蹈大赛、全国健身秧歌大赛、全国百姓广场舞大赛等国家、市级的各类比赛、展演数百次。2004年,获得全国亿万妇女健身活动展示大会第一名;2008年,创编表演的海派秧歌《上海紫竹调》入选北京29届奥林匹克运动会开幕式前表演;2010年,走进上海世博会参加市民文化广场演出;多次赴中央电视台《舞蹈世界》录制节目。该团先后受邀赴日、韩、德、澳等地交流演出10多次;2004年,受邀参加中日韩三国民间艺术节的演出;日本民间团体派队伍专程来浦东陆家嘴学习海派秧歌。

【浦东新区川沙新镇沪剧团队】

沪剧东乡调起源于浦东川沙。在川沙,沪剧从萌芽期、发展期到成熟期,已流传200多年。2008年,川沙新镇(沪剧、故事)由文化部命名为中国民间文化艺术之乡。

20世纪90年代,川沙沪剧演出团队得到大力发展,拥有彩芳沪剧团、秀珍沪剧团、界龙村沪剧队、"七星"沪剧队4个民营剧团和15个沪剧演出团,另有42个沪剧沙龙。排演了原创沪剧《幸福港湾》《春兰曲》《一夜新娘》《泥城枪声》和大型沪剧《星星之火》、名家名段《红色经典》等100多个剧目。

图2-2-10　浦东新区川沙新镇沪剧团队演出照

自1998年开始,举办"小龙人杯"戏曲演唱大赛,"海尔杯""川南奉松"沪剧擂台赛,"永久杯"克隆沪剧明星大赛等;2001后,每两年举办一届"浦东川沙杯"长三角地区业余戏曲邀请赛,至2010年共举办5届。依托川沙文化馆和文化服务中心,川沙新镇通过举办沪剧沙龙、沪剧培训班、戏曲进校园、月月演戏曲角、戏曲大舞台、文化进村居、优秀文化团队会演等形式开展活动,每年参与群众达上万人次。

【浦东新区川沙新镇故事团队】

浦东故事有着悠久的历史,在民间广泛流传。1980年,川沙故事队成立,首任团长陈建清,第二任团长黄谊,任嘉禾、夏友梅、何伦等12人为艺术顾问。2003年,川沙新镇(故事)由文化部命名为中国民间文化艺术之乡。

2008年,川沙故事队更名为川沙百人故事团,下设故事创作与故事演讲两个组,团员108人,团长夏友梅。百人故事团以上海夏友梅故事艺术进修学校为培训基地,故事演讲团队在川沙各镇及企事业单位演讲,至2010年,观众达到1万多人次。

该团队在市群艺馆主办的历届故事大赛中蝉联"八连冠";先后举办首届华东六省一市浦东"川沙杯"故事邀请赛、中国上海国际艺术节长三角地区浦东"川沙杯"故事邀请赛、第十届全国少儿"故事大王"邀请赛等6次大型故事比赛活动。在浦东"川沙杯"长三角地区故事邀请赛中,获得8项金银铜奖;其中,《半碗阳春面》获得创作与演讲金奖。编辑出版6册浦东"川沙杯"长三角故事邀请赛优秀作品集。《解放日报》《新民晚报》《东方城乡报》《浦东日报》和浦东电视台等媒体对其多次进行宣传报道。

【宝山区杨行镇吹塑版画团队】

杨行吹塑版画产生于民间,发展于民间,是一种在传统制版技艺基础上进行革新改造,以吹塑版取代石版、木板等制版材料,并将杨行地区民间流行的灶头画、蓝印花布、剪纸等传统艺术融入版画创作之中的传统绘画新载体,形成于 1988 年,是宝山区"一地一品"的特色文化品牌。吹塑版画 2000 年入选上海"市郊百宝";2003 年,杨行镇(吹塑版画)被文化

图 2 - 2 - 11　浦东新区川沙新镇故事团队演出照

部命名为中国民间艺术之乡;2010 年,被文化部命名为中国民间文化艺术之乡。2006 年,获上海民族民间博览会发展创新奖;2007 年,列入上海市非物质文化遗产名录。

杨行镇在社区文化活动中心设有吹塑版画展览厅、陈列室、培训教室。2000 年,杨行镇举办首届中国现代民间绘画杨行年会,至 2010 年连续举办 8 届,开展吹塑版画作品展示、艺术交流、理论研讨、"与名师对话"等活动。2001 年开始,杨行社区文化中心组织吹塑版画家带徒授艺,举办培训班培养人才;每年举办 3 期,开设基础班、提高班和创作班,至 2010 年,参加培训的学员有 3 000 多人次。业余作者在培训实践中得到成长,许多人成为多产的创作者和艺术创作奖的获得者,有 10 多人加入上海版画家协会和上海民间艺术家协会。

在该版画作者队伍中卓有建树者多达 40 余人,代表性人物包括龚赣弟、金益明、曹福妹。龚赣弟的代表作有《古屋系列》等,许多获奖作品为中国美术馆等收藏;金益明的代表作《年年有余》用于《人民画报·外文版》封面;曹福妹 2008 年出版《曹福妹个人画册》,2013 年被评为全国十大民间画家。

1996—2010 年,该版画团队共创作作品 4 000 多件。其中,450 多件在各类展览中获奖,包括"群星奖"等国家级大奖。不少作品赴日本、德国、意大利等国进行民间文化交流,赴中国澳门、中国香港参展。许多作品被上海美术馆、市美协、解放日报社、深圳美术馆等收藏。

【宝山区月浦镇锣鼓团队】

月浦锣鼓起源于清代中叶,由单皮鼓演变为八仙对鼓。20 世纪 80 年代,来自全国各地的冶金建设大军云集月浦支援宝钢建设,带来具有北方特色的山西威风锣鼓、太原锣鼓和风格迥异的四川闹年锣鼓、浙东锣鼓,与月浦传统锣鼓相融合,形成具有海派特色的月浦锣鼓;演奏形式有锣鼓、腰鼓、对鼓、单皮鼓等。

2005 年,月浦镇建立百鼓陈列馆,陈列馆分传统锣鼓、现代锣鼓、月浦锣鼓等 3 个部分,展出各类锣鼓近百种。2006 年,月浦锣鼓列入首批上海市非物质文化遗产保护名录。

至 2010 年,月浦镇建立 4 个少儿锣鼓艺术培训基地;先后组建广场大锣鼓队、社区腰鼓队、女子劲鼓队、少儿对鼓队、幼儿摇鼓队和适合舞台表演的锣鼓舞蹈队、女子打击乐队等 9 支锣鼓团队;锣鼓队员 250 多人,代表人物为李彩亚、吴鸿英、张燕。

月浦镇连续举办 10 届"锣鼓年会"和 6 届"宝山国际民间艺术节"专场活动。2007 年,月浦镇组织锣鼓团队出访荷兰、比利时,参加由两个国家举办的民间艺术节,先后在荷兰港口城市特纽恩镇

和比利时伊吉根镇与来自 12 个国家的民间艺术团同台演出 21 场,观众达 2.3 万人次;2008 年,出访新西兰参加华人元宵灯节活动,在新西兰各地巡演了 16 场,观众达 2.9 万人次。

月浦镇锣鼓团队除了进行大型广场大锣鼓表演外,还拓展具有舞蹈性的舞台鼓乐表演。其创作编排的鼓乐小品《水》、鼓乐合奏《哪吒闹海》《浦江潮》《喜庆锣鼓》等,在第三届全国鼓艺大赛、香港世界华人才艺大赛和第七届上海国际"金玉兰奖"音乐舞蹈艺术大赛中,获得金奖及最高金奖。

【宝山区顾村镇诗歌创作团队】

顾村镇有 700 多年诗歌文化传承。明代钱世桢、徐四可、刘沛霖,清代张揆方、杨大澂、毛大瀛和民国期间的彭公望等诗人流传有序的古诗有 54 首。

2002 年,顾村泰和新城小学被上海民间文艺家协会列为诗歌创作实践基地,上海市教委将其列为儿歌教育、童谣创编等教科研项目。2007 年,顾村镇由市文化局命名为诗歌之乡;2008 年由文化部命名为中国民间文化艺术之乡。

2007 年开始,每年 9—10 月举办"诗乡顾村"年会,先后建立泰和诗苑和泰和小学、共富诗廊、顾村诗社、菊泉诗社等村居、学校诗歌创作基地,通过举办各类诗歌培训、创作交流、朗诵展示等培育诗歌创作与赏析人才。2010 年,顾村镇"诗乡顾村"文化广场落成,被评为"宝山区特色文化广场"和"上海市老年教育社会学习点";同年,创建双月刊《诗乡报》。

至 2010 年,先后有 10 人出版了个人诗集,4 人加入了市作协。每年都有顾村诗人在市级和其他省市诗歌赛中获奖,在《中国诗歌》《上海诗人》发表诗歌作品;代表人物有叶谦、杨瑞福、王宗康等。

【青浦区白鹤镇沪剧团队】

白鹤镇的沪剧演唱源远流长,有着深厚的群众基础。中华人民共和国成立初期,镇内相继成立 4 家剧团,以沪剧为曲调编演时代戏,常巡回于辖区和毗邻地区演出。20 世纪 60 年代,上海沪剧团丁是娥等带领学生来到白鹤镇体验生活,带动当地群众的沪剧演唱活动。20 世纪 80 年代初,成立白鹤沪剧团,建起白鹤影剧院。2003 年,白鹤镇(沪剧)由文化部命名为中国民间艺术之乡。

1998 年 9 月,上海沪剧院和白鹤镇结对,挂出了"白鹤沪剧之镇"的牌子。2000 年,上海电视台戏剧频道举办"白鹤沪剧之镇"挂牌两周年专场演出。同年 10 月,中央电视台《东方时空》栏目摄制组来白鹤镇进行一周的跟踪采访,专题摄制白鹤镇的沪剧演唱活动;同年 12 月,分别在央视一套、二套、四套播出。

2003 年以后,白鹤镇每年举办"沪剧大家唱"活动,创编沪剧小戏《拆迁风波》《抢娘记》、沪剧表演唱《绣白鹤》《草莓颂》《我为创建做点啥》等作品。至 2010 年,白鹤镇有沪剧演唱骨干人员 120 多人;有沪剧伴奏乐队 10 支、演奏人员 100 多人。每年举办各种形式的沪剧演唱 200 多场。白鹤镇建立少儿沪剧培训基地,在白鹤中学、白鹤小学进行沪剧演唱培训;白鹤小学成立沪剧兴趣小组,由上海沪剧院演员陈瑜老师授课,培养沪剧演唱的年轻团队。

【南汇区新场镇锣鼓书团队】

南汇锣鼓书历史悠久,早在明代就有杨社、晏公祠等 6 处古戏台,供艺人登台打唱。南汇区于 2002 年成立上海海曲乡音艺术研究中心,拥有研究员 15 人;2007 年成立锣鼓书艺术协会,会员有 45 人。南汇锣鼓书于 2004 年录入中国民族民间文化保护工程;2006 年列入国家级非物质文化遗产名录；1996 年，南汇（锣鼓书）被文化部命名为中国民间艺术之乡；2008 年，被文化部命名为中国民间文化艺术之乡。2007 年，在古镇新场建立中国锣鼓书艺术馆，面积 400 平方米；在市级传承基地石笋中学设立有 150 平方米的锣鼓书陈列室。南汇区新场镇、大团镇为锣鼓书传承保护基地。

以保护传承为目标，南汇区在社区、学校开设锣鼓书培训班，至 2010 年，参加培训者累计 500 多名，每个村、居、学校都有锣鼓书表演队和骨干。其编创《水乡古镇春光好》《浦东大佬倌》《新时代、新征程》等 100 多个节目，分别在全国、市、区各类舞台上展演；2002—2010 年，演出 500 多场，观众有 5 万多人次。1979 年，其创作的锣鼓书《黄道婆》在上海音乐学院礼堂为日本民俗音乐访华团展演；2004 年，锣鼓书团队走进中央电视台；2007 年，锣鼓书《鹦鹦调》为吉尔吉斯斯坦共和国文化部长一行来沪访问时进行展演。

2007 年，该团队创作的锣鼓书《公示风波》、2010 年创作的《丁头亮办案》《柏万春审鸟》分别获得上海市新人新作评选 1 个一等奖、2 个二等奖；2010 年，《电大圆我知识梦》获得市电大系统文艺会演一等奖，并由上海电视台录播。锣鼓书代表人物有谈敬德、康文英、顾佳美等。

至 2010 年，编写有《锣鼓书入门》《锣鼓书成人基础教材》《锣鼓书（小学、初中）艺术教育》《上海锣鼓书》《锣鼓书传统曲目选》《锣鼓书基础教材》《锣鼓书（初级、中级、高级）传承教材》《锣鼓书音乐》《锣鼓书入门微课》等图书和教材计 300 多万字，并录制了锣鼓书 DVD 音带，建立了锣鼓书数据库。

【松江云间古乐团】

十锦细锣鼓是松江泗泾地区的吹打艺人们在吸收昆腔艺术特色的基础上，于长期的演奏过程中不断打磨而形成的独具特色的传统民间音乐。2008 年 6 月，泗泾十锦细锣鼓被列为第二批国家级非物质文化遗产代表性项目名录。

自 1986 年泗泾十锦细锣鼓被重新发现后，松江区文化馆、松江区非遗保护分中心对各镇的民间音乐班社组织进行现场调查，对十锦细锣鼓的历史沿革、基本情况、曲目、曲谱整理归档，同时整合民间艺人资源，将散落在各镇的民间艺人进行登记，组建成松江云间古乐团。团员近 30 人，以泗泾镇原演奏者的传人为基础，同时吸纳松江其他地区的优秀民乐演奏者。

此后，十锦细锣鼓每年参加各种演出，并在长三角传统民间音乐展演中屡次获得较高的评价。2006 年 11 月，上海音乐家协会、市道教协会、上海音乐学院和松江区文广局在豫园戏苑联合主办"上海民族民间音乐交流会"，上海城隍庙道乐团、松江文化馆云间古乐团进行了交流演出。2007 年 11 月，松江区文化馆云间古乐团在松江史量才故居演出了整理和改编后的《十锦细锣鼓》。2010 年 10 月，该乐团参加上海世博会外场演出，复排《十锦细锣鼓》，创排《将军令》《暹罗词》等古乐曲。其中《暹罗词》参加"文化遗产日"上海非物质文化遗产系列活动"江南丝竹新作品试奏会"。

二、区（县）民间艺术团队

【闵行区马桥镇手狮舞团队】

马桥手狮舞是流传于上海郊区的传统民族民间文化艺术。早在辛亥革命期间，马桥籍国民党元老钮永建亲制的"太狮云牌灯"在出会赛灯时一举夺魁，此后，每逢元宵节，当地人自发组队开展舞狮活动。

马桥手狮舞队成立于 1984 年，有队员 30 人。历任队长是金锦林、孙炳祥、陆中贤、颜志明、金燕。至 2010 年,马桥镇有社区老人队、青年男队、学生队等 4 支手狮舞队伍。

手狮舞表演时用大手狮 2 只、中手狮 2 只、小手狮 4—8 只。传统的手狮舞表演以即兴发挥为主,技艺难以保持和发展。为提高手狮舞的表演技艺和演出效果,马桥手狮舞队吸取了当地舞龙的翻滚、跌扑等技巧,丰富了手狮舞的表演形式,发展了舞台表演、行街表演、广场庆典等形式,具有独特的海派风采。

图 2-2-12　闵行区马桥镇手狮舞团队演出照

1984 年 9 月,手狮舞参加上海市庆祝国庆 35 周年文艺晚会;1992 年,赴北京参加全国民间舞蹈会演获得三等奖;2009 年 5 月,应邀赴韩国参加民间文化交流;同年 6 月参加中国非物质文化遗产保护中心与浙江省文化厅共同举办的全国传统舞蹈展演获得银奖;2010 年 7 月,马桥手狮舞献演上海世博会。马桥手狮舞并进入马桥镇学校成为课间操,还专门编排手狮舞操,适合老年人健身。

【奉贤区庄行镇民间艺术团队】

奉贤区庄行镇民间艺术演出队成立于 1996 年,长期以民俗表演、民间清音班、舞蹈为主,定期展开活动。该团队节目丰富多彩、短小精干、自编自演。其中,民俗表演是团队的特色节目,有舞龙、舞狮、荡湖船、蚌壳精、抬花轿、大头娃娃等。

【浦东新区南码头街道南风扁鼓团队】

浦东新区南码头街道南风扁鼓团队成立于 2000 年初,是浦东新区南码头街道根据中国传统民间艺术锣鼓编排而创新的一个民俗文化品牌,发起人管炜,队员有十几人。

自成立以后,南风扁鼓队在继承民间扁鼓传统的基础上创新发展,将舞蹈、健身操与击扁鼓相结合,集舞蹈、击鼓和运动表演为一体,创编了基础训练、扁鼓鼓舞、鼓乐 26 套。至 2010 年,南风扁鼓活动已遍及街道各个居委,南风扁鼓队已从 10 多人的舞台展演,发展成 100 人至 600 人的大型广场展演。为全市各区县及外省市培训、辅导学员 700 余人次,指导训练鼓手 2 000 多人。

该队获得中国内蒙古中老年舞蹈大赛最高奖——金盅大奖、全国首届打击乐上海邀请大赛金奖、中国北京全球华人艺术大典最高奖——特别金奖、中国上海中老年艺术大赛最高奖——金玉兰奖、中国香港中老年艺术大赛最高奖——金紫荆花奖、"东方杯"第二届全国鼓乐大赛金奖等。2009 年 5 月,在浦东新区第四届运动会开幕式上,由 426 位鼓手参演的南风扁鼓获得演出特等奖。上海世博会期间,该团队与来自非洲布隆迪的鼓乐团合作演出。

【奉贤区金汇镇皮影戏团队】

奉贤区皮影戏演出队成立于 2001 年 2 月,队长为严忠阳,主要演员有唐宝良等,平均年龄为 70 岁。

皮影戏是由演员操纵皮制人物、道具造型,用灯光投影于幕布上供观众观看的一种民间艺术,表演者一人身兼皮影操作和乐器演奏等多职,手、脚、口并用,在奉贤也称皮囡头戏、影戏。该演出队整理传统皮影戏《薛丁山别师下山》《大战锁阳城》等，排演现代皮影戏《乌鸦与狐狸》《金斧头》等，创作《智斗大灰狼》和《守株待兔》两个儿童皮影剧。

　　该演出队每年参加各类演出和非遗主题活动。在齐贤小学组织皮影戏兴趣小组。2001 年，在杨浦区少年宫连续演出 17 场。在上海市青年宫（大世界）及县内庄行、青村等地表演，由上海东方电视台戏曲频道拍摄专题片。

【长宁区民俗文化团队】

　　长宁民俗文化表演团队成立于 2002 年，由长宁民俗文化中心组建。至 2009 年，该中心已拥有各种民俗文化团队 27 支，总人数 804 人（未含临时参与人数）。团队以女性为主，占比 95％，男性占 5％，成员年龄在 39 岁到 65 岁之间，平均年龄为 53 岁。先后成立由小学生组成的龙旗队、腰鼓队，以及由中年人组成的舞蹈队等团队，力求团队年轻化。

图 2－2－13　长宁区民俗文化团队演出照

　　莲湘队　莲湘队成立于 2002 年，是各支民俗文化团队中最早成立的一支队伍，队员有 100 多人，最盛时队员有 200 多人，也是人数最多的一支团队。长宁新泾地区的莲湘，是 20 世纪 30 年代初由苏北船民传入。该队多次代表长宁民俗文化团队参加各区县的邀请赛、全国民俗活动邀请赛和 2008 年第十届中国上海国际艺术节"廊下杯"长三角邀请赛等。

　　响铃队　响铃队在民俗文化团队中发展最快，队员遍及各年龄层次，包括中小学生，成年队员有 78 人。拉响铃又称"抖空竹"，是人们在街头巷尾、房前屋后进行游戏和锻炼的家常项目，老少皆宜。该团队主要参加广场类的文化活动，加上舞蹈动作即适合舞台表演。

　　八仙高跷队　该队成立于 2003 年 5 月，由 5 男 3 女 8 个队员组成。表演时一边踩着木棍踏脚板行进，一边根据不同的角色扮相做出各种生动有趣的舞蹈动作。基本动作有"金鸡散步""延令鹤步"等。根据铁拐李的"拐"，张果老的"倒骑驴"等特点进行编排，增强表演效果。高跷队成立后，参加了首届上海民间艺术博览会、哈萨克斯坦阿拉木图民间艺术团文化交流演出活动、"金鸡报春"2005 长宁人民闹元宵暨"虹桥文化之春"群众文艺天天演开幕式活动等大型演出活动。

　　花轿队　花轿队成立于 2006 年。2007 年，在花轿队的基础上又成立嫁妆队，编排在民间流传千年的"花轿娶亲"场面，增添举迎亲牌、喜牌、送礼的小篮子、新娘、猪八戒等道具及角色，增强喜庆的表演效果。

　　万民伞队　万民伞队成立于 2007 年，由街道老年健身队 15 名队员组成。万民伞一般用于行街活动，由一人执上书"万民伞"的纛旗开路，万民伞由一人撑持随后，从伞顶四周垂下的 4 根绸带由 4 个人牵扯着，两个手持丫权的人站在伞的两边，用丫权撑持伞把保持平衡，缓缓前行。表演时配以《刮地风》音乐，在纛旗的带领下走剪刀形路线。万民伞队每年参加长宁区举办的各类群文活动。

【宝山区罗泾镇十字挑花团队】

自元代起,罗泾镇就盛行种棉花,人们纺纱织布,土布成为人们衣着的主要原料,并用土布零料制成女人使用的兜头手巾(包头巾),且在上面挑花插线以求美感,逐渐发展成十字挑花,至今已有300多年历史。

罗泾十字挑花在针法上有"行针""绞针""蛇脱壳"3种,并顺着"布势流"插针,使制品正面由大小一致的十字构成,背面呈点状平行排列,平整美观;画面由多达数十种独立纹样组合构成整体,并以形取名,惟妙惟肖、意境逼真。其制品广泛用于姑娘出嫁"压箱底"、新媳妇"还疼"回赠长辈以及"移升""子孙包"等各种民间习俗礼俗。

2005年,罗泾镇开始对十字挑花技艺进行发掘、保护和传承。2007年,罗泾十字挑花技艺列入上海市首批非物质文化遗产名录。十字挑花制品除传统的兜头手巾、小方巾、肚兜和"系身"外,又研发了真丝大方巾、大小香囊、杯垫、钥匙包、发夹、手提小包、枕套、抱枕、靠垫、仙人挑担床帘、龙凤呈祥被面、十二生肖平安符、沙发扶手巾、装饰画以及童趣系列等产品,还与高定服装设计师Grace·Chen合作,成功开发了樱花披肩。

罗泾镇每年举办一届十字挑花技艺大赛,举办"罗泾人看新罗泾"十字挑花展,迎新年罗泾十字挑花摄影、书画展,非遗周图片展等活动。在罗泾中学、罗泾第二幼儿园为学生、教师开设十字挑花兴趣班;在洋桥村、花红村、塘湾村、宝悦居委会、宝虹居委会开办十字挑花培训班;在镇文化中心、镇社会组织服务中心建立十字挑花工作室,每周一次为挑花爱好者传授技艺。至2010年,罗泾镇拥有十字挑花高级技师队、罗泾中学学生队、罗泾二幼教师队、宝虹家园队、宝悦家苑队、罗森堡队、怡景养老院队、洋桥村队、塘湾村队、花红村队等10支团队,代表人物有陈育娥、杨海燕等。

【崇明县向化镇灶花团队】

崇明灶花个性鲜明,题材贴近农家生活,绘制手法独特,有800多年历史。2007年,崇明灶花列入上海市首批非物质文化遗产保护名录,崇明县向化镇为崇明灶花的传承保护基地。灶花绘制代表人物有黄汉生、高阿邦等。

2005年,向化镇人民政府和崇明县文广局联合举办首届"南江风韵杯"崇明灶花艺术节,至2010年举办6届,累计120多位选手绘制有600余幅作品。为灶花艺术节专题创作演出的文艺节目60多个,累计举办灶花图片和节目巡展巡演120多场,观众6万多人次。2007年,在向化镇学校建立灶花绘制兴趣小组,向学生传授灶花绘制技巧,组织学生举办灶花描摹比赛。同年,在向化镇南江村建立了灶花基地和灶文化展示厅,免费向社会开放,至2010年已接待岛内外观众2万多人次。另在南江村建立了一条100多米的长廊,展示了100多幅精品灶花。2008年5月,崇明县非遗保护分中心开始建立灶花图片档案,对70多位代表性工匠建立灶花艺人档案。

2008年9月,成立上海崇明灶文化研究会,有会员108名。研究会下设灶花绘制专业委员会、青少年委员会、理论专业委员会、灶文化群众文艺专业委员会、节庆活动专业委员会,注册崇明灶花商标。2008年、2010年,两次举办灶文化研讨会。

2010年研究会编撰了一套《崇明灶花》丛书和《乡间诗意的积淀》专著一部,由上海文汇出版社出版发行,同时编印内部发行的《花开满瀛洲》崇明灶花艺术论文集。

【金山区吕巷镇舞龙团队】

金山"吕巷小白龙"有百年历史,是吕巷地区民间流传下来的特色传统文化项目。2006年,吕巷镇成立吕巷舞龙队,夏懿峰担任舞龙队队长。

吕巷镇将"小白龙"作为群众文化和体育"一镇一品"的特色项目加以建设培育,为人员、设备和资金方面提供制度保障。吕巷舞龙队坚持每星期集训2次,每年集训80多次。吕巷舞龙队以龙舞的腾跃翻滚、戏曲的步法、武术的精气神韵等多项艺术融合一体,将传统文化与现代艺术相结合,形成吕巷舞龙特色。至2010年,吕巷镇已组建村(居)、机关、企事业单位等舞龙队近30支。

2006年,小白龙舞龙队代表金山区参加上海市第十三届运动会舞龙比赛,获传统龙狮项目第一名、规定套路第三名。同年11月,在浦东陆家嘴地铁广场表演,获"第八届上海市国际艺术节"优秀创作奖。2006年,金山区将"小白龙舞"列为区级非遗名录。2007年,"小白龙舞"成为金山区"一镇一品"项目。同年11月,小白龙舞龙队参加上海市第六届农运会舞龙比赛,获传统龙狮项目金牌、体育道德风尚奖。2008年4月,在江苏昆山市陆家镇参加中国昆山国际文化旅游节首届"陆家杯"江浙沪舞龙邀请赛,该队获一等奖。2009年1月,获2009年度上海市文化科技卫生"三下乡"活动优秀项目奖。2010年4月,获第二届"陆家杯"江浙沪舞龙邀请赛银奖。同年,小白龙舞龙队在上海市第十四届运动会上夺得舞龙自选套路比赛第一名、规定套路和传统龙狮第二名。

【金山区亭林镇腰鼓团队】

金山县亭林镇腰鼓团队成立于2005年。骨干队员有16名,平均年龄50岁,队长张明法,历任队长卫华、朱燕、陆翠秀。至2010年已发展至覆盖全镇村居、企事业单位等的43支腰鼓队,约有2000名鼓手,形成了老、中、青、少梯队。

该腰鼓队的特点是力度强,鼓声响;速度快,鼓声齐;幅度大,动作美;难度大,技艺高。拥有《东方鼓韵》《东方鼓魂》《东方鼓跃》《东方鼓律》《军旅腰鼓》等系列品牌节目。至2010年,表演近350场。2010年,该队参加上海国际"世博·金玉兰奖"艺术大赛,获得金奖,并参与表演33场;连续九届获得上海市民间腰鼓大赛一等奖。

【金山区廊下镇莲湘团队】

1987年,金山区廊下镇中丰村组成30人的莲湘队在金山县第二届艺术节演出中,获得优秀演出奖。廊下镇文广中心组织传承人吴迪观老人等,在各村(居)开展卓有成效的传承工作,廊下镇每个村(居)都至少有一支莲湘队,人数均在20人左右。2007年4月,廊下莲湘被列入金山区首批非物质文化遗产名录,并成为金山区"一镇一品"文化特色项目,多次代表金山参加上海市文化、体育等比赛、交流、展演活动。同年10月,廊下镇成功举办首届莲湘文化节,给莲湘的展示和发展提供了舞台。2008年2月,中央电视台在金山区特色文化大展演时对廊下莲湘作现场报道。同年3月,廊下镇老年莲湘队代表金山区参加上海市第八届老人运动会开幕式入场式。同年10月,廊下镇举办第十届中国上海国际艺术节"廊下杯"长三角莲湘邀请赛,发起并成立长三角莲湘文化联谊会。2009年6月,金山区廊下镇的"打莲湘"被列入第二批上海市非物质文化遗产名录。2010年,廊下镇被命名为全国第一个"中国莲湘文化之乡"。

至2010年,全镇有莲湘队30多支,从村到街道、从机关到学校,小至5—6岁,大到70—80岁的近2万居民会打莲湘。廊下莲湘团队10多次代表金山区参加全市文化、体育等活动的比赛、交流、展演。少儿莲湘队和成人莲湘队先后在中央电视台亮相。作为中国莲湘文化传承基地,莲湘已成为廊下文化活动和全民健身特色项目。

【浦东新区塘桥街道码头号子表演队】

塘桥街道码头号子表演队成立于 2005 年,有队员 23 人。由码头工人、装卸工人组成,年龄最大的 80 岁,最小的 60 岁。表演队设正、副队长各 1 名,吸纳了导演和创编骨干 6 名。

码头号子是码头工人生产劳动过程中提示动作上下、前进的方向,搬运的路线,货物的标记和堆装等所唱的劳动号子,"领""和"结合,音区宽广、嘹亮,多高音区,旋律是五声音阶为主的民族调式。

该码头号子的上海市级非遗传承人韩纬国与程年碗带领创编组收集整理苏北帮、湖北帮、上海帮(本帮)、山东帮、宁波帮等各种号子进行编排,分成《搭肩号子》《肩运号子》《堆装号子》《扛捧号子》《单抬号子》《挑担号子》《起重号子》《摇车号子》《拖车号子》等 4 大类 9 种唱法,整理出 19 首不同帮派的号子进行传唱,并创编 4 个版本,共积累号子 55 首,号子音源 200 首,还专门邀请市群艺馆音乐辅导老师从创作、表演上进行指导。

至 2010 年,码头号子表演队先后参加非遗进校园、全国非遗日展演、全国原生民歌大赛等各类活动,累计演出 300 多场。2007 年 12 月,参加由文化部、陕西省人民政府主办的中国原生民歌大赛获得多人组合组银奖;2010 年,获得第十二届中国上海国际艺术节"浦东塘桥杯"长三角地区原生民歌邀请赛金奖。2009—2010 年,该表演队被评为上海市非物质文化遗产保护先进单位。

改革开放以后,上海的群众文艺团队随着社会进步和时代发展蓬勃兴起。群众文化社团在全市和区县层面对群众文化工作进行了组织、引导和研究,促进了各类群众文艺团队的良性发展,推动了群众文艺创作与活动的开展。不同类型、不同样式的文艺团队,活跃在公园、广场和街镇村居各个层面的公共文化场所。自 20 世纪八九十年代开始,群众的文化需求从"大众化"向"个性化"转变、由"欣赏者"向"体验者"转变,群众文化出现多样化、多层次变化的特点,热潮不断涌现,各类群众文化社团组织和群众文艺团队数量不断增加。尤其是 2000 年以后,由于上海城市经济的不断发展和物质生活水平的逐步提高,尤其是政府对群众文化的高度重视,为上海群众文艺团队的提升、发展创造了良好的社会环境。各级政府对文化设施建设的大力投入,也为上海群众文艺团队提供良好的活动场所。市民参与群众文艺团队活动的热情空前高涨,为维护社会稳定、完善社区管理和提升市民文化素养及生活品质,作出了积极的贡献。

第三篇
群众文艺创作

《聚焦世博》 冯仁华摄

群众文艺创作是群众文化蓬勃发展的源动力，是经济社会发展和广大人民群众生活的反映与再现，体现上海这座城市的精、气、神。群文创作涵盖文学（诗歌、散文、小说、报告文学、影视文学、新故事等）、音乐、舞蹈、戏剧、曲艺、美术、书法、篆刻和摄影等文艺样式。创作篇对 1978—2010 年间的上海群文创作按艺术门类分别进行阐述，并对有较大社会影响的作品和作者作了简介，力求呈现这 30 多年上海群文创作贴近实际、贴近生活、贴近群众的基本概况。

　　改革开放初期，上海市的群众文艺创作人员主要来自上海市群众艺术馆（下称市群艺馆）、区县文化馆，市工人文化宫、区（县）工人文化宫、各工人俱乐部，上海市青年宫，市、区少年宫等单位。群众文艺作品创作主题围绕为社会主义服务、为人民服务、加强社会主义精神文明建设等；创作内容贴近百姓生活，成为广大群众文化生活的精神食粮。但这一时期群众文艺作品在创作手法上还比较单一。

　　随着改革开放的深入和现代化建设不断推进，群众文艺工作者以理论武装、舆论引导、精神塑造、作品鼓舞为出发点，积极探索适应社会主义市场经济、符合艺术创作规律的新形式和新机制，群文创作焕发出勃勃生机，逐步走向繁荣。市群艺馆、区（县）文化馆等开展了大量针对业余作者的培训和辅导工作，组织创作作品交流、提供作品发表或展演的机会，一批业余作者崭露头角，其中一些人逐步成长为专业艺术创作人员。上海市总工会和市工人文化宫针对庞大的产业工人群体中的文艺爱好者，推出了一系列在新形势下繁荣职工文艺创作的新举措，先后成立电视剧制作中心、文艺创作中心等，市工人文化宫、基层厂矿企业相继走出一批年轻有为、才华横溢的职工和工人作家。

　　1978 年至 20 世纪 80 年代，以职工文学创作为代表，小说、诗歌、报告文学等作品百花齐放，出现了《伤痕》等代表作；影视文学创作更是在全国独树一帜、硕果累累，《天堂回信》《情洒浦江》等获奖作品撑起上海影视创作半边天；这个时期的戏剧创作以《于无声处》为发端，产生了一大批在全国有影响的作品；音乐创作方面通俗歌曲的创作在全国产生了较大影响，出现了许多优秀作品，《难忘今宵》《月亮走我也走》听众们均耳熟能详；校园歌曲创作发展迅猛，《拍手歌》《我要变成一只小鸟》等广为传唱；美术书法方面，创立了"江南之春"美术创作评选机制，并一直延续至今，成为展示上海群文美术创作成果的知名品牌，一批优秀美术作者从这里起步，推动群众美术创作的发展，也孕育了闻名全国的美术之乡。

　　20 世纪 90 年代，音乐创作比较突出，弘扬社会新风尚的《七不规范歌》、歌唱人间美好生活的《地球是个美丽的圆》等歌曲在沪上传唱。其中，特别是以各系统、各产业部门为题材的行业歌曲的创作比较突出，产生了一批厂歌、校歌等行业歌曲；具有地域特点的民族音乐创作水平也得到了显著提升。

　　21 世纪以后，舞蹈创作注重历史传承和现代创新的融合，对全市民俗、民间元素进行了发掘，出现了表现和反映上海都市生活的作品，代表作品有三人舞《双面胶》等。还创作排演了一批具有地域特点的舞蹈作品，比较有代表性的有海派秧歌、南风扁鼓等，为百姓学习和体验广场舞起到了很好的示范作用。戏剧创作方面，小品、小戏创作是新的亮点，因其结构简单、形式短小、内容集中等特点，广受百姓欢迎，在全国"群星奖"和各层级比赛中多有作品获奖或展示，《水晶心》《实话实说》《花农嫁女》等都是追随时代步伐、贴近人民生活的优秀作品。

自1980年代创办的上海"十月歌会"、上海"十月业余剧展"等群众文艺创作赛事活动,经过20多年发展,2007年开始合并为每年五月举办的"'上海之春'群文新人新作评选活动",先后成为群众文艺原创作品搭建的评选和展示平台,涌现了很多时代印记鲜明、生活气息浓郁的作品。一些优秀作品经过加工、修改、提高,参加全国群文创作作品评选,大多成绩斐然。仅在2010年全国"群星奖"评选中,由市群艺馆选送的作品就获得20个奖项,其中作品类(舞台)12个、项目类3个、5人获得"群文之星"称号,获奖数创历届全国"群星奖"上海参赛之最。

时代的发展促进了群文创作的繁荣,时代的变化也促进群文创作不断推陈出新,而紧紧围绕社会发展和重大事件展开群文创作成为其重要特点。其中比较有影响的有市、区文化部门组织开展各大节庆和重要纪念日的群文活动、"守望相助　众志成城抗非典"专题创作作品征集活动,围绕抗震救灾、上海世博会等开展的全市群文创作活动等,这些根据党和政府的中心工作、上海或国家重大事件组织的群文创作,对鼓舞人民战胜困难的决心、营造良好的社会氛围起到了积极作用,也成为群众文化部门的工作职能和重要任务。在群文创作数量和质量不断提高的同时,上海市的群文创作也开始向多元化发展,创作人员和队伍不断扩充,各类优秀作品也在许多文化展示和交流活动中脱颖而出。

第一章 文学创作

1978 年 12 月,党的十一届三中全会召开,标志着中国进入新的历史时期。此后,中国当代文学进入新的发展阶段,不但冲破了"左"的思想束缚和禁区,而且文学的主体意识也开始觉醒,广大业余作者创作的诗歌、小说、报告文学、影视文学、故事等作品,因贴近生产、生活,情感真切而受到广大群众的喜爱和欢迎。

随着各区(县)文化馆逐步恢复工作,业余文学爱好者开始在此集聚,各区县组织作者交流和培训,提高业余作者的写作水平。其中徐汇区积极举办各类文学讲习班,对业余作者进行创作培训,通过老作者及基层工会、宣传部门的推荐,扩大创作队伍,涌现出赵化南、陈留贯等作者。青浦区在 1980—2000 年间,文学创作呈现出前所未有的发展态势,在诗歌、散文、小说、戏剧等不同体裁的创作中涌现出大批新人新作。许多区县还专门成立了一些文学创作爱好者开展活动、相互交流的组织,其中具有代表性的有黄浦"上海城市诗人社"、青浦"春晖文学社"和松江"华亭诗社"等。

针对上海郊县的文学创作力量相对薄弱,农村题材的小说比较缺乏的情况,1980 年 12 月 1—3日,《上海文学》编辑部联合郊县各文化馆,在金山县文化馆召开"上海郊县小说创作座谈会",每县派 2—3 人参加。茹志鹃出席会议,上海市作家协会派出彭新琪和张斤夫两位编辑参与组织管理,市区业余作者陈村、曹冠龙等参与辅导。从此,文学创作在郊县也开始蓬勃展开。

同时,职工群体中文学爱好者参与创作也比较广泛。各行业职工在小说、诗歌、报告文学等方面的创作,反映了不同行业发展的重大事件和职工的现实生活,时代印记鲜明。报告文学首先成为反映上海产业建设发展和职工群体精神面貌的创作体裁,产生了一批影响广泛的作品。其中,在宝钢一期工程全面建成投产时工人诗人创作的一组诗作,表现了广大职工喜悦激动的心情,颂扬了宝钢人意气风发、艰苦奋斗的精神。

20 世纪 90 年代,全市各个企业与部门的职工文学创作成为群众文艺创作活动的重要组成部分。1990—2000 年的 10 年中,上海职工业余作者创作近千篇短篇小说、120 部中篇小说、30 余部长篇小说、出版诗集 40 多本,以及一大批散文、报告文学作品,创作 50 多台戏剧、60 多部影视作品、500 多个小品。其中,电视连续剧《大潮汐》获得中宣部"五个一工程"奖。

上海职工业余文艺创作热情逐渐提高,范围更加广泛,市总工会与市工人文化宫则专门成立辅导、培训职工文学创作的机构,其中市工人文化宫组建的职工文学创作中心等在组织辅导职工文学爱好者创作工作中发挥了积极作用。2007 年 9 月,上海市职工文艺创作中心成立,主要包括创作中心、作家工作室和职工文学创作基地 3 个部分。创作中心的工作重点是"抓队伍、出作品、出人才",有会员 30 多人。作家工作室下设曲信先、贺国甫、贾鸿源、陈东湖 4 个工作室,主要承担上海市总工会和市文化宫的重大文艺创作任务,培养文学创作新人,形成有效的工作机制,提升了职工文艺创作水平,推动了职工文艺创作创新发展。全市逐步建立电力、宝钢、电信、上海机场、金融、杨浦等多家上海职工文学创作基地,开展文学培训讲座、创作笔会等职工文学创作活动,涌现出一大批优秀的工人与职工作家。上海的职工业余创作队伍中还出现了文艺评论作者,上海建筑机械厂职工王国荣、上海电磁线一厂职工毛时安等是其中的代表性人物。王国荣的《越看越美的李秀芝》,获得市影评一等奖；毛时安的《独特的画卷》，获得市首届文学作品奖，并先后获得市级奖 6 次，出版文艺评论集《思维在美的领域》等专著。

第一节　诗　歌　与　散　文

一、诗歌

【沿革】

1978 年以后，上海诗歌创作队伍异军突起，诗歌创作出现新的走向。1981 年底，老诗人雁翼提出通过诗歌形式，反映上海改革开放后出现的新气象、新面貌，倡议举行一次"我们的生活"诗歌朗诵大会。"我们的生活"诗歌朗诵会由上海市工人文化宫、上海人民广播电台、上海电视台、上海市青年宫，以及文学报社、解放日报社、新民晚报社、青年报社、萌芽编辑部等 10 个单位联合举办。1981 年 12 月 30 日在沪西工人文化宫举行首场活动，市委副书记兼市委宣传部部长陈沂参加首场活动并讲话。1982 年元旦后又在市青年宫、市工人文化宫举行两场朗诵会，吸引了数千名听众参与。

1982 年 2 月 10 日，"我们的生活"诗歌朗诵演唱会在上海体育馆再次举行。谢其规创作的《云朵啊，你听我说》、姜金城的《明天的歌》、张秋生的《第十个地雷》、居有松的《船进吴淞口》、仇学宝的《春神》、陈晏的《新婚之夜》、李根宝的《啊！未来》、朱金晨的《工地摇篮》等作品，受到观众的欢迎。《文学报》以一个整版选登该朗诵会的作品。

1986 年 3 月，由上海作协、解放日报社、文汇报社、新民晚报社、青年报社、劳动报社、萌芽编辑部，市园林局、上海电视台、市工人文化宫、市青年宫等 18 家单位联合举办"1986 年端阳节诗歌大奖赛"，并设立诗歌征集办公室。通过 3 个月的发动与征集，收到 4 000 多首新作。6 月 30 日晚，在文艺会堂举行部分获奖和参赛作品朗诵演唱会，其中包括《五月、船厂和我》（居有松）、《献给麦考利夫》（季振邦）、《湮漉的江南》（胡圳，13 岁）、《诗之魂》（李凝）等 20 首诗歌作品参加展示。7 月 3 日，《解放日报》第 4 版选登获奖的部分作品。

1993 年 5 月，"迎东亚运动会大型赛诗会"由上海市精神文明建设委员会办公室主办，上海作协、上海音协、解放日报社、市工人文化宫承办。该赛诗会特设"'景泰杯'诗歌大奖赛"，在市工人文化宫举行，沪东、沪西工人文化宫等设分会场，市郊各县也组成代表队参赛，《解放日报》以整版刊登赛诗会的获奖作品。

同年，市工人文化宫、市精神文明建设办公室等联合主办"放飞大上海"群众诗歌大赛，参赛诗歌 19.8 万首。

之后，全市性的赛诗会逐渐减少，朗诵诗作品在大型群众文化演出中涌现，因其特有的艺术感染力，引起观众的情感共鸣，因而产生了一批纪念活动的主题性创作作品。其中具有代表性的包括：1999 年 12 月 31 日，朗诵诗《新世纪的太阳》参加"走进新世纪　再创新辉煌——上海各界人士迎接 21 世纪联欢活动"演出；2001 年，朗诵诗《忆一个老红军的回想》参加"献给母亲的歌——庆祝中国共产党建党 80 周年群文优秀作品专场"演出；同年，朗诵诗《七·一抒怀》参加"党旗下，我们众志成城——纪念建党 82 周年上海社区巡回演出"，并相继深入静安、徐汇、长宁、卢湾、黄浦、普陀、杨浦等区表演。

2008 年 6 月，市群艺馆主办"歌颂改革开放三十周年"诗歌创作系列活动，青浦区的《家乡酒》、金山区的《翻开改革开放的旧相册》、松江区的《春天,另一种具体》、徐汇区的《城市,在春天里茂盛》、浦东新区的《相约世博》、卢湾区的《夜上海》、市残疾人联合会的《眼神》等26篇诗作获得优秀创作奖。同年10月,部分获奖作品参加"盛世春秋——上海朗诵艺术节大型诗歌朗诵展演"。

2009年,赵卫国的长诗《太阳颂》在中国作家协会《中国作家》杂志社组织的"中国作家创作年会"上获得一等奖。

【职工诗歌创作】

1987年秋天,"宝钢淞涛诗社"成立。正值宝钢一期工程全面建成投产,一批热爱中国古典诗词的离退休老同志自发组成诗社,以表达心中的喜悦之情,歌颂宝钢人的昂扬精神。该诗社以继承与弘扬传统文化为宗旨,以中国古典诗词为载体,创作诗词3 000余首,出版诗丛38期、诗集5册,颂扬了党与祖国日新月异的可喜变化。

1990年11月,在作家柯蓝等的热情支持下,宝钢(集团)公司成立宝钢散文诗学会,党委书记关壮民任学会主席。学会成立后的诗歌、散文诗创作,由最初每年在报刊上发表十几首诗作,发展到几十首、上百首。继1991年出版诗集《腾飞不是梦》后,1995年12月,宝钢(集团)公司又出版了完全由宝钢职工自己创作的诗集《星海》。

20世纪90年代开始,上海职工中的诗词作者采撷生活的乐章,歌颂改革开放的新时代,相继出版《雨中迷楼》(郑成义)、《五月船笛》(居有松)、《觉醒》(梁志伟)、《上海风》(王军)、《浦江潮》(曲传久)等许多个人诗集。刘希涛(原上钢二厂职工)先后获得10次文学奖,出版《生活的笑容》等诗集;谢其规(原上海工程机械厂职工)出版《钢铁齐鸣》等6本诗集;居有松、毛炳富、陆萍、朱金晨、朱珊珊等成为工人诗人的代表。

【高校诗歌创作】

由许德民主编、复旦大学出版社出版的"复旦诗派诗歌系列"丛书,包括《复旦诗派(前锋)》《复旦诗派(经典)》《复旦诗社社长诗选》《复旦诗派理论文集》以及许德民的《发生与选择》、陈先发的《前世》、傅亮的《逝者如斯》、刘原的《镌刻的刀》等个人诗集10余种。

【区县诗歌创作】

黄浦 1978年,黄浦区文化馆在重建艺术团的同时,又重建业余创作组。其中,诗歌创作组定期研讨诗歌创作,举办诗歌朗诵会,并多次在上海人民广播电台录音播出,先后出版《黄浦诗叶》《黄浦江诗会》《浦江魂——献给首届上海黄浦艺术节的诗》《花的长街——献给第二届上海黄浦艺术节的诗》等诗集。1985年,赵丽宏参加中国作家代表团出访墨西哥和美国。1987年,黄浦诗歌创作组改名为上海城市诗人社,其成员赵丽宏出版诗集、散文集7本,并被翻译成英、德、意、日和塞尔维亚等各种文字,后步入专业作家的行列。1990年底,城市诗人社成员经全国各地报刊转载和发表的诗作近4 000首,出版诗集、散文集15本。2007年8月3日,市作协、上海文艺出版社联合主办,黄浦区文化馆协办的《上海诗人》丛书新版问世,赵丽宏任主编,季振邦任执行主编。

闸北 1980年,个体户陈嵩云的儿歌《小青蛙》被选入杭州大学编写的《儿童文学概论》,儿歌《我爱小鸟我爱花》获得1978—1981年度文化部、中国音乐家协会等联合颁发的鼓励奖。

金山 1981年开始创作新诗的枫泾人郁林华,作品先后被入选《中国当代青年超短文学精粹》(哈尔滨出版社出版)、《当代诗人诗历》(香港金陵书社出版社出版)、《中国当代诗家诗画词典》(北岳文艺出版社出版)、《金秋时节》(长江文艺出版社出版)等诗歌选集,出版个人专辑《几种空气》。1983年,以哲理性小诗见长的山阳人刘政林,14行短诗《火炬,在进军路上奔驰》获得第五届运动会征文二等奖,并发表在同年10月6日《解放日报》市郊版。1985年,张堰人高垣,字君藩,出版《一砚斋诗文录存》,共收诗81首、词10首。1990年,金山卫人蒋志义,字松亭,出版《松亭诗稿》,共3卷,收入诗500首、词20首,百岁老人苏局仙为之作序:"松亭先生诗似非含英咀华,专尚辞采,然赋物言情,缠绵缱绻淋漓感慨,不让他人。"1991年,山阳人沈荣雄新诗《南方雨》入选《当代青年新诗一千家》,由当代青年文艺丛书编委会出版。1994年,叶华舟诗作《金山农民画》获得上海市对外宣传优秀奖,1996年其诗作《海岛》获得第四届炎陵杯全国诗文大赛二等奖,被全国数十家报刊转载,并入选《中学作文指导范文》。该作品以抒情笔调,表现了金山海岛的美丽风光。1995年,松隐人顾雨韵的抒情诗《叶之恋》入选湖南出版的诗集《春痕》,并获得湖南省青年诗歌大赛三等奖。

青浦 1985年10月,青浦县朱家角镇成立春晖文学社,由朱家角中学文学爱好者组成,社刊《春晖》聘作家峻青为顾问,并为社刊题写刊名。至2000年,已有600余名社员。社刊《春晖》共出版124期,发表社员习作5 000余篇,在全国报刊发表习作800余篇。春晖文学社先后获得"全国优秀文学社团""全国优秀中学生文学社百家""全国优秀中学生文学社团活动示范单位"等称号。其成员作品包括曹伟明创作的诗集《水乡恋歌》、词集《生命船》,戴仁毅的诗集《午夜星光》等。

奉贤 奉贤诗歌创作活跃,其中以奉贤县农民诗人王海(原名王金千)为代表,其从新民歌写作而走上文坛。他是中国作协、上海作协等协会会员。他从1958年开始写诗,先后在上海和全国报刊发表诗作2 800多首。2000年,《王海四十年笔耕录》在全国"新世纪大众诗歌大赛"中获得民歌体诗一等奖。2008年,由上海民间文艺家协会主编、少年儿童出版社出版的《杨怀远歌谣选》,收录了杨怀远创作的108首儿童歌谣、近百张珍贵照片。

嘉定 1988年,戴达(上海科技大学副教授、上海市作家协会会员)诗作《旧事重提》,获得四川《星星》诗刊社首届现代诗大赛一等奖。1991年,魏滨海诗作《给迷恋畅销书的中学生》,获得《少年文艺》好作品奖。

松江 2002年,松江区文化馆沈玉亮出版诗集《无花果》(德宏民族出版社出版),这是一部以人口与计划生育为题材创作的长篇叙事诗集,获得国家计生委"人口文化奖"。2009年,"华亭诗社"在上海第三届朗诵艺术节开幕式上揭牌。华亭诗社隶属于松江区文化馆,由松江区文广局和区文联主管,诗人贺敬之题写社名。2010年,由上海锦绣文章出版社出版的《诗歌集》收入诗社成员在省市级以上获奖或发表的优秀诗歌作品233首,计25万字,分《热爱的高度等于歌唱的高度》《心灵的深度等于诗歌的深度》2辑。

宝山 2008年,《诗乡和韵诗选》(2008年10月第一版)出版,汇编宝山顾村民间诗人的诗作96首,诗选由上海作协诗歌委员会主任季振邦作序,上海文汇出版社出版发行。

浦东新区 2009年,徐健伟作品《连接》在上海作协、市精神文明建设委员会等五家联合举办的第三届上海市民诗歌创作比赛中获得一等奖。

二、散文

散文(含杂文)也是群众文学创作的主体。改革开放初期,上海许多业余文学爱好者开始散文创作,许多人陆续获得各类奖项。1979年开始,沈永昌发表随笔、杂文、短论等700余篇,其中20余篇在上海和全国报刊征文中获奖;1985年,顾雨韵开始发表作品,发表散文作品百余篇;1987年,黄萍开始发表作品,至90年代发表作品300余篇。一些区(县)文化馆的创作辅导干部在辅导文学爱好者的同时,也利用业余时间进行创作,涌现出了一批作者和作品。

1980年,金山韩仁均的散文《棉花》获得《青年报》"祖国颂"征文一等奖、市青年作品比赛一等奖。

1991年,黄萍发表《谒志摩墓》,被徐志摩研究会授予"荣誉会员"称号。1992年,黄萍的《西湖变小了》获得全国旅游征文二等奖。其系列散文《童年拾遗》共200余篇10万字,1993年11月至1994年3月在广东《汕头特区报》连载。其创作的《南北湖开山捕鸟何时了》在《中国环境报》发表后引起有关部门重视,使破坏景区现象得以制止。

1994年,金山叶华舟的散文《音乐殿堂》获得中华全国农民协会全国文学作品二等奖。同年,沈永昌出版个人专集《世象杂议》,共收杂谈、随笔128篇,分成廉政、修养、法制、科技、家庭5个部分,被称为"作品里散发泥土香的杂文家"(邓伟志《序》)。

1995年,顾雨韵的《一线成全深深爱》获得沪郊"程控杯"赛三等奖;1996年,其作品《遥念亲恩》获得西安第三届路遥文学优秀奖。

1999年,青浦曹伟明的散文集《永远的情结》(邓伟志作序)由北京东方出版社出版。

2006年,杨淼文集《雁过留声》由中国文史出版社出版,收入作者1990—2004年间在《解放日报》《文汇报》等报刊撰写的大部分杂文或随笔,共计182篇。

2010年6月,奉贤汤朔梅的散文集《青桑叶 紫桑葚》由上海文化出版社出版发行。其散文主要描写故乡的土地、河流、农事、花树、春雨、乌鹊、蛙……表达了对故乡的深挚情感。

第二节 小说与报告文学

一、小说

【青年小说创作】

1978年,文学青年卢新华在《文汇报》上发表短篇小说《伤痕》,激起强烈的社会反响。

1989年,唐颖的中篇小说《那片阳光还在》(《萌芽》1989年第5期)将城市青年那种十足的潇洒劲儿叙述得淋漓尽致,而随后出现的忧伤情绪也写得真切动人。

1992年,王周生完成长篇小说《陪读夫人》,得到《小说月报》和《解放日报》等国内许多报刊转载,并获得上海市长中篇小说奖、第六届《小说月报》百花奖。

《萌芽》新人新作等赛事平台也为青年作者的创作提供了很好的平台。1998年5月12日,"可口可乐杯"《萌芽》新人奖揭晓,小说《不系之舟》《搬家游戏》《房檐角的天空》的作者王淑瑾、商羊、路玮,纪实作品《窃车:正在升级的都市犯罪》《乡镇企业中的大学生群落》的作者张雄、蒋东敏等获奖的8位新人,平均年龄在30岁以下,最小的只有18岁。这些新人中,有的成为《萌芽》杂志的创作骨干力量,其中的商羊,一年中为《萌芽》撰写2篇人物专访、3部短篇小说,且拥有许多青年读者。年仅22岁的女探险家尚昌平素有"独行侠"之称,其作品多与她带有传奇性的探险经历有关,其获奖作品《冬天,那朵最后的玫瑰》以率真的笔触记叙她的一段富有青春魅力的罗曼史,读来令人荡气回肠。

2010年,赵卫国的中篇小说《红玫瑰》获得由中国作家杂志社主办的"2010年中国作家创作笔会"一等奖。

【职工小说创作】

1978 年,上海有线电厂工人赵长天在发表第一篇小说《快板连长》后,又创作短篇小说《"震动试验"》,获《四川文学》1979—1980 年小说一等奖。1984 年创作的第一部中篇小说《市委书记的家书》获首届上海市文学作品奖,《老街尽头》获上海 40 年优秀小说奖;其创作的短篇小说《苍穹下》获得第二届文学奖;中篇小说《身份》获得上海市纪念建党 70 周年优秀小说奖。1985 年,赵长天调入上海作协从事专业创作。

1979 年,在街道里弄生产组工作的陈村开始向《上海文学》投稿,发表短篇小说《两代人》,之后创作小说、散文、诗歌等约 200 万字。其小说代表作包括中短篇小说集《走过大渡河》《少男少女一共七个》《蓝旗》《屋顶上的脚步》和长篇小说《从前》《住读生》等。1985 年,陈村调入上海作协成为专业作家。

1979 年,汽车公司职工学校的教师曹冠龙在《上海文学》发表小说《三个教授》(由 3 个短篇小说《火》《锁》《猫》组成),此后,他又陆续发表了中短篇小说《母》《树皮》《麻雀》《积土》《床》《大人们不知道的事情》《浴室》《蛇》《煤》《门》等,并出版长篇小说《阁楼上下》。

1983 年,火车司机陈继光以清新抒情的《旋转的世界》在全国优秀短篇小说评选中获奖。上棉十二厂职工程小莹创作《姑娘们走在杨树浦路上》,反映改革开放新时期纺织女工绚丽多彩的生活情趣和高尚的理想追求,获得《建设者之歌》征文小说一等奖。1985 年,上海第十六制药厂职工沈善增创作小说《走出狭弄》,获得首届上海市文学艺术奖。1989 年,上海汽车齿轮厂工人、上海市作家协会会员楼耀福创作的小说《夜的罪恶》,获得《文汇报》《少年文艺》《剑与盾》《海燕》等报刊的优秀作品奖,同年刊于《中国文学》英文、法文版。同年,三菱电梯厂施建国出版小说《女神行动》。20世纪 80 年代,吴泾碳素厂工人郎伟忠连续发表中篇通俗小说《恐怖的魔影》《情人的枪声》等,获好评。机械安装公司范平光的中篇小说《含泪的婚姻》《吟龙啸虎》、卫阴电器厂工人朱晓贤的小说《暗香》《宣传部的三条汉子》,也受到读者欢迎。

1990 年,青年女工徐蕙照的中篇小说《无底洞》在《上海文学》(第 7 期)发表,小说通过三姐妹不同的生活道路的选择,反映了城市的人情世态。1991 年,上海汽车齿轮总厂工人,中国作家协会会员、上海市作家协会会员殷慧芬创作的小说《欲望的舞蹈》由上海文艺出版社出版,获得《上海文学》奖;1992 年,其小说《梦中锦帆》获得《萌芽》奖。上海矽钢片厂职工吴谷辰创作长篇小说《喋血上海滩》,由辽宁春风文艺出版社出版。原上海工程机械厂职工谢其规出版小说《上海滩恩仇记》等 5 部和电视连续剧剧本《小刀会喋血记》(共 10 集)。

此外,宝钢(集团)公司高彦杰的短篇小说《红牌坊》《于攻》分别在《小说家》《上海文学》发表,获得读者好评。刘星的中篇小说《公牛》获《故事会》一等奖。郭启祥的多部长篇小说《黑洞》《黑马》《曙光》《黑云》及《商战风云》在《解放日报》上连载。

【区县小说创作】

20 世纪 70 年代开始,嘉定县教师、工人以及机关干部队伍中涌现出一批文学创作者,包括楼耀福、殷慧芬、赖云青、戴臻、魏滨海、张曼等。

徐汇区业余文学作者乐秀琴、胡良华、梁定东、赵中川、赵化南等先后走上专业文艺创作岗位。

闵行区创作组的胡宝华出版《九十条飞龙》丛书专辑、《龙腾虎跃》短篇小说集,小说《毛丫头大战"霹雳火"》《神仙爷》分别在《萌芽》《上海文学》连载。吴玉林发表长篇小说《无处逃遁》。1992 年后,儿童文学作家沈石溪出版作品数十部,小说《第七条猎狗》获得中国作协首届儿童文学作品奖,长篇小说《鸟奴》获得中国作协第六届全国优秀儿童文学奖。

1978年,浦东新区的倪辉祥在《上海文学》七月号上发表处女作《大治河畔》,后在各种报刊上发表不同体裁的文学作品将近千篇,并结集出版《金浦三部曲》等长篇小说5部、《七彩情缘》等中短篇小说集3部,总计500多万字;2007—2010年间,其创作出版的《金浦三部曲》(《恋情密码》《苦恋无果》与《桑梓恋歌》),通过浦东杜姓家族三代人在不同时代截然不同的人生经历,再现了浦东60年的风云变幻,塑造的人物具有鲜明的浦东人的性格特征,情节跌宕起伏,充满浓郁的浦东风情。2003年,王荣根的短篇小说在首届《上海文学》文学新人大赛中获得二等奖。

长宁区的王志冲在1985—1992年间翻译出版文艺书籍近30种、200多万字,创作各种体裁的文学作品650余件。其编译的集13国短篇小说的课文本《那个世界的孩子》和自传《不是神童也成才——我与命运抗争》一书,先后被列入"红领巾读书运动推荐书目";其《活生生的保尔·柯察金》一书获得华夏优秀图书奖。

金山区的戴涛,供职于金山县检察院。1994年2月,学林出版社出版其第一本"戴涛微型小说选"《人在旅途》;1996年12月,百花文艺出版社出版其第二本"戴涛微型小说选"《美是生活》。中学生韩寒,2000年休学写作,其长篇小说《三重门》《像少年啦飞驰》均由作家出版社出版,文集《零下一度》由上海人民出版社出版;引起社会关注,被称为"韩寒现象"。

杨浦区鞍山文化馆业余作者邵华创作的长篇小说《河东河西三十年》由中国文联出版社出版;孙爱云的长篇小说《红风筝》由百家出版社出版。

2002年,闸北区贝鲁平的长篇小说《离婚男女》由上海文艺出版社出版;2004年,其长篇小说《就怕见到你》《灵感》由作家出版社出版,长篇小说《缘分的星空》由中国电影出版社出版。

奉贤区的杨晓晖,笔名南妮,中国作家协会会员,其作品《浅水湾之恋》2007年由浙江省少儿出版社出版。

【网络小说】

上海是中国网络最先普及的城市之一,也是网络小说的生发地。2000年1月举行第一届网络文学评奖,收到稿件7 051篇;同年年底举行第二届评奖,收到稿件74 153篇,比第一届增长了10倍。作为一种新兴的文学作品形式,其数量发展之迅猛是史无前例的。

在这段时间中,上海出现了安妮宝贝、宁财神、玫瑰灰、黑可可、何从、挪威森林等比较著名的网络写手。

其中安妮宝贝和宁财神在网络上比较引人注目,国内几个有影响的文学网站都收有他们的作品集。安妮宝贝1998年起在互联网上发表小说,代表作有《告别薇安》《暖暖》《七年》《七月和安生》等。安妮宝贝的写作更接近于传统意义上的写作,喜欢用简单干脆的短句,文字自由飘忽,透着一种诡异和瑰丽。

宁财神的作品具有网络写作风格,作品大致可分四类:情感故事《爱的进行式》《假装纯情》等;幽默小品《财神传奇》《寻找猪二》等;网络鬼故事《信使》《诱惑》等;杂谈随笔《方寸之间》《歪歌瞎唱》等。

网络写手的写作不仅引起了广大网友的关注,而且得到了传统报刊和出版界的肯定。上海三联书店和上海文化出版社相继推出了网络文学丛书《进进出出——在网与络、情与爱之间》《榕树下网络原创文学丛书》等。

二、报告文学

1978 年之后,市工人文化宫和各区(县)工人俱乐部、文化馆恢复建立文学创作组。

1980 年 1 月,《工人创作》复刊,第一期发表了报告文学《硬骨头》(作者李根宝)、《跨越第二台阶》(作者王唯铭)、《奇特的清道夫》(作者周林发、杨宝裕)。

《工人创作》复刊第一年出版 12 期,其中刊登报告文学 29 篇,包括《挑战》《莫等闲白了少年头》(作者王唯铭)、《背起惊涛追鱼群》(作者金培奇)、《开拓》(作者谷白)、《电与信仰》(作者陈松泉)等。1981 年出版 12 期,发表报告文学 13 篇。1982 年出版 12 期,发表报告文学 18 篇。1984 年 5 月 12 日,市总工会、市文联、文汇报社联合举办"建设者之歌"职工文艺创作征文,收到各种形式的作品 300 多篇。通过评选,其中《天降大任于斯人》(作者曹忠铨)、《方圆乾坤》(作者朱卓鹏)、《比天空更宽阔》(作者王唯铭)、《潜能在瞬间爆发》(作者杨庆春)等获得上海首届文学作品奖。《工人创作》编辑部编辑出版了《建设者之歌》创作征文汇刊,收入报告文学 8 篇,其他报刊给予转载。

1986—1987 年,《建设者》职工文艺创作评奖,获奖作品中有报告文学 18 篇。这些作品突破过去那种狭窄的"车间文学"的框框,题材广泛,风格多样,有一定的深度,两次征文在读者中引起强烈反响。相关作品在《上海文学》《萌芽》《小说界》等刊物上发表。

上海各区县也创作出不少报告文学作品,如浦东新区高桥镇彭加华撰写的报告文学《昔日电影童星,今日电子厂长》,获得中国作家协会中华文学基金会、中国电子报联办《华晶杯》"全国短报告文学征文"二等奖。1984 年,黄浦区文化馆组织业余作者整理和创作有关南京路的故事、掌故、传说 70 余篇,由市总工会、黄浦区相关街道办事处和黄浦区文化局联合出版《南京路采缀》一书。1989 年,黄浦区艺术节组委会编辑出版报告文学集《黄金地带的彩虹》,由 30 位业余作者深入一线采访创作,反映了黄浦区各条战线改革开放成就和先进人物的事迹,由上海三联书店出版。

20 世纪 90 年代,一批业余作者成为文坛新秀,出现了许多反映当代生活的作品。宝钢文学协会主席莫臻撰写的报告文学《历史的回答》,反映了宝钢建设和生产的实践,具有历史的纵深感,获得《萌芽》杂志评选的 1995 年作品一等奖,同时获得冶金系统《铁流》文学一等奖;1996 年,《萌芽》第 6 期又刊登其长篇报告文学《赢得未来的永生》,作品记述宝钢副总工程师曾乐的先进事迹,受到好评。1993 年,郭启祥与新华社记者陈雅妮合作完成的反映中国特大型钢铁企业宝钢现代化进程的报告文学《宝钢,世纪之谜》在《人民文学》第 1 期上发表,该杂志社在宝钢召开《宝钢,世纪之谜》作品研讨会,作家刘白羽到会讲话。1995 年 12 月,百花文艺出版社出版的宝钢文学艺术丛书报告文学集《钢铁梦》,共收入 30 位作者的 35 篇作品,合计 38 万余字,记述宝钢人在长江边创造的举世瞩目的成绩。1999 年 10 月,宝钢文联组织撰写的报告文学集《世纪钟声》、报告文学《描绘宝钢蓝图的人们》等,由百花文艺出版社出版。

2000 年以后的报告文学作品资料缺失,未能收录。

第三节　影视文学

一、沿革

在影视文学创作方面,上海的工人影视创作可谓独树一帜。

改革开放以后,市工人文化宫组织创作投拍多部具有较大影响的电视剧作品,它们大多直面社会现实、贴近百姓生活,因此深得广大群众的喜爱。从《零号首长》开始,到《大潮汐》《香堂往事》《这一片天空下》《无瑕人生》《红色康乃馨》《蓝色马蹄莲》《故事2000》《故事2001》《东方大律师》《老爸老妈》等,无论是历史题材,还是现实题材,创作者都把关注的视角对准普通百姓、社会大众的喜怒哀乐。

20世纪80年代以后,涌现出许多较有影响的工人出身的影视剧作家,其中比较有代表性的包括贺国甫、贾鸿源、陈心豪等,他们创作了多部优秀影视作品,对于上海影视文学的发展起到重要的作用。

二、主要作品

1981年,贺国甫创作四部电影作品《天堂回信》《情洒浦江》《梦酒家之夜》《天若有情》。当时,全国每年电影产量是50部,而贺国甫一年中就拿下4部。其中《天堂回信》获得柏林电影节世界青年儿童电影中心奖、荷兰电影节儿童片最高奖、中国儿童电影童牛奖等8个奖项;《情洒浦江》获得文化部优秀影片奖——华表奖。

1986年10月,市工人文化宫创作、摄制的反映企业班组生活的电视剧《零号首长》入选中央电视台全国电视喜剧展播剧目。1987年3月3日至7月,市群艺馆协助上海科教电影制片厂拍摄彩色纪录片《上海农民艺术沙龙》,展现上海农村丰富多彩的民间艺术,被厂方评选为3部优秀影片之一,并译成7种语言向国外发行。

图3-1-1 电影《股疯》海报(1994年)

1993年,贺国甫和贾鸿源等共同创作16集电视连续剧《大潮汐》、20集电视连续剧《大上海出租车》、40集电视连续剧《欢乐家庭》,当年上海获奖的4部电视剧中就有以上3部。其中《大潮汐》获得"飞天奖"一等奖、"五个一工程"奖;《大上海出租车》获得"飞天奖"一等奖、"五个一工程"奖提名奖;《欢乐家庭》获得"飞天奖"二等奖。第二年,贺国甫创作的电影《都市情话》又获得"五个一工程"奖提名奖。1994年,贾鸿源创作电影《股疯》,获得"五个一工程"奖。1995年初,贺国甫又接连创作了由中央电视台拍摄并在中央台黄金时间播出的电视连续剧《烟雨钟楼》和获得"飞天奖""五个一工程"奖的电影《大房间、小房间》,以及电视连续剧《哎呀,妈妈》等。1997年,陈心豪创作了反映医务工作者的电视剧《无瑕人生》,该剧从策划到制作,整个过程得到了市工人文化宫的鼎力支持,并由市总工会电视剧制作中心摄制完成,于1998年夏季播出,获得中宣部第七届精神文明建设"五个一工程"奖。

在21世纪到来之际,贺国甫创作的反映私营企业内部开展党建工作的电视剧《故事2000》,形象地展现了新时期党建工作者与时俱进的时代风貌,播出后赢得广泛赞誉,并创下全国 25 家电视台同播的记录。据统计,该剧在上海地区的收视率为 14%,北京地区达到 16%,收视率和销售业绩获"双赢"。此后,贺国甫又创作《故事 2001》,这是一部向十六大献礼的主旋律电视剧。

2000 年,浦东开发开放 20 周年,由浦东新区文化艺术指导中心创作干部钟逸民创作的 20 集电视剧《浦东歌谣》在上海电视台播放,这是浦东新区成立后的首部电视剧作品。2004 年,全国总工会命名市工人文化宫为"影视职工文化示范基地",这是对上海市工人文化宫几十年间所取得的成绩的肯定,也是对影视、话剧创作的鼓励。2010 年 12 月,由贾鸿源任总编剧,市工人文化宫团队集体创作,杨文军导演,林永健、何赛飞等主演的 47 集电视剧《老马家的幸福往事》,在北京、沈阳、青岛、南京、苏州、深圳等地播出,创下北京等多个城市年度收视第一的佳绩,在安徽卫视开播首日就居全国收视第一,在东方卫视播出后好评不断。《文汇报》《新民晚报》等主流媒体在文娱新闻头条位置进行报道,称之为"市宫团队再出山的大戏"。该剧获得第 17 届上海电视节"白玉兰"奖最佳导演、最佳编剧提名,"飞天奖"长篇电视剧三等奖。

第四节　新　故　事

一、沿革

上海是全国公认的新故事发源地。创作活动最早发端于 20 世纪 50 年代。60 年代,上海市形成故事创作、故事员培训和编写一条龙的工作机制,并开展一年一度的创作故事会串活动。

上海的新故事不局限于文本,更重要的是讲故事活动,它们不仅把讲故事搬上舞台,也把讲故事活动深入农村、街道、学校、劳教所等基层。20 世纪 80 年代以后,全市的新故事创作继续延续这种特色,主要表现是各文化机构积极组织相关研讨活动,而群众以及民间故事家也积极参与,形成活跃的创作氛围。1982 年 12 月 8—10 日,市群艺馆举办"首届上海市故事会串"活动,至 1992 年共举办十届故事会串活动。1992 年,评选出故事会串活动 10 年间的全市优秀故事工作者 9 名。1994 年,市文化局对在新故事工作中作出突出贡献的先进集体和先进个人进行表彰。青浦县文化馆、浦东新区川沙文化馆、金山县文化馆、南市区文化馆、普陀区文化馆、虹口区文化馆获得先进集体称号;青浦县的钱昌萍、陈文彬,浦东新区川沙镇的夏友梅,南汇县的张洪弟,金山县的胡林森、张道余,虹口区的陈永绩,南市区的王爱珍,普陀区的任志豪,杨浦区的孙景德等获得个人表彰。除了开展上海本地的故事活动以外,上海还经常与外省市联合举办一些故事会串活动,比较有代表性的是1985—1987 年,上海市群艺馆和江苏省、浙江省群艺馆联合举办"江浙沪故事大会串"活动,由二省一市的群艺馆轮流举办,至 1987 年 6 月共举行了 3 届。

此后,全市陆续举办 2002 年上海市"金山杯"故事创作邀请赛、2004 年华东六省一市"金山杯"故事暨"梅陇杯"法制故事创作演讲大赛、2007 年首届中国故事节、第九届中国上海国际艺术节"浦东川沙杯"长三角地区故事邀请赛等故事大赛,不断提高上海新故事的创作水平,扩大新故事的影响力。

二、主要作品

【青浦】

1979—1987 年,青浦作者在报刊上发表各类故事 400 余篇,近 300 万字;1986—1996 年,全县拥有一批故事作者,其中较为成熟的有 50 余人,创作出版长篇故事《2020 的幕后》1 部,中篇故事《遗嘱之谜》《血泪婴儿》《地狱之门》《十二朵浪花》《最后一次做贼》等,在各种刊物上发表短篇故事 360 余篇,在全国性大奖赛中获奖 30 余篇,在市群艺馆举办的 10 届故事会串活动中屡获一、二等奖。

青浦区主要的故事作家有钱昌萍、支希钧、张林根等。1983 年,钱昌萍、张林根创作的故事《雅影追船》在全市故事会串评比中获得一等奖。1984 年,钱昌萍创作的故事《百家姓外又一姓》获得由上海计划生育宣传教育分中心、市群艺馆颁发的"农家乐"故事会创作一等奖。1984 年 12 月,钱昌萍、支希钧、张林根创作的故事《三请"皮老虎"》,获得上海市故事会串评比一等奖。1984 年,青浦县实验小学的小故事员王赟参加首届全国"故事大王"邀请赛,获得特等奖。1990 年 11 月 14 日,张林根的故事作品《经理失踪》获得上海市第八届故事会串短篇创作二等奖。

1984 年,青浦县文化馆还被评为上海市故事工作的先进单位。1986—1990 年青浦县故事创作组创作各类文艺作品近千篇,200 多万字,公开出版的书稿约 10 部。1990 年,青浦县文化馆被市文化局评为全市故事创作讲演活动先进集体。

【金山】

金山的故事创作始于 20 世纪 60 年代。1978 年后,金山县各乡镇、学校、工厂定期举办故事讲演创作班,不断提高作品质量,许多新作者脱颖而出,如吴伦、韩仁均等。1979 年,金山县故事创作中心组、金山故事创作研究会先后成立,有 150 多位故事作者在基层长期坚持业余创作,撰写了各种形式的故事 7 000 余篇。

1987 年 2 月 28 日,金山县故事学会成立。学会每年组织故事创作交流、研讨、加工等活动 2—3 次,举办创作故事讲述比赛 1—2 次。1997 年,金山区有 17 名作者分别被中国民间文艺家协会、上海民间文艺家协会吸收为会员。2006 年,学会编印了《相约在金山——"山阳杯"华东六省一市故事大赛获奖故事集》;2008 年,由作家出版社出版了全国第一本中学生故事集《一束玫瑰花——中国故事之乡山阳中学生故事集》。2010 年 9 月 21 日,金山故事专辑 DVD 首发式在金山区文化馆隆重召开。

金山区的主要故事家有张道余、吴伦、韩仁均、姚自豪、毛一昌、姚喜观、张更生、干校明、郁林兴等。

山阳镇的张道余自 1964 年以后创作发表长篇故事 2 篇、短篇故事 20 余篇。其中他创作的 6 篇故事在上海市或全国故事比赛中获奖,有的还被译成多种外文。他创作的《两亲家上吊记》(与胡林森合作)、《桂珍改嫁》分别获得上海市故事会串一、二等奖;1987 年,其《孔雀泪》《砸牌子》分别获得《故事会》第二届全国优秀作品大赛二、三等奖;1990 年,其《弥留之际》获得文化部举办的全国首届新故事大赛特别奖;1991 年,他创作的《女厂长传奇》获得新故事学会颁发的中国最佳新故事奖;《第九个应聘者》获得上海市"金山杯"故事邀请赛一等奖。1990 年,张道余被评为"上海农村故事大王"。

吴伦自 1979 年发表处女作《三百元的故事》,至 1997 年在全国省、市级报刊发表故事作品 120 余篇近百万字,作品多次在全国大赛中获奖。1989 年 8 月,上海文艺出版社出版了《吴伦故事集》,为《故事会》编辑部编辑的《中国优秀故事作家创作专集》的第一部。该专集收录作者 11 年间(1979—1989 年)创作的故事 50 则,33 万字。

1981 年 1 月,姚自豪与毛一昌合作的长篇故事《特殊身份的警官》由上海文艺出版社出版,被《青年报》评为"最受青少年欢迎的十本书"之一;1988 年,姚自豪创作的《遗嘱之谜》获第三届《故事会》全国优秀作品大奖赛三等奖；1989年，姚自豪与姚喜观合作的中篇故事《黑蝙蝠越过边境》获第四届《故事会》全国优秀作品二等奖；1991年，姚自豪创作的《血泪婴儿》获第六届《故事会》全国优秀作品大奖赛三等奖；他还出版《地狱之门》等多部中篇故事。

1984年，张更生创作的新故事《凌书记住院》被评为"上海市第二届故事会串"二等奖；1987年，他创作的《错报丧》获华东六省一市故事大联赛二等奖；《下一班车》获全国笑话奖；《独目甲鱼》获全国教师故事大赛二等奖。

1987年开始，干校明创作的故事《悔恨》《风流老实人》《情遗桃源》先后在《故事会》第二届、第三届、第五届全国优秀作品大奖赛中获二等奖、创作奖和三等奖；《次品》在山东《故事大观》举办的全国优秀精短故事大奖赛中获二等奖。

1989年，姚喜观创作的《黑蝙蝠越过边境》（与姚自豪合作）、《车祸之谜》《斗鸡眼打鸽子》分别获《故事会》第四届全国优秀作品大赛二等奖、第六届全国优秀作品大赛二等奖、第九届全国优秀作品大赛三等奖；《缘分》获中国新故事学会全国首届微型故事奖。

1990年，韩仁均创作的《暗号照旧》获《故事会》第五届全国优秀作品大奖赛三等奖；1991年，其作品《难成眷属》获中国最佳新故事奖；1992年，《难得糊涂》获第七届《故事会》全国优秀作品大奖赛一等奖；1993年，《寻找小霸王》被《故事大王》读者评为1993年度"我最喜爱的故事"；1994年，《压在箱底的花棉袄》《新官上任》获第九届《故事会》全国优秀作品大奖赛二等奖，同年，他创作的《养猪难卖》获中国新故事学会第二届全国微型故事赛微型故事奖；1995年，其作品《没有盗贼的失窃案》获《故事大王》好作品奖；1996年11月，他创作的《退一步，海阔天空》获第十一届《故事会》全国优秀作品大赛超短篇故事三等奖；1997年，他创作的《局长下乡》获上海故事创作讲演大赛二等奖；1999年，其作品《第一笔生意》获上海新民故事大赛二等奖。

郁林兴创作的故事《租你一天五千元》获华东六省一市故事大赛创作银奖；《比比谁厉害》获中国（浙江）廉政故事大赛二等奖。2008年，其作品《墙壁为谁留》获"第八届中国民间文艺山花奖·民间文学奖"；2009年，其作品《情祭冰雪竹梅》获"第九届中国民间文艺山花奖·民间文学奖"（新故事创作）入围作品奖；2010年，其作品《防线》获"金廉杯"华东六省一市廉政故事大赛银奖。

【浦东新区】

浦东新区主要的故事家有夏友梅、陈伟忠、朱国钦等。

1986—1989年，川沙镇故事家夏友梅创作的《憨阿福三闹大篷车》《血溅望夫碑》《女财神》《懒阿福未婚记》分获上海市第四届、第五届、第六届故事会串创作一等奖；他创作的故事连年在上海故事会串活动中获奖，还获得文化部"群星奖"等国家级奖项。其作品《是我错》（1984年）获得中国新故事协会举办的全国故事作品比赛优秀奖；1990年，《一分钱姻缘》获得《未来作家》第二届全国有奖征文创作三等奖；1993年，《作弊的三好学生》获得文化部"群星奖"金奖；1997年，《模范老师打工》获得文化部"群星奖"铜奖；2000年，《纸月亮》获得中国文联"世纪之光"文艺作品评选铜奖；2004年，《神秘的乘客》获得华东六省一市"金山杯"故事大赛创作银奖；2006年，《星期六一帖药》《老党员三进派出所》获得华东六省一市"川沙杯"故事大赛创作金奖。

【嘉定】

嘉定区主要故事家有黄震良、顾磊、徐林昌、朱德谟、杨晓蓉、蔡刚、李玉林等。

1989年7月，黄震良创作并表演的《故事员的故事》获"上海市第七届故事会串"创作二等奖、演出一等奖。1989年10月,朱德谟创作的故事《阿戆大闹福利厂》获得"上海市第二届农村故事会串"创作一等奖。同年,朱烨其创作、徐林昌表演的故事《棋高一着》获得上海艺术节群众文艺演出优秀奖。1990年11月,朱德谟创作、黄震良表演的故事《人来疯》获得"上海市第八届故事会串"创作、表演一等奖、"上海市第二届城乡故事会串"特等奖。1991年8月,朱德谟创作、杨晓蓉表演的故事《一壶水》获得"上海市第九届故事会串"创作一等奖、表演一等奖。同年,蔡刚创作、黄震良表演的故事《领奖风波》获得"上海市九届故事会串"创作二等奖、表演一等奖。

1990年4月举行的上海农村"十大故事大王"评比中,朱德谟获评"故事创作大王",黄震良获评"故事演讲大王"。1991年,黄震良又获"沪鹰杯故事大王""电视大赛故事大王"称号。

【杨浦】

2002年9月,杨浦文化馆和区故事协会整理、编辑、出版《杨浦优秀故事作品集锦》,收集24篇故事,计9.7万字。

杨浦的主要故事家有黄宣林、邓家彬、何沛忠、张红玉、孙炳华等。1988年和1993年,黄宣林的《两个保姆》《老浦东探亲》分别在第二届《故事会》全国作品大奖赛、"远航杯"全国职工故事汇串中获得一等奖。上海玻璃器皿二厂孙炳华在报刊发表故事70余篇,近20万字,其中《"毛脚女婿"大奖赛》获"上海市第五届故事会串"创作奖、表演二等奖;《故事员的故事》《蹄膀》均获市创作一等奖和表演一、二等奖,并在电台"故事世界""空中故事会"等栏目中播讲其故事10余部。

【长宁】

1989年8月9日,由肖白创作的谍战题材故事《代号——布谷鸟》在市群艺馆举办的"上海都市故事会串"活动中获创作一等奖;1990年,他创作的故事《验收》在"上海第四届城乡故事会串"中获创作特别奖,在文化部举办的"全国首届故事大奖赛"中获得创作三等奖;同年,他创作的故事《荒漠里的清泉》《咫尺亲仇》获"上海市第八届故事会串"创作二等奖;1991年,他创作的《追杀叛徒》获"上海市第九届故事会串"作品二等奖;1992—2007年,他创作的《零号首长》《锁不住的金龙》《春风杨柳》《巧计拔钉》《阿才哥哥》《一石二鸟》《假意真情》等故事,在全国和上海的故事比赛中分获奖项。

另外,徐汇、虹口、南市、黄浦、松江等的新故事创作也很活跃,故事创作人员深入少年宫、中小学等单位讲演,组织故事训练班,培养小故事员。2010年,由上海锦绣文章出版社出版的《故事集》,收入松江作者在省市级以上获奖或发表的优秀故事作品78篇,计25万字。

第五节 文学期刊《上海故事》

一、沿革

《上海故事》的前身是《新故事》,32开本,由市群艺馆1963年开始编印,并作为市群艺馆编印的《演唱材料》中的一种,内部发行。"文化大革命"期间中断,1979年起恢复编印。1985年2月,市群艺馆设立上海故事杂志社,并将内部不定期发行的《新故事》更名为《上海故事》,同年创刊,由市文化局主管、市群艺馆主办,公开发行。创刊时为双月刊,1987年1月改为月刊,每期发行数十万份。1990年发行量为50万册,连续几年发行量位居全国80余种故事期刊之第二位;在上海600多家期刊中,发行量也位居三甲之列。1990年,获得中国大众文学学会授予的"中国大众文学事业贡献奖",是"华东地区十大期刊"之一,并被新闻出版总署列入首批"中国期刊方阵",同时被评为"双效期刊"。

《上海故事》开办之初主要面向基层文化馆、站的故事作者、故事员、广大业余故事创作者和城乡读者,旨在繁荣上海市业余故事创作、培养业余故事作者,指导基层故事活动,宣传社会主义精神文明,是上海群众文化新故事创作的平台。经过多年运作,《上海故事》杂志不仅培养了一批上海本土的故事作者,也吸引了全国的故事创作爱好者。编辑部每年组织故事作者创作笔会,逐渐形成了一支优秀的故事创作队伍,长期供稿的故事作者约 200 人,并先后承办 10 届上海市故事会串活动。1989 年 1 月 5 日,市文化局、上海大学文学院、川沙县文化局、《上海故事》编辑部联合举办夏友梅故事艺术评论会。

《上海故事》登载的故事与其他故事期刊相比较,篇幅略长一点,故事略曲折一点,更讲究故事的文学性;在稿件选择中,更注重对人性的开掘和对人情的刻画。同时,坚持健康的格调品位、鲜明的时代精神、浓郁的生活气息和清新流畅的语言风格,并以此独树一帜,筑就了这本刊物的品牌基础。其中最具特色的是"短镜头"和"上海滩"栏目。"短镜头"栏目的故事虽然篇幅短小但富有哲理,是被转载最多的;"上海滩"栏目的故事不但注重对旧上海题材的开掘,还发掘大量新上海题材的优秀稿件,使那些生活在上海、创业在上海、打工在上海,见证上海改革开放的作者创作的精彩故事,能够在刊物上得以展示,充分展现上海海纳百川、开放包容的文化特色。

《上海故事》杂志社根据党和政府的中心工作,经常配合各类主题活动组织市民创作,为广大故事创作爱好者提供平台,为读者打造真善美的原创故事作品,通过故事这一通俗易懂的形式传递温暖和正能量。2001 年 7 月 23—25 日,《上海故事》全国著名作家笔会在衡山宾馆举行。梁晓生、池莉、邓刚、叶辛等 12 名中国文坛著名作家出席笔会,并对《上海故事》创刊 200 期题词祝贺。2003 年出版《天地之间——中国抗击"非典"故事专集》。2005 年出版"党在我心中"故事专刊。2005 年 9 月 28 日,在配合第二批保持共产党员先进性教育活动中,上海故事杂志社在上海科学会堂举办"党在我心中"——《上海故事》专刊首发活动,现场讲述汇编故事中上海优秀共产党员、时代楷模——周小燕等人的优秀事迹。

自 2008 年起,《上海故事》连年被中国出版科学研究所、龙源期刊网等三家网上中文阅读权威机构列入中文期刊网络传播国内和海外的 TOP100 入榜期刊;2009 年,获得华东地区优秀期刊奖。

二、主要作品

《上海故事》刊登的优秀故事代表作有:1987 年,夏友梅的故事《女财神》,获得"上海市第五届故事会串"一等奖;1992 年,俊峰、郭水林等的故事《如梦旅程》,获得"上海大众小说奖"短篇奖;2008 年,李建的故事《他想抓住什么》,获得"第六届全国微型小说年度评选"一等奖;2009 年,张以进的故事《人生最美好的一步棋》,获得"第七届全国微型小说评选"一等奖;2010 年,毛一昌的故事《搭上世博的航船》,获得"第十届中国民间文艺山花奖·民间文学作品奖"。

表 3-1-1　1981—1992 年获历届市级以上故事会串优秀故事奖作品一览表

年　份	奖　　项	作品名称	作　　者
1981 年	上海文艺出版社故事评奖	书记盖房	金山县　集体创作
		鬼讨债	虹口区　黄宣林

(续表一)

年 份	奖 项	作 品 名 称	作 者
1982年	市第一届故事会串	二上江城	青浦县　支希均、马红星
		暴发户	崇明县　陆廷贤
		飞来的官司	虹口区　黄宣林
		桂珍改嫁	金山县　张道余
1983年	市第二届故事会串	"大篷车"招亲	川沙县　夏友梅
		三万三	闸北区　江兰才
		雅影追船	青浦县　钱昌萍、张林根
		老原则的故事	川沙县　蔡贡民
		张孤老得子	嘉定县　沈云娟
		阿必大后传	川沙县　曹刚强、张德忠
		安根娣	虹口区　陈永绩
		一曲震山城	虹口区　陈永绩
1984年	市第三届故事会串	飞来的人民币	川沙县　王志荣、夏友梅
		三请"皮老虎"	青浦县　钱昌萍、支希钧、张林根
		副业大王三考状元郎	川沙县　夏友梅
1985年	江浙沪首届新故事大会串	菱花	南汇县　曹石麟
		筒中缘	金山县　张正余、张根源
		懒阿福求婚记	川沙县　夏友梅
	"农家乐"故事会串	百家姓外又一姓	青浦县　钱昌萍
		奇怪的答案背后	川沙县　夏友梅
		蛇娃	虹口区　兰翔、陈永绩
1986年	江浙沪新故事大会串	老浦东设宴	闸北区　陈留贯
		戆阿福三闹大篷车	川沙县　夏友梅
		渔棚怪	青浦县　丁金根
	上海法制故事比赛	洪柳复仇记	虹口区　黄宣林
		糊涂科长办案	闸北区　陈留贯
	北戴河全国故事大赛	下跪的采购员	上钢三厂　严珊
1987年	市第五届故事会串	张寡妇的心事	青浦县　胡化强、麟丈夏
		作怪的财神菩萨	川沙县　夏友梅
		王大龙传奇	闸北区　胡纪良、职福盛
		"毛脚女婿"大奖赛	杨浦区　孙炳华
		第五个证人是被杀者	上海县　秦复兴
		卖茶阿塔	青浦县　朱华生、李四根

（续表二）

年　份	奖　　项	作品名称	作　　者
1988 年	市第六届故事会串	泪洒电视台	闵行区　邵华
1989 年	市第七届故事会串	男浴室里的女高音	青浦县　李溪溪
	上海都市故事大会串	一个故事员的故事	青浦县　李溪溪
		上海滩的故事	虹口区　黄宣林
		白布告和志愿书	闸北区　陈留贯
		代号——布谷鸟	长宁区　肖白
		可怖的录音带	长宁区　肖白
1990 年	首届全国新故事比赛	验收	邓家彬、李金生
		弥留之际	金山县　张道余
		杨市长赴宴	吴伦
	沪鹰杯故事大王电视大赛	兑奖风波	嘉定县　黄震良
	市第八届故事会串	人来"风"	嘉定县　朱德谟
		经理失踪	青浦县　张林根
		捡来的窝囊	青浦县　支希钧
1991 年	市第九届故事会串	第三个父亲	青浦县　胡化强、沈凤英
		怪客奇遇记	川沙县　夏友梅、张鸿昌
1992 年	第一届中国最佳故事奖	女厂长传奇	金山县　张道余
		难成眷属	韩仁均
	1992 年市第十届故事会串	外来妹招亲	川沙县　夏友梅、李抗美
		作弊的三好学生	川沙县　夏友梅、张鸿昌
		乔厂长上任记	青浦县　李溪溪
		一张代表证	青浦县　龚建国

说明：囿于资料，所列获奖作品不全。

第二章　音乐、舞蹈创作

1978—2010年的三十余年间,在多年实践及培育的基础上,上海的群众音乐、舞蹈创作蓬勃发展。上海"十月歌会""上海之春"国际音乐节群文活动、上海群文新人新作展评展演活动等为群文音乐、舞蹈创作的孵化培育提供了展示平台。全国和市相关部门组织举办的其他各类群文音乐活动,也进一步推动了上海业余音乐、舞蹈创作的繁荣。

上海"十月歌会"由上海市文化局、市总工会、团市委、市教育局、市高教局、市电影局、市广播局、中福会、中国音协上海分会联合主办,市群艺馆、市工人文化宫、中福会少年宫等单位承办。上海"十月歌会"自1982年首次举行,至2008年共举办13届,涌现出一大批优秀作品和创作人才。2008年"上海之春"群文新人新作暨第十三届上海"十月歌会"成为两者合并的一届活动。

1991年,文化部创办群文行业政府最高奖"群星奖"评选活动。1992年起,文化部在"中国青少年艺术大赛"中设立了"蒲公英奖","蒲公英奖"是全国少儿业余文化艺术的最高奖项。2004年,"蒲公英奖"与"群星奖"合并成为中华人民共和国"群星奖",每3年举办一届。上海每年选送节目和作品参加"蒲公英奖",并多次获奖。其中,在2001年第二届全国"蒲公英奖"中,上海获音乐类表演金奖4个、银奖3个、铜奖2个,音乐类创作金奖1个、银奖2个、铜奖1个。

上海群众音乐创作的特点是题材和内容贴近生活、贴近百姓,体裁和形式生动多样、丰富新颖,作品反映社会现实,对构建社会主义和谐社会,展示城市精神风貌,具有积极的现实意义。

上海群众舞蹈创作的主要形式包括民间民俗舞蹈、舞台艺术舞蹈、社区广场舞蹈等。20世纪80年代初,率先复苏的是依附于各类传统民俗活动的上海民俗民间舞蹈。老一辈群众舞蹈工作者深入各郊县农村,挖掘、恢复浦东绕龙灯、奉贤滚灯、金山打莲湘、闵行手狮舞、青浦拜香舞和筷子舞等一批几近消失的传统民俗民间舞蹈,并不断运用专业的创作技法和创新的创作理念对其进行现代化的审美创造,使许多民俗民间舞蹈变身为舞台艺术精品。很多民俗民间舞蹈不仅被列入市级和国家级的非物质文化遗产目录,还在对外文化交流活动中频频亮相,成为国家和上海文化形象的名片。

图3-2-1　上海市群文优秀创作节目展演在艺海剧院举行(2006年)

在创新民族民间舞蹈方面,各个层级的各类评选和比赛活动,对上海群文舞蹈创作与品牌活动建设起到重要助推作用,主要是全国"群星奖"、上海"十月歌会""上海之春"群文新人新作等各项评比(获奖作品名单见附录)和演出交流活动的开展,在这些赛事和活动的影响下,越来越多的职业舞蹈工作者开始涉足群众舞蹈领域,投身于群众舞蹈的创作中,为群众舞蹈的编创及发展带来了新的思路和专业的力量。同时,市群艺馆和各区县文化馆等开展各种类型的舞蹈创作讲习班、培训班,不断培养群文舞蹈创作人才,创作具有海派特色的群众性舞蹈作品。

第一节　音　　乐

上海市群众艺术馆作为市级群众文化事业单位,对基层音乐干部的创作培训长期进行辅导工作。1982 年开始举办为期 3 年的"文化馆音乐干部进修班",聘请上海音乐学院和专业团体的教授、专家马革顺、陈钢、陆在易、顾冠仁、奚其明等任教。进修班分 6 个学期,分设基本乐理、和声学、曲式学、作曲法、复调、民乐配器法等课程。进修班共有学员 60 余人,后来他们都成为各文化馆、站的业务骨干,其中包括谈敬德、朱根祥、管更新、刘卫平、何剑平、张伟民、陈惠芳、唐永和等,为区县的音乐创作和辅导工作起到积极作用。

1985 年 12 月,在满足群众对流行音乐需求及引导工作的前提下,由市文化局等创立主办、市群艺馆策划发起了首届以"通俗歌曲"命名的创作演唱比赛,其中产生了《难忘今宵》《月亮走我也走》等一批优秀作品,推动了格调清新的通俗歌曲创作。

综观上海市各区县的群文音乐创作,可谓各具特色、各有所长。奉贤、川沙、南汇、崇明等区县的表演唱创作内容丰富,作品贴近生活,散发着泥土气息。青浦区与上海人民广播电台合作的《星期广播音乐会》以及运用青浦田山歌音乐元素创作改编的《水乡恋歌》《走向辉煌》《领略一岛水乡情》等音乐作品都具有水乡现代风韵。上海县(1992 年并入闵行区)文化馆和上海音乐家协会(上海音乐家协会始称于 1989 年 9 月 13 日第五届上海音协代表大会,朱践耳任主席)联办的《上海演唱》歌词专辑,是一本以登载歌词为主的内部刊物,双月刊,1994 年更名为《上海歌词》,由上海音乐家协会和闵行区文化局联合主办,上海音乐文学学会和闵行区群众艺术馆承办,成为群文音乐文学创作人才培育与展示的平台。金山、浦东新区原川沙县的民乐创作、演奏作品在上海乃至全国都具有一定的知名度,1982 年,吴正奎作曲、闵雪生指挥的器乐合奏《丰收山歌》由上海人民广播电台录制并向全市转播。虹口区、闵行区和浦东新区的群众合唱形成规模:虹口区连续三次举办千人合唱;闵行区开展一系列较大规模的合唱活动,比较有代表性的有第九届上海国际艺术节群文活动开幕暨"金秋闵行"上海合唱节等;浦东新区举办多届合唱节,1993 年参加上海"十月歌会"获金奖,其机关合唱团被评为上海"十佳歌团"。闸北的音乐创作在全国和省市级各类征歌活动中屡屡获奖,《五十六根琴弦连北京》(卢云生词、珊卡曲)获得 1997 年全国"五个一工程"奖、"新中国成立 50 周年全国征歌"一等奖;《中国向世界歌唱》(李幼容词、珊卡曲)被定为第五届中国艺术节节歌;《十四岁的故事》(朱积聚词、黄耀国曲)获得文化部全国第二届"蒲公英"音乐创作金奖及演出银奖等。2005 年开始,浦东新区每年组织举办上海市及长三角地区民乐比赛,并在上海音乐厅、贺绿汀音乐厅剧场举办一系列民乐和江南丝竹音乐会。静安区文化馆青年爵士乐团为迎接 2010 上海世博会而编创的萨克斯四重奏《海上变奏曲》,借用中国地方戏曲沪剧《紫竹调》的旋律,并结合源于美国的爵士乐曲式,将中西文化完美结合,获得文化部第十五届音乐类"群星奖"。

上海的群众音乐创作在改革开放后 30 多年的发展中,优秀音乐创作人才脱颖而出,在声乐方面,拥有汤昭智、贾立夫、陈念祖、曹伟明、黄玉燕等词作家,茹银鹤、于智强、侯小声、计兆琪、刘卫平、林伟夫、王歆宇、章吉华、李世平、管更新、黄耀国、王晓宁等作曲家;在器乐方面,拥有彭正元、闵雪生、俞华康、周永生、黄亚新、韩春生、曹建辉等作曲家。他们的音乐作品屡获奖项,受到大众喜爱。江南丝竹等民族器乐流派在上海群文创作领域深耕厚植,影响较大,辐射全国。

一、声乐

改革开放使人民群众开阔了文化视野,激发了大众对各类艺术形式的向往,特别是对外来流行音乐文化的追捧一时成风。针对当时港台流行歌曲"一统天下"的局面,由市群艺馆策划发起,上海电视台、解放日报社、市文化局于1985年12月至1986年2月,举行首届以"通俗歌曲"命名的创作演唱比赛,率先使用"通俗歌曲"的名称代替"流行歌曲",旨在推动格调清新、品位较高的通俗歌曲创作,以满足群众的需要。这次比赛成为全国通俗音乐艺术切磋、交流的盛会,也是对全国通俗歌曲创作、演唱水平的一次大检阅。全国各地的著名作曲家、词作家、专业音乐工作者和广大业余音乐爱好者纷纷投稿,在2万余件应征作品中初评选拔出150首参赛作品,复评选拔出40首,于1985年12月20—21日由上海著名歌星演唱呈现。通过电视台现场直播,电视观众投票评选,最终评选出18首作品参加决赛。优秀作品包括《难忘今宵》(乔羽词、王酩曲)、《月亮走我也走》(瞿琮词、胡积英曲)、《家乡酒》(曹伟明词、侯小声曲)、《江南,心中的绿洲》(曹伟明词、彭正元曲)和《心声》《最亮的星星就是我》《小城有一支歌》《海边情思》《红灯绿灯》《夹竹桃开了》等。1986—1987年,上海举行第二届"水仙杯"通俗歌曲创作演唱比赛。在此次演唱比赛中,涌现出《真诚》《爱的畅唱》《军营男子汉》《这是我们的中国》等一系列优秀歌曲。

1987—1988年,市文化局、市广播电视局、解放日报社、新民晚报社、音协上海分会又举行了第三届"金兔杯"通俗歌曲创作演唱比赛,创作的独唱歌曲达3 000多首,且内容取材比较广泛,表现形式丰富。歌曲《我热恋的故乡》用沉郁的歌声,表达对祖国、家乡的情感,含蓄地诉说了自己故乡的一些不足,结尾则以热情的音调歌唱"要用真情和汗水"把它变得"地也肥水也美";独唱《相聚在龙年》,反映了海峡两岸人民渴望团圆的心声。这一届参赛歌曲,不仅旋律性更强,表现力更丰富,而且歌曲的结构形式也比过去完整,特别是高潮处理大多经过认真的设计,从而使感染力得到加强,其中具有代表性的歌曲有《黄土路》《十五的月儿十六圆》《我就是我》等。

这三届通俗歌曲创作演唱比赛活动均面向全国征稿(含词、曲作品),业余和专业作者、歌手均可参与。影响较大的作品还有《心声》《再见,朋友》等。《心声》是电影《少年犯》的主题歌,在上海首届通俗歌曲比赛中获得优秀创作奖;《再见,朋友》是一首抒发惜别情绪的通俗歌曲,作者是市群艺馆梁正中,在首届上海通俗歌曲比赛中获优秀奖,后来成为传唱较广的一首获奖作品。

上述通俗歌曲的创作,是在政府文化部门根据大众的文化需求,适时举办音乐创作活动的推动下开展的,不仅率先在群众歌曲创作中开创了新的形式,也产生了很多受到群众欢迎、广为传唱的经典歌曲。

按照群众文化的特点,后续分为群众歌曲、行业歌曲、校园歌曲、新民歌创作进行记述。

【群众歌曲创作】

独唱歌曲 20世纪80年代,上海的独唱歌曲以通俗歌曲创作为主。进入90年代,独唱创作出现新的艺术突破。1992年,汤昭智作词、刘卫平作曲的作品《十月之歌》获第六届上海"十月歌会"最佳创作奖;1993年,由汤昭智作词、刘卫平作曲的歌曲《十月畅想曲》获第三届全国"群星奖"金奖;1994年,杨浦区文化馆选送女声独唱《闪亮的星,常青的树》获第四届全国"群星奖"优秀奖;1995年,普陀区文化馆侯小声作曲、李晓霞演唱的《黄树叶,绿树叶》获第五届全国"群星奖"银奖;1999年,顾平作词、徐思燕作曲的歌曲《小哥哥你不傻》获上海市第八届"十月歌会"歌曲获优秀作品创作奖。女高音独唱《紧贴着你的怀抱》（又名《心中的慈母》）由陈念祖作词、周永生作曲、吴翠云演唱，是一首以美声唱法演唱的艺术歌曲，1991年10月，该作品获第五届上海"十月歌会"创作十佳歌曲奖；1995年12月，该作品获得第五届全国"群星奖"银奖。

2000年，曹伟明作词、侯小声作曲的《提灯女神》获上海市"十月歌会"最佳创作奖；2001年，由黄玉燕作词、闵雪生作曲、孔东平演唱的《永恒的眷恋》获第四届"阳光·大地"党团员歌咏比赛优秀创作奖；2006年由长宁区董树棠作词、管更新作曲的男声独唱《相思家园》获十二届"十月歌会"金奖；2007年，由陈宗涛作词、王晓宁作曲、宝山区文化馆黄涛演唱的歌曲《塔里木的胡杨》获得文化部举办的全国首届流行音乐创作演唱大赛"新作品创作二等奖"、第十四届中国艺术节"群星大奖"和"创作奖"；同年，由徐汇区顾菊敏、顾德骏作词，林业良作曲的歌曲《好心情》获中国第四届群众创作歌曲大赛金奖；由草易作词，陈智强、陈音桦作曲，鲁耀东演唱的男声独唱《明珠闪耀的东方》获2007年"上海之春"群文优秀新人新作奖；2008年，由汤昭智作词、管更新作曲的男声独唱作品《美丽的黄浦江》获得"上海之春"第十三届上海"十月歌会"群文优秀新人新作奖，并获得2008年江南风长三角歌曲新作演唱大赛创作大奖；2008年，朱根祥作曲的歌曲《故乡的雨》获得"中国杯"新创作歌曲、歌词、音乐论文暨演唱评选全国总决赛作曲二等奖；2008年，由黄浦区阿行、安子作词，建波作曲的女声独唱《我爱我的祖国》和薛锡祥作词、潘龙江作曲的女声独唱《都市月夜》均获得"上海之春"新人新作暨第十三届上海"十月歌会"群文优秀新人新作奖。

重唱、小组唱歌曲　重唱、小组唱作品数量不及独唱，但也有许多较优秀的作品。2000年，由崇明县柴焘熊作词、王霖作曲的男声小组唱《故乡的金瓜》获上海"十月歌会"优秀创作奖；2002年，由汤昭智作词、王晓宁作曲的领唱合唱《这一方热土》获得第十届上海"十月歌会"声乐创作金奖；同年11月，由浦东新区黄玉燕作词、闵雪生作曲的男声四重唱《我是男子汉》获第十一届全国人口文化奖铜奖；许德清作词、王晓宁作曲的小组唱《旗帜》获得《党旗·党风·党员》专题创作作品评选优秀创作奖；2005年，黄浦区男声小合唱《搬家》获得群众文化优秀作品奖；2007年，徐汇区女声四重唱《清清·绿绿·蓝蓝》获得"上海之春"群文优秀新人新作比赛暨小节目展演、第十一届上海"十月剧展"（音乐类）优秀新人新作奖；浦东新区黄玉燕作词、刘卫平作曲的二重唱《梦圆2010》获得第十四届全国"群星奖"表演奖；2008年，由松江区文化馆大陆作词、刘勇作曲的二重唱《我是你的眼睛，你是我的手杖》获得"上海之春"新人新作暨第十三届上海"十月歌会"优秀新人新作奖；2010年，松江区的二重唱《永远在一起》、闵行区的四重唱《古镇音画》均获得第十五届全国"群星奖"群星奖等。

合唱歌曲　合唱是群众声乐活动的重要形式之一，在群众歌咏活动的推动下，上海涌现出一大批优秀的合唱作品。1987年，由卢湾区教育学院音乐教师徐思盟作曲的《小纸船的梦》获得市少儿歌曲征歌创作一等奖，成为流传于校园，深受中小学生欢迎的优秀学生合唱曲目。1990年11月，国家教委将《小纸船的梦》编入全日制小学音乐课本第十册；1992年11月，又编入全日制小学音乐课本第十二册；后又编入多种盒式音带和录像带中，并入选"'89上海国际少儿大联欢"及在日本大阪举行的"国际少年合唱节"的演唱曲目。

1989年，由万卯义作词、侯小声作曲的合唱作品《美丽的花环》，在文化部等单位举办的全国民族之声征歌比赛中，从4700多首应征作品中脱颖而出，名列榜首，并在全国广为传播。经由才旦卓玛、胡松华、魏松、纪晓兰等人的多个演唱版本，在中央和地方广播电视媒体播出、"上海之春"国际音乐节等各地各类节庆演出，收入《中华百年歌典》等书籍出版。

1990年，由陈镒康作词、创作的童声合唱《装扮蓝色的地球》，是一首环保题材的三声部合唱歌曲，2004年被中宣部推荐为百首爱国主义歌曲之一。作品用儿童的口吻及与大自然的对话方式，通过迪斯科的律动和愉悦的情感演绎而成，在央视及各地广电媒体播出，并由上海电视台小荧星合唱团、中福会少年宫合唱团等少儿优秀合唱团队在各种演出中演唱，上海少女合唱团赴台湾演出中也进行演唱。该作品入编上海小学《合唱教程》、中学《合唱教程》等各地教材。

1990年，合唱歌曲《十月之歌》（晓鹰词、刘卫平曲），《白玉兰盛开的时候》（汤昭智词、管更新曲），《我们属于祖国》（文治平词、王歆宇作曲），《浦东在呼唤》（罗勇敢词、陆顺麟曲）获得第五届上海"十月歌会"业余创作"十佳歌曲"奖。

1999年，闵行区章吉华创作的无伴奏合唱《牧归》获得第九届全国"群星奖"金奖。作品借鉴新疆哈萨克民族的音乐调式特征，为单三部曲式的合唱曲。

歌曲《梦中的卓玛》由陈道斌作词、黄耀国作曲，创作于2001年4月，是一首具有浓郁民族风格、表现民族团结的合唱歌曲。该作品描述"我"千里迢迢去拉萨，追寻梦中见到的藏族姑娘卓玛的故事，表达了作者对西藏的美好向往，塑造了民族团结的生动艺术形象。2001年5月，这首歌由市工人文化宫茉莉花合唱团在"上海之春"国际音乐节首次演唱，此后便在上海各个业余合唱团中广泛传唱。2002年，《梦中的卓玛》分别由上海音乐出版社编入《放歌新世纪——中华百年歌典》《群众歌会金曲选》《中华大家园——民族风情歌典》等歌集出版，中央电视台、上海电视台、上海广播电台也先后播出此作品。

2001年11月，徐汇区金秋合唱团（郑会武辅导排练）在文化部、中国合唱协会主办的"永远的辉煌"第二届中国老年合唱节演唱比赛中获得金奖；2002年参加第十届上海"十月歌会"获得声乐创作金奖。2002年5月，浦东新区文化艺术指导中心合唱团演唱《梦中的卓玛》（指挥：张琳）获得文化部举办的全国群众歌咏大赛金奖；11月获得首届全国"四进社区"文艺展演银奖。上海小荧星艺术团在出访新加坡和前往中国台湾进行文化交流时，演唱此曲。2002年，由新疆库尔勒市文化系统干部刘昆黎、傅坛堂作词，闵行区文化馆章吉华作曲的《梦中楼兰》，由杨浦区中原文化馆合唱团演唱，获2002年上海"十月歌会"创作银奖并参加第十三届全国"群星奖"的选送评比。同年，闵行区群艺馆创作的歌曲《帕米尔风情》《祖国好妈妈》，分获市第十一届上海"十月歌会"创作一、二等奖。

2006年，由李志豪作词、管更新作曲的混声合唱《上海笑了》获第十二届上海"十月歌会"金奖。2007年由黄玉燕作词、李志豪与徐荣作曲的沪语混声合唱《海纳百川涌春潮》获"上海之春"群文新人新作比赛暨小节目展演、第十一届上海"十月剧展"（音乐类）优秀新人新作奖。

2010年，刘秉刚作词、顾彤作曲的合唱歌曲《上海欢迎您》是一首与时代脉搏一起跳动、紧贴百姓现实生活、具有较强生命力的歌曲，在上海世博会期间风靡上海，成为大众喜爱的世博歌曲之一。

表演唱 表演唱是一种带表演的声乐形式，早在"五四"时期和抗战前后，上海就出现过表演唱的形式。中华人民共和国成立后，最早出现在群众文艺舞台上的表演唱作品是20世纪50年代上海的《远航归来》、江苏的《夸新郎》、山东的《纳鞋底》等，但当时表演唱还不普遍。1962年，上海南汇县的表演唱《六样机》演出后，引起轰动，自此表演唱成为上海特别是郊县群众喜闻乐见的文艺形式。

流传于上海群众文艺舞台上的表演唱，大致有3种类型：歌唱型、说唱型、歌舞型。

歌唱型以歌唱为主，讲究声音的和谐。在小组唱的基础上略加一些简练而典型的动作，来加强歌曲的表现力和感染力，动作往往起到画龙点睛的作用。《六样机》《纳鞋底》等均属此类。说唱型为以唱带说的表演唱。许多业余作者在以宣传好人好事为主题的创作中，常用这种形式，以更丰富更充分地表现人物的思想情感和先进事迹。由于业余作曲人才的缺乏，不少单位编写这类表演唱时,多采用《月月红》《进花园》《杨柳青》等现成曲调,或根据当地民歌稍加改编形成。歌舞型则注重身段动作和队形的变化。对抒情性、音乐性较强的表演唱作品,常用舞蹈动作和队形来辅助演唱。

20世纪80年代以后,表演唱依然盛行在上海群众文艺舞台上,涌现出很多优秀作品,在上海和全国演唱比赛中多次获奖。奉贤县历来重视表演唱创作,1980年6月,奉城公社创作的表演唱《夸夸农业现代化》富有山歌风味,反映了农民建设"四个现代化"的迫切心情,该作品参加全国职工和全国部分省、自治区、直辖市农民业余艺术调演,获得优秀节目奖;1982年,上海县《我伲村里三朵花》《队长睏不着》,获全市会演创作二等奖;1983年,肖塘公社的《葡萄架下》,获全市会演演出一等奖。崇明县文化馆王霖创作的渔歌表演唱《渔家姑娘唱新歌》,获得上海1983—1984年业余音乐创作一等奖。1988年,川沙县龚路文化站徐征珩创作的《四伯姆》获得首届上海市环境文艺会演二等奖。同时,卢湾区老妈妈合唱队排演了许多表演唱作品,参加社区展示、交流慰问、各类比赛,并屡屡获奖。1992年,《六样机》获得第六届上海"十月歌会"最佳创作表演奖。同年,创作演出的《南浦大桥好风光》参加第六届上海"十月歌会"比赛;1994年、1995年,创作演出《OK地铁》《双龙戏珠夸浦东》,后者参加全国表演唱大赛获得一等奖;1999年6月,创作演出的表演唱《我伲也是大学生》获得"爱我中华"全国表演唱会演一等奖、第八届上海"十月歌会"优秀创作表演奖。表演唱《我家孙女踢足球》(马赛作词、侯小声作曲),反映女足姑娘戒骄戒躁、克服困难、勇攀高峰的感人精神。1994年,川沙县龚路镇顾建成创作的《农家新添六样机》获得全国亿元乡镇文艺会演三等奖;1995年,《"马大嫂"咏叹调》获得全国表演唱大赛优秀创作表演奖;1998年,《十七八岁的女哨兵》《敲门球》《八个老太看浦东》分别获得第八届上海"十月歌会"最佳创作表演奖、优秀创作表演奖、优秀表演创作奖;1999年,南汇创作演出的表演唱《看花灯》获得全国表演唱会演二等奖;从川沙县起步到浦东新区,浦东说书发展为浦东说书表演唱,将原来单纯的说唱形式改为载歌载舞形式,并创排出《浦东大娘子》《懒阿福相亲》《看世博》等深受群众喜爱的表演唱节目。

2000年,女声表演唱《乡村网迷》(作者潘永刚,导演徐思燕),用普通话演唱《乡村网迷》,言语诙谐幽默、情节风趣夸张。2003年,浦东新区文化艺术指导中心创作的《我是一个男子汉》获得由国家计生委、国家文化部、国家广电总局等7家单位联合举办的第十一届中国人口文化奖(东华杯)歌曲铜奖。2004年,普陀区文化馆、甘泉文化馆创作演出的表演唱《快乐的上树工》(侯小声作曲、殷星妹编导)获得第五届上海"十月歌会"创作表演奖、第三届全国"四进社区"文艺展演活动铜奖;2006年,普陀区的情景表演唱《人间真情在》获得第五届全国"四进社区"文艺展演金奖。2007年,浦东新区花木街道的表演唱《花木有情颂公德》(徐国庆作词、闵雪生作曲)获得"上海之春"群文新人新作奖;2008年,浦东新区的女声表演唱《锦绣世博》获得群文新人新作奖。

【行业歌曲创作】

上海职工行业歌曲业余创作具有光荣的传统,在全国产生过广泛影响。

1978—1990年,上海彭浦机器厂职工创作的歌曲在市级歌曲比赛中有8首获奖,其中大合唱《我们的祖国》获得1983年上海合唱歌曲比赛二等奖。1986年,由糜伟民作词、梅基安作曲的《上海电机厂厂歌》获得上海市纪念"五一"国际劳动节100周年上海工人之歌星期广播音乐会的创作优秀奖和演出奖。20世纪80年代中期,工矿、企业等基层出现了大量歌唱改革、宣传职业道德和厂规的厂歌、行业歌。生产凤凰牌自行车的上海自行车三厂厂歌《"凤凰"之歌》,生产蝴蝶牌缝纫机的上海协昌缝纫机厂厂歌《飞吧,"蝴蝶"》,上海石化总厂厂歌《在创业中奋进》,上海第六制药厂厂歌《人人健康我欢畅》,上海冶炼厂厂歌《金花,银花》,以及铁路工人之歌《我们是上海铁路大军》,纺织工人之歌《我们是快乐的纺织工人》,护士之歌《白衣颂》,环卫工人之歌《我为城市来梳妆》,还有《电焊姑娘》《机床工人之歌》《手套工人之歌》《航道工人之歌》《水泥工人之歌》《工程师之歌》《农场青年之歌》《印刷工人之歌》等。普陀区内有30多家工厂编写厂歌,歌词内容大多是宣传办厂宗旨,宣传团结、奋斗和献身精神。甚至,有的街道里弄还唱起《居民守则歌》。这些由群众创作、演唱的歌曲,洋溢着劳动的喜悦,跳跃着改革的音符,回荡着时代的旋律,唱出了主人翁的自豪心情。

1990年后,包括音乐创作在内的各种职工文艺创作活动都面临职工文艺创作队伍年龄老化、人才流失和缺乏后备力量等一系列问题。市总工会不断引导广大职工作者从广阔的时代变迁和色彩斑斓的社会大舞台展开视角,全方位地表现现代都市生活,以重新激发职工文艺创作的活力,涌现出一批优秀的职工音乐创作人才,产生了一批颇具影响和艺术震撼力、紧扣时代脉搏、贴近人民生活的优秀音乐作品。其中,《戴花要戴大红花》等歌曲传播全国,具有广泛的影响;1995年,由陈念祖作词、计兆琪(宝钢集团公司文体中心职工)作曲、曹荣誉演唱的歌曲《第二度辉煌》,经市总工会推荐上报,代表全国总工会参赛,获第五届全国"群星奖"作品、演唱金奖;2003年,由陈念祖作词、计兆琪作曲的歌曲《中国节日》获得第十届上海"十月歌会"声乐创作金奖。

市总工会通过文艺创作中心,以各种方式支持和促进基层业余创作活动,为上海职工业余音乐创作探索新思路、新举措。1996年6月22日,上海首次举行"徐行杯"厂歌大赛评选活动。这次全市性的大赛表明,厂歌已逐步走出标语口号式和概念化的初创阶段,显示出各自的艺术个性和多声部的演唱水平。这次厂歌大赛竞争十分激烈,经由谭冰若、司徒汉、陆在易等专家组成的评委会评选,虹桥国际机场获得大奖,上海变压器厂、上海大众汽车有限公司获得金奖。

上海港务局有广泛开展职工群众歌咏活动的良好基础,创作和演唱企业歌曲是该局加强企业文化建设的一大特色。1998年,港务局工会、文联广泛开展基层企业歌曲创作演唱活动的基础上,编辑出版《火红的畅想》企业歌曲专辑CD片,并在上海人民广播电台FM105.7《中华风情》栏目首播,在全市乃至全国成为首创。该专辑CD片,从120余首创作的企业歌曲中精选10首,包括独唱、重唱、领唱与合唱等多种形式,风格各异,充满浓厚的海港产业气息和时代节奏,弘扬创业精神,反映企业风貌,展示了企业职工的精神风貌。

2002年,宝钢集团公司组队参加首届中国职工艺术节,全面展示宝钢集团职工文化的崭新成果,体现宝钢人与时俱进的精神风貌,歌曲《孺子牛》《我是火、我是歌》获得创作奖;同时,宝钢集团工会积极开创用文艺形式宣传安全生产的新模式,传播弘扬宝钢的安全意识和企业文化。2003年,在由国家安全生产监督管理局、中华全国总工会联合举办的"全国安全生产文艺会演"中,宝钢集团选送的3首原创歌曲获得1金、2银和优秀创作奖的好成绩,其中歌曲《安全责任重于泰山》受到国家安全生产监督管理局及会演组委会的好评,为宝钢赢得了荣誉。

2004年,上海市医务工会参与,由人民日报社华东分社、解放日报社、新民晚报社、冠生园(集团)有限公司、上海人民广播电台文艺频道、上海音乐家协会共同主办的上海市"冠生园杯"企业(行业)歌大赛暨"优秀企业(行业)歌"评选活动,市医务系统5支歌队进入总决赛。华东医院、中山医院、瑞金医院歌队获得一等奖,曙光医院、仁济医院歌队获得三等奖。在优秀企业(行业)歌曲评选中,华东医院《天使是你的名字》、中山医院《托起生命的艳阳天》、瑞金医院《广慈博爱诚信奉献》、曙光医院《永远和曙光在一起》、普陀区妇婴保健院《生命之光》、虹口区广中地段医院《献给天使的爱》等6首院歌被评为上海市"优秀企业(行业)歌",上海市医务工会获得大赛弘扬文化大奖和优秀组织奖。

2005年,由市委宣传部等五家单位共同发起的上海市行业歌曲创作竞赛活动,吸引了上海各行各业踊跃参与。经过 1 年多的创作和积累,60 多个行业共创作 3 600 多首歌词,谱曲 300 多首。经评审筛选后,40 个行业向市里选送 192 首优秀行业歌词。同年 8 月底至 9 月中旬,主办方将初步入围的 192 首行业歌词刊载在东方网上,接受市民评议。先后有 2 万多人次参与网上评议并推荐自己喜欢的"十佳行业歌词",专家和市民提出的修改意见或建议数千条。2006 年 5 月 14 日,在上海东方艺术中心举行了"唱响城市精神,展示行业风采——上海市行业歌曲创作竞赛"决赛暨颁奖晚会,来自全市基层各行各业的 15 支代表队轮番登台演唱展示了 20 首优秀行业歌曲。金山区教育工会的《老师,你我共同的名字》获优秀作品一等奖。此次行业歌曲创作展评活动,各行各业的职工广泛参与,也得到了广大市民的热烈响应和音乐界专家的大力支持,不少专家和市民对此次参评的行业歌曲给予较高评价,认为多数歌曲主题突出,真实反映各行业职工的精神追求和思想情感,突出了不同企业(行业)文化的特点和风采,展现了广大市民对于真善美的追求和向往。

【校园歌曲创作】

校园歌曲创作和演唱,是校园文化的重要组成部分,也是上海群众文化的品牌活动项目。校园歌曲以其真诚与清新为标志,给人们留下了青春的印迹。

1979 年,上海举办第二届"布谷鸟"歌咏节,而此活动已停办 20 年。作为全市少儿音乐创作和表演的重要载体,全市 90％的中小学开展"大家唱"活动,2 500 所中小学参加区、县歌赛。1980 年,上海举办第三届"布谷鸟"歌咏节,全市 88 万中小学生中有 83 万人次参加。这一年开始,全市中学开展"班班有歌声"活动,全市综合性歌咏比赛也于当年恢复,有 224 个歌团 10 390 人参赛。

1986 年举行的上海市少儿歌曲征歌评选活动,收到 592 首应征作品,其中《拍手歌》等 8 首内容清新健康、曲调流畅、具有浓郁儿童情趣的歌曲选送北京,参加全国评选活动,7 首分别获得一、二、三等奖,得奖率占全国之首。1987 年,由张铁苏作词、金鸿作曲的少儿歌曲《我要变成一只小鸟》获得上海市少年儿童歌曲创作评选一等奖。

1987 年,在市少儿文艺委员会协调下,市文化局、市教育局、广电局、新闻出版局、市妇联、团市委、中福会、中国音协上海分会联合举办上海市少年儿童(低幼)创作歌曲评奖活动,重点提倡农村歌曲和队列歌曲。在一千多件来稿中,专业作者占 38％、业余作者占 62％,评出 20 首优秀歌曲在广大少年儿童中传唱。

1991 年,首届上海中小学生艺术节在上海举行,对全国产生较大的影响,这次艺术节是对上海中小学艺术教育、艺术活动、艺术素养的一次检阅。儿童音乐创作方面也颇具影响,上海文艺出版哆来咪杂志社一年内为中小学生提供 200 首少儿歌曲,举办纪念党的"七一"全国少儿歌曲征歌。

同年,由市教委、市文化局、市艺术教育委员会、青年报社等单位共同发起组织的上海中小学生文艺创作评选活动,经过一年多的汇展,于 1992 年 11 月评选出一批优秀获奖作品。其中,获奖声乐作品 26 首。这些作品大多反映青少年热爱祖国、热爱科学、勤奋向上的主旋律,反映青少年生机勃勃的校园生活和多姿多彩的社会生活。

1992 年 5 月 1 日至 6 月 12 日,市教委、团市委、市高教局、市学联联合举办"'92'李宁杯'第二届上海市大学生歌手·创作歌曲大赛"。全市 37 所大专院校的选手角逐"上海市最佳大学生歌手";大赛征集到 200 首原创歌曲,评选出 8 首优秀创作歌曲,其中获得一等奖的是上海交通大学学生张翊严作词作曲的歌曲《永远在你身旁》。

1994 年 4 月 1 日至 6 月 10 日,华东师范大学、上海东方广播电台等单位联合举办"'94'海螺杯'第三届上海市大学生歌手·创作歌曲大赛"。近 30 所学校的 150 名优秀校园歌手参加;80 位词曲作者参加优秀创作歌曲评选,评选出 10 首优秀创作歌曲。

同年 8 月 6 日,历时近 5 个月,全国 150 多所高校参加的"超天杯"中国大学生创作歌曲邀请赛在上海闭幕,上海铁道学院张东晨创作演唱的歌曲《我的大学》获得最佳歌曲与最佳作词两项大奖。

作为"上海之春"国际音乐节的品牌项目之一,校园音乐先锋全国邀请赛旨在加强各地电台和校园间的文化交流,推动校园原创音乐作品创作,让更多校园歌手有机会脱颖而出。2006 年,进入决赛的 12 组选手中,上海外国语学院附属中学的 15 岁初二男生曹杨,作为年龄最小的一位原创歌手,他的作品成熟度与声音的表现力丝毫不逊于其他经验丰富的竞争对手,一曲自弹自唱的慢板抒情歌曲《落叶》掀起全场高潮,打动所有的评委和观众。

2010 年,虹口区围绕世博主题,创作歌曲 80 首,其中《上海等你来》获第五届全国校园艺术节比赛金奖。

【新民歌创作】

上海的传统民歌从体裁上主要划分为五大类:劳动号子、田山歌、小山歌、小调、吟唱调。

在上海地区流传的劳动号子,大致分搬运号子、船渔号子、建筑号子和农事号子四大类。由于方言不同,号子也显示出多样的风格。这些号子的歌词大多是呼喝式的虚词,实际含义不多,但气势磅礴,律动性强。

田山歌主要流传于青浦、松江、金山、奉贤等郊区。青浦田山歌(吴哥扩展项目)被列入国家级非遗保护项目和上海市民族民间文化保护工程的重点项目,是上海本土的原生态民歌。小山歌是上海及周边地区民歌中最能体现地域色彩的一种民歌形式,与田山歌的不同之处在于小山歌多为劳动之余休息娱乐或从事轻松农活、家务劳动的时候唱的,因此一般音区不高,结构短小,节奏自由,旋律相对较为平稳,如叙家常一般。在上海流传的小调,有一部分是从外地流入的,还有一部分则是土生土长的,比较有代表性的有《紫竹调》《一分钱》《寄生草》等。这些极具特色的小调,被地方剧种——沪剧吸收成为常用曲牌。吟唱调,是指一类在日常生活中,与自然语言和音调较为接近的、实用性的哼唱,上海地区的哭调(哭嫁、哭丧)、叫卖调、儿歌等均属此类。

20 世纪 80 年代,在筹备组织首届华东六省一市民歌会演的创作工作中,上海市的音乐工作者齐心合力创作出一批由上海民歌改编的曲目。词、曲作在继承上海传统民歌的基础上,力求表现新意。经过层层选拔、试唱、评比,几首独唱作品脱颖而出。其中获得一等奖的《啥鸟飞来节节高》和获得二等奖的《晴采桑雨采桑》被编入上海的声乐考级教材。

新民歌创作主要有两方面的特点:一是吸纳上海传统民歌作为创作元素,并加入一些现代的创编技法;二是保留上海方言特点,反映上海传统民歌的风格色彩,可统称为"上海民歌改编的创作歌曲"。在传统民歌的改编创作方面,涌现出了许多著名的作者,比较有代表性的有上海音乐学院教授黄白。20 世纪 90 年代,黄白改编创作了很多民歌风格的合唱歌曲,其中《拍娃娃》《我唱山歌大家猜》就是具有上海民歌风格特色的合唱作品,为传统民歌的改编与创作提供了新的范本。

2010 年 6 月 11 日,由市文广局主办,市群艺馆承办的 2010"海上春潮"——民歌新唱音乐会在普陀区图书馆剧场举行。"海上春潮"上演的民歌作品,全部是根据上海地区流传的、市民百姓耳熟能详的民歌素材改编的,在创作中融入了流行音乐的编配手法,在舞台演绎上充分运用时尚的艺术表现形式和先进的舞台科技手段,使民歌新唱音乐会呈现既好听又好看的艺术样式,充分展示了上海民歌内在的丰富魅力。此次"海上春潮"上海民歌新唱音乐会在 2006 年、2008 年前两届"海上春潮"活动成功举办的基础上,组织创作了一批新改编的民歌作品,其中《衣被天下》《滴水湖之恋》《古镇风情》《弄堂晨曲》《城市印迹》等从不同的角度反映了上海城市建设翻天覆地的变化,表现形式多样,手法各异。"海上春潮"民歌新唱音乐会成为传承与发展上海地区民歌音乐的群文品牌活动。

二、器乐

【民族民间器乐】

江南丝竹　是流行于上海、江苏、浙江一带的传统器乐合奏形式,以丝弦乐器和竹管乐器为基本编制。上海的文化工作者一直锲而不舍,以保护江南丝竹这份珍贵的原生性音乐文化遗产为己任。1987年5月,全市举办首届"海内外江南丝竹创作与演奏比赛",评选出演奏一等奖5个团队,《咏南》(朱毅作曲)、《绿野》(顾冠仁作曲)、《江畔》(胡登跳作曲)、《庙院行》(彭正元作曲)获得创作作品一等奖;上海老城隍庙合众国乐会获得元老奖;长宁区少年宫民乐队幼儿组获得幼苗奖。

20世纪七八十年代涌现出不少江南丝竹新曲,这一时期的丝竹新曲创作,开始呈现出与传统丝竹名曲不同的艺术特点,顾冠仁、周成龙、胡登跳、彭正元、闵雪生、俞华康、朱毅、乔惟进等作曲家努力开拓,创作出《苏堤漫曲》《春晖曲》《绿野》《江畔》《水乡吟》《灯节》《故乡行》《庙院行》《江南情韵》《秋雨》《咏南》《梅花引》《秦淮月》等作品,在丝竹曲目方面进行了大胆的创新实践。

此外,江南丝竹新曲创作和展示方面还有一些有一定影响的作品包括:1982年,崇明县文化馆王霖创作的江南丝竹乐《苏扬桥》获上海市业余音乐创作一等奖;1986年,首届黄浦艺术节期间举行的江南丝竹联奏会,邀请境内外丝竹团体参加,演奏者约150余人,现场展演多首丝竹新作;1992年,在第二届"海内外江南丝竹演奏和创作比赛"中,长宁区少年宫小乐队的《喜上喜》获得创作一等奖,闵行区吴泾文化馆创作的《情系江南》获得作品奖。

2006年,江南丝竹被列入国家级非物质文化遗产名录,由市群艺馆承担国家级项目保护单位职责。2009年,市群艺馆签约作曲家创作10多首江南丝竹新作品,并编印《上海江南丝竹新作品选》,收录其中的6首,包括闵雪生的《江南情韵》、周成龙的《丝雨》、唐文清的《古镇情》、顾冠仁的《迎宾曲》、徐景新的《水乡春早》和彭正元的《新良宵》。

琵琶　在上海的琵琶乐曲中,较有特色的是崇明瀛洲古调派琵琶和浦东的浦东派琵琶。

瀛洲古调　指发源于崇明岛上的琵琶曲,是中国著名的琵琶流派。2008年6月,被列入第二批国家级非物质文化遗产名录。至2010年,崇明区文化馆对瀛州古调进行了大量的发掘、传承工作,开展青少年培训工作,之后在创作上有所突破。

浦东派琵琶　属于南派琵琶,始祖为清乾隆年间的南汇人鞠士林,人称"鞠琵琶"。浦东派琵琶的主要艺术特征为武曲气势雄伟、文曲沉静细腻。往往运用大琵琶,讲究开弓饱满、力度强烈,保存和发展了一些富有海派特色的演奏方法,代表性曲目有《夕阳箫鼓》《普庵咒》《将军令》等。以中央音乐学院教授林石城为代表传承的浦东派琵琶,成为当代中国主要的琵琶艺术流派之一。2008年6月,浦东派琵琶艺术列入第二批国家级非物质文化遗产名录。2010年前浦东派琵琶尚无创作作品,之后群文爱好者逐步开始作品创作。

二胡　较有特色的是孙文明的二胡流派。孙文明,又名潘旨望,1928年出生在浙江省上虞县,1962年病故。他十几岁开始学拉二胡,在流浪苏南各地的途中四处求教,学会不少民间流行的江南丝竹、戏剧曲牌、民歌小调等,并开始追求自己独创的二胡演奏技巧和艺术风格,尝试创作二胡新曲。其先后创作《流波曲》《四方曲》《送听》《弹乐》《夜静箫声》《春秋会》《人静安心》《昼夜红》8首二胡独奏曲和《志愿军胜利归来》等乐曲。

1998年,奉贤县人民政府举办民间音乐节,以纪念孙文明70周年诞辰。为此,奉贤县专门成立孙文明国乐团,由25人组成。经常演奏的曲目为二胡与乐队《流波曲》《人静安心》《送听》,二胡独奏《流波曲》《弹乐》,丝弦五重奏《四方曲》,民乐合奏《四方曲》等。2009年,奉贤区第二届文化艺术节期间,国乐团赴卢湾区和杨浦区的交流活动,经过改编的孙文明的代表作《流波曲》以二胡与乐队的形式参加演出。

十锦细锣鼓 在松江泗泾地区的吹打艺人们在吸收昆腔艺术特色的基础上,于长期的演奏过程中不断打磨而形成的独具特色的传统民间音乐,距今有近300年的历史。2008年6月,泗泾十锦细锣鼓被列为第二批国家级非物质文化遗产代表性项目名录。

自1986年泗泾十锦细锣鼓被重新发现后,松江区文化馆、松江区非遗保护分中心对各镇的民间音乐班社组织进行现场调查,对十锦细锣鼓的历史沿革、曲目、曲谱整理归档,同时整合民间艺人资源,组建成松江云间古乐团,每年参加各种演出,对促进十锦细锣鼓的创作发挥了一定作用。

图3-2-2 松江区十锦细锣鼓表演照

2007年11月,松江区文化馆云间古乐团在松江史量才故居演出了整理和改编后的《十锦细锣鼓》。2010年10月,该乐团参加上海世博会外场演出。在复排《十锦细锣鼓》之外,还利用乐团优势创排《将军令》《暹罗词》等古乐曲,其中《暹罗词》参加"文化遗产日"上海非物质文化遗产系列活动"江南丝竹新作品试奏会"。《暹罗词》具有独特的泰国民乐元素,体现了古代中国民乐和外来艺术的碰撞与交融,也是泗泾十锦细锣鼓二度创作的可喜尝试。

吹打乐 在上海郊县的城镇和乡村中广泛流传吹打乐。婚丧喜庆、节日庙会,都离不开"吹吹打打",吹打乐成为人们生活中不可缺少的一种音乐形式,因此,从事吹打乐的班社林立。

上海的吹打乐分"粗锣鼓""细锣鼓"两类。"粗锣鼓"以唢呐为主,加上打击乐;"细锣鼓"以竹管为主吹,辅以丝弦加打击乐。一般情况下,在行进路上及室外活动时,以"粗锣鼓"为主;在室内活动时,多以"细锣鼓"为主,有时也交替演奏。在演奏风格和特点上,"粗锣鼓"刚劲粗犷,威武雄壮;"细锣鼓"则是打击乐器、丝竹乐器分合有致,热情炽烈。在乐曲演奏中,锣鼓段落与旋律段落交替或重叠,锣鼓穿插于乐曲之中,凸显其演奏特色。

在上海的吹打乐中,还有一种"八拍队鼓"独树一帜,在郊县流传。它所用的乐器及乐队组合较为特殊,乐器包括大小唢呐和笛,单面鼓8只,辅加一副小钹。这种"队鼓"的称谓颇多,如"八拍队鼓""八仙队鼓""八面威风""鼓头"等。队鼓声音浑厚响亮、气势磅礴。"八拍队鼓"常被富贵人家聘用于红白事中,显示其气派和场面。在节日庙会的游行队伍中,也常有"八拍队鼓"参加演奏。它们有专用曲目,即《八拍队鼓》等。

随着对民族民间文化的不断深入发掘和保护,上海孕育并流行的不少吹打乐成为非物质文化遗产保护项目,包括崇明吹打乐、华漕小锣鼓、海派锣鼓、杨浦工人大锣鼓均被列入上海市级非物质文化遗产名录。

华漕小锣鼓 是一种独特的民间打击乐,俗称"细锣鼓""次扑汤"等,其演奏特征为"轻打细敲"。小锣鼓主要流行于闵行区华漕镇范家桥、连家桥及七宝镇、诸翟镇的相邻地区。当年崇明、嘉定、宝山等部分地区也有零星流传。上述两种吹打乐,尚无新的创作作品的记载。

杨浦工人大锣鼓 是一种在苏北锣鼓的基础上,吸纳东北锣鼓、西北锣鼓、广东锣鼓、潮州锣鼓、部分戏曲锣鼓和安徽凤阳锣鼓等各流派演奏元素基础上创造而成的鼓乐形式,以其"鼓大"(鼓面直径大于1米,最大可达2米多)、"人多""流动"(在卡车上边行驶边敲打)为特色。杨浦工人大锣鼓是杨浦作为上海老工业区的时代产物,也是南北传统锣鼓艺术的融合和汇聚。

海派锣鼓 是上海本地传统锣鼓与北方的威风锣鼓、太原锣鼓、绛州锣鼓等锣鼓流派融合的一种锣鼓乐种。随着上海的城市发展,尤其是宝钢的建设,全国各地的冶建单位汇集到上海宝山,北方地区人口大量进入,他们将各地的优秀鼓种带到上海,使上海本地锣鼓的乐曲风格和表演形式发生新的变化,经过不断的创新探索,形成新颖的海派锣鼓。2008年,上海东绛州鼓乐团的大型原创现代鼓乐曲目《盛世幻鼓》装束时尚,器配现代,受到观众喜爱;2009年,该团制作《红色经典——鼓戏舞集成〈红色娘子军〉》,第一次将《红色娘子军》用鼓乐的形式编创为打击乐作品。2010年,该团斥资近百万元筹划制作大型舞台视听秀《鼓色鼓香》,将鼓乐和旗袍融合在一个舞台上,赋予鼓乐时代内涵。

【少儿器乐】

20世纪八九十年代,上海各区(县)少年宫纷纷建立民乐队,开设培训班。1982年举行的少儿独奏比赛,29位少儿选手分别获一、二、三等奖。1985—1990年全市先后举行3届"敦煌杯"少儿民乐比赛,每届参赛少儿选手约一两千人,展示了上海少年儿童民乐演奏的水平。其中,1988年第二届"敦煌杯"少儿民乐比赛,参赛少儿选手2 000多名,其中独奏491人,超过当时流行的电子琴的比赛参赛人数,大赛演奏合奏曲目70余首。较有特色的包括徐汇区少年宫的琵琶齐奏《林中小鸟》,此曲尝试在琵琶中模仿鸟叫的新演奏方法;黄浦区少年宫的4首新作;闸北区的古筝齐奏;闵行区少年宫的唢呐重奏;上钢五厂幼儿园的百人娃娃乐队等。其乐种之广、形式之多,是中华人民共和国成立以来最丰富的一次活动。之后,从中选拔节目参加1988年全国第二届少儿民族器乐(录音)比赛,许多优秀小选手成为全国比赛的佼佼者,孙凰(幼儿组二胡)、汪瑜骅(儿童组古筝)、李煊(少年组琵琶)、龚斌(少年组二胡)获得全国一等奖,上海成为这次比赛获奖最多的省市。

1992年,在第二届海内外江南丝竹演奏和创作比赛中,业余组演奏和创作一等奖均由少年儿童团队夺得。中福会少年宫民乐队获得演出一等奖;长宁区少年宫小乐队的《喜上喜》获得创作一等奖。1995年,在第五届全国"群星奖"评比中,少儿器乐作品《红领巾圆舞曲》获得金奖(黄浦区少年宫选送、彭正元作曲),《美丽的非洲》《黄树叶,绿树叶》《紧贴着你的怀抱》获得银奖。

2002年,在上海"布谷鸟"学生音乐节比赛中,南汇区文化馆参赛的少儿作品《春韵》(器乐曲)获得一等奖。2003年,在上述赛事中,杨浦区少年宫创作的民乐合奏《奔腾》获得演出一等奖。

三、民乐主要作品

1982年春,中国音乐家协会上海分会、市群艺馆、市工人文化宫、市青年宫、市少年宫联合举办了上海市业余民族乐队交流演出,成为中华人民共和国成立后上海规模最大、作品最多、质量最高、影响最大的一次群文民乐合奏比赛活动。田沛泽的《调龙》、慕寅的《少年友谊舞曲》、丁长松的《海港今昔》、康志的《青春的脚步》获得创作优秀奖;山阳公社演奏的《调龙》入选第九届"上海之春"音乐节,在文化广场举行的开幕式上演出。

崇明县文化馆王霖作曲的笛子二重奏《秧机突突添锦绣》获上海市1982—1983年业余音乐创作一等奖。

1984年2月20日,在第三届全国音乐作品评奖(民族器乐部分)活动中,上海有3部作品获得独奏、重奏一等奖,分别是彭正元、俞逊发作曲的笛子独奏《秋湖月夜》,费坚蓉作曲的三弦独奏《边寨之夜》,徐纪星作曲的重奏《观花山壁画有感》;5部作品获得合奏、协奏一等奖,分别是刘文金作曲的二胡协奏曲《长城随想》,彭修文作曲的音乐诗《流水操》,朱舟、俞柠、高为杰作曲的合奏《蜀宫夜宴》,刘锡津作曲的小合奏《丝路驼铃》,何训田作曲的合奏《达勃河随想曲》。奉贤县选送、徐景新作曲的民族器乐《飞天》,获得第三届全国音乐作品创作二等奖。

宝山县周永生创作的《搏》,1983年参加第一届上海艺术节,获得艺术节5个最高奖之一的优秀成果奖,这是群文民乐作品中唯一获此大奖的节目;1991年该节目参加在山西举行的国际锣鼓节展演,又获金奖。

金山县的民乐创作、演奏作品多次在全国和上海市获奖。1987年,笛子独奏《水乡春景》《家乡赞》获得上海电台新春文艺大赛二等奖;1989年,笛子独奏《山泉月色》《情思》获得上海市"上鹭杯"民乐大赛三等奖;1990年,民乐《水莲花》获得上海市江南丝竹会展优秀创作奖、演出奖;1991年,民乐合奏《山阳新风》获得上海市器乐比赛二等奖。

1989年,川沙县文化馆民乐队的器乐合奏《碧海银波》《欢乐的节日》(闵雪生、卜志康作曲)、崇明县文化馆的二胡与乐队《桃李情》(黄亚新作曲)在上海艺术节群众文艺演出中均被评为优秀奖。闵行区文化馆郁贤镜创作的《情根》,举办专场音乐会。

1990年12月,徐汇区选送的二胡独奏曲《月夜》、柳琴独奏曲《新疆民歌》参加上海市首届少儿民乐比赛和"创新家"音乐比赛,获得优秀创作奖、"创新家"奖;顾凤宾创作的琵琶独奏曲《豫调》、齐奏曲《浦东好风光》,获全国与华东地区音乐创作作品比赛二等奖。

1991年,嘉定县文化馆编奏的二胡合奏《乡村欢歌》,获得上海市庆祝建党70周年群众音乐舞蹈创作专场演出优秀奖。同年,嘉定长征乡文化站编奏的民乐合奏《乡之花》,获得上海市民族器乐(长征杯)新作品交流比赛优秀演出奖。

1992年12月,上海市民族器乐(长征杯)新作品交流演出,川沙县洋泾文化站俞华康创作的《荷塘月色》、奉贤县文化馆创作的《欢乐的庄稼汉》获得优秀创作奖,南汇县周浦乡文化站创作的《水乡春》获得创作奖。同年,杨浦区文化馆选送的《飞腾吧浦江》、杨浦区平凉路街道文化中心选送的《情系浦江》、普陀区文化馆选送的《杨柳吐春》获得上海市民族器乐(长征杯)新作品交流展演创作奖。同年,闸北区文化馆彭正元创作的民乐合奏《水乡吟》,获得第二届全国"群星奖"金奖。

1995年,普陀区长征镇选送、彭正元作曲的器乐合奏《满园春》,获得第五届全国"群星奖"铜奖。1996年,曹建辉、邵素勤创作的器乐作品《彩虹飞来》,获得第七届上海"十月歌会"最佳创作奖和优秀演出奖。1996年,由彭正元作曲的《灯节》获第七届上海"十月歌会"最佳创作、优秀演出奖。1998年,"闵行区民族音乐爱好者韩春生45年创作作品演奏会"在吴泾文化馆举办,韩春生是全市群文系统第一位举办民族器乐专场音乐会的业余作者。1999年,在文化部主办的第九届全国"群星奖"比赛中,彭正元创作、黄浦区青少年活动中心演奏民乐合奏《灯节》获金奖,杨浦区少年宫演奏民乐合奏《山娃的心愿》获得银奖。

2001年,由文化部、民政部、教育部、广电总局、中国残疾人联合会共同主办"第五届全国残疾人艺术会演",上海代表队获得艺术会演第三赛区团体总分第一名,另获艺术会演 4 个金奖、3 个银奖、7 个铜奖和 1 个特别奖的好成绩。其中,木琴独奏《霍拉舞曲》获得银奖。2004 年,杨浦区少年宫民乐合奏《希望心曲》,获第十三届全国"群星奖"群星奖。2005 年 11 月,徐汇区创作的民乐《清晨》,获第四届全国"四进社区"银奖。2007 年,徐汇区创作的民乐合奏《吴韵》《赛场英姿》,获当年"上海之春"群文新人新作比赛暨小节目展演、第十一届上海"十月剧展"(音乐类)优秀新人新作奖。同年,徐汇区文化馆选送的民乐合奏《赛场英姿》在上海市群众文化奖励基金会评选中,获得群众文化优秀作品奖、第九届中国上海国际艺术节"我们的家园"群文综合艺术成果展演优秀创作奖。宝山区选送的木鱼二重奏《斗鸡》,获"上海之春"群文新人新作比赛暨小节目展演、第十一届上海"十月剧展"(音乐类)优秀新人新作奖。同年,宝山区选送的打击乐作品《舞动的节奏》,在"东方杯"第二届全国鼓艺大赛中获得金奖。同年 12 月,由上海文艺出版总社百家出版社出版的《赶潮——周永生音乐创作作品选》,由上海音乐学院教授李民雄和中央音乐学院教授、中国民族打击乐会会长李真贵作序,收入作者创作的民族器乐曲 1 首,声乐曲 9 首,论文 2 篇。同年,浦东新区文化艺术指导中心闵雪生主编的《丝竹颂和谐——浦东新区优秀民族器乐曲作品集》由上海海文音像出版社出版,收入作品 11 篇,包括闵雪生的民乐合奏曲《碧海银波》《龙狮飞舞》,彭正元的民乐合奏曲《故乡行》《边寨舞曲》,俞华康的民乐合奏曲《月是故乡明》《荷塘月色》,吴正奎的民乐重奏曲《流水飞韵》《新花鼓调》,龚文硕的笛子独奏曲《浦江漫步》,黄亚新的二胡与乐队《桃李情》,黄亚新、童国敏的管乐合奏曲《浦东少年进行曲》。这些作品均成为群文民族器乐的代表作。

2007 年 10 月、2008 年 10 月,浦东新区创作的打击乐《南风扁鼓》,两次在"全国鼓艺大赛"扁鼓演绎中获金奖。

2008 年,第十届中国上海国际艺术节举行"浦东洋泾杯"长三角社区民乐队邀请赛,浦东新区洋泾国乐队、上海市百合花艺术团民乐队、浦东新区北蔡镇民乐队获得金奖;闵雪生创作的器乐曲《江南情韵》获得金奖,民乐合奏曲《龙狮飞舞》获得银奖。

2009 年 7 月,市群艺馆蒋薇创作的竹笛独奏曲《补天》,获"上海之春"新人新作比赛"优秀新人新作奖"(声乐),并获 2009 年度上海市群众文化奖励基金"优秀作品奖"。

2010 年 10 月,浦东新区文化艺术指导中心闵雪生创作的器乐作品《江南清韵》、民乐合奏曲《龙狮飞舞》在第十二届中国上海国际艺术节"浦东·洋泾杯"长三角地区社区优秀民乐团队邀请赛中分别获创作金奖和银奖。

同年,徐汇区文化局举办"美丽生活,精彩徐汇"群文创作大赛,舞台类设音乐专场,全区 13 个街道(镇)及上海黑土情知青艺术团、徐汇大众乐团等 45 支团队近 500 名演员参加大赛。其中,葫芦丝独奏《傣妹看世博》、民乐合奏《流水飞韵》等作品获一等奖。

第二节 舞 蹈

群众舞蹈创作是反映大众生活情状的生动手段,以生活中所提炼的典型动态情境,宣传党和政府的中心工作,丰富百姓的文化活动。因此,提高群文舞蹈干部的创作水平,以满足人民对文化艺术日益增长的精神需求,是群文工作的重要任务。1997 年 9 月,市文化局与上海戏剧学院联合举办"'97 上海市群文创作干部进修班"。为期 3 个月的进修班,由市群艺馆和上海戏剧学院戏剧文学系具体负责,招收来自全市 14 个区县的戏剧、舞蹈干部 25 名。其中的舞蹈创作干部张阿君、范洪、夏琼宝等创作的舞蹈作品在之后的国家和省市级舞蹈赛事中获得各类奖项,范洪编导的双人舞《同行》获得第十届全国"群星奖"金奖。

进入21世纪，随着广场文化的兴起，广场舞成为百姓参与度较高的一种群众舞蹈形式。2002年，全市举办"我们的家园"上海市社区健身集体舞大赛。比赛展开前，大赛组委会组织专家创编了两套适合中老年活动的舞蹈，作为大赛规定动作，并录制光盘，举办培训班进行推广。全市80％的社区参加了初赛。此后，广场舞成为群众广泛参与，内容形式的变化与时代发展密切相连的群文活动形式，比较有代表性的包括海派秧歌、南风扁鼓等。

一、民俗民间舞蹈

【沿革】

上海的民俗民间舞蹈，形式多样，主要包括舞龙、舞狮、踩高跷、荡湖船、打莲湘、秧歌舞、花灯舞、蚌壳舞、上海浦东地区"卖盐茶"等。20世纪末，各区县街镇建立起舞龙舞狮队、高跷队，比较有代表性的有浦东三林龙狮队、新场镇房管部门建筑工作队组成的高跷队，这些团队经常出现在各种节日活动、灯会现场。

改革开放40多年中，各区县对所辖地区内流传较广的民俗民间舞蹈进行普查和整理，并在此基础上进行复排、改编与展演，各个区县都恢复编排了各具特色的民俗民间舞蹈。其中较有代表性的，包括南汇的"卖盐茶"舞蹈，闵行的手狮舞，崇明的调狮子，金山的舞蹈调花灯、调龙灯、串马灯、狮子舞、打莲湘、踩高跷、亭林腰鼓，宝山罗店的腰鼓舞，松江的花篮马灯舞等。

"卖盐茶"舞蹈，最早源自南汇新场古盐场。从清代至民国直到解放初，在浦东平原沿海一带十分风行。表现形式是12—16个或更多青年（双数）头顶织花布，男扮女装，肩挑一对红漆杭州篮，扁担上缠以红绸或彩纸，边行街边作队形变化。20世纪80年代以后，"卖盐茶"被赋予新的内容和样式。有的表演队将杭州篮改成八角花灯，男子表演变成女子表演，经过艺术加工，服饰、舞姿更鲜艳和优美。20世纪90年代以后，在南汇历届艺术节上，"卖盐茶"的创作表演更具时代气息。同时，南汇地区的荡湖船也很有特色，祝桥、下沙、三灶、新场镇等均有表演队伍。

金山区的传统民俗民间舞蹈调花灯、调龙灯、串马灯、狮子舞、打莲湘、踩高跷、亭林腰鼓等，都是在20世纪70年代开始逐渐恢复并改编与创作的。其中调花灯在金山流传至少在160年以上，一般在春节至元宵期间调花灯。后以自然村组成花灯队，进行创作和表演，著名的有伏家门花灯队的创作表演等。1987年，在金山县第二届文化艺术节上，金卫乡调花灯队、朱泾乡高跷队、朱泾乡秀泾村马灯队和干巷、松隐、漕泾、张堰4个舞龙队会师县城行街表演，受到群众欢迎。1988年开始，金山区各类民俗民间舞蹈每年在县、乡镇艺术节演出。其中，金山区干巷镇的小白龙舞龙队1988年参加上海市"百龙大赛"；山阳中学编排的《狮子舞》在1991年上海市首届学生艺术节上获一等奖。

宝山罗店的腰鼓舞，表演时所有舞者统一着装，在腰间挂一椭圆桶形小鼓，双手各执鼓槌，交替击鼓，边敲边舞，鼓声热情，动作整齐。20世纪80年代，罗店丰乐小学开始创用绳子结头代替鼓棒，名为"绳鼓"，颇为别致。

青浦县自1986年以后在对全县民族民间舞蹈进行普查的基础上，恢复排演其中18种传统的民俗舞蹈，并在各区县、乡镇艺术节上演出。1998年，青浦镇、小蒸镇、大盈镇、沈巷镇、商榻镇等先后创作一批特色民间舞蹈节目，包括《秧歌舞》《走马灯》《茶担舞——茶香情浓》《舞龙》《荡湖船》《打湘莲》等，受到当地民众的欢迎，并走进上海世博会文艺展演的舞台。

松江的花篮马灯舞,原名"串马灯"。一般用于元宵节庆庙会中,主要盛行于松江区新浜镇及周边地区,以马灯和花篮道具命名。串马灯初期只有四马四花篮。灯队身穿戏装,扮演各类戏剧人物。后经民间艺人不断充实,出现了六马六花篮,八马八花篮等。在后续的民俗活动中,创编发展到各种队形,串以数十种花样图案。

【主要舞种】

三林舞龙 三林地区舞龙的历史可以追溯到宋代,在春节和元宵节时,当地民间都要举行隆重的舞龙活动,寓意新年吉祥如意,祈求风调雨顺、人畜两旺、五谷丰登。舞龙活动在历代都很兴旺,"文化大革命"期间停止活动。20世纪70年代中期以后,舞龙活动重获生机。1976年,三林镇舞龙队的陆大杰编排节目《龙狮欢庆》,并带领三林舞龙队在人民广场表演,这是浦东龙舞首次走出农村亮相上海市区,显示浦东龙腾狮舞的魅力,在社会上引起较大反响。自此以后,浦东三林地区的舞龙进入飞跃发展的时期,逐步在市级各类重大文化庆典活动中崭露头角,从自娱性的行街表演形式逐渐向广场性和舞台化的艺术表演形式转化,艺术风格也从随意舞蹈向具有一定规范套路和艺术表现手法转变,逐渐成为上海市一个知名的文化品牌。

1995年,三林舞龙的代表人物陆大杰汇总吸收各国舞龙动作的精华,负责起草制定《国际舞龙竞赛规则》草案,为形成《国际舞龙竞赛规则》奠定了基础。1997年,陆大杰创编了"第二套中国舞龙竞赛规定套路",促进了中国舞龙的规范化。2007年,陆大杰创编制作了"亚洲舞龙竞赛规定套路"教学示范片,进一步规范了舞龙的套路动作。经过30多年的探索钻研,三林舞龙形成海派舞龙的特色风格,陆大杰也成为现代竞技舞龙的奠基者。

奉贤滚灯 奉贤滚灯是流传于上海奉贤地区特有的,集舞蹈、杂技和体育为一体的群众性传统民间艺术样式,距今已有700多年历史。2008年,奉贤滚灯被列入第一批国家级非物质文化遗产项目扩展名录。

20世纪80年代开始,在奉贤县政府的组织和支持下,胡桥文化站于1981年10月成立奉贤胡桥滚灯队,组织民间老艺人陈伯明、吴伯明将滚灯进行发掘整理编排,传授耍灯技艺,并参加在嘉定县举办的上海市首届乡镇企业职工文艺会演"行街"活动。

20世纪90年代始,奉贤县文化局在全县发动、组织开展滚灯演出和比赛活动,推广奉贤滚灯的传承。奉贤滚灯在原生态的表演基础上结合上海的都市文化特点进行突破。音乐方面,在保持江南民间音乐特色的基础上加入西洋和电声乐器,改编、创作多部滚灯乐曲,形成刚劲中不失柔美气息,音乐与滚灯舞蹈较为和谐融合的特点。奉贤县文化馆、胡桥镇文化站的徐思燕、潘勇刚、王正荣等人对奉贤滚灯进行改进,将传统单一的男子大滚灯改为大中小滚灯配套、男女同台演出的表演方式,修改加工滚灯锣鼓经,创作新的滚灯音乐,使其表演艺术与时代审美风尚相吻合。其中奉贤滚灯的第五代传人徐思燕根据滚灯表演的技艺特点,结合其学习滚灯技巧的实践,在传承的基础上,对古老的奉贤滚灯进行全方位的改良,缩小滚灯的体积,减轻其重量,提高滚动舞动的频率和旋转的速度,延长舞动滚灯的时间,提高大滚灯的观赏性。1991年10月编排第一次有女子参加的,集大、中、小滚灯于一体的奉贤滚灯舞蹈,将传统滚灯锣鼓经和现代元素相结合,成为具有舞蹈韵律及现代审美情趣的民间舞蹈形式。

奉贤滚灯来自民间,传承于民间,乡土气息浓郁,表演形式豪放洒脱,套路动作粗放中有细腻,动静结合,具有较强的观赏效果和艺术价值。1991—2003年,奉贤滚灯参加全国第四届、第五届、第七届少数民族运动会表演项目比赛,分别获得金、银、铜奖的好成绩。2001年,奉贤滚灯两次由市文广局选送参加全国"群星奖"比赛获得优秀表演奖。2004年,奉贤滚灯在第二届全国"四进社区"文艺展演中获金奖。2010年上海世博会期间,奉贤滚灯在园区外的"世博周周演"和园区内秀空间的"社区市民广场专场演出"中亮相,其中以"滚灯"为元素创作的歌伴舞《如花的姑娘把灯编》、民间舞《炫出精彩》成为最受欢迎的节目。

廊下打莲湘 金山县廊下的打莲湘历史悠久。随着改革开放,特别是21世纪以后,莲湘以其活泼轻快、节奏感强的特点,受到民众欢迎。廊下打莲湘通过在动作与形式上的创新,从开始简单的几个动作变成14节系列套路,进而创作系列莲湘,形成独特的廊下莲湘风格。其形式也从单人莲湘发展到多人莲湘、团体莲湘。随着舞蹈元素的加入,打莲湘的艺术性不断增强,并赋予其鲜活的时代特点。2008年创编的10节莲湘操,使传统民俗文化和时代风尚相呼应,民间舞蹈与现代健身操有机融合。十几年间,金山创造了一系列的莲湘文化,包括舞莲湘、劲莲湘、耍莲湘、队莲湘、唱莲湘等;其他莲湘包括诗歌莲湘、小品莲湘、快板莲湘、故事莲湘、互动莲湘、家庭莲湘、礼品莲湘等。

1987年,中丰村组成30人的莲湘队在金山县第二届艺术节演出中,获优秀演出奖。

2008年"五一"期间,廊下镇演出的原生态情景剧《姚府娶亲》将莲湘的元素融入其中,向游客展示廊下莲湘文化的魅力和风采。同年7月,廊下镇60名莲湘队员代表金山区女性体育团队,在市文明办、市妇联、市体育局、市文广局主办的"玉兰芬芳——上海女性体育团队迎奥运、迎世博展示暨优秀女性文体工作者进社区活动启动仪式"上,以饱满的热情、富有特色的服饰、整齐划一的动作赢得全场观众的喝彩,并获得特色奖。

图3-2-3 金山廊下打莲湘表演照

2009年6月,廊下的"打莲湘"被列入第二批上海市级非物质文化遗产名录。2010年,首届中国莲湘文化节在廊下镇举行,开幕式上经中国民间艺术家协会认可,廊下镇被命名为全国第一个"中国莲湘文化之乡"和唯一的"中国莲湘文化传承基地"。

二、舞台艺术舞蹈

【沿革】

改革开放以后,上海的群众舞蹈活动频繁,各行各业职工、青少年、老年群体中的群众性舞蹈创作和表演活动十分丰富。

20世纪80年代开始,市群艺馆多次举办区(县)文化馆舞蹈创作作品会演,1983年和1986年入选全市文艺会演的舞蹈创作作品43个。其中农村题材的创作舞蹈生动丰富、特点突出,成为这一时期群众舞蹈创作的特色,并涌现出一些优秀的群文艺术团队,代表中国赴各国参加民间文化交流。比较有代表性的是市工人文化宫茉莉花艺术团,5次出访日本,并应邀前往意大利、法国,演出《茉莉花》《敦煌》等舞蹈作品。市群艺馆组建的"白玉兰民间艺术团"也出访日本,演出《看秧歌》《春江花月夜》等舞蹈作品。

少年儿童舞蹈创作与学校艺术教育相结合,并通过集中展示呈现得到了快速的发展。由市妇联、市教育局、团市委、市文化局、市文联、中国福利会等联合举办的上海少年儿童"小孔雀"歌舞节，对推动青少年舞蹈创作活动的开展发挥了作用。

20世纪90年代，群文舞蹈编导力求在舞蹈艺术观念的更新、创作思维的拓展以及表现手法的多样性等方面下工夫，突破了模拟生活表象和过程的初级阶段，注重以现代人的意识和视角，用舞蹈艺术属性来表现作品的内涵，反映的主题更贴近时代和生活。

进入21世纪，上海的群文舞蹈创作逐渐形成以反映都市生活、时代风尚为主并侧重城市题材的风格特色，在全国各类群文舞蹈创作比赛中取得了较好成绩，多个舞蹈作品在文化部举办的全国"群星奖"评选中获得金奖。

2006年，全市16支舞蹈团被命名为上海市首批群众性优秀文艺团队。

【主要作品】

1982年，上海工人茉莉花艺术团的《狮子舞》在中国香港参加"希尔顿国际艺术献瑞"演出，获一等奖。1983年，在全国首届民族民间舞蹈比赛中，崇明县文化馆王钰君创作的舞蹈《推虾乐》获创作表演三等奖；闸北区林伟夫创作的双人舞《金鸡报晓》获丰收奖。

20世纪80年代，涌现出不少表现农村生活的优秀舞蹈作品。这些作品贴近日常生产劳动，充满浓郁的生活气息。其中奉贤县文化馆马贵民编导的《下盐田》《网船女》《赶集去》(均获1985年市群众文艺会演一等奖)，崇明县文化馆王钰君编导的《捉蟹》《推虾乐》《赌魂》(均获上海市1983—1984年业余舞蹈创作一等奖)等都是以农村生活为题材的优秀舞蹈创作作品。《下盐田》的舞蹈编导马贵民，是农村土生土长的文化馆长，对于农村生活相当熟悉，道具采用了姑娘们平时晒盐用的竹编畚箕，肢体语言采用拍打畚箕抖落盐粒的动作，从而引出优美夸张的舞蹈表达，将舞台表演推向高潮。《推虾乐》则加入了青年渔民在捕虾高兴时会吃活虾的细节，使得整个舞蹈在表现渔民豪迈粗犷个性的同时，也反映了渔民的生活情趣，成为作品的点睛之笔。《捉蟹》这个作品成功的关键是把握了生活与表演的关系，舞蹈演员都是从小在海边长大的农村小伙子，从来没有接触过舞蹈，但是《捉蟹》舞蹈的题材他们非常熟悉，在动作编排上他们发挥了自己的热情和想象，与编导共同完成创作，在1985年"上海之春"群文专场演出中获得一等奖。

1986年10月，上海参加在北京举行的第二届全国民族民间音乐舞蹈会演。其间，涌现出一批优秀的舞蹈作品，包括沪东工人文化宫的《海港喜雨》，表现了工人在雷雨中抢运货物的奋斗精神；邮电工人俱乐部的《送报乐》，反映了广开就业门路，待业青年参加工作的喜悦；《祖国的骄傲》，反映了体育健儿为国争光的坚定信念。

1988年，金山县栾拥军创作的舞蹈《天使》获上海市青年艺术节郊区二等奖。嘉定县张亚荣、王亚英编导的《龙的传人》获同年元宵百龙大赛特等奖。

1990年，金山县杨英梅创作的舞蹈《别》获上海市民兵文艺调演创作一等奖；栾拥军、杨英梅创作的舞蹈《钹》获得华东六省一市文艺调演优秀创作奖。奉贤县马贵民编导的舞蹈《采莲》获上海郊县文艺会演一等奖。同年，静安区文化馆舞蹈队创作的《姑娘十八一朵花》《人类需要爱》获得上海艺术节优秀成果奖，前者还获得华东六省一市社会舞蹈交流研讨优秀创作、演员奖。

1991年，上海县《龙舞》在沈阳举行的全国秧歌节中获6项大奖。在华东六省一市的民间舞蹈会演中，静安区的《绣红旗》和嘉定县的《彩蝶飞舞》获得优秀节目奖。闸北区于艳芳、徐建华编导的《夕阳情》获华东六省一市音乐舞蹈会演创作奖；林伟夫、张玲编导的《金色晚霞》获"上海之春"舞蹈创作二等奖。金山县栾拥军、杨英梅创作的舞蹈《采蘑菇的小姑娘》获上海市文艺会演二等奖。

1992年，由上海芭蕾舞团、上海歌舞团、上海歌剧舞剧院舞剧团、市舞蹈学校、市群艺馆、虹口区少年宫等6个单位推荐的节目中选拔的优秀作品，联合参与了纪念毛泽东《在延安文艺座谈会上的讲话》发表50周年的舞蹈回顾展。同年，静安区文化馆叶蕙星编导的舞蹈《上海潮》参加文化部举办的第二届全国"群星奖"选拔赛。

1993年，普陀区文化馆殷星妹编导的独舞《风》入选第六届上海"十月歌会"展演及"上海之春"群众音乐舞蹈专场演出。奉贤县徐思燕、严志东编导的《酒神会》获得上海市首届乡镇企业文化艺术节一等奖。

1996年11月，在浙江宁波举行的第六届全国"群星奖"评比中，上海代表队选送的10个舞蹈节目，8个榜上有名；黄浦区孔繁荣编导的《扦脚女》获优秀奖。在第七届上海"十月歌会"比赛中，黄浦区文化馆群舞《广场鸽》《风从东方来》，长宁区夏琼宝编导的群舞《花农嫁女》分别获得创作、演出奖。

1997年6月26日，由金山区文化局组织创作、排练的反映金山历史发展的大型歌舞作品《金山湾的歌》在金山区石化工人影剧院隆重演出并获得圆满成功。全剧由五场组成，叙述金山从落后走向兴旺，人民由贫困走向富裕的历程，内容丰富，舞蹈语汇、音乐词曲意蕴优美，富有金山地区的特色和乡土气息。

1998年，闸北区舞蹈《士兵的风采》获第七届上海"十月歌会"舞蹈节目创作演出奖；舞蹈《母亲》获第四届老年文化艺术节舞蹈比赛金奖；林伟夫、张烈、杨玲玲编导的诙谐舞《金色的晚霞》获上海艺术节群众文艺展演优秀奖；音乐舞蹈《天山少女》获第五届中国上海国际艺术节"我们的家园"群文综合艺术成果展演优秀创作奖。

1999年，由上海市群众文化工作委员会主办、市群艺馆承办的第八届上海"十月歌会"舞蹈比赛在杨浦大剧院拉开帷幕，以庆祝上海解放和中华人民共和国成立50周年、迎接澳门回归祖国为主题，活动集中展示了群众舞蹈创作的艺术成果。全市各区（县）文化馆和市教委、市总工会、广电等系统派团参加了舞蹈比赛。79个作品参赛，参赛作品数量较前一届增加约三分之一；作品质量较往届普遍有所提高。其中闵行区卢青生创作的《鼓娃》和虹口区文化馆创作的《世纪鼓声》等舞蹈，都是以中国民间"腰鼓"作为舞蹈的表现形式，编导抓住生命力极强的传统民间艺术形式，通过"腰鼓"这种热烈、奔放和极具表现力的道具，从不同的角度和表现手法来体现现代人的情感和精神风貌。虹口区文化馆的舞蹈《世纪鼓声》在舞蹈语汇上，摆脱"击鼓"动作的局限，利用手中的"鼓槌"在鼓之外的空中击打，从而拓展了"击鼓"语汇的空间，使之得到丰富与加强，在作品的内涵、样式和风格上充分发挥舞蹈特有的表现功能，编排手法现代，体现了海派文化的艺术风格。《超越》这个作品，大幕拉开，展现在观众面前的是运动员在比赛中向人类极限挑战的一组组生动画面，编导运用现代舞较抽象的象征手法，在具有时代感的韵律中，通过演员的奔跑、跳跃、舒展开放的舞姿，表现新时代青年不断超越自我、拼搏向上的精神境界。

2000年，在文化部举办的第十届全国"群星奖"（舞蹈）评选活动中，上海选送的双人舞《同行》和少儿舞蹈《红领巾告诉我》获金奖，现代舞《红韵》和广场舞蹈《欢乐滚灯》以及少儿舞蹈《快乐摇摇摇》《一二三四、二二三四》获银奖，舞蹈《天地喜洋洋》《幸福鸟》《星光木偶家园》《网络童谣》《花裙子飘起来》获铜奖。市文广局获集体组织奖，沈伟民、梁建敏获个人组织奖。其中由范洪编导的《同行》讲述的是一个纯真少女用爱心感化事故致残青年，扶助他支撑起心灵的"拐杖"，勇敢跋涉人生征途的感人故事。编导取材独特、编排新颖，所有的舞蹈语汇具有震撼力，呈现情感交融与心灵对话，表现了挑战命运、自强不息、残健同行的主题立意，激发了评委与观众的共鸣。由叶蕙星创作编排，静安区文化馆舞蹈队表演的舞蹈《红韵》，则以现代舞形式表现中华民族自古以来对红色的崇拜与向往。同年，松江区文化馆的现代舞《时代节奏》获上海市群众文化奖励基金理事会优秀作品奖。

2001年8月，由文化部、民政部、教育部、广电总局、中国残疾人联合会共同主办第五届全国残疾人艺术会演，上海代表队获艺术会演第三赛区团体总分第一名，并获得4个金奖、3个银奖、7个铜奖和1个特别鼓励奖。其中，舞蹈《活力》《阳光妈妈》《从小爱劳动》获金奖，舞蹈《同在蓝天下》获银奖，群舞《水晶心》获特别鼓励奖。

2003年，中央文明办、文化部等单位举办的全国"四进社区"活动，上海的社区节目在送北京评选中成绩优异，虹口区少儿舞蹈《一二三四、二二三四》和奉贤区的滚灯表演《南上海的明珠》获得金奖，虹口区的舞蹈《中国红》获得银奖。《一二三四、二二三四》获得上海市群众文化奖励基金评选"优秀作品奖"。同年，在全市"我们的家园"社区群众文艺优秀节目展演中，徐汇区的舞蹈《绿梦》获一等奖，欧阳社区舞蹈《酥油飘香》获二等奖。同年，在广州举办的第二届全国中老年广场舞大赛中，崇明县文化馆选送的、由上海亚通股份有限公司舞蹈队表演的民间舞蹈《米酒飘香》获表演一等奖。

同年12月，由市群艺馆、市舞蹈家协会、市老龄委主办的"我们的家园"上海市社区舞蹈大赛，以"颂美好生活、展美好未来"为主题，营造申博成功一周年的文化氛围。许多作品在内容上立意新颖、具有时代感，在形式上也有较多的创新之处。其中长宁文化艺术中心夏琼宝创作的舞蹈《风》，以白衣天使为主角，采用全新的理念、巧妙的构思、新颖的舞蹈语汇和音乐、与众不同的服装道具，演绎中国传统文化的丰富内涵，表现出朝气蓬勃、积极向上的时代风貌；静安区文化馆中老年舞蹈队用近一年时间创排的参赛节目《爵士鼓声》和崇明县文化馆的参赛节目《芦花女》、黄浦区文化馆的《活力》、徐汇区金秋艺术团的《盛开的白玉兰》都洋溢着上海人民在申博成功后的喜悦之情；浦东新区文化艺术指导中心的《戏迷乐》等参赛节目多角度地反映了广大社区居民多姿多彩的精神文化生活。经过评审，武警上海总队政治部文工团的《都市帅兵》和长宁文化艺术中心的《风》获新人组金奖；静安区文化馆的《爵士鼓声》和浦东新区文化艺术指导中心的《戏迷乐》获中老年组金奖；甘泉文化馆的《雨中花》和黄浦区文化馆的《恋红》等8个节目分别获得新人组、中老年组的银奖；其余节目分获铜奖和优秀奖。

2004年，黄浦区文化馆舞蹈《时髦外婆》在年度上海市群众文化奖励基金评选中获得群众文艺创作、演出优秀作品奖；虹口区青少年活动中心的舞蹈《我们的祖国花满园》获得"上海之春"国际音乐节最佳表演奖。同年，在第六届中国上海国际艺术节群文综合艺术成果展演中，徐汇区金秋艺术团创作的舞蹈《盛开的白玉兰》，虹口文化艺术馆的舞蹈《再铸光荣》《快乐天山》和崇明县文化馆王钰君、张瑞仙创作并辅导的舞蹈《龙腾盛世》，浦东新区文化艺术中心陈怡创作的舞蹈《喜庆》《觉醒》分别获得优秀创作奖；浦东新区文化艺术指导中心陈蓓创作、上海百合花艺术团表演的舞蹈《戏迷乐》获优秀创作奖、优秀演出奖。这次展演中一些农村题材作品特色鲜明，崇明县的《米酒飘香》采用崇明山歌的音乐元素，动作上力求简练、明快，反映了渔民在改革开放后对新生活的向往；舞蹈《海蛮子》，表现了崇明岛男子汉们勤劳、勇敢、粗犷、豪放的性格和具有大海一样开阔的胸怀；南汇区文化馆的《桃花雨》以拟人化手法，表现"桃花"姑娘们的美好世界；《农家婚趣》取材于金山民间婚俗，以简洁的手法，通过婚俗中一幅幅生动画面，展现人们对美好生活的热爱与向往。同年，高桥文化馆侯秀珍创作演出的舞蹈《阳光江南》参加上海市社区舞蹈比赛获得优秀创作奖。奉贤的舞蹈《滚灯》代表上海市妇联参加在武汉举行的第二届全国亿万妇女健身活动大展示的特色项目比赛，获得特色组最高奖。

2005年6月,市委宣传部和市文广影视局发出《关于举办2005年上海市小节目评选活动的通知》。在历时半年的评选活动中,全市创作近1 000个形式多样、题材丰富的小节目。174个作品进入复评,58个作品进入终评。参评的作品涵盖了音乐、舞蹈、曲艺、戏剧等各大门类。小品《对门》、京剧打击乐《京园素描》、舞蹈《时代节奏》等19个节目获优秀作品奖;小品《娇娇的新婚之夜》、女声独唱《观沧海》、舞蹈《脊梁》等39个节目获作品奖;舞蹈《端阳乐》等12个节目和个人获得优秀表演奖。12月19日,"上海市群文小节目展演暨颁奖晚会"在艺海剧院落幕,市委副书记殷一璀、副市长杨晓渡出席晚会。同年,万玮编导的《跳动的旋律》获"上海市第二届中老年广场舞蹈比赛"一等奖。

2006年,在第五届全国"四进社区"文艺展演中,虹口区少儿舞蹈《社区小义工》获得金奖,同年获得第十二届上海"十月歌会"金奖、"上海之春"优秀新人新作奖。同年,徐汇区西南文化艺术中心的舞蹈《织女情》、虹口区的舞蹈《绿色的梦》在第十二届上海"十月歌会"评选中获得舞蹈类金奖;松江区顾风庆编导的《草龙雨》、长宁区创作的《梦染的歌谣》、虹口区贾德珍等表演的民族舞《七彩云南》获得"上海之春"群文优秀新人新作奖;浦东新区曹石鳞、吕艳伟创作的舞蹈《荷谐》、青浦区的《阿婆茶的祝福》获该比赛新人新作奖。同年,浦东新区创作的民族舞《南风扁歌》在新加坡国际"胡姬花奖"乐龄舞蹈、服饰风采艺术大赛中获得金奖,同时获得上海市第一届中老年民族舞比赛银奖、"上海之春"群文优秀新人新作奖;闸北区文化馆的舞蹈《乡情》在新加坡国际"胡姬花奖"乐龄舞蹈、服饰风采艺术大赛中获得金奖。同年9月,"上海市第二届社区舞蹈大赛"在徐汇影剧院举行,在20多个参赛节目中,《红黑伞》获群舞组一等奖,《琴心·古韵》获独舞组一等奖。

2007年,"上海之春"群文新人新作评选暨小节目展演中,杨浦区文化馆创作的舞蹈《我们都是红帽子》、卢湾区文化馆选送,胡曦编导的群舞《晚香》、黄浦区孔繁荣编导群舞《农家画谣》、虹口区万玮、张宝玉编导舞蹈《老胳膊老腿舞起来》分别获优秀新人新作奖,浦东新区曹石鳞、吕艳伟创作的舞蹈《哭嫁》获优秀新人新作奖,并在2007年度上海市群众文化奖励基金评选中获群众文化优秀作品奖;在第九届中国上海国际艺术节"我们的家园"群文综合艺术成果展演中,徐汇区的舞蹈《织织乐》、崇明县文化馆选送的舞蹈《橘子红了》获得优秀创作奖。

2008年,在第六届全国"四进社区"文艺展演中,松江区的《超市即景》、徐汇区的《留守妈妈》获得银奖。同年,在"上海之春"新人新作暨第十三届上海"十月歌会"评选中,闸北区还国志编舞、于燕芳等演出的舞蹈《孩子要回家》、松江区的《超市即景》获优秀新人新作奖,同时获得2008年度上海市群众文化奖励基金评选的群众文化优秀作品奖,黄浦区胡曦编导的舞蹈《曦望》、静安区舞蹈的《拥抱》、虹口区的舞蹈《枫叶正红》、长宁区的情景舞蹈《映象》分别获得新人新作奖。黄浦区文化馆舞蹈队参演的舞蹈《绚彩华云》,普陀区文馆的群舞《长生天的祝福》、舞蹈《江南韵》在第十届中国上海国际艺术节"我们的家园"上海市社区优秀团队文艺展演中分别获得优秀节目奖。

2009年,在"上海之春"群文新人新作暨上海市迎世博百场文艺巡演评选中,全市152件作品参加评选,虹口区的《HELLO 哒嘀哒》、徐汇区的老年舞蹈《云溪竹境》、浦东新区的舞蹈《金蕊跃龙》等获优秀新人新作奖;崇明县的男子群舞《背》、徐汇区的老年舞蹈《云溪竹境》、长宁区的当代舞《绿》、松江区的《世博快递》,分别获新人新作奖。

2010年,第十五届全国"群星奖"决赛在广州市举行。宝山区文化馆创作的现代三人舞《双面胶》获得群星奖;虹口区第三中心小学舞蹈团创作的《玩瓜》获得(少儿舞蹈组)群星奖。虹口区的舞蹈《HELLO,哒嘀哒》获得2010年上海市群众文化奖励基金评选的优秀作品奖和"上海之春"国际音乐舞蹈比赛特等奖、优秀创作奖。

三、广场舞

【沿革】

广场舞一般舞步平实洒脱,队形变化简单,很多动作来自中国民间舞或西方的流行舞,是活跃职工、学生和广大市民业余文化生活的重要形式。

20世纪80年代开始兴盛的广场舞以行业或学校的集体舞形式为主,有的由民族民间舞改编,有的以群众喜爱的歌曲创编,也有专门创作的集体舞。

1983年12月,上海市青年宫举办了为期3天的青年集体舞创作学习班,80余所工厂、学校及8个区的街道推送的约130名学员报名参加培训,并连续举办两届"群蝶杯"青年集体舞创作比赛。在学习班上,第一、二届"群蝶杯"集体舞创作比赛获奖作品的作者,就创作的《青春舞》《同志您好》《欢乐舞》《年轻的心》《年轻的朋友来相会》《跳吧,跳吧》等作品,进行分析、讲解及传授,学员们不但学会了近10个不同类型的集体舞,而且还集体创作完成《校园的早晨》《友谊探戈舞》《快乐的伙伴》《祝你快乐》《招手舞》《青春颂》等集体舞作品。

1984年,第二届上海"十月歌会"举行集体舞比赛。企业工人、机关工作人员等各行各业的职工参加初赛选拔,约1 300人参演,评选出34个优胜单位。之后,在上海文艺会堂举行了两场决赛,并按系统进行评分。其中,轻工系统前三名是上海毛巾十二厂、上海棉纺二十一厂和灯芯绒总厂;上海毛巾十二厂的《青春多美好》,名列轻工系统榜首。

1990年,上海汽轮机厂的广场集体舞作品《鲤鱼跳龙门》收入《中国民族舞蹈集成》。

20世纪90年代,健身舞活动在全市广场蓬勃开展,工厂、机关、学校和社会各界有很多健身舞爱好者,从幼儿园的小朋友到年过花甲的老人,都将健身舞视为强身健体、愉悦身心的手段。比较典型的学校有华师大附小、民立中学等,将健身舞请进课堂,班班开展表演,年年有比赛。老年健身舞活动参与面更加广泛,1991年4月下旬在卢湾体育馆举行的"京、沪中老年健身舞(操)交流赛"共计吸引2 000余名群众参与。

1995年,国务院颁布和实施《全民健身计划纲要》,健身型广场舞由此进入一个新的快速发展期。同年9月17日,市政府召开上海市全民健身动员大会,开展了万人春操活动,14个区组织了30余次大型活动。此后,每年举行全市性的健身舞(操)活动和比赛,人们也逐渐从单纯的健身目的,向舞姿、队形、服饰等美的集体舞蹈方向发展。1996年9月18日,嘉定区1 400名爱好者在城中路表演《红太阳》健身舞;同年11月30日至12月6日,以"健康的身体、幸福的家庭、文明的徐汇"为主题,徐汇区举办首届全民健身节,展示广场健身舞;同年12月1—10日,静安区举办首届全民健身节,各街道、社区分别举行老年娱乐健身舞比赛。

随着健身舞(操)的普及,创作、编排的要求和水平也随之提高。上海退休体育教师陆鸿斌创编的一套老年迪斯科健身舞(操),将中国传统的气功、太极拳、民族舞、现代韵律和西方迪斯科相糅合,节奏鲜明、欢快活泼,深受老年人群欢迎;上海硫酸厂编排的老年健身舞(操),融气功、太极拳、民族舞和现代舞韵律为一体;上海船厂创编的以"腾飞"为主题的健身舞(操)、上海体育学院创作的粗犷豪放的《青春雄风》操、向明中学创作的《球操》等一批作品都达到了较高的水平,在群众中广泛传播。

21世纪初,上海组织开展了很多群众性广场舞活动,其表现形式和涉及人群更加多样、广泛,因此对广场舞的创作水平提出了越来越高的要求。许多专业力量的加入,使上海的广场舞创作进入了一个新的阶段,形成了一批在全国具有影响力的成果。

2002年10月,以欢度国庆、迎接党的十六大胜利召开为主题,市文广局主办、市群艺馆和市舞蹈家协会承办的"我们的家园"上海市社区健身集体舞大赛在卢湾区体育馆举行。大赛要求参赛队完成规定舞蹈和自选舞蹈动作,复旦大学体育舞蹈教授刘健、市舞蹈家协会王莹、市群艺馆张阿君组成编导组,创作编排了两套适合中老年的规定舞蹈动作,并录制光盘。赛前,大赛组委会举办了由文化馆、文化站业务干部和社区文艺骨干60多人参加的培训班。来自全市19个区县的324个社区参加了大赛初赛,参赛社区占全市社区总数的80%以上。经过初赛选拔后,31支参赛队伍600余人进入市级决赛。最后,闵行区北桥镇金榜健身舞队、崇明县城桥社区健身舞队、闸北区芷江西街道文化中心、徐汇区斜土街道文化中心、黄浦区人民广场街道5个社区舞蹈队获金奖,10个社区舞蹈队获得银奖,16个社区舞蹈队获得铜奖。闵行区文化局、闸北区文化局、徐汇区文化局和黄浦区文化局获得了优秀组织奖。

随着时代的发展,群众文化个性化需求增加,审美水平提高,越来越丰富的舞蹈元素加入广场舞的创作推广中,一些比较优秀的广场舞作品或系列作品,成为重大节庆活动和广大市民追随的活动样式。具有代表性的是参加2008年北京奥运会开幕仪式前的原创广场舞海派秧歌展示和为迎接2010年上海世博会举行的"海宝"广场舞大赛。在上海世博会举行前夕的2009年,上海市围绕"迎世博"的主题,举行了一系列的活动。同年6月,由市文广局主办、市群艺馆承办的上海市迎世博"海宝"广场舞大赛在上海体育场外广场举行,各区县选送的17只"海宝"原创舞蹈参加比赛。其中徐汇区文化局选送的舞蹈《海宝乐》、嘉定区市属联办幼儿园的舞蹈《微笑欢迎你》等6个作品获优秀作品奖;《拥抱世博》等6个作品获表演奖;《海宝笑迎世博客》等5个作品获入围奖。

2010年5月12日,在第十五届全国"群星奖"广场舞决赛中,由徐汇区文化局和徐家汇街道联手创作的广场舞《2010海上风》,获得这一届"群星奖"。该舞蹈以世博吉祥物"海宝"的卡通造型和世博会徽为标志,运用道具"手球"代表海宝的手,"飞盘"代表海宝的眼睛,并融入"交警"指挥车辆有序通过、地铁里年轻人给老人让座、一家三口其乐融融,市民宣传世博、投身世博会等情景式的表演方式,反映了现代都市人的生活与情感。

【主要舞种创作】

南风扁鼓 南风扁鼓是浦东新区南码头街道组织创编与推广的广场舞。2000年3月,浦东新区南码头街道创立南风扁鼓队,队员当时主要以退休或下岗的中老年人为主,后续发展到400多名队员。团队创新编排了许多扁鼓作品,包括架式扁鼓、手提式扁鼓、座式扁鼓、西式扁鼓(小军鼓)、架子鼓等。经过十年的探索实践,南风扁鼓队规范、整理的南风扁鼓可操作性"索引"《动作鼓点》推广到江南地区乃至全国。南风扁鼓作为一种典型的广场舞形式,吸取了中华优秀鼓种的艺术精髓,以江南不同区域、不同风土人情为主要特点,在鼓点与节奏结合的基础上,开发扁鼓的特点,成为集鼓、乐、舞为一体的表演形式,形成了自身鲜明的特色,深受广大群众喜爱,被中国打击乐专家誉为江南地区又一套打击乐新套路。

2000年4月15日,南码头街道南风扁鼓艺术团团长、指导教师管炜创作的第一套扁鼓舞《欢乐》,在浦南文化馆组织的广场文化演出中首次亮相。作品融鼓乐舞一体,民族特色和现代节奏交织,风格欢快激昂,成为具有上海城市特色的广场舞代表作之一,上海有线电视台、《新民晚报》、《文汇报》、《解放日报》相继进行推荐报道。此后,南风扁鼓团又创作出《丰收节庆》《南风花鼓》《庆典锣鼓》《挺进奥运》《南风之光》《激情世博》等30余套扁鼓舞节目,推广到全市各个社区街道。2009年

3月编创表演的《激情世博》,是为迎接上海世博会而精心打造的扁鼓舞作品,其中所采用的击鼓套路正是南风扁鼓"动作鼓点"具体应用的一个实例。该舞蹈运用国粹京剧鼓点,配以京剧韵味的主题音乐,以英姿飒爽的造型、刚柔相济的动作,欢快的音乐节奏,反映了浦东人民的世博情,让人耳目一新。

南风扁鼓入选"浦东改革开放十周年成果"展示厅,市文广局将其命名为"群众文化活动特色项目"。南码头街道被命名为"上海市民间文化艺术之乡"、浦东新区群文系统的"文化示范点";2009年,获浦东新区百支优秀文化团队和百个优秀文化项目光荣称号。2010年,南风扁鼓获第十二届中国上海国际艺术节"浦东上钢杯"长三角地区鼓艺邀请赛铜奖。

海派秧歌　海派秧歌是2002年由浦东新区陆家嘴街道组织创编与推广的广场舞。海派秧歌是在传统秧歌舞蹈的基础上,汲取民族秧歌之精华,融汇古今中外多种音乐、舞蹈元素,用现代创作理念和舞蹈语汇来诠释传统"秧歌",并融入江南细腻柔美、都市精彩时尚的广场舞蹈,具有表演性、娱乐性、健身性等特点,是一种与当代人审美取向同步行进的全新秧歌。

国家一级编导魏芙是海派秧歌的创始人之一。自2003年开始研发、创作推广海派秧歌,到2008年成功推出了5套海派秧歌,包括第一套《茉莉飘香》、第二套《太湖春韵》、第三套《紫竹聆风》、第四套《吴越弄弦》、第五套《金凤蝶韵》,每套都有规定套路,且风格鲜明。另外每套都配有一个专门供参赛、表演用的自选套路。其中,第三套海派秧歌在北京奥运会后被列为《全国第五套健身秧歌规定套路》,包含6种秧歌的基本步伐和动作、6种队形的变化,时间为4分30秒。

2004年,市体育局正式将海派秧歌列为群众体育健身推广项目。陆家嘴街道每年以社区为单位举行海派秧歌比赛,还先后承办了2003年陆家嘴杯全国秧歌邀请赛、2005年上海市第八届社区健身大会陆家嘴杯"海派秧歌"比赛、浦东新区第三届运动会功能区域社区组健身舞比赛等,促进了海派秧歌这一成果的推广和普及,吸引更多的人学习这一新型的舞蹈健身项目,也为广大海派秧歌的爱好者搭建了一个互相交流、切磋的舞台。

2008年,表现风格独特、城市气息浓厚和区域特色明显的"上海紫竹调——海派秧歌"入选北京奥运会开幕仪式前的展演,这一舞蹈是在第三套"海派秧歌"《紫竹聆风》基础上修改后的版本,运用的主旋律为沪剧的著名曲牌"紫竹调",表演队伍120余人。

至2008年,陆家嘴社区参加海派秧歌活动的居民每年达到7 000多人次,6年多达4万多人次。每新编一套《海派秧歌》教材,就培训骨干学员300多人;6年培训骨干学员5 400多人。这些骨干学员学成后在各个教学点开展普及性传授,带动每个小区的居民加入学习海派秧歌的队伍中,仅南码头街道就有30支海派秧歌舞蹈队,队员900多人。几年间,海派秧歌迅速传遍大江南北。在福建厦门、江西南昌、浙江杭州等地,随处可见海派秧歌的舞姿,海派秧歌在全国范围内形成品牌效应。

2010年,市群艺馆舞蹈编导张阿君创作的秧歌《浦江欢歌》在全国"亿万农民健身活动"展示暨全国农民健身秧歌大赛中获铜奖。

踢踏舞　较有代表性的是闵行区开展的踢踏舞。闵行区群艺馆通过引进"踢踏舞"项目,将其培育为闵行群文的一个特色品牌项目。2004年3月,闵行区邀请专业舞者为群文骨干开展培训,首期培训了48人的踢踏舞骨干。同年,13个镇、街道发动爱好者组成30支队伍,800余人,分别参加首届踢踏舞大赛青年、中老年、小儿3个级组的比赛。此后,闵行区群艺馆每年举办一期培训班,每届参赛队伍规模不断扩大,人数都在1 000人以上。表现形式多样,舞种丰富,从"爱尔兰踢踏"发展到"美国踢踏""西藏踢踏""军旅踢踏",题材也从学生题材发展为民俗踢踏"窗花",社区踢踏"街遇",老年踢踏"七十老太看世博",中年踢踏"厨师也疯狂",军旅题材"踢踏哨兵"等,创编了100余个内容丰富、表现新颖的时尚踢踏舞,使这种舶来艺术和本土创新编排相融合的时尚舞蹈通过在全区的推广普及工作,吸引了各个年龄层次的群众广泛参与,对区域文化活动的开展起到了积极的引领作用。自2004年开始,闵行区每年举办一届踢踏舞大赛,连续举办了7届,每届都有突破。2009年,中央电视台《舞蹈世界》栏目举办全国踢踏邀请赛,闵行区江川少儿踢踏舞队和龙柏中老年踢踏舞队进京角逐,成为全国八强。2010年,中国踢踏舞协会聘请闵行区群艺馆馆长全昌杰为副会长。同年,"魅力舞闵行"在第三届长三角地区踢踏舞大赛中获得第十三届中国上海国际艺术节群众文化活动优秀项目奖。

图3-2-4　闵行区龙柏街道文化中心创作、表演的踢踏舞《夕阳红》获央视举办的全国踢踏舞大赛——《踢踏舞风云榜》"优秀节目奖"(2009年)

排舞　排舞起源于美国20世纪70年代的西部乡村舞蹈,具有独特的创作与表演规律。排舞的脚步动作有严格的规定,须众人一致,上肢动作则丰富多彩,发挥自由;每首排舞音乐随着特定的循环节奏而重复。排舞协会在全世界举行比赛,参加的人数经常打破吉尼斯世界纪录,在各国广泛传播,受到大众欢迎。

20世纪90年代,排舞开始风行上海,全市以不同形式举办排舞赛事,各区开展相关的排舞创作、培训和赛事活动。2006年,市社会体育指导中心在全市推广排舞活动,受到各区县各个年龄层次群众的喜爱。比较有代表性的是浦东新区潍坊街道开展的排舞活动,除了陆续创编排舞作品,在全市排舞团队中推广外,其活动形式也丰富多样,参与人群广泛。2008年11月,浦东"潍坊杯"迎世博排舞邀请赛在浦东源深体育中心举行,来自全市12个区的18支排舞队编创排舞参赛,浦东新区潍坊社区排舞队获得邀请赛一等奖。

四、学生舞蹈

【沿革】

上海的学生舞蹈内容丰富,形式多样,通过开展作品创作和举办赛事,创作水平日益提高,作品风格随着时代的发展也呈现新的变化趋向。

自20世纪80年代开始,上海学生舞蹈的创作题材就十分广泛,包括新童话题材的《可爱的小熊猫》(长宁区少年宫),新寓言故事的《邯郸学步》(普陀区少年宫),反映劳动新风尚的《风雪小红花》(中福会少年宫)、《劳动最光荣》(虹口区少年宫),反映校园生活的《课间》(中福会少年宫),反映里弄生活的《弄堂游戏》(小荧星艺术团),表现体育运动的《小小拳击手》(杨浦区少年宫),展现革命家童年的小舞剧《心曲》(中福会少年宫),展示民族风情的《中国风》(中福会少年宫),表现世界和平与友谊的《亚细亚的孩子》(小荧星艺术团),情绪舞《蓝天白云》(中福会少年宫)等。全市性的少儿舞蹈演出、赛事活动的大量增加,大大推动了上海市学生舞蹈创作的发展。自1982年元旦举办"第一届小孔雀上海市舞蹈节"开始,至1988年已连续举办4届,再到1993年创办"金孔雀"艺术节舞蹈专场演出,学生舞蹈活动呈现蓬勃发展态势。

随着学生舞蹈创作的发展和不断推陈出新,这一时期涌现出陈白桦、胡蕴琪、郭子徽等一大批少儿舞蹈教育、创作领域的专家和领军人才,他们的作品在各项市级和国家级的舞台上大放异彩,屡获殊荣。

1993年,上海市举办"蓝天白云——陈白桦舞蹈作品专场",展示了中福会少年宫小伙伴艺术团团长陈白桦多年创作的《心曲》《课间》《中国风》《苹果娃娃》《小鱼钓猫》等10多个优秀少儿舞蹈作品,作品形式唯美、构思精巧、手法多样,以艺术的方式全方位地展现了上海少年儿童的生活、学习和心灵世界,业内专家誉其为少儿舞蹈领域"先导性"的创作实践。

在学生舞蹈创作中,嘉定区聋哑学校的夏月珍和虹口区青少年活动中心胡蕴琪是具有代表性的青少年舞蹈创作者。夏月珍为聋哑学校的学生创作了多个作品,其中,由7个男孩表演的舞蹈《我们也是好小子》,1992年10月代表上海市赴北京参加首届全国部分省市盲校、聋哑学校艺术调演,获创作奖及表演二等奖;1993年7月参加第三届全国残疾人艺术调演电视录像评比,获创作奖和表演二等奖。该舞蹈社会反响热烈,受到好评,作为优秀节目受邀赴北京参加第三届全国残疾人文艺会演。胡蕴琪创作的《红领巾告诉我》《为你喊加油》《玩瓜》等许多作品,生动活泼,富有童趣,获得多项全国奖项。1994年举办了"绿叶的微笑——胡蕴琪少儿舞蹈作品专场",集中展示了她的创作成果。

1993年,上海教育出版社出版了郭子徽《儿童节日舞蹈》及《儿童民族舞蹈》专著。

2000年以后,上海学生舞蹈创作迈入了新的发展时期,作品内容更加丰富,表现手法更加生动,佳作频现,在全国和全市的舞蹈创作中表现优异,涌现了一批优秀作品,获得了很多国家级和市级奖项。

中福会少年宫、上海市青少年活动中心获得第二届中国青少年社会教育优秀团队奖,郭子徽获得"第二届中国青少年社会教育银杏奖"。

【主要作品】

1978年开始,上海的学生舞蹈创作逐步兴起,陆续出现了许多紧跟时代,反映当代少年儿童生活、学习和心理成长的优秀现实题材舞蹈作品。其中,川沙县少年宫舞蹈队创作演出的舞蹈《贪心的寒号鸟》,由赵中俊等编舞,张铁城、曹基隆作曲,获得"上海市少年儿童舞蹈比赛"一等奖。

20世纪80年代,根据辖区地处海边的特点,川沙县少年宫创作表演了由赵中俊等编舞、曹基隆作曲的舞蹈《闯海》,该舞蹈反映了海边少年丰富、有趣、愉快的假期生活,在全市少年儿童舞蹈比赛中获得好成绩。在县少年宫的带领下,川沙地区中小学的舞蹈活动也蓬勃展开,涌现了北蔡中心小学、城乡小学、川沙中学等一批舞蹈创作活动开展得比较好的学校。其中,北蔡中心小学的《勤奋的小伙伴》、川沙中学的《校园春色》等作品,产生了一定影响。由俞国勤编舞、曹基隆作曲、北蔡中心小学学生舞蹈队演出的《勤奋的小伙伴》,寓意孩子们要像小蜜蜂一样勤奋学习,热爱劳动,才能取得丰硕成果,成为有用的人。该舞蹈在"上海市少年儿童舞蹈比赛"中获得一等奖,并应邀参加上海电视台的直播演出,获得好评。

1989年,由陈白桦编导、朱良镇作曲、中福会少年宫表演的舞蹈《金葵花》,获得首届中国少儿电视艺术团会演一等奖。该作品以古典舞为素材,通过对欣欣向荣的小葵花在温暖阳光照耀下茁壮成长的描述,反映了当代少年儿童像葵花一样,沐浴在党的阳光雨露下,学习知识、幸福生活、快乐成长。虹口区少年宫的舞蹈《包粽子》、川沙少年宫的《琵琶与舞蹈》,同获"上海市少年儿童舞蹈比赛"一等奖。《琵琶与舞蹈》由川沙少年宫周燕、金介明、曹基隆老师根据著名乐曲《彝族舞曲》改编,反映了彝族少年美好的生活。该舞蹈入选1989年上海艺术节的演出,并在演出中获得艺术节群众文艺展演最高奖(优秀奖)。嘉定县少年宫演出的儿童舞蹈《跳板茶》也获得同年度上海市艺术节群众文艺展演优秀奖。

20世纪90年代以后,上海的学生舞蹈创作出现可喜的进步,创作质量和数量都有很大的提高,舞蹈题材更加广泛,作品在强调形式美的同时,更加关注思想内涵的发掘和寓教于乐的特点。

1990年,上海市举行第四届"小孔雀"歌舞节,全市中小学校的63个舞蹈作品参加市级比赛。中学生组较为突出的舞蹈作品包括上海中学的《飞向未来》,该作品以比翼鸟的形象,生动地比喻了理科与文科的关系。少年儿童组优秀舞蹈作品较多,包括《飞吧!白鸽》《小青蛙回来了》《小飞船》《小海燕》《新伙伴》《报童之歌》《一点儿》《奋取》《阿细娃娃耍月》《新书包》《草原小雄鹰》《小火车》《苗苗爱祖国》《擦窗舞》《我为老师缝棉垫》《雪中红梅》等。其中,中福会少年宫的《嬉鹅》和上海电视台小荧星艺术团的《新书包》获创作特等奖;中福会少年宫的群舞《草原小雄鹰》获表演特等奖;《书包变奏曲》《童谣歌曲》等16个节目获创作一等奖;奉贤县少年宫的《送茶》等18个节目获表演一等奖。以上许多节目参加了历届"上海之春"音乐节的演出,有的参加了华东或全国舞蹈会演和比赛。

1992年,市文联和舞协联合主办了"纪念毛泽东《在延安文艺座谈会上的讲话》发表50周年舞蹈回顾展",由上海芭蕾舞团、上海歌舞团、上海歌剧舞剧院舞剧团、上海市舞蹈学校、市群艺馆、虹口区少年宫等6个单位联合演出;同年,由中福会和上海电视台主办"上海市少年儿童纪念毛泽东《在延安文艺座谈会上的讲话》50周年音乐舞蹈专场演出",成为当年两项重要活动。参演的少儿舞蹈作品《童谣》《妈妈我爱你》《唐老鸭扭秧歌》等,构思新颖,编舞活泼、清新,获得了多方面的好评。

同年,第六届上海"十月歌会"隆重举行,其中,舞蹈专场演出的学生舞蹈作品,反映了校园舞蹈创作的长足进步。由胡蕴琪编导,刘念劬作曲,顾笑寒、王之靖、邬旻、梁申莺、魏薇、金言表演的《劳动的小天使》(又名《劳动最光荣》)获最佳创作表演奖。由陈玲珠编导,市学生艺术团舞蹈一团表演的舞蹈《洁白的哈达》和由虹口区少年宫叶蕙星编导、徐坚强作曲的舞蹈《上海潮》,共同获得最佳创作表演奖。

20世纪90年代中期以后,各区县学生舞蹈的创作、表演水平均有所提升,创作思路也在进一步扩展。

在1996年8月、10月举行的上海市第二届学生艺术节和上海"十月歌会"中,由虹口区少年宫胡蕴琪编导的《梦幻霓裳》等多个作品获得金奖,朱惠毓编导、龚刚作曲,长宁区少年宫表演的《情满苗寨》获最佳创作表演奖。舞蹈《情满苗寨》讲述了边区苗寨儿童缺少书籍,很多孩子只得多人共读一本书,上海小朋友带着书籍、文具、书包到苗寨,送给当地小朋友的故事,真情感人。

同年,舞蹈《白鸽》获得第六届全国"群星奖"金奖。舞蹈《白鸽》由中福会少年宫陈白桦编导,李瑞祥作曲,作品以芭蕾舞为素材,通过象征爱与和平的白鸽形象,表达了孩子们对爱的追求和对美好生活的热爱:鸽群在晨曦中醒来,舒展洁白的羽翼,相互轻唤、依偎,互致问候,在领鸽的召唤声中,鸽群展翅,飞向蓝天,营造的一幅幅安宁、和谐、唯美的画面,将爱的主题演绎得淋漓尽致。胡蕴琪编导《雨中花》获第六届全国"群星奖"优秀奖。

1998年,全国举行少儿舞蹈比赛,中福会少年宫小伙伴艺术团的舞蹈《剪窗花》获得金奖。该作品由陈白桦编导,朱良镇作曲,作品以中国北方农村特有的迎新年、过新年的习俗为创作背景,通过孩子们欢欢喜喜剪窗花、贴窗花的热闹场景,呈现出一幅幅色彩浓郁的中国民俗图,演绎了传承中华民族优秀传统文化的主题。

1999年，在"上海市金孔雀学生舞蹈节"比赛上，浦东新区东方少年宫楼克强创编、上海民族乐团王绍伟作曲的群舞《酸溜溜甜蜜蜜》获市、区（县）学生艺术团组创作一等奖、表演一等奖；浦东新区浦三路小学周燕创编的《玩具兵》、上南东校的群舞《听妈妈讲那过去的事情》获创作二等奖，表演二等奖。

同年，在上海"十月歌会"舞蹈比赛中，闵行区群艺馆创排的少儿舞蹈《鼓娃》（卢青生编导，颛桥镇中心小学表演）获一等奖。

2000年，在文化部主办的第十届全国"群星奖"评选中，上海选送的学生舞蹈《红领巾告诉我》获得金奖；《欢乐滚灯》《快乐摇摇摇》《一二三四、二二三四》获得银奖；《天地喜洋洋》《幸福鸟》《星光木偶家园》《网络童谣》《花裙子飘起来》节目获铜奖。

在同年举行的"全国少儿舞蹈会演"中，上海也有一批高质量的作品获奖。获得金奖的作品包括：由胡蕴琪编导、孙宁玲作曲、上海市学生艺术团仲盛舞蹈团表演的《一二三四、二二三四》；由胡蕴琪编导、徐坚强作曲、虹口区第三中心小学表演的《城市新童谣》；由郭子徽编导、吕其明作曲、上海市博士蛙艺术团表演的《山里妹子》；由胡伟华编导、滕英盛作曲、闸北区学生艺术团表演的《欢乐滚灯》；由邹树金编导、陆建华作曲、上海电视台小荧星艺术团表演的《播撒希望》。获得银奖的作品包括：由胡蕴琪编导、孙宁玲作曲、上海学生艺术团仲盛舞蹈团表演的《世纪鼓声》；由陈白桦编导、中福会少年宫表演的《从小爱劳动》；由郭子徽编导、朱良镇作曲、上海博士蛙艺术团表演的《上海童谣》。

进入21世纪，全市形成一批以舞蹈为艺术教育特色的中小学，至此，上海学生舞蹈迎来创新性发展的新时期。在全市各项赛事的引领和上海世博会等重大节庆活动带动下，学生舞蹈创作更加贴近生活，具有时代特点，全市各中小学的学生舞蹈团相继创编了一批舞蹈作品。

上海建青实验学校舞蹈团多次参加市区的少儿舞蹈会演、比赛，其创作的舞蹈《采茶乐》《护绿小天使》《新蕾》《绿竹翠舞》《青春畅想》均获得市历届"金孔雀"一等奖。2002年10月，该舞蹈团出访日本参加国际体操节交流演出，获得各国朋友的好评。同年10月，黄浦区少年宫参加上海市第十一届运动会开幕式演出；嘉定区文化馆选送的《小燕子》获全国艺术体操比赛二等奖。

2003年，在上海市"金孔雀"学生舞蹈节比赛中，110个反映校园生活和童趣的优秀作品获奖。上海市学生艺术团仲盛舞蹈团创编的舞蹈《为你喊加油》获得金奖，同时获得上海市群众文化奖励基金评选的"优秀作品奖"，并在2004年全国第三届"小荷风采"会演中获得了金奖；黄浦区少年宫的舞蹈《花儿朵朵》获舞蹈节创作表演金奖；中福会少年宫创作的舞蹈《足球宝贝》获得一等奖，该作品以快乐足球为主题，表现了小小足球运动员在球场上克服困难、团结协作、顽强拼搏、赢得胜利的故事。

2004年，上海"十月歌会"并入"上海之春"国际音乐节群文活动，更名为群文新人新作评选，其中设有少儿歌舞专场。在这一届"上海之春"群文新人新作评选中，由胡蕴琪编导、上海学生艺术团仲盛舞蹈团表演的《阳光花季》等节目获创作、表演一等奖。

同年，由文化部发起并由北京舞蹈学院、福建省教育厅、福建省文化厅、福建广播电视集团主办的中国国际分级舞蹈大赛，于7月13—19日在福建举行，来自国内外的1 000多名小演员参加了比赛，由市群艺馆选送的黄浦区少年宫的舞蹈《花儿朵朵》以其独特的视角、新颖的编导手法和现代的表现理念，赢得评委会的一致好评，获得金奖。

2005年，在"小荷风采"全国少儿舞蹈展演评选中，上海市舞蹈家协会推荐的7个舞蹈节目在展演中全部获奖,中福会少年宫的舞蹈《快乐花园》、上海市学生艺术团的《为你喊加油》、上海市第一师范附属小学的《亲亲小鹿》、虹口区第三中心小学的《端阳乐》、新中中学的《那段岁月》、闸北区青少年活动中心的歌舞表演《为书包减肥》等获"小荷之星"荣誉称号;虹口区少年宫的《中国红》获"小荷新秀"奖。其中,舞蹈《亲亲小鹿》(陈白桦编导、郑方作曲)以拟人化的手法,生动地描绘了一群活泼可爱的小鹿在清晨的阳光中苏醒,在森林中尽情嬉戏奔跑,彼此友爱、相互呵护的场景,表达孩子们向往人与动物、自然和谐相处的美好愿望。《端阳乐》(胡蕴琪编导)采用十多年前获奖的作品《包粽子》为雏形,进行了全新的创作,以"端午节"为特定背景,通过一群天真可爱的孩子在"端午节"为远离大陆的港、台同胞包"粽子"的情节,表现中华民族世代血脉相连的主题;2005年9月,加入老爷爷、老奶奶参与演出的这个舞蹈作品在第四届全国"四进社区"文艺展演中再获金奖,为上海争得了荣誉;同年,在上海市小节目评选活动中,该舞蹈获得优秀表演奖;2007年,《端阳乐》在第三届全国"小荷风采"活动中获得金奖。

同年,在上海市"金孔雀"学生舞蹈节中,涌现了不少舞蹈佳作。浦东新区云台中学的男生群舞《学军路上》颇具特色,获得创作、表演一等奖。该作品由楼克强编导、熊纬作曲、叶燕萍修改,取材于同学的学军活动,刻画了他们的团结友爱、不畏困难的勇气和决心,也描述了同学间的玩笑嬉戏,反映了当代学生积极向上的精神风貌。黄浦区少年宫的音舞快板《争当世博小主人》同获创作、表演一等奖。作品通过小学生争当世博志愿者的故事,表现上海小朋友迎接上海世博会的喜悦之情。作品最大的亮点,是编导将山东快板的说唱形式与舞蹈相结合,并加入踢踏舞的元素,同时采用爵士的节奏律动进行烘托,使整个作品充满活力和现代感,体现了海派文化风尚。获创作、表演一等奖的还有长宁区少年宫聂晓燕创作的《欢乐中国结》,该舞蹈表现了孩子们热爱美、热爱生活的思想情感。

2006年,在"上海之春"群文新人新作暨第十二届上海"十月歌会"上,5个少儿舞蹈获奖。虹口区第三中心小学的《拔萝卜新传》、嘉定区市属联办幼儿园的《荷花与青蛙》、上海市学生艺术团仲盛舞蹈团《社区小义工》获上海"十月歌会"金奖;《社区小义工》节目在同年的第五届全国"四进社区"文艺展演中也获得金奖。同年,上海组队参加了"音乐伙伴"全国少儿歌舞剧创作与展示活动,全市12所小学参加了上海赛区的角逐,虹口区第三中心小学、上海市第一师范附属小学作为赛区前两名组成上海代表团,参加同年8月20—26日在北京举行的全国总决赛,均闯进6强。其中,上海市虹口区第三中心小学队获得最高奖"优胜奖"和最高人气奖;七色花小学被邀请在闭幕晚会上进行了表演。闭幕晚会由中国教育电视台面向全国现场直播。

2007年,在全国第二届中小学生艺术展演中,由中福会少年宫创作的舞蹈《巾帼小不点》(李朝润作词、孙宁玲作曲)获得艺术表演类节目小学组一等奖。该舞蹈以历史著名人物花木兰为原型,以中国古典舞为元素,通过描绘巾帼小英雄意气风发、沙场练兵的场景,展现舞蹈人物冬练三九、夏练三伏的毅力和人小志高、不让须眉、立志报国的豪情,表现了中华民族生生不息的英雄主义气概和爱国主义情感。同年,嘉定区市属联办幼儿园创作的舞蹈《玉米地里的快乐鼠》获得2007年"上海之春"群文新人新作比赛暨小节目展演、第十一届上海"十月剧展"(舞蹈类)优秀新人新作奖。

2008年,上海市学生舞蹈节"金孔雀"舞蹈比赛历时3个多月。6月29日在虹口区青少年活动中心举行了单项比赛,参赛者近500人次。7月2日、11日、12日,全市19个区县的近200个优秀节目、近7000位演员,分别在南湖职校和虹口区工人文体活动中心进行了集体舞和表演舞的比赛。黄浦区少年宫的舞蹈《金色的微笑》获得创作、表演金奖,该作品此后在2009年参加全国第五届"小荷风采"少儿舞蹈比赛,获"小荷之星"奖。

2009 年,在"上海之春"群文新人新作评选中,全市 152 个作品参加评选,少儿舞蹈《HELLO 哒嘀哒》等 6 个作品获优秀新人新作奖。

同年,在第三届全国中小学生艺术展演中,获得展演舞蹈一等奖、优秀创作奖的上海舞蹈作品包括:陈白桦、姜羽飞、刘洁兰编导,汤昭智作词,张志林作曲,上海市第一师范附属小学表演的舞蹈《快乐的嘛溜嘎》;胡蕴琪、徐玥编导,虹口区第三中心小学表演的《玩瓜》;聂晓燕、惠安紫、陈佳编导,长宁区少年宫表演的《轮滑小子》等。舞蹈《轮滑小子》表现了都市男孩们阳刚、调皮、不服输、勇敢顽强的个性特征,具有时代特征和都市气息。同年,在上海体育场外广场举行的上海市迎世博"海宝"广场舞大赛中,嘉定区市属联办幼儿园的舞蹈《微笑欢迎你》获得优秀作品奖,成为 6 个获此殊荣的作品之一。

2010 年,举世瞩目的上海世博会在上海举行,全市以迎世博、办世博为重点,推动各项工作有序开展。在办好世博文化系列活动、繁荣群文舞台的过程中,上海少儿舞蹈也发挥了积极作用。其中,徐汇区在世博园区内推出的综艺专场《2010 都市风景》,融合了区青少年活动中心、上海小学舞蹈队、马兰花少儿艺术团等区域内多家少儿艺术团队的优秀节目,并重新创作和编排,向世人展示了上海青少年的精神风貌。黄浦区少年宫参加了上海世博会音乐盛典演出。同年,由胡蕴琪编导,上海市学生艺术团仲盛舞蹈团表演的舞蹈《玩瓜》获得第十五届全国"群星奖"比赛(少儿舞蹈组)群星奖。

第三章　戏剧、曲艺创作

上海群文戏剧、曲艺创作源于生活，生动地反映了社会的发展和变迁，具有浓郁的生活气息和较强的时代色彩，洋溢着鲜明的海派地域特色。

群文戏剧创作方面，率先引发社会反响的是职工业余戏剧创作。1978年，上海热处理厂工人、业余作者宗福先创作的四幕话剧《于无声处》受到广泛关注，被全国各地移植排演，成为"拨乱反正"后业余戏剧创作实践的范例。

1983年，市文化局、市总工会、团市委和中国剧协上海分会联合创设上海"十月业余剧展"评比活动（以下简称"十月剧展"），两年举办一届，以展示全市群众业余戏剧创作成果。至2007年该活动共计举办11届，后并入每年的群文新人新作展评展演项目。1989年10月，江、浙、皖、沪三省一市群众艺术馆在杭州首次联合举办戏剧小品比赛。从第二届开始，山东、江西、福建加入该项赛事，更名为"华东六省一市小品大赛"，至2010年共举办10届。

20世纪90年代，上海大型话剧和戏曲创作佳作频现。1991年10月19日，市工人文化宫创作的《大桥》在北京首都剧场举行首场演出。该作品获得"五个一工程"奖；全国总工会授予上海市工人文化宫话剧团"全国先进集体"称号，并颁发了"五一劳动奖状"。《大桥》是以南浦大桥建设工程为背景的多场次话剧，塑造了"四化"建设者群像，歌颂了上海工人阶级无私奉献、开拓创新的"大桥精神"，产生了很大的反响，获得第三届上海"十月剧展"特别荣誉奖等。在第三届上海"十月剧展"中，松江县文化馆创作演出的多幕沪剧《三朵花闹婚》和上海县三林乡文化中心创作演出的沪剧小戏《花农嫁囡》获最佳演出奖。《三朵花闹婚》中5个角色全部由农户成员扮演。2001年，《花农嫁女》经闵行区群艺馆复排参选，获得第十一届全国"群星奖"金奖。

上海的戏剧小品创作也异军突起，取得了不俗的成绩。小品《张三其人》在第三届上海"十月剧展"中获最佳演出奖，1993年入选央视春晚，并获得第二届全国"群星奖"金奖，成为上海群文小品走向全国的一次突破。1997年，在第七届全国"群星奖"评选中，普陀文化馆创作表演的话剧小品《小夜曲》获金奖。2000年后，上海群文话剧小品连续在全国赛事中获得大奖。2001年，在第十一届全国"群星奖"评选中，浦东新区创作表演的小品《水晶心》获金奖。2004年，在第十三届全国"群星奖"评选中，徐汇区文化馆创作表演的小品《奶奶的香水》获"群星奖"。2007年，在第十四届全国"群星奖"评选中，武警总政治部、武警上海总队创作表演的音乐小品《女兵的颜色》获"群星奖"群星大奖；徐汇区文化馆创作演出的小品《普通人家普通事》获"群星奖"群星创作奖。2010年，在第十五届全国"群星奖"评选中，闵行区文广局选送的小品《婚纱》获群星奖。

上海市文化主管部门和业务指导单位针对群众对戏剧活动的热情，为业余作者和群文爱好者持续开展戏剧创作研讨培训或进修课程，以提高群文戏剧骨干的创作水平。1997年9—12月，市文化局主办"上海市群文创作干部进修班"，组织学员脱产学习，进修班由市群艺馆和上海戏剧学院戏剧文学系具体负责课业安排，招收来自上海14个区县的戏剧、舞蹈干部25名。授课教师包括丁罗男、陆军、宫保荣、吴新嘉等。学员们通过《艺术原理》《艺术概论》《创作技巧》《艺术流派讲析》和《名作欣赏》等课程的学习，提高了艺术修养和艺术鉴赏力，培养了一批戏剧创作骨干，其中有长宁区文化馆肖白、浦东文化馆王鹏程、青浦县文化馆龚建国、松江县文化馆陆春彪、南汇县文化馆吕丹平、徐汇区文化馆石建华等,他们后来创作的戏剧作品分别获得国家和省市级各类奖项。

2002 年 12 月 16—18 日,市群艺馆组织各区(县)文化馆、站 30 名创作人员在青浦朱家角镇举办"群文创作研讨班"。研讨班邀请毛时安、陆军、赵化南等专家开设创作讲座、观摩"群星奖"获奖戏剧作品,并组织创作人员交流讨论,思考群文创作的发展方向。

为表彰在群文戏剧创作领域取得优异成绩的剧作家和导演,市群艺馆等单位先后举办了陆军、徐开麟、周立中、钱光辉、全昌杰等人的戏剧作品专场演出及研讨,1993 年 11 月 13 日举办徐开麟戏剧作品专场演出暨作品研讨会,2006 年 7 月 13 日举办钱光辉戏剧作品专场演出,同年 9 月 23 日举办全昌杰戏剧作品专场暨《耕耘花世界》作品研讨会等,对上海群文戏剧创作起到了积极推动作用。

群文曲艺创作方面,上海通过举办培训班、交流演出和各类赛事活动,使这一由民间口头文学和歌唱艺术经过长期演变形成的独特的艺术样式得到传承和发扬。曲艺作为中华民族各种"说唱艺术"的统称,各地风格迥异。上海曲艺主要流行独脚戏、上海说唱、评弹、锣鼓书、浦东说书、宣卷等以吴语方言为主的曲艺形式。上海说唱《古彩戏法》等作品经过黄永生的表演传遍上海大街小巷。独脚戏作为用上海话演出的"相声",因其篇幅短小、蕴含讽刺与幽默的特点,与上海说唱一样受到群众欢迎。

市群艺馆、市工人文化宫、市青年宫等单位多次举办独脚戏、上海说唱等创作培训班,并举办曲艺交流演出,提高了学员的曲艺创作水平,造就了一批艺术人才,其中包括王汝刚、毛猛达、沈双华、顾竹君等。

1980—1987 年,市群艺馆先后举办了 5 次曲艺创作曲目交流演出,共计演出 21 场,演出曲目 177 个,评选出优秀曲目 36 个。

1986—1988 年,市总工会连续举办了 3 届职工"曲艺之花"交流演出。第一届参演曲目 104 个,第二届参演曲目 110 个,第三届评选出 16 个曲目参加欢庆中华人民共和国成立 40 周年演出和"'89 上海艺术节"演出,其中崇明县韵白书《买香皂》获艺术节大奖——成果奖。

1987 年,由市群艺馆、中国曲艺家协会上海分会联合举办的"上海市区县曲艺创作节目调演"在崇明县文化馆举行,市曲艺界和群众业余曲艺的相关辅导干部、作者、演员 400 余人参加。37 个曲目分别参加了"上海说唱""独脚戏""评弹""评话""民间曲艺"4 个专场的演出,涌现出一批质量较高的创作作品和优秀的业余演员,同时挖掘整理了一批失传多年的上海民间曲艺,使之重现光彩。比较有代表性的包括青浦的宣卷《懒阿新遇"仙"》《婚礼变奏曲》、崇明三宝(崇明韵白书、铙子因果调、扁担书)等,引起热烈反响。

曲艺短小灵活、表现轻快,演出和表演较少受到舞台条件的限制,成为宣传时事政策、活跃群众生活的抓手。因此,上海的区县、乡镇和企业等基层单位长期活跃着曲艺创作和演出团队。其中,较有代表性的有上海雅风评弹之友社(原名黄浦区文化馆评弹之友社)。该社每逢周日上午举行"星期评弹茶座"演出,时常与专业评弹演员和苏州、常州业余评弹团体乃至中国香港的评弹票友进行联合演出和交流。1984—1996 年,该社评弹茶座演满 600 期。市工人文化宫评弹团的严经坤,在群众业余评弹创作演出活动中成绩突出,被市总工会、上海市曲艺家协会、市电话局文化协会联合授予"工人曲艺家"称号。

进入 21 世纪以后,锣鼓书、浦东说书、独脚戏、苏州评弹先后被列入国家非物质文化遗产名录,上海的群文曲艺创作出现新的发展态势。

第一节　戏　　剧

一、话剧大戏

1977年，市工人文化宫举办编剧学习班，由曲信先等任教，辅导学员较系统地学习话剧创作理论和写作技巧。1978年7月25日，市总工会批准恢复市工人文化宫艺术团话剧团。

市工人文化宫业余话剧创作班成员、上海热处理厂工人、业余作者宗福先创作了四幕话剧《于无声处》(苏乐慈导演)。1978年9月23日，《于无声处》在市工人文化宫剧场首次演出。随后，剧组赴京演出30余场，还由外交部、文化部联合招待各国驻华使节观看。中国剧协组织召开座谈会，剧作家曹禺主持会议，曹禺赞其为话剧舞台的"一声惊雷"。文化部和全国总工会授予《于无声处》"戏剧舞台上的一声春雷奖"，并被公认为开启了新时期现实主义戏剧大幕的剧作。全国新闻媒介对该剧进行了广泛的宣传报道，全国各地300多个剧团移植演出了该剧。1978年12月28—30日，《文汇报》全文连载该剧剧本，上海文艺出版社、人民文学出版社、群众出版社、陕西人民出版社先后出版了该剧单行本。1979年3月，上海电影制片厂拍摄了影片《于无声处》，在全国上映。

1978—1979年，卢湾区文化馆话剧队继排演《于无声处》之后，将小说《第二次握手》改编成九场话剧，连演50多场。1979年10月，市工人文化宫艺术团话剧团排演了以青少年教育为题材的四幕话剧《天黑之后行动》(编剧曲信先)。该剧连续演出42场，并有天津、西安、扬州等地话剧团先后移植上演。1983年被拍成电影上映。

1980年，复旦大学复旦剧社创作排练的独幕多场次话剧《女神在行动》(编剧周惟波)在市青年宫公演。剧中"光明女神"和"复仇女神"对主人公于清影的争夺，代表了人们头脑里向上和向下两种思想的斗争，最后正义战胜了邪恶，将主人公引上了充满艰辛而又无限光明的人生之路。该剧作采用虚拟、荒诞的形象，极富象征意义的情节，寓意一个人如果丧失了理想，生活就会变得荒唐可怕；只有不畏艰险、努力向上、追求光明，才能获得生活的意义和真正的幸福。该剧导演刘同标在舞美、灯光、音乐造型、表演等方面大胆借鉴中国戏曲和外国现代戏剧的表现手法，进行了有益的尝试，获得1980年上海市大中学生文艺会演创作、演出、舞美3个一等奖，全国大学生文艺会演一等奖，并两次随上海大学生艺术团赴江西九江、广西桂林等地巡回演出。同年12月20日，市工人文化宫话剧团创作演出了多场次话剧《血，总是热的》(编剧宗福先、贺国甫，导演苏乐慈)。该剧创作贴近时代，反映了城市经济体制改革，塑造了罗心刚这一新时期勇于投身经济体制改革的厂长形象。该剧获得1981年首届全国优秀剧本奖、1982年首届上海戏剧节剧本一等奖，发表于1981年《工人创作》第1期，北京电影制片厂改编拍摄了同名故事影片。

1981年3月22日，上海市举行"市区业余戏剧创作剧目交流演出"，市纺织局业余艺术团大型话剧《三万元》参演。该剧根据一对退休职工夫妻将存款3万元捐献给科技事业的真实故事创作。该剧公演后，连演200余场，《人民日报》在头版加以报道。同年10月，上海市举办了"首届上海戏剧节"，入选的业余话剧大戏有《血，总是热的》、市工人文化宫话剧团创作演出的五幕话剧《路》(贾鸿源、马中俊编剧)、市青年宫话剧团创作演出的六幕话剧《快乐的单身汉》(梁星明编剧)、市农场局职工业余演出队创作演出的五场话剧《在这片土地上》(龚华源编剧)等。其中，《血，总是热的》获一等奖，《路》获演出奖。

1983年9月下旬至10月上旬,全市举办首届上海"十月剧展",分市区和农村两个板块展评。参演的4个话剧大戏包括:虹口区文化馆话剧队创作的七场话剧《角落里的火花》(原名《希望在这里》,王金富、王俭编剧),获演出一等奖,该剧通过表现工作在工厂车间角落的青年人奋勇上进的精神面貌,反映了企业改革中开发人才资源的问题;卢湾区文化馆话剧队创作的三幕话剧《石库门》(杨立华、马赛编剧)获演出二等奖,该剧描绘了党的十一届三中全会前后,一幢石库门人家的变迁,通过塑造一位关心青年成长、忠诚党的教育事业的共产党员形象,生动地展现出一幅上海风俗图;长宁区文化馆话剧队创作的五幕话剧《青春回旋曲》(金文备、张桂兰编剧)获演出二等奖,该剧通过四个青年姑娘在生活、理想上的不同选择,歌颂了主人公辛雁的高尚情操,该剧独特的灯光和舞台设计,以及每幕间隙贯穿的翩翩舞姿,构思精巧;市工人文化宫话剧团创作的四幕话剧《有一个航次》(贾鸿源、贺国甫编剧)获演出二等奖,该剧反映失足青年追求新生活的故事。

1984年4月16日,市工人文化宫贾洪源编剧的《街上流行红裙子》由中国青年话剧院首演,长春电影制片厂拍摄了同名电影。

1985年10月,第二届上海"十月剧展"参演的大型话剧中,吴淞区文化馆话剧队创作的五幕话剧《水,应该喝甜的》(杨鑫基编剧)获优秀创作奖和优秀演出奖;市工人文化宫话剧团创作演出的无场次话剧《六个小伙子和一个姑娘》获优秀演出奖、创作奖。话剧《水,应该喝甜的》描写一位蒙受20年冤屈的水利工程师为改善城市饮水问题而备受艰辛,同时描绘了夫妻情、儿女情、同志情,动人心魄,发人深省,在同类反映知识分子题材的剧作中有所突破;市工人文化宫的《六个小伙子和一个姑娘》,描写6个青年船员以自己对生活的热爱和认识,挽救了一个企图自杀的姑娘的故事,塑造了当代青年的群体形象。《水,应该喝甜的》为中宣部和八省市宣传部部长作专场演出,后被推荐参加上海市第二届戏剧节的演出。

无场次话剧《魔方》自1985年4月首演于上海师范大学东部礼堂后,又在上海师范大学和青年宫演出数场。该剧由上海师范大学学生陶骏和王哲东执笔,王坚、吴贻凡、李琳、翁慕等共同创作,探讨当代人的思想意识问题,反响热烈。该剧在形式和内容上的创新意识,以及在表演上的真切自然,得到专家和观众的一致赞扬,获上海市第五届大学生文艺会演一等奖。《魔方》的结构主要由黑洞、流行色、女大学生圆舞曲、广告、绕道而行、雨中曲、无声的幸福、和解、宇宙对话等九个犹如小品和折子戏的片段串联而成。它们独立成章而又互为呼应,表现的大多是人们日常生活中极其熟悉的人和事,贴近生活,针砭时弊。

1988年12月21日,童话剧《魔鬼面壳》(任德耀编剧)首演于中福会儿童艺术剧院。该剧讲述一只从耍猴人处脱身的猴子灰灰重返猴群后备受冷落欺凌,不意偶然戴上它耍猴时的魔鬼面具后却震慑群猴被尊为王。然而,在猴子们惊恐的朝贡中,灰灰却感受不到任何情感价值,最终自己撕碎了面具。

1989年9月16日,上海艺术节举办群众文艺展览演出,市工人文化宫话剧团创作的大型话剧《主仆咏叹调》(贺国甫、傅峰编剧)获艺术节优秀成果奖。该剧描写罗小牛等一批"小人物"面临服装厂濒临停产时,不计得失,同舟共济,体现了工人阶级的主人翁精神。市青年宫大学生话剧团创作的大型探索性心理剧《恍惚》和虹口区文化馆话剧队创作演出的大型话剧《裂变》获好评。

1991年,市工人文化宫话剧团创作演出了多场次话剧《大桥》(贺国甫编剧)。该剧以南浦大桥建设工程为背景,塑造了建设"四化"的工人群像,歌颂了上海工人阶级无私奉献、开拓创新的"大桥精神"。月刊《剧本》1991年第10期发表了该剧剧本,该剧获得第三届上海"十月剧展"的展演特别荣誉奖、文化部第二届"文华大奖"、中宣部"五个一工程"奖和第六届全国优秀剧本奖等重大奖项。

2000年,市工人文化宫创作的无场次话剧《中国制造》(贾鸿源编剧)在美琪大剧院首演。该剧是继《大桥》之后,上海业余话剧创作中又一个以表现新时代创业者艰难历程和人格魅力的作品。同年5月22日,应全国总工会和文化部邀请,《中国制造》赴京演出。中共中央政治局常委、中央书记处书记、中华全国总工会主席尉健行,中共中央政治局委员、中宣部部长丁关根观看了该剧演出。

2005年1月,上海文艺出版社出版了《于无声处:上海市宫剧作家群话剧剧本精选》,收录了市工人文化宫剧作家创作的6个话剧剧本:《于无声处》(宗福先编剧)、《屋外有热流》(马中俊、贾鸿源、瞿新华编剧)、《血,总是热的》(宗福先、贺国甫编剧)、《大桥》(贺国甫编剧)、《中国制造》(贾鸿源编剧)、《谁主沉浮》(贺国甫、宗福先编剧)。

图3-3-1 "上海之春"国际音乐节优秀群文小戏小品新人新作荟萃专场在虹桥文化中心举行(2006年5月16日)

2006年,市工人文化宫创作话剧《民工兄弟》(贾鸿源编剧),这是一部反映农民工题材的作品。剧本针对拖欠农民工工资这一突出的社会问题,以小人物命途多舛、抗争维权为主题进行精心刻画,通过城市购房"装修"这个题材,展现了农民工在城市的生存状态,反映了农民工与城市环境之间的冲突,呈现出城乡两重空间的生活内涵与质感,呼唤人们心底的良知与社会责任感。该剧体现了社会各界包括工会组织在维护农民工合法权益方面开展的卓有成效的工作,展现了农民工这一群体从自在、自为到自觉的心路历程。

2008年,在纪念改革开放30周年和《于无声处》公演30周年之际,市工人文化宫创作排演了一部大型原创话剧《杏花雨》(陈心豪、王舞、叶清江编剧)。该剧故事发生在20世纪30年代的上海,以柳咏春父子两代人的冲突为线索,着力塑造象征传统美德的中华名医形象。该剧也开创了业余创作与专业力量合作的新模式,由导演陈薪伊执导,演员吕凉等加盟参演。

21世纪开始,话剧大戏创作中值得一提的还有大学生的话剧创作。2004年,在首届大学生话剧节中,上海外国语学院创作的调侃荒诞派经典剧作《等待戈多》(李然编导)获一等奖和最佳导演奖、最佳女主角奖。该剧以世界荒诞派名剧《等待戈多》为基础改写,虚构的人物真实地出现后,从而提问:当戈多真的来了,你会怎么办? 在诙谐与喧闹之中,人们追问:"等到了,又如何?"上海理工大学创作的话剧《寝室的故事》获二等奖和最佳剧本奖;华东师范大学创作的话剧《阳光灿烂的日子》同获二等奖。

第三届大学生话剧节中,上海财经大学校话剧团创作演出的话剧《扎玛格蓝》获一等奖。第四届大学生话剧节中,华东师范大学扬之水话剧社创作的《蚁穴》获得一等奖。这是一部创意独特,以寓言式的写作手法来反映生活的作品,以一个发生在白蚁穴里的剧情故事对社会的许多不良现象进行了辛辣讽刺。第五届大学生话剧节中,由上海外国语大学"飞哪儿剧社"创作的追溯长征精神的话剧《叠梦长征》(李然编导)获得一等奖。上海大学青鸟剧社围绕拆迁老房一家三代几十年的悲喜往事创作的话剧《我喜给你看》、上海交通大学阳光剧社从性心理教育角度呈现80后内心历程而创作的话剧《毕业那天我们说相声》和上海财经大学话剧团创作的励志喜剧《在路上》、上海电力学院话剧团创作的反映汶川地震人性与关爱的《北纬三十度》、华东理工大学校话剧团（前身为秋叶剧社）创作的描写一个病孩和盲女孩爱情故事的《我们遗失关于未来的记忆》等分别获得了二等奖、三等奖。

第六届大学生话剧节，18个实力强劲的剧社参赛。最终，上海中医药大学卿园剧社创作的话剧《甲子传奇》脱颖而出，获大戏组一等奖、最佳主题创作奖，同时获得"莘莘学子爱国情"全国高校戏剧会演二等奖、优秀组织奖。

图3-3-2　华东师范大学"扬之水"话剧社作品《蚁穴》获第四届大学生话剧节一等奖（2007年）

该剧巧妙构思，以解放前后中医的发展为主线，立足中医的现实状况，表达了对中医发展的憧憬。上海大学青鸟剧社创作的话剧《壮志骄阳》、华东师范大学扬之水话剧社创作的话剧《瑞亚的水晶棺》、上海理工大学江畔剧社创作的话剧《窒息》和上海财经大学话剧团创作的多媒体话剧《千村调查日记》、同济大学东篱剧社创作的话剧《乱民全讲》、上海师范大学楼兰剧社创作的话剧《时间的驻点》、上海金融学院小品相声协会创作的话剧《梦子曰》等，分别获得二等奖与三等奖。

第七届大学生话剧节中，由同济大学东篱剧社创作演出的描述"诗心"的话剧《昨夜的诗人》获得一等奖。上海外国语学院"飞哪儿剧团"复排演出曹禺的话剧《北京人》、上海理工大学江畔剧团根据电影《图门的世界》改编的话剧《魔比斯环》同获二等奖；华东师范大学扬之水话剧社创作演出的反映抗战的话剧《艳鬼》、上海电力学院原创推理话剧《巴别》、上海交通大学创作演出的话剧《人民警察》获三等奖。

中国校园戏剧节也是一项对上海话剧创作产生重要推动作用的活动。2008年10月7—14日，首届中国校园戏剧节在上海举行。上海复旦大学话剧社创作演出的话剧《托起明天的太阳》获优秀剧目奖。此剧目根据该校冯艾等同学的真人真事创作演出，塑造了主人公的无私形象，情节感人。冯艾是该校社会学系研究生，两度赴西部基层艰苦地区从事志愿者义务支教服务工作。她不畏艰苦无私奉献，赢得了当地群众的普遍赞扬，用行动实践了一名学生共产党员全心全意为人民服务的誓言，被团中央授予"中国青年志愿服务金奖"，并当选为"中国十大杰出青年志愿者"。

2009年，市教委发起并主办上海大学生校园戏剧展演。华东理工大学创作的《延考生》和复旦大学创作的《小巷总理》获得一等奖。《延考生》由来自汶川"5·12"地震灾区31位延考生自编自导自演，感情真挚动人，内容催人泪下；《小巷总理》紧扣时代脉搏，生动表现了新一代大学生在基层社区的真实工作和生活，入选第二届中国校园戏剧节的决赛，赢得"中国戏剧奖·校园戏剧奖（最高奖）"的奖杯。

二、独幕话剧

1978年，上海市举行话剧会演。参演的独幕话剧包括上海胶鞋一厂轮胎车间机修工黄志远等创作的《初捷》、上海师范大学课余话剧团创作演出的独幕话剧《最后一次手术》（李振潼编剧）和中福会儿童艺术剧院创作演出的独幕话剧《约会》（沙叶新编剧）等。同年，复旦大学话剧队在上海市大中学生文艺(创作)会演中,创作演出了独幕喜剧《炮兵司令的儿子》(周惟波、董阳声、叶小楠编剧),令人耳目一新。同年,在"欢庆新中国成立30周年群众文艺会演"中,虹口区文化馆话剧队创作的独幕话剧《崇高的职责》(王金富编剧)获一等奖;市青年宫话剧学习班创作演出的独幕话剧《妈妈》(梁星明、赵笑平、金士洪编剧)获二等奖;市农场局文艺学习班创作的独幕话剧《她会不会像她》(谢尧庭、张明编剧)、市青年宫话剧队创作演出的独幕话剧《幸福果》(过传忠编剧)和《炮兵司令的儿子》获优秀节目奖。

1980年6月,全国总工会、文化部、中国戏剧家协会联合举办"全国职工业余戏剧调演",市工人文化宫话剧团创作的反映农场职工生活的《屋外有热流》(马中俊、贾鸿源、瞿新华编剧),获全国总工会、文化部颁发的"勇于探索、勇于创新"荣誉奖状。该剧在北京演出后又赴天津、济南、青岛巡回演出。

1981年1月24—26日,市农场局在市工人文化宫举行"农场职工业余话剧观摩演出"。前进农场创作演出的独幕话剧《风波路》、星火农场创作演出的独幕话剧《不该失去的……》、东海农场创作演出的独幕话剧《生日》等获创作演出奖。

同年10月,在上海首届戏剧节上,南市区工人俱乐部曲艺队创作演出的《橘子红了》(戴暮仁编剧)和卢湾区文化馆话剧队创作的《百万马克》(蒋良琛编剧)获一等奖。方言话剧《橘子红了》表现水果店经理错把好青年当"烂橘子"的故事,后赴京参加全国总工会举行的职工文艺会演,获优秀创作奖。《百万马克》讲述了里弄生产组工人大伟的故事,因为经济条件差,大伟被女友父亲嫌弃。一次去女友家时,女友父亲误以为其包中用作演戏道具的"马克"是真钱,对其态度大变,从而闹出一场笑话。该剧后被上海电影制片厂改编成电影《金钱梦》上映。

群众戏剧活动中最有影响的上海"十月剧展",成为推动独幕话剧创作发展壮大的重要推手。1983年举办的首届"十月剧展",市工人文化宫创作表演的《婆婆妈妈》获一等奖,江南造船厂话剧队创作演出的《船魂》(梁星明编剧)获二等奖。《婆婆妈妈》入选上海第二届戏剧节,获得二等奖,被拍摄成同名电视剧播出。1985年第二届上海"十月剧展"中,虹口区文化馆话剧队创作演出的《脸皮风波》获二等奖。1993年第四届上海"十月剧展",卢湾区文化馆话剧队创作演出的独幕历史话剧《毛遂之死》(杨立华编剧)和黄浦区文化馆创作演出的话剧《回归》(王鹏程编剧),均获最佳创作表演奖。

1989年9月,全市举办上海艺术节群众文艺展览演出。市工人文化宫话剧团创作的话剧《啊,经纬线》(史美俊编剧),展示了一对远洋轮船长和纺织女工夫妇的家庭生活和精神世界,入选上海艺术节演出,并获群众文艺优秀奖;10月赴日本横滨参加第二届神奈川国际业余演剧节的开幕式演出。

1990年代以后,群众性独幕话剧创作逐渐减少,之后被日益兴盛的话剧小品所替代。

三、小品

小品创作始起于20世纪80年代中期,先以话剧小品为主,后来也有方言小品、音乐剧小品等其他形式的小品出现。

1984年,市青年宫话剧学习班(即"上海学生课余艺术团话剧队",又称"青年宫话剧队")创作的小品《流言》《伞》参加市青年艺术节演出获好评,上海电视台、中央电视台录像播出。1986年3月22日,上海市职工"戏剧之春"交流演出举行,第一次出现了小品组合剧的创作样式。由徐开麟创作的小品组合剧《脱班》,讲述了不同职业的人群在车站候车上班,因公交车脱班上班迟到所发生的故事,反映了当时社会生活节奏的改变带来思想观念上的碰撞与矛盾,引发了"要改变脱班现状的不仅仅是交通"的共鸣与思考。

1990 年,上海市举办"上海市职工戏剧创作小品邀请赛",应邀参赛的有全市区县文化馆、工人俱乐部、少年宫、街道文化中心及学校、工厂、商店共计 24 家单位的 38 个小品。经评选,7 个小品进入决赛。其中,闸北区工人俱乐部业余艺术团创作的小品《循环》获创作一等奖,金山石化总厂工人文化宫艺术团创作演出的小品《阴晴圆缺》获演出一等奖。

2007 年 11 月,中国戏剧家协会在虹口设立了中国剧协上海(虹口)小戏小品创作基地,逐步形成了以虹口区文化艺术馆为中心的编、导、演、舞美等近百人的制作群队,打造了一个地区的小戏小品创作体系。

【上海"十月业余剧展"小品创作】

1990 年,第二届上海"十月剧展"中,由闵行区群艺馆全昌杰、邹蜜蜂创作编导的戏剧小品《大喜的日子》获一等奖。

1991 年,第三届上海"十月剧展"中,东方航空公司创作的《爸爸妈妈在蓝天》、虹口区文化局创作的《张三其人》、卢湾区五里桥街道创作的《小绿叶》、卢湾区打浦桥街道文化站创作的《心声》获最佳演出奖。小品《爸爸妈妈在蓝天》中,孩子的爸爸是飞行员、妈妈是乘务员,两人因为工作繁忙,不得不把孩子转来转去找人托管,反映了航空工作人员的艰辛和不易。《张三其人》则描述"张三"这个人物在生活中小心谨慎、做什么事情都生怕别人误会,但可笑的是,他越是怕别人误会,凡事都想解释清楚,却偏偏引发人们的误会,该小品后经喜剧演员严顺开演出,入选 1993 年央视春晚演播,这是上海群文小品第一次走向全国。上海"十月剧展"自第三届开始,成为上海群文小品创作的展示平台。

1993 年,第四届上海"十月剧展"中,浦东新区浦东文化馆创作演出的小品《蓝色酒吧》等 11 个作品获最佳创作表演奖。

1995 年,第五届上海"十月剧展"中,主办方采取剧本创作与演出分开评比的办法,以激励更多的作者参与剧本创作。比赛收到剧本 227 个,评出剧本一等奖 8 个、二等奖 18 个、三等奖 24 个。普陀区文化馆创作演出的《小夜曲》、长宁区税务局和区工人俱乐部联合创作演出的《钓鱼》等 9 个小品获剧本创作一等奖。小品《小夜曲》《钓鱼》在 1997 年文化部主办的第七届全国"群星奖"评选中分别获得金奖和银奖。

1997 年,第六届"十月剧展"中,从参赛的 247 个小戏小品剧本中评出 50 个优秀剧本奖,《帽子》《郑人卖履》《电话亭》《路在何方》《墙》《山花》《共享》《送玫瑰的人》等 7 个小品剧本获一等奖。其中,浦东新区浦东文化馆创作演出的小品《送玫瑰花的人》在 2001 年文化部主办的第十一届全国"群星奖"评选中获金奖。

1999 年,第七届上海"十月剧展"提前举办剧本创作奖评选活动,《感谢停电》《乡长找鸡》《甜蜜》等 8 个作品获最佳创作奖,《感谢停电》《核反应》获最佳演出奖,《家家有本经》等 4 个小品获优秀演出奖,《光应该是暖的》等 13 个小品获优秀创作奖。

2001 年,第八届上海"十月剧展"收到创作剧本 480 个,经复评和终评,《YES,NO?》(徐开麟编剧)、《特种兵》《大年初一》《社区风景线》《今年出"怪"》5 个小品剧本获最佳创作奖,《找错门的父亲》等 8 个小品剧本获优秀创作奖。小品《金色鱼塘》(黄溪编剧)、《水晶心》(胡永其编剧)获最佳演出奖。其中,《水晶心》获第十一届全国"群星奖"金奖,并获得中央文明办举办的"四进社区"活动金奖;《金色鱼塘》获银奖。

2003年,飘柔魅力"新上海人"小品、小戏大赛暨第九届上海"十月剧展"以"新上海人"为主题,借以弘扬上海城市精神。在参赛的82个作品中,除文化馆、站组织的作品参赛外,社会自由报名的有21个作品参赛,其作者包括部队官兵、艺校学生、大学剧社、街道居民、外来民工等,体现了社会广泛的参与性。61个小品进入复赛,选拔出18个作品参加决赛。2004年12月27日,评出金奖3个、银奖6个、铜奖9个。武警上海指挥学院创作演出的小品《为美丽干杯》,王鹏程编剧、浦东新区浦东文化馆演出的小品《修钢琴的人》获金奖;徐开麟编剧、黄浦区文化馆创作演出的小品《回家》《的士兄弟》,管新生编剧、徐汇区创研中心创作演出的小品《上海即景》等作品获银奖。

2005年,上海小节目评选活动(群文类)小品小戏评选暨第十届上海"十月剧展"收到各种题材的小品小戏剧本154个,包括音乐剧小品、儿童剧小品、情景剧小品等,小品样式之多前所未有。黄浦区文化馆的《对门》、徐汇区文化艺术中心的《普通人家普通事》、金山区实验幼儿园的《看信》、上海市残疾人艺术团的《有一个朋友就是你》等6个小品获优秀作品奖。其中,小品《对门》还获得第四届全国"四进社区"文艺展演金奖、全国人口文化奖一等奖、上海市小节目会演金奖。

2007年,"上海之春"群文新人新作暨小节目评选、第十一届上海"十月剧展"活动中,32个小品参加了展演。徐汇区徐家汇街道办事处创作演出的小品《捐款》、静安区文化馆创作演出的描绘警民鱼水情的小品《让我叫你一声爸》、虹口区文化艺术馆创作演出的小品《寻找男子汉》等获优秀新人新作奖。

2008年5月,"上海之春"群文新人新作暨第十三届上海"十月歌会"评选活动中,参加评选的小品共27个。其中,《实话实说》《白雪的记忆》等8个小品获优秀新人新作奖。虹口区的小品《实话实说》还获得改革开放30周年上海小戏小品创作大赛一等奖、第七届央视小品大赛三等奖。2010年,该小品更名为《一句话的事儿》入选央视春晚演播。奉贤区南桥镇社会事业服务中心的小品《白雪的记忆》另获全国第六届"四进社区"文艺会演金奖。

2009年,"上海之春"群文新人新作评选,武警上海总队政治部文工团的小品《镇定针》、奉贤庄行镇社区事务服务中心的小品《红丝带》、普陀区长寿社区文化活动中心的小品《钟点房》、闵行区虹桥镇文体中心的小品《半夜来客》均获优秀新人新作奖。

除了"十月剧展""群文新人新作"等上海本土的戏剧小品活动外,一些由多个省市和地区联合举办的戏剧小品活动,也为上海群文小品创作创造了展示的舞台。

【华东地区小品创作比赛活动】

1988年10月,江、浙、皖、沪三省一市的群众艺术馆在杭州首次联合举办戏剧小品比赛。上海从40余个基层创作的小品中选送24个参加预赛,从中评选出9个小品代表上海赴杭州参赛,成为获奖数最多的省市。上海空军政治学院的小品《春花与狗子》获大奖,小品《雨夜》和浦东文化馆的小品《裸》获一等奖,普陀区文化馆的小品《武松改行》(蒋良琛编剧)、卢湾文化馆的小品《夜曲》(李海艇编剧、马赛导演)分获二等奖。这些小品内容都有较为深刻的主题与寓意。小品《雨夜》通过做建筑设计师的妈妈和女儿关于屋子漏雨的一场对话,反映了党和政府对改善人民居住条件的关心,以及建筑行业职工先人后己的精神风貌。小品《裸》通过一个男性参观者、一个工作人员、一对中年夫妇和他们的儿子,在参观人体裸体画展时各自微妙的态度表现,反映了社会开放给人们带来的思想震荡和冲击。

1990年,江、浙、皖、沪三省一市的戏剧小品比赛扩大到六省一市,举行了第二届华东六省一市戏剧小品比赛。上海的参赛小品《锁》(李孔銮、王鹏程编剧)和《修路》获一等奖。

1992年,第三届华东六省一市小品大赛在上海举行。虹口区文化局创作室的《张三其人》(孙慧编剧)获大奖,小品《心弦》(李向阳编导)、《天下父母心》(孙慧编剧)获一等奖;另外,浦东文化馆的《湖畔情》、普陀区少年宫的《心弦》、黄浦区文化馆的《五官科》、金山县文化馆的无言小品《困》代表上海参赛。

1995年,第四届华东六省一市小品大赛在福建石狮市举行。上海选送了4个小品参赛,松江县文化馆的《捣浆糊》获特等奖,浦东新区的《吉庆有鱼》获一等奖,黄浦区文化馆的《招生》和卢湾区文化馆的《银铃声声》分获二等奖。

1997年,第五届华东六省一市小品大赛在山东青岛举行。上海选送了4个小品参赛,长宁区文化馆的《钓鱼》获大奖,普陀区文化馆的《小夜曲》获一等奖。

2002年,第六届华东六省一市小品大赛在江西南昌举行。浦东文化馆创作演出的《"核"反应》获特等奖,《明天是晴天》获一等奖;武警上海总队二支队创作演出的小品《对,不对,不能绝对》和黄浦区文化馆创作演出的小品《家家有本经》获一等奖。

2004年,第七届华东六省一市小品大赛在山东德州举行。虹口区文化艺术馆《生死不明》获金奖;卢湾区文化馆的《变脸》、浦东新区文化艺术指导中心的《鸭蛋》、普陀区长风文化馆的《老王和王老》等3个小品获银奖。

2006年,第八届华东六省一市小品大赛在安徽铜陵举行,虹口区文化艺术馆创作表演的《迟来也是春天》获金奖,其余3个小品获银奖。

2008年,第九届华东六省一市小品大赛在江苏湖州举行。虹口区文化艺术馆的《实话实说》获金奖;闵行区群艺馆的《调动》、徐汇区文化馆的《心愿》、松江区文化馆的《大胖儿子》等3个小品获银奖。

2010年,第十届华东六省一市小品大赛在江苏江宁举行。武警上海市总队政治部文工团创作的小品《镇定针》获大奖,普陀区文化馆创作的小品《钟点房》获金奖。

表3-3-1　1988—2010年华东六省一市戏剧小品大赛上海地区获奖情况表

年份(届)	作　品	作　者	选送单位	获奖情况
1988年 (第一届)	小品《春花与狗子》	编剧:周丹阳 导演:方国平、陆永庭	上海空军政治学院 杨浦区文化馆	大奖
	小品《裸》	编剧:关霖、李孔銮	黄浦区浦东文化馆	一等奖
	小品《雨夜》	编剧:李海艇 导演:马赛	卢湾区文化馆	一等奖
	小品《夜曲》	编剧:李海艇 导演:马赛	卢湾区文化馆	二等奖
	小品《武松改行》	编剧:蒋良琛 导演:陆人伟	普陀区文化馆	二等奖
1990年 (第二届)	小品《锁》	编导:李孔銮、王鹏程	黄浦区浦东文化馆	一等奖
	小品《修路》	编剧:李建伟、赵洁民 导演:丁铮宜、赵洁民	卢湾区文化馆	一等奖

（续表一）

年份(届)	作 品	作 者	选 送 单 位	获奖情况
1990年 (第二届)	小品《假如我再活一次》	编剧：俞志清 导演：叶涛	宝山区文化馆	二等奖
	小品《大喜的日子》	编剧：邹蜜蜂 导演：全昌杰	上海县新泾乡文化站	二等奖
1992年 (第三届)	小品《张三其人》	编剧：孙惠 导演：李志良、何方	虹口区文化局	大奖
	小品《心弦》	编导：李向阳	卢湾区文化馆	一等奖
	小品《天下父母心》	编剧：傅彦石 导演：李志良	虹口区文化局	一等奖
1995年 (第四届)	小品《捣浆糊》	编剧：欧粤	松江县文化馆	特等奖
	小品《吉庆有鱼》	编剧：马毓俊 导演：向能春	浦东新区浦东文化馆	一等奖
	小品《招生》	编剧：集体创作，张彬执笔	黄浦区文化馆	二等奖
	小品《银铃声声》	编剧：洪林、小倩 导演：洪林、高桂芳	卢湾区五里桥文化中心	二等奖
1997年 (第五届)	小品《钓鱼》	编剧：肖白 导演：张应湘	长宁文化艺术中心	大奖
	小品《小夜曲》	编剧：许如忠 导演：李志良	普陀区文化馆	一等奖
	小品《郑人卖履》	编剧：马毓俊 导演：杨关兴	黄浦区文化馆	二等奖
	小品《雨中有支歌》	编剧：胡永其 导演：方红林、沈正仪	闵行区文化馆	二等奖
1999年 (第六届)	小品《"核"反应》	编剧：佳慈 导演：向能春	浦东新区浦东文化馆	特等奖
	小品《明天是晴天》	编剧：王鹏程 导演：李志良	浦东新区浦东文化馆	一等奖
	小品《对，不对，不能绝对》	编剧：薛伟君、阮建成 导演：姚侃	武警上海总队二支队	一等奖
	小品《家家有本经》	编剧：戴慕仁 导演：杨关兴	黄浦区文化馆	一等奖
2001年 (第七届)	小品《生死不明》	编剧：俞志清 导演：王丽鹤	虹口文化艺术馆	金奖
	小品《变脸》	编剧：李海艇、马赛 导演：雷国华、赵洁民	卢湾区文化馆	银奖

（续表二）

年份（届）	作　　品	作　　者	选 送 单 位	获奖情况
2001年 （第七届）	小品《鸭蛋》	编剧：徐英 艺术指导：闵雪生 导演：朱燕、胡永其	浦东新区文艺指导中心	银奖
	小品《老王和王老》	编剧：黄溪 导演：李英	普陀区长风文化馆	银奖
2006年 （第八届）	小品《迟来也是春》	编剧：栾岚、俞志清 导演：栾岚	虹口文化艺术馆	金奖
	小品《楼上的彩虹》	编剧：刘瑛 导演：全昌杰	闵行区群艺馆	银奖
	小品《一枚戒指》	编剧：徐英 导演：朱燕	浦东新区文艺指导中心	银奖
	小品《爸爸》	编剧：黄洁英 导演：陈峨	徐汇区西南文化艺术中心	银奖
2008年 （第九届）	小品《实话实说》	编剧：俞志清、顾慕华 导演：顾邦俊	虹口文化艺术馆	金奖
	小品《心愿》	编剧：潘玉华 导演：朱国桢	徐汇区文化馆	银奖
	小品《调动》	编剧：王宏琦 导演：李建平、李宗华	闵行区群艺馆、闵行区 虹桥镇文化中心	银奖
	小品《大胖儿子》	编剧：曹伟达 导演：陆春彪	松江区文化馆	银奖
2010年 （第十届）	小品《镇定针》	编剧：魏龙溪、马小光 导演：魏龙溪	武警上海市总队政治部 文工团	大奖
	小品《钟点房》	编剧：刘闻、夏海滨 导演：郭华	普陀区长寿社区文化中心	金奖

说明：因囿于资料，获奖作品信息不全。

【其他赛事和活动】

在一些全国性、地区性和全市性的赛事中，上海创作演出的小品也有不少获奖。

1993年，由徐开麟创作、沪西工人文化宫演出的小品《特殊乘客》参加全国总工会"全国职工小品大赛"，获得创作一等奖。1996年，第二届上海学生艺术节中，中福会少年宫创作演出的小品《绿色行动》（张培俊、夏燕飞编剧）获创作、表演一等奖。

2000年，静安区文化馆创作演出的小品《天上掉下个林妹妹》赴京演出，获得中国第八届人口文化奖一等奖。2001年，第六届全国残疾人艺术会演中，上海创作演出的戏曲小品《武松打虎》获银奖。2002年，中华全国总工会、中国文联、中央电视台举办首届中国职工艺术节，上海宝钢职工创作演出的小品《真心实意》获"曲艺小品展演"银奖。2003年，在第十届中国曹禺戏剧奖全国小品小戏大赛中，静安区文化馆创作演出的小品《新年的礼物》获二等奖。

2004 年,在第十一届中国曹禺戏剧奖"飞彩杯"全国小品小戏大赛中,杨浦区中原文化馆创作演出的小品《茉莉发廊》(杨立华编剧)获一等奖,徐汇区创作研究中心创作演出的小品《奶奶的香水》(杨立华编剧)和小品《上海即景》(管新生编剧)、《吉祥伞》获二等奖。2005 年 11 月,市文明办、市文广局、市总工会、市文联、上海文广新闻传媒集团联合举办上海市"与文明通行,做可爱的上海人"小品大赛,22 个小品参赛,小品《一束康乃馨》《小小香蕉皮》和《楼上的彩虹》等分获一、二、三等奖。

2006 年 6 月,市戏剧家协会、市群艺馆、南汇区文明办、南汇区文化局联合举办了上海"洋山颂"小品小戏创作大赛。卢湾区文化馆创作演出的小品《抢手机》获一等奖,南汇区六灶镇创作演出的小品《情系孤岛》、黄浦区文化馆创作演出的小品《洋山汉子》(徐开麟编剧)获二等奖。同年 8 月 8 日,市文广局举办"我们的家园"小品小戏评选活动,徐汇区西南文化艺术中心创作演出的小品《爸爸》和《采访》两个小品获一等奖。闵行颛桥文化站小品《缘是一家人》获全国第五届"四进社区"文艺汇演金奖。上海市聋哑学校创作演出的哑剧小品《多嘴的鹦鹉》(杨立华、钱云编剧)获第六届全国残疾人文艺会演三等奖。

2008 年,宝山区月浦文化馆创作演出的小品《小土豆上学》参加"健康校园——2008 年利乐杯学生营养健康小品表演(上海)邀请赛",获优秀剧本奖、演出一等奖。

进入 21 世纪,上海的戏剧小品在历届全国"群星奖"评选中屡屡获奖,《水晶心》《奶奶的香水》《普通人家普通事》《婚纱》等金奖、"群星奖"作品,以普通市民的视角,反映了上海城市发展和百姓生活的变化。

四、少儿话剧

改革开放后,少儿戏剧的创作演出活动保持着比较好的发展态势。

1980 年,在上海儿童戏剧会演中,安福路小学创作的《不说话的红领巾》、虹口区第一中心小学创作的《宝宝和贝贝》、长宁区少年宫的《小祖宗和小宝贝》、嘉定县少年宫创作的《审桃》、杨浦区少年宫创作的《从蛋画起》、澳门路小学创作的《两个佐罗》和由中福会少年宫创作的童话剧《妙手回春》《小珍珠贝》、静安区第一师范附属小学创作的童话剧《丑小鸭》、上海县少年宫创作的童话剧《不好玩》、黄浦区少年宫创作的神话剧《礼貌仙子》等,均获得了少儿话剧创作剧目奖。

1983 年,在首届上海"十月剧展"中,静安区北京西路第五小学创作的《丢三拉四》(作者勇浩良)、徐汇区少年宫创作的《潘高峰大战错误元帅》(作者郑士俊)、上海县少年宫创作的《自修课的风波》(作者李善珍)、普陀区少年宫集体创作的《两个小侦探》和普陀区潭子湾路第一小学创作的童话剧《转弯道上》(作者陶春生)、中福会少年宫创作的木偶剧《不怕困难的奥秘》(作者童箴)均获得少儿话剧创作奖。1985 年,在第二届上海"十月剧展"中,静安区少年宫创作的《啊,明天是星期天》(作者俞梓)、普陀区少年宫创作的《金色的晚霞》(作者史美俊)、黄浦区少年宫创作的《汪汪小报》(作者王惠莉)和中福会少年宫创作的儿童剧《我的蟋蟀好朋友》(作者勇浩良)均获得少儿话剧创作奖。1993 年,在第四届上海"十月剧展"中,黄浦区少年宫改编的童话剧《卖火柴的小女孩》(徐志华编导)获优秀创作表演奖。

各个学校和青少年活动机构都拥有戏剧创作和表演的团队积极开展戏剧创作表演活动。比较有代表性的有中福会少年宫戏剧小组,该小组成立于 1953 年,是培养少儿戏剧才能的摇篮。1991年,该戏剧小组创作演出的小品《奇妙的游戏机》获全国少儿电视小品赛一等奖、最佳导演奖和优秀演出奖;1994年,小品《猪八戒读天书》获上海市学生戏剧节表演一等奖;1996年,戏剧小品《绿色行动》获上海市第二届学生艺术节创作、表演一等奖。

20世纪90年代后期开始,课本剧成为校园和学生课外戏剧创作表演的重点,校园和非职业少儿话剧创作作品逐步减少。

五、课本剧

课本剧是以中小学语文课本为蓝本,经改编而成的小品或小话剧。由于短小精悍,能形象地再现课本内容于舞台之上,拥有以千百万中小学生为对象的观众,因此自诞生之初,便使教育与艺术结下了不解之缘,这是课本剧得以不断发展的重要原因。

较早推出课本剧的是上海人民艺术剧院的话剧演员赵家彦,他于1990年3月在五四小剧院移植改编了一批外国文学名著的课本剧举行公演。此后,上海儿童艺术剧院、上海人民艺术剧院等专业剧团也开始进行课本剧的创作演出。南市区教育学院和一批儿童文艺工作者还成立了"课本剧研究中心",开展对课本剧的理论研讨和指导工作。同年7月,市群艺馆和各区县文化馆也开始了课本剧的创作。同年,市群艺馆举办课本剧创作加工班,创作加工了7个课本剧:《竞选州长》(作者王鹏程)、《诺言》(作者俞伟章)、《制台见洋人》(作者郑万瑜)、《伊索寓言》(作者杨立华)、《桃花源记》(作者喻建国)、《七根火柴》(作者李兴邦)、《老师你好》(作者孙毅、肖秋)。

1991年3月,普陀区真如文化馆举办课本剧比赛,各中小学、少年宫创作课本剧剧目60多个,36个剧目参赛。经过3天的角逐,遴选出8个优秀剧目参加汇报演出。其中京剧小品《司马光砸缸》由于表现形式、表演水平与课本内容三者的完美结合而荣膺大奖。同年,市群艺馆举办课本剧创作评奖活动,收到应征剧目超过200件。这些剧目的特点是表现形式由单一的话剧小品向传统戏曲、歌舞剧、韵白剧、弹唱剧扩展;表演者也由专业和成人转为以青少年学生为主要演员;涉及的内容从语文课扩展到数理化和行为规范等范围,形成了较为系统的校园剧构架。与此同时,上海市儿童和少年工作协调委员会、市教育局、市文化局、市艺术教育委员会、市文联、市剧协和上海市文化发展基金会7家单位达成协议,联合筹办'91暑期课本剧学生专场演出活动,推出了5台课本剧。同年第三届上海"十月剧展",长宁区少年宫创作改编的课本剧《少年英雄雨来》获最佳演出奖,真如文化馆和回民小学创作改编的京剧课本剧《司马光砸缸》、黄浦区少年宫创作改编的话剧课本剧《曹冲称象》获优秀演出奖。虹口区曲阳文化馆创作改编的弹唱剧课本剧《刘胡兰》、徐汇区少年宫京剧队创作改编演出的京剧课本剧《猴子捞月》、松江聋哑学校创作改编的哑剧课本剧《皮球浮起来了》、闵行区少年宫创作改编的话剧课本剧《我的弟弟小萝卜头》、松江第六中学创作改编的话剧课本剧《小桔灯》、中福会少年宫创作改编的话剧课本剧《坚强的战士》等分别参赛。

1996年,龙华烈士纪念馆与徐汇区教育局合作,联手打造素质教育品牌,为贯彻《上海市学生民族精神教育指导纲要》共同开发项目,从单一的德育基地向综合性的学生教育教学实践课堂转变,在纪念馆社会教育资源与中小学课程整合方面进行了有益的探索和实践,倾力培养和精心打造了"龙华魂"系列活动。该活动自2002年创办后,每年一届,至2010年时已连续举办八届。自2006年开始,每年开展"龙华魂"上海市中学生课本剧会演等暑期活动。首度会演中,市第二中学小品类课本剧《再现忘却的纪念》获一等奖。

2004年,鲁迅纪念馆会同上海市学生联合会、上海电影家协会、虹口区学生联合会联合举办"2004年上海市中学生课本剧比赛",设一等奖1名、二等奖2名、三等奖3名、优胜奖12名。经评选,上海市松江第二中学演出的课本剧《药》摘得表演奖桂冠。2008年,举办第三届"龙华魂"上海市中学生课本剧会演。此后,该活动连续3年列入市文明办等6部门联办的上海市未成年人暑期工作推荐项目。

2009年,市文明办、市教委、龙华烈士陵园联合举办"龙华魂 英雄魂——上海市中学生庆祝新中国成立60周年课本剧会演"。同年,市少儿图书馆与奉贤区第二届艺术节组委会联合主办"上海市少年儿童课本剧表演大赛",陈鹤琴小学改编演出的《木头城的歌声》和奉贤区华亭学校改编演出的《小英雄雨来》获一等奖。同年12月,中福会少年宫的校园剧(课本剧)《海燕》获全国第三届中小学生艺术展览和上海市校园剧(课本剧)专场"优秀展览奖"。

2010年7月,举行"弘扬世博理念,共创和谐明天——'龙华魂'上海市中小学生2010年课本剧会演活动",经过前期激烈角逐,7个学校选送的剧目进入决赛。最终,奉贤中学演出的《虎门销烟》获得一等奖,上海戏剧学院附属高级中学的《巾帼女英雄刘胡兰》、长宁区天山第一小学的《闪光的彩球》分获二、三等奖。

随着课本剧活动的深入,其创作形式也不断发展,出现了木偶戏课本剧、皮影戏课本剧等。

六、戏曲

在上海的群众文艺创作中,还有许多运用大众喜闻乐见的中华传统戏曲和江、浙、沪地方戏的形式进行创作呈现的,主要包括沪剧、越剧、滑稽戏、山歌剧、扬剧、锡剧、京剧等。群文创作人员用传统的戏曲形式表现当代生活和情感,受到群众欢迎。

【沪剧】

沪剧由吴淞江和黄浦江两岸乡村山歌小调和民间俚曲衍化而来,分为川沙、南汇等地区的东乡调,松江、青浦、金山等地区的西乡调。

1978年以后,沪剧创作的体裁形式不再局限于沪剧小戏,推出了多台大戏,郊县农村出现了戏剧创作、演出的新型组织形式,有力地推动了农村沪剧创作的繁荣和演出水平的提高。值得一提的是,在10个郊县农村中出现了一种新型群众戏剧创作、演出的组织——文艺工厂。文艺工厂的形式首先由江苏沙洲县(今张家港市)兆丰公社于1972年试办,1978年初,川沙县文化馆馆长林树民带领文化馆站干部前去观摩学习,同年8月在北蔡、龚路两个公社试办,其后在上海全面推广,上海郊县各乡纷纷在自身原有群众文艺团队的基础上开办文艺工厂。文艺工厂在排演传统剧目的同时,积极创作演出反映农村精神风貌的沪剧新戏,投入巡回演出,参加县、市文艺会演,受到社会关注和群众欢迎。1979年,中华人民共和国成立30周年群众文艺会演中,奉贤县代表队创作表演的反映承包责任制的沪剧小戏《说话算数》(钱光辉、郑道溥、夏剑青编剧)获优秀创作演出奖,《换花记》(钱光辉编剧)获优秀创作奖,参演的还有松江县的沪剧小戏《摇篮曲》(徐林祥编剧)等。沪剧小戏《摇篮曲》代表上海参加1981年"全国部分省市、自治区农民业余艺术调演",获优秀创作奖、演出奖。

1980年,市群艺馆恢复举办全市春节农村群众文艺创作节目交流演出,上海县沪剧小戏《喜庆有余》(孙蕴深编剧)、南汇县沪剧小戏《千里姻缘》(邬盛林编剧),以及多幕沪剧《选驸马》(秦斌编剧)参演。在郊区农村沪剧创作繁荣的同时,市区的沪剧创作也陆续展开。1980年,南市区工人俱乐部沪剧队创作沪剧《八月中秋》(戴慕仁编剧)。1981年,卢湾区工人俱乐部业余艺术团沪剧队根据同名淮剧改编演出的《打碗记》（杨立华、贝自强改编）在区内外、各基层单位演出 200 余场，受到群众欢迎。

1981 年，在首届上海戏剧节上，松江县的青年作者陆军创作的沪剧小戏《定心丸》、上海县创作演出的沪剧小戏《喜庆有余》（孙蕴深编剧）获剧本创作奖和演出奖。沪剧《定心丸》描写农村生产队首次实行承包责任制这场巨大变革在家庭中所带来的激烈冲突，反映了农民强烈的改革要求，引起社会很大反响，《解放日报》和《新剧作》同时发表了此剧剧本。青浦县创作演出的反映新时期广大农民群众渴求幸福美好生活的沪剧小戏《初春》（陆关昌编剧）获二等奖。其他获奖的沪剧剧目包括市工人文化宫沪剧团创作、演出的大型工业题材沪剧《钢城春燕》（陈心豪、肖白编剧），该剧反映了炼钢厂试制新型钢材的故事。此外，还有沪剧《风华儿女》和《深秋的泪痕》（赵化南编剧）也受到群众欢迎。

1983 年 3 月，在松江的人民剧场举行了历时 5 天的"一九八三年上海市农村文艺工厂经验、节目、产品交流会"，参加演出的包括 10 个县文艺工厂的 10 台节目，共计 25 个小戏，除了一个新编古为今用的山歌剧之外，其他都是反映现实生活的剧目。参演作品的共同特点是题材新颖、生活气息浓厚、具有较强的时代感，作者植根于生活的泥土，生动地反映了党的十一届三中全会以后，尤其是实行了生产承包责任制之后，农村社会所发生的深刻变化。其中嘉定县沪剧小戏《三约龙凤亭》（张幸之编剧）、上海县三林乡演出队创作演出的沪剧小戏《傲霜枝》（沈一卿编剧）、青浦县徐泾乡文艺工厂创作演出的《洞房之夜》（薛伟民编剧）受到好评，并获一等奖。

同年 9 月下旬至 10 月上旬，首届上海"十月剧展"分农村和市区两个板块先后举办。参演的话剧和戏曲有小戏 21 个、大戏 4 个共 11 台。其中，农村 4 台、市区 7 台。获剧展二等奖的沪剧小戏有南汇县书院公社文艺工厂创作演出的《赶不走的媳妇》（季金弟、宋夫编剧）和奉贤县头桥、钱桥文艺工厂创作演出的《石头赔情》（钱光辉、郑道溥编剧）。其他农村参演剧目包括上海县三林乡演出队创作演出的沪剧小戏《傲霜枝》（沈一卿编剧）、川沙县东沟乡演出队创作演出的沪剧小戏《潮生认妹》（殷国祥编剧）和《三约龙凤亭》。

1985 年春，市群艺馆在上海县莘庄镇举行"1985 年春季业余戏剧创作剧目交流演出"，各县各乡的文艺工厂新创作的 10 台小戏参演，奉贤县文化馆的《不该枯萎的小花》《打新娘》《鸡鸣万家》等剧目受到关注。同年，第二届上海"十月剧展"中，奉贤县肖唐乡、齐贤乡文艺工厂创作演出的沪剧小戏《不该枯萎的小花》获一等奖。参赛的沪剧还有嘉定县代表队创作演出的《联中情》（钱乃之编剧）、普陀区文化馆沪剧队创作演出的《潇潇秋雨》（许如忠编剧）、上钢五厂沪剧队创作演出的七场沪剧《狱中情》（陆文燕编剧）、市工人文化宫沪剧团创作演出的五场沪剧《五月花雨》（陈心豪执笔）、松江县演出代表队创作演出的七场沪剧《瓜园里的年轻人》（陆军编剧）等。各区、县会演共有 272 个创作剧目参演，其中沪剧占比 90%。同年 12 月 29 日至 1986 年 1 月 17 日期间，市群艺馆组织《不该枯萎的小花》《联中情》《三女认爷》3 个沪剧剧目到奉贤、金山、上海、宝山、嘉定、川沙等 6 个县巡回演出，共计演出 21 场，观众达 1.5 万人次，扩大了"十月剧展"的成果。

1987 年，全市举行上海市农村戏剧创作剧目调演，其中参演的沪剧大戏包括奉贤县代表队创作演出的沪剧《红玫瑰》（严志东编剧）、松江县代表队创作演出的多幕沪剧《小城维纳斯》（陆军编剧）、南汇县代表队创作演出的多幕沪剧《白玉兰》（曹石麟编剧），沪剧小戏有松江县代表队创作演出的《春燕》（范奕中编剧）。

1989 年，全市举行上海艺术节群众文艺展演，参演的沪剧大戏包括松江县代表队创作演出的大型沪剧《竹园曲》（陆军编剧）、徐汇区工人俱乐部沪剧队创作演出的大型沪剧《深秋的泪痕》（赵化南编剧);参演的沪剧小戏有南汇县新场乡文艺工厂创作演出的《风雨公仆情》(顾惠良、邬盛林编剧),闵行区群艺馆创作演出的沪剧小戏《别样情》(邹蜜蜂、全昌杰编剧)。

20世纪90年代,上海涌现出很多沪剧创作人才,比较典型的包括松江县文化馆的陆军等,江苏文艺出版社出版了《陆军获奖剧作选》,收入其创作的8个获奖的沪剧等戏曲作品;1993年,上海文艺出版社出版了陆军剧本集《还你半个月亮》,收入其创作的12个小品、9个小戏。

1991年,第三届上海"十月剧展"中,松江县文化馆创作演出的多幕沪剧《三朵花闹婚》(陆军编剧);宝山区盛桥文化站创作演出的《绝对保密》(汪慰卿编剧)、沪剧小戏奉贤县青村文化站创作演出的《桃红柳绿》(顾煜平编剧);上海县三林乡文化站创作演出的《花农嫁囡》(邹蜜蜂、全昌杰编剧)获最佳演出奖。南汇县周浦乡文化站的沪剧《公诉之前》、松江县文化馆的沪剧《乡村里的月亮》获优秀演出奖。

1993年,第四届上海"十月剧展"中,南汇县周浦乡文化站创作演出的《悠悠净土情》(邬盛林编剧)、南汇县盐仓乡文化站创作演出的《选择》(陆福兴编剧)、奉贤县青村文化站创作演出的《龙凤镜》(严志东、顾煜平编剧)、普陀区真如文化馆创作演出的《庙会》(陆金宝编剧)、松江县代表队创作演出的《送子观音》(陆军编剧)获最佳创作演出奖,上钢一厂的《苦爱》获优秀创作表演奖。同年5月,沪西工人文化宫徐开麟创作的大型沪剧《风雨同龄人》获得了第三届中国戏剧节剧本创作等奖项,后被沪剧名家马莉莉搬上上海沪剧院浦东分院的首演舞台,成为当时上海沪剧的一个亮点。

进入21世纪以后,上海群众沪剧舞台上出现了一个新的现象,即一些民营的沪剧团和街镇沪剧队在沪剧创作中承担了重要角色。其中,徐汇区的"文慧"等民营沪剧团活跃在社区文化的舞台上,参与各种节庆活动和上海世博会世博园区市民广场的演出,成为唯一进入世博园区演出的民营沪剧团。浦东新区还有"彩芳""秀珍""勤苑"等土生土长的民营沪剧团,浦东川沙等街镇经常运用沪剧的形式创作演出新作品,以打造区域文化品牌。

图3-3-3　沪剧小戏《今年出"怪"》参加第八届上海"十月业余剧展"决赛(2001年7月)

2001年,第八届上海"十月剧展"中,南汇区文化馆沪剧小戏《今年出"怪"》(邬盛林编剧)获最佳创作优秀演出奖。同年,文化部举行第十一届全国"群星奖"评选,闵行区群众艺术馆沪剧小戏《花农嫁女》(全昌杰、邹蜜蜂编导)获金奖,南汇区文化馆沪剧小戏《今年出"怪"》获银奖。

2002年,浦东新区陆家嘴街道创作演出了由胡永其编剧的大型沪剧《滨江情缘》《零号首长》,宣传了精神文明建设的典型人物。

2003年,在"新上海人"小戏小品大赛暨第九届上海"十月剧展"中,奉贤区庄行镇文广中心创作演出的沪剧小戏《相约12点》、闵行区群众艺术馆创作演出的沪剧小戏《花缘》(全昌杰、邹蜜蜂编导)获金奖。上海电视台戏剧频道于12月27日、28日两个下午转播了决赛实况。

2005年,在"上海小节目评选(群文类)小品小戏评选"暨第十届上海"十月剧展"中,闵行区群艺馆的沪语歌舞剧《花样年华》获优秀作品奖。同年,浦东新区川沙新镇和张江镇分别创作演出了大型沪剧《赶不走的女婿》和《杨柳一家亲》(均为胡永其编剧),反映了社会主义新农村的建设成果。

2006年，由上海市文联艺术团演出的沪剧《情归中秋》（徐开麟编剧），表现了倡导科学、反对邪教的鲜明主题，下基层演出获得广泛好评。

2007年，"上海之春"新人新作暨小节目评选和第十一届上海"十月剧展"评选中，闵行区群艺馆的沪语歌舞剧《荷花飘香》获优秀新人新作奖。参加展演沪剧小戏有：虹口区提篮桥街道的《卫士风采》、长宁文化艺术中心的《退休第一天》、普陀区桃浦文化馆的《网上的朋友》、松江区中山街道文化站的《三个女人一台戏》。

2008年11月，闵行区群艺馆、闵行区颛桥镇文化站的沪剧小戏《花缘》（全昌杰、邹蜜蜂编导）获文化部举办的"首届中国农民文艺汇演"金穗奖。

2009年，上海市举行"上海之春"群文新人新作评选暨上海市迎世博百场文艺巡演（特别场）活动，南汇区周浦镇和宣桥镇文化服务中心的《阳光照我身》和《农缘》、徐汇区虹梅街道沪剧队的《黄浦江边看彩灯》、浦东新区川沙文化馆的《情系端午》、闵行区群艺馆的沪剧歌舞剧《花开灿烂》、松江区中山街道办事处的《瓜果飘香》等6个沪剧小戏参演。

2010年6月，文化部举行"全国城乡基层小戏小品展演专题座谈会"，邀请10位获得"群星奖"的戏剧编导参加。闵行区群艺馆全昌杰出席并介绍了戏剧创新的体会。全昌杰、邹蜜蜂编导的《花农嫁女》《花缘》《花样年华》《荷畔飘香》《花开灿烂》5部"花系列"沪剧作品，均以"花"为题，以拟人的表演，融歌、舞、戏为一体，将上海的沪剧唱腔与民俗民间舞蹈表演相结合，10年间在上海和北京、江苏、浙江、广州、湖北、山东等全国各省市共计演出800余场，获得多个国家级奖项。同年，浦东新区创作演出了大型沪剧《海峡恋歌》，促进了海峡两岸的友好交往。

【越剧】

越剧又称为绍兴戏，自进入上海后繁荣发展，是全国重要的地方剧种。

"文化大革命"结束后，最早与市民见面的越剧表演，是越剧爱好者于夜幕降临时聚集在淮海公园、复兴公园、虹口公园等处的演唱活动。各区县文化馆、市工人文化宫、区县工人文化宫、工人俱乐部的业余越剧团队也陆续恢复活动。不少业余团队把过去上演的剧目搬上舞台，比较有影响的包括卢湾区丽园、瑞金街道越剧队，陆续上演了《碧玉簪》《陈三两爬堂》等大戏。卢湾区文化馆越剧队改编演出了《哑女告状》《金殿认子》《三试浪荡子》等，在全市巡回演出一年多。

徐汇区文化馆越剧队自1979年组团后，演出水平较高，几年内上演了9台大戏、10多个小戏，观众十分踊跃，票房也能"自给"。斜土街道越剧队每周活动两次，并且坚持为区域附近的街道演出。

虹口区第一工人俱乐部越剧团不断移植新戏，改编演出了不少剧目。静安区工人俱乐部越剧队不但坚持定期举行"大家唱"，同时还排演了《宝贝儿子》等一批大戏。企业团队也较为活跃，较突出的有上海华通开关厂越剧队。该团队于1977年重建，排练了《拾玉镯》《前见姑》等剧目，在大世界游乐中心演出，场场客满。该团队还自编、自导、自演《新婚姻曲》《两禁一包》《三八女逞英豪》等节目，参加市、区会演，获创作优秀奖、演出一等奖、组织奖，并先后在市、区、企业演出100多场次，多次和范瑞娟、徐玉兰、吴小楼、周宝奎、戚雅仙、金采风等演员联袂演出。1989年，该团队由浦江之声电台播音，并进行电视录像。该厂宣传处还编印了一本厚达302页的《华彩集〈越剧——百花园中的一朵奇葩〉》，在群众艺术舞台上掀起了越剧热潮。

至2010年，各越剧团队创作演出了数量众多、题材多样的越剧剧目，并在上海"十月剧展"等活动中屡屡获奖。

1982年，青浦朱家角乡的28名青年建立文艺工厂越剧团，在上海越剧院辅导下，排演了3出传统越剧大戏,之后又接连创作、排演了反映农村现实生活的《苗鸡闹春》(朱培生编剧)、《银花曲》(朱培生编剧)等越剧小戏,先后参加市戏剧交流演出,获一、二等奖。

1983年,首届上海"十月剧展"中,嘉定县曹王乡文艺工厂创作、演出的越剧小戏《风雨同舟》获演出二等奖。南市区文化馆越剧队创作排演的越剧新戏《碧血烈女》(王本全编剧)和《双剑缘》参加同年的市业余戏剧交流演出,分别获一、二等奖。

1985年,越剧小戏《风雨同舟》和大型越剧《瓜园曲》(松江县文化馆陆军创作、上海越剧院红楼剧团演出)入选上海市第二届戏剧节,获演出奖。这两部越剧都反映了新时期的农村生活。同年,南市区文化馆越剧队创作的以宋代名相王安石推行新政为题材的大型历史剧《青苗情》(王本全编剧)赴基层作巡回演出。

1989年,静安区文化馆越剧队创作演出反映邻里生活的越剧小戏《赔蛋记》和以颂扬廉政揭露贪腐为题材的大型历史剧《剑笔情》,获观众好评。徐汇区文化馆越剧队创作演出的越剧小戏《美娘子》《银锭记》在市戏剧调演中获奖。

1991年,在第三届上海市"十月剧展"中,川沙六里乡文化站创排的越剧小戏《夜归》(杨锐编剧,童薇薇、史济华导演)获优秀演出奖。

1995年,在第五届上海市"十月业余剧展"上,由卢湾区文化馆选送的独幕越剧《救救我们》获剧本创作二等奖。

2005年,在上海市群文优秀创作节目展演暨小节目评选暨第十届上海"十月剧展"中,松江区文化馆创作的越剧小戏《董其昌学书》(沈玉亮编剧,吴伯英、杨峰导演)获优秀表演奖。越剧小戏《黄道婆》还获得2008年由全国老龄办、文化部、国家广电总局主办的首届中国老年文化艺术节戏曲类银奖。

2009年,在"上海之春"群文新人新作暨上海市迎世博百场文艺巡演中,静安区文化馆青年越剧团创作演出的越剧小戏《湖丝情》,以清朝时期丝绸之乡湖州发生的故事为题材,获新人新作奖。

【滑稽戏】

滑稽戏是上海特有的地方剧种。其群文创作人员主要来自区县文化馆、市工人文化宫、区职工俱乐部等。

1976年10月,上海市工人文化宫业余艺术团曲艺队重建。

1977年春,虹口区文化馆曲艺团开始组建,成员为来自工厂、商店、学校、街道的新老滑稽爱好者。该团率先创作、演出了揭露讽刺"文化大革命"时期"造反派"的滑稽戏《真假医生》,以及《找石头》《对手》《借刀》等作品,观众十分欢迎。

1978年,虹口区文化馆曲艺团扩充人员,在该馆剧场移植排演苏州滑稽剧团1964年创作上演的大型滑稽戏《满意不满意》获得成功,该团也随即改名为滑稽剧团,从业余转向职业化。该团从命名至1985年的8年间,先后排演了10本大戏。开始是改编话剧、电影、戏曲,比较有代表性的是《甜甜蜜蜜》《巧结良缘》《轧朋友》等滑稽戏,后来创作演出了《侬看哪能办?》、《AKQJ》、《喇叭腔》(后改名《追鱼》)等滑稽戏,影响日益扩大,在区内和其他区县公开售票演出,几乎场场爆满。浙江、江苏等地的工厂、企业也慕名邀请其前往演出,受到各地观众的赞赏。该团的王汝刚、毛猛达等一批青年演员在实践中得到培养和锻炼,后续输送到专业剧团,成为滑稽戏舞台的新秀。

20世纪70年代末,徐汇区工人俱乐部创作的大型滑稽戏《财神老爷》(梁定东编剧)辛辣地讽刺了社会上的"不孝"现象,连演数十场,深受观众欢迎。

1980年,市工人文化宫业余艺术团曲艺队创作排演了大型滑稽戏《我肯嫁给伊》,在北海剧场演出多日,获观众好评。南翔镇文化馆创作、排演了宣传爱国卫生运动的滑稽戏《张冠李戴》(钱乃之编剧)。

1982年,市工人文化宫业余艺术团曲艺队排演了滑稽戏《亏侬想得出》(经绍维编剧,王飘导演)、滑稽戏《卖鱼》(经绍维编剧,胡廷源导演),均获好评。嘉定镇创作、排演的揭露虐待老人丑行的滑稽小戏《枉费心机》,参加市郊群众文艺交流演出获二等奖。

1983年,大型滑稽戏《美丽的心灵》(经绍维、王飘、蒋荣鑫编剧,胡廷源导演)颂扬城市清洁工人全心全意美化市容的先进事迹,获首届上海"十月剧展"二等奖,并在基层巡回演出了100多场。上海电视台在市工人文化宫剧场实况转播,江苏电视台播放了演出录像。

1985年,市工人文化宫曲艺队排演了由黄浦区房管局职工傅峰编剧、胡廷源导演的独幕滑稽戏《多此一举》,参加第二届上海"十月剧展"展演,获优秀创作、优秀演出奖。闸北区天目西路街道文化站创作、排演的反映女青年就业问题的滑稽小戏《厂长室的笑声》参加了第二届上海"十月剧展"演出。

1986年,全市举行上海市职工"戏剧之春"交流演出活动,市工人文化宫和杨浦、普陀、徐汇、南市、虹口、梅山冶金公司等工人文化宫、俱乐部业余曲艺团队创作表演的7个滑稽小戏参加演出。徐汇区创作排演的《经理与小偷》(赵化南编剧、沈双华导演)获创作、演出奖,南市区工人俱乐部创作排演的滑稽戏《只进不出》(经绍维编剧、胡廷源导演)获演出奖。这是当时基层滑稽戏参加市级职工戏剧交流演出数量最多的一次。

1990年5月,徐开麟创作的滑稽小品《花烛夜》获首届江浙沪独脚戏滑稽喜剧小品大赛优秀奖。1994年他创作的大型滑稽戏《阿拉富民街》获上海市文化局新剧目展演奖。

2004年,由浦东新区农委、浦东新区文广局、中共浦东新区金桥镇委员会、浦东新区金桥镇人民政府主办,浦东新区文化艺术中心和童双春艺术制作社承办,浦东新区川沙文化馆协办,创作、排演大型滑稽戏《热土花红》(徐维新、胡永其、徐英编剧),该剧目反映了群众在浦东新区开发开放和城市建设浪潮中,动迁失地后转农为工的甜酸苦辣,趣味横生、贴近生活而饱含深情。

【京剧】

上海的群众京剧票友组织,最早约始于清光绪年间。1978以后,业余京剧爱好者恢复了一些传统剧目的演出,业余京剧团队陆续重新开展活动,电业职工业余京剧团、复旦大学京剧队、上海京昆之友社都恢复了活动。1982年,黄正勤编写的《庄子戏妻》(即《新大劈棺》)由淮南、保定、齐齐哈尔、沙市等地京剧团演出,京剧演员童芷苓也在上海长宁区工人俱乐部演出此改编本。只是上海群众性的京剧创作活动和作品不多,以演出和演唱成品剧目为主。

20世纪80年代初,黄浦区文化馆京剧队创作演出了《戚继光上任》(作者方卡)、《陈毅测字》(作者方卡)、《夜闯虎口镇》等新戏。其中《戚继光上任》《陈毅测字》参加1981年全市区县群众创作剧目交流演出,在1982年春节市区业余戏剧创作剧目交流演出中获二等奖。

1983年春末,上海市戏曲学校首次为业余京剧爱好者举办京剧培训班,培训京剧各行当的业余演员和伴奏员,培训班为期3个月,结业时举行了汇报演出。1985年夏,上海京剧院与光明中学联合举办上海第一次以京剧为主题的夏令营,地点设在光明中学校内,来自全市各中学学生30余人参加,有的营员后来成为知名票友。闸北区北站街道文化站的少儿京剧艺校,获得第四届中国京剧艺术节"振兴京剧艺术,弘扬民族文化"突出贡献奖。

1991年,黄浦区浦东文化馆京剧《春江夜渡》获第三届上海市"十月业余剧展"最佳演出奖。

1992年,北京举行"新苗奖"首届全国儿童京剧邀请赛,普陀区创作的儿童小京剧《司马光砸缸》获一等奖。

1993年,在第四届上海"十月剧展"中,徐汇区少年宫演出的京剧小武戏《哪吒闹海》获最佳创作表演奖。

2000年,徐开麟创作的京剧小品《哪吒闹海》获上海市学生戏剧节创作一等奖,京剧说唱《梅》获上海市学生戏剧节创作一等奖。

2009年,市文广局举办"上海之春"群文新人新作评选暨上海市迎世博百场文艺巡演(特别场)活动,徐汇区青少年活动中心和上海市好小囡京剧团创作演出的京剧小品《梨园好小囡》(周津羽编导)参演。

【淮剧】

淮剧原称江淮戏、盐城戏,或江北小戏,起源于江苏盐城、淮安、淮阴一带。中华人民共和国成立后,上海淮剧爱好者自发组建了一些业余淮剧团队。

1978年后,一些淮剧爱好者的团队活动逐渐展开,部分业余淮剧团队复排演出了《女审》《拾玉镯》《书房会》《探寒窑》《索礼抗君》等折子戏,并排演了《白蛇传》《秦香莲》《白虎堂》《牙痕记》《抢状元》《八姐下幽州》等大戏。

1981年初,沪东工人文化宫淮剧团创作演出的《新春新喜》(作者居有松)参加市工人文化宫戏剧观摩演出,获创作演出奖。1983年7月,该团创作的淮剧小戏《母女心》(作者居有松)、南市区工人俱乐部业余淮剧团(前身为"三轮车东南区业余淮剧队")创作演出的淮剧小戏《将心比心》(作者赵志鸿、邹贻龙)在市工人文化宫举行的戏剧观摩演出中获创作演出二等奖。徐汇区徐镇文化站、斜土街道文化站淮剧队创作演出的小戏《谁是亲人》参加市戏剧交流演出获奖。而专业淮剧力量对群众淮剧团队的培育,提升了淮剧爱好者和创作者的水平。1984年11月1日,上海淮剧团举办"淮剧业余骨干短训班",招收100名有一定演唱基础的淮剧爱好者入学,由李神童、朱金霞、包丽萍组织教学,并请筱文艳等老一辈淮剧演员带徒授艺。学员通过40多天唱念等基本功的训练和《游湖》《对舌》《索礼抗君》《蓝桥会》等4出传统戏的排练实践,演唱水平都有显著的提高。同年12月中旬,该短训班在贵州剧场向学员颁发纪念奖状,并举行汇报演出。这批学员返回基层团队后进步很快,涌现出沈忠和、熊伟华、于涛、夏秋萍、施维桢等一批被观众称为新秀的业余淮剧演员。

1986年,杨浦区定海街道海联淮剧队创作演出的淮剧小戏《母亲的心》获杨浦区法制文艺会演一等奖。1988年,该团队创作演出的淮剧小戏《换亲泪》再获杨浦区会演一等奖。

1990年,沪西工人文化宫淮剧队创作演出反映环卫工人生活的大戏《玉兰曲》(洪崇海、唐正忠编剧),观众达2万人次。1991年,该剧应北京西城环卫局邀请,改用普通话赴京演出,之后,又转赴天津演出,受到京、津两地环卫工人赞扬。同年10月,该剧参加第三届上海"十月剧展"评选,获演出奖。

20世纪80年代至90年代初,上海多次举行有影响的业余淮剧交流演出。1985年4—5月,上海人民广播电台、市工人文化宫和上海淮剧团等联合举办的"上海市淮剧专业、业余交流演出",分别在沪西工人影剧院、杨浦区国棉三十一厂、虹口区第二工人俱乐部大剧场售票公演。演出剧目有沪东工人文化宫的《母女心》、沪西工人文化宫的《要彩礼》、卢湾区工人俱乐部的《蔡金莲告状》、南市区工人俱乐部的《探寒窑》、虹口区虹镇街道文化站的《告御状》、浦东文化馆的《拾玉镯》、静安区文化馆淮剧队武丽娟与上海淮剧团杨占魁合演的《书房会》、普陀区文化馆淮剧队的《河塘搬兵》、上棉十七厂淮剧队与南市区工人俱乐部的《刘二姐赶会》等,观众达 1 万人次。同年 6 月初,部分剧目在大众剧场演出,并由上海人民广播电台在"星期戏曲广播会"实况转播。同年 8 月 27—30 日,在中国剧场第二次举办上海市淮剧专业、业余交流演出,演出剧目有《琵琶寿》《宝玉哭灵》《九件衣》《金殿认子》等,受到广大淮剧观众的赞扬。

1992 年,沪西工人文化宫、上海市戏剧家协会和普陀区文化馆联合举办"'92 上海第二届业余淮剧之春"竞赛活动,全市 6 个区的 14 个业余淮剧队参加。经过两个月的比赛,包括塑造为居民家庭排忧解难的居委干部形象的无场次淮剧《暖流》(作者曹宝根)等 4 个剧目获最佳演出奖(《暖流》后由香港世纪风出版社出版),《党的女儿》等 6 个剧目获优秀演出奖,并评出沈忠和、张根娣、邓正明、侯福祥、熊伟华、夏秋萍、王金喜、王艳霞、陈金华、施维桢 10 人为业余淮剧"十佳演员"。1993 年 10 月,徐开麟创作的淮剧小品《新房》获第四届上海"十月剧展"优秀创作表演奖。

此后,群众性淮剧创作作品较少。

【锡剧】

发端于古老的吴歌,锡剧是由原为曲艺形式的无锡滩簧和常州滩簧两者融合,经历了对子戏、同场戏、常锡文戏等阶段,逐步成形的地方剧种,并在辛亥革命前后进入上海,发展成为具有独立风格的戏剧艺术样式。

1979 年 2 月,嘉定县文化馆吕连敦根据 1976 年 4 月 5 日首都群众在天安门广场悼念周总理遭"四人帮"迫害的事件,创作了锡剧小戏《大年初一》,并由曹王乡文工团排演,获上海市群众文艺交流演出二等奖。

20 世纪 80 年代初,金山县松隐乡、朱泾镇和嘉定县部分乡镇招收擅演锡剧的文艺骨干,创办以演唱锡剧为主的文艺工厂。1980 年 9 月,嘉定县文化馆陈汎、吕连敦创作的锡剧小戏《文书记罢宴》获市群众文艺交流演出一等奖;10 月,该戏入选首届"上海戏剧节",获演出奖。1982 年,金山县文化馆袁志仁创作的大型锡剧《祝您幸福》在金山县巡回演出,之后参加了全市群众文艺调演活动。1983 年 3 月,嘉定县娄塘乡文艺工厂创作排演的锡剧小戏《第九个姑娘》参加在松江县举行的市郊文艺工厂交流演出,获一等奖。9 月,该戏参加了在川沙县举行的首届"十月剧展"预展演出。

1985 年 3 月,在上海市农村戏剧剧目交流演出中,金山县业余作者彭纪明创作的《杨通宝借妻》和张道余创作的《新娘子抬轿》两个锡剧小戏获好评。其中,《杨通宝借妻》参加第二届上海"十月剧展"获创作奖和演出奖。1987 年 10 月,在南汇县举行的农村戏剧创作剧目调演中,嘉定县业余作者卫家来、李玉林创作的锡剧小戏《葡萄园里的笑声》获创作一等奖和演出二等奖。金山县王者香创作的锡剧小戏《初夜》获探索奖。1991 年 10 月,嘉定县娄圹塘文化馆朱兴仁创作的锡剧小戏《蓝盾曲》获第三届上海"十月剧展"优秀演出奖。

1990 年前后,上海市郊的锡剧专业剧团相继解散,业余锡剧的演出也大为减少,但业余锡剧爱好者的演唱活动一直没有停止。其中嘉定县锡剧团解散后,剧团成员仍坚持业余创作演出。

2007 年,嘉定区文化馆集体创作演出的锡剧小戏《板凳风波》(杨立华执笔)获上海市"我们的家园"小戏小品一等奖。2008 年,该馆又推出锡剧小戏《药渣风波》(作者费翔宝、杨立华),获"上海之春"群文新人新作评选创作演出奖。

【扬剧】

扬剧是发源于江苏扬州的传统戏曲剧种,由扬州香火戏及花鼓戏、清曲等融会衍化而成,流行于江苏扬州、镇江、南京和安徽、上海等地。1978年以后，上海的3个扬剧团由于各种原因未能恢复原建制，但群众业余扬剧演唱活动却持续不断，并在杨浦、普陀等部分区、街道文化馆、站开展活动。江苏等外省市扬剧团来沪巡演，仍拥有许多观众，只是群文创作扬剧作品不多。

2007年，在"上海之春"新人新作暨小节目评选和第十一届上海"十月剧展"中，普陀区桃浦文化馆创作演出的扬剧小戏《一张聘书》（朱烛编剧、蒋顺林作曲、傅马编导）入选。同年11月11日，上海戏迷俱乐部在中国大戏院举行上海扬剧名家票友演唱，扬州市扬剧团鼓板王兆奇、主胡王冰、当家花旦赵紫君、孙爱民，邗江祝荣娟艺术团团长祝荣娟，以及原安徽天长扬剧团尹树桐等演员、乐师专程前来助演。2009年，上海民营柳春扬剧团成立，对传统剧目进行整理加工并复排演出，创作扬剧作品《红蛇传》等，用古老的神话故事来警示今人，并深入社区演出。

【山歌剧】

山歌剧是中华人民共和国成立后上海地区诞生的地方剧种，通过对明朝时期已有流传、流行在长江入海口的上海崇明，江苏海门、启东一带的山歌、田歌、渔歌、说唱等民间艺术进行采集整理、加工创作而成。1975年秋，崇明县文艺学习班接到创作反映上海民兵题材的任务，尝试性排演了山歌剧《打靶》，参加市有关调演，后又创作演出山歌剧《新风曲》《三岔路口》。与以往抒情婉约、轻歌曼舞的风格不同，这些剧目内容要求音乐激越铿锵，因而初步形成了新的山歌剧唱腔的板腔体结构。

图3-3-4 "上海之春"国际音乐节山歌小演唱《老桃王拜师》（2009年）

1978后，崇明县文化馆多次举办培训班，培养了一批山歌剧的作者和演员。奉贤县重新组建了奉贤山歌剧团，排演了《春草闯堂》等十几部戏，同年更名为奉贤沪剧团，奉贤山歌剧再度停演。

1980年，业余作者黄秀廉创作了讽刺在农村搞迷信活动的算命先生的山歌剧小戏《算命》。次年上半年，该剧参加市业余会演，获二等奖。《算命》一剧的音乐素材取自当地流行的"数牌调"，伴奏中加入"苏镲（又名次钹）"的"嚓唥嚓唥"声，把算命先生自欺欺人的丑态表现得淋漓尽致、妙趣横生。该剧剧本在《小舞台》发表后，各地纷纷来函索取剧本和曲谱。崇明县文化馆专门以此剧为教材举办传授班，一年时间内，山歌剧《算命》便演遍了崇明岛的每个角落，推进了山歌剧的发展。同年秋，素有历史和地域渊源的崇明、启东、海门三县，联合在启东县城汇龙镇举办交流演出，山歌剧《算命》在启东和海门两地受到欢迎。

1984年，以崇明民间故事为题材创作的山歌剧《陆阿大卖小布》参加上海市农村元宵灯会民间文艺专场演出。该剧在表演上吸取了传统戏曲中的某些程式动作，音乐插入当地民间"丝竹锣鼓"的套路，以轻巧或笨重的不同的打击乐音色衬托剧情变化，取得了良好的效果。1987年，山歌剧《贷款记》参加在南汇县揭幕的市郊群众戏剧调演，获优秀作曲奖。1991年秋，山歌剧《三根火柴》入选第三届上海"十月剧展"，获优秀演出奖。

2003年，奉贤区文化部门依托南桥镇老年大学开办山歌剧唱腔培训班，在此基础上于2005年排演了7场山歌剧《江姐》，深受群众欢迎。同年，南桥镇文广中心创作、演出了山歌剧小戏《翠竹情深》(后改名《梅竹情深》,钱国弟编剧),并参加由市委宣传部和市文广局主办的"2005 年上海市小节目评选活动"及 2007 年第十四届全国"群星奖"上海地区选拔活动。同年,奉贤区文化馆创作演出的叙述东海水族夜访建设中的洋山港的神话山歌剧小戏《夜访》(作者钱国弟)获上海"洋山颂"小品小戏创作大赛一等奖。

2006 年,第八届中国上海国际艺术节"天天演"举办山歌剧专场,奉贤区少年宫山歌剧表演唱《小鲤鱼跳龙门》令观众耳目一新。2008 年在"上海之春"群文新人新作暨第十三届上海"十月歌会"评选中,松江区永丰街道文体站创作演出的泖田山歌小戏《女儿长大了》(沈玉亮编剧、杨建国作曲)参评。2009 年举行的"上海之春"群文新人新作评选暨上海市迎世博百场文艺巡演(特别场)中,奉贤区南桥镇社事中心创作演出的山歌剧小戏《海爷爷招亲》(韩群华、钱光辉编剧,潘永刚作曲)参演。

【木偶戏】

木偶戏相传始于商周时期的图腾崇拜。20 世纪 30 年代初,上海文化人开始参与木偶戏的创作演出。中华人民共和国成立后,许多幼儿园、小学校,甚至一些工厂都有业余木偶小组,以活跃少年儿童的课余活动,丰富职工的文化生活。

1981 年,中福会少年宫开设少儿木偶戏创演活动教师培训班,在上海推广少儿木偶戏演出活动。1982 年,中福会少年宫举行少儿木偶戏交流汇报演出,在参演的 30 多个木偶戏中选出《小雁学飞》《谁勇敢》《不和眼镜交朋友》《老公公与小白兔》等剧目,于 6 月 1 日国际儿童节在中福会少年宫参加汇报演出。京江路小学木偶组获优胜奖,获奖的木偶戏《孙悟空三打白骨精》深入工厂、农村、部队、中小学校和幼儿园演出达 200 多场。

1983 年,首届上海"十月剧展"中,中福会少年宫创作的木偶剧《不怕困难的奥秘》(作者童箴)参演并获奖。

1986 年,在全国幼儿园玩具教具展览活动中,常熟路幼儿园木偶组与上海幼儿师范合作制成木偶组合箱参展,获少儿专场一等奖。该组创作的木偶戏剧目包括《别淘气,小木偶》《一只大苹果》《小喜鹊》《粗心的小猫》《回声》《鸭妈妈找蛋》《谁的本领大》等,其中《别淘气,小木偶》获全国幼儿木偶戏录像比赛二等奖。

1987 年 1 月 1 日,中福会少年宫成立上海市少年儿童木偶艺术中心暨木偶小世界,展示国内外各种木偶艺术资料和立体木偶形象,同时为上海和全国培训木偶制作、演出人才。

1988 年中日儿童夏令营,10 多位日本儿童到中福会少年宫木偶皮影组跟随木偶组同学学习木偶皮影的操作。20 世纪 90 年代,该木偶皮影组创作的"乒乓玩偶",既好看又好玩,受到孩子们的喜爱。1993 年,上海教育出版社据此出版了《趣味乒乓玩偶制作》(作者童箴)一书。1995 年时该木偶皮影组制作了 120 套乒乓玩偶送给参加第 43 届世界乒乓锦标赛的各国代表团。

2007 年 3 月,中福会少年宫星期木偶剧场演出活动获上海市群文奖励基金理事会"2006 年度上海市群文工作优秀活动奖"。2008 年举办的第二届全国木偶皮影中青年技艺大赛中,上海戏剧学院戏曲分院 2007 届木偶表演本科班成绩突出,获得 2 个金奖、5 个银奖、5 个铜奖;木偶戏《沙家浜——智斗》指导老师赵根楼、郑国芳获指导老师奖。

2009 年 11 月 5 日,首届上海国际木偶艺术节暨邀请赛在上海南京东路世纪广场开幕,以"艺术让生活更精彩,木偶让孩子更快乐"为主题,为期 5 天。参加木偶节演出的剧目艺术风格迥异,多姿多彩,代表了当代国际木偶艺术界的各种流派,使上海的观众领略了木偶技巧、技术与生活积淀高度契合的木偶艺术。由联合国教科文组织国际木偶联会秘书长雅克思等 9 位国内外艺术家组成的"金玉兰奖"评奖委员会在 23 台演出剧目中,评选出"最佳剧目奖""创意与表演奖""视觉艺术奖""最佳木偶艺术传承奖"。上海陈云故居暨青浦革命历史纪念馆的《童年的足迹》获得优秀剧目奖。

【皮影戏】

皮影戏也称灯影戏、土影戏,俗称"皮团头戏",有千余年历史。2000 年,上海文化艺术志编纂委员会编纂出版了《上海木偶皮影志》。2006 年,经国务院批准,上海皮影戏被列入第一批国家非物质文化遗产名录。

七宝皮影 上海皮影以七宝为源头,清光绪末年的七宝镇人毛耕渔为公认的上海皮影戏鼻祖。1980 年初,上海县七宝镇皮影戏班演出了《三国演义》《水浒》《岳传》《封神榜》《薛仁贵征东》《樊梨花》《杨家将》等 20 余个传统剧目。流传下来的手稿,包括戏班规则、世系、曲目曲谱等,为七宝镇皮影戏传人璩墨熙珍藏。同年,上海举办首届"江南之春"画展,璩墨熙绘制一套《三国》皮影画参展获奖。此后,上海县文化馆成立曲艺协会,该戏班成为团体会员。1982 年,香港王心鹤索取璩墨熙所绘制皮影画稿 263 幅,并录唱腔。1985 年 7 月,璩墨熙所绘制《三国》入选比利时安特卫普、荷兰鹿特丹中国艺术品展览周,被国外相关机构收藏,并获证书和奖金。1987 年 7 月,上海举办国际艺术节,璩墨熙皮影戏班在文庙连续演出 10 天,中外记者相继采访报道。1989 年 10 月,"七宝皮影画展"在七宝文化站开幕。1992 年 10 月举行的第三届上海县艺术节,辟有"七宝皮影造型艺术展览",展出了 100 多幅既古老又现代的皮影作品。

齐贤皮影 20 世纪 80 年代末,奉贤县文化局把胡桥滚灯、齐贤皮影戏和奉城刻纸列入特色艺术抢救范围,齐贤文化站组织力量,把散在各村的皮影戏艺人召集起来,形成了以唐宝良为班首的"齐贤唐家班皮影戏"。1990 年 2 月举行的第三届奉贤县艺术节、1993 年 5 月举行的第二届中国民间艺术博览会和同年年底举行的奉贤县齐贤镇庙会上,都有丁家村以唐宝良为首的"唐家班皮影戏"演出。

桂林皮影 桂林皮影戏班解放前就名噪一时,因其班内艺人大都来自上海县桂林社区(现徐汇区康健、漕河泾、凌云、长桥、虹梅等街道一带)而得名。1952 年,由七宝皮影毛耕渔第四代传人徐顺林为班主自发再次组建,在桂林地区及周边农村演出,所到之处引发轰动。2006 年,康健街道桂林皮影戏班重新组建,并纳入街道康健艺术团建制,可演出《岳飞传》《说唐全本》等大戏。桂林皮影集绘画、雕刻、文学、戏曲等于一体,吟、表、唱俱全,深入基层演出,受到群众欢迎。

长宁皮影 2004 年 7 月,长宁民俗文化中心成立皮影队,编排了皮影戏《孙悟空大闹天宫》(徐剑清编剧,朱墨钧导演,王平臣音乐制作,陶伟旗、朱彦等表演),在首届上海市民间艺术博览会上演出。主创人员拜师 80 多岁的皮影戏第四代传人璩墨熙,上海电视台拍摄了上海第五代皮影戏拜师传承的专访节目。长宁皮影队以传承皮影戏为宗旨,创作了皮影课本剧进入中小学演出,并于 2005 年开设了北新泾第三小学皮影特色班。

第二节 曲 艺

一、独脚戏

【沿革】

独脚戏又称滑稽,主要流行于上海和长江三角洲一带,以沪语为主,是在江南地区民间说唱"小热昏"、"苏滩"(即苏州滩簧)的基础上,吸收穿插在早期文明戏幕间滑稽表演而形成的曲艺品种,也称上海相声。

1976 年 10 月,市工人文化宫曲艺团重建,用上海话演出的"上海相声"也被统称为"独脚戏"。其后,该曲艺团创作演出了一批揭露批判"四人帮"丑行和颂扬上海新时期新面貌的独脚戏作品,包括《南京路》(作者江荣鑫、王南山)、《点心》(作者丁虎生、蔡宝藩)、《熊顾问上任》(作者沈鸿禧、姚鸿福)等。

1977 年,市青年宫举办曲艺学习班,1978 年建立青年宫曲艺组,在大世界、工厂和街道基层单位演出新创作的独脚戏。不久,该曲艺组改名为"上海市青年宫曲艺队"。

1980 年 7 月、1981 年 11 月,市群艺馆先后举办独脚戏创作和表演学习班,请袁一灵、杨华生、张双勤、方艳华、筱声咪等传授创作基础知识和表演经验。创作和表演两个班的学员各有 80 余人,旁听学员最多时达 200 余人,对区县文化馆独脚戏的创作和演出水平的提高起到了推动作用。徐汇、卢湾、虹口等区和川沙、嘉定等县的文化馆开始组织创作和演出独脚戏。

1981 年,市青年宫曲艺队通过公开招生和举办曲艺培训班吸收了近 30 名新演员,并成立创作组,创作演出了不少独脚戏,包括《哪能吃得消》《各派越剧》《电视广告》《阿三到香港》《毛脚女婿新红娘》《算术》等。该曲艺队所培养的演员中,顾竹君、蔡伟中、姚斌儿、王蓓、戴齐绒、徐世利、殷群红等先后进入专业剧团。

1987 年 2 月 12 日,在上海市第一届民间艺术节和南市文庙庙会、元宵灯会及上海电视台专栏节目"上海轶事",丽园街道的徐和其作了精彩表演,使消失多年的"小热昏"再现风采。据介绍,徐和其艺名小福人,为"小热昏"第四代传人,上海解放后任上海市街头艺人促进会主任。

此外,市交运局职工孙长生、王飘师从筱咪咪,分别取艺名为孙君咪、王红咪,活跃在业余曲坛。其中,王飘参加市工人文化宫曲艺团后,几十年中编创了不少较有影响的曲艺作品,1988 年 3 月市总工会和市曲艺家协会授予其"工人曲艺家"称号。

【主要作品】

1978 年,上海市青年宫曲艺队创作演出了一批独脚戏,包括《上大学》(作者王惠锷、俞蓓蓓)、《新灯谜》、《一丝不苟》(作者王惠锷、俞蓓蓓)、《春回车厢》(作者蔡剑英、王蓓)、《一枕黄粱》(作者蔡伟中、徐世利)、《乘火车》(作者钟庆华、邵光汉、王松庆等),这些作品均参加了 1978 年市青年系统的交流演出并获奖。

1979 年,上海市举行欢庆中华人民共和国成立 30 周年全市群众文艺会演,市工人文化宫曲艺团创作的独脚戏《南京路》《点心》《熊顾问上任》参加演出并获奖。

1982 年至 1987 年举行的历届区县曲艺交流演出中,获奖的独脚戏作品包括《音乐的妙用》(作者沈双华)、《等他回来》、《拉兹之歌》(市公安局演出队)、《一篮鸡蛋》、《宝贝儿子》、《红娘》等,同时还培育了一批后续走上专业道路的曲艺创作表演的艺术人才,包括成为上海家喻户晓的滑稽演员王汝刚、毛猛达、沈双华等。

1986 年和 1987 年,市总工会、上海人民广播电台、上海市曲艺家协会等联合举办第一届、第二届职工"曲艺之花"交流演出,27 个独脚戏参演,展现了独脚戏创作、演出的新水平。其中《一朵花开店》(作者王飘)、《一朵花求婚》(作者王飘)、《糖纸头风波》(作者傅峰)、《双良心》(作者徐同华、王益德)、《老山战歌》(作者王文丽、石兆)、《工会主席》(作者江荣鑫、沈鸿禧)等独脚戏获优秀奖。获奖的还有《乐极生悲》(作者曹刚强)、《百搭先生》(作者胡福生、袁忠传)、《阿要拨伊面子》(作者汤伟华、傅秋影)等。

1989年5月,在庆祝上海解放40周年之际,举办首届市职工艺术博览会和第三届"曲艺之花"交流演出,独脚戏《老早》(作者王飘)获优秀奖。同年10月,全市举行'89上海艺术节,区县和系统单位进行了曲艺交流演出,独脚戏《寻人》(作者眭朝晖、陈国梁)、《江南一枝花》(作者武际堂、江荣鑫、沈鸿禧)、《报告科长》(作者夏友梅、李焕明)等在独脚戏专场中脱颖而出,入选艺术节演出并获奖。

1992年,全市举行群众曲艺调演,松江县文化馆创作演出的独脚戏《第八个吻》(作者范奕中)获奖。1993—1994年,市工人文化宫根据上海市政建设所发生的日新月异的变化,创作了《眼睛一眨》《两姐妹》等节目。

2003年,市文广局举办抗击"非典"专题创作作品评选,普陀区长风文化馆选送的独脚戏《一个不漏》(作者李少山)获"感人奖",奉贤区文化馆选送的独脚戏《勿要紧张》(作者刘永根)获"时效奖"。

2008年,在"上海之春"群文新人新作暨第十三届上海"十月歌会"评选中,独脚戏《掀起你的盖头来》(作者戴慕仁)入选。

二、上海说唱

【沿革】

上海说唱脱胎于独脚戏,是逐步发展成形的、以说带唱而偏重唱的曲艺新品种,被冠以什锦说唱、方言说唱、说唱等名,流行于上海及苏南等地,为上海较有影响的曲种之一。

图3-3-5 "上海之春"国际音乐节群文新人新作上海
说唱《登高》(2008年)

20世纪60年代初,市群艺馆在"上海说唱"尚未定名时已向各区县基层推介这一新曲种,先后举办创作和表演培训班,培养了一批"上海说唱"的业余作者和业余演员。

1978年,从部队复员回工厂的黄永生演唱了讽刺"四人帮"的《古彩戏法》《政治流氓》《狗头军师》《反动文痞》等上海说唱作品,上海电台、电视台多次播映,出现了广为流传、到处学唱的景象。随后,涌现出完全模仿传统说唱《金陵塔》格式曲调的《石油塔》(作者张双勤、乐秀琴),还有描述八路军侦察员深入敌巢,机智勇敢采购药品的《买药》和反映新时期新风尚的《人民售票员》等一批优秀的上海说唱作品。同年4月,上海文艺出版社出版《上海说唱集》,上述作品均收录其中。

1978—1990年,上海市工人文化宫陆续举办了7次上海说唱创作、表演学习班,培养了一批业余曲艺新作者、新演员。在此期间举行的历届全市、各区县及职工曲艺创作节目交流演出中,都有新创作的上海说唱节目参加并获奖。

1979—1984年,市群艺馆编印了《演唱材料》《新演唱》等内部刊物,刊登曲艺作品77个,其中上海说唱61个。1980年10月22日,市群艺馆在黄浦区文化馆举办首次区县曲艺创作节目交流演出,参演的 32 个节目中,多为上海说唱。

【主要作品】

1979 年,上海说唱《两串蟹》(崇明县作者顾惠德、改编龚伯康)参加了上海市交流演出。1980
年,《黄昏后》(川沙县作者龚林森、杨蔚)参加了上海市农村群众文艺交流演出。

1982 年,参加区县曲艺创作节目交流演出的上海说唱作品包括上海县的《阿龙打转弯》、金山
县的《活包公》(作者张正余)、川沙县的《破镜重圆》《三过磅》(作者培培)、嘉定县的《存折风波》(作
者朱烨其)、闸北区的《闪光的团徽》(作者范权、吴万才)。

1983 年,上海举办区县业余曲艺创作节目交流演出,参演的上海说唱作品包括青浦县的《三难
鸭司令》(作者曹伟明)、普陀区的《马路天使》(作者潘麟发)、卢湾区的《想孙子》(作者周家仪、周民
康)、嘉定县的《三盘磁带》(作者费翔宝)、金山县的《新娘抬轿》(作者黄萍、张道余)、川沙县的《好市
长》(作者张少培)、《海迪学医》(作者徐国庆)。

同年,松江县的《原来是个女的》(作者范奕中、张桂珍)参加上海农村文艺工厂交流演出;《画中
人》(作者经绍维)、《唱先进》(作者王飘)参加上海职工群众曲艺交流演出。

1984 年,川沙县的《阿富根招贤》(作者邱凤英)、青浦县的《葱比姜辣》(作者曹伟明)、川沙县的
《元帅赔鸡》(作者张少培)、南汇县的《空想万元户》(作者徐金龙、周锦华、邬盛麟)、松江县的《新厂
长锁门》(松江县演出队)、上海县的《掼草帽》(作者赵克忠)、市消防文工团的《第十四块金牌》(作者
杨蔚)参加区县业余曲艺创作节目交流演出。

1986 年,川沙县的《阿富根退贤》(作者邱凤英)、青浦县的《鸭子姻缘》(作者曹伟明)、南汇县的
《爱的抉择》(作者祝伟中)、嘉定县的《携手并进》(作者朱烨其)、市工人文化宫曲艺团的《甜爱路》
(作者王飘、经绍维)参加区县曲艺交流演出。

1988 年,上海说唱《鹦鹉》(作者龚稼伟)参加江浙沪说唱大赛。

以上作品中,《三难鸭司令》《阿龙打转弯》《马路天使》《阿富根招贤》《三盘磁带》《空想万元户》
等都是富有农村生活气息的优秀上海说唱曲目。《阿龙打转弯》刊登于 1980 年《曲艺》月刊,《三难
鸭司令》《阿富根招贤》获市首届文学艺术奖一等奖。颂扬陈毅市长的上海说唱《好市长》经黄永生
加工修改赴京参加全国曲艺会演。《画中人》《唱先进》同获职工曲艺交流演出优秀奖。《甜爱路》
《新风赞》《道是无情却有情》等获市职工"向阳杯"曲艺大赛一等奖。

随着时代的发展,不少业余作者和业余演员在上海说唱创作演出中不断探索创新,在艺术实践
中敢于进行新的尝试。1984 年,上海市消防文工团说唱演员杨蔚,采用有影响的流行歌曲的曲调
填写新词,增加管弦乐伴奏以营造气氛,同时加快演唱节奏,创作演出了颂扬中国女排顽强拼搏精
神的上海说唱《第十四块金牌》,受到观众欢迎。王飘为适应观众欣赏习惯的变化,编写了更为短小
的微型说唱《救死扶伤》《找市长》等,参加职工"向阳杯"曲艺大赛获奖。

1992 年,在上海市群众曲艺调演中,上海县文化馆创作演出的上海说唱《阿三吃鸡》(作者赵克
忠)获奖。

1993 年,由曹伟明创作的上海说唱《竞选鸭司令》获第三届全国"群星奖"银奖。

2008 年,在"上海之春"群文新人新作评选暨第十三届上海"十月歌会"评选中,南汇区祝桥镇
文化服务中心创作的上海说唱《登高》(作者徐维新、何庆和)、南汇区惠南镇文化服务中心《喜酒》
(谈敬德作曲、殷渭清导演)获优秀新人新作奖(曲艺类)。

2009 年,在"上海之春"群文新人新作评选暨上海市迎世博百场文艺巡演(特别场)中,南汇区

惠南镇文化服务中心创作的《喜酒》(作者邬盛林)和嘉定区华亭镇文化体育事业发展中心创作的《多难兴邦》(作者费翔宝)两个上海说唱曲目入选演出。

三、评弹

【沿革】

评弹又称苏州评弹、说书或南词,是苏州评话和弹词的总称。

1978年开始,市工人文化宫、卢湾区工人俱乐部、虹口区文化馆、上海炼油厂等单位和企业的业余评弹团队相继恢复活动。市工人文化宫业余评弹团连续举办了5期培训班,80人次参加,创作演出的短篇弹词《假遗嘱》《新风尚》、弹词开篇《翠翠与翠娥》先后在全市职工文艺交流演出中获奖。

20世纪80年代后,评弹创作进入丰收期。进入21世纪后,上海群众评弹的创作仍在持续发展。缘于文化场地的扩充,许多评弹活动以"沙龙"形式定期举行,比较有影响的包括市工人文化宫茉莉花评弹沙龙、鲁迅公园的鲁迅书院评弹沙龙、七宝镇评弹沙龙、广东路雅韵集评弹沙龙等。此外还有许多书场,包括美琪书场、雅庐书场、豫园书场、玉兰书场、长艺书场、宋园书场、武定书场等都有长年不断的评弹演出活动。2009年9月开始,闸北公园的宋园茶艺馆每月第一周的周二上午举办"评弹票友流派演唱"。

【主要作品】

1979年5月29日,上海市举行改革开放以后的第一次曲艺汇报演出。演出的节目中,短篇评话《在公共汽车上》深情地讴歌了敬爱的周总理的伟大品格;单弦《歌唱英雄杨朝芬》简练而生动地表现了人民解放军在中越边境自卫反击战中一往无前的英勇气概;中篇评弹《冤案》揭露了"四人帮"一伙为了达到其篡党夺权的目的而对群众所做的残酷政治迫害;群口词《赶》抒发了青年一代决心为实现"四化"而立志参加农村建设的豪情壮志。

卢湾区工人俱乐部业余评弹队创作演出的短篇弹词《三勤姑娘》在第二届上海市职工艺术博览会上获奖。虹口区文化馆业余评弹队创作演出的短篇评话《杀父树》、短篇弹词《两斤白木耳》,均在1984年市业余曲艺交流演出中获奖。

1992年,在上海市群众曲艺调演中,浦东文化馆创作演出的评话《张冠李戴》(作者李孔銮、施春年)、嘉定区黄渡文化站创作演出的评话《死人勿关》(作者黄震良)和嘉定区文化馆创作演出的评话《骄人的耳朵》(作者朱德谟)获优秀作品奖。

2007年,在"上海之春"新人新作暨小节目评选和第十一届上海"十月剧展"评选中,透明思考文化传播有限公司创作演出的新评弹《中华美德谱新篇》参加了演出。

2008年,经"上海之春"新人新作暨小节目评选和第十三届上海"十月歌会"评选,上海姚连生中学创作演出的评弹小品《五福娃迎奥运》(作者吴新伯,作曲周红)入选演出。

四、锣鼓书

【沿革】

锣鼓书是由上海市郊农村求神保佑太平的道场活动"唱太保"衍化而成的民间曲艺形式,旧称"太保书"。相传其溯源可至汉末晋初,其始祖为许旌阳。锣鼓书常用的演出形式是单人说唱配乐队的模式。

1978年,南汇县文化馆组织业余作者开始创作锣鼓书作品,先后创作演出了锣鼓书新书目《桃李争春》《称心满意》《第一次上门》《真情献给城里人》和《电脑姻缘》等。其中,反映科学养鸡的《电脑姻缘》参加市业余曲艺创作节目交流演出获优秀创作演出奖。优秀锣鼓书业余演员祝伟中在农村文艺工厂收徒授艺,演出了开篇联唱《黄道婆》《人定胜天》等一批锣鼓书新书目,并带出了一批新的演员。

20世纪80年代,除农村地区外,锣鼓书也开始进入市区演出。1980年,虹口区创作演出了歌颂朱德元帅南昌起义时智斗群顽的新书目《朱军长请客》,受到广大听众的好评。

1987年5月5日,市群艺馆、《中国曲艺志·上海卷》编辑部、《中国曲艺音乐集成·上海卷》编辑部、中国曲协上海分会、春江沪书团和南汇县文化馆在南汇举行锣鼓书研讨会,并组织演出了一台锣鼓书保留节目,上海曲艺界、锣鼓书创作演出、辅导的专业和业余人员50余人出席活动。

此后,市群艺馆创作干部何其美等到南汇开设讲座,对作品进行点评,使锣鼓书的创作水平有了很大提高,并先后涌现出谈敬德、邬盛林、周进祥、龚乙生、倪晖、曹石麟、吕丹平、冯正明等一批颇有影响的锣鼓书作者。他们创作的锣鼓书作品包括反映改革开放给新农村带来新气象的《水乡新歌》《站在水乡望北京》《东海滩边摆战场》,反映新形势给人们带来新观念的《牛书记招商》《真情献给城里人》,反映新时代新生事物的《电脑姻缘》《富大妈出游》,反映廉政建设的《高镇长请客》《一个党员一面旗》,反映构建和谐社会的《和谐社会是个圆》《候车亭前话交通》等。此外,也出现了挖掘传统题材的作品,比较有代表性的有《黄道婆》《木兰从军》等。《桃李争春》《造房记》《阴差阳错》《唱不尽我们的感激情》等作品在市会演中获得好评。

锣鼓书的创作还尝试向戏曲形式发展,创作了锣鼓戏《铁牛飞奔》《鸭司令遇难》《鲤鱼跳龙门》等作品,其中《铁牛飞奔》获上海市农村文艺会演二等奖。

由于锣鼓书创作的活跃,南汇还出现了新场、瓦屑两个锣鼓书特色文化乡镇。南汇县文化馆有锣鼓书的中心表演队,各个乡镇也都有锣鼓书表演骨干,大部分乡镇都演出过锣鼓书节目。1996年,南汇县被文化部命名为"中国民间艺术锣鼓书之乡"。

2006年6月,锣鼓书被列入第一批国家级非物质文化遗产名录。此后,浦东新区新场镇文化服务中心每年举办创作班、加工班,组织村居委的爱好者和学校语文老师等10多位新老作者,创作了50多篇锣鼓书新作。2007年,浦东新区新场镇建立少儿锣鼓书传习基地。基地的少儿学员在上海曲协、中国曲协举办的少儿曲艺大赛中,先后5次获奖。同年,南汇区文广局编写了《上海锣鼓书》一书,由上海文艺出版社出版。

【主要作品】

2000年,南汇县文化馆创作演出的锣鼓书作品《真情献给城里人》(邬盛林作词,谈敬德作曲)获得第六届上海国际艺术节优秀演出奖。

2001年,谈敬德作词作曲、老港废弃物处置公司演出的《十里滩渡摆战场》获得上海市职工会演二等奖。

2005年,祝桥镇演出的《金光灿灿南汇桥》获得"上海之春"群文新人新作奖。

2007年,由大团镇文化中心表演的《公示风波》和新场镇文化中心表演的锣鼓书作品《桃花审鸡》同获"上海之春"群文小戏小品暨第十一届上海"十月剧展"优秀新人新作奖。新场镇小学演出的《升国旗》获得上海市少儿曲艺大赛三等奖。

2009年,新场镇文化中心表演的《"丁头亮"办案》获得"上海之春"群文新人新作评选二等奖;2010年,锣鼓书《柏万春审鸟》获得"上海之春"群文新人新作二等奖。

五、钹子书(浦东说书)

钹子书起源于南汇,有100多年历史,原名因果书,又名浦东说书,还有浦东说唱、唱单片、筷子书诸多别称。钹子书因演唱者手持钎钹(单片钹子)、竹筷自打节拍得名,主要流行于南汇、川沙、松江、青浦等县,中华人民共和国成立后又称沪书。

浦东地区川沙文化馆组织钹子书老艺人传授演唱技艺,培养了一批钹子书业余演员。1958年,《人民公社一枝花》参加全市群众文艺会演。1959年,《人民公社斜斜好》参加庆祝中华人民共和国成立10周年上海市群众文艺会演,获得优秀创作、演出奖。1962年后创编《毛主席像红太阳》《海塘女民兵》《养猪阿奶》《卖鸡》《陆阿福种西瓜》《陆阿福卖猪肉》《断桥相会》《阿六头》《浦东大娘子》等节目,其中《海塘女民兵》获得1972年上海群众文艺会演二等奖,《养猪阿奶》《卖鸡》分别在1975年和1976年参加全国曲艺调演,受到关注。

1978年以后,浦东说书的创作演出活动更加活跃,川沙县的成绩尤为突出。在1983年和1986年举行的上海市业余曲艺创作节目演出中,龚路镇徐征衍创作的《陆阿大摘棉花》和《陆阿福种西瓜》均获得二等奖;花木乡的《浦东大娘子》(作者王通宇、闵雪生作曲、候秀珍编导)、高南乡的《禁赌娘子军》(作者何志辉、闵雪生作曲、候秀珍编导)获好评。1989年,上海市举行业余曲艺创作节目会演,龚路镇《陆阿福卖稻谷》(作者徐征衍)获二等奖。

1987年,沪书艺人施春年到浦南文化馆工作,他从专业院团转入群文队伍,先后创作表演了《奥运会传奇》《抓斗大王》《月夜猎鹰》等作品,将沪书的说表艺术融于通俗易懂的故事之中,广受赞誉。1996年2月,由上海市文化局、上海人民广播电台、浦东新区社会发展局、上海市曲艺家协会主办,浦南文化馆承办,举行了"年年春暖施中华——施春年沪书艺术回顾演出"。

2007年,在"上海之春"小戏小品暨第十一届上海"十月剧展"中,金山区朱泾镇文广中心创作演出的钹子表演唱《农民的女儿》(作者胡林森、奚莲)入选演出。

2008年开始,浦东新区北蔡镇每两年举办一次长三角曲艺邀请赛,大力推进浦东说书创作,培养人才,传承发展浦东说书艺术。浦东说书情景剧《最后的雕塑》(黄玉燕编剧、岳德顺作曲、赵宏财导演)获2008年上海市新人新作奖;浦东说书情景剧《嫁女歌》(黄玉燕编剧、侯小声作曲、赵宏财导演)获2009年中国上海国际艺术节"浦东北蔡杯"长三角曲艺邀请赛金奖。

2009年,嘉定区黄渡镇文广中心创作演出的《存心不还》(作者黄宣林)、浦东新区北蔡镇演出的《最后的雕塑》(作者黄玉燕)、《欢乐一家门》(作者曹刚强)入选"上海之春"新人新作评选暨上海市迎世博百场文艺巡演(特别场)演出。

六、宣卷

宣卷是上海地区民间曲艺形式之一,俗称"讲善书"。元明时期的寺庙,每逢佛教节日,便有和尚或信徒宣讲(佛经)"宝卷",故得其名。"俗讲""谈经"中朗诵经文时敲佛教木鱼、铃磬等作为伴奏,逐渐为中国戏曲唱念并用、韵散结合的文学结构形式借鉴采用。上海的宣卷由苏州地区传入,故又称为苏州宣卷;因其传统曲目中有较多神仙故事,也称为"念仙卷"。最早的宣卷表演形式为单档,一个人边翻宣卷边击木鱼演唱;后形成双档,即再加一个碰铃。南汇宣卷为四档,角色分明。上海宣卷的唱腔分为"西乡腔""东乡腔""城市腔"等。上海宣卷的著名艺人包括曹少堂、史鉴渊、胡润魁、张志承、许维钧,南汇的张儒锦,松江的石耀良、夏奇峰,嘉定的周耀庭,青浦的姜友明、孙建达等。20世纪20年代至30年代,上海宣卷艺术进入鼎盛时期。20世纪60年代至80年代,市群艺馆和南汇、青浦、上海县文化馆分别进行宣卷音乐的采风抢救工作。

1980年,由青浦县文化馆组织力量挖掘整理宣卷,并培养扶植了一批新一代宣卷艺人传承宣卷的创作表演,商榻文化站的孙留云是其中一位。同年,在青浦县文化馆帮助下,青浦商榻文化站组织以宣卷为主的宣传队在全乡巡回演出两个多月,受到村民欢迎。1983年,青浦县文化馆培训的孙留云等7位青年演员组成宣卷队,创作演出了《懒阿新遇仙记》《阿塔卖茶》等一批反映改革开放、农民勤劳致富的新宣卷曲目。1984年,该队在上海市农村元宵灯会上演出了整理的传统曲目《螳螂娶亲》,创新编排了宣卷表演唱《婚礼变奏曲》。其中《懒阿新遇仙记》参加市农村曲艺创作节目交流演出被评为优秀节目,《婚礼变奏曲》参加了1988年上海首届曲艺节的演出。

1990年10月,日本早稻田大学、广岛大学、乐泽文化研究学院和东京皇家学院10多名教授专程到商榻观摩表演,并全程摄制了孙留云表演的宣卷传统剧目《螳螂娶亲》。

2008年,由宝山区文化馆、南汇区周浦镇文化服务中心创作表演的宣卷《桂花立规矩》获得"上海之春"群文新人新作暨第十三届上海"十月歌会"(曲艺类)优秀新人新作奖。

图3-3-6 "上海之春"国际音乐节群文新人新作比赛宣卷《桂花立规矩》(2008年5月)

七、相声

现代相声艺术形成于清代后期的北京,在下层社会广泛流传并发展成熟。其艺术渊源可上溯到春秋时期的"优孟衣冠"。相声作为北方南下的曲艺品种受方言和观众习惯的限制,整体来说,无论是专业的还是群文创作演出的相声作品,早期并不多。其中群众创作演出的相声作品有一部分还是用上海方言表演的"上海相声"。20世纪80年代以后成为最受群众欢迎的曲艺种类之一。

1978年以后,相比同时期的其他曲艺品种,上海的群众相声创作处于作者和作品不多的状况,之后的发展也是起起伏伏。

1989年,上海市曲艺家协会、市群艺馆、中福会少年宫、上海人民广播电台文艺台联合举办"'89上海少儿曲艺大赛",黄浦区重庆北路小学创作的化妆相声《装聋作哑》获一等奖,虹口区中山中学创作的单口相声《厌学》获二等奖,南汇县周浦镇第一小学创作的相声《我爱幻想》、徐汇区天平路第一小学创作的相声《真话》、黄浦区金陵西路小学创作的相声《老K和小K》获三等奖。

1992年,中福会少年宫《少年队活动》杂志承办的全国少年相声大赛在上海举行。《文字篇》《嘻嘻哈哈》《用错了量词》《天天过"六一"儿童节》《三斤胡桃四斤壳》等儿童相声参赛,并出版了儿童相声集《嘻嘻哈哈》,收录了80篇儿童相声,内容分品德篇、词语篇、知识篇、童话篇和嬉戏篇。这些儿童相声作品易唱、易说、易演,灵活简便,可在教室、操场、街头、巷尾随时随地演出,让儿童在轻松的相声中愉悦身心、提高审美情趣。

1990年前后,于振寰、叶惠贤搭档开始演出相声。于振寰的弟子高龙海等除在基层演出相声外,还在普陀区的一些学校开展少儿相声学艺演出活动。

进入21世纪,上海的相声创作演出开始走出低谷。业余相声领域出现了一些较有影响的创作与演出团队,他们创作演出的相声作品,大多是在年轻人中流行,在内容主题上,则较多地展现了上海年轻一代的审美特点与生活方式。

2003年3月12日,上海交通大学相声协会成立,成员全部由上海交通大学在读学生组成,该协会在2003—2009年的7年时间里,创作并演绎了原创校园相声近150段、大型相声剧6台,撰写并出版了中国第一部相声理论书籍《说出你的笑:校园相声学》。2005—2010年,上海交大相声协会共计推出《四士同堂》《DONG十三楼》《第二天,唐》《从前有座山》《交大这些事》《骑遇》等相声剧,其中《交大这些事》夺得了全国校园戏剧最高奖——"中国戏剧奖·校园戏剧奖"优秀剧目奖,担任导演的相声协会成员王武聪同学也一并获得"中国校园戏剧之星"称号。上海的其他高校也陆续出现了类似"交大相声协会"这样由学生自己组建的群众相声团队,并持续开展校园课余相声的创作演出活动。

2007年,在"上海之春"群文新人新作暨小节目评选和第十一届上海"十月剧展"中,闸北区文化馆创作的相声《补课》(作者刘秉刚)入选演出;2008年,在"上海之春"群文新人新作暨第十三届上海"十月歌会"评选中,上海市武警总队政治部文工团创作的反映担任外国使馆警卫任务的武警战士风貌的相声《领馆卫士》(作者董德平)入选演出。

至2010年,在一批又一批青年爱好者坚持不懈的努力下,在群众相声创作、演出活动逐渐开展的基础上,还涌现出包括田耘社、品欢相声会馆等半职业性的团队,他们除了进行商业演出外,更多地走进社区、企业和基层进行公益演出,受到欢迎。

田耘社在创作中对相声节目进行了革新,给传统段子加入了更多上海元素和新鲜资讯,以吸引青年观众。他们既改编演出传统曲目《黄鹤楼》《武坠子》,也创作以上海路名做谜的新作《迷上海》;既走进社区,也走进剧场;既走进大学也走进少年宫,影响逐渐扩大。至2008年底,田耘社创设的"上海相声大会"一度创造了连续多场爆满的"票房奇迹"。

2009年1月,邓涛、金岩成立了品欢相声会馆。他们对相声内容进行了大刀阔斧的改编,把观众人群锁定在白领阶层。因此,他们创作的相声段子里出现了很多通常只有都市青年才能意会的主题,创作了《批动漫》《怯数码》《我是房奴》,甚至连"魂斗罗"(20世纪80年代的电子游戏)等名词和故事都出现在相声节目中。他们创作排演的"新小舅妈"系列相声剧巧借了当时上海电视台节目的名称,给观众送去欢乐。

八、上海文书

上海文书原名"唱滩簧",是从本滩、申曲演变而来的早期沪剧的说唱形式。1960年前后,经过推陈出新,命名为上海文书。其演唱形式与苏州评弹基本相同,分单档、双档。双档为男女合演,自拉自唱,说表兼备。曲调用沪剧曲调以及江南民间小调,说表口语用上海土白。早在沪剧的前身——滩簧、申曲的形成与发展时期,民间艺人搭班唱戏,戏班子时聚时散,有些艺人一时搭不成戏班,就以坐唱说书的形式散入村庄客堂或乡镇小茶馆演出,当时就叫唱滩簧。由于这一曲种曲调易于在业余演员和爱好者中推广,因此在群众文化工作中受到市群艺馆的重视。20世纪60年代,由上海县和嘉定县文化馆组织培训了一批上海文书业余演员。自此,上海文书这种演唱形式开始运用到群众文艺活动中。

上海县群众演唱的上海文书从老腔老调发展到谱作新曲,往往不限于演唱沪剧曲调,其中《两亩田》《如此亲家》《闹新房》《阿宝与阿巧》《香姑娘解难题》等作品都是如此。

闸北区创作演出的反映里弄新风的上海文书作品《花一支》(作者范权)和《两房相会》(作者陈志鸿),先后参加了1982年和1984年举行的上海市群众文艺创作节目交流演出,受到观众称赞,并分别获得一等奖和优秀创作演出奖。

1983年,上海县上海文书作品《告状》《倔强的新娘》等参加上海市区县曲艺创作节目交流演出,获二等奖;《快三步进行曲》入选1988年上海首届曲艺节演出。

21世纪以后,该曲种的群文创作逐渐停止了。

九、崇明洋钎

崇明洋钎是明清时期崇明农村中最常见的一种曲艺表演形式,用崇明方言演唱。20世纪30年代闻名崇明的民间艺人黄正邦演唱时手拿的"次钹",即今天的钹子书的"钹子",也叫"苏镲"。由于崇明人认为铜钹是外国传来的洋货,于是就称钹子书为"洋钎"。崇明洋钎具有浓郁的地方特色,乡音亲切,吐字清晰,唱词押韵,朗朗上口,内容通俗易懂,还运用一些崇明的俗语谚语,幽默风趣。在唱词组合上,一般以七字句为主,但很多民间艺人根据内容需要加以自由发挥,只需注意以单音节收尾即可。崇明洋钎活动主要分布在崇明县18个乡镇,其中竖新镇崇明洋钎演唱人员较多,还推广到江苏省的启东市、海门市(同操崇明方言)。

崇明洋钎在上海地区也有一定影响,20世纪80年代中期举办的上海市业余曲艺节上,崇明洋钎深获上海市专业文艺工作者和曲艺界行家的好评,被誉为"崇明曲艺三宝"之一。20世纪八九十年代,崇明创作的洋钎演唱作品《三次入党》以及2002年创作的《老年乐》等在上海市级曲艺比赛中都获得过最高奖。

十、钹子因果调

20世纪80年代初,崇明县文化馆音乐干部王霖于在发掘整理崇明20世纪30年代的"洋钎(钹子)"、40年代的"因果调"和50年代的《翻身乐》的基础上,合三为一,融会贯通而派生出一种曲艺新形式,即钹子因果调。因果调是崇明原有民间说唱小调,分别采集于新河镇的范伯良和鳌山乡的仇兆德。中华人民共和国成立初期,由汲浜乡艺人陈明卿编创演唱《翻身乐》,以醇厚朴实的方言表达翻身农民的欢乐之情,受到民众喜爱,崇明县境内下自牙牙学语的幼童、上至年逾古稀的妪翁,无不以叙哼几句为乐。

钹子因果调融会贯通三者的艺术特点,以男女双档的形式表现:女站立上手,主表主唱兼敲竹筒;男坐下手,敲钹子伴奏,并穿插简短"衬白"。说白用"崇明官话"。钹子是这个曲种的象征。改编者集民间吹打、戏曲锣鼓及浦东说书各家之长,设计了一套钹子敲击法,即通过对钹子的边、中心、蒂不同部位的多种敲法,和谐地融进音乐和唱腔之中,每当节奏变换时还起到引领作用。钹子因果调在1987年举行的"上海市业余曲艺会演"时首次推出,获青年演员奖及演奏奖。翌年,被推荐参加上海市首届曲艺节,代表作品《奈何桥上没奈何》(作者顾惠德)获创作表演一等奖。

十一、崇明韵白书

崇明韵白书是由崇明县文化馆倪俊伟在学习继承崇明地区口头文学基础上改创的一种曲艺形式。崇明韵白书以崇明地区民间歌谣、顺口溜为主体,吸收山东快书的节奏明快和四川评书的诙谐风趣融合而成。其特点是完全采用韵白(崇明方言)说表,一韵到底,只说不唱。一般以单口为主,亦可对口、群口。曲目多为短篇。代表作品有《三次入党》(作者何国凡)、《万喜良中奖》、《李庭长索贿》、《买香皂》等。其中《李庭长索贿》参加1987年全市业余曲艺会演,获优秀创作演出奖;《买香皂》参加1989年庆祝中华人民共和国成立40周年上海艺术节演出,获艺术节大奖——成果奖,后又参加1991年全国首届"群星奖"文艺演唱作品征集评奖活动获得三等奖。进入21世纪,创作作品较少。

十二、扁担书

"扁担书"是由崇明县文化馆音乐干部黄晓和曲艺干部倪俊伟根据被崇明人称之为"崇明扁担戏"的"布袋木偶戏"改创的一种单口说唱、一人多角的曲艺形式。"扁担书"道具为一根扁担挑起一张框式折叠小桌和一张椅子,群众称为"一根扁担挑起全部家当、走村串巷随时可唱"。舞台演出时配有小乐队伴奏。"扁担书"用崇明官话说表,用《四句头山歌》《对花调》《牌名调》《游湖调》等崇明山歌改编而来的新调演唱,演员手击板鼓、南梆子,脚踩锣钹演奏《长板》《花七句》《走马锣》等崇明锣鼓曲来把握节奏和营造气氛。

1987年,由倪俊伟作词、黄晓作曲、朱健身表演的扁担书《有贵书记》参加在崇明举办的上海市业余曲艺会演,获创作、演出一等奖,并入选1988年上海首届曲艺艺术节演出。

十三、松江小锣书

是流传于松江地区的一种说唱形式。演出时大多以二三人为列,男女不等,有唱有和,曲目内容多为劝人为善的故事,采用松江方言,曲调类似"太保书"。伴奏以小锣为主,锣点花哨,杂以钹子、碰铃或鼓板。中华人民共和国成立后,小锣书很少在民间演出,一度被认为已失传。

1987年,松江县文化馆在采集民间音乐、舞蹈期间,组织了一次民间文艺演出。民间道教老艺人张耀光演唱了道教法事中的《接圣》一段,与从前松江街头演唱的小锣书的锣点、唱腔相似。为了恢复和继承这一曲种,县文化馆干部沈玉亮根据小锣书的特点,创作了一个小锣书的文学脚本《QJ协会》。随后,他又会同张宝福等人整理小锣书的曲调,学习鼓点。《QJ协会》被落实到仓桥乡文化站排演,并参加1987年上海市群众文艺曲艺创作节目会演。1988年,经过几次采访老艺人、学习其唱腔,并开展业余骨干训练、节目加工,松江小锣书在艺术上有较大提高,创作了小锣书新节目《"爱司"梦》,入选上海首届曲艺艺术节演出,获得上海曲艺界专家们的较高评价。松江曲艺团也将它作为保留节目,先后演出100多场次。自此,松江小锣书又活跃在松江民间,新创作的《戆哥传奇》《多心伯伯》等节目,受到当地群众喜爱。

表3－3－2　1978—1989年获全国和市历届业余曲艺创作节目会演、交流演出优秀曲目奖一览表

演　出	节　目	演出单位、作者
1978年市青年系统交流演出	独脚戏《上大学》 独脚戏《一丝不苟》	王惠锷、俞倍倍
	独脚戏《春回车厢》	蔡剑英、王蓓
	独脚戏《一枕黄粱》	蔡伟中、徐世钊
	独脚戏《痴心妄想》	邵光汉、石纪才
	独脚戏《乘火车》	钟庆华、邵光汉、王松庆等
1978年市青年系统交流演出	相声《学军新歌》	董维诚、袁树森
1979年市交流演出	上海说唱《两串蟹》	崇明县　顾惠德原作、龚伯康改编
1979年欢庆中华人民共和国成立30周年市群众文艺会演	独脚戏《南京路》	江荣鑫、王南山
	独脚戏《点心》	丁虎生、蔡宝藩
	独脚戏《熊顾问上任》	沈鸿禧、姚鸿福
1980年春节市农村群众文艺交流演出	上海说唱《黄昏后》	川沙县　龚林森、杨蔚
1982年区县曲艺创作节目交流演出	上海说唱《阿龙打转弯》	上海县　赵克忠
	上海说唱《活包公国》	金山县　张正余
	上海说唱《破镜重园》	川沙县　培培
	上海说唱《存折风波》	嘉定县　朱烨其
	上海说唱《三过磅》	川沙县　张少培
	上海说唱《闪光的团徽》	闸北区　范权、吴万才
	上海文书《花一枝》	闸北区　范权
	说唱《三不起》	上海县　赵克忠
	锣鼓书《称心满意》	南汇县　倪晖、李正心
	扬州评话《鉴真东渡》	市青年宫曲艺队
1983年市区县业余曲艺创作节目交流演出	上海说唱《马路天使》	普陀区　潘麟发
	上海说唱《想孙子》	卢湾区　周家仪、周民康
	上海说唱《三难鸭司令》	青浦县　曹伟明
	上海说唱《三盘磁带》	嘉定县　费翔宝
	上海说唱《新娘抬轿》	金山县　黄萍、张道余
	双人说唱《劝鸭》	上海县　赵克忠
	说唱《唱一唱我伲乡下头》	奉贤县　张剑刚
1983年市区县业余曲艺创作节目交流演出	上海说唱《好市长》	川沙县　张少培
1983年农村文艺工厂三交流演出	上海说唱《原来是个女的》	松江县　范奕中、张桂珍
	崇明钹子书《三次入党》	崇明县　何谷凡、倪俊伟

(续表一)

演　　出	节　　目	演出单位、作者
1983 年职工群众文艺交流演出	上海说唱《画中人》	经绍维
	上海说唱《唱先进》	王飘
1984 年区县曲艺创作节目交流演出	上海文书《两房相会》	闸北区青云街道
	上海说唱《阿富根招贤》	川沙县　邱凤英
	上海说唱《葱比姜辣》	青浦县　曹伟民
	上海说唱《元帅赔鸡》	川沙县　张少培
	上海说唱《空想万元户》	南汇县　徐金龙、周锦华、邬盛麟
	上海说唱《新厂长锁门》	松江县演出队
	上海说唱《掼草帽》	上海县　赵克忠
	上海说唱《第十四块金牌》	市消防文工团　杨蔚
	锣鼓书《电脑姻缘》	南汇县　曹石麟
	独脚戏《音乐的妙用》	徐汇区　沈双华
	独脚戏《拉兹之歌》	市公安局演出队
1986 年区县曲艺交流演出	上海说唱《阿富根退贤》	川沙县　邱凤英
	上海说唱《鸭子姻缘》	青浦县　曹伟明
	上海说唱《爱的抉择》	南汇县　祝伟中
	上海说唱《携手并进》	嘉定县　朱烨其
1986 年市职工曲艺之花交流演出	上海说唱《甜爱路》	市工人文化宫曲艺团　王飘、经绍维
	说唱《道是无情却有情》	长江农场　龚稼伟
1986 年市职工曲艺之花交流演出	独脚戏《一朵花开店》	市工人文化宫曲艺团　王飘
	独脚戏《一朵花求婚》	王飘
	独脚戏《双良心》	徐同华、王益德
	独脚戏《老山战歌》	王文丽、石兆荣
	独脚戏《工会主席》	江荣鑫、沈鸿禧
	表演说唱《新风赞》	虹口区　陈子元
1988 年市首届曲艺节	独脚戏《糖纸头风波》	傅峰
	独脚戏《百搭先生》	胡福生、袁忠传
	独脚戏《阿要拨伊面子》	汤伟华、傅秋影等
1987 年区县曲艺创作节目交流演出	崇明韵白书《李庭长索贿》	崇明县　倪俊伟
	崇明扁担书《有贵书记》	崇明县　倪俊伟
	评话《甲鱼豁边》	嘉定县　朱德谟
	独脚戏《乐极生悲》	川沙县　曹刚强

（续表二）

演　出	节　目	演出单位、作者
1987 年区县曲艺创作节目交流演出	锣鼓书《三上门》	南汇县　邬盛麟
	钹子因果调《奈何桥上没奈何》	崇明县　顾惠德
1988 年江浙沪说唱大赛	上海说唱《鹦鹉》	龚稼伟
1989 年市职工"曲艺之花"交流演出	独脚戏《老早》	市交运局　王飘
	微型说唱《救死扶伤》	王飘
	微型说唱《找市长》	王飘
1989 年上海艺术节群众曲艺专场	崇明韵白书《王局长买香皂》	崇明县　倪俊伟
	独脚戏《寻人》	眭朝晖、陈国良
	独脚戏《报告科长》	夏友梅、李焕明
	独脚戏《江南一枝花》	武际棠、江荣鑫、沈鸿禧

第四章 美术、书法(篆刻)、摄影创作

第一节 美 术

一、文化部"群星奖"评选

文化部"群星奖",是国家层面的政府最高奖。参加评选的对象是由群众文化工作者和业余文艺爱好者辅导、创作的作品。"群星奖"美术类评选,涵盖了社会各行各业,包括工、青、妇、少儿等各个层次。作品范围包括中国画、油画、书法、雕塑、工艺美术、民间艺术等。市群艺馆通过开展全市"江南之春"画展、"画乡评定工作"和"市民艺术大展",探索传统文化、民间艺术和现代艺术在群众文化工作者与市民美术爱好者的自我教育中,获得和而不同的认知,搭建展示平台,训练培育队伍,激励群众文艺作者创作具有生活气息和独特个性的作品,选拔代表上海参与全国比赛的美术作品。

图 3-4-1 第十四届"群星奖"决赛——美术、书法、摄影作品展览(2007 年 11 月 13 日)

表 3-4-1 1998 年第八届全国"群星奖"(美术)上海地区作品选拔入围情况一览表

作 品	选 送 单 位	作 者
《春》	松江县文化馆	唐西林
《红仙》	浦东新区浦东文化馆	李向群
《我太婆、我外婆、我妈妈》	闵行区群艺馆	陈丽丽
《催春》	闵行区群艺馆	周建义
《故园情思——秋》	闵行区群艺馆	应建中
《清源图》	嘉定区文化馆	张宙光
《水乡晨曦》	虹口区文化馆	余仁杰
《山水—雁山秋水 2》	虹口区文化馆	王海频
《平民市长》	普陀区文化馆	杨宏富
《村落之晨》	闸北区文化馆	孙愚

（续表一）

作　品	选送单位	作　者
《绿归人间》	闸北区文化馆	孙愚
《春潮将临》	浦东新区文艺指导中心	高奇倬
《静物》	浦东新区文艺指导中心	唐倩
《春之舞》	浦东新区文艺指导中心	邢展
《井》	浦东新区文艺指导中心	邢展
《运河人家》	浦东新区文艺指导中心	陈可爱
《山居》	浦东新区文艺指导中心	何承锡
《豫园新晖》	浦东新区文艺指导中心	胥厚峥
《南湖红舟》	浦东新区文艺指导中心	胥厚峥
《都市大动脉》	普陀区文化馆	李树德
《东方神韵》	南汇县文化馆	王中一
《开发区》	南汇县文化馆	金祥龙
《邓小平》	静安区文化馆	曹翰全
《工厂》	宝山区群艺馆	陈平德
《古屋》	宝山区群艺馆	龚赣弟
《野风》	宝山区群艺馆	蒋英坚
《邓小平传》	黄浦区文化馆	戴晓明
《西递明居》	黄浦区文化馆	宋肇年
《白龙过江》	黄浦区文化馆	王家骅
《青山可居》	黄浦区文化馆	茆帆
《朱镕基像》	黄浦区文化馆	徐有武
《粉香云暖牡丹图》	黄浦区文化馆	孔伯容
《上海之夜》	黄浦区文化馆	米儿
《水乡寻梦（组）》	杨浦区文化局	胡卫平
《水乡晨曦》	杨浦区文化局	陈国辉
《古镇新韵》	金山农民画院	阮章云
《忆中背影》	金山农民画院	张斌
《时间的小巷》	上海市群艺馆	苏颐忠
《虎门焚烟》	上海市群艺馆	刘斌昆
《神》	长宁区文化馆	胡潇宏
《日出侗寨》	浦东新区川沙文化馆	顾文斌
《硕果》	浦东新区川沙文化馆	曹舒天

（续表二）

作　品	选送单位	作　者
《悠悠水乡情》	浦东新区川沙文化馆	曹舒天
《乐园》	浦东新区川沙文化馆	奚国林
《山水》	浦东新区川沙文化馆	崔建祎
《蓝色花屏》	浦东新区川沙文化馆	陆云华
《农家女》	浦东新区川沙文化馆	周正民

表3-4-2　2003年第十二届全国"群星奖"(美术)上海地区作品报送登记表

作　品	作　者	尺　寸
版画《大都市NO.1》	沈有福	61×45 cm
国画《梦》	季平	100×60 cm
国画《繁秋》	庞飞	180×48 cm
国画《雨后出雾》	张渭人	200×180 cm
重彩《姑苏人家尽枕河》	胥厚峥	148×78 cm
油画《玩牌者》	唐倩	150×150 cm
版画《失落的家园》	陈丽丽	175×48 cm
国画《安然的日子》	朱忠民	95×95 cm
国画《蟹爪兰》	沈建人	100×90 cm
油画《草图》	芮志诚	146×89 cm
版画《春雨》	金祥龙	120×70 cm
国画《向阳人家》	陈可爱	138×138 cm
油画《大提琴手》	李向群	140×90 cm
农民画《擀面》	张新英	105×81 cm
农民画《顶风》	怀明富	78×78 cm
农民画《养鱼塘》	张美玲	78×78 cm
漆画《天唱》	张斌	129×102 cm
版画《明灯》	龚赣弟	78×68 cm
连环画《邓爷爷我爱你》(2幅)	杨宏福	98×60 cm
水彩画《天使餐厅》	宋肇年	107×77 cm

表3-4-3　第十三届全国"群星奖"上海(美术)送展作品表

作品名称	作　者	选送单位	组　别
国画《小平之路》	杨宏福	徐汇区书画协会	老年组
水粉《西藏明珠扎什伦布寺》	胥厚峥	浦东新区文艺指导中心	老年组

（续表）

作品名称	作　　者	选　送　单　位	组　　别
丝网版画《迎新》	周洪声	松江区文化馆	老年组
宣传画《水清岸绿苏州河》	高搏	浦东新区文艺指导中心	成年组
版画《高原人——藏族姑娘》	金祥龙	南汇区文化馆	成年组
油画《南屏深秋》	杨继德	杨浦区中原文化馆	成年组
版画《向您敬礼》	唐华真	宝山区文化馆	少儿组
少儿画《可爱的小鸟》	吴菲	上海艺教中心	少儿组
儿童画《我们的家园》	集体创作	闸北区文化馆	少儿组

表 3 - 4 - 4　第十四届全国"群星奖"上海（美术）选拔作品表

作　　品	作　　者	组　　别
农民画《打瞌睡》	张新英（金山）	老年组
水彩《律动》	梁钢（杨浦）	中年组
漆画《白蛇传》	张斌、陈德华（金山）	中、老年组
速写《欧洲旅行日记》	王心瑶（长宁）	少儿组
国画《港区建设者》	张渭人（浦东）	老年组
丝网版画《乡戏之家》	周洪声（松江）	老年组
版画《工业印象 NO.2》	沈有福（宝山）	中年组
吹塑版画《夏节五月初五》	任若凡等 8 人（宝山）	少儿组
水墨《中国风系列》	周卫平（长宁）	中年组
版画《古镇进行曲》	陈丽丽（闵行）	中年组
农民画《港湾旋律》	戚藕弟（金山）	中年组
油画《水乡》	吴坚（嘉定）	中年组

二、"江南之春"画展

改革开放给文艺创作带来生机和活力。但许多业余美术爱好者特别是农场、农村的美术人才和爱好者没有展示的空间，创作的作品无处呈现，才华无用武之地。针对这种情况，1981 年，上海美术界和群文美术工作者决定筹办一个专门面向郊县作者的画展，入选作品的门槛适当放宽，为农场知青、农民画作者搭建一个艺术展示的平台，以发挥他们的艺术特长，丰富农村群众的文化生活，"江南之春"画展于是应运而生。

上海"江南之春"画展，与改革开放同龄，是由中国美术家协会上海分会、解放日报社市郊版、市群艺馆、市农场管理局工会倡议举办的郊区美术展览衍生而成，每两年举办一届，培育成为上海群文美术的一个品牌。

在前五届"江南之春"画展征稿中,将主要工作对象和区域定为农民和郊县,农民画优先,扶持农民画作者,因此还影响到《解放日报》彩版刊载的获奖作品的选择。近30年间,画展培育农民画家,举荐现代民间绘画,创造了上海群文美术的可喜成绩。"江南之春"以鲜活的民族特色和时代感,从题材、样式、风格的多元追求,到对民族、民风、民情、民俗内核的成功利用和演绎,在东西文化、传统和现代的交汇中坚守自己的坐标,显示了群众美术在艺术史中的一定地位。

在举办第六届"江南之春"画展时,因经费困难,农委征集到一个养鸡产业的赞助商,画展首次冠名"新场杯"。此后,第十届冠名为"金桥杯"、第十一届至十二届冠名为"张桥杯"、第十三届冠名为"敏之杯",同时也找到画册的资助单位,分别冠以"枫泾杯""杨行杯""农展杯"等。

每一届"江南之春"画展都能获得成功的要诀是主办各方的通力合作、优势互补、分工明确。解放日报社负责画展消息发布、获奖画作刊发,从最早的"农村版"发表到后续的"解放画刊"整版彩页,面貌大为改观;市美协负责评选、展示、发证及专家点评等;市群艺馆、上海市农民书画协会负责组织、辅导、研讨并分担展览费用;后续加入的刘海粟美术馆承担了展馆安排、传播普及方面的工作。全市各基层文化馆和参展单位积极组织创作和参与展示,使参展作品水平不断提高,画展的质量逐届攀升。

在"江南之春"双年展逢单的年份,创立了"上海市民艺术大展",扩大了上海群众美术创作的规模和受众,成为政府主导、覆盖全市的群众文化活动。"上海市民艺术大展"包括国画、西画、书法、摄影等专题展,采取各区报名、巡回展览的形式,形成各方参与、群众受益,分段推进、规模扩大的态势。市民用不同的艺术手法,穿行在两个美术活动中,浓墨重彩地抒写改革开放的成就,描绘全国和上海城市建设、社会生活、人文风尚的巨变。

表 3-4-5　第一届"江南之春"画展部分获优秀奖作品一览表

作　品	作　者	选送单位
农民画《撒网》	钟德祥	金山县文化局
农民画《满月》	曹金英	金山县文化局
农民画《降雨不靠天》	李建华	嘉定县文化局
农民画《裱画工厂》	陈烨	金山县文化局
农民画《水乡之夜》	钱炳荣	松江县文化局
年画《只生一个好》	周洪声	松江县文化局
农民画《理发店》	王金喜	金山县文化局
中国画《春来早》	桑麟康	市农场局
中国画《农家乐》	丁筱芳	市农场局
版画《牧场夜曲》	张建明	市农场局

说明:第一届至第五届"一等奖"均称"优秀奖"。

表 3-4-6　第二届"江南之春"画展部分获优秀奖作品一览表

作　品	作　者	选送单位
农民画《水乡小镇》	邵其华	金山县文化局
农民画《过年》	曹秀文	金山县文化局

（续表）

作　品	作　者	选送单位
农民画《新灶头》	张新英	金山县文化局
农民画《闹元宵》	谢振华	松江县文化局
国画《农垦新一代》	桑麟康	市农场局
水粉《回娘家》	周洪声	松江县文化局
版画《迎春潮》	朱荫能	松江县文化局
版画《水乡春雨》	舒明浩	青浦县文化局

表 3 - 4 - 7　第三届"江南之春"画展部分获优秀奖作品一览表

作　品	作　者	选送单位
农民画《竹林里的吹笛人》	阮四娣	金山县文化局
水彩《水乡新船》	关伟聪	嘉定县文化局
国画《丝丝小雨》	丁筱芳	市农场局
油画《书海拾贝》	张翔	松江县文化局
雕塑《信息》	俞平	宝山县文化局
农民画《养鸡姑娘》	陆士明	奉贤县文化局
国画《讯息》	桑麟康	市农场局
国画《丝竹悠悠》	周洪声	松江县文化局
水彩《农家小院》	赵国明	嘉定县文化局
木刻《淀山浪花》	张德宝	青浦县文化局
国画《农场初晴》	谢远松	市农场局

表 3 - 4 - 8　第四届"江南之春"画展部分获优秀奖作品一览表

作　品	作　者	选送单位
农民画《旋风吹落叶》	张新英	金山县文化局
农民画《打渔翁》	高峰黎	金山县文化局
磨漆画《乡镇小景》	陈烨	金山县文化局
磨漆画《报春花》	胡伟	金山县文化局
丝网版画《回娘家》	朱荫能	松江县文化局
水粉画《待发》	徐茂平	崇明县文化局
国画《盼》	王中一	南汇县文化局
国画《十五的月亮》	丁筱芳	市农场局
国画《农大学生》	桑麟康	市农场局
国画《凉山瑰宝》	顾文彬	川沙县文化局

(续表)

作　品	作　者	选送单位
国画《早市》	吴舜杰	宝山县文化局
农民画《农忙季节》	徐桂宝	金山县文化局

表 3-4-9　第五届"江南之春"画展部分获奖作品一览表(优秀奖)

作　品	作　者	选送单位
中国画《四月》	张志安、陆春涛	崇明县文化局
油画《海妹》	盛振中	崇明县文化局
磨漆画《夜色水镇》	张斌	金山县文化局
丝网版画《鱼鹰之歌》	沈连云	松江县文化局
粉墨画《白衣之歌》	应建中	上海县文化局
中国画《菜花》	丁筱芳	市农场局
水印木刻《幽香》	张德宝	青浦县文化局
吹塑版画《搓绳》	龚赣弟	宝山区文化局
中国画《正月》	顾文彬	川沙县文化局
中国画《谁不忆江南》	王漪、沈伟光	嘉定县文化局

表 3-4-10　第六届"江南之春"(新场杯)画展部分获奖作品一览表

作　品	作　者	选送单位
一等奖		
吹塑版画《春绿》	谢林	宝山区文化局
农民画《煮汤团》	张新英	金山县文化局
油画《芦花飞时节》	盛振中	崇明县文化局
版画《南湖船》	韩颐	市农场局
粉墨画《喧闹的水乡》	吴七一	上海县文化局
二等奖		
吹塑版画《养牛场》	潘锦文	宝山区文化局
吹塑版画《喜临门》	曹福妹	宝山区文化局
吹塑版画《锣与鼓》	龚赣弟	宝山区文化局
国画《山水》	卢山	宝山区文化局
油画《深林里的蘑菇》	陆永忠	金山县文化局
漆画《寻故》	阮章云	金山县文化局
漆画《晒鱼》	周明华	金山县文化局
农民画《白玉兰之乡》	陶林平	金山县文化局

（续表）

作　品	作　者	选送单位
粉墨画《接新娘》	高金龙	上海县文化局
油画《天井》	邢元虎	上海县文化局

表 3‒4‒11　第七届"江南之春"画展部分获奖作品一览表

作　品	作　者	选送单位
一等奖		
农民画《丰收》	王阿妮	金山农民画院
粉墨画《水乡晨曦》	吴七一	闵行区群艺馆
套色木刻《江南人家》	金祥龙	南汇县文化馆
二等奖		
农民画《彩霞映鸭池》	陆永忠	金山农民画院
农民画《做春衣》	张婉英	金山农民画院
吹塑版画《开启的门》	龚赣弟	宝山区文化馆
国画《话说市场好》	奚国林	浦东新区川沙文化馆
丝网版画《双猴嬉桃》	周洪声	松江县文化馆
油画《苗女》	赵云峰	浦东新区川沙文化馆

表 3‒4‒12　第八届"江南之春"画展部分获奖作品一览表

作　品	作　者	选送单位
一等奖		
吹塑版画《洒进阳光的厅堂》	龚赣弟	宝山文化馆
套色木刻《金色的桃园》	金祥龙	南汇县文化馆
国画《农家女》	周正民	浦东新区川沙文化馆
二等奖		
农民画《船头鱼桶》	朱永金	金山农民画院
水彩《水乡春绿》	岑振平	青浦画院
国画《外高桥港区》	曹舒天	浦区新区川沙文化馆
粉墨画《故园情思系列之一》	应建中	闵行区群艺馆
农民画《去外婆家》	张新英	金山农民画院
油画《正午》	邢元虎	闵行区群艺馆
吹塑版画《采莲图》	严秀林	宝山区文化馆
版画《收获》	沈连云	松江县文化馆

表3-4-13　第九届"江南之春"画展部分获奖作品一览表

画　种	作　者	选送单位
一等奖		
油画《春天的故事》	朱希	金山农民画院
国画《秋艳》	奚国林	浦东新区川沙文化馆
二等奖		
漆画《古村新韵》	阮章云	金山农民画院
版画《秋韵》	金祥龙	南汇县文化馆
吹塑版画《跨过流水的老屋》	龚赣弟	宝山区文化馆
重彩画《小镇风情》	胥厚峥	浦东新区浦东文化馆
粉墨画《故园情思·仲春》	应建中	闵行区群艺馆
粉墨画《热土》	吴七一	闵行区群艺馆

表3-4-14　第十届"江南之春"(张桥杯)画展部分获奖作品一览表

作品	作　者	选送单位
一等奖		
农民画《擀面》	张新英	金山农民画院
农民画《农家乐》(长卷)	陆永忠	金山农民画院
重彩画《育苗》	邢元虎	闵行区群艺馆
二等奖		
农民画《鱼戏莲》	陆学英	金山农民画院
国画《日出侗寨》	顾文彬	浦东新区川沙文化馆
国画《春》	唐西林	松江区文化馆
丝网版画《鱼满堂》	张耀中	松江区文化馆
版画《春江水暖》	金祥龙	南汇县文化馆
国画《悠悠流水》	陈可爱	浦东新区文艺指导中心
油画《赣水情》	黄雨镏	金山区文化馆

表3-4-15　第十一届"江南之春"(金桥杯)画展部分获奖作品一览表

作品	作　者	选送单位
一等奖		
丝网版画《童乐图》	沈连云	松江区文化馆
农民画《捕鱼归来》	朱永金	金山农民画院
国画《秋》	薛振兴	闵行区群艺馆
国画《高壑秋水图》	张宙光	嘉定区文化馆
水彩《起点》	宋肇年	黄浦区文化馆

（续表）

作　品	作　者	选 送 单 位
二等奖		
农民画《顶风》	怀明富	金山农民画院
油画《梦鱼》	张复礼	浦东新区浦东文化馆
版画《桃》	周建义	浦东新区文化馆
油画《提琴手》	李向群	浦东新区文化馆
吹塑版画《明灯——1921.上海》	龚赣弟	宝山区文化馆
国画《山村五老图》	张渭人	浦东新区文艺指导中心
国画《忆江南——廊》	曹舒天	浦东新区川沙文化馆
国画《清趣》	杨苏娟	浦东新区川沙文化馆
三等奖		
版画《吟秋》	金祥龙	南汇区文化馆
水粉画《交响》	蒋锡贤	南汇区文化馆
农民画《养鱼塘》	张美玲	奉贤县文化馆
农民画《拉网》	季芳	金山农民画院
农民画《游园》	严军杰	金山农民画院
农民画《春风拂面》	陆永忠	金山农民画院
油画《春日后院》	朱希	金山农民画院
农民画《绣花女》	张婉英	金山农民画院
农民画《山村》	李新华	闵行区群艺馆
油画棒《山河颂》	沈刚强	闵行区群艺馆
国画《山水》	吕官荣	浦东新区浦东文化馆
吹塑版画《金橘飘香》	应素芳	宝山区文化馆
吹塑版画《渔家女》	万春芳	宝山区文化馆
木刻画《塔林》	沈有福	宝山区文化馆
丝网版画《青衣(女)》	陈晓芸	闵行区群艺馆
水彩画《江南之春》	赵志强	浦东新区文艺指导中心
油画《老屋　童年的记忆》	崔建军	杨浦区九歌文化馆
油画《一望无垠》	林世荣	浦东新区川沙文化馆
油画《老屋》	陶俊	浦东新区川沙文化馆
国画《向阳人家》	陈可爱	浦东新区川沙文化馆
装饰画《鱼》	丁莉	浦东新区金桥镇

表 3-4-16　第十二届"江南之春"(金桥杯)画展部分获奖作品一览表

作 品	作 者	选 送 单 位
一等奖		
国画《西南暮韵》	金家林	杨浦区中原文化馆
油画《江边村落》	杨继德	杨浦区中原文化馆
丝网版画《迎新》	周洪声	松江区文化馆
农民画《四季蔬菜》	王金喜	金山农民画院
二等奖		
国画《回归》	傅家俊、张渭人	浦东新区文艺指导中心
版画《秋收时季》	金祥龙	南汇区文化馆
版画《老墙》	龚赣弟	宝山区文化馆
丝网版画《瓜园》	谢振华	松江区文化馆
农民画《年年有鱼》	朱永金	金山农民画院
农民画《鱼摊》	张新英	金山农民画院

表 3-4-17　第十三届"江南之春"(敏之杯)画展部分获奖作品一览表

作 品	作 者	选 送 单 位
一等奖		
版画《小村秋色》	金祥龙	南汇区文化馆
农民画《草莓飘香》	张婉英	金山农民画院
国画《云栖之地》	郑惠康	杨浦区中原文化馆
二等奖		
油画《恋人絮语》	童荣强	虹口文化艺术馆
油画《江南春绿》	姚伟超	崇明县文化馆
农民画《鱼戏水》	朱永金	金山农民画院
农民画《鳑鲏王》	陆学英	金山农民画院
农民画《斗鸡》	张新英	金山农民画院
吹塑版画《古屋之十一》	龚赣弟	宝山区文化馆
特别奖		
丙烯画《中国新年》	马依娜	长宁文化艺术中心

（续表）

作　品	作　者	选送单位
口画《鱼过花影动》（残疾人作品）	杨杰	松江区文化馆
剪纸《金光满堂》	王雨扣	松江区文化馆

表 3 - 4 - 18　第十四届"江南之春"（枫泾杯）画展部分获奖作品一览表

作　品	作　者	选送单位
一等奖		
丝网版画《乡戏之家》	周洪声	松江区文化馆
版画《皓月》	金祥龙	南汇区文化馆
农民画《港湾旋律》	戚藕弟	金山农民画院
水彩《律动》	梁钢	杨浦区文化馆
国画《秋雨润江南》	李大成	黄浦区文化馆
二等奖		
版画《古镇进行曲》	陈丽丽	闵行区群艺馆
版面《水乡印象》	姚美凤	青浦区文化馆
磨漆画《家园》	赵志康	奉贤区文化馆
水墨《中国风系列》	周卫平	长宁区文化馆
水彩《迁徙的记忆》	宋肇年	黄浦区文化馆
农民画《水乡婚庆》	汪萍	金山农民画院
农民画《正月十五》	张新英	金山农民画院
吹塑版画《白云飘过》	龚赣弟	宝山区文化馆
国画《大山乐章》	林中鉴	杨浦区文化馆
油画《水乡》	吴坚	嘉定区文化馆

三、上海农民画

　　传统的民间绘画与古典文人画是中国民族绘画的两大体系。民间美术在劳动人民中生根发展，为大众所喜闻乐见。原始绘画、农民画以及儿童画都显出一种特别自然、拙朴和天真的情趣，具有一种潜在的美和力，至近代越来越为人们所重视。20世纪80年代，金山农民画、松江的农民丝网版画和宝山的农民吹塑版画崛起，各具浓郁的民间绘画特色和乡土气息，并借鉴马蒂斯的线和色块平面构成方法，与中国传统的民间美术相融汇，创造出一种既传统又现代的民间绘画样式，形成上海地区三个乡土艺术的瑰宝，在海内外赢得了广泛的赞誉。金山、松江、宝山均被文化部命名为"中

图3-4-2　金山农民画《闹厨房》(作者：张新英)

国现代民间绘画之乡"。20世纪80年代末，文化部推出"现代民间绘画"的概念，1990年编辑出版《中国民间绘画选粹》，1991年5月"全国现代民间绘画之乡工作座谈会"在邳县(州)召开，推动了农民画的发展，展示了丰富而独具风采的民间文化遗产，体现了民众约定俗成的审美情趣。

在上海的郊县中，民间美术的传统丰富多彩，到处可见别具风趣的灶头画、扎纸、剪纸、染织、刺绣、挑花、木雕以及飞檐的瓦屋等，上海的农民画就是在这块民间艺术的沃土上茁壮成长的。20世纪70年代末，金山农民的画作，由稚拙的造型和强烈、鲜活的色彩构成，许多动人的画幅多是出自年过花甲的农妇和十几岁的年轻村姑之手，她们都是农业劳动者，也是刺绣的能手，她们把刺绣时搭配色线和造型装饰的方法应用在绘画上，表现出了她们心

中热爱的乡土风情和所想象的美景；有的又与灶头画、壁画的装饰画风有异曲同工之妙，各种源流，各具风采。其共同的特点是不受透视法的束缚，打破时空的界限，随自己的情感造稿，超乎规范，自成风趣。金山农民画以传统民间绘画的新风貌而引人瞩目，也带动上海其他郊县的农民画随之活跃起来。比较突出的是松江丝网版画和宝山吹塑版画的群体，他们用现代版画媒介和工具进行绘画创作。松江丝网版画的作者多是男女青年，他们的画风简括粗犷，稚拙之中有力度和厚重感，显示出与传统画像石、木版年画等民间美术的血缘关系，又具有不同的地方色彩和风格，在各自的群体中较少雷同。

【金山农民画】

作为全国现代民间绘画中代表上海群文美术的一面旗帜，金山农民画以贴近生活、平实质朴、充满童真的审美趣味颠覆了"经典"，打破了"圣殿庙堂"既定的认知，受到关注。

1978年12月5日，金山农民画在上海美术馆展出，展出近百件作品，这些作品题材广泛、风格独特。1980年1月，市文化局、中国美协上海分会主办了"金山农民画展览"，授予曹金英、曹秀文等的作品一等奖，7位作者获二等奖，金山县文化馆获"先进集体"，形成了上海农民画发展的良好开端。

由于"金山农民画"的出现，在全国引发从"农民画"到"画乡工作"的讨论，使农民画从民俗民间生活中走来的"下里巴人"拓展到"架上

图3-4-3　金山农民画《养鸭图》(作者：曹金英)

绘画"的实践。1994 年 11 月 1 日,"金山农民画"明信片由邮电部发行,一套 6 枚,采用农民画《蔗田鸭群》《沙船迎春》《安居乐业》《嬉踢毽子》《猪肥业大》《元宵灯节》为图案。1995 年 8 月 20 日,金山县漕泾镇建国村 9 组 90 岁农民画家阮四娣入选《世界现代美术大辞典》,接受"世界艺术名人"证书。2008 年 3 月 2 日,金山廊下镇村民邵炳观向镇政府捐赠历时 5 年创作的作品《江南乡村风俗农事图》,画作长 26 米、宽 0.65 米,描绘了 360 行的 2 000 余人物。

具有代表性的金山农民画作品,还有金山农民画院的张斌与农民画作者陈德华共同创作的漆画《白蛇传》(游湖借伞/端午惊梦/华山盗仙草/白蛇小青法海　水漫金山/断桥蒙难/被镇雷峰塔 6 幅系列),因独辟蹊径而取得成功,2004 年获上海青年美术大展三等奖,同年 10 月入围第十四届全国"群星奖"、第十届全国美展。作品将有趣神秘的戏文故事、中国传统大漆的制作元素和喜乐怪诞的民间风格三者结合,使农民画和漆艺成功交融,得到画界的认同。

图 3-4-4　金山农民画《花与鸡》(作者:阮四娣)

表 3-4-19　2006 年金山 35 位农民画家情况表

作者姓名	性　别	出生年月	文化程度	画　龄
张新英	女	1933 年 6 月	初中	26
宋金其	男	1955 年 7 月	初中	25
曹金根	男	1969 年 7 月	初中	18
王阿妮	女	1973 年 2 月	大专	14
邵其华	女	1965 年 1 月	初中	24
盛璞	男	1945 年 6 月	初中	30
朱永金	男	1955 年 10 月	小学	29
姚喜平	男	1972 年 2 月	初中	17
王金喜	男	1955 年 7 月	初中	34
季芳	女	1959 年 4 月	高中	30
高风	男	1961 年	中专	23
陈修	女	1968 年	初中	18
陈富林	男	1943 年	小学	34
陈惠芳	女	1972 年	初中	16
怀明富	男	1951 年	初中	16

（续表）

作 者 姓 名	性　别	出 生 年 月	文 化 程 度	画　龄
陆永忠	男	1970 年 11 月	初中	17
严军杰	男	1969 年 9 月	初中	17
徐小星	男	1956 年	初中	31
陈德华	女	1937 年 4 月	小学	27
张婉英	女	1939 年 3 月	小学	16
陆学英	男	1970 年 1 月	初中	17
阮四娣	女	1907 年 1 月	文盲	26
潘辉文	男	1932 年 12 月	小学	11
戚藕弟	男	1963 年 11 月	初中	13
陶林平	男	1964 年 7 月	中专	26
徐桂宝	女	1932 年 1 月	文盲	26
曹秀文	女	1956 年 4 月	高中	29
陈卫雄	男	1953 年 2 月	初中	30
龚彩娟	女	1957 年 9 月	小学	18
龚勤芳	女	1970 年 5 月	高中	17
朱素珍	女	1941 年	初中	26
陈芙蓉	女	1925 年	文盲	35
张美玲	女	1957 年 9 月	小学未毕业	26
张美红	女	1969 年 2 月	小学	7
曹金英	女	1931 年	上过三年学	28

说明：画龄截止至 2006 年。

【松江农民丝网版画】

丝网版画是改革开放后涌现出来的一种新颖的中国现代民间绘画样式，得到社会的好评。丝网版画的成长发展，离不开三个先决条件：政府的大力支持，浓厚的地域文化氛围，一批热爱绘画的农民创作群体和敬业而专业的美术辅导老师。

1985 年，松江农民丝网版画由松江县文化馆朱荫能、周洪声两位专职美术辅导干部发起，他们以青年农民为创作主体，以丝网版画为形式，以农村生活为基本创作题材，组织开展群众性美术创作活动。在丝网版画创作开始前，松江有十多年针对农民画群体的辅导经验，前期以水粉为主，作品样式与邻县金山农民画相近，后决定改变形式，利用现代丝网版感光技术来培育特色，创作版画。开始以油印为主，创作的版画有着丝网特殊的肌理效果，作品大胆运用原色，简明强烈，造型自由夸张，表现内容又均为作者熟悉的农村生活，作品一经亮相，就获得了专家和观众的好评。20 世纪 80 年代中后期，丝网版画作者队伍发展较快，不少乡镇在政府支持下，由县文化馆辅导老师作指导，举办创作培训班。全县作者最多时达 180 多人，创作了数百幅作品，县志办为此出版了《松江农民丝网版画专集》。上海市美术家协会主席、画家沈柔坚看到作品后大加赞扬,说松江的农民丝网版画"在传统的农民画中开拓了一个崭新的艺术领域"。之后,辅导老师周洪声对丝网版画印制媒介进行了一次改革,以强化丝网版画的特点:改变以往的油印为水印,油墨改为水溶颜料,同时把铜版纸、白报纸等"洋纸"改为宣纸或皮纸,让作品不仅能体现丰富的丝网肌理,而且使用宣纸加水印更具中国绘画的韵味,大大丰富了作品的视觉效果。通过辅导老师作品的引领示范,松江农民丝网版画发展逐步趋向成熟。松江民间绘画作者队伍稳定,形成一批创作骨干,其中,创作骨干大都集中在车墩镇,他们基本掌握了农民画的创作规律和现代丝网感光的原理。1990年前后,松江农民丝网版画从滥觞期走向高峰期,作品样式和风格初步定型并走向成熟。

1989年1月,中国文化部社文局根据松江农民丝网版画的突出成绩,命名松江为"全国现代民间绘画之乡"。1990年9月,在松江县委宣传部、县文化局的支持下,松江农民丝网版画赴北京音乐厅艺术家画廊展出,这是松江农民画首次登上首都的大雅之堂,展览得到文化部副部长高占祥、全国美术家协会副主席王琦的高度赞扬,高占祥为松江农民丝网版画欣然题写"艺术之花"四个大字。进京展览以后,周洪声作为农民丝网版画创作创始人随上海"中国文化展览演示团"赴日本作丝网版画展示交流,在对外文化交流中获得好评。松江县文化局在华阳桥乡首次举办农民丝网版画研讨会,对丝网版画创作和未来发展进行研讨,报纸杂志对丝网版画创作情况经常进行宣传和评述,对推动丝网版画的创作与发展发挥了积极作用。1992年,上海中国画院院长程十发带领画院书画家到松江参加庆元宵活动,亲临丝网版画创作室参观,他对周围同仁说"我们中国画创新要多吸收其他艺术,特别是民间艺术"。他赞誉松江农民丝网版画"土"和"洋"的巧妙结合、自由自在,是一个奇迹。

20世纪90年代中后期,松江农民丝网版画发展遇到困难,主要原因是面临经济体制改革,农村在市场经济逐渐为主导的大形势下,农民作者队伍流失,抽调骨干作者到文化馆参加创作学习班已非常困难,经费也严重不足,加之丝网版画制作工艺相对复杂,除了绘制黑稿,还必须在文化馆工作室里通过绷网涂胶、烘干感光、印刷等多道工序,很难在作者各自的家庭中独立完成。尝试在华阳、塔汇两个乡镇试点办"工场",但效果不佳。丝网版画创作进入了近十年的困难期。不过,县文化馆支持美影部的全体美术干部,坚持发挥辅导创作基地的作用,每年组织农民作者外出采风,收集素材,丰富创作灵感;抓住骨干中的骨干,坚持办班,并争取社会资助,基本保留了一支近20人的群文创作队伍。同时,积极参加外省市作品交流活动,其中包括全国五省市农民版画巡展。之后,松江农民丝网版画精品不断涌现,不少作品陆续在全国全市美术展览中获得大奖。

2005年,松江区人民政府在上海图书馆展厅举办了松江农民丝网版画20周年作品汇报展览。市委宣传部、市文广局领导参加了开幕式并观看展览,给予了高度评价。

此后,松江的经济实力上升,城市发展快速增长,外来人口激增,给群众美术创作注入新的活力,政府给予群众文化的投入大大增加,丝网版画作者队伍成分逐渐多样化,辅导老师和创作条件日趋专业化,为松江丝网版画创作的多元化发展提供了有利条件。

图3-4-5 松江丝网版画《乡戏之家》(作者:周洪声)

【宝山吹塑版画】

宝山拥有千姿百态的民间彩灯、风韵独特的彩绘龙船、稚拙粗犷的渔岛灶头画等丰富多彩的传统民间艺术形式,积淀了深厚的民间艺术底蕴,为宝山吹塑版画的兴起和发展积累了深厚的基础。宝山吹塑版画是在对版画创作材料和技巧的研究过程中发展起来的。作为间接性绘画,版画的特征与制作的材料及工具有关。宝山吹塑版画突破传统材料对版画效果的制约,利用吹塑纸可折、可刻、可切、可剪、可揉的特征,为版画的创作开辟了一个新天地。作为民间传统绘画的新载体,突破传统形式的制约,加入了现代人的理念和现代生活气息,使民间艺术焕发出新的生命力,面目也为之一新。1991年和1996年,宝山区和宝山区杨行镇(原吴淞乡)分别被文化部命名为"中国现代民间绘画之乡"和"中国民间艺术之乡(吹塑版画)"。

宝山区十分重视吹塑版画的创作,每年举办各类吹塑版画创作活动。数十年间,宝山区文化馆的美术辅导老师龚赣弟经常深入乡镇、街道、学校进行创作辅导,通过举办培训班推广吹塑版画创作,在全区形成了不同年龄层次的学生、农民、工人、机关工作人员等组成的数百人的创作群体,他们从蓝印花布、灶头画、剪纸、图案等江南民间艺术中汲取营养,从绘画形式上寻找突破口,完善和创造新的技法,从而不断创造出优秀的吹塑版画作品。这些作品色彩装饰协调,形象变形夸张,构图奇特均衡,制作纯朴精巧,画面粗犷稚拙,具有宝山区域特点、乡土气息浓郁。其中,《秋风》《渔家女》《古屋》《忆江南》《年年有余》等都是具有宝山吹塑版画特点的作品。吹塑版画作品先后有300多件入选全国、上海市各类美术竞赛和展览,其中多件入选第八、第九届全国美展和全国版画展览,并获得全国"群星奖"。不少作品参加在日本、西班牙、德国、意大利和中国香港、中国澳门举办的美术作品展览,多幅作品被上海美术馆、上海市美术家协会、深圳美术馆、解放日报社等专业文化机构和私人收藏。宝山吹塑版画的创作技法被编入全国九年制义务教育初中一年级美术教科书。2000年,宝山吹塑版画被评为上海市"市郊百宝"。

1993年、2002年、2006年,宝山区先后组织举办了三届中国现代民间绘画交流展,邀请全国30多个文化部命名的画乡来宝山进行交流展出,促进了各地民间绘画相互间的交流学习,在全国画乡中获得了较好反响。

第二节　书法篆刻

一、书法

【沿革】

20世纪70年代,上海有不少书法创作和展览活动,亦有许多作品参加国内外书法展览。习练书法者中包括机关工作人员、离退休干部、中小学教师等,不少区县组建专门的书画研究会,许多单位成立了书画兴趣小组,一些职工活动中心还开办书法讲座,书法成为许多人的业余爱好。奉贤县王汉章的书法在国内享有盛名;萧可国、蒋辉尧、张卫东等一批佼佼者的书法作品具有一定造诣,在全国比赛中屡屡获奖。1974年,东方红书画社(即朵云轩)编辑部组织一批书法爱好者,经常开展交流、举办展览、组织参观等活动。

改革开放以后,上海书法艺术活动迅速活跃起来,书画爱好者队伍不断壮大,书画活动和组织持续增多,对外书法交流活动越来越丰富。上海的群众书法活动具有题材丰富性和活动形式多样性两个显著特点。书画创作者不断汲古出新,创作了许多优秀的作品并斩获不少奖项。

1976年开始,徐汇区文化馆与区工人俱乐部联合举办书法讲座与书法培训班。其中普通班有600人,提高班有100人,并举办了书画表演、书法作品展览。1977—1979年每逢年节,组织书法春联队,将创作的春联送至青浦、南汇、上海县等地,赠予烈军属和社队干部。1979年7月,市工人文化宫举办"京、津、沪三市职工美术作品展",三市的职工书法作品与职工绘画、摄影作品同时展出,揭开了群众书法活动跨地域交流的序幕。1980年春,市工人文化宫举办了首届"上海市职工迎春书法展",至1986年连续举办6届,后续因有篆刻作品参展,名称改为"上海市职工书法、篆刻展"。

残疾青年蔡天石自学成才,他的篆刻作品多次在报刊上发表并获好评。1981年9月4日,在纪念"国际残疾人年"之际,他刻了一方印章赠给联合国,联合国秘书长特别代表沙哈妮夫人回信表示感谢并给予了赞扬。

1983年7月20日,以征集、选拔参加全国农民书画大赛的作品为目标,市文化局、市农委、中国美术家协会上海分会在徐汇区文化馆举办了"上海农民书画大赛作品展",展出全市农民书画作品132幅,展期8天。同年国庆节期间,"全国农民书画大赛"在北京开幕,上海入选参展作品26幅,7幅作品获奖。1984年2月14—16日,由市总工会主办,市工人文化宫以及黄浦区、闵行区科协和工会承办,举行"1984年上海市职工新春文艺年会",展出国防工办系统的职工书法作品。同年5月,在山西太原举行的"全国职工书法、美术、摄影评展"中,上海的参展作品获奖数位列第一。同年10月29日,上海市书法爱好者协会、上海市职工美术爱好者协会、上海市职工摄影爱好者协会于同日宣告成立,共计吸收会员1 100多人。其后,在全市书法、篆刻群文活动广泛开展的基础上,各区县相继成立了分会,使职工书法活动范围更广泛。1985年举办了冶金、建工、交运、纺织、石化5局职工书法联展;1986年举办了全市12区4局职工书法联展;1977—1990年"上海市职工团体会员书法展"连续举办了4届。1987年,杨浦区和普陀区分别举行"杨浦端阳文化荟萃"和"仲夏家庭文化荟萃"活动,其中都开展了书法活动。同年9月22日,"1987年上海职工文化艺术博览会"在沪东工人文化宫开幕,专门辟有"硬笔书法馆",展示职工书法爱好者采用除毛笔之外的硬性笔具所书写的艺术作品。

据统计,1973—1990年市工人文化宫共举办书法、篆刻作品展览16次,开办专项辅导学习班22期、41个班。职工书法、篆刻爱好者通过业余活动加入中国书法家协会的有150人,加入上海市书法家协会的有400人。其他加入两个协会的群众业余书法、篆刻爱好者难以统计。

不少区县的群众书法活动具有历史渊源,延续多年。1959—1993年,闸北区的133幅书法作品、33方篆刻作品分别被各地纪念馆收藏、出版或作为国礼赠送外国领导人,有的则入选国际交流展出。松江书法在继承传统的基础上,勇于创新突破,逐渐形成了书体多样、形式丰富、风格各异的松江书法艺术特色,涌现出了刘兆麟、何磊、袁继先、盛庆庆、徐秋林、彭烨峰等书法家,被上海书法界称为海派书法的"松江现象"。2009年,松江区主办了首届"平复帖杯"国际书法大赛;2011年,中国书协与松江区人民政府联合主办了第二届"平复帖杯"国际书法大赛。此外,松江还承办了中国书协第六届理事会的交流活动。

20世纪80年代中后期,各区县陆续成立了群众性书法社团,创办了一些书法报刊,对群众性书法创作活动发挥积极推动作用。1978年、1979年,《书法》杂志和《书法研究》先后创刊。1985年,上海青年书法协会成立,江南书画社、上海书画研究院等民间书画艺术社也先后成立。1984年6月4日,长宁区老年书画会成立,同时展出离退休老人书画作品,全国政协副主席胡厥文,画家王个簃、唐云为该会题词。同年8月15日,该会在长宁区文化馆举行了第二次作品展览。此后,该书画会每年都举办会员书画作品展。1985年,青浦县书画社成立,社长为朱习理,名誉社长为张瑞钟。

同年,金山县墨苑书画社成立,社长为王稼铭。同年 7 月 3 日,奉贤县书画研究会成立,有会员 18 人,名誉会长金学成,会长赵金海。该会经常在全县举办群众书画作品展览、书画讲座和青少年书画学习班。至 1990 年,会员增至 56 人。1986 年 4 月 16 日,金山县成立金山县青年书画协会。同年 9 月,黄浦区文化馆建立了黄浦画园,设有山水画研究会、花鸟研究会及青浦淀山湖山水研究会 3 个艺术研究组织,专门从事书法篆刻艺术研究。另设创作室,以培养书法新人。1987 年 11 月,中华书法研究会在南市区成立,理事长顾延培,副理事长王存礼、王德兴、董生甫;下设上海中华钢笔圆珠笔书法研究会、上海中华毛笔书法研究会两个分会;编有《写字之友》会刊;拥有会员 5 600 人。1988 年,宝山县美术书法协会成立,首批会员共 56 人,名誉会长李伟(县人大常委会副主任),顾问程十发。后改名宝山区美术协会,会员增至 180 人。1989 年 6 月 29 日,苍松书画社成立。该社为市级机关离退休干部艺术社团,会员有 100 多人,会址在洛川东路 400 弄 17 号 301 室。2006 年,嘉定区成立孙敏书法艺术奖励基金;2008 年启动嘉定区书画人才培训项目;2009 年成立的嘉定区书法家协会,以培育书法新苗、促进青年书画人才的成长作为协会主要任务。

同时,上海的群众书法创作群体中,少儿书法活动也很活跃。1985 年元旦,中国福利会、儿童时代社、解放日报社联合举办了“上海市少年儿童书法绘画比赛”,近千名少儿书画爱好者携带作品报名参赛,经由上海著名书法家和画家组成的评委会评选,选出 400 余名少儿书画爱好者参加决赛。决赛分小学一二三年级、四五六年级和初中 3 个组,当场命题创作。分别评出各组的书画作品一、二、三等奖。对获奖的少儿书法作品,评委们给予了较高评价,认为章法得体,用笔浑厚,具有一定的功力。1987 年初,由市群艺馆《上海故事》编辑部、上海静苑书画社、湖州市《水乡文学》编辑部、湖州市少年宫联合举办了“少年儿童书法交流赛”,15 个省市的小学和少年宫选送少儿书法作品 1 000 多幅参加比赛。按参赛少儿年龄,将他们的作品分为甲、乙两组,经过筛选、视评、复评、面试、审评,评出一等奖 10 名、二等奖 20 名、三等奖 30 名、优秀奖 110 名。同年 7 月,上海县马桥乡中心小学在乡教委、妇联和乡工业公司的支持下,创办“马桥乡少儿业余艺术学校”,设立的 8 个少儿艺术班中,少儿书法、少儿篆刻各占一个班。1989 年 6 月,作为上海艺术节重要组成部分的“群众业余美术、书法、摄影作品展览”,许多青少年书法爱好者的作品参加了展览。经艺术节评委会评选,蒋彦青(中福会少年宫选送)和周荣本(共青团市委选送)的书法作品获优秀作品奖。1990 年 7 月 28 日,普陀区少年宫组织中小学生书法、绘画作品 500 幅,赴日本鹿儿岛在中国同人馆展出。

【主要作品】

上海群众书法、篆刻作品丰硕,人才众多。书法作品获奖或入选参加国内、国际展览的较有影响的有:职工王寿旬的书法作品参加 1981 年澳大利亚“墨尔本国际书法大赛”,获一等奖。职工丁申阳的书法作品参加“墨陶杯”全国书法比赛,获一等奖。南汇县苏志龙(苏局仙)的书法作品“行楷王羲之《兰亭集序》横幅”,1979 年获全国群众书法比赛一等奖。宝山县江湾镇杨谅的作品参加 1980 年上海职工书法展览,获一等奖;1982 年参加了上海、大阪书法交流展。周铄伯的书法作品,1981 年参加“上海、连云港、大阪市书刻交流”;1983 年参加中国与日本书道院人士书法现场交流。钟正修的作品,1984 年参加“上海、大阪友好城市十周年书法、篆刻展览”,并入选上海书画院出版的选集。崇明县崇明中学学生王易的书法作品《李商隐诗》参加 1984 年在日本东京举办的“中日书交流”,获银质纪念奖章。金铁成的书法作品《颜楷》参加 1984 年上海市职工新春文艺年会,获二等奖。川沙县学生陆伟的书法作品《克勤克俭,去甚去奢》参加 1985 年上海青少年书法、篆刻大赛,获优秀奖。金山县唐华的书法作品参加 1986 年上海市郊青年艺术会书法展,获一等奖。学生郭海娟的书法作品参加上海少儿大字比赛,获二等奖。苍松书画社社员李当春的作品多次参加全市及京、津、沪书画联展,并获奖。

1998年,第八届全国"群星奖"中,金山区文化馆郏永明的行草《黄宾虹论画》获银奖;2002年,第十二届全国"群星奖"中,闵行区文化馆孙天祥的草书《饮中八仙歌》获铜奖;2004年,第十三届全国"群星奖"中,黄恺的行书立轴《苏东坡诗二首》(少儿组)、李嘉和的小楷立轴《楚辞·屈原》(老年组)获优秀作品奖;2007年,第十四届全国"群星奖"杨浦区文化馆张卫东的行草《明人书论二则》、上海书协吴雯婷的楷书《陆羽〈茶经〉》(少儿组)、虹口区文化艺术馆王曦的草书《黄庭坚论书》获群星创作奖。

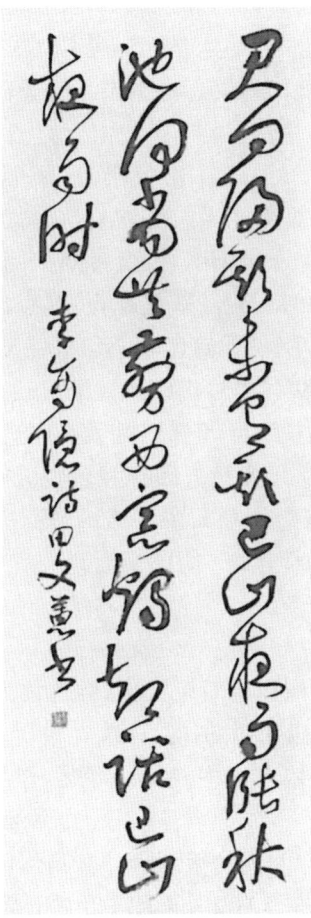

图3-4-6 上海地区选送全国"群星奖"书
法作品《李商隐诗一首》(作者:
田文惠,2004年)

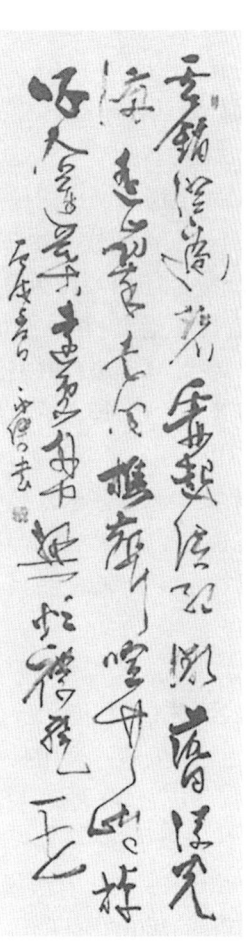

图3-4-7 上海地区选送全国"群星奖"书
法作品《前贤诗一首》(作者:
陆永杰,2004年)

二、篆刻

【沿革】

1961年,上海中国书法篆刻研究会成立,主任为沈尹默。1963年,西泠印社召开60周年纪念大会,王个簃被选为副社长。"文化大革命"中,不少篆刻家远离创作,作品和藏品被损毁。20世纪

70 年代，方去疾等组织老中青印人用简化字创作《新印谱》3 集，于 1972 年、1973 年、1975 年先后出版，1974 年、1975 年又出版《书法刻印》一、二集。静安区文化馆、青年宫等举办书法篆刻展览，涌现出青年作者韩天衡、刘沪声、童衍方等。

1978 年，上海市首次举办书法篆刻展览。

1982 年 11 月，在纪念中日邦交正常化 10 周年之际，上海、大阪合办两市书法篆刻展览，之后作品结集刊行。

全市篆刻作者多次参加全国性作品展览和作品评比活动，还成立了一些群众性篆刻社团。1983 年，24 人参加《书法》杂志主办、上海西泠印社协办的全国篆刻征稿评比，获优秀作品奖。1986 年 9 月，三原色印社成立，并入选 1992 年出版的《中国书法大辞典》，是收录其中的上海 5 个书法、篆刻社团中的一个。1988 年有 67 人、1991 年有 75 人的作品先后入选全国首届、第二届篆刻艺术展；20 人和 15 人分获西泠印社第二、三届全国篆刻作品评展优秀奖。青年相海勇潜心篆艺，其作品多次参加全国性大赛。

改革开放以后，上海书画出版社、上海书店出版社、上海人民美术出版社、上海古籍出版社等出版一批印谱。20 世纪 80 年代开始，先后出版韩天衡《中国篆刻艺术》、陈鸿寿《怎样刻印章》（修订本）、陈巨来《安持精舍印话》、韩天衡《历代印学论文选》和《中国印学年表》、刘一闻《中国印章鉴赏》、黄惇《中国古代印论史》和孙慰祖主编的《两汉官印汇考》等。《新民晚报》刊登《印章琐谈》和《印林新知》专栏文章。《书法》和《书法研究》杂志发表来楚生《然犀室印学心印》、韩天衡《印章边款初探》《九百年印谱史考略》等文章。出版结集作品《个簃印集》《兰沙馆印式》《丁丑劫余印存》《徐云叔篆刻》《来楚生印存》《朱复戡篆刻》《静乐印存》《钱君匋刻长跋巨印选》《韩天衡印选》《朴堂印稿》《方介堪印选》《来楚生篆刻艺术》《吴子建印集》《陈茗屋印存》《童衍方印存》《单晓天印稿》《去疾印稿》《式熊印稿》《刘一闻印稿》《乔大壮印集》以及《十六金符斋印存》《玺印文综》等。1989 年，上海书画出版社出版方去疾主编、庄新兴与茅子良编的《中国美术全集·玺印篆刻卷》。

【主要作品】

1981 年，朱泾人朱白，在纪念鲁迅 100 周年诞辰时作"横眉冷对千夫指，俯首甘为孺子牛"2 方篆刻作品，在《文汇报》发表。金山县书画社副社长朱泾人、唐伟明的作品多次在报刊上发表。

1983 年 3 月，江成之、陈茗屋、陈辉在全国首次篆刻征稿评比中获得一等奖，作品收录在上海《书法》杂志刊出的专辑中。

1999 年，上海市工人文化宫所属的东方书画院经过一年时间的策划、选题，集体创作了反映 56 个民族大团结的自印自拓的原打本——《中华民族印谱》。在 9 月 27 日上海市总工会主办、市工人文化宫承办的"迎国庆上海职工文化巡礼之夜"活动中，举行了捐赠仪式，市工人文化宫领导向市民委主席杨奇庆、上海市博物馆常务副馆长陈燮君、上海市图书馆党委副书记王世伟捐赠《中华民族印谱》原打本。印谱同时被国家民委、中国民族博物馆收藏。

由于资料缺乏，2000 年后的群众性篆刻创作作品未能收录。

第三节　摄　影

上海的群众摄影创作起步早、队伍众、影响大。20 世纪 70 年代末，上海市区出现了一股摄影热，各类群众性的摄影组织和团体如雨后春笋般涌现出来，广大摄影爱好者的创作具有海派风尚和江南特色。20 世纪 80 年代开始,随着新经济政策深入贯彻落实到农村,农民生活富裕起来,农民摄影开始兴起,嘉定、宝山、金山、崇明、松江、青浦、奉贤、川沙等郊县都成立了摄影协会,举办各种摄影展览和摄影活动。1988 年,宝山县彭浦乡被文化部授予民间艺术之乡的"摄影之乡",出版了全国第一个农民摄影集《农民摄影作品选》。20 世纪 90 年代以后,上海日新月异的建设成果,更是激发了广大摄影创作者的激情,他们用镜头捕捉美好的画面,为城市留下难忘而宝贵的记忆。

图 3-4-8 《群众共庆申博成功》获"我们的家园——'金秋魅力'摄影巡回展"银奖(作者:刘思泓,2004 年)

【沿革】

1979 年 2 月,中国摄影学会上海分会开始恢复办公。会员从原有的 200 多人发展到 800 人。1977—1980 年,在全国优秀摄影作品评奖中,中国摄影家协会上海分会的 8 幅作品获奖,获奖作品数在全国各摄影分会中名列首位。《假日是这样度过的》(许志刚摄)获得一等奖;《得救》(胡仪、许根顺摄)获得二等奖;被评为三等奖的作品有《神圣的权力》(许志刚摄)、《阿姨像妈妈》(徐福生摄)、《大师与幼苗》(杨溥涛摄)、《深情》(周玉贵摄)。

1979 年 7 月,"京、津、沪三市职工美术作品展览"在市工人文化宫开幕,同时,也拉开了上海职工摄影活动与兄弟省市横向交流的序幕。

1980 年,市青年宫先后举办 4 期摄影短训班,全市各共青团组织推荐的学员 1 500 人参加了培训,利用业余时间志愿前来参加的干部、学生多达 1 200 人。学习班向学员讲授摄影基础知识,辅导摄影创作,在办班过程中选出学员的摄影作品 400 余幅,先后举办两次上海青年业余摄影作品展览,精选 50 幅作品,由上海人民美术出版社出版了《上海青年业余摄影作品选》摄影画册。1981 年,市青年宫还分别开办摄影普及班和提高班、彩色摄影班和艺术摄影创作班,适应社会不同层次业余摄影爱好者的需要,促进了摄影活动的开展。经过几年努力,全市有近三分之一的基层团委、团总支设立了摄影干事。

1983 年 7 月 3—25 日,应中国摄影家协会邀请,宝山县彭浦乡 23 位农民摄影作者的作品在北京王府井大街"摄影之窗"展出。《人民日报》《中国日报》《中国妇女》英文版以大量版面向国内外读者报道。同年 10 月 25 日,"北京、大连、上海、武汉、重庆五城市职工工业摄影作品展览会"在上海市工人文化宫开幕,观众达 10 万人次。

1984 年 1 月 7 日,市文化局和中国影协上海分会在黄浦区文化馆举办了"上海市业余摄影爱好者作品展览会"。展览自 1983 年 5 月 14 日开始征稿,一年多的时间,收到应征作品 3 000 余幅;入选参展的作品有 262 幅,评出优秀作品 32 幅。

1986 年 9 月 25 日,市群艺馆和中国影协上海分会联合举办了"上海市第二届摄影爱好者作品展览"。展览历时 10 天,展出作品 250 幅,评选出优秀作品 40 幅、纪念类作品 210 幅。同年 11 月 11—30 日,由中国摄影家协会主办、黄浦区文化馆和黄浦区浦东文化馆协办的"上海市第一届国际摄影艺术展览会"在黄浦区文化馆和黄浦区浦东文化馆同时展出,国内外 120 幅摄影艺术作品参加了展出。

1988年,文化部、农牧渔业部、水利电力部、林业部、中国摄影家协会和中央电视台联合举办"中国农村摄影大奖赛",为了选拔进京参展作品,上海市文化局、市农委、市农业局、市水利局、中国摄影家协会上海分会联合举办了"上海农村摄影比赛",展出农村题材的作品445幅,选出了28幅作品参加全国比赛。宝山县滕根泉的《相依为命》《老伴新欢》和上海县张凤岐的《奶奶的遗憾》获农民作者优胜奖,松江县唐西林的《责任与荣誉》获二等奖。

1984年7月,上海市人像摄影学会成立;同年10月,上海市职工摄影爱好者协会成立;1985年9月,上海市教师摄影研究会成立;同年12月,上海市老年摄影学会成立;1987年3月,上海华侨摄影学会成立;1988年2月,上海农民摄影学会成立;1988年1月,中国艺术摄影学会上海分会成立;1990年5月,上海青年摄影学会成立。这些摄影团体,举办各自的摄影作品展览或摄影交流、学术研讨活动,会员涵盖了上海各个行业和人群。这些摄影爱好者团队的建立,对民众摄影水平的提升产生了积极作用。

1985年,川沙县东沟文化站黄大鑫的《山乡新居》获"全国农民摄影大赛"二等奖;1991年4月23日,其摄影作品在上海美术馆展出。

彭浦农民业余摄影小组,自成立的1982年至1985年间,近200幅作品参加了市、县影展,其中《辛亥老人》《渔归》被中国摄影协会上海分会选送日本横滨展出,《辛亥老人》获上海市黑白照片银牌奖并在中国香港中华摄影协会第二十三届国际摄影展上展出。1986年2月举行的"全国农民摄影比赛"中,有3幅获铜牌奖、2幅获鼓励奖、6幅获纪念奖。

上海市职工摄影爱好者协会的一批优秀职工摄影艺术作品在全国及国际摄影作品展览或比赛中获得荣誉,包括戚德胜的《船魂》(全国新闻摄影展一等奖)、王国年的《等》(全国黑白摄影作品展一等奖)、邬久益的《回娘家》(国际亚太地区摄影展金牌奖)、高保鑫的《东方艺术的魅力》(上海文学艺术三等奖)。龚建华、许志刚、娄国强、孙海宝等人的作品在国际摄影艺术展览或评奖活动中分别获得了金牌奖、银牌奖和铜牌奖。

中福会少年宫海鸥少儿摄影俱乐部于1988年成立,通过举办摄影夏令营、摄影冬令营、少儿摄影知识竞赛、现场摄影比赛、公园摄影比赛、少儿摄影活动周、作品讲评、摄影讲座以及老摄影家拍照示范等活动,吸引了全市大量少年儿童参加,一些摄影幼苗脱颖而出,不少小摄影作者参加上海市或全国的少儿摄影展览获奖。其中包括罗志明的《龙的传人》(上海小主人迎春摄影大赛一等奖)、张文的《快乐的小朋友》(全国第一届少年儿童摄影展览一等奖)、徐斌的《尝试》(上海小主人迎春摄影大赛二等奖)、祖平平的《动人的一幕》(《大众摄影》第四届全国少年儿童摄影大赛金牌奖)等。

青浦摄影协会的300多幅作品入选国际国内的摄影展及各类比赛,并获得多项大奖。《牛背上的童年》在中国台湾"桃园杯"国际艺术摄影大赛中获银质奖,《金色童年》获亚太地区摄影艺术展览一等奖。

上海县新泾镇田野摄影协会会员杨扬,1993年获得市摄影家协会农村组颁发的"金牛奖"奖杯,1997年获得市摄影家协会农村组颁发的从事农村摄影30年"耕耘奖"奖杯。2002年11月,徐卫平的长宁区城市建设成就摄影展《激情年代》在上海市图书馆举行,活动由上海市摄影家协会和长宁区人民政府联合举办,展出其作品119幅。

浦东新区摄影家协会成员获得全国、省市级三等奖以上的作品有300多件。其前身川沙县摄影协会成员徐网林的《农民白相大世界》获1993年全国晚报摄影赛一等奖;2001年,姚建明的《悠悠岁月》获中国艺术摄影学会"中国优秀摄影作品评选"一等奖;2007年,秦智渊的《繁华之港》获《人民摄影》报"中国港口摄影大赛"一等奖。其他全国性获奖的作品还有顾宾海的《美容》《新生活从这里开始》、秦智渊的《景色》、徐金安的《上海陆家嘴》、徐国庆的《大浪淘沙》、娄国强的《请到天涯海角来》等。

2008 年 10 月，在市文广局、市群艺馆举办的"市民艺术大赛"中，徐汇区摄影协会高兴林的摄影作品《金茂》获得一等奖，《胡同》获得二等奖；2010 年 11 月，上海世博会事务管理局等相关单位主办摄影大赛，高兴林的摄影作品《动舞迎宾》获得一等奖。

上海的业余摄影作者中还出现了骑自行车进行旅行摄影创作的现象。傅庆胜用了一年时间，骑自行车深入西北高原 20 多个地区采风摄影，拍摄了大量具有西北高原气息的摄影作品。1988 年 6 月，中国摄影家协会上海分会在交通大学包兆龙图书馆举办了"傅庆胜单车独行摄影展览"。市西中学化学教师郑伯庆，骑自行车沿举世闻名的红军长征之路，跨大渡河，越岷山，爬雪山，过草地，历时数年，拍摄了不少佳作，在全国农村摄影大赛中获奖。1990 年，中国摄影家协会上海分会在苏州西山召开创作会议，会上专门介绍了郑伯庆的创作经验。

【主要作品】

作品《高原魂》（上海市群艺馆王榕屏）获 1992 年第二届全国"群星奖"铜奖，取自高原的风土人情。

作品《旁若无人》（陈海涯摄）取自 1998 上海宝山国际民间艺术节开幕式中的一个场景，来自南非的民间舞蹈代表团的几名演员正作即兴发言，从发言者的神态，从旁边俄罗斯、韩国和中国上海青春歌舞团演员们专注而欣喜的表情来看，那就是和平、团结、交流和友谊。这幅作品获"命名展"中的"最佳瞬间奖"。

《浦东梦圆》（唐勇刚摄）顶栏和其投影在上下"变形"成为一个圆，碧翠色的水池显然是圆心，远景的高楼大厦变得相偎相依；由白色围栏线条趋势所指的中景的两个三角形房顶，具有统一中的对比和变化的魅力，不同于过分直观的具象表达，不是离奇、怪诞的抽象表现和远离生活的追求，这使视觉形象达到了"音乐状态"的情感艺术展现。这幅作品入围 2001 年文化部"群星奖"（美术、摄影、书法）的上海地区选拔，在众多表现建筑景观的作品中脱颖而出。

2002 年第十二届全国"群星奖"，上海有 3 幅摄影作品获奖：黄浦区文化馆刘圣辉摄影《交叉》获银奖；浦东新区文化艺术指导中心方忠麟摄影《母子同游步行街》、徐汇区文化馆殷增善摄影《沙滩排球》获铜奖。少儿摄影《试试，别害怕》（徐汇区文化艺术中心选送），在 2004 年文化部第十三届"群星奖"中获群星奖。

2007 年获全国"群星奖"摄影类群星创作奖的《夜上海》（陆元敏指导、寇善勤摄），前景是上海外白渡桥，后景是浦东陆家嘴新貌和城市建筑群。用夜景的视角，反映上海浦东两岸新貌和时代的变迁。《碧空流霞东风暖》（徐卫平摄）表现黄浦江陆家嘴清晨东方欲晓、红日初升的场景，象征了上海蓬勃生机、蒸蒸日上的美好景象，获"2009 年城市记忆——京、津、沪、渝市民艺术摄影大赛"一等奖。《旧貌换新颜》（陶顺兴摄）反映城乡变迁发展的新旧对比，获 2009 年庆祝中华人民共和国成立 60 周年"风从乡间来——上海农村摄影联展"一等奖。《变迁》（邵海木摄）反映虹桥镇改革开放前后的变迁和发展，获 2009 年庆祝中华人民共和国成立 60 周年"风从乡间来——上海农村摄影联展"一等奖。《地球启示录》（徐卫平摄）在 2010 年上海世博会"城市地球馆"拍摄的球幕电影穹顶场景和站着、坐着、躺着观看的人们，画面展示了地球的演进、变迁和环境污染带来的深刻启示，获 2010 年"世博风　城市情"——第三届上海"市民艺术大展"（美术、书法、摄影）一等奖。

图 3-4-9 《地球启示录》(作者:徐卫平)

1978—2010 年的三十多年间,上海的群众文艺创作走过了恢复期、发展期和繁荣期,上海的群众文化工作者和创作人员,饱含对祖国、对人民、对生活的热爱,用艺术才华和创作热情,在文学、音乐、舞蹈、戏剧、曲艺、美术、书法、篆刻和摄影等领域,在每一个时间段都留下了优秀的代表作品,反映了时代的发展、城市的变迁和人民美好生活的方方面面、点点滴滴,充分展现了上海群众文艺创作扎根生活、海纳百川的文化特色,在全国最高奖项、在跨地区和上海的创作赛事中屡屡获奖,无愧于时代,无愧于繁荣和创新的上海群众文化的使命。

第四篇

群众文化活动

《城市梦想》 孙维蔓摄

"文化大革命"结束以后,最早在全市恢复开展的是群众文化活动,在宣传党的方针政策,反映拨乱反正的历史进程的同时,也成为展示上海人民勤奋工作、热爱生活的精神风貌的舞台,逐渐展现出丰富多彩的新气象。改革开放初期,全市及各区县、各系统以群众文艺创作带动各类群众文化活动的开展,通过各类会演、赛事进行群文优秀作品的演出和展览展示,反映社会现实,丰富群众文化生活。20世纪八九十年代,全市先后创办了一些有影响的专项赛事和节庆活动,为群众文化活动搭建了展示舞台。21世纪以后,上海的群众文艺活动随着社会的发展,市民文化需求的不断变化,品牌化、规模化效应更加突出,在重大节庆和国家重要任务中发挥了积极的作用。

　　党的十一届三中全会前后,全市开展了一系列不同艺术类别的创作和展演活动。1978年3月,上海市文化局(下称市文化局)和上海市群众艺术馆(下称市群艺馆)主、承办上海市群众文化交流演出,拉开了全市群众文化展示的序幕。1979年,全市在大型节庆期间举办的群众文化活动和各类文艺会演成为市民观赏文艺作品的重要途径,上海各大企业和各系统单位也利用人才优势举办文艺创作作品会演活动,并经常下基层演出,活跃广大职工的文化生活。同年春节,市文化局选拔26个具有时代气息、艺术性较高的创作作品,分别开展工厂、农场、区县、大中学校及各系统的巡演活动,引起群众热烈反响。同年9月开始,上海市庆祝中华人民共和国成立30周年群众文艺献礼演出分别在上海儿童艺术剧场、上海市青年宫、虹口区文化馆和静安区文化馆等相继举行,由各区县、各系统选拔的50个优秀作品,演出16场,受到群众欢迎。此后,庆祝中华人民共和国成立逢"五"和逢"十"的年份,全市各区县都广泛举办群众性庆祝活动。

　　20世纪80年代以后,创立了音乐、戏剧、美术等全市群文评选展示平台和综合性艺术节庆活动,并持续开展,有的活动举办数十年,不仅记录了上海群众文艺发展的历程,也成为反映时代风尚的窗口。这一时期,市文化局根据重大庆典和艺术门类策划组织的专题艺术活动主要包括歌咏节、歌会、音乐、舞蹈、戏剧、曲艺、故事会串等,演出节目内容丰富、时代气息浓郁,反映了社会发展和人民生活变化。1982年10月4日,全市性音乐活动——首届上海"十月歌会"创立并在沪西工人文化宫开幕,93个歌队、4 000余名歌手,分8个歌台引吭高歌,歌唱党和祖国。活动期间,编印30万册推荐歌曲曲谱分发给歌队,2 000多支歌队的40多万人次参加歌会期间的活动。至2008年,上海"十月歌会"举办了13届,推出了一大批时代感强、富有生活气息的歌曲。1982年春,由中国音乐家协会上海分会、市群艺馆、上海市工人文化宫、市青年宫、上海市少年宫联合主办的"上海市业余民族乐队交流演出"举行,这是中华人民共和国成立后上海市举办的规模最大、作品最多、影响最大的一次民乐合奏比赛。1983年10月22日,第一届上海"十月业余剧展"(下称上海"十月剧展")在市工人文化宫影剧场开幕。此后,每逢双年举办上海"十月歌会",每逢单年举办上海"十月剧展",两个活动成为全市群众文化展示的盛会;上海"十月剧展"被列为上海市1995—1997精神文明建设三年规划的实事项目之一。

　　同时,上海的群众美术、摄影、书法与篆刻、收藏活动也蓬勃发展。1981年2月2日,第一届"江南之春"画展在宝山县文化馆开幕,展出161件作品,作品包括农民画、国画、油画、宣传画、版画、年画、漫画、连环画和剪纸等。这项群众美术创作的双年展,一直持续举办,没有间断。群众美术书法活动还有上海金山农民画展、京津沪职工美术作品展览、上海市少年儿童美术展览、上海青年美术作品大展、上海市老年教育艺术作品展、上海市大学生水彩画展、上海市聋哑人美术作品展,上海市书法篆刻系列大展,华东地区青年书法联展,上海、厦门、南通三市职工书法联展,上海市职工美术书法精品展等。摄影类展览有人像摄影艺术展览、上海工人摄影展览会、上海农民摄影作品进京展览、上海青年摄影艺术作品展览等。民间收藏展紧跟时代脉搏,反映社会变迁和城市精神面貌,产生了一批较有影响力的品牌项目,有上海民间工艺品展览、民间艺术大观园展、2009 年的"中华元素"创意舞台作品展、"梅园杯"上海国际藏书票邀请展、嘉定竹刻展等。

这一时期,校园文艺活动蓬勃开展,丰富了学生的学习生活。1982 年开始,由教育局主办的上海市少年儿童"布谷鸟音乐节"、上海市少年儿童"小孔雀"歌舞节和上海市"金孔雀"学生舞蹈节,连续举办多届。此后还有上海市大学生校园文化节、上海学生戏剧节等活动,培养了许多优秀的艺术人才,受到全市各学校和广大师生的喜爱。

1987 年,上海市创办上海文化艺术节。1990 年改为上海艺术节,逐渐升格为国家级艺术节,成为上海市规模最大、艺术水准最高、每年一度的文化艺术盛会,其中的群众文化活动成为全市市民欣赏艺术和展示自我的平台。1989 年,由市文明办、市妇联、市文化局等联合创办的"上海家庭文化节",对上海市民提高道德、知识、审美涵养起到积极的推动作用。

改革开放以后,伴随着国家政治经济的发展、社会事业的进步,上海的群众文艺对外交流日益频繁。1979 年夏,以中国福利会少年宫小伙伴艺术团为主体组成的中国上海儿童艺术团赴南斯拉夫演出,这是中华人民共和国成立以来上海群众文艺团队首次出访演出。1980 年 4 月,金山农民画展吸引了各国驻上海的领事机构前来观摩。1982 年 6 月,中国上海民间艺术展览在美国旧金山举行,引起当地各界人士的浓厚兴趣。此后,浦东新区三林镇的舞龙队、宝山区的月浦锣鼓、闸北区彭浦镇的摄影等项目及徐汇区艺术团等优秀团队走出国门,参与对外交流。此外,上海还陆续举办了全国社区及海外华人越剧交流演出活动、上海国际友好城市国际标准舞邀请赛等活动。

进入 20 世纪 90 年代,上海的群众文化活动开始向规模化、品牌化发展,以大型节庆为依托开展全市群文活动。活动覆盖的艺术门类更多、覆盖人群更广、品牌效应更为突出。这一阶段成为承上启下的发展阶段。

1990 年开始,经上海市人民政府批准,上海艺术节每两年举办一次。1998 年将其更名为上海国际艺术节;1999 年经文化部批准,升格为中国上海国际艺术节,并改为每年举办一届。中国上海国际艺术节的群众文化活动成为其中不可或缺的重要组成部分,也成为上海市群众文化活动的重要抓手,打造了一批广受市民欢迎的品牌项目,包括"天天演""外国艺术家进社区""我们的家园"群文优秀成果展示活动、长三角与区县联动活动、宝山国际民间艺术节、"长风杯"新上海人歌手大赛、"金秋闵行"上海合唱节、"水乡音花"长三角地区田山歌展演等。各区县结合自身实际,创办区域品牌,陆续推出上海黄浦旅游节(后发展成为上海旅游节)、南汇桃花节、闸北茶文化节、青浦淀山湖艺术节、上海虹桥文化艺术之秋、上海苏州河文化艺术节等。

同时,上海开始组织参加全国性的群众文艺竞赛评比活动,参加的最主要的活动是 1991 年创办的全国群众文艺创作与活动评比的政府最高奖项"群星奖"的评选,上海参加"群星奖"评选的节目、剧目大多长期在基层演出展示,受到市民群众的热诚欢迎。上海还组织力量参与其他国家级比赛与评比,包括农村业余戏剧创作评奖、"红五月"全国群众歌咏大赛、中国戏剧奖——小品小戏奖、全国故事大王选拔邀请赛,以及相关地区或区域级比赛,包括华东地区六省一市戏剧小品大赛、江浙沪故事大会串等。

这一时期,上海的职工文化也得到了蓬勃发展。1991年创办上海职工艺术节,每届艺术节都各具特色,职工参与面广泛,形式多样,佳作纷呈,成为推动上海市企业文化发展的特色项目。

1993年上海的广场文化活动以黄浦外滩新世纪广场音乐会为标志展开,成为广场文化的品牌。1995年6月24日,外滩新世纪广场举办的"百架钢琴大联奏"因其规模宏大而被载入吉尼斯世界纪录。1996年中共上海市委书记江泽民参加"五一"歌会,与群众共同歌唱。1997年,上海市形成了70多个辐射力强、影响力大的文化活动中心广场,全年的广场文化活动达5 000多场,观众800多万人次。1997年6月30日晚,在外滩黄浦公园纪念碑广场举办上海市庆祝香港回归祖国的中心会场活动。1999年12月19日晚,上海人民庆祝澳门回归祖国的中心会场活动在外滩黄浦公园纪念碑广场举行,全市4 000多名专业和业余演员参演,上海市党政主要领导黄菊、徐匡迪携市四套班子全体成员在现场与上海人民一同迎接澳门回归祖国。2000年12月31日夜至2001年1月1日凌晨,在外滩新世纪广场,举行"走进新世纪,再创新辉煌——上海各界人士迎接21世纪联欢晚会",开启了上海群文活动的新篇章。

21世纪以后,群众文化活动的形式更加多样,活动主题更加丰富,参与主体也更加多元。2001年,另一项国际性的重大节庆活动——"上海之春"国际音乐节增设群众文化活动板块,主要包括群文新人新作展演、上海地区群众性合唱邀请赛等。这一板块的创设,为此后上海市群众文化活动一年中两个时段的集中展示奠定了基础,即上半年依托"上海之春"国际音乐节,重点组织开展群众文艺新人新作的评选;下半年依托上海国际艺术节群众文化活动,重点交流、展示上海市群众文艺创作作品和优秀成果。上、下半年各形成一次群众文化活动高潮的格局。

这一时期,主题性、专题性的群众文化活动更加丰富。2001年的"党的光辉照我心"社区歌咏大赛,被评为2001年上海市精神文明建设十大新闻之首。同年,首次举办上海市"阳光·大地"全市党团员优秀歌曲演唱赛,全市各系统、各单位广泛参加,这一群众性歌咏活动连续举办7届,其中第四届比赛活动历时3个月,参加职工人数达百万人。

2002年,党的十六大胜利召开,上海全市的群众文化工作者以各种形式举办迎接党的十六大群众性庆祝活动,包括"喜迎十六大、欢度艺术节——上海市百场群文展演活动""喜庆十六大、欢度艺术节——'我们的家园'上海市社区优秀文艺节目巡回展演""'飞扬的旗帜'社区文化优秀节目展演周"等。2002年10月19日,由中央文明办、文化部和中央电视台联合主办的"歌唱新生活、迎接十六大——全国'四进社区'第一届文艺展演"活动在上海浦东新区万邦都市花园举行,参加展演的有来自全国31个省、自治区、直辖市的500多名文艺战线的演员。

2005年,在纪念世界反法西斯战争胜利和中国人民抗日战争胜利60周年之际,由上海市文化广播影视管理局、文汇新民联合报业集团共同主办,市群艺馆、市收藏协会等多家单位承办的"抗战珍存——上海市民抗日战争时期图文资料藏品展览"于9月2—30日在见证淞沪抗战的重要建筑四行仓库举行,市民扶老携幼前往参观,《新民晚报》等50多家网站给予了报道。

2008年,应北京市文化局邀请,上海群众文艺团队于8月2—6日在京参加天安门广场和世贸天阶的演出,带着上海人民的诚挚祝福,以海派风格的6场演出,为北京奥运会营造了热烈的气氛。此外,上海浦东新区陆家嘴功能区域管委会组织的《海派秧歌》参加了8月8日晚奥运会开幕前的烘托演出。同时,以上海非遗为主题的"奥运小屋"上海馆在鸟巢外展出,受到中外运动员和观众的欢迎。

随着上海世博会的临近,"迎世博、庆世博"的主题活动成为2008—2010年上海市群文活动的主旋律。"世博印象"——上海市民数码摄影大赛连续举办3届,首届活动于2008年开始,历时3

个月,在广大市民中掀起了一波拍摄城市、关注城市、聚焦世博的热潮。大赛期间,还组织了"见证世博·劳动最光荣"世博园区建设风采拍摄活动。这个活动记录了世博会场馆建设及与之相关的城市建设和人文风貌的变迁,为上海新时代的发展汇集了珍贵的影像资料和城市档案。其间,上海先后举行了上海世博会开幕倒计时800天元宵节活动、"炫动世博,舞动上海"——迎接世博等活动。

2010年,由市群艺馆等多家单位和上海市非物质文化遗产保护中心分别承担的世博会"上海周"巡游活动和非遗展示活动于10月8—12日在世博大道、宝钢小舞台与观众见面。作为世博会"上海活动周"的重要组成部分,巡游活动规模盛大,展示了上海的文化特色,将现场的欢乐气氛不断推向高潮。在世博园区外,开展"璀璨耀浦江"——上海世博会城市文化广场"周周演"活动,自5月1日至10月31日的每个双休日,即世博会期间的27个周末的54天里,在全市12个统一命名的"上海世博会城市文化广场"推出近600场文艺演出,让广大市民和中外游客共享世博会带来的城市文化的繁荣。

伴随着城市经济社会的持续发展,人民生活水平的不断提高,上海的群众文化活动在策划思路上,以引领示范为目标,在活动内容方面以宣传党和政府的执政理念、方针政策和中心工作为主导,策划设计满足市民不同类型、不断变化的文化需求的活动;在活动形式上,紧随时代步伐,运用各种现代手段呈现活动,以满足不同年龄、不同人群的文化需求,使群众文化产品和服务惠及更多民众。

第一章　中国上海国际艺术节

第一节　沿　　革

中国上海国际艺术节前身是上海文化艺术节,始创于 1987 年。1990 年开始,上海文化艺术节更名为上海艺术节,每两年举办一次,由上海市人民政府主办,上海市文化局承办。1998 年,更名为上海国际艺术节,为上海市规模最大、层次最高的文化艺术盛会。1999 年经文化部批准,上海国际艺术节升格为中国上海国际艺术节(下称国际艺术节),由文化部主办,上海市人民政府承办,并改为每年举办一届。

国际艺术节以弘扬中华优秀民族艺术,吸纳世界优秀文化,推动中外文化交流为宗旨。其中的群众文艺展演、展览等活动是国际艺术节中的一个重要板块,也是上海市群众文化活动展示的舞台。2005 年 5 月,国际艺术节群众文化活动部(下称群文部)成立,其主要工作职责是负责策划制订、推动执行国际艺术节群众文化工作的整体计划,主要包括策划制定每届国际艺术节群众文化活动的总体方案和经费预算,其中的总体方案和开、闭幕方案由艺术节中心群文部和市群艺馆共同策划完成,联手区县和系统组织实施;负责统筹协调落实国际艺术节群众文化项目的整体运营,包括开幕活动、闭幕活动、"天天演"活动、"我们的家园"——群文优秀创作成果展演、外国艺术家进社区活动、校园行活动等工作;负责组织、联络和接待参加国际艺术节群众文化活动的国内外艺术团体;负责国际艺术节群文活动总结、表彰等工作。

国际艺术节的群文活动创办之初,市领导明确提出,全市群众文化活动上半年依托"上海之春"国际音乐节,重点组织开展群文新人新作的推选和评比,下半年依托国际艺术节重点交流、展示上海市群众文化创作作品和优秀成果,上、下半年各形成一次高潮。国际艺术节群文部经过 10 年运作,打造了一批品牌项目,在市民中拥有较高的知名度和影响力,受到市民欢迎。其中主要包括 2001 年创办的"天天演",后续创办的"我们的家园"群文优秀成果展演、"外国艺术家进社区""缤纷长三角系列"活动。"天天演"是国际艺术节原创群文活动品牌,自第三届国际艺术节期间诞生后,持续十余年,不断提升发展,成为每年秋天市民期待的一个在南京路步行街开展的文化盛事。由"天天演"衍生的"外国艺术家进社区"活动,丰富了社区市民的文化生活,来自世界各地的演出团体走进社区,与当地民众互动交流,学习和体验中国文化,感受中国的发展和变化。其中,第九届艺术节举行期间,群文部组织德国军乐团,俄罗斯舞蹈团、手风琴团 120 多人,首次乘渡轮到崇明演出,外国艺术家走到岛上群众身边演出互动,引起轰动效应,现场气氛特别热烈。外国艺术家到南汇、宝山等地的演出也都产生了同样的效果。外国艺术家走进社区演出展示的同时,还和当地群众开展艺术交流,学舞蹈,学作画,到居民家做客,文化交流融入民俗交流,在交流过程中加深了对双方文化的了解,增进了友谊。这些品牌项目,使国际艺术节群众文化舞台和百姓拉近了距离,交流了文化。

国际艺术节群文活动部分项目分别获得 2007 年度上海市群众文化工作优秀活动奖("天天演")、2007 年度上海市文广影视对外(包括中国港澳台地区)工作优秀项目(外国艺术家进社区)称号、2009年上海市迎世博百场文艺巡演特别贡献奖。国际艺术节中心群文部获2005年度上海市群众文化工作先进集体;2007年度、2008年度获中国上海国际艺术节中心优秀集体奖。

一、上海文化艺术节

【1989年上海文化艺术节群文活动】

1989年5月至11月3日,以庆祝中华人民共和国成立40周年、上海解放40周年为主题,市委宣传部与市文化局、市广播电视局、市电影局、上海文化发展基金会、市文联联合举办"1989上海文化艺术节"。文化艺术节体现改革、繁荣、团结、奋进的精神,积极倡导爱国主义、社会主义思想,表现中华民族奋发图强、艰苦奋斗精神的文艺创作,鼓励内容健康、题材丰富、艺术风格多样的各类文艺作品,展现上海文化艺术的整体风貌,促进群文事业的繁荣发展。

"1989上海文化艺术节"分两个阶段进行:第一阶段以群众文艺创作作品参与为主;第二阶段是专业文艺作品的展演、展示。全市各区(县)、上海市总工会、中国福利会少年宫、上海电视台小荧星艺术团等群众团体创作作品103个,入选艺术节展演的剧目18个,其中大戏4个;展览展出了87幅业余美术作品。同年9月21日至10月10日,上海文化艺术节举行群众文艺展演和业余美术、摄影、书法展览。评委先后召开了6次评议会,评选出参加群众文艺展演展示的10个优秀成果奖,包括8个文艺节目、2个美术作品。

上海文化艺术节展示的群文创作作品大多贴近现实,富有生活气息。市工人文化宫创作的反映企业改革题材的话剧《主仆咏叹调》,以生动鲜明的工人语言表现了当代工人的追求,呼吁企业中主人翁精神的回归,剧中所蕴含的反映现实的力度,引起观众的共鸣。松江县的大型沪剧《竹园曲》,生动地表现了改革开放中农民的心态变化,以及由此产生的新旧观念的碰撞,具有浓郁的乡土气息。还有沪剧《风雨公仆情》、舞蹈《网船女》《微笑的白玉兰》《我们的生活充满希望》、打击乐《搏》、曲艺《黄局长买香皂》,以及业余作者的油画《垦区的回忆》、摄影《进城归来》等,都是生动反映现实题材的作品。

上海文化艺术节期间,各区县群众文化活动特色鲜明。1989年6月3日,第二届"黄浦艺术节"开幕。该艺术节根据区域商业比较集中的特点,在南京路、金陵路举办商品橱窗设计展评,在福州路举办"书海总汇",举办了以发扬黄浦精神为主题的"黄浦之歌"演唱活动。卢湾区举办的"1989卢湾第二届艺术节",在以"出版一条街"著称的绍兴路上举办"卢湾书会",在淮海公园举办"1989上海民俗文化博览会"。南市区举办"上海市第三届民俗文化庙会"和"南市区第二届文化节"。普陀区胶州街道结合少数民族市民较集中的特点,举办"民族文化节"。虹口区的"共和国不会忘记你"专题文艺系列活动,把爱国主义、革命传统教育与生动活泼的文艺形式融为一体。松江县的"美在农村摄影展",用镜头的瞬间定格反映改革开放以来农民生活的可喜变化。徐汇区永嘉、田林等街道的6支业余文艺队伍举行"街头演出",歌唱中华人民共和国成立40年的成就。9月28日晚在长宁区文化馆剧场举办音乐舞蹈专场,15个节目含打击乐、民乐合奏、四重奏和独唱、独舞、群舞、三人舞等,静安区文化馆、宝山区文化馆、卢湾区文化馆和闵行区群众艺术馆(下称闵行区群艺馆)、川沙县文化馆等单位参加。11月20日,川沙县文化局、县文化馆、县总工会、县工业局、川沙县东沟乡人民政府联合举办的"'89上海文化艺术节声乐比赛中获民族唱法一等奖陆利文个人演唱会"在东沟乡影剧院举行。其他区县、相关系统也都举办了各种形式的群众文艺活动,各种展览和展演活动共计2 034项(种)。活动规模大、时间长、项目多、形式新、影响广是1989年上海文化艺术节群众文化活动的特点。

歌咏活动呈现"区区有歌会、县县歌如潮"的盛况。1989年9月10日,全市40个群众团体、文化单位提出开展"我爱上海"系列活动倡议。9月16日在上海杂技场举办"1989上海文化艺术节"开幕式——"我爱中华,我爱上海"大型群众歌会,来自各行各业和学生团体的12支歌队近2000人演唱《咱们工人有力量》《南泥湾》《游击队之歌》等革命歌曲;由市长朱镕基率领120名局级以上领导干部高唱《干部廉政歌》,使民心大振。1989年上海文化艺术节的群众性歌赛发动面广,参与人数众多,参加全市组织的各种群众性歌会的人数达百余万。崇明、宝山、川沙等区县的歌会,均由基层比赛中选拔的千余名歌手组成,他们在体育场上气势雄壮地歌唱各个革命历史时期的歌曲,赞颂城乡的巨大变化,区县领导与民同乐,一起放声高歌;在冶金系统的歌会上,炼钢工人用歌声表达了"誓夺420万吨钢"的干劲;当年唱着歌南征北战的数百位老战士走上舞台,用歌声抒发了"老骥伏枥,志在千里"的信心。

【1990年上海艺术节群众文化活动】

1990年举办的艺术节定名为1990上海艺术节。市政府决定此后每两年举行一届。艺术节组织委员会由副市长刘振元担任主任,市委副秘书长刘文庆、市政府副秘书长卢莹辉、中共上海市委宣传部副部长徐俊西和市文化局局长孙滨分别担任副主任。俞振飞、黄佐临、袁雪芬、黄贻钧、丁善德、贺绿汀、周小燕、胡蓉蓉等艺术家担任艺术节的艺术顾问。程十发、朱屺瞻、唐云、谢稚柳、沈柔坚、吴青霞、刘旦宅、陈佩秋、张桂铭、韩天衡等书画家和一批表演艺术家,以及一些艺术表演团体,纷纷为艺术节捐赠书画,举行义演,以支持艺术节的举办。

上海艺术节以"艺术·友谊·欢乐·奋进"为主题,开幕式在宝山钢铁总厂体育馆举行。自5月12—22日历时11天,上海市业余文艺团体演出的节目得到市领导与观众的好评,受到中外各界人士关注。除了上海的专业、业余文艺团体参与外,山东、山西、安徽、云南、福建等兄弟省市的艺术团体,法国、苏联、美国、澳大利亚、土耳其、墨西哥以及中国台湾地区的艺术家也参加了该艺术节,在全市17个演出场所,共献演32台64场音乐、舞蹈、戏曲剧(节)目,举办了7个作品专题研讨会和4个美术展、工艺品展览和展销会,观众达10万人次。5月4日,市文化局、上海美术馆、上海收藏欣赏联谊会共同举办"'90上海艺术节——首届上海民间收藏精品展",近百位海上藏家提供了近万件展品,约5万多人次参观,这是国内第一次举办收藏大展。

【1992年上海艺术节】

1992年5月10—30日,举行"'92上海艺术节",演出了32台65场音乐、舞蹈、戏剧节目,观众8.7万余人次。艺术节期间还举办了3个艺术展览会。

【1996年上海艺术节群众文化活动】

1996年,市文化局和艺术节组委会办公室将1—4月定为艺术节的前奏活动阶段,以吸引广大市民关注和参与艺术节。其间,全市举办形式多样、内容丰富的群众文化系列活动。包括"广场音乐会""艺术节双周免费音乐会""南京路步行街化装表演""中外影、视、歌星与艺术节之友见面会"等系列活动以及大型艺术展览、展销活动。

同年5月18日,举行上海艺术节开幕活动,全市群众文艺队伍和广大业余文艺爱好者展示了自己的艺术风采。艺术节期间有33台剧目参加演出,20个区县在60个活动点分别开展丰富多彩的广场文化艺术活动。上海艺术节被列为"'96上海十大文化新闻"之一。其间"民族之声汇浦江"音乐会在外滩黄浦公园纪念塔广场举办,登台的演员达数百人,都是在全国、全市各种民乐比赛中获奖的业余演员。演出的节目有黄浦区少年宫绿城民乐团演奏获得1995年全国"群星奖"金奖的乐曲《红领巾圆舞曲》,宝山区文化馆民乐队演奏的《欢乐歌》,中国福利会少年宫小伙伴艺术团演奏的民乐小合奏《美丽的非洲》,还有宝山区文化馆的鼓与京胡《夜深沉》,吴泾文化馆的板胡、二胡与乐队《小街》,刘兆森、赵菊英的女声独唱《有一个美丽的传说》《中国的月亮》等。

二、上海国际艺术节群文活动

1998年上海国际艺术节于5月2日至6月1日举行。自1998年1月开始,艺术节组委会先后推出"艺术的春天""虎星迎春""艺术节升旗仪式""艺术节节歌、吉祥物、海报征集揭晓""艺术节新创作剧目选拔揭晓"等一系列宣传活动。2—6月的国际艺术节系列活动期间,全市100余个广场文化活动点举办了总计437场群众广场文化活动,10多项中外美术、摄影、收藏展览。10余万观众走进剧场观看演出,80余万市民观看、参与了广场文艺表演。

其中,来自全市的群众文化工作者精心组织了26台各具特色的广场文艺演出,展示上演节目300多个,参演的业余文艺爱好者达2万人次,集中了获得全国或省市级别荣誉奖的群众文艺节目,代表了上海群众业余文艺创作和表演的最高水准,形成规模大、声势壮、形式新、水准高、参与广的五大特点。组委会把大舞台搭到观众最多的街头广场,搭到郊县田野,搭到旅游景点,也成为年度艺术节的一大特点。3月28日,组委会推出南汇桃花节、青浦红楼艺术节等大型民俗活动、群众性的广场文化演出活动,来自工厂、农村、机关、学校、部队的市民群众和战士以主人翁的姿态上演近千个节目,节目富有地域民俗特色,展示了上海市精神文明建设的成果。上海国际艺术节的节旗由京剧表演艺术家尚长荣在浦东南汇升起。上海国际艺术节开幕的同时,五月歌会和近百场锣鼓书、田歌、滚灯和农民画展等充满上海乡土气息的特色群众文化活动在艺术节舞台上绽放异彩。

5月2日下午,来自社会各界的近万名市民和中外来宾在复兴公园以游园狂欢活动,祝贺1998年上海国际艺术节的开幕。在中心草坪上,空中有数十个色彩缤纷的气球升空,边上坐落着十多个大型京剧脸谱造型。游园联欢活动从下午2点开始,十多支由锣鼓队、舞蹈队、"艺术女神"彩车等组成的行街队伍和大众汽车公司外籍人士组成的游行队伍开始巡游;大型舞蹈时装与杂技《万紫千红春上海》拉开了祝贺演出的序幕。在中心绿地搭起连成品字形的3个大舞台,周围还有3个群众文化表演区,来自全市11个区的数千名群众演员和文艺爱好者队参加联欢活动,仅黄浦区就派出一支由百余人组成的舞蹈队参加开幕演出。市委副书记龚学平,市委常委、市委宣传部部长金炳华,副市长周慕尧等党政领导及各界人士与群众一起参加了联欢活动,并与群众一起跳起集体舞。

5月3日,由国际艺术节群文活动部组织、市群艺馆承办的主题为"群星璀璨"的群众文艺优秀节目会演,汇聚来自全市各区县工、农、商、学、兵不同年龄和职业的业余文艺爱好者,向广大市民们献上了群众文化优秀创作的精品专场。

5月17日是中国全国助残日,市残联举行主题为"生命的色彩"的专场演出。在这台演出中,残疾人演员用艺术的形式,代表全市52万残疾人表达他们顽强的生命力和热爱生活的炽热情感。

5月19日晚,由上海国际艺术节群文活动部、徐汇区人民政府主办,徐汇区文明办、徐汇区文化局承办的主题为"春天的徐汇"专场文艺演出活动在新世纪广场举行,活动分为"永远的魅力""华夏精灵""都市的季风"三部分,由上海市董恒甫职业技术学校铜管乐队的管乐演奏拉开序幕。

5月23日,市总工会举行的"浦江鼓韵"广场文化展演活动具有民族风情和职工特色,通过锣鼓和器乐歌舞相结合的形式,展示了上海工人阶级"团结、奋发、开拓、进取"的精神面貌,表现了青年一代对新世纪的憧憬和向往。

其他各区县人民政府和系统单位也组织了丰富多彩、各具特色的广场文艺演出。其中,黄浦区推出的"灿烂星空黄浦夜"专场,反映了大都市中心城区的精神文明建设成就。市侨办、上海乐团业余合唱团、上海每周广播合唱艺术团、上海电视台艺术团等业余艺术团体,向广大市民展现了一台富有新意与特色的广场群众文艺演出。

6月4日,上海国际艺术节总结表彰暨祝贺宝钢高雅艺术奖励基金成立5周年大会在上海图书馆举行。上海国际艺术节组委会授予尚长荣、廖昌永、黄豆豆"艺术之星"称号。一批为艺术节作出杰出贡献的单位在大会上获得表彰:徐汇区文化局等21个单位获"群众文化组织奖";黄浦区人民政府等7个单位获"系列活动组织奖";上海美术馆等5个单位获"参展纪念奖";上海艺术研究所等4个单位获"纪念奖";逸夫舞台等6个单位获"剧场优秀服务奖";上海市演出公司等5个单位获"演出活动组织奖";解放日报社等14家新闻单位获"新闻宣传贡献奖"。市领导龚学平、周慕尧,宝钢集团副董事长朱尔沛、关壮民等为获奖代表授奖。市委副书记龚学平在会上充分肯定了艺术节是历届艺术节中规模最大,参与人数最多,新闻报道最热烈,国内外反响也最佳的艺术盛会。他要求大力开展群众文化活动,促进市民素质和城市文明程度的提高。艺术节组委会主任、副市长周慕尧在艺术节总结中说,艺术节如此广泛、热烈的群众文化活动场面,既显示了上海广大市民对艺术的喜爱,也体现了上海市民整体文化素质的提高;既是对上海文艺创作、演出的一次大检阅,也是上海社会主义精神文明建设成就的一次大展示,真正体现了艺术节是"艺术的盛会、人民的节日"的宗旨。

三、中国上海国际艺术节群文活动

【首届中国上海国际艺术节群文活动】

经中华人民共和国文化部批准,上海国际艺术节自1999年开始升格为中国上海国际艺术节,由文化部主办,上海市人民政府承办。并改为每年举办一届,至2010年共举办12届。

群众文化活动是国际艺术节的一个主要板块,凸显"人民大众的节日"的主旨。1999年10月2日,国际艺术节组委会在复兴公园首创以广场文艺形式举行上海市民与外国友人的联欢活动,为国际艺术节开幕式奏响了友谊欢乐的序曲。国际艺术节组委会领导李源潮、潘震宙、金炳华、周慕尧等加入了欢乐的人群。活动由一个1 400平方米三段式中心舞台演出为主,三个艺术广场文化展示和两条艺术风景线立体构成。演出分为迎宾序曲、都市新蕾、百花情韵、欢乐土风、莺歌燕舞、艺苑奇葩和飞虹流彩7个板块,舞台演员4 500多人。另设立音乐角、社交舞角、戏曲角等,组成艺术广场和书香风景线、绘画风景线,将复兴公园勾画成一座蓝天为幕、绿草作台的大舞台,展示了上海作为国际大都市的文化底蕴。当晚,上海电视台在新闻频道中用连续3条新闻对活动进行报道,全程播放整个活动,中央电视台新闻频道也在重要时段给予报道。

同日,在浦东上海中央公园举行"祖国万岁——浦东新区庆祝中华人民共和国成立50周年游园活动"。该活动由中共上海市浦东新区工作委员会、上海市浦东新区管理委员会主办,浦东新区党工委、管委会办公室、宣传部等浦东新区相关部门和上海东方广播电台承办。浦东新区党政领导、社会各界人士、广大市民、驻浦东部队官兵1万余人参加。中央公园大草坪主会场举行的广场音乐会，邀请市属文艺团体进行音乐、舞蹈、戏剧、曲艺等优秀节目表演，新区基层干部群众创作的优秀节目也同台演出。分会场设在中央公园12个景点，进行集体舞、游戏、游艺、航模、船模等各种市民广泛参与的自娱自乐活动；作家叶辛、陆星儿等7位作家进行签名售书活动；池旁草坪上30余对新人参加集体婚礼；80名少年儿童以游园活动现场场景为素材进行摄影、写生比赛；新区300多户五好文明家庭认养世纪林举行揭牌仪式；举办重大工程实事项目三年建设成果摄影展等。

10月，首届中国上海国际艺术节的宣传"大篷车"成为上海街头一道亮丽的风景线。"大篷车"驶进杨浦区中心会场——共青森林公园，由杨浦区文化局和团区委共同主办的一台广场文艺演出吸引近3 000名游客，节目以青少年表演为主，包括少儿爵士舞、少年民族舞、少儿器乐表演等。随后，"大篷车"沿着中原住宅区、五角场、鞍山商业中心巡回展示。10月29日，宣传"大篷车"驶进徐家汇广场，由少年军鼓"欢乐鼓点"拉开徐汇区广场文艺会演的序幕。市第五十九中学、徐汇区艺术幼儿园等演出队伍相继表演了鼓乐、童谣、舞蹈等节目，演员、观众同贺首届中国国际艺术节在上海举行。

【第二届中国上海国际艺术节群文活动】

2000年11月1日至12月1日，第二届中国上海国际艺术节知识大赛、国际音乐烟火节、宝山国际民间艺术节吸引了广大市民和中外游客参与，媒体对艺术节上演剧（节）目、参与国际艺术节系列活动的上海亚洲音乐节、演出交易会以及艺术博览会和群众文化活动等的宣传介绍，使艺术节深入人心。

开幕活动以大型音乐烟火联欢晚会在浦东世纪公园呈现。中共中央政治局委员、市委书记黄菊，艺术节组委会主任、文化部部长孙家正，艺术节组委会主任、上海市市长徐匡迪等领导出席开幕活动并观看音乐烟火和群众文艺表演，参加联欢晚会的还有文化部和上海市领导王力平、龚学平、孟晓驷、宋仪侨、胡正昌、厉无畏、任文燕、左焕琛、周禹鹏、周慕尧、陈正兴，以及中央有关部门、各省市、部分国家和地区专程前来上海参加艺术节的嘉宾，万余市民和数千位中外嘉宾参加联欢活动。现场分成"六区一中心"，中心会场设在湖滨观礼平台，全市群众文化、社区文化在活动中展示风采，参加表演的近3 000人中绝大多数是来自各区县的业余文艺爱好者。世纪公园内的广场表演活动结束后，湖滨音乐烟火表演区12发礼炮点燃，举行的法国大型灯火景观和水上梦幻表演，为市民呈现了一台集激光、喷泉、音乐焰火、空中舞蹈、水幕电影、水上摩托表演于一体的文化盛会。

国际艺术节举行的一个月时间里，先后组织多项大型群众性文化活动，除开幕活动外，还有老城厢民族民俗民间文化和多伦路海派文化风情展示，中外艺术家赴学校、下社区联欢活动，上海特色文化街巡礼活动，大型水幕电影和灯火景观表演暨群众联欢活动，国际艺术节知识大赛，"苏州河光明行"环保宣传暨文艺演出活动等，在社会上产生了广泛的影响，群众参与国际艺术节的程度大大提高。此外，上海青少年校外活动在东方绿舟营地举行，有2万多人参加了大型游园联欢活动；国际艺术节还在大学设立了演出点。

国际艺术节期间，申城文艺舞台绚丽缤纷，群众文化活动生气勃勃，演出市场空前繁荣。闭幕式上，国际艺术节组委会副主任、上海市副市长周慕尧致辞，他说：艺术节促进了中外文化艺术交流,体现了艺术节追求国际性、经典性和群众性的宗旨,也展示出艺术节具有创新性、兼容性的特色。

【第三届中国上海国际艺术节群文活动】

2001年,伴随第三届中国上海国际艺术节的开幕,群众文化活动集中展示在东方绿舟——上海市青少年校外活动营地举行,万余名上海市民、中外嘉宾和国外旅游团队游客等参加游园活动。由少年儿童、部队官兵组成的铜管乐队、鲜花队、气球队、红领巾礼仪队在营地正门的地球广场上迎宾;来自上海市静安区

图4-1-1 外国友人在第二届中国上海国际艺术节的大型音乐舞蹈晚会的迎宾大道表演(2000年11月1日)

第一中心小学的孩子们站在知识大道的贝多芬雕像前吹奏表演;奉贤风筝协会在中心大草坪上组织进行风筝表演;两架悬挂着"庆贺第三届中国上海国际艺术节开幕"以及艺术节主题"艺术、参与、欢乐"条幅的航模飞机在空中进行着飞行特技表演,与风筝交相辉映;上海航海模型运动协会派出多次在世界航海模型锦标赛中获奖的冠军队伍展示水上表演。优秀文艺节目综合性演出在营地的中心表演区少年广场上拉开帷幕,澳大利亚长杆表演成为游园活动的亮点,与一旁穿着中国传统服装的高跷表演队伍融会穿插,形成中西文化大会串。

11月1日,国际艺术节"天天演"活动的序幕在南京路步行街世纪广场开启,这一富有创意的项目成为此后历届国际艺术节群众文化活动的重头戏。在气势恢宏的山西绛州鼓乐《秦王点兵》的锣鼓声中,市民艺术爱好者与各国专业演员同台表演的"天天演"在世纪广场开幕。艺术节组委会执行副主任、市委副书记龚学平为"天天演"开幕击鼓。世纪广场的"天天演"活动主要由黄浦区文化局负责组织运作,市级文化相关部门给予支持,在为期一个月的艺术节时间里,每天上午11—12时(周六、周日下午2—3时各加一场)在南京路步行街世纪广场举行。设在南京路步行街的"天天演"活动使上海国际艺术节走近群众,为市民搭建自我展示的舞台,凡具有文艺才华的市民均可自愿报名,经过审核筛选,优秀个人和团队都能登上"天天演"的舞台,并与专业演员同台展示。在"天天演"系列节目中,全市各区县也应征组织团队参加,形成丰富多彩、形式多样的群众文化展示舞台。艺术节"天天演"开创之年的活动,有800名中外专业演员和3000名群众演员参与表演,现场吸引了几十万人次的市民观看。

【第四届中国上海国际艺术节群文活动】

2002年,第四届中国上海国际艺术节的群众文化活动以"艺术、参与、欢乐、交流"为主题。11月2日,在南京路世纪广场举行的艺术节群众文化活动,包括德国葡萄园民族铜管乐队和舞蹈团、智利国家民间歌舞团、法国巴黎浪漫歌舞团、西澳华人旋律组合合唱和中国来自西藏的音乐及面具舞、浙江长兴的大型舞蹈《百叶龙》等全国各地的艺术表演,还有铜管乐队、节旗队、花球队、动物卡通表演队以及澳大利亚木偶巡游的表演,在南京路上形成流动的艺术风景线。随处可见的表演点,集中展示民族歌舞、器乐演奏、杂技、魔术、哑剧等,使南京路变成"世界艺术风情一条街"。

11月16日晚在徐家汇上海第六百货广场,举行"我们的家园"群众文化系列活动暨长江三角洲

地区城市民歌手邀请赛颁奖晚会,拉开了第四届中国上海国际艺术节群众文化活动的序幕,副市长杨晓渡出席并为获奖节目和演员颁奖。虹口区等 9 个区(县)获得优秀组织奖;《双人杂技》等 10 个节目获得一等奖;上海的鲁耀东等 10 位歌手获得长三角城市民歌手邀请赛"十佳民歌手"称号。

【第五届中国上海国际艺术节群文活动】

2003 年 10 月 22 日至 11 月 18 日,第五届中国上海国际艺术节群众文化活动历时 32 天,参演业余演员逾万名,演出近 130 场次,观众逾百万人次。国际艺术节群众文化活动包括"开幕活动""天天演""中外艺术家下社区""长三角地区民歌手邀请赛""我们的家园——群文优秀成果展演",各区县群文展演、市民才艺大赛等板块。

【第六届中国上海国际艺术节群文活动】

2004 年 10 月 16 日晚,正在上海出席国际文化政策论坛第七届部长年会的各国文化部长、高官和国际组织代表 100 多人,在文化部部长孙家正、上海市委副书记殷一璀、副市长杨晓渡等领导的陪同下,参加豫园游园活动,并观看第六届中国上海国际艺术节"天天演"活动开幕式。进入豫园新街,贵宾们就被一路上剪纸、泥塑、吹画、编织等手工艺制作表演所吸引。豫园中心广场举行的"天天演"开幕式,精彩的群众文艺节目让远方宾客目不暇接,节目《时髦外婆》中银发飘逸的外婆们的表演,使外国客人领略到都市社区文化的深厚根基。设在绿波廊的晚宴上,中国烹饪大师、上海烹饪状元陆亚明的船点绝技,博得各国来宾的阵阵掌声;伴宴的江南丝竹、变脸、剪纸等民间传统文化表演,引发各国文化官员浓厚的兴趣。副市长杨晓渡说:"此次来到黄浦走进豫园,让各国文化部长们得到了意外的惊喜,赋予了本次论坛'传统文化与现代文化'主题最生动的诠释。"国际艺术节中优秀的传统文化展示和市民文化活动,为改革开放后在上海举行的最大的一次国际文化会议增添了色彩。

以打造国际艺术节的品牌活动为目标,黄浦区文化局在国际艺术节组委会的指导下,组成专门队伍承办每一届国际艺术节"天天演"广场群众文化活动,做好每年的组织工作,形成成熟的工作机制。该年度"天天演"录用节目近 200 个,演出 30 场,1 200 余名市民与国内外专业文艺团队同台献艺,观众达 10 余万人次。

【第七届中国上海国际艺术节群文活动】

2005 年 10 月 17 日,第七届中国上海国际艺术节群众文化活动暨首届民谣民乐民舞展演在南京路步行街世纪广场开幕。展演邀请了全国各地 56 个民族中的歌、舞、乐精粹节目演员聚会申城,集中展示中国民谣、民乐、民舞风采。市领导与数千位市民参加活动。

从这一年开始,国际艺术节的群文活动由国际艺术节群文部指导,市群艺馆联合艺术节中心群文部完成总体方案的策划,并对群众文化活动开、闭幕式进行设计实施,对列为市级项目的区县级和各系统的群众文化品牌活动进行跟踪推进,联合区县和各系统开展每一个列入总体方案的市级项目。之后,每一届国际艺术节群众文化活动整体方案的设计推进、实施都以该年度为基础,并在其过程中不断调整和完善。

同年 10 月 18—22 日,"第七届中国上海国际艺术节·中国金山国际民间绘画邀请展"在金山区轮滑球馆举行。这是金山区历史上第一次举办大规模的国际性民间绘画展,来自中国、美国、日本、加拿大、比利时、法国、意大利、乌克兰、西班牙、希腊、智利等十几个国家和地区 158 位国内外民间艺术家的 275 幅作品参展。展出了农民画、丝网版画、剪纸、油画、水彩画、色粉画、吹塑画等各种形式的民间绘画作品,展现了"和平·和谐·和美"的主题,展示了现代民间绘画艺术的魅力,为国际艺术节增添了一道亮丽的风景线。市人大、市文联、市文广局等有关领导以及金山区四套班子主要领导出席了 18 日的开幕式。

同年 11 月 18 日,该届国际艺术节群众文化活动闭幕式在东方明珠塔举行,副市长杨晓渡致闭幕词,并为 10 个"群文活动优秀项目奖"、7 个"创新项目奖"、1 个"群文活动特别贡献奖"、4 个"群文活动特别支持奖"的获奖单位颁发奖牌、奖状。

【第八届中国上海国际艺术节群文活动】

2006 年 10 月 18 日,以"欢乐上海,和谐家园"为主题的第八届中国上海国际艺术节"天天演"活动在南京路世纪广场开幕,活动历时一个月。国际艺术节期间,在各区县密切配合下,群众文化活动覆盖全市 19 个区县 216 个乡镇,组织了 109 项全市性的群众文化活动,中外专业与群众演员 6 万人次参与"天天演""周周演"以及艺术家下社区、进企业演出,参与活动和比赛的群众达 130 万人次。全市群众文化活动分为欢乐上海、魅力长三角、美丽新家园、遗韵撷彩、时尚都市风、和谐之城等六大板块;设立创新项目"长三角文化周系列活动"之一的部分城市群文优秀节目展演,汇集 3 省 7 个城市获全国"群星奖"的音乐舞蹈节目,以其高质量的艺术水准,赢得了观众青睐;各区县和街道乡镇认真筹备,均举办了特色活动,参与覆盖面更广,使第八届国际艺术节群众文化活动项目数量超过以往。群众文化品牌活动——南京路广场综合文艺"天天演"、豫园中华戏曲"天天演"活动发挥了群众文化龙头作用;还有展示民间艺术魅力的"宝山国际民间艺术节"、反映长三角地区群众文化建设成果的"长三角文化周"、都市青年白领参与的新天地"时尚风"之夜、非物质文化遗产及民间文化展演、赛事等系列活动都具有新意、富有特色,受到市民欢迎并热情参与。同时还诞生了一些新的群众文化展示舞台,其中包括闸北区大宁国际商业广场的"周周演"、南汇区惠南镇人民路步行街的"周周演"、长宁区中山公园的"天天演"等活动。德国、俄罗斯、美国、巴西、冰岛、韩国等 20 多支外国团队参加了各类群众文化活动,使国际艺术节群众文化活动的国际交流逐步延伸到基层社区。

【第九届中国上海国际艺术节群文活动】

第九届中国上海国际艺术节群众文化活动以"共享·创新·交流"为主题,在历届活动运作日益完善的基础上,覆盖面更广,群众参与性更强,实现了国际性、经典性、艺术性、参与性的目标。

自 2007 年 10 月 17 日开始,组织开展群众文化活动 200 个大项,超过 3 000 场次,参与群众逾 150 万人次。中央电视台第 3 套,上海文广新闻传媒集团新闻中心、纪实频道、新闻娱乐频道、东方明珠移动电视,新华社、《解放日报》《文汇报》《新民晚报》、中央人民广播电台、东方网等新闻媒体进行宣传报道。间接享受国际艺术节的观众更多,体现了"人人参与艺术节,人人享受艺术节"的办节宗旨,以及"艺术的盛会,人民的节日"的办节理念。

同年 10 月 17 日晚,在闵行区举行第九届中国上海国际艺术节开幕活动暨"金秋闵行"上海合唱节开幕式演出。44 支非职业优秀合唱团队参加演出,其中包括 4 支外国团队、4 支外省市团队,2 790 人参加演出,现场观众 6 000 余人。合唱团队集中展示了世界各地、全国各省市、各民族的合唱特色。合唱节期间,5 万多名上海市民参与了各项活动,包括中外合唱展演、"合唱与城市文化"研讨会、合唱艺术专题讲座和"唱响心中的歌"合唱普及活动。

南京路"天天演"活动演出 31 场,63 个单位参与演出。其中有 24 个外国团队演出,涉及德国、新西兰、奥地利、法国、加拿大、日本、希腊、俄罗斯、匈牙利、美国、新加坡等 11 个国家。节目包括合唱、舞蹈、芭蕾舞、京剧、越剧、沪剧、淮剧、滑稽剧、哑剧、爵士乐、鼓乐、杂技、魔术、时装表演、国标舞等 20 余种形式。青海省民族歌舞团奉献了一台具有高原民族艺术风情、独特民族文化风韵、原生态的艺术演出;上海东绛州鼓乐团的鼓乐表演激情澎湃,声势浩大,充满刚毅之风;日本真伎乐专场演出作为庆祝中日建交 35 周年、日本遣隋使到达中国 1 400 周年而带来的演出,展示了古代亚洲共同的文化面貌和祭祀场景,是对文化之根的追溯;"新加坡文化周"也展示了"狮城"的艺术风情。与南京路"天天演"活动汇集多元文化不同,豫园的"天天演"活动侧重于展示中国传统文化,展示沪剧、越剧、滇剧、京剧、昆剧、晋剧、江南丝竹、民族管弦乐、评弹等艺术精品,一批中外观众每日必到现场观赏。

国际艺术节群众文化活动重点策划了"长风杯"新上海人歌手邀请赛,让许多外来建设者们在这里找到了展示个人艺术才华的舞台。来自全国 20 多个省市 40 个地区的不同行业的选手参加了选拔赛,还有 3 个分别来自澳大利亚、法国和英国的选手也进行了现场角逐。邀请的大赛决赛评委也全都是"新上海人",评委对大赛给予肯定。

【第十届中国上海国际艺术节群文活动】

第十届中国上海国际艺术节的群众文化活动由国际艺术节中心群文部和上海市群众艺术馆联合完成总体方案的策划,对国际艺术节群文活动重点项目的设立和运作方式进行了大幅度的调整,立足"共享·创新·交流"主题,围绕"城市"这个中心词,重点活动纳入"城际互动""海上风尚""活力都市"三个板块,分别涵盖了一系列内容丰富、形式多样的活动,使活动的设计与归类更加明晰简略,活动主题清晰、内容丰富,总体板块设计简洁合理。同时,在一些品牌项目内容、形式或者运作方式上也进行了探索和改进。

2008 年 10 月 17 日,"第十届中国上海国际艺术节群文活动暨第六届上海宝山国际民间艺术节开幕活动"在宝山体育中心体育场举行。同年 10 月 19 日,市文广局、上海国际艺术节中心、黄浦区人民政府共同主办的"第十届中国上海国际艺术节'天天演'活动主题论坛"在南新雅大酒店举行,文化部社文司副司长李宏出席论坛并致辞。同年 10 月 20 日至 11 月 5 日,由市文广局、上海市文学艺术界联合会(下称市文联)和第十届中国上海国际艺术节群文活动部、杨浦区政府共同创办的创智天地艺术大展,在杨浦创智天地 10 号楼展厅举行。作为国际艺术节的一个新品牌,其最大特色在于首次将绘画、书法、摄影三类群众文化艺术作品结合起来集中展示,展出 400 幅书法作品、200 幅绘画作品和 150 幅摄影作品,有 100 余人获得各类奖项。据统计,展览期间有近 2 万人次观摩,创区域内同类展览观众人次之最。11 月 16 日,第十届中国上海国际艺术节群众文化活动闭幕式暨中国·奉贤滚灯艺术节活动在奉贤区现代农业园区内举行,联合长三角地区的滚灯艺术资源,举办了行街、展示等系列活动。

国际艺术节期间,全市共举办 192 个群文活动大项,3 000 多场次的演出和展览活动。在继续保持国际艺术节活动覆盖 100%乡镇的基础上,除广场、公园、绿地、剧场、展览厅等举办大型活动外,还注重发挥社区文化阵地的作用,加大向社区派送演出的力度,使社区居民在家门口就能参与、欣赏国际艺术节活动,受益人群因此扩大,观众达 3 118 500 余人次,较上届国际艺术节受益人数增加了一倍。

在"长三角文化周"活动中,全市计 14 个项目在 8 个区县举行,活动内容涵盖了音乐、舞蹈、戏曲、书画、摄影等艺术门类,涉及非物质文化遗产项目、民俗活动等样式,江浙两省近 30 个城市和地区选派的近百支队伍参加了相关活动,使国际艺术节群众文化活动涉及区域较广,参与面更大,文化辐射力增强。

文化部副部长赵少华,中共上海市委常委、副市长屠光绍,市人大常委会副主任胡炜,第十届中国上海国际艺术节组委会秘书长、市政府副秘书长翁铁慧,市委宣传部副部长陈东,市文广局党委

书记陈燮君,市文广局局长朱咏雷,艺术节组委会中心总裁陈圣来等,长江三角洲各省市文化厅及文化局的领导出席了国际艺术节群众文化活动开幕、闭幕活动和"天天演"、"新上海人"歌手大赛、长三角文化交流等相关活动。形式多样、精彩纷呈的群众文化活动,吸引了包括《解放日报》、《文汇报》、《新民晚报》、《东方早报》、《新闻晨报》、《新闻晚报》、《青年报》、《劳动报》、上海文广新闻传媒集团新闻中心、广播中心、纪实频道等在内的20余家媒体的宣传报道,文字报道250余篇、照片80余幅,扩大了宣传力度和影响范围。

图4-1-2　第十届中国上海国际艺术节长三角文化周启动仪式(2008年10月)

【第十一届中国上海国际艺术节群文活动】

第十一届国际艺术节由市文广局牵头部署,上海国际艺术节中心、市群艺馆策划起草总体方案并相互配合实施推进。2009年艺术节群文活动主题仍为"共享·创新·交流"。艺术节群文活动特别将相关的三个区县的长三角活动打包向媒体推出;将有一定基础、有资金支持、有地域特色或有创新内容的活动通过参与主办的方式提升为市级活动,或将区县特色活动提升为重点项目,以多板块的形式分时段推进。

同年10月17日开幕以后,全市举办各类型200多个大项的群文活动,大项上比上年有所增加,演出和展览活动2700多场次,150万市民参加了活动,并覆盖了全市216个街镇的群文活动,加大了向社区派送节目的力度,使社区居民在家门口就能参与艺术节活动、欣赏演出,完成了国际艺术节的预期目标。面向长三角、吸引青少年、活跃新上海人的文化生活成为这一届艺术节的重点和特点。同年11月17日晚,"璀璨虹桥　繁荣古北——第十一届中国上海国际艺术节群文活动暨2009虹桥文化之秋艺术节闭幕颁奖晚会"在上海国际体操中心举行,为年度国际艺术节群文活动画上圆满句号。

《解放日报》、《文汇报》、《新民晚报》、《东方早报》、《新闻晨报》、《新闻晚报》、《青年报》、《劳动报》、上海文广新闻传媒集团新闻中心、广播中心、纪实频道等20余家媒体对国际艺术节群众文化活动作了宣传报道。

【第十二届中国上海国际艺术节群文活动】

第十二届中国上海国际艺术节的群众文化活动围绕"炫彩舞台·美好生活""群星耀东方·世界看上海""世博大舞台·艺术展风采""交融海内外·互动长三角""百姓唱主角·社区谱和韵"五个板块展开。2010年9月26日,第十二届中国上海国际艺术节群众文化活动在市群艺馆上海星舞台提前拉开帷幕。开幕演出是一场社区文艺大联欢,全景式地展现了上海社区群众文化的蓬勃发

展。整场演出以一个名为"阳光"的社区为情境舞台,演员中既有社区居民、回沪知青子女、外来建设者,也有不同国籍的"新上海人"、艺术家等。节目有反映沪上家庭风情的三人舞《双面胶》、表现深圳建设者劳动场景的男子群舞《快乐的建筑工》、反映北京老戏迷切磋技艺的老年舞蹈《好戏不散》等。市人大常委会副主任胡炜、市政协副主席周汉民出席仪式并共同启动开幕彩球。

恰逢上海世博会举办之年,国际艺术节群众文化活动呈现出世博园区内外呼应的特点。以"融入世博,服务世博"的理念,策划组织实施群众文化活动,组织"缤纷看上海"世博会城市特色文化展示馆展示活动和"欢乐大家园"世博城市文化体验日活动,杨浦区的"世博风　城市情"第三届上海市民艺术大展、"璀璨春申·绿色家园"闵行庆世博文化活动、市教委"莘莘学子庆世博、青春放歌颂祖国"校园文化展演等。5月19日,上海东方社区文化艺术指导中心、市群艺馆、普陀区文化局共同主办的"世博城市文化体验日"活动启动仪式在曹杨社区文化活动中心举行。参与国际艺术节群众文化活动的国外艺术团队比往年增加了一倍,长三角城市之间、四个直辖市之间的城际互动交流更加密切,涉及长三角地区的群众文化活动包括舞蹈、民歌、鼓艺、民乐、戏曲、书画等各种形式的展示和邀请赛,促进了各地文化的相互交流;京、津、沪、渝故事大赛、全国第十五届"群星奖"部分获奖节目上海巡演、外国艺术家进社区(校园)等活动让八方来客同享城市文化盛宴。国际艺术节推出了一系列高质量、高水平的展览活动,"书香苏州河"巴金著作版本、手稿、书名篆刻艺术展暨普陀·巴金论坛,波兰平面设计艺术展等平面展览、论坛活动等,数量和水准大大提高,带给市民大众更加丰富的艺术享受,对提升大众对艺术的参与和认知起到了一定作用。

同年9月27日,由市文广局、黄浦区人民政府、国际艺术节中心主办,国际艺术节组委会、黄浦区委宣传部、黄浦区文化局等承办的国际艺术节"天天演"暨"2010上海国际新民乐周"开幕式,在南京路世纪广场举行。美国托马斯乐队、西班牙弗拉明戈乐队、荷兰情调乐队、加拿大大频率乐队、爱尔兰FD乐队、韩国花城乐队莅会,黄浦区青少年活动中心民乐团新民乐队等上海市和来自世界各地的艺术团队参加了演出。国际艺术节期间,"天天演"活动为市民带来了46场别开生面的演出。首次参加"天天演"活动的航天人将航天报国的信念融入歌声;医务界的白衣天使将救死扶伤的忘我精神融入歌舞中。

外国艺术家为社区居民送去37台具有异国风情的节目,首次参演的肯尼亚舞蹈团赴崇明县长兴镇最为偏远的地区,为农民工子弟送上热情奔放的非洲舞蹈;"ALLINART(艺术)校园行"和"挪威音乐校园行——中挪青少年音乐周"及各类艺术讲座精彩纷呈。静安区现代都市音乐广场和浦东新区世纪广场的"周周演"活动登场亮相;教委系统的"青少年主题系列活动——上海市青少年音乐优秀节目展演"在静安公园下沉式广场举行"周周演";上海市大学生社团文化节呈现了话剧节、优秀社团评比、高校社区发展论坛等活动;优秀校园原创戏剧、小品赴各大中小学巡演。全市各文艺院团的青年演员也带作品下社区巡演,体现了"人人参与艺术节,人人享受艺术节"的办节宗旨。

连续举办3届的上海市"乡音和曲"社区戏曲大赛再次拉开帷幕,这一届有500多名社区戏曲爱好者参加大赛,年龄最大的80岁,最小的5岁。大赛首次增设淮剧演唱比赛,受到欢迎。在社区戏曲大赛的30场比赛中,各专业院团委派马秀英、马莉莉、唐元才、梁伟平、华怡青等担任评审,并为选手进行点评和示范演唱。

国际艺术节期间,7万余人次的中外演员和艺术爱好者为上海市民奉献了724项、1 575场群众文化活动,覆盖了全市各社区街道、乡镇、学校、企业、部队和市民家门口的广场、公园、校园、绿地、剧场、区文化馆、社区文化活动中心,并辐射长三角地区,直接参与和受众人次约306万。

国际艺术节组织出售了约3万张低价优惠票,票价在10元到150元之间,送到社区、学校,或通过邮政支局销售,方便市民选择购买,惠及更多市民。组织方还把优惠票送到大学校园,受到大学生的欢迎。国际艺术节和慈善基金会联手,向 3 000 名 70 岁以上的老人赠送了戏票,让老人免费观看艺术节演出,使上海的文化成果惠及老年群体。

同年 10 月 26 日晚,第十二届中国上海国际艺术节群众文化闭幕活动以"长风杯"新上海人歌手大赛决赛盛典暨 2010 苏州河文化艺术节闭幕式为平台,在广电大厦演播厅举行。

上海广播电视台新闻中心、纪实频道、《人民日报》、《解放日报》、《文汇报》、《新民晚报》、凤凰网、新浪网、东方网等主流新闻媒体进行了 330 条国际艺术节群众文化活动的宣传报道。

第二节 品 牌 活 动

一、"天天演"

"天天演"活动是中国上海国际艺术节创立的一项群众文化品牌活动。首届"天天演"广场文化活动于 2001 年 11 月 1 日创立并拉开序幕。"天天演"活动由市文广局与黄浦区政府联合主办,黄浦区文化局等承办。在为期一个月的国际艺术节里,每天上午 11—12 时(周六、周日下午 2—3 时各加一场)在南京路步行街世纪广场举行。作为国际艺术节期间第一批群众文化特色品牌项目,组织委员会将"天天演"活动设在南京路步行街举行,让国际艺术节活动走近市民大众。自 2001 年创办至 2010 年,连续举办了 10 届。

"天天演"活动的宗旨是"人人参与艺术节、人人享受艺术节"。坚持面向人民大众、让艺术节走近大众、走近百姓,以其广泛的群众参与性和节目的丰富性,受到不同年龄、不同阶层和不同市民群体及外国友人的喜爱,成为都市文化生活中的一道亮丽的风景线。

作为国际艺术节的一个重要的城市景观和群众文化品牌活动,在"天天演"的舞台上,国内外众多专业和民间艺术团体陆续登场,为市民和游客呈献了精彩的文艺演出。黄浦区文化局在国际艺术节组织委员会的指导下,承办了历届国际艺术节"天天演"广场群众文化活动的组织工作,每届接待报名的节目均有 300 多个,接待群众演员 1 800 多人次;每届"天天演"期间的演出 30 场,千余名市民与国内外专业文艺团队同台献艺。"天天演"活动的成功举办使国际艺术节更具艺术性、国际性和群众性,增添了生机和活力。随着每年"天天演"活动的持续,舞台上邀请的各区群众文艺团队、各类民营剧团、社区剧团你方唱罢我登场,为优秀的群众文艺团队、优秀创作节目提供了展示的平台,也让市民得以与专业文艺团队同台献艺,使百姓从台下看戏的观众转而成为站在"百姓的舞台"的"主角"。

2009 年的国际艺术节"天天演"活动分为国际文化、职工文化、校园文化、群众文化等几大板块,特别邀请了奥地利欧洲流行乐队、阿根廷芭蕾舞协奏舞团、上海杂技等 10 个专业艺术团队登台献演。10 月 18 日,在南京路步行街世纪广场举行"天天演"活动开幕式。上海青艺滑稽剧团、长宁区少年宫、上海音乐学院、上海市学生艺术团仲盛舞蹈团、各区文化馆艺术团队,以及来自湖南的潇湘伟人剧团、俄罗斯圣彼得堡少年舞蹈团等 11 个演出团体带来了精彩演出。同时,作为全市群文创作优秀作品的展示舞台,群文活动部还策划了"社区综艺大家欢"系列活动,东方社区文化艺术指导中心文化辅导员的辅导成果专场演出,社区文化活动中心舞蹈队专场演出,"乡音和曲"社区沪剧、越剧、京剧大赛等。

国际艺术节期间,国际艺术节中心群文活动部在黄浦区南京东路"天天演"的基础上推出双休日"周周演"活动,在黄浦、静安、南汇、徐汇、闸北五个区全面展开。黄浦"周周演"在上海音乐广场举办了4场活动,有12支演出团队参与演出,演员人数700人,观众人数8 000人。静安"周周演"共举办演出8场,有8支演出团队500人参加了演出,观众1万余人。大宁"周周演"共举办演出13场,15支演出团队3 400人参加了演出,观众5万余人。在大宁国际商业广场举办的上海电子艺术节"周周演"新媒体艺术实时装置表演,是上海首次举办的以电子媒体这一崭新的艺术形式表现"大众的智慧"的活动,演出装置活动共6场,参与观众达11 400人。"周周演"活动开创了更广阔的演出地点和空间,包括静安音乐广场、浦东陆家嘴、长宁的中山公园等。先后有近30个中外文艺团体的近800名中外艺术家与3 000多名群众一起同台献艺。国际艺术节期间的"周周演"活动,国际艺术节中心群文部和上海市群众艺术馆组织了46场演出,吸引观众人数近50万。在静安寺都市音乐广场举行的"千人唱《黄河》大型音乐会",在浦东世纪广场举行的由钢琴家孔祥东领衔、138架钢琴合奏的大型钢琴音乐会等,阿拉伯民族乐团、德国萨特切罗乐队等艺术团体先后参加演出,为市民带来46场别开生面的演出,外国艺术家为社区居民送来37台具有异国特色的节目。上海广播电视台新闻中心、纪实频道、《人民日报》、《解放日报》、《文汇报》、《新民晚报》、凤凰网、新浪网、东方网等新闻媒体推送了332条宣传报道,体现了"艺术的盛会,人民大众的节日"的办节理念。

"2010首届上海国际新民乐周暨第十二届中国上海国际艺术节'天天演'开幕式"是新打造的文化品牌。开幕式舞台上,黄浦青少年活动中心的民乐队为中国传统音乐"茉莉花"赋予了新的内涵。新民乐周期间,国外民间乐团进学校,与青少年互动交流,促进了上海和世界各国民族音乐的交流与合作,推动了中国民族音乐的创新和发展。"天天演"期间,南京路世纪广场还组织了"香港文化周之时尚香港"展演,丰富了活动内容,开阔了百姓视野。南京路世纪广场的"天天演"及新民乐周活动从9月27日开幕至10月27日闭幕,举办广场文艺演出46场,191支国内外专业团队和业余团队2 705名演职人员参与,现场数万人次观看。

2010年的国际艺术节"天天演"活动立足两个舞台:一是南京路世纪广场"天天演"展示的综艺类文艺节目,由中外文化、社区文化、校园文化、职工文化四大板块构成,国内与国外、专业与业余的艺术团队同台献艺,传统与时尚、高雅与通俗、民族与西洋的表演形式交流融合;二是豫园中心广场的戏曲"天天演"推出了上海市群众艺术馆、黄浦区文化局、上海东方社区文化艺术指导中心等9家单位联合举办的2010第三届"乡音和曲"社区戏曲演唱赛,此外还推出了"唱响世博——全国戏迷展演"活动,来自全国10多个省市的戏曲爱好者登台献艺,放歌世博。河南豫剧、河北梆子、苏州评弹等地方戏曲,为台上台下的戏迷朋友提供了一个感受中华戏曲文化的平台。上海人民广播电台等全国10家戏曲广播电台全程录播。

国际艺术节"天天演"活动紧扣时代脉搏,紧贴国际艺术节主题。从形式上看,"天天演"活动的发展从最初的世纪广场"天天演"综艺类活动开始,逐步扩展到豫园"中华戏曲天天演"的戏曲舞台,再发展到音乐广场的"周周演"活动;规模上则从中心城区开始,以点连线,以线成面,逐步扩大到边远郊区,进而拓展到长三角地区。在举办的10年中,"天天演"广场文化活动培养了一大批忠实观众,使中国

图4-1-3　第十届中国上海国际艺术节"天天演"演出(2008年10月)

上海国际艺术节增添生机和活力,成为每年金秋十月申城的文化盛事。

二、外国艺术家进社区

由国际艺术节"天天演"活动衍生发展的"外国艺术家进社区",作为国际民间文化艺术的交流平台,组织了大量群众性国际交流活动,来自世界各地的演出团体深入社区与民众互动交流,学习和体验中国文化,其精彩表演丰富了社区文化生活。该品牌始于1999年的首届中国上海国际艺术节,同年11月2日,在复兴公园首创上海市民与外国友人联欢活动,国际艺术节组委会有关领导李源潮、潘震宙、金炳华、周慕尧等领导也加入欢乐的人群。

艺术节组织委员会把此项活动作为国际艺术节的品牌活动,一直持续开展,让中外艺术家进社区与市民同台交流。十年间成功举办了五大洲许多国家的嘉宾国文化周和国内各省市、自治区的文化周系列活动,成为国际艺术节的重要组成部分和延伸活动。

1999年,首届中国上海国际艺术节"上海市民与中外友人大联欢"由文化部和上海市人民政府联合主办,市群艺馆具体组织、策划与承办。国际艺术节组委会组织外国艺术家赴闵行区梅陇镇、徐汇区田林街道、长宁区虹桥街道等与社区市民交流联欢,在广大人民群众中扩大了影响,成为国际艺术节对外文化交流的知名品牌。

2002年11月23日,第四届国际艺术节期间,60余名应邀参加国际艺术节的外国艺术家走进南汇的社区举行文化大联欢活动。这是南汇区首次接待大规模的外国艺术家团体并进行交流演出。来自德国温宁根铜管乐队、舞蹈队及澳大利亚巨型木偶团的艺术家们,在参观访问康桥镇汤巷中心村的居委会、图书馆和康南园艺场时,表演乐曲和民间舞蹈。晚上,"外国艺术家进社区"活动在南汇区惠南镇听潮四村广场正式亮相,外国艺术家与南汇市民一起载歌载舞,充满异域风情的铜管乐、歌舞与中国江南丝竹、民间舞蹈登台表演。

2003年10月22日,第五届国际艺术节中外艺术家进社区演出在杨浦区四平社区文化活动中心举行。40人的德国海明根军乐团、3位埃及国家歌舞团艺术家和社区腰鼓队联合在街道上展示行进式表演。之后外国艺术家和社区居民在社区文化活动中心举行了文艺大联欢活动,德国海明根军乐团演奏《飞行者进行曲》等乐曲,埃及国家歌舞团演出《旋转舞》等舞蹈,杨浦中小学生、民警、医生等各行各业的艺术爱好者表演了独唱、二胡独奏和京剧等。街道领导向外国艺术家赠送京剧脸谱,外国演员回赠民族工艺品。市、区、街道有关领导和居民200余人参加了活动。

2004年国际艺术节期间,正逢中法互办文化年,市群艺馆组织民间艺术表演节目参加在法国巴黎都日丽广场举行的"上海周"交流活动,活动地域特色鲜明、民族意蕴深厚,受到法国人民的喜爱,也获得前往法国的中国文化部领导的赞扬。同时,在上海的国际艺术节"外国艺术家进社区"活动,深入长宁区、卢湾区及远郊南汇区、崇明县、金山区等11个区县的22个社区、30所学校、企业,俄罗斯、奥地利等10支外国艺术团体演出了53场,观众2.3万余人。其间,在"金秋闵行"上海合唱节上,14支中外合唱团同声放歌,呈现中外民间文化交融的景象。国庆"黄金周"期间,由浦东新区文化和广播电视管理局主办,浦东文化艺术指导中心承办,世纪公园协办,在浦东世纪公园向市民和游客呈献了充满异国情调的"欧美风情缤纷秀",汇聚了活跃在欧美各大游乐场的10大表演团体,为市民展示幽默风趣、激情时尚的欧美风情。各项游园活动从地面到空中,分别在音乐广场、喷泉广场、三号门广场、银杏大道草坪区域轮番上演。表演团队中有美国知名木偶表演大师梅尔姬,美国极限运动表演团,高中大灌篮表演团,美国街舞、霹雳舞表演团,英国流行乐队,美国夏威夷民间歌舞表演,加拿大的青春组合表演团,墨西哥民族舞蹈团,中国蓝天高空艺术团等。此外,还有来自海内外的声乐、器乐、打击乐队、杂技团和少数民族舞蹈团等表演的节目,并举办烟花表演。

2005年10月9日,第七届国际艺术节"外国艺术家进社区"走进浦东演出,包括瑞士詹克鲁梵格狂欢乐队演奏的《乡村小道》《丛林》等乐曲,爱丁堡风笛乐队的风笛手、小鼓手、中音和低音鼓手表演的《跳舞女皇》联唱,德国埃尔呼茨海姆狂欢军乐队表演的鼓乐《漫步阳光下》等。

同年10月18—22日,"第七届中国上海国际艺术节·中国金山国际民间绘画邀请展"在金山区轮滑馆举行。这是金山区历史上第一次举办较大规模的国际性民间绘画展。来自中国、美国、日本、加拿大、比利时、法国、意大利、乌克兰、西班牙、希腊、智利等十几个国家和地区158位国内外民间艺术家的275幅作品参加了邀请展,展出了农民画、丝网版画、剪纸、油画、水彩画、色粉画、吹塑画等各种形式的民间绘画作品,表现了"和平·和谐·和美"的主题,展现了现代民间绘画艺术的魅力。

2007年的国际艺术节期间,外国艺术家走进南汇区、闵行区、闸北区、浦东新区、普陀区、崇明县、金山区、卢湾区的10个社区,演出17场,来自俄罗斯、德国、奥地利、新西兰、希腊5个国家的9支外国团队,3 145位演员参与演出,观众达19.83万人次。外国艺术家与社区百姓互动交流,学习和感受中国的文化艺术。在南汇与古镇老百姓的互动活动中,外国艺术家与当地民间艺术家共同制作具有南汇地域特色的彩豆画,并向当地老百姓学习茶艺、扇子舞;外国艺术家在新场镇的演出,受到民众欢迎。同年10月28日,国际艺术节群文部组织安排参加国际艺术节活动的俄罗斯、德国、捷克、西班牙等4个国家的民间艺术家到崇明开展文化交流活动,与社区居民进行互动交流。外国演出团队首次到崇明岛,受到海岛群众的热烈欢迎。四国民间艺术家表演团队与崇明县文化馆组织的民间腰鼓队在八一路举行巡街表演,不少人跟着行进队伍一起走,形成了热烈欢快的场面。晚上,通过现场直播,各国演出团队与崇明县的群众文艺团队在崇明县体育馆为崇明县的70万群众献上了丰富多彩的演出。

2008年,在第十届中国上海国际艺术节期间,"外国艺术家进社区"活动在坚持国际性、经典性、艺术性的同时,将参加艺术节的优秀外国节目从剧场请到了广场舞台,来自德国、俄罗斯、韩国、巴西等国家的26支外国艺术团深入全市18个区县的21个社区、18个乡镇、26所学校和部队、企业,为社区群众、申通地铁集团的职工、上海大学的师生以及宝山公安分局的武警战士送去了专场表演,共进行了67场中外交流演出,总行程1 120多千米。活动呈现出互动性强、参与面广的特点。参与演出的外国团队包括芬兰圣诞老人舞蹈团、比利时慕达鼓乐舞蹈团、西班牙瓦尼亚制作公司、赛尔维亚帕罗维克艺术团、拉特维亚塞莫民间歌舞团、土耳其盖翰民间舞蹈团、斯洛伐克布拉迪斯拉发普罗辛克少儿民间舞蹈团、安的列斯库拉索岛杜希科索舞蹈团、德国玫瑰杀手—托彼亚斯爵士乐队、俄罗斯圣彼得堡奥斯特沃克少年舞蹈团、"来自巴西的艾迪和他的朋友们"爵士乐队等。此次艺术节群文活动还首次率艺术团走进长三角。韩国尹美罗舞蹈团在浙江长兴大剧院演出,韩国民族特色舞蹈受到长兴观众的欢迎。

2009年,在第十一届中国上海国际艺术节期间,外国艺术家走进长宁、卢湾、闸北、奉贤、闵行、浦东新区、普陀、虹口、静安、宝山、金山等区县的22个社区、30所学校,演出53场。来自俄罗斯、奥地利、挪威、日本、韩国等近10支外国团队参与演出,观众2.3万余人。参与演出的外国团队包括俄罗斯圣彼得堡奥斯特沃克少年舞蹈团、奥地利施蒂利亚欧洲流行乐队、奥地利施莱恩民族舞蹈团等。此次"外国艺术家进社区"活动艺术家走进各区县的社区文化活动中心,在社区表演,与社区百姓交流互动,受到市民喜爱。

2010年第十二届中国上海国际艺术节于上海世博会期间召开,结合上海世博会主题和上海城市特色,"外国艺术家进社区"活动与上海世博会城市文化广场"周周演"活动,京、津、沪、渝故事大赛,全国第十五届"群星奖"部分获奖节目上海巡演等赛事和活动相结合,让来到上海的各国人士共享城市文化。外国艺术家为社区和学校送去37台具有异国风情的节目。参与演出的外国团队包括肯尼亚赛瑞卡奇艺术基金会团队、奥地利萨次卡默古特民族乐团、保加利亚瓦卡利鼓舞团、保加利亚斯兰奇夫拜亚民族舞蹈团、瑞士"激情玫瑰"狂欢乐队等。肯尼亚的舞蹈团首次参演,赴崇明县长兴镇为农民工子弟表演非洲舞蹈。

三、"我们的家园"群文综合艺术成果展演

2000年国际艺术节期间,"我们的家园"活动以"歌颂祖国、歌颂党、歌颂美好生活"为主题,以区县为单位组织综合性广场群文专场展演和展览展示。开展包括音乐、舞蹈、戏剧、曲艺、美术、书法、摄影、收藏8个大项的社区赛事活动,展现了全市广大市民积极向上的精神风貌。

2002年10月12日,市文广局、市群艺馆、市舞蹈家协会在卢湾区体育馆举行"我们的家园——上海市社区健身集体舞大赛",19个区县的31支队伍700多名市民选手参加了活动。

2003年10月18日,以"我们的家园"命名的上海群文综合艺术成果展演活动项目正式启动。该项目由市群艺馆策划,市群艺馆和国际艺术节中心群文部主办、19个区县承办,是全市各区县各系统优秀群众文艺创作节目展示、交流、演出的舞台。展示的节目为各区县和各系统单位新近创作的群众文艺优秀作品,作品贴近实际、贴近生活、贴近群众,具有地域特色,体现群众的参与性。之后在每年的国际艺术节期间,各区县组成的19台文艺节目在指定的文化广场先进行集中演出,随后各区县结对作交流演出。每届"我们的家园"演出活动基本在1个月内完成,每场演出时长约1个小时,表演约240个节目,逾万名群众演员参加,演出场次约130场,节目包括音乐、舞蹈、戏曲、小品、杂技、魔术、健美操、故事、民间艺术表演等多种文艺形式,每年观众逾百万人次。每台演出设立一个主题,凸显上海精神文明建设的丰硕成果,反映社区群众文化生活的丰富多彩。

2003年第五届国际艺术节"我们的家园"社区文化广场系列活动由中国上海国际艺术节组委会主办,市文广局和徐汇区人民政府承办,徐汇区文化局、上海市群众艺术馆等协办。全市19个区县选取200多个节目参加全市集中展演20场,参与观众近30万人次,并获评国际艺术节优秀活动组织奖。"我们的家园"社区文化系列活动开始受到越来越多的市民关注。演出活动于同年10月22日至11月9日,在徐家汇上海第六百货广场举行,内容融思想性、艺术性、观赏性为一体。上海市19个区县各组织一台代表区域群众文化活动水平、包括多种艺术形式的文艺节目参加演出。各区县均演出3场,包括在各自区县开展1场表演、集中在徐汇区第六百货广场的专场演出、各区县结对进行的交流演出。连续19个晚上在徐家汇第六百货广场进行的"我们的家园"系列群文艺术展示,各区呈现了一批具有地域特色、贴近社会发展、反映市民生活的优秀节目,副市长杨晓渡等赴现场与广大市民一同观看。虹口区组织的"彩虹绚丽——虹口"专场,小戏小品艺术特色突出;长宁专场展演的节目包括音乐、舞蹈、戏曲、曲艺、小品等多种文艺形式,是对长宁群众文艺创作的一次大检阅,其中,由长宁区文化馆夏琼宝编创的舞蹈《风》、周娟娟女声独唱《雅鲁藏布大峡谷》等5个节目获得优秀演出奖,新泾镇社区的居民、青年歌唱家李巍、黄蕾蕾夫妇表演的二重唱获得优秀荣誉演出奖,长宁区获优秀组织奖;"放歌滨海新城"奉贤专场演出,主题鲜明、形式多样,有歌舞、戏曲联唱、武术、器乐、滚灯表演等,展示了奉贤在社区文化建设中所取得的丰硕成果和精神风貌;崇明

县文化馆组织的"绿满崇明——崇明专场",贴近生活,富有鲜明的海岛特色。

同年10月19日、24日、29日,"奔腾的杨浦"专场演出分别在杨浦四平电影院广场、徐家汇第六百货广场、浦东陆家嘴地铁广场向广大市民进行了展示,演出包括独唱、京剧选段、唢呐独奏等优秀社区文艺节目。金盾艺术团、沪东工人文化宫艺术团的歌舞节目,由345名演员先后参演3场,近5 000名市民观看了演出。

同年10月20日至11月16日,国际艺术节期间浦东新区组织了33项活动。浦东新区文化艺术指导中心精心组织、策划、举办的"魅力浦东"等系列活动,在24个街镇举行了专场演出。其中,新区内安排了4场专场演出;赴徐家汇的市级专场演出,与杨浦结对交流演出3场;同年11月7日,举办全市才艺(绝技)专场比赛,3 500人次参加演出,3.8万人次观看。浦东新区除获得"组织奖"外,参演单位和个人还获得了国际艺术节组委会颁发的一金二银三铜的成绩。

同年12月13—14日,市群艺馆、市舞蹈家协会、市老龄工作委员会共同主办的"'颂美好生活、展美好未来'我们的家园——上海市社区舞蹈大赛"在卢湾区文化馆白玉兰剧场举行,普陀区甘泉文化馆的《雨中花》和黄浦区文化馆的《恋红》等8个节目分别获得新人组、中老年组奖。

"我们的家园"社区文化系列活动与同年的重大纪念日或节庆活动结合开展活动,并逐渐成为特色。包括纪念毛泽东《在延安文艺座谈会上的讲话》发表60周年的"我们的家园——上海市社区摄影作品巡回展";结合公民道德建设的"我们的家园——上海市社区故事演讲大赛";以欢庆十六大、欢度艺术节为主题的"我们的家园——社区优秀文艺节目展演";还有"党旗下,我们众志成城——'我们的家园'社区优秀节目巡回展演"活动以"弘扬抗非典精神,鼓舞斗志"为主题,在全国上下抗击"非典"斗争取得初步胜利的时候举行。

2004年10月,在第六届国际艺术节群众文化系列活动中,以纪念中华人民共和国成立55周年为主题,举办"我们的家园——'金秋魅力'摄影巡回展"。同年11月,"我们的家园"群文综合艺术成果展演分东、西、南、北、中5个展示点同时进行,演出23台,约250个节目参演,其中近60%都是年度创作的新作品。除各区县外,还有市总工会、武警上海总队、小荧星艺术团参加。自此,"我们的家园"群文优秀艺术成果展示系列活动确立了在国际艺术节群众文化活动中的重要地位和品牌效应。

图4-1-4 第六届中国上海国际艺术节群文系列活动"我们的家园"——群文综合艺术成果展演(2004年10月)

自2005年第七届国际艺术节开始,"我们的家园"上海市群文艺术创作成果展演活动在每年的国际艺术节期间亮相上海市各大广场,组织各区县及相关系统的文艺团队,展示年度群众文艺优秀创作作品(每场演出的创作作品占60%以上),鼓励社区文艺团队积极参与,并组织专家进行评奖,从而形成了群众文艺创作作品上半年评选,下半年展演的运作机制,让群众享受了群众文艺创作的成果。同年10月29日,国际艺术节"我们的家园——群文综合艺术成果展演"首场活动在普陀区长风公园大舞台举行。11月6—7日,"我们的家园"在浦东世纪大道崂山西路地铁广场、中山公园、闵行七宝文化广场、闸北不夜城绿地、淮海公园等5个点全面展开,全市各区县和各系统单位组合演出23场,节目总计219个。

2006年10月26日至11月15日，第八届国际艺术节"我们的家园——群文综合艺术成果展演"在陆家嘴地铁广场举行首场演出，其间，各区县及中国福利会少年宫、武警上海市总队参加全市的21个专场演出。国际艺术节期间，举行各类群众文化活动共计109个大项，3 800多场次，有130多万市民、游客、外来建设者观看了演出、展览和比赛。其中，"放歌和谐奉贤"专场在陆家嘴广场举行，整台演出展现了奉贤开展新农村建设日新月异的新风尚。

2007年，第九届国际艺术节群文活动"我们的家园——全市群文优秀文艺成果展演"的策划是依托普陀区的群众文化资源展开的，与普陀区文化局、区文化馆合作，完成了19个区县和中国福利会少年宫展示的20场演出。通过20天的现场评比，评选出1个特殊贡献奖，8个最佳舞台效果奖，7个优秀导演奖、优秀主持人奖，40个优秀创作奖，22个优秀节目奖。同年，市文广局命名"我们的家园"为上海市（首批）群众文化活动特色项目。

2008年，第十届国际艺术节群文活动"我们的家园——上海市社区优秀团队文艺展演"，以区县间的交流为主要形式，在全市分设东、西、南、北、中5个点，来自19个区县的社区文艺团队和武警、中国福利会少年宫的表演团队组合演出11场，约110个团队参加了表演。活动以"歌颂祖国、歌颂党、歌颂美好生活"为主题，以社区团队的展示为重点，通过社区文艺团队精品节目展演展评，展示社区市民的风采，带动并引领基层群众文艺的蓬勃发展，展现广大市民的精神风貌和上海的城市精神。其中，同年11月3日在浦东新区东昌路地铁站举行的"浦东·黄浦"专场，由黄浦区多个街道社区和文化馆舞蹈队、合唱团，民间艺术团体与浦东新区文化馆及各社区的艺术团队同台献演了13个节目，演出丰富多彩；"青浦·嘉定"专场，由两区精心挑选的节目组合而成，青浦文化馆选送了青浦区群文创作比赛中获奖的5个节目；华新镇的姑娘们表演的舞蹈《江南印象》表现了淳朴的水乡人民用勤劳的双手建设美丽家园、创造幸福生活的画面；重固镇选送的沪剧表演唱《福泉山喜迎世博换新装》唱出了青浦福泉山古文化的悠久历史、丰富内涵和迎接世博的愉悦心情；由朱家角镇文体中心选送的京剧戏歌《高举新风迎世博》、新田山歌《插秧天》，展现了改革开放30年青浦人民生活的美好风貌。

2009年，第十一届国际艺术节"我们的家园"活动由市文广局、国际艺术节组委会群文活动部主办，市群艺馆和长宁、浦东、嘉定、奉贤四个区县的文化（广）局承办。同年10月24日至11月1日间的4个双休日，依托长宁区的黄金城道步行街广场、浦东新区的世纪大道世纪辰光广场、嘉定区的博乐广场、奉贤区的文化广场分设4个点，举办了18个区县和中国福利会少年宫、武警部队展示的11场演出，表演节目以新创作的群文作品为主。通过现场录制、评委集中观看资料带进行评比，评选出优秀组织奖4个、最佳舞台效果奖4个、优秀节目奖24个。

2010年，第十二届国际艺术节"我们的家园"活动与上海世博会城市文化广场"周周演"活动合二为一，历时半年，围绕世博主题，每周末在全市12个城市文化广场展开，在让大众共享优秀群文创作成果的同时，营造浓浓的世博氛围，吸引了大量市民和游客观看。同年8月，由北新泾社区原创、以"我们的家园"为主题的歌曲集《家园之歌》出版。同年，"我们的家园"社区文化系列活动被文化部评为"全国特色群众文化活动项目"。

"我们的家园——群文艺术创作成果展演"为每年上半年的优秀群文创作作品搭建了一个展示平台，积累了一批群文成果，使许多优秀的群文作品走进市民活动的舞台，为广大群众带来了艺术的欢乐与美的享受。其中，第十一届国际艺术节"我们的家园——上海市群文艺术创作成果展演"中，浦东新区文广局、长宁区文广局、嘉定区文广局、奉贤区文广局获得优秀组织奖；"闵行·松江专场""武警·徐汇专场""浦东新区专场""长宁·普陀专场"获得最佳舞台效果奖；24个作品获得优秀节目奖。

第十一届国际艺术节"我们的家园"节目一览：

女声无伴奏四重唱《农家四月艳阳天》/嘉定区安亭镇

田山歌《插秧天》/青浦朱家角镇

鼓乐《时代鼓韵》/闵行区马桥镇文化站

服饰表演《唐韵》/松江区九亭镇

男声小组唱《老爸老爸顶呱呱》/中国福利会少年宫小伙伴艺术团

新民乐合奏《世博谐韵》/中国福利会少年宫小伙伴艺术团

少儿京剧《三岔口》/徐汇区青少年活动中心

舞蹈《红黑印象》/徐汇区残疾人联合会

相声《世博卫士》/武警上海总队政治部文工团

山歌剧小戏《海爷爷招亲》/奉贤区南桥镇社事中心

女声独唱《峡江情歌》/汤婉莲

沪剧清唱《灶花颂》/仇铁军等

表演唱《上海声音——码头号子》/杨浦区文化馆

杂技《力量与技巧》/浦东新区"宝丽晶"杂技艺术团

上海说唱《登高》/浦东新区祝桥镇文化服务中心

故事《打电话的女孩》/李佳

越剧《春香传——爱歌》/卢湾区文化馆青年越剧团

歌舞《上海等你来》/吕强、虹口文化艺术馆舞蹈队

少儿舞蹈《金色的微笑》/黄浦区青少年活动中心

萨克斯四重奏《海上变奏曲》/静安区文化馆青年爵士乐团

男声独唱《最恋是故乡》/杨磊

舞蹈《新上海人》/长征社区文化活动中心

现代三人舞《双面胶》/宝山区文化馆李晶晶、陆影、戴寅达

舞蹈《乐书世博》/闸北区金韵艺术团

"我们的家园"活动持续了十余年，成为市民在国际艺术节期间熟悉和喜爱的广场文艺活动，也为群众文艺创作作品提供了服务市民的展示舞台。该活动覆盖面广、场次多，受益人群达到200万以上，许多市民在自家附近的广场就能看到演出，为百姓搭建了一个参与和享受文化艺术活动的平台。

四、长三角与区县联动

随着长三角地区经济联系的日益加强，文化的共享交流、共同发展和繁荣趋势进一步增强。2003年，国际艺术节群众文化活动开始辐射长三角地区，首次举行"长三角文化合作与发展论坛"和"长三角民歌手邀请赛"，成为国际艺术节群众文化活动的新亮点，并以此为契机启动长三角地区文化工作的多边合作与交流。同年的国际艺术节期间还举办了"上海——绵阳美术书法交流展"和"我们的家园"金秋魅力摄影巡回展，探索了异地文化交流的模式，受到观众的好评。

全市各区县中,浦东新区创办"缤纷长三角"群众文化系列活动特色板块后,每年设立专项经费资助四到五个街镇年度申报的项目,使每个街镇培育树立了一个特色项目,由浦东新区文化艺术指导中心牵头,每年举办各类长三角群众文化赛事。长三角群众文化系列活动在国际艺术节期间也吸引了全市各个区县的参与,得到长三角地区相关城市的积极响应。

第八届、第九届国际艺术节期间,嘉定区连续举办长三角地区群众文化系列活动,包括 2006 年"长三角文化周优秀群文节目展演",精选获得省市级群文比赛一、二等奖及全国"群星奖"的作品进行展示,其中展示上海市 2 个节目、浙江省 4 个节目、江苏省 6 个节目;2007 年,嘉定区以"汇聚群文书画精品、打造长三角文化交流圈"为主题,举办了长三角地区优秀书画作品展,精选了来自江浙沪120 幅精品书法、美术作品,进一步扩大了长三角文化交流的门类、范围以及影响力。

2007 年,国际艺术节群众文化活动集中推出了缤纷长三角系列活动,在浦东新区、徐汇区和嘉定区共举办七场长三角系列活动。由江、浙、沪三地省、市群艺馆协调、推介、组织群众文化资源,逐步建立起长三角群众文化活动合作与交流的长效机制。浦东新区、徐汇、嘉定三个区县主、承办了长三角地区钢琴、国标舞、书画、秧歌、故事五大比赛,非物质文化遗产长三角展览、展示和文化论坛,群文优秀节目展演和书画展及论坛等。上海市群艺馆活动部参与相关活动的策划、提升、实施与跟踪服务,使长三角文化交流活动成为国际艺术节的亮点。

2008 年 10 月 17—26 日,由国际艺术节"长三角群众文化活动"特色板块扩展而成的"长三角文化周"启动,江、浙、沪三地近 30 个城市、地区选派近 100 支队伍参加,各地选送的音乐、舞蹈、戏曲、书画展等各具特色的 14 项活动在上海市 8 个区县展开,108 个社区分别举办各项主题活动,推动长三角地区间的"城际互动"。同年 10 月 22 日,长三角文化周开幕式暨第二届"水乡音花"长三角地区田山歌展演活动,以"传承水乡特色,唱响田歌文化"为主题,用原生态的歌声和充满水乡风情的表演,表现了田山歌文化的独特韵味与人文内涵。展演将创新元素融入田山歌文化,以舞蹈、表演等人们喜闻乐见的形式来呈现,并邀请音乐学院专家现场解说,生动地再现了长三角同宗同源的田山歌流派。同日下午,以弘扬长三角非物质文化遗产为主题的"乐声悠扬·民间天籁"——长三角非物质文化遗产保护项目·民间音乐展演在上海宛平剧院举行,展演以劳动号子、民歌为主。浦东举行长三角系列的"金杨杯"长三角地区社区舞蹈邀请赛、"洋泾杯"长三角地区社区民乐团队邀请赛、"唐镇杯"长三角地区社区鼓乐邀请赛等。还有"魅力舞闵行"长三角地区踢踏舞邀请赛、金山"廊下杯"长三角莲湘邀请赛、嘉定区"精彩三十年"长三角地区群文优秀摄影作品展、长宁区"相约虹桥"长三角城市优秀戏剧联展等活动。

【"浦东上钢聚通杯"长三角地区青少年钢琴邀请赛】

该活动由国际艺术节中心群文活动部、上海音乐家协会、江苏省音乐家协会、浙江省音乐家协会、福建省音乐家协会、山东省音乐家协会主办,上海市群众艺术馆、浦东新区文化艺术指导中心、浦东新区上钢新村街道办事处承办,上海音乐家协会钢琴专业委员会、上海不夜城钢琴学校、上海钢琴有限公司、上海聚通建筑装潢工程有限公司协办,支持单位是浦东新区宣传文化发展基金会。

该邀请赛历时近半年,于 2007 年 11 月 4 日正式闭幕。这是由浦东上钢新村街道始创并连续举办 11 届的"上钢杯"青少年钢琴比赛后,首次将参赛选手范围扩大到长三角地区及周边省市。同年 10 月 2—3 日,长三角地区青少年钢琴邀请赛(上海赛区)在上海不夜城钢琴进修学校进行了初赛,6 日举行决赛。经过两轮角逐,从 344 名小选手中分别决出幼儿组、小学一组、小学二组和初中组 4 个组别的一、二、三等奖共 18 名。同年 11 月 3 日,在上海举行的长三角地区青少年钢琴邀请赛总决赛上,来自上海市、江苏省、浙江省、福建省和山东省的36名小选手同台竞技,在小学一组、小学二组、初中组各组别进行了激烈角逐,最后共有6名选手获得一等奖,12名选手获得二等奖,18名选手获得三等奖;其中3名选手还因对中国作品的出色演奏而获得组委会颁发的"中国作品演奏奖"。同年11月4日,长三角地区青少年钢琴邀请赛颁奖音乐会在上海音乐厅举行,上海市文联,上海市文广局及各主办、承办、协办单位领导、嘉宾出席了音乐会并为获奖选手颁奖。12名获奖选手代表现场演奏了各自参赛的获奖曲目。

国际艺术节的长三角系列活动利用上海的区位优势,在区域文化资源调配、共享和深层交流方面逐步趋向成熟,吸引了上海市各区县街镇的广泛参与,树立了拥有各自优势的长三角文化活动品牌,也赢得了长三角各省市的积极响应,使国际艺术节期间的群众文化活动样式更加新颖,展示的江浙文化内容更加丰富,受到了来沪参加活动的各地民众的好评,也逐步打造出了一张具有广泛群众基础的长三角文化名片。

五、宝山国际民间艺术节

1995年10月29日,经文化部批准,由宝山区人民政府为执行主办单位的"1995中国上海·宝山国际民间艺术节"开幕,历时11天。艺术节内容丰富、特色鲜明,吸引了五大洲民间艺术团体登陆上海舞台,成为全市知名的大型文化活动品牌项目。自第五届开始,市文广局与国际艺术节中心成为联合主办单位。

上海宝山国际民间艺术节自1995年创办至2010年成功举办了9届。以"文化,让生活更和谐"为主题,彰显了"大众参与,大众享受"的核心理念。每届宝山国际民间艺术节努力对上海文化资源进行挖掘,突出富有宝山特色的文化内容,参与的群众达到215万人次。"老百姓的文化盛会,家门口的五洲风情"成为宝山国际民间艺术节的真实写照,被科特迪瓦文化部长梅苏,联合国国际民间艺术组织副主席伊廷、前主席卡门誉为"当今世界上无与伦比的民间艺术节""艺术的盛会、辉煌的奇迹"。在成功举办的9届宝山国际民间艺术节中,先后有来自世界五大洲41个国家、86个艺术团的2020位文化使者及艺术家一展风采。中外民间艺术家的足迹,踏遍了宝山的城乡、社区和海岛,还走进了全市12个区县,成为10月上海一道亮丽的文化风景。气象万千的大型活动,精彩纷呈的交流演出,激情澎湃的艺术联谊,让不同肤色、不同语言、不同文化的人们共享了心灵沟通的喜悦,体验了艺术冲击的震撼。

宝山国际民间艺术节始终坚持"请进来,走出去"的办节方针,让来自世界各国的民间艺术在宝山的舞台上汇聚。经过15年的精心打造,"上海宝山国际民间艺术节"的公益特性日益鲜明。历届宝山国际民间艺术节的组织者努力贯彻社会共同办节的原则,从大型活动策划,外国艺术团的联络、翻译到社区演出报幕,所有演艺活动、外事接待、组织保障等各部门的工作人员均由区域志愿工作者担任,让最广泛的人民大众在参与活动中融入艺术盛会,让更多的市民群众了解宝山国际民间艺术节,使其更加充满魅力。艺术节期间,宝山区的各行各业也积极参与艺术节基层活动的主办或协办的工作,使之成为宝山推进公共文化服务体系建设与行业文化建设的抓手。

宝山国际民间艺术节立足基层,面向广大人民群众,以艺术为媒介,搭建起友谊、合作、交流的桥梁。广场、村镇、海岛、城区剧院、敬老院、幼儿园、高等院校、中小学校、社区医院、居民家庭,都成为了文化交流的舞台。每一届宝山国际民间艺术节最受欢迎的项目是外国艺术团与社区基层单位的联欢、家庭访问和社区联谊活动。通过这些交互性较强的活动,中外民众之间得到了广泛的接触和深入的交流,充分体现了"让世界了解宝山、让宝山走向世界"的办节宗旨。

以民间艺术节为契机,推进对外经济文化交流与合作。其中,第四届宝山国际民间艺术节期间举办茶话会 17 场,组织市、区领导和组委会领导会见活动 7 次,中外企业家交流活动 2 次,举办了首届"长江口民营经济与民间文化发展论坛"。这些活动增进了上海与世界各地、与长三角城市间的经济互动和文化合作。

宝山国际民间艺术节的活动特色鲜明,打造了特色文化节中节、剧场广场"天天演"、欢乐联谊在校园、生活体验进家庭、外国团队活动日、艺术展示多层面六大板块活动。宝山国际民间艺术节不拘泥于舞台演出,除了剧场演出外,还立足于基层,将大量活动安排在广场上举行,邀请各界人士参加。以第九届宝山国际民间艺术节为例,各国艺术家在宝山及外区的剧场和广场进行公益演出 62 场,参与群众近 40 万人次。每一场剧场、广场的演出活动都成为当地群众奔走相告的话题,也成为该艺术节的一大特色。

第一届宝山国际民间艺术节于 1995 年 10 月 29 日至 11 月 11 日举办,由宝山区人民政府和市文联联合主办。包括奥地利、芬兰等 10 个国家、12 个艺术团的 257 名民间艺术家参加该届艺术节。各国艺术团以行进表演的方式,向市民展示了各具文化特色的歌舞艺术。

第二届宝山国际民间艺术节作为第四届中国国际民间艺术节的一个组成部分,于 1998 年 8 月 24—28 日举行,历时 5 天,由宝山区人民政府和市文联共同主办。来自 8 个国家、8 个艺术团的 181 名演员参加了展演周的活动。上海东方电视台对开幕式、闭幕式进行了录播,《飞越太平洋》栏目开设了专题节目。

第三届宝山国际民间艺术节于 2000 年 10 月 27 日至 11 月 5 日举行,历时 10 天,由宝山区人民政府、市文联、宝山钢铁(集团)公司联合主办。来自比利时、加拿大等 14 个国家、14 个艺术团的 362 名民间艺术家参加了盛会。

第四届宝山国际民间艺术节于 2004 年 10 月 11—22 日举办,历时 12 天,由宝山区人民政府、市文联、上海宝钢集团公司、上海大学联合主办。来自保加利亚、智利等 16 个国家、19 个艺术团的 476 名民间艺术家参加了活动。

第五届宝山国际民间艺术节于 2006 年 10 月 15—22 日举办,为期 8 天,由宝山区人民政府、市文广局、市文联、中国上海国际艺术节中心、上海宝钢集团公司、上海大学联合主办。来自斯洛伐克、西班牙等 19 个国家、19 个艺术团的 428 名民间艺术家参加了演出和交流活动。

第六届宝山国际民间艺术节于 2008 年 10 月 15—22 日举办,为期 8 天,由宝山区人民政府、市文广局、市文联、上海国际艺术节中心、上海宝钢集团公司、上海大学联合主办。来自法国、日本、美国等 16 个国家、16 个艺术团的 358 名民间艺术家参加了盛会。

经过多年的打造,宝山国际民间艺术节的对外影响力日渐广泛,也逐渐奠定了其作为上海区域文化名片的地位。

六、"长风杯"新上海人歌手大赛

2006 年,"长风杯"新上海人歌手大赛发源于普陀区长风新村街道,是长风社区的一项品牌活动,2007 年提升为市级群众文化活动,每年举办一届。"新上海人"获得国家工商行政管理总局商标局审批的注册商标专用权。大赛为在上海生活、学习、工作、创业的各行各业不同年龄、不同国籍的新上海人搭建了展示个人艺术才华的舞台,不少参赛的获奖者因此改变了命运,找到了个人职业发展的方向。同时,作为普陀区举办的苏州河文化艺术节系列活动的重要组成部分,大赛活动质量逐年提升,群众参与面不断扩大,有来自五湖四海的"新上海人"积极参与,展示新上海人的艺术才华,体现了上海"海纳百川,追求卓越,开明睿智,大气谦和"的城市精神。

其中,2010年第十二届中国上海国际艺术节群文活动暨2010苏州河文化艺术节开幕式在广电大厦多功能演播厅举行。大赛以"世博欢歌,唱响未来"为主题,自同年8月开始,到同年10月底结束,分报名、初赛、复赛、半决赛、决赛5个阶段进行,演绎"城市,让生活更美好"的上海世博会主题。大赛受到新上海人的积极响应,共有来自全国20多个省、自治区、直辖市的近100名歌手报名参赛。参赛歌手在演唱歌曲之外,还在才艺表演部分展示了各自家乡的音乐、舞蹈、戏曲、民俗等,全方位、多角度地展示了艺术才能。

该项活动是第八届、第九届、第十届、第十一届、第十二届中国上海国际艺术节群众文化活动的重点项目,其社会效应与示范意义受到上海市领导的肯定,并获得第九届中国上海国际艺术节优秀项目奖、2007年上海市群众文化工作优秀活动奖、第十届(2013年)中国艺术节"群星奖"项目类大奖,并使长风新村街道成为上海唯一获得"群星奖"项目大奖的街道。

图4-1-5 "长风杯"新上海人歌手大赛(2006年10月)

七、"金秋闵行"上海合唱节

首届上海合唱节以"SVA·SONY金秋闵行"合唱节命名,由市文广局、市文联、闵行区人民政府主办,上海音乐家协会、上海市群众艺术馆、闵行区群众艺术馆承办。作为第九届国际艺术节群众文化活动的开幕式,于2007年10月17日在闵行区体育馆举行。市委常委、市委宣传部部长徐麟宣布开幕,市政协副主席王荣华致开幕词,市政府副秘书长李逸平主持开幕仪式,闵行区委副书记、区长陈靖致欢迎词,市文广局党委书记陈燮君、局长穆端正和闵行区领导及部分外省市文化厅的领导与市民约5000人参加了开幕仪式并观看《欢歌笑语和风行》大型文艺演出。西班牙马德里国家合唱团、新西兰大学合唱团、维也纳混声合唱团和国内优秀的内蒙古合唱团、贵州"侗族大歌"合唱组合,以及上海交通大学、华东师范大学、市总工会的合唱团和闵行教师合唱团等登台献演。台上千位中外合唱团员的演唱与台下3000余名上海各区合唱团的混声合唱相呼应,形成亮点。演出结束前,指挥家曹鹏指挥场上6000名歌手多声部演唱贝多芬乐曲《欢乐颂》,8个色块歌手的四声部演唱把现场推向高潮。此外,在合唱节系列活动中还举办了"唱响心中的歌——中外合唱团下社区""中外艺术家谈合唱艺术""中外经典合唱专场展演""合唱艺术恳谈会"等系列活动,指挥家肖白赞扬:"从今天起,上海有自己的合唱节啦!"

2009年10月,第二届"金秋闵行"上海合唱节作为第十一届国际艺术节群众文化活动的开幕式,在新落成的城市剧院举行。展演集中了14支来自世界各地的专业合唱团、全国少数民族合唱团以及上海本土优秀合唱团共1000余人同台献艺,包括美国哈莱姆青春合唱团、意大利卡利亚合唱团、德国"爵士美声"无伴奏合唱组合等国际著名合唱团;我国少数民族合唱团中有四川羌族瓦尔俄足节传人合唱组合和羌族多声部歌王"毕曼兄弟",西藏日喀则珠峰合唱队,贵州侗族大歌九姐妹合唱团;上海市公安局警官合唱团,小荧星合唱团等。上海各区县选送了100个合唱团,他们既是观众又是演员,台上台下形成互动。

第二届"金秋闵行"上海合唱节相较于第一届,演唱样式更新颖,表现形式更丰富、更吸引人。此后,两年一届的"金秋闵行"上海合唱节成为市民喜爱的文化品牌活动。

八、"水乡音花"长三角地区田山歌展演

青浦田山歌作为上海民歌的代表,有着悠久的历史和丰富的蕴藏,具有"古文化"和"水文化"的特色。田山歌曲调高亢嘹亮,悠扬婉转,青浦水乡农民劳作时,田山歌此起彼伏。

两年一度的"水乡音花"长三角地区田山歌展演活动,秉承"共享、创新、交流"的主题,是江、浙、沪三地交流田山歌保护经验和传承策略的一个重要展示平台,被列为国际艺术节系列活动之一。活动通过各种形式,延伸到江、浙两省,共同探索田山歌保护、传承和创新之路。

2006年10月21日,第八届国际艺术节群众文化系列活动"水乡音花——长三角地区田山歌展演"在青浦区文化馆剧场举行,青浦田山歌与江苏吴江的芦墟山歌、浙江嘉善的丁栅田歌、江苏海盐的上梁号子等以具有地域特色的歌唱形式呈献给广大观众,是一次田山歌艺术的盛会,也是田山歌保护成果和创新探索的集中展示。

2007年开始,朱家角每年都在金秋十月举办"水乡音乐节",以原生态民歌和现代民谣为主线,打造成为集民歌创作实验、电子摇滚等于一体的民间音乐嘉年华。音乐节以水上、岸边、庭院等水乡空间和场地为演唱场地,吸引来自国内外的民间音乐歌手参与,使朱家角每个空间、每个转角,都能听到中外民间音乐。

在2010年的上海世博会上,青浦区运用田山歌音乐素材和具有浓郁乡土气息、江南诗性的歌词,创作演唱了旋律柔和的《上海之源》,这首由原生态田山歌改编的上海民歌,从田野走向上海世博会的舞台。

第二章　节庆活动

第一节　"上海之春"国际音乐节

一、概况

1959年全市举办"上海之春"音乐舞蹈月。1960年5月,正式以"上海之春"命名登上舞台。此后每年于4月28日开幕,至5月18日闭幕,展示上海创作演出的音乐舞蹈作品。1966年第七届"上海之春"在"文化大革命"开始后停止举行,至1978年恢复举办第八届,此后改为每两年举办一届。

2001年,创办于20世纪60年代的"上海之春"音乐舞蹈月和始于80年代的上海国际广播音乐节两项活动正式合并为"上海之春"国际音乐节,每年举办一次,以"和平、友谊、交流、合作"为宗旨。主要活动包括音乐、舞蹈新人新作展演,上海地区群众性合唱邀请赛,国际广播音乐节目"金编钟"奖展播及评选颁奖活动,国内广播音乐节目主持人大赛,国际及国内音乐、舞蹈祝贺演出,国际音乐学术报告会,全国部分地区新民乐会演暨研讨会,《东方风云榜》十大金曲评选颁奖演唱会,国际音像制品博览会等。

"上海之春"国际音乐节以春天为寄托,第一声乐音在上海音乐厅奏响,历经初创时期的春意勃发、"文化大革命"期间的停顿、改革开放后的辉煌再造至21世纪的国际化新貌展现,不仅是上海市亮丽的名片和重要的音乐品牌,而且反映了中国音乐发展50年的厚重底蕴与历史文脉。其中的群众文化活动也成为培育和展示群众音乐创作作品的舞台。

二、历届概况

【第八届"上海之春"音乐舞蹈月】

1978年5月23日至6月15日,"上海之春"音乐舞蹈月举行13台62场演出,288个音乐舞蹈节目,40多个单位的2 000多名专业、业余文艺工作者参演,其中年龄最大的演员77岁,最小的演员5岁。首场演出由上海乐团、上海广播乐团、上海师范学院艺术系和中国福利会少年宫近300名专业和业余演员演唱的大合唱首先亮相,精彩节目有中国福利会少年宫小伙伴艺术团表演的弹唱《迎着太阳把毛主席赞美》《奔向四个现代化》、舞蹈《时间之歌》、南市区学前街幼儿园表演的歌舞《橘子献给华主席》、上海人民广播电台少年儿童课余广播合唱团的合唱《理想啊！展开美丽的翅膀》《祖国的春天又来到》、普陀区少年宫演出的舞蹈《园丁颂》、长宁区少年宫演出的歌舞《母鸡搬进新楼房》、徐汇区少年宫演出的儿童合唱剧《童工恨》等。

【第九届"上海之春"音乐舞蹈月】

1980年,第九届"上海之春"音乐舞蹈月举办16台专场,演出233个节目。5月2日,开幕式在上海文化广场举行,开幕式指挥由在上海抗日救亡群众集会上指挥《义勇军进行曲》大合唱、年过70

岁的上海市政协副主席刘良模担任,他指挥由八路军、新四军和当年中共地下党组织领导的演剧队队员组成的 160 多人的革命文艺老战士合唱团,演唱同一首激动人心的歌曲。5 月 18—30 日举行琵琶、钢琴比赛,业余音乐舞蹈专场等。5 月 31 日的闭幕式上,第九届"上海之春"领导小组组长、音协上海分会主席贺绿汀在会上提出倡议:"音乐要从孩子时代开始培养,要坚持学习外国的近代的音乐,用先进的科学的音乐理论武装,就会有民族音乐的繁荣。"

【第十届"上海之春"音乐舞蹈月】

1982 年,第十届"上海之春"音乐舞蹈月举办 18 台专场演出,6 台观摩演出,总计 320 多个节目,其中大多是新创作的作品。13 个专业团体、20 多个业余团体的 3000 多人参加演出,其中年龄最大的 83 岁,最小的仅 6 岁。全国各地的 2000 多人现场观摩。5 月 2 日,在文化广场举行开幕式,金山县山阳公社业余民乐队和上海老年合唱艺术团、上海乐团业余合唱团、上海教工艺术团合唱队、上海归国华侨联合会艺术团合唱队联合演出大合唱《义勇军进行曲》。除交响乐专场、民乐专场、少儿专场和群众文艺专场外,另设中、小、幼教育专场,群众文艺演出活动成为"上海之春"不可缺少的一个重要组成部分。

【第十一届"上海之春"音乐舞蹈月】

1984 年 5 月 4—19 日,举行第十一届"上海之春"音乐舞蹈月,历时 15 天。全市各专业音乐舞蹈团体、专业音乐舞蹈院校、业余音乐舞蹈团体参加了 17 台 38 场节目的演出。

【第十二届"上海之春"音乐舞蹈月】

1986 年,第十二届"上海之春"音乐舞蹈月举办 21 台专业和业余的音乐舞蹈演出,参加演出的演员约 3000 人,观众 6.7 万余人次,全国各地来沪观摩代表 1600 余人。5 月 17 日,举行开幕式,由参加首届华东六省一市民歌会演各省(市)获得一等奖的专业或业余歌手分别演唱华东各地不同风格的优秀民歌,包括上海市的徐小懿、晓虹,浙江省的周金星、叶彩华,江苏省的庄志琴,江西省的杜玲、罗德成,福建省的陈玲、钟振发,安徽省的穆萍、潘玲馨,山东省韦友琴、王世慧等。所有参演节目须通过预选、终评择优入选,包括有声望的演员和作曲家们的作品。群众文艺专场举办了由上海师范大学、武警总队文工队、多灵电子轻音乐团组成的"声乐综合场"和由各区县文化馆(宫)业余合唱团组成的"上海市群众文艺音乐舞蹈专场"两场演出。参加合唱演出的有市离休干部合唱团、市老战士合唱团、市老年合唱团、上海乐团附设的业余合唱团和音校合唱团、上海新歌合唱团、中青合唱团、市小伙伴艺术团、上海交通大学教工合唱团等 9 个业余合唱歌团。其中,上海石化总厂化工一厂 60 多位青年职工演唱了难度较高的无伴奏合唱。上海盲人聋哑人协会艺术团的手语歌表演《我的中国心》获得新作品演出一等奖。

【第十三届"上海之春"音乐舞蹈月】

1988 年 5 月 17 日,第十三届"上海之春"音乐舞蹈月开幕,历时 10 天。全市专业、业余文艺工作者和来自英国的华裔钢琴家傅聪,以及美国的歌剧艺术家们为上海的观众奉献了 12 台、20 场音乐舞蹈节目。3 万多名观众欣赏了演出,其中 300 多人专程从全国各地来沪观摩。

【第十四届"上海之春"音乐节】

1991 年,第十四届"上海之春"音乐节由交响乐、民族音乐、声乐、室内乐及独唱独奏等 8 个专场音乐会组成,此外还有儿童、群众和职工以及外国音乐家的音乐会演出。3 500多人参加演出,观众约2.2万人。活动较以往有重大改革:"上海之春"活动名称改为"上海之春"音乐节;这一届开始改由上海音乐家协会、市对外文化交流协会和上海文化发展基金会集资主办,并得到全市60多家工商企业的全力资助;以往的主办单位市文联、市文化局和市广电局等政府部门作为活动的支持者与指导者;申报演出的作品,均由音乐家组成评委评选,获评入选后方能参加音乐节的演出,充分体现了发扬民主、公平竞争的原则。5月7日在市政府大礼堂举行开幕式。音乐家贺绿汀为此次盛会题写"音乐应该为人民服务——祝贺上海之春"的祝词。

【第十五届"上海之春"音乐节】

1993年6月,举行第十五届"上海之春"音乐节,历时10天。上海市和兄弟省市及海外的艺术家献演25台41场形式多样、风格各异的音乐舞蹈节目,3.2万人次的观众走进剧场。6月19日,"单乐章管弦乐中国作品征集"决赛在上海音乐厅举行。音乐节采取创作与表演、专业与业余、普及与提高兼顾的方法,保持了以扶持高雅艺术为宗旨的传统特色,涌现出一些高层次、高品质的新作,同时在群众性、开放性方面进行了有效的探索。

【第十六届"上海之春"音乐节】

1995年5月,举行第十六届"上海之春"音乐节,演出16台音乐舞蹈节目,其中两场音乐作品演奏以第二次世界大战历史为题材,纪念世界反法西斯战争和中国人民抗日战争胜利50周年。

【第十七届"上海之春"音乐节】

1997年5月9—26日,举行第十七届"上海之春"音乐节。上海专业、业余团体及国外艺术家、艺术团体演出了音乐舞蹈剧(节)目23台,包括1997香港回归作品音乐会、民乐新作品专场、歌剧《卡门》、舞剧《小刀会》、获奖少儿舞蹈专场、法国钢琴家音乐会、瑞士日内瓦军乐团音乐会等,观众近5万人次。同时还推出于丽红独唱专场音乐会、马晓晖二胡独奏音乐会、廖昌永独唱音乐会等3台"新人专场"。除舞台演出外,音乐节还举办了"业余琵琶比赛"和研讨活动。

【第十八届"上海之春"音乐节】

1999年,第十八届"上海之春"音乐节中,全市14家专业、业余、民间剧团的25台剧(节)目申报参加演出,经过由专家组成的艺术评审委员会评审遴选,其中16台剧(节)目入围"演出剧目",5台剧(节)目参加"祝贺演出"。5台"祝贺演出"剧(节)目中,上海师范大学万方青年交响乐团《交响音乐会》代表群众文艺团队参演。5月27日,第十八届"上海之春"音乐节开幕式暨"庆祝上海解放五十周年晚会"在上海大剧院举行,演出了中华人民共和国成立以后涌现的部分优秀音乐作品。6月14日,由上海市群工委主办、市群艺馆和上海东方电视台承办的"群星辉映"第十八届"上海之春"群文音乐舞蹈专场演出在上海东方电视台演播剧场举行,成为该届音乐节16个专场活动之一,也是首次入围"上海之春"演出的群众文艺专场。专场节目包括大合唱《祖国颂》、上海市工人文化宫茉莉花艺术团(下称茉莉花艺术团)的《茉莉馨香》,颛桥镇中心小学的舞蹈《鼓娃》、联唱《戏歌与服饰》,上海市学生艺术团绿城民乐团的少年民族弹拨乐,大型歌舞《托起明天的辉煌》等。群众文艺专场演出历经1个多月的组织、加工、排练,汇集各区县、各系统的群众文艺工作者800多人,参演节目大多是上年上海"十月歌会"各项比赛的获奖作品。

【第十九届"上海之春"国际音乐节】

2001年5月4—13日,第十九届"上海之春"国际音乐节由市文广局、市文联联合主办。经文化部、国家广播电影电视总局、上海市人民政府批准,"上海之春"音乐节与连续举办七届的上海国际广播音乐节合并,更名为"上海之春"国际音乐节。公布的《上海之春国际音乐节章程》规定,国际音乐节期间要举办各种能吸引音乐爱好者参与的、有助于丰富社会文化生活、培育音乐观众的群众性音乐活动。

第十九届"上海之春"国际音乐节在为期10天的时间里,举办各类中外演出30余场,现场观众超过4万人,数百万人通过收听、收看广播、电视的现场转播和其他媒体的介绍,了解音乐节的盛况。活动包括"金编钟"奖评选、国内外音乐舞蹈演出、广播音乐节目主持人(DJ)大赛、音乐舞蹈新人新作展演、《东方风云榜》十大金曲评选颁奖演唱会、国际音乐节学术报告会、上海地区群众合唱邀请赛、国际音像制品博览会、新民乐会演及研讨会等9项主体活动。这是上海在21世纪举办的第一项国际性大型音乐舞蹈交流活动,来自世界五大洲的30多个国家和地区的3 000多名音乐界、舞蹈界和广播界人士参加音乐节的交流演出、报告会、研讨会等活动。国际音乐节做到了经典音乐和群众参与的有机结合,传统文化和现代创新的有机结合,国际音乐和民族音乐的有机结合,音乐家和音乐新人的有机结合,音乐舞蹈形式和广播音乐形式的有机结合。国际音乐节成为广大艺术家和音乐舞蹈爱好者施展才华的舞台和增进友谊的桥梁,体现了广泛的群众性与丰富多彩的民族特色,展示了中华民族优秀文化和世界优秀音乐舞蹈艺术的魅力,实现了"和平、友谊、交流、合作"的宗旨,取得了圆满成功。

【第二十届"上海之春"国际音乐节】

2002年5月12—21日,举行第二十届"上海之春"国际音乐节,主题是"交融与和谐",旨在通过东西方音乐的交流、合作,增进了解,增进友谊。从这一届国际音乐节开始,之后每年确立一个主题。

国际音乐节的主体活动包括三大板块,包括开幕式和闭幕式,新人新作展演和评选,经典音乐节目系列演出。5月12日晚,开幕式在上海大剧院举行,简短的仪式后是一台融合中外经典音乐作品、展示上海音乐风尚的晚会。来自西藏、新疆、内蒙古、云南等地的少数民族歌手,献演具有浓郁地方特色的民歌;反映西部风情的民乐作品《大漠日出》选段《走进敦煌》,首次由上海交响乐团和上海民族乐团合作演出;历年获得"柴可夫斯基奖"的中国钢琴家孔祥东、小提琴家薛伟和大提琴家秦立巍同台演出;维也纳童声合唱团以及在"百老汇"音乐剧演出中获得好评的王洛勇、毛阿敏等参加演出。闭幕式于5月21日晚举行,上海民族乐团进行民乐演出,展示了中华民族悠久、丰富的音乐作品。

这一届国际音乐节新人新作展演在数量和参与面上较往年有所扩大,20台音乐舞蹈演出既有专业团体、大专院校参与,也有群众性的业余组织和青少年学生的身影。除了专业院团的独唱、独奏、民乐精粹、钢琴作品专场、舞蹈精品专场外,还有上海音乐学院附中的"明日之星"——国际国内获奖者音乐会、民航中专的"五洲神韵"管乐交响音乐会、上海师范大学的德沃夏克作品专场交响音乐会、上海市少年儿童的舞蹈专场等。

国际音乐节还组织了四方面的比赛:国内外电台音乐节目展播和由此产生的"金编钟"奖评比,全国电台优秀音乐节目主持人(DJ)比赛、青少年业余管乐比赛和首届青少年国际标准舞比赛。全国各地41家广播电台选送近百套题材丰富、风格各异的节目参加展播和"金编钟"奖的角逐。中国香港、中国台湾首次选送 10 多套节目参加评选。

这一届国际音乐节由上海文化广播影视集团(下称上海文广集团)和市文联共同主办,上海文广新闻传媒集团、上海音乐家协会、上海市舞蹈家协会承办。

【第二十一届"上海之春"国际音乐节】

针对突发的"非典"疫情,贯彻落实市政府关于防治"非典"的通知精神,原定于 2003 年 5 月 20—31 日举行的第二十一届"上海之春"国际音乐节延期至 2004 年举办,其中的群文活动也相应停办,延期举行。

【第二十二届"上海之春"国际音乐节】

2005 年 5 月 5—15 日,第二十二届"上海之春"国际音乐节由上海文广集团、市文联主办,上海文广新闻传媒集团、上海音乐家协会承办。以"新作品、新感觉"为主题,搭建中外音乐家的交流平台,体现"海纳百川,勇于创新"的海派文化特色。开幕式在闸北区不夜城广场和淮海公园同时进行。重点是推出新人新作。其中,2005 年"上海之春"国际音乐节群文新人新作展演成为反映上海市群众文艺创作的一个全新平台,成为培养"新人",扶持"新作",展现"和平与友谊""交融与和谐"的舞台;展演的节目是全市广大群众文艺战线从业者和业余爱好者创作的舞台类作品,艺术样式多元,包括舞蹈、民乐、合唱、小组唱、独唱、表演唱、音乐剧和上海说唱等 25 个创作作品参加展演,《健康靠大家》等 8 个作品获得优秀创作节目奖。音乐节期间,还组织了全市业余管乐比赛、文化进工地、世纪二胡盛会等群众性文化活动,增加了优秀业余管乐团、合唱团广场音乐会等群众文艺展演活动,并以"天天演""周周演"的形式遍布全市。

图 4-2-1　"城市因你而美丽"——上海之春"文化进工地"系列活动普陀区专场演出(2005 年)

【第二十三届"上海之春"国际音乐节】

2006 年,第二十三届"上海之春"国际音乐节群众文化活动由新人新作评选和行业歌曲创作展评两大内容组成。"上海之春"优秀群文小戏小品新人新作荟萃专场活动,由市文广局主办,市群艺馆、闵行区文广局等承办,于 5 月 16 日在闵行区虹桥文化中心举行并评奖。

"上海市行业歌曲创作展评活动"由市委宣传部、市文明办、市文广局、市总工会、市文联、上海文广集团、黄浦区人民政府主办,上海文广新闻传媒集团音乐部与大型活动部、市群艺馆、市音协、黄浦区文化局承办,自 2005 年开始,是市委宣传部等联合开展的"唱响城市精神,展示行业风采——上海市行业歌曲创作竞赛活动"的延续。在前期大量创作的基础上,市群艺馆承办了该活动的复赛和决赛的赛事组织工作。5 月 1 日,在南京路世纪广场举办的"劳动者之歌——上海市行业歌曲创作展评活动"中,34 个行业的 39 支队伍、1 700 多位演员参加了复赛,各行业职工在国际劳动节演唱各自的行业歌曲,从中选拔了 20 个行业的 20 支队伍参加决赛,"五一"广场庆祝活动暨行业歌曲复赛工作圆满结束。5 月 14 日下午,"城市之歌——上海市行业歌曲创作展评活动决赛"在上海东方艺术中心歌剧厅举行,市群艺馆承担了舞台组织工作、赛事现场评分和颁奖工作。上海文广新闻传媒集团新闻娱乐频道进行了现场直播。

【第二十四届"上海之春"国际音乐节】

2007年,"上海之春"国际音乐节群众文化活动以"感受音乐经典 体验艺术创造"为主题,以丰富市民文化生活为目的,开展以音乐为主要内容的群众文化活动,活动对象主要针对青少年,并将青少年系列活动作为亮点,通过竞赛评选等活动形式为青少年搭建"出新作、育新人"的平台。发掘非职业文艺新秀和原创作品,着力推出反映"三贴近"的新人新作。市群艺馆活动部完成全市总体方案的策划、撰写,并协调相关活动和各方工作,总计7大板块近20大项活动。

4月28日,由市文广局、市教委、徐汇区人民政府、"上海之春"国际音乐节群文活动部、上海师范大学联合主办,市群艺馆、徐汇区文化局、上海师范大学宣传部承办的2007年"上海之春"国际音乐节群众文化活动开幕式暨青少年音乐专场演出,在上海师范大学举行。作为"上海之春"国际音乐节群文活动首次举办的开幕式,设定以青年为主要对象,活动以中国民族音乐元素为主体,运用青少年喜闻乐见的"新民乐"表现手法,组织上海师范大学、上海中医药大学、上海远东芭蕾舞蹈学校、相关区县的青少年文艺团队、全市青年群文干部、艺术骨干和部分非职业的青年艺术组合等全市各大专院校学生团队参加演出,2 000多名大学生观看演出。活动开创了以青少年为主要对象的音乐节群众文化活动开幕式的形式,市群艺馆策划实施了开幕式活动。此外还举办了群文新人新作暨小节目评选第十一届上海"十月剧展"评选。

5月5日,"上海之春"国际音乐节的重要项目"世博号角"管乐行进活动在南京路步行街世纪广场举行。中国北京、中国香港、中国台湾及上海五城区和日本爱知县的管乐队向上海市民展示了行进式管乐表演。5月10—13日,市文广局主办、市群艺馆承办的2007"上海之春"群文新人新作暨"小节目"、第11届上海"十月剧展"评选活动展开,全市141个新作品参评,评出49个音乐、舞蹈、小品、小戏、曲艺等优秀新人新作奖。

【第二十五届"上海之春"国际音乐节】

2008年,"上海之春"国际音乐节群众文化系列活动由市群艺馆策划完成总体方案,对六大板块近50项活动的演出资源进行推荐与调配统筹。

4月30日下午,由市文广局和市体育局、徐汇区区委、徐汇区人民政府共同主办的奥运唱响春天——2008年"上海之春"国际音乐节群文活动开幕式暨徐汇区第十届社区文化艺术节开幕活动在市委党校举行。开幕式活动以文化为纽带,以奥运为主线,宣传奥运,歌颂春天,表现了徐汇区社区文化发展的风貌。活动围绕奥运主题分三大板块展开,在表现奥运精神的同时,集中展示了优秀群众文化综艺节目,1 800多名社区群众参加活动。

5月1日,作为"上海之春"群众文化活动的重要项目,由市文广局、市农委和黄浦区人民政府共同主办的"庆五一 迎奥运 创和谐"——上海市建设新农村大型主题文化展示活动在南京路步行街世纪广场举行,首次以宣传新农村建设为主题,讴歌新农村建设者的劳动和智慧,展示上海新农村建设的辉煌成就。在举行广场歌舞表演的同时,还展示了新农村建设的摄影作品。该活动由市群艺馆活动部进行策划和组织工作。

这一届国际音乐节群文活动还有由市文广局主办、市群艺馆承办的2008年"上海之春"新人新作暨第十三届上海"十月歌会"评选等活动。

【第二十六届"上海之春"国际音乐节】

2009 年 4 月 28 日晚,由市文广局、浦东新区文广局、上海中医药大学主办,市群艺馆、浦东新区文化艺术指导中心承办的"青春飞扬　世博风采——2009 年'上海之春'国际音乐节群文活动开幕式"在上海中医药大学运动场举行。开幕活动秉承依托区县资源,联合驻区大学,在大学中举办,以大、中学生和各界青年的文化展示及互动为活动主体的传统,活动主题是"青春的风采放飞希望与梦想",舞台设计为不规则的形式,充分利用运动场的场地条件,用主舞台与延伸性舞台的立体搭建,使观众与舞台融为一体,并成为演出的一个组成部分。活动突出中国民族文化元素,并利用中医药大学的民乐团和武术团等优秀的学生社团展开太极武术、民乐演奏等表演。活动分为青春语丝、青春遐想、青春飞扬三个板块,舞台上、舞台下青年进行了互动和交流,1 500 名大学生参加活动,现场气氛热烈。市群艺馆活动部承担开幕式的总体策划和组织工作。

5 月 9—13 日,由市文广局主办、市群艺馆承办的 2009 年"上海之春"国际音乐节群文新人新作暨上海市迎世博百场文艺巡演(特别场)活动,分别在普陀区图书馆剧场和邮电俱乐部影剧院举行,并进行了舞蹈、音乐、曲艺、戏剧四个门类艺术剧(节)目的评选。

【第二十七届"上海之春"国际音乐节】

2010 年 4 月 29 日 15 时,"世博号角——2010'上海之春'国际音乐节管乐艺术节开幕式暨中外大型队列行进吹奏表演"在江湾体育场正式奏响。市人大常委会副主任胡炜,市政协副主席钱景林,总政宣传部副部长黎国如,杨浦区委书记陈寅和区政协主席李文连,总政宣传部艺术局局长秦威,中国人民解放军军乐团团长、中国音乐家协会管乐学会主席于海,中国人民解放军军乐团政委马力和来自日本、韩国、美国、瑞士、泰国以及中国北京理工大学附属中学管乐团、北京市第一六六中学金帆管乐团、北京市第五十七中学管乐团、北京农科院附小管乐团的演员们及全国各地的管乐专家、学者、乐手 4 000 多人齐聚一堂,共同迎接和庆贺上海世博会的召开。中国音乐家协会分党组书记、驻会副主席徐沛东,中共杨浦区委副书记、区长金兴明分别致辞。徐沛东在致辞中代表中国音协向管乐艺术节的举办表示祝贺。管乐艺术节由中国音协管乐学会联合"上海之春"国际音乐节组委会、上海世博会事务协调局(下称上海世博局)、上海市人民政府外事办公室、市教委、市文广局、市文联、上海文广新闻传媒集团、杨浦区区委和区政府共同主办。该管乐艺术节自 2009 年 9 月开始筹办,是中国音协管乐学会的年度重点工作和"上海之春"国际音乐节唯一的"节中节"。开幕式上,于海指挥 1 700 余名中外乐手奏响《茉莉花》《红旗颂》和《欢乐颂》。乐曲声中,2 010 只白鸽飞向蓝天,将现场气氛推向高潮。

同日晚和 4 月 30 日全天,管乐艺术节的"中华杯"中国第四届非职业优秀(交响)管乐团队展演在杨浦区东宫影剧院举行,来自全国 15 个省市的 37 支乐团共 2 400 余名乐手参加演出。展演分小学组(10 支乐团)、中学组(13 支乐团)、大学成人组(14 支乐团)3 个组别进行,规定各乐团现场演奏两首作品,一首中国作品,一首外国作品。国内外的指挥家、作曲家和演奏家曹鹏、卞祖善、张国勇、于海、程义明、赵瑞林、戴中晖、韩国良、林友声等担任评委。

5 月 1—3 日,应上海世博局邀请,18 支中外管乐团在世博园区中心道路进行管乐大巡游表演,并在杨浦区太平洋生活广场作大型行进管乐表演,向世界各国游客展示管乐艺术的风采,这是上海世博会开幕后世博园区内最早的室外演出,成为世博园区和管乐艺术节的一大亮点。此外,管乐艺术节组委会组织部分乐团进高校、进军营,海军军乐团深入海军基层为官兵演出;在黄兴公园广场,组委会安排来自中国、日本、韩国、泰国、瑞士等国的 10 支优秀行进管乐团为游园的群众表演,受到热烈欢迎。

5月1日,管乐艺术节组委会邀请北京市第一六六中学金帆管乐团、澳门青年管乐团、上海市学生艺术团的民航上海中专管乐团,在杨浦区东宫影剧院联袂演出交响管乐专场音乐会。同日晚上,美国明尼苏达州大交响管乐团举办专场音乐会。同日,管乐艺术节组委会在复旦大学新闻学院举办管乐艺术专家论坛,来自美国、日本、挪威、中国的管乐艺术家们就交响管乐、行进管乐的现状和发展趋势进行了研讨。管乐艺术节期间还举办了管乐乐器及相关产品展示和乐器维修等活动,营造出"管乐艺术嘉年华、市民参与齐分享"的节日氛围。

5月2日晚,在同济大学大剧院举行管乐艺术节闭幕式和解放军军乐团专场音乐会。管乐艺术节期间,经过评委会评审,上海交通大学交响管乐团、首都警官乐团、澳门青年管乐团等7支乐团获得大学成人组金奖;北京市第一六六中学金帆管乐团、西安市铁一中学管乐团、北京理工大学附属中学金帆管乐团等6支队伍获得中学组金奖;中国农业科学院附属小学金帆管乐团、深圳市龙岗区龙城小学管乐团、北京市第二实验小学管乐团等4支乐团获得小学组金奖。杨艺、罗琦、吴莎、封钦勇、吕进、罗彬彬、吴翀、杨兰、梁沛龙、耿磊、廖毓琳、陈正学、刘怡、姚迪、裘钢获得优秀指挥奖。为表彰浙江省永嘉县桥头东方农民管乐团、广东实验中学管乐团、南昌大学管乐团在推广与发展管乐中所做出的成绩,特授予他们"优秀示范管乐团"称号。组委会还为全国公安文学艺术联合会、北京市教委艺教处、上海管乐学会、广东省管乐学会、深圳市管乐学会、上海市杨浦区教育局等18个单位颁发了优秀组织奖。

这一届管乐艺术节突显几个特点:规模空前,报名参演的国内外团队有100多个,经过组委会严格评选,最后确定54支队伍、4 200多人参加演出,参演乐团和乐手总数都大大超过了以往几届。参演团队分布广泛,参演的54支乐团来自亚洲、欧洲、北美洲三大洲的8个国家和地区;参加非职业展演的37支队伍来自北京市、上海市、广东省、山东省、河北省、江西省、浙江省、甘肃省、天津市、陕西省、江苏省、青海省、河南省、澳门特别行政区等15个省市和地区,参演人群包括大中小学生、教师、军人、公安干警、工人、农民、退休老同志等,具有广泛的代表性。演奏、表演水平较高,交响管乐展演集中了北京、上海等地多支优秀乐团,代表和反映了当前中国非职业管乐团队的整体水平。专家评委们一致认为,交响管乐展演整体水平较上一届有明显提高,涌现的陕西、江西、青海等地优秀乐团值得关注,令人高兴。演出形式多样,既有大规模的交响管乐展演,又有高水平的行进式管乐演出;既有专业乐团的专场音乐会(解放军军乐团),又有非职业乐团表演(北京市第一六六中学金帆交响管乐团、上海民航中专交响管乐团和澳门青年管乐团)等。组织严谨,服务周到,主办方之一的上海市杨浦区做了大量卓有成效的工作,从计划的制订到各项具体工作的落实都井然有序。

第二节　主题庆典活动

一、参与北京奥运会活动

【2008北京奥运城市文化广场活动】

2008年8月2—6日,应北京市文化局邀请,"来自上海的问候——奥运城市文化广场上海专场演出"在天安门广场和"全北京向上看"的世贸天阶举行。上海成为受邀进京参加北京奥运会城市文化广场演出的16个城市之一。市群艺馆组织实施,演出团队经过几轮甄选,确定由150位群文和专业演员及工作人员组成,汇集沪上具有较高艺术水平的团队和演员,包括多次出访国外演出的中国福利会少年宫小伙伴艺术团、武警文工团、上海民族乐器一厂民乐队等,并邀请杨学进、周进华、罗雨等知名艺术家和演员加盟。

除了每天在世贸天阶演出一场外,还应邀参加了奥运会期间天安门广场的演出活动。按照北京方面的统一安排,上海选取参加奥运城市文化广场活动的部分节目,于 8 月 2 日参加天安门"祝福奥运——外省市优秀节目展示"活动。演出由重庆、广东、上海分别组织 40 分钟的节目进行表演,上海着重体现"为北京加油"的主题,以海派风格贯穿整场演出。

设在世贸天阶的系列演出活动围绕"奥运"主题,宣传奥运精神,根据不同场合的演出需要,策划、安排了不同风格、形式多样的多台节目,有歌舞,有新民乐组合,有独唱、重唱,有电子提琴组合,有少林武术,有杂技表演等,带去了上海人民的诚挚祝福,为北京奥运营造气氛,为奥运喝彩,为健儿加油。

在世贸天阶舞台边还搭建了"2010 年上海世博会"的展牌,宣传展示上海世博会的会标、吉祥物海宝和世博会的知识、基本情况,进行上海世博会的推广宣传,观众纷纷驻足观看。

【北京奥运会开、闭幕式前文艺演出和展示活动】

2008 年 8 月 7 日,奥运会"祥云小屋"系列中的"锦绣上海"开展,受到中外运动员和观众好评。

同年 8 月 8 日晚,北京奥运会开幕仪式前的文艺表演活动在国家体育场举行。上海选送的浦东陆家嘴社区"上海紫竹调"《海派秧歌》,由浦东新区陆家嘴功能区域管委会组织参演。海派秧歌是一个崭新的秧歌流派和表现形式,是在传统秧歌的基础上,融入现代的、时尚的、上海及江南的、国外的音乐和舞蹈元素创编的一种现代都市秧歌。

二、上海世博会"上海周"花车巡游和群文活动

围绕上海世博会的举办,从开幕前迎接世博会开始,上海群文策划举办了很多活动。世博会开幕后,全市群众文化从业者遵照上级部署,承接世博园区内的"上海周"系列活动,园区外营造城市文化氛围的广场文化活动,按照行业特点,设计、组织、实施了改革开放后范围最广、时间跨度最长、形式内容最丰富的群众文化活动。

【"世博印象"——上海市民数码摄影大赛】

2018 年创办到 2010 年世博会开幕,大赛连续举办 3 届,大赛作品以数码摄影记录世博会建设和展示全程。2008 年 12 月 14 日,上海市文广局、上海世博局、共青团上海市委(下称团市委)共同主办,市群艺馆、市摄影家协会、上海艺术摄影协会、东方网承办的"世博印象——上海市民数码摄影大赛"启动。活动通过网络进行投稿与投票。第一届至征稿截止日的点击量达到 3 543 623 次,访问数突破 41 865 次,共征集到 1 000 多幅(组)高质量的参赛照片,评选出 5 个最佳作品奖与 100 幅(组)优秀入围作品奖。

图 4 - 2 - 2　"世博印象"——上海市民数码摄影大赛启动仪式(2008 年 12 月 14 日)

2009 年 8 月 12 日,由市文广局、上海世博局、团市委共同主办的"世博印象——上海市民数码摄影大赛首届获奖作品展暨第二届启动仪式"在徐汇艺术馆举行。第二届比赛继续围绕"城市——世博建设""城市——多元文化"和"城市——市民生活"3 大主题展开。截至 11 月 30 日,网上投稿 1 700 多幅(组),点击量超过 500 万次,点击量和作品数量超过上届。其间,组织开展"见证世博·劳动最光荣"世博园区建设风采拍摄活动,市群艺馆推荐组织 30 位摄影家、市民摄影爱好者深入世博园区建设现场,记录世博会建设场景,表现园区建设者的风采,部分作品在世博会展示厅进行了展览,编辑出版优秀作品。

2010 年 4 月 16 日,"世博印象"——上海市民数码摄影大赛第二届获奖作品展暨第三届启动仪式于在徐汇艺术馆举行。最终评出 4 项最佳作品奖与 100 幅(组)优秀入围奖。第三届比赛拍摄主题为"世博进行时",作品的征稿期至世博会闭幕日。

【上海世博会开幕倒计时 800 天·元宵节活动】

2008 年元宵佳节恰逢上海世博会开幕倒计时 800 天,通过闹元宵与迎世博倒计时仪式的有机结合,营造欢度新年、喜迎世博的热烈气氛。2 月 21 日举行的元宵节活动在新天地举行,内容丰富,有猜灯谜、赏灯、玩灯,花灯制作工艺展示,龙灯表演等元宵节的传统项目;举行迎世博倒计时 800 天亮灯仪式,之后举办"心愿灯"太平湖放灯活动。

【迎世博 600 天行动计划】

2008 年 9 月 8 日,上海举行全市迎世博 600 天行动计划动员大会,对做好上海世博会下阶段的筹办工作进行动员和部署。中共中央政治局委员、上海市委书记俞正声出席会议并讲话,号召全体市民热情参与,将"成功、精彩、难忘"的承诺通过"创意、和谐、快乐"的行动来实现。市委副书记、市长韩正就全市迎世博 600 天行动计划作具体部署。

同日,由市教委指导、中国福利会少年宫设计的"小伙伴礼仪城"向全市少年儿童开放,学礼仪活动围绕仪表礼仪、剧场礼仪、交往礼仪、电话礼仪、观展礼仪、用餐礼仪等 10 余项内容展开。

11 月 8—30 日,上海"迎世博 600 天行动计划"活动单元之一的"非物质文化遗产·中国故事巡展"在徐汇区西南文化艺术中心揭幕。

【"爱我中华,喜迎世博——爱国歌曲大家唱"上海市社区合唱大赛】

2009 年,以庆祝中华人民共和国成立 60 周年、喜迎上海世博会为主题,市文明办、市文广局、市文联共同主办"爱我中华,喜迎世博——爱国歌曲大家唱"上海市社区合唱大赛。

大赛自 6 月下旬开始,分为 4 个阶段。6 月下旬至 7 月为第一阶段传唱活动,主要发动组织各社区(乡镇)干部群众广泛开展爱国歌曲和世博歌曲教唱、学唱、传唱活动;举办"百场社区(乡镇)爱国歌曲演唱会"。8 月上中旬为第二阶段初赛,由各区县自行组织,凡是符合参赛条件的社区合唱团队均可参赛。9 月中下旬为第三阶段复赛和决赛,由每个区县选送 2—4 个社区合唱团参加全市复赛。第四阶段为展示,社区合唱大赛中获胜的团队在全市庆祝中华人民共和国成立 60 周年活动中集中展演。

11 月 8 日,由市文明办、市文广局、市文联主办,市音协承办的"爱我中华,喜迎世博——爱国歌曲大家唱"上海市社区合唱大赛决赛在上海音乐厅举行。奉贤区南桥镇市民合唱团等 10 支社区合唱队获得"2009 上海市十佳优秀社区合唱团"称号。

【"迎世博"扎灯大赛暨大型公益灯展】

2009 年 2 月 7 日（正月十三）至 2 月 9 日（正月十五）晚，由上海世博会事务协调局、市文广局、徐汇区人民政府联合主办，江苏省非物质文化遗产保护中心、浙江省非物质文化遗产保护中心、上海市非物质文化遗产保护中心、徐汇区文化局、徐汇区旅游局和徐汇区龙华街道办事处共同承办的"迎世博"扎灯大赛暨大型公益灯展活动在龙华塔园广场和步行街举行。6 万多上海市民、外来务工者参加活动。

参加大赛的绝大多数彩灯均是由长三角地区灯彩传承人突破传统彩灯题材，以上海世博会为主题创作的参赛作品，有江苏省秦淮灯彩选送的《九龙壁》、浙江省浦江灯会选送的《百花盛开迎世博》、上海工艺美术厂设计的《东方之冠——中国馆》等 60 多组彩灯。集观赏性、趣味性、艺术性和知识性于一体的各式参赛彩灯组成灯的长龙，打造出火树银花不夜天、和谐祥乐的节日氛围。

元宵夜，长三角民俗文化表演队云集龙华，精彩亮相。民俗演出板块的节目有江苏省的"海安花鼓"和"男欢女喜"，浙江省的"浦江迎会"和"青田鱼灯"，上海市的"月浦锣鼓"和"海派秧歌"。这些节目均为长三角地区非物质文化遗产名录项目，有些项目还参加过 2008 年北京奥运会开幕式的文艺演出。还有来自浙江遂昌县热闹非凡的"抬阁"表演，以及上海市区中断多年后又重新恢复的民间行街习俗表演。龙华步行街同时设置民俗互动板块，软陶制作（上海市）、传统香袋（上海市）、风筝造型（上海市）、黄杨木雕（浙江省）、西溪花篮（浙江省）、秦淮荷花灯（江苏）、百态葫芦（江苏省）、丝加车（江苏省）等数十个民间手工工艺制作互动点，吸引了众多市民参与。

【上海市迎世博百场文艺巡演活动】

2009 年 3 月 22 日，由市文明办、市文广局共同主办的"上海市迎世博百场文艺巡演"活动举行启动仪式，并为演出团队举行授旗仪式。巡演分两个层面展开，市级层面通过社会招标、政府购买服务等方式组织 100 场文艺演出，到社区（乡镇）、公园、商场、企事业单位、建设工地等进行巡演；各区县、社区广泛开展具有地域特点的演出、讲座、展览等形式多样的迎世博文艺宣传活动，全年活动总量 3 000 场。每周双休日在全市举行 4—5 场巡演，历时半年。

由虹口区文化馆策划组织的首场迎世博文艺巡演活动在虹口区工人文体活动中心举行，700 余位社区群众观看了演出。2009 年 8 月 26 日，"上海市迎世博百场文艺巡演"群众文化活动在奉贤区落幕。

【上海市优秀童谣征集评选】

2009 年 8 月，市委宣传部、市文明办、市教委、团市委、市妇联联合开展"小八腊子开会喽"——上海市优秀童谣征集评选活动。未成年人网络天地网开通"优秀童谣征集评选活动"专题网页，上海文明网、心域网、雏鹰网建立活动的专题链接。共征集到童谣 1 000 多首。经两轮专家评审、专题网页网上投票，评选出优秀童谣 100 首，并汇编成《上海市优秀童谣集》出版。市文明办从中选出《两条龙》《太阳爬高楼》等 11 首童谣推荐上报中央文明办，参加全国优秀童谣评选，其中《两条龙》获二等奖，《太阳爬高楼》获三等奖。10 月 15 日开始，主办单位又联合举办优秀童谣征集评选的后续活动——"童声念童谣，文明迎世博"上海市优秀童谣朗诵大赛，在全市小学、幼儿园朗诵传唱 100 首优秀童谣。"童谣朗诵大赛"设个人和团体两个类别。通过初赛、市级复赛和决赛，评选出一、二、三等奖和优秀组织奖。

2010 年 1 月 28 日，"小八腊子开会喽"——上海市优秀童谣征集评选暨"童声念童谣，文明迎世博"朗诵大赛颁奖典礼在中国福利会少年宫举行。

【2010年上海世博会"上海活动周"巡游和群文活动】

2009年,上海群文条线参与上海世博会场馆活动的投标工作,目标是宝钢大舞台和小舞台的活动。市群艺馆活动部完成"海上民风"——2010年上海世博会群文活动专场演出的方案投标,并在评审会上进行陈述。经评委会评审,决定将"上海周"彩车巡游和宝钢小舞台的非物质文化遗产展示传习馆的展示以及相关演出交市群艺馆、市非遗保护中心等单位组织完成。

上海非物质文化遗产展示传习馆发挥世博会在上海举办的优势,以"上海人的一天"为动线,策划了以非物质文化遗产为主题的展览,展示了具有上海特点、中国元素和现代设计的非遗文化展品。展览的同时还开展观众参与、体验和互动的活动。

同年10月8—12日,以"创新""时尚""活力""多元"为主题的上海世博会"上海活动周"欢乐大巡游活动在世博会浦东园区内举行,活动持续1周。作为世博会"上海活动周"的重要组成部分,巡游活动规模盛大、形式活泼,包括6辆花车、500多位演职人员,每天3场在世博大道3公里的欢乐大巡游,赢得了沿途中外游客的欢呼与喝彩。

"上海活动周"巡游活动由上海市委宣传部主办,市文广局牵头总负责,由市群艺馆、上海话剧艺术中心、上海杂技团联合承办。2009年底,搭建由三家单位业务骨干构成的巡游项目主创团队,以反映世博主题、上海特色为目标,经过多次策划会议,最终确定巡游活动的形式,以科技、舞蹈、时装、杂技、艺术体操、极限运动等为创意素材,并以"低碳、环保"概念贯穿始终,反映上海文化与科技的融合。巡游队伍设计包括6大方阵、6辆彩车,第一方阵是兼具时尚和传统元素的"啦啦队表演";第二方阵是行进的高科技海宝机器人;第三方阵是以轮滑和舞蹈相结合的表演;第四方阵以新颖幽默的时装秀展示各种创意服饰;第五方阵以富有艺术美感和爆发力的艺术体操表演为主体;第六方阵以充满想象和挑战的街舞表演为主。此外,彩车展示还穿插了柔术、高跷小丑、人体雕塑、新民乐等形式的表演。

"上海活动周"巡游活动涉及从排练修改、服装道具、音乐制作合成、联排、总体合成,以及大量繁复的协调、对接、调度工作,每一个演职人员都付出了艰辛的努力。巡游期间,演员每天3次行进表演,演员们还要做人梯、翻腾等高难度的表演动作;模特穿着沉重的概念时装、高跟鞋走台步;人体雕塑演员始终保持着同一动作;杂技演员踩着3米的高跷和观众进行互动。"上海活动周"的巡游任务顺利完成,受到观众欢迎。

上海世博会"上海活动周"巡游活动的策划组织,通过多家单位联手合作,不仅高质量地完成了任务,也为大型活动的组织策划提供了创意空间和经验思路。500多位演职人员200多天的辛勤付出,展示了上海的风采、团队的力量,成为多方协同合作的一个成功案例。

图4-2-3 "璀璨耀浦江"——2010上海世博会城市文化广场"周周演"开幕式(2010年4月25日)

【"璀璨耀浦江"——上海世博会城市文化广场"周周演"活动】

活动由市文广局牵头主办,市文明办、市教委、市体育局、市旅游局、市总工会、团市委、市妇联共同支持,市群艺馆、各区县文化(广)局和市有关单位共同承办。自2010年5月1日至10月31日的每个双休日,即历时184天的上海世博会期间,27个周末的54天里,在全市12个统一命名的"上海世博会城市文化广场"推出近600场文艺演出,在全市营造出浓郁的世博氛围,让广大市民和中外游客共享世博会带来的城市文化的丰富和繁荣。

活动地点是南京路世纪广场(黄浦区)、四川北路欢乐广场(虹口区)、静安寺下沉式广场(静安区)、徐家汇港汇广场(徐汇区)、三林龙狮文化广场(浦东新区)、奉贤南桥广场(奉贤区)、百联西郊中庭广场(长宁区)、大宁国际商业广场(闸北区)、长寿路绿地广场(普陀区)、东方明珠广场、东方绿舟广场。活动内容分为四大系列,包括"海上风"——以综合文艺展演为特色;"民族风"——以民俗民间文化为特色;"时尚风"——以休闲文化、校园文化为特色;"世界风"——以多元文化交流为特色。

活动的展演团队来自上海市各区县、各系统的市民艺术社团、社会艺术团体、部分专业院团、学生艺术社团,以及来自江苏省、浙江省、安徽省、云南省4省15个城市,还有来自欧洲、非洲、南美洲、亚洲四大洲的8个国家艺术团体,约100支团队、1.5万名演职人员参与演出。

对承办场地演出所需舞台、舞美、灯光、音响的配置、化妆休息室、观众座席等进行统一要求,对观众组织、安全保卫、交警治安、卫生防疫、便民设施等一系列工作实行包干责任制,保障了延续半年的活动顺利展开。

"周周演"每一季都设计制作一本精美的画册,这本画册既是当季的演出目录,也是值得收藏的纪念册、宣传资料和档案资料。半年时间中,众多演职人员、群众文化工作者忘我付出,在全市培育了一大批忠实观众,还有很多中外游客,他们偶然邂逅"周周演",成为他们旅途中收获的一个惊喜。先后有300万名观众驻足观看。

上海世博会城市文化广场"周周演"活动持续时间之长、覆盖面之广、参与人数之多、影响力之大,创造了上海市群众文化活动之最。同年11月5日,2010年上海世博会城市文化广场"周周演"闭幕式在静安寺下沉式广场举行。市文广局对给予"周周演"活动大力支持并作出贡献的单位和个人进行表彰,颁发"优秀组织奖""优秀演出奖"等多个奖项。

图4-2-4　"我们共同走过"——2010上海世博会城市文化广场"周周演"闭幕式(2010年11月5日)

【世博合唱节】

2010年7月21日,"世博合唱节"在上海世博文化中心举行,参与2010年绍兴市第六届世界合唱比赛的9支国际优秀合唱团队600人、专业音乐学院学生合唱团队150人、上海各区县社区合唱团队1260人,组成2010人的合唱阵容,共同演绎世界合唱名曲和世博优秀歌曲。晚会以德国作曲家卡尔·奥尔夫的清唱剧《卡尔米拉·布拉纳》(片段)大合唱开幕,在全场共同吟唱中国经典民歌《茉莉花》中结束。来自印度尼西亚、波黑等国家的演员身穿具有各国民族特色的服装,携带特色乐器登台,演绎了《哈利路亚》《世界著名旋律联奏》《四海一家》等多首经典合唱曲目。全场以合唱互动为主要演出基调,实现了专业与业余、场上与场下的多重互动,为观众奉献了30余首经典合唱曲目,赢得了经久不息的掌声。

【"炫动世博,舞动上海"——迎接世博活动】

2010年9月27日至10月27日,历时1个月的时间,第十二届中国上海国际艺术节围绕2010上海世博会,以"炫动世博,舞动上海"为主题,策划了舞台演出、论坛、群文活动、展览博览、节中节、演出交易会等六大板块活动。

活动利用各省市在世博园举办文化周的机遇,安排各省市文化周剧(节)目在园区内外交替演出。其中,园区内外举办四川、贵州等省的民族舞蹈风情专场和香港文化周活动等;国际艺术节校园行项目策划了"挪威音乐校园行——世博板块",在世博园区内的欧洲广场上,挪威音乐家携手沪上100余名学生献演12台互动的音乐表演,吸引观众驻足观赏;在豫园中华戏曲"天天演"舞台举办"唱响世博——全国戏迷展演"活动,全国十余家广播电台组织来自全国各地各剧种的戏迷,上演包括河南越调、安徽庐剧等,相聚上海世博会,以弘扬中华民族传统戏曲文化;在"天天演"活动中举办上海世博会志愿者专场、"唱响世博——全国戏迷大联欢"活动。

国际艺术节期间举办的世博主题群文活动还有杨浦区的"世博风城市情"第三届上海市民艺术大展;"璀璨春申绿色家园"闵行庆世博文化活动等;市教委"莘莘学子庆世博、青春放歌颂祖国"校园文化展演,包括华东师范大学、上海音乐学院、上海戏剧学院等高校参与展演;上海市总工会"放歌世博"上海市职工文化展演等。

三、上海市庆祝中华人民共和国成立活动

庆祝中华人民共和国成立举行的全市性群众文化活动,每年特别是逢"五"和逢"十"的年份,全市和各区县广泛举办丰富多彩的庆祝活动。

【上海市庆祝中华人民共和国成立三十周年文艺演出活动】

1979年9月上旬开始,上海市庆祝中华人民共和国成立30周年群众文艺献礼演出在上海儿童艺术剧场、上海市青年宫、虹口区文化馆和静安区文化馆等相继举行。参加这次献礼演出的50个节目,是从各区县、各系统选拔的优秀作品,为市民公演16场。同月17日晚上,市文化局在献礼演出的节目(剧目)中选拔话剧《崇高的职责》(片段)、沪剧《摇篮曲》(选段)、舞蹈《白云间的歌声》《草织姑娘》、双人舞《祖国在召唤》、组歌《大学生之歌》选曲以及其他声乐、器乐等9个节目在长江剧场举行汇报演出,市委领导严佑民、陈沂和市文联、市文化局、市总工会、团市委等有关部门的领导观看演出,并为参加国庆献礼演出的50个优秀节目分别颁发奖状。

参加全市献礼演出的节目富有浓郁的生活气息,包括戏剧、戏曲、音乐、舞蹈等。其中,市青年宫合唱队的《大学生之歌》选曲朝气蓬勃;嘉定县文化馆舞蹈学习班演出的《草织姑娘》勾画出生动的劳动画面;沪东工人文化宫业余艺术团舞蹈队演出的《白云间的歌声》,描写电力工人架设高压输电线、支援祖国建设的情境;市工人文化宫业余舞蹈队演出的芭蕾双人舞《祖国在召唤》反映青年人正确对待事业与爱情的时代风尚;还有黄浦区新昌路小学唐艳文演出的木琴独奏、东海农场和五四

农场演出的女声小组唱、市公安局薛梅娟演出的女声独唱等;虹口区文化馆业余话剧队演出的独幕话剧《崇高的职责》,反映公安局刑侦工作在时代背景下的责任与担当;松江县演出队演出的独幕沪剧《摇篮曲》,讽刺了一个私心较重,将年迈体弱的婆婆赶到猪棚居住的儿媳妇,倡导青年要发扬尊老敬老的美德。

【上海市庆祝中华人民共和国成立四十周年文艺演出活动】

1989 年,在庆祝上海解放 40 周年和中华人民共和国成立 40 周年期间,举办上海文化艺术节,市委书记江泽民为艺术节题写节名。9 月 16 日,在上海杂技场举行的以"我爱中华,我爱上海"为主题的群众歌咏大会拉开了艺术节序幕。市委、市人大、市政府、市顾问委、市政协和驻沪部队、武警总队的领导出席。来自全市各条战线,由工、农、兵、学、商、知识分子、老干部、归国华侨侨眷、政法、少儿等组成的 12 支歌队 1 640 多名歌手,以不同的色块分成 40 个方阵,演唱了 40 余首革命传统和新创作的歌曲。由市长朱镕基带队、副市长刘振元指挥的 125 名局级以上干部登台高唱《干部廉政歌》,将歌会推向高潮。这一年的文化艺术节,全市组织各种文艺活动和展演活动项目计 2 034 场次,360 余万人次参加活动。

10 月 1 日,市长朱镕基等市领导参加在沪东工人文化宫举办的杨浦区庆祝中华人民共和国成立 40 周年游园会,观看由工人、部队联合演出的文艺节目和全国书画邀请赛展览。10 月 1—3 日,全市举办国庆游园观灯活动,参加游园活动的市民约 600 多万人次。

【上海市庆祝上海解放四十五周年文艺演出活动】

1994 年,上海解放 45 周年庆典以举办群众性歌咏活动为主要形式。5 月 27 日晚全市歌咏庆典大会在上海体育馆举行,市领导与 1.8 万多名来自全市各条战线的歌队成员同台高歌,歌颂祖国的光辉成就。副市长龚学平宣布歌咏大会开幕后,上海体育馆里全场齐唱《中华人民共和国国歌》《歌唱祖国》的雄壮歌声通过电波传遍浦江两岸的大街小巷。市委副书记、市长黄菊代表市委、市政府,向全市人民和驻沪部队致以节日祝贺。演出包括工人代表队的《心愿》,农民歌队的《啊,上海》,解放军代表队的《军人之歌》,老干部代表队的《闪亮的星,常青的树》,浦东新区歌队的《金色的希望城——浦东颂》,武警代表队的《中国人民武装警察之歌》。黄菊、陈至立、王力平、陈铁迪、赵启正、徐匡迪、罗世谦、金炳华、张惠新、朱达人、叶公琦、谢丽娟、夏克强、蒋以任、龚学平等市领导加入市级机关歌队,演唱《我们走在大路上》。经过专家现场评选,中学生歌队、工人歌队、浦东新区歌队获得歌咏赛大奖,市级机关歌队等 13 支代表队获得了荣誉奖。

【上海市庆祝中华人民共和国成立五十周年文艺演出活动】

1999 年 9 月 25 日至 10 月 2 日,市文明办和市文化局联合举办"庆祝新中国成立 50 周年——上海市广场文化展演周"活动,唱响祖国颂、社会主义颂、改革颂的主旋律,展示广场文化活动的成果。全市开展各区(县)广场文化活动 438 场,96 684 人参与表演活动,观众计约 1 369 420 人次。

【上海市庆祝中华人民共和国成立五十一周年文艺演出活动】

2000 年 10 月 1 日,由市群艺馆承办国庆广场文艺演出,分别在黄浦区新世纪广场、徐汇区上海体育场外场、静安区下沉式广场、闸北区白玉兰广场同时举行。

【上海市庆祝中华人民共和国成立五十四周年文艺演出活动】

2003年10月1日，市文广局等单位主办、市群艺馆承办的"相约虹桥——上海市庆祝中华人民共和国成立五十四周年"广场文艺演出在虹桥地区广场举行。

【上海市庆祝上海解放五十五周年广场文化活动】

图4-2-5　上海举办庆祝中华人民共和国成立51周年广场文艺演出（2000年10月1日）

2004年5月27日，"爱我中华——上海，你是我心中的歌"庆祝上海解放55周年广场文化活动在南京路步行街举行。市委副书记殷一璀、副市长杨晓渡等市领导参加。

【上海市庆祝中华人民共和国成立五十五周年群众歌咏活动】

2004年9月25日，市领导与全市42支市民合唱团一起登上上海大剧院舞台，参加"祝福您，伟大祖国"——上海群众歌咏展示主题演唱会。

10月1日上午，上海市庆祝中华人民共和国成立55周年群众歌咏活动在浦东新区世纪公园音乐广场举行，来自浦东新区各街镇各系统单位合唱团的2000多名成员参加演唱。在此起彼伏的拉歌声中，市委、市人大、市政府、市政协4套主要领导班子，以及市直机关和各委、办、局负责人带领全市劳动模范、文艺界、体育界等名人也以歌声参加欢庆活动；最后由曹丁指挥，上海爱乐乐团伴奏，市委、市人大、市政府、市政协全体班子成员共同上台参加市直机关合唱团演唱大合唱《在灿烂的阳光下》。活动在台上台下《歌唱祖国》的嘹亮歌声中结束。

国庆期间，举行群众性文化活动1359场次，全市展演20台节目，演出438场，9.6万余人次参演，观众达137万人次，成为上海群众文化的风景线。此外，在全市120个公园中，95%的公园都有自发的市民合唱活动，歌咏队伍在3000支以上，人数达百万。

【上海市庆祝中华人民共和国成立五十六周年群文活动】

2005年10月1日，全市3个示范性大型广场文化活动分别在南京路步行街世纪广场、上海体育场北广场、静安寺下沉式广场举行。上午，市文广局和黄浦区人民政府联合举办的"祝福你！祖国——庆祝国庆56周年世纪广场音乐会"，300多对舞者随着合唱《今天是你的生日》《走进新时代》和管弦乐《饮酒歌》《春之声圆舞曲》翩翩起舞。上海警备区政治部、静安区区委、区政府主办的"中国颂"广场歌会在静安寺下沉式广场开幕，表演了歌曲《好日子》、歌舞《在灿烂阳光下》、歌剧《江姐》选段《绣红旗》；还有活体雕塑造型的群雕背景，通体涂满金色油彩、身着迷彩服的演员根据人民英雄纪念碑上的群雕造型，摆出相应的姿态，呈现英雄丰碑；孩子们向获得英雄纪念章的6位抗战老英雄献花。市文广局、徐汇区委、区政府主办的"五十六张笑脸，一颗中国心——大型文艺演出"在上海体育场北广场举行，以社区文艺展示为主体，民众同庆中华儿女56个民族共同的佳节。

国庆期间，全市举办内容丰富、形式多样的951场（次）群众文化活动，活动在全市各区县的社区、广场、公园、校园、工地全面展开。青浦淀山湖文化艺术节以"绿色青浦，文明家园"为主题，从 10 月 1 日开始在青浦各乡镇展开，举办群文展演、"难忘乡音"田山歌会串、"青春畅想水乡"巡演、"身边的故事"巡讲和"我家的故事"摄影赛等 10 项大型活动。第四届"今秋闵行"社区文化节在黄金周拉开帷幕，全区 12 个镇，镇镇有活动，七宝古镇广场举行"天天演"、梅陇镇举办书画展、颛桥镇举办剪纸征集活动等。还有以"和谐长宁，欢乐社区"为主题的长宁区群众文艺团队展演、奉贤"放飞希望"第八届旅游风筝会、第三届中国罗店龙船节、嘉定国际汽车文化节、南汇区第三届民俗文化展示等活动。同时，全市各区（县）和社区乡镇的 256 个公共文化馆、255 个公共图书馆以及各大博物馆、纪念馆均在节日向市民开放，并举行了时尚文化、旅游文化、社区文化、民俗文化活动。

【上海市庆祝中华人民共和国成立五十七周年文艺演出活动】

2006 年 10 月 1 日，由市文广局、黄浦区人民政府共同主办，市群艺馆、黄浦区文化局承办的"祖国，您好！——上海市庆祝建国五十七周年广场文艺演出"活动在南京路新世纪广场举行。同时，全市还分别在静安寺下沉式广场、徐家汇公园、中山公园举行庆祝活动。静安寺下沉式广场举行千人合唱"红旗颂"；徐家汇公园举办百期星期广播音乐会。市委、市政府领导出席了各广场的活动。国庆节期间，全市共举行各类群众文化活动 900 余场（次），平均每天演出 130 场左右。

【上海市庆祝中华人民共和国成立五十八周年群文活动】

2007 年 10 月 1 日，由市文广局、黄浦区人民政府主办，市群艺馆、黄浦区文化局承办的"群星耀浦江　献礼十七大"庆祝中华人民共和国成立 58 周年广场演出活动在南京路世纪广场举行，全市优秀群众文艺节目进行集中展示，成为市、区合作举办的广场群众文化活动的市级保留项目。现场人数众多，为节日的上海增添了欢乐。国庆期间，全市共举办群众文化活动 1 550 场（次），总场次较上年增加 45%。

【上海市庆祝中华人民共和国成立五十九周年文化活动】

2008 年 10 月 1 日，由市文广局统筹组织安排的"庆十一、颂改革、迎世博"大型群众广场文化活动，分别在南京路步行街新世纪广场、中山公园、静安寺广场举行。同日，由市文广局、市农委、黄浦区政府主办，市群众艺术馆、黄浦区文化局承办的"祝福您，祖国——庆祝中华人民共和国成立五十九周年暨建设新农村、展示新风采"主题文化活动在南京路步行街世纪广场举行。

【上海市庆祝中华人民共和国成立六十周年文化活动】

2009 年的 5 月 27 日是上海解放 60 周年的纪念日，以此拉开了国庆 60 周年庆祝活动的序幕。5 月 24 日，由市文广局、中共黄浦区委员会和黄浦区人民政府共同主办，市群艺馆、黄浦区委宣传部和黄浦区文化局承办的"咏六十华章·颂浦江精彩"——庆祝上海解放 60 周年广场文化展演周暨黄浦区迎国庆"国歌嘹亮"群众文艺活动首场演出，在南京东路世纪广场举行，以此纪念 60 年前在南京路永安公司楼顶升起的上海第一面五星红旗。"国旗下的思念""国旗下的辉煌""国旗下的展望"三个篇章串联起整场庆祝演出，通过应和各板块主题编排的不同时期艺术作品的组合，歌颂了党和军队的丰功伟绩，弘扬了优良的革命传统，反映了上海人民在各个历史时期的工作生活和精神面貌，展现了上海的城市巨变和市民的幸福生活，同时表达了广大群众对世博会的期盼。此次活动由市群艺馆与黄浦区文化局、区文化馆的相关同志组成工作组，经过多次策划讨论，反复修改方案，深入参加活动的各区县和社区进行指导,教授舞台所需组合样式,首次以合唱团队台上与台下轮番演唱相衔接的表演形式,完成了合唱歌曲的联唱。作为庆祝上海解放60周年广场展演周的开幕活动,在全市掀起了庆祝上海解放60周年的热潮。

之前的5月23日,市委老干部局在上海东方艺术中心举办老干部歌会,69支老干部歌队、2100位老同志参加演出。

5月27日,市文明办、市文广局、市文联、长宁区政府共同主办的"爱我中华·唱响上海——庆祝上海解放六十周年群众歌会"在中山公园音乐广场举行。

9月28日,由市文广局、浦东新区人民政府主办,浦东新区委宣传部、浦东新区文广局、浦东新区文明办承办的"盛世中华 和谐浦东——庆祝新中国成立60周年群众歌会"在浦东新区源深体育馆拉开了帷幕。在举行系列仪式后,由浦东新区和刚并入浦东的南汇区各乡镇选送的14档歌舞节目进行了表演,其中包括花木街道的合唱《我和我的祖国》、周浦镇的合唱《同声歌唱》、三林镇的合唱《去一个美丽的地方》、沪东新村街道的合唱《红旗飘飘》、张江镇江枫合唱团的合唱《在灿烂的阳光下》、浦东新区机关合唱团的合唱《巨龙昂首》《歌唱祖国》、陆家嘴社区舞蹈队的海派秧歌《春绿江南》、航头镇舞蹈队的舞蹈《桃花吟》、南汇区文化馆的女声独唱《蓝色向往》,上海轻音乐团罗雨、上海音乐学院杨学进、上海歌舞团舞蹈队女声独唱席燕娟应邀参加了演出。周家渡街道"常春藤"合唱团、高桥镇"春之声"合唱团、罗山市民会馆合唱团、高行镇华高合唱团、川沙新镇"华厦红叶"合唱团作为现场歌队也参加了现场活动的演唱。整场庆祝活动在全场2000多名参与者《歌唱祖国》的高亢歌声中闭幕。

10月1—3日,全市各区县文化单位、相关企事业单位、社会团体精心组织了以"庆十一·颂国庆·迎世博"为主题的大型游园活动。

四、其他节庆活动

【庆祝"六一"国际儿童节活动】

1979年6月1日,团市委、市教育局、中国福利会和卢湾区革命委员会等联合主办的上海市庆祝"六一"国际儿童节联欢大会在复兴公园举行。3.6万多名中外儿童参加了活动。

【"中国国际残疾人年"文艺义演】

1981年为"中国国际残疾人年",11月8—12日,19个文艺单位600余人在人民广场举行"中国国际残疾人年"文艺义演。

【上海国际儿童艺术节】

1985年12月13—23日,市对外友好协会和中国福利会联合举办首届上海国际儿童艺术节。艺术节邀请北美、澳大利亚、欧洲的8个国家和亚洲10个国家的少年儿童到上海举行儿童绘画展览和儿童音乐、舞蹈表演。

【庆祝"五一"国际劳动节群众文艺活动】

1986年5月1日,市总工会、解放日报社、文汇报社、上海人民广播电台在上海杂技场联合举办纪念"五一"国际劳动节100周年"上海工人之歌——星期广播音乐会"。

1993年4月30日,上海市庆祝"五一"文艺晚会在美琪大戏院举行,中共中央政治局常委、中央军委副主席刘华清,上海市委书记吴邦国,市委副书记、市长黄菊,市委副书记陈至立、王力平出席。

1994年4月30日,全市举办"上海市群众歌会",来自各行各业的合唱团和学生乐团同台演出。正在上海考察的中共中央总书记、国家主席江泽民出席并和大家一起引吭高歌。

1996年4月30日晚,以庆祝"五一"国际劳动节为主题,由市委、市政府主办,市文化局等31个单位承办、协办的"世纪回响"歌会在上海体育馆举行。中共中央总书记、国家主席江泽民,国家副主席荣毅仁等出席。在全场高唱国歌后,上海交响乐团、上海乐团管弦乐队、上海广播乐团演奏的《国际歌》乐曲声中拉开了歌会的序幕。随后,由梅山钢铁公司、江南造船公司、宝钢、市商会、市教工、交通大学、同济大学等组成的3 000人的合唱队伍演唱《七月》《工农兵联合起来向前进》《红军不怕远征难》《大刀进行曲》《你是灯塔》《解放区的天》《咱们工人有力量》《我是一个中国人》《公仆赞》《心愿》《没有共产党就没有新中国》等经典歌曲,担任伴奏的是由工人、武警、消防战士和中学生组成的370人的管乐队,以及区少年宫和中小学的100名小提琴手。此外,节目中还有茉莉花艺术团的舞蹈、宝钢的高跷、海军上海基地和武警九支队的腰鼓等表演。

2001年4月30日,"上海各界庆祝'五一'国际劳动节歌会"在上海国际体操中心举行。市长徐匡迪等同志与4 000多名劳动模范、社会各界代表共同庆祝劳动者的节日。

2004年4月30日,市总工会与市文广局共同主办的庆祝"五一"国际劳动节文艺晚会在上海大剧院举行,晚会以群众文艺作品为主体。市委、市人大、市政府、市政协领导出席活动。

同年5月1日,市文广局,市总工会,黄浦区委、区政府联合主办的"五月颂歌"——庆祝"五一"国际劳动节群众文化巡演开幕式在黄浦公园新世纪广场举行。市委、市政府主要领导出席。

2005年5月1日,由市总工会主办,市总工会宣教文体部、市工人文化宫、各区县工会承办的庆祝"五一"国际劳动节晚会在市委党校举行,市委、市人大、市政府、市政协领导出席晚会。5月1—7日,由市文广局组织全市开展各类"五一"群众文化活动近700场次,平均每天100场次。

2006年5月1日,市文广局组织庆祝"五一"文化广场系列群众文化活动,分别在南京路步行街新世纪广场、国际客运中心码头工地、静安寺下沉式广场、中山公园音乐广场、古美街道平阳路双拥广场、曹杨公园等地举行。"五一"期间,全市开展各类群文活动近800场次。

2008年4月30日,以"赞美劳动者、激励建设者、颂扬奉献者"为主题的上海市庆祝"五一"国际劳动节文艺晚会在上海大剧院举行。现场展示了各系统职工创作的优秀文艺作品和当代上海劳动者的活力与激情。

【上海国际少年儿童文化艺术节】

1994年1月2日,"上海国际少年儿童文化艺术节"漂流瓶投放活动和"金钥匙"授予仪式在中国福利会少年宫举行,市长黄菊将200把"金钥匙"授予少年儿童代表,并向全市小朋友致以新年祝贺。7月23—28日,市教育局、中国福利会、上海市人民对外友好协会、上海市文化发展基金会等10个单位主办"1994上海国际少年儿童文化艺术节",来自五大洲22个国家和地区的44个团队675人及全国各地30个观摩团共计1 200余人参加了交流活动。

1997年8月2—8日,市教委、市文化局、中国福利会、上海人民对外友好协会、团市委联合主办"'97上海国际少年儿童文化艺术节"。12个国家、27个少儿艺术代表团、1 500名少年儿童参加了活动,演出118个节目30场,参与活动的少年儿童近80万人。

2000年7月28日至8月2日,上海国际少年儿童文化艺术节举办,海内外的44个艺术团体在沪举行了 44 场演出,全市百余万少年儿童参加了活动。

2004 年 7 月 25 日,2004 上海国际少年儿童文化艺术节在上海大舞台拉开帷幕。20 多个国家和地区的 3 000 多名中外小朋友欢聚一堂。

2005 年 7 月 24 日,中国福利会创办的上海国际少年儿童文化艺术节移师澳大利亚,以"和平、友谊、未来"为主题的"2005 国际少儿艺术节"在悉尼歌剧院开幕。

2007 年 5 月 7 日,2007 上海国际少年儿童文化艺术节"市长授金钥匙"仪式在中国福利会少年宫举行。8 月 3—9 日,2007 上海国际少年儿童艺术节举办,来自 23 个国家和地区的 54 个儿童艺术团体的近 2 000 名小演员参加了表演。

【上海市庆祝香港回归系列活动】

1997 年 6 月 5 日,"迎香港回归、颂祖国昌盛"群众性广场文化活动月揭幕,50 多台广场文化活动在全市各区县展开。6 月 16 日,200 名上海青少年在外滩滨江大道上铺设的长达 1 997 分米的白布上挥毫泼墨,描绘香港回归祖国的历程,表达上海青少年迎接香港回归的喜悦心情,画作由上海历史博物馆作为当代文物永久收藏。

6 月 30 日至 7 月 1 日,上海市庆祝香港回归祖国联欢晚会在外滩黄浦公园纪念碑广场举行,全市专业和业余演员济济一堂。6 月 30 日下午,市委副书记陈至立在现场观看彩排,询问活动的筹办及现场情况。晚上,由市群艺馆承办的庆祝香港回归庆祝活动中心会场庆典活动隆重热烈,千人舞姿翩翩,万人歌声嘹亮,50 多个群众文艺团体 2 000 多名演员参加演出。中央电视台插播会场盛况,上海电视台全程转播庆典实况,直到半夜子时交接仪式结束。其间,市委、市人大、市政府、市政协四套班子的领导集体在现场参加活动,并观看了中央电视台实况转播庆典活动的盛况。

【"永久的怀念"——忆小平、迎回归音乐朗诵会】

1997 年 6 月 18 日,由市文化局、上海电视台主办的"永久的怀念"——忆小平、迎回归音乐朗诵会在广电大厦演播厅举行,陈至立等市领导和王一平等老同志到场观看。晚会演出了配乐诗朗诵《邓小平之歌》《香港的怀念》,声乐作品《南风里的船长》《紫荆花》,交响合唱《钟声》等,表达了上海人民对邓小平的敬仰、怀念之情。

【上海市庆祝澳门回归群文活动】

1999 年 12 月 19 日晚,上海人民庆祝澳门回归祖国的中心会场庆典活动在外滩黄浦公园纪念碑广场举行。这场活动由市群艺馆承办,全市 4 000 多名专业和业余演员满怀激情,倾情表演。晚上温度骤降,达到零下 5 度,为上海市同期少有的低温天气,但现场的气氛却异常热烈。市委书记黄菊、市长徐匡迪携四套班子全体成员参加了现场活动,与上海人民一起迎接澳门回归祖国的庆祝活动,并观看了中央电视台插播的会场盛况和上海电视台全程转播的庆典实况。

【"走进新世纪 再创新辉煌"——上海各界人士迎接 21 世纪联欢晚会】

2000 年 12 月 31 日夜至 2001 年 1 月 1 日凌晨,在外滩广场举行由市文广局、黄浦区人民政府主办,市群艺馆、黄浦区文化局承办的"走进新世纪,再创新辉煌——上海各界人士迎接 21 世纪联欢活动晚会"。晚会分为三个部分:一是鼓声,大锣鼓、安塞鼓、手鼓舞、小立鼓、爵士鼓、腰鼓六种形式表演;二是歌声,男女声重唱、二重唱、小组唱、独唱、群唱、朗诵和独脚戏;三是钟声,伴随着吉祥如意的歌舞,全场狂欢迎接海关敲响的新世纪钟声,在《走进新时代》的歌声中晚会达到高潮。上海东方电视台现场录播。当海关大楼敲响新世纪的钟声时,上海第一高楼金茂大厦上亮起"2001"的巨大字体,礼花持续了15分钟,一个金字塔式的烟花打出了"新世纪你好"字样。

2001年元旦前后,市文广局以"走进新世纪,再创新辉煌"为主题,组织系列群众文化展演活动,220余场群众文化演出遍布各区县的社区,使广大市民在家门口就能欣赏到各区的特色演出。

黄浦区举办的主题活动,演员陈瑜、梁伟平、王汝刚、李九松参加演出,并制作同主题的纪念封送给在场嘉宾。在豫园商城,元旦前夜举行"迎新世纪庆典暨水幕电影试映"活动,又有围绕"金"字展开的"撞金钟""步金桥",结合民族特点的喜庆和爱心捐赠等活动。

2000年12月31日,在卢湾区淮海路上,区政府主办系列大型文艺活动。活动一为雁荡路口的千人迪斯科舞会,二为上海时代广场前的"苹果倒计时"元旦庆典。有劲歌热舞、时装表演、观众互动的游戏,胡兵、瞿颖、陆毅等演艺界明星参与。同日,普陀区的"奔向新世纪,红星欢乐夜"的广场文化活动在亚新生活广场举行,包括歌舞、彩车、方队行街表演,"世界高空王子"阿迪力的高空走钢丝等节目和火炬跑、节日焰火等。同日,静安区系列文艺演出在静安寺广场举行,浦东群众文艺专场表演在浦东新区八佰伴广场举行,虹口区迎新世纪欢乐庆典在多伦路文化名人街举行,徐汇区"世纪情狂欢夜"在徐家汇广场举行,长宁区新创作艺术作品优秀节目展演在天山路一条街和虹桥开发区新世纪广场举行,松江区社区文艺会演颁奖晚会在松江剧场举行,崇明县焰火晚会在南门港举行,都各具特色。

图4-2-6　上海各界人士迎接21世纪联欢晚会在新世纪广场举行(2000年12月31日)

【"党在我心中"——上海青年纪念建党八十周年"五四"广场文化活动】

2001年4月22日,团市委、市文广局、上海电视台在东方明珠电视塔下举行"党在我心中"——上海青年纪念建党80周年"五四"广场文化活动。

【庆祝中国共产党建党八十周年群众性重点文化活动】

2001年6月,全市群文战线举行了一系列庆祝中国共产党建党80周年的庆典活动。6月22日晚,由市文广局、中共卢湾区委、卢湾区人民政府、解放日报社、中共一大会址纪念馆、上海电视台在白玉兰剧场共同举办"太阳升起的地方——中国共产党建党80周年大型文化纪念活动和专场演出"。6月28日,由市文广局、市群艺馆、上海东方广播电台在艺海剧院举行"献给母亲的歌——庆祝中国共产党建党八十周年群文优秀作品专场演出",演出的节目来自两三年内在全国"群星奖"、上海"十月剧展"、上海"十月歌会"等重大赛事中的获奖作品,这些作品经加工、组合、编排为一台展现上海群众文化创作成果、反映上海各界民众"群心向党"真挚情感的专场演出。此外,虹口区、闸北区、徐汇区、静安区、黄浦区、奉贤区、崇明县、长宁区、金山区、嘉定区、杨浦区、普陀区、松江区、南汇区、青浦区、宝山区、浦东新区的组织部、宣传部、文化局等分别组织了30场各类演出活动、图片展览等,形成全市性庆祝中国共产党建党80周年系列活动。6月30日,"上海市庆祝中国共产党建党80周年大型歌会"在上海大舞台举行。市委、市人大、市政府、市政协领导与全市各界百支歌队的万余名群众放声高歌,共庆党的生日。

【纪念毛泽东《在延安文艺座谈会上的讲话》发表六十周年庆典活动】

2002年5月19日,由市委宣传部、市文广局、闵行区人民政府主办,市群艺馆、闵行区文广局、上海东方电视台承办的"百花盛开满申城——上海市纪念毛泽东《在延安文艺座谈会上的讲话》发表60周年广场文艺演出"在莘庄地铁文化广场举行。市委副书记龚学平等市领导和市委宣传部、市文广局及闵行区委、

图4-2-7 上海举办"献给母亲的歌"——庆祝中国共产党建党80周年群文优秀作品专场演出(2001年6月28日)

区政府的有关领导出席。演出分为3个乐章,由3 500位专业和业余演员组成7支彩色分队,14个节目进行互动式表演,展现长征和抗日战争、解放战争及中华人民共和国成立后各个阶段斗争历程和革命情怀。参加演出的有上海民族乐团、上海歌舞团、上海京剧院、上海沪剧院、上海越剧院、上海滑稽剧团,还有东华大学时装队、中国福利会少年宫小伙伴艺术团、闵行群艺馆艺术团等群文团队参加演出,1.5万观众参加了活动。

5月26日,以纪念毛泽东《在延安文艺座谈会上的讲话》发表60周年为主题,由市群艺馆、徐汇区文化局和旅游委、上海人民广播电台文艺台联合举办的"欢乐大家唱"专场演出活动在龙华旅游城塔园广场举行。戏曲界知名演员沈仁伟、施燕萍、朱俭、钱程、程臻、王桂林、王志萍、王佩瑜等和业余戏曲爱好者同台演出沪剧清唱《出灯》、上海说唱《老有所为老有所乐》、淮剧清唱《哑女告状》选段、沪剧对唱《海滩诀别》、独脚戏《情意绵绵》、越剧清唱《红楼梦》选段及京剧清唱《捉放曹》选段等戏曲、曲艺节目。此前的5月2—4日,市群艺馆与徐汇区文化局联合在徐汇区田林社区广场举行"欢乐大家唱"上海社区戏曲、曲艺大奖赛。全市50多个社区、百余名戏曲曲艺爱好者参加比赛,大赛评出各类奖项并从中选拔获奖优秀节目参加纪念活动的演出。

【庆祝中国共产党十六大召开的群文活动】

2002年党的十六大召开,上海市各区县的群众文化工作者以各种形式举行迎接党的十六大专题文艺演出和展览展示活动。

5月23日,市群艺馆与市摄影家协会、解放日报社等单位联合主办的"我们的家园——上海社区摄影作品巡回展"在南京路步行街开幕。活动展示了各区县、社区摄影爱好者的优秀作品,反映了上海建设发展的人文社会风貌。

在党的十六大召开前夕,11月2—9日,市群艺馆参与组织"喜迎十六大、欢度艺术节——上海市百场群文展演活动";在十六大胜利召开后,又策划、联合各区(县)文化馆,合力组织"喜庆十六大、欢度艺术节——'我们的家园'上海市社区优秀文艺节目巡回展演",上海市业余艺术爱好者踊跃参加了演出活动。11月3日,上海市百场群文展演活动在上海体育场外的火炬广场拉开帷幕,活动由全市优秀群文节目组成,很多专业文艺工作者参与了活动开幕演出。由指挥家曹鹏执棒指挥,

来自南洋模范中学的管弦乐队和金秋艺术合唱团以《红旗颂》开场。还有以退休老人为主的健身舞、扁鼓、杂技表演等，数百位市民载歌载舞，喜迎党的十六大。

其间，静安区在静安寺下沉式广场举办"歌颂母亲河，迎接十六大"——千人合唱《黄河》广场群众歌咏活动，市委副书记殷一璀、市人大常委会副主任龚学平和市委常委、市委宣传部部长王仲伟等领导同志出席，现场与千余名静安区干部职工同声高唱《黄河》。徐汇区文化艺术中心组织了"光辉的历程"庆十六大歌咏演唱会，歌唱了共产党好、社会主义好、改革开放好的美好心声。普陀区长风文化馆组织"喜庆十六大文艺专场演出"，社区各界人士300多人以合唱、舞蹈等丰富多彩的文艺形式，表达喜悦心情。宝山区"飞扬的旗帜"社区文化优秀节目展演周在宝山区文化馆广场拉开帷幕，在为期1周的展演中，来自全区的多个艺术团体以及各乡镇街道的业余群众文艺团队为观众献上了多台节目。青浦区组织的"喜迎十六大展示新成就——青浦群众文艺创作会演"在青浦区文化馆影剧院举行，会演节目内容丰富，形式新颖。杨浦区举行"杨浦区统战系统迎接十六大文艺会演"，各界人士欢聚一堂，歌颂祖国的繁荣昌盛。长宁区为喜迎十六大的胜利召开，各条线、社区举办了形式多样的群众文化活动，参与群众达20余万人次。浦东新区文化艺术指导中心承办的"周周演"活动，每场都吸引了大批市民和中外游客驻足观看。奉贤区举办"颂歌献给十六大"优秀业余歌手演唱会。闸北区举行"与时俱进创辉煌——各界人士欢庆十六大文艺展演"。嘉定区举行"迎十六大，城新韵"广场文艺晚会。崇明县文化馆的文化工作者将一台名为《辉煌的年代》的文艺节目送到集镇社区，县委县政府领导与社区居民共同缅怀奋进历程，共庆盛会召开。全市街道（乡镇）因地制宜，开展了若干小型分散、自娱自乐的活动。

【第四届中国京剧艺术节群文活动】

2004年12月1日，由文化部和上海市人民政府联合主办，中国京剧艺术基金会和东方网等单位协办的第四届中国京剧艺术节在上海大舞台开幕。京剧节内容丰富多彩，并设有由市群艺馆承办的多项群文活动，主题为"走近京剧、关注国粹"，主要包括上海高校普及京剧教育成果回顾展演、中国京剧艺术展览刘令华国粹油画展、第四届中国京剧艺术节开幕式观众演唱活动、"名家与票友"京剧经典唱段演唱会、京剧走向高校折子戏专场、"走进京剧"专题摄影大赛、中国京剧文化收藏展、京剧知识普及讲座等。同时，长宁、普陀、卢湾、闵行、奉贤等区也都举行了京剧沙龙和票友活动。

【抗战珍存——上海市民抗日战争时期图文资料藏品展】

2005年9月2—30日，以纪念世界反法西斯战争胜利和中国人民抗日战争胜利60周年为主题，由市文广局、文汇新民联合报业集团共同主办，市群艺馆、市收藏协会等多家单位承办的"抗战珍存——上海市民抗日战争时期图文资料藏品展"在淞沪抗战中见证上海军民英勇阻击侵略者的重要建筑——上海四行仓库举行。

市群艺馆从立足市民的角度策划组织此展览，动员了全市许多行业和部门成为展览的合作方，得到社会各界的支持。其中，仓库承租方上海深度设计有限公司暨创意仓库免费给予场地支持，上海淞沪抗战纪念馆提供相关影像资料，上海广电集团支持5台大屏幕电视机作为展厅的放映设备，上海新四军历史研究会提供抗战老战士信息。一批年轻的工作人员在学习大量抗战历史的同时，采访抗日老战士和幸存劳工、翻拍历史图片、搜集整理撰写数万字的文字资料，完成展览前言、展览版面图文内容；市收藏协会的数十位收藏家和普通市民提供的藏品，生动反映了抗战时期上海人民同仇敌忾的正义感和战时百姓的生活状态，其中许多藏品在开幕前一日临时被调至上海大剧院充实上海市纪念抗战胜利的主题活动,扩大了展览的影响。展览期间,上海市民和来自全国及各国人士、抗战英烈的后代自发扶老携幼前往参观,5大本留言簿和3个完整的墙面留下了满满的留言。《新民晚报》连续进行了3次大篇幅的跟踪报道,《解放日报》《文汇报》《新民周刊》《新闻晨报》《新闻午报》《上海日报》《劳动报》和各家电视台、50多家网站给予了报道。

【纪念改革开放三十周年诗歌朗诵会】

2008年11月26日,以纪念改革开放30周年为主题的"足迹、回响、明天"大型经典诗歌朗诵会在东方艺术中心举行。朗诵会分四个篇章:"春天的足迹""思想的脉动""时代的回音"和"相约在明天"。活动以诗意的语言,结合丰富的舞台艺术与电视手段,艺术地呈现了10余首著名诗篇,包括舒婷的《祖国啊,我亲爱的祖国》《致橡树》、北岛的《回答》、顾城的《我是一个任性的孩子》、梁小斌的《中国,我的钥匙丢了》、公刘的《读罗中立的油画〈父亲〉》、流沙河的《不再怕》等。娄际成、张名煜、郑毓芝、赵兵、冯淳超、赵屹鸥、蔡金萍、过传忠等知名艺术家和张培、陆澄、印海蓉、豆豆、夏磊、易峰等主持人参加演出。

【纪念上海浦东开发开放二十周年庆典活动】

2010年4月18日,"潮涌东方——纪念上海浦东开发开放二十周年大型文艺晚会"在东方艺术

图4-2-8 "潮涌东方——纪念上海浦东开发开放20周年大型文艺晚会"在东方艺术中心歌剧厅举行(2010年4月18日)

中心歌剧厅举行。全国政协外事委员会主任赵启正,国家经贸委常务副主任杨昌基,市人大常委会副主任沙麟、胡炜,市政府副市长夏克强,市政协副主席朱晓明、蔡威,市委副秘书长李逸平、姚海同等历任新区领导受邀出席晚会。中共上海市委常委、浦东新区区委书记徐麟出席晚会并致辞。整台晚会以音乐、歌舞、曲艺、朗诵等为主要艺术形式,通过恢宏的舞台表演反映浦东20年的沧桑巨变和浦东开发建设者敢为人先的勤劳智慧;展现浦东市民喜迎世博、奉献世博的精神风貌;表达了浦东人民投身二次创业、努力实现二次跨越的坚定决心。

第三节 区(县)品牌节庆活动

上海市群众文化活动以"人人参与群众文化,人人建设群众文化,人人享受群众文化"为目标,举办了大量各类区域文化艺术节、特色群文活动、大型展览展示等,丰富了群众文化生活。各区县结合自身实际,利用地域优势,突出各自特色,树立了品牌建设的目标。其中,创办于1990年的上海黄浦旅游节(后提升为上海旅游节)首届活动在外滩举行,黄浦区文化局参与组织工作,来自美、英、日、法等20多个国家的千余名外宾和数万名申城市民参加活动;南汇河港纵横,物产丰饶,田园密布,全县桃园面积大、品种多,享有"桃花源"的美誉,因此创办"桃花节"。桃花盛开的时节,开展抬轿迎亲、浦东说唱、南汇锣鼓书等丰富多彩的民俗文化展示与游乐活动;闸北区拥有大型国际茶

城,300 多家商户经营各地新茶、名茶等茶叶制品千余种,闸北由此创办"茶文化节",每届以茶为主题举办大型开幕式、闭幕式,融表演、品茗为一体,体现茶文化的民族性、观赏性和体验感;青浦的淀山湖旅游风景区,湖光山色,方圆约 1 600 亩,由此命名的"青浦淀山湖文化艺术节"以形式多样、丰富多彩的系列活动引导百姓走近文化和艺术,成为展示青浦大众文化的特色品牌;长宁区集合区域优质资源,将文化与旅游、商业相互融合,打造了"虹桥文化之秋"艺术节,自 2010 年开始与上海旅游节、购物节等长宁区域的活动"三节合一",展现了国际性和艺术性特色,体现了中西文化的交流与融合。其他还有普陀区苏州河文化艺术节、闵行艺术节等都依据区域资源和特点,经过数年精心打造成了各区的品牌文化项目。

一、上海南汇桃花节

20 世纪 60 年代开始,南汇桃园面积达 4 万余亩,几乎每个镇都有一至几个村种有数百亩乃至数千亩的桃林,成为华东地区最大的桃园。1991 年初春,南汇县人民政府举办首届桃花节;此后至 2010 年,南汇举办了 20 届桃花节。

1989 年春季,南汇县广播电视局几位领导在参观淀山湖边大观园时,触景生情,联想到南汇有大片桃林,可办桃花节,随后向县政府递交报告。1991 年初春,南汇县人民政府决定举办首届桃花节,并成立了桃花节组委会。1991 年 4 月 6 日,南汇第一届桃花节开幕式在周浦乡文化中心举行。首届桃花节的活动,融景、物、艺、情为一体,使广大宾客在领略南汇美丽风光的同时,增进了对南汇的了解。4 月 7 日以后,各方宾客络绎不绝,到果园乡外中村踏青赏花参观的游客一直延续到 4 月 14 日,前后接待游客近万人,首届桃花节取得成功。此后,每年的南汇桃花节都确定一个主题,形式和特点也年年更新。1992 年桃花节在惠南镇拉开帷幕,以惠南镇为中心,同时开放外中村"新桃花源"、周浦乡沈西村"寿桃园",以"水乡春早、岭南春色、西北风情、北园英姿"为主题搭建的 20 组不同风格、流派的彩灯与园内千万枝桃花交相辉映,成为独具特色的一届桃花节。1993 年桃花节提出"以节兴市、以节兴商、以节兴港"的主题,设置 5 大景区,亮点是古钟园内"五洲风采"世界名胜微缩景观。1994 年桃花节以"展示投资环境、扩大知名度、增强吸引力、促进经济发展"为主题,设立 8 个免费赏花区,另设"戏剧大舞台""梦幻桃花源""世界真奇妙"3 个活动区。1995 年以外中村为中心景区,增设 5 个新景区,以"回归自然、走向未来"为主题,让游客白天观赏桃花景点,晚上观赏各色灯展和文艺表演。1996 年以"踏青赏花、观赏休闲、娱乐品尝"为主题,共设 11 个旅游景点,立足自然观景,注入文化内涵,以中华文化元素为办节特点,使桃花节内容更丰富、形式更新颖。1997 年桃花节以"面向游客展示风貌、提高素质促进发展"为指导思想,设立 20 多个景点,各景点举行"桃源春"表演、广场文化成果展、"桃花人面醉春风"书画展、"白玉杯"摄影大赛、"民间集邮展"等活动,多景点特色活动各显风采。1998 年以"华夏城乡游"为主题,23 支民间文艺特色队伍近 2 000 名演员在街区表演,吸引了数万观众;此届桃花节以航头商城茜琦世界为主题公园,同时开放民族大观园、野生动物园、浦东射击场、白玉兰度假村、中荷玫瑰园、新场园艺场、芦潮港桃花园、古钟园等 8 个景点,体现观赏、休闲、体验、参与的特点。1999 年桃花节以"以花为媒、以花会友"为主题,以"我们的桃林在南汇"为名,组织了桃花节家庭观赏旅游活动。

2000 年以"走进桃花源、亲近大自然"为主题,开放 8 个景区 18 项活动。2001 年,南汇撤县建区。桃花节确定以"新世纪、新南汇、新桃源"为主题,组织旅游、文体、经贸三大板块 20 余项参观旅游活动。2002年桃花节被提升为"上海桃花节"，成为市级文化旅游节庆活动。由上海市旅游事业管理委员会（下称市旅游委）、市文广局、上海市农业农村委员会和南汇区人民政府4家联手共同举办。内容与形式比前几届都更加丰富、完善，规模也更大，桃花节以"走进都市桃园，分享美好快乐"为主题，设置近20项活动，包括港城建设与南汇旅游业发展论坛、大学生桃源欢乐周、全国卡丁车锦标赛、高尔夫邀请赛、百架钢琴演奏会、名特优农副产品展销会、花卉盆景奇石展、人与动物欢乐节等活动，形成政府搭台、企业唱戏、部门协调、大众参与的新特点；赏花景点各具特色，城北桃源民俗村以展示浦东民俗民风为主，芦潮港以凸显万亩桃园、千亩林带、世纪海塘等生态景观为主，新场桃源与水乡古镇人文资源有机结合，滨海桃源以展现桃文化和桃科技为主要特色。2003年上海桃花节的主题是"研究桃文化，发展桃花源"，以一台南汇乡土文化为主要元素的综艺节目把桃花节的开幕式推向高潮，同时为丰富桃花节的文化内涵，在各景点设立群众文艺"天天演"活动。桃花节还首次举办"中国桃文化发展研讨会"，来自全国近20家桃花节代表团就各地举办桃花节的经验展开交流探讨。2004年上海桃花节提出五大主题，即芦潮港风情游、滨海桃源健身休闲游、城北民俗风情游、新场水乡古镇桃源游、上海野生动物园趣味游。2005年上海桃花节，以"天海人，桃花情、两港美"为主题的大型歌舞演出在南汇科教园区复旦大学太平洋金融学院广场举行。桃花节除保留芦潮港临港桃源、滨海休闲桃源、南汇桃花村桃源、新场水乡古镇桃源及上海野生动物园景点以外，新增了上海鲜花港景点。2006年上海桃花节以"走进海洋南汇、共赏都市桃源"为主题，向市民开放南汇桃花村、新场古镇桃源、滨海世外桃源等9个游园景点，同时举办"桃花开南汇——群星耀东方大型演唱会暨2006年上海桃花节开幕式"，还有驻沪领事、各界名流南汇一日行、民间文艺行街表演、"桃花杯"高尔夫邀请赛等多项活动。2007年上海桃花节以"和谐新南汇，都市桃花源"为主题，推出踏青赏花游、自然生态游、文化休闲游、港城新貌游、健身度假游五大特色线路，并以大型文艺演出作为开幕式，以"春暖桃花第一枝"摄影展、富客斯·豪布斯卡名品村街艺表演、中日韩文化珍品展、广场文化"天天演"、艺泰安邦文化艺术展示、百万家庭乡村游南汇赏花活动、高尔夫挑战赛等活动来丰富桃花节活动的内涵，进一步提高了桃花节的旅游品质。2008年上海桃花节仍以"和谐新南汇，都市桃花源"为主题，设计了踏青赏花、主题观光、美食购物、奥运健身、文化休闲5大旅游线路，并以"书画名家绘南汇"作品展为闭幕活动，通过群众文化表演和展示活动，吸引了广大市民到南汇体验桃花节。2009年的"桃花节"以"共赏桃花源，体验新南汇"为主题，推出赏花踏青、主题观光、乡村休闲、运动娱乐、文化体验等五大系列活动。

2010年，上海桃花节是南汇划入浦东新区后举办的新一届桃花节。正值上海世博会举办之年，"走进新浦东，桃花映世博"成为桃花节的主题。桃花节组委会整合了浦东新区的旅游资源，除大团桃园、南汇桃花村、新场桃源和滨海世外桃源，又新增合庆有机桃园作为新的赏花景点。另外，航头镇牌楼村作为上海世博会"城市与乡村互动"副主题的演绎基地，也在桃花节期间亮相，让游客提前与世博互动。各赏花景点互动推陈出新，大团桃园推出桃文化展示馆，南汇桃花村新增100亩原生态桃林，新场镇将桃源与古镇特色相结合，游客在赏花同时可聆听中国民乐。

上海桃花节向广大游客展示了南汇优美的田园风光、良好的投资环境和现代农村的崭新风貌。美丽的自然景观和淳朴的乡情民风是其特色，游客参与赏花、垂钓、耕作娱乐，品尝富有乡野趣味的菜肴，观赏江南丝竹、荡湖船等系列乡土文艺表演。游客量从第一届近万人到第三届10万人次；之后逐年增加，每年持续保持约50万人次。

二、上海闸北茶文化节

上海国际茶文化节(闸北茶文化节)是由闸北区人民政府、市文学艺术界联合会和市茶叶学会发起举办,经文化部批准的以茶文化为主题的节庆活动。上海国际茶文化节自 1994 年创办,每年举办一届,每届上海国际茶文化节均以其独特的形式和内容,吸引国内各省市自治区,中国香港、中国澳门、中国台湾的各界人士和日本、韩国、美国、法国、摩洛哥等国家的国际友人及全市市民群众积极参与。主办单位也逐年增多,至 2005 年,上海国际茶文化节由闸北区人民政府、市旅游委、市农委、上海市人民政府侨务办公室、上海市人民政府外事办公室、市精神文明建设委员会办公室、上海市人民政府合作交流办公室、市文广局、市绿化局、市文联、上海文化广播影视集团、上海市供销合作总社和市茶叶学会等 13 家单位联合主办,成为上海的文化品牌和重要节庆活动。上海国际茶文化节以"以节为媒,扩大交流,立足上海,服务全国"为办节方向,以茶会友,为期 1 周。以茶为主题的大型开幕式、闭幕式,融表演、品茗为一体,体现茶文化的艺术性、民族性、观赏性和参与性。同时举办海内外茶学专家参加的茶文化学术研讨会,茶道交流,各地名茶、名瓷、名壶和工艺品展销等;进社区开展茶文化节目"天天演",让群众广泛参与。从 2003 年开始,闸北与各省茶乡联手,到各地举行上海国际茶文化节闭幕式,推动了长三角地区乃至全国茶文化、茶经济和旅游业的发展。

【首届上海国际茶文化节】

首届上海国际茶文化节于 1994 年 4 月 17—21 日举办。4 月 17 日下午,在闸北公园举行开幕式,同时在宋园茶艺馆举行"当代茶圣吴觉农在上海"陈列室揭牌仪式。其间,举办了茶文化学术研讨会、茶艺交流、宋园茶艺荟萃、茶趣征文及闸北公园大型游园活动等系列活动。4 月 21 日,在虹桥宾馆举办"东方情调、宁红之夜"闭幕式文艺晚会。

【第二届茶文化节】

第二届茶文化节于 1995 年 4 月 26 日至 5 月 2 日举行。4 月 26 日晚上,在上海白玉兰广场举行了展示茶文化特色、体现浓郁民族风情和现代气息的开幕式文艺晚会,评选了中华茶文化申城十项之最。5 月 2 日晚,在上海广电大厦演播厅举行以古国茶韵为主题的闭幕式文艺晚会。

【第三届茶文化节】

第三届茶文化节于 1996 年 4 月 28 日至 5 月 5 日举行。4 月 28 日,在上海名品商厦举办以"绿色情思"为主题的开幕式文艺演出。这一届茶文化节前,举办了"茶歌、茶诗"征集活动,并与上海东方电视台共同举办了"快乐大转盘"茶知识竞赛活动。茶文化节期间,举办了茶道交流专场、茶墨俱香书画展等活动。5 月 5 日在沪北电影院举行以"群星闪烁、茶香情浓"为主题的闭幕式文艺晚会。

【第四届茶文化节】

第四届茶文化节于 1997 年 4 月 26 日至 5 月 2 日举行。4 月 26 日,副市长左焕琛代表上海市人民政府在以"中华茶情"为主题的开幕式上致贺词。5 月 2 日,在大上海国际会所举行闭幕式文艺会。这一届茶文化节期间,来自浙江省、安徽省、江西省、北京市、湖北省、陕西省等 10 多个省市区和美国、法国、印尼、新加坡、日本、韩国等国家及中国香港、中国台湾的茶界人士、茶学专家,全市各界人士、市民群众 14 万人次参加了中外茶道交流专场活动。

【第五届茶文化节】

第五届茶文化节于 1998 年 4 月 26 日至 5 月 2 日举行。4 月 26 日晚,在闸北体育馆举办以"世纪茶风"为主题的开幕式文艺晚会。其间,举办了中外茶道交流专场、"茶与都市文化"学术研讨会、中日(春季)吟诗会、新茶名茶博览会、上海十佳健康茶娃娃评选、学生专场文艺演出、以茶会友招商恳谈会等茶文化系列活动。来自日本、美国、摩洛哥等国家和中国江西、宁夏、天津、广东等 12 个省市区、香港特别行政区的茶学专家、茶道社团及上海市各界人士、市民群众 20 万人次参加了各项活动。5 月 2 日下午,在白玉兰广场举行闭幕式。

【第六届茶文化节】

第六届茶文化节于 1999 年 4 月 26 日至 5 月 2 日举行。4 月 26 日晚,在上海商城剧院举行了开幕式,来自韩国、日本及中国澳门、台湾和北京、江苏、新疆等 16 个省区市的 1 000 多名来宾参加了以"世纪茶风"为主题的茶诗朗诵演唱会。茶文化节前夕,举办了茶联征集活动和升旗仪式。各界人士和上海市民群众 20 万人次参与了茶文化节的各类活动。5 月 2 日下午,在白玉兰广场举行"绿色茶乡"闭幕式文艺演出。

【第七届茶文化节】

第七届茶文化节于 2000 年 4 月 26 日至 5 月 2 日举行。4 月 26 日下午,在铁路上海站南广场举办了以"千年茶情播五洲"为主题的开幕式。来自国内 12 个省、自治区、直辖市及韩国、日本、美国、印尼等国家的茶界人士、国际友人近千人参加。节前,先后举办了上海少儿茶艺邀请赛、"茶馆与新世纪茶文化"学术研讨会、中外茶道交流专场、茶绿浦江书画展及社区文化活动系列活动。江西庐山山南的星子县设立分会场,这是茶文化节首次在外省市设立分会场。5 月 2 日下午,举办了以中外文化交流为内容的闭幕式文艺演出。有 80 万人次参加了这一届茶文化节。

【第八届茶文化节】

第八届茶文化节于 2001 年 4 月 26 日至 5 月 2 日举行。4 月 26 日晚上,在铁路上海站南广场举办了以"盛事茶缘"为主题、以"千人茶会"为形式的开幕式,来自海内外的各界人士 1 200 多人参加。其间,举办了中韩陶艺精品展、"茶——新世纪绿色饮料"学术研讨会和茶文化旅游等活动。5 月 2 日下午,在白玉兰广场举办了以社区文化活动为内容的闭幕式文艺演出。这一届茶文化节,来自中国 10 省、自治区、直辖市、澳门特区和韩国、日本、美国、英国、法国、赞比亚等 8 个国家的茶界人士及上海各界人士、市民群众 25 万人次参加了各类活动。

【第九届茶文化节】

第九届茶文化节于 2002 年 4 月 26 日至 5 月 2 日举行。4 月 26 日晚在上海马戏城举办了以"中国茶情"为主题的开幕式文艺晚会。中外来宾 1 600 余人参加。其间,举办了"中国茶产业与经济全球化"和"茶文化与现代文化"为主题的学术论坛、书画笔会、中日吟诗会等活动。5 月 2 日下午,在新梅共和城会展中心举行了闭幕式文艺演出。会上,向浙江省新昌县人民政府等单位颁发了特别贡献奖。

【第十届茶文化节】

第十届茶文化节于 2003 年 4 月 13—18 日举行。4 月 13 日上午,在上海正大广场举行了中国精品名茶博览会开幕仪式。有关省市茶界人士 200 余人参加。晚上,在大宁灵石公园举办了以"OK 中国茶"为主题的开幕式文艺晚会。中外来宾 2 000 余人参加。茶文化节前夕和期间,先后举办了茶韵美食展示周、闸北招商恳谈会、学术论坛、茶道交流、中俄茶文化交流、社区"天天演"等活动。茶文化节首日,"天天演"活动在闸北区不夜城金地广场拉开帷幕,700 多人次参加了舞台演出。闭幕式系列活动在浙江省新昌市举行,这是茶文化节举办以来首次走出上海与产茶地区政府合作举办的闭幕式活动。

【第十一届茶文化节】

第十一届茶文化节于 2004 年 4 月 12—18 日举行。4 月 12 日上午,在上海国际会议中心举行了中国新品名茶博览会开幕仪式。下午,在闸北公园举行升节旗仪式。晚上,在上海大剧院举办以"茶,品味健康生活"为主题的开幕式文艺晚会,上海市副市长杨晓渡宣布开幕。全国人大副委员长彭佩云,全国侨联副主席林丽韫,全国政协外事委副主任王淑贤,天津市人大常委会副主任俞海潮,上海市人大常委会主任龚学平、上海市政协主席蒋以任、市委副书记殷一璀等市领导与中外来宾 1 600 人出席。茶文化节前夕,举办了"茶与健康生活"征文和"茶与健康生活"社区专场报告会等活动。其间,举行了"上海现代交通商务区"发展战略国际研讨会、社区文化"天天演"活动、中外茶艺交流专场等活动。4 月 18 日,在江苏溧阳举行闭幕式活动。原上海市人大常委会主任陈铁迪等领导出席。艺术节期间,来自韩国、日本等国家和国内浙江、江苏、福建等 12 个省、自治区、直辖市、中国台湾、部分外国驻上海领事和外国经济、文教专家及各界市民群众近 15 万人次参与了活动。

【第十二届茶文化节】

第十二届茶文化节于 2005 年 4 月 12—17 日举行。4 月 12 日晚上,在上海大剧院举行了以"盛世茶飘香"为主题的开幕式文艺晚会,上海市副市长杨晓渡宣布开幕。4 月 13 日上午,在上海正大广场会展中心举行了中国新品名茶博览会开幕仪式,市人大常委会副主任朱晓明宣布开幕。开幕仪式上,市政协副主席宋仪侨和福建省政协副主席李祖可为"上海国际茶文化节茶乡联谊会"揭幕。4 月 17 日在福建武夷山举办闭幕式。茶文化节期间,还举办了中华茶联大赛、中外青少年书法比赛等活动。其中举办的青少年千人笔会,获得了大世界吉尼斯世界纪录。

【第十三届茶文化节】

第十三届茶文化节于 2006 年 4 月 12—16 日举行。4 月 12 日晚上,在上海国际会议中心举行了以"海上茶韵"为主题的开幕式文艺晚会,上海市副市长杨晓渡宣布开幕。在茶文化节前,先后举办了中华茶联茶诗创作大赛、东方讲坛《鉴茗艺茶》系列讲座、《文明上海丛书·茶文化系列》首卷《名茶美器》首发赠送仪式等活动。这一届茶文化节有来自海内外各界、上海市民群众和国际友人 15 万人次参与了活动。

【第十四届茶文化节】

第十四届茶文化节于 2007 年 4 月 18—22 日举行。4 月 18 日晚,以"茶,品味健康生活"为主题的开幕式文艺晚会在上海东方艺术中心歌剧厅举行。在上海电视台《文化中国》栏目上,举办了中华茶文化专题系列活动。4月22日,在云南省昆明市举行了以"昆明·普洱茶之夜"为主题的闭幕式文艺晚会。上海市人大常委会副主任胡炜,昆明市委副书记、市长王文涛等沪昆两地领导及各界千余人出席,胡炜致闭幕词。这一届茶文化节,有国际友人、国内各界人士和沪滇两地市民群众15万人次参加了各项活动。

【第十五届茶文化节】

第十五届茶文化节于2008年5月9日在上海马戏城开幕,中央有关部委领导、上海市领导、江苏省和安徽省的领导等与中外嘉宾1 300余人出席,上海市副市长沈晓明宣布开幕。5月10日上午,在上海国际展览中心举办了首届上海国际茶业交易会开幕仪式。5月16日,在江苏宜兴举行了闭幕式。茶文化节以"茶,品味健康生活"为主题,贯穿"文化活动和经济活动"两条主线,共举办了10项活动,吸引了国内20多个省、自治区、直辖市和国际友人近20万人次参与。

【第十六届茶文化节】

第十六届茶文化节于2009年5月举行。秉承"政府主导,市场运作,企业参与,行业介入"的模式运作,紧扣"迎接世博,融入世博,服务世博"的时代主题,进一步扩大上海国际茶文化节的影响力和辐射力。活动设置了13个分会场。这一届茶文化节策划起步早、起点高,具有活动内容丰富,形式多样的特点。

【第十七届茶文化节】

第十七届茶文化节于2010年4月15日在上海浦西洲际酒店举行了开幕式,4月18日在四川省都江堰市举行了闭幕式。这一届茶文化节按照"政府主导、市场运作、企业经营、社会参与"的办节方针,整合资源,集聚优势,紧扣世博会主题,突出"文化、旅游、经济"的互动。在扩大茶文化和茶产业发展的同时,注重文化传承和旅游经济的发展,将服务全国与面向世界相结合,民族性与国际性相结合,精品化与大众化相结合,使上海国际茶文化节成为开放、合作、交流的盛会,体现了"城市,让生活更美好"这一上海世博会主题。

三、上海青浦淀山湖文化艺术节

上海青浦淀山湖文化节由中共青浦区委、区政府主办,中共青浦区委宣传部、区文广影视局、区体育局、区旅游局共同承办。办节宗旨是"人人参与文化,人人创造文化,人人享有文化",充分展示了青浦区在推进城市化进程中各项社会事业的飞速发展。结合青浦区特有的江南水乡特色,展示了青浦的历史文化积淀。自2004年青浦淀山湖文化节创办后,每年的金秋季节便是艺术节的举办之时。从开幕至闭幕,在一个月的时间里,形式多样、丰富多彩的艺术节系列活动引导百姓走进剧场,走进展厅,走近文化和艺术,成为展示青浦大众文化的特色品牌。20世纪80年代开始建设的淀山湖旅游风景区,方圆约1 600亩,拥有丰富的人文历史景观,崧泽古文化遗址是上海发现的人类最早的聚集地之一。经过多年建设,形成规模,风景区的东半部是自然景点,还有一条380多米长的人工堤"柳堤春晓",堤上柳绿花红,桥堤相对;堤外碧波万顷,水天一色,淀山湖全景尽收眼底。西半部是一条名为"石城古风"的仿古街道,为游客提供生活服务的中心区。以"淀山湖"命名的区域文化品牌经过多年努力,成为惠及市民的公共文化活动积聚的平台。

【首届上海青浦淀山湖文化艺术节】

2004年,首届上海青浦淀山湖文化艺术节暨迎国庆55周年文化活动自9月30日至10月30日举办。在上海崧泽广场举行开幕式以后,全区推出了一系列群文活动。这一年是青浦撤县建区第5年,随着青浦经济体制改革的深化和社会经济的高速发展,市民的精神文化需求不断增长,促进了文化产品、服务的创建和有效供给。淀山湖文化艺术节由区委书记、区长亲自挂帅,区委、区政府领衔主办,从首届开始就设定了高起点。开幕晚会以"上海之源、魅力青浦"为主题,气势宏大、明星云集。中国台湾歌手童安格、内地歌星孙悦、民族声乐歌唱家杨学进、歌唱家周艳泓、笑星傅林等参加了演出,曹可凡、沈婷担当主持人。开幕晚会后举行了焰火表演。在随后的一个月里,艺术节开展了读书活动、戏剧沙龙、摄影展、书画展、评弹专场、电影周活动、经典电影回放等系列文化活动,让市民群众多时点、多空间接受文化艺术的熏陶,享受文化生活。首届艺术节闭幕演出是大型舞剧《野斑马》,奠定并形成了此后多届艺术节闭幕晚会"高雅、经典、精品"的基调。

【第二届上海青浦淀山湖文化艺术节】

2005年,第二届青浦淀山湖文化艺术节开幕式暨青浦工业园区成立10周年文艺晚会在崧泽广场举行。适逢庆祝中华人民共和国成立56周年和青浦工业园区成立10周年之际,"文化搭台,经济唱戏"成为艺术节的一大亮点。为期2个月的艺术节把"绿色青浦、文明家园"这一主题贯穿于整个活动之中。除开幕式和闭幕式外,还举办了包括各镇、街道的社区群众文化展示活动、社区电影节、职工交谊舞大奖赛、个人书画展、摄影展、老年人才艺表演和征文活动等20多项专题文化艺术活动。第二届淀山湖文化艺术节闭幕演出是大型服饰舞剧《金舞银饰》。

【第三届上海青浦淀山湖文化艺术节】

自第三届开始逐届增加项目数量、活动类型,不仅在数量上,在广度和深度上也有拓展。包括"一镇一品""一镇多品""各美其美,美美与共"等项目,仅桥梓湾广场"天天演"活动就包含了11个专场展示。

【第四届上海青浦淀山湖文化艺术节】

第四届上海青浦淀山湖文化艺术节的主题是"文化激活城市,艺术点亮生活"。艺术节系列文艺演出"华新之光""桥乡之声""园区之韵"等在各镇、街道上演。10月31日,举行中外经典电影名曲音乐会及闭幕式。淀山湖文化艺术节组委会在夏阳街道的章浜、夏阳湖居委会,盈浦街道的盈中、庆华居委会,香花桥街道的香花、大盈居委会等处开设观众免费索票窗口,受到市民欢迎。

【第五届上海青浦淀山湖文化艺术节】

第五届上海青浦淀山湖文化艺术节暨第十届朱家角古镇旅游节开幕式在崧泽广场举行。艺术节以"绿色、和谐、共享"为主题,遵循"人人参与文化、人人创造文化、人人享有文化"的宗旨,自9月28日开幕,历时1个多月,举办了40多项、100多场次的文化活动。包括各镇、街道广场文艺演出,桥梓湾广场"天天演",崧泽广场电影"周周演",图书馆青溪讲坛,朱家角水乡世界音乐季,群众歌会,书画、摄影等各类艺术展览,各类市民才艺大赛,话剧、京剧、音乐会等高雅艺术专场,长三角田山歌交流活动等。闭幕式上进行了群众文艺创作比赛的颁奖仪式。

【第六届上海青浦淀山湖文化艺术节】

第六届上海青浦淀山湖文化艺术节暨第十二届朱家角古镇旅游节的主题是"绿色青浦,科学发展"。开幕晚会分为 4 个篇章,以对绿色水都、和谐家园的赞美和对祖国六十华诞的祝愿。其中《田歌唱尽家乡美》《茶香情浓》《荷韵》《芦苇疗养院》等展现青浦特色的 7 个节目都是原创和新创作的作品。田山歌表演较之往年有了新亮点,《田歌唱尽家乡美》在形

图 4-2-9　第五届上海青浦淀山湖文化艺术节(2008 年)

式上加入伴奏,节奏更为明快,改变了以往田山歌大多为清唱、节奏较为舒缓的表演特点;舞蹈《荷韵》从音乐到编舞,创作历时 10 个月之久,其创作理念是以青浦江南水乡为背景,凸显荷所呈现的灵动色彩。艺术节活动 53 项。其中,连续举办 6 届的"水乡音乐节",吸引了全球的民歌乐手汇集青浦,以歌会友,进行中外民间音乐交流;"国际水彩画双年展"中,由朱家角输出的水彩画,吸引了全球 165 个国家近千名水彩画艺术家共襄盛会。还有谭盾的水乐堂、昆曲王子张军的植物园实景版《牡丹亭》等。

【第七届上海青浦淀山湖文化艺术节】

第七届上海青浦淀山湖文化艺术节作为第十二届中国上海国际艺术节系列活动之一,以"绿色水都,魅力青浦"为主题,由开幕式、群文系列活动及闭幕式三大内容组成。开幕式于 2010 年 9 月 16 日晚在青浦体育场举行,大型文艺表演分为 5 个篇章,即序"崧泽·传承"、第一篇章"彩蝶·飞腾"、第二篇章"水都·畅想"、第三篇章"新城·律动"和尾声"绿色·和谐"。艺术节期间的活动包含"古韵水都,和谐青浦""圆梦世博,共享欢乐""魅力水乡,快乐家园"三大板块,分别有 14 项、11 项和 19 项计 44 个重点项目。其间,各类文化活动形式多元,文艺演出、艺术展览、影片展映、才艺展示等活动交相辉映,专业演出、群众表演等有机融合、相得益彰;内容丰富,有以"世博"为主题的"世博年、水乡情"社区书画展、"迎国庆、庆佳节"世博城市文化体验日系列展演等活动,有融入国际国内多样文化元素的上海朱家角国际水彩画双年展、第四届朱家角水乡音乐节、实景园林版昆曲《牡丹亭》演出等,有展示家庭文化建设成果的"美好家园、和谐生活"区五好文明家庭事迹巡回演讲活动、2010 青浦家庭讲故事比赛等,有惠及广大外来建设者和基层群众的"同一片蓝天"文艺巡回演出、电影放映月等活动。一些社区文艺团队踊跃参加"魅力水乡人"青浦区优秀社区文艺团队"天天演"、"华新之光"首届村级文艺团队擂台赛、"欢乐世博快乐社区"徐泾镇"一村一居一品"社区文体节目展演、第六届"新赵巷人"才艺大赛等群文活动。

上海青浦淀山湖文化艺术节延续了青浦"广覆盖、保基本、促均衡、提水平"的文化民生理念,实现了整合集聚、内外联动、普及提高、融入百姓生活的目标,发挥了文化惠民的正能量,推动了青浦文化的提升。

四、上海黄浦旅游节

上海黄浦旅游节是上海旅游节的前身,始于 1990 年,每年秋天由黄浦区人民政府和上海市旅游事业管理委员会联合举办,融观光、购物、美食、文化娱乐于一体,其中文化活动所占比重较大。随着时代的发展,上海黄浦旅游节升格为上海旅游节,但始终以"人民大众的节日"为定位,以"走进美好与欢乐"为主题,吸引社会各界的大力支持和广泛参与,使上海旅游节成为上海建设世界旅游城市节庆盛典的标志。其中的品牌活动有旅游节开幕式和闭幕式、旅游节花车巡游暨评比大奖赛、微游上海等,成为文化和旅游相融合的市民体验节庆的活动,向海内外集中展现了四季上海的都市风光和都市人文的无穷魅力。

【首届上海黄浦旅游节】

首届上海黄浦旅游节于 1990 年 9 月 21—27 日举行,推出 20 余项活动,有"做一天上海市民""当一天浦东新村居民""浦江夜游""广场音乐会""中外茶文化交流""购物天地""红楼文化艺术展示""民族服饰展演""美食世界""上海之根"游等系列活动。其间,游客可观赏新外滩万国建筑雄姿及浦江美景,遍尝云南路美食街丰富的美食,参加中外"小天使"联谊联欢活动等。其中,"京剧大世界"、舞剧《金银舞饰》专场演出、"百鸟鸣叫、打斗比赛",民间工艺品陈列展销较有影响。

图 4‐2‐10　首届上海黄浦旅游节(1990 年 9 月 21—27 日)

【第二届上海黄浦旅游节】

1991 年,第二届上海黄浦旅游节以大型音乐舞蹈诗话《东方有一条路》为重头戏,进行了专场展示。这个作品是以庆祝中国共产党建党 70 周年为主题,黄浦区文化局组织区域内专业、业余艺术力量创作的,概括地反映了南京路 140 年的变迁,歌颂中国共产党领导下新民主主义革命和社会主义革命建设的光辉业绩。之后,该剧连续演出 6 场,6 000 多人观看了演出。旅游节期间,还有"小天使娱乐世界"上海连环画回顾展、汪怡记茶庄茶道表演、民间工艺品展览等各类活动。

【第三届上海黄浦旅游节】

1992 年,第三届上海黄浦旅游节举办了俄罗斯明星马戏团专场演出、"少儿欢乐世界"、中日衣文化交流展示、汪怡记茶文化交流、"首届春申扇文化交流"、华东地区国际标准舞精英荟萃、刮绒画艺术展览、"黄浦一日"摄影大奖赛、中外少儿联欢等群文活动。

【第四届上海黄浦旅游节】

1993年,第四届上海黄浦旅游节在南京路、外滩、金陵路、西藏路同时齐放华灯,组成绚烂的灯光环路。来自美、英、法、德等20多个国家的千余名外宾和7000余名市民一起,在南京路的大背景下欣赏了歌舞、表演方队和以名特商业、企业经营特色为造型的彩车队展示和巡游。这一年旅游节活动丰富多彩,其中露天广场音乐会、国际大奖杂技会演、卡通彩车巡礼、汪怡记茶艺交流、南京路购物抽奖、中外文化交流等活动,突出了旅游节的群众性,也呈现了几届活动连续性的品牌打造。旅游节历时7天,闭幕式在黄浦体育馆举行,闭幕式上举行了"黄浦星"命名仪式。紫金山天文台决定,将该台在1964年新发现的一颗小行星命名为"黄浦星",以一个城区来命名的小行星在全世界还没有先例。

【第五届上海黄浦旅游节】

1994年,第五届上海黄浦旅游节从区域性节日升格为全市性大型节庆活动,黄浦旅游节中的"黄浦"不是狭义的黄浦区概念,而是拓展为代表上海市的黄浦江。旅游节盛况空前,开幕式于9月21日晚在外滩举行,来自美、英、日、法等20多个国家的千余名外宾和数万名申城市民欢聚一起观看了激光表演,和平饭店北楼楼身成为激光表演的巨型屏幕,变幻出绚丽多彩的场景;彩车巡游展示将开幕式气氛推向高潮。上海东方电视台现场直播了开幕实况;中央电视台也作了转播,将开幕盛典通过荧屏展现在全国人民面前,使旅游节的参与度扩展到数亿人次。黄浦旅游节在弘扬高雅艺术的同时,借助民俗文化、群众文化活动,进一步扩大了旅游节的参与面。全市各区县倾情献演了"彩车巡游礼赞""中华美食献艺"等10大系列108项活动。黄浦公园、仙乐斯广场、人民公园、南京路构成的三点一线主体活动区域和徐家汇广场、华亭伊势丹广场、豫园商厦、佘山风景区、上海大观园等景点遥相呼应,组成了展示上海"一年一个样、三年大变样"建设成果的大舞台。其中,卢湾区华亭伊势丹广场举行的老年时装表演和京剧票友演唱,徐汇区天梦世界举行的斗马、斗牛、斗羊、斗鸡表演,南京路仙乐斯广场展演的全国各地婚俗礼仪,南市区举行的"民间收藏精品展",静安区举办的"江山多娇"少儿绘画比赛,青浦大观园展示的江南水乡风俗民情,古城松江表演由汉代沿袭至今的"喜庆巡街"等活动受到关注。还有"海派画苑盛会""中外桥牌掇英""红楼文化艺术""国际模特大赛""激光金曲欣赏"等活动体现了较高的艺术水准。

【第六届上海黄浦旅游节】

1995年,第六届上海黄浦旅游节由市旅游委、黄浦区人民政府和市广播电视电影局联合主办,于9月21—27日举行。旅游节以"浓郁的民族风情,独特的都市文化;让上海走向世界,让世界了解上海"为主题,注重参与性,通过观光游览、文艺欣赏、研讨交流、竞赛评比、美食购物等20个大类100余项活动,在全市范围内向中外游客展现了海派旅游的独特风尚。彩车巡游展示是黄浦旅游节的活动亮点,除有关区县、大企业集团制作的全面展示上海经济、文化、民俗、风貌的彩车外,还首次引入桂林市、苏州市及泰国、新加坡等城市和其他国家制作的彩车,有20辆构思独特的彩车在上海主要街道巡游,进一步促进了上海与外省市及世界各国之间的文化和旅游方面的交流与协作。

经过5年的运行,黄浦旅游节的规模和声势跨越了区域范围,成为上海1300万市民的节日,成为上海向海内外展示都市文化、海派风情的大型旅游节庆活动。

【第七届上海旅游节】

1996年9月21—27日,举行了第七届上海黄浦旅游节。这一年黄浦旅游节更名为上海旅游节,一个区域性的节庆活动,升格为全市级的节庆活动。上海旅游节由浦东新区管委会、市旅游委、市广播电视电影局、市文化局、黄浦区人民政府、南市区人民政府共同主办。共组织开展了40项活动,13个是涉外旅游活动项目,其中19个主要项目的活动在浦东新区举行。开幕式在浦东96广场举行,活动包括无锡三国水浒城的马队表演的"三英战吕布",浦东三林舞龙队、少儿舞龙队表演的

图4-2-11 第六届上海黄浦旅游节(1995年9月21—27日)

"龙腾狮跃",泰国6头大象表演,湖南醴陵烟花厂的大型烟花表演等。活动由杜冶秋、刘同标、魏芙等担任导演。同时举办的特色活动还有科克伦走钢丝、空中飞人、千人单骑游浦东、淮海公园的激光艺术展示等。旅游节展示了27辆彩车,其中65%的彩车由境外驻沪机构或跨国公司制作。20多个国家和地区的旅游团体及旅客参加了旅游节,国内外游客近百万人。

五、上海"虹桥文化艺术之秋"艺术节

"虹桥文化艺术之秋"艺术节是由长宁区委、区政府主办的文化节庆活动。2002年举办首届"虹桥文化艺术之秋"艺术节,2004年以后,在每年的金秋十月如期与百姓相约,是长宁区一项重要的节庆文化品牌。其对接上海国际艺术节,以打造上海文化大都市的亮丽风景线、打造长三角地区文化交流平台、为市民提供高品质文化产品和展示市民风采的舞台为主旨。2010年,"虹桥文化艺术之秋"艺术节与上海旅游节、购物节长宁区活动三节合一,文化与商业、旅游相互融合,产生叠加效应。每年的"虹桥文化艺术之秋"艺术节都设一个主题举行开、闭幕式,在为期2个月的艺术节期间举办各类文艺演出、商旅活动、讲座讲演、展览展示等文化项目,参与人数逐年递增。

2002年"虹桥文化艺术之秋"艺术节的主题是"相约虹桥"。10月1日在新虹桥中心广场举行开幕式,上海舞蹈学校、上海京剧院、上海轻音乐团、上海警备区文工团、长宁区少年宫等文艺院团参加了开幕演出;开幕式上表彰了长宁文化先进代表并授牌。11月21—23日,与市文广局合作举办了上海虹桥文化论坛。

2004年"虹桥文化艺术之秋艺术节"的主题是"祝福祖国",10月1日在中山公园大草坪举行了开幕式。其间,举办了国际民间艺术交流活动,邀请比利时KDF鼓乐团、意大利旗帜表演艺术团、加拿大歌手等进行了表演。同时,驻沪部队舞龙队、仙霞街道扁鼓队、北新泾街道女子锣鼓队、周桥街道腰鼓队等富有特色的团队也带来了中华民族优秀的民间文化表演项目。闭幕式于12月3日在长宁文化艺术中心举行,现场对长宁区群众文化工作的先进集体、先进个人进行了表彰。

2005年"虹桥文化艺术之秋"艺术节以"和谐长宁、欢乐虹桥"为主题,分别于10月1日与12月9日在中山公园大草坪和长宁文化艺术中心举行了开、闭幕式。在开幕式上颁发了"凝聚力之歌"合唱比赛、"中山公园天天演"等比赛奖项以及"虹桥文化之秋"组织奖、"2005长宁区群众文化组织者"奖、"2005长宁区群众文化优秀组织"奖。

2006年"虹桥文化艺术之秋"艺术节以"欢乐金秋"为主题。10月1日在中山公园大草坪举行"欢乐金秋——长宁区广场舞原创作品展演"暨第四届"虹桥文化艺术之秋"艺术节开幕活动,在庆祝中华人民共和国成立57周年的欢乐时节,艺术节为各社区、学校的业余团队打造了广场舞原创作品交流展示的平台。

2007年"虹桥文化艺术之秋"艺术节的主题是"美丽的长宁我的家"。10月23日在上海国际体操中心举行"美丽的长宁我的家"——庆祝中国共产党第十七次全国代表大会胜利召开暨"2007虹桥文化之秋"开幕式文艺晚会,活动整合区域内虹桥文化带专业院团的资源,精选全区各行业优秀的歌队,以歌会的形式展示了长宁的美丽和谐。11月23日在中山公园大草坪举行"彩虹之夜"——2007"虹桥文化艺术之秋"艺术节闭幕式暨"龙之梦"焰火晚会,并邀请长三角地区优秀艺术院团参演,表彰活动期间的优秀作品、先进集体和先进个人。活动规模、参与人数和影响范围为历届之最。在为期1个月的时间内,举办了各类文艺演出110场,包括中山公园音乐广场"天天演"、第五届上海国际魔术节暨国际魔术比赛等活动。其中,外国艺术团演出12场,长三角地区院团演出38场,上海专业院团演出10场,西郊农民画展、胡仁甫根雕展、费兴耀打火机展等各类展览30场,文物、书画、鉴赏等讲座22场,DV作品创作比赛、纪念肖邦钢琴比赛等比赛活动5场。长宁区1 200余支群文团队、15万人次参与。

2008年"虹桥文化艺术之秋"艺术节的主题是"世博号角",分为"颂歌·中华之情""精彩·我的舞台""相约·文化长宁"三大板块,通过舞台演出、讲座展览、文化交流及各项比赛等方式来迎接2010年上海世博会。10月1日在中山公园大草坪上举行"世博号角——庆祝中华人民共和国成立五十九周年广场舞展演暨2008'虹桥文化艺术之秋'艺术节开幕式",11月20日在天山电影院举办了"辉煌三十年——长宁区凝聚力之歌歌会暨2008虹桥文化之秋闭幕式",集中回望改革开放30周年来具有代表性的经典歌曲,歌颂改革开放30年的成果,讴歌新时期人民群众的新生活。

2009年"虹桥文化艺术之秋"艺术节以庆祝中华人民共和国成立60周年和迎世博为主题,举行了百场演出,搭建了长三角非物质文化遗产交流平台和虹桥文化带专业院团汇演平台。有几大亮点活动:"海宝之夜"——庆祝中华人民共和国成立60周年暨2009"虹桥文化艺术之秋"艺术节开幕式焰火晚会,演员们以载歌载舞的表演形式来演绎不同国家的海宝形象,整台活动以音乐、激光与舞台灯光交织变幻的视觉效果,以及欢快的海宝歌舞,营造热情欢快的节日气氛。还有国家和世界顶级赛事活动,包括中华小姐环球大赛、2009第六届上海国际魔术节、全国荷花杯舞蹈大赛等活动。此外,还有凝聚虹桥地区的专业院团,让市民实现同艺术家零距离接触的"世博韵"——虹桥文化艺术精品展,推进长三角非遗文化资源的交流的"江南俏——长三角非遗舞台表演艺术精品汇演",展现区域内中外家庭及社区艺术爱好者艺术才华的"凝聚长宁——中外群文艺术大联展"等。在"璀璨虹桥"第十一届中国上海国际艺术节群文活动闭幕式暨2009"虹桥文化艺术之秋"艺术节颁奖晚会上,总结了国际艺术节群文活动及"虹桥文化艺术之秋"艺术节期间举办的各类重大赛事,并为获奖单位和个人代表颁奖。

2010年,"虹桥文化艺术之秋"艺术节的主题是"畅享世博,炫彩长宁"。9月16日在新世纪广场举行"欢乐世博,缘聚长宁——2010上海旅游节、购物节长宁区活动暨'虹桥文化艺术之秋'艺术节开幕式";11月3日在新十钢视觉文化艺术产业基地露天广场举行"畅享世博,炫彩长宁——2010上海旅游节、购物节长宁区活动暨'虹桥文化艺术之秋'闭幕式颁奖晚会"。通过对旅游节、购物节、艺术节活动资源的重新整合,形成"饕餮盛宴乐活长宁""群星璀璨悦动长宁""文化之旅驿动长宁"三大板块。"饕餮盛宴乐活长宁"板块以购物节为主角,通过购物与文化、旅游的结合,打造26项活动,其中有"中国元素"——中秋系列文化活动、"乐活长宁"——购物文化活动等;"群星璀璨悦动长宁"板块以艺术节为侧重点,通过对市、区、长三角各级各类文化资源的整合利用,举办"群星璀璨"——社区群文系列活动,"艺术之缘"——市级专业院团舞台艺术精品展演,"田野芬芳"——长宁、金山、秀州农民画交流展,"异域风情"——波兰、奥地利等外国团队演出等活动;"文化之旅驿动长宁"板块以旅游为主线,通过与区内商业氛围和文化气息的融合,展现长宁的旅游环境,推介长宁的旅游资源,举办"与世博同行深度看城市"——小主人老洋房寻访之旅,"春华秋实"——金山旅游长宁社区巡演巡展、第十三届上海德国啤酒节等活动。其间,长宁区在世博园区内外开展了各类文化活动,59.7万人次参与,并与来自美国、法国、波兰、泰国、土耳其、肯尼亚、保加利亚、瑞士等国家的文艺团队开展了30余场中外文化交流活动。

围绕举世瞩目的上海世博会,"虹桥文化艺术之秋"艺术节以构建"时尚、精品、宜商、宜居"的国际城区为基点,通过对旅游节、购物节、艺术节三大节庆活动的整体打造,在区域内形成商、旅、文资源的大整合、大联动、大集聚,提升了长宁区的影响力和市民的获得感。

六、上海苏州河文化艺术节

2007年,普陀区创立以苏州河为主题的苏州河文化艺术节,经过数年磨砺和锻造,成为国际艺术节的"节中节"。苏州河文化艺术节以群文演出、文艺赛事、读书活动、文化论坛、展览展示等形式,反映苏州河文化建设成果,展示百年人文积淀。在每年为期1个月的苏州河文化艺术节期间,密集举办100多场重点活动,年均吸引市民30余万人次参与。其重点项目"新上海人"歌手大赛、"苏州河文化论坛""图书漂流""公益电影进社区"等活动多为全市首创,在全市乃至长三角地区和全国均有一定影响,多个项目获得国家级和市、区奖项。苏州河文化艺术节也是普陀区成功创建国家公共文化服务体系的示范项目"打造苏州河文化品牌,构建公共文化服务新空间"的重要组成部分。

2007年,苏州河文化艺术节以"魅力苏州河,畅想新普陀"为主题,分为开幕式、闭幕式、群众文艺展演、展览展示、读书活动和文化讲坛、电影展映等六大板块,开展了多场重点文化活动。2008年,苏州河文化艺术节以"和谐、奋进、激情"为主题,分为情系苏州河、畅想苏州河、创意苏州河、牵手苏州河、锦绣苏州河、放漂苏州河等六大板块,举办了包括在苏州河畔举行的千人原创诗歌朗诵会、记忆苏州河——苏州河工业文化收藏展、墨香苏州河——苏州河五区书法作品联展、印象苏州河——苏州河摄影作品展等文化活动。2009年,苏州河文化艺术节以"激情颂祖国,欢乐迎世博,展示新普陀"为主题,以纪念中华人民共和国成立60周年和迎世博为契机,举行普陀区庆祝中华人民共和国成立60周年大型游园活动、苏州河文化遗产博览论坛、苏州河文化艺术系列展览展示活动、"图书漂流·牵手世博"、普陀区青少年文体风尚节文化系列活动、"欢乐的社区"群众文艺展演活动等七大板块多场文化活动。2010年,苏州河文化艺术节以"唱响十八湾,魅力新普陀"为主题,分为激情苏州河、牵手苏州河、书香苏州河、写意苏州河、唱响苏州河、魅力苏州河、印象苏州河、炫动苏州河等八大板块活动,重点活动包括"长风杯"新上海人歌手大赛,巴金著作手稿、版本、书名篆刻联展漂流暨巴金论坛,长三角中国画名家精品展等。

七、上海闵行艺术节

上海闵行艺术节是展示创作成果的区域文化盛会,每5年举办一届。1994年9月首次举办,

2 000多名群众演员参与大型体育场团体舞展演,包括"时尚拉丁舞""校园集体舞"板块,拉开了大型体育场文艺展示的序幕。1999年9月26日,在闵行体育场举行"世纪风"第二届上海闵行艺术节、运动会开幕式大型文艺表演,5 000名演员参加了表演。其中,闵行区颛桥中心小学、颛桥中学800名学生表演的《颛桥鼓舞》,以引进的"安塞腰鼓"为蓝本创排,融入现代和江南元素,使《颛桥腰鼓》成为区域群众文化的名片。

2004年9月26日,"魅力新城"上海闵行区第三届艺术节、运动会开幕式,在闵行体育场举行,活动由市文广局、闵行区人民政府主办,整场演出分4个乐章,由7个大型团体舞、4 500名演员的表演组成。文化部社文司司长李宏、上海市文广局领导及1万多名市民观看了演出。其中,由舞蹈演员黄豆豆与群众鼓手同台表演的《时代鼓韵》将水鼓和劲舞结合,体现了奋发向上的精神;《激情扁鼓舞》展示了800名鼓手击鼓形成的波澜起伏的轮鼓画面;气势宏伟的《醒狮舞龙凤》运用120头广东的醒狮和21条舞龙和大凤,组成富有中华南北风韵的时尚鼓舞;由800名中学生表演的灯舞和1 000名舞者展示的踢踏舞,辅以山西运城的《高台花鼓》表演,使演出富有较强的立体感和观赏性。尾声通过1万名由花舞、学生舞、鼓舞、踢踏舞的演员组合演出,将活动推向高潮,5 000余名演员铺就"奔向未来"造型字样形成了热情澎湃的画面,受到观众好评。

2009年9月26日,"我们的城市,我们的未来"第四届上海闵行区艺术节、运动会开幕式在闵行区体育馆举行,文化部、上海市文广局领导及6 000多名观众观看了演出。2 000多名专业和群众演员参加演出,有体现社区时装走秀与京剧演唱相结合的京剧时装《春秋戏韵》;有300名学生表演的具有南北文化特色的颛桥腰鼓《海宝娃娃迎世博》;有展示都市文化特色的踢踏舞《舞动世界》;有100名教师表演的"花系列"品牌特色舞蹈《大地飞花春满园》;尾声由5 500名演员、上万名观众互动演绎大歌舞《和谐大家园》,将闵行市民创造的地域文化展示推向高潮。

八、其他品牌活动

【"闵行之夏"】

1986年7月16日至8月25日,首届"闵行之夏"举行,历时40天。有各类文艺演出67场,各种比赛30场,参与群众11万人次。此后,"闵行之夏"每年举行。

【普陀区"仲夏十二夜"活动】

1986年8月9—23日,普陀区"仲夏十二夜"在曹杨新村街道揭幕,举办200项活动,参加各类活动群众约10万人次。

1987年7月,普陀区举行"仲夏家庭文化荟萃"活动,1 000多个家庭及成员2 500多人参加了150多个项目的活动,观赏者达3万多人。

1989年8月19日,普陀区文化馆、曹杨街道办事处联合举办"曹杨新村家庭楼台歌会",12户家庭歌手在阳台上拉歌、对歌、邀歌。

【嘉定县"文化艺术节"】

1987年9月28日至10月5日,嘉定县举办"首届文化艺术节",举办7场文艺演出和5个艺术品展览会,观众达7万余人次。

【上海吴淞区首届文化节】

1987年9月28日至10月7日，"上海吴淞区首届文化节"在上钢五厂开幕，副市长刘振元为文化节题词。

【静安区文化艺术节】

1987年10月17—26日，"美在静安"首届静安区文化艺术节在区文化馆举行，分别举办"美在校园""美在街道"系列展览和"绝活表演"文艺专场演出。

【川沙县"川沙之春"】

1988年4月，受到"上海之春"的辐射影响，经川沙县文化馆倡议，川沙县文化局主办，联合组织开展以"川沙之春"命名的音乐舞蹈创作节目大展示，以推动川沙县音乐、舞蹈创作和表演艺术的提高，展示各乡群众音乐、舞蹈的成果。

活动得到市群艺馆、中国音协上海分会的大力支持。活动在川沙影剧院举行，举办上午场和下午场2场演出。川沙县37个乡选送的声乐类、器乐类、舞蹈类等创作节目悉数登场，20多个声乐作品，10多个器乐独奏和合奏作品，20多个小组唱、独唱、表演唱及5个舞蹈作品参加演出。这些作品都是川沙县各乡群众文艺骨干自己创作，由各乡文化馆组织排练演出的节目，作品乡土气息浓厚、贴近生活、短小精悍。其中，杨园乡选送的女生表演唱《上夜校》、男声独唱《农技员到农家》，凌桥乡选送的女声小组唱《夸夸川沙土特产》，江镇乡选送的女声独唱《月光下的小路》，川沙县文化馆选送的舞蹈《春苗》，川沙县文化馆选送的器乐小合奏《丰收山歌》等作品受到观众的好评。市群艺馆馆长纪广山，支部书记白云洲，音舞组组长田沛泽、杨飞君、陆廉，中国音协上海分会的杨振葵、徐以忠、沈传薪、张鸿翔和县文化局等20多位专家、领导与1000多位观众观看演出，并上台颁奖。该项活动至1992年共举办4届。1993年开始成为川沙县文化艺术节系列项目。

【"曹杨之春"社区艺术节】

普陀区曹阳街道自1990年开始举办首届"曹杨之春"社区艺术节，每年围绕一个主题开展各项文化活动，吸引社区居民和社会各界、外国友人广泛参与。每届艺术节参加人数少则几千人，多则数万人，既有综合文艺演出、群众文化竞技，也有绘画展览、棋牌竞赛、垂钓娱乐、茶道表演等。"曹杨之春"社区艺术节连续举办17届，成为区域群众文化活动的品牌项目。

"曹杨之春"社区艺术节在坚持艺术形式多样化的基础上，重点扶持和推动合唱、小品、歌舞等群众喜闻乐见、乐于参与的文艺作品创作，组织社区团队培训，不断提高社区文化的影响力和感召力。2005年，社区文化活动中心老年合唱团创作的合唱歌曲《人民公仆正气歌》获上海市老年合唱创作表演金奖，并被评选为上海市反腐倡廉优秀创作歌曲。

2006年以后，曹杨社区的群众文化工作本着"凝心聚力，服务群众"的理念，开展多层次社区文化活动，以优质的服务吸引社区居民参与活动，每年开展各类文艺活动100多场次，利用休闲街广场举办"周周演"活动26场，利用文化中心展厅，开展绿化盆景、插花鉴赏、花艺制作、根雕艺术、老年摄影展览以及各类文艺活动31次。

【上海静安金秋活动节】

1992年10月15日，"'92上海静安金秋活动节"闭幕，历时40天精心组织的8大系列33类

106 个活动项目,吸引了近 200 万国内宾客和 35 个国家、地区的 2 万余人参与。

【卢湾区大型广场文化系列活动】

1993 年 9 月 26 日至 10 月 10 日,卢湾区在复兴公园推出万余人参与的大型广场文化系列活动。

【上海桂花节】

1994 年 9 月 28 日至 10 月 6 日,"'94 上海桂花节开幕式暨'桂花秋韵'文艺晚会"在徐家汇广场举行。桂花节接待市民游客 300 余万人次。

【前卫金秋文化旅游节】

1994 年 10 月 8 日,崇明县大新乡前卫村举办"前卫金秋文化旅游节"。这是全市第一个村级单位举办的文化旅游节,副市长龚学平前往祝贺。

【崇明县灶花艺术节】

2005 年,崇明县文广局与向化镇人民政府、崇明县旅游局、崇明县农委联合主办的首届"南江风韵杯"崇明县灶花艺术节在崇明县向化镇南江风韵度假村举行,其宗旨是传承保护崇明民间艺术——灶花。其间,举办灶花大赛,组织全县优秀的灶花绘制能手参赛,通过全市多家新闻媒体的报道,扩大了灶花艺术的社会影响。

2006 年,举办第二届灶花艺术节,除组织灶花绘制手参赛外,还组织少年儿童参加描灶花比赛。

2007 年,举办第三届灶花艺术节,组织灶花绘制比赛和农村传统点心制作表演赛。

2008 年,举办第四届灶花艺术节,活动包括灶花绘制表演赛、灶花摄影作品征集赛和农家传统点心制作邀请赛。

【宝山罗店龙船文化节】

2006 年 10 月 22 日,上海宝山罗店龙船文化节开幕,23 个国家和地区千余位民间艺术家参加中国龙船表演。

【奉贤菜花节】

2008 年 3 月 29 日至 4 月 12 日,由奉贤区人民政府主办,庄行镇人民政府、区旅游事业管理局、区农业委员会联合承办的"2008 上海奉贤菜花节"在庄行镇举行。在万亩油菜花海旁,主办方推出田园爱情派对、菜花写生、奉贤农副产品展销等 24 项主题活动,不设门票,让游客感受田园闲趣。

菜花节历时 2 周,活动分为田园爱情派对暨婚纱外景拍摄活动,"花海美丽行"花仙子风采展示,"情系奉贤、花海奉贤"志愿者环保活动奉贤乡村摄影、写生大赛,奉贤农副产品展示,长三角百家旅行社游,奉贤长三角乡村旅游论坛等主题项目和榨菜油作坊、菜花插花、编织、民俗文化展示(滚灯制作、纸艺灯)、儿童嘉年华、菜花迷宫、滚灯、舞狮、皮影戏、山歌剧等传统民俗表演以及九子游戏、休闲垂钓、自行车户外运动、油菜科普展示等项目。

第四节　系统节庆活动

一、上海家庭文化节

上海家庭文化节是受群众喜爱的一项文化活动,也是上海人民热爱生活、向往未来的一个缩影。

1989年9月7日,由市文明办、市妇联、长宁区委区政府联合主办的"爱我上海、爱我家——上海市首届家庭文化节"在长宁区文化馆开幕,开幕活动是在各区县陆续开展5个月的家庭文化系列活动的基础上进行的。其间,全市各区县组织各类家庭文化活动7 000多场次,参加人次近100万。

1991年9月21日,由市文明办、市妇联、市文化局、市保险公司等20多家单位联合主办的上海市第二届家庭文化节开幕式在上海电视台的大演播厅举行,活动以"爱我上海、爱我家"为主题。市政协主席谢希德、市人大常委会副主任胡传治、市政协副主席张瑞芳、市妇联主任邢至康、市委宣传部副部长刘吉、市妇联副主任梁光璧和有关领导及家庭文化节组委会成员出席开幕式;全国人大常委、全国妇联书记处书记胡德华也出席了开幕式。

1993年9月22日至10月10日,以"家庭幸福、邻里情深"为主题的上海市第三届家庭文化节拉开帷幕。开幕式上,市文明办主任郭开荣宣读了市精神文明建设活动委员会、市委宣传部、市妇联联合表彰105户家庭的决定,并向他们授予市"五好家庭"的称号;《文汇报》副总编辑吴振标宣读由市妇联和《文汇报》主办、江阴市工艺美术厂协办的"红豆杯"十佳上海家庭名单。市委常委、市政协主席陈铁迪,副市长龚学平,全国妇联书记处书记张连珍等有关方面领导出席了开幕仪式。文化节期间,全市举办了"上海家庭征文评选"等16类近200余项大型活动,拍摄了"沪上邻里情"电视系列专题片。250万余户家庭,近千万人次参加活动。

1995年5月15日,上海第四届家庭文化节开幕,围绕"文明的上海,温馨的家"的主题,根据上海市精神文明建设三年规划,通过举办各项活动,以提高市民素质和城市文明程度,提高家庭成员的道德内涵、知识内涵、审美内涵,发挥家庭文化建设在精神文明建设中的独特作用为活动宗旨。活动中,包起帆等100户当选为上海市"五好家庭"的代表上台领奖;"五好家庭"代表岑毅、赵美珍、顾益龙等介绍了家庭成员互勉互助、共同为社会作贡献的体会;受表彰的100户"五好家庭"向全市家庭发出"人人争当新时代合格市民"的倡议书。副市长龚学平出席了开幕式。家庭文化节期间,还举办了上海家庭电视展评活动、"十佳上海家庭"评选活动、"我爱你上海——我与爸爸妈妈寻根"活动和家庭学法活动等。

1997年5月14日,上海市第五届家庭文化节开幕。开幕式上,陈赛娟、陈竺等100户上海市"五好文明家庭"受到表彰。浦东新区潍坊街道杜领妹、长宁区天山街道陈敏元、崇明县合兴乡张敏娟和南市区小东门街道彭翠娣介绍了各自家庭弘扬中华民族美德的事迹。部分受表彰家庭还组成了"上海市家庭美德"专题报告团,家庭文化节期间在全市作巡回演讲。100户1995—1996年度上海市"五好文明家庭"向全市450万户家庭发出了遵守上海市家庭美德"十要"行为准则的倡议书,提出要争做家庭美德"十要"的带头人,争做创建文明小区的带头人,争做精神文明建设的带头人。

"歌颂母亲"是1999年第六届家庭文化节的主题,恰逢中华人民共和国成立50周年。节日期间,在展现上海母亲时代形象的同时,充分展示了上海家庭文化建设的成果,使上海市家庭文化节成为人民群众自己的节日。1999年9月11日,上海市第六届家庭文化节开幕式在莘庄绿荫大道举行。市委副书记龚学平,市委常委、市委宣传部部长金炳华在上海市第六届家庭文化节开幕式上提出,"五好文明家庭"创建活动和家庭文化建设一定要与社区精神文明建设相结合,发挥"五好文明家庭"的带头示范效应,在社区管理、社区教育、社区文体、社区服务、社区环境中当主人;家庭文化建设工作基点要放在提高家庭成员思想道德素质和科学文化素质上。

2002年上海市第七届家庭文化节的主要内容是向社会展示上海家庭文化建设的成果,倡导健康文明科学生活理念,使家庭文化节成为群众文化工作独具魅力的文化大舞台。家庭文化节活动达300多项,参与家庭近70万户。家庭文化节以"让生活更美好"为主题,先后在美琪大戏院和沪东工人文化宫举办了以"让家庭走进音乐世界"为主旨的音乐普及专场,吸引了数千户家庭成员观看演出。

2006年9月15日,上海市第九届家庭文化节、第八届家庭教育宣传周暨中国女红文化展在上海图书馆揭幕。市委副书记王安顺在开幕式致辞,并为"母亲的艺术·中国女红文化展"开幕式剪彩。开幕式上,市"五好文明家庭"代表倡议全市450万户家庭积极弘扬中华礼仪文化、学习文明礼仪知识、践行公共道德活动。293户"五好文明家庭"、100户学习型家庭受表彰。

二、上海职工文化艺术节

上海职工文化艺术节是上海职工创立的一个文化品牌,由上海市总工会策划,得到市委、市政府领导的支持。市委副书记陈至立为上海职工文化艺术节题词:"抒浦江儿女创业豪情,展沪上职工艺术才华。"职工文化节对丰富职工业余文化生活,推进企业文化建设发挥了重要作用,并为职工提供了一个展示才艺的舞台。

上海职工文化艺术节于1991年创办,每届文化艺术节职工参与面广泛,形式多样,人才辈出,作品纷呈,成为反映上海企业文化发展的一个特色项目。1991年10月5日,第一届上海市职工文化艺术节(博览会)拉开帷幕。设有戏曲、曲艺、小品、舞蹈、重唱、小组唱、器乐、摄影、时装表演、班组娱乐大赛、收藏精品展、职工书法美术展等11个比赛专场和30个分场活动。

1993年11月29日,市级机关"首届文化艺术节"在市工人文化宫开幕,市委常委、副市长徐匡迪,副市长龚学平参加。

1997年7月4日,第四届上海职工文化艺术节暨书法美术展、摄影展、精品收藏展在上海美术馆开幕,市委副书记孟建柱,市委常委、市委宣传部部长金炳华等领导出席了开幕式,市委副书记陈至立为职工文化艺术节题词。职工文化艺术节以庆祝香港回归、迎接党的十五大召开为主题,举办了书法美术展、摄影展、精品收藏展、"美在上海"职业服饰形象展示、"我爱祖国我爱党"职工合唱大赛、职工大锣鼓比赛、企业文化理论研讨和"中国人、中国魂"电影知识竞赛等14个专题活动,数百名职工书法爱好者在开幕式上即席进行了书法表演。

1999年5月25日,以"再创新业绩、奔向新世纪"为主题的第五届上海市职工文化艺术节开幕式文艺晚会在沪东工人文化宫举行;此前,开幕仪式在沪东工人文化宫大道的"迎接上海解放"大型雕塑前举行。上海市委副书记龚学平,市委常委、市委宣传部部长金炳华等领导出席了开幕式;解放前夕参加护厂的老纠察队员、渡江大队的英雄与李白、王孝和烈士的子女等受邀参加了开幕式;袁岳、王盘生、魏启明等演员也分别参加了演出。

2001年,在迎接中国共产党诞生80周年之际,市总工会举办第六届"我为党旗增光辉"职工文化艺术节。通过创意策划,组织广大职工开展热爱党、热爱祖国、热爱社会主义的业余文化艺术活动。

上海职工文化艺术节到 2013 年举办第七届活动,此后每两年举办一届,成为上海职工业余生活中不可缺少的一项群众性文化活动。

三、教委系统节庆活动

1982 年开始,市教育局牵头组织,广泛开展青少年学生文化艺术活动。市教育局主办的上海市少年儿童"布谷鸟音乐节"、上海市少年儿童"小孔雀"歌舞节、上海市"金孔雀"学生舞蹈节、上海市大学生校园文化节、上海学生戏剧节等活动,成为上海校园文化中的品牌活动,受到全市广大师生的喜爱。

图 4－2－12　上海市职工文化艺术节第二届"五一文化奖"颁奖典礼(2008 年)

【上海布谷鸟音乐节】

经中国福利会少年宫倡议,1958 年由中国福利会、上海市教育局、团市委、中国音乐家协会上海分会、上海文艺出版社、上海人民广播电台等单位联合举办上海市首届"布谷鸟"歌咏节。至 1966 年每年举办一次,"文化大革命"期间中断。1976 年以后,中国福利会与市教育、文化等部门开始酝酿恢复举办"布谷鸟"歌咏节。自 1979 年开始,每年 3—5 月,全市开展"布谷鸟"歌咏节活动。恢复后的上海"布谷鸟"歌咏节活动定位是展示上海校园文化与艺术教育的成果,以活跃中小学的校园文化生活,培养优秀艺术人才为主旨,成为上海市中小学校园文化中的一个品牌活动,受到全市广大师生的喜爱,也为全国的专业艺术院校和团体选送了许多优秀的艺术人才。

1979 年 6 月,第二届上海"布谷鸟"歌咏节期间,全市 90％的学校开展"大家唱"活动。1980 年 5 月,市教育局举办上海第三届"布谷鸟"歌咏节,全市 88 万小学生中的 83 万人参加了歌唱和赛歌活动。1981 年 5 月 13—24 日,全市举行上海第四届"布谷鸟"歌咏节演唱比赛,分为 6 个主题专场进行,演唱近 200 首歌曲。

1982 年,上海市"布谷鸟"歌咏节更名为上海市少年儿童"布谷鸟"音乐节。4 月 10—11 日,第五届上海市少年儿童"布谷鸟"音乐节在中国福利会少年宫分别举行声乐和器乐节目的调演,22 个少年宫、上海人民广播电台少年儿童课余合唱团和 80 多所中小学参演,演出 90 多个声乐、器乐节目。29 个单位获得"布谷鸟"合唱队奖;8 名同学获"布谷鸟"歌手奖。

1984 年 3 月,市文化局、团市委、中国福利会等联合举办上海市少年儿童第六届"布谷鸟"音乐节。

1987 年 7 月 5 日,由中国福利会、市教育局、市文化局、团市委、中国音乐家协会上海分会、市妇联等单位联合主办的第七届上海市"布谷鸟"音乐节在中国福利会少年宫开幕。

1989 年 1—7 月,举行上海市少年儿童"唱好歌"暨第八届"布谷鸟"音乐节系列活动。7 月 6—8 日,在中国福利会少年宫举行了 6 场决赛活动。

1998 年,由市教委、市教育发展基金会、市文化局、市广电局等联合主办的"1998 上海市'布谷鸟'学生音乐节"开幕,以展示申城校园文化和艺术教育成果。上海各高校也积极参与,向中小学生展示大学生的艺术风采,成为活动的重头戏。他们分别与上海交响乐团、上海广播交响乐团、上海歌剧院等联手举办了 30 多场交响乐欣赏专场活动,许多高校还结合交响音乐会开设各类讲座,普及交响音乐知识,进一步提高学生的欣赏能力,加强校园文化建设。活动 12 月 5 日闭幕,396 支歌队、23 000 多名学生参赛。

2002 年,上海市"布谷鸟"学生音乐节由市教委、市文广局、市劳动和社会保障局、团市委、中国福利会、市教育发展基金会、市艺术教育委员会联合举办。此后,每届布谷鸟音乐节的比赛活动,均有数万名学生和四五百支歌队与乐队登台演出,角逐音乐节比赛的各项大奖,使上海市"布谷鸟"音乐节成为全市大、中、小学生崇尚艺术、走进艺术殿堂的一个平台。

【少年儿童戏剧节】

1980 年 9 月 26 日,中国福利会少年宫、市教育局、团市委、中国戏剧家协会上海分会联合举办上海市第一届少年儿童戏剧节。

1983 年 7 月 18 日至 8 月 1 日,市文化局、中国福利会、团市委、市教育局、市妇联、中国剧协上海分会联合举办上海市第二届少年儿童戏剧节,全市各学校、市少年宫的 124 个剧(节)目参加了 9 场展演,其中 40 个剧(节)目获奖。

【上海市少年儿童"小孔雀"歌舞节与上海市"金孔雀"学生舞蹈节】

1981 年 9 月至 1982 年 2 月,由市妇联、市教育局、团市委、市文化局、市文联、中国福利会等单位联合主办第一届上海市少年儿童"小孔雀"歌舞节。1982 年 3 月 28 日,上海市少年儿童"小孔雀"歌舞节颁奖大会在中国福利会少年宫举行。全市中小学创作了 700 多个集体舞和歌舞作品,4 000多名少年儿童参加了排练演出;各基层学校还创作了近 400 个集体舞节目,79 个节目分别获得创作奖和演出奖。全市 70 多万少年儿童参加了集体舞活动。"小孔雀"歌舞节,是为增进少年儿童的身心健康,培养少年儿童高尚的生活情趣及对歌舞艺术的爱好而开展的群众性小歌舞创作、娱乐活动。此后每两年举办一届"小孔雀"歌舞节。

1984 年 1 月 2 日,第二届上海"小孔雀"歌舞节在上海市少年宫举行。共有 56 个节目参赛,《校园的早晨》《小牧民》《小火车》《苗苗爱祖国》《擦窗舞》《报童之歌》等节目获好评。全市有 1 500 多所小学和 66 所中学的 33 万名学生参加了"大家跳"集体舞活动。

1986 年 7 月 12—14 日,由中国福利会、市文化局、市教育局、团市委、市妇联、中国舞协上海分会、市少儿文化艺术委员会 7 家单位联合主办第三届上海"小孔雀"歌舞节。93 个歌舞节目参加演出。

1993 年 10 月 26 日,举行"1993 上海市学生金孔雀舞蹈比赛"。同年 11 月,市教委、市艺术教育委员会举办上海市"金孔雀"学生舞蹈节,创作推广近百个校园集体舞作品。至 1999 年,上海市"金孔雀"学生舞蹈节举办多次。

【上海市大学生校园文化节】

上海市大学生校园文化节是全市大学生的节日。文化节期间,进行大合唱、话剧(小品)、诗歌、声乐、舞蹈和辩论等 6 项比赛,同时开展美术、集邮、武术、桥牌等大学生社团巡礼活动,举行"'五四'精神和校园文化建设"及"高校学生社团工作研究"等大型研讨会。

1989 年 5 月 2—9 日,在纪念"五四"运动 70 周年之际,市高等教育局、团市委、市学生联合会举办上海市大学生校园文化节。与此同时,为了与市校园文化节相呼应,复旦大学举办"五四"校园文化艺术节,上海交通大学举办"爱国、荣校、求知、发展'五四'文化系列活动",华东师范大学举办第四届"华夏之光"校园文化艺术节。此外,华东化工学院、上海外国语学院、上海医科大学、上海工业大学等校都举办了各具特色的文化艺术节。

1992年3月20日,市教委、市高教局、团市委和市学联等单位联合主办的"'92上海大学生校园文化系列活动"开幕。

【上海市学生艺术节】

1991年10月2—20日,市教委、市文化局、市艺术教育委员会举办以"歌颂祖国、热爱艺术"为主题的上海市首届学生艺术节,其间,演出600多个文艺节目,展出900多件艺术作品。

1996年4月16日至10月16日,市教委、市文化局、市广电局、市劳动局、团市委、中国福利会联合主办上海市第二届学生艺术节。全市近200万大、中、小学学生参加了3 000多项艺术活动,3万多学生参加市级比赛,收到学生艺术作品5 000多件,创作了300多件艺术作品。

2001年3—12月,上海市举行第三届学生艺术节。艺术节期间,36所高校的132个节目参加了市级艺术歌曲演唱比赛;中小学校展演优秀儿童剧超过1 000多场;万余名学生在"330七彩大舞台"中展示了艺术才华;各高校与区县举行了艺术节调演专场130多场,有近百万大中小学生参与了艺术普及活动。

2005年11月12日,上海市第四届学生艺术节历时9个月,在艺海剧院落幕。艺术节开展了声乐、舞蹈、器乐、戏剧、书法、绘画、摄影、工艺等各类艺术活动,吸引了百万学生参加,涌现出490个优秀节目和近千件美术作品,闭幕式上命名表彰了56所"2005年度上海市艺术教育特色学校"。

【上海学生戏剧节、上海大学生话剧节】

1994年4—10月,市教委、市文化局、上海文化发展基金会等11个单位联合举办"'94上海学生戏剧节"。150个节目参赛,参加演出的学生约1 100多人。

2000年上海学生戏剧节以"奔向新世纪,为祖国而歌"为主题,全市100余万学生参与了20多项活动,375个节目参加了市级比赛。复旦大学、上海戏剧学院、徐汇区教育局等10个单位获得优秀组织奖;上海交大的小品《心中的金牌》、崇明中学的小品《这是为什么》、市实验学校的诗歌朗诵《班级的天气》等74个节目获得一等奖。

2004年4月26日,以"多彩的生活,美好的家园"为主题的2004年上海市学生戏剧节在复旦大学拉开帷幕。学生戏剧节由市教委、市文广局、市劳动和社会保障局、团市委、中国福利会等8家单位联合主办,旨在鼓励学生通过自创、自演"校园故事""家庭故事""社区故事""社会故事",反映身边的新人新事、新思想、新风貌。

同年9月19—29日,全市举办由团市委主办,上海市戏剧家协会、上海话剧艺术中心承办的第一届上海大学生话剧节。

2005年10月6日至11月5日,团市委主办、上海话剧艺术中心承办上海市第二届大学生话剧节。

2006年6月9日,第三届上海市大学生话剧节在各大高校开幕。话剧节立足"弘扬话剧文化,鼓励原创剧目,建设合作平台,扩大校园影响"的宗旨和信念,提出"以话剧演绎青春,用专注赢得关注"的理念,各高校话剧社团踊跃参赛,对经典剧目的模仿减少,校园自主原创的剧目增加,参赛剧目的数量和质量超过前两届。

2010年11月7日,历时近3个月的第七届上海市大学生话剧节落下了帷幕。话剧节以"传统经典的演绎和生与死的探讨"为创作主题,主张让更多学生能够以一个参与者的身份走进剧场,身临其境地感受戏剧的魅力,涌现了不少主题深刻的原创剧本和接近专业水平的演出。大学生话剧节还特设了"最佳原创音乐奖",上海金融学院小品相声协会的《以爱之名》以俏皮生动的原创歌词和朗朗上口的曲调摘得该奖项。

【杨浦区参与承办的复旦大学百年校庆文化活动】

2004 年 9 月 24 日,中共中央宣传部宣教局、教育部社政司联合支持,中共上海市委宣传部、市教委协办,中国教育电视台、复旦大学、上海东方卫视、北京联合频道国际文化有限公司共同承办,复旦大学举行"祖国万岁、青春万岁"庆祝中华人民共和国成立 55 周年暨迎百年校庆大型文艺晚会,近 9 000 名观众观看了由众多演员及复旦学生共同献演的节目。复旦大学党委书记秦绍德、校长王生洪分别发表了讲话;复旦校友李岚清专程为晚会题词"青春万岁"。复旦大学附属小学学生深情演唱了由李岚清谱写的《蓓蕾之歌》。

2005 年,杨浦区与复旦大学共同策划举办百年校庆为主题的"共同拥抱"大型音舞诗画晚会,"我眼中的百年复旦、百年杨浦"读书活动和"走进复旦,走进杨浦"大型画展、大型系列文化活动以迎接复旦百年校庆。5 月 27 日晚,"共同拥抱"大型音舞诗画晚会在复旦大学南区体育中心举行。市委常委、市委宣传部部长王仲伟,复旦大学党委书记秦绍德、市委副秘书长姜樑,市政府副秘书长姜平,市文广局、团市委领导以及杨浦区四套班子领导出席了晚会。整台晚会以音乐、舞蹈、诗歌、大屏幕播放视频为主要艺术表现形式,通过一批表演艺术家和高校、部队、社区文艺团队的 300 名演员的演绎和 8 000 多名观众互动,以鲜明的主题、精心的构思、宏大的整体效果,展现了复旦大学的百年风采,反映了杨浦人民建设家园的精神风貌,展示了杨浦区和复旦携手建设知识创新杨浦的热情和决心。此外,4—10 月,在区委宣传部牵头下,杨浦区文化局与教育局等 5 部门联合主办了"我眼中的百年复旦、百年杨浦"读书活动;由区政协主办,杨浦画院、沪江书画院、复旦大学书画篆刻研究会承办的"走进复旦,走进杨浦"大型画展于 5 月 26 日至 6 月上旬在沪东工人文化宫举行。

【2008 年上海市学生舞蹈节】

2008 年 7 月 2—12 日,市教委、市文广局、团市委、中国福利会、市艺术教育委员会等单位联合主办以"舞蹈青春·欢乐校园"为主题的上海市学生舞蹈节。

舞蹈节自 3 月拉开帷幕后,各校的艺术、体育教师纷纷联手编排适合学生年龄特点的校园集体舞,充分利用"三课两操两活动"的体育锻炼和课外文化艺术活动时间,进行校园集体舞的推广普及活动。各学校还结合学校艺术节、"六一"儿童节、"五四"青年节、"迎奥运"、"迎世博"等内容主题,面向全体学生,组织开展形式多样的舞蹈欣赏、培训、普及、推广、展示、会演等系列活动,涌现出一批具有时代特征、学生特点、校园特色的舞蹈新作品。7 月 2 日、11 日、12 日,来自全市 19 个区县的200 多个优秀节目,近万名青少年学生参加了集体舞和表演舞两个项目的市级比赛,呈现出上海学生良好的艺术素养和积极向上的精神风貌。11 月 19 日,舞蹈节举行隆重的闭幕式,精选出的优秀节目进行了集中展示。

【"小童心　大中国"——上海少儿纪念改革开放三十年暨迎接中华人民共和国成立六十周年系列活动】

2008 年 11 月 18 日,市教委、中国福利会、市文明办、中国福利会少年宫和市科技艺术教育中心在中国福利会少年宫联合举办"小童心　大中国"——上海少儿纪念改革开放 30 年暨迎接中华人民共和国成立60周年系列活动。活动持续到2009年6月,结合少儿寻访活动,开展了"我与祖国心连心"邮票设计大赛、"我为祖国唱首歌"儿童诗歌活动、"我的祖国"摄影大赛三个专题活动。

四、老年文化艺术节

1999年,由市民政系统牵头,上海市老龄委等单位创办第一届老年文化艺术节,以鼓励更多的老年人向社会展示健康向上的银发风采,唤起全社会对老年人价值的关注。之后每两年或三年举办一届,至2010年,共举办5届。之后持续举办,成为上海长者群体用各种方式展示"老有所学、老有所用、老有所为、老有所乐"的精神面貌的平台。

其中,2002年9月6日至10月28日,举办"以文化艺术和科学健身"为主题的上海市第二届老年文化艺术节,活动由上海市老龄委办公室、市委组织部、市委宣传部、市人事局、市老干部局、市文化广播影视局、市退管会等单位主办。28.3万人次的老年朋友参加了文化体育类、展示类、专场演出类等活动,涉及戏曲、书画、摄影、体育、广场文化活动等多个门类。市委常委、副市长冯国勤等领导出席开幕式和首场歌咏比赛,来自全市19个区县的上千名老人欢聚一堂,用歌声抒发他们对生活的热爱,展示健康的银发风采。

第五节　民　俗　活　动

民俗活动蕴含着世代相传的民间文化风尚、习俗,同时又具有时代色彩,包括民俗节庆活动、庙会活动等。上海的民俗文化活动自1990年代前后逐步展开。1991年1月,上海历史文物陈列馆在上海博物馆展厅举办春节风俗展览。同年,由上海市民族委员会、市园林局、市文化局、市旅游局、新雅国际集团、长宁区人民政府、长宁区文化局等联合主办首届中华民俗风情大型游艺会,规模宏大,展示了各地民风民俗,弘扬了丰富多彩的民俗文化。

一、春节和元宵等迎春文化活动

1978年2月2日,杨浦区、静安区、普陀区、长宁区、卢湾区、虹口区、南市区、徐汇区8个区和上海市工人文化宫的业余作者近300人在市工人文化宫举行迎春赛诗会,涌现出300首新民歌。

1983年1月28—30日,宝山县举办"罗店民间文艺年会"和"宝山民间文艺年会",这是中断25年后首次举办的年会。古镇各色纸扎旱龙船、彩灯琳琅满目,25万群众前往观赏。后续还与虹口公园联合举办了"彩龙灯会"。

同年2月24日至3月1日,长宁区工人俱乐部举办灯会。有90岁高龄的灯王何克明亲自扎制的"松鹤延年"灯、"喜(鹊)上眉(梅)梢"灯,还有武术、高跷和龙灯舞、划龙船、江南丝竹、打连湘等民间传统节目助兴,并燃放了焰火。从这一年开始,长宁区工人俱乐部和长宁区文化馆多次举办此类灯会。

同年2月27—28日,闸北区文化科等多个单位在闸北区工人俱乐部联合举办元宵灯会,展出彩灯200盏,观众达8 000余人次。

1984年正月初二,长宁区人民政府主办、长宁区文化馆承办的"长宁民间艺术年会"开幕,展示了荡湖船、踩高跷、蚌舞、舞龙舞狮、民间剪纸、捏泥人、民间歌舞、戏曲等中国民间传统文化艺术活动,为期 3 天的活动吸引了约 3 万名市民参加。

同年 2 月 14—16 日,闸北区举办"闸北区人民新春文艺、体育年会",彭浦文化馆、闸北区工人俱乐部和区域内的 11 家工厂举行了 18 台文艺演出。

同年 2 月 16 日,市青年宫元宵灯会在"大世界"游乐中心揭幕,展出了宫灯、龙灯、壁灯、挂灯、动物灯、走马灯等。灯会还展出了从温州市园林处运到上海的仿古珠灯,此灯相传系 260 年前清康熙年间诸氏家族的遗传之物,在 1979 年重新修复前有 35 年未曾公开展示。灯会展出的还有"江南灯王"何克明制作的动物灯和历史人物灯、号称"壁灯王"王坤荣制作的浮雕式壁灯、号称"亭台走马灯王"王剑影制作的走马灯。同日(农历正月十五),市文化局与嘉定县政府联合举办的上海市农村元宵灯会开幕演出在嘉定影剧院举行,来自全市 7 个区县 70 多个单位和嘉定各乡镇和市属、县属企事业单位组成的 4 000 多人的演出队,走上街头展示挑花灯、荡湖船、踩高跷、舞龙舞狮、打莲湘等40 多种民间艺术形式,表演了 118 个民间歌舞节目。"行街"队伍的周围,汇聚了观众约 20 万人次。晚上"出灯",2 700 人舞着龙灯,组成一支长达 2.7 公里的民间文艺表演队伍,演员们手持程式彩灯,乘坐各式彩车,汇入长街。市人大常委会副主任陈沂、市政协副主席宋日昌与几十万市民一起参加了灯会活动。

图 4-2-13 "上海市农村暨嘉定县元宵灯会"民间文艺演出(1984 年)

同年 2 月 16—18 日,新民晚报社和上海电视台等单位与市工人文化宫联合举办"春申谜会",开展征文活动和电视猜谜节目等系列活动。全国 21 个城市的谜界人士联袂来沪,3.4 万多人参加了现场活动。

1986 年 2 月 21 日至 3 月 8 日,静安区"虎年元宵灯会"在区文化馆举行,中外来宾近 2 万人次前来参观,上海电视台进行了实况转播。灯会由静安区文化局、教育局、工会、团区委、体委及中国民间文艺研究会上海分会联合举办。活动由民间彩灯展、民间艺术表演、戏曲流派演唱、书画比赛、特色风味小吃、现代灯具展销、燃放焰火等 7 个部分组成。

1987 年 2 月 12—14 日,静安区元宵灯会在全区 10 个街道同时举行,共展出彩灯 1 522 只,50多个单位约 4.5 万人次参加了灯会活动。

同年 3 月 2 日龙年元宵节,市文化局、市总工会、团市委、上海人民广播电台在上海体育馆联合举办元宵百龙大奖赛。大赛是上海有史以来规模最大的百龙赛事,各区县参赛舞龙队有近百个。体育馆正门,84 面招展的龙旗、华盖和 19 条翘首摆尾的飞龙迎接着入场的观众。赛场中央悬挂着两面八米高的大旗,上书"百龙大赛"会标。鼓手们擂响战鼓,伴随音乐声,参加决赛的 8 个龙队的30 条彩龙轮番舞上赛场竞技。最终,嘉定县工人俱乐部的《龙的传人》获得特等奖,南汇县新场舞龙协会的《四龙献宝》、上海县的《龙腾虎跃》获得优秀奖。

1989 年 2 月 20 日,全市举办"'89 复兴灯会""豫园灯会""文庙元宵灯会"等一系列灯会,吸引了数百万市民参与,共同欢度蛇年元宵节。

同年 12 月 30 日,金山县举行"1990 年迎春文艺晚会",市长朱镕基登台演唱京剧《龙凤呈祥》选段。

1991 年 2 月,市群众艺术馆、浦东新区、杨浦区、川沙县文化馆联合举办"开发浦东、振兴中华"

全国部分省市灯谜创作邀请赛。

1998年1月20日,静安区政府举办"1998静安迎春民俗文化节"。

1999年2月18至3月7日,嘉定区政府主办的"1999嘉定迎春文化灯会"在秋霞圃举行。

2006年2月12日,市文广局、徐汇区人民政府、上海文广集团共同主办的"2006欢乐上海——闹元宵活动"中心会场开幕活动在龙华广场龙华古塔下举行。活动由"福满龙华"千幅灯谜有奖竞猜、"东方一绝"民俗艺术展示以及"欢乐上海"闹元宵文艺演出三大板块组成,融知识性、艺术性、趣味性于一体,地方民俗特色鲜明。其中,位于广场核心区域的文艺演出内容尤其丰富,有龙舞、狮舞、滚灯、威风锣鼓、民族歌舞、戏曲及民俗节目表演,市灯谜协会副主席上台讲解灯谜知识和解灯谜技巧,广大市民在尽情享受元宵节欢乐的同时,增强了对中华传统文化的认识和了解。副市长杨晓渡、市政府副秘书长姚明宝等和近5万市民参加了活动。

2007年3月4日,由市文广局、长宁区人民政府联合主办,市民间文艺家协会、市群艺馆、长宁区文化局承办的2007"欢乐上海,和谐家园"文化大团拜元宵会活动在中山公园举行。

2008年2月21日,"喜迎元宵节　欢乐新天地"——上海市迎接2010年"世博会"开幕倒计时800天暨市民闹元宵活动在上海新天地揭幕。活动由上海世博会事务协调局、上海市精神文明建设委员会办公室、上海市文化广播影视管理局、卢湾区人民政府、瑞安房地产发展有限公司主办,卢湾区文明办、卢湾区文化局、上海新天地、上海市群众艺术馆承办。依托新天地独特的人文环境,通过传统民俗节庆文化与现代时尚元素的融合,活动将闹元宵与迎"世博"倒计时亮灯仪式进行了有机结合。仪式开始时,广场所有彩灯齐放光明,太平湖漂流市民"心愿灯",烘托出活动主题。活动现场还设置了猜灯谜、赏灯、玩灯、龙灯表演、花灯工艺展示等元宵节传统活动项目。

2010年2月17日,"梅闹莘庄"——2010年闵行区元宵游园活动在莘庄公园举行,现场分设"百乐齐鸣""鼓舞欢歌""闹梅书画""春艺博采"四大板块活动,区内9支群众性文艺团队、100余位群众文化工作者参与演出,观众近2万人。

【徐汇区民俗文化灯会】

1988年元宵节,徐汇区第一届"民俗文化灯会"在襄阳公园举行。灯会以民间各式传统彩灯展示为主,辅之以现代行业灯、工艺灯及古今结合的新彩灯。灯会共设13个展区,展出彩灯1000多盏。展品来自市、区各专业单位以及苏州、扬州、镇江等地,观众达8万多人次。第二届、第三届灯会分别于1989年、1990年在徐汇区文化馆、徐汇区工人俱乐部举办。

【元宵书画笔会】

1990年,首届笔会由杨浦区、虹口区联合发起,居住在杨浦、虹口两区的上海书画界人士悉数参加。书画家们即兴吟诗、赋词、书写、作画,给元宵佳节增添了诗情画意。后来,浦东、南汇、松江等区县加入主办。此后每年的笔会由各区轮流承办,活动内容不断丰富,参与范围有所扩大,成为沪上一年一度的书画盛会。元宵书画笔会是上海市区域间群众共同参与的节庆文化艺术交流活动,至2010年,该活动连续举办了21届。

【豫园灯会】

1991年,南市区老城隍庙大小店铺、居民住户张挂起制作精巧、式样繁多的灯彩。豫园内的四美轩茶室、得月楼笺扇店等商家在彩灯下悬挂灯谜,大街上还举行了"文灯"和"武灯"表演。

后来,由市群艺馆和市青年宫在改革开放以后创办的上海元宵灯会移至豫园举办,与南市城隍庙灯彩活动相结合,每年正月十五元宵节举办灯会活动,逐渐形成了上海元宵文化活动品牌——豫园灯会。豫园灯会之后成功申报为国家级非遗项目,在上海市形成广泛的社会影响,受到市民喜爱和欢迎。

【“海上年俗”风情展系列活动】

“海上年俗”风情展(下称“年俗展”)是由市文广局和相关区政府共同主办,以“过年”为主题的展览展示活动,内容以五方杂处的上海春节风俗为主,折射传统年俗文化的博大精深,具有较强的知识性、趣味性与观赏性。2007—2010年,“年俗展”共举办4届,每届展览都有不同的主题和内容,形成系列年俗文化活动。

2007年2月12日—3月12日,首届“年俗展”由市文广局和黄浦区人民政府主办,在三山会馆举行。展览展示了民众从腊月廿三的“送灶”(小年)、除夕、春节、立春,一直到正月十五元宵节的诸多民俗活动,“人日”“送穷”等其他岁时风俗也列入其中。展览通过节令溯源、岁时信仰、民间风俗、饮食文化、娱乐风尚、器物文化等方面的陈列与介绍,生动形象地再现了上海人过年的传统习俗及文化情结。展览还展出了沪上50位收藏家收藏的近千件年俗文化相关的历史资料和实物收藏品,如民国时期百姓的过年账册、祭祖的“祖宗像”、庙会的金绣招幡、象征“岁岁平安”的白玉炉瓶、殷实人家的银餐具,以及拜帖盒、九子盘、财神鞭、玉如意、铜手炉、红包封、老彩票、年历卡、节目单等。

2008年2月1日,市文广局、黄浦区人民政府联合举办的“花样年画——第二届海上年俗系列风情展”在三山会馆开幕。展览为期一个月,展出由沪上藏家及天津杨柳青、山东潍坊、河北武强年画艺术家提供的950余件展品。这些展品均系各地年画流派精品,大多为清代至民国时期的遗存,包括清中期山东潍坊杨家埠《麒麟送子》、清末王承勋《新年风俗》、清代天津杨柳青《蔡状元奇修洛阳桥》以及长达32米的清代木版年画《农家乐》,均为难得一见的珍品。展览还展出了木雕、刺绣、祖宗画、唐卡等特殊年画。展览期间,天津杨柳青的霍庆友,山东潍坊的张殿英,河北武强的刘少才、宋海泉等年画艺术家进行了现场表演。

2009年1月21日至2月9日,由市文明办、市文广局和长宁区人民政府等单位共同主办的“吉庆春联——第三届海上年俗系列风情展”在长宁民俗文化中心举行。此次活动以“迎春送福 世博纳祥”为主题。1月21日的开幕式上,市委宣传部副部长、市文明办主任马春雷致新春贺词,并为开幕式剪彩。此届“年俗展”以丰富多彩的民俗活动为主,有文房四宝精品展、民间手工艺DIY体验、剪“福”字、画“金牛”“海宝”脸谱、中国结、剪贴画、老街微缩景观和老街景物摄影展、评弹表演、吃汤圆、品茶,越剧名家与票友同台演唱等精彩活动项目。王伟平、刘小晴、戴小京等与市楹联协会的书法家一起,为市民送上各自书写的春联。这一天以长宁民俗文化中心为主会场,全市百家社区文化活动中心为分会场,同时开展上海市书法家协会和社会各界代表泼墨书写“世博”春联活动,这些作品被精心装裱,赠送千家万户。“年俗展”还组织了万户社区居民家庭贴春联活动,积极倡导“过文化年,传民间情,做文明人”的年俗新风尚,在全市掀起“百家社区写春联,千家单位征春联,万家居民贴春联”的热潮。在长宁区北渔路上,还安排了民间文艺团队的行街表演。

2010年2月4日至3月5日,市文广局、黄浦区政府共同主办的“迎虎如意——第四届海上年俗系列展”在上海文庙拉开帷幕。这一届“年俗展”由书画作品、生肖文化、节庆器物等展品和图文展板组成,多位海上画家合作,绘制完成了30米长卷“百虎图”,进一步烘托了“年俗展”的主题和气氛。除了文庙主会场外,中福古玩城和云洲古玩城分别举办"吉祥如意""百虎闹春"等分会场展览活动。此后,"海上年俗"活动每年持续在市群艺馆举行。

【新春灯谜会】

2008年2月7日,首届"上海灯谜文化节"在金山区枫泾镇开幕,2 000条写着谜语的彩色布条挂满了古镇的大街小巷,活动历时15天。

2010年"古猗园新春灯谜会"于2月12日至3月3日举行。灯谜会以"瑞虎贺春,喜迎世博"为主题,布置了9组大型彩灯景点,内容包括"华彩篇章""魅力篇章""民俗篇章"三大特色板块;现场还有向全国征集而来的2 010条灯谜供游人竞猜。

二、传统庙会活动

【龙华庙会】

"龙华庙会"是上海龙华地区群众文化生活的重要内容。每年农历三月十五日前后举办,有300多年的历史。

中华人民共和国成立以后,龙华庙会与物资交流会相结合,增加了展览等文化活动元素。改革开放后,龙华庙会恢复举办,庙会的文化活动内容更为丰富多彩,活动门类达50多个。其中,仅民间舞蹈就有龙舞、狮子舞、蚌壳舞、花篮舞、手狮舞、采茶舞、荡湖船、踩高跷等10余种,还有民间杂技、杂耍、气功、曲艺、彩灯、美术等。

1991年4月17日至5月2日,上海龙华庙会在龙华古镇举行,约800万人次参加庙会。

2006年龙华庙会开幕式上,失传60年的庙会民俗——"仙人出会"得以重现。徐汇区推陈出新,对"仙人出会"的内容进行了优化,剔除其中的封建迷信色彩,增加了现代元素,名称由"仙人出会"改为"龙华吉祥出会"。整个"出会"活动分巡街和祈祷吉祥仪式两部分,沿途按时段分设表演点,观众可参与大型舞龙表演、八仙派送龙华吉祥符等活动。

2008年,徐汇区文化局、徐汇区旅游局及龙华街道办事处等联合发掘、整理龙华庙会文化成果,编撰出版了《王皇龙华》《龙华传说》,对龙华庙会的历史、民间故事、歌谣等民间艺术作了全面整理。

【南市民俗文化庙会】

1987年开始,市群艺馆、市民间艺人协会、南市区文化馆在上海文庙联合举办"上海民俗文化庙会"。至1993年,庙会共举办6届。

1987年2月14日,上海首次举办的"民俗文化庙会"在南市区文庙举行。现场表演经发掘、整理的优秀民间艺术30余种,包括具有100多年历史的"小热昏"和南北滑稽、江南丝竹、苏州文书、的笃班、担子戏等,观众近3万人次。

同年5月举办的"首届上海国际艺术节——民俗文化庙会"专场,向观众展示了传统民俗民间艺术。

1989年6月3日,上海市第三届民俗文化庙会开幕。

1992年2月28日,南市区人民政府、市文化局联合举办的第五届民俗文化庙会开幕,演出了反映2 000多年前人们尊崇孔子的礼仪《孔子乐舞新编》,南市区文化馆表演了他们的保留节目《民间婚俗》。

1993年,上海市举行"第六届民俗文化庙会暨南市区第四届文化节",市委副书记陈至立、副市长刘振元出席了开幕式。

【真如庙会】

真如寺建于元代延祐七年(1320),真如庙会始于元末明初(约1368年前后)。中华人民共和国成立后,真如庙会改称"城乡物资交流大会"。改革开放后,1982—1985年连续4年举办"红五月物资交流大会",商业营销旺盛,群众文化活动丰富。

1986年2月11—13日在真如镇举行"文化交流庙会",此后沿用"文化庙会"名称。庙会的文化赛事丰富,有"凤凰杯青年比美邀请赛""青年吉他弹唱比赛""黑白即时摄影奖赛""双虎杯桥牌赛";民族风格鲜明,有京、越、锡、沪、扬戏曲展演,剪纸、彩灯展示,真如古寺部分开放;多方集资共办,文化庙会由各活动点的参与单位负责相关经费、物资和人力;生活气息浓郁,举行艺术装潢、工艺摆设、美容化妆、书籍图片等商品展销,引进南翔小笼、真如羊肉、元宵汤团等风味小吃。1988年、1989年、1990年,庙会继续举办,但规模较小。

1998年10月,普陀区人民政府与市旅游委共同主办"真如古镇民俗风情展示会",被列为"1998上海旅游节"的重要活动。展示会仍沿用"民俗文化大展示、美食文化大总汇、游览购物大市场"的庙会形式,历时16天,百万市民参与。

2002年、2003年普陀区继续与市旅游委合作,于上海旅游节期间举办"真如古镇社区文化庙会""真如古镇文化庙会"。

【城隍庙庙会】

城隍庙庙会由豫园商城明星文化娱乐公司主办,于1996年5月17日在老城隍庙揭幕。开幕式共推出了9个文化娱乐项目,吸引了数以万计的游客。庙会展示了黄包车、抬花轿、传统婚礼、"县太爷巡城"等民俗文化表演,使豫园成了一条民俗风情街。

【南翔戏曲庙会】

南翔戏曲庙会自2007年开始连续举办多年。庙会期间,上海市戏曲名家、名团云集南翔。2010年,第四届南翔戏曲庙会汇集了上海沪剧院徐伯涛、王珊妹、钱思剑、赵钥,上海京剧院赵群,上海越剧院钱惠丽,静安越剧团金静,上海淮剧团梁伟平、景兰英,上海市消防局金盾艺术团计一彪以及无锡市锡剧团黄静慧和宁波市甬剧团王锦文等10多位戏曲名家,共同为庙会保留节目——"戏曲名家名段"表演。

【金山城市沙滩文化庙会】

2008年2月11日,金山文化庙会在金山城市沙滩举行。中央电视台进行了"温暖春节"特别节目现场直播。金山区领导通过中央电视台向全国人民拜年,并向在金山过年的来沪人员和他们的家属致以节日的问候。

【三林民俗文化节】

2009年4月9—13日,浦东新区文广局、民宗办、三林功能区在三林镇举行2009浦东三林民俗文化节。

2010年4月28日,由浦东新区文广局、浦东新区民族宗教委员会、三林镇人民政府主办的"浦东三林民俗文化节暨'三月半'圣堂庙会"开幕。庙会主题为"展民俗风采,添世博精彩",内容包括传统文艺表演、圣堂笔会以及三林刺绣、三林瓷刻、三林标布等一批知名民间工艺品展示。2万多名市民群众参与活动。

之后,经市文广局批准,三林民俗文化节升格为"上海民俗文化节"并与上海市的10个古镇结盟,每年在各古镇设立民俗文化节的分会场。

三、清明文化节

2010年3月19日,清明文化节活动在沪上大型文化艺术陵园——福寿园开幕。在为期一个月的活动中,市民参与茗茶品乐、赏花观景等多种民俗活动,园内还举办青团"DIY",让市民在亲手制作清明传统食品的同时,体验清明禁火寒食的民俗和历史悠久的清明文化。

四、端午节活动

【端午龙舟赛】

2005年6月5日,全国龙舟月启动仪式暨上海苏州河龙舟赛开幕仪式在普陀区苏州河畔的"梦清园"举行,同时还开展了文艺表演等民间文化活动,为龙舟赛增添了民俗文化氛围。

2010年6月16日,普陀区在长风公园银锄湖开展2010年普陀区端午节城市龙舟国际邀请赛暨普陀区城市龙舟残健融合赛、普陀区中学生城市龙舟锦标赛,以弘扬中华民族的灿烂文化。

【"端阳申江"——端午民俗风情展】

2009年5月28日上午,由市文广局、黄浦区人民政府主办,上海市非遗保护中心、黄浦区文化局、豫园集团、老西门街道办事处承办,上海文庙管理处、上海市收藏协会、老城厢书画协会、黄浦区收藏协会等多家单位协办的"端阳申江"——端午民俗风情展开幕式在上海文庙举行。

活动围绕端午民俗展开,老城厢特色粽展示、茶艺表演、民俗知识讲座、社区居民包粽子、画扇面、文艺演出以及香囊、香袋、屈原像、钟馗像、龙舟模型等实物和图片展之类的活动琳琅满目。市民可以通过互动体验、观看演出、参观展览,系统了解端午节的渊源及其发展演变历史。之后,该活动在各区和市群艺馆连续举办多年。

图4-2-14　"端阳申江"——端午民俗风情展开幕表演

五、中秋赏月灯谜会

改革开放后,中秋节举办猜灯谜的民俗活动逐步恢复。1983年中秋节,市青年宫、解放日报社文艺部、上海电视台社教部联合举办历时3天的大型"中秋赏月灯谜会",设谜馆8个,陈列谜条7 000余条,观众近2万人次。

1986年中秋之夜,市青年宫再次举办"中秋赏月灯谜会",全国各省、自治区、直辖市寄来的灯谜数以万计,中国台湾和中国港澳同胞以及泰国、马来西亚等海外侨胞也寄来了灯谜作品,表达了对祖国的思念之情。

六、重阳敬老活动

1998年10月26日,上海举行"让晚霞更绚丽"——庆祝国际老年人节暨上海市敬老日文艺晚会。

2004年重阳节,上海举办"万名老人看上海"活动。上海慈善基金会邀请100位白内障复明老人和贫困老人登上金茂大厦,其他相关部门组织1 200位老人登上东方明珠电视塔,从高处欣赏浦江两岸的繁华盛景。同时,另有1万名老人分批乘坐浦江游船,从江上领略上海美景;1万名老人参加政府资助的"网上行"活动,通过互联网了解上海以及全国的发展与变化。

2005年10月8日,市民政局和市社区服务中心共同举办2005年度老年才艺大赛,参赛者平均年龄76岁,其中最大年龄的老人91岁。

2008年10月6日,长宁区举行重阳"金婚"庆典,109对婚龄50年以上的老人同走红地毯,欢乐过重阳。

第三章　会演、调演与其他活动

第一节　会　演

综合性的群众文艺会演，包括音乐、舞蹈、戏剧、曲艺、故事等各种文艺演出样式和门类，从组织形式方面可以分为群众文艺交流会演与群众文艺选拔调演两种。交流会演是普及性的群文演出形式，主要特点是搭建文艺活动交流展示的平台，为各种群众文艺作品和团队提供展示的机会，促进各种艺术样式间的学习与交流；选拔调演是对群众文艺作品的评选，选拔较为优秀的作品参加较高层次的评选，以促进群众文艺节目创作水平和艺术质量的提高。

一、区县交流会演

自1978年开始，上海市群众文化领域每年举行各种形式的综合性群众文艺交流演出活动，这些活动主要由市文化局主办，市群艺馆承办，其目的在于展示和交流反映时代风貌、讴歌改革开放成果的群文创作作品，搭建区县、系统群众文艺团队展示的平台。

1978年3月中旬，由市文化局和市群艺馆组织发起的上海市群众文艺交流会演，成为"文化大革命"后全市群众文艺交流演出活动的开端。主办方十分重视，选拔的节目内容新颖，形式多样，体现了群众文艺创作丰富多彩的新气象。参加这次交流演出的节目，包括《华主席到泥城》《华主席和咱心连心》《绣幅彩锦献给华主席》《华主席，各族人民爱戴的英明领袖》《紧跟华主席奋勇向前》《欢呼五届人大胜利召开》《周总理来到我们中间》等。1979年以后，市文化局每年组织举行全市群众文艺交流演出，创作与演出作品的数量与质量逐年提高，并逐渐由文艺节目交流演出向文艺创作作品展演方向转变。

1983年3月3日，市文化局在松江县举行了为期5天的全市文艺工厂交流展演活动。其中文艺工厂选送的节目56个（包括小戏25个、曲艺13个）。这些交流演出节目主要反映了改革开放后农村建设的新风貌，展示了文艺工厂在农村群众文化活动中广泛发展的情况，文艺节目的内容、样式、质量都达到了一定的水平。

1998年12月12日，市文化局主办，市群艺馆、黄浦区文体局联合承办的上海群文系统专场文艺演出在外滩新世纪广场举行。全市500余名群文工作者用音乐、舞蹈、戏剧等形式，展示了改革开放20年群众文化建设的丰硕成果。

进入21世纪以后，上海市群众文艺交流演出活动更趋频繁。仅2003年，全市创作群众喜闻乐见的文艺作品就有3 500多个。其中，大部分在各类比赛中得到展示，有数百个作品在第二届全国"四进社区"文艺展演、第九届上海"十月剧展"、第十届上海"十月歌会"、上海市金孔雀学生舞蹈节等比赛中获得优异成绩。这些作品具有时代特征，富有生活气息，作品的创作者中包括教师、农民、部队指战员、社区文化指导员等，表演者都是来自企事业单位和社区的职工和群众，有工人、医务工作者、学生等，还有外国在沪工作人员加盟演出。演出节目有民乐《腾飞》、舞蹈《戏迷乐》、表演唱

《快乐的上树工》、小品《上海即景》、舞蹈《为你加油》等节目。之后,精选其中优秀作品深入基层演出,受到了广大群众的喜爱。

2004年2月10日,由市文广局主办、市群艺馆承办的全市群文优秀创作节目展演活动在卢湾区文化馆白玉兰剧场举行。市委副书记殷一璀,市委常委、市委宣传部部长王仲伟,副市长杨晓渡与近1 000名社区群众共同观看了节目。各区县群文单位、上海市总工会、市教委、市老龄委、上海武警部队等参与了这次展演。开场综合表演《社区百花园》荟萃了"我们的家园"群文综合艺术成果展演优秀节目;民乐合奏《希望心曲》、小品《奶奶的香水》、上海说唱《风》等获得"群星奖"的作品,展示了上海群文的创作成果;武警文工团的音乐剧《吉祥伞》是上海群文舞台涌现出来的新的文艺样式;由73岁老人领衔的群舞《手杖舞》是由东方网的网民们评选出来最受观众喜爱的节目。展演活动回顾和展示了上海群众文化的创作成果,作品来自生活,贴近社区,贴近市民,具有鲜明的时代特征。2005年1月27日,市文广局、市群艺馆在艺海剧场举行"上海市群众文化优秀创作节目展演",1 000多名社区群众观看了演出。同年3月12日,"党在我心中"——保持共产党员先进性教育活动群文创作节目展演在卢湾区文化馆白玉兰剧场举行,参加展演的10个节目是在卢湾、黄浦、长宁、静安、徐汇、奉贤、普陀、闸北、虹口、杨浦、宝山、金山、嘉定、松江、南汇、浦东新区等16个专场展演中选拔产生的;全市共创作600多个节目,经过各区县的层层评选,选拔出一批优秀节目参加专场演出。2006年9月开始,"建设社会主义新郊区新农村"百场群文优秀节目巡演活动在10个郊县的农村展开。2007年2月5日,由市文广局主办,市群艺馆承办的"2006年上海群文优秀创作节目展演"在艺海剧院举行,市委副书记殷一璀,市委常委、市委宣传部部长王仲伟,副市长杨定华与社区群众近700人观看了演出。同年5月14日,国务院总理温家宝到长宁区虹储社区活动室观看市民自己创作作品的演出,市委书记习近平、市长韩正陪同。2008年5月18日,上海"5+1"城区群文优秀节目展演活动,由徐汇区、长宁区、静安区、卢湾区、闵行区和崇明县的文化(广)局共同联合举办。各区县选送的优秀节目和群众文艺团队聚集徐汇区参加了交流演出,包括民乐合奏《炫动都市》、舞蹈《一千零一夜》等。演出之前,6个区县还签订城区文化交流协议书,商定在6个区县不定期轮流开展文化交流活动。同年12月16日,迎世博倒计时500天之际,市文广局、市文明办和杨浦区人民政府在杨浦区文化馆联合主办了"春华秋实——社区文化指导员辅导成果展演"活动。

2009年2月16日,"2008年上海市群文优秀创作节目展演"在上海戏剧学院上戏剧院举行。松江区民乐学校的诗朗诵《怀念小平》拉开了展演序幕,群舞《轮滑小子》反映了生机勃勃的青少年生活,小品《实话实说》反映了青年夫妇之间的"信任危机"。参演的10个节目均为在全国、全市创作赛事中获奖的作品,集中展示了上海市群文创作在音乐、舞蹈、戏剧和曲艺四大门类的获奖作品,其中包括诗朗诵金奖、小品大赛金奖、"上海之春"优秀新人新作奖、全国"四进社区"银奖等。2010年12月28日,"春华秋实——2009年上海市社区文化指导员派送工作成果系列展示"活动在普陀区图书馆剧场举行。

至2008年,全市各区县各系统的创作人员有3 800余名,仅2008年创作演出的作品就有2 169件。作品内容丰富,题材广泛,反映改革开放以后城市和农村的新貌、展现年轻人和外来务工者的生活题材、体现非物质文化遗产元素的作品比例逐年增加。此外,在连续遭遇冰雪、地震灾害后,全市群文工作者迅速行动,创作了一批具有感染力与震撼力的相关文艺作品,积聚艺术的力量,配合了上海支援灾区的行动。

二、系统会演

【市总工会等单位主办的上海市职工文艺会演】

1978 年 10 月 1 日,市总工会主办的"工人诗会"在市工人文化宫举行。来自全市工交系统的劳动模范、先进生产者、科技工作者、青年突击手、工人诗人、画家、文艺积极分子等 6 000 多人参加了活动。

1980 年 4 月,市总工会组织举行职工文艺会演,历时 10 天,共举办音乐、舞蹈、话剧、戏曲、曲艺、杂技、魔术等 12 台综合性演出。这些反映现实生活的作品,绝大部分都是各单位职工创作的。会演结束后,市总工会于 4 月 9—10 日组织举行了职工文艺汇报演出,演出的节目包括:反映老干部在新的历史时期发扬艰苦奋斗的革命传统,教育下一代健康成长的话剧《开窗》;号召青年投身火热生活,贡献智慧和力量的话剧《屋外有热流》;鼓励大家在党的十一届三中全会精神指引下团结奋进的沪剧《八月中秋》等。这些节目充分体现了全市职工的精神面貌和时代风采。

1987 年 9 月 22 日至 10 月 3 日,首届上海市职工文化艺术博览会在沪东工人文化宫开幕。市长江泽民为博览会题词"职工艺术之花"。市委书记芮杏文,副书记吴邦国,市委常委陈铁迪、张定鸿等出席开幕式并观看了演出。市委副书记吴邦国代表市委、市政府向博览会表示祝贺,并对上海广大职工在物质文明和精神文明建设中作出的努力和贡献表示衷心感谢。这次博览会设立了 22 个分场和 8 大专馆,直接参加筹备的基层单位有 2 000 多个,参加各项比赛的人数有 5.5 万余人,展示了上海 500 万职工的聪明智慧和艺术创造才华,是对职工业余文化活动和创作的一次全面检阅。同年 11 月 17—23 日,市总工会、上海有线电厂、劳动报社、《建设者》月刊主办的全国 16 个城市职工舞蹈会演在市工人文化宫展开,16 个代表队 59 个节目在 4 台演出中进行展示。1989 年 4 月 2 日至 5 月 28 日,市总工会在沪西工人文化宫举办"上海职工第二届文化艺术博览会",设 1 个中心会场,35 个分会场,举行了各类文艺比赛和展示,全市 100 多万职工参加活动。

【上海市国营农场业余文艺宣传队交流演出】

1979 年春节,市农委、市农场局主办上海市国营农场业余文艺宣传队交流演出。18 个农场文艺宣传队演出了 18 台 184 个节目,其中创作节目 94 个,有 539 名演员参加了这次活动。这是党的十一届三中全会以后上海市农场系统举行的规模最大的一次群众文艺展示,此次演出中创作节目多,题材广泛,为后续农村群文创作的发展奠定了基础。

【上海高校系统文艺交流演出活动】

上海市教育部门创办的高校校园文化交流演出活动,是展示大学生艺术才华和大学校园文化生活的平台,旨在提高大学生的文化艺术修养。

1979 年 3 月 25 日至 4 月 10 日,团市委、市教育局、市劳动局联合举办上海市大学生文艺创作会演。全市 18 所高等院校参加活动,演出了 60 多个声乐、器乐、舞蹈、曲艺、小戏等节目。参加会演的大部分是创作节目,从不同侧面展现了校园生活和时代风貌。

1980 年 4 月 8 日,由团市委、市高教局、市文化局、市学联联合主办的上海市大学生文艺(创作)会演在上海师范大学礼堂拉开序幕。来自 41 所大专院校和分校的文艺骨干在会演期间演出了 138 个歌剧、话剧、音乐、舞蹈、曲艺等多种形式的文艺节目。这些节目展现了 20 世纪 80 年代大学生刻苦学习、献身"四化"、努力攀登科学文化高峰的精神面貌。

同年 12 月,举行了大专院校文艺会演,共举办 23 场演出,演出 168 个节目。其中,12 个节目获奖。41 所学校的 1 000 人参加了演出。

1990 年 11—12 月,华东师范大学、上海人民广播电台联合举办"'90'施尔康杯'上海市高校协作歌手大赛",200 多名来自全市 35 所大专院校的选手角逐上海市十佳大学生歌手,大赛征集到近百首原创歌曲。

1991 年 10 月 22 日,中共中央政治局常委、全国政协主席李瑞环视察上海市戏曲学校,观看了在校学生、毕业生及校外小朋友演出的京、昆折子戏。

1998 年 10 月 3 日,上海市大学生交响乐团在上海大剧院举行专场交响音乐会。整场音乐会献演曲目 16 个,包括《梁祝》《马刀舞》《圣母颂》《拉德茨基进行曲》《葛佩莉娅》组曲的《序曲和玛祖卡》、莫扎特的《G 大调弦乐小夜曲》等,由指挥家曹鹏指挥。市委副书记龚学平、副市长周慕尧等上海市领导,部分外国驻沪领事以及中国香港中华历史文化教育交流团的学生和上海交通大学师生代表近 2 000 人观看了演出。

1999 年 3 月 10 日,市文化局、市教委、团市委等五单位联合主办"校园四季歌——1999 高雅艺术高校巡演系列活动"。上海交响乐团、京剧院、芭蕾舞团、昆剧团、民族乐团、越剧院、歌剧院等 9 个单位参演。同年 4 月 6—24 日,市教委组织的"'爱国荣校'上海市千校校歌、革命歌曲大汇唱"活动在全市大中小学和各级各类学校中进行,同时拉开了"上海大学生艺术节"的帷幕。

2005 年 5 月 14 日,以"弘扬民族精神,肩负神圣使命"为主题,反映中国大学生风采的全国首届大学生艺术展演上海地区大赛拉开帷幕。大赛共设"青春飞扬合唱比赛""时代旋律器乐比赛""我们的风采舞蹈比赛""校园的故事戏剧小品比赛"等五大项目 9 个专场,全市 59 所高校的 215 个节目参加了比赛。同年 9 月 17 日至 10 月 6 日,"上海市高雅艺术进校园交响音乐会"巡演活动在上海大学礼堂拉开帷幕,在 15 所高校中展开了巡回演出活动。

2008 年 10 月,市教委在全市高校开展"全国第二届大学生艺术展演"上海市选拔活动。61 所高校推荐的 217 个优秀作品参加了各门类比赛,近万名学生参加了声乐、器乐、舞蹈、戏剧小品专场的选拔。2009 年,上海 8 所高校 450 名师生组团参加了全国第二届大学生艺术展演活动。12 个节目、4 件作品、2 篇艺术教育科研论文获一等奖。上海交通大学等 16 所高校获得学校"优秀组织奖",上海市教育委员会获"优秀组织奖"。

【相关系统联合举办的文艺会演】

在上海各种形式的群众性文艺交流活动中,有一些是由多个单位联合举办的,包括上海市法制文艺会演、上海市人口与计划生育文艺会演、"世界 60 亿人口日"宣传周文艺演出、共建安宁家园文艺演出等。

上海少儿戏剧会演于 1980 年 9 月至 1981 年 1 月举行,这次会演是自新中国成立以来上海市规模最大的一次。会演中涌现出《不说话的红领巾》《宝宝和贝贝》《小祖宗和小宝贝》《审桃》《从蛋画起》等一批优秀少儿话剧、童话剧剧目。

1981 年 2 月 25—27 日,市文化局、市教育局、市民政局、市聋哑盲人协会联合举办的"上海市盲人聋哑人文艺会演"在市民政局礼堂举行。11 个区县的 300 名聋哑盲人演员表演了 68 个节目,其中 28 个节目获奖。

1984 年 6 月 4 日,市民政局、市文化局、市广播局、中国音乐家协会上海分会、市聋哑盲人协会联合举办"上海市盲人音乐会演",150名盲人参加了74个节目的演出,26个节目获奖。其中17个优秀节目录音后参加了全国比赛。

1985年10月18—19日,市老龄委、市文化局在上海市政府大礼堂举行"上海市首届老年人文艺交流演出",两台演出涵盖了音乐、戏曲、朗诵、魔术等节目。

1986年8月8日,市文化局、市司法局、市公安局、市高级人民法院、市检察院以及市总工会、团市委、市妇联等单位联合举办了"上海法制文艺会演"。

1993年4月11—17日,市经委、市农委、市外经贸委等单位联合举办"上海市首届乡镇企业文化艺术节",展示了150多幅乡镇企业职工的美术、书法作品,举办了30多场乡镇企业参赛节目的文艺展演。

同年11月7日,市文化局、市教育局、市少年儿童文化艺术委员会、市艺术教育委员会主办"上海市社会力量办学艺术院校文艺汇演",其中21个节目获奖。

1996年10月下旬至11月下旬,市文化局、市司法局、市总工会、团市委、市妇联、市公安局、市人民检察院、市高级人民法院等8个单位联合主办上海市法制文艺会演。这次会演除了乡镇文艺工厂、学校、街道、工厂、各区县文化馆(站)和工会系统宣传队参加外,检察、公安、法院、司法等政法部门也创作了大量节目,部分专业文艺团体同时演出了有关法制内容的剧目。不少区县还组织了专场深入街道、乡镇巡回演出。汇演历时半年,共分两个阶段进行。在10个县、12个区的会演和部分专业文艺剧团公演中,共演出沪剧、越剧、滑稽戏、木偶戏、曲艺、故事、歌舞等形式的节目500多个。在此基础上选拔出13台、42个节目参加了市级的会演,并分别组织故事、戏剧、曲艺、歌舞等专场演出。这次会演的特点:一是传播方式有了变化与提升,以文艺形式并通过电视向全市播放开幕式和闭幕式。二是教育性与艺术性相结合,节目打破对法律条文说教式的图解和演绎,注重从塑造人物性格、展现人物命运反映社会法制生活。三是加强了群众的参与性,把法制宣传融入多样、互动的群众文化活动中。

1998年1月13日,市计划生育委员会、市计划生育协会、市文化局在中国大戏院联合举办"'98上海市人口与计划生育文艺汇演",16个区县参加了会演。同年7月20日,上海市育才中学、格致中学、上海市第三女子中学、上海中学等12所重点中学学生自发筹备组织的"飞越梦想——上海市部分重点中学文艺汇演"首场演出在市三女中举行,门票收入捐赠苏州河综合治理工程。

1999年10月12日,由市计划生育委员会、市文化局、市广电局、市计划生育协会联合主办,市群艺馆承办的"世界60亿人口日"宣传周文艺演出在宛平剧院举行。会演组织创作了群口快板《今天,世界人口60亿》、喜剧小品《感谢停电》《空调坏了》等反映人口与计划生育的文艺节目。市委副书记龚学平、副市长左焕琛观看了演出节目,左焕琛在演出前就人口和生育问题发表了讲话。

2001年12月31日,由市综治办和徐汇区综治委联合主办,徐汇区文化局承办的"共建安宁家园"文艺演出在徐家汇第六百货广场举行。演出活动旨在纪念《中共中央关于社会治安综合治理的两个决定》发表10周年,讴歌上海市社会治安综合治理10年来取得的成果。武警上海总队文工团,徐汇、闸北、卢湾、宝山区综治办和徐汇公安分局选送了歌舞、小品、擒拿格斗表演,还有滑稽演员钱程和王桂林应邀演出的独脚戏《好人一生平安》等。市综治办主任杨培源及徐汇区领导与群众一起观看了演出。

2003年8—12月,以"提高法律素质,做新一代上海人"为主题举行的"上海市社区法制文艺汇演活动",创作排演了500多个作品,演出近1 000场,观众人数近百万。

2008年11月12日,"2008上海市外来务工者文艺展演活动"在徐汇区体育馆举行。12个区县

104 支文艺团队近万人参加,包括表演唱、舞蹈、曲艺、小品、器乐演奏等表演形式,展示了外来务工者的精神风貌和艺术才能。

【"血脉相连　众志成城"——上海市社会各界赈灾文艺晚会】

2008 年 5 月 17 日,市委宣传部、市民政局、市文广局、市总工会、团市委、市妇联、市文明办、市红十字会、市慈善基金会、上海文广集团等单位联合举办了"血脉相连　众志成城"——上海市社会各界赈灾文艺晚会。

第二节　调　演

一、选拔调演

20 世纪 70 年代末,上海开始举办群众文艺选拔调演活动,在基层单位广泛开展群众性文艺活动的基础上,政府部门从思想内容、艺术水平的综合表达等方面对群众文艺创作节目进行评选,继而集中演出。1979 年 1 月 10 日至 3 月 3 日,市文化局、市总工会、团市委、市妇女联合会联合举办"1979 年春节上海市群众文艺创作剧目调演"活动,230 个音乐、舞蹈、戏剧、曲艺节目参演。自 1979 年起,全市的群众文艺选拔调演每年举行一至两次,通过调演的形式,涌现出一大批反映时代风貌、生活气息浓郁的优秀群文节目,促进了上海市群众文艺创作的繁荣。一批优秀作品在调演中获奖,市文化局将其中的优秀作品推选参加全国性的文艺交流演出、比赛等,屡获各类奖项。

同年 2 月 14 日(春节),市文化局选择 26 台反映时代气息的创作节目,分别参加了工厂、农村、农场、区县、大中学校、少年儿童 6 个系统的调演活动。在这 6 个系统创作节目演出中,评选出了 6 台优秀的展演节目,包括地方戏曲 2 台,话剧、音乐舞蹈、曲艺、故事各 1 台,并在选拔节目和调演的过程中,加强了对节目的加工辅导。比较有代表性的有奉贤县头桥公社的沪剧小戏《说话算数》,针对作品初稿,上海市人民沪剧团的同志与作者、演员一起下地方生活,共同修改剧本,辅导排练,努力提高作品的思想性和艺术性;对于参加演出的许多故事作品,遵循民间口头文学的艺术规律,对作品的故事性和趣味性进行了辅导提升。创作作品以各种不同的文艺形式,配合了党的中心工作和宣传教育工作,其中话剧小戏《幸福果》、滑稽小戏《颠三倒四》对"文化大革命"期间在一些业务工作中发生的荒诞情景进行了辛辣的讽刺;舞蹈《服务到现场》、朗诵诗《赶——2000 年》,体现了为实现四个现代化服务的主题思想。调演节目分别在人民剧场、新光影剧场和五星、大华、黄浦区文化馆等场馆同时演出。

1980 年,上海市举行群众文艺创作节目调演,分市区与郊区两个板块。中心城区调演主要分布在南市区文化馆剧场及虹口、黄浦、卢湾的剧场举行,有 9 个区和公安系统业余演出队参加演出,共演出 4 场 27 个节目,涉及音乐、舞蹈、戏剧、曲艺等多种样式。其中,包括歌颂和怀念刘少奇的女声独唱《刘主席永远扎根在人民心里》《我唱花明楼》,颂扬模范军医吕士才英雄事迹的独幕话剧《好军医》,表现新长征中新人新事新风尚的对口剧《春燕》、沪剧演唱《飞蛾扑火》、说唱《巧遇》,反映教育挽救犯错误青年的独幕话剧《争夺》和上海文书《花一枝》,揭露封建腐朽罪恶的上海说唱《接财神》,讽刺财迷心窍、想通过女儿婚事牟取巨款而丑态百出的独幕讽刺喜剧《百万马克》,以及根据苏州评弹团的中篇评弹《老子、折子、儿子》改编的 4 场滑稽戏《抢爷》等。这些节目或以生动活泼的剧情见长,或以新鲜纯朴的语言见长,或以清新明快的风格取胜,或在创作技巧上有所突破。其中上海文书《花一枝》、沪剧小演唱《飞蛾扑火》、独幕喜剧《百万马克》等节目得到与会专家与观众的普遍好评。郊区调演的主要内容包括音乐、舞蹈、曲艺专场，小戏、曲艺专场，戏剧专场，演出在上海县莘庄镇礼堂举行，演出了 3 场共 36 个节目。

1982 年 3 月，分别组织上海市区业余创作节目交流演出和农村地区业余音乐、舞蹈创作节目汇报演出活动。市区的节目交流演出共 7 台，有反映渔家少年喜获小秋收的舞蹈《拾海鲜》，歌颂先进人物、宣传精神文明的表演唱《三多队长经验多》等，还有歌颂"文明、礼貌"作品专场。全市业余音乐、舞蹈创作活跃，区（县）层面参加交流演出的节目多达 698 个，作品大多具有鲜明的地方色彩和浓厚的生活气息。从中选拔的优秀作品参加了汇报展演。

1983 年 9 月 23—29 日，市文化局举行"业余戏剧创作剧目调演"活动，参演的沪剧《赶不走的媳妇》、话剧《角落里的火花》等作品获好评。

此后，全市群众文化调演和选拔工作主要通过上海"十月歌会"和上海"十月业余剧展"进行展示。

图 4-3-1　上海市区、县曲艺创作节目调演（1987 年）

二、农村创作节目调演

党的十一届三中全会后，农村改革出现前所未有的气象，业余文艺工作者创作了许多歌颂党的政策和农村改革伟大成就的优秀的农村题材的文艺作品，丰富了基层群众的文化生活。20 世纪 80 年代，市文化局联合市农委每年举办上海农村群众文艺创作节目调演。在农村业余创作节目调演中，戏剧作品演出特别引人注目，因此在农村业余文艺创作会演中将戏剧作为单列项目。之后，一批批反映农村建设和农村生活的优秀戏剧作品在戏剧舞台上产生了较大的反响，激励了业余戏剧爱好者的兴趣，他们积极深入生活，努力创作更多反映农村改革和时代风貌的作品。

1978 年 3 月 4—5 日，市文化局在嘉定县举办"1978 年春节上海市农村群众文艺创作节目交流演出"，各县社办工厂、农村、街道、学校业余演出队参加，演出 22 台，400 多人参加了演出。

1979 年 2 月 9 日开始，农村文艺调演在上海县举行，历时 4 天，演出 7 场 48 个节目，其中戏剧专场 4 场共 14 个节目；音乐舞蹈专场 2 场共 25 个节目；曲艺专场 1 场共 9 个节目。参加演出的有宝山、崇明、上海、青浦、松江、金山、南汇、川沙 8 个县。

1980 年 3 月 17 日（春节），在上海县莘庄镇举行上海郊区群众文艺创作节目调演。这次会演演出戏剧、曲艺、歌舞、民乐等 26 个节目，大家以饱满的激情编演歌颂党的五中全会公报精神的作品。崇明县的沪剧表演唱《刘少奇同志英名千古称颂》，南汇县的男声独唱《为您唱歌怎不乐》等节目，唱出了人民对刘少奇的深切怀念。在这次郊县交流演出中，出现了一批优秀的小戏和歌舞节目，这些节目在选材、结构和表演风格上具有特色。宝山县的独幕沪剧《是我害你》，围绕着婆媳之间展开矛盾冲突，生动形象地阐明了如何正确爱护教育子女的问题，戏中婆媳和独生子小春三个人物性格鲜明，演员的表演淳朴、生活气息浓厚；崇明县的沪剧小戏《月到中秋》，揭露批判了一些现代迷信现象；川沙县的独幕滑稽戏《看错了人头》，讽刺了见风使舵的不正之风；南汇县的独幕沪剧《杨百万迎亲》,揭露了买卖婚姻给人们带来的不幸。同年 6 月 1—11 日,上海农民代表演出队赴京参加"全国部分省、自治区、直辖市农民业余艺术调演",表演唱《夸夸农业现代化》《六样机》在中南海向中央领导同志作汇报演出。

1981 年 2 月 24—27 日春节期间,上海市农村业余戏剧创作节目交流演出在上海县莘庄镇礼堂举行,共演出 8 台 19 个剧目。同年国庆节,上海市农村业余戏剧创作剧目交流演出在卢湾区文化馆大剧场举行,有 4 台 12 个剧目参加交流。10 月 12 日,举行第一台交流演出,分别有南汇县三灶公社文艺工厂演出的沪剧小戏《怎样处理》、金山县山阳公社业余演出队演出的越剧小戏《田县长求"仙"》、川沙县业余演出队演出的沪剧小戏《贷款》。同日晚上举行第二台演出,分别有青浦县白鹤公社业余演出队演出的沪剧小戏《战士情深》、崇明县绿华公司文艺工厂演出的沪剧小戏《签字》、卢湾区文化馆业余话剧队演出的独幕话剧《百万马克》。10 月 3 日,举行第三台演出,有宝山县业余演出队演出的沪剧小戏《合同女婿》、崇明县文化馆小戏培训班演出的山歌剧《一担稻草》、奉贤县泰日公社文艺工厂演出的沪剧小戏《岁月悠悠》。同日晚上举行第四台演出,有上海县三林公社文艺工厂演出的沪剧小戏《喜庆有余》、嘉定县业余演出队演出的锡剧小戏《文书记罢宴》、松江县业余演出队演出的沪剧小戏《定心丸》。同年 10 月 10 日至 11 月 11 日,上海农垦群众文艺演出队赴北京参加"全国农星部分省市文艺调演",演出五幕话剧《在这片土地上》。剧组受到国务院副总理万里、习仲勋的接见。

1986 年,上海农村业余戏剧调演中,由南汇县大团人民公社文化站创作演出的沪剧小戏《木匣的秘密》,生动反映了农村改革开放的现实生活,获得调演一等奖。

1987 年 10 月 30 日至 11 月 2 日,上海农村业余戏剧创作节目调演在南汇县大会堂举行。参加演出的有选自市郊 9 个县的沪剧、锡剧、山歌剧、话剧、滑稽戏等大戏 3 台、小戏 4 台共 17 个新剧目,这些节目从农村基层创作演出的新戏中遴选产生。共评出大戏创作二等奖 2 个;大戏演出一、二、三等奖各 1 个;小戏创作、演出一等奖各 1 个、二等奖各 4 个;创作探索奖 1 个;优秀导演奖 3 个;优秀作曲奖 5 个;优秀舞美设计奖 5 个;松江、南汇、奉贤、崇明等县文化馆被评为戏剧组织活动奖。

改革开放以后,每年在春节期间举行的上海市农村业余创作节目交流演出,创作题材大多歌颂党的十一届三中全会以后上海农村改革的成果和农村建设的巨大变化,展示了上海群众文艺创作的优秀成果,促进了全市农村群众文艺创作的发展。20 世纪 90 年代以后,随着上海城市化进程步伐的加快,特别是浦东新区成立后,上海郊县相继撤县建区,农村业余戏剧创作节目调演随之逐渐停止。

第三节　专题演出

专题性的群众文艺演出,主要是指以音乐、舞蹈、戏剧、曲艺、故事等各类群众文艺门类设置的文艺演出活动。其组织方式分成两种:一类是由市政府主办,市文化(广)局等单位联合承办的专题性演出活动;另一类是由市文化(广)局联合有关委办局等单位联合主办的文艺演出活动。全市专题性的群众文艺活动,大多是以纪念活动和庆典活动为主题,结合人才培养与创作作品的成果展示。根据重大节庆和艺术门类设计的专题艺术活动主要包括歌咏节、歌会、音乐、舞蹈、戏剧、曲艺展演和故事会串等,演出内容丰富多彩,富有时代气息,反映了社会发展和市民生活的变化。

一、声乐

20世纪80年代以后,上海文化主管部门将群众性的歌咏活动逐步提升为歌会活动,并为歌会活动设计了各种形式的专题活动,以丰富与提高市民的演唱水平。歌咏大会的演出主题鲜明,作品多歌颂党、歌颂祖国、歌颂社会主义建设取得的伟大成就。历届群众歌咏大会旨在通过对积极向上的歌曲的咏唱,广泛宣传和传播社会主义核心价值观,营造团结生动的社会局面。陆续举办的大量群众性歌咏大会及音乐活动,其中不少较有影响。

【1980年上海歌咏比赛】

1980年初,市文化局、中国音协上海分会、市总工会、团市委等6家单位联合发出《关于开展1980年上海市群众歌咏比赛的通知》,各区县、企业、学校纷纷响应。其间,团市委和市教育局开展了"班班有歌声"的活动,全市各学校40个班级分获最佳演唱奖、演唱优胜奖、演唱奖等,其中,长宁中学等学校的5个班级参加"上海之春"五月歌会。从4月到5月,经过层层比赛选拔,优秀团队入选五月歌会。5月26日晚在市青年宫举办"上海之春"五月歌会,演出现场分为一号台:部队学生专场;二号台:地区农村专场;三号台:职工专场;四号台:少年儿童专场。歌咏晚会在《中华人民共和国国歌》声中开始,在《咱们工人有力量》和《国际歌》歌声中结束,指挥家马革顺担任歌会指挥。这是改革开放后首次举行的全市性群众歌咏比赛,224支业余合唱团10 390多人参加了活动。

【上海工人"红五月"音乐会】

上海工人"红五月"音乐会是市总工会和中国音协上海分会在上海工人歌咏竞赛活动的基础上于1951年创办的,先后涌现出《毛主席著作闪金光》《学习王杰永远革命》等一批优秀作品。

1982年,在市文化局指导下,市总工会等单位联合举办上海工人"红五月"音乐会,以展示上海工人的精神风貌,凸显工人歌咏活动在上海歌咏活动的主体作用。5月18日晚,上海工人"红五月"音乐会在市工人文化宫影剧场开幕,选拔的上海工人优秀业余歌手参加了演出。活动在大型民乐合奏《捷报纷飞》的乐曲声中拉开帷幕,随后,1981年上海市业余独唱比赛的获奖歌手、建工局职工焦国平演唱歌颂建筑工人的创作歌曲《当我登上脚手架的时候》,沪东工人文化宫工人业余艺术团表演创作舞蹈节目《沸腾的海港》,上海市业余独唱比赛的获奖歌手叶茵和唐梦玉分别演唱《布浪里的银燕》《工地的眼睛》等。全市各条线和基层30个工人业余音乐舞蹈组织、近千名业余歌唱爱好者参加了活动,演唱的50多个创作曲目,反映了全市各行各业广大职工当家做主人的豪迈气概和投身两个文明建设的精神风貌。特别是盲人歌手张鑫生演唱的盲人业余作者创作的歌曲《我的妈妈》,展示了特殊群体对社会主义祖国的热爱,受到了广大工人与观众的热烈欢迎。音乐会活动为期3天;5月20日,上海工人"红五月"音乐会圆满结束。

市总工会决定在举办上海职工"红五月"音乐会的基础上,推出以基层班组为主体的职工歌咏活动。从1986年开始,市总工会面向基层举办"班组之声"演唱活动,在全市掀起了职工歌咏活动热潮。同年8月至10月,市总工会举办全市职工"音舞之夏""班组之声"文艺交流演出,50万职工参加了活动。全市30个系统的3万多个班组的数十万职工参加"班组之声"活动,演唱歌曲6万多首,其中2 000多首是职工的创作作品。由此,全市各条线各行业的歌咏竞赛活动起伏不断,特别是邮电职工在上海杂技场举行的歌赛活动。其规模之大、质量之高引起了上海工会系统的普遍关注。

20 世纪 80 年代,上海工人"红五月"音乐会成为上海工人文化生活中不可缺少的自娱自乐、陶冶情操的品牌活动。

【"可爱的中华"音乐会】

1983 年 11 月,由市群艺馆组织的"可爱的中华"音乐会在上海县七一公社举行。音乐会自 11 月 5 日开始,历时 19 天,先后在光明中学、上棉十二厂、华东师范大学、市武装警察总队、曹杨新村街道、闵行区等单位和地区演出。参加"可爱的中华音乐会"的团队和业余演员,主要来自上海市老年合唱艺术团、上海乐团业余合唱团、武装警察消防宣传队,以及各区文化馆的艺术团。老年合唱团中 70 岁的合唱团员裘有煌早年参加过聂耳、冼星海等前辈音乐家在上海组织的音乐活动,他带领大家演唱《咱们工人有力量》《黄鹤楼》等歌曲,赢得赞誉。

【纪念毛泽东同志诞辰 90 周年歌会】

1983 年 12 月 24 日,市文化局、市总工会、团市委、市广播事业局联合举办"上海市纪念毛泽东同志诞辰 90 周年歌会",演唱了毛泽东同志诗词歌曲 40 余首。

【历史歌曲演唱会】

1985 年 9 月 1 日,纪念抗日战争和世界反法西斯战争胜利 40 周年"历史歌曲演唱会"在上海杂技场举行,由新四军、八路军老战士组成的老干部合唱团,以及工农兵、中小学生等业余合唱团的 1 500 余人参加演出。

【海岛十佳歌手赛】

1986 年,崇明县文化馆自青海歌舞团引进李志儒、张桂芬两名声乐演唱专业人员,他们在业务辅导中发现街镇和区域单位要求参加声乐培训班的人很多,这些人天赋条件比较好,但缺少专业人员辅导,所以演唱水平不高。同年,崇明县文化馆创办崇明县"海岛十佳歌手赛",以发现更多的声乐演唱爱好者,并为他们搭建一个提高演唱水平的舞台。"海岛十佳歌手赛"每两年举办一次,其间,发动全县各乡镇文广站组织人员参加,有的乡镇报名人员太多,就先期举办乡镇级的预赛,选出获胜者参加县里"海岛十佳歌手赛"决赛。每次决赛在广场举行,观众都达数千人。通过决赛,评选出 10 名"海岛十佳歌手"和 10 名优秀歌手。决赛时,邀请上海音乐学院、上海师范大学等单位的有关专家和歌唱家当评委。"海岛十佳歌手"经常被邀请参加各类演出,为他们提供了表演的舞台。同时,县文化馆专业老师重点对他们进行培训辅导,通过不断的学习,这些海岛十佳歌手的演唱水平都得到了较大提高,有些海岛十佳歌手在参加市级比赛中也获得了较高奖励。其中,殷晓兰和黄英获得"上海市郊区十佳歌手"称号,倪瑞超获得上海市"阳光·大地"演唱赛第 7 名的成绩。通过连续举办 12 届海岛十佳歌手赛,评选产生了几十名海岛十佳歌手,他们都已成了崇明群众文艺队伍中的业务骨干;在他们的带领下,扩大了群众性的声乐演唱队伍,提高了崇明群众性声乐演唱水平。崇明县"海岛十佳歌手赛"成为了崇明县群众文化活动的一个传统文化活动品牌。

【"华声曲"征歌活动】

1988 年 6 月 23 日,上海市华侨联合会和大地文化社联合举办"华声曲"征歌活动,共征集海内外歌曲 6 000 首,其中 15 首被评选为优秀歌曲。

【"三八"国际妇女节群众歌咏大会】

1989年3月7日,由市妇联、市文化局、市总工会、团市委等单位联合举办的"三八"妇女节群众歌咏大会在上海杂技场举行,由解放军女战士、纺织女工、农村妇女、女大学生、女工程师、女教师、女医务工作者、女法官、女干部以及各族妇女组成的11支歌队分两轮演唱了《解放军进行曲》《我们走在大路上》等革命歌曲和展示当代巾帼风采的创作歌曲。市委书记江泽民与市委、市政府领导出席并观看了演出,江泽民对群众性歌咏大会的形式给予了充分的肯定。活动结束后,他还为"红五月歌会推荐歌曲集"题写书名《优秀群众歌曲选》。

【"爱我中华、爱我上海"群众歌咏大会】

1989年9月16日,上海文化艺术节开幕式暨"爱我中华、爱我上海"群众歌咏大会在上海杂技场举行,市长朱镕基在歌咏大会上发表讲话。由工人、农民、解放军、学生、知识分子、财贸职工、政法干部、老干部、归国华侨和少年儿童组成的12支歌队,共1 640名歌手,用歌声抒发了热爱祖国、热爱党的深情。来自上海锅炉厂的工人首先演唱《咱们工人有力量》,川沙县东沟乡的180名农民女歌手用方言演唱了他们自己创作的《为了市民菜篮子》,由营业员和服务员组成的财贸歌队演唱的《上海之夜》描绘了上海繁荣兴旺的景象,学生歌队演唱了《我们是民主青年》,法官歌队唱的是自己创作的歌曲《公正写在天平上》,老干部演唱了《晚霞颂》;一曲《炎黄子孙心连心》,表达了归国华侨的爱国之心;平均年龄65岁以上卢湾区老妈妈合唱队载歌载舞地演唱了《幸福晚年乐哈哈》;由市长朱镕基率领、副市长刘振元指挥的全市120名局级以上干部组成的歌队演唱了《干部廉政歌》,将歌会推向高潮。经过两轮演唱和中心舞台的表演,全场分为白、绿、蓝、红4块色彩方阵,分别演唱了《白玉兰圆舞曲》《在希望的田野上》《歌声与微笑》《社会主义好》等歌曲,歌会在《没有共产党就没有新中国》的歌声中闭幕。

【纪念《黄河大合唱》诞生五十周年合唱活动】

1989年,冼星海创作的《黄河大合唱》诞生50周年。12月17日,市群艺馆、上海音乐学院、上海合唱学会等7家单位联合举办的纪念《黄河大合唱》创作50周年歌会,在市政府礼堂举行。上海乐团业余合唱团、上海老年合唱团联合演唱了《黄河大合唱》,上海市少年宫小伙伴艺术团、长宁教工合唱团等演唱了冼星海其他作品:《在太行山上》《到敌人后方去》《赞美新中国》等曲目。独唱、领唱由施鸿鄂、张正宜等担任。由离退休声乐老师、歌唱演员组成的回声乐团中,包括当年"唱着革命歌曲走上追求真理之路"的黄凛、徐炜等人,几十年前他们就参加过冼星海组织的抗日救亡歌咏活动。《解放日报》对活动予以报道。

图4-3-2 纪念《黄河大合唱》诞生50周年音乐会
(1989年12月17日)

【上海少年儿童队列歌曲演唱活动】

1990年,上海少年儿童队列歌曲演唱活动由上海文化发展基金会、市教育局、团市委、中国福利会、市广播电视局、市妇联主办。这项活动从 1990 年初筹划,前后历时 7 个月。全市 127 万少年儿童,95%以上的中小学校和师生参加了这项活动。从校园内外、街头巷尾到田野乡村,到处传唱优秀少儿队列歌曲,以宣传争做雷锋、赖宁式好少年的时代风尚。这次活动成为中华人民共和国成立以后上海市少年儿童课余文化生活中规模最大、发动面最广、影响最大的一次活动。

经过层层评选,闸北区海鹰路小学、上海县七宝中心小学等 200 所学校被评为市级先进中小学;杨浦区控江二村小学三(1)班、川沙县城厢镇小学二(4)班等 2 000 个班级被评为市级先进班级(中队);上海市盲童学校获得特别奖。这次活动寓教于乐,创造性地把音乐、体育和德育教育有机结合在一起。

同时,主办方向全国发起"征集优秀队列歌曲"的活动,从全国各地 200 余首新创作的应征歌曲中选出了 15 首新歌,与《红星歌》《祖国爱我,我爱祖国》等 23 首优秀传统歌曲汇编成册,向全市少年儿童推荐。其中,新作《燃烧吧火炬》《希望进行曲》《红领巾检阅歌》《雷锋叔叔您好》等在全市百万少年儿童中流传,较好地配合了上海队列歌曲演唱活动的开展。

【外滩音乐会】

1993 年 11 月 6 日,黄浦区在外滩广场举办"美的旋律——外滩音乐会",由海运集团公司职工艺术团演出。

【上海民族音乐普及演出】

1994 年 1 月 24 日,上海市艺术教育委员会、上海文华实业总公司、东方电视台、上海民族乐团主办的"1994 上海民族音乐普及演出"在曲阳文化馆拉开序幕,活动历时 5 个月。

【上海市抗日救亡歌曲演唱会】

1995 年 7 月 7 日,以纪念抗战胜利 50 周年为主题,市委老干部局、市老龄委、市退休职工管理委员会联合主办的上海市抗日救亡歌曲演唱会在黄浦体育馆举行。全市各条战线离退休老同志组成的 52 个老干部合唱团的 3 000 余名老干部和 600 多名青少年及专业演员演唱了《义勇军进行曲》等 23 首抗战歌曲,讴歌抗日战争的伟大胜利。市委、市政府领导出席了演唱会。

【1998 年全国合唱比赛上海参赛队获奖汇报演出】

1998 年 10 月 9 日,"1998 年全国合唱比赛"上海参赛队获奖汇报演出在上海音乐学院举行,上海音乐学院青年合唱团、上海行知艺术师范学校少女合唱团、曲阳文化馆少儿合唱团分别奉献了获奖之作。3 支合唱团分别演唱了《上海,你越长越高了》《鸽群在飞翔》《青春合唱》《游子情思》等 12 首合唱曲目,向上海观众和专家作汇报演出。三个年龄段风格各异的歌声和纯熟的配合,显示出歌手们较高的音乐素养和精湛的艺术技巧。市委副书记龚学平,市委常委、市委宣传部部长金炳华出席观看并在演出结束后上台祝贺 3 支合唱团在全国获得殊荣。

【"党的光辉照我心"社区歌咏大赛】

2001 年 2 月 2 日,市群艺馆召开"党的光辉照我心"歌咏创作活动研讨会,陆在易、屠巴海、朱良镇、徐坚强等词曲作家应邀参加讨论。同年 5 月开始,由市文明办、市文广局主办,市群艺馆承办的"党的光辉照我心"上海市社区歌咏大赛,从基层的小区开始,经过街道、乡镇和区县层层选拔,有 16

支小型合唱团队和 19 支大型合唱团队进入最后的角逐。

比赛组织者牢牢把握"立足基层、重在参与、强调过程"的主旨,广泛发动社区居民参与,唱响"社会主义好、共产党好、改革开放好"的主旋律,展现了昂扬的精神面貌。45 万社区居民直接参与了这次比赛,参与活动的市民超过了 100 万人,先后开展各类歌咏比赛 800 多场。参与者中年龄最长的 85 岁,最小的 5 岁。

黄浦区在 2 个多月时间里,从居委到辖区单位干部群众都积极参与举办了大小歌会和汇演 200 多场。浦东新区自 4 月开始各相关部门积极响应,先后展开各类歌咏比赛近 30 场。长宁文化艺术中心创作组自 2 月开始展开新歌创作,共计创作新歌 76 首。虹口区共组织 135 支歌队约 7 万人参与各系统组织的初赛,经过层层选拔,21 支歌队的 1 700 名演员参加决赛。徐汇区在 9 月举行"党的光辉照我心"徐汇歌咏比赛专场,将庆祝建党 80 周年活动推向高潮。杨浦区各街道比赛按规模大小和影响力分为"唱响小区、唱响社区、唱响全区"三个阶段,有的社区还实行"每月一歌"制度。崇明县在活动期间大部分歌咏比赛经费都由社区单位共同承担,形成"群众文化群众办、活动靠大家"的特色。闸北区将活动分为创作和表演阶段,创作新歌 34 首,决赛队伍全是来自闸北区的居民。静安区华山小区名人、艺术家、领导住户多,他们的参与激发了居民加入歌队,很多楼组倾巢而出,加强邻里合作与沟通,还出现婆媳同唱、祖孙同唱、夫妻对唱的情况。卢湾区从 5 月到 9 月开展活动 72 场,3 万多人加入歌唱行列,参与人次近 10 万。宝山区在近 200 场的展演中演员数达 5 万多人,年龄最小的 5 岁。浦东新区参与人数达 15 万,几个月时间内,浦东的机关干部、企业职工、农村群众、校园师生等,以饱满的热情,讴歌党的丰功伟绩。

同年 9 月 22 日,"党的光辉照我心"上海市社区歌咏大赛决赛在卢湾区白玉兰剧场举行,所有参赛队员以高昂的激情、优美的歌声唱出共产党好、社会主义好、改革开放好的主旋律。该项活动被评为 2001 年上海市精神文明建设十大新闻之首。

【上海市少数民族业余歌手比赛】

2001 年 6 月 23 日,市民族宗教委员会和市民族联合会共同主办的"'洪长兴杯'上海市少数民族业余歌手比赛"落下帷幕,35 个参赛单位的 120 位歌手参赛。

【"同一首歌"走进上海浦东】

2002 年 4 月 18 日,"同一首歌'走进上海浦东——爱我中华'大型演唱会"在东方明珠广场举行。活动由中央电视台、市委宣传部、浦东新区委员会、浦东新区人民政府主办,浦东新区宣传部、浦东新区文化广播电视管理局、上海浦东文化发展有限公司承办。

参加演出的主要演员包括宋祖英、童安格、那英、熊天平、孙楠、杨洪基、魏菘、孙道临、秦怡、达式常、乔榛、赵咏华、丁建华、许忠、杨学进、韩磊、徐怀钰、伍思凯,并特邀上海文化名人陈逸飞、叶辛、陈钢、何占豪、谢晋等参加活动,上海体育明星朱建华、乐靖宜、曹建华,唐装设计师俞莺,神舟二号副总指挥秦文波,申奥形象代表张骁昊等上台与观众见面。市委、市政府,浦东新区区委、区政府有关领导与 5 000 多名市民观看了演出。中央电视台、上海东方电视台全程进行录制并播放。

【"激情五月大家唱"——纪念反法西斯战争胜利 60 周年群众歌咏活动】

2005 年 5 月 9 日,由市文广局主办,市群艺馆、长宁区文化局承办"激情五月大家唱"——纪念反法西斯战争胜利 60 周年群众歌咏活动,全市各行各业合唱团参加了演出。

【"海上春潮"上海民歌新唱音乐会】

自 2006 年开始,"海上春潮"上海民歌新唱音乐会每两年举行一届,经过 2006 年、2008 年连续两届的成功举办,创作了一批优秀的作品,形成了一定的影响。2008 年 5 月 17 日,由市文广局主办、市群艺馆承办的"海上春潮——大爱和鸣"演唱会在杨浦大剧院举行。这是上海群众文艺工作者在 48 小时内赶排的一台文艺演出,向四川地震灾区的同胞表达了关怀和牵挂之情。为更好地传承与发展上海地区的民歌音乐,使之成为上海群众文化的一个品牌活动,在上海世博会期间展示上海民歌的丰富魅力,2010 年 6 月 11 日,"2010 年文化遗产日——上海非物质文化遗产系列活动启动仪式"在上海普陀区图书馆举行。仪式后举行"海上春潮——上海民歌新唱音乐会",并在前两届的基础上组织创作了一批新改编的民歌作品,包括《衣被天下》《滴水湖之恋》《古镇风情》《弄堂晨曲》《城市印迹》等,从各个不同的角度反映了上海的建设与发展,表现形式多样,手法各异。

上海地区的民歌源远流长,有着鲜明的地域文化色彩,其发展历史可以追溯到南北朝时期的"吴声歌曲"。"海上春潮"上海民歌新唱音乐会创作演出的作品,全部是根据上海地区流传的、市民百姓耳熟能详的民歌素材改编的,在创作中融入了流行音乐的编配手法,在舞台演绎上充分运用时尚的艺术表现和当代先进的舞台科技手段,充分展示了上海民歌内在的丰富魅力。

【"阳光星期六"音乐会】

2006 年 11 月 18 日,由市委宣传部指导、东方宣传教育服务中心承办的"阳光星期六"首场音乐会在上海南洋模范中学举行。同年 12 月 31 日,上海近 10 个"阳光星期六"文体活动点的各大中小学管乐队在上海艺海剧院参加"上海市千人管乐迎新音乐会"。

【纪念"8·13"淞沪会战 70 周年军民抗日歌曲大联唱暨撞钟仪式】

2007 年 8 月 13 日,"中华赞歌——纪念'8·13'淞沪会战 70 周年军民抗日歌曲大联唱暨撞钟仪式"在宝山淞沪抗战纪念馆南草坪举行。各区县各系统和陆、海、空三军,上海警备区合唱团敬献花篮后,通过队形变换轮番演唱抗战歌曲,最后举行撞钟仪式。

【农民工子弟合唱团演出】

2008 年 1 月 13 日,上海首个农民工子弟合唱团"放牛班的孩子"走进上海音乐厅。该活动是这一年第一场"星期广播音乐会"演出。

【纪念改革开放 30 周年上海市残疾人歌唱比赛展演活动】

2008 年 11 月 28 日,市文广局、市残联共同举办"纪念改革开放 30 周年上海市残疾人歌唱比赛展演活动"。

【纪念《黄河大合唱》诞生七十周年合唱活动】

2009 年 9 月 19 日,由市委宣传部、市文明办指导,上海文广新闻传媒集团主办的"伟大的史诗——纪念《黄河大合唱》诞生 70 周年特别节目",通过东方卫视向全球直播。上海江湾体育场主会场由数万人组成超大型合唱团,现场演唱《黄河大合唱》多个篇章,同时通过卫星连接黄河流域各个省市分会场,首次展现中国跨黄河流域数万人大合唱的壮观场面。

作为上海市庆祝中华人民共和国成立 60 周年的主要活动之一,该活动被列入中宣部"向祖国献礼"重大文艺系列活动。歌会上数万人引吭高唱《黄河》,在《黄河大合唱》的演出史上创下了新的纪录。黄河流域相关省市与上海 10 地联播,在中国电视文艺史上书写了新的篇章,受到了社会各界的好评。参与此项活动的全体工作人员倾力投入,精心策划,进行了大量的组织协调工作,克服了演出和联播过程中的诸多困难,确保了演出和播出工作的成功。

活动得到社会各界的广泛支持和积极响应,有数百支合唱团队、数万市民踊跃参与。曹鹏担任合唱总指挥。第一篇章万人大合唱《黄河船夫曲》;第二篇章男中音独唱《黄河颂》;第三篇章配乐诗朗诵《黄河之水天上来》,由国内影视表演艺术家分段朗诵;第四篇章女声合唱《黄水谣》,由现场交响乐团伴奏;第五篇章内外场男声对唱《河边对口唱》;第六篇章女声独唱《黄河怨》;第七、第八篇章万人大合唱《保卫黄河》《怒吼吧,黄河》;尾声,全场高唱《歌唱祖国》。

活动取得圆满成功,为此,市委宣传部对上海文广新闻传媒集团、市群艺馆、上海音乐家协会颁发嘉奖令。

二、器乐

器乐演出活动深受广大群众喜爱,主要演出形式有小提琴演奏、钢琴演奏、民乐演奏等。在各级政府、专业乐团及各方人士的支持下,上海市举办过大量群众性器乐演出活动。

【上海市业余民族乐队交流演出】

1982 年春,上海市举行由中国音乐家协会上海分会、市群艺馆、市工人文化宫、市青年宫、市少年宫联合主办的"上海市业余民族乐队交流演出",这是中华人民共和国成立后上海规模最大、作品最多、影响最大的一次群众民乐交流活动。交流演出自 1981 年下半年开始,分工人、青年、少儿、地区和农村五个块面进行选拔。工人、青年、地区系统推选出《捷报纷飞》《出征序曲》《乐器工人的心愿》《豫园春意》《春早》《嬉鱼灯》《草原恋歌》《欢庆》等作品参加选拔;农村条线有 25 个乐队、358 位乐手参加,《小板艄》《秧机突突添锦绣》《又是一个丰收年》《中秋之夜》等 26 首新作品参与选拔;少儿系统有 12 个少年宫、6 个基层学校的民乐队演奏的《刘胡兰》《林中小歌手》《拜新年》《快乐的小队》《我们的队日》《小八路序曲》等作品参赛;工人、少儿、农村、青年和地区 5 个专场,共有 43 支乐队、55 首新作品、1 000 多位演奏员参加比赛。经 20 多位民乐专家的评分,《调龙》(田沛泽作曲)、《友谊》(慕寅作曲)、《海港今昔》(丁长松作曲)、《青春的脚步》(康志作曲)获创作优秀奖;金山县山阳公社民乐队、市少年富民乐队、青年宫民乐队获优秀演出奖;山阳公社演奏的《调龙》,入选第九届"上海之春"音乐会。

后续历次群众文艺会演和"上海之春"业余专场中都有民族器乐节目参加,作品大多是群众自己创作的,其中比较有影响的包括合奏《小街》(韩春生作曲)、《碧海银波》(闵雪生作曲)、《祭海》(管新华等作曲)、《庵堂祖会》(郁贤镜作曲)、吹打《赶潮》(周永生作曲),以及丝弦五重奏《古塔行》(朱洪政作曲)等。宝山区周永生创作的打击乐曲《博》,1989 年参加第一届上海艺术节演出,获得这届艺术节的优秀成果奖,成为 5 个获得最高奖中的一个,也是业余作品中唯一获此奖项的节目。该节目并于 1991 年 1 月参加在山西举行的国际锣鼓节演出,又获演出技巧金奖。

2006 年,浦东"洋泾杯"首届上海社区民乐团队展演活动,由上海音乐家协会、市群艺馆、浦东新区文化艺术指导中心主办,上海音协民族管弦专业委员会承办,洋泾街道办事处协办。该活动自 6 月下旬启动以后,就引起全市社区民乐团队和广大民乐爱好者的浓厚兴趣,一批活跃在各个社区的团队纷纷踊跃报名。他们中有将昆腔文化融入民间音乐的松江泗泾民乐队,有全部由社区残疾人组成的静安区拐杖乐队,还有"全国民间艺术之乡"崇明新河镇新河民乐队等多支特色队伍。基于更为全面客观的评比,前期组委会选择多首民乐佳作作为比赛规定曲目,所有的参赛队除了演奏自选曲目外,另外演奏一首规定曲目参加展评。9月24日在浦东新区文化艺术指导中心(小剧场)举行复赛,20支来自10个不同区县的社区民乐团进入复赛评审。10月28日,在贺绿汀音乐厅举办决赛,12支优秀队伍参加角逐。最终,浦东新区洋泾街道社区民乐队、徐汇区徐家汇街道文化中心民乐队获金奖,闵行区龙柏社区民乐队、普陀区石泉社区民乐队、虹口区四川北路社区民乐队、卢湾区白玉兰室内乐团获银奖。

【上海市业余民乐独奏比赛】

1983年,市群艺馆、市文化宫、市青年宫联合举办业余民乐独奏比赛。该比赛项目有二胡、琵琶、扬琴、筝、柳琴、笛、笙、唢呐、三弦等,212人报名参赛。经过几轮比赛,有60人获奖。获一等奖的二胡3名,琵琶2名,笛子2名,柳琴、笙、唢呐各1名。二胡演奏冠军步伟纲(大中华橡胶厂),后来在1986年全国民族民间音乐舞蹈比赛中获二等奖,在第十四届"上海之春"二胡比赛中获业余组第一名。

【全国少儿民乐独奏比赛】

1983年10月,上海选送选手参加"全国少儿民乐独奏比赛",其中12名业余组、6名专业组选手获得一等奖,10名业余组、6名专业组选手获得二等奖。

【上海"敦煌杯"少儿民乐比赛】

1985—1990年,上海先后举行3届"敦煌杯"少儿民乐比赛,每届参赛少儿达2000人。1988年第二届"敦煌杯"比赛,参赛少儿2000多名,其乐种之广、形式之多,是中华人民共和国成立后所首见的。参赛形式包括独奏491人(超过电子琴的参赛人数),合奏曲目70个。其中,徐汇区少年宫的琵琶齐奏《林中小鸟》,尝试在琵琶中模仿鸟叫的演奏方法具有新意。此外,黄浦区少年宫的4首新作、闸北区的古筝齐奏、闵行区少年宫的唢呐重奏,以及上钢五厂幼儿园的百人娃娃乐队等各具特色。同时,从中选拔优秀节目参加1988年全国第二届少儿民族器乐(录音)比赛,许多优秀小选手成为全国比赛的佼佼者,孙凰(幼儿组二胡)、汪瑜骅(儿童组古筝)、李煊(少年组琵琶)、龚斌(少年组二胡),获得全国一等奖。上海是这次比赛各省市获奖最多的。

【手风琴演出活动】

1988年,在长春举行的"中华杯"全国手风琴比赛中,上海选送的10名选手中,3人获一等奖、4人获二等奖、1人获三等奖,是全国各省市获奖最多的。

1990年10月,上海手风琴协会举办"百乐杯"全市手风琴大赛,近千人参赛,其中最小的选手仅4岁,最大的64岁。同年,手风琴协会还陆续举办了10多场手风琴专场音乐会和手风琴沙龙活动,对手风琴演奏活动的普及和提高有积极影响。此后,上海举行手风琴专场音乐会约80场。

【管乐演出活动】

"文化大革命"期间,上海唯一的专业管乐团体——上海管乐团解散。之后,市区的仪仗活动基本由业余管乐队承担。上海工人铜管乐团则成为迎送外宾，甚至外国国家元首的主力仪仗队。上海业余管乐团队大多拥有管乐队的基本配置。1991年，上海有30多支编制较为正规、活动正常的业余管乐队；1995年，仅成人管乐队就发展至百支。除了市工人文化宫的工人管乐团外，市青年宫有一支85人的管乐团，其中90％以上是来自上海市大专院校和中学的学生，先后参加过亚洲音乐节、中学生运动会、学生艺术节、国际机床展览、中日青年联欢会等重大演奏活动或担任仪仗队。

1991年11月，中国音乐家协会上海分会管乐专业委员会、上海音乐学院、市群艺馆联合举办首届业余吹奏乐队比赛，有9支乐队参赛。1993年11月，举行第二届比赛，有25支管乐队参赛，杭州百货、上海市第三女子中学、虹口区崇明路小学、宝钢集团公司分获各组金奖。其中，宝钢管乐团8年中演出200多场，并在1995年2月18日在外滩广场举行的"中外名曲吹奏音乐会"中显示了较高的演奏水平。1995年11月，举行第三届业余吹奏乐比赛，有28支乐队参赛，其中来自中学的乐队占很大比重。最终，成人组金奖由浙江省农民乐队夺得，中学组金奖得主是上海市第四中学、上海市储能中学、上海市罗店中学，崇明路小学蝉联小学组冠军。

【吉他和电声乐器演出活动】

吉他又称六弦琴。20世纪80年代初，吉他热在中国悄然兴起。在上海流行的是以弹唱为主的西班牙吉他。上海提琴厂1980年生产几千把吉他，到1986年上升到年产17万把。1984年，市群艺馆首先推出附有吉他伴奏的《中外流行歌曲选》，发行近百万册，仍供不应求；上海音乐出版社出版的《吉他伴奏通俗歌曲30首》，初版10万册，立即销售一空；中国唱片社上海分社出版的弹唱歌星《张行专辑》音带，初版便发行了160万盒；还有《我的中国心》《橄榄树》《假如》《巴比伦河》等吉他伴奏曲受到欢迎。

1983年春，市青年宫率先举办"弹起我的六弦琴"吉他大奖赛，这是全市第一次举行吉他比赛，上海财经学院的吴永法等获吉他三重唱一等奖。1984年夏，青年报社举办"上海青年吉他大奖赛"，有七八百人参赛。这次比赛分西班牙古典吉他、西班牙匹克吉他、西班牙吉他弹唱和夏威夷吉他4组，58位选手获奖。同年9月，上海市吉他协会宣告成立，会员有111人，来自27个省、自治区、直辖市。此后，上海多次举办全国性和全市性的吉他比赛，涌现了一批吉他能手。1988年12月，上海音乐出版社推出国内第一本大型综合音乐丛书《吉他之友》，以满足吉他爱好者的需要，并于1989年10月成立联谊会，拥有会员5 000多人。1990年12月，上海音乐出版社发起组织"华东六省一市'美声杯'吉他弹唱大赛"，设独唱、重唱、小组唱3组，规定必须用吉他自弹自唱。1991年，《吉他之友》联谊会举办会员古典吉他比赛。这次比赛，将《金蛇狂舞》《彝族舞曲》等一批中国风格的吉他曲列为参赛规定曲目，开古典吉他比赛指定中国乐曲演奏之先河。1995年，举办第二届比赛，同时举行吉他民族化研讨会。

上海警备区叶挺团某连二排排长李静波在连队组成吉他队，由吉他队创作的弹唱歌曲《追求》，赢得战士们的喜爱和领导的重视。该吉他队后来发展成电声乐队，并于1986年8月3日在上海电视台《我们这一代》专题中表演吉他演奏。上海郊县的第一支农民吉他队，是由上海县虹桥乡的54位乡村吉他手组成的；同年10月，"上海县首届艺术节"的开幕式上，他们边走边弹边唱自己创作的吉他歌曲，倾吐了农村青年的心声，反映了20世纪80年代新农民的追求与希望。

【"交响开放日"活动】

2008年2月21日，上海大剧院举行首个艺术开放日——"交响开放日"活动。指挥家洛林·马泽尔执棒指挥上海大同中学、上海天山中学、美国国际学校等 8 所学校学生交响乐团同台演出。

三、舞蹈

21 世纪初期开始,全市较为集中地展开了舞蹈专题的群众活动。市相关系统单位和各区(县)举行各种类型的群众性舞蹈展演活动,以满足群众的需求,展示群众舞蹈的艺术风采,包括民族民间舞、交谊舞、国标舞、踢踏舞、排舞等各种类型的舞蹈。

2004 年开始,闵行区从举办踢踏舞培训班到举行踢踏舞大赛,逐步在各街镇和辖区单位推广踢踏舞。男女老少踢踏舞爱好者感受异域文化的新颖魅力,渐渐形成各自的风格。从"爱尔兰踢踏"发展到"美国踢踏""西藏踢踏""军旅踢踏",题材从学生题材发展到民俗踢踏《窗花》、社区踢踏《街遇》、老年踢踏《七十老太看世博》、中年踢踏《厨师也疯狂》、军旅题材《踢踏哨兵》等 100 多个时尚踢踏舞。很多人将踢踏舞作为强身健体的活动,在寻找健康和快乐中,跳踢踏舞逐渐成为其一种生活方式。

2006 年 9 月 9 日,"舞动静安——社区舞蹈大赛"在南京西路社区文化活动中心举行。比赛分为家庭组、楼宇组、小区组和社区组 4 个专场,28 户家庭选手、16 支楼宇队伍、15 支小区团队和 5 个社区艺术团参赛,年龄跨度有 10 岁的青少年到 70 岁的老年人,选手身份包括青年白领到退休工人。大赛赢得楼宇从业人员的欢迎和认可,同时成为静安区构建和谐社会的一次有益尝试。

2008 年 10 月 20 日,浦东新区举行"金杨杯"长三角地区社区舞蹈邀请赛。11 月,举办上海浦东"潍坊杯"迎世博排舞邀请赛,来自全市 12 个区的 18 支排舞队参赛。

2009 年 6 月 6 日,由市文广局主办、市群艺馆承办的"上海市迎世博'海宝'广场舞大赛"在上海体育场外广场举行。大赛评出 6 个优秀作品奖等奖项。

【交谊舞、国标舞】

交谊舞是起源于西方的国际性社交舞蹈,自 16、17 世纪起,在欧洲各国成为一种普遍的社交活动,20 世纪 20 年代开始在上海兴起。"文化大革命"期间停止交谊舞活动。改革开放以后,交谊舞成为广大群众喜闻乐见的一种文化娱乐形式,人们在歌舞厅、各级文化馆和文化中心以及广场上享受跳交谊舞的愉悦。

20 世纪 80 年代,交谊舞在全市成为中老年和青年男女娱乐、健身、丰富业余文化生活的一种形式。1984 年 9 月,市群艺馆编译《交谊舞速成》一书,发行 18 万册。同月,上海文艺出版社出版顾也文编写的《怎样跳交谊舞》,发行 30 万册。1987 年 1 月 3 日起,《新民晚报》连载顾也文的《交谊舞两地书》22 篇。上海的一些文化馆、俱乐部、业余艺校等举办各类交谊舞学习班。市群艺馆与市工人文化宫在 1985 年 3 月率先举办交谊舞班,培训文化馆、俱乐部舞蹈干部,并于 1986 年录制了一套标准舞的录像带作为基层教材,受到群众欢迎。之后,上海开始涌现出各种交谊舞的队伍,公园、广场、街头等公共场所随处可见交谊舞队伍的身影,尤其是年轻人参与交谊舞的积极性与热情很高,还有一些中年人甚至一些老年人都参与其中。交谊舞受众群体逐步扩大,公园或广场成为交谊舞爱好者集聚舞蹈的所在,广场舞显示出萌芽状态。其间,闸北、静安、杨浦、徐汇 4 个区,在比赛的基础上分别建立了区交谊舞协会。1985 年举行的"春之舞"是较有影响的交谊舞大赛。

不同于交谊舞风格大多庄重典雅、舞步相对随意,国标舞虽来源于各国的民间舞蹈,但对舞姿、舞步要求非常严格。国标舞全称国际标准舞,由"社交舞"转化而来,是体育与艺术高度结合的一项体育项目,是一种男女为伴的步行式双人舞的竞赛项目,分为摩登舞和拉丁舞,包含 10 个舞种。国标舞 20 世纪 80 年代后传入上海,受到舞蹈爱好者的喜爱。

1985 年 5 月,中国社会舞蹈研究会在北京举行中国第二届国际标准交谊舞比赛,市群艺馆组队前往参赛,上海选手许建飞、李海霞获拉丁舞第一名。同年 6 月在南京举办的"通康杯"全国国际标准舞比赛,上海选手江传钰、袁巧珍获丙组第一名。此后,上海选手在合肥、杭州、青岛等地参加全国性或区域性的国际标准舞比赛,都取得好成绩。1989 年 4 月,庆祝上海解放 40 周年的五月系列活动中,由中国舞蹈家协会上海分会、市群艺馆、市工人文化宫联合举办"长城杯"上海首届国际标准舞大赛,《新民晚报》对活动予以报道。

1995 年 11 月 1—5 日,市文化局作为指导单位,上海市国际标准舞协会、市群艺馆、上海东方明珠股份有限公司等 6 家单位联合举办首届上海国际友好城市国际标准舞邀请赛,29 个国家 34 个城市选手参赛,参赛选手来自中国北京、南京、广州和德国汉堡市、俄罗斯圣彼得堡市、日本横滨市、大阪市,澳大利亚昆士兰市,以色列海法市等。副市长龚学平担任邀请赛组委会名誉主任。上海选手在大赛中获得各类奖项,胡颉、周静波获业余拉丁组第四名;陈淑民、韩美玲获职业拉丁组第二名;麦华明、江秋芳获业余摩登组第二名;职业摩登组第一名、第二名都是上海选手,分别是齐志峰、张震,温亮富、孙荣。

2001 年 6 月 9 日,市群艺馆、华鹰旅行社联合举办的 2001 年上海市"华鹰杯"国标舞大赛在黄浦区体育馆拉开帷幕。来自安徽、浙江、江苏、上海的近 500 名不同年龄、不同职业的选手参加了各舞种的竞赛。

2007 年 10 月 20 日晚,浦东"高桥杯"长三角地区国际标准舞邀请赛在浦东源深体育馆举行比赛。这次赛事由第九届中国上海国际艺术节群文部、市群艺馆主办,浦东新区文化艺术指导中心、高桥镇人民政府承办。邀请赛以"凸显和谐氛围、增强区域交流"为目的进行长三角区域联谊,以推动国标舞的提升与发展。该活动突出比赛的竞技性和观赏性,邀请中国国际标准舞总会艺术分会会长王镇前来为邀请赛的评委进行培训,以提高整体评委队伍的权威性。邀请赛组委会聘请的高级评审包括中国舞蹈总会艺术分会副会长、国际级评审华明,江苏省国标舞协会长、国际级评审杨鲜婷,浙江省国标舞协会会长、国际级评审郭桂芝,上海市戏剧学院舞蹈分院国际标准舞系主任、国际级评审杨威,中国国际标准舞总会艺术分会山东省分会副会长、国际级评审管金红,无锡市国标舞协会副会长、国家级评审丁爱和,浦东新区国标舞协会副会长、国家级评审郭桂容,王镇担任邀请赛评审会主任。江苏省国标标准舞协会、南京市国际标准舞协会银河小星星艺术团、无锡市国际标准舞协会、常州市国际标准舞协会、江阴市国际标准舞协会等选派队伍参赛,参赛选手 1 200 人,其中外省市选手 580 人。上海各街道、社区、学校及工厂企业的舞蹈爱好者 5 000 人前往观摩。

【踢踏舞】

2004 年,爱尔兰的《大河之舞》在上海掀起"踢踏舞热"后,闵行区在群众中推广踢踏舞项目。同年 3 月开始,闵行区群艺馆出资,先后举办了 3 期踢踏舞骨干培训班,首期 13 个镇、街道、工业区派出 48 名青年爱好者参加踢踏舞骨干培训,后续又培养了近百名青年踢踏舞教师,并深入基层开展辅导。此后,闵行区群艺馆每年举办一期踢踏舞培训班,规模不断扩大,每期培训人数逐步增至1 000 人以上,连续举办 7 期。

同年 10 月 1 日,闵行区第三届艺术节重点活动之一的"激情闵行"踢踏舞大赛,作为国庆庆祝活动,在古美科普文化广场举行。全区 12 个镇、街道组成青年组 10 支队伍,中老年组 12 支队伍,少儿组 9 支队伍,共计 31 支队伍,800 余人参加比赛。上海市舞蹈家协会主席、舞蹈家凌桂明等专家组成评委会,对比赛进行评审。同年由市舞协、市群艺馆推荐优秀团队颛桥青年踢踏舞队赴深圳参加全国首届踢踏舞大赛,获得业余组"银奖"。

2005 年,由闵行区群艺馆承办的闵行区第二届踢踏舞大赛在上海戏剧学院戏曲舞蹈分院剧场举行,60 余支参赛队展开角逐,780 人参加了比赛,涌现了一批优秀的踢踏舞作品。其中,包括反映民族京剧情趣的《京剧踢踏》,反映现代校园生活的《青春舞动》,以山里妹生活为表现内容的情景踢踏舞《踢踏情缘》等。

2006 年 10 月 22 日,经过 1 年的筹备,闵行区第三届踢踏舞大赛在闵行区体育馆举行,全区 32 支队伍、700 余名群众参与。经过角逐,评选出吴泾镇的时尚踢踏舞《炫》,江川街道充满童趣的《神秘舞者》,龙柏街道充满民俗风情的《窗花》,以及反映上班干部忙里偷闲参加踢踏舞活动的《与伊共舞》,反映消防战士风采的军旅踢踏《军魂》,反映古典美的《古典与现代》等 15 个优秀作品,这些作品受到专业评委肯定。第三届踢踏舞大赛在多层次、多色彩、多内容、多形式上有所突破。10 月 24 日,由闵行区文广局、市舞蹈家协会、上海文广新闻传媒集团音乐部、市群艺馆主办,闵行区群艺馆承办的"魅力舞闵行"——2006 年上海市踢踏舞展演在闵行区闵行体育馆举行,5 000 余名市民观看了展演。展演分为"序曲""时尚追求""时代激情""绚丽人生"4 个篇章。参加演出的主要是这一届踢踏舞大赛各组别获奖的 11 支团队 12 个节目,还有上海印钞厂、上海人大常委会机关、上海盲童学校踢踏舞队,以及中国台湾梦工场专业舞蹈团的演员。同年 10 月到 11 月,上海文广新闻传媒集团音乐频道"舞蹈时代"栏目用 3 档专题 9 次重播了闵行踢踏舞邀请赛的盛况,使上海市民进一步领略了闵行踢踏舞的风采。

2009 年,在北京举办的全国踢踏舞比赛中,江川街道和新虹街道两支队伍分别获奖,进入八强。2010 年 10 月,闵行区承办的第十二届国际艺术节"魅力舞闵行'长三角'踢踏舞大赛"在吴泾镇体育场内举行。来自江苏省南京市、镇江市、苏州市,浙江省杭州市、浙江省宁波市及新疆维吾尔自治区石河子市的代表团,上海市各区文化馆站及闵行区的街、镇代表团 500 名选手参赛。闭幕式上,舞台上下汇聚的都是踢踏舞演员和爱好者,台上 300 名演员与台下 3 500 多名踢踏舞爱好者相呼应,齐舞共演,全场在一片踢踏舞步声中律动。

四、戏剧

改革开放以后,上海群众性的业余戏剧创作演出活动蓬勃兴起。业余剧作者思想视野开阔,创作题材多样,反映时代生活的各个方面,作品内容不断拓展。一大批业余作者、演员在戏剧活动中崭露头角,取得了丰硕的成果。

【上海市区业余戏剧创作节目交流演出】

1981 年春节,上海市区业余戏剧创作节目交流演出在虹口、卢湾、长宁、静安、黄浦等区进行。同年 3 月 22 日、23 日、24 日,第一台、第二台和第三台演出在虹口区文化馆剧场举行;25 日和 26 日,第四台、第五台演出在卢湾区文化馆剧场举行;第六台演出在长宁区文化馆剧场举行;27—29 日,第七、第八、第九台演出分别在中华剧场、黄浦区文化馆 6 楼剧场、静安区文化馆剧场举行。演出的 9 台剧目,反映了上海市民在改革开放大潮中艰苦创业的精神风尚。

【上海市业余创作优秀剧目展演】

1981 年 5 月 5—14 日,全市业余创作优秀剧目分别在市工人文化宫影剧场和黄浦区文化馆 6 楼大剧场展演,以鼓励业余作者创作更多反映现实生活的作品。在这次展演的 13 个剧目中,有话剧、锡剧、沪剧、山歌剧、滑稽戏等不同剧种,这些富有时代气息的新戏,是从同年全市职工业余话剧观摩演出、市区业余戏剧创作节目交流演出、春节农村业余戏剧创作剧目交流演出的众多剧目中评选出来的。作品反映了一批“四化”建设中成长起来的优秀人物形象,比较有代表性的,包括锡剧《文书记罢宴》中的文书记,沪剧《喜庆有余》的先进营业员小金,话剧《第二小组》中的劳动模范叶华,《血,总是热的》中的厂长罗心刚等生动形象。此外,滑稽戏《意料之外》反映了社会主义新风尚,话剧《心灵的考试》表现了青年人的美好心灵,山歌剧《算命》塑造了智斗宿命论的农村姑娘。这批展演的作品,思想性和艺术性相结合,表现形式有创新:《意料之外》和《第二小组》等剧目,都运用道具的转动来变换场景;《意料之外》中的人物造型,恰当地运用了一些艺术夸张的手法等。

【上海市农场局职工业余话剧观摩演出】

1981 年 1 月 24—26 日,市农场局职工业余话剧观摩演出在市工人文化宫举行。8 个农场的 8 个话剧作品参加演出。其中前进农场的独幕话剧《风波路》和红星农场的沪剧小戏《结婚之前》、星火农场的独幕话剧《不该失去的……》、东海农场的三幕话剧《生日》获创作演出奖。

【上海职工“戏剧之春”交流演出】

1986 年 3 月 22 日,“上海职工‘戏剧之春’交流演出”在上海县莘庄镇开幕,历时 1 个月,演出了 5 台大戏、23 个小戏,涌现出话剧《朝朝暮暮》《脱班》和越剧《戏妻》等一批优秀创作剧目。

【上海文化艺术节群众戏剧会演】

群众戏剧会演是上海文化艺术节创立的一个新项目。1989 年 6 月 1 日,在艺术节群众戏剧会演中,由陆军编剧、吴伯英执导、松江县华阳桥乡文艺工厂演出的大型沪剧《竹园曲》,通过一群农村姑娘下河游泳所引起的一场轩然大波,讽刺了那些用陈旧的封建意识来抓“精神文明建设”的可笑现象,生动地展现了改革开放给三代农民带来的观念变革。这出戏人物生动、唱词优美、格调清新,生活气息浓郁,具有强烈的戏剧效果,受到群众欢迎,票房收入近万元。1992 年 5 月 20 日,上海艺术节群众戏剧专场在人民大舞台举行,其间演出了 5 个剧目,沪剧小戏《桃红柳绿》、京剧小戏《春江夜渡》、小歌剧《橘乡情》、话剧小品《张三其人》和《心声》等获得好评。

【全国部分城市戏剧小品会演】

1992 年 12 月,由黄浦区创作室、黄浦区文化馆、黄浦区浦东文化馆联合主办的全国部分城市戏剧小品会演在黄浦区文化馆举行,北京、沈阳、武汉、重庆、济南、芜湖、广州、大连及上海 9 个城市的 10 个文化馆、群众艺术馆参加会演。

【优秀儿童剧展演】

1993 年 11 月 10 日,“’93 上海优秀儿童剧展演”在儿童艺术剧场开幕,为期 110 天的展演为全市 170 万少年儿童展示了 12 台 600 多场精彩的演出。

2006 年 6 月 1 日,第六届上海优秀儿童剧展演在艺海剧院落下帷幕,先后有 70 万中小学生观看了演出。

2008 年 5 月 19 日,第七届上海优秀儿童剧展演活动在南汇文化艺术中心落幕,11 个省市的表演团体在 2 个月中走进 50 家剧场,演出近 700 场,小观众约 40 万人次。

【"与文明同行,做可爱的上海人"小品大赛颁奖晚会】

2005 年 11 月 20 日,市文广局、市文明办、市总工会、市文联、上海文广新闻传媒集团联合主办的"与文明同行,做可爱的上海人"小品大赛颁奖晚会在闵行虹桥社区文化活动中心举行。《对门》《一束康乃馨》等 15 个作品获奖。

【上海"洋山颂"小品小戏创作会演】

2006 年,以庆祝中国共产党建党 85 周年为主题,为响应中央与市委发扬和宣传"洋山港精神"的号召,反映在洋山港建设中涌现的先进人物和先进事迹,上海市戏剧家协会、市群艺馆、南汇区精神文明建设委员会办公室、南汇区文化广播电视管理局等单位联合举办"洋山颂"上海小品小戏创作会演活动。活动收到创作作品 26 个,通过剧本朗读会的形式评选出 13 个剧目进入决赛。

【全昌杰戏剧作品专场演出】

全昌杰长期从事群众文化的戏剧创作工作,是一位多产的群众戏剧编导,并致力于农村现代题材的戏剧创作。他创作了许多富有现代气息和浓郁生活情趣的作品,表现了许多具有时尚风采、性格迥然、充满活力的农村和城镇人物,反映了改革开放以后城乡的深刻变迁。2006 年 9 月 23 日,上海市建设社会主义新郊区新农村优秀节目展演期间,"花样年华——全昌杰戏剧作品展演"在闵行区浦江影剧院举行,展演活动由市群艺馆、上海文广新闻传媒集团综艺部、闵行区文广局主办。这次戏剧作品专场展演,选取了全昌杰在不同时期创作的部分获奖作品,包括沪剧小戏《花农嫁女》,沪语歌舞剧《花缘》《花样年华》,戏剧小品《大喜的日子》《藤》等多部小戏小品。重点展示了以"花"为题、以"花"串戏,以"花"塑人,亦歌亦舞的"花系列"新型沪剧作品。展演期间还举办了"耕耘花世界——创艺之路图片展""花样年华——上海群文领军人物全昌杰戏剧作品研讨会"。文化部社会文化司领导张旭和市文广局等 20 余位领导和专家出席了研讨会。

五、戏曲

中华传统戏曲活动是群众文化活动的重要形式,深受上海民众的喜爱,尤其是沪剧、越剧、淮剧等地方戏曲,拥有广泛的群众基础,各区(县)在运用戏曲形式进行创作的同时,经常开展各类戏曲演唱和展示活动。

【崇明县"金音杯"戏曲演唱赛】

1985 年,通过崇明县文化馆业务干部柴焘熊和黄晓的前期策划设计,崇明县和市农垦局举办了崇明县"金音杯"戏曲演唱赛,为崇明 8 个国营农场的戏曲演唱爱好者搭建了一个交流演唱、共同提高的平台,并发动全县各乡镇文化站和市属国营农场文化站组织报名,150 多人报名参赛。

崇明县"金音杯戏曲演唱赛"每两年举办一届,参赛剧种有京剧、沪剧、越剧、锡剧、黄梅戏、崇明山歌剧等,采用举办清唱、彩唱、折子戏、戏曲片段、创作唱段的专场赛事,以丰富比赛形式。每届在初赛中评选出 20 名选手或 10 档节目在广场搭台进行决赛,每次观看的群众有数千人。决赛评委由上海戏曲界知名演员担任,结束时请评委为演唱赛点评。参加"金音杯"戏曲演唱赛的人员覆盖全县各乡镇和 8 个国营农场,由于报名参赛人员多,有的乡镇则先举办预赛,优胜者送县参赛。崇明县文化馆还请专业老师举办戏曲演唱培训班,以进一步提高戏曲演唱爱好者的演唱水平。这些比赛和培训,不仅成为发现和培养戏曲演唱人才的平台,很多人还通过比赛和培训,成为各乡镇文艺演出队的业务骨干,参加上海市级举办的业余戏曲比赛获得过各种奖项。大赛从 1985 年至 2010 年共举办 13 届,参与演唱者达 2 000 多人次,其中 200 多人次获得过各种奖项,累计观众达 4 万多人次,成为崇明县的一个传统文化活动品牌项目。

【钱光辉戏曲作品展演】

钱光辉长期在业余群众文化战线上工作,致力于农村题材的戏曲作品创作,塑造了许多个性鲜明、具有浓郁时代气息和生活趣味的农村人物形象,深刻反映了改革开放以后农村发生的巨大变化。钱光辉戏曲作品展演选取其不同时代创作的代表作品,包括沪剧小戏《说话算数》《石头赔情》《相约十二点》等。2006 年 7 月 13 日,由市群艺馆、上海文广新闻传媒集团综艺部、奉贤区文化广播电视管理局联合主办的"根深叶茂抒情怀"——钱光辉戏曲作品展演在上海美琪大戏院举行。这也是上海市建设社会主义新郊区新农村群文优秀节目展演的一个专场演出。

图 4-3-3　钱光辉戏曲作品展演(2006 年 7 月 13 日)

【地方戏曲演出】

1985 年,上海市工人文化宫和上海电视台联合举办首届上海市职工越剧大奖赛。大奖赛参与人数共 2 500 余人。通过初赛、复赛的选拔,15 人在市工人文化宫参加决赛,评出一等奖获 1 名:张怡(12 岁);二等奖 3 名:胡振钰、朱明瑛、陈根娣。

1992 年 3 月 9 日,上海市沪西工人文化宫主办"淮剧之春"演出,全市 6 个区、14 个业余淮剧团,在沪西工人文化宫剧场参加了 6 场共 33 个业余淮剧传统折子戏和现代剧的演出。

1992 年 4 月 1 日,5 场"南北淮剧精英荟萃展演"在上海市沪西工人文化宫影剧院举行。

1993 年,上海市工人文化宫主办"麒麟杯"大奖赛,比赛剧种为越剧,800 余人参赛。

2002 年 7 月 28 日,由上海电台戏剧频道倡议,上海市精神文明建设委员会办公室等单位主办的豫园戏曲"周周演"举行。首演式在豫园中心广场举行,来自上海、天津、深圳等地的新秀及戏迷参加演出,名家现场指导,精选节目在上海电台戏剧频率《星期戏曲广播会》中播出。

六、曲艺

曲艺作为说唱艺术,生动诙谐,百姓接受度高,受到基层欢迎。自 1979 开始,曲艺活动在全市恢复展开。同年,由市文化局、市群艺馆和上海市曲艺家协会联合举办上海市曲艺交流汇报演出,之后每年举办一届,延续到1992年。上海业余曲艺工作者与专业艺术工作者一样,长期深入生活进行创作,不少好作品被市专业曲艺剧团选用。其中,川沙县创作的上海说唱《陈毅市长》等,多次被专业曲艺剧团演出,并作为进京参加调演的节目。在上海市群众业余曲艺交流演出中,组织单位注重挖掘与整理传统的上海地方曲种,使绝唱多年的"小热昏"、浦东说书等多种曲艺形式重放光彩。

【上海市曲艺交流汇报演出】

上海市业余群众曲艺交流演出创立于1979年,此前,各区县各条线涌现出不少令上海专业曲艺界人士关注的创作作品和业余曲艺演员,市文化局有组织地开展上海市群众业余曲艺交流演出活动,以推动业余曲艺的创作和演出活动,挖掘与培养业余创作和表演人才。

1979年5月29日,市文化局、市群艺馆和中国曲艺家协会上海分会联合举办改革开放以后的首次上海市曲艺汇报演出,经过组织和评选,来自全市各专业院团和各工厂、农村、部队的专业与业余曲艺工作者、爱好者创作的许多优秀节目参加了汇报演出,其中不少节目反映了广大人民群众为实现"四化"而努力奋斗的沸腾生活,展现了曲艺轻骑兵的战斗作用。在第一轮演出的节目中,短篇评话《在公共汽车上》,讴歌了敬爱的周总理的伟大品格;单弦《歌唱英雄杨朝芬》,简练而生动地表现了我人民解放军在对越自卫反击战中一往无前的英勇气概;中篇评弹《冤案》,揭露"四人帮"一伙对革命群众的政治迫害;相声《美与丑》,抓住部分青年中出现的一些值得注意的问题,以幽默讽刺的手法,加以警醒和批评,使人们在笑声中受到教益;群口词《赶》,抒发青年一代决心为实现"四化"而扎根农村、建设农村的豪情壮志。这次会演的节目形式多样,曲种丰富,不但有苏州评弹、上海说唱、独脚戏、浦东说书等南方曲种,也有单弦、天津时调、北方相声、数来宝等北方曲种。不少节目努力发挥各曲种的特点,思想性和娱乐性得到较好的统一。其中,弹词《夜半留凤》是中篇评弹《李双双》中的一回,表现李双双做大风的思想工作,作者和演员发挥了评弹艺术的长处,把人物的心理活动刻画得惟妙惟肖,将整回书处理得妙趣横生。上海丽园路街道徐和其,艺名小福人,是"小热昏"第四代传人,他所演唱的作品,使绝唱多年的"小热昏"再现当年的风采。

此次举行全市曲艺汇报演出以后,市文化局与市群艺馆每年组织上海市业余曲艺交流演出活动,以繁荣上海曲艺舞台,使这一活动成为上海市业余曲艺工作者和爱好者的一项重大赛事。

1980年10月22日和31日,在市文化局的组织下,分别举行了市区和郊区的业余曲艺交流演出活动,这次活动分4台演出的32个节目,作品题材新颖别致,形式活泼多样,富有浓厚的生活气息。参加交流的节目中,市工人业余艺术曲艺团演出的上海说唱《学方静》和恒丰中学演出的上海说唱《闪光的团徽》,歌颂了新长征路上的新人、新事、新风尚;川沙县文化馆演出的表演唱《夸夸六样机》反映了农业现代化的新气象;市公安局虹口分局演出的独脚戏《死不要》、闸北区文化馆业余演出队演出的独脚戏《双推母》等,讽刺了社会上某些不正之风,批评了某些人的丑恶思想。这些节目都是由市、区文化宫、馆,市青年宫,市公安系统和郊县的业余演出中选拔产生的,具有一定的艺术质量。市文化局从郊区业余曲艺演出中评选出一台节目,组成小型演出队,于11月中旬在市郊10个县作巡回演出。另外,表演唱《夸夸六样机》等作为上海市的优秀节目赴京演出。

1983年7月18日,市文化局在上海县莘庄镇举行农村曲艺创作节目调演,演出3台26个曲目。青浦县文化馆馆长曹伟明创作的上海说唱《三难鸭司令》等获奖。

1987年11月16—19日,市群艺馆、中国曲艺家协会上海分会在崇明县联合举行上海市区县曲艺创作节目调演活动。全市曲艺界和业余曲艺辅导干部、作者参加了这次曲艺盛会,400余位演员参加,演出了上海说唱,独脚戏,评弹、评话,民间曲艺4个专场共37个曲目,涌现出一批质量较高的创作节目和优秀的业余演员。同时,活动挖掘整理出一批失传多年的上海民间曲艺,使之重现光彩,其中包括崇明三宝:"崇明韵白书""说因果""扁担书"等,引起专家热烈反响。由专家、部分文化馆曲艺辅导干部、业余作者18人组成的评奖小组,评出优秀创作奖3个,优秀演出奖4个,创作、表演一等奖各7个,创作二等奖9个,演出二等奖12个,其余均为三等奖,并在静安区文化馆举行汇报演出。锣鼓书《三上门》、上海说唱《竞选鸭司令》、独脚戏《乐极生悲》、崇明韵白书《李庭长索贿》、扁担书《有赏书记》、说因果《奈何桥上说奈何》、评话《甲鱼豁边》、相声《功能的威力》等8个优秀曲目参加了演出。

1992年,市群艺馆组织上海市群众曲艺调演活动。在此次调演活动中,浦东文化馆选送的评话《张冠李戴》,嘉定县黄渡文化站选送的评话《死人勿关》《骄人的耳朵》,松江县文化馆选送的独脚戏《第八个吻》,上海县文化馆选送的上海说唱《阿三吃鸡》等获得优秀作品奖,这些作品受到观众的喜爱与专家的肯定。

【上海市职工曲艺之花交流演出】

1986年5月20日,"1986年上海市职工曲艺之花交流演出"开幕,104个作品参加预选,从中评选出40个作品参加交流。

【上海曲艺艺术节】

1988年6月5日,中国曲艺家协会上海分会、上海文化发展基金会、上海电视台、上海人民广播电台联合主办的上海曲艺艺术节开幕。180多位专业、业余曲艺演员演出了10台61个节目。

【上海市业余评弹会演(1996)】

评弹是上海市民群众喜爱的一项曲艺形式。1996年2月15—17日,市曲艺家协会和卢湾区文化局联合主办的首届上海市业余评弹会演同时在上海兰心大戏院、雅庐书场举行。共组织了4场演出,有40多个曲目参演。曲目中不仅有"蒋调""薛调""丽调""张调""俞调"等各种评弹流派的开篇和选曲,还有各种长篇选段,包括《武松》《珍珠塔·小夫妻相会,抢功劳》《大闹德贤堂》《白蛇·合钵,神仙庙》《玉蜻蜓·文宣荣归》《花厅评理》等,并有中篇评弹《貂蝉》等。组织单位从1995年起就开始策划,经过近半年多的筹备,以挖掘与培养更多的评弹新人为目标,以期评弹艺术后继有人。参加演出的业余评弹演员,大多来自全市各行各业的业余艺术团体,还有不少在校学生。他们中年龄最大的70多岁,最小的10岁。市工人文化宫茉莉花评弹团、黄浦区雅风评弹之友社、卢湾区评弹艺术促进会、闸北区评弹协会以及虹口区评弹爱好者协会等业余团体的120多位业余评弹演员(票友)参加了演出活动。这些社团精心组织,抽调力量,挤出时间进行排练,让业余评弹演员得到了一次学习锻炼和交流的机会,以振兴评弹艺术。通过这次会演,充分显示出上海业余评弹演员的艺术功底,促进和推动了业余评弹活动的健康发展与传承。

七、新故事讲演

中华人民共和国成立后的20世纪五六十年代是上海新故事活动的开创探索阶段。1962年,市群艺馆与市青年宫联合举办第一次故事员训练班,培训农村故事员近300人。至1964年,上海郊区农村故事员达万人之多,市区也有数千人,形成了一支庞大的故事员队伍。各级党委重视新故事活动的开展,市群艺馆有组织地举行各类故事活动。"文化大革命"时期,上海的新故事讲演活动基本处于停滞状态。1979年以后,市群艺馆开始组织故事创作,恢复编印活页《新故事》和上海故事会串活动,为后续开展新故事活动打下了基础。

【故事会串】

故事会串是上海市文化部门组织创立的全市性的新故事创作演讲竞赛活动,所开展的故事会串活动均按年份定名。"文化大革命"期间,上海故事会串停止活动,1982年上海市故事会串活动重新恢复,并开始以届次来命名。

1982年12月8—10日,经市文化局批准,在市群艺馆的策划与组织下,恢复后的首届上海市故事会串活动在雅庐书场举行,进行了6场竞赛活动。这是改革开放以后的第一届故事会串活动,各区(县)文化馆、站的文艺干部情绪高涨,纷纷组织故事员队伍参加会串活动。在举办首届故事会串前,市群艺馆举办了2期为期8天的故事作品加工班,对报名参加第一届故事会串的故事作品进行精加工。在市群艺馆的策划与组织下,第一届故事会串活动获得圆满成功。其中,川沙县王志荣、夏友梅创作的反映现代题材的故事《飞来的人民币》和金山县支希钧、马红星创作的反映解放战争题材的故事《二上江城》等新故事作品获得创作一等奖。此后,故事会串活动每年举行,一年举办一届,至1992年,共举行10届故事会串活动。

1983年上海市举行第二届故事会串活动。市群艺馆要求各区(县)文化馆选拔优秀的故事作品参加故事会串活动。针对各区县创作演出人员纷纷报名参赛,区县文化主管部门经过举办创作加工班与演讲班的形式提高作品质量,并选拔优秀节目送市里参加比赛。经评委专家评选,川沙县夏友梅创作的反映个体户青年创业的故事《大篷头车招亲》和宝山县陆廷贤创作的故事《暴发户》获得故事会串创作一等奖。川沙县夏友梅表演的故事《大篷头车招亲》获得第二届故事会串的表演优秀奖;川沙县朱国钦演讲的故事《老原则的故事》获得表演一等奖。

1984年12月6日,上海市第三届故事会串活动在南市区工人体育场开幕,历时5天,包括6场交流演出和评议活动。参赛的41篇故事作品中三分之一的作品反映了改革开放中的新人新事,三分之一的作品反映了农村和城市改革开放生活的变化,这些故事生动地描写了改革过程中的新人新事,朴实生动,趣味盎然。参加故事会串活动的《飞来的人民币》《副业大王三考状元郎》等13篇故事获奖,《飞来的人民币》获得创作一等奖,13名故事员获优秀表演奖。这次故事会串活动涌现了不少新的故事作者和故事员。另外,川沙县领先于其他区县,夺得故事会串的创作、演讲的全部一、二等奖。江苏、浙江、吉林、沈阳等地的故事创作人员专程来沪观摩。

1986年5月5—10日,第四届故事会串活动在南市、徐汇、普陀区文化馆举行,25篇故事作品参赛。在1986年与1987年上海市第四、五届故事会串活动中,川沙县夏友梅表演的故事《憨阿福三闹大篷车》和诸文革表演的故事《血溅望夫》《女财神》以及朱国钦表演的故事《半个女婿》《大哭队长招婿》均获得上海市第四、五届故事会串活动表演一等奖。川沙县第五次夺得故事会串活动的桂冠。1989年4月27—29日,第七届故事会串活动在江苏省昆山县向直镇举行,以"故事员的故事"命名创作和即兴表演,150余人参赛,活动评选出4个创作一等奖、5个创作二等奖、5个优秀表演奖。值得一提的是,在上海第六、第七、第八届故事会串中,川沙县朱国钦表演的故事《故事员的故事》《飞来的人民币》和朱国桢表演的故事《曹厂长智斗强瞎子》《怪药方》分别获得上海市第六、七、八届故事会串表演一等奖,川沙县诸文革表演的故事《为什么不爱她》获得上海市第八届故事会串表演荣誉奖,川沙县文化馆又一次获得优秀组织奖。另外,故事会串活动培养与挖掘了不少创作与演讲方面的新人,其中,杨浦区文化馆业余故事员孙炳华创作的《故事员的故事——部长看戏》,获得第七届故事比赛创作一等奖;嘉定县黄震良表演的《故事员的故事》《人来疯》,分获第七、八届故事会串演讲一等奖;南汇县张虹演讲的故事《绑票奇案》,获得第八届故事会串演讲一等奖。

1991年8月7日,上海市举行第九届故事会串活动,川沙县朱国钦表演的故事《怪客奇遇记》和周坚强、李抗美、华明洁表演的故事《浦东大娘子》以及李抗美、朱国桢表演的故事《作弊的三好学生》和嘉定县朱德谟创作、杨晓蓉表演的故事《一壶水》分获第九届故事会串创作一等奖、表演一等奖;由老故事家黄宣林创作的故事《三眼存单》等获第九届故事会串创作一等奖,蔡刚创作、黄震良表演的故事《领奖风波》获第九届故事会串创作二等奖、表演一等奖。故事会串新人辈出,作品纷呈,上海新故事活动呈现繁荣局面。

1992年7月28日,第十届上海市故事会串在南市区文化馆举行。此届故事会串活动,无论在创作质量上还是表演水平上,市郊农村明显高于市区,显示了故事创作表演在农村的深厚基础。与往年故事创作最大的区别是,故事会串出现了一批表现改革开放大潮的佳作,这些佳作贴近时代、贴近生活,深受群众的喜爱。经评选,上海故事大王夏友梅为首的川沙县故事队以力作《外来妹招亲》《作弊的三好学生》夺得创作一等奖,获一等奖的还有《乔厂长上任》。川沙的朱国桢、李抗美、宝山的杨晓蓉和南汇的陈洁获表演一等奖。这次会串活动中还评选出10年坚守为上海故事辛勤耕耘的上海市优秀故事工作者9名。

1994年,市文化局对故事工作作出突出贡献的区县文化馆和文化馆故事工作者进行表彰。获得上海市故事工作先进集体的有青浦县文化馆、浦东新区川沙文化馆、金山县文化馆、南区市文化馆、普陀区文化馆、虹口区文化馆;获得故事优秀工作者称号的有青浦县钱昌萍、陈文彬,浦东新区川沙镇夏友梅,上海县赵克忠,南汇县张洪弟,金山县胡林森、张道余,虹口区陈永绩,南市区王爱珍,普陀区任志豪,杨浦区孙景德等。

【区(县)的新故事讲演活动】

上海新故事活动开展以后,各区县纷纷打造各自的故事特色项目,有金山故事、川沙故事、青浦故事、嘉定故事,还有杨浦故事、少儿故事、红色经典故事以及工人故事等,都为上海的新故事活动增添了艺术色彩,在全国的相关活动中赢得了良好的声誉。

20世纪六七十年代,川沙地区就广泛开展新故事创作演讲活动,故事员深入田头、工厂、学校、工地、茶馆等,演讲身边的故事,宣传社会主义建设的新人新事。1979年底,川沙县文化局将有故事创作演讲特长的夏友梅调入县文化馆担任故事专职干部,并开始着手建立县故事创作与演讲队伍,将川沙故事打造成川沙县群众文化的品牌项目。由此,川沙县文化馆组织故事创作与演讲的脱产培训班,并聘请上海市的有关故事专家任嘉禾、陈淳、吴君玉等前往川沙授课。1981年开始,川沙县文化馆连续召开故事工作专题会议,研究川沙故事的创新发展,并举办川沙县故事会串等竞赛活动。同时,川沙县文化局联合上海大学文学院等单位共同举办了两次"夏友梅故事作品研讨会",以表彰夏友梅在故事创作方面的优异成绩。从1983年起,川沙县文化局每年举行一次故事会串活动,故事会串活动在各乡镇、企业、学校等系统经层层选拔再进行决赛,使川沙的故事创作表演得到了进一步的提高。大篷车系列故事《大篷车招亲》《吴经理三斗大篷车》《戆阿福三闹大篷车》和《老原则叫车》《飞来的人民币》《半个女婿》《阿福奇遇记》《女财神》《哭队长招婿》等,在参加全市故事会串活动中连连夺冠。1990年,上海市评选10名上海"故事大王",川沙县夏友梅、曹刚强、朱国钦榜上有名。1991年,上海市民间艺术家协会在川沙举行上海故事家命名大会,川沙故事的代表人物夏友梅被授予上海故事家的称号。在浦东乃至长三角地区,夏友梅的故事艺术风格,被称为"夏友梅现象"。1999年5月13日,市群艺馆、浦东新区社会发展局联合举办的浦东新区第三届故事会串决赛在浦东新区川沙文化馆举行,21个故事近30位故事员参加了"成人故事"和"少儿故事"两个专场决赛。

2001年,为了保持浦东的故事品牌,浦东新区社会发展局召开浦东新区群众文化故事研讨会,建立多层次、全方位的故事创作网络,成立了"故事艺术工作室"开展故事创作、演讲活动。该局还成立了国内首个"故事艺术研究中心",下设3个创作组,从事故事创作和民间故事理论的探讨。该中心还加强收集、整理浦东川沙相关历史资料,归纳、编撰历史故事,先后出版《浦东的传说》《浦东民间故事》,并编撰了《热土报春花》和《时代的浪花》等故事集。川沙故事创作人员经常在《故事会》《故事世界》《上海故事》等刊物上发表创作的故事作品,并参加"上海故事"大赛,获得大赛奖。故事《作弊的三好学生》被上海市文化局选送参加文化部"群星奖"的评选,获第三届"群星奖"金奖。2005年,川沙新镇人民政府联合相关单位,举办了以"川沙杯"命名的全国故事大王邀请赛、华东六省一市故事邀请赛、长三角地区故事邀请赛等多项故事比赛活动。川沙故事活动得到市文化主管部门的重视,并将"川沙杯"长三角地区的故事竞赛活动升格为上海国际艺术节的一个群文品牌活动。

1999年11月25日,市群艺馆与解放日报社等新闻单位联合主办的"1999上海故事创作演讲大赛"决赛在皇冠娱乐城戏曲厅举行。2001年7月20日,市群艺馆主办的"2001上海故事创作演讲大赛(黄渡杯)"决赛在嘉定区黄渡镇黄渡公园举行,南汇区、虹口区的两位选手分获一等奖。2002年8月9日,《上海故事》杂志社与徐汇区文化局等单位联合举办的"我们的暑期生活"社区故事创作演讲决赛在徐汇影剧场举行。

金山区是在上海新故事活动开展后崛起的一个新故事特色区域。金山县撤县建区后,陆续举办市级、全国级的故事竞赛活动,以培育树立金山故事的文化品牌。2002年、2004年先后举办上海市"金山杯"故事创作演讲邀请赛,华东六省一市"金山杯"故事暨"梅陇杯"法制故事创作演讲大赛,"金廉杯"华东六省一市廉政故事大赛,"金山杯"首届中国故事节等活动,创作近400篇故事新作,使金山故事受到中国故事界的关注。《解放日报》将金山故事与金山农民画、金山影视文学并称为"金山群众文化的三枝花"。金山故事列入金山区文化艺术节和"十月歌会"的比赛项目,每年都举办一届全区性的新故事大赛,每年创作的新故事不少于100篇。2003年,金山区与上海人民广播电台文艺频道联合举办"新奇故事会"栏目和"双周故事会"社区行巡回演讲专题节目,宣传金山故事,为金山故事走进都市、走向全国开创了新的途径。金山区文化广播影视管理局在金山电视台、《金山报》开辟"金山故事"专栏,为故事作者和故事展示提供活动平台,同时还建立了每年评选命名区优秀故事作者与优秀故事员、优秀故事组织者的激励机制,表彰为金山故事作出贡献的优秀故事工作者。金山区并以山阳镇为基地,从中小学生抓起,培养金山故事新人,使"金山故事"后继有人。2005年,金山区被命名为"上海市新故事活动特色区域"。

第四节 其 他 活 动

一、职工文化活动

【新长征读书活动】
1979年9月,由市工人文化宫发起的新长征读书活动在全市展开,开启了新时期职工读书活动的序幕。

【"我们的生活"诗歌朗诵会】

1982年2月10日,由市工人文化宫、《工人创作》编辑部等18个单位联合主办的"我们的生活"诗歌朗诵会在上海体育馆举行,1.6万名职工参加。市委书记韩哲一、钟民,市委副书记兼市委宣传部部长陈沂出席。

【振兴中华职工读书活动】

1982年4月30日,市总工会、团市委、解放日报社、市出版局联合发起举办振兴中华读书活动,有20万职工参加,建立1.1万多个读书小组。1983年4月21—24日,全国总工会在上海召开全国职工读书活动经验交流会,全国29个省、自治区、直辖市和16个城市的代表参加会议。同年5月21日,全国总工会作出《关于在全国职工中开展读书活动的决定》。5月30日,中共中央领导同志在中南海接见上海市振兴中华职工读书活动报告团并听取汇报。6月9日《人民日报》发表题为《意义深远的一件大事——评上海市在职工中开展读书活动》的社论。6月14日,新华社报道中共中央对全国总工会党组《关于在职工中开展读书活动的报告》的批复。在中共中央的关怀和鼓励下,上海职工参加读书活动的人数,1983年增至60万人,1984年增至90万人,1985年突破100万人。1987年后,受到"淡化思想政治工作""一切向钱看"等错误思潮影响,参加读书活动的人数一度下降。1989年下半年起,读书活动逐步走出低谷。到1994年,上海职工参加读书活动和各类业余自学培训的人数突破200万。

振兴中华读书活动以"中华要振兴,祖国要富强"为主题,组织职工读"三史"(中国近代史、中国革命史、社会主义发展史),上海各行各业普遍建立学习"三史"为主的读书小组。1983年,读书活动还吸引15万职工不离岗、不脱产,以自学为主学完青工政治轮训课程;并出现大量以自学考试为目标的读书小组。1984年起,读书活动转向社会科学的其他门类,并且向自然科学、管理科学等多学科方向扩展,引导职工学政治、学经济、学技术、学法律、学文化、学业务。1987年以后,面对社会上出现的资产阶级自由化思潮和不良风气冲击,读书活动坚持"读书育人"宗旨,树立正确的人生观、价值观作为主要内容,开展岗位读书、岗位成才的活动。1992年以后,职工自学外语、金融、计算机和各种岗位知识、岗位技能,成为读书活动的新热点。

图4-3-4　上海市职工"知爱兴"读书知识竞赛复赛
（1991年3月）

【职工文艺展演】

1994年9月22—29日,"'94上海市职工文艺展演"在市工人文化宫茉莉花实验剧场举行。来自基层工会、文化宫、俱乐部的 30 个团队参加活动,100 多个节目参演。

1996 年 10 月 5 日,上海市职工文艺展演在中国大戏院开幕。连续 3 天在市工人文化宫影视剧场、沪西工人文化宫等进行了舞蹈、器乐、声乐、小品专场演出。

二、青少年文化活动

【“红领巾读书奖章”活动】

1982 年 5 月 8 日,“1982 年上海市‘红领巾读书奖章’活动”在中国福利会少年宫举行开幕式,活动评选出红领巾读书积极分子 2 万名,活动指导先进个人 200 名,先进集体 100 名。

【上海青年艺术节】

1985 年 12 月 12—17 日,市青年宫举行上海青年艺术节。由“大家唱”“大家摄影”“大家时装”“大家书画”“大家艺术”和 29 项艺术表演组成,接待青年 6 万多人次。

【上海社区青少年文化艺术月活动】

2001 年 4 月 22 日,团市委、市文广局、上海电视台在东方明珠电视塔下举行“党在我心中”——上海青年纪念建党 80 周年“五四”广场文化活动,由此揭开了全国大中城市青年纪念建党 80 周年广场文化活动的序幕。市委副书记龚学平,团中央书记处书记胡春华,市委常委、市委宣传部部长殷一璀和 2 000 多名各界青年代表出席了活动。活动中,龚学平向上海“文化新人”代表授予“上海青年文化志愿者服务团”旗帜,标志着上海文化青年志愿者队伍正式成立。该活动至 5 月 19 日结束,团市委组织了歌舞、器乐、小品、演讲、摄影、插花等文化艺术活动,近百个街道 20 余万人次的青少年参与了这一文化艺术月活动。

【少年儿童文化教育博览会】

2008 年 10 月 3—4 日,中国福利会少年宫举行“放飞梦想”——2008 年上海首届少年儿童文化教育博览会暨中国福利会少年宫“科技与艺术”主题游园活动。4 场活动吸引了近万名孩子和家长在少年宫欢度假日。

【国际儿童节博览会】

2010 年 3 月,团市委、市妇联、中国福利会、市文明办、市教委、市公安局、市总工会、市少工委联合主办的“童乐世博——2010 年上海少年儿童庆祝‘六一’国际儿童节博览会”在中国福利会少年宫举行,2.5 万名家长和儿童参与了近百场各类主题活动。市委副书记殷一璀代表市委、市人大、市政府、市政协向全市少年儿童致以美好的节日祝愿,向为上海世博会成功举办舍小家、为大家的广大世博建设者、公安干警和他们的孩子表示了亲切慰问。

殷一璀等市领导接见了全国第六次少代会上海代表团代表并合影,为上海世博会建设者及公安干警子女、农民工子女送上“六一”节日礼物,并参加游园活动。此次国际儿童节博览会还向全市少先队员发出倡议:在即将到来的暑假,实践文明观博,探究科技创新。会上,还举行了《童心畅想》中国馆儿童画册首发式。

【中小学生艺术展演】

2010 年 3 月 1 日,教育部、上海市人民政府共同主办的历时 9 天的"阳光下成长——全国第三届中小学生艺术展演活动闭幕式暨颁奖晚会"在上海东方艺术中心举行。中共中央政治局委员、国务委员刘延东给这届艺术展演活动发来了贺信。

全国第三届中小学生艺术展演活动坚持面向全体学生,坚持正确的育人导向,主题鲜明,内容丰富,形式多样,受益面广,成果斐然。在闭幕晚会上,公布了艺术教育科研论文与绘画、书法、摄影作品和艺术表演类节目评选出来的各个奖项。此外,这次展演活动还有 31 个省(自治区、直辖市)和新疆生产建设兵团的教育行政部门、120 个地(市)和 505 个县(市)级教育行政部门获得了优秀组织奖。

三、综合活动

【"上海一日"大型摄影活动】

1991 年 7 月 1 日,持续 24 小时的"上海一日"大型摄影活动于零时拉开帷幕,300 多位专业、业余摄影者分布在全市 350 多个摄影点,用 1 200 多个胶卷拍摄了 43 000 多张照片。

【大世界戏剧节】

1991 年 9 月 5—10 日,"首届大世界戏剧节"在上海大世界游乐中心举行,逾 5 万市民参加了活动。

【上海画界绘"七不"四代画家广场大盛会】

1995 年 7 月 29 日,上海老、中、青、少四代百余位画家在外滩陈毅广场,共同创作题为上海画界绘"七不"四代画家广场大盛会的巨幅画卷。

【全国运动会开幕式表演】

1997 年 10 月 12 日,第八届全国运动会在上海开幕。市文化局承办开幕式大型文艺表演《祖国万岁》,2 万多人参加表演。演出气势恢宏,绚丽多彩,受到海内外好评。

【文企结合的系列文化活动】

2000 年 7 月 8—29 日,市群艺馆承办的"荣欣国际装饰风情博览中心开业系列文化活动"在四川路福海商厦拉开帷幕。以"情""美""家""爱"为主题的 4 个块面的活动,将企业精神与多姿多彩文艺形式相结合,获得良好的社会效益。

【"百年放歌——淮海路百年庆狂欢夜"活动】

2000 年,适逢淮海路开通 100 年纪念日,中共中央总书记、中华人民共和国主席江泽民为百年庆作"百年淮海路,展现新风貌"的题词。市旅游委、卢湾区政府、徐汇区政府联合主办丰富多彩的淮海路百年庆活动。活动从 4 月 27 日淮海路百年庆信息发布会开始,于 12 且 31 日迎接新世纪狂欢活动结束,历时 8 个月。其间,活动组委会举办了形式多样的系列活动。有与 SOHU 合办的淮海路仲夏夜音乐之旅,与可口可乐公司合作的中国奥运先锋选拔赛;有与淮海路沿线企业、投资商共同举办的夏之情购物周、新上海啤酒节、法国葡萄酒与中国月饼有奖评选、网络科技节、2000年雁荡路国际食品节、冬之魅购物周、大上海时代广场苹果倒计时等活动;还有举办淮海路百年回顾展、世界各国商业文化摄影展、淮海路百年庆橱窗摄影展、"回顾与展望——21世纪淮海路论坛"等展览和会务活动,以及编辑出版《淮海路百年写真》,展示淮海路的历史和现状等。10月15日,由市群艺馆承办的"百年放歌——淮海路百年庆狂欢夜"活动在淮海路举行,将活动推向了高潮。其中,包括上海国际服装服饰中心挂牌成立,举行上海旅游节大型主题活动——"玫瑰婚典·相约2000",特别是淮海路开通100年庆祝晚会等。这些活动以文化为魂,集中反映了百年淮海路的深厚文化底蕴。

【第二届全国残疾人职业技能竞赛开幕活动】

2003年8月9日,由中国残联、劳动和社会保障部等六部委联合主办,北京市、上海市、广州市人民政府承办的第二届全国残疾人职业技能竞赛开幕式在上海市举行,开幕式文艺演出《让我们共同努力》在上海东方电视台演播大厅举行。开幕活动的承办单位是上海市文广局,上海市群艺馆具体执行。这是中国残疾人的一次盛会,受到中央有关部门和上海市领导的高度重视。市群艺馆工作人员和参加开幕式演出的500多位演职人员齐心协力,高质量地向全国的残疾人代表奉献了一台精彩而丰富的演出。国务院副秘书长汪洋、中国残疾人联合会主席团主席邓朴方、上海市党政主要领导人及兄弟省市的领导和代表出席开幕式并观看了文艺演出。

该竞赛活动原定于5月10日举行,因受到"非典"疫情的影响,活动推迟到8月。在"非典"肆虐阶段,活动的筹备工作没有停摆,各个艺术门类的创作人员,仍然按照策划的音乐、文字、舞美、服装等样式完成创作工作。2003年7月初,全国竞赛组委会决定恢复第二届全国残疾人职业技能竞赛的各项工作,确定8月9日正式举行开幕式演出。7月中旬,上海的气温一直高达摄氏37度以上,但开幕式节目的排练已全面展开,每个节目的完成都蕴含着编导、演职人员的辛劳和汗水。上海市长宁区初级职业技术学校、杨浦区风帆初级职业学校、上海市聋哑青年技术学校的残疾学生在校长、老师们的带领下一丝不苟的排练,付出了超常的体力和精力。《天使妈妈》节目中的电影表演艺术家秦怡已82岁高龄,腿脚不便,但主动反复录音,表现了老艺术家的人格魅力。上海东方广播电台节目主持人张培疾病在身,也冒着酷暑在排练现场,坚持为连排节目配串联词。表演艺术家秦怡、廖昌永、师胜杰与全国残疾人艺术团等都在演出中表现出了高尚的职业精神和勤勉的工作态度。外国歌曲翻译家薛范、同济大学高级工程师朱双六等残疾人代表也都积极地投身排练和演出活动。

【保持共产党员先进性教育活动文艺小分队郊县巡演】

2006年1月5—19日,由市委组织部、市委宣传部和市文广局主办的第三批"党在我心中"——上海市保持共产党员先进性教育活动文艺小分队郊县巡演活动,在市郊10个区县展开。2005年12月25日,市群艺馆接受任务后,由活动部牵头,在1周时间里将专业艺术院团的演员与优秀的群文创作作品表演者相结合,组成了演出团队。其中,集合全市各专业艺术院团的马莉莉、茅善玉、小翁双杰、李国静等演员,策划组织了20台主题鲜明、各具特色的文艺节目,新年伊始带领由上海京剧院、沪剧院、越剧院、滑稽剧团的演员和各区县优秀的群文骨干组成的巡演团,冒着严寒和恶劣的天气,分赴基层,完成了宝山、金山、嘉定、松江、南汇、青浦、闵行、崇明等各区县先进性教育创作节目展演的组织工作。他们为农村党员演出,受到党员群众的欢迎,观众人数达1.5万,遍及10个区县的 18 个乡镇,总行程超过 1 500 千米。

【纪念长征胜利七十周年——"百米书法长卷颂长征"创作活动】

2006 年 10 月 23 日,静安区文化局、静安书法协会主办的"百米书法长卷颂长征"创作活动在静安公园举行。现场百余名来自静安区书法家协会的书法家和书法爱好者聚集在长桌边共同挥毫泼墨。从事篆刻艺术 30 余年的张燮璋先生在活动现场将他创作的百余方长征地名的印章捐赠给文化部门收藏,而他历时一年多潜心创作的印章被编印成《中央红军长征地名印谱》首发。

【"和谐心声"上海演艺工作者下社区活动】

2006 年 12 月 14 日,东方宣教中心、宣传系统人才交流中心、上海演艺工作者联合会举行的"和谐心声"上海演艺工作者下社区活动启动。上海演艺工作者联合会的会员在周末进入社区,为市民献上丰富多彩的文艺表演。马莉莉、陈瑜、华怡青等演员与文艺界新秀唱出了艺联的"和谐心声"。此次活动属于东方宣教中心推出的"东方社区剧场"等万场系列演出进社区活动之一。

【"一元书场"】

2007 年 2 月 22 日,宝山区罗泾新苑书场推行"一元书场",天天为农民群众演出,受到了市民百姓欢迎。

【特奥会"你行,我也行"阳光活动】

2007 年 4 月,全市各区县在广场开展并举行"你行,我也行"阳光特奥会活动。如长宁区放在虹桥开发区兴义广场,区委书记、区长、文化局和区委办局领导都参与了此次活动。3 日,市委书记习近平到杨浦区殷行街道调研,并参加在此举办的特奥会"你行,我也行"阳光活动。

【都市文化——上海舞台艺术历史印象展】

2007 年 10 月 10 日,由市文化艺术档案馆主办、浦东新区文化艺术指导中心承办的"都市文化——上海舞台艺术历史印象展"在浦东新区文化艺术指导中心一楼大厅开幕,展示内容包括京、昆、越、沪、淮、评弹、木偶、话剧等 15 种戏剧表演的舞台艺术品,400 余幅图片和艺术家的舞台演出戏服、戏曲资料及实物等相结合进行展示。活动目的在于加强对优秀文化的宣传,使市民通过展览了解舞台艺术历史、艺术风格、艺术人才。展览在全市进行了巡展,选择有展览条件的区域,将舞台艺术历史展示延伸到社区,让百姓在家门口享受艺术档案文化服务。巡回展的内容以艺术名家的主要剧目为重点,突出介绍了艺术家的舞台艺术形象和艺术成就;不同类型的实物,展示了上海戏曲舞台艺术发展的历史轨迹。

【中外残疾人艺术作品展暨上海市残疾人文化活动周】

中国残联、文化部自 2010 年开始共同推出"残疾人文化活动周",即每年 8 月份,在全国各地开展各种文化艺术活动。2010 年 8 月 3 日,市残联、市文广局联合举办的"绽放生命、共享世博——中外残疾人艺术作品展暨上海市残疾人文化活动周"在上海图书馆开幕。

这次艺术展是上海首次开展的残疾人文化活动周的重要活动之一,来自中国上海、中国香港和日本、马来西亚、泰国等国家和地区的 100 余件作品参展,涵盖了国画、油画、陶艺、蜡染和手工艺等多种艺术形式,有的作品融合了世博元素。

上海聋人沙画表演团队和日本"VIEW"艺术组织在现场进行了表演。视力障碍者光岛贵之先生在高内洋子女士的辅助下,展示了视力障碍者在绘画艺术上的潜能和创造。开幕式后,来自不同国家和地区的残疾人艺术家们还就"残疾人文化艺术的发展"进行了专题探讨和交流。

【"同在阳光下"——上海假日农民工免费电影专场放映活动】

2010年9月29日,由市总工会,市文广局主办的"同在阳光下"上海假日农民工免费电影专场放映活动启动仪式在长宁区工人文化宫拉开帷幕。市总工会和市文广局选择了43家工人文化宫和社区文化活动中心作为首批放映点,在每年的元旦、春节、"五一"、中秋、"十一"等五大节庆期间为农民工免费放映专场电影。主办方制作了10 000张宣传单片和300份宣传海报,并加大活动信息预先发布力度,全市农民工凭身份证可就近、就便观摩免费电影。活动仪式上,市总工会还向农民工赠送了上海世博会门票,市群艺馆向农民工赠送了3万余册《上海故事》杂志。启动仪式后,来自全市150名农民工观摩了电影《山楂树之恋》。

第四章　群　文　比　赛

改革开放以后,各项群众文艺赛事活动蓬勃开展,上海不仅在全国的各项群众文艺赛事和评比活动中屡获佳绩,还积极举办跨地区、市级、社区等各层面的群众文艺赛事活动,以推动群众文艺创作的繁荣发展,满足市民群众自娱自乐和自我展示的时代需求,丰富市民的文化生活,取得了丰硕的成果。

培育打造市级群众文艺赛事品牌活动。上海"十月歌会"从1982年到2010年陆续举办了13届,通过歌会评奖选拔出一批富有生活气息、时代感强的优秀群众音乐创作作品。上海"十月业余剧展"自1983年开始每逢单年举办,汇聚业余剧坛精彩剧目,为业余创作演出人员提供展示才艺的平台,涌现出了一批突出时代主旋律,艺术上锐意创新的好戏,该活动于1995年获得"精神文明建设三年规划实事项目"称号。"阳光·大地"全市党团员优秀歌曲演唱赛共举办了7届,由中共上海市委宣传部、市委组织部主办,全市各条线的党团员积极响应,参与职工人数达百万人次,在广大职工群众中产生了很大影响,成为群众歌咏活动的华彩乐章。

辅导选拔创作作品和群众文艺团队在全国群众文艺赛事中取得优异成绩。自1991年首届到2010年第十五届"群星奖"评选,上海参与全国"群星奖"的每一届比赛,获得金奖、银奖、铜奖等多个奖牌,奖项覆盖音乐、舞蹈、戏剧、曲艺、美术、书法、摄影、科研成果等各专业门类。在文化部全国文化先进单位和先进个人评比中,上海的群众文化单位和群众文化工作者多次获得"全国农村文化艺术工作先进集体""全国文化系统先进工作者"等荣誉。上海参与并获奖的全国群众文艺赛事还有全国"四进社区"文艺展演与评比、"全国万里边疆文化长廊建设"评比、"农村业余戏剧创作"评奖、"红五月"全国歌咏大赛、"全国新故事大赛"等。

联合举办跨地区群众文艺赛事活动。连续举办9届的"华东地区六省一市戏剧小品大赛",成为华东地区群众剧坛的品牌盛会。上海精选优秀戏剧作品参加每届赛事,取得了优异成绩,还作为联合发起者之一主办了1992年的第三届大赛;与其他省市联合举办的赛事活动还有浙、皖、苏、沪"三省一市小品比赛""江浙沪故事大会串"等。

推动开展社区文化评比活动。社区群众文化评比活动包括"一区一品""一镇一品""一乡一艺"等,以鲜明的区域特色和群众喜闻乐见的形式,吸引了社区居民广泛参与。"一区一品"中的许多项目已培育成为具有特色的区域品牌,并分别获得了"上海市公共文化服务体系示范项目""上海市群众文化奖励基金优秀项目"等奖项。

第一节　国　家　级　比　赛

一、"群星奖"艺术类创作作品评选

"群星奖"是文化部为繁荣群众文艺创作而设的政府奖,是群众文化领域最高的政府奖。"从群众中来,到群众中去"是"群星奖"贯彻的宗旨。"群星奖"创办于1991年,至2002年,每年举办一届。从2004年第十三届全国"群星奖"开始,改为每三年举办一届。第十三届"群星奖"评奖活动是

文化部社会文化奖项改革后的第一次评奖活动,首次纳入中国艺术节的整体活动。"群星奖"创作演出评奖分7个门类和3个组别,7个门类分别是音乐、舞蹈、戏剧、曲艺、美术、书法、摄影,每个门类分成人、少儿、老年3个组别。每个门类设15个奖项,每组各设5个奖。"群星奖"所有节目都进行现场决赛,集中展示。获奖作品被授予"中华人民共和国文化部群星奖"荣誉称号并颁发证书、奖牌。"群星奖"的奖励对象是由群众文化工作者和业余文艺爱好者创作、编导、辅导并表演的音乐、舞蹈、戏剧、曲艺作品;群众文化工作者和业余文艺爱好者辅导并创作的美术、书法、摄影作品。"群星奖"设立以来,组委会坚持百花齐放、百家争鸣的方针,鼓励作品思想性和艺术性的统一,充分体现了贴近实际、贴近生活、贴近群众的导向性和示范性,同时注重民族特色和地方特色,获奖作品被认为是体现群众文艺最高水准的代表性作品。

1991年第一届"群星奖"评选中,由黄淑子作词、朱良镇作曲的歌曲《祖国,我深深地爱您》、黄浦区浦东文化馆小品《锁》获二等奖;崇明县文化馆的韵白书《买香皂》获三等奖;黄浦区浦东文化馆的歌曲《十月之歌》获繁荣奖。

1992年第二届"群星奖"评选中,虹口区文化局选送的小品《张三其人》、闸北区文化馆选送的民乐合奏《水乡吟》获金奖;闸北区文化馆选送的女生独唱《麦客走了》、静安区文化馆选送的群舞《上海潮》获银奖;上海市群艺馆选送的摄影作品《高原魂》获铜奖。

1993年第三届"群星奖"评选中,川沙县文化馆选送的故事《作弊的三好学生》、浦东新区浦东文化馆选送歌曲《十月畅想曲》获金奖;卢湾区打浦桥街道文化站的话剧小品《心声》、虹口区文化馆的小品《天下父母心》、青浦县文化馆选送的说唱《竞选鸭司令》获银奖、黄浦区文体局选送的故事《曹长桂捐款救灾记》获铜奖。

1994年第四届"群星奖"评选中,宝山区文化馆选送的合唱《鸽群在飞翔》获创作一等奖;杨浦区文化馆的女声独唱《闪亮的星,常青的树》获优秀奖。

1995年第五届"群星奖"评选中,黄浦区少年宫选送的少儿器乐《红领巾圆舞曲》获金奖;中国福利会少年宫选送的少儿器乐《美丽的非洲》、普陀区文化馆选送的独唱《黄树叶,绿树叶》、宝山区文化馆选送的独唱《紧贴着你的怀抱》获银奖;普陀区文化馆选送的器乐合奏《满园春》、宝山区文化馆选送的独唱《致太阳的爱》获铜奖。

1996年第六届"群星奖"评选中,中国福利会少年宫选送的少儿舞蹈《小白鸽》获金奖;普陀区宜川文化馆选送的舞蹈《春花》获银奖;上海警备区选送的舞蹈《咱当兵的人》获铜奖;上海学生舞蹈团选送的舞蹈《雨中花》、奉贤县文化馆选送的舞蹈《滚灯》、普陀区宜川文化馆选送的舞蹈《红旗颂》、嘉定区文化馆选送的舞蹈《水乡珍珠》、黄浦区文化馆选送的舞蹈《扦脚女》作品获优秀奖。

1997年第七届"群星奖"评选中,普陀区文化馆选送的小品《小夜曲》获金奖;长宁区文化馆选送的小品《钓鱼》、黄浦区文化馆选送的小品《郑人买履》获银奖;闵行区群众艺术馆选送的小品《雨中有支歌》、浦东新区川沙文化馆选送的故事《模范教师打工》获铜奖;徐汇区文化馆选送的小品《山乡情结》、松江县文化馆选送的小品《捣浆糊》获优秀奖。

1998年第八届"群星奖"评选中,金山区文化馆选送的漆画《古镇新韵》和书法《黄宾虹论画》获银奖;黄浦区文化馆选送的水彩画《西递明居》、浦东新区文化艺术指导中心选送的国画《南湖红舟》、油画《春潮将临》获铜奖。

1999年第九届"群星奖"评选中,黄浦区青少年活动中心选送的民乐合奏《灯节》和静安区文化馆选送的无伴奏合唱《牧归》获金奖;浦东新区浦东文化馆选送的合唱《举起这杯祝福的酒》、杨浦区少年宫选送的民乐合奏《山娃的心愿》、虹口区文化馆选送的男声独唱《母爱》获银奖;行知艺术师范学校少女合唱团选送的少女合唱《夏　枣儿红了》获铜奖。

2000年第十届"群星奖"评选中,虹口区文化艺术馆选送的双人舞《同行》、虹口区第三中心小学选送的舞蹈《红领巾告诉我》获金奖;静安区文化馆选送的群舞《红韵》、闸北区学生艺术团选送的舞蹈《欢乐滚灯》、普陀区朝春小学选送的舞蹈《快乐摇摇摇》、仲盛舞蹈团选送的舞蹈《一二三四、二二三四》获银奖;虹口区青少年活动中心选送的舞蹈《天地喜洋洋》、仲盛舞蹈团选送的舞蹈《网络童谣》、虹口区青少年活动中心与仲盛舞蹈团联合选送的舞蹈《幸福鸟》、虹口区青少年活动中心与敬业中学联合选送的舞蹈《花裙子飘起来》、浦东新区文化艺术指导中心与浦三路小学联合选送的舞蹈《星光木偶家园》获铜奖。

2001年第十一届"群星奖"评选中,浦东文化馆选送的小品《送玫瑰花的人》、故事《公鸡会下蛋吗》、浦东新区文化艺术指导中心选送的小品《水晶心》、闵行区群艺馆选送的沪剧小戏《花农嫁女》获金奖;静安区文化馆选送的小品《金色鱼塘》、南汇区文化馆选送的沪剧小戏《今年出"怪"》获银奖。

2002年第十二届"群星奖"评选中,浦东新区川沙文化馆选送的国画《蟹爪兰》获金奖;黄浦区文化馆选送的摄影《交叉》、金山区文化馆选送的书法《稗海一则》获银奖;闵行区群艺馆选送的版画《失落的家园》、南汇区文化馆选送的国画《安然的日子》、浦东新区文化艺术指导中心选送的国画《向阳人家》、摄影《母子同游步行街》、闵行区群艺馆选送的草书《饮中八仙歌》、徐汇区文化馆选送的摄影《沙滩排球》获铜奖。

2004年第十三届"群星奖"评选中,黄浦区文化馆选送的舞蹈《时髦外婆》、嘉定区文化馆选送的沪书《洪柳复仇记》、李嘉和的小楷立轴《楚辞·屈原》(老年组)、黄恺的行书立轴《苏东坡诗二首》(少儿组)等获优秀作品奖。徐汇区文化艺术中心的摄影《试试,别害怕》(少儿组)、徐汇区文化馆的小品《奶奶的香水》、杨浦区文化馆选送的民乐合奏《希望心曲》(少儿组)、闸北区文化馆选送的上海说唱《风》获群星奖。

2007年第十四届"群星奖"评选中,卢湾区文化馆与宝山区文化馆合作创作的男声独唱《塔里木的胡杨》获大奖和群星创作奖。上海武警总队政治部文工团选送的音乐小品《女兵的颜色》获大奖。南汇区文化馆与祝桥镇选送的上海说唱《桥》、闵行区群艺馆选送的沪语小戏《荷畔飘香》、徐汇区文化馆选送的小品《普通人家普通事》、长宁文化艺术中心选送速写《欧洲旅行日记》(少儿)、杨浦区文化馆的行草《明人书论二则》、上海书协的楷书《陆羽〈茶经〉》(少儿)、虹口区文化艺术馆的草书《黄庭坚论书》、普陀区文化馆的摄影《夜上海》均获群星创作奖。浦东新区文艺指导中心选送的歌曲《梦圆2010》、静安区文化馆选送的小品《缘是一家人》获表演奖。

2010年第十五届"群星奖"评选中,闵行区群艺馆选送的小品《婚纱》和沪剧歌舞剧《花开灿烂》、静安区文化馆选送的萨克斯重奏《海上变奏曲》、松江区文化馆选送的二重唱《永远在一起》、中国福利会少年宫选送的表演唱《老爸老爸顶呱呱》、闵行区七宝文化中心选送的四重唱《古镇音画》、宝山区文化馆选送的现代三人舞《双面胶》、虹口区第三中心选送的小学群舞《玩瓜》、徐汇区文化局选送的广场舞《2010海上风》、浦东新区祝桥镇文化中心选送的上海说唱《登高》、嘉定区安亭镇文体中心选送的沪书《存心不还》、中国福利会少年宫小伙伴合唱团选送的合唱《黑眼睛》等作品获"群星奖"。

二、"群星奖"群众文化科研成果评选

"群星奖"群众文化科研成果奖由文化部于1997年设立,于同年举办的第七届"群星奖"同时进

行首次"群星奖"(科研成果奖)评选。

1997年上海选送的论文《都市社区文化建设刍议》获金奖;论文《集群意识、样式个性、群体中的个体——上海"画乡"工作的思考》获银奖;《上海现代化进程中的农村社区文化建设》和《关于当前工会群众文化工作的现状及其存在的问题的调查》2篇群众文化论文获铜奖。

1998年,在文化部发布的《文化部关于全国性文艺评奖立项的通知》中,"群星奖"(科研成果奖)被明确列为"群星奖"评奖的一个类目。2001年,在第十一届"群星奖"评选中进行了该奖项的评奖,上海有15篇群众文化论文参加评选。其中,上海市群艺馆选送的《社区文化重在建设》《上海公共文化馆参与文化产业的思考》《以人为本服务社区建设精神文明新家园》《上海市文化馆、站基本现状调查报告》4篇论文获金奖;《试论上海新城文化建设中的创新》《"白领"群体社区文化整合浅论》《传统·海派·商品画——"现代民间绘画"三题》《上海大都市家庭文化的特点与发展对策》4篇论文获银奖;论文《浅谈工会文化事业单位新世纪的走势与展望》《繁荣群众文化:关于地方政府有关职能的探讨》和专著《小小说创作技法》获铜奖。

三、全国群众文化工作集体和个人评比

上海参与的全国群众文化工作集体和个人评比,主要包括群众文化集体、个人的竞赛评比,群众文化组织管理单位的竞赛评比,群众文化活动区域的竞赛评比,群众文化理论研究的竞赛评比等方面。

【全国文化先进单位、先进个人表彰】

文化部全国文化先进单位、先进个人表彰从1981年开展至2010年,这一表彰的名称先后有:"全国农村文化艺术工作先进集体、先进工作者表彰""全国先进文化馆、站经验交流暨表彰""全国文化先进县表彰""全国文化先进县、先进集体、先进工作者表彰""全国文化先进社区命名表彰"等,大部分是将先进集体、先进工作者共同表彰,表彰活动有独立举办的,也有与其他活动一并开展的,也有与全国"四进社区"展演活动同时举行的。

2000年2月16日,全国文化先进县、先进集体、先进工作者第三次表彰大会在北京人民大会堂举行。上海市群众艺术馆馆长赵其华获全国文化系统先进工作者光荣称号。此后,有三届"表彰大会"是与"四进社区"文艺展演活动共同举行的。

表4-4-1 1981—2009年全国文化先进单位、先进个人一览表

年 份	表 彰 项 目	获表彰单位、个人	表 彰 单 位
1981年	全国农村文化艺术工作先进集体	南汇县新场公社、新场镇文化中心、上海县三林文化中心站、金山县图书馆	文化部
	全国农村文化先进工作者	吴彤章、徐林祥、顾仁娟、俞惠中、储根全、邱凌锋、赵明、林月珍	文化部
1990年	全国文化系统先进馆长	孙菊英	文化部
	全国文化系统劳动模范	陆军	文化部

（续表）

年　份	表 彰 项 目	获表彰单位、个人	表 彰 单 位
1991年	全国文化工作先进地区	上海市南汇县	文化部、人事部
	全国文化工作先进集体	上海京剧院、上海市舞蹈学校、黄浦区图书馆	文化部、人事部
	全国文化系统先进工作者	黄恩祝、周汛、夏友梅、马莉莉、程十发、陈小群	文化部、人事部
1995年	全国文化工作先进城区	虹口区	文化部、人事部
	全国文化先进县	奉贤县	文化部、人事部
1996年	全国文化先进县	青浦县、松江县	文化部、人事部
2000年	全国文化系统先进工作者	赵其华	文化部
2004年	全国文化先进社区	静安区静安寺街道、浦东新区梅园新村街道、宝山区月浦镇、徐汇区漕河泾街道	文化部
	全国社区文化优秀辅导员	殷星妹	文化部
2005年	全国文化先进社区	上海浦东三林、长宁区华阳、黄浦区南京东路、杨浦区五角场、奉贤区南桥	文化部
	全国社区文化优秀辅导员	胡蔚然、许国屏、张道余、汪季月	文化部
2006年	全国文化先进社区	徐汇区徐家汇街道、嘉定区真新新村街道、宝山区罗店镇、普陀区曹杨新村街道	文化部
	全国优秀社区文艺指导员	李为民、聂鸿翔	文化部
2007年	文化部非物质文化遗产保护工作先进集体	徐汇区文化局	文化部
	文化部非物质文化遗产保护工作先进个人	陶继明、张伟强、张黎明	文化部
2008年	全国文化先进社区	闸北区临汾路街道、松江区岳阳街道、嘉定区嘉定镇街道、徐汇区龙华街道	中宣部、中央文明办、文化部、中国文联
	全国社区文化优秀辅导员	谢克宁	文化部
2009年	全国文化先进单位	长宁、静安、虹口、青浦、松江、奉贤、南汇、徐汇、宝山	文化部

四、全国"四进社区"文艺展演与评比

2002年4月，中央精神文明办公室、中央综合治理办公室、文化部、卫生部、司法部、国家体育总局、中国科协、共青团中央、全国妇联等9个部门联合发出《关于开展科教、文体、法律、卫生"四进社区"活动的通知》，要求通过"开展四进社区"活动，引导社区居民"关心小家爱大家，共育社区文明花"。中央文明办以群众文艺展演的形式对参加活动的作品加以表彰促进，此即为全国"四进社区"文艺展演活动的缘由。

同年10月19日，由中央文明办、文化部和中央电视台联合主办的"歌唱新生活、迎接十六大全

国'四进社区'第一届文艺展演"活动在浦东新区万邦都市花园举行。参加展演的有来自全国31个省、自治区、直辖市的500多名群文演员。各省、自治区、直辖市的文明办、文化厅负责人参观考察了上海社区精神文明建设和文化建设情况,交流了各地活动情况并进行座谈研讨。晚上,观摩主会场展演,节目包括歌曲《爱我中华》、单弦拉戏《智斗》(湖北省代表队),舞蹈《俏夕阳》(河北省代表队),舞蹈《一二三四、二二三四》(上海市代表队),小品《风中的承诺》(山东省代表队),舞蹈《艺人情》(西藏自治区代表队),戏曲《社区来了"小百花"》(浙江省代表队),舞蹈《渔家阿妹新风采》(广东省代表队),杂技《家庭才艺展示》(宁夏自治区代表队),舞蹈《中国功夫扇》(重庆市代表队),小品《寒夜》(辽宁省代表队),舞蹈《京都老人》(北京市代表队),表演《服饰表演》(天津市代表队),舞蹈《红孩儿红》(江西省代表队),歌曲《梦中的卓玛》(上海市代表队)。10月20日,分别在卢湾区五里桥社区、静安区曹家渡社区、闸北区临汾社区、曹杨区曹杨社区、黄浦区豫园社区组织了5台分会场演出。

2003年11月23日,在南昌举行的第二届全国"四进社区"文艺展演中,上海的《感谢停电》《滚灯》获金奖;合唱《上海,你越长越高》获银奖。

2004年11月26日,在第三届全国"四进社区"文艺展演活动暨全国文化先进社区命名表彰大会上,上海的舞蹈《时髦外婆》和《快乐的上树工》《奶奶的香水》分获银奖及铜奖;四个社区被评为全国文化先进社区;殷星妹等3人被评为优秀社区文化辅导员。

2005年11月12日,第四届全国"四进社区"文艺展演在江苏省扬州市举行。上海市浦东新区三林镇等5个街道社区被命名为"全国文化先进社区";许国屏、张道余等4人被评为"社区文化优秀辅导员"。黄浦区文化馆创作的小品《对门》、虹口区青少年活动中心创作的舞蹈《端午乐》获金奖;徐家汇街道和徐汇区文化艺术中心创作的民乐合奏《清晨》获银奖;普陀区长风新村街道创作的舞蹈《多彩的社区》获铜奖;黄浦区文化馆、虹口区青少年活动中心获组织奖。

2006年10月22—23日,第五届全国"四进社区"文艺展演活动暨全国文化先进社区命名表彰会在北京举行。上海选送的闵行区颛桥文化站的小品《缘是一家人》、情景表演唱《人间真情在》、少儿舞蹈《社区小义工》获金奖。

2008年11月8日,中宣部、中央文明办、文化部、中国文联共同主办第六届全国"四进社区"文艺展演。上海选送的小品《白雪的记忆》获金奖,舞蹈《超市即景》《留守妈妈》获银奖。

2010年9月8—9日,第七届全国"四进社区"文艺展演活动在辽宁省营口市经济技术开发区举行。上海宝山区文化馆的现代舞《双面胶》、虹口区文化艺术馆的小品《实话实说》、松江区文化馆和宝山区文化馆的男女声二重唱《永远在一起》获优秀作品奖。

图4-4-1 宝山区文化馆创作的现代舞《双面胶》

表4-4-2 2002—2010年全国"四进社区"文艺展演获奖情况表

年 份	表 彰 项 目	作 品	单 位	表 彰 单 位
2002年	第一届全国"四进社区"文艺展演金奖	小品《水晶心》,舞蹈《一二三四、二二三四》	浦东新区文艺指导中心、虹口区青少年活动中心	中央文明办、文化部

（续表）

年　份	表彰项目	作　品	单　位	表彰单位
2002 年	第一届全国"四进社区"文艺展演银奖	合唱《梦中的卓玛》、小组唱《祖国不会忘记我》	浦东新区文艺指导中心、黄浦区残疾人联合会	中央文明办、文化部
2003 年	第二届全国"四进社区"文艺展演金奖	小品《感谢停电》、舞蹈《滚灯》	—	中央文明办、文化部、中央电视台
	第二届全国"四进社区"文艺展演银奖	合唱《上海，你越长越高》	—	中央文明办、文化部
2004 年	第三届全国"四进社区"文艺展演银奖	舞蹈《时髦外婆》	黄浦区文化馆	中央文明办、文化部
	第三届全国"四进社区"文艺展演铜奖	小品《奶奶的香水》、舞蹈《快乐的上树工》	普陀区宜川文化馆、徐汇区创研中心	中央文明办、文化部
2005 年	第四届全国"四进社区"文艺展演金奖	小品《对门》、舞蹈《端午乐》	黄浦区文化馆、虹口区青少年活动中心	中央文明办、文化部
	第四届全国"四进社区"文艺展演银奖	民乐合奏《清晨》	徐家汇街道、徐汇区文化艺术中心	中央文明办、文化部
	第四届全国"四进社区"文艺展演铜奖	舞蹈《多彩的社区》	普陀区长风新村街道	中央文明办、文化部
	第四届全国"四进社区"文艺展演组织奖		黄浦区文化馆、虹口区青少年活动中心	中央文明办、文化部
2006 年	第五届全国"四进社区"文艺展演金奖	小品《缘是一家人》、情景表演唱《人间真情在》、少儿舞蹈《社区小义工》	静安区曹家渡街道、普陀区长寿路街道、虹口区四川北路街道、虹口三中心小学	中央文明办、文化部
2008 年	第六届全国"四进社区"文艺展演金奖	小品《白雪的记忆》	奉贤区南桥镇社会事业服务中心	中央文明办、文化部
	第六届全国"四进社区"文艺展演银奖	舞蹈《超市即景》、舞蹈《留守妈妈》	松江区岳阳街道文体站、徐汇区文化馆、龙华街道	中央文明办、文化部
2010 年	第七届全国"四进社区"文艺展演优秀作品奖	现代舞《双面胶》、小品《实话实说》、男女声二重唱《永远在一起》	宝山区文化馆、虹口区文化艺术馆、松江区文化馆和宝山区文化馆	中央文明办、文化部

五、其他国家级比赛与评比

【全国职工业余艺术调演】

1980 年 5 月，上海职工演出代表队赴京参加全国职工业余艺术调演，选送独幕话剧《屋外有热流》《开窗》《八月中秋》，其中《屋外有热流》获得全国总工会、文化部颁发的"勇于探索，敢于创新奖"。

【全国"建设者之歌"创作歌曲比赛】

1984 年 5 月,上海业余歌手叶茵、火磊等 8 人赴北京参加全国"建设者之歌"创作歌曲比赛,4 人获得优秀歌手称号,并有多首创作歌曲获奖。

【农村业余戏剧创作评奖】

1985 年 6 月,文化部举办首届农村业余戏剧创作评奖比赛,要求每省、自治区、直辖市推荐 3 个农民作者创作的剧本参加评奖。评奖采取领导、专家和群众评审相结合的方式,从全国各地抽调从事群众文化工作的基层干部 20 余人参加剧本分析会,提出初选名单交评委会评选。上海奉贤县沪剧小戏《不该枯萎的小花》获二等奖;上海县的沪剧小戏《金凤凰》获三等奖;奉贤县的沪剧小戏《鸡鸣万家》获丰收奖。

【全国口琴独奏锦标赛】

1986 年 7 月,中国音乐家协会上海分会、上海口琴会、上海口琴总厂联合举办首届全国口琴独奏锦标赛。490 人参赛,上海选手季申演奏的《罗马尼亚狂想曲》第一号获得一等奖。

【中国民间文化艺术之乡评比活动】

始创于 1987 年的中国民间文化艺术之乡评选是文化部设立的一个文化品牌项目,旨在推动民间文化艺术事业的繁荣发展,活跃基层群众文化生活。1987—2008 年,文化部通过命名挂牌的方式,在全国命名 486 个中国民间艺术之乡和中国特色艺术之乡。1988 年 2 月 9 日,文化部命名上海金山县为"中国现代民间绘画之乡";1989 年 4 月,文化部命名松江县为"中国现代民间绘画之乡"。

图 4-4-2 上海市"中国民间艺术之乡"天翼之夜专场文艺演出(2003 年)

文化部在总结以往经验的基础上,于 2007 年 1 月 9 日颁布《中国民间文化艺术之乡命名办法》,将名称统一为"中国民间文化艺术之乡",以规范中国民间文化艺术之乡的命名和管理,并在全国范围内重新组织开展命名工作,全国有 963 个县(市、区)、乡镇(街道)和社区被命名为"中国民间文化艺术之乡"。《中国民间文化艺术之乡命名办法》第二条规定,该办法所称"中国民间文化艺术之乡"是指在当地广泛开展的某种群众性文化艺术活动特色鲜明、成效突出,并对当地群众文化生活及经济发展产生较大影响的县(县级市、区)、乡镇(街道)和社区。第三条规定,"中国民间文化艺术之乡"应当符合以下基本条件:(一)已被省级文化行政主管部门命名为各类文化艺术之乡。(二)当地政府重视民间文化艺术之乡创建发展工作,并将其纳入当地文化建设发展的总体规划,对当地精神文明建设和经济发展起到较大促进作用。(三)广泛开展具有浓厚的民族和地域特色的文化艺术活动,被当地群众普遍熟知和认同,为当地群众喜闻乐见,对当地群众文化生活产生较大影响。(四)拥有开展民间文化艺术活动的代表人物和骨干队伍,经常性开展有关民间文化艺术的创作、演出、展示、培训、交流等活动,建有规范和完备的创建民间文化艺术之乡的档案。（五）具备经常开展民间文化艺术活动的场地、设施等条件，并有开展活动的基本经费保障。第十一条规定，文化部根据评审推荐和公示结果，确定命名"中国民间文化艺术之乡"，并颁发证书和标牌。第十二条规定，"中国民间文化艺术之乡"每两年命名一次。第十三条规定，"中国民间文化艺术之乡"实行动态管理。对已命名的"中国民间文化艺术之乡"在下一届申报时进行重新审核、申报。对不符合该办法第三条规定要求的，由省级文化行政部门提出限时整改。在规定时间内仍不能达到标准的，由各省、自治区、直辖市文化厅（局）提出取消命名申请。经文化部审核后，取消"中国民间文化艺术之乡"的命名，并予以公布。省级文化行政部门负责对本行政区域内已被文化部命名的"中国民间文化艺术之乡"进行督查和审核。文化部将不定期对"中国民间文化艺术之乡"进行个别检查。

2007 年 1 月，根据《文化部办公厅关于开展中国民间文化艺术之乡命名工作的通知》要求，上海市文广局开始启动申报工作。全市有 6 个区共申报了 15 个项目，经专家评审和公示后，有 12 个街道和乡镇被命名为"上海民间文化艺术之乡"。其中，宝山区罗店镇等 7 个街道被推荐上报文化部"中国民间文化艺术之乡"评选，同时与原来被文化部命名的上海 16 个"中国民间文化艺术之乡"通过复评报文化部审定。

2008 年 11 月 3 日，在文化部组织开展的中国民间文化艺术之乡命名评审工作中，上海地区有 21 个街镇被命名为"中国民间文化艺术之乡"，分别是：金山区（农民画）、金山区山阳镇（民乐）、浦东新区陆家嘴街道（海派秧歌）、浦东新区川沙新镇（沪剧、故事）、浦东新区金桥镇（书画）、浦东新区三林镇（舞龙）、宝山区杨行镇（吹塑版画）、宝山区罗店镇（罗店龙船）、宝山区月浦镇（锣鼓）、宝山区顾村镇（诗歌）、青浦区朱家角镇（民间藏书）、青浦区白鹤镇（沪剧）、南汇区（锣鼓书）、南汇区周浦镇（书画）、奉贤区柘林（原名"胡桥"）镇（滚灯）、松江区（丝网版画）、崇明县新河镇（民乐）、嘉定区徐行镇（黄草编织）、闸北区彭浦镇（摄影）、徐汇区龙华街道（庙会民间文艺）、长宁区新泾镇（西郊农民画）。

【全国少儿民族乐器比赛】

1988 年 10 月 17 日，文化部在北京举办全国少儿民族乐器比赛。上海 6 名选手参赛，获 4 个一等奖；作品评选中 3 个乐曲作品优秀奖均由上海获得。

【"红五月"全国群众歌咏大赛】

1990 年 3—7 月，"红五月"全国群众歌咏大赛活动在北京举行。大赛由中国社会音乐研究会、中国音乐家协会《歌声》编辑部、中央人民广播电台文艺部联合举办。大赛采用录音磁带比赛的方法，设大奖 10 名，各授锦旗一面，并制作专题电视片、中央人民广播电台专题报道。上海徐汇区歌队在比赛中获得大奖，进入十佳歌队行列。

【全国农民歌手邀请赛】

1990 年 7 月 16 日，全市评选出"十佳农民歌手"，其中的 3 位选送参加"全国农民歌手邀请赛"。

【全国新故事大赛】

1990 年 8 月 2 日，由文化部群众文化司等单位主办的首届全国新故事大赛在辽宁省抚顺市举行。全国有 36 支代表队、故事表演者 150 余人参加。上海代表队参赛的 3 个故事作品及表演者均获奖,其中金山县张道余的故事作品《弥留之际》获特别荣誉奖。1991 年 12 月 24 日,举行"1991 中国新故事大赛",金山县张道余创作的《女厂长传奇》、韩仁钧创作的《难成眷属》获全国最佳新故事奖。

【"全国万里边疆文化长廊建设"评比】

"全国万里边疆文化长廊建设"是由中宣部指导、文化部牵头,国家 20 个部委和人民团体参加共建的一项旨在兴边利民的长期的综合性文化工程,受到党中央、国务院领导的重视和肯定,被认定为建设社会主义精神文明的一件实事和大事。1995 年被列入党中央批转的《爱国主义教育实施纲要》和第十二届全国人民代表大会中国务院总理李鹏的政府工作报告。

1992 年 6 月,文化部向全国边境省区推广广西壮族自治区建设"千里边境文化长廊"的经验并倡议在全国沿边境的 9 个省区及新疆生产建设兵团建设"全国万里边疆文化长廊",将其列入重点文化建设工程,成立了"万里边境文化长廊建设工作小组",开展了多项工作,并于 1992 年至 1999 年对万里边境文化长廊建设工程先进地区进行了表彰。

1995 年 9 月和 1996 年 9 月,上海的金山县和宝山区分别被文化部评为"全国万里边疆文化长廊建设先进县"和"全国万里边疆文化长廊建设成绩显著单位"。

【全国儿童戏剧(录像)评比】

1992 年 10 月,"全国儿童戏剧(录像)评比"揭晓。上海选送的《猴子捞月》《聪明的曹冲》获得一等奖。

【全国农民画展】

1993 年 11 月 22 日,文化部群文司、中国日报社、《香港之窗》杂志社举办"香港之窗杯"全国农民画大奖赛评选。上海市入选 16 幅,金山农民画院作者陈卫雄的《风筝比赛》获大奖赛唯一的一等奖。

【中国大学生创作歌曲邀请赛】

1994 年 8 月 6 日,"1994'超天杯'中国大学生创作歌曲邀请赛"在上海闭幕。全国 150 多所高校参加比赛,上海铁道学院张东晨创作演唱的歌曲《我的大学》获最佳歌曲与最佳作词两项大奖。

【"'95 尊龙杯"全国农民歌手大赛】

1991 年,全国农民优秀歌手演唱大赛在山东举行。1995 年 9 月 21—26 日,由文化部社会文化司、浙江省文化厅等单位联合举办的"'95 尊龙杯"全国农民歌手大赛在浙江省绍兴市举行。上海选手获民歌唱法 2 个金奖、1 个银奖,上海市群艺馆获优秀组织奖。

【全国表演唱大赛】

1995 年 11 月 2 日,经文化部批准,由中国社会音乐研究会主办的首届全国表演唱大赛在北京举行。上海卢湾区老妈妈合唱队表演的表演唱《双龙戏珠夸浦东》获一等奖;另有 3 个表演唱获优秀奖。

1999 年 6 月，由中央电视台戏曲音乐部、中华爱国工程联合会、中国社会音乐研究会联合主办的第二届全国表演唱大赛在北京举行。上海市卢湾区文化馆老妈妈歌咏队表演的表演唱《我伲（们）也是大学生》和南汇县下沙镇文化站表演的表演唱《看花灯》获一等奖，松江区文化馆表演的表演唱《长寿乐》获银奖。

【中国青少年艺术大赛】

1997 年 7 月，文化部主办的"中国青少年艺术大赛·第五届'桃李杯'舞蹈比赛"在广州举行，上海参加比赛的 23 位选手中，19 位获奖。其中，获金奖 2 名、银奖 3 名、铜奖 7 名和优秀表演奖 7 名。

【全国残疾人艺术赛事】

全国残疾人艺术会演于 1987 年举行，作为首届中国艺术节的一个组成部分，每 4 年举办一届，每届都历经省市赛、片区赛、全国赛、巡回演出几个阶段，被誉为残疾人的艺术"全运会"。

1989 年 3 月 5—11 日，第二届全国残疾人会演在北京举行。上海参演的 4 个节目均获奖。其中，独唱《何惧泰山十八盘》获创作一等奖，京哑剧《狮子楼》获演出一等奖。

2001 年 8 月 17 日至 8 月底，由文化部、民政部、教育部、广电总局、中国残疾人联合会共同主办的第五届全国残疾人会演举行。上海代表队获第三赛区团体总分第一，其中，男声小组唱《祖国不会忘记我》、舞蹈《活力》和《阳光妈妈》《从小爱劳动》4 个节目获金奖；木琴独奏《霍拉舞曲》、戏曲小品《武松打虎》、舞蹈《同在蓝天下》3 个节目获银奖；男声独唱《冰凉的小手》等 7 个节目获铜奖；群舞《水晶心》获特别鼓励奖。

2005 年，第六届全国残疾人会演在武汉举行。上海聋哑学校演出的哑剧小品《多嘴的鹦鹉》（杨立华编导、钱云表演）获三等奖。

【中国戏剧奖·小品小戏奖】

"中国戏剧奖·小品小戏奖"源于"中国曹禺戏剧奖·小品小戏奖"，中国曹禺戏剧奖小品小戏奖设立于 1994 年，每年举办一届，先后在北京、山东、广东、江西、福建等地举办。在福建南安举行的第十届比赛中，上海静安区文化馆创作演出的小品《新年的礼物》获二等奖。2004 年 10 月，第十一届中国曹禺戏剧奖"飞彩杯"全国小品小戏大赛在安徽宣城举行，由中国戏剧家协会主办，参与主办的还有宣城市人民政府、安徽飞彩集团。上海杨浦区中原文化馆的小品《茉莉发廊》（编剧杨立华）获业余组一等奖；徐汇区创作研究中心的小品《奶奶的香水》（编剧杨立华）获优秀编剧奖、优秀导演奖；《上海即景》和上海武警文工团小音乐剧《吉祥伞》获业余组二等奖、编剧奖、导演奖。

2005 年，中宣部整顿文艺评奖后，该奖项归并为"中国戏剧奖·小品小戏奖"，每两年举办一次。同年 10 月，"罗西尼杯"首届全国戏剧小品大赛在珠海举行。上海静安区文化馆的小品《娇娇的新婚之夜》、闸北区文化馆的小品《洒满阳光的大门》、虹口区文化馆的小品《生死不明》参赛。

2007 年 10 月，由中国文联、中国剧协、张家港市人民政府共同主办的第二届"中国戏剧奖·小品小戏奖暨全国戏剧小品大赛"在江苏张家港市举行。同年 11 月 6 日，第二届"中国戏剧奖·小戏小品奖暨 2007 全国小戏小品大赛奖"揭晓，上海京剧院的《小吏之死》和虹口区文化艺术馆的《寻找男子汉》获金奖。

2009年10月30日至11月4日,由中国文联、中国剧协和张家港市人民政府共同举办的第三届"中国戏剧奖·全国小戏小品大赛"在张家港市举行决赛,11月5日举行了颁奖晚会。全国各省级剧协共推荐1380件作品参赛,经中国剧协两轮筛选后,全国21个小戏和24个小品剧目入选决赛。经过现场打分和评委评议、表决,10个小戏和10个小品获得"中国戏剧奖·小戏小品奖"的优秀剧目奖,另有编剧、导演、演员共6人获得单项奖。上海剧协从征集的80个作品中遴选、推荐上报34个作品,推荐的小品《私房钱》《好人坏人》、歌舞剧《追合同》入选决赛(均为业余)。其中,卢湾区文化馆创作演出的小品《私房钱》获得"中国戏剧奖·小戏小品奖"优秀剧目奖。上海已连续两届获得该奖项。

【全国故事大王选拔邀请赛】

1984年7月25日,由团中央、全国妇联、文化部少儿文艺委员会、全国少儿工作委员会、中央人民广播电台、中央电视台、上海少儿出版社联合主办的首届全国故事大王选拔赛在沪举行。此后每三年举办一届。该届比赛参赛小选手来自全国27个省、自治区、直辖市,包括汉、回、蒙、藏、彝、白等各少数民族,并邀请中国香港地区小选手参加,均为各地选拔产生的少儿"故事大王",男女各一名。大赛由知名艺术家组成评委会,从中评出12名"全国故事大王"。首届比赛,上海2名小选手各获1个特等奖(共4个)、1个一等奖。

1987年,第二届全国故事大王选拔邀请赛在北京举行。1990年,第三届全国故事大王选拔邀请赛在青岛举行。邀请赛于2002年第七届后改为两年一届,至2010年共举办11届。

【"中华情"歌曲征集评选】

2004年1月4日,中国文联、中央人民广播电台和中央电视台主办的"中华情"歌曲征集评选揭晓,徐汇区金秋合唱团黄耀国作曲的女声独唱《台湾来的俏姑娘》(霄鹏作词)获创作奖。

【"永远的辉煌"——全国第十一届老年合唱节】

2009年9月2—6日,文化部、重庆市人民政府共同主办的"永远的辉煌"——全国第十一届老年合唱节在重庆市举行。全国25个省、自治区、直辖市的60支老年合唱团参加了比赛。上海宝钢淞涛合唱团获红岩杯(金奖)第二名。

【全国少年儿童绘画大赛】

2010年9月27日,"我们的太空家园"——全国少年儿童绘画大赛在上海世博园太空家园馆落下帷幕。

【市教委组织参加各类全国性比赛】

20世纪80年代开始,市教委积极组织在校学生赴全国各地参加各类全国性比赛。比赛包括全国少年儿童"红五月"歌咏比赛、全国少儿民族器乐独奏比赛、全国少儿歌曲评选、中国青少年艺术大赛"蒲公英奖"等。在各类全国比赛中,上海选送的队伍屡屡获得优秀的成绩。

表 4-4-3　1982—2009 年市教委组织参加各类全国性比赛获奖情况表

活 动 名 称	时 间 地 点	主 办 单 位	获 奖 情 况
全国少年儿童"红五月"歌咏比赛	1982 年 6 月 30 日至 7 月 12 日，北京	文化部、教育部、中央广播事业局、中国音乐家协会、团中央、全国妇联、全国少年儿童文化艺术委员会	上海人民广播电台少年儿童广播合唱团、上海市东中学、上海市长白一村小学、上海市乌鲁木齐南路幼儿园分获少年宫组、中学组、小学组、幼儿园组一等奖。
全国少儿民族器乐独奏比赛	1982 年 11 月 18 日，北京	文化部、广播电视部、中国音乐家协会、全国少年儿童文化艺术委员会	陈岚（柳琴）、张慧（二胡）、赵霞（扬琴）3 人获少年组一等奖；严清敏（二胡）、王智敏（琵琶）、安东（扬琴）3 人获艺术院校专业团体组一等奖。
全国少儿歌曲评选	1986 年 8 月，北京		上海参加项目有《拍手、拍手》等 8 首歌曲获奖。
全国少儿民族器乐比赛（第二届）	1988 年 10 月，北京	文化部	上海参赛工作由上海市群众艺术馆少儿文艺工作室承办。有 6 名选手和 6 首少儿民族器乐曲参赛，获一等奖 4 个、优秀奖 6 个；其中，琵琶独奏获选赴北京参加第二届中国艺术节少儿专场演出，获演出纪念奖。
全国中小学生歌咏（录像）比赛	1991 年	国家教委	上海杨浦区长白一村小学获小学组一等奖，普陀区华阴路小学获二等奖；杨浦区黄兴中学获初中组一等奖，静安区市西中学获三等奖。
新苗奖全国少儿京剧邀请赛	1992 年 5 月下旬，北京	文化部少儿司、文化部振兴京剧指导委员会、中央电视台、北京市文化局	第一届新苗奖全国少儿京剧邀请赛中，胡慧春、闺凌岳分别获一等奖；钱芸获二等奖；戎兆琪、姜凌获三等奖；京剧联唱《红灯记》获表演奖。
	1994 年 5 月下旬，天津		第二届新苗奖全国少儿京剧邀请赛中，闸北区北站街道百乐少儿京剧班学员姚颖颖和周凯演唱的《军民鱼水情》获三等奖。
	1996 年 10 月 21—26 日，上海	中国京剧艺术基金会与文化部社文司、教育司和上海市文化局	第三届新苗奖全国少儿京剧邀请赛中，闸北区北站街道百乐少儿京剧班学员何洁清演唱的《贵妃醉酒》等获一等奖 5 个、二等奖 3 个、三等奖一个。
全国第二届中小学生合唱录像比赛	1995 年 1 月 31 日		上海派出 9 个参赛队，获总分第一名；吴淞中学、杨浦艺校、洋泾中学、长白一小、崇明县实验小学获得一等奖。
中国少年儿童合唱节	2006 年 8 月，南京		首届中国少年儿童合唱节中，上海小荧星合唱团获"小百灵杯"奖，总分排名第一。

（续表）

活动名称	时间地点	主办单位	获奖情况
中国少年儿童合唱节	2008年2月21—25日,厦门		第二届中国少年儿童合唱节中,黄浦区青少年活动中心的春天少年合唱团获得"小百灵杯"第一名。
	2009年8月10—11日,内蒙古呼和浩特市		第三届中国少年儿童合唱节中,中国福利会少年宫小伙伴艺术团合唱团获"小百灵杯"奖总分排名第一的成绩,为上海在该项赛事中夺得三连冠作出了贡献。

说明：囿于资料缺失,获奖信息不全。

第二节　地区级比赛

关于群众文化的地区级比赛,以上海市文广局(前身为市文化局)、上海市文学艺术界联合会及上海音协、上海剧协、上海舞协等市级专业社团组织,与其他省、自治区、直辖市同等级别的文化厅局、专业社团组织联办合办或参与的跨地区群众文化竞赛评比活动为范围,包括上海联合合办和参与的跨地区(包括国外主办)群众文艺竞赛评比活动。以下依照活动举办的年份次序排列,连续举办、连续参与的活动集中撰述。

【浙、皖、苏、沪"三省一市戏剧小品比赛"】

1988年10月,由浙江省、安徽省、江苏省、上海市四地群众艺术馆联合主办的首届三省一市戏剧小品比赛(天宇杯·杭州)在浙江省杭州市举行。上海市从40多个基层单位创作的小品中评选出24个进行预赛选拔,再评出9个选送参赛。上海空军政治学院与杨浦区文化馆联合创作演出的小品《春花与狗子》获大奖;浦东新区文化馆创作演出的小品《裸》和卢湾区文化馆创作演出的小品《雨夜》获一等奖;《武松改行》等6个小品获二、三等奖;浦东新区文化馆创作演出的小品《伞》入选该项大赛。1990年,浙、皖、苏、沪"三省一市戏剧小品比赛"扩展为华东地区六省一市戏剧小品大赛。

【华东地区六省一市戏剧小品大赛】

1990年,举行华东地区六省一市戏剧小品大赛(由浙、皖、苏、沪"三省一市戏剧小品比赛"扩展而来,称为第二届)。第三届比赛以后改为每两年举行一次,该项比赛成为华东地区群文剧坛的盛会。至2010年共举办10届。从第四届起,约定各省市限定选送4个小品参赛,获大奖的总数仍是4个。

1990年11月25—29日,第二届华东地区戏剧小品大赛(争光杯·南京)在南京人民剧场举行,江苏省有关领导同志,华东地区各省市有关文化厅局的负责人,北京、上海等地的专家评委和华东地区7个省市观摩代表千余人参加。共44支队伍参演,从中评选出大奖3名、一等奖7名、二等奖16名和若干三等奖。

1992年6月22日,第三届华东地区六省一市戏剧小品大赛在上海市虹口区曲阳文化馆剧场开幕。大赛由华东六省一市文化厅（局）、上海市广播电视局联合主办，上海市群艺馆、虹口区文化局、各省市群众艺术馆等单位联合承办，上海市委常委、市委宣传部部长金炳华出席开幕式。由各省市专家组成的评委从全部 40 余个参赛小品中评出大奖 3 个、一等奖 4 个、二等奖 7 个、三等奖 27 个。进入前 10 名的剧目，于 6 月 25 日进行争夺大奖的决赛。针对主场赛事，上海市从 1991 年秋天开始进行创作准备，选择较有基础的 22 个作品举行选拔赛，从中角逐出 12 个剧目。其中，工会、部队、教育的剧目占四分之一，各区县文化馆（站）占四分之三，基本体现了上海业余戏剧队伍的实力。比赛首场演出由东道主上海推出 12 个小品。大赛经过 4 天激烈角逐决出名次：上海市的《张三其人》和江苏省的《野花》以及浙江省的《小桥流水》获得大奖奖杯；"张三"扮演者任洛敏、"野花"扮演者孙曙霞分获最佳男、女演员奖。上海市委副书记陈至立观看了决赛演出。这次大赛显示，华东地区戏剧小品形成鲜明的江南地域特征，参赛剧目在贴近生活的基础上，更注重对文化内涵的追求，视角新颖、构思精巧，表现形式有明显突破，出现了音乐小品、哑剧小品、造型小品等多种样式。以《张三其人》为代表的一批写意性小品，汲取现代都市生活的几个生活断面，独到地展现、剖析了上海人特有的心态，拓展了小品的容量与内涵，戏剧界专家认为其标志着戏剧小品发展的新走向。

1995 年 9 月 21—24 日，第四届华东地区戏剧小品（闽南黄金海岸杯）大赛在福建石狮举行，上海地区代表队的 4 个参赛小品全部获奖。其中，松江县的《捣浆糊》获特等奖榜首；浦东新区的《吉庆有"鱼"》获一等奖；黄浦区的《招生》和卢湾区的《银铃声声》分获二等奖。戏剧小品大赛评委认为上海的参赛小品清新感人，显示出上海在小品创作上的整体实力和优势。

1997 年 10 月 26 日，第五届华东地区戏剧小品大赛在青岛城阳宾馆结束。大赛由青岛市城阳区政府承办，来自华东地区六省一市的 6 支代表队的近 40 个戏剧小品参加了比赛。经过角逐，江苏、上海和青岛代表队的《春风花烛》《钓鱼》《儿子的生日》获得大奖，另有 7 个小品获一等奖、14 个小品获二等奖、9 个作品获三等奖。

1999 年 5 月 23 日，第六届华东地区戏剧小品大赛在江西艺术剧院举行颁奖仪式和汇报演出。37 个参赛作品中，《心墙》《"核"反应》等 4 个小品获得特等奖，另决出一等奖 17 个、二等奖 16 个。上海选送、由浦东新区浦东文化馆排演的《"核"反应》《明天是晴天》、黄浦区文化馆排演的《家家有本经》及武警上海总队二支队排演的《对，不对，不能绝对》4 个作品参赛。《"核"反应》获得大奖，《明天是晴天》等 3 个作品获一等奖，上海参赛队载誉而归。

2004 年 7 月 12—14 日，第七届华东六省一市小品、相声大赛在山东省德州市举行。虹口区文化艺术馆的《生死不明》获金奖；卢湾区文化馆的《变脸》、浦东新区文化艺术指导中心的《鸭蛋》、普陀区长风文化馆的《老王和王老》等 3 个小品获银奖。

2006 年 10 月 17—21 日，第八届华东地区小品大赛在安徽铜陵举行。虹口区文化艺术馆的《一束康乃馨》获金奖，徐汇区文化馆的《洞》等 3 个小品获银奖。

2008 年，第九届华东六省一市戏剧小品大赛在浙江省湖州市举行。虹口区文化艺术馆的《实话实说》获金奖，闵行区群众艺术馆的《调动》、徐汇区文化馆的《心愿》、松江区文化馆的《大胖儿子》等 3 个小品获银奖。

2010 年，第十届华东六省一市戏剧小品大赛在江苏省南京市江宁区举行。武警上海市总队政治部文工团创作的小品《镇定针》获大奖，普陀区文化馆创作的小品《钟点房》获金奖。

【江、浙、沪故事大会串】

江、浙、沪故事大会串活动由上海市和江、浙两省群众艺术馆轮流举办，一年一届。首届赛事于

1985 年 6 月 25—29 日在沪举行,江、浙两省群众艺术馆组队参加。有 18 个故事参赛,设一、二、三等奖,最后举行了汇报演出和颁奖仪式。

第二届在江苏省无锡市举行;第三届在浙江省普陀山举行。

【上海市法制故事比赛】

1987 年 10 月 17 日,"上海市法制故事比赛"在市工人文化宫举行。上海 22 个区县及广东、福建、江西、江苏、山东、浙江、天津等省市 400 余篇故事参赛,40 篇作品分别获等级奖。

【江、浙、沪八城市越剧名票邀请赛】

2000 年 6 月 10 日,江、浙、沪八城市越剧名票邀请赛在杭州举行。上海市群艺馆组织参赛的上海票友李美君演唱的《杜十娘·投江》获金奖。

【上海——都江堰市学生动漫画大赛】

2010 年 12 月 3 日,"2010 上海—都江堰市学生动漫画大赛颁奖典礼"在上海艺海剧院举行。

第三节 市 级 比 赛

一、上海"十月歌会"

1982 年,首届"十月歌会"举办。此后,"十月歌会"每两年举办一次,由市群艺馆承办。从 1982 年首届开始至 2010 年,共举办了 13 届。

自活动初创开始,全市各区县、各部门组织成立了相应的歌会办公室,并组织举办各种形式的歌会。市总工会结合全国总工会发起"建设者之歌"征文征歌活动,大力开展上海"十月歌会"的征文征歌活动;各区县、各街道乡镇的党政领导积极参加演唱,有的还担任歌队的指挥;市委办公厅机关歌队,驻沪三军与武警总队、空军政治学院、第二军医大学组织歌队演唱。各级领导的重视和支持带动了群众参加歌咏活动的热情。

上海"十月歌会"推动了民众的音乐普及,促进了群众歌曲创作,激励了音乐工作者深入基层,指导群众学歌,带领群众歌唱,培育群众歌咏队伍的成长。一批业余音乐创作者创作了许多反映人民群众生活和心声的新歌。上海"十月歌会"成为上海市群众歌咏活动的品牌项目,具有鲜明的时代特点,浓郁的生活气息,多样的艺术特征,赢得了广泛的群众参与。

【首届上海"十月歌会"】

1982 年,首届上海"十月歌会"从 3 月开始策划。10 月 4 日晚在沪西工人文化宫揭开上海"十月歌会"的序幕,全市各区县、各系统的职工和各界人士代表 2 万余人参加了活动。93 个歌队 4 000 余名歌手分 8 个歌台,纵情歌唱党、歌唱社会主义和伟大的祖国。活动期间,编印了 30 万册推荐歌曲曲谱,共 2 000 多支歌队 40 多万人次参加了歌会活动。活动还举办了各具特色的 5 个专场,分别是 10 月 12 日在沪西工人文化宫以"工人游园歌会"形式举办的工人专场演出;10 月 13 日在上海杂技场举行的"歌咏专场"演出;10 月 16 日在市青年宫中央露天剧场举行的"青年专场"演出,及在中国福利会少年宫举行的"少年营火晚会";10 月 17 日晚在文化广场举行的"综合场"闭幕晚会。

【第二届上海"十月歌会"】

1984 年 10 月 1 日,上海举行庆祝中华人民共和国成立 35 周年人民公园燃放礼花及第二届上海"十月歌会"开幕联欢活动,全市社会各界人士 2.5 万多人参加文艺大联欢活动。活动集中展示了富有地方特色民间文艺活动,演出了反映时代气息的音乐舞蹈与声乐器乐节目,以及武术表演、集体舞、团体操等节目。

8 月 19 日,首届歌会民歌独唱决赛在市工人文化宫举行。全市从 1 163 名歌手中选拔了 21 名歌手参加决赛,并评选出等次奖。中国钟厂姚沁获一等奖;武警总队杨伟莉、邮电俱乐部陈云云、新泾文艺工厂徐杏娟等 3 人获二等奖。歌会还举行了集体舞比赛。8 月 24 日,在文艺会堂按系统举行的两场决赛中,获一等奖的有女声独唱《太湖美》,获好评的舞蹈作品有齐齐哈尔路第四小学的《小牧民》、上海市育才中学的《乐之舞》、上海市闵行区吴泾医院的《祖国,各族人民的乐园》、轻工系统毛巾十二厂的《青春多美好》、上海国棉二十一厂的《清晨》、卢湾区退休工人的《欢乐的晚年》等。

【第三届上海"十月歌会"】

1986 年,市长汪道涵在市人民代表大会上作政府工作报告中提出要办好"十月歌会",随即上海"十月歌会"主办单位对歌会活动开展专题讨论,指导制订歌会的计划和方案。

10 月 4—27 日,第三届"十月歌会"在沪东造船厂 4 万吨级船台上举行开幕式。市相关领导和广大职工同台歌唱,副市长刘振元指挥全场高唱《歌唱祖国》。全市 80 多万人参加了这届歌会,创作歌曲 3 300 多首。歌会历时 24 天,演出 26 场。自歌会开始后,活动重点逐渐向区县转移,以与基层群众联欢的形式开展活动。

图 4 - 4 - 3　第三届上海"十月歌会"闭幕式在虹口区文化馆举行(1986 年 10 月 27 日)

【第四届上海"十月歌会"】

1988 年,上海市举行第四届上海"十月歌会"。歌会确定以合唱形式开展活动,以检阅和推动合唱队伍的建设和发展。歌会从 4 月发动到 10 月决赛,历时半年。全市 10 万多职工群众参加比赛,300 余支歌队经过层层选拔,14 个歌队进入决赛,决赛于 10 月 17 日在上海音乐学院举行。经过评选,上海市行知艺术师范学校合唱队和长宁区教工合唱团获一等奖;上海邮政局合唱团、梅林罐头厂、上海铁路分局、虹口区嘉兴街道、搪瓷五厂 5 个单位获二等奖;华师大师生合唱队等 7 个单位获三等奖。专家认为歌会的合唱,无论是艺术表达上还是曲目选择上,都反映出群众的艺术素养有所提高,形式上有所突破,出现了多声部和难度较高的无伴奏合唱样式。

【第五届上海"十月歌会"】

1990 年 10 月至 11 月 7 日,第五届上海"十月歌会"举办,以"改革、振兴、团结、奋进、歌唱祖国"为主题。该届歌会于 5 月开始筹备,11 月结束,历时 6 个月。参加这次歌会演唱的独唱歌手有 1 400 人,区县一级的歌队达 560 余支,参加演唱的群众约 5 万人次。经决赛评选,《十月歌会》《白玉兰盛开的时候》等十首歌曲获"十佳歌曲"奖;长宁区教工合唱团、徐汇区文化馆合唱团等10个歌团获"十佳歌团"奖;黄懋立、许芸等获"十佳歌手"称号;长期坚持合唱艺术活动的"上海乐团业余合唱团""上海市老干部合唱团"等6个团被誉为"常青合唱团";上海警备区叶挺团合唱团获得歌会荣誉奖。

【第六届上海"十月歌会"】

1992年10月5日,第六届上海"十月歌会"在上海人民艺术剧院演出厅举行首场演出。歌会由上海市群众文化工作委员会主办,市群艺馆承办。企业、学校、机关、医院、文化馆等单位演出36个声乐节目。小合唱《麦客走了》等5个节目获最佳表演奖;声乐作品《十月之歌》等17个节目获最佳创作奖;《上海潮》等三个舞蹈作品获最佳创作表演奖。歌会以鼓励创作热情、扩大群众参与面作为举办宗旨,从321首新歌中选拔了20首歌曲作为指定演唱曲目,以比赛的手段促进新歌的推广传播。活动推广中,这些歌曲在群众中产生了良好的反响。歌会音乐题材丰富,仅声乐部分就有小合唱、小组唱、重唱、表演唱4个种类,器乐有重奏、小合奏,舞蹈有单人舞、双人舞、群舞等,体现了上海群众音乐创作、表演活动的水平。歌会包括3个声乐专场、1个器乐专场、2个舞蹈专场共6个专场的比赛。10月8日晚,第六届"十月歌会"经过比赛和展示落下帷幕,评选出最佳创作奖与最佳演出奖。

这一届"十月歌会"有两个特点:一是推出了许多群众文艺新作。从群众文艺干部和骨干创作的一大批歌颂上海改革开放成就,具有浓郁时代感的歌舞节目中选拔出20首歌曲,30个舞蹈和26首"江南丝竹"乐曲参加决赛,展示了上海市群众歌舞创作的整体面貌;二是群众参与广泛。除参与舞台演出的群文团队和演员外,比赛时每场观众有600多名,6场约3600人次。歌会在上海大世界游乐中心进行3天展演,观众约3000人次。

【第七届上海"十月歌会"】

1994年10月,第七届上海"十月歌会"在新世纪广场举行决赛。从1800个节目中,评选出23个声乐节目、9个器乐节目、17个舞蹈节目参加决赛。混声合唱《走进一九九七》等9个节目获最佳创作奖,女声独唱《孔书记不要走》等获最佳演出奖。群舞《当兵的人》《春雨》等获最佳演出奖。

【第八届上海"十月歌会"】

1998年10月,举行第八届上海"十月歌会",歌会收到合唱作品250余首、表演唱作品30余个、器乐作品近60首、舞蹈作品90余个,其中30%以上的作品获各类奖励。作品评选结果于1999年2月揭晓,合唱比赛评选出最佳表演奖、优秀表演奖;器乐创作作品评选出最佳创作奖、优秀创作奖;同时器乐作品还评选出最佳表演奖、优秀表演奖;表演唱《敲门球》《我侬也是大学生》《十七八岁的女哨兵》和《八个老太看浦东》获优秀创作表演奖。

舞蹈作品经过评选,《红领巾告诉我》《滚灯舞》《红韵》3个作品获最佳创作奖;《欢乐中国年》《快乐摇摇摇》《校园鼓声》《竹楼情》《鼓娃》《世纪鼓声》6个作品获优秀创作奖,《雪花》《打的喜洋洋》《晨曲》《青春的脚步》《瓜棚下的小妞》《都市节奏》《长大了我就是你》《春诗》《喜迁新校》《石童子》《隧道英豪》《金色的早晨》《春意》《超越》《海蛮子》《桃花雨》《农家婚趣》《喜看花灯》《走在春风里》《献给妈妈的贺卡》等20个作品获创作奖;《鼓娃》《红韵》《校园鼓声》3个作品获最佳表演奖;《红领巾告诉我》《欢乐中国年》《晨曲》《世纪鼓声》《滚灯舞》《警花》《快乐摇摇摇》《天地喜洋洋》等作品获优秀表演奖。

市群艺馆和黄浦区、杨浦区、卢湾区、静安区、南汇县 5 个区县的文化局获"上海市群众文化重大活动组织贡献奖";长宁区、南市区、普陀区、虹口区、闸北区、徐汇区、闵行区、宝山区、嘉定区、金山区、松江区、奉贤县、青浦区、崇明县等 14 个区的文化局和浦东新区社会发展局文体处获"上海市群众文化重大活动组织贡献奖"。

【第九届上海"十月歌会"】

2000 年 11 月 18 日和 11 月 25 日,第九届上海"十月歌会"在浦东新舞台分别举行了小合唱、小组唱比赛和表演唱、器乐比赛。经评审委员会评审,2 支队伍获最佳表演奖,3 支队伍获优秀表演奖,5 支队伍获表演奖,5 个作品声乐获最佳创作奖,10 个声乐作品获优秀创作奖。

【第十届上海"十月歌会"】

2002 年 7 月 13 日,上海市举行第十届上海"十月歌会"声乐作品评选,全市 526 首创作歌曲参评。经各区县初评,评出 233 首作品报市里进行复评和终评。最终 5 个声乐作品获创作金奖,10 个作品获银奖。

【第十一届上海"十月歌会"】

2004 年,第十一届上海"十月歌会"在沪东造船厂舞台举行,副市长刘振元出席并观看了演出。53 首合唱作品参加评选,评出合唱一等奖 2 首、创作比赛二等奖 7 首、三等奖 9 首、优秀奖 12 首。混声合唱《阳光》《世博家园》获歌唱比赛一等奖,《祖国好妈妈》等 7 个作品获创作银奖。

【第十二届上海"十月歌会"】

2006 年 10 月,上海市举行第十二届上海"十月歌会"。市群艺馆创作部和活动部负责承担全市群文小节目的前期创作、辅导和复赛、决赛的实施。复赛中,100 多个音乐、舞蹈类节目在 3 天内完成比赛,60 多个小品在 2 天内完成比赛。合唱、独唱《梦圆 2010》《相思家园》《上海笑了》等 10 首歌曲获金奖。

【第十三届上海"十月歌会"】

2008 年,第十三届上海"十月歌会"与"上海之春"国际音乐节合并举行,市委、市人大、市政府、市政协领导同志以及驻沪部队负责人参加了活动。上海各界代表、各界知名人士和各部门负责人,各国驻上海总领事、领事和夫人,来沪参加庆祝活动的各友好城市代表团和在上海工作的各国专家和教师,归国侨胞、台湾同胞和港澳同胞代表应邀出席,观看歌会盛况。歌会以"歌唱伟大祖国"为主题,与中华人民共和国诞辰庆祝活动结合,推动歌会活动的开展。歌会评出一批富有生活气息、时代感强的优秀作品,展现了群众文化独特的艺术魅力。

"十月歌会"开幕活动大多与中华人民共和国国庆活动相结合,并延续每届歌会设立一个主题的方法。其中,第七届至第九届"十月歌会"分别以反映上海建设巨大成就、纪念红军长征 60 周年、歌颂党的好干部、迎接香港回归、迎接新世纪等为主题,并体现出小型多样、生动活泼的特色,在"十月歌会"与"上海之春"群文新人新作评选合并后,其成熟的工作方法在后续的群文活动中一直得以延续。

二、上海"十月业余剧展"

上海"十月业余剧展",是上海市群众性文艺活动的品牌项目。业余剧展的创作作品源于生活,反映时代风尚,因而受到广大群众的喜爱。

党的十一届三中全会以后,上海业余戏剧活动日趋活跃,经常举行全市性和各区县各条线的戏剧创作演出活动。1981年12月21—26日,上海市举办首届上海戏剧节,业余演出团队创作的话剧《血,总是热的》《路》《在这片热土上》《快乐的单身汉》《百万马克》以及沪剧《钢城春燕》《定心丸》等参加首届上海戏剧节的演出,受到观众的普遍欢迎。1983年第二届上海戏剧节开幕前,全市业余戏剧舞台上又涌现出30多台新戏,由于两年一度的上海戏剧节以专业戏剧创作为主,业余戏剧入选名额受到限制,无法展示更多的优秀成果,因此老戏剧工作者、市群艺馆陈方行建议,参照抗日战争时期在桂林举行的"西南剧展"形式,在每年戏剧节开幕前,举行上海"十月剧展",请戏剧节评委从中选定参加戏剧节的剧目。建议得到上海市有关部门的赞同,经研究决定,"十月业余剧展"由市文化局联合市总工会、团市委、中国福利会、中国剧协上海分会共同举办,后改为由上海市群众文化工作委员会主办、市群艺馆承办。每逢单年十月举办汇集业余剧坛创作作品的展演,为业余创作演出人员提供一个展示才艺和相互交流的平台,十月业余剧展成为上海传统的群众戏剧盛会,对于繁荣上海的戏剧舞台、培养挖掘戏剧新人发挥积极作用。1995年,上海"十月剧展"列入上海市1995—1997精神文明建设三年规划的实事项目之一。

【首届上海"十月业余剧展"】

1983年10月22日,第一届上海"十月剧展"在市工人文化宫影剧场开幕,市委宣传部副部长丁锡满在开幕式上讲话。开幕式后,由市工人文化宫业余话剧队演出话剧《有一个航次》。此前,全市各区县、各系统举行了40多台会演、调演、交流演出,涌现出261个剧目,经过层层选拔,产生21个优秀剧目参加为期10天的首届剧展的9台演出。这些剧目把握时代脉搏,充满清新的生活气息。其中的几出大戏《角落里的火花》《有一个航次》《石库门》《青春回旋曲》,取材于现实生活,题材新颖,艺术手法也有创新,展示了群文戏剧较高的创作水平。还有奉贤头桥、钱桥文艺工厂的沪剧《石头赔情》,表现了农村实行责任制后,生产队长帮助农民科学种田,扶贫济困,共同勤劳致富的故事。话剧《青春回旋曲》《婆婆妈妈》《船魂》《比天空更广阔》、越剧《风雨同舟》、沪剧《赶不走的媳妇》、滑稽戏《美丽的心灵》、方言话剧《出了废品以后》和儿童剧《丢三拉四》等,都从不同的侧面展示了现实生活的画卷。

首届上海"十月剧展",展示了业余戏剧队伍蓬勃发展的基本状况,全市建立起370多个业余戏剧创作小组,拥有1400多名创作骨干。这次剧展组织者特邀黄佐临、丁是娥、金彩风等作为艺术指导,从中评选出一批剧目,分别给予奖励。

【第二届上海"十月业余剧展"】

1985年10月27日,第二届上海"十月剧展"在中国福利会少年宫剧场举行开幕式。由上海市相关系统组成的专家评审小组,对参选的54台100个剧目进行了评议和评审。市区从19台30个剧目中选出了8台17个戏;郊区从15台46个剧目中选出了5台13个戏曲;市工人文化宫从15台25个剧目选出了6台10个戏曲;少儿从4台39个剧目中选出了2台18个戏曲。这些剧目中话剧、沪剧数量较多,其次是越剧、锡剧、滑稽剧、方言剧、儿童小话剧。在题材上既有反映改革、党风、法制内容的,也有反映家庭伦理道德、青年恋爱婚姻、人才成长、计划生育、商业道德以及歌颂党的农村经济政策和老山战役英雄事迹的,演出人数达1 500余人。与上届剧展相比,从形式到内容都有了新的拓展。题材紧扣时代脉搏,富有新意。农村剧目中有以老山战斗为时代背景,描写农村女青年选择新时期最可爱的人作为终身伴侣的题材;有反映农商联营中以富帮贫的先进现象,体现了党中央号召走共同富裕道路的时代精神;有触及工业改革中的矛盾,展示人与人之间关系的微妙变化;有的抓住生活中的点滴小事,从不同角度挖掘,从凡人俗事中反映社会变化。相关剧目注重表现人物性格的发展过程,塑造出一些有血有肉的艺术形象。其中,话剧《水,应该喝甜的》描写了一位水利工程师为改善城市饮水问题所做的努力,同时描绘了夫妻情、儿女情、同志情,动人心魄;市工人文化宫的《六个小伙子和一个姑娘》,描写6个青年船员的故事,塑造了当代青年的群体形象;儿童剧《汪汪小报》也颇具新意。这些入选剧目在艺术呈现的处理上拓展了表达手法,包括荒诞派、意识流等。其中徐汇区的话剧《"十万姑娘"出嫁记》、青话业余戏校的话剧《一个脑瘤患者的梦》、卢湾区文化馆的话剧《彩色的问号》等在艺术处理上作了一些新的尝试。此外,许多剧目在戏剧的综合艺术完整性表达方面进行尝试,在舞美、音乐、灯光效果等运用有所提升,增强了艺术感染力。其中,奉贤县的《不该枯萎的小花》、南汇县的《菱花湖畔》、松江县的《瓜园里的年轻人》、金山石化厂的《今夜爱情角》,在戏剧综合艺术手段运用方面有所突破。

【第三届上海"十月业余剧展"】

1991年10月31日,第三届上海"十月剧展"在虹口区曲阳文化馆开幕。全市各区县文化馆(站)、工人文化宫(俱乐部)及各机关、学校、部队等创作了200多个剧目,经评选,121个剧目投入排练。经剧展办公室再次评审,从中选出71个作品作为参加20台剧展演出的剧目。其中,大戏5台、小戏30个、小品28个、课本剧8个。参展的剧种除沪剧、越剧、锡剧、淮剧、话剧以外,还有以往较少出现的歌剧、甬剧和音乐剧等。剧展参展剧目数量、剧种种类、参演人数都超过前两届,引起了社会广泛关注。评奖委员会一致认为,这次剧展剧目题材广阔,思想健康明朗,生活气息浓郁,突出表现了时代的主旋律,富有强烈的时代感;剧种丰富、形式多样,表现了多样化的特点;这次剧展是对上海市群众戏剧活动的一次检阅,是业余剧坛的又一次丰收。经评选,市工人文化宫话剧团的大型话剧《大桥》获特别荣誉奖,松江县文化馆的沪剧《三朵花闹婚》等10个剧目获最佳演出奖。

图4-4-4 第三届上海"十月业余剧展"在虹口区曲阳文化馆开幕(1991年10月31日)

【第四届上海"十月业余剧展"】

1993年的第四届上海"十月剧展",主要把工作重点放在基层,依靠群众搞剧展,取得较好的反响。剧展以小品小戏为主,创作了各类剧目200多个,排练上演100多个。剧展组委会在全市分设6个片区,先评出二等奖、三等奖的作品;首次邀请200名来自各区县基层的群众评议员和专家一起对决赛剧目评分。评选出78个作品获得市级奖励,其中一等奖18个、二等奖29个、三等奖31个;

另外评出优秀组织奖 6 个、繁荣群众戏剧奖 26 个、组织奖 21 个,并为在创作、导演方面成绩卓著的陆军、徐开麟等 4 位的作品专门举办了研讨会,对全市群众戏剧活动的开展起到了积极的推动作用。

【第五届上海"十月业余剧展"】

1995 年举办第五届上海"十月剧展",设立了三轮评比和电视观众投票评选的方法,以反映群众的参与性。第一轮分 6 个片区进行,有 58 个节目参赛。经过评选,25 个节目进入第二轮,再从中选出 13 个剧目进行比拼,由上海电视台录制并于 12 月 3 日播出,最后由电视观众与专家共同评出 2 个大奖。

此次剧展呈现三大特点:一是题材广泛并有一定的深度和新意,一些上海市改革开放中产生的问题和热点,在剧展舞台上都有所反映,而且角度和深度比以往都有变化、发展;二是由于剧本和演出分开评比,有效地推动了上海市小品创作和演出的质量;三是通过电视媒介由广大群众参与评选,扩大了剧展的影响,使更多市民关注剧展活动。

【第六届上海"十月业余剧展"】

1997 年 11 月 5 日,第六届上海"十月剧展"开幕。在全市业余作者创作的 247 个剧本中评选出 20 个剧目参加决赛。7 个作品获最佳创作奖,10 个作品获优秀创作奖,《郑人买履》获最佳创作、最佳演出奖。

【第七届上海"十月业余剧展"】

1999 年 1 月 17 日,第七届上海"十月剧展"剧本创作阶段获奖作品揭晓。活动收到参赛作品 301 个,经过专家两轮评审,78 个作品获入围复赛决赛。

1999 年 9 月 12 日,第七届上海"十月剧展"在兰心大戏院进行决赛。这次剧展评选出的 53 个小品、6 个小戏中,20 个作品参加了决赛。这次大赛没有中型和大型戏,显示了上海市业余戏剧正向小型多样的方向发展。10 月 16 日晚,在中国大戏院内举办精品专场演出,生动的表演和扣人心弦的情节吸引了观众。戏剧小品《"核"反应》《对,不对,不能绝对》《感谢停电》等作品都从现实生活出发,从人的心理层面切入,为观众们带来艺术享受的同时,还引发人们对生活的思索。

【第八届上海"十月业余剧展"】

2001 年 4 月 18 日,第八届上海"十月剧展"创作阶段评比揭晓,5 个作品获最佳创作奖,8 个作品获优秀创作奖,12 个作品获创作奖,35 个作品获入围奖。7 月 21 日,第八届"十月剧展"演出决赛在卢湾区文化馆举行。《金色鱼塘》《水晶心》获最佳演出奖;另有 6 个小品获优秀演出奖。

【第九届上海"十月业余剧展"】

2003 年 11—12 月,上海市举行飘柔杯"新上海人"小品、小戏大赛暨第九届上海"十月剧展"演出活动。活动以弘扬上海城市精神、丰富市民文化生活为主题。82 个作品参加初赛,18 个作品参加了决赛。经评选,沪剧小戏《相约 12 点》《花缘》、小品《为美丽干杯》《修钢琴的人》《银杏树》获金奖;小品《妈,我们回家》等作品获银奖。上海文广新闻传媒集团戏剧频道对演出进行了全程录像、播放。

【第十届上海"十月业余剧展"】

2005年,上海"十月剧展"与小节目评选相结合,以2005年上海市小节目评选暨第十届上海"十月业余剧展"小品小戏专场为标题,评选出小品《夜话》等8个优秀作品奖,小品《一枚戒指》、越剧小戏《董其昌学书》、小品《我们的名字》、小话剧《爱的翅膀》获优秀表演奖。

【第十一届上海"十月业余剧展"】

2007年,群文小戏小品暨第十一届上海"十月业余剧展"举办。作品创作和表演形式多样,有小品、锣鼓书、表演唱、音舞快板、上海说唱等。评选出的小品《捐款》等20个作品获优秀新人新作奖。

2008年,上海"十月业余剧展"与"上海之春""十月歌会"合并为"上海之春"新人新作暨第十三届上海"十月歌会"戏曲、曲艺类评选。2009年合并为"上海之春"群文新人新作评选,分为声乐、舞蹈、戏剧、曲艺类评选。

上海"十月剧展"涌现出《角落里的火花》《水,应该喝甜的》《钓鱼》《送玫瑰花的人》《十万姑娘出嫁记》《大桥》《三朵花闹婚》《蓝色酒吧》等一批优秀作品,获得全国与上海市各级别的奖励,有的优秀剧目还进京和赴外省市交流演出,产生了较大的社会影响。业余剧展后续增加了戏剧小品、课本剧评选,反映了上海"十月剧展"注重对戏剧门类的创新发展和培养戏剧新人的活动宗旨,参演剧目突出时代的主旋律,艺术上锐意创新,在上海戏剧史和群文戏剧史上书写了重要的篇章。

三、上海市"阳光·大地"全市党团员优秀歌曲演唱比赛

上海市"阳光·大地"全市党团员优秀歌曲演唱赛共举办了7届。该项活动由市委宣传部、市委组织部主办,全市各系统各条线参加。其中,第四届比赛活动历时3个月,参加初赛、复赛的人数多达百万。

1994年6月20日,市委宣传部、市委组织部联合主办的"阳光·大地"全市党员优秀歌曲演唱赛决赛在上海戏剧学院实验剧场举行。

1999年3月11日,以歌颂祖国、歌颂中国共产党为主题的第三届"阳光·大地"全市党团员优秀歌曲演唱比赛揭幕。

2001年6月21日,"阳光·大地"全市党团员优秀歌曲演唱比赛在上海东方电视台演播大厅举行决赛。上海人民以群众性歌咏活动,庆祝建党80周年。市委副书记龚学平,市委副书记、市委组织部部长罗世谦,市委常委、市委宣传部部长殷一璀,以及上海市相关局负责人观看了决赛,并为获奖团队和个人颁奖。上海电视台合唱团、闵行区教师合唱团并列获得大合唱组的第一名;市教育局党委李建林获青年组第1名;浦东新区浦南文化馆孔东平获中老年组第一名。创作歌曲《永恒的眷恋》《伊犁姑娘》《牧归》获优秀创作奖。

2003年6月29日,市委宣传部、市委组织部主办的"上海更美好——阳光·大地'七一'大型歌会"在上海东视剧场举行。

2006年6月30日,由市委宣传部主办、市文广局等承办、市群艺馆协办的上海市纪念中国共产党成立85周年——"阳光·大地"全市党团员歌咏比赛颁奖晚会在东方艺术中心举行。市委、市人大、市政府、市政协四套班子主要领导出席并登台演唱,成为当年群众歌咏活动的"华彩乐章"。此前,市群艺馆承担半决赛和决赛的赛事组织工作和颁奖工作。代表各行业各单位的31个合唱队

伍、26 位中老年选手、32 位青年选手经半决赛的 3 场角逐,15 个合唱队伍、20 位中老年选手、20 位青年选手进入决赛。经过 3 个类别决赛,评出一、二、三等奖和组织奖若干。

四、社区文化大赛

【2000 年"上海石化杯"社区文化大赛】

2000 年 8 月,"上海石化杯"社区文化大赛在全市先后展开。这次活动由市文明办和市文广局主办,上海东方广播电台、市群艺馆及上海石化股份有限公司联合承办。全市各区(县)、街道(乡镇)共开展各种社区文化比赛和展示、表演等活动 600 余场,大多数场次直接在居民家门口举行,吸引了 50 余万社区群众参与。浦东新区、虹口区、徐汇区等 3 个区获得最佳组织奖。

大赛期间,多项赛事并举。11 月 12—19 日,"2000 年上海'石化杯'社区文化大赛"戏曲、音乐、社区特色文艺、舞蹈决赛分别在徐汇影剧院、上海音乐厅、曲阳文化馆和上海戏剧学院实验剧场举行,包括社区音乐、舞蹈、戏剧曲艺、书画、民间艺术品制作、收藏、摄影、黑板报、特色文艺等 8 场市一级的专场展示和决赛。所有参展、参演作品均是经过街道(乡镇)、区县两级预选后的优秀作品,展示了各区县社区文化的较高水平。

社区书画、摄影、黑板报、民间艺术品制作收藏等 4 个比赛展示活动,各区县报送的作品有 3 600 余件。其中,"我们的家园"摄影展,展出了来自全市 19 个区县的作品 118 件;社区书画展共展出全市 19 个区县社区居民创作的中国画、油画、版画、水彩、水粉、书法等作品 230 余件。

"黑板报"是社区中最为普及性的一种宣传形式,来自全市 15 个区县的 100 多块颇具创意的黑板报以一种全新的面貌展现在广大市民面前。

来自全市 15 个区县的 3 167 件民间收藏、艺术制作精品、珍品甚至绝品集中展出,是社区民间收藏类规模大、展品全、艺术含量高的一次展示活动,有许多作品具有一定的艺术观赏和收藏价值。包括获得"吉尼斯世界之最"的工艺品"江南古建筑",占地面积近 20 平方米,上面布满近百座大小楼宇、花园,其间雕梁画栋,情趣盎然;来自闵行的宋朝瓷器、出自南沙海域仅有 0.31 毫米的海螺,此外还有孙中山的"治国方略图"等均是珍品。

戏曲比赛有 460 余位社区戏曲爱好者的 70 多个节目参赛,剧种包括京、昆、越、沪、淮等;音乐比赛有来自全市 19 个区县的 450 余位业余音乐家表演的 65 档节目,包含民族、美声、通俗等唱法和大小提琴、钢琴以及二胡等中西乐器演奏;特色文艺比赛则是多种社区居民喜闻乐见的艺术形式的综合会演,共有 200 多位社区演员的 26 档节目参赛,节目包括表演唱、上海说唱、魔术、讲故事等多种形式;舞蹈比赛中全市各个社区的 400 多位舞者为大家献上了包括国际舞、民族舞、现代舞,独舞和群舞的 50 多档节目。

社区文化大赛本着"重在参与、重在过程、重在基层开展"的原则,注重群众的参与性。其中,卢湾区所属街道、居委开展形式多样的群众文化活动近百场,参与和观看的群众多达 10 余万人次,部分大赛中的获奖节目还参与了 10 月 1 日举办的"祖国,您好!"——卢湾区各界人士国庆联欢文艺演出;徐汇区的文化大赛覆盖各类人群,上至 87 岁的老人,下至 9 岁的儿童,共有 1 000 多名群众演员参加了各项比赛和展示;长宁区社区群众共组织和排练了 767 个节目参加社区文化大赛,其中创作音乐类作品 46 件、舞蹈类 10 件、小品类 18 件、摄影作品 400 多幅、书画 70 多件,观众 4 万余人。

12 月 27 日,"社区——我们欢乐的家"综合展示及颁奖晚会在上海广电大厦演播厅举行。市委副书记龚学平,市委常委、市委宣传部部长殷一璀等领导观看了演出并为获奖者颁奖。2000 年"上海石化杯"社区文化大赛被评为 2000 年上海市精神文明建设十大新闻之一。

【上海市文化进社区】

2002 年 8 月 24—31 日,"上海市文化进社区"活动展示周举行。全市举办 811 场不同层次和规模的各类社区文化活动,包括歌咏、舞蹈、器乐、曲艺、小品及美术、书法、流动图书展、知识竞赛、讲座、演讲、专题报告、集体舞公开教学和电影展映等。

【上海"金秋闵行"社区文化节】

闵行区是 20 世纪 90 年代上海新建的最大的人口导入区,经济和人口总量仅次于浦东新区,在经济和城市建设快速发展的过程中,文化的发展繁荣同样呈现出精彩的篇章。

2001 年 9 月 22 日,首届"金秋闵行"社区文化节在颛桥镇拉开帷幕。"金秋闵行"社区文化节深入乡村、社区,从开幕当天起至 10 月 6 日共组织了 123 场文艺演出、36 场展览、153 场次露天电影播放活动,200 多个村、居委、住宅小区都开展了歌咏、舞蹈、征文、摄影、戏剧、影评、书画、知识竞赛等系列活动,演职人员有 8 000 人次,参与者达 60 万人次。该活动包括在上海音乐厅举办的闵行区优秀创作音乐作品专场,由上海交响乐团、上海民族乐团和闵行区民族乐团联袂演出,由音乐家何占豪担任指挥,演出的作品全部出自闵行区的业余作者之手。由全区各镇街道选送本地最优秀的节目,组合成全区性的专场展演和比赛,有行街表演、社区健身舞比赛、社区钢琴比赛、社区文化名人与地区群众联欢会、"江南丝竹"表演赛、社区摄影书画比赛、社区特色文化展示、社区戏曲比赛、家庭特色文化比赛等。由 12 个镇、街道 200 多个村、居委、住宅小区举行的包括歌咏、舞蹈、征文、摄影、戏剧、影评、书画、花卉、知识竞赛等 300 多场文化展示活动。

2002 年 9 月 15 日,第二届"金秋闵行"社区文化节在浦江镇拉开帷幕。历时 18 天,共举办各类文化活动 1 199 场,其中演出 658 场、展览 114 场、电影放映 327 场,拍摄"我们的家园"电影短片 23 部,参加"解读新闵行"网上竞答初赛和决赛 2.2 万人次。演职人员达 2.3 万,观众达 79.9 余万人次,各项纪录都创下了闵行区群众文化的新纪录,展现了重心下移、服务群众的办节宗旨。在此届文化节上,又涌现了一批具有地区特色的群众文化艺术品牌:颛桥镇在继续提高"颛桥腰鼓"艺术的基础上,又形成了"颛桥剪纸"新特色,还有江川街道的民族舞蹈、龙柏街道的时装表演、莘庄镇的健身舞、七宝镇的音乐作品、马桥镇的手狮舞等。社区文化节的亮点就在于形式创新,更多地依托科技手段,发挥传媒优势,挖掘符合时代特点的文化活动样式,注重赋予活动以内涵和主题。这届文化节首次运用网络科技作为知识竞赛的载体,举办"解读新闵行"网上竞答活动,还首次以百姓视角展示闵行社区平凡人、感人事的《我们的家园》,提高了社区文化的科技含量。

第三届"金秋闵行"社区文化节的主题是:金秋闵行,艺术走进社区;社区舞台,百姓展示风采。从 2003 年 9 月 15 日至 10 月 2 日的 18 天里,全区举办文艺演出、展览展示、广场电影、歌舞比赛、读书征文、网上文化行、电视晚会等 1 345 场文化活动。其中,区级活动 35 场,镇、街道级活动 212 场次,村、居委小区级活动 629 场次。演职人员达 7.4 万人次,观众达 127 万人次。本届社区文化节呈现四大特点:社区文化品牌日趋成熟,瑞丽舞蹈、龙柏时装、颛桥腰鼓、莘庄健美舞、七宝音乐、马桥手狮、颛桥剪纸等,一批被命名为社区文化节的特色节目,不断创新和完善;社区群文创作紧扣时代主题,涌现出一批优秀作品;社区市民成为舞台主角,7 万多居民登上社区舞台;社区文化活动形式更加丰富,除了音乐、舞蹈、戏曲这些传统形式外,钢琴、芭蕾、时装专场等也频频亮相,反映出社区群众艺术爱好的范围更加广泛。

2005年度国际网球大师杯赛在位于马桥镇的上海旗忠森林体育城网球中心举行,第四届"金秋闵行"社区文化节与世界网球大师杯赛携手,通过社区文化、家庭文化、校园文化、企业文化展示,让世界宾朋在观赏网球大师精彩对决之际,感受闵行文化魅力,也让闵行市民在创造时尚文化的同时,享受群众文化的欢乐。10月16日下午,闵行区电视台和上海东方电视台联手奉献了一台"走到一起来——迎接大师杯·激情在闵行"大型文艺演出,能容纳万名观众的上海旗忠森林体育城网球中心座无虚席。副市长杨晓渡开启白玉兰花瓣型的网球中心穹顶顶棚,第四届"金秋闵行"社区文化节拉开了序幕,1.2万名观众观看了"迎接大师杯·激情在闵行"大型文艺演出。闵行区优秀节目《扁鼓舞》《狮龙舞》和《踢踏鼓舞》与郁钧剑、韦唯、庞龙、汤灿、沙宝亮等专业演员同台献艺。

2006年9月16日至10月30日,举办第五届"金秋闵行"社区文化节。文化节以建设社会主义新郊区、新农村为主题,通过丰富多彩的文化活动,反映闵行区自1992年建区后经济飞速发展、城乡面貌日新月异的变化,获得"国家生态区""上海市文明城区"等称号,"航天闵行"的建设发展,建设社会主义新农村的成果令人瞩目。文化节期间,举办各类文化活动1540多场,500余支文化团队、5万多名市民登台演出,观众逾115万人次。其中,参加网上文化活动2万余人次,初步实现了全民享受文化、参与文化的目标。

"金秋闵行"社区文化节,每年吸引区内外数百万市民大众参与,体现了公共文化服务体系建设中公益性、基本性、均等性、普惠性和常态化的要求。2010年以后,社区文化节并入市民文化节。

【"十月歌会"社区市民合唱比赛】

2004年11月10日,市委宣传部、市文明办、市文广局、上海文广集团、市文联共同主办的"在灿烂的阳光下——上海市'十月歌会'"市民合唱比赛在上海音乐厅举行。19个区县由社区、企业、机关和学校的职工群众组成的38支合唱团(队)参加比赛,杨浦区残疾人联合会合唱团、静安区南京西路街道合唱团获一等奖。

【"一区一品"项目】

上海群众文化活动"一区一品"和"一镇一品""一乡一艺"是社区文化建设方面的一个创新之举。"一区一品"旨在打造上海社区群众文化活动品牌,树立区域品牌意识,探索社区群众文化活动建设新模式、新方法,充分发挥各社区优势,打造一批特色鲜明、亮点突出、群众喜爱的品牌。

表4-4-4 1980—2009年"一区一品"项目情况表

项目名称	品牌特色	主要成绩
金山区 金山农民画 (1980年)	金山农民画是在江南民间美术土壤中滋生出来的一朵奇葩,其汲取刺绣、剪纸、灶壁画等传统艺术,构思新颖、造型夸张、色彩明快、构图饱满,特色显著。	1981年上海市首届"江南之春"画展:曹金英《满月》获一等奖,钟德祥、陈伟、王金喜、蔡巧英、朱素珍等多人的农民画作品均获奖。1983年全国农民画展:阮四娣《孵蛋》获二等奖,朱素珍、陈芙蓉、钟德祥等人的农民画作品均获奖。2000年中国农民画联展:陆永忠《农家乐》获一等奖,张新英、张美玲、怀明富、严军杰等农民画作品均获奖。 2006年12月4日,中央电视台举行"2006'中国魅力十大乡村'颁奖晚会",以"金山农民画"而兴盛的金山区枫泾镇中洪村入选"中国魅力十大乡村"名录。

项目名称	品 牌 特 色	主 要 成 绩
崇明县 海岛十佳歌手赛 （1986年）	两年举办一次"海岛十佳歌手赛"，每年都吸引了广大声乐爱好者参赛，至2010年连续举办12次，成为崇明群众文化活动的传统项目。	"海岛十佳歌手赛"发现和培养了大批业余歌手，其中殷晓兰和黄英在"上海农村歌手大赛"中获"上海市农村十佳歌手"称号；1993年，崇明的小组唱《我与大海争天地》获上海首届乡村歌手大赛金蛙奖；2001年，城桥社区电力合唱队获上海市"党的光辉照我心"社区歌咏大赛二等奖；2006年男女声二重唱《绿岛礼赞》获市第十二届"十月歌会"银奖。
宝山区 宝山国际民间艺术节（1995年创办，连续举办10届）	宝山国际民间艺术节是上海最早的国际民间艺术节，作为全国首批公共文化服务示范项目，每两年举办一届，每届周期约1个月。该艺术节有机整合了中外文艺资源，以多方面融入和全方位展示，凸显多元文化的并存交融；以营造万众共赏的喜庆欢乐，秉承"老百姓的艺术盛会、家门口的五洲风情"文化惠民宗旨，坚持普惠性、彰显国际性、提升艺术性、突出民间性。	该项目于2007年在中国文化部举办的第八届中国艺术节暨第十四届全国"群星奖"中获得项目类"群星服务奖"。
黄浦区 中国上海国际艺术节"天天演"广场文化活动（2001年）	该项目从2001年起创办，至2010年连续举办10届，每年吸引十多万名观众。"天天演"活动秉承"人人参与艺术节、人人享受艺术节"的宗旨，坚持面向人民大众、走近百姓，以其广泛的群众参与性和节目丰富性，受到不同年龄、不同层次和不同群体市民的喜爱。	2010年，由"上海市群众文化奖励基金"评选，获得2010年度上海市群众文化优秀项目。
长宁区虹桥文化艺术之秋（2003年）	该项目一是突出重点，推动长三角区域文化共享共赢；二是凸显亮点，持续打造长宁舞蹈文化品牌；三是彰显品质，推动中外文化交流融合；四是以文化人，搭建文化惠民的平台。	虹桥艺术之秋属于创新型文化艺术节，是将旅游、购物、文化三节合一的办节模式，率先尝试文旅资源整合，促进文旅融合发展。
青浦区 青浦淀山湖文化艺术节（2004年）	该项目活动由开幕活动、系列活动、闭幕活动构成，真正实现了整合集聚、内外联动、普及普惠、融入百姓生活的宗旨。	15年的时间里，全区近百万人次参加了800多场群众文化活动；每年百余场系列重点活动在全区各街镇全面开展，覆盖各个角落。
嘉定区 "百姓说唱团"活动（2006年）	"百姓说唱团"以群众百姓为公共文化活动主体，充分尊重基层群众的创造才能，强调全民参与，突出自我管理和自我发展，是来自百姓、面向百姓、服务百姓、提升百姓素质和能力的一种文化供给模式。	
闵行区 上海合唱节（2007年创立，每两年举行一届）	1.让全市合唱爱好者成为大赛的真正主角；2.让群众广泛参与的合唱活动也有"高大上"的感觉；3.让群众喜爱的合唱活动贯穿全年，覆盖全市。每届都有20多万市民参与合唱节盛事，真正成了上海市民文化活动最具影响力的品牌。	2013年、2015年连续两届获得上海市民文化节优秀项目奖；2017年，获得上海市民文化节影响力品牌（2013—2017）荣誉称号。
松江区 上海朗诵艺术节（2007年）	上海朗诵艺术节成功举办12届，是松江区精心打造的雅俗共赏的公共文化品牌，富有创意，地域特色明显，活动扎实有效，普遍受到群众欢迎；旨在鼓励诗歌原创，推广朗诵艺术，彰显海派文化魅力，提升城市品位。	诗人们的作品入选100多种诗歌选本，出版诗集40多部；以徐俊国为代表的诗人获得冰心散文奖、华文青年诗人奖、上海作协年度作品奖等奖项。

（续表二）

项 目 名 称	品 牌 特 色	主 要 成 绩
虹口区 小戏小品创作项目 (2007年)	虹口小戏小品海派风格由群文戏剧、话剧形式演化而来;虹口小戏小品创作基地,本着"立足虹口、带动全市、辐射华东"的宗旨,不断创作出贴近百姓生活、反映百姓期盼、引发百姓共鸣的佳作,在全国、全市各项相关比赛中成绩斐然,引起业界关注。	近70件作品获全国、华东地区和上海市级奖项,原创小品《实话实说》改编的《一句话的事》登上2010虎年中央电视台春晚;1992年6月,创作小品《张三其人》参加"华东地区戏剧小品大赛",获一等奖;同年12月《张三其人》剧组赴京参加文化部举办的第二届"群星奖"评选,获金奖;《感谢停电》获全国第十一届"群星奖"优秀奖。
普陀区苏州河文化艺术节(2007年)	在全市首创以苏州河为主题的苏州河文化艺术节,经过数年的磨砺和锻造,成为中国上海国际艺术节的"节中节"和上海市乃至长三角地区一项特色文化品牌;苏州河文化艺术节以群文演出、文艺赛事、读书活动、文化论坛、展览展示等形式,反映苏州河文化建设成果,展示百年人文积淀。	多个项目获得市、区奖项。苏州河文化艺术节也是普陀区成功创建的国家公共文化服务体系示范项目"打造苏州河文化品牌,构建公共文化服务新空间"的重要组成部分。
杨浦区 "上海之春"国际音乐节管乐艺术节(2008年)	该项目是上海市重要的文化品牌,是杨浦展示城区形象的特色窗口,也是国内外瞩目、有影响、荟萃各国管乐艺术的一方舞台。	获上海市重大文化活动规范运作奖。
静安区 上海静安现代戏剧谷——市民剧场 (2009年)	"市民剧场"品牌打破了传统剧场演出的专业壁垒,让广大市民走进剧场免费观摩,让众多戏剧爱好者有机会登上舞台一展戏剧表演才华,体现全新的戏剧创意体验。	上海市公共文化服务体系示范项目。

五、其他市级和系统竞赛评比

【上海市业余独唱比赛】

1981年5月,市文化局、市总工会、团市委、中国音乐家协会上海分会联合举办1981年上海市业余独唱比赛。比赛共举行220场赛事,参加比赛人数约4 200人,51人获奖。

【上海市儿童钢琴比赛】

1981年6月4—8日,中华人民共和国成立以后首次举行上海市儿童钢琴比赛,208名小钢琴手参赛。江晨(7岁)、应天峰(12岁)、许忠(12岁)获得一等奖。

【通俗歌曲创作·业余歌手演唱比赛】

1985年12月至1986年2月,市群艺馆发起并联合上海电视台等单位举办首届"通俗歌曲创作·业余歌手演唱比赛"。大赛征集创作作品2万余件,涌现出《难忘今宵》《月亮走我也走》《心声》《最亮的星星就是我》等优秀歌曲及一批歌手。

1986年12月至1987年2月,举行"第二届'水仙杯'上海市通俗歌曲创作·业余歌手演唱比赛"。涌现出优秀歌曲《真诚》《爱的畅唱》《军营男子汉》《这是我们的中国》等。

1987年12月至1988年2月,市文化局、市广播电视局、解放日报社、新民晚报社、中国音乐家协会上海分会举行"第三届'金兔杯'上海市通俗歌曲创作·业余歌手演唱比赛"。大赛收到应征创作歌曲 3 000 多首,评选出《我热恋的故乡》《十五的月儿十六圆》等优秀歌曲。

【端阳节诗歌大奖赛】

1986 年 3—6 月,市作协、解放日报社、文汇报社、新民晚报社、青年报社、劳动报社、萌芽编辑部、市园林局、上海电视台、市工人文化宫、市青年宫等 18 个单位联合举办 1986 年端阳节诗歌大奖赛,收到诗歌新作 4 000 多首。

【"卡拉 OK"通俗歌曲演唱大奖赛】

1989 年 2 月 19 日,"1988 年首届上海市'卡拉 OK'通俗歌曲演唱大奖赛"在上海市体育馆落下帷幕。1 600 多名来自各行各业的歌手参赛;市蓬莱中学女学生胡蓓蔚获得一等奖。

1992 年 3—5 月,市委宣传部、市文化局、市音协等联合举办"《中华大家唱(卡拉 OK)曲库》歌曲群众歌唱比赛"。

1995 年 10 月 22 日,市文化局、市广播电影电视局、上海毛巾一厂联合主办"'95'颂中华'全国卡拉 OK 大奖赛上海'天鹅杯'赛"。全市 1 500 人参加初赛,选拔出 18 名选手参加决赛;李晓雯、朱震芳、张筱雯获一等奖。

【群众诗歌大赛】

1993 年 5 月 5 日,市文明办、市城市美学促进会、解放日报社等 12 个单位,在市工人文化宫联合主办"上海'景泰杯'群众诗歌大赛",参加活动的职工约 56 万人,参赛作品 19.8 万件。上海凤凰自行车公司何燕创作的《小鸡东东》等 8 首诗歌获"优秀作品奖"。

【上海市首届乡村歌手大赛】

1993 年 8 月 27 日,上海电视台、市农委联合举办"上海市首届乡村歌手大赛"。

【儿歌创作 50 年纪念仪式暨生肖系列"光明杯"小铁牛儿歌大赛颁奖会】

1998 年 1 月 24 日,上海民间文艺家协会、上海作协儿童文学委员会、团市委少年部、上海电台、上海教育电视台、上海《采风》《小朋友》编辑部等举行儿歌创作 50 年纪念仪式暨生肖系列"光明杯"小铁牛儿歌大赛颁奖会。

【戏歌大赛】

1998 年 9 月 9 日,上海电视台、立邦涂料中国有限公司主办,市群艺馆、上海电视台《戏剧大舞台》承办的"1998 第五届'立邦杯'戏歌大赛暨首届业余戏歌大赛",在广电大厦举行颁奖晚会。

【上海市业余曲艺大赛】

1999 年 3 月 27 日,市群艺馆、市曲艺家协会等单位联合举办的"'丁氏杯'上海市业余曲艺大赛"在中国大戏院举行决赛。60 多个曲目、200 多人参赛;松江区小品《村长吃鱼》、浦东新区的故事《公鸡下蛋吗?》分获一等奖。

【"老上海风情录"摄影抓拍比赛】

2001 年 5 月 10 日,上海华侨摄影学会等单位联合举办的"老上海风情录"摄影抓拍比赛在上海影视乐园开赛,全市各行各业的 500 多名摄影工作者和爱好者参加了活动。

【上海民间手工艺作品大赛】

2007 年 1 月 10 日,首届"迎世博"上海民间手工艺作品大赛揭晓。参赛的万余件作品具有独特的上海地域风尚。

【上海市民诗歌创作大赛】

2007 年 8 月 20 日,首届上海市民诗歌创作大赛落下帷幕,大赛收到作品 1 746 篇,《上海,我们不散的宴席》《农民工和他的妻子》等 10 篇作品获最佳作品奖。

第五章 展 示

群众美术、摄影、书法与篆刻作品的展览展示是上海群众文化活动的重要内容之一,其主要特点:一是社会参与面广;二是对社会的发展和人民生活变化进行最直观的呈现;三是随着时代的进步和群文活动的繁荣,涌现出的人才和作品很多,不少群众美术、摄影、书法与篆刻爱好者从业余走向专业行列。

第一节 美 术 展

一、国家级和市级群众美术展

【宣传新时期总任务画展】

1978年5月16日,中国美术家协会上海分会主办的宣传新时期总任务画展在上海市黄陂北路美术展览馆举行。画展展出320余幅美术作品,内容丰富,形式多样。从发动创作到集中征集稿件,画展仅用了不到10天的时间。广大专业、业余美术工作者以极大的热情投入创作。画展的几套图解与组画,后由上海人民美术出版社出版发行。画展还到上海部分区县文化馆巡回展出。

【"江南之春"画展】

"江南之春"画展创办之初的主旨是弘扬中国优秀的民族民间文化艺术,提高上海郊区业余美术爱好者的绘画水平。自1981年创建至2010年,画展共举办了15届,是上海群文美术创作的双年命题展览。1991年开始,上海市区美术作者加入。之后该项目成为代表上海群文美术阶段性创作活动最高水平的品牌性展览项目,为弘扬民族民间文化、繁荣上海的群文美术创作作出了贡献。

"江南之春"画展起始以农村群体和民间特色为基础,此后增加表现都市改革开放和精神文明建设的题材;在样式上,也逐步从以民间绘画为主,扩展到国画、油画、版画、水彩水粉、重彩等百花齐放的格局,其中仅版画就有丝网、吹塑、水印木刻、木刻、拓版和绝版6个版种。

"江南之春"画展通过几十年一贯的创作讲评、创作培训和交流展示等方式,发现和培养了一大批业余美术创作骨干和农民画家,成为全市群众美术工作者和爱好者通向艺术殿堂的阶梯。特别是金山农民画开创了从民间艺术原生态中蜕变的传奇,形成许多风格特征显著的创作群体,成为在全国范围内开展"现代民间绘画"的一个里程碑。浦东金桥、奉贤、宝山杨行等基层群体也在画展中脱颖而出。

"江南之春"画展为弘扬民间艺术创造了良好的艺术生态环境。主办单位强调群体、团队精神,培育树立了"金山农民画""松江丝网版画""宝山吹塑版画"和浦东金桥镇"书画艺术"四个国家级"画乡"和"艺术之乡",也对青浦"水印版画"、闵行"粉墨画"、崇明"海岛风情画"等基层美术群体或风格的形成起到推动作用。

至2010年,"江南之春"画展坚持举办了30年,连续举办了15届,其展出的作品在上海画坛独具个性,浓郁的乡土气息是画展的典型特征。这也促使金山、松江、宝山等区县的美术爱好者在美术创作的方法上不断创新,精细制作,并与技法同步提高。画展的组织方式从政府办、社会办到市场办群众文化活动进行了有益的尝试,对未来群众文化活动的运作实施具有先行实践和示范意义。

1981年2月2日,第一届"江南之春"画展在宝山县文化馆开幕。展览由中国美术家协会上海分会、市群艺馆、《解放日报》农村编辑部、上海市农场局等单位联合策划举办。3月5—11日,画展移至上海美术馆展出之后,又相继在上海(县)、青浦、川沙、崇明等县巡回展出,观众达2.5万余人次。画展共展出161件作品,参展作者139人。这些作品是从近千名应征人员及各县和农场选送的480余幅作品中选拔产生的,作品题材丰富,形式多样,有农民画、国画、油画、宣传画、版画、年画、漫画、连环画和剪纸等,其中农民画60幅,占展出作品的38%。作者都是郊区的社员、农场工人、城镇职工和学校教师等业余创作人员,展现了郊县农民画创作的活跃和创作人才众多的状况。作品取材于农村生活,主题鲜明,生活气息浓郁,从各个不同的侧面反映了上海郊县农业生产和农民生活的新面貌,展现了农村一派生机勃勃的景象。尤其是农民画,吸取传统的江南民间艺术,有蓝白头巾图案、灶头花、编织图、民间建筑装饰等,画面生动,富于想象与夸张意趣。其中《撒网》《养鱼》《捕蛾》《裱画工场》《捕雀图》《豆腐店》等作品,受到专家和群众的称赞。画展评出优秀奖10幅、佳作奖31幅。

1983年3月13—23日,第二届"江南之春"画展举行。这届画展涌现出不少新时期群众性的民间绘画,包括松江丝网版画、宝山吹塑版画、上海县粉墨画、崇明县海岛风情画等。160幅来自上海市郊各县城镇、公社及农场的美术作品,生动地从各个侧面反映出三中全会以后市郊农村的可喜变化。作品的形式也十分丰富,除油画、国画、版画、水粉、速写等外,继金山农民画之后,上海县、松江县等的农民画,也以鲜明的农民绘画语言形成艺术特色,引人注目。经评选,38幅作品获奖,其中一等奖8幅,二等奖30幅。金山县邵其华的《水乡小镇》、曹秀文的《过年》、张新英的《新灶头》和农场局桑麟康的《农垦新一代》,以及松江谢振华的《闹元宵》、周洪声的《回娘家》、朱荫能的《迎春潮》、青浦舒明浩的《水乡春雨》获得一等奖。

1985年3月9—24日,举行第三届"江南之春"画展。画展在市内展出10余天后,分别到农场和郊县进行巡回展出。在143幅各类参展作品中,评出一等奖作品11幅,二等奖作品28幅。3月10日,《解放日报·市郊版》选登9幅作品,并发表了相关短评。参展作品整体质量较1981年首届"江南之春"画展有较大提高。

1987年2月14日,第四届"江南之春"画展举行。这届画展以"浓墨重彩绘乡情"为主题,在市工人文化宫一楼开幕。展出15天,展出作品185幅,作品形式有农民画、国画、年画、版画、油画、水粉画、连环画、磨漆画等。入展作品由市郊10个县近千幅群众业余创作作品中精选产生。入选参展的185作品中,有松江县26幅,金山县25幅,崇明县22幅,上海县18幅,南汇县17幅,川沙县16幅,奉贤县11幅,宝山县11幅,嘉定县11幅,青浦县12幅,农场局15幅。主办单位邀请中国美术家协会上海分会的专家对作品进行评审,评出一等奖11幅,二等奖39幅。第四届"江南之春"美术作品展览质量有很大提高,这得益于郊县各文化馆站的美术干部思想业务水平的提升,许多群文美术的辅导干部是市文化局委托上海师大开办的美术大专班的毕业生,其中包括上海县的蔡宏,奉贤县的沈志权、樊步余,崇明县的盛振中、高振坤,川沙县的顾文彬,南汇县的王仲一、金汉俊,金山县的阮章云等。

1989年4月24日至5月1日,第五届"江南之春"画展在上海美术家画廊举行,展出作品165幅,评出优秀奖10幅、佳作奖23幅。4月30日,《解放日报》第五版在《一丛浇灌了十年的艺术之花》的标题下,刊登了9幅画展作品和题为《灼灼百朵红》的短评文章。市区展览结束后,主办方组织画展赴上海、青浦、川沙、崇明等县作巡回展出。

1991年4月25日,由上海市美术家协会、市群艺馆、解放日报社、市农场局联合主办的第六届"江南之春"画展在美术家画廊举行。

1993年6月17日,第七届"江南之春"美术作品展览在上海美术馆开幕。参赛作品共104件,上海金山农民画院王阿妮的《丰收》、上海县吴七一的《水乡晨曦》、南汇县金祥龙的《江南人家》获一等奖。

1995年与1997年分别举办第八届、第九届两届"江南之春"画展,由市美术家协会、市群艺馆、解放日报社、上海市农民书画协会、上海新杨实业集团联合主办。画展中展示的金山农民画引人注目,而松江县的丝网版画、闵行区的彩墨画、宝山区的吹塑版画、青浦县的水印木刻也逐渐走向成熟,成为海派艺术的组成部分。第八届"江南之春"画展收到170余幅作品,展出100多幅作品,包括金山农民画、宝山吹塑版画、松江丝网版画、青浦的水印木刻等,充分反映了市郊农村建设的新风貌和江南农村的特色。崇明县文化馆等获第八届"江南之春"画展优秀组织奖。1997年6月3—5日,市群艺馆、市美术家协会、解放日报社、上海农民书画协会联合主办的第九届上海"江南之春"画展在上海图书馆举行。本次画展展出作品150件,展览结束后部分作品到松江、金山等地巡回展出。第九届"江南之春"画展的作品生活气息浓厚,在创作手法上有所创新,得到评委的好评。经专家评审,油画《春天的故事》(朱希)、国画《秋艳》(奚国林)获得一等奖;漆画《古本新韵》(阮章云)、版画《秋韵》(金祥龙)、吹塑版画《古屋·跨过流水的老房子》(龚赣弟)、重彩画《小镇风情》(胥厚峥)、粉墨画《故园仲春》(应建中)、粉墨画《热土》获二等奖。

图4-5-1　国画《农家女》获第八届"江南之春"画展一等奖(作者:周正明,1995年)

1999年4月30日至5月5日,由市群艺馆、解放日报社、市美术家协会和上海市农民书画协会联合主办的第十届"张桥杯·江南之春"画展在上海市美术馆举行,画展首次采取冠名联办的方式举办。主办单位以郊区的书画之乡来命名,具有一定的现实意义。本次画展收到来自全市文化馆、画乡、画院的送展作品287幅,评选出入选作品199幅,其中得奖作品34幅。26家参展单位中,浦东新区川沙文化馆、金山文化馆等8家参展单位获优秀组织奖,另有10家参展单位获组织奖。展出期间,画展的组织者、辅导者、创作者和美术骨干等40多人在解放日报社的六楼会议厅召开"江南之春"画展理论研讨会。5月8日,《解放日报》彩色画刊以《春泥入画传精神》为题,整版刊登画展的一等奖作品3幅、二等奖作品2幅、三等奖作品5幅。解放日报社收藏了金山、松江、宝山的13幅获奖作品和张桥的2幅作品。

2001年5月11日,第十一届"金桥杯·江南之春"画展在上海美术馆新馆举行。来自各区县的600多个业余创作者和美术爱好者参加开幕式并参观了展览。画展被列为体现当年上海群众文化创作成果的"三大战役"之一。画展与庆祝中国共产党建党80周年相结合,组织工作受到主办单位和市文广局领导的高度重视,得到上海美术馆、浦东新区金桥镇人民政府的支持。此前,全市19个区县、30个文化馆纷纷组织美术爱好者深入生活,并通过办培训班、预展、交流展和创作讲评等形式,选送推荐作品参展。经过画展评委会的评选,从中选拔出152幅佳作进行展出。其中松江的丝网版画《童乐》、金山农民画《捕鱼归来》等5幅作品获得一等奖;吹塑版画《明灯——1921上海》等8幅作品获得二等奖;21幅作品获得三等奖。画展作品除了以农村特有景观作为画作主题之外,还有不少作品以开阔的视野表现了都市改革开放和精神文明建设。画展的画种也由以民间绘画为主,演变为国画、油画、版画、水彩水粉、重彩等多种形式。获奖作品后续在浦东金桥、松江等社区巡回展览,并推荐部分优秀作品参加"上海建党80周年美展"和全国"群星奖"画展等重大活动。

2003年9月3日,第十二届"金桥杯·江南之春"画展在上海美术馆开幕。此前,700多幅作品在松江、杨浦、虹口、长宁、卢湾、浦东新区等6个区域进行预展,从中遴选出200多幅作品参加"江南之春"的展览。画展评选出一等奖4个、二等奖6个、三等奖9个、优秀奖20个,并设立特别贡献奖、优秀组织奖、组织奖与优秀组织者奖与组织者奖。其中获得一等奖的4幅作品分别是金家林的国画《西南暮韵》、周鸿声的丝网版画《迎新》、王金喜的农民画《四季蔬菜》和杨继德的油画《江边村落》。展出于9月6日闭幕。

2005年5月31日至6月2日,上海市第十三届"江南之春"(敏之杯)画展在上海图书馆二楼展厅举行。"和谐江南"是第十三届画展的主题词,画展的策划和组织者除原有上海市美术家协会、解放日报社、市群艺馆和上海市农民书画协会4家外,上海刘海粟美术馆和上海敏之体育文化交流中心加盟联合主办。上海敏之体育文化交流中心对画展资助并冠名,画展25年间第一次出版了画册。画展针对19—35周岁作者的作品,另设评选"新人新作奖",以促进画展的更广参与面,鼓励和吸引青年美术作者开展创作。

这一届画展收到569幅参选作品,作品数量创历届画展之最。经过评委会朱国荣、陈琪、何小薇、张安朴、谢振强、张培成、魏启昆、郑敏之、苏颐忠9名评委的认真评选,从参展作品中,选出229幅入围作品,并从中评选出一等奖3幅、二等奖6幅、三等奖12幅、优秀奖20幅。画展除了增设"新人新作奖"之外,还增加了3幅特别奖,成为画展的一个亮点。他们分别是残疾人杨杰的作品《口画》,76岁民间艺术家王雨扣的剪纸作品,以色列驻沪领事夫人马伊娜的抽象画作品,这也是"江南之春"画展开展至今,首次有外国友人参展。

2007年5月28—30日,第十四届"枫泾杯·江南之春"画展在上海刘海粟美术馆举行,"建设社会主义新农村"为画展的主题,24个参展单位的140幅优秀作品参展。

2009年6月1—3日,由市美术家协会、解放日报社、市群艺馆、上海市农民书画协会、刘海粟美术馆、宝山区杨行镇人民政府联合主办的"江南之春"画展30年回顾展暨第十五届上海"江南之春"(杨行杯)画展在刘海粟美术馆举行。画展分两个部分展示:一是"让历史告诉今天"——上海"江南之春"画展30年回顾展,在刘海粟美术馆二楼展厅陈列历届主要获奖作品和有关史料照片,这部分以历届画展概况、艺档史料和历任领导、组织者、策展人、辅导者、骨干作者笔谈、访谈形式的回顾文章呈现;第二部分是"让作品告示明天"——第十五届上海"江南之春"(杨行杯)画展作品展示。画展从23个文化馆、画乡、画院的580多幅参展作品中精选189幅入围作品,其中评选出一等奖5幅、二等奖10幅、三等奖15幅、优秀奖21幅,展示了上海群众美术创作阶段性的丰硕成果。

【上海风貌画展】

1982年3月10—25日,市群艺馆主办的上海风貌画展在黄浦区文化馆举行。活动展出各区县文化馆美术干部1981年的创作作品。作品主要以上海风貌为描绘对象,反映了上海在伟大时代变革中的某些侧面,是改革开放后市群艺馆首次组织的各区(县)文化馆美术干部业务成果的一次汇报展示。

【全国群星美术大展】

1993 年 6 月 2—8 日,文化部群文司在中国美术馆举办"'93 全国群星美术大展",宝山区龚赣弟、松江县周洪声、奉贤县陈丽丽、南市区张光世、上海县邢元虎、金山县陈韦华获大展优秀作品奖。

【全国民间绘画艺术交流展】

1993 年 9 月 18 日,中国民间美术学会、宝山区文化局、吴淞乡人民政府共同举办"全国民间绘画艺术交流展"。

【"成长的足迹"——群众美术教育成果展】

1996 年 11 月 20 日,市群艺馆在新世纪画廊举办"成长的足迹——群众美术教育成果展"。本次画展展出了上海市各区县文化馆、群艺馆美术创作辅导干部创作的 50 余幅国画、油画及书法作品,参展作者多数是进入上海师范大学美术系本科班进修的群文行业的专业人员。这次展览是以简朴而充满翰墨清香的方式,向市群艺馆成立 40 周年献上的贺礼,得到上海市文化系统人士的好评。

【上海市首届社区艺术展】

1998 年 5 月 15 日,上海市首届社区艺术展在上海图书馆展厅开幕。艺术展展出了由干部、文化名人、离退休人员、社区居民、中小学生和学龄前儿童等创作的 225 件,展品内容包括国画、书法、雕塑、摄影、船模、工艺品、艺术收藏品等,展示了上海社区文化建设的成果。作者中年龄最大的超过 90 岁,年龄最小的只有 5 岁。书画家程十发、沈柔坚、徐昌酩等都拿出各自最好的作品参展,支持社区艺术活动。市委常委、市委组织部部长罗世谦,市委常委、市委宣传部部长金炳华等领导参加了开幕式并观看展览。

【"群星奖"作品展览】

1999 年 1 月 7—10 日,文化部第八届"群星奖"(美术、书法、摄影)作品展览在北京中国美术馆举行。上海有 63 幅美术、书法、摄影作品入选展出。上海作品(包括漆画、油画、书法、摄影等)获得 2 银、3 铜和 13 个优秀奖。

展出作品的作品集也在开幕式上首发。大展至 2002 年 1 月 10 日闭幕。

【上海、天津、内蒙古三地美术摄影书法联展】

2001 年 6 月 14 日,由上海市、天津市、内蒙古自治区群众艺术馆共同主办的"新世纪的展望——上海、天津、内蒙古美术、摄影、书法联展"在黄浦区图书馆开幕。联展展出作品 150 幅,包括在海内外享有盛誉的各种民间美术种类,均为三地创作的精品佳作。上海方面组织了有代表性的美术作品 20 幅、摄影作品 20 幅、书法作品 10 幅,作品来源是 1998 年、2001 年获得的"群星奖"和连续几届"江南之春"画展以及其他省市级获奖的创作作品,参展对象主要为各地的群文美术创作辅导干部。6—8 月间,三地美术书法摄影作品巡回展览。7 月 9—13 日,"三地展"赴天津的巡展在天津市美术家协会画廊举行;7月30日至8月1日,"三地展"中的内蒙古巡展暨闭幕式在呼和浩特内蒙古美术馆举行。

【群文美术、摄影创作采风作品展】

2001年11月2日,全市群文美术、摄影创作采风作品展在静安区文化馆新世纪画廊开幕。本次作品展共展出美术作品40幅、摄影作品52幅。

【上海美术大展】

2001年12月15日上午,由市文联和市美术家协会联合主办的上海美术大展在上海美术馆新馆开幕,市委副书记龚学平,市委常委、市委宣传部部长殷一璀等出席开幕式。这次大展面向社会征稿,吸引了广大专业美术工作者和业余美术爱好者参加。经评选,359件作品从千余件应征稿中脱颖而出,入选展出。大展设立大展艺术奖、沈柔坚艺术基金奖和大展新人奖3个奖项,26件作品获奖,包括油画11件、中国画8件、版画2件、雕塑3件和连环画2件。俞晓夫的油画《钢琴系列》获得大展艺术奖一等奖,新人奖的获得者包括艺术院校的学生。

【"创新城市·创意生活"上海市民艺术大展】

2006年10月20日至11月5日,市文广局、市文联、杨浦区人民政府联合主办的第一届"创新城市·创意生活"——2006年上海市民"创智天地"艺术(美术·书法·摄影)大展在创智天地广场举行。大展注重民族特色和地方特色。

图4-5-2　第八届中国上海国际艺术节创智天地艺术大展开幕式暨颁奖典礼(2006年10月)

2008年10月17日至11月上旬,第二届"创新城市·创意生活"——上海市民艺术(书画·摄影)大展在杨浦区文化馆举行。

2010年9月27日至11月9日,"世博风　城市情"第三届上海市民艺术(美术、书法、摄影)大展在上海杨浦区文化馆举行。展览围绕世博主题"城市让生活更美好"策展组织,收到社会各界应征作品2 300多件,参展作品450多件。经评选,12件作品获得一等奖。

二、区(县)群众美术展

【金山农民画展】

上海金山农民画是上海民间传统艺术之一,具有一定的历史积淀,20世纪70年代初开始引起政府和相关美术人员的重视。金山美术工作者借鉴民间的灶头画、剪纸漆绘、民间玩具、泥塑和石刻等艺术形式进行大胆的艺术创作,创作了大量构思新颖、色彩明快、造型稚拙、具有江南水乡独特风韵的农民画作品。

1978年12月5日,金山县文化部门在市文化局等相关部门的支持下,在上海美术展览馆举办首届金山农民画展览。展出的近百件作品,题材广泛,内容丰富。创作者结合创作实践,研究当地农民喜闻乐见的一些艺术形式,使现代内容和传统的民间形式完美地结合,逐渐形成独特的风格。这次展览扩大了金山农民画的社会影响。

1980年5月1日,由中国美术馆、中国美术家协会上海分会联合主办的上海金山农民画展在北京中国美术馆举行。150多幅作品参加展出,其中40多幅作品是20世纪80年代第一春的新作。这次在北京展出的金山农民画,构图新颖,形象质朴,色彩明快,装饰性强,充满中华民族的风俗情趣和浓厚的生活气息。展出的作品中,不仅有受到国内外美术家、评论家赞誉的《采药姑娘》《鱼塘》《竹林尽处》《贺新年》,还有《拉网》《盘纱》《买年货》《啄虫》等一批即将运赴美国展出的新作。中央工艺美术学院院长张仃在开幕式次日参加上一楼展厅的中国画院画家潘天寿的遗作展开幕之后,即为金山农民画撰写文章,并请中国美术家协会在几天后召开专题座谈会;他还亲自主持并动员美院师生都来参观金山农民画的展览,为金山农民画晋京进行宣传,使画展在北京引发轰动。

同年9月,经美国友好人士史雷达尼克的邀请与安排,上海金山农民画展在美国洛杉矶、纽约、华盛顿、芝加哥等城市展出。这次展览共展出作品138幅。这些农民画充满浓厚的中国江南农村乡土气息,表现了中国农民新生活中的情境,受到美国人民的欢迎,使美国人民了解了金山农民画的艺术特色。同年9月18日,金山农民画展在比利时布鲁塞尔展出。

1981年12月,美国纽约华立·凡德莱国际画廊主办"中华人民共和国当代画展",展出金山农民画100幅,3天内销售过半。

1982年5月30日,《解放日报》以"上海中国画院展出金山农民画"为题,介绍金山农民画在上海中国画院展览的消息。中国画院召开大型座谈会,近20名金山农民画家应邀到中国画院与美术界的画家、艺术家近百人畅谈创作心得,切磋技艺。画院画家唐云、王个簃、程十发、沈迈士、应野平、张雪父等约50人出席。座谈中,画院的专业画家普遍认为,金山农民画乡土气息浓郁、构图丰满、造型有趣、色彩艳丽、富有特色,值得学习。

同年11月25日至12月15日,上海金山县农民画展在广东省博物馆展出,被美术界称为"具有时代新面貌的金山画派"。

1984年10月,由文化部、中国美协联合主办的"1983年全国农民画展"在北京举行,其中上海金山农民画作者阮四娣、农家姑娘康金梅、杨翠丽等的作品获得文化部和中国美术家协会颁发的美术作品奖。

2002年7月9日,在纪念上海图书馆建馆50周年之际,由金山区人民政府、上海图书馆联合主办的上海金山农民画展在上海图书馆展出。这是继1980年4月在北京中国美术馆举办上海金山农民画展后,金山农民艺术家们在上海第一次整体亮相。展出的百余幅作品中,不乏获全国奖、市级奖的佳作,有农民画家张新英的作品《擀面》,画中透出浓烈的民间意趣;还有青年农民画家陆永忠花4年时间创作的宽1.7米、长15米的画卷《农家乐》,表现内容丰富,气势恢宏,该作品先后获得中国农民画联展一等奖,被载入上海大世界吉尼斯纪录。

2004年9月11日,由文化部、浙江省人民政府主办的第七届中国艺术节全国现代民间绘画画乡建设成果展暨第二届秀洲·中国农民画艺术节在浙江省嘉兴市秀洲区开幕,在展览活动中,金山农民画作者阮四娣、张新英、陆永忠被命名"中国现代民间绘画优秀画家"。

2006年10月18日,"泥土的芬芳·中国金山农民画30周年回顾展"及"金山农民画艺术发展论坛"在上海外滩18号创意中心开幕。开幕式上,中国民间文艺家协会授予金山区"中国农民画之乡"称号,"中国农民画艺术研究中心"同时落户金山。由金山区委、区人民政府和上海文化发展基金会共同发起并筹资1000万元建立的"上海文化发展基金会金山农民画专项基金"宣告启动,这项基金是全国首家以促进农民画艺术发展而设立的基金。同时,金山区人民政府命名首批 18 名金山农民画画师,以培育和鼓励农民画艺术的优秀人才创作更多的精品力作。文化部部长孙家正参观画展。来自全国的资深专家、知名学者及各画乡代表出席了"中国金山农民画艺术发展论坛",与会人员对金山农民画前 30 年的发展历程及其艺术成就予以高度评价,并就金山农民画的艺术特色、艺术风格进行了探讨,同时就金山农民画的传承、保护和发展发表了各自的意见和建议。

2006 年 12 月 4—6 日,金山区文广局主办,香港中国企业协会、香港文化传播协会和《香港商报》协办的"中国金山农民画 30 周年精品展"在香港红堪都会广场举行。30 年间在国内外获奖的 83 幅金山农民画精品参展,并全部被认购。香港《大公报》等媒体对金山农民画展进行了报道,称展览"为香港大都会带来了江南水乡的风情、农民的生活面貌及纯朴的传统色调"。香港中联办文体部副部长、香港国际贸易促进会会长及协办方负责人和香港社会名流、美术界专业人士等 100 多人出席了展览开幕式。

2009—2010 年,金山区连续两年主办中国农民画原创大奖赛作品展。2009 年 11 月 9—18 日,在金山区文化馆展厅举行的中国农民画原创大奖赛作品展,以"迎世博"为主题,展出全国 10 多个画乡的农民画作品 68 幅,展览成为第十一届中国上海国际艺术节重点项目之一。2010 年 6 月 21 日,为期百日的"迎世博盛会、展城乡风采"中国农民画原创作品展(上海金山)在金山区闭幕。该画展由中国民间文艺家协会、上海市美术家协会、上海民间文艺家协会、东方网、中共上海市金山区委宣传部主办,金山区文化广播影视管理局、中国农民画研究中心承办,全国 200 多名农民画作者参与创作并应征投稿,主办方收到参展作品 263 幅。

【家庭画展】

1984 年 8 月 24 日至 10 月 25 日,松江县华阳桥乡农民钱炳荣举办家庭画展。展出作品 104 幅,成为上海农村第一个由农民举办的家庭画展。

【"画说浦东"美术系列展】

1990 年浦东启动开发开放,"画说浦东"美术系列展应运而生,主旨是推动和繁荣大众艺术创作,反映浦东广大民众的美好生活和现代化建设的伟大成就,为浦东和上海累积一份纪实性、艺术性兼具的系列美术表达。

展览每年在浦东艺术节期间举行,期间发动区域内外艺术家、画家和爱好者,通过分题材、分项目进行全面考察、调研,进行有组织的群文美术创作,并将创作浦东题材的优秀作品选送参加市级乃至国家级美术展。每一届做到"一个画展、一个画题、一本画册"。

每届大展设立一个主题,首届主题为"从纤道走来",第二届主题为"桥",第三届主题为"建筑"。画展作品中的道路、桥梁、建筑是浦东开发开放历史发展的见证者,也成为这段历史的艺术再现载体。

【宝山吹塑版画展】

吹塑版画是宝山地区流行的一种民间绘画艺术。宝山区涌现出曹福妹等一批吹塑版画业余创作骨干。他们的作品在国际展览和国内展赛中斩获过百枚奖牌,有的作品被美国、日本、新加坡等海内外人士和爱好者收藏。

1991 年,江西上饶、江西宜丰和上海宝山三地吹塑版画联展先后分别在三地展出,得到国内外美术界的好评。2007 年 10 月 18—24 日,上海宝山杨行吹塑版画 20 年回顾展在刘海粟美术馆举行。其中富有特色的作品有《我眼中的世界》《哆啦 A 梦》《儿童科学家》《春游》《桃花树》《小房子》《游乐场》《放风筝》《保护森林》《我爱大自然》等。作品在网上展出后,受到上海以及全国美术爱好者与网民的欢迎。

【西郊农民画展】

2003 年 8 月,西郊农民画参与上海市民间艺术展示,赢得市领导和民间文艺爱好者的褒扬。西郊农民画的艺术价值受到新泾镇领导的重视,西郊农民画获得大力扶植。结合国家非物质文化遗产保护和传承、长宁区民俗文化中心建设项目、新泾地区国际城区建设,西郊农民画得以大力推进;明确西郊农民画传承和发展的方向,开办针对爱好者和中小学生的学习班、培训班,组织创作组,为西郊农民画的传承发展培育更多的人才;办好西郊农民画展示、《田野心画》画册展示、专题贺年明信片的展示,不断扩大西郊农民画的感染力、影响力,从而推进西郊农民画传承发展、挖掘创新工作。同年,长宁区新泾镇被文化部评为"中国民间艺术之乡"。2010 年,西郊农民画在上海世博会公众参与馆展出,画作反映了老上海人"幼年生活的场景",色彩鲜艳、风格独特,受到上海观众和来自世界各地游客的欢迎。

图 4-5-3　西郊农民画作品《事事如意》(作者:胡佩群)

【嘉定群文美术展——"江南之春"画展获奖作品巡回展暨嘉定区群众美术展】

2005 年,嘉定区文化馆在完成改造修缮工程后,新建展示厅第一次向公众亮相的画展即"魅力嘉定——群众美术展览",画展由嘉定区文广局和市群艺馆主办。80 多幅作品参展,包括第十三届"江南之春"(敏之杯)画展的获奖作品,还有嘉定区文化馆组织选送的历届"江南之春"参展、获奖的作品,包括嘉定籍画家的作品。获画展一等奖作品是油画《世博构架·阳光谷》(吴坚、苏颐忠)、中国画《青春物语》(李钟)、吹塑版画《石库门之七》(龚赣弟)、水彩《远眺陆家嘴》(陈键)。

【迎接中国共产党第十七次代表大会上海美术作品展】

2007 年 9 月 30 日,由市委宣传部、市文广局和市文联共同主办的"共建和谐谱新章——迎接中国共产党第十七次代表大会上海美术作品展"在上海美术馆开幕。市委常委、市委宣传部部长王仲伟出席。展览以"和谐共建"为主题,分为 3 个板块。展出的 84 幅作品,由来自中国画院、上海油雕院和艺术院校等专业工作者与业余美术爱好者创作。上海入选"国家重大历史题材美术创作工程"的 33 幅作品是展览的一大亮点,这些作品题材涉及广泛,是国家扶持美术创作的一项重要工程中的作品。

【"盛世画卷"——庆祝中华人民共和国成立六十周年上海群文美术大展和书法大展】

2009年,市文广局联合上海市相关单位主办,市群艺馆、陆俨少艺术馆和上海虹桥当代艺术馆承办的"庆祝新中国成立60周年——上海群文美术大展和书法大展"在国庆前后举行,美术和书法作品分别展出。

画展于9月25日至10月20日在陆俨少艺术馆举行,展出群文获奖美术作品300余幅。这次画展从年初策展、3月进行创作动员,文化馆的美术辅导者组织社区书画爱好者、农民画家踊跃参与,收到来自18个参展单位的240幅作品,经市美协、群文等专家组成的评委评选,评出一等奖4幅、二等奖8幅、三等奖12幅、优秀奖24幅。获奖作品同时也获得了2010年"群星奖"上海地区评选的资格。

书法展于9月28日至10月8日在上海虹桥当代艺术馆展出,以"笔墨书盛世,豪情寄春秋"为主题。200件参展书法作品由各区县选送的500多件创作作品中选拔产生,这些作品体现了群文书法作者弘扬传统、探索创新的艺术追求,反映了中华人民共和国成立60年来上海群文书法事业发展的喜人局面。这些作品形式、风格多样、个性鲜明,具有时代感。

三、系统群众美术展

【上海市少年儿童画展】

1978年6月20日,市教育局、中国美术家协会上海分会主办的上海市少年儿童画展在上海美术展览馆开幕,展出作品300多件。

1993年5月30至6月1日,市教育局、市文化局、中国福利会、上海美育学会等单位主办的上海"六一"少年儿童画展在上海美术馆举行。在各区县少年宫选送的1 000余件儿童画中选拔了397件作品参加展览。

【上海市少年儿童美术展览】

1979年6月1日,中国美协上海分会、市教育局、市文化局、市妇联、团市委、中国福利会等联合主办的首届上海市少年儿童美术展览在上海美术展览馆举行。展品有中国画、蜡笔画、水粉画、纸版画、木刻版画、素描、剪纸、泥塑、刺绣、编结、挑花、绒贴、绒绣等工艺美术品,共280余件。从1980年起,每次展览的各类美术作品均超出330件。在充分体现中华民族绘画艺术的同时,也开始出现水粉画、油画、蜡笔画、泥塑等各类绘画形式。活动为教育部门开展艺术教育提供了实践机会,为少年儿童提供了展示美术才艺的一个平台,从中选拔出的优秀作品参加全国和国际少年儿童美术作品比赛,成为上海市青少年美术作品展示的品牌活动。

1980年8月1日,市教育局、市妇联、中国福利会少年宫、中国美术家协会上海分会在市美术展览馆联合举办上海市儿童美术作品展览。展出作品300余件,4 000多名小朋友参加了活动。

1981年6月1日,市文化局、市妇联、团市委、中国美术家协会上海分会在上海美术馆联合举办上海市儿童美术作品展览。展出作品300余件,市委副书记兼市委宣传部部长陈沂剪彩并讲话。

【京津沪职工美术作品展览】

1979年7月5—25日,由北京市总工会、天津市总工会、上海市总工会联合举办的"京津沪职工美术作品展览"在上海市工人文化宫开幕。上海市委副书记兼市委宣传部部长陈沂,北京市总工会副主席王骥,天津市总工会副主席孙少华,上海市总工会主席王林鹤,副主席李家齐、王关昶、张伟强,中华全国总工会宣传部副部长周英,上海市电影局副局长丁一、徐桑楚,中国美术家协会上海分会秘书长蔡振华,各区、县、局党委、工会负责人以及专业和业余美术作者等 400 余人参加了开幕式。该展览项目是在三市职工广泛开展美术活动的基础上,由同年"五一"国际劳动节三市分别举办的职工美展中选拔的优秀作品组成,展出 200 多幅作品。

展出的作品题材广泛、形式多样。天津的版画《心意》和上海的中国画《战地英雄多》等,反映了工人群众向"四化"进军的英雄风貌;上海的油画《劫后》、中国画《不知老忽至》、版画《滨海的明珠》、剪纸《取经》等,具有浓郁的生活气息。展览在上海展出后,8 月在天津展出,并开展了三市职工美术创作经验交流,10 月在北京展出之后闭幕。

【"国际儿童年"世界儿童绘画比赛最佳作品展览】

1980 年 3 月 10 日,"国际儿童年"世界儿童绘画比赛最佳作品展览在中国福利会少年宫开幕。胡晓舟(6 岁)的绘画作品《荡秋千》获得一等奖。

【上海市职工美术作品展览】

1980 年 8 月 19 日,市总工会、美协上海分会主办的 1980 年上海市职工美术作品展在市美术馆举行,展出各种绘画、剪纸、雕塑等作品 350 多件。

1981 年 10 月 7—27 日,上海市职工美术作品展在市工人文化宫一楼及四楼展览厅同时展出。这次职工美术展览由全市各工业局、郊区十县和市农场局工会组织,从 1 500 多件应征作品中选拔优秀作品展出;参展的 360 位作者都是战斗在生产第一线的工人或干部。作品形式多样,有油画、水墨水彩画、版画、连环画、宣传画、雕塑、剪纸和漫画等,从不同侧面反映了党的十一届三中全会以后各条战线所发生的深刻变化,歌颂了祖国的大好形势。油画《春》、国画《捕鱼》《年青一代》和布贴画《爱》、漫画《不了了之》等一些农场青年创作的作品,真实反映了农场生活以及青年的向往与追求。其中,为人们熟悉的农场青年画家蔡大雄,将他具有个人风格的传统花鸟、山水画技,采用近乎夸张的着色层次,构思创作的国画《日出心犹壮》,受到观众好评。展览参观人数达 4 万余人次。《文汇报》《解放日报》《新民晚报》《萌芽》《上海工运报》《美术》等报刊先后进行报道,并刊登了部分作品及评论文章。

1983 年 7 月 15 日,上海市职工美术书法作品展览在市工人文化宫展览厅开幕。本次展览共展出 300 余件美术作品,其中国画《垦区留影》、版画《旧街瞬变》《回转奶牛争高产》等作品受到好评;展览还展出 200 余件书法、篆刻作品,品种多,内容新,其中楷书的展出比例比上一年提高了 5%。这次展览受到了各基层有关部门的重视,投稿量多于往年,平均水平有所提高,反映了上海市广大职工业余文化生活日趋丰富。

1984 年 5 月,上海市职工美术作品展览在市工人文化宫开幕,共展出作品 501 幅,其中 11 幅作品获得一等奖。这些作品后续参加在太原举行的全国职工书法、美术、摄影展评,1 幅作品获得全国一等奖,3 幅作品获得二等奖,4 幅作品获得三等奖。

【上海市聋哑人美术作品展】

1980 年 9 月 22 日,上海市聋哑人美术作品展览会在市工人文化宫展出。这是改革开放以后,上海第一次举办的聋哑人美术作品展览会。展出的作品形式多样,题材广泛,有国画、油画、版画、水彩画、水粉画、书法、篆刻、摄影、雕塑等,还有印染图案、包装、装潢、造型设计及工艺美术品,共600余件,其中有一部分作品获得国内外的各种设计奖。

【纪念中国共产党成立六十周年上海美术展览】

1981年6月30日,市文化局与中国美术家协会上海分会举办纪念中国共产党成立60周年上海美术展览,展出美术作品300余件。

【上海市区、郊县职工美术作品展】

1984年5月7日,上海市市区、郊县职工美术作品展在市工人文化宫举行。7月,经专家评选,选拔优秀作品赴太原参加中华全国总工会举办的全国职工业余美术、书法、摄影作品展览。上海市工人文化宫版画创作小组董连宝等人创作的版画组画《钢铁颂》获一等奖,另有2幅作品获二等奖,4幅作品获三等奖,获奖数全国第一。

【上海青年美术作品大展】

1986年4月19日,由上海青年文学艺术联合会、上海青年美术家协会、上海艺术创作中心、《美化生活》杂志社主办的上海首届青年美术作品大展开幕。展览历时10天,展出作品200多幅。其中张健君的《人类与他们的钟》(油画)、周刚的《冬》(国画)、俞晓春的《和平鸽》(连环画)获一等奖。此后每两年举办一次。

1990年10月26日至11月3日,团市委、上海新沪钢铁厂、上海美术馆和上海青年美术家协会联合主办第三届上海青年美术作品大展。展出油画、雕塑、装饰画等180多幅,杨剑平的雕塑《坐》获最高奖。

1993年1月15—21日,团市委、上海美术馆、上海凤凰自行车公司、市文化局创作中心、上海青年美术家协会联合主办第四届上海青年美术作品大展。展出油画、国画、版画、水彩画等140余幅,评出一、二、三等奖作品10多个。其中,汪磊获一等奖。

1999年4月3—10日,"1999上海青年美术大展"在刘海粟美术馆举行。展出中国画、油画、水彩画、雕塑等共220件,入围作品约120件,吸引了2万多名观众。赵牧的油画《99年红色汇演》、蒋铁骊的雕塑《远行者》等获一等奖,裴晶的油画《青年》等8件作品获二、三等奖。

【"祖国在我心中"画展】

1986年7月9—20日,市文化局、中国美术家协会上海分会、济南军区政治部联合主办的"祖国在我心中"画展在上海美术馆举行。画展展出了150余幅以老山前线战士的战斗生活为主题的作品。

【"新建杯"上海妇女书画展】

1988年3月4日,由市妇联、市文化局、文汇报社等8家单位主办的"新建杯"上海妇女书画展在上海美术馆开幕。市委副书记吴邦国,副市长谢丽娟和市委老领导夏征农、钟民等到场祝贺。画展共展出作品170件,作者中有工人、农民、解放军、教师、学生等,也有外国朋友。这些作品荟萃上海市各界妇女书画精品,展现了上海女性群体多维的审美意象和情趣。

【"我与蓝色地球"儿童画展】

1989年6月4日，上海市环境保护局、市教育局、中国福利会少年宫联合举办的"我与蓝色地球"儿童画展在中国福利会少年宫开幕。

【上海老年学校成果展览】

1991年6月17日，上海市老干部大学在上海美术家画廊举办庆祝中国共产党成立70周年老干部书画摄影展。展出的近百幅作品全部是市老干部大学学员经过学习以后的习作。学员作诗，自行书写并装裱成型，显示了老干部离休后在文学艺术天地里所展露的才华。

【上海市职工美术书法精品展】

1996年5月5日，上海市工人文化宫会同青浦、机电、纺织、海运、上汽集团、航道、梅山、交通等县、产业工会和市残联等18个单位主办的上海市职工美术书法精品展在市工人文化宫三楼展厅开幕。这次展览展出了风格迥异的书画作品133幅，反映了上海市职工美术书法创作的水平。经美术书法界知名人士评选，22幅作品获奖。5月9日举行作者观摩交流会和颁奖仪式。

【"敏之杯"六一少年儿童绘画作品展】

1997年5月31日，市教委、市文化局、中国福利会、市艺术教委联合主办的"'97上海市'敏之杯'六一少年儿童绘画作品展"在上海美术馆开幕。之后，与市教委连续合办8届"敏之杯"少儿美术活动。

【上海市学生书画作品展】

2001年6月9日，市文广局、中国福利会、市教委、上海敏之体育文化交流中心联合主办的上海市学生书画作品展在上海美术馆举行。

【国际残疾人口足绘画艺术展】

2005年4月12—17日，经文化部批准，由中国残疾人联合会、中国残疾人福利基金会和世界口足绘画艺术联合会共同主办的"国际残疾人口足绘画艺术展"在上海美术馆举行。受中国残疾人联合会和中国残疾人福利基金会委托，上海市残疾人联合会和上海市残疾人福利基金会负责具体操办相关事宜。该艺术展邀请奥地利、澳大利亚、德国、意大利、日本、英国、美国等19个国家和中国内地，中国香港、中国台湾地区的残疾人画家及参展人员250余人参加。所展出的150余幅作品均为残疾人用口或足绘画而成，具有较高的艺术水平。作品先后在美国、意大利、英国等国家展览，展示了残疾人热爱生活、自强不息的精神。

【上海市残疾人书画、摄影、美术作品展】

2006年5月，全国助残日期间，市残联主办的2006年上海市残疾人书画、摄影、美术作品展在上海图书馆举行，以反映上海残疾人事业在各个领域的辉煌成就。展览征集残疾人作品800余幅，经市文联等有关专家评选，200余幅作品入围展出，其中24幅作品获奖。展览突破以往的范围，将智障人士的优秀作品也纳入其中，体现平等参与的精神，展现了残疾人特殊的艺术才华。

【"红色回忆"——老战士书画收藏展】

2007年7月21日至8月21日,在纪念中国人民解放军建军80周年之际,由文化部中国文化管理学会、上海市群艺馆主办,中国艺网编委会、20军老战士联谊会等单位承办,多家单位协办的"红色回忆——老战士书画收藏展"在上海阳光书画城美术馆举行,展期1个月。展览集中展出了来自全国的百余位高级军队将领及老战士精心创作的400余幅作品,其中包括全国人大常委会副委员长邹家骅、中央军委副主席迟浩田、中国文联副主席刘大为等为展览题写的字画。上海市多位红色收藏家为展览提供了各个时期珍贵的解放军军事实物数百件。

【上海市老年教育艺术作品展】

2007年11月14日,上海市老年教育艺术作品展在上海市逸夫职业技术学校静安分部美术展厅开幕,展出书画、摄影、编织、手工艺品及其他艺术作品1294件。至2007年,全市老年大学、老年学校开设书画类课程的班级有1009个,参加学习的学员有23962人,这些作品是学员学习成果的集中展示。

【上海市大学生艺术作品展】

2008年10月30日,"华夏风采"——上海市大学生艺术作品展和校长书画摄影作品展在华东政法大学开幕。42所高校选送了303件作品,包括书法、绘画、雕塑、DV等九大类作品参展。

【庆世博江浙沪三地市区老年书画展】

2010年7月20日,"庆世博"江、浙、沪三地市区老年书画展在杨浦区文化馆蔚然展厅开幕。上海市杨浦区文化局、太仓市委老干部局、桐乡市教育局党委,三地老干部局、文化局、教育局、退教协、书画社团有关领导以及三地书画家、书画爱好者300余人参加开幕式。书画展展出了江苏省太仓市、浙江省桐乡市、上海市杨浦区的老年书画家和书画爱好者的书画作品145幅,其中34%的作者是80岁以上高龄。

【上海市大学生水彩画展】

2010年6月18日,由上海市美术家协会、上海市美术家协会水彩画工作委员会、上海虹桥当代艺术馆主办的上海市大学生水彩画展在上海虹桥当代艺术馆开幕。此前,市美协水彩画工作委员会在网上发布征稿信息,并印制海报张贴到各院校,吸引了上海师范大学美术学院、上海应用技术学院、上海大学美术学院、东华大学服装与艺术设计学院、同济大学、华东师范大学艺术学院等院校的大学生、研究生应征投稿260多件。经过评审,评出入展作品120件,其中7件作品获得"新人奖"。

第二节　书法、篆刻展

一、国家级群众书法展

【全国群众书法展览】

1979年度全国群众书法展览在徐汇区工人俱乐部举行。该活动由《书法》杂志编辑部发起举行,收到全国各省、自治区、直辖市和港澳台同胞、旅美华侨5000余人投寄的1.4万余件书法作品,从中选拔 100 幅优秀书法作品展出。入展作品内容丰富,或书写古今诗词歌赋,或书写中外名言警句。书体多样,有甲骨文、金文、大篆、小篆、汉简、隶书、章草、魏碑、唐楷、行草、行楷、小草、狂草等。风格上流派纷呈,从二王(羲之、献之)到颜(真卿)、柳(公权)、欧(阳询)、赵(孟頫),以至清代的"扬州八怪"、康有为等的书风流派均有展示。作品韵味有的浑厚古朴,有的和平简穆,有的雄健奇伟,有的秀丽飘逸。幅式也多种多样,有字大如斗的榜书条幅,也有蝇头小楷的扇面,有传统的四屏条,也有较长的手卷,还有楹联、立轴等。这次全国群众书法评比活动,应征稿件多,涉及地域广,体现了书法艺术深厚的群众基础。在评选过程中,《书法》杂志编辑部广泛听取上海市文联、书法界知名人士等各方面的意见,评选出 100 幅优秀作品,继而从中评出一等奖 10 幅、二等奖 20 幅、三等奖 30 幅。

【上海、厦门、南通三市职工书法联展】

1993 年 11 月 29 日,由市工人文化宫、厦门市工人文化宫和南通市劳动人民文化宫联合主办的1993 年上海、厦门、南通三市职工书法篆刻联展在上海举行。

二、市级群众书法展

【上海市书法展览】

1986 年 6 月,中国书法家协会上海分会主办上海市书法展览。活动面向全市各区县各系统征稿,收到稿件近千件,经评委会评选出 377 件优秀书法作品进行展览。其作者来自社会各界,有工人、农民、教师、作家、干部、医务人员、科技人员、解放军等;中青年作者为主,年龄最长者 104 岁。展出期间,接待群众近万人次,许多学校、业余艺术学校、书法班,特别是老干部大学书法班将此作为教学内容,组织前往观摩学习。

【上海市书法篆刻作品展览】

1989 年创办的上海市书法篆刻系列大展,受到上海社会各界人士的欢迎。1999 年 10 月 13日,市文联和市书法家协会主办的"1999 上海市书法篆刻系列大展"在上海图书馆开幕,市委副书记龚学平等出席开幕式。这次系列大展,是上海改革开放后规模最大的书法篆刻展览,活动项目包括上海近现代书法名家作品展、上海市书法展、上海市篆刻展、上海市青少年书法篆刻展、"夕阳红·上海市老年书法展"等。前三项展览于 1999 年 10 月 13—17 日在上海图书馆举办,后两项展览于 10月 16 日、17 日分别在黄浦区图书馆、市青年文化活动中心开幕,全部展品共计 672 件。

图 4-5-4 中日书画篆刻交流展合影(2008 年 10 月 9 日)

【华东地区青年书法联展】

1990 年 7 月 12 日,由上海市、浙江省、安徽省、山东省等省市青年书法家协会主办的华东地区青年书法联展在上海市工人文化宫展览厅拉开帷幕。140 幅参展作品由各省市选送,展览比较集中地展示了各地青年书法的不同风貌和整体水平。书法家沙孟海为展览会题名。之后,展览在浙江省美术馆、山东省农业展览馆和安徽省博物馆等华东各地进行巡展。

【上海市职工美术书法精品展】

1996年5月5日,市工人文化宫联合青浦、机电、纺织、海运、上汽集团、航道、梅山、交通等县、产业工会和市残联等18个单位主办的上海市职工美术书法精品展在市工人文化宫三楼展厅开幕。这次展览展出风格迥异的书画作品133幅,从一个侧面反映了上海市职工美术书法的水平。经美术书法界知名人士评选,22幅作品获奖。5月9日举行作者观摩交流会和颁奖仪式。

【中日友好青少年书法展】

1996年10月15日,解放日报社、日本福岛民社共同主办的中日友好青少年书法展在上海美术馆开幕。

【新世纪首届上海市书法篆刻展】

2001年8月9—13日,在上海市书法家协会成立40周年之际,由市书法家协会等单位联合主办的"新世纪首届上海市书法篆刻展"在上海美术馆新馆举行,市委副书记龚学平出席开幕式。展览包括8个部分,即国内外书法邀请展、上海书协会员作品展、上海书法新人作品展、上海市篆刻作品展、上海青少年书法优秀作品展、上海书法小品展、书法篆刻临摹展和明清书法作品展;展出作品超过800件。展览专门设置"新人展""青少年展",以激励上海青少年书法爱好者奋发进取;"小品展""临摹展",侧重传统在创新中的作用和意义;"国内外名家书法邀请展"和"明清书法作品展",旨在拓展上海书法爱好者的视野。应征作品创历届新人展投稿数量之最,作品质量较高。

【上海市老年书法展】

2002年4月24日,上海市老年书法展在上海图书馆首次举行,上海书协主席周慧珺等出席开幕式。书法展共收到应征稿1 000余件。

2004年9月20日,以庆祝中华人民共和国成立55周年为主题的上海市老年书法展在明圆文化艺术中心举行。书法展共展出正、草、隶、篆等风格各异的作品200件。

2006年10月30日,以"青山夕照"为主题的上海市老年书法展在明圆文化艺术中心开幕。600余人参加开幕式,展出419件作品,书体种类齐全。

2010年10月15日,"青山夕照——上海市老年书法展"在明圆文化艺术中心开幕,展览展出老年书法作品400余件,包括真、草、隶、篆等各种书体。《青山夕照——上海市老年书法展作品集》图册在开幕式上首发。

【上海军民书法联展】

2005年8月2日,由上海书协和上海警备区共同主办的"纪念抗日战争胜利60周年——上海军民书法联展"在上海图书馆展厅开幕。市委常委、上海警备区政委戴长友,警备区司令员江勤宏,政治部主任吴柏铭,市文联党组书记周渝生,市书协主席周慧珺等和部队官兵、上海书协会员、书法爱好者600余人参加了开幕式。此次联展共展出上海军民书法作品203件,包括江勤宏、王文惠(原警备区司令员)、周慧珺的书法作品,作品形式多样,草、隶、篆皆备。同时,由戴长友作序的《纪念抗日战争胜利 60 年上海军民书法联展作品集》首发。

【"党在我心中"书法摄影展】

2006 年 6 月 27 日,市级机关系统纪念建党 85 周年"党在我心中"书法摄影展在上海图书馆举行。

【上海现代刻字艺术展】

2010 年 3 月 11 日,市书法家协会、静安区总工会、静安区文化局联合主办的"迎世博·融合·推广——上海现代刻字艺术展"在静安区图书馆举行。

【上海楷书大赛作品展】

2010 年 8 月 16 日,由市文联支持,市书法协会和静安区社会组织联合会共同主办的首届上海楷书大赛作品展在恒源祥美术馆开幕。楷书作为中国书法的重要组成部分,自古以来,被视作书法的基础课程。楷书大赛采用公开征稿的形式,收到应征作品 1 200 多件,有数百名中国书协会员和上海市书协会员参与。经过专家评选,216 件作品入展,其中获奖作品 28 件;获奖者中年龄最大的 91 岁,最小的 7 岁。

第三节　摄　影　展

1978 年后,群众性摄影活动成为群文工作的重要内容,普通民众用镜头从不同视角记录社会经济发展、百姓生活变化和各地人文风情,反映了改革开放以后上海和全国各行各业的辉煌成就。通过群文摄影专业人员的带领、组织和辅导,培育了很多群众摄影团队,辅导了很多摄影爱好者,并通过展览,为民众提供展示和交流摄影作品的平台,以提升摄影爱好者的水平。随着社会经济和科学技术的发展,群众摄影爱好者队伍不断扩大,上至长者,下至孩童,摄影活动广受民众的喜爱,市民通过普通人的视角,用影像聚焦社会发展、时代进步和民生改善。

1978—2010 年,上海举办的摄影类展览主要有人像摄影艺术展览、上海工人摄影展览会、五城市职工工业摄影作品展览会、东海岸风情摄影展览、上海青年摄影艺术作品展览、上海大学艺术摄影展、上海市少年儿童摄影展览、上海个体户艺术摄影展等。

【人像摄影艺术展览】

"文化大革命"结束以后,人像摄影创作重新开放,并得到提高和发展。1978 年 1 月 1 日,由市摄影创作办公室和市饮食服务公司联合主办的"人像摄影艺术展览"在南京路上海美术展览馆展出。这次展出的 200 余幅人像摄影作品,大多是全市照相业广大职工解放思想,在各行各业火热工作、生活的现场创作的。作品反映了全市人民意气风发,斗志昂扬,努力工作和生活的精神面貌。在作品体裁风格上,则显示了较为多样化的特点,高调、低调、叠印、素描、浮雕等艺术手段在展出的作品中有一定的表现。

【上海工人摄影展览会】

1979 年 5 月 23 日,在纪念毛泽东同志《在延安文艺座谈会上的讲话》发表 36 周年之际,经过 3

个多月的筹备,上海工人摄影展览会在市工人文化宫展出。展出的 150 余幅摄影作品,从 10 个区文化宫和广大业余摄影爱好者拍摄的作品中评选产生。作品反映了上海市工人阶级为早日实现"四化"忘我工作的场面和新人新风等,具有浓郁的生活气息,代表作包括《巧吊》《代表从北京归来》《师徒谈心》等。

【在这片土地上摄影展】

1983 年 1 月 13 日,由中国摄影家协会上海分会和上海市农场管理局联合主办的"在这片土地上摄影展"在市工人文化宫展出。参展作品主要反映上海市国营农场职工的生活和劳动的情景,展出作品 140 余件,绝大部分由农场青年自行拍摄,具有浓厚的农场生活气息,引起社会各界与农场职工、家属的关注,也得到了观众的赞扬。市委书记夏征农、市政协副主席宋日昌和农场局党委、摄影家协会上海分会等领导同志观看了展览。

【五城市职工工业摄影作品展览会】

1983 年 10 月 25 日至 11 月 10 日,北京、大连、上海、武汉、重庆五城市职工工业摄影作品展览会在上海市工人文化宫举行。出席展览开幕式的有中国摄影家协会上海分会负责人,媒体记者,部分区、县、局工会有关负责同志,以及业余作者等近 500 人;不少区县工人俱乐部的摄影创作小组还特地组织业余作者集体参观学习,观众近 10 万人次。参展作品充分反映了工人阶级为实现"四化"建设努力工作的精神风貌。《解放日报》《新民晚报》予以报道。11 月 7 日,在市工人文化宫召开相关创作座谈会。

【东海岸风情摄影展览】

1984 年 2 月 10 日,东海岸风情摄影展览在上海市展出。展览厅呈现出一幅幅生动的画面:怒放的浪花、矗立的礁群、繁忙的渔港、威武的战舰。东海舰队副政委王俊杰、驻沪海军政委汪涌、驻福建海军政委李世田、中共上海市委宣传部副部长丁锡满等领导与来自东海战舰上的 200 多名水兵一起参观了摄影展。

这次展出的 120 幅作品,大部分由东海舰队业余摄影爱好者拍摄,作品展现了东海边疆的美丽富饶和东海人民勤劳、勇敢、富于创造性的精神面貌,以及东海哨兵的英武风姿。

【上海青年摄影艺术作品展览】

1984 年 7 月 20 日,青年报社、中国摄影家协会上海分会、解放日报社、文汇报社和市青年宫联合主办"上海青年摄影艺术作品展",展出作品 168 幅。1985 年 11 月 19 日,中国摄影家协会上海分会、团市委宣传部、市青年摄影家协会、解放日报社美术摄影部、市青年宫和上海青年报社再次联合主办"上海青年摄影艺术作品展览",展览在市青年宫二楼展厅举行,收到作品 2 000 余件。

【新四军老战士书画摄影新作展】

1985 年 4 月 28 日,新四军老战士书画诗词摄影图片展览在徐汇区文化馆揭幕。展览以纪念抗战胜利 40 周年为主题,展出了新四军老战士的近 200 件艺术作品与革命历史文物。汪道涵、肖望东、张恺帆、赖少其为展览题词祝贺。作品展示了老战士的精神风貌,米纳的画作《惊天》挥写了一只振翅搏击长空的苍鹰,运笔的泼辣和布局的大胆使人吃惊与叹服;黎鲁的水粉写生《重游淮南》则展现了昔日战场的今日新貌。

1993 年 11 月 12 日，以纪念毛泽东 100 周年诞辰为主题，上海市新四军老战士书画摄影作品展在上海美术家画廊开幕。

【"十年一瞬间"摄影作品展览】

1986 年 8 月 22 日，"十年一瞬间"摄影作品展览在市青年宫举行。

【上海市公安系统书画摄影展览】

1988 年 5 月 19 日，上海市公安系统书画摄影展览在上海美术馆开幕。市公安系统 235 位业余作者的 250 件书画摄影以及工艺美术作品参加展出。这些作品充分展示了公安干警追求美好事物的情怀，尤其值得注意的是一组获奖的"三·二四"列车相撞事故的现场特写照片，许多照片是第一次公之于众的。何永尧的《挂屏》、李向阳的油画《夜行军》和贺国光的装饰画《卫士》等作品，都达到了专业的水准。其中，何永尧的《挂屏》十分有特色，3 个挂屏嵌满了用唐、宋、明、清的碎瓷片磨制成的各种几何形体。

【上海大学艺术摄影展】

1988 年 5 月 7 日，上海大学艺术摄影展在上海美术馆展出。这次展出的 140 幅放大的彩色、黑白照片，近半数作品属非摄影专业学生摄制。作者们勤于构思、勇于实践，作品题材广泛、手法多样。其中，帕米尔高原的红头巾少女、藏北草原晨霭中的羊群、舞台上的摇滚歌星和静泊水中的乌篷船等，成为倾注年轻摄影作者激情和灵感的表达载体。

【上海农村摄影比赛】

1988 年 10 月 17 日，市文化局、市农委、影协上海分会等联合举办上海农村摄影比赛。并从 445 幅参赛作品中选出 28 幅，参加次年在北京举行的"中国农村摄影大奖赛"。其中，3 件作品获农民作者优胜奖。

1989 年 3 月 20 日，文化部、农业部、水利部、中国摄影家协会联合举办中国农村摄影大奖赛。上海入选作品 28 件，其中 3 件获奖，宝山区月浦乡农民摄影作者滕根泉的《老来喜》《咱们村里的年青人》获得优胜奖。

【上海个体户艺术摄影展】

1989 年 9 月 12 日，上海市首次举办的个体户艺术摄影展在静安区文化馆开幕。展出 86 名个体艺术工作者的 176 件艺术作品，展现了新时代的个体户满怀抱负，为理想、事业而奋斗的精神。黄浦区的张丽珍仅有一架带标准镜的海鸥相机，却踏遍祖国大地的山山水水；徐汇区的陈海燕是展览中上海市唯一的雕塑个体户，他在成为个体户后，被上海市美术家协会吸收为会员；静安区的俞嘉清用自己赚来的钱赞助了这次影展。摄影展历时 5 天。

【上海市青年摄影家协会成立五周年摄影作品汇展】

1990 年 5 月 8 日，市青年摄影家协会在大世界游乐中心举办"希望之星——上海市青年摄影家协会成立 5 周年摄影作品汇展"，展出了 22 名青年摄影家的作品。他们是：雍和、孙建中、刘开明、刘建新、汤明、崔益军、周国强、龚建华、葛荣、李为民、吴培雄、吴学华、沈建中、顾锋、张彤、王国年、徐跃新、胡光明、胡信、王剑华、汤德伟、沈文德。

【农村摄影展】

1992年9月19日,市农村党委、市农委在静安区文化馆举办反映上海农村改革开放、经济建设丰硕成果的摄影作品展。2 000多幅应征作品中,16幅作品获奖。

【上海市体育建筑摄影展览】

1993年5月12—20日,市总工会宣教部、市工人文化宫等单位在市工人文化宫三楼展厅举办上海市体育建筑摄影展览。展览旨在为首届东亚运动会在上海召开营造喜庆气氛,用镜头反映全市职工群体活动的开展情况,宣传上海职工体育活动的成果,通过摄影艺术再现群众的体育风采。

【上海市少年儿童摄影展览】

1993年12月26日,市教委、中国福利会、上海市摄影家协会联合主办的"上海市第七届少年儿童摄影展览"在上海市教育画廊举行。1 300余幅作品参加了展览。

【"石化杯"上海精神文明建设摄影展】

1997年12月4日,由市文明办、上海石油股份有限公司主办的"迈向都市文明——'石化杯'上海精神文明建设摄影展"在上海图书馆开幕。市委副书记龚学平,市委常委、市委宣传部部长金炳华等领导出席开幕式并参观了展览。展览分"回归梦圆""星光灿烂""绿色上海"等6个部分,展出的300余幅作品从不同侧面展示了都市精神文明建设的情况,展现了上海人的风采。入展作品是从1 000多名专业和业余作者应征的5 000多幅参赛作品中选拔产生的,其中14幅作品分获一、二、三等奖。陈石麟的《民工的春节》、郭辉的《八运啦啦队》和范文成(10岁)的《聋哑学校的教师》获得一等奖。

【江浙沪残疾人书法、美术、摄影展览会】

2000年5月7日,"第五届全国残疾人运动会·江浙沪残疾人书法、美术、摄影展览会"在上海图书馆开幕。同时,"生命之光"中国残疾人艺术团专场文艺晚会在上海东方电视台演播大厅展演。

【中日友好青少年摄影展】

2001年4月15日,解放日报社和福岛民报社联合主办的"中日友好青少年摄影展"在福岛文化中心开幕。摄影展以"人与自然和谐发展"为主题,选取上海市和福岛县青少年拍摄的100幅佳作参加展览。

图4-5-5 第五届全国残疾人艺术汇演上海代表团获奖节目汇报演出(2001年9月)

【夕阳风采摄影展】

2004年10月21日，由市摄影家协会老年分会主办的夕阳风采摄影展在静安区步行街展出，展出了250位老年作者用相机记录的反映社会巨大变化和各行各业老年市民人生轨迹的作品。32块大型展板展示了260余幅摄影作品，凸显了"敬老爱老""老有所养""老有所为""老有所乐""老有所学"的主题。

【"祖国颂"——庆祝中华人民共和国成立六十周年上海摄影艺术精品展】

2009年7月28日，"祖国颂"——庆祝中华人民共和国成立60周年上海摄影艺术精品展在上海美术馆开幕，展览展出了53位作者的105幅摄影作品。

【"城市记忆——京津沪渝市民艺术摄影大赛"优秀作品展】

2009年10月25日，"城市记忆——京津沪渝市民艺术摄影大赛"优秀作品展在上海金茂大厦举行。

【"国际儿童日"新闻图片全国巡回展】

2009年12月22日，以"儿童看世界，世界看儿童"为主题的2009年"国际儿童日"新闻图片全国巡回展上海地区展览在中国福利会少年宫举行。

【上海市幼儿迎世博摄影展】

2010年3月10日，"小手牵世博，童眼看巨变——上海市幼儿迎世博摄影展"在浦东洋泾文化广场落下帷幕。160幅获奖作品制成影集向世博献礼。

【"新润疆色"——上海市群文系统摄影干部南疆采风摄影巡回展】

2010年12月28日，市群艺馆、上海艺术摄影协会主办的"新润疆色——上海市群文系统摄影干部南疆采风摄影巡回展"在青浦赵巷镇文化体育服务中心开幕。此次展览展出了87幅作品。

第四节　收藏展示

收藏是以文物及艺术品为载体和前人对话的途径，为人们带来身心愉悦；收藏的过程，也是收藏者对历史、文化一个新的认识过程。而更高层次和境界的收藏是将自己的藏品展示给社会公众，起到拓展观众视野、愉悦观众身心的作用，具有一定的社会公益性。民营收藏馆作为载体，应运而生。

1978年以后的30多年间，民间收藏始终紧跟时代脉搏，反映社会变迁和城市精神面貌，产生了一批较有影响力的民间收藏家和品牌项目。2010年1月，国家文物局等七部委印发了《关于促进民办博物馆发展的意见》，上海民间收藏、民营博物馆进入发展的快车道。

改革开放后，随着人们的生活水平日益提高，爱好收藏的市民越来越多、越来越普遍。2006年，上海市收藏协会注册会员6 000人，收藏爱好者有10万之众。其收藏种类丰富，包罗万象。民间私人收藏不仅成为很多普通民众毕生的爱好，而且为他们的生活增添了许多趣味和色彩，还在很多重大节庆和纪念日的活动中，提供了丰富的藏品作为展品，或在一些博物馆、纪念馆的建设中提供、捐赠藏品作为历史物证，发挥了上海民间收藏的作用。2005年9月2日在四行仓库举办的"抗战珍存"——上海市民抗日战争时期图文资料藏品展览，许多爱好收藏的市民提供了丰富的抗战收藏品,就是一个典型的案例。

【钱币收藏展示】

上海民间钱币收藏展示主要以全国知名的钱币学家余榴梁为代表,他是全国十佳收藏家之一。余榴梁生于浙江乌镇,1951年随父母到上海定居。他在上海江南造船厂技校担任铸造专业课教师时,为了让学生理解浇铸技艺,他从体现中国古代铸造技术水平的古钱币着手,希望从中国古代钱币的浇铸知识中,让学生了解中国铸造工艺的历史。他从家中找出小时候外婆给他玩的古钱币,充作教具进行浇铸实验。当家中古钱币不能满足需求时,便到废品收购站去搜寻购买,这个过程使他走上了钱币收藏的道路。30多年来,他节衣缩食地从事钱币收藏和研究,收藏中外古钱币、金银币、纸币等各类钱币近3万种。中国古钱币,上溯商朝,下至近代,绵延三千年,多达近万种。其中有最古老的商代鎏金铜贝钱;有珍稀的汉代错版半两和清咸丰的琉璃币;有最宝贵的"圣宋通宝"当五钱。据传,"圣宋通宝"当五钱存世仅有5枚,其他3枚流落国外,1枚湮没民间。20世纪80年代初,新华社发表了他藏有这枚稀世古珍品的消息后,世界上有18个国家转发了这条消息。他还收藏了世界230多个国家和地区的钱币2.5万多种,其中金属币2.1万多种,纸币3 000多种,花钱1 100多种,收藏品种之全成为全国之最。他的家犹如一座"万国银行",使他成为古钱币收藏和研究的佼佼者。

乌镇余榴梁钱币馆2000年开馆,设在浙江省乌镇茅盾故居东侧一幢古老的民居内。内容为世界纪念币展,藏有全世界200多个国家和地区的2万多种钱币,被称为"万国银行",也是乌镇的一个旅游景点。所陈列的钱币,只是余榴梁全部藏品中的一部分。10多年间,钱印馆接待参观人次数千万。他还多批次轮换展品。

余榴梁不仅是一位钱币收藏家,也是研究钱币文化的学者。他先后在国内《中国钱币》《人民日报》海外版、《解放日报》《文汇报》以及中国香港《钱币研究》、中国台湾《钱币世界》和美国《珍藏》等报刊发表文章700多篇。其编著出版《中国花钱》《世界流通铸币》《钱币学纲要》《中国民间收藏》《钱币漫话》《世界钱币大辞典》等专著10多部,为弘扬我国钱币文化作出了贡献。

【许四海紫砂壶收藏展示】

1991年,经上海市文物管理委员会批准,许四海创办了中国首家壶具专业类型博物馆,得到市委有关领导的关怀和支持。百佛园四海壶具博物馆集展览、制作、烧成、茶艺为一体,传播茶文化与紫砂文化,是上海诞生的第一家民办博物馆。

百佛园四海壶具博物馆坐落在兴国路上,其丰富的文物收藏,有一定的科学陈列体系,有必备的陈列设施,具备了现代社会私立博物馆的基本条件。展品分为两部分:一是历代壶具陈列。200余件陈列品中,有的达到了国家一、二级文物的水准,特别是紫砂茗壶中有不少精品乃至孤品。二是当代紫砂茗壶精品展。展出近300件壶具,其中有蒋蓉的新作、王石耕的力作、顾绍培的"高风亮节壶"、汪寅仙的"曲壶"、范盘冲的"四象壶"、范洪泉的超大壶、吕尧臣的绞泥花式壶等。除了制壶大师名家的杰作,还有一批新秀佳作,以及许四海的成名作——和唐云合作的书画壶。馆内设有示范性制作紫砂艺术品的小工厂,并设有壶具爱好者和观众休闲品茶的小楼。中国台湾茶艺家范增平专程赴沪参加开馆活动,汪寅仙带来特制的一把"石瓢提梁"生坯壶,请上海文艺界名流在壶上签名,以共同祝贺四海壶具博物馆开馆。巴金、谢稚柳、刘旦宅、吴青霞、曹简楼、乔木、陈佩秋、赵宏本、张雷平等提笔祝贺。

许四海制壶始于 20 世纪 60 年代,从事紫砂创作数十年,先后在宜兴、上海等地多次拜师学艺。20 世纪 80 年代被紫砂文化大师、书画家唐云收为入室弟子,提升了书画艺术修养并将这些文化元素注入紫砂创作之中。受清代陈曼生、杨彭年等人的作品影响,他与唐云、谢稚柳、程十发、胡问遂等书画家合作,将壶艺与书、画、篆等艺术相糅合,制作了许多书画壶。他与中国台湾李奇茂教授合作"秦权壶",上有韩天衡题"珠联璧合"四字,此壶被制壶大师顾景舟选入《宜兴紫砂珍赏》一书。1989 年,许四海在新加坡举办首个个人紫砂陶艺展。他还苦心收藏中华古今壶具,馆藏从原始的彩陶壶到明清紫砂壶达千余件。以质地分,有陶壶、铜壶、铁壶、锡壶、皮壶、玻璃壶等;以功能分,有水壶、酒壶、液壶、茶壶等。2004 年,百佛园四海壶具博物馆被评为中国十大民间博物馆。

【旅游门票收藏展示】

上海的旅游门票收藏展示的代表人物是郭效文,他是上海交运(集团)休养院业务部主任,任市收藏协会旅游文化专业委员会副主任。

郭效文 1984 年开始从事专职导游工作,业余爱好收藏中外旅游门券,将大部分的业余时间、精力和财力花在了旅游门券的收藏上,收藏了国内外旅游门券 10 万多种。包括旅游门券、交通图、旅游图及旅游简介等,现藏国内外旅游门券 2 万余种。2005 年 4 月 10 日成立了郭效文中外旅游门券博物馆。馆藏门券中以解放前后老门券、"文化大革命"期间的门券、国外门券、文博类门券、世界文化遗产门券、全国重点风景名胜区门券等为重点。收藏的解放前上海老门券中不乏孤品、精品,其中有 1935 年的上博孤品门券,旧上海的跑马厅、跑狗场门券,外滩公园、汇山公园、哈同花园、胶州公园、半淞园公园等门券;另有"文化大革命"期间的旅游系列门券,也为镇馆之宝;并藏有 150 多个国家的旅游门券 1 万多种。藏品中还有 1876 年以后的历届世博会门券数百张和民国 7 年的武汉琴园门券。1998 年,他在扬州的一次旅游门券交流节上意外发现了 2 枚民国时期上博老券和 2 枚逸园(跑狗场)门券。返沪后一年中,他以近百个电话与对方联系,终于使其感动,愿以高价转让,使上博 1935 年的老券重归故里,并陆续多次配到了 11 张,被全国旅游门券收藏界公认为绝品佳券。

1990 年,他编组的"伟大的民主革命先行者孙中山先生及宋庆龄女士"门券专集参加在北京举行的第六届全国旅游门券收藏展览,获三等奖;1991 年 10 月,他在上海沪西工人文化宫举办了大型个人旅游门券收藏展览;1992 年,他编组的"伴博物君子游中华"门券专集参加在杭州举行的第七届全国旅游门券收藏展览,获一等奖,并被上海收藏欣赏联谊会评为"十大收藏热心人";1994 年,他参加"中国首届体育收藏展览"并获优秀奖;他编组的"世界各地"门券专集参加在成都举行的第八届全国旅游门券收藏展览,获特别奖;2005 年 4 月,他在徐汇区西南文化艺术中心举办了大型中外旅游门券收藏展,并有数十个旅游门券专集先后 10 余次参加上海市各类收藏展览,分别获三等奖 2 次、最高奖 2 次。1990 年以后他连续 14 次参加全国旅游门券收藏展览,其中 3 次获得最高奖项。他撰写的部分收藏文章在《收藏》《文化娱乐》《上海工运》《交运之窗》等数十家新闻媒体发表,数十次被电台、电视台、各类报刊报道。他还与人合著了《旅游门券鉴赏》一书,并 2 次应邀为电台举办旅游门券收藏知识开展讲座。1995 年 9 月,郭效文获上海收藏欣赏联谊会旅游文化专业委员会颁发的"特别荣誉奖",被上海市收藏协会评为"十大收藏热心人"和旅游门券收藏家。

【奇石收藏展示】

上海的奇石收藏和展示的代表人物是徐文强,他也是市收藏协会副会长。徐文强出生于陶瓷世家,师从艺术瓷厂高级工艺美术师曾开学。其自幼酷爱美术并深受老一辈陶瓷美术家章鉴、吴康的精心点化与教导,艺术功力与修养得到提高。他擅长陶瓷人物、花鸟、综合装饰,尤其是陶瓷人物画(油画效果)倍受陶瓷界、收藏界的注目和推崇。其所作的《孙中山》《敬爱的周总理》《群鹭》《秋荷》《首场演出》等数十件作品被美国、日本、韩国及东南亚地区馆藏机构与收藏人士收藏,设计的庆祝中华人民共和国成立50周年《牡丹颂祖国》纪念瓷为国内外众多收藏家收藏。

　　基于良好的艺术创作积淀和视野,徐文强收藏的观赏石作品,有独特和鲜明的特点,在崇尚自然、追求完美,以及赏石底座的选配上都有自己的创新实践和突破,具有独到的见解,使艺术与自然完美结合,受到国内外藏家的推崇。他爱石成癖,收藏的众多奇石精品,在上海亚太赏石展、昆明世博会、北京亚太赏石展及国内赏石大展上多次获得金奖、银奖、一等奖等荣誉,并成为收藏界模仿和追求的赏石经典方家。徐文强的部分获奖藏品1999年开始陈列在上海文庙的"博文轩"奇石馆内,具有比较广泛的社会影响。其收藏经历被多家媒体报道,其赏石品鉴理论在全国赏石界具有广泛的影响,是海派赏石收藏鉴赏家的代表人物之一。徐文强发表了许多文章,关于石座艺术的《慈航》《灵石拜寿》《归林》分别于2009年2月4日、2009年5月6日、2009年7月发表于《赏石》,关于"石友珍藏"的《凌云》《雎鸠》《沙漠尊》《仙舟》分别于2009年2月、2009年3月、2009年6月、2009年7月发表于《中华奇石》;2009年7月起,他的个人品弹观赏石系列专栏在《上海商报》15版刊登。

【戏单收藏展示】

　　上海戏单收藏展示的代表人物是陈云伟,其为上海市收藏协会理事。陈云伟1978年开始收藏节目单,现藏品逾2万份,其中有世界60余个国家200多个文艺团体的节目单近千份,以及国内各时期、各剧种(包括音乐)的演出节目单及中外艺术家的签名节目单。其藏品多次参加各类展览,《中国物资报》等报刊予以介绍。他对国内各时期节目单的演变过程及中外节目单比较等都有一定研究,多次为专业文艺团体的节目单设计提供资料。

　　其收藏的戏单时间跨度长,包括晚清以后各个时期的各类演出戏单。门类丰富,国内演出团体的戏单,包括昆剧、京剧、越剧、沪剧等戏曲种类,还有话剧、交响乐、歌剧、音乐剧、芭蕾舞、舞剧、歌舞剧及个人作品演出等;还包括国外演出团体访华演出,包括交响乐、歌剧、音乐剧、芭蕾舞、话剧等。富有特色,其藏品包括国内外指挥家、歌唱家、舞蹈家及国内艺术家的签名戏单1 000余份,还有晚清时期石刻、木刻戏单等填补史料空白的珍贵戏单。

　　2007年1月,在天蟾逸夫舞台举办了"陈云伟民国时期京剧戏单"的个人展览,为期2个月,参观人数逾3万;同年2月,他在上海京剧院作了《如何增强京剧影响力》的专题演讲,上海京剧院的编导演百余人参加。其参加的展览展示活动有:1997年5月在上海历史博物馆举行的上海国际广播音乐节民间音乐藏品博览会;2004年12月,在三山会馆举行的第四届中国京剧节"中国京剧文化收藏展";2006年6月,在三山会馆举行的"文化遗产日"非物资文化遗产上海民间收藏展;2007年9月,在上海公安博物馆举行的纪念中国人民解放军建军80周年"军魂颂"展览;2008年10月,在金茂大厦为庆祝世界华人收藏家大会召开举办的2008海派民间收藏展等。

　　1996年9月,他在《新民晚报》发表《我喜爱收藏戏单》;2009年6月,他在《新民晚报》发表了《丁聪的戏单漫画》一文。2007年3月,陈云伟以民间收藏家身份出席由上海戏剧学院举办的"中国话剧一百年"高峰论坛。

【集邮活动及展示】

　　集邮是一项大众喜闻乐见的传统群文活动,上海的集邮文化活动是在市政府各相关部门的关心下,集邮爱好者不断推陈出新而形成的具有海派特色的文化活动。上海市集邮活动丰富多彩,其中上海集邮节和上海集邮展览等品牌活动成为集邮界注目的一个亮点。

1981年1月10日,在市邮电部门的关心下,上海市集邮协会(下称市邮协)宣告成立,为上海市群众性的集邮活动注入新的动力,全市的集邮活动沐浴着改革开放的春风,拉开复苏、繁荣的大幕。上海成为全国集邮活动最活跃的地区之一。至20世纪90年代末,上海市职工集邮组织已有近百个,人数达20余万。至2010年底,上海有区县级集邮协会,工、青、妇、商、学、农等各行各业的邮协计1303个,注册会员76063人,集邮爱好者达70万人。

1984年1月6日,市工人文化宫举办第五届迎春邮展。这次邮展围绕加强爱国主义宣传教育这一主题,将邮展内容定为"祖国新貌和建设成就""重大的历史事件和著名历史人物""历代杰出的文艺家、科学家的作品和成就"以及"祖国的壮丽河山、名胜风貌"等几个方面。

同年10月1日,集邮故事片《邮缘》在大光明电影院公映,获文化部颁发的优秀故事片二等奖,还获得首届法国国际娱乐片电影节青少年观众奖。

1987年7月,市邮协举办"邮票上的科学文化知识竞赛",遴选出3名选手代表上海队参加全国决赛。11月12日,市邮协和市政协、市钱币协会在新落成的上海美术馆联合举办"纪念孙中山先生诞辰120周年邮票、钱币展览",展出民国年间和中华人民共和国发行的各个时期的孙中山邮票及封、片等邮品,其中有孙中山亲自主持设计的飞机图邮票样张。

1988年10月20—26日,在第二届上海电视节开幕之际,市邮协会同市邮票公司和上海电视台联合举办第一届集邮展览。日本大阪、德意志联邦共和国汉堡、苏联列宁格勒、美国旧金山,以及朝鲜、德意志民主共和国、荷兰等国友好城市的集邮者提供了展品。邮展期间,还召开国际集邮学术交流会。

1989年5月23—29日,市邮协举办上海市第二届集邮展览,展览参照全国邮展和国际邮展规则展开,1.8万余人次参观了集邮展览。

1990年5月27日至8月10日,市邮协和市革命历史博物馆(筹)在中共一大会址纪念馆联合举办解放区邮票展览,以纪念革命战争时期邮票发行60周年,一批罕见的邮票珍品与上海市民见面。展览按土地革命时期的各苏区邮票、从抗日战争开始到解放战争后期形成的六大区的邮票,计26个展框、312张贴片,展品汇集了上海市集邮家珍藏的邮票和封、片中的精品,其中有不少是传世罕见的珍品,包括多种面值的"苏维埃邮政"邮票,面值1分、2分的"湘赣边省赤色邮票",中国解放区发行的第一套纪念邮票——"晋察冀边区抗战军人纪念邮票",面值5分黑色"晋察冀边区临时邮政"的"半白日图"邮票,淮南区"稿"字邮票等中国邮票库中难得的国宝。许多展品在全国邮展、国际邮展获得过金奖、大银奖等。市钱币学会配合这次邮展,提供了区票发行时期的解放区货币参展。

1995年5月24日,"光辉的历程"——上海市大型职工邮展在市工人文化宫举行。这次邮展展出了一系列歌颂党和老一辈无产阶级革命家丰功伟绩,反映工人阶级发展史和上海市总工会70年光辉历程,反映工人阶级精神风貌,社会主义伟大成就,祖国锦绣江山等题材的各种邮票,内容丰富,形式多样,有封、片、戳、极限片等专题,共186框。

1996年6月1日,在联合国儿童基金会成立50周年之际,上海16岁中学生张乐陆设计的4枚邮票,被邮电部列为《儿童生活》特种邮票并发行。

2010年3月5日,一年一度的上海集邮节在上海邮政博物馆举行。集邮节以"集邮,为世博添彩"为主题,将上海市群众性的集邮活动推向了一个新的高度。为配合集邮节而举办的签名封邮展上,市委书记韩正和多位上海的国家级运动员、艺术家参加了签名活动。具有独特海派魅力的集邮节成为上海集邮文化的一大亮点,并在全国产生了广泛的影响。至2010年,上海集邮节共举办了13届。

【上海民间收藏品大展】

1992年10月25日,汇集万余件古今藏品的"1992上海民间收藏品大展"在三山会馆开幕。大展列为"1992中国友好观光年全国百项节目"和上海十大节庆活动之一,106位收藏家参展。

2002年12月30日,在上海民间收藏品陈列馆建馆10周年和上海收藏欣赏联谊会成立15周年之际,上海民间收藏大展在三山会馆举行。展出近5000件藏品。

【陈宝定算盘收藏】

2002年2月22日,陈宝定算盘收藏65周年庆典暨捐赠仪式在上海科技馆举行,上海市收藏协会会长吴少华出席并致贺词。

2008年1月17日,93岁的上海收藏家陈宝定创办全国首个网上民间算具博物馆。

【"文化遗产日"非物质文化遗产·上海民间收藏展】

2006年6月8日,"2006'文化遗产日'非物质文化遗产·上海民间收藏展"在三山会馆开幕。收藏展汇集沪上50余位工艺大师、收藏家及民间艺人的千余件展品。

【上海报纸收藏成果展】

2007年6月25日,上海市收藏协会集报专业委员会在三山会馆举办上海报纸收藏成果展。

【百年旗袍展】

2008年3月15日,以传承海派文化为主题的"百年旗袍展"在上海美术馆开幕。展出的百款旗袍均为传世实物。

【"民生档案——票证记忆"展览】

2008年3月26日,"民生档案——票证记忆"展览在市档案馆外滩新馆举行,其中展出了计划经济时代的各类票证。

【海派民间收藏展】

2008年10月7—13日,配合上海2008世界华人收藏家大会的上海收藏"文化周"在上海金茂大厦开幕。市群艺馆和市收藏协会及金茂大厦共同举办海派民间收藏展的开幕展。收藏"文化周"设14个分会场,遍及全市8个区域。

图4-5-6 海派民间收藏展开幕式(2008年10月)

第五节　民间艺术活动

民间艺术活动是群文活动的样式之一，不仅承载着人民群众在漫长的历史发展过程创造并世代相传的生活艺术传统，也成为基层群文工作传承地域文化特色和活跃民众文化生活的一个抓手，其中包括中国民间手工艺和民间表演艺术。1978年以后，上海民间艺术展、民风民俗展等逐渐恢复和兴起，展示了人民文化生活的变化和发展，也从一个侧面反映了上海的历史和文化脉络。

1978—2010年，上海举办的各类民间艺术活动主要有上海民间工艺品展览、民间艺术大观园展、中华民俗风情大型游艺会、"梅园杯"上海国际藏书票邀请展、嘉定竹刻展、上海残疾人艺术博览会等。

【上海民间工艺品展览】

1978年7月15日，由上海工艺美术陈列室主办的上海民间工艺品展览在工艺美术陈列室展出。全市10个区、3个县的数百名民间工艺美术作者的1000多件作品参加展览。展览品种丰富，展出的140多个品种中，有挂件、摆件、欣赏品、日用品等，表现形式多种多样，除了各种雕刻品、绣品、编织品、工艺画外，还有90多个品种是专业工厂组织生产的，"裘皮动物""丝绸贴画"等都是新品种，过去上海闻名的顾绣、民间编结失传多年，这次也重新发掘出来。从展品内容上看，一些群众熟悉喜爱的传统题材在这次展览中占多数。其中，有表现古代神话故事的墨鱼骨雕《嫦娥奔月》、面塑《红线盗盒》，有泥塑《屈原》、蛋画《西厢记》，也有机绣《龙凤》、印纽《辟邪》等，还有取材于"敦煌壁画""秦汉帛画"的作品。现代题材中有细刻《毛主席诗词》、国画《红梅报春》。

【民间工艺品观摩交流会】

1979年5月5—9日，民间工艺品观摩交流会召开，展出275种、1414件精湛的工艺品。全市200余位民间工艺艺人和业余爱好者在会上交流了创作经验。

【民间艺术大观园展】

1984年2月2日（正月初一），上海民间艺术大观园民间艺术珍品展在上海美术馆举行。展览展示了千余件民间艺术珍品，在这些展品中，各种灯彩、风筝富有特色。灯彩有双喜灯、鲤鱼灯、走马灯、荷花灯、蝶灯、蟾灯、龙灯、蛤蟆灯；风筝有双燕筝、老鹰筝、帆船筝、连星筝、狮筝、猪筝、鸡筝、蜈蚣筝。其中，纸扎绢糊的飞鹞花灯是传统的民间艺术，以制作精巧、色彩艳丽、图案均衡而称为江南一绝。

民间玩具展览有布老虎、竹节蛇、纸折龙、木雕人、泥阿福、瓷青蛙、麦秆羊，也有唤作"猴戴面具"的泥捏小玩具，造型活泼夸张，玩耍起来诙谐有趣，充分展现了民间艺人的巧思妙作。

展厅里展品形式有年画、农民画、印染花布、织物绣品、石雕、砖雕、木雕、竹刻、陶壶瓷盘、竹编草织、金银挂饰等。在展览大厅一侧，布置的是渔家花灶头和农村新房场景。灶头粉饰一新，灶壁上画着各种形式的灶花，三条鼓腮摆尾的金鱼居其中，彩蝶舞狮、荷花莲藕围四角，似一幅工笔彩绘画；农村新房场景中布置了雕花木床、梳妆台、红漆箱等器具，大床上挂着红绫青绸的帐幔，梳妆台上摆满果品瓶花，红漆箱上贴着双喜字，白粉墙上挂着新年画，形态各异的大小木桶有坐桶、鞋桶、脚桶、茶桶、浴桶、六角桶等。在展览大厅四周，还有剪纸的、捏糖人的老艺人展示绝技。

【嘉定竹刻展】

上海的竹雕,也称竹刻或刻竹,主要出自嘉定,嘉定竹刻以其精湛的技法和独特的风格著称。嘉定竹雕分茎雕和根雕两种,前者为浮雕形式,后者为圆雕形式。一般选用质地优良的毛竹为原料,其中"留青"竹刻的选料尤为严格,必须选用冬季深山所产的毛竹,经过煮、晒、干燥一系列工序后完全除去毛竹中的油质,再经防霉防蛀处理后方能使用。1926年7月,在美国费城举行的世博会中,"文玉斋"和"文秀斋"的竹刻作品同获金奖,使嘉定竹刻得以举世闻名。

1981年,嘉定县工艺品公司建立由王威等人组成的竹刻小组,着手培训竹刻艺人,以恢复传统竹刻工艺。1987年4月,县文化馆业余艺术学校开办竹刻培训班,由幼时跟随潘行庸学艺的范勋元及王威执教。9月,嘉定镇课外学校举办竹刻兴趣班,特约张迎尧任教师。1987年10月1日,县博物馆举办嘉定工艺展览,展出古今嘉定竹刻制品80余件。1988年11月5—12日,上海民俗文化博览中心等7个单位在秋霞圃联合举办上海民俗文化博览会,嘉定竹刻与黄草织品、松江顾绣、剪纸、编织、灯彩等参加。嘉定竹刻与其他一些项目进行了现场表演。

2006年11月10日,"城市的记忆——嘉定竹刻展"在陆俨少艺术院拉开帷幕。市政协副主席宋仪侨,市文广局党委书记、上海博物馆馆长陈燮君,以及嘉定区四套班子主要领导出席开幕式。为期1个月的"嘉定竹刻展"展出了自明清至现代的近200件作品,是对嘉定竹刻史的一次回顾与展示。

【上海市职工灯彩展览】

1984年3月24日至4月10日,上海市职工灯彩展览在长宁区工人俱乐部体育馆举行。展出158套彩灯,观众达2万多人次。

【杨浦区五月艺展】

1986年5月15日,首届"杨浦区五月艺展"在区文化馆开幕。500多个单位参加。演出分12个专场,表演节目75个,参与演员有1 275人,观众达2万余人次。展览的作品形式包括美术、摄影、书法、篆刻、花卉盆景展。

【上海民间民俗风情展】

1991年1月1日至3月1日,上海历史文物陈列馆主办的春节风俗展览在上海博物馆展厅举行。展览以介绍清末民初上海及江南地区传统新年风俗为主要内容,展出实物、图片、文献等各类馆藏珍贵民俗文物百余件,展示了历史文物陈列馆在上海地方历史、风俗史方面的研究成果。展览分为"迎新年""庆新年""闹元宵"三大部分,展示了旧时上海围绕春节前后的各类风俗活动,包括从腊月起的祭灶、掸尘、贴门神、挂春联、买年画,至除夕合家欢,正月里拜年、祭祖、奉客、看戏、接财神、正月十五闹元宵等节庆风俗。展出文物有近代上海制作的最大、最豪华的花轿"百子大礼轿",以及近百张珍贵的传统年画等民间美术作品。展览陈列内容丰富,陈列手法新颖独特,充满趣味性和观赏性,吸引了大量观众。

【中华民俗风情大型游艺会】

1991年5月1日至7月1日,由市民族委员会、市园林局、市文化局、市旅游委、国际新雅集团、长宁区人民政府、长宁区文化局等联合主办的首届中华民俗风情大型游艺会在中山公园举行。活动旨在展示民风民俗,弘扬民族文化,以中华民俗风情特色吸引广大海内外游客,促进中外经济文化交流。全国 17 个省、自治区的 34 个少数民族共派出 22 个代表队来沪,为游客表演歌舞、服饰、竞赛、民俗风情及庆典活动,表演各类节目 200 余个。

开幕式是由 34 个民族共同参与的大型庆典活动,少数民族的 400 多名演员和上海市 200 多名小演员参加演出。现场藏族的大铜号、傈僳族、哈尼族的昭君号等齐鸣,佤族木鼓、傣族象脚鼓等擂响,600 只鸽子腾空飞起;随后采自中华大地的百川之水倾注在一起,用"献水仪式"表现各民族的大团结;代表各民族文化艺术精华的《威风锣鼓》《民族舞集萃》《高桥与社火》《鼓乐舞秧歌》《草原驼铃》《欢腾的鼓乡》《民族服饰展演》7 档节目逐一登场表演。

公园大道迎宾长廊约 50 米,两旁竖立着 26 尊表现中华民族文化和劳动人民面貌的塑像,由上海戏剧学院舞美系师生以中国傩戏面具为蓝本创作,古朴的民族风格与现代手法相融合,使塑像神态各异。侗族展示区域由风雨桥、拦路酒、吊脚楼、鼓楼等组成。搭建的侗寨依山傍水,风雨桥可避风雨、遮烈日。走过风雨桥,侗族姑娘为游客拦路唱歌,献拦路酒。侗族楼鼓,底部呈四方形,瓦檐多层、多角,呈宝塔状,由底部至楼顶皆空心,用杉木建成,用榫衔接,不用一根铁钉。步入鼓楼可以欣赏贵州的傩面具。蒙古包用羊毛毡制成,游艺会有 3 座内蒙古运来的蒙古包,其中最大的一个可招待游客喝奶茶。现场表演了傈僳族刀杆节的传统节目:大草坪上竖起两根 30 米高的粗大木杆,杆上插有 72 把长刀,锋利的刀刃向上,爬刀杆者赤足踩着刀刃向上攀登,在杆顶做各种惊险表演。服饰展演部分展出 24 个民族的 300 套服饰,由 30 多个少数民族演员参与表演,并演示服饰的穿戴过程。同时展出的还有一批流传几代的民族艺术珍品,其中,佤族民间旧时祭器之一的佤族木鼓,长 1.5—2 米,直径 0.7 米,由于两侧各挖一空档的深浅不同,敲击部位不同,所发声音也不同;每一对木鼓为一组,分"公""母",大者公鼓,小则母鼓;这种木鼓供奉于佤族村寨中央木鼓房内,民间相传敲之可通神灵。公园内还有傣族竹楼,举行斗鸡、斗羊活动,及"达瓦孜"高空走大绳表演。傣族竹楼结构严谨,由数十根柱子支撑,离地 2—3 米处铺以木板或竹篾,顶上盖以茅草编织的草排。斗鸡是汉族和仫佬族民间举行娱乐集会时的余兴表演,斗鸡的顺序按鸡的斤两排列,从小到大,比赛分初赛和决赛两个阶段;斗鸡场设在空旷处,在高 1.5 米、面积为 36 平方米的高台上进行比赛,由专家评出得胜的鸡,驯养者获奖状、奖杯及奖金。斗羊活动由山东菏泽市体委组织,民间斗羊队带来 12 只大斗羊,最大的重 150 千克,这些斗羊参加过亚运会开幕式表演;比赛场地设在宽 10 米、长 20 米的草地上,表演紧张而激烈。"达瓦孜"一词由波斯语演化而来,意为高空走大绳的表演,是维吾尔族传统的民间杂技艺术,已有 2 000 多年历史;演员在 30 米高空不系保险绳进行索上骑车、顶碗、蒙眼走、飞身跳等高难惊险表演,令人叫绝。

游艺会期间,还举行了一系列大型活动,包括"六一"儿童专场、端午节的祭祀屈原仪式、傣族泼水节、彝族火把节和插花节、傈僳族刀杆节、瑶族拉鼓节、哈尼族矻扎扎节、盘古王诞、上巳节等活动。自 5 月 29 日起,游艺会增设了夜间活动。60 天的活动,近百万中外游客观看了来自全国 34 个少数民族演员表演的民俗风情节目。

【全国民族文化博览、民间美术大展】

1992 年 10 月 28 日,文化部群文司、少数民族文化司主办的全国民族文化博览、民间美术大展中,上海樊星涛的微雕作品《清明上河图》、金山县张新英的农民画《猫》获一等奖;全国民族文化博览"民族之花"评选揭晓,上海韩冬冬获汉族金花第一名。

【浦东新区中华艺术博览会】

1994年6月30日,由浦东新区社会发展局等单位主办的上海(浦东新区)首届中华艺术博览会在上海展览中心举行开幕式。博览会征集到来自北京、贵州、陕西等20多个省、自治区、直辖市的近万件艺术品,这些文化艺术瑰宝在博览会期间展出。中共中央政治局委员、上海市委书记吴邦国参观了博览会,市委副书记陈至立、陈铁迪,市委常委、副市长赵启正,以及老干部王一平、夏征农、严佑民、韩哲一、舒文等参加开幕式,市委常委罗世谦、金炳华、张惠新与参加上海市"七一"座谈会的部分代表也参观了博览会。

在开幕式上,巨书大师孙鑫手提135斤重的如椽巨笔,在36米长、20米宽的白绸上写下了一个巨大的"龙"字,共用去墨汁100公斤。为期8天的博览会展示了中华艺术的博大精深,表达了浦东开发开放面向世界的博大胸怀。上海(浦东新区)中华艺术博览会后更名为浦东文化艺术博览会,并入浦东文化艺术节。

【民族民俗民间文化博览会】

2004年3月18日,上海民族民俗民间艺术博览会在上海展览中心开幕,全国20个省市、249个团体和个人的民间艺术品参展。

2005年11月15—20日,上海民族民俗民间艺术博览会在上海展览中心举行,展出展品1 000多种、3万余件;16个省市自治区的200多家单位和个人参展。

2006年6月10日,在东亚展览馆外广场,首个"中国文化遗产日"系列活动暨"2006民族民间艺术博览会"举行开幕仪式,副市长杨晓渡出席。上海、北京、甘肃、陕西等12个兄弟省市参展,展出约100多个种类上万件作品。

图4-5-7　中国"文化遗产日"暨上海民族民间艺术博览会开幕活动(2006年)

2007年6月9—13日,2007年"文化遗产日"系列活动暨"中国元素,海上聚宝"上海民族民俗民间文化博览会在上海东亚展览馆举行。83项上海首批非物质文化遗产名录项目在"民博会"上亮相。

2008年9月11—16日,2008年上海民族民俗民间文化博览会暨中秋民俗嘉年华活动在东亚展览馆举行。以富有中秋文化特征的"花好月圆"为主题,展示了1 000多个项目10 000多件作品,吸引观众10万余人次。

2009年9月29至10月5日,2009年上海民族民俗民间文化博览会在上海东亚展览馆举行。以"礼仪天下,和谐中华"为主题,展示传统文化创意设计精品,吸引观众8万人次。

2010年3月23日,2010年上海民族民俗民间文化博览会开幕式暨上海民族民俗民间文化博览馆开馆仪式在浦东"金凤凰"广场举行。

【"梅园杯"上海国际藏书票邀请展】

2004年10月,由市文联、浦东新区文广局、浦东城工委主办,浦东梅园街道办事处、市文联艺术团承办,浦东新区文化艺术指导中心、市美协版画委员会、市中小学师生藏书票联合会、浦东新区少年宫、闵行区少年宫协办的上海梅园杯国际藏书票邀请赛,在上海东方明珠广播电视塔大厅举行。在 2000 年和 2002 年先后举办全国中小学生师生藏书票大奖赛、海峡两岸藏书票交流展的基础上,举办了此次藏书票活动。来自世界 19 个国家和地区、国内 12 个省市的 80 多位藏书版画画家,展出了 400 多枚藏书票精品佳作。这是上海市第一家街镇举办的藏书票展示活动,通过藏书票展示活动,旨在培育辖区群众读书、看书、藏书的兴趣。展览共 5 天,吸引了数千名观众参观。同时,主办方出版了作品专集。

【2009 年"中华元素"创意舞台作品展】

2009 年 3 月 31 日,在市委宣传部和上海世博会事务协调局的指导下,启动"2009 中华元素创意大赛"。3—11 月,面向社会征集具有民族民俗民间文化特征的创意设计和艺术作品。其中,舞台艺术类作品面向长三角地区进行征集,借此发掘一批融合"中华元素",反映"三民"文化的新品、精品,并通过上海国际艺术节、上海世博会等平台加以推广、展示,从而增强大众对传统文化的认同感,促进传统文化的传承与发展。经过 8 个月的创作、征集、评选,浙江省、江苏省、上海市复评、选拔出 36 件舞台艺术类作品。终评分为群文组和专业组进行,评出群文组 28 个作品,专业组 8 个作品,包括音乐、舞蹈、戏剧、曲艺、杂技等。这些作品不仅浸润中华元素,也凸显创新创意,具有较强的思想性、艺术性和公众认知度。

12 月 22 日,2009 年"中华元素"创意盛典在兰心大戏院举行。活动评选出舞台艺术、中华元素创意系列活动标志、世博会吉祥物"海宝"服饰、中华元素产品四大类优秀作品 56 件。

【上海残疾人艺术博览会】

2009 年 10 月 13 日,"阳光·艺术·活力"——2009 年上海残疾人艺术博览会在市工人文化宫开幕,博览会展示了上海及外省市的大量残疾人优秀艺术作品。

第六章 交　　流

第一节　国际性交流活动

　　改革开放以后，上海的群众文化交流随着社会经济的发展而日益频繁。群众文化活动交流，从国内交流逐步走向国际交流。通过国际性群众文化交流活动，促进了中国民族民俗民间传统文化走向世界，提升了群众文化活动的品牌知名度。

　　上海组织开展的国际性群众文化交流活动，分"走出去"和"请进来"两种方式。有受邀组团赴国外参加的文化交流活动，比较有代表性的包括中法文化年"上海周"活动、大阪中国年活动等；也有邀请国外艺术团参与上海主办的艺术交流活动，包括中国上海国际艺术节中的群众文化交流活动和区县、系统的相关活动。上海的国际性群众文化交流活动展示了海纳百川的海派文化形象，在文化交流的同时，也彰显了文化自信。

一、出访

【中国上海儿童艺术团赴南斯拉夫演出】

　　1979年6月11—23日，以市文化局副局长许平为团长的中国上海儿童艺术团赴南斯拉夫，参加国际儿童艺术节演出活动，获得金奖。这是改革开放以后上海群众文化领域的首次出访演出，以独唱、民乐独奏、舞蹈、杂技等节目形式为主，共演出8场，访问了7个城市。艺术团由全市选拔出来的小演员组成，中国福利会少年宫的艺术小组组员14人参加了演出。《小孔雀飞来了》《小伙子摔跤》《洗衣歌》《团结友谊舞》等节目受到好评。

【亚洲地区残疾人音乐比赛】

　　1981年7月1—14日，上海市盲人演奏团应邀赴日本参加亚洲地区残疾人音乐比赛，并在日本奈良、大阪、东京、鹿儿岛等地巡演。

【中国上海民间艺术展览】

　　1982年6月6日，中国上海民间艺术展览在美国旧金山举办，由中国民间文艺研究会上海分会筹办。这次展览引起当地各界人士的浓厚兴趣。《文汇报》以《上海民间艺术珍品在旧金山展出》为题报道这次展览。这次展出的民间艺术品有陶瓷、泥塑、剪纸、灯花、编织、绣品、树根造型、民间玩具等，不少还是难得的艺术珍品。其中，上海制作和收藏的民间玩具引人注目。展览受到旧金山市民的欢迎，旧金山市市长黛安·法因斯坦表示，这是一次具有吸引力的展出，也是上海同旧金山结成友好城市以后的一次友谊盛举。

【上海金山农民画出访】

1980 年 4 月,在中国美术馆举办了上海金山农民画展,吸引了各国驻华使馆人员前来观展。金山农民画从此走出国门,参加美国洛杉矶艺术学院的展出,又前往纽约、华盛顿、芝加哥等城市巡回展出,还在比利时首都布鲁塞尔国际博览会上展出。先后赴欧洲、美洲、澳大利亚等 20 多个国家和地区展出作品 6 000 余幅,销售作品 5.68 万余幅。每年的上海国际旅游节期间,各国驻沪领事馆的官员和夫人受邀到金山农民画院观摩并参与作画。

1981 年 8 月 8 日,联合国粮农组织救济委员会联邦德国分会主席维·迪尔斯曼抵沪观赏,挑选了 55 幅农民画,带往联邦德国杜赛尔道夫展出;10 月 21 日,金山农民画赴波恩展出,开幕式由联邦德国外长哈姆·布吕歇尔夫人主持,中国驻联邦德国大使张彤出席开幕式。

1994 年 6 月 24 日,20 多幅具有浓厚乡土气息的金山农民画参加了在古巴卡马圭市的展览。这是在古巴首次展出的由中国普通农民创作的当代中国农村风情画,受到参观者的赞扬和好评。古巴政治局委员、文联主席普列托,文化部部长哈特,中国驻古巴大使徐贻聪,以及卡马圭市各界人士 100 多人出席了开幕式。普列托赞扬中国金山农民画展以其独特的风格反映了当代中国农村的生活和风情。与金山农民画同时展出的还有 10 多幅中国现代扇面画。

金山农民画以一系列的中外文化交流活动,奠定了其在美术界的国际地位。金山农民画院成为上海市政府的涉外参观点,1999 年获"上海市优秀外事接待单位"称号,成为对外展示上海文化形象的窗口。

【芬兰国际青少年绘画比赛】

1984 年 5 月 3 日,在芬兰第六届国际青少年绘画比赛中,中国有 88 幅参赛作品获奖,其中上海有 20 幅作品获奖。《摇篮是我的故乡》等 5 件作品获得金奖;《江南水乡》等作品获得银奖。10 月 9 日,芬兰第六届国际青少年画展颁奖仪式在中国福利会少年宫举行。

【中国上海市儿童艺术团访美】

1984 年 5 月,上海市儿童艺术团应美国加州文化使节基金会的邀请,访美 27 天,先后在洛杉矶、旧金山、华盛顿等地演出。其间,应美国总统里根和夫人南希的邀请在白宫演出,500 多位共和党妇女代表观赏了演出。

【上海市工人文化宫茉莉花艺术团的对外交流演出】

1984 年 9 月 12 日,上海市工人文化宫茉莉花艺术团一行 9 人,应法国共产党人道报社邀请,赴巴黎参加该报创刊 80 周年庆祝活动。法共中央书记、国际部长格雷麦茨和法共政治局委员波普朗等观看了演出。

1985 年 8 月 22 日至 10 月 13 日,茉莉花艺术团出访欧洲参加交流演出活动,表演了舞蹈、演奏、独唱等 25 个节目,在意大利罗马、威尼斯、佛罗伦萨等城市演出后,又前往南斯拉夫、匈牙利、苏联等国进行交流演出。

20 世纪八九十年代,茉莉花艺术团多次出访日本。1988 年 6 月 11 日,赴日本大阪参加大阪华侨总会成立 30 周年庆祝演出活动,表演了合唱《茉莉花》《四季歌》、评弹《姑苏好风光》、京剧《霸王别姬》等节目。1989 年 10 月 17—24 日,茉莉花业余话剧团赴日本横滨参加了第二届神奈川国际业余戏剧节,带去了反映中国职工热爱生活,追寻理解、信任与爱情的独幕话剧《啊,经纬线》。1992年10月,茉莉花艺术团赴日本横滨参加第三届神奈川国际戏剧节,演出了小舞剧《牛郎织女》。

1994年10月25日至11月3日,茉莉花艺术团赴阿姆斯特丹,参加第十届全荷华人体育运动会暨世界华人友谊邀请赛,对华人运动员进行慰问演出。

1995年10月6—11日,茉莉花艺术团赴日本参加1995年度"御堂筋庆祝游行"活动。来自美国、俄罗斯、加拿大、法国、德国、韩国、印尼、马来西亚、新西兰、墨西哥、巴西、智利等18个国家的民间艺术团体受邀参加活动。开幕当日,各参演团队云集在御堂筋大街,扎起数百辆彩车。茉莉花艺术团演出的节目是以京剧为表演形式的《西游记》,具有民族特色的演出为活动增添了一道独具特色的中国风景。除参加103支表演团队组成的游行外,茉莉花艺术团还在大阪城国际文化中心演出。

1996年10月23—28日,茉莉花艺术团参加在汉城举办的第十八届汉城国际舞蹈节。茉莉花艺术团的25位演员献演了14个具有浓厚中国风土人情的特色舞蹈节目。

1999年5月12日,在纪念上海和大阪缔结友好城市25周年之际,应日本大阪府日中友好协会的邀请,茉莉花艺术团组成以歌舞、魔术、杂技为主的5人艺术团,赴大阪进行为期8天的交流演出,获得圆满成功。上海市对外友好协会和日本大阪府日中友好协会对中日民间文化交流活动表示满意和赞赏。

2005年9月7—11日,茉莉花艺术团赴韩国参加由韩国文化观光部、韩国艺术振兴院、韩国国乐协会、驻韩中国文化院等共同主办的第五次礼山国际风物祭文化交流活动。茉莉花艺术团还与李光洙民族音乐院风物团3家当地院团进行了交流演出,演出的器乐合奏曲有《茉莉花》《步步高》《喜洋洋》;器乐独奏曲有竹笛《姑苏行》、二胡《二泉映月》、琵琶《十面埋伏》、古筝《汉宫秋月》、口笛《苗岭的早晨》;还有独舞《博回蓝天》、双人舞《梁祝》等节目。

【大阪中国年活动】

1992年,由上海舞蹈学校、上海音乐学院、普陀区少年宫师生组成的上海文化艺术团,为大阪中国年活动献上了一台富有中国民族特色、展示海派艺术风采的音乐、舞蹈节目,旨在进一步促进上海与大阪的文化交流。艺术团参观了关西新机场、大阪港等市政建设项目,访问了松下电器公司,还出席了上海与大阪有关团体合办的"道"书法展开幕式。

【浦东新区三林镇的舞龙队】

浦东新区三林镇的舞龙队多次在重大的外事活动中担当文化使者,以精湛的龙舞技艺为上海增光添彩。在APEC会议期间,三林舞龙队6次进入上海大剧院,为俄罗斯总统普京等6国首脑和嘉宾表演舞龙;龙狮队还赴法国斯特拉斯堡和德国汉诺威为上海申博作宣传表演。

【宝山区月浦锣鼓】

宝山区月浦锣鼓协会的会员单位一方面"走出去",参加了中国四川国际民间艺术节、法国第四届波里塔尼国际民间艺术节和第三届巴西卡萨帕瓦国际民间艺术节,还与日本鬼太鼓座进行了专场交流演出;另一方面"请进来",邀请韩国、加拿大、以色列等7个国家的民间艺术团到宝山参加锣鼓年会盛典。

【闸北区彭浦镇摄影】

闸北区彭浦镇摄影团队在中日青年大联欢中,与日本友人交流摄影艺术;该团还接待了国际摄影代表团,与阿龙等摄影家进行交流;与浙江省丽水市、江西省贵溪市等地的摄影团队进行摄影艺术的交流和探讨;该团队还选送了50多件摄影作品到美国、日本、新加坡等国展出。

【上海市群众艺术馆群星艺术团赴新加坡交流演出】

2000年8月29日至9月6日,应新加坡海南会馆邀请,上海市群众艺术馆群星艺术团一行20人赴新加坡进行访问演出。9月2—3日,"海韵之声"——中华人民共和国优秀电影歌曲演唱会的两场演出在拥有1400个座位的新加坡黄金剧场举行。两晚的上座率都达100%,表演形式多样,演出获得成功。新加坡海南会馆会长李亚平对出访团团长沈伟民表示,很难得听到这么高水准的演唱会。中国驻新加坡大使馆参赞兼总领事王文柱说:"你们为中新两国人民的文化交流做了一件十分有意义的事。"

新加坡国家电视台、《联合早报》《联合晚报》《启明日报》,上海的《新民晚报》《劳动报》等媒体作了报道。新加坡华人对中国优秀电影歌曲大加赞誉,《阿诗玛》《刘三姐》《画中人》等电影的插曲在新加坡家喻户晓。

图4-6-1　上海市群众艺术馆群星艺术团赴新加坡交流演出合影(2000年8月29日)

【中法文化年"上海周"活动】

中法互办文化年是中法关系史上的文化盛事,促进了中华文明和法兰西文明的交流,为世界文化多样性作出了贡献。

2003年7月,在法国巴黎举办的中国文化年活动中,由黄浦区13位青少年代表组成的工艺表演团,展示了具有中华传统文化特色的书法、捏面人、剪纸、彩绘、篆刻等才艺。精彩的表演受到出席中国文化年闭幕活动的中共中央政治局常委李长春的充分肯定。

2004年6月30日,中法文化年海派民间手工艺交流展在法国巴黎举行,历时10天。中共中央政治局常委李长春、文化部部长孙家正,法国总理拉法兰、外交部长巴尼耶、文化部长德瓦布尔和上海市领导及数千名中外人士参加了活动。7月3—4日,中法文化年闭幕系列活动——巴黎"上海周"在巴黎都日丽公园举行。活动由上海市文广局主办,上海市群艺馆承办。主办方在全市精选了现场表演性较强的13项民间艺术样式参加文化年系列活动展示,其中有被外交部指定为微刻国礼专家并达到盲刻境界的精锐微刻;有"三破世界吉尼斯之最"的微型小提琴、微缩家具等微缩制作艺术;还有吹画吹字、吹塑版画、"阴阳双剪"剪影艺术、棕编技艺、中国结编结、烙画、传统民间灯彩制作等。精心准备的中国结等小挂件和现场制作的小礼品赠送给巴黎观众,受到欢迎。现场表演的宝山民间竹乐合奏《翠竹嬉春》,旋律清新优美,演奏活泼新颖,充满生活情趣,描绘出一幅中国江南竹乡的风情画,赢得观众阵阵喝彩。12位艺人用来演奏的全部是竹制的传统乐器,有竹笛、口笛、笙、排箫,以及在劳动和生活中使用的竹制器具牛铃、竹圃、竹枪等,还有特制的竹琴、竹鼓。

【日本爱知世博会中国馆"上海周"活动】

2005年9月20日,日本2005年爱知世博会中国馆"上海周"活动开幕。上海团队展示的"相聚2010'上海周'首场文艺演出"在"爱·地球"广场上演。充满中国元素、上海魅力的文艺演出由200多名中外演员共同参与,赢得了万余名观众的喝彩。中国驻日大使王毅在开幕式上指出,中国馆"上海周"活动向日本、向世界带来了中国人民和上海人民一个强烈信号,即和睦相处、合作共赢。上海市领导

图4-6-2 中、法两国相关领导和嘉宾在中法文化年活动现场观赏上海宝山民间打击乐演奏

为6名爱知世博会日本志愿者颁发了中国2010年上海世博会特邀嘉宾证书。姚明向每位志愿者赠送了亲笔签名的篮球。

【各系统艺术团对外交流访问演出】

随着改革开放的深入发展,上海各系统与国际、国内友好城市的文化交流活动日益增多,各系统艺术团纷纷组织对外交流演出活动。通过各类文化展示和艺术交流,增进了友谊。

表4-6-1 1984—2008年各系统艺术团对外交流访问演出一览表

单位名称	内 容	时间地点
中国福利会少年宫	中国福利会少年宫小伙伴艺术团对外访问,演出《美丽的小孔雀》《群雁高飞》等舞蹈。	1984年5月,美国
	小伙伴艺术团演出《小花篮》《小蘑菇》《赶鸭》等舞蹈,拉开了少儿舞蹈对外文化交流的序幕。	1986—1987年,日本
	小伙伴艺术团演出《小白鸽》《苹果熟了》《中朝友谊花开》等舞蹈。金日成出席观看演出。	1988年6月,朝鲜
	应日本渊中中学音乐教师原次郎邀请,小伙伴艺术团14名小演员赴日本长崎参加联欢演出。	1987年7月28日至8月3日,日本长崎
上海聋哑人艺术团	上海聋哑人艺术团应邀前往美国洛杉矶,参加世界聋哑人第十五届运动会的戏剧节演出,获得成功。	1985年7月12日,美国洛杉矶
宝山区群众艺术馆	上海宝山民间艺术团随中国上海民间艺术团对外访问演出,参加意大利西西里岛阿格里琴托举办的意大利第三十八届国际艺术节。100多幅吹塑版画作品送展。宝山区文化艺术团首次参加国际性艺术节。	1993年2月6—14日,意大利西西里岛阿格里琴托
中国福利会少年宫	中国福利会少年宫组团一行5人,应邀参加上海—横滨少儿动物绘画赛。上海的4名小作者全部获金奖。	1995年10月30日至11月5日,日本横滨市

单位名称	内　　容	时间地点
上海市学生艺术团	经国家教委、上海市教委推荐，上海市学生艺术团第一次代表中国赴荷兰阿姆斯特丹市参加 1996 年第二十届国际音乐教育协会交流演出。来自 100 多个国家的 1 000 多名代表和来自 24 个国家的 32 个演出团体参加会议和演出。	1996 年 7 月 21 至 8 月 1 日，荷兰阿姆斯特丹市
上海民间艺术团	黄浦区文化馆受市文化局外事处委托，组建上海民间艺术团赴比利时、法国参加欧洲国际民俗艺术节演出。	1997 年 5 月 2 日，比利时、法国
徐汇艺术团	赴欧洲交流，先后在德国、法国、奥地利等国进行 5 场交流演出。柏林勒道夫区区长、中国驻汉堡使馆官员和当地群众观看了演出。	2004 年 10 月 23 日至 11 月 4 日，德国、法国、奥地利等
	曹秀文作为受邀的农民画派代表，参加在英国牛津市举办的画展。其作品向世界展示了中国当代民间艺术的魅力，受到国际知名艺术家和广大艺术爱好者的赞誉。	2008 年 7 月 19—24 日，英国牛津市

二、来访

改革开放以来，国际性群众文化交流活动蓬勃兴起，上海与国外的文化交流日趋活跃。上海搭建了许多重要的文化交流平台，上海国际音乐节、中国上海国际艺术节中的群众文化交流活动等，为国外团队参与活动创造了机会，增进了中外文化交流。

表 4 - 6 - 2　1984—2010 年在上海举办的国际性群众文化艺术交流活动情况表

活动名称	内　　容	时间地点
1984 年中日青年友好联欢活动	应中共中央总书记胡耀邦的邀请，3 000 名日本青年访问中国。	1984 年 9 月 24 日，上海
中外少年儿童联欢活动	由上海音乐学院、中国音乐家协会上海分会、上海市群众艺术馆、上海合唱团体联谊会（筹）等单位联合举办的欢迎美国来沪访问合唱音乐晚会在上海音乐学院礼堂举行。上海十几个业余合唱团与美国 4 个业余合唱团共进行了 4 场交流演出。	1985 年 6 月 22 日，上海音乐学院礼堂
	来自中国、泰国、日本、苏联、捷克和斯洛伐克等国的 11 个艺术团体进行了 5 场交流演出，6 200 多名少年儿童参加。	1985 年 6 月 22 日，中国福利会少年宫
上海国际儿童音乐舞蹈交流演出	上海小伙伴艺术团、小荧星艺术团、伤残儿童演出队和来自美国、日本、加拿大等国的儿童演出团同台献艺，演出 100 多个音乐、舞蹈节目。6 000 多位小观众和各界人士观看了演出。	1987 年 8 月 26 日，上海戏剧学院实验剧场
上海—九州中日民间文化交流活动	上海—九州中日民间文化交流活动。	1989 年 3 月 19 日，普陀区体育馆和少年宫
"1991 上海国际工人文化艺术交流"活动	由市总工会举办，美国巴尔的摩鸡冠花园林夏日剧团、日本的横滨小剧场剧团、俄罗斯的敖德萨诗歌戏剧剧团与上海市工人文化宫茉莉花艺术团同台演出。市委副书记陈至立出席开幕式并观看演出。	1991 年 10 月

（续表一）

活 动 名 称	内　　容	时 间 地 点
上海国际友好城市国际标准舞邀请赛	邀请赛由市文化局主办,市国际标准舞协会、市群艺馆等12个单位联合承办。来自中国内地、中国香港、中国澳门和日本、德国、澳大利亚、英国等国家的近60名选手参加了比赛。上海联队分别获职业摩登舞组第一、二名;职业拉丁舞组第二、三名;业余摩登舞组第二、四名;业余拉丁舞组第三名。	1995年11月2日,杨浦区
中日福利摄影作品展	市政协副主席谢丽娟等为展览剪彩,日本第七次福利访华团一行102人出席开幕式。展览共展出200幅摄影作品,其中大部分由中日两国残疾人创作,以残疾人的工作和生活为素材,形象生动而富有感染力。	1996年8月,上海市工人文化宫
上海(浦东)中外小使者音乐夏令营	举办"上海(浦东)中外小使者音乐夏令营·国际童声合唱邀请赛",主要有合唱比赛和篝火晚会活动。来自北京、大连、广州、贵阳、厦门、中国台湾、中国香港以及西北地区的优秀少儿合唱团,与来自俄、韩、日、德、美、法等国的少儿合唱团共同参加了邀请赛。1 500人参与篝火晚会。	2002年7月12—14日
	主要活动有童声合唱和少儿舞蹈交流演出。本年夏令营以17周岁以下成员为主体,中外学生合唱团和舞蹈团每团20—40人,总人数800人,其中国外参加人数200人。国外参赛团队有斯洛文尼亚"风铃"青少年合唱团、摩纳哥皇家少年合唱团、日本大阪市岸和田少年合唱团、韩版大邱少男少女合唱团、韩国釜山广域市立合唱团、蒙古乌兰巴托少年合唱团、越南胡志明市"小燕雀"合唱团、日本长崎市少儿太子鼓表演团、塞尔维亚和黑山共和国少儿合唱团、意大利少儿合唱团。国内参赛团队有贵州广播小花合唱团、中国台湾成功儿童合唱团、哈尔滨童声合唱团、广州黄埔少年合唱团、上海长宁少年合唱团、浙江省温州少年合唱团、上海市进才中学合唱团、浦东新区少年宫合唱团、上海中国福利会少儿合唱团、中国少年广播合唱团。	2004年7月19—23日
中日书画篆刻民间文化交流展	宝山区大场镇和日本名古屋爱知县联合举办。主题为纪念中日邦交正常化30周年。130幅作品参展,其中中国作品80幅,日本作品50幅。	2002年11月2—4日,上海鲁迅公园
上海国际少儿文化艺术博览会	首届开幕,来自中国、匈牙利、美国、日本、韩国等国的2 000多名少年儿童参加了开幕式。	2004年7月10日
	在2万平方米的创意博览园中,举办了10多个学习、娱乐主题展。	2006年9月27日,上海浦东世纪广场
第五届世界龙舟锦标赛	来自7个国家和地区的68支龙舟代表队参加了锦标赛入场仪式。国家体育总局副局长张发强、上海市副市长杨晓渡、青浦区区委书记巢卫林出席了开幕式。	2004年10月,青浦崧泽广场
纪念艺术大师吴昌硕诞辰160周年活动	活动由师村妙石访华创新篆刻汇报展,上海—日本大分优秀艺术家作品展,中日儿童翰墨缘,中国上海、中国香港、中国大连国际儿童艺术和日本北九州巡回展,一代宗师艺术巨匠——吴昌硕书画作品展,中日友好上海—福冈市民艺术展等7个系列展览组成。	2004年,浦东新区
德国柏林合唱之友音乐会	来自德国柏林的合唱之友联合合唱团与上海高级法官合唱团同台献艺。	2006年4月15日,上海音乐厅

（续表二）

活 动 名 称	内　　　容	时 间 地 点
"和谐之声" 2006 虹口合唱节	活动包括社区专场、市区属单位专场和国内外优秀业余合唱团风采展示。来自 10 个街道和市属、区属单位的合唱团参加了合唱节比赛。韩国釜山市东莱区玉泉女子合唱队、瑞典"哥德堡号"仿古帆船船员合唱团受邀参加了合唱演出，吸引了 700 余名社区观众观看演出比赛。	2006 年 10 月 25 日，虹口区职工文体中心影剧场
第二届全国社区及海外华人越剧交流演出	活动被纳入第八届中国上海国际艺术节。来自美国、澳大利亚等国，以及中国北京、杭州、天津、南京、香港等近百人参加。上海东方电视台戏剧频道对活动作了追踪报道，连续 3 次在"名家名段任你点"栏目播出，吸引了数千名观众观看。	2006 年 10 月 28、29 日
上海国际青少年互动友谊营	活动分为民间艺术体验、民间工艺体验和皮影戏 3 个板块。8 月 7 日下午，来自爱尔兰、美国、荷兰、德国、日本、意大利、塞尔维亚、韩国等国的 130 余名青少年体验了舞狮子、坐花轿、玩皮影等富有民间特色的活动，观看了捏泥人、折纸、打中国结等民间工艺表演。	2007 年 8 月 6—16 日，上海长宁民俗文化中心
纪念中日和平友好条约缔结 30 周年——中日书画篆刻交流展	展出了中日两国书法家的 100 幅书画篆刻作品。展览在上海首展后移师日本展出。	2008 年 10 月 9 日，静安区文化馆
第三届、第四届全国社区及海外友人越剧交流演出	来自澳大利亚、罗马尼亚和中国香港、北京、天津、上海、重庆、四川等 14 个地区的越剧友人聚集一堂。该活动是卢湾区的品牌活动，是卢湾区文化发展专项资金资助项目，对普及和振兴越剧艺术起到了积极的推动作用。	2007 年 11 月 3—4 日，卢湾区文化馆白玉兰剧场
	2008 年 11 月 15 日，卢湾区文化馆青年越剧团献演了大型古装越剧喜剧《春草》；11 月 16 日，主办方邀请来自北京、天津、南京、宁波、嘉兴、杭州、常州、武汉等地以及美国洛杉矶越剧团的越剧票友同台献艺。	2008 年 11 月 15—16 日，卢湾区文化馆白玉兰剧场
"贤文化"交流活动	滚灯、齐贤皮影戏、京剧变脸、木偶表演、江南丝竹、古筝演奏等传统节目，以及接新娘、蚌壳仙、荡湖船等民俗表演，吸引了众多中外观众。来自 40 多个国家的 80 多位国际友人应邀参加了活动。	2010 年 6 月 29 日，奉贤区

第二节　国内群众文化交流活动

　　国内群众文化交流活动主要是指上海参与的全国性和省市间的以及上海各区之间的群文交流活动。群众性文化交流面向基层、面向群众，社会参与面非常广泛。上海市各区之间的文化交流则为群文交流展示搭建平台，让群众在家门口享受丰富多彩的节目。

一、全国性交流活动

【各类全国性群众文化交流活动】

　　1986 年 10 月 25 日至 11 月 4 日，全国八大城市优秀歌手交流演唱会在武汉市举行。来自北京、天津、上海、广州、哈尔滨、西安、成都、武汉的 21 名歌手在交流演出活动中演出 18 场，近 3 万观众现场欣赏。

1986年12月1—8日,第一届全国民间音乐舞蹈比赛在北京举行。上海的《捉蟹》《推虾乐》获得三等奖;《枷》《金鸡报晓》获得丰收奖。

1987年9月30日,第一届中国艺术节(华东、上海)分场在上海拉开帷幕。开幕式上,市长江泽民指挥全场大合唱。华东六省一市、南京军区800多人参加演出。

1989年2月11日,上海县文化馆民间舞蹈队表演的《龙腾虎跃》,应邀赴北京参加由中国舞蹈家协会等单位联合主办的1989年春节北京第三届龙潭杯民间花会,获得优胜奖、组织奖和教练奖。同年3月17日,在"全国农民书画大赛"中,上海市26幅作品入选,7件作品获奖,分别获得绘画、篆刻等次奖。

1990年7月12日,由上海市、浙江省、安徽省、山东省等省市青年书法家协会主办的华东地区青年书法联展在上海市工人文化宫举行,由主办省市各选送30件作品参展,展出140幅作品。之后又在浙江省美术馆、山东省农展馆和安徽省博物馆等华东各地巡回展出。

1991年9月,由文化部群众文化司主办、黄浦区文化馆承办的"'91'和平杯'中国京剧票友邀请赛"在沪举行。上海参赛者获金奖1枚、银奖和铜奖各2枚。同月,文化部群众文化司在沈阳举行"全国优秀秧歌大赛"。上海县龙舞队获优胜奖、精神文明奖、集体组织奖。

1992年7—8月,文化部举办中国儿童美术日记比赛,上海的曹文、宋神、赵玮、龚晶获得一等奖。

1993年9月,由宝山区文化局与中国民间美术学会、吴淞乡人民政府联合举办的全国现代民间绘画艺术交流展在宝山区文化馆广场举行。由文化部推荐的8省市10个"现代民间绘画之乡"各组成代表团携作品参展,文化部常务副部长高占祥及参加全国社区文化研讨会的各省市文化厅(局)领导、美国等驻沪领事馆的官员前来观摩。

1993年10月20—25日,"1993中国京剧票友邀请赛"决赛在天津举行,上海米兰业余京剧团6人参赛,刘佩君和张育文获京剧十大名票金牌,4人分别获得银牌和铜牌。

1995年11月1—6日,由徐汇区人民政府主办,徐汇区文化局、徐家汇商城集团承办,上海美罗文化娱乐有限公司、上海西南广告公司、上海天地大饭店、徐汇区有线电视台协办的友好城市戏剧小品邀请赛在徐汇区文化艺术中心影剧院举行。应邀参加比赛的单位包括陕西咸阳市秦都区代表团,安徽省黄山市代表团,甘肃省白银市代表团,浙江省嘉兴市、绍兴市、金华市代表团,江西省上饶地区代表团,山东省淄博市临淄区代表团,广西南宁市代表团,湖南省衡阳市代表团,重庆市沙坪坝区代表团,徐汇区代表团,山东济宁市代表团。参加演出、活动的代表60余人。

1996年8月17日,上海东方小伙伴艺术团的舞蹈《金葵花》参加中央电视台、广州电视台在广州联合举办的"1996全国首届少儿电视艺术团演出周"活动,获演出一等奖和团体优秀奖。

1998年8月25日,虹口区曲阳文化馆少儿合唱团、上海市学生艺术团、行知艺术师范学校少女合唱团、上海音乐学院万马青年合唱团参加文化部举行的第二十四届哈尔滨之夏音乐会全国合唱比赛,分别获得少儿组、业余组和专业组的一等奖。

1999年6月,由中央电视台戏曲音乐部、中华爱国工程联合会、中国社会音乐研究会主办的"爱我中华"全国表演唱会演在北京举行。上海卢湾区文化馆老妈妈歌咏队的《我侬(们)也是大学生》、上海市松江区文化馆《长寿乐》、上海市南汇县下沙镇文化站的《看花灯》参加了演出。

2002年5月1日,全国现代民间绘画交流展在宝山杨行天馨花园社区举行,来自青海、云南等15个省市的200多幅作品参展。

2005年6月4—5日,由卢湾区文化馆、上海人民广播电台戏剧频道、上海越剧院联合主办的全国越剧交流演出在卢湾区文化馆白玉兰剧场举行,来自北京市、天津市、江苏省、浙江省、湖南省、上海市以及中国香港的17支越剧代表团队参加了这次交流演出。演员中年龄最大的71岁,最小的9岁。

2006年8月2日,上海小荧星合唱团在"2006香港国际青少年合唱节"上,以具有浓郁生活气息的表演,从来自世界各地的44个合唱团中脱颖而出,摘得金奖。

【黄浦区全国部分城市戏剧小品汇展】

1992年12月10—11日,黄浦区戏曲创作研究室、黄浦区文化馆、浦东文化馆联合举办了全国部分城市戏剧小品汇展,北京、沈阳、重庆、广州、大连、济南、武汉、芜湖、上海9个城市的10个文化馆、群艺馆参加汇演,演出了11个戏剧小品。区级文化单位举办这种跨地区的群众戏剧交流研讨活动,在上海市尚属首例。《新民晚报》、上海电视台、上海人民广播电台进行了报道。

1996年9月9—22日,上海全国部分城区戏剧小品邀请赛在黄浦区举行,由黄浦区文体局、浦东新区社会发展局、上海电视台联合主办,黄浦区文化馆、浦东文化馆承办。活动以"展示交流,促进提高"为目的,得到天津市、江苏省、浙江省、湖北省、安徽省、四川省、山东省等省市的17个城区的积极响应,有28个戏剧小品参赛。最后,8个优秀小品在中国大戏院进行专场汇报演出。上海电视台录制专题节目进行播放。

【青浦区海峡两岸文化交流演唱会】

2002年7月23日,由青浦区台办、区文广局等单位主办、青浦区文化馆承办的"海峡情·同胞缘"青浦海峡两岸文化交流演唱会在青浦区文化馆影剧院举行。受邀来沪的中国台湾台北市基隆啄木鸟合唱团和青浦区教育局合唱团、徐泾镇群文艺术团的演员们共同为在青浦的台商家属和台企员工奉献了一台以民歌、民谣为主,充满民俗风情的演出。

2005年7月21日,由青浦区台办、区教育局、区文广局和市台办协青浦工委会主办,区少年宫和文化馆承办的"青浦——宜兰青少年文化艺术交流演唱会"在青浦举行,以拓展两岸青少年交流交往范围,加强青浦与中国台湾青少年双向交流活动。这次活动邀请了宜兰市宜兰国民小学弦乐队到青浦开展青少年交流活动,宜兰少年的弦乐表演和青浦小朋友富有民族特色的表演博得现场观众的阵阵掌声。活动增进了沪台两地青少年文化艺术的相互了解与沟通。

【全国"老夫老妻"魅力展示活动】

2005年10月,市群艺馆与上海文广新闻传媒集团文艺频道共同主办的"精彩老朋友"当代中华"老夫老妻"魅力展活动,邀请全国21个省、自治区、直辖市群众艺术馆组织选手来沪参赛。前期进行了上海赛区初赛,后续举行了全国邀请赛总决赛。市群艺馆完成策划方案、发动组织全国各省市群艺馆推荐选手、参与电视录播现场的协调工作,还策划组织了全国选手朱家角联谊活动。

【中国非物质文化遗产保护成果展】

2006年2月12日,由国家文化部和民族民俗民间文化保护工程国家中心联合举办的中国非物质文化遗产保护成果展在北京首都博物馆开幕,上海的顾绣、田山歌、乌泥泾手工棉纺织技术、嘉定竹刻、罗店龙船、滑稽戏等11个项目参展。

【中国农民文艺会演】

2008 年 11 月 5—10 日,文化部、江苏省政府共同主办的首届中国农民文艺会演在苏州举行。上海市参演的沪剧小戏《花缘》获得金穗奖;舞蹈《编》《农家画谣》获得银穗奖。

二、区域性交流活动

【国际聋人戏剧节】

1984 年 12 月 17 日,"上海聋哑人艺术团"应邀赴中国香港参加"国际聋人戏剧节"演出,获得成功。

【农民画作品巡回展】

1985 年 2 月 7—15 日,陕西户县、上海金山、吉林东丰三县 180 幅(每县选送 60 幅)农民画作品巡回展在上海美术馆举行。

【华东六省一市少儿舞蹈交流演出】

1985 年 8 月 16—22 日,首届华东六省一市少儿舞蹈交流演出在上海举行。华东地区 29 个少年宫舞蹈队的 55 个节目参加演出。

【上海、四川民间美术作品交流展】

1987 年,根据上海市文化局和四川省文化厅签订的两地文化交流协议,上海市群众艺术馆与四川省群众艺术馆联合举办了两省市的民间美术作品交流展。11 月 10—20 日,首先在上海美术馆举办了"四川绵竹年画展",展出绵竹传统年画作品 38 件,其他作品 66 件。作品分为民间收藏画作和现代创作作品两部分。民间收藏作品部分造型古朴、稚而不拙,具有强烈的四川农村泥土味,多表现祈福纳祥的内容,深受群众喜爱。现代创作部分题材广泛,表现手法多样,在继承的基础上大胆创新。作者多受过专门美术训练,因而技巧娴熟,造型生动感人。

12 月 3 日,"上海农民画展"在成都市四川省展览馆开幕,展出金山农民画 121 幅、松江农民画 30 幅。展出共 10 天,观众达万余人次。此前,松江农民丝网版画赴四川省的"版画之乡"綦江县作交流展出,两县结成农民版画友好县。展出期间,双方各邀请有关专家、学者和领导进行座谈,讨论探索民间美术的现状与发展问题。

【上海市法制文艺赴新疆交流演出团】

1987 年 4 月 24 日至 5 月 10 日,市文化局、市司法局组建上海市法制文艺赴新疆交流演出团,应邀前往石河子、昌吉、吐鲁番、乌鲁木齐演出。活动历时 17 天,共演出 21 场,行程 1 250 公里,观众达 3 万余人次。

【松江农民丝网版画展览】

1988 年 10 月 3—12 日,应文化部群文司邀请,松江农民丝网版画在北京音乐厅艺术家画廊举办展览,展出作品 100 幅。文化部副部长高占祥参加开幕式并题词"美从民间来"。

1990 年 10 月 1 日,松江县农民丝网版画应邀赴北京展览,为期 10 天。文化部副部长高占祥为展览会开幕式剪彩。

【中国农民版画联展】

1989 年 12 月 14 日,由文化部社文局和中国美协版画艺术委员会联合主办的"中国农民版画联展"在上海松江县文化馆展厅展出。参加联展的有四川省綦江县,浙江省嘉兴市、温岭县,辽宁省恒仁县,上海市松江县的农民版画作品,共 150 幅。其中,展出松江农民丝网版画 30 幅。

图 4-6-3 松江县农民丝网版画展览

【三区市儿童画联展】

1990 年 11 月 24—28 日,深圳、新疆、上海三地少年儿童优秀美术作品"三区市儿童画联展"在上海美术馆展出,328 幅儿童画参展。

【合肥、咸阳、上海三市职工美术作品展】

合肥、咸阳、上海三市职工美术作品展分别于 1993 年 2 月 15—21 日在安徽省合肥市和 2 月 26 日至 3 月 4 日在陕西省咸阳市举办。同年 4 月 1—7 日移师上海,并举办闭幕式。参展的 180 幅作品,流派纷呈,风格多样,充分表现了三市职工美术创作活动的勃勃生机。三地作者笔端流露出浓郁的地方色彩,合肥的作品清新明快,一展江淮大地人杰地灵之风采;咸阳的作品则是黄土高原信天游般的雄浑豪迈;上海的美术作品呈现的是兼收并蓄的海派风格。

【国庆四十五周年游园演出】

1994 年 9 月 27 日至 10 月 6 日,市文化局组织演出队赴北京参加国庆 45 周年游园演出。三林乡的《新龙飞舞》、胡桥乡的民间舞蹈《滚灯》、中国福利会少年宫小伙伴艺术团的大型儿童舞蹈《中国风》、市三女中的吹奏乐《打虎上山》进京参演。

【京津沪职工南北戏曲交流演出】

1994 年 10 月 17 日,北京、天津、上海三市工人文化宫联合主办的"'94 京津沪职工南北戏曲交流演出"在上海举行闭幕式。

【第四十三届世界乒乓球赛礼品赠送】

1995 年 4 月 25 日,中国福利会少年宫木偶小组的师生制作的 120 套乒乓玩偶作品,由在天津举行的第四十三届世界乒乓球赛组委会选定为大赛礼品,赠送给参赛的各国代表。

【上海—台北少儿书法交流展】

1995 年 7 月 14 日,中国福利会少年宫与中国台湾中华文化基金会联合举办"上海—台北少儿书法交流展"颁奖仪式。上海市 20 个区(县)3 000 余名少年儿童的作品应征参加选拔活动。

【江、浙、沪民间舞蹈"滚灯"大会串】

2001年6月6日,市群艺馆与浙江、江苏省群艺馆,海盐县人民政府联合,在浙江海盐举办"江、浙、沪民间舞蹈'滚灯'大会串"活动。上海和各地数十支滚灯队伍参加表演。

【上海、澳门、秦皇岛青少年书画联展】

2002年2月2日,上海·澳门·秦皇岛青少年书画联展在澳门科教文中心举行,展出作品120幅。来自三地的数十位青少年书法爱好者聚集一堂,在现场即席挥毫,互相切磋,传承中华传统文化,提升青少年的书画艺术水平,促进相互之间的联系与交流。此前,展览于2001年8月先后在上海及秦皇岛两地展出,并获得高度评价。

【北京—上海青少年书法交流展】

2002年8月17日,由上海市书法家协会和北京市书法家协会主办的"北京—上海青少年书法交流展"在黄浦区图书馆开幕,400多人参加了开幕活动。展览展出作品365件,其中北京107件。开幕式后双方青少年作者挥毫展示,互相交换作品。这次两地各精选出的100件参展作品,代表了两地青少年作者的最高水平。上海市书法家协会组织50多人的上海青少年书法代表团专程赴北京参加了开幕式。

【大型歌舞《云南女儿》演出】

2002年9月5日,市群艺馆与云南省歌舞团、上海电视台文艺频道联合承办的大型歌舞《云南女儿》的演出在上海大剧院举行。市委副书记殷一璀、云南省委副书记旦增出席。演员杨丽萍、宗庸卓玛、杨学进等参加演出,在上海演出了3场。该活动由上海荣欣装潢公司资助,是市群艺馆第一次运用社会资金举办具有一定规模的大型文化活动。

【上海—云南青少年书法交流展】

2004年7月10日,"上海—云南青少年书法交流展"在黄浦区图书馆东方展厅开幕。展览展出云南青少年作品113件、上海青少年作品238件。8月10日,上海选出96件赴云南昆明市展出。上海组成青少年书法代表团赴云南参加开幕和交流活动。

【2005年江南文化节】

2005年10月16—24日,南汇石雕、金山黑陶、嘉定竹刻和黄草编织参加浙江嘉兴举办的"2005年江南文化节"民族民俗民间文化展览。

【"翰墨传薪"全国书法大展】

2005年12月3日,文汇报社、上海市书法家协会、安徽宣城市政府联合举办的"'翰墨传薪'全国书法大展"特展,在宝山区文化馆举行。

【沪、宁、杭职工书画联展】

2006年7月,上海市工人文化宫与南京市工人文化宫、杭州市工人文化宫共同主办了以"笔绘精彩、书颂和谐"为主题的"沪、宁、杭职工书画联展"。活动以书画形式纪念中国共产党成立85周年,讴歌中国共产党领导中国人民取得的丰功伟绩,描绘神州大地的自然风光,赞美伟大祖国的建设成就,展现新时期劳动者开拓进取的精神风貌。

【甘肃—上海青少年书法交流展】

2006 年 7 月 17 日,"甘肃—上海青少年书法交流展"在兰州市甘肃美术馆开幕。展览展出了上海选送的 100 余件作品和甘肃省选出的 300 余件作品。展出作品风格多样、异彩纷呈,充分显示了两地小作者们扎实的书法基础。甘肃省的青少年作者以临摹碑帖为主,作品格局开张、气势博大,意蕴雄强,引起上海小作者很大的兴趣。

【光荣的节日——江浙沪劳动者"五一"大联欢】

2007 年 5 月 1 日,市文广局、黄浦区人民政府主办的"光荣的节日——江浙沪劳动者'五一'大联欢"广场活动在南京路新世纪广场举行。上海市有关领导与 2 000 名工作在黄浦区的江、浙、沪三地建设者共度节日。

图 4-6-4　江浙沪劳动者"五一"大联欢在南京路步行街举行(2007 年 5 月 1 日)

【五地农民画展】

2007 年 11 月 19 日,上海金山、陕西户县、吉林东丰、青海湟中和重庆綦江"五地农民画展"在上海金山农民画村开幕。同时,举办"中国农民画高峰论坛"。

【"长三角民俗文化展示"】

2008 年 2 月 14 日,元宵节"长三角民俗文化展示"活动在龙华塔园广场举行,展示了两省一市非物质文化遗产保护工作的丰硕成果和江、浙、沪一带民间的民俗绝活。民俗文化表演包括江苏高淳的叠罗汉、浙江省余杭市的鸠鸟鳌鱼灯、上海市浦东下沙的卖盐茶等节目;同时进行了"闹元宵、猜灯谜"活动和花灯、民间工艺展示,近 2 万名市民参加了活动。

【"中国故事"文化展示活动】

2008 年 9 月 27 日至 10 月 3 日,应北京市人民政府邀请,市文广局再次组织奥运会期间倍受好评的"祥云小屋""锦绣上海"进京参加"十一"黄金周期间的"中国故事"文化展示活动。

【都江堰采风活动】

2009 年 6 月 22 日,市群艺馆组织区县文化馆摄影干部赴都江堰开展采风活动。18 家单位 21 位成员组成的摄影采风团进入都江堰,实地记录援建工作开展 1 周年来的进展与成果,同时真切反映了"五一二"地震后都江堰人民的生活状态。

【"和风雅韵"长三角职工地方戏曲精品巡演】

2009 年 9 月 19 日,由长三角城际工人文化宫联席会主办,南京、杭州、上海市工人文化宫承办的庆祝中华人民共和国成立60周年——"和风雅韵"长三角职工地方戏曲精品巡演在上海市工人文化宫小剧场拉开序幕。来自杭州、南京、无锡、南通和上海、上海沪东、青浦、长宁8家工人文化宫的演员参与了这次展演活动。

该戏曲巡演活动自19日开演至27日结束,分别在上海市工人文化宫、沪东工人文化宫广场、长宁区工人文化宫剧场、无锡市睦邻广场、南通市劳动人民文化宫广场三地共演出5场,观众近1万人次。展演活动以展示长三角区域地方戏曲为主,包括京、越、锡、沪等各剧种。这次巡演活动展示了各地职工戏曲的风采和魅力,增进了各地职工戏曲爱好者之间的交流,也促进了地区文化活动的互动与合作,为丰富长三角职工的业余文化生活提供了一个新的平台。

【庆世博江浙沪三地市区老年书画展】

2010年7月,"庆世博"江浙沪三地市区老年书画展在杨浦区文化馆蔚然展厅举行,展出书画作品145幅。其中,34%的作者都是80岁以上的高龄寿星。展出作品反映了祖国大好河山、和谐社会环境和美好晚年生活。

三、区县交流活动

【六区县沪书队交流会】

1980年1月25—30日,在市曲协的组织下,来自南市区、南汇县、奉贤县等6个区县沪书队和曲艺团的120多人在奉贤县南桥镇举行了一次沪书——上海市郊区民间曲艺之花交流活动。9场演出,场场座无虚席。活动期间,还进行了3次艺术探讨交流会,年近古稀的老艺人吴善言、王俊发等当场演唱濒临失传的锣鼓书、沪书及其他各种曲调,各队争相录音,以更好地学习传承。

【"家庭奇趣大观"专题节目拍摄】

1994年9月14日,金山县枫泾中洪村9组陈富林全家6人,应中央电视台"家庭奇趣大观"专题节目邀请,进京拍摄家庭绘画专题片。

【四区一县元宵迎春书画笔会】

1999年2月,延续10年的四区一县元宵笔会在杨浦区举行。"1999年四区一县书画精品展"开幕式和笔会会旗交接等纪念仪式,以"十度春风化雨,百家妙笔生辉"为题的茶道表演开场。笔会为元宵佳节增添了诗情画意,丰富了地域交流的内涵,对弘扬民族艺术有着积极意义。

2004年2月5日,由杨浦区文化局主办、中原文化馆承办的"群贤至杨浦,瀚墨著春秋"第15届杨浦、虹口、浦东、南汇、松江五区元宵迎春书画笔会在远洋广场举行。这是第4次由杨浦区执掌的传统5区书画笔会。60余位书画家各施所长,泼墨挥毫,作品各具特色。5区元宵书画笔会逐渐成为全市特色鲜明、具有影响力的艺术盛会,促进了各区域间的文化交流。

【奉贤文化推介周系列活动】

2009年10月16—17日,奉贤文化推介周系列活动在卢湾、杨浦两地举行。推介活动分展演活动和书法摄影展两大部分,展演活动通过歌舞、戏曲、时装展演、舞蹈等形式,结合民间表演元素,推出滚灯、山歌剧、皮影戏、包畹蓉京剧服饰等奉贤民间文化特色品牌项目,展示了奉贤人文、地理和文化内涵；美术书法摄影展与国庆 60 周年作品展相结合，展出了一批体现祖国家乡新风貌、改革开放新成就的书法美术摄影作品，展示了奉贤日新月异的建设成果。作品展历时 5 天，展出作品近百幅。

改革开放后，上海的群众文化活动形式多样、内容丰富多彩。无论是在上海的各类艺术节、重大庆典活动还是民俗纪念日等，都展示了浓郁的海派文化特点。在这些活动中，市委、市政府、市委宣传部、市文广局及各区县各级政府部门都十分重视市民群众的精神文化需求，搭建多种平台，让专业艺术工作者与市民文艺爱好者开展互相交流、展示展览活动。广大群众文化工作者践行"双百方针"、弘扬社会主义核心价值观主旋律，并为此付出了辛勤的汗水。群文工作者在把握宣传导向、价值引领的同时，还切实履行创作辅导、活动策划、组织实施、团队培育等职责，满足了群众不断变化、发展的文化需求，提高了市民群众的艺术审美水平。同时还组织群文团队代表上海参加全国、跨省市的赛事，为市民登上更高的舞台摘金夺银，实现艺术梦想付出了艰辛的劳动。全市、区县、系统进行国内外和区域间的文化交流活动，增进了区域间的了解和友谊，扩大了上海群众文化的影响。

第五篇

群众文化理论研究、
民间文艺研究和艺术普及

《夜幕下的欢乐谷》 徐洪峰摄

上海的群众文化理论研究和成果对政府部门制定规划和发展战略发挥了积极作用。党的十一届三中全会以后，上海群文行业针对活动设施、社区文化、农村文化和一些专业领域展开了广泛的调研。随着改革开放的深入，尤其是以1985年中国群众文化学会成立为标志，群众文化理论研究得到了重视与发展，形成了一定的理论体系，取得了较多的理论成果，为上海群众文化工作的可持续发展提供了理论支撑。进入90年代以后，随着上海文化的繁荣和发展，群众文化理论研究工作得到快速推进，研究范围不断拓展，研究成果在数量和质量上都得到了提高。上海的群众文化工作者从撰写工作论文到课题研究蔚然成风，群众文化论文和课题报告在全国评比中摘金夺银。上海群众文化工作者还举办了一系列群众文化研讨会，较有影响的有沿海开放城市、长江沿岸、直辖市、长三角等理论研讨会，形成了一批成果，在全市乃至全国都有一定的社会影响，具有品牌效应。《群文论苑》《群文世界》等群文理论刊物在群文工作中也发挥了积极作用。群众文化理论研究的成果引领着上海的群众文化实践，为群众文化工作总结经验、探索路径、明确方向，提供理论支持，有效地推动了全市群众文化工作的发展。

　　上海的民间文艺研究，在专业研究机构的组织下，实施民间文艺调查活动，培养民间文艺调查的骨干力量，并在调研基础上形成具有资料保存价值和学术研究价值的民间文艺调查成果。与此同时，广泛开展民间文艺研讨会，民间文艺著作、民间文艺刊物及文献成果也先后出版，为民间文艺的保护、传承与发展积累了许多成果。需要说明的是，本卷志收录的民间文艺研究，主要在社科和区县范围，没有完全涵盖高校研究部分，研究专著书目和论文情况由于资料掌握不完整，无法完全收入，因此反映的内容仅为上海民间文艺研究的一部分成果。

　　上海的艺术普及工作，主要是通过培训和讲座等方式进行，对象是群文从业者和广大民众。改革开放以后，全市广泛开展市级和区（县）等各个层面的艺术培训和普及工作。各类培训、讲座的活动形式多样、内容丰富，不断提升群众文化工作者的业务水平和综合素养，培养了一批群众文化工作的中坚力量；针对广大群众的文化艺术普及活动，也随时代发展不断变换培训活动的内容和形式，对群众文化团队的骨干成员和志愿者艺术素养的提升，对丰富市民群众美育活动和精神文化生活起到了积极的推动作用。只是由于资料所限，本卷培训章节的内容，仅为全市市级、区（县）级和各系统举办的一部分针对不同年龄、不同人群的艺术培训活动。

第一章　群众文化理论研究

上海的群众文化理论研究,通过定期出版群众文化理论研究的专题刊物、开展实践调查和课题研究、举办群众文化理论研讨会等多种方式,对群众文化发展进程中的热点与问题、特点与规律持续进行深入的思考和探讨,取得了丰硕的研究成果,形成了一定的理论体系。群众文艺理论的研究成果,有的以专题论文、调查报告、数据统计的形式呈现,有的已形成理论著作和文集汇编,为上海群众文化工作的可持续发展奠定了一定的理论基础,提供了有力的理论支撑。

20世纪80年代,群众文化基础理论成为研究热点,诸多有关群众文化的发展沿革、独特定位、社会功能的论文在报刊上发表。随着群众文化工作的发展,上海的群众文化工作者不仅通过撰写论文来总结群众文化工作,而且通过大力组织开展课题研究活动来更科学地探讨群众文化实践的特点、价值、规律,从而探索未来的工作方向。课题研究的内容包括群众文化设施、群众文化活动、群众文艺创作和农村文化、社区文化、公共文化、志愿者服务等。研究报告和群文论文在全国评比中获得丰硕成果。在2001年的全国"群星奖"科研成果类评奖中,上海的群众文化理论研究成果获得了4金、4银、3铜、2优秀的辉煌成绩;在每年中国群众文化学会主办的全国群文论文评比中,也是屡获奖项,奖项之多、奖次之高,在全国各省市中名列前茅。

20世纪80年代开始,上海群文系统积极参与全国的群众文化理论研讨活动,推选论文参加全国群众文化理论研讨会的交流。1999年之后,上海群文系统不但积极参与各种群文理论研讨活动,还多次与兄弟省市联合组织策划群文理论研讨活动,联合策划举办中国沿海开放城市群众文化理论研讨会、长江沿岸城市群众文化理论研讨会、直辖市理论研讨会、长三角群文理论交流活动等。这些群众文化理论研讨活动在各地轮流主办多届,形成系列品牌项目,产生了较大的社会影响。与会者交流群众文化工作的实践经验,探索事业发展方向,加深区域间的互动了解与共同合作,实现资源共享,为群众文化实践和发展奠定了理论基础。

1985年,《群文论苑》创刊,成为当时上海唯一的群众文化理论刊物,刊登了大量群众文化理论研究成果,为群众文化工作者提供了思考、研究、交流的平台,使上海的群众文化理论研究水平跃上了新台阶。2002年,《群文论苑》和《大世界》合并创刊《群文世界》,研究领域不断拓展,栏目内容更为丰富,探索和研究的方向覆盖了群众文化工作的方方面面,精选和汇集了大量群众文化工作的实践经验和理论成果,给予群众文化工作者启发与借鉴。

1999年8月末,首卷《上海群众文化志》经过10年的编撰,正式出版发行。这是中华人民共和国成立后上海的第一部群众文化志。

第一节　研　究　活　动

一、调研

随着群众文化事业的发展,市区两级广泛开展各类群众文化调研,为制定规划和政策,提供参考和建议,对促进群众文化建设发挥了积极作用。

【群文设施调研】

金山县文化馆调研　1979年,金山县文化馆胡林森撰写《这个思想文化阵地不容忽视——金山县农村茶馆的调查报告》,提出要加强对农村茶馆进行有效管理的建议,中宣部部长胡耀邦做了批示:"把城镇建设成为政治、经济、文化中心。"调查报告于1979年12月9日在《文汇报》发表。1981年,中宣部专门开会研究,并牵头颁发《关于逐步把公社(集镇)建设成农村文化中心的意见》。

上海市文化馆、站基本现状调研　2000年,上海市文化局(下称市文化局)社文处与上海市群众艺术馆(下称市群艺馆)组成专题调研组,对全市文化馆、站进行调研。参与人员有谭曙(市文化局社文处副处长)、季金安(市群艺馆馆长)、区馆代表及市群艺馆调研部全体人员。

调查研究采用问卷调查、典型调查和重点调查等多种手段,通过约访、座谈和实地考察等多种形式,对全市所有的文化馆、站进行为期近两个月的普查,同时也走访了部分区县文化局以及基层文化单位,如静安区文化馆、闸北区彭浦镇文化站、崇明县文化馆、卢湾区五里桥文化站、松江区松江镇文化站等。

在调研基础上撰写了《上海市文化馆、站基本现状调查报告》,列举了上海各区县文化馆、站事业建设取得的显著成绩:群众文化工作和社区文化活动形成的自身特色;文化馆、站成为社区精神文明建设的主干力量;馆舍建设成绩显著,全市306个街道、乡镇行政区域共有302个文化站。报告同时也指出遇到的困难和存在的问题:公共文化馆事业的经费投入不足;文化馆、站馆舍建设仍然滞后于社会发展的要求,全市还有56%的街道、乡镇文化站的建筑面积达不到基本标准;文化馆、站的专业队伍状况不能适应群众文化飞速发展的需要;有关政策还不够完善,没有将文化事业与娱乐产业分类管理。报告提出的建议和对策是:进一步明确公共文化馆的性质、功能,加快实施具有都市特色的社区文化规划;确保各级财政在公共文化事业方面的投入;根据城市规划调整公共文化设施的布点格局;加强社区文化机构业务垂直督导体制,强化全市群众文化网络功能;建立文化馆、站人员补充培养机制;重视特殊社会群体的文化生活需求;在互联网上建立社区文化服务信息平台。2001年,该调查报告获全国第十一届"群星奖"科研类金奖。

居委(村)文化活动室建设情况的调研　2007年,上海市文化广播影视管理局(下称市文广局)社文处对居委(村)文化活动室建设情况进行调研,并撰写《关于居委(村)文化活动室建设情况的调研报告》。报告概述了全市居委(村)文化活动室的发展情况,对其中建设较好的活动室进行了典型剖析。报告指出存在的问题有:发展不平衡、缺乏日常运行经费保障、文化服务内容匮乏等;报告提出的建议是:出台《上海市居委(村)综合文化活动室建设的意见》,落实运行经费补贴机制,搭建资源配送平台、丰富活动内容,开展以行政村为单位的"欢乐家园"创建活动等。该调研报告入选《2008上海市公共文化管理工作指导手册》。

【公共文化调研】

跨世纪上海市民文化需求调查　2000年,市群艺馆和上海大学广告学系协作完成课题调研,撰写《跨世纪上海市民文化需求调查报告》。调查报告指出:随着改革开放的深入和上海经济的飞速发展,市民的收入得到大幅度提高,可供支配收入增加,市民的文化需求正处于快速增长之中;双休日新工时制的实行使市民的闲暇时间增加,生活方式随之变化,必然需要不断丰富文化生活内容,追求多样的精神生活。上海市民文化需求与城市的历史和现实紧密关联,并随着上海城市的发展而呈现出新的特点。

青浦区经验调研　2003年12月19日,市文广局赴青浦区调研,将青浦区"领导重视、多方合作""功能综合、公益为民""因地制宜、分层推进"的经验纳入《上海市群众文化发展规划纲要（2005—2010）》。

公共文化馆实施质量标准的研究　2005年，市文广局组成课题组，研究公共文化馆服务质量标准，撰写《公共文化馆实施服务质量标准的研究报告》。刘建为课题组组长，成员包括王小明、刘晓南、孟平安、张坚、季金安、张黎明，执笔为张黎明。研究报告分析了质量管理国际标准与公共文化服务的关系，指出公共文化馆服务质量存在的问题，对公共文化馆推行质量管理提出构建内部服务质量管理体系的建议。该研究报告入选《2005关于上海文化发展的思考调研报告集》。

公共文化设施资格认证标准的研究　2006年，市文广局进行公共文化设施资格认证的调研，撰写《关于公共文化设施资格认证标准的研究》课题报告。课题报告通过分析公共文化设施资质认证的必要性，提出对公共文化馆、图书馆、社区文化中心等公共文化设施实行资质认证标准的基本内容。该课题报告入选《2007上海市公共文化管理工作指导手册》。

公共文化设施服务机构监管体系研究　2008年，市文广局社文处、法规处和市文化市场行政执法总队组成课题组，对全市公共文化设施服务机构监管体系进行研究，撰写《关于进一步健全和完善上海公共文化设施服务机构监管体系的研究报告》。研究报告对公共文化设施服务机构的范围进行了界定，汇总了全市主要公共文化设施的基本情况，提出了完善公共文化设施服务机构监管体系的重要性和必要性，并提出了强化监管体系，加强社会、行政、执法各方监管职责等建议。该研究报告入选《2008上海市公共文化管理工作指导手册》。

【社区文化调研】

关于网格化管理的社区文化建设调研　2004年，市群艺馆课题组开展专题调研，撰写《适应网格化管理的新要求　强化社区文化建设的体制保证——关于社区文化组织机构、场地设施和人员配置的研究报告》。研究报告阐述了社区文化在城市总体发展中的作用、地位，以及社区网络化管理对社区文化工作提出的新要求，针对新时期的社区文化建设提出了相应的对策与建议。该研究报告入选《2004上海市社会文化工作指导手册》。

建设社区公共文化活动中心支持系统的调研　2004年，市文广局专题调研组开展建设社区公共文化活动中心支持系统的专题调研，撰写《关于建设社区公共文化活动中心支持系统的调研报告》。刘建为课题组长，王小明、刘晓南、张坚、沈伟民、李晓霞为副组长，成员包括王建华、陈起众、李向阳、张黎明、吴榕美、任菡瑾、张社建，执笔为张黎明、王建华、陈起众。调研报告阐述了上海社区公共文化活动中心的建设背景和发展趋势，指出社区文化设施管理运作中存在的问题，对社区公共文化活动中心支持系统的方案提出建议。该调研报告入选《2004上海市社会文化工作指导手册》。

新建社区公共文化活动中心运营情况调研　2005年，市文广局对全市社区文化中心建设与运作情况进行调研，撰写《关于上海新建社区公共文化活动中心运营情况的调研报告》。穆端正为课题组组长，刘建为副组长，成员包括王小明、徐建康、萧烨璎、刘娜、陈起众；执笔为陈起众、萧烨璎。调研报告总结了新建的20个社区文化中心的设施建设、主要功能项目、从业人员、经费来源、管理方式等基本情况。指出存在的问题有：《上海市社区文化活动中心配置要求》未能很好落实，投入缺乏政策保障，缺乏规范的管理机制和专业管理人员；提出的建议是：制定政府规章，加强组织领导，贯彻配置要求，保障经费投入，规范收费标准，探索社会化管理模式，发挥区县文化馆对中心指导作用，建立评估体系。该调研报告入选《2005关于上海文化发展的思考调研报告集》。

上海市民自发参与社区文化活动的调研 2004年,市文广局组成专题调研组,通过对基层社区文化活动场所的实地考察和问卷调查,撰写《改善场地设施 提供服务保障 繁荣社区文化——上海市民自发参与社区文化活动的基本情况及其引导对策》。刘建为课题组组长,王小明、刘晓南、张坚、沈伟民、张黎明为副组长,成员包括吴榕美、任菡瑾、张社建、史晓风,执笔为史晓风、张黎明。课题报告总结分析了社区文化活动的相关数据,探索了在社会化、开放化和自主化的基础上,对群众文化活动进行扶持、辅导和引导的新途径、新方法,对基层社区文化的活动组织、活动形式、活动辅导和活动管理提出建议,对社区文化活动规范性管理的方式方法进行探讨。该课题报告入选《2005上海市社会文化管理工作指导手册》。

【农村文化调研】

青浦区为农综合服务站的调查 2002年7月,市文广局社文处、广电处和市群艺馆联合组成课题组,专程走访了青浦区西岑镇任屯村,金泽镇新池村,华新镇马阳村、火星村的4个为农综合服务站。在问卷调查、约访座谈等形式的调研基础上,撰写了《村民家门口的乐园——关于青浦区为农综合服务站的调查报告》。刘晓南为课题组负责人,成员包括李向阳、张黎明、刘兵、任菡瑾,执笔为任菡瑾。调查报告阐述了青浦区为农综合服务站的基本概况,总结的发展经验有:多方合作奠定基础;分层推进是发展的必要途径;功能综合、公益为民是成功的保证。报告提出为农综合服务站长效发展的目标是:充分利用现有资源,建成传播先进文化的重要阵地;提升文化品位,强化教育功能,建成村民接受终身教育的课堂;规范指导,完善管理机制,加强对工作人员的业务指导和培训。该调查报告获得2005年中国群众文化学会举办的全国群众文化理论成果评比优秀奖,还被节选为《走进上海郊区"为农综合服务站"》的专题报道,刊登于《中国文化报》(2005年2月24日)。

上海市农村文化建设调研 2004年,市文广局和市群艺馆组成专题调研小组,考察了青浦区华新镇淮海村、马阳村,徐泾镇蟠龙村,南汇区宣桥镇张家桥村,万祥镇万宏村、惠南镇黄路村,崇明县新河镇金桥村,竖新镇前卫村,港沿镇齐力村等地的文化设施,通过实地走访,问卷调查,与文化站长、村民座谈等形式对全国基层文化工作会议以来上海农村文化设施建设、广大农民群众精神文化需求情况、文化建设面临的困难等问题进行调研。与此同时,南汇、青浦、嘉定、金山、奉贤、闵行、宝山、松江、崇明等区县的文化部门也积极组织力量对所属乡镇、村的农村文化建设情况展开调研,撰写了《上海市农村文化建设调研报告》,执笔为任菡瑾。调研报告汇总了上海农村文化建设的基本情况:各级政府普遍重视农村文化工作,对农村文化建设的投入不断增加;全市范围内已基本建成区县、乡镇、行政村三级农村文化设施网络;开展了形式多样的农村文化活动,不断丰富农民的文化生活,提升农村文明程度。报告指出存在的问题有:个别乡镇资金投入不足成为困扰农村文化建设的突出问题;现有的农村基层文化设施未能完全满足新时期农民日益增长的文化需求;农村文化专业人才队伍的综合素质有待进一步提高。报告提出的对策和建议是:建立健全农村文化事业的资金投入机制;深化基层文化事业单位人事制度改革,建立高素质的农村文化建设队伍;充分利用农村文化设施,开展村民需求的文化活动。该调研报告获得2005年中国群众文化学会举办的全国群众文化理论成果评比二等奖。

农村公共文化事业建设情况调研 2006年10月,市文广局社文处开展农村文化建设情况专题调研,撰写了《本市农村公共文化事业建设情况调研报告》。调研报告分析了上海农村文化事业单位建设的基本情况和存在问题,提出的建议有:制订农村文化发展的规划与措施,加强农村基层文化设施建设向村延伸辐射,发展与新时期市郊农村需求相适应的公共文化产品,改革文化干部用人制度并建立基层文化专职队伍。该调研报告入选《2007 上海市公共文化管理工作指导手册》。

【其他相关业务专题调研】

上海市社会艺术水平考级情况调研　2002 年 7 月，市文广局社文处和市群艺馆组成课题组，开展关于上海社会艺术水平考级的专题调研。调研针对参加考级的学生和家长设计了专题调查问卷，就学员学艺及考级目的、考级门类、报名方式、收费问题、考官工作评定及对考级单位资质信任程度等多个方面进行调研，共发出问卷 10 000 份，回收有效问卷 9 780 份。在调研基础上撰写了《关于上海社会艺术水平考级情况的调研报告》。刘晓南、季金安为课题组负责人，成员包括金荣彪、杨鑫基、张黎明、吴榕美、任菡瑾、刘兵，执笔为吴榕美。调研报告汇总了上海艺术考级的基本情况、特点和社会评价，分析了存在的问题，提出的应对措施和建议有：尽快制定上海实施细则，建立和完善政府的监管机制；依托上海艺术培训点多、面广的优势，建议考级单位合理安排考点布局；宣传和推荐先进的管理运作方法，以增强考级单位可持续发展的能力；制定相关艺术门类的考级大纲，使之成为相应门类艺术水准的基本标尺；对考级工作做好前瞻性准备。该调研报告刊登于 2003 年《群文世界》第 1 期，入选《2003 关于上海文化发展的思考调研报告集》。

上海群众文化特色活动、项目调研　2003 年，市文广局完成《上海群众文化特色活动、项目、区域的现状及发展构想》课题研究。郭开荣为课题组负责人，成员包括王建华、张黎明、陈起众，执笔为王建华、张黎明、陈起众。课题报告总结了上海群众文化特色活动、项目、区域的概况，对国内外社区文化活动的基本状况作了解析，并提出了上海群文特色文化活动的三年构想。该课题报告入选《2003 关于上海文化发展的思考调研报告集》。

上海“中国民间艺术之乡”发展现状调研　2003 年，市文广局专题调研组开展了关于上海中国民间艺术之乡发展现状的调研，撰写了《上海“中国民间艺术之乡”发展现状调研报告》。刘晓南为课题组负责人，成员包括李向阳、任菡瑾、陈起众，执笔为任菡瑾。调研报告总结了上海建设中国民间艺术之乡的基本经验是普及、提高、创新、交流。指出的困难与不足为：相关机制和保障体系尚未完善；产业程度较低，市场运作困难重重；方式和途经过于单一，普及面不够广泛，发展空间受到限制。报告提出的建议与对策有：建立健全各种机制，保障长效发展；增强市场意识，因地制宜发展产业；树立品牌意识，多载体、多途径进行保护发展。该调研报告入选《2003 上海市社会文化工作指导手册》。在调研报告基础上，任菡瑾执笔撰写的论文《关于发展上海“中国民间艺术之乡”的思考》获得 2005 年全国群众文化论文评奖大奖。

上海市重大群众文化活动运作建议　2004 年，市文广局完成课题《上海市重大群众文化活动运作建议》。王小明为课题组负责人，成员包括赵根法、王清、全昌杰、萧烨璎、陈起众，执笔为全昌杰。课题报告总结了举办公益性文化项目推介会的情况，明确了重大群文活动的范围、指导思想、运作方式和基本方针，建议重大群众文化活动设立策划研究机构，审核社会力量参与单位的资质，加强监管和搭建社会参与平台。该课题报告入选《2004 上海市社会文化工作指导手册》。

上海市群众文化活动特色创建工作调研　2005 年，市文广局组织专家评审小组对立项的 20 个群众文化特色项目进行评审，并展开特色项目和区域调研，在此基础上撰写了《上海市群众文化活动特色创建工作调研报告》。王小明为课题组组长，成员包括萧烨璎、陈起众、张黎明；执笔为陈起众。调研报告总结了特色项目和区域的基本情况和创作工作的主要成效和基本经验。提出缺乏本地基因、缺乏社会共识、缺乏整体规划和缺乏财力支持等存在的问题，提出的建议有：总体规划、明确要求，因地制宜、分类指导，加强管理、大力扶持，积极推介、扩大影响。该课题报告入选《2005 上海市社会文化工作指导手册》和《2005关于上海文化发展的思考调研报告集》。

志愿者服务调研 2005年,市文广局完成课题《两岸三地社区公益文化服务志愿者队伍建设比较研究》。刘建、张哲为课题组组长,成员包括王小明、刘晓南、孟平安,张坚、季金安、任菡瑾,执笔为任菡瑾。课题报告通过两岸三地文化志愿服务体系的建设现状、管理机制、法律制度等多方面进行比较研究,为上海如何建立科学、合理、完善的公益文化志愿服务体系提供参考。该课题报告入选2007年1月社会科学出版社出版的上海蓝皮书《上海文化发展报告》。

二、研讨会

上海参与和组织了许多群众文化理论研讨会,加强与其他省市群众文化工作的经验交流和理论研究成果的分享,共同促进群众文化事业的发展。

【中国沿海开放城市群众文化理论研讨会】

第一届中国沿海开放城市群众文化理论研讨会 1999年,由上海市、广东省、福建省、厦门市、深圳市、珠海市群众艺术馆提出倡议,大连、青岛、烟台、宁波、福州和汕头等市的群众艺术馆共同参与,发起举办了中国沿海开放城市群众文化理论研讨会。第一届会议由上海市群众艺术馆承办,于6月16—18日在上海克拉玛依天山石油大厦宾馆会议厅召开。来自上述省、市的群艺馆和文化馆的30余名代表参加研讨活动,中共上海市委宣传部、上海市文化局和上海市群众文化学会有关领导出席了会议,上海市各区(县)文化局长和文化馆长列席了研讨会。

会议的研讨主题是"世纪之交公共文化馆的改革与管理",收到31篇论文。与会代表结合自身的工作特点和经验进行了广泛深入的交流。与会者认为,随着改革开放不断深入,沿海开放地区的各级公共文化馆要适应市场经济发展和精神文明建设的双重需要,寻求壮大自我、发展事业、服务社会的有效途径,应充分利用自身优势和特色,在挖掘整理、继承发扬当地历史文化传承的同时,树立创新意识,开发出人无我有、人有我新、人新我特、人粗我精,适应新世纪群众需要的品牌文化产品和特色文化服务。与会者还呼吁制订一系列政策法规,既要有文化馆管理体制方面的,又要有针对文化产品生产、文化服务提供、文化产业中介、基础设施投入回报、文化基金合理运作等新的政策和规章。会议还特邀上海大学张祖健教授介绍了有关国内外文化产业与社会文化发展趋势的最新信息。

第二届中国沿海开放城市群众文化理论研讨会 第二届中国沿海开放城市群众文化理论研讨会是与首届长江沿岸城市群众文化理论研讨会合并召开的,于2000年12月12—15日在上海明珠大饭店举行。文化部社文司、市委宣传部、市文广局、上海市精神文明办公室有关领导出席会议并讲话。

第三届中国沿海开放城市群众文化理论研讨会 2001年,第三届中国沿海开放城市群众文化理论研讨会在青岛举行。上海向第三届研讨会提交了5篇论文,分别是市群艺馆季金安、张黎明的《上海公共文化馆参与文化产业建设之思考》,市文广局社会文化广电处王建华的《坚持先进文化的前进方向 建设面向新世纪的群众文化》,卢湾区文化馆李伟民的《卢湾区文化馆在社区文化建设中的实践与探索》,闵行区群艺馆全昌杰的《广场文化流向谈》,市群艺馆严世善的调查报告《都市文化中业余戏曲的命运——关于上海市区文化馆戏曲活动的调查》。

第四届中国沿海开放城市群众文化理论研讨会 2002年6月19—21日,第四届中国沿海开放城市群众文化理论研讨会在宁波市华侨饭店召开,研讨会以"作为沿海开放城市,如何落实中央关于加强基层文化建设的精神"为主题,来自上海、广东、厦门、青岛、宁波等地30余位代表参加了会议。研讨会采取论坛与座谈相结合的方式,共交流论文30多篇。

【长江沿岸城市群众文化理论研讨会】

首届长江沿岸城市群众文化理论研讨会　2000年12月12—15日,由上海市群众艺术馆和上海市群众文化学会联合主办的首届长江沿岸城市群众文化理论研讨会与第二届中国沿海开放城市群众文化理论研讨会(合并召开)在上海明珠大饭店举行。长江沿岸的云南省、四川省、重庆市、湖北省、安徽省、江苏省、上海市的群众艺术馆和南通市、镇江市、南京市、马鞍山市、安庆市、九江市、黄石市、武汉市、荆州市、宜昌市、泸州市、宜宾市等12个市的群艺馆,沿海的青岛市、宁波市、福州市、深圳市、珠海市等6个开放城市的群艺馆,以及来自福建省和广东省群艺馆的50余位代表参加了会议。文化部社文司司长陈琪林,市委宣传部副部长方全林,市文广局党委书记郭开荣,市妇联、市文明办等有关领导出席会议并讲话。与会者共提交论文和调查报告49篇。这批群众文化理论研究成果具有鲜明的地域文化特点,反映了各地群众文化工作在新世纪所面临的发展共性。与会代表围绕共同关心的群众文化面向新世纪的发展问题,各抒己见、畅所欲言,进行了热烈的交流讨论。会议还组织代表参观了浦东新区文化艺术指导中心、浦东新区少年宫、宝山区淞沪抗战纪念馆、虹口区多伦路文化名人街等文化设施。12月15日,该研讨会在虹口区曲阳文化馆举行了隆重的闭幕仪式,市文明办副主任陈振民、上海市群众文化学会会长杨振龙等在闭幕式上讲话。

第二届长江沿岸城市群众文化理论研讨会　2001年10月12—15日,第二届长江沿岸城市群众文化理论研讨会在湖北宜昌召开。来自四川省、重庆市、湖北省、江苏省、上海市的群艺馆和四川泸州、江安、宜宾,湖北宜昌、荆州、十堰、黄石,江西九江,安徽铜陵、马鞍山,江苏南京、南通,浙江慈溪等10余个城市的群艺馆、文化馆的代表50余人参加了会议。与会者就沿江城市群众文化的发展现状、走势及各地发展的成功经验进行了热烈的讨论和交流。会议由湖北省群众文化学会、湖北省群众艺术馆主办,宜昌市群艺馆承办,中共湖北省委宣传部、文化厅,宜昌市的相关领导出席会议并讲话。市群艺馆调研部主任杨鑫基等3人参加会议。第二届会议编印了论文集《不老的长江——第二届长江沿岸城市群众文化发展论坛论文选》。

【直辖市理论研讨会】

"都市风采"全国直辖市群众文化理论研讨会　"都市风采"全国直辖市群众文化理论研讨会由上海市群众文化学会、上海市群艺馆倡议发起,得到北京市、天津市、重庆市群众文化学会和重庆市群众艺术馆的积极响应,决定轮流主办"都市风采"全国直辖市群众文化理论研讨会。

2000年10月19—22日,首届"都市风采"全国直辖市群众文化理论研讨会在重庆召开。会议主题为"新世纪群众文化发展趋向"。上海市群艺馆馆长赵其华等10人参会,选送了9篇论文和1篇调查报告提交研讨会。

2001年10月,第二届"都市风采"全国直辖市群众文化理论研讨会在天津召开。会议主题为"城市社区文化建设"。上海市群艺馆副馆长季金安等5人参会,选送5篇论文提交研讨会。

2002年10月16—18日,第三届"都市风采"全国直辖市群众文化理论研讨会在北京召开。会议主题为"城市文化的创新"。上海市群艺馆调研部张黎明等11人参会,选送10篇论文提交研讨会。

2004 年 6 月 10—11 日，第四届"都市风采"全国直辖市群众文化理论研讨会在上海徐汇区田林宾馆召开。会议主题为"城市精神与文化建设"，共收到 45 篇交流论文。来自 4 个直辖市的 60 余名群众文化工作者和专家出席了会议。会议由上海市群众文化学会、上海市群艺馆和徐汇区文化局联合主办，徐汇区文化艺术中心、徐汇区社区文化创作研究中心承办。与会者在总结都市群众文化工作和精神文明建设成功经验的基础上，就建设现代化国际大都市的发展目标，规划都市公益文化事业的未来，提升都市人文环境等方面进行交流和探讨，对都市群众文化的发展提出了具有针对性、前瞻性的建议。

"京、沪、渝、深"四城区公共文化发展论坛　2005 年 10 月 30 日至 11 月 1 日，由上海市文广局、徐汇区政府、中国文化报社主办，徐汇区文化局承办的"京、沪、渝、深"四城区公共文化发展论坛，在徐汇区西南文化艺术中心举行，150 余人参加了会议。来自北京市朝阳区、重庆市沙坪坝区、深圳市福田区的 3 个全国文化工作先进区的嘉宾与上海的文化工作者，围绕"社区文化与和谐社会的建设""社区文化与公共文化服务体系""社区文化与志愿者队伍建设"的主题进行交流探讨。中国文化报社总编孙若风，上海大学教授、上海社会学会会长邓伟志等专家在会上作了主题发言，文化部社图司副司长刘小琴应邀出席论坛并讲话。论坛收到论文 20 余篇，汇编成《"京、沪、渝、深"四城区公共文化发展论坛论文集》。

"京、津、沪、渝、深"五城区公共文化论坛　2009 年 11 月 14 日，"京、津、沪、渝、深"五城区公共文化论坛在上海市徐汇区举行。论坛自 2005 年由北京朝阳区、上海徐汇区、重庆沙坪坝区、深圳福田区发起，每年在各城区轮流举办。2009 年，天津南开区也正式加入论坛。论坛主题为"公共文化社会力量"，旨在通过各城区社会力量参与公共文化建设的经验交流，探索多元化的公共文化运行机制。48 位与会者参与研讨会，五城区代表分别作主题发言，就如何引导社会力量参与建设发展城市公共文化事业展开了探讨与交流。

【长三角群众文化理论交流】

首届长江三角洲文化论坛　2003 年，由上海倡议发起，江、浙、沪三地协议共同举办长江三角洲文化论坛。论坛由中国上海国际艺术节组织委员会主办，上海市文广局、长宁区人民政府、上海文化广播影视集团、解放日报报业集团和上海文汇新民联合报业集团共同承办。10 月 20 日，首届论坛在上海虹桥万豪酒店隆重举行，主题为"长江三角洲文化的合作与发展"。参会代表围绕合作与发展的主题，踊跃发言、热烈讨论，"打破省市壁垒，共享地域文化资源和成果的新模式"成为共识。会议建议把长三角地区互通的文化积淀，从原本的蕴藏形态，转化为能够投入长三角地区经济产业链的文化要素，实现区域文化优秀精品荟萃的集聚效应、区域文化强强联合的联动效应、区域文化要素交融的互补效应，以及区域文化交流和影响的辐射效应。论坛提出的资源共享、携手共进理念，有助于推动公共文化建设在区域协作中，更好地把握机遇、发挥优势。文化部领导，江、浙两省的文化工作分管领导和宣传部部长、文化厅长、社文处处长、省群艺馆（文化馆）馆长；南京、苏州、无锡、常州、镇江、扬州、泰州、南通、杭州、宁波、绍兴、湖州、嘉兴、舟山、台州等城市的市领导和文化局长，上海市委、市政府分管领导，上海市委宣传部领导，上海市文广局和相关部门、长宁区领导，上海主要新闻媒体，江、浙、沪三地相关知名专家学者，江、浙两省驻沪办事处，长三角 15 个城市驻沪办事处工作人员等参加会议。论坛开启了区域间共商工作、共享资源等诸项协作事宜，推动了区域文化一体化发展。

"广场文化与城市文明"长三角城市及部分城区群众文化理论研讨会　2004年7月9—10日，由上海市黄浦区委宣传部、黄浦区文化局、上海市群艺馆、江苏省文化馆、浙江省群艺馆和上海市华夏社会发展研究院联合主办的"广场文化与城市文明"——长江三角洲城市及部分友好城区群众文化理论研讨会在黄浦区新雅大酒店举行。来自长三角地区以及北京、重庆部分友好城区的80余名代表参加了会议。文化部社图司副司长蔺永均，市文广局党委书记陈燮君，市文明办、黄浦区等有关领导出席会议并讲话。研讨会在广场文化蓬勃发展的背景下，将城市文化建设的视点聚焦于群众文化工作，围绕"广场文化和城市文明"的主题展开深入讨论。会上就如何为城市的精神文明和文明社区的创建工作开展更好的服务、如何通过工作联动和资源共享形成促进区域发展的群众文化工作合作平台、如何为长三角地区的群众文化成果搭建交流和展示的舞台等议题展开讨论。会上还倡议建立"长江三角洲地区群众艺术馆、文化馆合作与交流联席会议"制度。与会单位选送的20余篇论文汇编成《长江三角洲城市及部分友好城区群众文化理论研讨会论文集》。

图5-1-1　"广场文化与城市文明"——长江三角洲城市及部分友好城市群众文化理论研讨会（2004年7月9日）

长江三角洲公共文化论坛　2006年10月17日，上海市文广局、江苏省文化厅、浙江省文化厅共同举办的长江三角洲公共文化论坛在上海市委党校召开。上海市副市长杨晓渡、文化部社文司司长张旭、上海市文广局局长穆端正以及专家学者140多人出席。

论坛以"群众文化工作与公共文化服务"为主题，探讨群众文化工作在长江三角洲地区公共文化服务建设领域中的地位和作用，为长三角区域文化发展起到推动作用。会议主题贴近热点问题，列出的各个论题也都针对群文工作中的重点和难点。各位代表在论坛上畅所欲言、集思广益，围绕公共文化主题进行讨论，廓清了在构建公共文化服务体系中的一些理论认识，明确了下一步的工作重点和目标，积极促进长三角区域文化资源的共享和协作，为长三角区域文化合作发挥积极的推动作用。

【社区文化研讨会】

上海市社区文化研讨会　1985年10月31日至11月2日，根据中宣部转发文化部《关于加强城市群众文化工作的报告》的精神，市委宣传部在金山石化总厂召开上海市社区文化研讨会，200余人出席会议。

全国社区文化研讨会　1993年9月17—20日，全国社区文化研讨会在上海丝绸之路大饭店举行。全国各地的群众文化理论工作者，各省、自治区、直辖市文化厅、局的文化处长，建设部、社科院的专家和特邀代表共100多人出席会议。大会收到127篇论文和典型经验材料，其中11篇论文进行了大会宣讲。与会代表围绕在新的历史条件下社区文化发展中面临的新情况和新问题，交流探讨如何建设与当前城市经济和社会发展相适应的社区文化。上海提交的论文是《都市社区文化建设刍议》和《当代上海社区文化的思考》。上海在会上发言的交流文章有：市文化局副局长干树海的《抓住机遇,全面规划,大力发展社区文化》、杨浦区副区长陈怡的《审时度势,悉心培育,突出重点,综合配套,发展社区文化》。与会代表还在会议期间观摩了徐汇区的桂花节和宝山区的中国现代民间绘画作品展。

社区文化建设理论研讨会　2001 年 5 月 21 日,市群艺馆与徐汇区文化局联合举办社区文化建设理论研讨会。北京、天津、大连的文化局、文化馆与上海的群文工作者就"如何组织社区文化活动"展开专题研讨。

宁波·上海社区文化与城市精神"双城论坛"　2003 年 11 月 23—24 日,宁波市委宣传部、上海市群文学会、宁波市镇海区人民政府联合主办的宁波·上海社区文化与城市精神"双城论坛"在宁波市举行。论坛邀请上海市社会科学院研究员蒯大申等专家,与会者围绕"社区文化与城市精神"展开研讨。

【创作研讨会】

上海农村摄影创作研讨会　1999 年 12 月 19 日,由市群艺馆、市摄影家协会、浦东新区社发局文体处、解放日报社摄影美术部联合举办的"风从乡间来"——庆祝上海解放 50 周年上海农村摄影展创作研讨会在浦东文化馆召开。与会者围绕上海农村摄影的组织方式、艺术品位和创作辅导诸方面展开了讨论。

郁林兴故事创作研讨会　2008 年 4 月 22 日,上海民间文艺家协会、金山区文化局联合主办的郁林兴故事创作研讨会在金山枫泾召开。全市故事创作、故事演讲、理论研究的代表 50 余人参加会议。

【新城文化建设理论研讨会】

2000 年 2 月 23 日,由上海市群众文化学会、市群艺馆、闵行区文化局联合举办的上海市新城文化建设理论研讨会在闵行区群艺馆举行。与会者从城市文化学的角度前瞻性地探讨了新城文化建设的战略,从理论的高度和实践的可操作视角探索新城文化建设的热点问题,提出营造人文氛围,建设人文生态,通过群众文化活动,在道德规范、价值取向、行为模式、文化素质、审美观念等方面逐步建立起对新城的认同感。

【海岛县(市)文化工作交流会】

2001 年 11 月 6—9 日,由上海市群众文化学会和崇明县文化体育委员会主办的首届海岛县(市)文化工作交流会在崇明举行。来自上海崇明县,福建省东山县,浙江省舟山市、洞头县、嵊泗县、岱山县,山东省长岛县的数十位群文工作者针对海岛群文工作展开讨论。与会者共提交 20 多篇论文,结集汇编为《首届海岛县(市)文化工作交流会文集》。崇明县施仲君的《发展海岛文化浅见》入选文集。

【其他相关业务研讨会】

"世纪之交公共文化馆管理与发展"理论研讨会　1998 年 11 月 30 日,市群艺馆、虹口区曲阳文化馆联合主办的"世纪之交公共文化馆的管理与发展"理论研讨会在曲阳文化馆召开。会议围绕公共文化馆如何适应上海国际大都市地位进行改革和管理的有关问题进行探讨。

"关于如何提升上海群众文化活动水平"的专题研讨会　2004 年 7 月 15—29 日,市文广局连续

3次主持召开"关于如何提升上海群众文化活动水平"的专题研讨会,文化、教育、工会、共青团、妇联、部队等系统的各方面人士参加了会议。

黄道婆文化研讨会　2006年11月16日,中国民俗学会、徐汇区政府和东华大学联合主办的黄道婆文化研讨会在市委党校举行。

"上海文化论坛——中华元素:诠释、演绎及现代表达"高峰论坛　2009年6月13日,"上海文化论坛——中华元素:诠释、演绎及现代表达"高峰论坛揭幕。上海市政协、市委宣传部、市文广局、市文联领导及全国各地专家、学者出席论坛。

"世博论坛·开埠地三民文化与上海城市发展"论坛　2009年6月23日,市委宣传部、上海世博会事务协调局、黄浦区政府联合主办"世博论坛·开埠地三民文化与上海城市发展"论坛在文庙举行,350多位代表参加论坛活动。

【全国群众文化理论交流会议】

中国群众文化学会成立大会暨学术讨论会　1985年10月,上海市群众文化学会参加了在四川成都召开的中国群众文化学会成立大会暨学术讨论会,上海市文化局副局长、上海市群众文化学会副会长杨振龙等4人前往参加,提交了《论城市群众文化工作委员会的作用》(林秉然)、《论新时期的业余艺术教育》(顾延培)、《文化馆建筑形制刍议》(钱基)3篇论文。

首届东北三省群众文化学术讨论会　1986年7月25—30日,首届东北三省群众文化学术讨论会在吉林省吉林市举行,上海应邀派代表参加,提交了《大众文艺学访谈》和《论创造各具特色的社区文化》两篇论文,分别由作者方虹、林秉然在会上宣读。

全国群众文化理论骨干座谈会　1988年5月7—11日,中国群众文化学会在北京召开全国群众文化理论骨干座谈会,30个省、自治区、直辖市的代表38人参加。中国群众文化学会会长周巍峙等学会领导,副会长王惠德、荣天玛、许翰如、常泊,秘书长徐明,文化部社文局局长焦勇夫出席并参加学术讨论。会议围绕"社会主义初级阶段群众文化的特征、性质及基本任务"进行探讨,共收到论文17篇。林秉然代表上海群众文化学会提交论文《论社会主义初级阶段群众文化的基本特征与发展趋势》并参加交流。

华东地区群众文化理论研讨会　1989年4月23—27日,首届华东地区群众文化理论研讨会在安徽黄山市举行,华东七省市40余人参加,中国群众文化学会副秘书长董玉文、文化部《群众文化》编辑部主任郭沫勤出席。会议主题是"社会主义初级阶段群众文化的特征与趋势"。上海代表4人参会,提交论文5篇:《浅议文化经济的开发》(陈汎)、《外向型群众文化构想》(钱佩秋)、《创建乡镇特色文化初探》(倪文珍)、《论社会主义初级阶段群众文化的基本特征与发展趋势》(林秉然)4篇论文在会上宣讲;《略谈群众文化外向型经济的服务功能》(顾忠慈)作书面交流。

1990年10月27—31日,第二届华东地区群众文化理论研讨会在福建建阳县举行,40多位代表参加。会议主题是"农村文化的基本特点与趋势"。上海代表5人参会,提交论文4篇:《浅析上海近郊文化圈现象》(孙雪兴)、《农村的城市化趋势及文化建设新格局》(张黎明、胡林森)、《试论上海郊区乡镇文化中心的发展趋势》(谭玉岐)、《试论农村群众文化活动与思想政治工作的辩证关系》(曹伟明)。

全国城市群众文化学术讨论会　1989年11月7—11日,由中国群众文化学会和上海群众文化学会举办的首届全国城市群众文化学术讨论会在上海云峰宾馆举行。来自北京、上海、天津、沈阳、武汉、广州、成都等28个城市的代表共92人参会,共提交论文和调查报告54篇。与会代表就新时期城市群众文化的地位、作用、方针、任务、特点、趋势和对策,进行了细致而深入的探讨。

全国节日文化研讨会　1990年12月,全国节日文化研讨会在北京举行,上海南汇县文化局倪文珍出席,提交论文《农村文化艺术节功能初探》(金少官、倪文珍),并在会上作了交流。

《群众文化论丛》作者理论研讨会　2002年12月13—15日,第17期《群众文化论丛》作者理论研讨会在上海举行。市群艺馆受中国群众文化学会委托编辑出版第17期论丛,全书收入论文29篇,22万余字。

中国文化馆长年会暨百馆论坛　2007年12月2日,中国群众文化学会、中国文化报社、常熟市人民政府在常熟市主办首届中国文化馆馆长年会暨百馆论坛。论坛结合党的"十七大"报告精神,围绕"坚持把发展公益性文化事业作为保障人民文化权益的主要途径,加快建立覆盖全社会的公共文化服务体系"主题,重点讨论了如何促进文化馆体系的改革和发展,拓展和实现公共文化服务的功能等问题。

参加论坛的有来自全国20多个省、自治区、直辖市近百家群艺馆、文化馆的代表。上海市群艺馆派代表出席会议。

【各区群众文化理论研讨会】

除了市级层面的群文理论研讨会之外,各区县也积极举办各种群众文化理论研讨活动。

徐汇区　1986年3月,举办社区文化研讨会,主题为"社区文化活动的性质任务、开端与发展、今后趋势",交流文章《街道文化站与"共建"单位的公共关系》发表于《群文论苑》。1987年10月,该区举办社区文化研讨会,主题为"社区文化活动的性质任务、开端与发展、今后趋势",交流文章《参加共建,互惠互利》发表于《群文论苑》。2006年7月28日,该区举办"未成年人成长·社区文化发展"论坛。

黄浦区　1987年6月16日,举办街道文化站改革与发展研讨会,研讨会成果发表于《群文论苑》。

闸北区　1987年7月和1988年8月,举办社区文化研讨会,研讨会成果皆发表于《群文论苑》。

长宁区　1989年10月13—18日,举办第六届全国部分城区文化馆馆际交流会,交流会成果发表于《社区人》。2002年11月30日至12月2日,举办社区文化论坛暨第十九届全国部分城区文化馆馆际交流会。2003年11月22日,举办"2003上海虹桥文化论坛"。

嘉定县　1989年,举办首届群众文化理论研讨会,研讨会成果发表于《群文论苑》。

虹口区　1993年9月,举办有关城市群众文化工作发展新趋势和发展"三产"以文补文研讨会。

南市区　1993年10月,举办第四届社区文化理论研讨会。同年11月,举办"南市区文化系统思想政治工作理论研讨会暨市场经济与文化事业"主题研讨会。

静安区　2001年12月25—28日,举办"2001上海静安群文论坛",论坛成果发表于《中国文化报》。2003年5月27日,举办"静安,让生活更美好——打造文化名区,培育城市精神"文化发展战略研讨会。

杨浦区　2002年5月20日,该区举办"纪念毛泽东《在延安文艺座谈会上的讲话》发表60周年"研讨会,并结集成《杨浦文化发展文集》。

崇明县　2004年9月10日,该县举办崇启海文化发展研讨会。

第二节　研　究　成　果

改革开放后,上海的群文理论研究硕果累累,发表了大量的论文和调查报告,在全国各类群众文化理论成果评比中获得许多奖项,对引领和推进群文工作实践起到了指导作用。

一、获奖论文

随着群众文化工作的不断发展,上海的群众文化论文在全国评比中屡屡获奖。尤其在2001年全国"群星奖"科研成果类评奖中,群众文化理论研究成果获得4金、4银、3铜、2优秀的成绩;在中国群众文化学会主办的全国群众文化论文评奖中,上海的理论研究论文连续多年取得优异成绩。

图5-1-2　中国群众文化获奖论文颁奖会(2004年)

表5-1-1　1985—2010年上海群众文化论文获奖一览表

题　目	作者(单位)	奖　项	获奖情况
《社会主义群众文化的社会功能试析》	习文	1985—1986年全国群众文化优秀论文评奖	三等奖
《走向社区——建设精神文明共同体》	陈继明、竺继明、保旭鸣、许一春	1987—1992年全国群众文化优秀论文评奖	一等奖
《浅析上海近郊"亚城市文化圈"现象》	孙雪兴		二等奖
《上海社区群众文化活动的兴起及其意义》	顾忠慈		三等奖
《浅议夜文化发展的原因及意义》	周家友		三等奖
《社会主义初级阶段文化形态转变特征辨析》	上海市群众艺术馆调研部	1988年6月文化部青年论文评奖	二等奖
《农村文化艺术节功能初探》	金少官倪文珍	1988—1991年上海市优秀学术论文评奖	上海市优秀学术成果奖
《论社区群众文化与企业文化的耦合度》	郭常明		上海市优秀学术成果奖
《略论群众文化对外向型经济的服务功能》	顾忠慈		上海市优秀学术成果奖
《庙会文化的特点及其思考》	李太松、严世善		上海市优秀学术成果奖
《试论庙会文化的发展趋势与对策》	李秉然、陆人伟		上海市优秀学术成果奖

(续表一)

题　目	作者(单位)	奖　项	获奖情况
《浅议文化经济的开发》	陈风	1988—1991年上海市优秀学术论文评奖	上海市优秀学术成果奖
《农村文化建设必须与农村经济和社会进步相适应》	钱光辉		上海市优秀学术成果奖
《庙会文化的发生、流变及其现代调控》	张黎明		上海市优秀学术成果奖
《谈高占祥同志的群众文化理论思想》	上海市群众艺术馆调研部	1994年全国群众文化改革与建设十年回顾暨高占祥群众文化理论学术思想研讨会	优秀论文奖
《都市社区文化建设刍议》	张曙光	1997年第七届全国"群星奖"	金奖
《集群意识·样式个性·群体中的个体——上海"画乡"工作的思考》	苏颐忠、龚赣弟		银奖
《现代化进程中的农村社区文化建设》	曹伟明		铜奖
《关于当前工会群众文化工作的现状及其存在的问题的调查》	陈振民、陈丽		铜奖
《试析世纪之交群众文化的社会地位和社会功能》	张治国	1999年全国部分省市文化(艺术)馆发展战略研讨会第十四届年会论文评奖	二等奖
《论中国灯谜的社会功能》	王国祥	2000年中国城市文化优秀论文奖	二等奖
《社区文化重在建设——关于上海社区文化工作的探索与展望》	上海市群众艺术馆	2001年第十一届全国"群星奖"	金奖
《上海公共文化馆参与文化产业的思考》	季金安、张黎明		金奖
《以人为本,服务社区,建设精神文明新家园》	黄树林		金奖
《上海市文化馆、站基本现状调查报告》	上海市群众艺术馆		金奖
《试论上海新城文化建设中的创新》	曹伟明		银奖
《"白领"群体社区文化整合浅论——新世纪国际大都市社区文化建设前瞻》	郭常明		银奖
《传统·海派·商品画——"现代农民绘画"三题》	苏颐忠		银奖
《上海大都市家庭文化的特点与发展对策》	王凯		银奖
《浅谈工会文化事业单位新世纪的走势与展望》	朱烨其		铜奖

（续表二）

题　目	作者（单位）	奖　项	获奖情况
《繁荣群众文化：关于地方政府有关职能的探讨》	任向阳	2001年第十一届全国"群星奖"	铜奖
《小小说创作技法》	沈玉亮		铜奖
《试论老年群众文化活动的社会文化价值》	杨飞君		优秀奖
《如何发展都市郊区村级老年文化活动室》	施仲君		优秀奖
《上海公共文化馆参与文化产业的思考》	季金安 张黎明	2001年全国群众文化论文评奖	金奖
《以人为本、服务社区、建设精神文明新家园》	黄树林		银奖
《传统·海派·商品画——"现代农民绘画"三题》	苏颐忠		银奖
《广场文化流向谈》	全昌杰		铜奖
《琵琶"瀛洲古调派"发源地所见曲目》	王霖		优秀奖
《文化馆在基层文化建设中的地位和作用》	张治国	2001年全国部分省市文化（艺术）馆发展战略研讨会第十六届年会论文评奖	一等奖
《无墙的博物馆——上海民间美术"观"》	沈伟民、苏颐忠	2002年全国群众文化论文评奖	一等奖
《加强文化参与繁荣社区文化——上海社区文化志愿服务体系的现状及思考》	任菡瑾		一等奖
《人本原理在公共文化馆管理中的运用——浅谈群众文化工作者能力的进一步开发》	钟政言		二等奖
《社区文化活动的有效承载体——关于社区文艺团队的形成、功效及其长效管理的思考》	刘敏、黄树林		三等奖
《艺术，在游戏中积淀——儿童艺术教育断想》	邓亦敏		三等奖
《论社区文化中心的社区教育功能发挥》	徐剑清、郭常明		三等奖
《军地交融　携手并进——构建杨浦社区文化发展新格局》	解放军南京政治学院上海分院		三等奖
《试论工会文化事业网络的建设和发展》	钟强		三等奖
《整合社区文化资源　促进社区文明建设——浅析独具特色的上海徐汇区湖南社区文化》	邱新隆		三等奖
《新时代镇级文化建设现状浅析》	沈玉亮		三等奖
《开发文博资源　提升文化品位》	丁茉莉、陆国斌		入选奖

（续表三）

题　目	作者(单位)	奖　项	获奖情况
《遵循先进文化方向,加强群众文化建设》	张治国	2002年全国部分省市文化(艺术)馆发展战略研讨会第十七届年会论文评奖	优秀论文奖
《播种,耕耘,收获》	龚赣弟	2002年现代民间绘画发展理论研讨会	优秀奖
《与时俱进,开拓创新——关于社区文化建设的理性思考》	长宁文化艺术中心	2002年第十九届全国部分城区文化馆馆际会议	最佳论文奖
《上海地区宣卷音乐艺术特点初探》	谈敬德	2002年全国新时期人文科学优秀成果评比	二等奖
《初探表演唱艺术特点》	谈敬德	2002年中国发展西部经济和文化研究论文赛	一等奖
《浦东道教音乐研究》	谈敬德		一等奖
《长三角战略:上海城市群众文化发展的世纪选择》	谭玉岐	2003年全国群众文化论文评奖	二等奖
《打造都市特色消费的文化平台》	刘敏、黄树林		二等奖
《塑造上海城市精神　展示城市文明的神韵与品位》	郭常明		二等奖
《建立文化互动机制　拓展文化发展空间》	刘敏、宋浩杰、黄树林		二等奖
《重组徐汇历史文化资源　为精神文明建设服务》	宋浩杰		三等奖
《高标准、高起点地构建大都市中心城区的群众文化——从上海市杨浦社区文化工作谈起》	张亚非、徐佳、苏建雄		三等奖
《试论区级公共文化馆的角色定位》	姚国伟、张亚非		三等奖
《从全面建设小康社会谈社区文化建设》	缪辉		三等奖
《论校园文化参与社区文化建设的途径和作用》	严一丹		三等奖
《工会在精神文明建设中的作用》	朱烨其		优秀奖
《关于发展上海"中国民间艺术之乡"的思考》	任菡瑾	2004年全国群众文化论文评奖	大奖
《关于民族民间文化保护地方性法规的研究报告》	任菡瑾		一等奖
《保护文化之源　培育城市之神——关于建构大都市文化生态环境的一点思考》	刘敏、黄树林		一等奖
《遗忘·记忆·再认——上海"金山农民画"三题》	苏颐忠		一等奖

（续表四）

题　目	作者（单位）	奖　项	获奖情况
《重新认识民族文化的瑰宝："松江布"——兼论松江古代棉纺业的历史成就和文化特征》	于慎忠	2004 年全国群众文化论文评奖	一等奖
《解构符号元素重组文化基因——试论民族民间文化的高科技保护和深度开发》	魏琪		二等奖
《长江入海流——上海民族民间文化保护的现状及发展思路》	蔡维扬		二等奖
《培植当代中国人的文化根基——浅谈修习民间文化与民族文化根基的养成》	宋浩杰		二等奖
《博物馆在无形文化遗产保护中的对策》	丁永坤		三等奖
《发挥图书馆在民族民间文化传承与保护中的作用》	高小琦		三等奖
《怎样在学校教育中有效拓展民族民间文化空间》	严一丹		三等奖
《龙华庙会》	俞蓓芬、吴春龙		三等奖
《妙笔神针　巧夺天工——顾绣文化浅说》	林晓明		三等奖
《浅谈崇明岛民间文艺特点》	柴焘熊、宋玉琴		优秀奖
《昆曲走近社区——浅谈昆曲的传承与普及》	邱新隆		优秀奖
《浅论当代历史条件下对我国民间文化的保护》	赵基		优秀奖
《构建共同家园的文化交流空间》	张黎明、魏琪	2004 年全国广场文化理论研究成果评奖	一等奖
《营造高雅氛围　体现城区魅力——徐家汇公园星期广场音乐会情况调研》	黄树林		一等奖
《提升文化广场的品质是坚持先进性文化的必然》	黄浦区文化局		二等奖
《关于上海市农村文化城市化进程中文化建设的思考》	张黎明	2005 年全国群众文化论文评奖	一等奖
《关注农民工文化权益,构建城市和谐社会》	黄树林		一等奖
《上海市农村文化调查报告》	任菡瑾		二等奖
《青浦区为农综合服务站调查报告》	任菡瑾		优秀奖
《浅议摄影创作的用光》	顾勤	2005 年文化部社文司《文化大视野》征文	优秀论文奖
《一个仗义执言的机智人物——杨瑟岩》	宋玉琴		优秀论文奖
《农村文化工作现状剖析》	柴焘熊、宋玉琴		优秀论文奖

(续表五)

题　　目	作者(单位)	奖　　项	获奖情况
《大力发展文化志愿服务体系　有效促进和谐社会构建》	任菡瑾	2007年全国群众文化论文评奖	一等奖
《打造新会所文化构建和谐社区》	刘兵		一等奖
《对社区文化营造未成年人优良环境的实践与思考》	黄树林		一等奖
《上海市徐汇区公共文化服务"西南模式"创新建设案例分析》	张黎明、王稼钧		二等奖
《沿海开放城市青年农民工文化特征及其文化馆(站)公益性文化的必要性》	严世善	2007年"全国农民工文化建设"征文	二等奖
《农民工在城乡统筹公共文化中的身份重构》	周建义、邓华龙	2008年"城乡统筹公共文化论坛"全国群众文化论文评奖	一等奖
《上海郊区乡土文化的保护与创新及其对社会经济的促进》	民革上海市委课题组		一等奖
《打造城市文化名片,办好"金秋闵行"上海合唱节》	全昌杰		三等奖
《关注白领需求　打造楼宇文化》	高原		三等奖
《"宝山国际民间艺术节"大型活动探微》	胡建		三等奖
《关于海派黄杨木雕艺术的兴衰与保护调查思考》	李家麟		三等奖
《站在新的起点上　开创街镇文化站建设新局面》	陈起众		一等奖
《完善社区文化中心功能是推动群众文化繁荣的重要举措》	严美键、殷家键		二等奖
《关于区域文化人才队伍建设与发展的思考》	张献梅	2008年第一届中国群文理论与研究优秀论文评奖	一等奖
《论品牌性文化活动的四个形成要素》	马亚平	2009年"打造新时期群众文化品牌"全国群众文化论文评奖	一等奖
《浅析"科学发展观"在群众文化品牌工程中的运用》	孙雪兴		二等奖
《略谈海派秧歌对社区文化活动的创新》	何庆和		三等奖
《探索城市文化艺术节与群文活动项目的"母子品牌"运作方式——"我们的家园"社区文化系列活动的品牌打造之路》	史晓风		三等奖
《打造新时期群众文化品牌五席谈》	宋昊		三等奖
《论"后世博"群众文化表现与科技融合的创新趋势》	沈骁	2010年"群文与创新"全国群众文化论文评奖	一等奖

（续表六）

题　　目	作者（单位）	奖　　项	获奖情况
《人·城·文化——群众文化在现代城市公共空间的塑造》	丁畬卫、邓华龙	2010年"群文与创新"全国群众文化论文评奖	二等奖
《浅析世博会"全城效应"下城市群众文化活动的创新意义》	张昱		二等奖
《传承海派文化　融入世博元素——上海市徐汇区群众文化创新思路刍议》	张晓言、宋继大		二等奖
《都市社区文化创新之旅的思路与践行》	徐皓		二等奖
《群体建思·申遗辨析·战略包容——"画乡"创新三题》	苏颐忠		三等奖

说明：由于资料缺失，获奖资料不全。

二、研究论文

这一时期的论文涉及群众文化的方方面面，主要包括群众文化基础理论、群众文化事业单位改革、社区文化理论、群众文化业务工作等方面的内容。

【群众文化基础理论】

群众文化基础理论包括群众文化发展沿革、基本特征、定位特点、未来走向等方面的研究，上海群众文化工作者在此方面发表的有代表性的论文见下表。

表 5 - 1 - 2　1987—2010 年群众文化基础理论论文代表作情况表

论 文 名 称	作 者	发 表 期 刊
《建国以来上海群众文化的发展沿革》	习文	《上海群众文化研究》1987 年 3 月
《上海工会群众文化发展史略》	李祖良	《上海群众文化研究》1987 年第 4 期《群文论苑》1988 年第 1 期
《具有伟大历史意义的群众文化工作战略转移》	严世善	《文化大视野》2000 年
《社会主义群众文化的社会功能试析》	习文	《上海群众文化研究》1986 年试刊号
《工会群众文化工作的任务与方针》	李祖良	《上海群众文化研究》1988 年第 3 期
《论社会主义初级阶段群众文化的基本特征和发展趋势》	林秉然	《群文论苑》1989 年第 1 期
《上海群众文化现状及对策》	李太松郭常明	《群文论苑》1989 年第 2 期
《新时期职工文化需求及其对策》	周恺	《群文论苑》1989 年第 2 期
《浅析上海近郊亚文化圈现象》	孙雪兴	《群文论苑》1990 年第 4 期
《企业文化与企业群众文化》	周瑞仁	《群文论苑》1987 年第 2 期

（续表）

论　文　名　称	作　者	发　表　期　刊
《家庭文化初探》	陈天年	《群文论苑》1988 年第 4 期
《论以德治国与群众文化的关系》	王坚	《群文世界》2002 年第 1 期
《挖掘文化底蕴　促进文旅结合》	李青舫	《群文世界》2002 年第 3、4 合刊
《城市的现代化需要先进文化来打造》	曹伟明	《群文世界》2004 年第 2 期
《对群众文化学科理论的若干思考》	杨立华	《群文世界》2004 年第 3 期
《浅析群众文化的现代化评判标准》	卢焯星	《群文世界》2004 年第 3 期
《论群众文化的科学发展》	全昌杰	《群文世界》2005 年第 1、2 合刊
《以与时俱进的改革精神　塑造先进的群众文化》	许建华、谈琳、符湘林	《群文世界》2005 年第 3 期
《浅析群众文化在构建和谐社会中的定位》	孙雪兴	《群文世界》2005 年第 3 期
《科学发展观对群众文化工作的若干启示》	叶晓山	《群文世界》2005 年第 5 期
《如何加强和巩固农村公共文化服务体系建设》	施仲君	长三角公共文化论坛研讨会(2006 年)
《对构建公共文化服务体系中体现以人为本执政思想的实践与思考》	黄树林	《群文世界》2006 年第 3 期
《打造生态文化网络文化体系　加快城镇村公共文化建设》	黄胜	《群文世界》2006 年第 3 期
《上海文化发展空间配置》	蒯大申	《群文世界》2007 年第 2 期
《论群众文化科学发展的走向》	全昌杰	《群文世界》2009 年第 6 期
《以科学发展观为指导重新认识新时期群众文化》	陆春彪	《群文世界》2009 年第 6 期
《边缘、中间：群文评价体系　涣散、自信：群文行业精神》	苏颐忠	《群文世界》2009 年第 6 期
《文化生态的培育与城市更新和创新——关于文化"十二五"规划所引发的思考》	曹伟明	《群文世界》2010 年第 4 期
《营建品牌文化　推荐上海优质文化的普及——上海"十二五"群众文化发展建言》	全昌杰	《群文世界》2010 年第 4 期

【群众文化事业单位改革】

自 1983 年开始,上海市群众文化事业单位的改革相继进行,随之出现大量的相关论文,探讨群众文化事业单位的业务范围、内部管理体制改革等,代表作见下表。

表 5－1－3　1987—2010 年群众文化事业单位改革方面主要论文一览表

论　文　名　称	作　者	发　表　期　刊
《深化改革,增强活力,更好地推动文化馆事业的发展》	李太松	《群文论苑》1987 年第 4 期
《文化馆改革初探》	顾忠慈	《上海群众文化研究》1987 年创刊号

论　文　名　称	作　者	发　表　期　刊
《在改革中自我发展，自我完善》	普陀区真如文化馆	《群文论苑》1989 年第 1 期
《优化组合，分级聘用，双向选择，完善管理》	宝山区文化馆	《群文论苑》1989 年第 1 期
《"以文补文"的多种经营，是发展文化馆事业的一条有效途径》	姚岳杰	《群文论苑》1988 年第 1 期
《试论上海城区文化馆（站）发展文化产业的四个制约因素》	丁洁明、王凯	《文化大视野——全国群众文化论文集》
《上海公共文化馆参与文化产业建设之思考》	季金安、张黎明	《群文世界》2002 年第 1 期
《浅论新时期公共文化馆的社会定位与功能发挥——从卢湾区文化馆的实践与探索谈区级文化馆的社会作用》	李伟明	《群文世界》2002 年第 1 期
《改革与管理是保障群众文化事业持续发展的关键》	金志红	《群文世界》2002 年第 2 期
《文化馆在基层文化建设中的地位和作用》	张治国	《群文世界》2003 年第 1 期
《与时俱进　办出特色——兼谈文化馆群文工作的创新》	王　坚	《群文世界》2003 年第 3 期
《试论区级公共文化馆的角色定位》	姚国伟、张亚非	《群文世界》2003 年第 4 期
《架构虚拟群艺馆初探之一》	魏琪	《群文世界》2003 年第 4 期
《关于社会化事业单位公共形象的基本分析》	马亚平	《群文世界》2004 年第 2 期
《改革开放使我们敢闯"禁区"》	田沛泽	《群文世界》2008 年第 5 期
《探寻群艺馆、文化馆公共文化服务新途径》	全昌杰	《群文世界》2009 年第 2 期
《坚持科学发展　努力塑造文化馆公共文化服务新形象》	孟平安	《群文世界》2009 年第 3 期
《为公益性文化事业单位科学管理、队伍建设夯实基础》	周国成	《群文世界》2009 年第 6 期
《初探文化馆如何在改革中求发展》	冯云生	《群文世界》2010 年第 4 期

【社区文化理论】

1984 年开始，上海开展社区群众文化建设的试点工作，1985 年的上海城市群众文化工作会议，正式提出"依靠社会力量办群众文化，创造各具特色的社区文化"的要求，广大群文工作者通过工作实践，撰写了大量与社区文化相关的理论文章，代表作见下表。

表 5 - 1 - 4　1987—2010 年社区文化理论主要论文一览表

论　文　名　称	作　者	发　表　期　刊
《论创造各具特色的社区文化》	林秉然、吴逸群	《上海群众文化工作》1987 年创刊号
《社区文化的特征和功能》	顾忠慈	《群文论苑》1989 年第 2 期
《高等学校在社区文化中的地位与作用》	孙茂华	《群文论苑》1988 年第 4 期
《以群众歌咏为载体提升城市社区文化品位》	俞富珍	《群文世界》2002 年第 1 期

（续表一）

论　文　名　称	作　者	发　表　期　刊
《社区文化建设是精神文明建设的需要》	陈福荣	《文化大视野——全国群众文化论文集》
《社区文化建设，必须以人为本》	王凯	《文化大视野——全国群众文化论文集》
《充分发挥革命遗址作用，搞好社区革命传统教育》	丁洁明	《文化大视野——全国群众文化论文集》
《浅谈上海社区文化对移民文化的整合》	徐剑清	《群文世界》2002 年第 1 期
《上海社区文化离国际水平有多远》	黄树林	《中国文化报》2002 年 4 月 4 日
《试论加强城市社区文化建设的创新意识》	徐剑清	《群文世界》2002 年第 2 期
《社区文化建设中的资源整合与共享》	钟政言	《群文世界》2002 年第 2 期
《以人为本　重在参与　全面推进社区文化建设》	卢湾区文化局课题组	《群文世界》2002 年第 2 期
《浅议群众文化中的社区特色》	朱米天	《群文世界》2002 年第 3、4 合刊
《浅谈社区文化教育》	缪辉	《群文世界》2003 年第 1 期
《论社区文化的建设和管理》	王鹏程	《群文世界》2003 年第 1 期
《社区文化建设在新的历史条件下的创新》	周国成	《群文世界》2003 年第 1 期
《关于建立上海市社区文化活动中心支持系统的一点思考》	刘兵	《群文世界》2003 年第 4 期
《社区文化建设与城市精神》	蒯大申	《群文世界》2003 年第 4 期
《社区文化建设与管理初探》	周新国	《群文世界》2003 年第 4 期
《社区文化建设的思考与实践》	王坚	《群文世界》2003 年第 4 期
《把握先进文化的主要特征　明确社区文化的工作思路》	沈惠琴	《群文世界》2003 年第 4 期
《试论社区文化工作中普及与提高的关系》	黄森	《群文世界》2004 年第 1 期
《浅谈用健康有益的文体活动占领农村社区文化阵地》	王钰君、施仲君	《群文世界》2004 年第 2 期
《适应网格化管理的新要求　强化社区文化建设的体制保证——关于社区文化组织机构、场地设施和人员配置的研究报告》	上海市文化广播影视管理局专题调研组	《群文世界》2004 年第 4 期
《都市农村社区文化建设初探》	张全福、曹甜秀	《群文世界》2004 年第 4 期
《演绎精彩在民间——上海社区文化现代化建设理念的海派文化诠释》	谭玉岐	《群文世界》2005 年第 3 期
《现代化国际大都市社区文化建设四化思维初探》	郭常明	《群文世界》2005 年第 3 期
《对社区多元文化的透析》	黄凌、赵秋霞	《群文世界》2005 年第 5 期
《重心下移　提升效能　构建社区公共文化服务平台——上海在构建社区基层的公共文化服务体系过程中的思路与做法》	刘建	《群文世界》2005 年第 6 期

（续表二）

论 文 名 称	作 者	发 表 期 刊
《文化行业的阳光职业——对社区文化管理工作者实行职业准入的思考》	沈骁	《群文世界》2006 年第 1 期
《让社区文化活动体现更多的人文关怀》	方红艳	《群文世界》2007 年第 6 期
《试论社区文化活动的特点和功能》	贝鲁平	《群文世界》2007 年第 6 期
《论"世博进社区"法律规范作用下的文化行为》	沈骁	《群文世界》2007 年第 6 期
《浅议"积极老龄化"与上海社区老年文化志愿者队伍建设》	张黎明、郑秀珠	《群文世界》2008 年第 5 期
《把世博文化盛宴转化为社区文化食粮》	周建义、邓华龙	《群文世界》2009 年第 5 期
《打造社区文化服务圈保障社区群众文化权益》	李磊	《群文世界》2009 年第 5 期
《杨浦区社区文化中心建设的调研报告》	徐丽云	《群文世界》2009 年第 5 期
《探索具有杨浦特色的社区文化中心资源配置模式》	张亚非	《群文世界》2010 年第 1 期
《创新群文理念　形成群文亮色——"社区文化指导员派送工作"的回顾与展望》	徐皓	《群文世界》2010 年第 2 期
《瓶颈与机遇——简论"后世博"社区文化的发展》	时湘滢	《群文世界》2010 年第 6 期

【群众文化业务工作】

上海的群众文化业务工作方面的论文,有群众文化活动研究、群众文艺创作研究以及各艺术门类的研究等,代表作见下表。

表 5－1－5　1987—2010 年群众文化业务主要论文一览表

论 文 名 称	作 者	发 表 期 刊
《上海群众文化活动的新态势》	李祖良	《群文论苑》1989 年第 1 期
《戏剧小品创作中的几点思考》	王鹏程	《群文世界》2002 年第 1 期
《上海十月歌会、上海十月剧展漫谈》	徐荣	《群文世界》2002 年第 2 期
《打造群众文化的品牌》	黄溪	《群文世界》2003 年第 1 期
《论大型文化活动的形成与发展》	全昌杰	《群文世界》2003 年第 3 期
《二十年风雨　二十载辉煌——上海十月业余剧展回眸与展望》	朱燕	《群文世界》2004 年第 2 期
《浅议歌词创作的与时俱进》	黄玉燕	《群文世界》2004 年第 2 期
《论品牌文化活动的四个行程要素》	马亚平	《群文世界》2004 年第 3 期
《加强群众文艺创作　推动徐汇文化发展》	徐汇区文化局	《群文世界》2005 年第 1、2 期合刊
《浅谈群众文化活动品牌的创造》	查文有	《群文世界》2005 年第 1、2 期合刊
《戏剧小品的赏析与创作》	俞志清	《群文世界》2005 年第 5 期
《群文美术的出格——亦谈抽象绘画》	胡卫平	《群文世界》2005 年第 4 期

(续表一)

论 文 名 称	作 者	发 表 期 刊
《漫谈群文摄影作品中的几个问题》	马小村	《群文世界》2005 年第 5 期
《故事语言的特色及运用策略》	夏友梅	《群文世界》2006 年第 1 期
《加强群文信息工作 建设群众文化网站 拓展群文发展新领域》	孟平安、魏琪	《群文世界》2006 年第 3 期
《宝山国际民间艺术节大型活动探微》	胡建	《群文世界》2007 年第 6 期
《关于 2007 年度上海市群众文艺创作工作现状的业态分析》	孟平安、蔡维扬	《群文世界》2008 年第 1 期
《创作是群众文化的生命》	徐国庆	《群文世界》2008 年第 1 期
《群文美术辅导与"策展人"功能》	邢展	《群文世界》2008 年第 2 期
《关于上海群众曲艺的思考》	殷渭清	《群文世界》2008 年第 2 期
《提升、夯实和彰显上海群文创作的整体实力——关于新三年上海群文创作的思考》	蔡维扬	《群文世界》2008 年第 5 期
《群众老年舞蹈探讨》	殷渭清	《群文世界》2009 年第 1 期
《解构 语境 悦乐——静态艺术中的"表演性"艺术》	苏颐忠、胡卫平	《群文世界》2009 年第 2 期
《为社会的需要,老百姓的需求而创作——群文创作理念之新窥》	杨峰	《群文世界》2009 年第 2 期
《论群文戏曲创作的现代观念》	刘瑛	《群文世界》2009 年第 3 期
《人文含量 地域特色 探索精神——群文美术创作座谈会拉开上海"群星奖"创作架势》	苏颐忠	《群文世界》2009 年第 3 期
《扎根生活 捕捉灵感——浅谈群众舞蹈创作要扎根生活的土壤》	吕艳伟	《群文世界》2009 年第 4 期
《探索城市文化艺术节与群文活动项目的"母子品牌"运作方式——"我们的家园"社区文化系列活动的品牌打造之路》	史晓风	《群文世界》2010 年第 1 期
《活动策划的解析与思考——"抗战珍存"上海市民抗日战争时期图文资料藏品展览方案的策划和实施》	吴榕美	《群文世界》2010 年第 2 期
《坚持以人为本的艺术人文追求——中国上海国际艺术节群文活动的科学发展之路》	赵崇琦	《群文世界》2010 年第 3 期
《欢乐世博 精彩舞台——上海世博会城市文化广场"周周演"活动策划与实施》	张昱	《群文世界》2010 年第 3 期
《浅谈策划大型群文活动的几个理念》	胡建	《群文世界》2010 年第 4 期
《浅谈群众戏剧的舞台和观众》	顾永刚	《群文世界》2010 年第 4 期
《数码时代艺术摄影的二度创作》	徐卫平	《群文世界》2010 年第 5 期
《浅谈世博会"全城效应"下城市群众文化活动的创新意义》	张昱	《群文世界》2010 年第 5 期

论　文　名　称	作　者	发　表　期　刊
《把握青春的节拍——"上海之春"国际音乐节群文活动开幕式方案的策划思路》	吴榕美	《群文世界》2010 年第 5 期
《在本原和传统中的当代阐述——为群文舞蹈创作叩门问道》	张阿君	《群文世界》2010 年第 6 期

第三节　期　刊

一、《大世界》

《大世界》期刊创刊于 1980 年，由茅盾题写刊名，全国公开发行。1983 年停刊。1989 年复刊为内部发行刊物，上海市文化局为指导单位，由上海市群众文化工作委员会主办，市群艺馆承办。《大世界》是综合性文艺期刊（沪期报刊准印证第 128 号），每期 16 开，内芯 48 页，版面内容以发表业余作者的文学、戏剧、影视、音乐、美术、摄影作品为主。主编为上海市文化局杨振龙，历任副主编有邱士龙、杨鑫基，编辑部成员有：苏颐忠、舒光浩、韩祖修、陈鸣、王延龄。

《大世界》期刊是群众文艺创作园地中的一份重要期刊，在 10 余年间，每期容量 10 万字，总刊出约 300 万字，设有诗歌、文学、戏剧、小品、课本剧、影视、美术摄影、音乐、民间艺术以及文艺理论、评论等栏目。期刊发表"群星奖"获奖作品，还有在上海"十月剧展"、上海"十月歌会""江南之春"画展中参演参展的优秀群众文艺作品。这些作品有的被拍摄为影视作品，有的成为中央电视台春节晚会获奖节目，在业余作者中享有很高的声誉。

《大世界》期刊出版至 2000 年第 4 期（总 39 期）。2002 年，《大世界》期刊与上海市群众文化学会会刊《群文论苑》合并为《群文世界》出版。

二、《群文论苑》

《群文论苑》期刊原名《上海群众文化研究》，1986 年 1 月试刊，1987 年 3 月创刊，为内部发行季刊，16 开本。《群文论苑》期刊主管单位为市文化局，主办单位为市群艺馆和上海市群众文化学会。《群文论苑》是发布上海群众文化理论研究成果的主要刊物，为广大群众文化工作者提供交流经验的平台，对上海群众文化理论研究水平的提升发挥了积极作用。

1990 年 7 月 25 日至 8 月 2 日，第四届全国部分群众文化刊物年会在山西省杏花村举行，全国 11 个省、市的 12 家群文刊物的代表出席。《群文论苑》编辑部林秉然参加会议，会上，《群文论苑》被评为"优秀群众文化理论刊物"；"学苑求索""社区文化"两个栏目，获得优秀栏目奖；林秉然被评为优秀编辑。

2002 年，《群文论苑》和《大世界》两刊合一为《群文世界》继续出版。

三、《群文世界》

2002 年，《群文论苑》和《大世界》两刊合一，创刊《群文世界》。《群文世界》创办之初为开本 16

开、内芯 64 页的季刊,2005 年起改版为大 16 开、含 4 页彩页插页、内页共 64 页的双月刊。《群文世界》的主管单位为市文广局,主办单位为市群艺馆和上海市群众文化学会。《群文世界》是群众文化理论和群众文艺创作的综合性刊物,常设栏目有公共文化、社区文化、活动透视、创作论坛、艺苑新葩、非物质文化遗产保护、谈艺录、工作研究、农村文化等。刊物的作者有来自群众文化系统的专业工作者,也有上海社会科学院和高校的专家学者。刊物每期印数为 2 000 册,发行范围遍及上海各级文化单位和全国群众文化系统。自创刊以来,《群文世界》通过报道群众文化活动动态、展示群众文化发展成果、交流探讨群众文化工作经验、介绍分享国内外文化信息等,有效促进了上海群众文化理论的研究和发展,对上海群众文化工作起到了指导和推动作用。《群文世界》历任主编有刘建、杨振龙、孟平安、萧烨璎,历任副主编有季金安、刘晓南、沈伟民、孟平安、蒋金明、李向阳、魏琪。

2002 年创刊伊始,《群文世界》刊物的创作板块刊登业余作者的文学、戏剧、影视、音乐、美术、摄影作品和艺术评论文章,设有艺苑新葩、书画天地、诗林独步、散文掇英、品艺斋、文学天地等栏目;理论板块刊登群众文化理论研究成果,设有文化馆学、调查研究、社区文化研究、都市文化发展、工作研究、民俗文化、校园文化等栏目。

2003 年,《群文世界》在选题上注重对文化热点的把握,如文化速递专题,聚焦长三角文化与发展论坛,探索文化共同发展之路等,同时还将长三角文化论坛中的论文和有关资料编印成册;开设的新栏目有:"文化世博大讨论"专题,对上海城市精神进行研究与讨论;"群文 BBS"栏目,为广大群众文化工作者提供互动交流的园地,展现对群众文化工作的独特见解与感悟。当年,还编辑了抗击非典专刊,刊登了在"守望相助 众志成城"抗非典专题创作作品征集活动中获奖的群众文艺创作作品共 78 页。

2004 年,《群文世界》注重为基层服务,在"社区文化"栏目中对社区文化的工作经验进行研讨和交流;加强了对民族民间文化的研究,在"八面来风"栏目中刊登多篇研究上海民族民间文化保护项目的文章。开设的新专题和新栏目有:数字群文专栏、群众文化活动的创新与发展专题、对外交流专题等。

2005 年,《群文世界》进行改版,从原来的季刊变更为双月刊,开本从 16 开变更为大 16 开,新增 4 页彩色插页,专题登载群众文化活动和群众文艺创作的相关图片。对群众文艺创作进行专题研究,在艺苑新葩、创作论坛等栏目中增加群众文艺创作的专家点评,在工作研究栏目刊登多篇研究群众文艺创作规律的文章;新增活动透视专栏,对群众文化活动的运作经验进行专题研讨。

2006 年,《群文世界》新增非物质文化遗产保护专栏,探讨交流非物质文化遗产保护的理论和实践成果。第 5、6 期为上海市群众艺术馆馆庆 50 周年彩页特刊,通过创作与活动、辅导与传播、调研与信息、非物质文化遗产保护等专栏,全面展现了市群艺馆 50 年的发展历程。

2007 年,《群文世界》新增公共文化专栏,特邀上海社会科学院的专家和来自基层的群文工作者共同撰稿,使专栏内容既有公共文化领域内具有顶层设计意义的学术理论,也有实践工作的经验总结。第 1 期为"海上年俗"彩页特刊,以"海上年俗"特色活动为主要素材,以图文并茂的形式展现了除夕、春节、元宵等年俗风情;第 3、4 期合刊为第一批上海市非物质文化遗产名录彩页特刊,民俗、民间美术、传统手工技艺、民间音乐、民间舞蹈、杂技与竞技、传统与医药、民间文学等栏目展示了上海第一批非物质文化遗产保护的全部名录。

2008 年,《群文世界》推出多个新的专题栏目:"群众文化三十年"专题栏目,特邀资深群众文化工作者畅谈群众文化发展历程中的变革之路;"我们迎世博"专题栏目邀请专家解析中国元素与世博会的热点话题;"群众文化工作会议"专栏专题刊载会议交流中的精彩发言;第 4 期为抗震救灾上海群众文艺创作作品专刊,共刊登诗歌作品9件、短剧小品10部和歌曲创作13首。第6期为上海民族民俗民间文化博览会专刊,刊登了多位专家关于民族民俗民间文化保护的理论文章,彩页部分展示了上海民博会的精彩展品。

2009年,《群文世界》在编辑总体构思方面做了较大的调整,每一期都推出一个热点主题专栏,如"春节民俗专题""经济寒冬和文化暖春专题""文化遗产和非物质文化遗产传承人专题""群文创作理论和作品专题""公民文化权益保障专题"等。在栏目内容策划上进一步注重群众文化理论对群众文化工作的引领示范效应,如"公民文化权益"专题栏目,邀请专家和群众文化工作者一起探讨文化馆在公共文化服务中的新作为;"学习实践科学发展观"专题,重点刊发上海群众文化系统学习落实科学发展观的工作体会和经验;新增"环球视野"专栏,精选国内外文化建设的生动案例,给予群众文化工作者启发;新增"群文杂谈"栏目,汇集了群众文化实践的精彩观点和思想火花。

2010年,《群文世界》在卷首诗、创作作品、理论文章、彩页图片等各方面都围绕世博主题征稿;重点对群众文化品牌与群众文化创新进行探索和研究,先后推出"群文品牌"获奖论文专题和"群文创新"专栏;推出群众文艺创作作品专题栏目,刊登第十五届"群星奖"参赛作品;活动透视专栏推出中国上海国际艺术节专题,解析群众文化活动的策划方案。市群艺馆馆办网站从2010年开始,将《群文世界》纸质文本电子化,在网站上开设《群文世界》专区,按期发布全刊内容。

《群文世界》编辑部在出版刊物的同时,还不定期举办笔会、座谈会等活动,不断听取关于刊物的改进建议,同时拓展作者队伍,着重培养年轻作者。2008年12月29日,在青浦举行《群文世界》笔会,会期2天,20余位作者出席笔会。与会者对刊物的栏目内容、版面设计、作者队伍组建方面提出了可操作的建议,如建议刊物在选稿上选择更具前瞻性、引领性,更贴近群众文化工作实际的理论成果,促使理论转化为生产力,指导实际工作;建议不断更新办刊理念,以"大文化"的视角,拓宽视野和信息量;建议刊物的版式设计和彩页进一步创新,期望达到更加美观的效果等。

图5-1-3 2007年第1期和第2期《群文世界》封面

第二章 民间文艺研究

上海民间文艺类别丰富多样,富有特色,为民间文艺研究提供了丰厚的土壤,促进了上海民间文艺研究的发展,并取得丰硕成果。

第一节 研 究 机 构

一、上海民间文艺家协会理论专业委员会

上海民间文艺家协会理论专业委员会(下称理论专委会)是设立在上海民间文艺家协会之下的一个理论研究机构。理论专委会最早源于上海民间文艺家协会理论组,20世纪80年代初建立,主要专家学者包括姜彬、赵景深、罗永麟、李白英、钱小柏、魏同贤、郑硕人、钱迅坚(即钱舜娟)、王永生、杨荫深、李平、江巨荣、刘金、张军、王子冶等。至90年代以后,又涌现出陈勤建、蔡丰明、徐华龙、田兆元、郑土有等一批中青年专家学者。

1992年,上海民间文艺家协会理论组改制成为理论专委会,成立之初有专家学者50余人,大部分人员是来自复旦大学、华东师范大学、上海师范大学、上海社会科学院等单位的民间文艺研究者,其中既有成果累累的老专家,也有成绩优异的年轻后辈。他们在神话学、歌谣学、故事学和民俗学等领域成绩卓著,不断出版相关著作,不少著作获得市级乃至国家级学术成果奖。

理论专委会自成立以后,组织、策划、举办了各类民间文化活动,开展了多次与民间文艺相关的学术研究与田野考察活动。

20世纪90年代开始,理论专委会充分发挥研究专长,与有关部门及其他专业委员会长期合作,共同举办各种类型的学术研讨会,积极探讨民间文艺的艺术特点与生存状况。2004年召开以"民间传统故事与新故事研究"为主题的研讨会,对民间故事的现代转型与新故事的艺术特征、创作现状以及如何提高艺术内涵等课题展开深入的讨论。自2005年以后,理论专委会以非物质文化遗产保护工作为抓手,经常邀请全国及沪上非遗专家,就共同关心的非遗保护方面的话题进行深入探讨,积极发挥理论对实践的指导作用,借助论坛平台为非遗保护工作出谋划策,先后举行10多次有关非遗保护的学术会议,主要包括城市发展与非遗保护、民间文艺与非遗保护、民间节日与非遗保护、民俗旅游与非遗保护等主题。

20世纪末,理论专委会开展了上海及周边地区的田野考察活动,先后在上海三林、闵行、七宝、南汇、奉贤、松江,江苏镇江、苏州、无锡、吴江,浙江温州、余姚、慈溪、诸暨、嵊泗、盐官等地进行了10多次田野调查,深入考察了上海民间文艺的存在状况以及歌手、故事家的生存环境,为上海民间文艺工作的推进做了大量的基础性工作。10多年间,理论专委会调查工作的重点是对上海传统民间文艺进行抢救与保存;2003年10月,理论专委会对梅陇镇华一村民俗进行历时1个多月的抢救性调查工作,是其中较有代表性的工作。

随着非遗保护工作的深入展开,理论专委会开展非遗申报的指导工作,帮助相关单位针对区级非遗项目的申报、评选做了大量工作,给予专业知识的指导。2005—2010年期间,理论专委会对上

海龙华庙会、黄道婆手工棉纺织技艺、上海豫园灯会、周虎臣毛笔与曹素功墨、上海三林舞龙、上海三林刺绣等 10 多个非遗项目进行了申报书的撰写辅导工作。

2000—2010 年,理论专委会注重民间文艺的推广与宣传工作,为研究者个人举行作品研讨会。上海《宝钢报》的记者王水持续 10 年进行田野调查,取得丰硕成果,先后出版《江南民间信仰调查》《古越民俗遗存调查》等民俗书籍。理论专委会组织专家召开专题研讨会,对王水的著作及田野调查的成果和价值进行认定。

二、华东师范大学中国民俗保护和开发研究中心

华东师范大学中国民俗保护和开发研究中心成立于 2002 年 3 月,宗旨是保护和开发中国传统文化遗产。该中心成立后,先后参与杭州瑶林仙境、中华民俗村、同里、周庄、广西南宁国际民歌节、福建连城培田古民居等文化项目的开发与设计;参与山海关、重庆磁器口、福建和平镇等地的非物质文化遗产保护和开发工作;中心主任陈勤建教授,多次带领学生参与非物质文化遗产项目的申报工作,协助相关单位完成"梁祝非物质文化遗产""匾额习俗"等非遗项目的申报和文本制作工作。

第二节　民间文艺调查与专题研究

民间文艺调查是上海民间文艺研究的重要特色之一。进入 20 世纪 80 年代,上海的民间文艺调查研究达到高峰。中国民间文艺研究会上海分会(1989 年更名为上海民间文艺家协会,下称上海民协)作为主要发起与组织单位,上承五四以来中国民间文艺调查的学术传统,下启当代区域民间文艺调查与跨地域调查的学术风气,为民间文艺的发展与推进作出了贡献。

一、民间文艺调查

经过长期的实践,上海民间文艺学界在民间文艺调查领域中逐渐确立了一系列的理论思想,包括民间文艺调查的价值、意义、方法等。时任上海民协主席的姜彬十分注重民间文艺调查的学科性价值,他在文章中明确指出:"民间文学的蕴藏量非常深厚,各个民族存在着不同阶段的民间文学形式,通过对这些民族的社会制度、生活习俗、风尚以及文艺创作的深入调查研究与挖掘,对建立有中国特色的民间文艺学是一个获得源泉。"姜彬注重民间文艺调查的方法,认为民间文艺调查应该深入细致、加强自身的体验与参与、提高调查的效率等,认为调查必须从实际出发,尽可能地占有材料,逐渐深入。

自 20 世纪 80 年代以后,上海民协等学术团体组织实施了诸多大型调查计划,其中较为重要的有吴歌与吴地民间传说调查、吴越地区民间信仰调查、江南稻作文化与民间文艺调查、吴越地区海岛民间文艺调查、吴越地区山地民间文艺调查等。1988—1991 年,上海吴越民间信仰课题组在姜彬的带领下组织了 10 多次大型调查活动,对无锡、苏州、南通、杭州、嘉兴、湖州、宁波等地的信仰民俗事项进行了深入的调查,为国家课题"吴越民间信仰民俗"的开展搜集了大量的第一手资料。1992—1996 年,上海稻作文化课题组又在姜彬的带领下组织了 10 多次大型调查活动,对无锡、苏州、临安、杭州、嘉兴、湖州、金华、衢州、丽水、温州等地与稻作文化相关的民俗、民间文艺进行了深

入的挖掘。通过召开调查会议、个别访谈、问卷调查以及参与实地调查等方式,挖掘了大量鲜活的民俗资料,不仅有力地推动了科研项目的开展,也保护与保存了大量的民俗资源。

自20世纪80年代以后,上海民协通过大量的民间文艺调查实践,培养了一批调查力量,运用科学规范的方法从事民间文艺调查工作。比较有代表性的有上海学者王水,经常利用业余时间开展有关江南渔村的调查工作,在调研基础上撰写《上海渔村考察报告》等重要调查成果,在学术界产生了一定影响;上海学者任嘉禾、王文华、陈勤建、阮可章、徐华龙、吴祖德、蔡丰明、郑土有、田兆元等,都参加了大量的民间文艺调查工作。上海民间文艺调查组还通过与江、浙地区联合调查和研究的方式,培养了一批外省的民间文艺调查工作者,其中较有影响的有顾希佳、蔡利民、金涛、麻承照、应长裕、周乃复等。他们大多是基层文化工作者,在姜彬的引领下,参与调查项目并在调查实践领域有所积累,有多人成长为当地民间文学或民俗学研究领域中颇有影响的学者。

在大量的调查研究基础上,上海形成了一批资料丰富、内容扎实、文字通俗、特色鲜明的民间文艺调查成果,这些成果是珍贵的民间文艺和民俗文化基础资料,具有重要的资料保存价值和学术研究价值。其中,民间信仰方面的调查成果有《大山里的鬼神世界——浙江西南山区信仰民间文艺调查》《潮魂:舟山渔民的特殊葬礼》《坛与民间艺能的表演场所》《太保与做社》《江南地区蛇信仰》《奉化春节龙舞的组织与习俗调查》《娄东地区民间信仰习俗调查》《余杭县超山花果农民间信仰习俗考察》《太湖渔民信仰习俗调查》《余姚庙会调查》《嘉定庙宇与供神调查》《温州东岳庙调查》《苏州民间"轧神仙"活动调查》《无锡拜香会活动调查》《浙江义乌山区生养习俗与禁忌》《上海市郊岁时信仰习俗调查》等;稻作民俗文化方面的调查成果有:《湖州水稻种植习俗调查》《江苏无锡稻作生产及其习俗》《永嘉县水稻生产习俗及文化》《从田神向水神转变的刘猛将》《龙游县水稻生产的耕作、水利、饲养及雇工习俗》《嘉兴米市习俗调查》《无锡米市及行规习俗》《峡石米市与米业习俗》《奉化稻米习俗调查》《黄岩牛市习俗调查》等;海岛、渔村方面的调查成果有:《奉化渔村造船的祭祀活动及习俗》《浙江象山港北岸渔区信仰》等。这些调查成果,大多在上海民协编撰的刊物《民间文艺季刊》和《中国民间文化》上发表。

自2003年10月开始,上海民协组织协会10多位专家学者和传统文化抢救工程志愿者,对闵行区梅陇镇华一村包括居住环境、饮食、衣着等习俗在内的民俗文化进行了为期两个月的深入调查。调查结果显示,华一村居民物质生活方面实现了城市现代化,但传统观念和民俗信仰仍然根深蒂固地存在于居民的思想意识之中。王宏刚和王水撰写了相关民俗信仰调查和物质民俗调查报告,报告指出,华一村在城市化进程中已成为典型的"城中村",土地基本转为非农所用,人员也基本转为城市居民,除了仍保持村的建制外,在文化形态上传承了较多的上海郊区农村的传统文化,反映在他们的民俗信仰中,较有代表性的现象包括村中一座规模仅次于龙华寺的华村庙,成为村民祭祀、抬神活动和举行庙会的场所;保持在家中供奉祖先、丧葬习俗中做道场等传统习俗。

20世纪80年代以后,上海各区县在春节和元宵节期间,相继组织了大规模的灯会活动,以丰富群众的节庆生活,引发关注和思考。1983年,宝山县罗店乡组织了中华人民共和国成立以后的首次灯会,吸引了包括外省县城的15万观众。上海各区县随后陆续出现元宵灯会活动,举办"民间文艺年"和民间艺术表演活动,群众反响热烈。1986年,上海民协开展元宵灯会调研工作,并在此基础上撰写了有关元宵灯会的调研报告。报告指出,在社区范围内开展的元宵灯会,探索了特色社区文化,符合群众自娱自乐的要求,建议重视民间艺术,强化民族心理,振兴民族文化。

二、专题研究

【吴语协作区民间歌谣、传说等研究】

上海的民间传说研究最早起步于 20 世纪七八十年代。随着全国民间文学研究工作的展开,上海与浙江、江苏两省一市在姜彬的倡导下成立了民间文学协作区,确立以苏州为吴歌研究中心,杭州为白蛇传故事研究中心,上海为孟姜女故事研究中心,宁波为梁祝故事研究中心,多地联合进行吴语地区民间文学资料搜集和研讨的研究计划。由于这项计划的推动,在 20 世纪八九十年代的 10 多年中,上海的民间传说研究进入高峰期。

孟姜女传说研究　1983 年,上海华东师范大学罗永麟率先发表《论孟姜女故事》(《民间文艺集刊》第四集,1983 年 5 月)一文,从民间语言文学的角度,探讨了孟姜女故事的流传和演变过程。1984 年 5 月,上海民协向全国公开征集孟姜女资料,收到来自全国各地的孟姜女故事、歌谣、宝卷 2 000 多篇(份),出版歌谣、传说两个资料本,稿件来自全国 18 个省市,其中江苏 7 件,陕西、贵州各 4 件,浙江、安徽、四川、甘肃各 3 件,山西、青海、广西、河南、吉林各 2 件,广东、湖北、内蒙古、山东、北京各 1 件。在征集孟姜女资料的过程中,还得到《民间文学》《山海经》《乡土》《乡音》《楚风》《山西民间文学》《海峡民风》等刊物编辑部和广大读者的大力支持。

1986 年 6 月 5—9 日,孟姜女故事学术讨论会在上海举行,全国 12 个省市的 50 余篇论文在会上进行了交流。许多论文从文化史、心理学、伦理学、宗教、民俗等各个角度,探讨了孟姜女传说的产生、发展及其价值,阐明了孟姜女的故事在中国历史上的重要地位与影响。《民间文艺季刊》1986 年第 4 期开设"孟姜女传说研究专辑",收录了参与研讨的 20 篇论文及 2 篇调查报告。这些研究成果,有的对孟姜女故事的演变进行了研究,包括姜彬的《孟姜女传说的演变及其原因》、胡堃的《论战国时期杞梁妻故事的转变及其意义》、潜明兹的《评顾颉刚的孟姜女研究》、周静书的《论文人创作对孟姜女故事的影响》、王仿的《同音联想对孟姜女传说发展的作用》、吕洪年的《孟姜女故事在江南落根的原因》等;有的从文化角度进行研究,包括陈勤建的《孟姜女形象的变形神话机制》、李稚田的《孟姜女传说的文化史价值与意义》、周耀明的《孟姜女故事基本结构的伦理学意义》、刘晔原的《孟姜女传说的传统妇女价值观》、汪玢玲的《孟姜女哭长城与民族心理因素》、陶思炎的《孟姜女研究三题》、涂石的《美女与长城——孟姜女与中国古代文化》等;有的集中在孟姜女戏曲方面的研究,包括李平的《孟姜女故事在宋金元明戏曲中的反映》、朱恒夫的《孟姜女戏剧琐谈》、易人的《论〈孟姜女春调〉》等。专辑还刊登了湖南、苏南等地有关孟姜女的相关调研成果,比较有代表性的有流传于甘肃河西的《孟姜女哭长城宝卷》、流传于江南一带的长歌《春调孟姜女》等。

白蛇传传说研究　《白蛇传》是一部家喻户晓的富有神话色彩的传说故事。它起源古远,流布广泛,内蕴丰富,表现形式多彩多姿,堪称民间文艺发展史上一个范例。浙江《白蛇传》研究小组开始向全国征集《白蛇传》资料,中国民间文艺研究会浙江分会于 1982 年编制《白蛇传资料索引》(《白蛇传》研究资料之一),1983 年编制《白蛇传故事资料选》(《白蛇传》研究资料之二)和《白蛇传歌谣曲艺资料选》(《白蛇传》研究资料之三)。同时,江苏省民间文学工作者协会及镇江分会编印《白蛇传》(资料本)。1984 年 4 月,浙江、江苏、上海两省一市的民间文艺研究组织在《白蛇传》的故乡杭州联合召开了全国首届《白蛇传》学术讨论会,多侧面地探讨了《白蛇传》传说的缘起、流变、思想内涵、艺术规律、社会科学价值及其与民间艺术和民间文学的关系。其中,上海学者罗永麟、陈勤建、赵景深、李平、徐华龙等在大会发言,撰写的会议论文在北京的《民间文学论坛》1984 年第 3 期及上海的

《民间文艺集刊》第7集(1985年6月)上发表。会议论文集《白蛇传论文集》于1986年由浙江古籍出版社出版,文集收录了包括上海罗永麟的《〈白蛇传〉的历史价值和现实意义》,陈勤建的《白蛇形象中心结构的民俗渊源及其潜在动力》,赵景深、李平的《〈雷峰塔〉传奇与民间文学的关系》,徐华龙的《〈白蛇传〉与饮食习俗》等在内的文章。

1989年10月,江、浙、沪两省一市的民协与镇江市文化局、文联联合在镇江召开第二届“白蛇传”学术讨论会,主要探讨《白蛇传》传说中的道德现象,《白蛇传》故事与吴越文化、文人文学、美学、宗教、旅游文化的关系以及《白蛇传》中的人物形象等。上海学者罗永麟的《〈白蛇传〉与中国传统文化的冲突及其悲剧价值》、陈勤建的《新女性的雏形——论白娘娘在中国文学史叛逆女性中的地位》等4篇论文选登在《民间文艺季刊》1989年第4期上,同期还刊发了期刊编辑部撰写的《关于新发现〈白蛇传〉异文的讨论》一文,对白娘子的身世、《白蛇传》的主题、《泪漫金山寺》的评价等有争议的问题进行了综述。罗永麟是改革开放后上海学者中较早研究《白蛇传》的学者,他的第一篇有关《白蛇传》的研究论文《论白蛇传》发表在1981年11月出版的《民间文艺集刊》第一集上。在此后两次相关讨论会上发表的关于《白蛇传》的研究论文,都收入他的《论中国四大民间传说》(中国民间文艺出版社出版,1986年)一书中。《民间文艺集刊》第6期(1984年11月),还发表了陈勤建的《白蛇形象中心结构的民俗渊源及美学意义》一文。

梁祝传说研究　在梁祝传说研究方面,上海学者也有大量的成果。赵景深撰写的《牯岭祝英台山歌》、罗永麟撰写的《试论梁山伯与祝英台的故事》,在梁祝传说研究方面具有开创性的地位。1988年6月,上海民协主编的《民间文艺季刊》(1988年第2期)刊登了罗永麟的《梁祝故事构成的文化因素》、周耀明的《论祝英台形象结构的吴越文化特征》、白岩的《宁波梁山伯庙墓与风俗调查》、吴祖德的《梁祝故事在上海的传播及其特点》、程蔷的《梁祝故事与中国叙事艺术的发展》等5篇与会论文,对梁祝传说的历史起源、形成原因、形象结构、相关习俗、传播影响等问题进行了深入的探讨,对民间文艺的理论研究起到了一定的推动作用。

21世纪初,根据相关规定,江、浙、沪两省一市民间文学协作区的学术活动终止,上海的民间传说研究不再以组织的形式开展活动,后续研究成果相对较为分散。

【吴越地区民间信仰与民间文艺关系研究】

吴越地区民间信仰与民间文艺关系的研究,是20世纪八九十年代由上海社会科学院文学研究所主持开展的一项重要民间文艺研究成果。1989年,上海社会科学院文学研究所在所长姜彬的带领下,获得国家社科基金项目《吴越地区佛、道、巫信仰与民间文艺关系的考察与研究》的立项。课题组把吴越地区的民间文艺与该地区的民间文化联系起来进行研究,把吴越地区民间文艺研究推向一个更加广泛与系统化的高度。课题组在对已有吴越地区民间文艺相关调查进行汇总的基础上,制定系统性的研究框架,包括赞神歌、仪式歌、宣卷、祭祀舞蹈与戏曲、原始美术与民间美术、民间迷信语、民间灯会、民间传说故事等研究内容。课题组还多次组织相关实地考察活动,与大量老艺人、老农民、老歌手、老故事家进行面对面的访谈。1992年,课题组在深入调查的基础上,完成了50余万言的研究成果——《吴越民间信仰民俗——吴语地区民间信仰与民间文艺关系的考察和研究》(上海文艺出版社,1992年7月出版),该著作深入考察了这些具有民间信仰特点的文艺表现形式的来龙去脉和内容特点,所用的资料面广、量大,除了文献资料,很多是流传于民间的活态资料。该课题形成的成果,成为吴越地区民间文化与民间文艺研究领域的财富。

【上海长篇叙事民歌的搜集、整理与研究】

中华人民共和国成立后,大规模的民歌搜集工作开始展开。1961年,上海以中国作协上海分会文学研究所民间文学组为基地,抽调上海文艺出版社民间文学编辑室和市群艺馆的数位同志,组成采风小组,到奉贤县、南汇县进行为时半年的民歌调研,搜集到传统长篇民歌《白杨村山歌》(2 000多句)、《庄二姐望郎》等多部,还有盛行在两县沿海地区的哭嫁歌、哭丧歌和各种民歌民谣、新民歌的创作和流传情况,撰写了《奉贤县民歌调查报告》。改革开放以后,民歌研究再次受到关注。1981年7月,江、浙、沪两省一市吴语协作区成立,江、浙、沪两省一市的长篇叙事民歌收集和研究工作也随之进入一个蓬勃发展的新阶段。在上海民协创办的《民间文艺集刊》(后改为《民间文艺季刊》)上,发表了大量新收集的民歌(见下表)。

表 5-2-1　1981—1988 年整理发表的部分叙事民歌情况表

名　　称	歌唱者、收集者	发表刊物、出版社及时间
《哭丧歌》(上)	任嘉禾、王仿、周进祥记录	《民间文艺集刊》第一集,上海文艺出版社,1981年11月
《哭丧歌》(下)	任嘉禾、王仿、周进祥记录	《民间文艺集刊》第二集,上海文艺出版社,1982年4月
《严家私情》	朱秉良唱,王仿、赵阳记录	《民间文艺集刊》第三集,上海文艺出版社,1982年11月
《白六姐》	吴金宝、吴祥荣、吴德云、姚金龙、张丁泉唱,青文记录	
《五姑娘房门半扇开》	钱阿福唱,朱海容记录	
《林氏女望郎》	朱炳良唱,任嘉禾、王仿记录	《民间文艺集刊》第四集,上海文艺出版社,1983年5月
《红小姐望郎》	方梅春、方雨康唱,王仿、宋新根、沈磊、严良华、孙治平记录	
《白杨村山歌》	朱炳良等唱,王仿、里冈、沈磊、皮作玖等记录	《民间文艺集刊》第五集,上海文艺出版社,1984年2月
《杨村丫枝》	唐宝根、徐荣祥、朱炳良唱	
《杨村异文》	何祥荣、沈洪兴、朱炳良、严炳棠、何祥荣、杨火君唱	
《魏二郎》	汤文英唱,吴周翔记录	《民间文艺集刊》第六集,上海文艺出版社,1984年11月
《孟姜女》	姚永根唱,马汉民、柏金星记录	《民间文艺集刊》第七集,上海文艺出版社,1985年6月
《孟姜女曲调》	姚永根唱,易人、张鸿懿记录	
《姚小二官》	张玉舟唱,阮可章、王仿记录	《民间文艺集刊》第八集,上海文艺出版社,1986年1月
《姚小二官》	钱岳松唱,徐国安、童然军记录	
《刘二姐》	张玉舟唱,彭雪花记录	《民间文艺季刊》(1986年第1期),上海文艺出版社,1986年2月
《刘二姐》	褚为福唱,阮可章、陈德来、王仿记录	《民间文艺季刊》(1986年第1期),上海文艺出版社,1986年5月

（续表）

名　　称	歌唱者、收集者	发表刊物、出版社及时间
《哭嫁歌》	潘彩莲、张文仙唱,任嘉禾、王仿、潘文珍、周进祥记录	《民间文艺季刊》(1986年第2期),上海文艺出版社,1986年8月
《庄大姐》	张玉舟唱,王仿、阮可章、郁耀峰、徐卫其记录	《民间文艺季刊》(1986年第3期),上海文艺出版社,1986年8月
《红娘子》	陈惠民等唱,吴周翔、沈志冲记录	《民间文艺季刊》(1987年第2期),上海文艺出版社,1987年5月
《绣肚兜》	李才清唱,王仿记录	
《红郎娶小姨》	吴县陆根杜唱,廉小弟记录	《民间文艺季刊》(1987年第3期),上海文艺出版社,1987年8月
《姐夫接阿姨》	李火祥唱,周进祥、王仿记录	
《六郎载阿姨》	手抄本上本,徐文初供稿	
《双塔姐》	钱岳松唱,钱昌萍、陈慧华记录	《民间文艺季刊》(1988年第3期),上海文艺出版社,1988年8月
《朱三与刘二姐》	浙江省富阳县民研会提供	《民间文艺季刊》(1988年第4期),上海文艺出版社,1988年11月

　　在积极搜集长篇叙事民歌的同时,上海民间文艺学者还先后发表了相关介绍文章。在发表《哭丧歌》时,同时发表了署名"上海《哭丧歌》采风小组"撰写的《有关〈哭丧歌〉的一些情况》,介绍了任嘉禾、王仿、周进祥从1981年4月开始,历时7个月在上海南汇县搜集哭丧歌的情况;发表《朱三与刘二姐》时,同时发表了吕洪年撰写的《关于〈朱三与刘二姐〉的情况》,对抢救长歌《朱三与刘二姐》的情况作了介绍等。

　　在20世纪八九十年代至21世纪初,上海民间文艺学界还在《民间文艺集刊》与《民间文艺季刊》上发表了一系列相关专题性的研究论文。《民间文艺季刊》1986年第1期,发表了姜彬的《〈魏二郎〉和龙女故事》、徐振辉的《〈魏二郎〉在神话及民歌发展史上的地位》、王仿的《〈白杨村山歌〉源流考》、舜娟的《〈白蛇传〉的优秀续篇——长篇船歌〈小青青〉》;1986年第3期,发表了秦耕的《叙事吴歌"私情"初探》;1987年第2期,发表了姜彬的《〈江南十大民间叙事诗〉序》;1987年第3期发表了王仿的《〈姐夫接阿姨〉的形成、变异与发展》;1987年第4期,发表了天鹰(姜彬)的《长篇吴歌的形成及其他》,分析了长篇吴歌从清中叶至近代繁荣的原因、长篇吴歌形成过程、长篇吴歌与时调、戏曲的关系;舜娟的《〈沈七哥〉与吴越文化》一文论述了《沈七哥》的流传情况、《沈七哥》与稻作文化和太湖西山的关系等;王仿、郑硕人的《汉族民间叙事诗初探》(《民间文艺集刊》第5集,上海文艺出版社1984年2月),论述了叙事诗的特点,介绍了上海叙事诗的搜集,分析了民间叙事诗的形成背景及演变过程;王仿、郑硕人的《叙事唱词与叙事山歌》(《民间文艺集刊》第8集,上海文艺出版社1986年1月),分析了叙事唱词和叙事山歌的差别及其相互间的影响。

第三节　民间文艺与民俗文化研讨会

一、上海主办

　　1999年1月,上海都市民俗研究学术研讨会在上海社会科学院文学研究所举行。上海民俗学研究者蔡丰明、徐华龙、吴祖德、窦昌荣、蓝翔等参加会议,就上海都市民俗的特点、形式、风格、类型、发展趋势等问题进行了深入的研究和探讨,并出版了有关这一课题的论文集《上海近现代社会风俗论集》。以徐华龙、蔡丰明、何定华等为主要骨干的中青年学者提出上海民俗对经济、文化发展的作用不可忽视,特别是西方文明对上海民俗的形成有着密不可分的关系。

同年 11 月,上海民协组织召开"改旧编新与民俗文化发展"研讨会。部分民俗研究者就民间文学作品如何走向现代生活并符合当代人的审美趣味等问题进行了广泛的讨论,提出必须对民间文学进行改编与再创作等观点。与会者还聚焦民俗的保存与发展,民俗在社会主义现代化建设中的功能与作用,浦东民俗的变迁与发展等具有上海特色的民俗研究热点课题进行了探讨。

2002 年 3 月 28—29 日,上海民协以"上海地区民间文艺、民俗学研究回顾与展望"为主题召开上海民协理论年会。来自全国的著名民间文艺家、学者数十人参加此次会议和活动,与会代表对上海地区民间文艺、民俗学研究的相关问题展开了深入的讨论。

2003 年 4 月 10 日,上海民协在新落成的闵行区颛桥镇文化站召开第二届理论年会暨颛桥民间剪纸创作基地揭牌仪式,中心议题是"民间剪纸的保护、继承与弘扬"。民协民间美术创作研究专委会及理论专委会的部分会员参加会议,10 多位与会者提交了论文。与会者围绕剪纸艺术的本体理论、新时期剪纸艺术如何融入市场经济等问题进行了广泛的讨论。李廷益、丁立人、陈麦等会员就剪纸艺术的"技"与"艺",模仿与创新,个性与地方特色,剪纸艺术的故事化,创意、创新与创业以及出版剪纸书籍、举办剪纸展览、编写剪纸教材等问题提出了各自的建议。

2004 年 12 月 17 日,上海民协召开以"民间传统故事与新故事研究"为主题的理论年会。协会 40 多位会员参加会议,围绕传统故事的现代性转型与新故事的艺术特征、创作现状以及如何提高故事艺术内涵等问题开展了较为深入的讨论。

2008 年 9 月 26 日,由上海民协和崇明灶文化研究会联合主办的民间灶花艺术研讨会在崇明县向化镇举行。大会收到一批论文,包括上海民协副主席吴祖德的《灶花与灶君》、崇明县文化馆柴泰熊和宋玉琴的《灶花——崇明乡间艺术奇葩》、施仲君和黄晓的《浅谈崇明灶花及其传承保护》、唐超良的《远古遗韵——崇明灶花图案作法初探》、宋玉琴的《灶花与炕围画之比较》、柴泰熊的《关于崇明灶花的几点质疑》、复旦大学教授陈学明的《从灶花说及生态岛建设》、上海炎黄文化研究会副秘书长倪家荣的《看灶花,到向化——抢救发掘　崇明非物质文化遗产灶花的一点思考》、上海社科院终身研究员周山的《瀛洲有花四季开——崇明灶花散记》、崇明县博物馆周惠斌的《试论金山农民画对崇明灶花艺术的启示》、崇明县文广局高选忠的《浅谈"灶文化"与和谐文化的关系》等,论文后续收入《花开满瀛洲》文集。

2010 年 10 月 22 日,由崇明县非物质文化遗产保护分中心、新河镇人民政府主办的瀛洲古调派琵琶研讨会在崇明县文化馆举行。市有关单位专业人员参加研讨,大会研讨交流的论文包括冯光钰的《瀛洲古调派与琵琶艺术》、任媛媛的《〈瀛洲古调〉音乐风格》、王霖的《〈瀛洲古调派〉源流试探》、王超和黄晓的《浅谈沈肇州在传承瀛洲古调派琵琶中的作用》、赵洪相的《浅谈传承瀛洲古调派琵琶中的一些认识和体会》、崇明县新河镇文广站的《组织培训班、传承和保护瀛洲古调派琵琶》、王永昌的《琵琶尺谱传承体系应当成为院校音乐教育中的重要通用部分》等。

二、上海参与

1995 年 10 月 30 至 11 月 30 日,上海民协与浙江民协、福建民协在浙江省青田市联合举办全国陈十四传说暨青田石雕研讨会。来自全国各地的近50位专家学者参加了会议,会议共收到论文40余篇。陈十四是流传于福建东北部、浙江东南部的一位女神,民间视为妇女儿童的保护神,一直以来受到民俗学者的关注和研究。上海民协还与日本中国民俗学会秘书长广田律子合作,开展关于陈十四信仰的调查研究工作,并编辑了两本共100余万字的内部资料《夫人词》和《夫人戏》。1996年4月22—27日,在北京中国社会科学院举行国际民间叙事文学研究会,来自美国、瑞典、德国、奥地利、匈牙利、日本等近30个国家和地区的民间文化专家共60多人参加了会议。上海民间文艺家协会秘书长陈勤建、副秘书长阮可章出席会议,并分别宣读学术论文《仙道思想——稻作鸟化宇宙观的展示》和《上海城市歌谣的普查及其在吴歌发展历史上的地位》。

1996年5月20—24日,首届语言与民俗国际学术研讨会在沈阳召开。会议邀请了日本、美国、新加坡、英国、德国、澳大利亚、加拿大、俄罗斯、韩国、泰国等国家和地区的民俗学、语言学、人类学、民族学、历史学等学科的学者,共同研讨"语言与民俗"的学术问题。上海民俗学专家参加了研讨会,并作了《中国民间熟语的分类》的专题发言。该发言首次对中国民间熟语中的不同语种作了科学的界定,将繁复多样的民间熟语进行分类、归纳,展现了中国民间熟语研究的最新成果。在大会的优秀学术论文评比中,《中国民间熟语的分类》获得论文一等奖。

同年11月5日—6日,苏州市民俗学会第二次代表大会暨学术讨论会在苏州召开。上海文艺出版社徐华龙,上海社会科学院蔡丰明、许豪炯应邀参加。在研讨会上,徐华龙就"泛民俗主义概念及其表现形式"作了发言,蔡丰明就"民俗文化研究的新思想"发表了看法。

第四节　民间文艺著作

一、研究著作

【吴越文化类著作】

《论吴歌及其他》　该书由天鹰著,上海文艺出版社1985年1月版。该书是姜彬作于20世纪80年代初期的论文集,其首篇论文为3万言的《吴歌研究提纲》,集以往吴歌研究之大成,为吴歌发展历史勾勒了清晰的轮廓。其中,《近代长篇吴歌中妇女形象的历史意义》《吴歌的衬字和叠句试探》《长篇叙事吴歌〈孟姜女〉的人民性》《哭嫁歌和古代的婚姻习俗》《哭嫁歌的思想性和艺术性》等文对长篇叙事吴歌的相关问题进行了探讨。

《吴越民间信仰民俗——吴语地区民间信仰与民间文艺关系的考察和研究》　该书由姜彬主编,上海文艺出版社1992年7月出版。该书是上海民间文学专家学者在对吴越地区民间信仰民俗大量调查与研究的基础上完成的一本民间文艺理论专著,全书53万字。该书从神歌、仪式歌、民间佛教宣卷、酬神祀鬼戏曲、祭祀舞蹈、原始美术与民间美术、民间迷信语、民间灯会、民间传说故事等诸方面,对吴越地区民间信仰与民间文艺的产生、发展、变迁,乃至衰亡的全过程进行了考察,深入揭示了吴越地区民间信仰与民间生活、民间文艺之间的内在联系,将吴越地区民间信仰与民间文艺的研究推向一个新的高峰。书中将吴越地区9大门类民间文艺与该地区的种种民间信仰联系起来进行研究,并选取其中能够反映民间文艺与民间信仰关系的具体表现形态,诸如骚子歌、僮子戏、社戏、谶语、古谚、讲经、宝卷、喜歌、丧歌、求雨仪式、迎龙习俗等展开具体细致的论述,深入考察了这些具有民间信仰特点的文艺表现形式的来龙去脉与内容特点,具有很强的开拓创新意义。该书所用的材料面广量大,不仅有大量文献资料,而且更多的是流传于民间的活资料。课题产生的专著及调查报告,是吴越地区民间文化与民间文艺研究领域的一笔丰厚的财富。

《民间叙事诗的创作》　该书由王仿、郑硕人著,上海文艺出版社 1993 年出版。王仿(即王文华)于 20 世纪 50 年代末、60 年代初,多次深入奉贤、崇明等地采风。80 年代开始重新投入民间叙事诗的搜集、调查与研究中。该书是两位作者数十年间对于民间叙事诗研究的结晶,收入了两位作者的 11 篇论文,对民间叙事诗和吴歌进行了全面的理论探讨。附录部分还辑录了《大拜年》《新刻小杨清山歌》等 6 首叙事山歌。

《稻作文化与江南民俗》　该书由姜彬主编,上海文艺出版社 1996 年 4 月出版。该书是国内第一部系统探讨和全面研究江南地区稻作文化的学术著作,是区域文化研究的又一个成果,是国家社会科学基金资助项目。自 1991 年立项,到 1994 年完成,历时 3 年,计 57 万字。全书内容包括序论、江南稻作的起源和演变、稻作生产的耕作习俗与乡规民约、稻作生产与民间生活方式、稻作生产与民间农艺、稻作生产与经济贸易民俗、稻作生产与民间医药、稻作生产与民间礼俗、稻作生产与自然界崇拜、稻作生产与民间巫术、稻作生产与民间神灵信仰、稻作生产与民间口承文学、中日稻作礼仪的比较研究等章。撰写作者有姜彬、陈忠来、莫高、欧粤、蔡利民、许豪炯、顾希佳、应长裕、麻承照、蔡丰明、郑土有、诹访春雄(日)等。该书最突出的理论特点,是从文化人类学、民俗学、考古学、历史学、社会学、宗教学等学科角度,多层次、系统性地研究了江南稻作生产的文化意义以及与当地社会生活、精神生活的关系。该书论述的范围主要包括三个层面:在物质生产层面上,详细考察了江南地区稻作生产的历史起源和发展过程,论证了江南稻作生产的悠久历史,证实了江南地区稻作经济在中国经济、文化中的重要地位,以大量的第一手资料,论述了江南稻作生产的具体组织形式和运作特点,论证了促进江南稻作生产发展的决定性作用;在社会生活层面上,该书的研究范围涉及稻作文化与社会生活方式、社会组织和制度等各个方面的关系,对于稻作文化给予当地人民的饮食、服饰、居住、交通、节日、医药等方面的各种影响作了全方位的介绍,勾勒了一幅较为完整的稻作生活画面;在精神生活层面,该书不但研究了稻作文化对物质、生产的重要影响,而且还研究了稻作文化对当地人民的精神思想,诸如宗教信仰、民风民俗等方面的影响,特别是对由稻作文化而产生的各种自然崇拜、民间神灵信仰、民间巫术、民间文艺等方面的现象作了深入的考察和研究,指出了它们与稻作文化之间的密切关系。通过以上三个层面的研究,江南稻作文化的概念、内涵、意义以及与其他文化现象的关系得到了较为深刻、明确的阐释,涵盖了有关稻作经济民俗、社会民俗、信仰民俗、游艺民俗等多方面的内容,对江南地区稻作文化在民俗方方面面的论证较为完整,理论剖析充分。

该书论述了生产方式对江南地区文化、民俗的影响,稻作文化和民间风俗的历史发展过程,阐述了江南文化在中国各区域文化中的地位和作用。姜彬主持的江南稻作文化研究,在理论价值方面,开拓了一个区域文化学研究的新领域,建立了一个较为完整的稻作文化研究体系,从文化人类学、民俗学的角度考察了江南稻作文化的发展过程;在现实价值方面,为江南民俗研究提供了大量鲜活的第一手资料,具有很高的理论价值和现实价值。

该书 1997 年获上海社会科学院优秀成果特等奖,1998 年获上海市哲学社会科学优秀成果一等奖,1999 年获首届国家社会科学基金优秀成果二等奖。

《江南民间社戏》　该书由蔡丰明著,百家出版社 1995 年出版。全书对江南民间社戏的历史渊源、主要类型、演出功能、宗教色彩、社会基础、班社组织、演出习俗、民间本色等作了全面的探讨。该书于 1996 年获上海市哲学社会科学优秀著作三等奖。

《江南民间信仰调查》　该书由王水著,上海文艺出版社 2006 年 6 月出版,全书由 10 篇论文组成。

《吴语叙事山歌演唱传统研究》 该书由郑土有著,上海辞书出版社 2005 年 10 月出版。该书梳理了吴语山歌、吴语叙事山歌发展史、搜集整理史、学术史。结语部分对吴语山歌的形态特征作了概括。

《吴越文化的越海东传与流布》 该书由蔡丰明主编,学林出版社 2006 年 3 月出版,上海社科院学者黄江平、许豪炯、王宏刚,浙江学者周乃复、顾希佳、莫高等共同撰写。

《东海岛屿文化与民俗》 该书由姜彬任主编,金涛任副主编,上海文艺出版社 2005 年 6 月出版。该书全面阐述了东海众多岛屿上的民俗现象,系统研究了东海岛屿民众的物质生产民俗、社会礼仪民俗、文艺信仰民俗等各种民俗形态。

该书的主要特点:一是把海岛民俗放在吴越区域文化的背景下进行研究,并从历史的角度研究海岛民俗。在研究和论述海岛民俗时,着眼于源头发端,如研究海岛人的生产民俗时,先论述生产民俗的变迁与特征,以及造船是如何发生的;研究海岛人的生活礼仪时,先论述这些生活礼仪的历史渊源;研究海岛人的信仰民俗时,先论述海岛人神灵信仰的萌发和特征,以及海岛人文学艺术创造的历史渊薮。该书将海岛民俗从古至今进行了研究和论述,采用大量考古资料和文献资料,梳理了历史发展脉络。

二是全方位地深挖海岛民俗的潜质,多角度地揭示其特色。舟山群岛系浙东近海岛屿,岛上居民虽起源很早,已发掘出不少新石器时代文化遗址,但明清两代多次"海禁"迫使岛民搬迁一空,岛上的居民大多是后来从宁波等地迁入的,因此岛上居民的习俗与大陆沿海农村居民习俗颇多相同之处。然而许多岛民是前几代迁居上岛的,由于生活环境和劳动环境与大陆迥异,逐步形成了独特的岛屿民俗。而从大陆带入的风俗习惯,也在新的境遇里产生出新的因素,带有岛屿色彩。该书的许多章节,运用丰富的实证资料,饱满而浓郁地呈现了岛民的民俗特色。

三是在研究和论述时,观照各种民俗事象间的联系。其中,在论述造船礼仪时,联系到岛民的信仰民俗;在论述海岛人的神灵信仰时,常以渔业生产为例。

该书对于民间文艺、民俗学的理论研究具有重要意义,在方法论的探索上也有一定的新的拓展。尤其是该书运用马克思主义的历史唯物论和辩证唯物主义的方法,系统研究具体民间文艺与民俗学问题,并在此基础上提出诸多富于创新意识的理论观点,使该书在学术上实现了一种新的突破与超越。该书 2006 年获得上海市哲学社会科学优秀著作三等奖。

二、民间文艺文献整理

上海有关民间文艺与群众文艺的文献整理工作始于 20 世纪五六十年代。20 世纪 50 年代初,上海新文艺、文化生活出版社等单位开展有关民间文艺的编辑、出版工作,并先后出版《民间文艺选辑》12 集。1957—1960 年,上海文艺出版社出版《民间文学集刊》10 集,这两个丛刊刊载了一部分民间故事。1955—1959 年,先后编辑、出版 27 本民间故事集。20 世纪 60 年代初,采风组采集了长篇叙事歌谣《白杨村山歌》、仪式歌《哭嫁囡》等。

20 世纪 80 年代开始参与编撰《中国民间文艺》十大集成上海卷的工作,历经 10 年陆续完成。其中,1994 年 10 月,"七五"国家艺术科研重点项目《中国民族民间舞蹈集成·上海卷》正式出版。

【《中国民间文学集成》】

由中国文联、中国民协、中国民委等发起并组织编纂的大型民间文学资料集,主要搜集中国民间故事、民间歌谣、民间谚语等民间文学方面的作品,具体分为《中国民间故事集成》《中国歌谣集成》《中国谚语集成》三大类别。根据国家文化部门的编纂要求,同年,全国成立了"民间文学三套集成"办公室,负责全国的"民间文学三套集成"编纂工作。除此以外,各个省市也分别成立"民间文学三套集成"办公室,负责各省市的"民间文学三套集成"的编纂工作。

【《中国民间文学集成·上海卷》】

由上海市文联、上海市民协等组织编纂的上海市民间文学三套集成,是在全国民间文学三套集成办公室指导下实施推进的地方性民间文学集成成果。根据要求,自 1986 年 3 月至 1988 年 4 月,全市组成近 5 万人的队伍,在 22 个区县全面开展民间文学普查。在广泛普查和搜集整理的基础上,上海按照科学性、全面性、代表性原则,编选出版了具有上海特点的收录民间故事、歌谣、谚语优秀作品的 3 部总集(市卷本),具体包括《中国民间故事集成·上海卷》《中国歌谣集成·上海卷》《中国谚语集成·上海卷》3 个分卷。

【《中国民间故事集成·上海卷》】

该卷是在全市城乡广泛深入开展民间文学普查的基础上,历时 10 余年,经五易其稿编纂而成的。这是上海有史以来规模最大的民间口头文学搜集整理与记录性文献。民间文学普查的成果表明,在上海地区流传着丰富多彩的劳动人民口头创作的民间故事。选录的这些作品既具有鲜明的民族性和突出的艺术特色,也是文学欣赏和借鉴的艺术珍品;有很高的科学价值,是民间文艺学、民俗学和其他学科的宝贵研究资料。该卷的内容主要包括传说与故事两大类。传说记录的有上海文人传说、上海小刀会传说、地方传说、动植物传说、土特产传说、风俗传说等 10 余种;故事分别有动物故事、幻想故事、鬼狐精怪及其生活故事、机智人物杨瑟岩的故事、熟语故事、寓言、笑话 7 大类。从这些民间故事的内容看,记录了不同时期生活在上海的不同民族的生活状态,诸如对他们的生活习俗,包括婚丧礼仪、年节活动、衣食住行、生产和生活中的禁忌等都给予解释,增添了这些习俗的生活情趣和历史文化内涵,确认了故事在民俗学中的价值。故事在反映民族特有的习俗、宗教信仰、民族崇拜等方面具有一定的参考意义,对于民族学研究来说也有很大的帮助,是不同时代老百姓根据自身生活经验总结的智慧结晶。这些民间故事描述了不同时期的生活方式、生活习俗、生活状态,为现代人更好地了解过去提供了重要途径。

【《中国歌谣集成·上海卷》】

该卷是上海在广泛普查的基础上形成的一个重要成果,所收歌谣 1 300 多首,全面地反映了上海各历史时期民间歌谣创作和流传的概貌。该卷歌谣按内容分类编排,共 11 大类,分别为引歌、劳动歌、时政歌、革命斗争歌、仪式歌、情歌、生活歌、劝世歌、风物歌、历史·传说·故事歌、儿歌。大类之下,根据歌谣具体内容,又分为若干小类。每首歌谣包括歌题、流传地区、正文、演唱(口述)者姓名、采录者或资料提供者姓名、采录时间及地点、注释、附记等,并且将上海行政区划图、市区和郊县歌谣普查示意图及部分照片资料等收录入集。该卷不仅是上海民间歌谣作品的集萃,同时也包括了对与歌谣相关联的民俗的调查研究成果,在各种说明、注释和附记中科学地阐述和记载了它们之间相互依存的关系。集成的出版,对于推动上海的文艺创作和科学研究具有多方面的作用和广泛的影响。1997 年 10 月 14 日,《中国歌谣集成·上海卷》在北京通过终审。

【《中国谚语集成·上海卷》】

该卷是 1986 年开始由全市各区县民间文学集成办公室组织力量,在广泛普查的基础上形成的又一个重要成果,共计收录上海地区流传的谚语 1.8 万余条。该项成果比较全面地反映了上海各历史时期谚语创作和流传的概貌。谚语按内容编排,共 10 大类,分为修养谚、事理谚、生活谚、社交谚、文卫谚、乡土谚、时政谚、行业谚、农副谚和自然谚。大类之下,根据谚语具体内容和条目多少,又分为若干中类和小类。该卷广集上海谚语之大成,在普查采集过程中,工程浩大、任务艰巨。该书的主要特点:一是在采集、整理、翻译、鉴别、编排等各个环节,具有真实性、准确性。二是全书所收作品,基本涵盖了上海各个地域的各类谚语,包括富有实用和研究价值的异文变体。三是凡入书谚语经久流传,有较强延续性和一定覆盖面,有一定的影响,富有较浓乡土气息的地区代表作均收录入集。四是对农副谚语和自然谚语中有不同说法的谚条,注明流传地区;对特殊用语、典故、习俗及多音字、生僻字、俚语等,加以适当注释并用国际音标注音。

该部集成具有科学性、全面性、代表性,真实、全面、准确地反映了上海谚语创作和流传的面貌,体现上海特色与都市特色,也反映了 20 世纪 80 年代中国民间谚语搜集、整理、翻译、研究的水平及成果。

【《中国民间文学集成·上海卷》(区县卷本)】

1986 年 8 月,松江县专门组织力量全面发动,对全县 21 个乡镇展开了民间文学艺术作品普查收集工作。至 1990 年出版的《中国民间文学集成上海卷·松江县故事分卷》,28 万字,收入民间故事 165 篇;《中国民间文学集成上海卷·松江县歌谣分卷》,30 万字,收入民间歌谣 305 首;《中国民间文学集成上海卷·松江县谚语分卷》,10 万字,收入民间谚语 1 731 条。

青浦县非常重视对青浦田歌这一独特的民间艺术进行收集、整理、保护和开发,1988 年编成的《中国民间文学集成上海卷·青浦县歌谣分卷》中,收录了劳动歌、时政歌、仪式歌、情歌、生活歌、历史传说歌、儿歌等共 154 首。

嘉定县民间文学集成办公室在各乡镇全面系统地开展民间文学的搜集整理,搜集到故事、传说 1 109 篇,民歌 3 283 首,谚语 7 171 条,编印了乡镇卷本 50 册。其中陆稼书、朱元璋、外冈游击队的传说和《莳秧歌》《雇工谣》《五抗歌谣》及《结识私情》《十二月长工苦》等歌谣,颇具地方特色。

卢湾区文化局 1987 年通过街道进行民间文学普查,共搜集民间故事 1 500 多篇,民间歌谣 800 余首,谚语、歇后语 3 500 多条,计 200 多万字。经删节提炼,编成 70 多万字的《卢湾区民间文学三套集成》。

闸北区成立以李振谷为主编的民间文学编辑班子,历时 2 年,整理编辑完成《中国民间文学集成上海卷·闸北分卷》,分上、下册,共 37 万字,上册选入神话、人物、史事、动植物、土特产、民间工艺、风俗、传说、故事、寓言、笑话等 18 个门类共 200 则,下册选入歌谣 120 首、各种谚语 500 条。

闵行区 1988 年搜集、整理区内流传的民间文学,汇编《闵行区民间文学集成》,其中收录歌谣 246 首、谚语 720 条、民间故事 228 篇,计 30 万字。1989 年初《中国民间文学集成上海卷·闵行区故事、谚语、歌谣分卷》编辑出版,编入故事、神话、传说 179 篇,谚语 577 条,歌谣 113 首,共 30 万字。

静安区编印《中国民间文学集成上海卷·静安区分卷》2 卷,约 75 万字。其中故事分卷分神话、传说、故事、寓言、笑话 5 大类,250 篇;歌谣谚语分卷,汇集歌谣 356 篇、谚语 631 条,被市民间文学三集成领导小组评为优秀区卷本。

杨浦区民间文学集成编委会 1989 年编写《中国民间文学集成上海卷·杨浦区分卷》,由市新闻出版局核准作内部资料出版。

上海县编辑出版《中国民间文学集成上海卷·上海县分卷》,编入故事 31 篇、传说 123 篇、谚语640 条、歌谣 210 首。1992 年,根据《民歌集成》上海卷编辑部增补民歌的要求,上海县文化志办公室先录后记,录得音带 10 盒,时长约 400 分钟,收录民歌、小调 135 首,叫卖声 17 首,选送《民歌集成》编辑部 45 首。

黄浦区民间文学集成编委会选出传说 135 篇、故事 463 则、笑话 66 则、歌谣 364 首和谚语 1 277条,共 163 万字,分印成《中国民间文学集成上海卷·黄浦区故事分卷》上、中、下册及《中国民间文学集成上海卷·黄浦区歌谣、谚语分卷》一册。

宝山区文化工作者历时 3 年,深入千家万户广泛普查征集,经采录、整理、筛选后编辑的《中国民间文学集成上海卷·宝山区城区分卷》收集了 163 篇故事、131 首歌谣、208 条谚语,约 42 万字;《中国民间文学集成上海卷·宝山区乡镇分卷》收集了 157 篇故事、101 首歌谣、450 条谚语,约 25万字。两书于 1989 年 10 月出版。

虹口区 1988 年 10 月出版《中国民间文学集成上海卷·虹口分卷》4 册。1990 年 6 月出版《中国民间文学集成上海卷·虹口区歌谣谚语分卷》。

川沙县 1989 年编辑出版《中国民间文学集成上海卷·川沙县故事分卷》一书。

崇明县 1990 年编写完成《中国民间文学集成上海卷·崇明县分卷》。

奉贤县 1991 年开展民歌普查,共采录民歌 124 首。谚语采集工作与民歌采集同步,经 3 年收集筛选,汇总整理出 1 082 条,编成《奉贤县谚语分卷》《奉贤县歌谣分卷》合印成册。1993 年出版《中国民间文学集成上海卷·奉贤县歌谣谚语分卷》。另 1987 年 12 月出版《中国民间文学集成上海卷·奉贤县故事分卷》一书。

【其他民间文艺文献整理】

20 世纪八九十年代,上海的大部分区县除编纂出版了民间文学三套集成以外,还完成了《中国民族民间器乐曲集成》《中国民间舞蹈集成》等其他一些民间艺术门类文献资料的编纂整理工作。

1983 年金山县文化馆组织采集整理民间歌曲,于 1985 年编印成金山县第一部民间歌曲专集《金山民歌选》。

崇明县 1987 年编写完成了《上海市崇明县民间器乐曲集成》(试编本)修改稿;1989 年 9 月正式编印成《上海市崇明县民间器乐曲集成》,分上、下两集;1990 年编写完成了《中国民族民间舞蹈集成上海卷·崇明县分卷》。

青浦县对全县民族民间舞蹈进行普查,编写《中国民间舞蹈集成上海卷·青浦县分卷》,记载民间舞蹈 34 种,逐步恢复活动的有 18 种。

1988—1989 年,奉贤县出版了《奉贤县民族民间器乐曲集成》《奉贤县民间舞蹈集成》《奉贤县民间故事集成》,并对奉贤滚灯、皮影戏、剪纸等民间艺术进行挖掘整理。

川沙县 1989 年编辑出版《川沙县民间舞蹈集成》。

1989 年 10 月,宝山区出版《中国民族民间器乐曲集成上海卷·宝山区乡镇分卷》,收集了丝竹乐 31 首、吹打乐 38 首、锣鼓乐(道教音乐)5 首,《中国民族民间舞蹈集成上海卷·宝山区分卷》收集重点舞蹈 2 种、一般舞蹈 9 种。

1990 年,松江县完成和出版了《中国民间器乐曲集成上海卷·松江县分卷》,全书 11 万字,收入民间器乐曲 73 首;《中国民间舞蹈集成上海卷·松江县分卷》,字数 15 万,收入民间舞蹈 31 种。

除了民间文学三套集成以及民间艺术集成之类的大型资料总集以外,上海在 20 世纪 80 年代至 2010 年还编纂出版了其他许多有关民间文学与群众文学类的文献资料。

1996 年,《全国获奖儿歌集》由上海辞书出版社出版,汇集了上海生肖系列儿歌大赛 10 年中的成果,收入 199 首获奖作品。同年,《故事会爱好者丛书》又出版了两辑,第一辑为《悲剧故事》《武侠故事》《荒诞故事》《怕老婆故事》4 种;第二辑为《世界谜案故事》《笑话故事》《阿 P 故事》《名作故事》4 种。这两辑丛书出版后,受到欢迎。上述书籍内容大部分取材于《故事会》刊物,也有新创作的作品。

1999 年出版的《语海》,是一部有关民间俗语方面的重要资料集,在汇聚民间用语方面具有较强的代表性。《语海》是由上海文艺出版社总体规划,上海各界专家学者 100 多人共同参与编写的一部重要的民俗文化工具书,全书 500 多万字,分上、下两卷。此书历时 10 年,收录俗语、谚语、俗成语、歇后语、惯用语、暗语等民间话语条目数万条,在表述方式及语言风格方面都与以往各种以书面语为主的词典有较大的区别,引起了国内外专家和学者的关注,认为是一部不可多得的语汇工具书。该书的出版体现了上海在民俗文化研究方面的水平。

第五节　民间文艺论文与《民间文艺季刊》

一、论文

1991 年,上海社会科学院承担国家社会科学基金项目"江南稻作文化与民俗"课题研究,3 年时间内撰写了 20 多篇调查报告。1992 年,《中国民间文化》以"稻作文化与民间信仰调查"为专号,刊登了腾占能的《慈溪的龙王庙及求雨活动》、陈俊才的《太湖渔民信仰习俗调查》等重要的调查报告,为稻作文化研究奠定了基础。1993 年至 1994 年,有一大批高质量的稻作文化研究报告发表,《中国民间文化》1993 年第 2 期开设了 3 个相关栏目,分别为"民间稻作文化""水稻生产与民间信仰""稻作文化与生活习俗",发表相关调研报告 14 篇。在"民间稻作文化"专栏中发表徐御静的《永嘉县水稻生产习俗及其文化》,唐朝亮的《龙游县水稻生产的耕作、水利、饲养及雇工习俗》,钟铭的《湖州水稻种植习俗调查》,刘健的《浙江省部分地区的稻作文化》,朱海容的《江苏无锡稻作生产及其习俗》等。在"水稻生产与民间信仰"专栏中,发表了应长裕的《麻雀·青蛙·蚯蚓·牛·龙·田公田婆——奉化民间稻作神信仰》,袁震的《苏州地区水稻生产中的信仰现象》,王水的《从田神向水神转变的刘猛将——嘉兴连泗荡刘王庙调查》,余麟年的《"虫"、"足下"、"三"——关于蛇文化的寻根与探源》,陈勤建的《古吴越地区鸟信仰与稻作生产》等。在"稻作文化与生活习俗"专栏中,发表了金文胤的《吴县胜浦乡前戴村妇女服饰与稻作生产之关系》,朱海容的《"草"与"米"的神威——无锡民间有关稻草和米的习俗》,张银根的《江南民间稻米崇拜与饮食习俗》,金宝忱的《春牛节与古代农耕祭祀》等。这一期还发表了岷雪翻译的日本学者伊藤幹治的《日本本土稻作礼仪的要素分析》一文。《中国民间文化》1994 年第 2 期开设了 4 个相关栏目,分别为"水稻生产与民间信仰""米市习俗调查""水稻生产与饮食习俗""牛市习俗调查"。在"水稻生产与民间信仰"专栏中,发表了阳渔的《水稻生产与太阳崇拜——水稻生产与江南民俗研究之一》,滕占能的《慈溪青苗会调查》,孙水标的《衢县牛大王庙及庙会活动》,徐增源的《浙江西部板龙灯与稻作文化》,萧放的《论湖北生产民俗的文化特征》,杨问春、施汉如的《僮子的流播、渊源和沿革现状——南通僮子调查之一》等。在"米市习俗调查"专栏中，发表了张永尧、刘映月、顾希佳的《嘉兴米市习俗调查》，陈宰的《硖石米市与米业习俗》，朱海容、祝永昌的《无锡的米市及行规习俗》，朱海容、祝永昌的《无锡的米市及行规习俗》等。在"水稻生产与饮食习俗"专栏中，发表了徐御静的《浙江永嘉地区的米制品及其习俗》，应长裕的《奉化稻米习俗调查》等。在"牛市习俗调查"专栏中，发表了陈顺利的《黄岩牛市习俗调查》一文。

以上调研成果具有几个特点：调研涉及面广，涉及江南地区所有水稻种植地区；参与者众多，调研报告撰写者除了少数为课题的主要参加人员外，绝大多数为当地民间文化爱好者；内容丰富，从稻作文化与信仰、稻作文化与生产习俗、稻作文化与生活习俗、稻作文化与商业习俗等，皆有所反映；调查深入细致，搜集了大量活态资料。其中，水稻生产与太阳崇拜，调查梳理了吴越地区自古存在的三种崇日现象：祭祀性的崇日行为（涉及民间太阳会社组织祭祀、集群性祭祀及太阳生日祭祀），巫术性的祭日活动（涉及救日的巫术活动、驱雨求晴的巫术活动），以及诸多太阳禁忌，等等。对开化县板龙灯习俗的调研，作者从"源"（形成之初）、"流"（流传习俗）、"形"（制作装饰）、"态"（迎灯方式）4 个方面进行了详细记述。这些调研报告为课题的顺利完成奠定了扎实的基础。

21 世纪后，专家学者发表了许多民俗方面的相关论文，具有一定代表性的包括：黄江平的《利用民俗文化优秀资源，构建现代城市和谐空间》（载《多学科视野中的和谐社会》，学林出版社，2006 年 3 月）强调民俗文化资源在现代城市建设中的重要作用，提倡在整合和提升城市民俗文化旅游资源的同时，要做好城市民俗文化的保护和利用工作；陈勤建的《明清节令游俗与江南社会》（《苏州科技学院学报》2006 年第 1 期）对明清时期江南节日游俗的盛行与江南社会发展进行了深入的论述；郑土有的《共生互荣：城隍信仰与中国古代城市经济关系研究》（《上海大学学报》2006 年第 6 期）通过对城隍信仰与中国古代城市经济发展关系的个案研究，就信仰与经济的关系问题作了探讨；王宏刚的《上海农村的民间宗教信仰与社会和谐发展研究》（载《多学科视野中的和谐社会》，学林出版社，2006 年 3 月）考察上海农村在城市化过程中的民间宗教信仰问题；徐华龙的《上海民俗的泛化及其发展》（《广西右江民族学院学报》2006 年第 8 期）系统论述了上海民俗泛化的问题，并指出民俗的泛化不是消极的文化现象，可在民俗旅游的开发中发挥服装、饮食等资源的价值；吴晓明的《上海小吃的市井民俗与源流》（《寻根》2006 年第 2 期）叙述了上海节日里的特色小吃；柯玲的《上海朱家角祭祀风俗与供品的调查研究》（《民间文化论坛》2006 年第 1 期）一文以对上海古镇朱家角的祭祀风俗调查为依据，简略分析了祭祀风俗及祭祀供品中所蕴含的文化意义；柯玲《对外汉语教学的民俗文化思考》（《云南师范大学学报》2006 年第 4 期）联系教学实际，对民俗文化在对外汉语教学中的特点进行思考；王书会、邱扶东的《反思民俗旅游资源的开发》（《探索与争鸣》2006 年第 11 期）对民俗旅游中存在问题进行反思；黄江平的《我们如何看待非物质文化遗产保护》（上海社会科学院《科研动态》2006 年第 3 期）一文分析了非物质文化遗产保护内涵和在中国提出的重要意义，并对如何加强非物质文化遗产保护提出了积极建议；蔡丰明的《中国非物质文化遗产的文化特征与当代价值》（《上海交通大学学报》2006 年第 5 期）提出，在当前非遗保护事业中，要深入挖掘非遗本身所存在的各种具有合理因素的文化价值与精神内涵，充分认识它们对于当代人情感表达、心灵需求、价值取向等方面的积极作用，并把这些因素融汇到当代社会的文化体系之中，以弥补与纠正当代社会文化体系中的某些缺失与不足。还有刘颖、陈勤建的《文化立场观念的转变与中国现代民俗学的多学科参与》（《江西社会科学》2006 年第 1 期），田兆元的《关于大都市的文化遗产保护问题》（《民间文化论坛》2006 年第 4 期），程蔷的《民俗节日的继承和演变》（《上海大学学报》2006 年第 4 期），范荧的《沪上民间信仰刍议》（《上海师范大学学报》2002 年第 2 期）等，都在民俗研究方面具有一定的代表意义。

二、《民间文艺季刊》

【概况】

《民间文艺季刊》是一本主要以民间文艺、民俗研究为基本内容的学术刊物,1980年1月由上海民协创刊,1989年改为《中国民间文化》。至1996年停刊时,前后共出版48期。其间刊物名称改过3次。1981—1986年称为《民间文艺集刊》,至1986年1月共出版8期;1986年后改名为《民间文艺季刊》,每年出版4期,至1990年共出版20期;1991年,该刊再度改名为《中国民间文化》,以书代刊,至1996年停刊,共出版20期。作为一本在20世纪末21世纪初由上海民协创办的学术性刊物,是民间文艺学、民俗学研究领域的一个重要阵地,培养了一批研究人才,为民间文艺学、民俗学发展作出了贡献。

【内容】

《民间文艺季刊》发表的文章内容主要涉及民间文艺学史研究,神话传说研究,民间故事研究,民间歌谣、叙事诗研究,谚语、谜语研究,民俗学研究,吴歌调查等方面。

民间文艺学史研究 较有代表性的论文包括钟敬文的《〈民间文艺谈薮〉自序》,赵景深、李平的《明代民间戏曲的地位与作用》,杨荫深的《试述唐代的民间文学》,罗永麟的《杜甫与民间文学》,朱宜初的《论少数民间文学的民族特色》,刘魁立的《欧洲民间文学研究中的第一个流派——神话学派》,刘守华的《〈大唐西域记〉的民间文学价值》等。

神话传说研究 具有代表性的研究成果包括马昌仪的《人类学派与中国近代神话学》,季羡林的《关于葫芦神话》,兰克的《原始宗教与神话》,乌丙安的《略论氏族祖先传说》,程蔷的《论唐代西域胡人识宝传说》等。

民间故事研究 何承伟的《试论"文化大革命"以来的新民间故事》,罗永麟的《论〈白蛇传〉》《论孟姜女故事》,张紫晨的《日本民间故事的编选与研究管窥》,段宝林的《民间笑话美学意义的新探索》,陈勤建的《白蛇形象中心结构的民俗渊源及美学意义》,潜明兹的《新故事的属性》,张弘的《对新故事的几点看法》等论文均较具代表性。

民间歌谣、叙事诗研究 姜彬的《吴歌研究论纲》《吴歌的衬字和叠句试探》,陶阳的《关于一九五八年民歌的评价问题》,车锡伦的《明清儿歌搜集和研究概述》,王仿、郑硕人的《汉族民间叙事诗初探》,徐华龙的《先秦民间歌谣中的婚俗问题》,钱小柏的《吴歌正名》等具有一定的代表性。

谚语、谜语研究 于回(王文华)的《谜语之谜——对谜语研究中几个不同意见的看法》、韩伯泉的《略述谜语的产生与宗教的关系》、冯志白的《谚语语言特点浅析》等具有一定的代表性。

民俗学研究 钟敬文的《重印〈民俗〉周刊序》、陶阳的《"泰山石敢当"民俗信仰源流》、陶立璠的《歌圩记行》、汪玢玲的《诗意古朴的傣族婚礼》、叶大兵的《试论风俗的基本特征》、邓云乡的《〈红楼梦〉与民俗学》、徐华龙的《拉法格之民俗观》等具有代表性。

吴歌调查 主要成果包括《哭嫁歌》《哭丧歌》《林氏女望郎》《严家私情》《白六姐》《五姑娘房门半扇开》《红小姐望郎》《白杨村山歌》《魏二郎》《孟姜女》等,每首作品都附有调查报告。

自1988年开始,刊物调整版面,充实内容,主要侧重于民间文艺本体研究、民间文艺与吴越文化研究、横向交叉研究、近当代民间文艺民俗学研究四个方面。

民间文艺本体研究 主要栏目有学科理论、专题研究(各种体裁样式、各种类型作品)、歌手和故事家研究、研究史研究、民间文学艺术论等。此类栏目旨在加强学科的理论建设，提倡从民间文艺自身的形态特征、生成环境、接受对象、文化因素等方面进行多方位、多层次的研究。

民间文艺与吴越文化研究　主要栏目有吴越原始艺术、吴越原始文化、吴越神话、吴歌、吴越民俗、吴语与民间文艺等，栏目强调理论与实践相结合，从实地调查的材料中进行科学的、系统的理论总结。

横向交叉研究　主要栏目有文化论坛、边缘学科、交叉研究、比较研究、应用理论、民间文艺与作家文学等。这一时期的研究明确了民间文艺的生成和发展与旁学科有着紧密的联系，故须加强横向研究和交流，重点研究民间文学、民俗学与文化、历史、语言、宗教、心理等学科的内在联系。

近当代民间文艺民俗学研究　主要栏目有新故事研究、都市民俗学研究、新时期民间文学专论等，旨在促进学科研究的现代意识。

1991年改名为《中国民间文化》以后，刊物基本上延续了《民间文艺季刊》的办刊宗旨，用民间文化学概念涵盖民间文艺学、民俗学，范围更广，每集按专题出书，第一集专题为"民间信仰研究"，第二集为"民俗文化研究"，第三集为"上海民俗研究"，第四集为"民间文艺研究"，第五集为"稻作文化与民间信仰调查"，第六集为"民间文学研究"，第七集为"人生礼俗研究"，第八集为"都市民俗学发凡"，第九集为"民间礼俗文化研究"，第十集为"民间稻作文化研究"等。1996年底，由于经费短缺及其他因素，《中国民间文化》停刊。

第三章 艺术普及

20世纪80年代以后,上海广泛开展针对群文从业者和市民群众的艺术培训和普及活动,有效提升了全市群文工作者的综合素养,丰富了市民的精神文化生活。

第一节 培 训

一、市级业务和市民艺术培训

【基层业务培训】

以提供高效优质的公共文化服务,满足广大人民群众的精神文化需求为目标,上海市群众艺术馆不断加强自身队伍建设,坚持组织全体员工开展业务学习,以提升专业能力;其中,业务人员年人均参加教育培训的时数达到72学时。市群艺馆还坚持把为基层公共文化机构提供业务辅导、提高其服务能力作为培训的重点,要求全馆业务人员深入基层、深入社区、深入市郊农村,设立群众文化工作示范基地、指导各类群众文艺活动的开展。2010年全年业务干部下社区和郊区开展辅导调研工作的人均时数达到60.55天。市群艺馆不定期举行群文业务培训活动,带领基层文化骨干外出参观考察,学习先进经验与专业知识技能,以提升基层群文工作者的服务能力与水平。

2001年5月22日,市群艺馆举办群文舞蹈编导学习班。学习班邀请国家一级编导魏芙为基层舞蹈创作辅导干部授课,并对全市群文舞蹈创作情况和第十届全国"群星奖"舞蹈比赛作品作了总体分析。

2002年,市群艺馆先后举办全市群众文化舞蹈创作研习班、戏剧创作研讨班等,通过邀请专家授课、观摩"群星奖"获奖优秀节目,让学员学习群文舞蹈、戏剧创作,了解当前创作的最新动态和信息,为提高群文舞蹈干部的业务素质发挥了作用。同年4月29日,举办全市群文舞蹈干部研习班,学习时间总长为半年,采取每月1次、每次1天的学习频次,有30位区县舞蹈辅导人员和骨干报名参加。同年10月,举办第三届社区文化指导员合唱指挥培训班,对来自全市各文化馆、站的37名社区文化干部进行合唱指挥方面的专业培训。同年12月16—18日,市群艺馆在青浦朱家角镇举办2002上海群文戏剧创作研讨班,各区县文化馆、站的30名戏剧创作作者参加研讨班。邀请毛时安、陆军、赵化南等专家授课,观摩了群星奖获奖戏剧作品,并组织创作人员开展讨论,思考群文创作的发展方向。

2003年9月2—3日,市群艺馆面向全市群文舞蹈干部举办群文舞蹈编导培训班,邀请兰凡、赵吉、董杰等专家,重点从舞蹈作品赏析,流行、现代舞编创等方面展开培训。

2004年,举办戏剧小品创作加工班、Photoshop摄影后期制作培训班、美术培训讲座、合唱作品写作辅导班。组织各区县业务干部赴哈尔滨学习观摩第二十七届哈尔滨之夏音乐会;组织摄影业务干部赴内蒙古呼伦贝尔采风学习;组织舞蹈干部赴厦门观摩学习第六届全国舞蹈比赛。同年6月2—5日,在庆祝中华人民共和国成立55周年暨第十届上海"十月歌会"举行前夕,市群艺馆与市音协在市群艺馆举办全市合唱作品辅导班,邀请徐景新、奚其明、徐坚、朱良镇、陆在易等名师,教授合唱基本写作技法、合唱复调写作技法、合唱和声写作技法与合唱作品分析修改等内容。

2005年，市群艺馆举办大型文化活动的策划、导演和组织培训班，音乐、舞蹈、戏剧小品创作等专业的基层业务干部培训班，受到好评；市群艺馆又与市文广局培训中心合作，举办高级摄影师资格培训班，系统培训群文摄影人才，邀请著名摄影师前来讲学，受到学员的欢迎；与崇明县合作举办书法干部培训班，为基层培训书法骨干。同年3—6月，市文广局举办合唱指挥高级进修班，全市40名学员参加了80课时的学习。

2008年，市群艺馆面向基层业务干部等举办群文舞蹈培训2期，非遗知识产权保护培训1期，指导员培训12期，学员共700余人。

2009年4月23日，由市群艺馆、市文化艺术知识产权服务中心、市文学艺术著作权协会主办的"三民"文化元素与文艺创作相关知识培训班在卢湾区文化馆举行。

2010年，市群艺馆开设合唱指挥、舞蹈编导、书法、摄影、戏剧小品创作、群众文化活动策划等各类培训班11期，约720名基层群文骨干接受了业务培训。市群艺馆并在多家社区文化活动中心建立活动示范点，定期由业务人员下基层，指导各类活动的开展。2007—2010年间，由市群艺馆专业干部辅导基层群文工作者创作的作品获12个省级以上奖项。

图5-3-1　上海市民艺术大课堂Photoshop图片后期制作培训班（2009年5月22日）

图5-3-2　南汇区举行锣鼓书艺术培训基地揭牌仪式（2005年）

【市民艺术大课堂】

市群艺馆推出的市民艺术大课堂，旨在活跃社区文化活动，满足广大市民的文化需求，得到上海市文化发展基金会的资助。该项活动坚持以较小的资金投入取得较好的培训效果，坚持使用优良的师资力量，坚持教学内容与时俱进。

2005年12月，"华夏之魅、民族之魂"市民艺术大课堂系列培训活动在长风文化馆启动首场中华书法学习班，12月28日举行学员作品展览，受到广大书法爱好者的欢迎；2006年1月15日，市群艺馆主办的"民族艺术大课堂"启动，二胡演奏家马晓晖走上舞台讲演，并与近千名民乐爱好者进行交流互动；同月，在长宁区文化艺术中心举办由二胡演奏家马晓晖主讲的"二胡与世界握手、晓晖与你相遇"培训活动；还推出了百年音乐经典、社区舞蹈的推广与普及、市民眼中的艺术节——数码摄影讲座、华夏瑰宝——中国书法欣赏讲座、社区合唱指挥培训班、戏曲名家与您面对面——社区戏曲角、唱起我心中的歌——合唱指导、小品艺术沙龙等一系列培训活动，吸引了众多社区居民到各区文化馆、艺术中心报名，免费参与活动。

2007年,市民艺术大课堂包括社区合唱指挥班、百年音乐经典、百年越剧回眸、马晓晖二胡艺术、华夏瑰宝——中国书法欣赏讲座、评弹艺术讲座、中国京剧的魅力、社区书法行、如何激发人的创造力、少儿文学讲座等培训活动,旨在让群众了解祖国优秀的传统文化艺术,树根立魂,弘扬民族文化。

2009年,市民艺术大课堂邀请沪上艺术名家和教授授课,开办社区合唱指挥、社区舞蹈编导、社区DV制作、社区书法、社区摄影、社区插花、社区戏剧小品创作、社区群文活动策划等各类培训班20期,有2 000余名社区骨干接受了业务培训;同时,开展了市民艺术大课堂专业院团巡讲巡演活动,为高雅艺术进社区策划融表演和讲座为一体的系列活动。市群艺馆与上海歌剧院、上海民乐团、上海杂技团、上海滑稽剧团、上海木偶剧团、上海越剧院签订协议,各院团艺术家在社区、学校、部队、幼儿园巡讲巡演,获得了社区市民的广泛好评,有效地推动了社区文化指导员派送工作,为院团培养了一定数量的观众群。全年举办讲座和巡讲巡演90余场,受众10万人次。与前几期相比,做到3个"最":培训人次最多,活动场次最多,覆盖地域最广,实现了区县全覆盖。

2010年,市民艺术大课堂的系列培训活动让广大市民零距离接触艺术、感受经典,以良好的东道主形象迎接2010年上海世博会的到来。上海歌剧院的艺术大课堂培训活动走进社区,在培训中精心策划了与社区居民的互动环节,让市民一起参与演出,此次巡讲巡演活动包括乐队演奏、乐器介绍、名曲讲解以及世博知识竞答等丰富多彩的培训内容,让老百姓聆听高雅艺术,感受世博氛围,学习艺术知识;上海民族乐团的"乐和万家"巡讲巡演活动,则以一线演员为演出班底,在演奏中讲解回答世博知识,融精湛的演奏与丰富的讲解为一体,把耳熟能详的民乐经典乐曲奉献给社区居民,使大家在享受高雅艺术盛宴的同时,也更加了解上海世博会。

【其他培训】

迎接2010年上海世博会的相关培训 2007年启动上海市民"迎世博,学双语"学习活动,以三年行动计划适应世博会需求,率先在各级文化馆窗口、阵地中开展。2007年为启动年,2008年为推动年,2009年为深化年,2010年是展示年。

2009年3—4月间,市群艺馆培训部面向区县文化馆和社区文化中心舞蹈骨干开办2期广场舞培训班,邀请上海歌剧院国家一级编导魏芙、上海世博局新闻宣传部主管李鑫、海派秧歌创始人董宝坤、排舞创始人秦建伟等专家执教。培训注重理论与实践相结合,融合世博元素和海宝设计理念,为全市舞蹈骨干创作海宝舞打下良好的基础,后续举办的海宝舞大赛中的获奖作品,大多是该培训班的学员创作的作品,显示出良好的培训成效。

2010年,市群艺馆、上海东方社区文化艺术指导中心在全市社区文化中心开展世博城市文化体验日活动,在121家社区文化活动的方案中遴选出60个方案入围。4月16日,在徐家汇社区文化活动中心举办世博文化体验日的策划方案培训班,邀请专家针对入围策划方案进行专题指导,完善策划方案,最终评选出30个最佳活动方案,推荐给世博相关单位,入编《世博城市文化活动指南》。在上海世博会期间,还开办了Photoshop摄影后期制作和全市信息员培训班。

外来务工人员艺术培训 2006年4月26日,上海美术馆策划举办的"帮助浦东民工小学接受艺术教育"系列活动拉开帷幕。2010年10月,市群艺馆与南京东路街道、朱泾镇、江桥街道、九亭街道、田林街道等街镇联合举办外来务工人员舞蹈培训班。培训班的教学内容主要以民间舞蹈为主,包括秧歌舞蹈、藏族舞蹈、集体舞蹈、中国古典舞蹈等。授课教师由李瑜鑫、刘静、李雅芬等担任。每期培训学员17人,共培训学员85人。为期2个月的舞蹈培训,不仅使学员能够学习民间舞蹈的基本技巧,而且方便他们在参加社区文化活动中结交新朋友,从而尽快地融入社区生活。

上海市群艺馆群星业余艺术学校培训　市群艺馆群星业余艺术学校(下称群星艺校)是全市群文干部进行上岗专业培训,为业余文艺爱好者和市民提供艺术教育和专业培训辅导的机构。群星业余艺术学校设有中国舞、声乐、成人芭蕾、钢琴、影视、国标舞训练等课程,特邀邓伟志、荣广润、司徒汉、花建等来自上海高等院校、艺术院团和上海社会科学院等单位的学者、艺术家担任顾问和教师。群星艺校与上海师范大学、上海音乐学院、上海戏剧学院等院校合办声乐专业、美术专业、戏剧专业的大专班。在市文广局社文处的指导下,为全市文化馆、文化站长举办上岗专业培训班,培养了一批群众文化人才。群星艺校还面向社会招生,先后举办全国大型文化活动导演、策划培训班,音乐创作班,合唱班,影视创作等培训班。群星艺校培训学员逾5 000人次,有的学员成长为专业文艺工作者,有的学员走上了群众文化工作的领导岗位,而更多的学员则成为上海群众文化工作的中坚力量,为繁荣上海的群众文化事业作出了贡献。

在市民艺术培训方面,市群艺馆联合社会主体,合作方向和模式有所突破。2005年3月,与知名企业乐口福公司合作,举办"轻盈体态、轻松心态"艺术课堂,吸引全市1 000多名老年朋友报名,举办老年艺术班11期,包括声乐、民族舞、健身操、插花、书法、美术、营养与食疗、国标舞等8个专业;针对白领举办拉丁舞培训班10期,200多名学员参加学习。

二、区县举办的群众文化培训

【杨浦区】

杨浦区文化馆业余艺术学校成立于1983年5月,旨在向群众普及文化艺术,培训群文人才,使学员掌握艺术知识和技能。1986年,上海电视台以"新的追求"为题专题报道该艺校的办学过程。1987年,该艺校与长白一小、控江幼儿园联办的学部网点被评为市、区教育工作先进单位,艺校受到市社会力量办学办公室好评,市文化局予以通报表扬。2006年,杨浦区文化馆设立艺术培训中心,常年承担社区群众艺术培训服务工作,实现区域内公益培训,为市民提供优质艺术培训资源和展示才艺的平台,重点为少年儿童打造校外活动的乐园,为中老年市民搭建学习交流的平台。至2010年,培训中心艺术门类不断增多,针对青少年常年开设的有舞蹈、书法、儿童画、素描、古筝、钢琴、长笛、小提琴等多门艺术课程;为中老年设有合唱、电子琴、书法、国画、钢琴、声乐、舞蹈等培训项目。

【虹口区】

2000—2010年期间,虹口区文化馆常设培训班包括舞蹈、芭蕾、合唱、钢琴、古筝、长笛、萨克斯、素描、书法、国画等门类;面向未成年人开设儿童画、思维训练、小记者班等培训活动。针对文化馆、站业务人员开展民乐、合唱、档案、创作、表导演等多项专业培训活动,总计开设培训班600期,受众6万多人次。2008—2009年,虹口区文化馆业务人员辅导的作者和演员,获市级以上奖励共计15人次。2010年,虹口区文化馆开展基层世博相关业务培训活动41场。虹口区文化馆还与街道联合开办老年学校,主要课程为编织、书法、声乐、健身、合唱等。

【长宁区】

长宁文化艺术中心在艺术普及方面兼顾动态和静态模式,有活动、演出、培训、展览等多种形式。长宁民俗文化中心自2004年起开展民间手工艺、民间美术、民间舞蹈、地方戏曲等多项培训活动。截至2010年,在培训中形成30多支民间艺术团队,其中空竹团队和舞蹈团队在上海世博会群众文化活动中演出 7 天,共 23 场。

【闸北区】

2005 年,闸北区文化馆在优化已有培训项目基础上,开设少儿拉丁舞、钢琴等培训班,新增吉他、二胡、少儿暑托班等项目,全年开展培训活动 1 966 场次,培训学员 34 502 人次。2007 年,闸北区文化馆开设古筝、小提琴等新项目,全年开展艺术培训活动 585 场次,7 927 人次参加培训。其中的特色项目——少儿拉丁舞,有 20 多位学员参加英国 ICDA 国际标准舞考级,其中 15 人获得铜牌、10 人获得银牌、5 人获得金牌。学员还在华东四省一市国际标准舞比赛、2007 中国·蚌埠体育舞蹈(国标舞)城市邀请赛、上海市文广杯国际标准舞比赛等多项赛事中,获得奖项 50 余个。2008 年,闸北区文化馆全年开展艺术培训 1 239 场,42 948 人次参加。少儿拉丁培训班的舞蹈节目在"2008 全国国际标准舞竞技舞蹈暨交谊舞踢踏舞公开赛"中,获得集体舞组第一名;在上海举办的世界华人文化艺术联合会第六届"未来之星"邀请赛中获得拉丁舞类金奖。2009 年,闸北区文化馆全年下基层培训 247 天,共计培训 1 494 课时,45 878 人次参加。

【徐汇区】

2006 年,徐汇区西南文化艺术中心举办艺术档案、群文系统信息、合唱指挥、舞蹈、群文干部综合素质提高等培训班,与市群艺馆合作推出"市民艺术大课堂"——名家进社区培训班精品讲座。越剧讲座邀请上海越剧院院长尤伯鑫,越剧表演艺术家袁雪芬、王文娟等越剧名人主讲;二胡艺术讲座邀请二胡演奏家马晓晖主讲。受到市民欢迎,8 期培训班共培训 886 人次。同年,成立徐汇区西南文化艺术中心艺校,面向社区老年群众,根据市民自身爱好与特长,开办书法班、合唱班、舞蹈班、丝袜花班、越剧艺训班等基础班,以及竹笛班、古筝班、琵琶班等乐器培训班,学员共计 320 余人,充实和丰富了老年人的文化生活。2007 年,举办走向越剧新百年、活动统计与群文信息、主持人、舞蹈、合唱艺术、群文信息指导员等培训班;还举办了新闻媒体讲座,邀请《新民晚报》副总编徐炯担任主讲,共计培训人次 726 人次。2008 年,举办舞蹈、戏曲化妆表演、合唱音乐欣赏、民乐艺术、合唱艺术、新闻摄影、艺术档案、群文干部综合素质提高等培训班,邀请合唱指挥家赵家圭教授,二胡教育家、演奏家王永德等文化名人主讲,共计培训 730 人次。同时拓展艺校培训的辐射面,联合摇篮艺术学校、雅韵艺术学校,面向各年龄段人群开设少儿书法、老年书法、老年电脑初级、少儿钢琴、老年钢琴、老年钢琴乐理、古筝、竹笛、少儿拉丁、中老年桑巴、老年民族舞、老年交谊舞等共计 13 门课程,914 人报名,授课 736 课时,培训 12 832 人次。2009 年,举办音乐经典赏析、民乐进社区、舞蹈、越剧表演、滑稽戏、摄影等培训班,邀请国家一级演员、梅花奖得主萧雅担任越剧表演主讲,培训 628 人次。

【卢湾区】

2008—2010 年,卢湾区文化馆开展培训品牌项目"跟我学"系列,包括声乐、书画、指挥、插花、舞台化妆、越剧欣赏等课程 14 期,共举办 108 场。

【普陀区】

2008 年 6 月,普陀区文化局与上海音乐学院(艺术处)签约,合作建立大学生艺术实践基地,开展点对点的文化艺术普及培训及辅导工作,全年共计 50 余次,为各街镇配送专业艺术人才。同年,普陀区文化馆依托培训成果成立普陀区艺术团民乐队、合唱队、舞蹈队,定期进行排练和培训,重点围绕苏州河题材进行创作培训,作品在长三角地区和上海市、区等各类群文舞台上精彩亮相,在第十二届上海国际艺术节"浦东洋泾杯"长三角地区民乐队邀请赛、"上海之春"等各项群文比赛获得奖项。民乐队还参与中国记忆江南·新语——民族室内乐与新人名家民乐专场音乐会,受到好评。

普陀区文化馆常年开设馆办少儿绘画、素描、钢琴、古筝、基础乐理、视唱练耳、少儿拉丁、二胡等8个项目的培训课程。2008年,开展各类艺术培训23期,培训学员294人次。

【静安区】

2010年,静安区文化馆全年举办各类辅导班919个,受益6.5万人次。推进白领文化培训,以楼宇中外白领为主要目标人群,针对他们的需求和特点,设计舞蹈、声乐、戏曲(剧)、摄影等艺术培训课程。白领戏剧团体"戏剧小谷"定期开展培训,逐步形成了一个青年戏剧爱好者群体,排演了《蓝莓之夜》《爱我吧,上海》《风行展演》等话剧作品。

【浦东新区】

2009年,浦东新区文化艺术指导中心分区、街镇、村居三个层次开展多种形式的各门类公益性文化培训班,在不断丰富教学模式和课程的基础上,逐步构建覆盖文艺领军人才、文艺骨干和文艺爱好者的培训机制,全年开设20多个艺术门类的课程,先后举办了歌词创作培训班、摄影创作培训班、社区舞蹈培训班、美术创作培训班、民乐培训班、书法创作培训班、小品曲艺培训班、声乐培训班,年均培训40 000多人次,并带动各街镇开办40多个文艺培训班。此外还送教上门,进行系列成品舞蹈培训,在迎世博歌咏比赛前组织系列教学服务。

【青浦区】

故事培训是青浦区的一个特色项目。全区乡、镇两级故事创作队伍有150多人,已是"四世同堂",年龄最大的第一代作者陈文彩、蒋桂楣、凌林生等至今仍在故事园地上耕耘。青浦区文化馆先后办班50多期。1990年,青浦区举办故事讲习班,学员24名,平均年龄22岁。每月举办一次的故事沙龙活动已坚持数年,创作骨干始终保持20余人,每年创作故事近百篇;同时组织一至两次创作故事会串以检验故事创作的质量。在全国各省市报刊上发表故事百余篇,有的故事参加市级或江、浙、沪故事会串,获得创作一等奖、二等奖等奖项。

2004—2010年,青浦区文化馆连续举办水印版画培训班,每年坚持1次为期3天的集中创作培训活动,采取"请进来,走出去"的方式,开展以青浦水印版画中心创作组成员为主体的培训活动。水印版画创作中心创作组队伍是版画传承的中坚力量,成员均有一定的专业基础,始终保持在20人左右,其中骨干维持在5人左右,他们在延续青浦水印版画艺术技法的同时不断创新。版画作者从生活中收集素材,深入乡村速写,确定题材,再构图,反复推敲,形成比较完整的草图,再复制到刻板上,调配水性颜料进行拓印。他们的版画作品经常与其他区县交流联展,还走出上海,在全国美术大赛中屡获奖项。

其他培训还有,2001年9—11月,青浦区文化馆举办爵士舞培训班,培训学员16人;2004年6—7月举办民族舞培训班,培训学员25人;2009年3—6月,举办社区文化指导员培训班,培训学员30人;2010年4月,举办艺术档案培训班,培训学员21人。

【嘉定区】

2001年11月1—2日,嘉定区文化馆举办社区文化指导员师资培训班,邀请上海社会科学院和上海大学的相关专家授课,参与人数82人。2006年3月15—18日,嘉定区举办群文干部业务培训班,参与人数60余人。市群艺馆馆长孟平安对上海市群文工作发展趋势和工作重点做了讲解和分析,市群艺馆导演王健青做了关于大型活动策划要素的实例分析和讲解。

【金山区】

2007年12月至2008年12月,金山区文化馆开展全区舞蹈队培训计划。在原有的基础上,吸纳有舞蹈基础的新队员加入,形成18人的骨干队伍。一年时间,固定时间训练,学习古典舞蹈、民族舞蹈等的表演技艺,经过整个培训周期的基础训练、舞蹈排练,队员在动作和舞感方面有一定的提高,成为基层舞蹈培训的骨干力量。舞蹈队的原创作品《剪纸姑娘》,在全区的展示活动中获得肯定,并参加了上海国际艺术节群文活动的演出。

2008年6月26日,金山区文化馆组织故事演讲培训班,来自全区街镇、工业区文体中心的30名故事员参加。上海市故事家协会副秘书长张红玉作《演讲故事的技巧和点滴体会》讲授,金山区故事讲述家唐秀芳就方言讲故事进行了专项培训辅导。

【闵行区】

2008年,闵行区群艺馆分区、镇、居(委)村3个层次举办各门类各公益性文化培训班,包括闵行文化论坛、闵行艺术讲坛、闵行文艺讲座等三大品牌讲座,通过区镇间协办、联办培训的方式,建立有合同制、有考核的文化服务新网络。每月的闵行文化论坛在闵行电视台向全区播出,效果显著。前5期闵行文化论坛,邀请尚长荣、王汝刚、马莉莉、严顺开、肖白5位文化名人谈艺术、谈人生,深受观众喜爱。聘请市级资深教师通过闵行艺术讲台为基层文艺骨干授课,先后举办了艺术档案管理、群众合唱、舞蹈编导、踢踏舞、诗歌沙龙、沪剧唱腔、文化礼仪、表演、装饰画、摄影等培训班。同时,以闵行区社区公共文化服务指导中心为载体,优化管理机制,建立培训新机制,定点、定标要求每个镇完成30期以上的培训任务,拓展培训新的领域。2008年,完成500期培训活动,培训35 000人次。同年,有序推进作为闵行区实事项目工程的"50支特色文艺团队"的扶持和培育工作,收集整理64支基层团队的基本信息和活动情况,在全区80余支团队中选拔出优秀特色队伍53支,向闵行全区公示,进行重点培育,并拟定相应的制度和计划,有针对性地进行辅导,提高团队综合实力。

【奉贤区】

2010年,奉贤区文化馆举办辅导培训850次,覆盖8个乡镇、5个经济园区、45个团队,共计7万多人次参加。奉贤区文化馆将馆内的自有师资与区域内高校资源相结合,在实践活动中联手形成校区、社区联动效应,有序参与文化演出活动、群文创作会演、社区文化资源配送。同年,全年市属配送师资8人,辅导8个团队3 139人次,区馆配送师资9人,辅导41个团队3 244人次。举办面向市民群众的各类馆办培训班36期,其中未成年人文化艺术培训班16期,外来务工人员文化艺术培训班4期,老年培训班16期,包括舞蹈、油画、古筝、大合唱、小组唱、二胡、越剧、摄影等培训内容。馆内8位辅导人员为各镇活动的辅导培训全年共计129天,为群文会演节目辅导共计265天。2007—2010年,由区文化馆业务人员培养辅导的作者、演员获得包括"上海之春"群文新人新作奖、上海文化奖励基金群众文化优秀作品奖在内的 25 个奖项。

【崇明县】

2000—2010 年,崇明县在全县建立基层文化活动基地 20 个,包括乡镇、社区、企业、军营等,由文化馆派出各类业务人员,重点开展群众文化的辅导培训活动。建立未成年人校外文化活动基地 8 个,由文化馆派出业务人员辅导青少年开展各类文艺活动,共举办各类培训班 65 期;采取"请进来,走出去"的方法,举办文艺培训班 51 期;为全县各乡镇文化站人员举办各类辅导培训班 30 期;县文化馆每年派出业务骨干为崇明嬴通老年大学常年举办舞蹈、音乐、美术、书法等培训辅导班。

第二节 讲 座

自 20 世纪 80 年代以后,全市开展了大量的群众文化讲座,从综合性讲座到专题类讲座,从政府组织的系列讲座,到区县、社区组织的各种讲座,呈现了丰富多样的态势。

一、综合类

由市委宣传部和上海市社会科学界联合会共同主办的东方讲坛,从 2004 年 6 月开讲到 2009 年,在全市及长三角地区累计举办各类讲座 11 246 场,设立举办点 335 个,直接听众 391 万人次。与此同时还创建了一支由 2 191 名签约讲师组成的师资队伍,成为上海公共文化知名品牌。2005 年 6 月 2 日,市委宣传部牵头的东方讲坛开讲一周年。讲坛举办点发展到 125 个,举办各类讲座 1 300 余场,听众超过 40 万人次。仅 2008 年,东方讲坛就举办讲座 1 769 场,直接受众约 147 万人次;2009 年,东方讲坛举办讲座 2 888 场,直接听众 124 万人次。

二、专题类

20 世纪 80 年代开始至 2010 年,全市开展各种专题群众文化讲座活动,包括文学、音乐、戏曲、美术、非遗保护、文物保护等。

【文学讲座】

上海作协、上海图书馆、市工人文化宫等单位开展各类文学类讲座,以提高广大群众的文学素养。1979—1983 年,静安区工人俱乐部先后举办文学讲座 141 次,听众 2.73 万人次;文学学习班 19 期,学员 4 938 人。1984 年,静安区图书馆组建无名花文学社,组织专题讲座和征文活动,开展作品讨论。

2004 年,在庆贺文坛巨匠巴金 101 岁生日之际,上海巴金文学研究会和市档案馆联合举办为期 1 个月的大型公益性系列文化讲座——"走近巴金"。同年 11 月 17 日,学者余秋雨以"巴金与一个世纪"为题开始首场演讲。11 月 24 日,巴金的侄儿、四川省文联主席李致以"巴金教我如何做人"为题作了系列文化讲座第二讲。

【音乐讲座】

1986年2月16日,上海交响乐团在团内排练厅举行自1980年以后的第121场交响音乐知识讲座。市委办公厅和市委宣传部、市文化局组织,市委书记黄菊、副书记吴邦国、副市长刘振元等同志参加了这次艺术知识欣赏活动。台下近200位听众都是上海各部、委办局的领导干部。上海交响乐团在日常演出之余,到学校、工厂、部队举行交响乐知识讲座,听众达10多万人次,深受市民好评。这一讲座活动延续了6年。陈燮阳、曹鹏、侯润宇等几位指挥家,用边讲边指挥演奏的形式向听众介绍交响音乐中几种最主要的乐曲形式。曹鹏让每种乐器单独演奏一段音乐,使听众能更清楚地分辨各种乐器的不同音色和特点。同年5月,华东六省一市的文化厅(局)、中国音协会各分会与上海市文化局联合在上海举办音乐讲座,就演唱方法、曲目改编以及民歌的发展等专题讲课,还邀请各省、市著名的民歌手在讲解中作示范性表演。

2004年5月9日,徐汇区文化局在第六届社区文化艺术节期间,特邀创作《梁祝》《临安遗恨》等音乐作品的音乐家何占豪在上海音乐学院附中的小音乐厅主讲"走进艺术"——何占豪音乐作品欣赏会,为听众讲述作品的创作由来和创作过程中许多不为人知的细节,并在演讲中穿插古筝演奏家袁莉、小提琴演奏家殷盈精彩的现场演奏,使听众在讲座过程中身临其境地体验和享受音乐。

【戏曲讲座】

让广大市民走近戏曲、了解戏曲、学习戏曲,是上海群文培训中延续多年的传统。长期以来,上海群文机构开展丰富的戏曲知识讲座,使传统的戏曲艺术得到更加广泛的传播和继承。1980年10月,黄浦区文化馆京剧之友社成立,由京昆表演艺术家俞振飞任名誉社长,经常举办京昆剧艺术讲座,组织专场演出和京昆剧演员与观众的联谊活动,深入大、中学校,帮助开展课余京昆剧活动。评弹之友社自1985年开始,每星期日上午,轮流与玉茗楼和大华书场合办星期茶座书会。到1991年持续6年,办满300期。

2005年7月11日,静安区成立戏剧工作坊,以社区群众为主要培养对象,传授教育戏剧理论。工作坊贯穿教育戏剧理论,以寓教于乐的学习方式,提高市民学习效果,丰富市民文化生活。工作坊的执教老师是上海青年话剧团前高级编剧李婴宁和中福会儿童艺术剧院前导演夏泰立,同时聘请外籍优秀教师不定期前往讲授西方戏剧教育成果。

2009年9月17日,杨浦区委组织部、区委宣传部、区机关党工委和区文化局等部门联合上海东方宣传教育服务中心,举办"评弹艺术的魅力"系列活动,邀请上海评弹团为杨浦区领导干部解析评弹艺术的演变历程和艺术魅力,上演了一场传统艺术的视听盛宴。上海评弹团将杨浦区设为"评弹艺术普及辅导点"。

【美术、书法讲座】

随着上海老年人口比例增加,上海人民广播电台自1987年5月13日开始在"老年天地"节目中举办老年书法讲座,由上海市书法家协会主席宋日昌和书法家顾廷龙、任政、赵冷月、胡问遂、徐伯清、单晓天、翁闿运、戚叔云、苏渊雷、苏局仙等担任主讲,系列介绍篆、隶、正、行、草各体的联系与欣赏,碑帖的收藏与考证,书法与文学,书法与健康,书法与篆刻等有关知识。

2000年7月1日至9月2日,市书协青少年书法专业委员会以培养上海青少年书法小作者的艺术鉴赏力为主题,特邀王伟平、张晓明、钱茂生、刘小晴、周志高、张静芳、方传鑫、杨永健、林仲兴、沈培方等10位书法家讲述书法故事,使青少年能更深入地了解书法艺术。

2002 年,上海博物馆在晋唐宋元书画珍品展拉开帷幕前的一年时间里,先后推出中国古代书画系列讲座 10 讲。在展览举办期间,又有针对性地推出 3 个专题讲座,满足了观众的需求。2003 年,上海博物馆举办淳化阁帖特展时,又推出与中国古代书法有关的 5 大讲座。

2003 年 3 月 13—17 日,徐汇区文化馆开设专题培训班,特邀名家柴鲁民授课,为社区群文干部及书画爱好者普及字画装裱的基础知识,让学员们初步了解了字画装裱中托画心、制作镜片等基础的装裱技法。

2010 年,长远集团举办各类书画美术展览、讲座 62 场次,参观活动和讲座的市民达 113 680 人次。上海多伦现代美术馆和朱屺瞻艺术馆分别举办有影响的展览、讲座 33 次和 29 场,参观者与听讲者分别为 52 130 人次和 61 550 人次。

【文物鉴赏讲座】

2005 年新年期间,上海博物馆举办周秦汉唐文明大展艺术鉴赏系列讲座,吸引了大量观众,成为上海通过大型文化展览提升市民文化素养、营造上海城市文化氛围的一个成功案例。上海博物馆此前一年就开始为系列讲座作准备,着重在讲座题目与讲座人选上进行了精心的设计。在对观众进行调查摸底后,了解到大多数普通观众对周秦汉唐文物比较陌生,策划了 13 次讲座,为观众解惑释疑;精选主讲人,特邀对主讲课题有深入研究,并且有亲自发掘文物经历和丰富演讲经验的专家。首讲"法门寺与法门寺文化"的主讲人韩金科,就是法门寺地宫的发现发掘者之一,在演讲中介绍的诸多发掘法门寺地宫的亲历故事和幕后情况,十分生动有趣,开阔了听众的眼界。

2006 年 6 月,由市收藏鉴赏家协会主办、天顺珠宝协办的"历史悠久而又永葆生机的中国玉文化"讲座在上海艺海剧场 4 楼举行。北京故宫博物院前副院长、国家文物鉴定委员会委员、中国玉器研究权威杨伯达应邀主讲。他在讲座上就玉器在中国传统文化中的历史、地位和作用作了全面的介绍,对兴起的玉器收藏热作了理性的评价和分析,对如何避免玉器收藏走入误区进行了悉心的指导。

2009 年 4 月 4 日下午,上海图书馆在多功能厅开展"古籍版本鉴赏与收藏"系列讲座活动。由中国社会科学院研究员、国家文物鉴定委员会委员杨成凯主讲的《古书版本的价值观》,受到听众的欢迎。讲座围绕如何评价判断古书版本的价值展开,重点讲述古书的文本内容、制作形式和商品价值三方面的情况。近两个小时的讲座,有条理、有步骤地介绍了古书版本的价值评判内容,其间还展示了许多珍贵典籍的图片,使讲座内容更具感染力。

【综合艺术专题讲座】

20 世纪 80 年代至 2010 年期间,全市还多次举办了有特色的综合艺术专题讲座。

1997 年 5—10 月,由团市委、青年报社和市文化局团委联合主办的上海青年双休日文化系列讲座在逸夫舞台举行。讲座分 2 轮 10 讲,听众达 6 000 人次。讲座内容包括:闵惠芬的《二胡与民族音乐欣赏》、俞丽拿的《小提琴与音乐鉴赏》、曹建明的《国际商贸法律制度与中国经济发展》、郭隆隆的《香港回归与大国关系》、叶辛的《当代上海文坛》、李苏友的《寻找中国音乐的新方向》、包铭新的《当代青年与服饰文化》、左安龙的《当代人需要的主持人艺术》、吴少华的《上海人投资收藏的新热点》、王唯铭的《名牌背后的文化取向》等。

2005—2008 年,大剧院艺术课堂作为上海大剧院艺术中心旗下的三大公益艺术教育品牌之一,通过 3 年运作,主推音乐、芭蕾、歌剧、戏剧四大艺术教育内容。截至 2008 年,累计举行系列活动150余场,参与学校、机构90余所,累计观众10万余人。2008年开始,大剧院艺术课堂又推出交响、芭蕾、歌剧、戏剧四大开放日特别活动,携手世界级大师名团,以观摩排练、欣赏全剧、聆听讲解和对话大师等多种方式对古典艺术进行普及教育与传播。

2007年,市群艺馆组织邀请电影导演宋崇,书法协会副会长沈鸿根,前京剧院院长、京剧编剧黎中城,二胡演奏家马晓晖等担任社区文化指导员,到普陀、徐汇、黄浦、卢湾、杨浦、嘉定、闸北、闵行、静安、南汇等地开设民乐、合唱、书法、戏曲、电影等多种艺术门类的讲座,这种融表演与知识传授于一体的讲授,通俗易懂,形象生动,广受社区业余文艺团队和普通百姓的欢迎。

群众文化理论研究和民间文艺研究从不同的方向为上海文化的建设和发展提供了理论参考和学术支持。艺术普及和培训工作,对群众文化工作者的业务指导、能力培育、现代技术运用等方面的提升发挥了重要作用,为上海群众文化事业的发展提供了人才支撑。面向市民大众的艺术普及和培训活动,对提高人们对艺术的认知和欣赏、满足艺术爱好者的自我实现,乃至培育各类艺术形式的观众产生了积极影响。

第六篇

群众文化事业管理

《今昔共朝辉》 谢荣琪摄

中华人民共和国成立以后，在市委、市政府领导下，上海群众文化事业按行业系统分层级管理。市、区（县）政府文化行政管理部门，担负主管区域群众文化工作的职责；财政、规划、人事、建设等政府相关部门协同管理。至1966年，在各级文化行政管理部门的直接领导与支持下，全市初步建成公共文化设施网络，基本形成相对稳定的群众文化队伍，群众文化事业呈现蓬勃发展的新景象。"文化大革命"期间，上海的群众文化事业停滞。

1978年以后，市委、市政府在党的十一届三中全会精神指引下，加强对群众文化工作的领导，成立上海市群众文化工作委员会，制订群众文化事业重建规划，开展群众文化队伍的培训活动，建立起管理公共文化馆的规章制度，推动全市各行业系统的公共文化设施普遍开放、恢复功能，群众文化事业逐步走上正常发展的轨道。

20世纪80年代，随着改革开放的不断深入和社会主义市场经济的蓬勃发展，文化体制改革全面展开，市政府有关部门制定相关政策，推进文化体制机制的改革；上海召开文化发展战略研讨会，开设文化馆"管理与改革"研讨班；举行一系列促进群众文化体制机制改革、推动群众文化事业发展的经验交流会。1987年后，全市群众文化事业单位实施公共财政拨款制度的改革，普遍实行"以文补文、多业助文"的经营机制。1988年11月17日，市政府发布《上海市社会文化管理暂行办法》。1992年2月27日，文化部颁发《群众艺术馆、文化馆管理办法》，促进了上海开展专业技术职称评定、试行用工合同制等人事管理制度改革。1996年，上海群众文化奖励基金理事会成立，每年召开群众文化表彰奖励大会，总结经验，宣传先进，使全市的群众文化事业保持持续发展的良好态势。

1997年9月22日，市政府制定并颁布了《上海市公共文化馆管理办法》，进一步明确了公共文化馆的性质、任务，规范了公共文化馆的建设、服务与运行管理，保障了群众文化事业的公益性，促进了群众文化工作健康有序地发展。1998年4月1日，上海市社区文化工作会议召开，要求全市群众文化建设的重点向社区、农村和基层转移，提出五年初步建成全市社区公共文化设施网络的目标。

2002年以后，在党的"十六大"大力发展社会主义文化的精神指引下，市委、市政府将群众文化事业纳入全市的经济和社会发展规划。市文广局制订《上海市群众文化发展三年纲要（2003—2005）》《上海文化发展十一五规划》，先后召开上海市基层文化工作会议、上海市文化工作会议、上海市群众文化工作会议、上海市公共文化工作会议等，动员全社会高度重视群众文化事业，坚持先进文化发展方向，加强公共文化服务体系建设，保障市民基本文化权益。2004年，上海市社区公共文化服务工作领导小组建立，形成统筹协调机制，以深化体制机制改革为抓手，合力推进以社区文化为重点的公共文化服务体系建设；全面实施聘用合同制、岗位责任制、绩效考核制、按劳分配制，形成人才流动竞争机制；建立公共文化资源配送系统，提升公共文化服务的供给能力；探索公共文化设施社会化、专业化运行的管理模式，形成社会化的发展机制，推动政府从办文化向管文化转变，全面提升事业的管理水平与服务效能。

至2010年，上海的群众文化事业基本形成政府主导、社会参与、齐抓共管、共建共享的管理新格局，建立起专兼职结合的群众文化工作队伍。公共文化的社会化发展程度不断提高，跨系统、跨行业、跨地区的群众文化活动日益丰富多元,全市呈现"人人参与群众文化、人人建设群众文化,人人享有群众文化"的新局面,基本建成覆盖城乡、发展均衡、保障基本、运行有效的公共文化服务体系,构建起以市民出门步行 15 分钟路程为半径的、便捷高效的都市公共文化服务圈,满足了市民的基本文化需求,为推进城市的精神文明建设和社会和谐发展,发挥了积极作用。

第一章 发展规划与体制改革

1978年之后,上海的群众文化事业面临经济、社会快速发展的新形势和人民群众对精神文化需求的新期待。在市委、市政府领导下,上海的群众文化事业紧跟改革开放的步伐,以保障人民群众的基本文化需求为目标,以传播社会主义先进文化、提升市民文化素质为根本任务。市政府及文化行政主管部门根据不同时期社会发展的实际情况,与时俱进地制订群众文化发展规划,确立发展目标,明确工作任务,落实保障措施,深化体制机制改革,促进群众文化事业持续繁荣发展。

第一节 发 展 规 划

上海的群众文化发展规划,是由市委、市政府及文化行政主管部门以社会主义先进文化为指针,以实现群众文化事业的繁荣与发展、满足人民群众日益增长的文化需求为目标,对全市的群众文化资源进行战略性、整体性的谋划与安排,包括全市文化发展规划中与群众文化发展相关的内容,也包括文化行政管理机构为发展群众文化事业制订的规划、纲要、意见等。

一、上海市文化事业发展规划

【“七五”规划】

1986年,中共上海市委发布《关于“七五”期间社会主义精神文明建设的实施规划》(下称“七五”规划),要求发展城市社区文化和农村集镇文化,组织市区文化向郊区辐射,打破条、块分割,按照居民在日常生活和交往中自然形成的文化区域,因地制宜,完善文化娱乐设施,开展健康愉快、丰富多彩的群众文化活动,形成各自社区的文化特色。

全市公共文化系统贯彻落实“七五”规划,以创建文明城市为目标,推进文化体制机制改革,推动城乡群众文化发展。至1990年,区(县)文化馆、图书馆以及街道(乡镇)文化站、文艺工厂逐步发展起来,分布于街道(乡镇)的少年之家、青少年活动室、老年活动室等设施也逐步修缮或重建,全市初步形成了三级群众文化设施网络,群众文艺创作和城乡的群众文化活动广泛开展起来,具有地区特色的文化活动纷纷涌现,形成良好的文化氛围。

【“八五”计划要点】

1991年,市文化局制订《上海市文化局“八五”计划要点》(下称“八五”计划要点)。提出要丰富城乡人民的文化生活,为社会主义精神文明建设多作贡献;要求进一步加强全市文化馆(站)的建设,提高、改善阵地活动设施,丰富活动内容,使之成为老少皆宜、健康有益的群众文化活动场所;努力办好两年一届的上海“十月剧展”和上海“十月歌会”。

各区(县)各系统行业认真贯彻“八五”计划要点,在文化体制机制改革的精神推动下,群众文化工作进一步解放思想,逐渐打破条块分割的体制束缚,拓展多渠道的资金投入。至1995年,公共文化设施建设继续保持良好发展的势头;以上海“十月剧展”和上海“十月歌会”为代表的群众文艺创作与群众文化活动,呈现出多元化、广泛性的发展趋势,助力城市社会主义精神文明建设。

【"九五"规划及"三至五年"发展规划】

1994年,市文化局制订《文化事业三至五年发展规划》,规划提出至20世纪末,要逐步建成具有国际水准又有中国特色的城市文化体系,与上海国际性大都市相匹配。要求文化事业发展坚持"二为"方向、"双百"方针,突出主旋律,倡导多样化;继续办好市和区县各类群众文化活动,使其成为各具特色的群众文化节;逐步形成企业文化网络、校园文化网络、社区文化网络、军营文化网络。

1995年,市文化局制订《上海市文化局文化事业"九五"和至2010年发展规划》,规划提出,自"九五"开始至2010年,逐步建成具有国际水准又有中国特色的城市文化体系,与上海国际大都市相匹配;要求群众文艺分担起提高城市文明程度、提高市民素质的任务。围绕这一目标,要求今后五年,以社区文化为重点的全市群众文化事业有一个较大发展。形成由市总工会牵头的企业群众文化网络、由市教委牵头的校园文化网络、由市文化局牵头的社区文化网络、由上海市警备区牵头的军营文化网络。到2010年,全市各级政府办的文化事业单位设施面积将比1990年增加50%,群众文化活动场所将有较大改观。

全市总结改革探索的经验,坚持公共文化设施机构公益性发展方向,贯彻执行《上海市文化局文化事业"九五"和至2010年发展规划》《文化事业三至五年发展规划》,由市群工委统筹协调,着力推进面向基层的群众文化建设。至2000年,全市形成比较稳固的公共文化设施三级网络;推动群众文艺创作,产生了一批唱响主旋律的优秀作品;开创了广场群众文化活动新模式,全市既有各类大型群众性的节庆活动,又有分布于全市各区域的社区文化、校园文化、农村文化、企业文化、军营文化以及家庭文化、楼宇文化,群众文化形成由"小文化"向"大文化"发展的新局面。

【"十五"规划】

1998年,《上海市"十五"文化事业发展规划(2001—2005)》,着重强调要在"十五"期间,进一步抓好群众文化设施和人才队伍建设,加强精神文明建设和文明城区创建,提高全社会文化生活质量。主要包括标志性文化设施建设和文明城区建设,以及群众文化事业的人才队伍建设。在群众性文化设施方面,在浦西和浦东各建设一个多功能、现代化的综合性文化艺术中心;以上海图书馆为中心,建成由公共图书馆,高校、科研等系统图书馆和情报机构组成的文献信息资源网络体系;加强社区文化设施建设,完成各区县文化中心建设,建设一批社区学校、图书馆、健身点等基层文化设施。在群文工作人才队伍建设方面,要建立社区专兼职结合的思想文化工作队伍,尽快建设好社区的体育、文化、科普指导员和时事政治辅导员、心理咨询辅导员队伍,为社区思想文化建设提供组织保证。

在繁荣社会主义文化的思想推动下,全市召开文化工作会议与社区文化工作会议,推动"十五"规划的落实。建立社区公共文化服务领导小组,加强组织领导。全市除建成一批标志性的公共文化设施外,自2004年开始,试点建设融文、教、科、体于一体的社区文化活动中心;举办"上海之春"群文新人新作大赛,催生出一批贴近生活、贴近基层、贴近群众的优秀作品,在全国"群星奖"的评比中摘金夺银;依托上海国际艺术节,涌现出一街镇一品、一区县多品的特色文化项目与区域,全市群众文化呈现蓬勃发展的态势。

【"十一五"规划】

2004年,《上海文化发展"十一五"规划》(下称"十一五"规划)提出,公共文化服务体系建设要体现社会主义先进文化要求,保障公民基本文化权益,体现政府履行公共文化服务和管理职能;要求完善基础设施网络,创新管理运行体制机制,提供政策法规保障,形成结构合理、发展平衡、内容健康、服务优质、覆盖全市的公共文化服务体系。"十一五"规划要求公共文化基础设施到2010年达到全市户籍人口人均公共文化设施面积比2005年(2005年人均0.12平方米)增加40％以上的水平。

2006年5月,市文化广播影视管理局(下称市文广局)制订《上海文化广播影视发展第十一个五年规划》,规划提出各项主要任务:要求构建较为完整的公共文化服务圈,建设一批以社区文化活动中心为主体,遍布居、村委的基础性公共文化设施和特色文化活动阵地,确保市民出门步行15分钟即可到达公共文化场所,提升群众文化事业发展的整体水平。

2007年3月8日,市发改委、市委宣传部、市文广局共同印发《关于加快"十一五"期间社区文化活动中心建设的通知》,明确"十一五"期间推进社区文化活动中心建设的指导思想、目标任务、建设原则、资金安排和建设审批等内容。全市贯彻执行"十一五"规划目标任务,坚持以创新发展为动力,以公共文化供给与运行体制机制改革为抓手,全面推进以社区文化中心为重点的公共文化服务体系建设。至2010年,覆盖城乡、梯度配置的公共文化馆四级网络基本建成,全市公共文化设施总面积近295万平方米,初步形成"人人参与群众文化,人人建设群众文化,人人享受群众文化"的新局面,基本实现市民出门步行15分钟即可到达公共文化场所的目标,提升了全市群众文化的服务水平。

二、上海市群众文化事业发展规划

【事业发展规划】

1995年,《上海市群众文化事业发展规划(1995—1997)》出台,这是上海群众文化最早的专门性发展规划。该规划根据上海发展的形势要求和各区县实际,提出上海市群众文化事业3年(部分项目延伸至5年)的发展目标与任务。在基础设施建设方面,要初步形成由市中心、四周中心市区、区县、乡镇街道组成的群众文化设施网络;在业务建设方面,3年内形成从市到区县固定的特色群众文化活动;形成以外滩、人民广场为中心,同时向四周区县辐射的广场文化网络,形成企业文化、校园文化、社区文化、军营文化网络;在法规建设方面,3年内制定并颁发《关于群众文化活动管理办法》《关于群众文化比赛活动管理办法》《关于文化馆、站管理实施办法》《关于业余艺术学校、社团管理办法》,使群众文化纳入规范化管理轨道。

【三年发展纲要】

2003年,市文广局制定《上海市群众文化发展三年纲要(2003—2005)》(下称《纲要》)。《纲要》根据党的"十六大"精神和国家、上海市"十五"文化发展规划精神,提出2003—2005年上海市群众文化建设的总体目标、重点任务和政策措施。《纲要》要求三年内使群众文化设施向更高水平的梯度配置和网络结构迈进,形成与全面建设小康社会相适应的群众文化投入机制,形成一支与世界级大都市相适应的群众文化骨干队伍,群众文化成为全市人民更普遍的文化生活内容;三年内创作一批高质量、多品种、广受欢迎的群众文化精品,以促进经济社会全面协调发展,满足市民精神文化生活需要,并营造2010年上海世博会的文化氛围。

按照《纲要》要求,群文规划加强顶层制度设计,完成全市公共文化设施的布局设计;设施建设重点下移,至2005年,完成社区文化活动中心建设的试点工作,并作为市政府实事工程向全市推进;同时,深化文化体制机制改革,探索社会化运行管理与资源供给模式,建立了一套社区文化活动中心建、管、用的规章制度,保障资源供给与服务规范,推动全市群众文艺创作与群众文化活动的重点下移到社区、农村和基层,涌现出一批优秀的文艺新品。

三、上海市群众文化创新发展的意见

2004年,市委、市政府召开上海市文化工作会议。同年12月,市文广局制定并发布《贯彻落实上海市文化工作会议精神,推进上海群众文化创新发展的意见》(下称《发展意见》)。《发展意见》提出上海群众文化创新发展的指导思想和基本原则,明确推进上海群众文化创新发展必须坚持以邓小平理论和"三个代表"重要思想为指导,牢固树立科学发展观;必须坚持为人民服务、为社会主义服务的方向;必须坚持以人为本,创新内容、创新形式、创新手段,最大限度满足人民群众日益增长的精神文化需求;必须遵循以人为本、服务至上、全面覆盖、多元发展,政府主导、社会参与的原则。《发展意见》要求抓住举办2010年上海世博会的发展机遇,以体现党和政府服务人民群众、保障人民群众基本文化权益为出发点,以满足人民群众的精神文化需求为着力点,以传播先进文化、弘扬民族精神、培育城市精神、提升市民素质为根本任务,积极发展各类健康文化、各具特色的群众文化,营造"人人参与群众文化,人人建设群众文化,人人享有群众文化"的环境和氛围;要求上海群众文化创新发展,在全市构建起一个以市民出门步行15分钟路程为服务半径的,便捷、高效的都市公共文化圈;要增强群众文化的原创力、生命力,打造全方位展示群文新人新作的平台,展现市民文化风采的平台,推动群众文化对内对外交流的平台,使更多的优秀文化从上海走向世界;要实施群众文化全民共享工程,群文活动品质工程,民族民间文化保护工程,群文队伍百千万培育工程等任务。《发展意见》还提出要组建上海群众文化工作协调促进机构,转变职能、完善政策,改革上海市群众艺术馆(下称市群艺馆)及基层文化机构运作管理机制,建立群众自主、政府支持、专业服务的运作机制等措施。《发展意见》还对市群艺馆功能定位提出了要求,要求市群艺馆建成群文创作中心、大型群文活动中心、群文信息服务和资源配置中心、民族民间文化保护中心、群文人才培训中心、业务文艺团队服务中心。为贯彻落实市委、市政府召开上海市文化工作会议精神,各区县相继召开文化工作会议,落实《发展意见》。全市以上海世博会召开为契机,全面加强以社区文化中心为重点的公共文化服务体系建设,全面推进公共文化体制机制改革创新。至2010年,全市形成政府主导、社会参与、各方支持、全民受益的新局面。

四、上海市农村文化建设计划

2007年2月,市文广局会同市委宣传部、市农委等相关部门制订《上海市新农村文化建设行动计划(2007—2010)》(下称《行动计划》)。《行动计划》按照确保公益、促进均衡、注重内涵、激发活力的总体要求,全面实施农村公共文化"三大工程"建设,满足农民基本文化生活需求。《行动计划》要求进一步加强基层公共文化设施建设,改善和提升服务水平;增进公共文化产品的生产供给,活跃农民群众精神文化生活;加强非物质文化遗产保护工作,发展一镇(乡)一品特色文化活动;巩固和发展专兼职结合的农村文化队伍,提升农村文化人才的整体素质。《行动计划》并提出建立上海市新农村文化工作联席会议制度,形成推进合力,建立文化建设专项资金,加大对郊区农村文化建设的投入等保障措施。

随后,全市召开农村文化工作会议,按照公共文化服务体系建设整体部署,贯彻共建共享、资源向农村倾斜的原则。至 2010 年,顺利完成农村公共文化"三大工程"建设,非物质文化遗产得到传承与保护,并形成一批具有地区特色的文化品牌项目,创建成一批全国、全市民间艺术之乡,农村文化日益繁荣。

五、文化长廊、民间文化保护、文化信息资源共享工程规划

【"万里边疆文化长廊"上海段建设规划】

1994 年,国家颁布"万里边疆文化长廊"规划,按照国家规划,上海浦东新区、崇明、南汇、金山、奉贤、宝山等 6 个区县列入"万里边疆文化长廊"。国家"万里边疆文化长廊"关于上海段建设规划指出,上海市边疆文化长廊建设主要依托现代化大都市的文化优势,形成"四处有点,连点成线,以线带面,集面成片"的市、区县、乡镇不同层面的文化网络。

按规划要求,到 2000 年,上海市 6 个属于边疆地带的区县级文化馆,将由 11 处增加到 15 处,134 个乡镇的文化设施中 50％以上新建和扩建,每处面积均达到 800 平方米以上。

1996 年 9 月 14 日,文化部授予金山"全国万里边疆文化长廊建设先进县"称号,授予宝山区"全国万里边疆文化长廊建设成绩显著单位"的称号。

【民族、民间、民俗文化保护与弘扬工程规划】

以加强上海市民族、民间、民俗文化的保护与弘扬为宗旨,2006 年 6 月,市文广局制定《上海市"民族、民俗、民间"文化保护与弘扬工程实施纲要》(下称《纲要》)。《纲要》指出民族、民俗、民间文化,是上海文化的根基,也是城市社会和经济可持续发展的资源,扶持对重要文化遗产和优秀民间艺术的保护工作是构成国家文化安全的屏障,是建设社会主义先进文化的必然要求。

按照《纲要》要求,结合公共文化服务体系建设的目标任务,依托民族节庆纪念日,广泛开展民族、民间、民俗文化进校园、入社区活动,实现非遗保护工程,建立一批传承基地,创建一批上海和全国民间文化艺术之乡,使民族、民俗、民间文化走进百姓生活。

2007 年 5 月 9 日,市文广局发文命名宝山区罗店镇(罗店龙船)、浦东新区川沙新镇(沪剧)、金山区山阳镇(民乐)、徐汇区龙华街道(庙会民间文艺)、青浦区朱家角镇(民间藏书)等 12 个街道和乡镇为"上海民间文化艺术之乡"。

2008 年 11 月 3 日,文化部组织开展的"中国民间文化艺术之乡"命名评审工作结束,上海 21 个街镇被命名为"中国民间文化艺术之乡"。

【文化信息资源共享工程"十一五"发展规划纲要】

根据中央关于文化信息资源共享工程建设的一系列指示精神,2006 年 12 月,上海市文化信息资源共享工程领导小组制定并颁布《上海市文化信息资源共享工程"十一五"发展规划纲要》(下称《规划纲要》)。《规划纲要》提出上海文化信息资源共享工程建设的指导思想和目标,提出网点建设、资源建设规划及组织管理与保障措施,要求到 2010 年实现街道(乡镇)和村基层服务点的全覆盖。

遵照《规划纲要》要求,上海制定了实施意见与工作方案。根据上海实际情况,全市文化信息资源共享工程加强街道(乡镇)以及行政村服务网点建设,推进与街道(乡镇)的社区信息苑建设、图书馆的电子阅览室建设,实施一体化建设、一站式服务,资源共建共享。至 2010 年,全市实现街道(乡

镇)和行政村基层服务点的全覆盖,并制定了运行管理的各项规章制度,保障健康有序发展。

六、区(县)"十一五"时期群众文化发展规划

依照国家关于发展群众文化事业的精神和上海市群众文化发展规划的部署,各区(县)政府和文化行政主管部门,根据区域群众文化发展的实际情况及人民群众对精神文化生活的需求,制订区域"十一五"时期群众文化发展规划。

《黄浦区文化发展"十一五"规划思路》提出文化事业建设的具体目标,要建立和完善三个网络体系,即以社区文化活动中心为主要载体的社区文化服务网络,社区图书文献信息共享网络,文物博物馆网络。《静安区群众文化五年发展规划纲要(2004—2008)》要求建设成为一个群众文化设施先进、群众文化活动精彩、群众文化生活丰富、群众文化机制完善,文化市场繁荣、文化环境高雅、充满文化魅力和气息、凸显静安文化底蕴和海派文化特色,体现静安文化实力和品质的国际文化大都市文化型中心城区。《卢湾区文化发展纲要(2003—2007)》提出,围绕"建设凸显精品特色的现代化城区的奋斗目标",努力把卢湾区建成文化产业集聚、文化事业繁荣、文化氛围浓郁、市民素质较高、社会文化进步的具有文化特色的中心商业商务区。《杨浦区文化发展规划纲要(2004—2010)》提出到 2010 年,要求建设文明城区,建设学习型城区,建设文化强区,构建与杨浦知识创新区相匹配的城区文化新格局,健全与社会主义市场经济体制相衔接的城区文化新体制,形成与服务市民、融入上海的任务相适应的城区文化新特色,努力走在发展先进文化的前列。《虹口区文化局"十一五"规划发展思路框架》提出,构筑特色文化圈,进一步繁荣和发展社区群众文化,加强文化市场管理,积极引进社会资金推动文化产业发展。《南汇区文化发展"十一五"规划》提出,要加强群众文化建设,倡导人人享受文化的理念,营造家门口的文化;着力打造文化品牌活动,繁荣文艺创作,初步形成南汇海洋文化特色。《浦东新区文化发展规划纲要(2005—2010)》提出,经过 5—10 年的努力,把浦东建成体现上海先进文化发展方向的重要舞台,展示上海国际大都市文明形象的重要窗口,上海进行国际文化交流活动的重要区域,上海面向世界推进文化创新的重要基地。《普陀区文化工作近、中期(2005—2010 年)发展思路的纲要》提出,要改革群众文化工作的运行体制和工作机制,健全群众文化工作的组织网络,充分发挥文化资源的综合服务功能和整体效应。《绿色青浦先进文化建设行动纲要——青浦区文化发展规划(2005—2010 年)》要求青浦区至 2010 年,实现五大发展目标:使基础设施达到国际大都市所要求的梯度配置和质量要求,使文化功能体现辐射长三角和全国各地的文化互动大枢纽,使文化景观成为凝聚水乡特色、历史积淀深厚的人文景区,使全区人民的文化消费水平与小康社会的生活质量相匹配,使全区的文化产业质量成为都市型特色化的文化经济新增长点;达到文化设施网络化,总体布局重点化,旅游景区名牌化,文化产业规模化,文艺创作特色化,文化管理专业化,为青浦率先基本实现现代化提供强大的动力。《金山区"十一五"文化发展规划》提出,构建与金山滨海新城定位相匹配,与金山区经济社会发展相协调,与人口总量、城镇建设和文化需求相适应的金山文化新格局。《关于奉贤文化发展的设想》提出,实施文化设施战略、文化人才战略、文化品牌战略,使奉贤群文事业努力走在发展社会主义先进文化的前列。

第二节　体　制　改　革

20 世纪 80 年代,随着文化体制改革全面展开,上海的群众文化事业面临着巨大的挑战与机遇。

全市的公共文化机构,在各级行政主管部门领导下,在财政拨款、人事制度、运行管理等各方面,进行了体制机制改革的探索。

一、文化馆财政拨款制度改革

进入20世纪80年代,面临城市基础建设和人民生活的巨大需求,并伴随市场经济的发展,群众文化事业面临依靠政府有限的财政投入而难以生存发展的困境。借鉴经济体制改革的经验,全市公共文化机构开始探索自主经营创收、增加经费收入的办法。1978年6月,川沙县北蔡乡开办市郊第一个以工养文、亦工亦艺的经济文化实体——农村"文艺工厂"。此后,"文艺工厂"在全市10个县中普遍展开。1980年,金山县文化馆采取多种举措以增加收入,上海《文汇报》发表《金山县文化馆办活了》,介绍了该馆的经验,文化部主办的《群众文化》第二期上作了转载。1983年,黄浦区浦东文化馆在全市率先实行承包责任制,实行定业务指标、定经济指标、定人员指标的"三定"制度,内容包括以岗位责任制为中心的经营管理责任制、馆长负责制、干部聘任制和职工目标责任制等。至1987年,全市文化系统全面开展"以文补文、多业助文"经营机制改革。1988年,文化部副部长高占祥在南汇县调查,高度赞扬南汇县开辟文化经济资源发展文化事业的举措,称之为"南汇精神"。同年6月,文化部、财政部召开全国文化事业单位以文补文经验交流会,肯定了"以文补文、多业助文"的经验及其意义。上海虹口区曲阳文化馆等单位在会上交流了经验,全市文化馆掀起了创收工作热潮。1989年10月7—10日,文化部在上海普陀区真如文化馆召开"全国部分文化馆实行以文补文经验交流会",真如文化馆在会上作了经验交流。1990年,文化部在京召开"全国先进文化馆站经验交流暨表彰大会",上海宝山区文化馆、松江区文化馆、虹口区曲阳文化馆、黄浦区浦东文化馆获得"全国先进文化馆"称号。1992年8月25日,文化部、财政部授予浦东文化馆"全国以文补文先进集体"称号。9月14日,市文化局、市物价局、市财政局联合发文《关于业余艺术教育管理费收取、使用、管理办法通知》。1994年8月8日,市群众文化工作委员会、市群众文化学会、市文化局群文处、市群艺馆联合举办上海市文化馆改革与管理研讨班,探讨在市场经济条件下发展群众文化事业的指导思想与路径,从理论与实践两方面总结经验,提高对改革的认识。这一时期,全市文化馆在保证开放的同时,普遍利用文化馆设施设备,开展各种有偿服务、文化经营活动,诸如破墙开店经商、与企业联合开发多种商业经营项目、出租场地设施收取租金等。1982年开始,静安区文化体制和财务管理方面进行了一系列改革,静安区文化馆实施业务、经济承包责任制;1990年引进国内外资金、设备,建立朝代文化娱乐公司和大洋娱乐中心,所属部分经营收入支持文化馆人员薪资和阵地运用,反哺群众文化活动和培训。黄浦区浦东文化馆、虹口区曲阳文化馆等开

图6-1-1　普陀区真如文化馆

展多业创收后,馆内日常经费能做到自给。1993 年 5 月 1 日,市文化局、市财政局、市税务局颁发《上海市文化系统开发经营管理办法》(下称"经营办法"),"经营办法"指出,上海市文化系统自 1987 年全面开展"以文补文"活动以来,取得了显著的成绩,增强了文化事业单位的"造血"功能,支持了文化事业的发展。"经营办法"要求文化系统和相关单位的开发经营向法治化、规范化、产业化管理发展,对包干结余经费,规定提取 30%上交文化主管部门,作为集体福利事业基金;文化馆从每年增长的文化经费中留出相当一部分资金,由市财政、文化部门集中下拨用于文化馆。各文化馆的创收所得,除一部分用于职工福利待遇外,大部分用于事业发展,有的用于设施修缮,有的添置办公用品,有的补贴活动经费的不足。据 2000 年调查统计,上海公共文化馆获得财政全额拨款的有 11 家(员工奖金除外),占总数 28.2%;差额拨款的 21 家,占总数 53.85%;自收自支的有 7 家,占总数 17.95%。文化馆经费投入体制的改革,变政府单一投入为多渠道投入。当然,此举在特定历史条件下,虽解决了文化馆财政投入不足的问题,但由此也造成部分公共文化设施被挪作他用,公益性服务功能和用途被改变,群众文化活动的方向有所偏离等问题。

1997 年,上海市政府颁布《上海市公共文化馆管理办法》,进一步明确公共文化馆是公益性文化事业单位,强调不能任意改变设施的功能用途,禁止将公共文化馆的公益性活动用房转让、出租给他人从事经营活动。2002 年,国务院颁布《公共文化体育设施条例》,从国家法规的高度,保障公共文化事业的公益性质。文化馆从事经商营业和出租用房等违规现象逐渐改正。

2012 年,党的十六大召开后,文化产业与文化事业的政策界限厘清,财政对公共文化设施机构的投入不断增加,自收自支单位也重新回归按预算由财政拨款的正常轨道。至 2010 年,全市公共文化设施出租及用于商业经营的用房大部分收回,公益性服务收入上缴用于事业发展,文化馆等公共文化机构的公益性特质得到保障,全市群众文化事业走上健康有序的发展轨道。

二、文化馆人事制度改革

自 20 世纪 80 年代中期开始,根据中央关于文化体制改革的精神和要求,上海群众文化事业单位的人事制度改革逐步展开,以适应改革和发展需要,调动公共文化事业单位员工的工作主动性和积极性。

【专业技术职称评聘制】

按照中央关于开展专业技术职称评定的要求,上海自 1986 年上半年开始专业技术职称评聘的各项准备工作。按职称改革工作的要求,1987 年成立上海市文化局职称改革领导小组;同年 12 月,建立上海艺术、文物博物、图书资料、群众文化四个专业的高、中级专业职务评审委员会。其后,经批准,市群艺馆自行负责其单位的中级职称评审工作及市青年宫的中级职称评审工作。初级职称则由各区(县)分别成立初级职称评审委员会负责评定。1987 年 12 月至 1988 年 5 月,上海市首次群众文化专业职称评审工作展开,至 1989 年 12 月,全市文化局系统首次专业技术职务评聘工作结束,群众文化系列评出正高职称(研究馆员)7 人、副高职称(副研究馆员)69 人、中级职称(馆员)394人。此后,职称评审工作纳入市文化局的日常工作范围。至 1996 年,全市共评出群文工作系统高级职称 119 人,其中研究馆员 10 人、副研究馆员 109 人。此外,还评出中级职称(馆员)988 人、初级职称 26 人;群众文化专业技术人才队伍建设进入了持续发展和壮大的阶段。1999 年,依照市人事局制定的《上海市专业技术职称(资格)评定与专业技术聘任制分离的暂行办法》,明确职称评审结果与岗位实际聘用分开,实行动态管理,注重工作业绩,以调动广大员工的积极性。2000年,市文化局职改办规定,初级与中级只聘不评,高级职称仍采用审定制。2003年,文化部下放群众文化正高级的评审权,自此上海高级职称评审委员会可以直接对申报的群众文化专业人员评定正高级专业技术职称。2009年开始,初级与中级评审办法改为以考代评;高级职称的评定,仍然采用审定制。

2009年,上海共有68人参加群文系列初级职称考试,其中47人合格,通过率为69.12%;72人参加群文系列中级职称考试,其中50人合格,通过率为69.44%。

2010年,上海共有71人参加群文系列初级职称考试,其中54人合格,通过率为76.06%;74人参加群文系列中级职称考试人数,其中45人合格,通过率为60.81%。与2009年相比,参加考试的人数增加,通过率有增有减。

2000—2010年,群众文化系列共评定正高级职称21人、副高级职称84人。

【推行聘用合同制】

按照中央关于事业单位人事制度改革精神,1995年12月8日,市人事局印发《上海市事业单位实行聘用合同制暂行办法》,明确指出实施聘用合同制,改革固定用工制度,作为事业单位人事制度改革的一项重要内容。聘用合同制要求聘用单位与受聘人员确立聘用关系,明确双方的权利和义务。由此,全市群众文化机构开始推行人事制度改革,施行聘用合同制。青浦区文化馆是当时人事制度改革试点单位,实行馆长负责制、部室主任职责制和工作人员岗位责任制,逐级负责;岗位责任考核,采取"计实计分,定性定量",按劳分配、奖勤罚懒的办法。闵行区群众艺术馆在1997年制定了《全员聘用合同制暂行规则》,开始尝试进行人事管理制度的改革。2000年,闵行区群众艺术馆职工大会通过《体制、机制及工资制度改革方案》,实行干部聘用制、岗位竞聘制、岗位目标考核制,推行择优聘用、竞争上岗的用人机制;馆长由区文化局实行公开聘任,经面试合格后聘用;副馆长和部室主任,在确定岗位条件与工作目标基础上,公开招聘,并安排竞岗演说,由馆长聘任副馆长及部主任;馆内各个工作岗位,由职工向部主任应聘,由部主任根据各人的德、能、勤、绩,择优选择录取,实行一级对一级的聘任管理;聘任后签约,确定岗位目标责任。在分配制度方面,将工资分为岗位工资、效益工资、福利补贴、奖金四部分,按照"低保障、重效益、重奖励"的原则,由闵行区群众艺术馆自主设置工资分配方案。2003年,闵行区群众艺术馆贯彻专业技术岗位与职称分离的改革措施,一位优秀的部主任提升为副馆长,3位原部主任没有受聘,被降为一般干部,收入待遇也均按新工作岗位标准升降。浦东新区文化艺术指导中心2003年推行聘用合同制,贯彻公平竞争、择优上岗原则,受聘上岗人员均实行岗位责任制和目标管理;工资分配实行结构工资制,由基本工资和效益工资两部分组成,贯彻奖勤罚懒、奖优罚劣,按劳取酬、多劳多得的分配原则。人事制度的改革,打破了文化事业单位长期以来用人制度上的"终身制"和分配制度上吃"大锅饭"的状况,员工的工作积极性与主动性有所调动。

三、文化馆运行管理制度改革

群众文化机构的运行管理,一直由政府文化行政部门负责主管。1992年后,上海加大文化体制改革力度,实行两级政府、两级管理的模式。2002年,根据中央对文化体制改革制定的一系列任务书和路线图,上海文化体制改革进一步推进,探索资源供给与运行管理主体的多元化。2003年,

《上海群众文化三年发展纲要》提出,群众文化事业体制改革在三年内要形成"党委领导,全面组织;明确分工,狠抓落实;行业部门,分类推动;群众团体,积极参与;社会资助,多样形式"的立体化管理格局,探索一条"共识,共建,共办,共荣,共享"的建设道路,政府从办文化向管文化转变。

【统筹协调机制】

2004 年开始,由市文化体制改革领导小组统一领导,全市着力改革街道(乡镇)公共文化设施建设中存在的各自为政、条块分割,多头、分散建设的状况,建立由市委宣传部牵头、17 个部委办局参与的社区公共文化服务领导小组,统筹规划与协调全市在街道(乡镇)统一建立综合性、多功能、共建共享的社区文化活动中心。在浦东新区与长宁区两区试点基础上,2004 年 3 月 2 日,市委宣传部、市文明办、市发改委、市文广局等十部委办局制定并颁发《社区文化活动中心配置要求(2004版)》。2004—2005 年,市政府将社区文化中心建设列为市政府实事工程项目着力推进,解决社区文化中心建设的资金、土地等问题。2006 年 2 月 16 日,市委副书记殷一璀,市委常委、市委宣传部部长王仲伟,副市长杨晓渡到市群艺馆调研公共文化服务体系建设情况。2007 年,上海市制定了《社区文化活动中心管理办法》及相关的政策制度,推动社区文化中心的社会化、专业化运行管理。同时,按共建共享原则,统筹协调关于文化信息资源工程建设、农家书屋工程建设、综合文化站工程建设、农村数字化电影放映工程建设,实行一体化建设、一站式服务。2008 年 1 月 7 日,文化部副部长周和平前往闵行区马桥镇星星村综合文化活动室、七宝镇社区文化活动中心,考察农村文化信息资源共享工程工作,对上海推进文化共享工程与农村数字电影播放点、农村信息苑"三位一体"建设的做法给予肯定。

各区(县)也建立相应的统筹规划、协调推进的组织机构,或称"领导小组",或称"联席会议",发挥统筹协调作用。街道(乡镇),建立街道(乡镇)级的统筹协调机构,由街道(乡镇)政府分管领导牵头,相关工作机构的有关领导及群众文化团队与群众代表参加,称为"社区文化管理委员会",对社区文化中心运行管理行使统筹协调、决策与监管权力。

统筹协调机制的建立与健全,改变了群众文化建设中长期存在的条块分割、各自为政的体制弊病,群众文化事业建设成为政府行为,各部门各司其职,社会组织与群众代表参与,形成了推动群众文化事业协调发展的合力,增强了群众文化事业的组织支撑力。

【社会化委托管理机制】

在市社区公共文化服务领导小组统筹下,在各级文化主管部门的领导下,从 2003 年开始,上海深化社区文化中心运行管理体制机制的改革创新,尝试采用社会化、专业化运行管理新模式。

2003 年,社区信息化服务建设项目采用政府购买服务方式,委托专业机构上海东方数字社区发展有限公司对全市社区文化中心建立统一的"东方社区信息苑",实行"联网管理、连锁运行"的管理模式,从而使每一家社区文化中心内设的"东方社区信息苑"运营具备政务服务、文化服务、便民服务、未成年人服务及培训服务等五大功能,并实现社区信息苑与全国文化信息资源共享工程服务点、数字电影放映工程基层服务点、公共电子阅览室建设相结合,共建共享。至 2010 年,东方社区信息苑覆盖全市 17 个区(县)、49 家社区信息苑和 1 669 家农村信息苑,基本实现街道(乡镇)和行政村的全覆盖。在农村电影放映工程建设中,也委托上海东方永乐电影院线公司和上海金山电影发行放映站实施,至 2009 年底,实现了全市行政村综合文化活动室数字电影公益放映的全覆盖。

2004 年,开始探索社区文化中心社会化、专业化运行管理模式。社区文化中心社会化、专业化管理有两种方式:一是将社区文化中心实施全委托管理。比较有代表性是卢湾区打浦桥街道社区文化中心,它是最早试行社会化全委托管理的一家,在公共文化设施产权不动、公益性服务原则不变、公共财政投入不减的前提下,由打浦桥街道办事处与"上海华爱社区服务管理中心"(下称"华爱")签订托管协议,委托"华爱"主要对社区文化中心内各文化活动场地的功能进行开发与管理,对大型文化活动进行策划和实施。协议规定,社区文化中心每天从早上8点开放到晚上9点,节假日全天开放,保证社区团队和85%的活动项目提供免费服务,其余实行不以营利为目的的低价有偿服务等。打浦桥街道文化中心的运行经费,按实际支出由街道办事处保障。街道办事处由原来忙于直接组织运行转变为管理与服务指导。为加强对托管单位的管理和保障设施的正常运行,建立了由街道办事处分管领导任主任,由人大代表、群众文化团队负责人、居民代表和社区文化中心主任组成的社区文化中心管理委员会,其主要工作职责是审议社区文化中心工作、财政投入和执行情况,确定收费项目及价格标准等,发挥统筹协调、民主管理和对托管单位的监督作用。打浦桥街道社区文化中心凭借"华爱"的专业管理能力和广泛的社会关系,做到"居民所需、中心提供,随时筛选、确保满意",每周都有3—4场百人参与的各类活动,每天有10个左右的培训班与文体团队活动,日均群众流量在1 000人次以上。此外,闸北区临汾街道社区文化中心委托由街道培育、扶持的"民非"组织——"临汾明悦文化服务中心"(下称"明悦")运行管理。街道办事处与"明悦"签订"关于临汾社区文化活动中心委托管理服务合约",街道出资,由"明悦"承担文化中心运行管理。临汾社区文化中心的执行主任,由"明悦"理事会授权聘任,服务员工由执行主任聘用。"明悦"根据该合约的规定,以公益性原则、人性化服务、社会化运作、规范化管理和目标化考核为管理社区文化中心的基本方针,从早上7点到晚上10点,连续服务15小时,365天不关门,负责策划组织社区文化中心的各项活动,为社区各类团队及文化体育、教育培训等活动开展提供服务平台。在"明悦"的管理下,临汾社区文化中心的人气指数,从最初的每天600人次,提高到1 500人次,全年服务量达50余万人次。从每季度末的服务质量测评中,几年来群众满意度一直稳定在86分以上。

另一种是对比较复杂、技术要求较高的文化服务项目,采用委托社会专业机构运行和管理。其中较有代表性的案例是黄浦区半淞园路街道社区文化中心,将体育健身服务功能的开发、运作、管理,委托给上海星之健身俱乐部有限公司运管,双方签订《社区群众体育合作服务协议》,内容包括全民健身、科学指导、活动赛事、品牌集聚四个方面。街道全年出资运行经费20万,由星之健身俱乐部派出专人进驻社区,运行管理文化中心内的体育健身服务项目,同时负责组织开展社区全民健身活动。在星之健身俱乐部的运行下,街道组成了28支体育团队,全年参与健身活动的居民达30万人次,形成了排舞、弄堂运动会、千人拳操等活动品牌项目,健身人群逐年呈增长态势。还有的与专业文化机构合作,共同打造群众文艺活动品牌项目,其中比较成功的有徐汇区文化局与上海音乐学院的合作。双方于2004年开始,联手举办"徐家汇公园星期音乐会",至2010年演出200多场,吸引观众近20万人次,被评为全国特色广场文化活动项目;与中福会儿童艺术剧院连续6年合作,打造"襄阳公园青少年艺术星期六""徐家汇公园亲子广场剧场",成为上海市未成年人思想教育基地;与上海艺术星期六文化发展中心合作,每年清明期间,在龙华烈士陵园举行"龙华魂"系列文化活动,成为爱国主义教育的传统活动项目。此外,还有许多社区文化中心将物业、影剧场、亲子活动等项目,委托有较强专业能力和管理水平的社会专业机构,按公益性服务要求运管。实施社会化专业化运作管理,为公共文化服务增添了新的生机与活力。

至2010年,上海全市已有60多家社区文化中心,实施社会化、专业化运行管理模式。

【文化资源配送机制】

2004年开始，为提高社区文化中心服务能力，克服基层公共文化机构文化服务资源不足、文化产品质量不高的难题，上海推进公共文化资源供给制度改革，成立了以东方命名的6个公共文化资源配送机构，各"配送机构"制定了"配送工作制度"和配送方案。制度规定了市、区(县)、街道(乡镇)各级公共文化馆(中心)的工作分工，要求各尽其责形成合力。市配送机构重在整合社会资源，提供质优价廉、供需对路的产品与服务。区(县)文化馆(配送中心)则是配送的枢纽，向上要提供需求导向，确定分配额度；向下，还须整合本地区的文化资源，纳入区域配送菜单目录，合理分配到社区文化中心。街道(乡镇)文化中心要承接配送资源，做好安排，为社区居民提供服务并做好绩效的评估与反馈工作。

图6-1-2　京剧讲座下社区活动(2006年8月12日)

按需配送机制　确立以人民群众需求为导向的配送原则。规定资源配送要依据社区居民需要，面向社区文化中心，提供菜单式服务。为社区文化中心和基层单位提供各类演出、展品、讲座、培训、数字电影资源以及信息服务和各艺术门类的艺术指导员服务。

社会资源征集机制　配送的文化资源由政府面向全社会征集，通过采用市场化的招投标方式，购买产品与服务，扩充资源供给主体，丰富资源内容。资源征集形成了发布招标公告，受理标书、组织评审、公示结果、签订协议等规范化制度的流程，改变了由政府或公共文化机构单一供给的模式，从而使资源供给主体多元化，获得质优价廉的产品和服务。

规范化的监督管理机制　构建包括需求调研、计划制订、内容征集、项目评审、菜单发布、社区点单、合同签订、产品配送、巡查监督和总结评估等环节的服务与管理的流程制度体系，使配送服务标准化、规范化。

2009年5月，市文广局召开专业院团社区文艺指导员派送工作会议，明确指导员派送工作覆盖所有区县和指导员派出工作覆盖所有专业艺术院团的"双覆盖"目标。至2010年，配送资源的供给主体有专业文艺院团，也有文化类民非单位、业余文艺社团等，呈多元化趋势。配送内容也日益丰富多样，如东方讲坛提供公益性讲座，包括时事形势、社会热点、历史文化、经济金融、艺术鉴赏、国防知识、健康养生、人生发展与道德成长、教育管理等10大类；东方社区学校服务指导中心，为居民提供培训、讲座、技能、娱乐4大类，近千门课程；东方社区文艺指导中心配送专业文艺指导员，覆盖音乐、舞蹈、戏剧、曲艺、美术、书法、摄影等7个门类。

【第三方考评机制】

上海除执行文化部组织的对县以上公共图书馆、文化馆评估定级的要求外，还逐步扩展延伸到对区(县)政府、街道(乡镇)文化中心、大型文化活动等的绩效评估，并形成了一套比较完整的考核评估指标体系和考评办法。

建立针对不同对象的考评机制。对区(县)政府公共文化工作的考评，纳入上海市对城区和社区精神文明建设的考核范畴中。考核指标主要集中在公共文化设施基本完备、公共文化服务经费基本保障、人民群众文化生活不断丰富、对公共文化服务机构管理有效诸方面,并根据精神文明建设的总体指标体系,设立相应的权重,体现政府作为公共文化服务责任主体应承担的职责。对公共文化机构的考评,在 20 世纪 90 年代,建立社区图书馆的考评指标,2008 年又制定对社区文化中心的考评指标,对社区文化工作机构的考评,以服务为重点、以绩效为核心。考评指标既有量又有质:量的方面,包含设施的利用率、群众的参与度、服务的辐射面;质的方面,着重于文化服务的导向、工作的深度、对社会的影响力,以及公众的满意度。对公共文化活动也建立了相应的评估指标,2000 年以来,每年表彰奖励群众文化活动先进集体、先进项目和先进个人;2003 年评选"上海市群众文化活动特色项目(区域)";2005 年,开展"上海优秀非职业文艺团队评选(合唱、器乐、舞蹈)"以及对重大文化活动项目的评估。对活动类的评选标准,要求有广泛的群众基础、良好的社会效益、健全的管理规范、有效的保障措施等,强调群众参与率高、覆盖城乡面广、社会影响力大、为广大群众喜爱,体现上海公共文化活动"人人参与群众文化建设,人人享有群众文化成果"的发展目标和宗旨。2005 年 12 月 1 日,召开上海群众文化活动特色项目和特色区域命名展示会,副市长杨晓渡出席并讲话,5 个全国文化先进区、3 名全国社区优秀文化辅导员和 13 个市群文特色项目、7 个市群文特色区域受到表彰和命名。

引入社会化评估机制。2008 年对社区文化中心进行试评估时,委托上海社会科学院文学研究所评估研究中心作为第三方评估机构负责进行。2009 年以后,市文广局组织"上海市民巡访团",对全市各级各类公共文化服务机构(从图书馆、文化馆、文化中心开始)进行巡查,制定了 5 大类 17 个小项的测评指标,每年进行明察暗访,逐步形成常态化监管机制。2010 年 3 月,上海社会科学院文学研究所评估研究中心,由 5 位研究人员发起筹建文化类民办非企业单位上海东方公共文化评估中心,获得了市民政局批准。同年,上海东方公共文化评估中心接受市文广局委托,对由市政府出资举办的重大文化活动项目实施考核。

实施考评结果反馈机制。2008 年,文化中心试评估结束,评估组对每家社区文化中心都写出评估总结报告,以简报形式向各区(县)政府通报,并反馈给各单位。反馈报告中除有评估指标考核结果实录及评分外,还提出了总体评价及整改建议,以进一步引起有关领导部门的重视,也使各个文化服务机构明确整改方向,达到"以评促建"的效果。同样,市民巡访团每次的测评结果,也及时反馈给各区(县),其中还包括取证照片。

运行管理体制机制的改革,突出社会力量融入公共文化,打破政府独家运管的传统模式,使群众文化事业的建设和运行管理主体逐步走向多元化,政府从办文化中解脱出来,更好地发挥了管文化的主导作用。

第二章　规章办法

市政府及相关文化行政主管部门,通过顶层制度设计,制定并颁发了一系列政府规章和规范性文件,以政策制度指导和规范群众文化设施的建设、服务与运行管理,促进群众文化事业的持续发展,保障人民群众的基本文化权益。

第一节　公共文化馆管理

一、管理办法

【上海市公共文化馆管理办法】

1997 年 9 月 22 日,上海市人民政府发布《上海市公共文化馆管理办法》(下称《管理办法》),并定于 1998 年 1 月 1 日起施行。《管理办法》共有 26 条,明确公共文化馆是指政府设置、向社会公众开放、组织和指导群众文化活动的公益性文化事业单位,包括市文化馆、区(县)文化馆和街道(乡、镇)文化站。《管理办法》规定,公共文化馆按照行政区划设置;上海市文化局(下称市文化局)是全市公共文化馆的行政主管部门,区(县)文化行政部门负责辖区内公共文化馆的管理。《管理办法》要求区(县)文化馆和街道(乡、镇)文化站的建筑面积之和,应当达到平均每千人 50 平方米的要求。其中,区(县)文化馆的建筑面积不少于 5 000 平方米,街道(乡、镇)文化站的建筑面积不少于 1 200 平方米。《管理办法》提出公共文化馆要开展文化艺术创作、表演和展览等公益性文化活动,开展群众文化理论的学术研究,做好对基层文化站和群众文化活动业务辅导工作等要求。《管理办法》明确公共文化馆开展公共文化服务应当提供免费服务,如需收取服务成本费的,具体标准由上海市财政局、上海市物价局和市文化局另行规定。《管理办法》要求文化馆(站)实施全年开放,包括国定节假日,每天开放的时间不得少于 8 小时。《管理办法》还针对公共文化设施任意被侵占、改变使用性质的现象,特别强调,禁止将公共文化馆的公益性文化活动用房转让、出租给他人从事经营活动。《管理办法》并明确规定,对于未经批准改变公共文化馆的公益性文化活动用房用途的,将公共文化馆的公益性文化活动用房转让、出租给他人从事经营活动的,未经文化行政部门同意,利用公共文化馆的设施和场地开展经营活动的,都属于违法行为,要追究法律责任,并给予相应的处罚。

【上海市公共文化馆管理办法实施细则】

1998 年 6 月 28 日,市文化局制定并颁发《上海市公共文化馆管理办法实施细则》(下称《实施细则》)。《实施细则》共 26 条,明确全市公共文化馆按照行政区划设置。市和区(县)行政区域内分别设置市文化馆和区(县)文化馆;街道(乡、镇)区域内设置街道(乡、镇)文化站。《实施细则》规定公共文化馆实行统一管理、分级负责的原则。《实施细则》进一步明确公共文化馆的公益性文化活动用房和场地应当严格管理和保护,不得任意改变用途。因特殊情况确需调整用途的,公共文化馆应当报经办理使用登记的文化行政部门批准,并由使用者在本地段内限期落实公益性文化活动用房和场地;禁止将公共文化馆的公益性文化活动用房和场地转让、出租给他人从事经营活动。在人员的配置上,《实施细则》作出了具体规定,要求公共文化馆必须配备文化艺术专业人员,其比例应当不少于该馆在编人员总数的75%;专业人员应当具有一定的文化艺术专业能力和业务水准,市文化馆和区(县)文化馆的专业人员应当具备大专以上文化程度,街道(乡、镇)文化站的专业人员应当达到中等以上文化程度;市、区(县)文化馆应当设立高级专业技术职称的业务岗位;街道(乡、镇)文化站可以设立中级专业技术职称的业务岗位;公共文化馆的馆长必须经市文化局培训、考核合格,发给上岗证书后,方可持证上岗。

二、服务标准

【市、区(县)文化馆服务标准】

2008年,市文广局制定并颁布《上海市公共文化馆服务标准》(下称《文化馆服务标准》),明确该服务标准适用于上海市的市、区(县)文化馆(群众艺术馆、文化艺术指导中心、文化艺术中心)等。《文化馆服务标准》规定公共文化馆要坚持先进文化前进方向,贯彻"以人为本、服务至上"的宗旨,为市民群众提供公益的、基本的、便捷的、健康的文化服务。《文化馆服务标准》对公共文化馆服务设施与环境提出了具体要求,特别指出其设施主要用于公益性文化服务,公益性文化服务面积按基本建设标准核定,不低于使用面积的90%;应当设立无障碍设施,室外有方便残疾人进出的通道并确保畅通,室内有可供残疾人使用的卫生设备和电梯,没有电梯的应将适合残疾人的活动项目安排在底层,或有专人负责接待;每周开放时间规定累计不少于56小时;节假日期间,基本文化服务项目须对外开放。《文化馆服务标准》要求开展的各类文化服务活动应当避免影响周围居民的正常生活,如难以避免的,应及时征求周边居民意见。《文化馆服务标准》对于服务内容和方式,强调应当组织开展与其功能、用途相适应的、健康、有益的文化活动,不得提供包含反动、淫秽、迷信以及其他内容不健康的服务;公共文化馆应当采购和使用正版书刊、音像制品;要求在公共财政的支持下,为公众提供书报阅览、艺术培训教育、公共文化鉴赏、参加大众文化活动等基本的文化服务。《文化馆服务标准》规定,每年公众参与馆内活动受益率不低于当地人口总数的10%;公共文化馆增设或更换活动项目,需广泛征求本区域居民意见。针对网络服务的实际状况,《文化馆服务标准》提出设置在公共文化馆内的信息苑、电子阅览室,其管理人员要引导未成年人健康上网,连续上网时间不超过2小时。《文化馆服务标准》还要求把工作重心放在基层,要指导和帮助本行政区域内下一级文化馆、中心(站)开展文化工作,辅导、培训基层社会文化工作骨干和群众性文艺团队。在服务保障方面,《文化馆服务标准》要求工作人员要维持好公共文化活动场所秩序,照顾好残疾人、老年人和幼小儿童,建立、健全安全管理制度,要有各项紧急应对预案和措施;对群众的意见或投诉要认真研究、及时回复,不断改善服务,提高服务质量等。

【社区文化中心服务标准】

2007年11月29日,市文广局发布《上海市社区文化活动中心服务标准》(下称《文化中心服务标准》),分为总则、服务设施与环境、服务对象和开放时间、服务内容和方式、服务保障和监督五部分。《文化中心服务标准》规定社区文化中心要坚持先进文化前进方向,贯彻"以人为本、服务至上"的宗旨,为社区群众提供公益的、基本的、便捷的多功能综合性的文化服务;社区文化中心设施主要用于公益性文化服务,公益性文化服务面积不低于使用面积的90%;社区文化中心应当每天开放,每周开放时间累计不少于56小时,节假日期间,基本文化服务项目需正常对外开放。《文化中心服务标准》提出了基本文化服务要达到的具体要求,要求社区文化中心运行单位在公共财政的支持下,为公众提供基本的文化服务,每年至少要为群众提供 12 场展示展览、100 种可阅读的报刊和 1 000 种新书,提供公益性的电影放映 100 部(含数码电影)、文艺演出活动 100 场(含群众文艺演出)、培训讲座 3 000 课时(含社区学校)、上网服务 100 000 小时(含社区信息苑),以及指导群众健身锻炼和团队活动;还规定社区文化中心要指导和帮助本社区的居(村)委综合文化活动室开展工作;社区文化中心运行单位,要在显著位置设立意见箱,公开监督电话,每年定期开展社区群众满意率测评活动;对群众的意见或投诉要认真研究、及时回复,不断改善服务,提高服务质量等。

三、人事管理

【专业技术职务资格管理】

1999 年 7 月 20 日,上海市人事局发布关于《专业技术职务评聘分类分级管理实施意见》(下称《实施意见》)。《实施意见》指出,根据《上海市实施专业技术职称(资格)评定与专业技术职务聘任相分离的暂行办法》规定,群众文化系列初级、中级技术职务,实行只聘不评;高级技术职务,实行职称(资格)审定。2001 年 4 月,上海市职改办发布《群众文化系列高级专业技术职务任职资格审定条例》(下称《审定条例》)。《审定条例》规定了高级专业技术职务的申报条件,明确研究馆员与副研究馆员申报条件中的学历、资历要求,语言文字要求和论文要求。《审定条例》规定,研究馆员须有本科以上学历,具有群众文化副研究馆员职称资格,受聘群众文化副研究馆员职务 5 年以上或大专学历,从事本专业工作 25 年以上,具有群众文化副研究馆员职称资格,受聘群众文化副研究馆员职务 7 年以上,获省、市级群众文化比赛一等奖或全国二等奖,并经有关职改部门批准;语言文字要求通过全国职称外语 A 级考试或上海市职称古汉语考试;规定要在省、市级以上专业刊物上发表过本专业论文 4 篇以上或著有学术专著 1 部;大专学历的对象,需有学术专著 1 部,或在省、市级以上专业刊物上发表过本专业论文 4 篇以上,并获得省、市级一等奖或全国二等奖以上。《审定条例》规定副研究馆员须有博士学位,具有群众文化馆员职称资格并受聘群众文化馆员职务 2 年以上或本科、研究生学历,具有群众文化馆员职称资格并受聘群众文化馆员职务 5 年以上或大专学历,从事本专业工作 17 年以上,具有群众文化馆员职称资格并担任群众文化馆员职务 6 年以上,在省、市级群众文化比赛活动中获二等奖或全国三等奖;规定语言文字要通过全国职称外语 B 级考试或上海市职称古汉语考试;大专学历的对象,需有学术专著 1 部,或在省、市级以上专业刊物上发表过本专业论文 3 篇以上,并获得省、市级二等奖或全国三等奖。2003 年 12 月 30 日,上海市文广局发出《群众文化系列高级职称评审通知》(下称《评审通知》)。《评审通知》依据文化部 1986 年发布的《群众文化专业人员实行图书资料、文物博物专业职务试行条例的实施细则》和 2001 年上海市职改办发布的《上海市群众文化系列高级专业技术职务任职资格审定条例》,规定了研究馆员和副研究馆员的申报条件、需递交的申报材料及评审程序和时限等。

【聘用合同制】

1995 年 12 月 8 日,上海市人事局印发《上海市事业单位实行聘用合同制暂行办法》(下称《暂行办法》)。《暂行办法》共 7 章 41 条,说明改革固定制用工制度是事业单位人事制度改革的一项重要内容。《暂行办法》明确说明,聘用合同是聘用单位与受聘人员确立聘用关系,明确双方权利和义务的协议。《暂行办法》对合同的订立,合同的变更、终止、解除和下岗待聘职工管理等,都作了具体规定。

【分配与考核制】

1995 年 9 月 18 日,上海市人事局印发《关于深化本市事业单位工作人员考核试行意见》(下称《考核意见》)。《考核意见》规定考核的范围和要求,考核内容和标准,包括德、能、勤、绩四个方面,考核结果分为优秀、合格、不合格三个等次。《考核意见》还对考核办法和程序、考核结果的使用、考核机构等作出规定。1999 年 5 月 20 日,上海市人事局印发《关于深化本市事业单位分配制度改革进一步发挥分配激励作用的意见》(下称《分配意见》)。《分配意见》明确事业单位有自主分配权,实行岗位工资为主体的多种分配制度,建立重实绩、重贡献的分配机制等。

【公共文化服务从业人员岗位标准】

2006 年 6 月,上海市职业能力考试院文化人才认证中心制定并开始试行《上海市公共文化服务从业人员岗位标准及管理办法》(下称《岗位管理办法》)。《岗位管理办法》明确全市各社区文化活动中心、公共图书馆、博物馆、东方社区信息苑、东方社区学校有关岗位任职的新进工作人员,均应通过上海市公共文化服务专业技术水平认证(管理类)考试(每年举行一次);对通过考试的人员颁发由市人事局统一印制,市职业能力考试院、市职业能力考试院文化人才认证中心共同签发的《上海市专业技术水平认证证书》;上海市宣传系统人才交流中心对该认证证书实行注册管理。《岗位管理办法》分别对社区文化活动中心、博物馆、公共图书馆、东方社区信息苑、东方社区学校的各个主要岗位予以岗位描述,明确岗位要求。《岗位管理办法》还提出了《上海市公共文化服务专业技术水平认证(管理类)考试标准》,分为公共文化管理基础知识和工作实务两个部分。公共文化管理基础知识包括公共管理学、社会工作基础、社会文化管理政策法规的分级考试要求和考试内容,公共文化管理工作实务由东方社区信息苑(及相关网络活动场所)、社区文化中心、东方社区学校分别明确考试要求和考试内容。

四、经费管理

【经费使用通知】

1981 年 9 月 21 日,市文化局、市财政局、市集体事业办公室联合发布《关于市区街道文化站、图书馆经费使用以及有关事项的联合通知》。

【多业助文经营项目】

1989 年,市文化局制定《上海市文化局所属各单位开展以文补文、多业助文兴办经营项目的审批程序和财务管理的若干规定》,其目的是促进文化系统文化经营的开发,向法治化、规范化、产业化发展。1993 年 5 月 1 日,市文化局、市财政局、市税务局颁发《上海市文化系统开发经营管理办法》(下称《办法》)。《办法》指出,上海市文化系统自 1987 年全面开展"以文补文"活动以来,取得了显著的成绩,增强了文化事业单位的"造血"功能,支持了文化事业的发展。《办法》对文化系统开发经营向法治化、规范化、产业化管理发展提出了具体要求。

【税收优惠】

2007 年 1 月 29 日,上海市税务局发布《关于本市公共文化设施运作单位有关税收问题的通知》(下称《税收通知》),全文共 6 条。《税收通知》指出,享受税收优惠的公共文化设施运作单位是指由各级人民政府或社会力量举办,经市行政管理部门认定颁证挂牌,向公众开放,用于开展公益性文化活动的图书馆、博物馆、美术馆、文化馆(包括群艺馆、文化站、工人文化宫、工人俱乐部、文化活动中心及其延伸点综合文化活动室)。《税收通知》规定,对公共文化设施运作单位举办文化活动的第一道门票收入按营业税收规定免征营业税。其中包括,公共文化设施运作单位在进门时不收取门票,而对设施内所举办的各类公共文化活动分别收取费用的,举办各种展览、讲座、报告会、发放图书借阅读者证所取得的收入,均给予免征营业税;对收费内容符合收费价格幅度标准的(如电影放映 10 元/场、数字电影 6 元/场、文艺演出 15 元/场等),视同第一道门票收入免征营业税。《税收通知》还规定企事业单位、社会团体对社会公益性活动、项目和文化设施等方面的捐赠,按 10% 的比例在税前列支等。

第二节　社区文化建设与管理

一、社区文化活动中心建设

【配置要求】

2003 年,市委、市政府决定建设多功能、综合性的社区文化活动中心(下称社区文化中心),以加强基层公共文化建设。2004 年 3 月 2 日,上海市委宣传部、市精神文明办公室、市发改委、市文广局等十部委办局制定并颁发了《社区文化活动中心配置要求(2004 版)》(下称《配置要求》)。《配置要求》依据资源共享原则,要求将原有的街道(乡镇)文化站(中心)、社区学校、社区老年活动中心、社区青少年活动服务中心、社区体育健身设施、少年宫少科站、市总工会等项目功能综合设置,整合一体,通过实行设施功能多用,开放时间错位等方法,尽可能提高各设施项目的利用率,降低闲置率,避免重复建设和资源浪费。《配置要求》旨在建立一个功能较为完备的社区文化中心,使居民不出社区便能享受"一站式"服务,以满足社区居民日益增长的精神文化需求,从而实现政府对市民的基本承诺。

《配置要求》明确社区文化中心是以街道、乡镇为依托,是为社区居民提供文化、体育、教育、信息服务的多功能文化设施,要求配置包括多功能厅、活动室、图书馆、普通教室、信息服务苑等文化设施,并规定使用面积为 3 550 平方米。

【建设目标】

2007 年 3 月 8 日,市发改委、市委宣传部、市文广局联合发布《关于加快"十一五"期间全市社区文化活动中心建设的通知》(下称《建设通知》)。《建设通知》明确社区文化中心建设的总体目标,要求到 2010 年,完成社区公益性文化设施的布局和建设;每个街道、乡镇建设 1 个以上标准化的社区文化中心,使全市居民享有较高水平的公共文化服务;社区文化中心总体规划达到 210 个。《建设通知》要求社区文化中心建设以统筹规划、合理布局,因地制宜、分类制导,整合资源、综合设置,统一标准、规范服务为原则;明确项目资金的安排以区为主,市适当补充;具体建设以街道、乡镇为主。

二、社区文化活动中心管理

【管理办法】

2006 年 1 月 5 日,上海举行《关于社区文化活动中心建设与管理的意见(征求意见稿)》专家论证会。蒯大申、樊人龙、徐建康、李明、王吉林、余志明等专家学者出席。专家学者建议征求意见稿修改后能以政府规章形式颁布实施。同年3月1日,市委宣传部、市文广局确定在浦东新区和长宁区开展"社区文化活动中心建设与管理"试点工作。

2007年11月1日,市文广局制定并发布《上海市社区文化活动中心管理暂行办法》(下称《暂行办法》)、《上海市社区文化活动中心基本配置要求》,以加强对全市社区文化中心的管理,加快推进公共文化服务体系建设。《暂行办法》共24条,明确规定社区文化中心是指由政府主办,以满足社区群众基本文化需求为目标,设置在街道(乡镇)的多功能、综合性的公益性文化机构;它是基层群众文化工作的基础平台,也是社区宣传教育的重要阵地。《暂行办法》要求一个街道(乡镇)至少设置1个社区文化中心;行政区域人口超过10万的街道(乡镇),可根据实际情况增设1个社区文化分中心。《暂行办法》规定社区文化中心的建筑面积不低于4 500平方米,使用面积不低于3 500平方米;社区人口相对较少、可建设用地不足的地区,社区文化中心的建筑面积不低于3 500平方米,使用面积不低于2 500平方米;或者通过设置一个分中心达到规定的面积要求。《暂行办法》规定了运行和管理必须坚持社会主义先进文化的前进方向,坚持政府主导、以人为本、因地制宜、运行有效、惠及全民的原则。《暂行办法》指出社区文化中心的基本任务,应当为社区群众提供书报阅读、团队活动、教育培训、娱乐健身、影视放映、展览展示、网络信息等各类健康有益的公益文化服务,开展群众性文化、体育、科普、普法、思想道德教育和青少年校外活动;社区文化中心内应当根据其基本功能用途和社区居民的实际需要,设立社区学校、社区信息苑、社区图书馆、健身活动室、娱乐活动室、团队活动室、展览陈列室和具备放映数码电影、举办文艺表演、开展联谊活动等条件的多功能厅。《暂行办法》强调社区文化中心运行单位应当开展与其功能、特点相适应的公益文化服务,不得企业化或变相企业化,不得以出租改变其文化设施用途。《暂行办法》还明确上海市文化广播影视管理局是全市社区文化中心的行业主管部门,负责组织制订全市社区文化中心的发展规划、建设标准、运行规范,组织对社区文化中心进行资质认证和评估,对社区文化中心实施监管。区(县)文化行政主管部门负责对本区(县)社区文化中心的日常监管工作;街道办事处、乡镇人民政府是社区文化中心管理的责任主体,应当落实责任部门和责任人,具体负责社区文化中心的管理工作。根据社区文化中心的性质特点、文化体制改革精神和社区文化中心试运行的经验,《暂行办法》要求街道办事处、乡镇人民政府建立社区文化工作管理委员会或者社区文化工作联席会议制度,协调和统筹社区文化中心的运行;社区文化中心的运行应当实行专业化管理;街道办事处、乡镇人民政府可以委托具有专业管理资质的单位运行社区文化中心,也可自行组建管理队伍运行社区文化中心;受委托的专业单位应当按照全市社区文化中心管理规范和委托协议运行社区文化中心,接受委托单位的监督与管理。《暂行办法》还对运行经费与人员资质作出规定,要求社区文化中心的建设和运行经费纳入区(县)和街道(乡镇)财政预算;每年对社区文化中心运行经费的投入增幅应当不低于同级财政经常性收入的增幅;社区文化中心运行单位的负责人及文艺、体育、图书、信息等岗位的管理人员应当接受市文化行政管理部门或专业机构的培训,取得相应的专业资质,符合岗位要求。《暂行办法》还强调对于未按照规定的最低时限对公众开放,开展与社区文化中心功能、特点不相适应的服务活动,违反《公共文化体育设施条例》规定出租社区文化中心等违规行为,要承担法律责任,予以相应的处罚。

在《暂行办法》发布的同时,市文广局修订了《上海市社区文化中心基本配置要求》(下称《基本配置要求》)。《基本配置要求》对2004年颁发的"配置要求"进行了适当调整,规定社区文化中心的总体使用面积按上述相关管理办法分为2 500平方米和3 500平方米两种要求;在项目设置上除图书馆、信息苑、多功能厅与展示陈列室外，其余都可按实际需要设立并可调整面积大小。

【绩效评估】

2008年9月1日，市文广局下发《关于在本市开展社区文化活动中心绩效评估工作的通知》，随通知附发《上海社区文化活动中心绩效评估指标体系（试行）》（下称《指标体系》）。《指标体系》设有项目指标、标准、分值三大项。项目指标分为性质指标、能力指标、效率指标、效益指标和可持续发展指标五大部分。性质指标突出了财政拨款占总支出的百分比、公益性服务面积的比例及建立公共性管理组织等；能力指标突出了管理人员和展示展览、图书报刊、文艺演出等6项服务的要求；效率指标突出了服务覆盖面与财政支出利用率等；效益指

图6-2-1 普陀区长征社区文化活动中心

标突出了公众满意度与社会影响力；可持续发展指标突出了财务保障、共建共享与志愿者队伍建设等标准。最后还设立了附加项，获奖的可加分，发生重大事故则减分。每个项目后都规定了具体标准与分值，基本分共120分，加上获奖分最高为150分。

三、社区文化信息化建设与管理

【社区文化信息化建设】

2003年10月13日，市委宣传部、市文明办、市信息化委员会、市文广局联合发布《关于推进本市社区文化信息化综合服务建设工程的意见》（下称《工程意见》）。《工程意见》包括重要意义、功能定位、建设的工作目标、组织保证、管理模式、保障措施6个部分。《工程意见》明确指出，社区信息苑建设是上海公益性文化设施建设和信息化建设的一个重要组成部分，其功能定位为公益性；具体功能主要为文化传播、电子政务、信息综合服务三大板块。《工程意见》要求结合全市社区文化中心的改造、建设，推动社区文化信息化配套设施建设，为社区文化中心配置强大的数字化和信息化功能。《工程意见》明确社区信息苑建设由宣传部牵头，会同文明办、信息委、文化（广）局协调有关街道共同推进。《工程意见》要求由街道（乡镇）提供场地，委托上海东方数字社区发展有限公司按照全市统一标准实施装修、设备采购及安装调试，统一管理、运行；街道（乡镇）依据委托协议对社区信息苑的管理、运行实施日常监督。《工程意见》明确用于社区信息苑中央管理信息平台建设和总体网络及信息安全建设的资金，由市委市政府有关部门落实；用于社区信息苑建设的资金由市、区（县）、街道（镇）三方各出资三分之一。《工程意见》指出，要用5年左右的时间，实现全市各社区多点覆盖的目标。

【社区信息苑建设与运营管理】

2004年7月21日，市委宣传部、市文明办、市信息委在上海图书馆联合召开上海市社区信息苑

推进工作会议。市委常委、市委宣传部部长王仲伟到会并讲话。

2005年4月6日,市委宣传部、市文明办、市信息化委员会、市文广局联合制定并发布《上海市社区信息苑建设、运营管理(试行)办法》(下称《运营办法》),以规范社区信息苑建设、运营管理。《运营办法》共17条,规定社区信息苑是党和政府为广大社区居民提供信息服务的公益性文化设施,是传播社会主义先进文化的重要阵地,是社会主义精神文明建设的重要载体,同时也是上海市信息化建设的重要工程。《运营办法》规定信息苑的主要功能是电子政务、先进文化传播和信息化便民服务。《运营办法》明确社区信息苑建设的推进和协调,以及全市社区信息苑中央管理信息平台建设和社区信息苑信息内容支持系统的建设,由市委宣传部和市信息化委员会负责;具体由市委宣传部、市精神文明建设办公室、市信息化委员会、市文化广播影视管理局、上海图书馆、东方网以及相关职能部门组成上海市社区文化信息化综合服务工程联席会议办公室负责实施;各区(县)社区信息苑建设的推进和协调,由区(县)委宣传部、文明办牵头,区(县)信息委、文化(广)局具体负责;建设的投资以区(县)政府公共财政投入为主,市文化发展专项资金给予相应资助。为确保社区信息苑发挥应有的作用,社区信息苑实施连锁运营的模式,在坚持公益性的前提下,由区(县)以及街道(乡镇)委托上海市社区文化信息化综合服务工程联席会议办公室认可的、符合条件的上海市专业从事社区文化信息化综合服务工程管理的非营利性机构承担。《运营办法》规定了可接受委托承担社区信息苑连锁管理的非营利性机构必须具备的基本条件、社区信息苑的开放时间、收费原则等。《运营办法》还规定社区信息苑的主要服务对象是由各街道乡镇负责发放、持有社区信息苑公益活动卡和社区信息苑少儿活动卡的社区居民。为保护未成年人,《运营办法》规定,在家长授权的前提下、向本社区未成年居民发放社区信息苑少儿活动卡;社区信息苑少儿活动卡分为每天累计活动不超过1小时、2小时两种类别,活动时间最晚不得超过20时。

2009年4月6日,市委宣传部、市文明办、市信息化委员会、市文广局联合制定并发布《关于加强上海市社区信息苑建设管理的若干意见》(下称《若干意见》)。《若干意见》共有14条,明确指出制定的目的是加强社区信息苑的管理,加快推进全市公共文化服务体系建设,满足群众的基本文化需求。《若干意见》说明社区信息苑的基本性质是党和政府为广大社区居民提供信息服务的公益性公共文化设施,是基层公共文化服务体系传播社会主义先进文化的重要阵地,是社会主义精神文明建设的重要载体,同时也是上海信息化建设的重要工程;其主要功能是文化信息传播、信息化便民服务和电子公务。《若干意见》要求到2010年,社区信息苑基本实现全市街道、乡镇全覆盖;并明确社区信息苑建设由市委宣传部、市文明办、市文广局、市经信委等部门共同推进。《若干意见》要求根据互联网技术特点、意识形态属性以及个体运维成本较高的情况,为保障其可持续发展,社区信息苑按照标准化管理的原则实施统一建设、连锁运营,并决定由市和区(县)有关部门共同授权非营利性机构"上海市社区文化服务中心"实施统一建设、连锁运营。《若干意见》规定建设资金由区(县)政府承担三分之二,由市文化发展专项资金补贴三分之一;以委托专业运行机构的方式,纳入全市公共文化内容配送经费预算,其余由上海市社区文化服务中心自行筹措解决。《若干意见》规定基本服务内容包括公益上网服务、公益讲座服务、全国文化信息资源共享工程服务、政府信息公开服务、数字图书馆服务、科普信息服务等。《若干意见》还提出在保证基本服务开展的前提下,可开展与社区信息苑性质功能相适应的增值服务,保障社区信息苑的可持续发展;规定基本服务向社区居民免费提供,提供的增值服务按低于市场价的优惠价收取费用。

四、公共文化设施向社区开放

由市民政局、市财政局、市教委、市文广局、市体育局于 2006 年 9 月 24 日共同制定了《关于本市体育、文化、教育设施资源向社区开放的指导意见》(下称《指导意见》),并由上海市人民政府办公厅于 2006 年 10 月 11 日转发。《指导意见》要求各区县人民政府,市政府各委办局遵照执行。《指导意见》包括指导思想和基本原则、总体目标、实施范围、组织管理、安全保障、经费补贴、具体要求 7 个部分。《指导意见》指出,要通过规范有序地向社区开放公共设施,满足社区居民对体育、文化、教育的基本需求,更好地为市民服务。《指导意见》规定了以政府主导、有序组织、因地制宜、服务社区为开放的基本原则。《指导意见》明确提出了开放的总体目标,要提高资源利用水平,以满足社区居民日益增长的对体育、文化、教育的需求;并规定市、区属国有企事业单位在自身工作不受影响的前提下,其所拥有的有关设施符合社区居民需要、符合安全标准的,必须向社区居民开放。《指导意见》明确开放的范围,包括市、区县所属体育场馆、市民体测监测站、学校等单位的操场、球场、田径跑道等露天运动场所,市、区县所属的文化馆、图书馆、美术馆、博物馆、档案馆、纪念馆等,公办学校的阅览室(含电子阅览室)、普通教室(含多媒体教室)、会场等教育设施。在开放的管理方式上,《指导意见》要求各街道(乡镇)在区(县)政府的统筹下,牵头组建由相关单位共同参加的社区体育、文化、教育设施资源开放管理委员会,承担相应的组织、协调管理责任;日常管理可采取俱乐部、专业协会以及各类群众性活动团队形式的管理方式。《指导意见》还规定了街道(乡镇)、相关单位、管理组织各自的主要职责。在"安全保障"方面,明确规定以街道(乡镇)为主体,积极组织为参与开放共享设施活动人员办理意外伤害保险。《指导意见》还规定管理费用以及必要的人员劳务费用,可采取政府购买服务方式,由街道(乡镇)支付给承担日常管理和指导事务的管理组织。《指导意见》要求区(县)政府和市体育、文化、教育部门应结合行业和区域特点,按系统进行指导,制定相应的实施细则,并与社区公共文化服务体系建设统筹结合,将体育、文化、教育设施资源向社区开放,纳入社区共建、共议、共治的范围加以落实。

第三节　农村文化建设与管理

一、农村文化中心建设

1980 年,中宣部、文化部、团中央在《关于活跃农村文化生活的几点意见》中提出,"要逐步把小城镇建设成为农村文化中心"。根据"意见"精神,市文化局于 1980 年 10 月 3 日制定并发布了《建设农村文化中心意见》(下称《建设意见》),以加强农村文化建设。《建设意见》指出,建立农村文化中心,活跃农村文化生活,提高群众科学文化水平,增进社会主义精神文明,是农村全面建设的重要内容,也是实现农业现代化的必要条件。《建设意见》指出,农村文化中心建设要从实际出发,因地制宜,逐步完善,主要依靠集体经济力量,充分发挥社队的积极性。《建设意见》要求文化站的工作人员要稳定,要进行考核调整;要有一个统一的管理机构。《建设意见》要求社镇文化中心的各项文化活动应贯彻执行党的"双百"方针,运用群众喜闻乐见的多种文艺形式,宣传党的路线、方针和政策,宣传各个时期的中心任务,鼓舞人民同心同德为"四化"建设作贡献。

二、文艺工厂管理

1981年，根据中宣部、文化部、团中央《关于活跃农村文化生活的几点意见》和1981年8月市农村群众文化工作会议的精神，市文化局制定《关于加强文艺工厂管理的意见》(下称《文艺工厂管理意见》)，以加强对文艺工厂的管理，使文艺工厂在建设农村文化中心中发挥更大的作用。《文艺工厂管理意见》指出，开办文艺工厂要因地制宜，从实际出发，选择条件较好的公社先行先试，有经验后再发展。文艺工厂应坚持为人民服务、为社会主义服务的方向，要努力宣传马列主义、毛泽东思想，宣传社会主义思想；要坚持业余、自愿、小型、多样和节约的原则；要立足本公社，面向农村，为农民宣传演出。《文艺工厂管理意见》还规定文艺工厂人员为各自公社的文艺骨干，具有特长，经过考核合格者方能吸收参加。

三、农村文化信息化建设

2007年7月2日，市委宣传部、市文明办、市财政局、市文广局联合发布《关于推进本市农村文化信息化建设的意见》(下称《信息化建设意见》)。《信息化建设意见》共分3部分，指出农村文化信息化建设要树立和落实科学发展观，坚持因地制宜，以上海农村文化服务网点建设为重点，以共建共享为基本途径，依托社区信息苑建设，通过先进的设备、丰富的资源、便捷的服务，使广大农民能够享受到数字文化服务。《信息化建设意见》确定建设的总体目标，即到2009年，结合农村所有行政村农村综合文化活动室建设，全面建成文化信息资源共享工程基层服务点、农村信息苑、农村数字电影放映点。文化信息资源共享工程基层服务点、农村信息苑、农村数字电影放映点建在一起，资源共享，实行"一站式"服务。《信息化建设意见》规定，农村信息苑场地使用面积要在60平方米以上，设置50个以上座位，设备配置2台电脑终端。农村信息苑的经费投入，采取市和区(县)各出资50%的方式；区(县)投入部分，可采取由区(县)财政和乡镇财政共同承担的方式。在资源配送方面，要求上海图书馆负责提供文化信息资源共享工程数字化资源；市东方永乐数字电影院线公司负责租赁农村公益版权数字影片。工作进度要求从2007年开始，每年以33%的覆盖率递增，到2009年实现所有行政村的全覆盖。《信息化建设意见》还提出了加强领导、明确工作职责、实施程序、队伍建设、建立工作考核机制、实行有效监管等保障措施。

第四节　活　动　管　理

一、群众文化活动特色项目和特色区域创建

2003年5月，市文广局发布《关于创建群众文化活动特色项目和特色区域的意见》(下称《创建意见》)。《创建意见》分4大部分。《创建意见》指出，发展群众文化活动特色项目和特色区域是群众文化建设的重要载体，是传播先进文化的重要手段，是为了不断增强社会主义文化的吸引力和感召力、丰富人民群众的文化生活。群众文化活动特色项目是指具有传统的民间民俗文化艺术项目，或具有创新特点、影响大、反响好，可持续开展的群众文化活动。群众文化活动特色区域是指依托本地区的社会经济、人文环境等优势，具有地域特征、浓郁氛围、服务大众的文化街、带、圈、广场等。

《创建意见》把为广大人民群众提供优秀的文化服务作为工作的出发点和立足点；把群众喜欢不喜欢、参与不参与、满意不满意、方便不方便作为检验这项工作成效的标准。《创建意见》提出创建群众文化活动特色项目和特色区域的基本要求和总体目标，数量上区（县）从一区（县）一品发展到一区（县）多品，质量上做到每个区（县）都有名品精品。《创建意见》提出创建工作要坚持政府主导、鼓励社会力量参与，重视队伍建设、奖励优秀人才，发展社区文化指导员、建设社区文化志愿者队伍等要求。还提出群众文化活动特色项目和特色区域的申报、立项和命名的办法，规定两年评选一次。

2003 年 12 月 19 日，市文广局发布《上海市群众文化活动特色项目和特色区域评选命名暂行办法》（下称《命名办法》）。《命名办法》共 16 条，进一步明确命名的群众文化活动特色项目是指具有传统的民间民俗文化艺术项目，或具有独具匠心特点的、在全市乃至全国影响大、可持续开展的群众文化活动；群众文化活动特色区域是指依托本地区的社会经济、人文环境等优势，具有地域特征、浓郁氛围、服务大众的文化街、带、圈、广场等。《命名办法》规定命名所具备的条件，要有广泛的群众基础、良好的社会效益、健全的管理规范、有效的保障措施；并规定命名不搞终身制，实行定期复核制度。

二、文化进工地活动

2005 年，市文广局制定《关于深入推进"文化进工地"活动　丰富农民工精神文化生活的意见》（下称《文化进工地》）。《文化进工地》要求统一思想，提高认识，站在全局的高度深刻把握丰富农民工文化生活的重要意义。《文化进工地》强调指出：文化进工地为农民工提供文化服务，丰富他们的精神生活，保障他们的基本文化权益，是目前乃至今后很长一段时期上海文化工作的一项重要内容；要求全市各级文化行政部门和文化单位要站在全局的高度，充分认识此项工作的现实意义，把为农民工提供文化服务纳入文化建设的总体目标，把组织开展文化进工地活动纳入构建公共文化服务体系的基本内容，切实承担起满足农民工文化生活需求的历史责任。《文化进工地》要求总结经验，建立机制，推动文化进工地活动稳步、深入、持久地开展，各级文化行政部门和文化单位要把这项工作纳入总体工作计划，使之经常化、制度化，持之以恒地开展下去；要变专项活动为常规工作，变短期服务为长效服务，使文化进工地活动办出实效，深入人心，真正起到以文化人的有效作用；要把活动绩效评估纳入政府工作考核指标，使为农民工提供文化服务的工作稳步健康地开展；要以人为本，把握需求，着力提高文化服务的针对性和实效性。《文化进工地》要求各级文化行政部门和有关单位要深入研究农民工的文化生活特点，开展针对农民工的文化调查，分析特点，总结规律，积极探索适合农民工的文化艺术样式和文化消费方式，使文化进工地活动符合农民工实际，贴近农民工生活，便于农民工接受和参与；要求创新载体，丰富内容，切实满足农民工多样化的精神文化需求。在策划组织文化进工地活动中，要充分考虑到农民工的实际情况，多组织开展一些参与面广、接受度高的群众文化活动，内容要通俗易懂、浅显丰富、富有内涵，形式要生动活泼、喜闻乐见、因地制宜，吸引更多农民工积极参与，使广大农民工在先进文化的熏陶和引领中得到思想上的启迪、心灵上的净化、品格上的升华、精神上的鼓舞，整体提升农民工的思想道德素质和科学文化素质。

第五节 社会文化组织管理

一、文化类民办非企业单位

【行业协会】

2002年1月10日,市人民政府发布《上海市行业协会暂行办法》(下称《暂行办法》)以加强行业协会建设。《暂行办法》共22条,于2002年2月1日起施行。《暂行办法》明确所称行业协会,是指由市同业经济组织以及相关单位自愿组成的非营利性的以经济类为主的社团法人。《暂行办法》规定,行业协会按照国家现行业或者产品分类标准设立,也可以按照经营方式、经营环节及服务功能设立,实行"一业一会"。《暂行办法》规定了行业协会以行业服务、行业自律、行业代表、行业协调为基本职能。要求行业协会遵守法律、法规,贯彻党的方针、政策,协助政府从事行业管理,保护会员的合法权益,提高行业协会整体素质,维护社会道德风尚。《暂行办法》规定行业协会应当遵循自主办会原则,实行自愿入会、自理会务、自筹经费;还具体规定了组织管理机构、发起筹备的条件、法定代表人的任职条件、筹备的审查程序、行业协会的加入、行业协会的组织机构等要求。

2002年10月31日,第十一届市人大常务委员会第四十四次会议通过《上海市促进行业协会发展规定》(下称《发展规定》)。《发展规定》共23条,自2003年2月1日起施行。《发展规定》明确行业协会是指由同业企业以及其他经济组织自愿组成、实行行业服务和自律管理的非营利性社会团体;其宗旨是为会员提供服务,维护会员的合法权益,保障行业公平竞争,沟通会员与政府、社会的联系,促进行业经济发展。《发展规定》要求行业协会遵循自主办会原则,实行会务自理,经费自筹;活动应当符合法律、法规以及行业的整体利益和要求,不损害社会公共利益;正常活动受到法律保护,任何组织或者个人不得非法干涉。《发展规定》指出,各级人民政府应当促进、扶持行业协会的发展,支持行业协会自主办会,依法进行管理,保障行业协会独立开展工作;政府有关工作部门的机构、人事和财务应当与行业协会分开,其工作机构不得与行业协会办事机构合署办公。国家机关工作人员不得兼任行业协会的领导职务。《发展规定》还对行业协会的章程制定、设立的基本程序、审批的条件、入会的标准、工作的职责、经费的筹措与管理等,提出了具体要求。

【民间组织】

2006年9月20日,市文广局发布《关于进一步加强文广影视民间组织管理工作的意见》(下称《工作意见》),以进一步加强全市文广影视民间组织的管理工作。《工作意见》共有5部分。《工作意见》指出,要以科学发展观为指导,以构建社会主义和谐社会为目标,提高对培育发展文广影视民间组织重要性的认识。凡是有利于文广影视事业发展、有利于群众参与进行文化活动、有利于社会稳定与进步的各类文广影视民间组织,都要给予积极的扶植。《工作意见》要求政府管理部门协同履职,进一步加强对民间组织的管理和指导;明确市文广局作为上海文广影视民间组织的业务主管单位;市文广局有关职能部门指导、检查、监督各民间组织。《工作意见》要求建立健全民间组织党组织,确保民间组织党的组织和工作全覆盖;要按照中央和市委组织部关于加强民间组织党建工作的新要求,社会团体、行业协会、民办非企业单位和基金会在申请成立之时,必须同步申请建立中共党的基层组织,并在批准建立后认真开展工作,使党的基层组织和党的工作在民间组织中达到全覆盖;规定在民间组织专职人员中有正式党员3人以上的,都应建立党的基层组织,正式党员不足3

人的,可与性质相近的民间组织协商建立联合党支部。《工作意见》要求加强干部配备及管理,提高民间组织干部的政治素质;要求民间组织党组织主要负责人应参与该组织领导班子工作。《工作意见》还要求加强民间组织制度建设,强化自律机制,确保民间组织规范有序运行;要有工作年会制度、年度检查制度、财务审计与清算制度、重大情况报告制度、会员代表大会制度、理事会制度、财务管理制度。

【群众业余艺术团队】

1979年8月24日,市文化局发布《关于加强群众业余艺术团、队演出工作的几点意见》(下称《几点意见》)。《几点意见》明确群众业余艺术团、队系指市、区县和局所属的文化馆(宫)、俱乐部、文化站以及基层工厂、大学等单位,从本系统、本单位的实际出发,根据业余骨干的特长,组织的业余艺术团、队、业余剧团或者业余演出队。《几点意见》要求群众文化业余艺术团、队在演出节目内容方面,要贯彻"百花齐放、推陈出新"的方针,要提倡多反映"四化"、为当今形势任务服务的题材,要发扬群众文艺及配合每个时期党的中心任务的传统,有条件的演出队也应演出优秀的历史剧和传统剧目;要处理好演小型和大型节目的关系,坚持贯彻业余、自愿、小型、多样和节约的原则。《几点意见》强调群众文化业余艺术团、队一定要面向基层,面向群众,要经常到所在地区的街头、里弄、公园、田头、茶馆、屋宅等去演出,占领文化阵地。《几点意见》提出,要处理好业余艺术团、队的演出和基层单位业余文艺活动的关系;要加强业余艺术团、队的领导。业余演出要纳入文化主管部门的领导,具体业务工作要有文化馆(宫)专人负责。

1992年9月24日,市文化局制定《上海市群众性文化艺术社会团体管理暂行规定》,并于10月9日公布《上海市业余文艺团(队)管理暂行规定》。

【名称管理】

2007年4月16日,市文广局发布《关于进一步规范文化类民办非企业单位名称管理的若干意见》(下称《名称管理》)。《名称管理》规定,文化类民办非企业单位名称应当由地域名、任意名、行(事)业或业务领域、组织形式依次组成;任意名应当由两个以上的汉字组成。《名称管理》规定文化类民办非企业单位名称不得单独冠以市辖区的名称或地域名,应当与所在市的行政区划名称或地域名连用;规定不能冠以"中国""全国""中华"等字样。《名称管理》还对申请冠以"东方""解放""新华"等文化品牌字样作出了具体规定。

二、社会艺术水平考级

2002年5月17日,文化部颁发《社会艺术水平考级管理办法》(下称《考级办法》),并于2002年6月17日起施行。《考级办法》规定,市文广局是全市社会艺术水平考级的管理部门,履行艺术水平考级管理职能。

第三章　决策部署

市政府和市文化行政管理机构、市统筹协调机构等围绕经济社会发展对文化的总要求，以推动上海群众文化事业繁荣发展为目标，通过召开各种群众文化建设工作会议，包括上海市文化工作会议、上海市群众文化工作会议、上海市基层（社区）文化工作会议、上海市农村文化工作会议、上海市群众文化创作工作会议等，对全市的群众文化工作进行决策部署，并推进实施。

第一节　总体部署

一、上海市文化工作会议发布总体目标

2004年4月8日，全市启动《上海市公共图书馆事业发展规划》《社区公共文化活动中心总体发展规划》《上海市群众文化发展规划纲要》的起草工作，为上海市文化工作会议的召开做好准备。

同年9月14日，上海市文化工作会议在上海展览中心举行。市委、市政府领导出席并讲话。会上提出了到2010年上海城市文化发展的总体目标和十大发展任务，并发布了《上海文化发展规划纲要》和《上海市文化设施总体规划（征求意见稿）》。市委副书记殷一璀在讲话中提出，要积极开展基层群众文化活动，把文化建设的重点放到社区、村镇、企业、学校等基层；要创新群众文化活动机制，形成政府支持、社会化管理、专业化运作、群众团队自主管理的群众文化活动新格局。

各区（县）也相继召开地区文化工作会议，以落实市文化工作会议精神。其中，闸北区于2005年9月14日召开文化工作会议，区"四套班子"领导及各街道（镇）党政主要负责人等参加会议，会议下发了《闸北区关于贯彻上海市文化工作会议精神，大力发展社会主义先进文化的实施意见》《闸北区关于进一步加强社区文化建设的实施意见》，确定了到2010年闸北区文化工作的总体目标和任务，围绕2007年创建成为上海文明城区、到2010年创建成全国文化先进区的目标，要求文化发展主要指标和文化综合实力要达到全市先进水平。青浦区于2005年11月29日召开文化工作会议，区"四套班子"领导及区属各部门各单位负责人等参加了会议。会议确立了青浦未来5年文化发展的定位、目标和任务，宣布了区委区政府关于表彰青浦区文化工作先进集体和先进个人以及命名"青浦区文化特色项目"的决定，并对上海青浦淀山湖文化艺术节等26个青浦区文化特色项目进行了命名授牌。会议提出，在今后5年，青浦将实施构建合理和谐的公共文化设施的布局，构建群众文化交流、展示、发展平台，严格保护和管理历史文化遗产，大胆探索推进文化产业发展，努力建设一支文化人才队伍等五大文化工程。浦东新区于12月15日召开文化工作会议，会议下发了《浦东新区文化发展纲要（2005—2010）》《浦东新区扶持文化发展的试行意见》，明确浦东新区文化发展的指导思想、总体目标、实施战略、空间布局、主要任务及保障措施。

二、总结、部署与表彰

【群众文化工作交流、展示会】

改革开放以后,市文化(广)局召开了一系列工作经验交流会,以推动群众文化工作的持续发展。1978年,上海市文化局召开"学大寨、赶昔阳"群众文化工作会议。会议传达全国群众文化工作"学大寨、赶昔阳"经验交流内容,总结和规划了上海的群众文化工作;上海"学大寨、学大庆"和开展群众文化工作较好的先进典型在会上做经验介绍。1980年8月14—15日,市文化局在南汇县新场镇召开上海市农村群众文化工作现场会,推广南汇新场经验。市委副书记兼市委宣传部部长陈沂出席会议,市农委、总工会、团市委、市妇联、市文联、市体委、中国福利会、市电影局、市出版局、市教育局、市财政局等有关方面的负责人和郊区各县分管文化工作的县委书记、县委宣传部、县文化局的负责同志150多人参加了会议,文化部有关同志也专程来沪参加会议,会上听取了新场镇和新场公社党委关于建设社镇联合的文化中心的经验和新场公社创办"文艺工厂"的体会。1982年5月,全国农垦文化工作会议在上海前进农场召开,前进农场俱乐部做了经验交流,前进农场俱乐部关于知识性、娱乐性、战斗性三结合的工作经验得到大会的肯定。1983年3月3—7日,市文化局在松江县召开"上海市农村文艺工厂经验、节目、产品交流会",总结、推广办好文艺工厂的先进经验,探讨在新形势下更好地开创农村文化工作新局面,推动社会主义精神文明建设。上海市郊县的文艺工厂,经过4年多的实践、探索和发展,已达150家,占市郊公社总数一半以上。文艺工厂演职人员达到3300多人。除少数生产骨干外,绝大部分是招考的有一定文艺专长的农村知识青年。文艺工厂坚持"社办站管(文化站),亦工亦艺、以工补文,以文为主"的原则,职工既要从事生产,又要创作排演节目,为当地农民演出。1987年5月8日,在宝山钢铁总厂资助兴建的吴淞区文化馆,上海市群众文化工作委员会召开上海市市区群众文化工作经验交流会,中国群文学会秘书长徐明到会致辞,副市长谢丽娟讲话。会议认为,共建文化中心是依靠社会力量办群众文化的一条良好途径,它方便群众,就近互动,满足多层次、多方面对文化的需求,顺应了广大群众自娱、自乐、自教的文化热。谢丽娟副市长代表市政府对共建文化中心提出三点要求:各级政府要把共建文化中心,加强第三级文化网的建设,作为为市民办实事的工作来抓,各行各业都要支持这项工作,共同为发展上海市群众文化事业、丰富广大市民的文化生活作贡献;尽可能统一各种群众文化协调机构的名称,希望能统一为"街道群众文化工作委员会",接受区群众文化工作委员会指导;在共建文化中心的过程中,要自愿结合,实事求是,量力而行。1988年9月19日,市文化局在静安区文化馆召开"以文补文,多业助文"经验交流表彰会,170余人参加,会上对7个区(县)文化局和34个基层单位以及2名个人进行了表彰奖励。1989年10月7—10日,文化部在普陀区真如文化馆召开全国部分文化馆第六次"以文补文"经验交流会,全国14个省、自治区、直辖市的50位文化局、馆、站长出席会议,真如文化馆等20多个单位做经验交流。1996年11月27—29日,市文化局召开"文化站工作交流会"。

2003年7月18日,市文广局在宝山区举行"中国民间艺术之乡"建设经验交流会暨现场展示活动,副市长杨晓渡出席开幕仪式。会上宣读了文化部命名为"中国民间艺术之乡"的宝山月浦镇、青浦白鹤镇、浦东川沙镇、崇明新河镇的奖励决定,传达了全国民间艺术之乡工作会议精神。在"特色艺术展览"开幕式上,举行了民间艺术之乡授牌、民间艺术作品收藏颁证和特色艺术展览剪彩仪式,还举行了"中国民间艺术之乡"文艺节目专场演出。2005年12月1日,市文广局召开"上海市群众文化活动特色项目和特色区域命名展示会",5个全国文化先进社区、3名全国社区优秀文化辅导员和13个群众文化活动特色项目、7个"群众文化活动特色项目和特色区域"受到表彰和命名。副市长杨晓渡为获奖代表颁奖并作重要讲话,市政府副秘书长姚明宝、市委宣传部副部长陈东和市文广局的各位领导共同为获奖者颁奖。会议还通过展板、多媒体和舞台表演等手段,对创建成果进行了全方位展示。

【1976—1979年创作演出获奖作品颁奖大会】

1980年5月19日,市文化局举行1976—1979年创作演出获奖作品颁奖大会,对1976—1979年期间获奖的214个作品(包括91个群众文艺舞台类作品)颁奖。

【群众文化工作表彰】

自20世纪80年代开始,全市多次举行由政府相关职能部门主持召开的群众文化工作表彰会,表彰获得全国和市级群文工作的先进集体和先进个人。1981年11月3日,文化部在北京召开全国农村文化艺术工作先进集体、先进工作者表彰大会,上海市南汇县新场镇文化中心、上海县三林文化中心站、金山县图书馆获全国先进集体称号;吴彤章、徐林祥、顾仁娟、俞惠中、储根全、邱凌锋、赵明、林月珍获得先进工作者称号。1982年2月27日,市农委、市文化局、市电影局联合召开农村文化艺术工作先进集体、先进工作者表彰大会,动员各级文化事业单位和广大农村文化工作者更好地为农民服务,为建设社会主义精神文明服务。会上,市领导向来自市郊社镇文化中心、文化馆(站)、图书馆(室)、电影放映队、县专业剧团等农村文化战线受表彰的22个先进集体和35名先进工作者授予奖状、光荣证书。同年8月6日,市文化局对150个戏剧、音乐、舞蹈、曲艺节目举行授奖大会。1986年12月26日,上海市群众文化工作委员会、市文化局、市教育局、市体委、市科委、中国福利会联合召开"从事群众文艺工作25年以上者表彰大会",市委副秘书长刘文庆、市委宣传部副部长丁锡满等到会表示祝贺,并向400名长期从事群众文化工作的老同志颁发荣誉证书。

1986年12月1日,上海石化总厂出资设立100万元的精神文明成果奖励基金,用于奖励在思想政治工作、文学艺术、体育等方面取得优秀成果的单位和个人。

1990年12月,文化部在北京召开"全国先进文化馆、站经验交流暨表彰大会",松江县文化馆副馆长陆军获得全国文化系统劳动模范称号;上海4个文化馆、7个文化站被评为全国先进文化馆、站;2名文化馆长、6名文化站长被评为全国先进文化馆(站)长。1991年10月18日,文化部、人事部联合表彰上海南汇县为全国文化工作先进地区;上海市舞蹈学校等单位为全国文化工作先进集体;川沙县文化馆夏友梅等为全国文化系统先进工作者。1995年4月,虹口区被文化部、人事部评为全国文化模范城区。1996年1月24日,1995年度上海市群众文化活动表彰大会在市文化局举行,大会表彰了1995年群文系统获得市级以上各种奖项的单位和个人,分别被评为全国文化工作先进区和全国文化先进县的虹口区和奉贤县会上受到表彰。1996年5月,文化部命名青浦县、松江县为全国文化先进县。

1999年11月29日,第二届"上海文化新人"评选揭晓,19名优秀青年在多伦路文化名人街受到表彰,市委副书记龚学平给全体获奖者致贺信。12月14日,在上海市文艺、理论、出版优秀作品表彰大会上,市群艺馆在上海庆祝中华人民共和国50周年群众文艺创作组织工作中成绩显著,被授予组织工作奖荣誉证书。2000年12月9日,团市委召开上海市共青团文化工作会议,第三届上海文化新人及提名奖获得者、2000年上海青年群艺之星、上海首届"五四新闻奖"获得者等一批在全市青年文化工作中表现突出的先进个人和集体受到表彰。

2000年2月16日,全国文化先进县、先进集体、先进工作者表彰大会在北京人民大会堂举行,市群艺馆馆长赵其华获全国文化系统先进工作者称号,并在表彰会上作交流发言,受到国务院总理朱镕基的接见。2002年1月21日,上海市职工文艺创作奖励基金理事会和市总工会《主人》杂志理事会同时宣告成立,此后每年评选奖励企业职工创作的影视、戏剧、文艺、音舞等优秀作品。同年2月18日,依照《上海市总工会关于推荐、评选、命名上海工人艺术家的通知》精神,市总工会授予陈心豪、朱晔其、米福松、金苗苓、黄懋立、沈刚强、董伟民、张遴骏、赖成钊9位同志为"上海工人艺术家"称号。2003年3月10日,市总工会召开"2003年上海市职工文体工作会议",授予市工人文化宫"五星级文化宫"称号。2004年12月24日,在北京京西宾馆召开全国群文工作表彰大会,闵行区群众艺术馆戏剧演出队《花农嫁女》剧组被评为"全国首届服务农村服务基层文化工作先进集体"称号。中宣部部长刘云山为代表颁奖。

2006年7月24日,在文化部开展的全国第三批文化先进社区和全国社区文化优秀辅导员评选中,徐家汇街道、真新村街道、曹杨新村街道、罗店镇被评为全国文化先进社区;闸北区彭浦镇文化站站长李为民、长宁区新华路街道社区文艺指导员聂鸿翔被授予全国社区文化优秀辅导员称号。2008年6月26日,第四批全国文化先进社区、全国社区文化优秀辅导员评选揭晓,临汾路街道、岳阳街道、嘉定镇街道、龙华街道被评为全国文化先进社区;静安区文化馆谢克宁、虹口文化艺术馆俞志清被授予全国社区文化优秀辅导员称号。

【上海市工艺美术从艺五十周年授勋暨命名大会】

1986年11月13日,全市举行"上海市工艺美术从艺五十周年授勋暨命名大会"。38位工艺美术专家分别获得"特级工艺美术大师"和一、二、三级"工艺美术大师"称号。上海玉器炉瓶三大流派之一的周寿海、全国钻石琢磨创始人张涌涛、上海绒绣创始人高婉玉、戏剧服装设计专家谢杏生、牙雕老艺人蔡健生、绒线编结专家冯秋萍、灯彩艺人何克明、微雕专家薛佛影、玉雕高手关盛春、剪纸艺术家王子淦获得"特级工艺美术大师"称号。

【群众文化奖颁奖大会】

1996年12月24日,上海市群众文化奖励基金理事会成立。市委副书记陈至立、副市长龚学平任名誉理事长,市政府副秘书长周慕尧任理事长。理事会启动100万元奖励基金,表彰奖励群众文化先进集体、先进个人和优秀的群众文艺作品(项目)。2000—2010年,每年召开上海市群众文化奖颁奖大会(下称"颁奖大会"),由市文广局主持,市委、市政府、市委宣传部等领导颁奖并讲话,总结年度群众文化工作,交流群众文化工作经验,部署新一年的工作任务。市政府相关委办局的分管领导,各区(县)委宣传部、区(县)政府分管领导,区(县)文化(广)局和文化馆、图书馆领导及街道(乡镇)分馆领导参加会议。

2001年4月28日,上海市群众文化奖颁奖大会在上海图书馆举行。市委副书记龚学平,市委常委、市委宣传部部长殷一璀等领导

图6-3-1　1999、2000年度上海市群众文化奖颁奖大会

出席会议。龚学平在讲话中指出,要从实践"三个代表"重要思想的高度,大胆创新群众文化工作的内容、形式、机制和手段,抓住新的历史机遇,扎实工作,全面提高上海群众文化工作的水平,以新的出色答卷,迎接中国共产党建党80周年。殷一璀总结了近两年上海的群众文化工作,并对做好今后的群众文化工作做了部署。会上,177个单位和个人获得1999年与2000年度群众文化奖。2001年度,全市有104个群众文化先进集体、项目和个人获上海市群众文化奖。2003年9月16日,在广电大厦举行2002年度"颁奖大会",市委常委、市委宣传部部长王仲伟在讲话中提出,要突出重点,推进发展,着力建设面向基层、社区的公共文化设施。市文广局工作报告指出,上海市文化设施基本形成了三级梯度配置结构,上海市公共图书馆、文化馆(站)的设施面积达到81万余平方米,比1998年增长了30.6%;举办群众文化活动4万余场次,参与人数达1850余万;4300多支业余文艺团队在群众文化活动中发挥着积极作用。该年度有6大项108个项目获奖。2004年6月15日,2003年度"颁奖大会"在广播电视大厦举行,市委常委、市委宣传部部长王仲伟出席并讲话,4个获奖单位代表和个人作交流发言,123个先进单位和个人获奖。2005年3月17日,在广电大厦举行2004年度"颁奖大会",113个先进单位和个人榜上有名。副市长杨晓渡出席会议并讲话,提出要以建设社区文化活动中心为重点,努力构筑15分钟都市公共文化服务圈。市文广局工作总结报告显示,2004年全年群众文化活动近10万场,参与人次达1862万;作为市府实事工程,20个社区文化活动中心全面完工,四级文化设施网络得到进一步完善;全市群文原创力也有加强,创作作品8122件,增长幅度超过35%,其中88个作品获国家级奖项,4个作品获文化部"群星奖"。2005年度"颁奖大会"于2006年9月1日在广电大厦举行,105个单位和个人、97个优秀项目获得上海群众文化奖。副市长杨晓渡出席会议并作重要讲话,并与市委宣传部副部长陈东共同为东方社区文化艺术指导中心揭牌。市文广局工作总结报告显示,上海公共文化设施人均面积从2002年的0.10平方米,提高到了0.12平方米,达到了《上海群众文化三年发展纲要(2003—2005)》规定的目标。2006年度"颁奖大会"于2007年3月29日在广电大厦举行,108个单位和个人在会上受到表彰和奖励。上海市副市长杨定华出席会议并讲话。市文广局的工作报告指出,围绕公共文化服务体系建设,上海初步实现了"重心下移、立足基层、服务百姓"的目标。全市以打造"欢乐上海·欢乐市民"为主线,围绕建党85周年、长征胜利70周年、新农村建设等主题,开展了丰富多彩的活动。据不完全统计,全市共举办群文活动38万余场次,参与人次达3100多万。并提出到2007年,要完成面向基层的公共文化服务体系基本框架建设,逐步实现公共文化服务共享均衡等工作要求。2008年3月12日,举行2007年度上海市群众文化奖励基金终评会,19个区(县)、31个系统申报212个项目。经评选,156个单位、个人和项目入选,其中先进集体18个、先进个人22个、群文优秀活动奖38个、群文优秀作品奖78个。

【上海市基层文化工作会议】

2002年是文化部确立的"社区文化年"。2002年6月11日,上海市人民政府召开上海市基层文化工作会议,各区(县)政府、各街道(乡镇)领导,市、区(县)文化行政部门及公共文化机构的负责人出席大会。市文广局领导传达国务院召开的基层文化工作会议精神。副市长周慕尧部署了下一步群众文化工作,要求围绕目标,齐抓共建,形成群众文化工作新的合力;加大投入,资源共享,推进基层文化设施建设;贴近群众,勇于创新,不断开拓群众文化的内容和形式;努力建立一支稳定的专、兼职结合的文化队伍。

【全国文化遗产保护工作表彰活动】

2007 年 6 月 8 日,人事部、文化部在北京人民大会堂召开全国文化遗产保护先进工作表彰大会,国务委员陈至立出席会议。上海陈勤建获全国先进工作者称号,张黎明、陶继明、张伟强获先进个人称号,徐汇区文化局获先进单位称号。同年 12 月 18 日,国家文物局授予松江区"全国文化遗产保护工作先进集体"荣誉称号。

2009 年 6 月 11 日,全国非物质文化遗产保护、古籍保护暨文博事业杰出人物表彰、颁证、授牌电视电话会议在国务院小礼堂召开。上海分会场会议设在市政府 3M 会议厅。上海的张静娴获得全国非遗保护先进工作者称号;32 人被文化部确定为第三批国家级非遗项目代表性传承人。

【群众文化工作会议】

2008 年以后,群众文化奖颁奖大会改名为上海市群众文化工作会议。同年 4 月 2 日,在上海展览中心友谊会堂召开上海市群众文化工作会议,副市长沈晓明出席会议并讲话。市委宣传部副部长陈东宣读表彰决定并颁奖,156 个单位和个人获得 2007 年度上海市群众文化奖。市文广局局长朱咏雷回顾总结了群众文化工作,并提出 2008 年群文工作要以基层、农村为重心,全面推进公共文化服务体系建设;要深化政府职能转变,进一步完善制度健全、服务到位、监管有力的公共文化管理格局。2009 年 3 月 17 日,在友谊会堂召开 2009 年度市群文工作会议,市委常委、副市长屠光绍出席会议并讲话;市政府副秘书长蒋卓庆、市委宣传部副部长马春雷、市文广局党委书记陈燮君等领导进行颁奖。大会表彰了 28 个上海市群众文化工作先进集体、18 位上海市群众文化工作先进个人、83 个(件)群众文化优秀活动项目和优秀作品。市文广局的工作报告提出,要以科学发展观为统领,全面推动 2009 年公共文化工作有新突破、新发展,并特别强调要积极做好上海世博会各项筹备工作,精心策划 2010 年上海世博会群众文化系列活动。

三、社区文化工作的部署与交流

【社区文化工作会议】

1981 年 2 月 18 日,市文化局在杨浦区辽源街道文化中心站召开上海街道群众文化工作表彰大会,表彰 10 个区的街道文化工作先进集体。市委副书记兼市委宣传部部长陈沂及各区委宣传部和街道党委负责人、各区文化局长、馆长、站长等出席。1995 年 6 月 28 日,在虹口、杨浦两区召开上海市社区文化(市区)工作会议,市委副书记陈至立、副市长龚学平参加会议并讲话。会议肯定了近年来上海社区文化建设所取得的成果,强调社区文化是社会主义精神文明建设的重要组成部分。会议要求充分认识社区文化建设的意义,积极探索新时期社区文化建设的新路子,改善社区环境,营造健康向上的社区文化氛围。会上,在全国文化先进地区、全国文化先进县、全国边境文化长廊先进地区创建活动中做出显著成绩的单位做了经验交流。会上公布:虹口区被评为全国群众文化工作先进地区,奉贤县获全国文化先进县称号,宝山区被评为全国边境文化长廊建设先进地区。1998 年初,上海市再次召开市社区文化工作会议,这次会议以社区文化设施建设为主要内容,会场上布置了社区文化设施展览,各区县交流了社区文化设施建设的经验。会议提出要落实市委、市政府的要求,把上海文化设施建设的重点转移到社区公共文化设施上来,促进全市精神文明建设,努力实现经济、社会、文化的全面发展。市委副书记龚学平在讲话中提出,社区文化设施的建设要有科学的、系统的规划;要通过共建,形成社区内文化设施资源共享的模式,并建立科学有效的管理体系;

要建立社区文化设施建设政府投入和社会各方共同参与、多渠道投资的机制;要增强社区文化设施的综合性功能,使之成为社区内居民学习、娱乐、锻炼、休闲的良好场所。

【社区文化工作交流会】

1983年3月3—7日,市文化局召开上海市区文化站经验节目交流会,市区121个街道的120个文化站参加会议,会上12个文化站介绍了工作结验,99个创作节目参加了12台交流演出。1989年1月18日,市委宣传部和市政委政策研究室召开上海市社区文化建设经验交流会,10个区的代表出席并交流了经验,大会提出社区文化应寓教于乐,有益于身心健康,抵制腐朽文化的侵袭。1989年5月15日,上海市社区文化建设经验交流会在市政协会议厅召开。1993年9月18—20日,在虹口区举行全国社区文化讨论会,文化部副部长高占祥和市委副书记陈至立,市委常委、市委宣传部部长金炳华,副市长龚学平及全国各省市群众文化理论工作者130多人参加。

【社区文化设施规划、协调专题会议】

1989年11月7日,市委宣传部和市计划委员会在曲阳文化馆召开上海市社区文化设施规划、协调专题会议。会议听取了各区有关文化设施建设和三年治理整顿及"八五"规划的情况汇报,并就全市文化设施的布局,尤其是小区、新区的文化设施配套建设问题和陈旧的文化场所改造整新问题进行了探讨。

【文化菜篮子工程】

1996年4月12日,虹口区推出"文化菜篮子工程"。"文化菜篮子工程"以社区为舞台、以家庭为对象,通过各种丰富多彩、健康向上的文化活动,使精神文明建设在社区成为看得到、摸得着、潜移默化的文化行为,其宗旨是为了满足人民群众日益增长的文化需求,其基本形式为"送、引、连、建",把文化艺术送到社区的千家万户,把千家万户引向艺术殿堂,以社区文化为纽带将社区的千家万户连接起来,建设一批文化活动基地,建立一支文化骨干队伍,建成一片文化网络。同年8月8日,上海市长徐匡迪、市纪委书记张惠新、市政府秘书长冯国勤视察虹口区锦苑小区"文化菜篮子工程"实施情况,听取闸北、宝山、杨浦、虹口区关于开展群众文化和精神文明建设的工作汇报。

【居(村)委文化活动室建设工作经验交流会】

2007年7月19日,市文广局在长宁区召开"居委(村)文化活动室建设和管理工作交流会",与会人员实地参观和了解虹储居民区活动室的建设和使用情况,并听取了有关单位的经验交流。2008年6月11日,由市农委、市民政局、市卫生局、市文广局联合在松江区泖港镇黄桥村召开上海村级公共服务中心建设现场推进会,市文广局就下阶段村文化活动室建设管理工作提出具体意见,要求到2010年,实现村综合文化活动室的全覆盖,让村民走出家门、步行15分钟,就能获得基本文化服务。

四、上海市农村文化工作的建设与推进

【农村文化工作会议】

1980年8月14—15日,市文化局在南汇县新场镇召开上海市农村文化工作会议,市郊各县分

管文化工作的县委副书记等 200 多人参加会议。会后,市农委向各县转发市文化局《关于进一步办好文艺工厂的意见》的通知。

1988 年 5 月 27 日,市农委、市文化局在南汇县周浦镇召开上海市农村文化经济工作会议,会议总结交流了农村文化经济发展经验。1996 年 1 月 3 日,上海市农村文化工作会议在宝山宾馆举行。会议总结了上海农村文化工作取得的进步,尤其是通过争创文化先进县和建设“百里边境文化长廊”,采取社会集资、企业赞助和共建联办等方式,新建、改建了一批文化场所,初步形成了以区县城为中心、辐射各集镇文化网络等成绩。各县还举办了一系列大型文化活动,不仅丰富了当地人民群众的文化生活,也有力地促进了当地的经济发展,扩大了郊区在国内外的影响。会议要求加强对农村文化工作的领导,努力实现上海农村文化“九五”规划目标,用丰富多彩、健康向上的精神文化产品,满足农民日益增长的文化生活需要,逐步形成与社会主义市场经济相适应的农村文化发展机制。

【农村文化信息化建设工作推进会】

2007 年 7 月 6 日,市委宣传部、市文明办、市财政局、市文广局联合召开农村文化信息化建设工作推进会,来自全市郊区 10 个区县的宣传部、文明办、财政局、文广局负责人参加会议。会议明确全市文化信息资源共享工程、农村数字电影放映工程和农村信息苑实行“三位一体”同步建设,实现“一站式”服务。会上还下达了 2007 年要完成 600 个农村信息服务点建设的任务。

第二节　专项工作部署与推进

一、群众文艺创作

【群众文艺创作座谈研讨会】

1985 年 8 月 3 日,市群艺馆、上海艺术创作中心等单位联合召开通俗歌曲创作座谈会,近百名词、曲作者参加。1986 年 4 月 15 日,上海市召开大型创作座谈会,近千人共商繁荣创作大计。1987 年 11 月 26 日,在全市文艺创作座谈会上,市政府宣布拟设立创作基金和上海市文艺大奖。1988 年 5 月 5—7 日,市文化局召开上海市群众文艺创作、少儿文艺创作座谈会,区县文化部门、市总工会、团市委及业余作者、新闻界人士 200 余人出席。1998 年 6 月 12 日,上海市群众文艺创作座谈会在中国画院举行,市文化局局长马博敏等领导和各区(县)各系统文艺创作人员出席。2002 年 12 月,青浦朱家角举办群众文艺创作研讨班,为期 3 天,请毛时安、陆军、赵化安作创作讲座,观摩“群星奖”获奖戏剧作品,并组织创作人员交流讨论,探讨群众文艺创作的发展方向。2010 年 5—7 月,市群艺馆分 7 个门类,召开了文艺创作系列研讨会,各区县文化主管部门领导和群众文化工作者及各类专家学者出席了会议。

【群众文化系统创作会议】

1987 年 1 月 17 日,市文化局在青浦县召开全市群众文化系统创作会议,传达市创作会议精神,讨论 1987 年创作规划,250 多名业余作者和群文干部参加会议。1989 年 12 月 20—22 日,上海市群众文艺创作会议(下称“群文创作会议”)在松江县召开,会议总结了 1989 年上海群众文艺工作,表彰了先进,规划了 1990 年群众文艺创作工作。1994 年 1 月 27 日,“群文创作会议”在上海南市区图书馆召开,市、区(县)群众艺术馆、文化馆和工会、妇联,驻沪部队等各系统的业务领导和分管文艺宣传文艺创作的负责人参加了会议。会议部署了迎接上海解放45周年全市群众音乐歌舞的创作演出工作。2001年3月,市文广局召开"群文创作会议",通报全年创作近千个文艺作品,获全国"群星奖""蒲公英奖"等22个国家级金奖,并部署2001年群众文艺创作任务,对庆祝建党80周年的群文创作提出了要求。2005年5月27日,上海市群众文艺创作会议在上海图书馆举行,旨在贯彻上海文化创作工作会议精神,推进群众文艺"精品、优品、新品"工程实施。市委宣传部副部长陈东、市文化局领导出席并讲话,卢湾区在会上作了经验交流。2008年5月15日,市文广局召开抗震救灾群众文艺创作紧急会议,围绕群众文艺创作为抗震救灾作贡献的议题进行了专题研究。

【大型创作会议】

1988年5月5日,市文化局召开大型创作会议,各区县文化部门、市总工会、团市委以及新闻界人士150人出席。1989年11月15日上午,市文化局在海虹宾馆召开大型创作会议,来自上海市专业艺术表演团体,美术、群众文化单位的党政主要领导,艺术室主任、编剧、导演、编舞、部分作曲、指挥、美术师、群文创作人员和戏剧学院、作协上海分会代表数百人出席会议。会议总结了1989年上海文化艺术创作工作经验,要求巩固成绩、发挥优势、弥补不足、克服困难、再接再厉,进一步净化文化环境,繁荣文艺,努力为社会主义精神文明建设和丰富人民群众文化生活作出新贡献。

【上海文艺创作工作会议】

2004年3月26—27日,市委宣传部等单位在上海广电大厦召开上海文艺创作工作会议,来自市、区民营文艺院团及影视艺术院校等文化单位240人参加会议。2005年4月18日,在上海广电大厦举行上海文艺创作工作会议。会议总结分析了全市前一年的创作工作和当前的创作现状,对当年的创作生产及文艺体制改革作出具体部署。会议要求上海广大文艺工作者努力贴近实际、贴近生活、贴近群众,创作出无愧于时代、无愧于上海这座城市的优秀作品。会议同时要求上海文艺界以精品、优品、新品"三品工程"为抓手,面向市场、面向群众,创作、生产、演出一大批优秀作品,推动创作繁荣和文化市场的活跃。

【上海群众文化创作工作会议】

2005年5月27日,上海群众文化创作工作会议在上海图书馆举行,提出贯彻落实上海文艺创作会议精神,以推进群众文艺"精品、优品、新品"实施工程为目标。卢湾区文化局等单位在会上作经验交流。

二、广场文化

1997年12月10日,在上海刘海粟美术馆举行上海市广场文化工作座谈会,来自市宣传和文化部门的120名代表参加会议,7个区在会上交流了经验。会议指出,上海群众文化工作以社区文化建设、广场文化建设为抓手,以提高市民素质和提高城市文明程度为重点,取得较好成绩。会议要求广场文化活动进一步向广度、深度发展,以丰富的内容、多彩的形式和鲜明的时代特点,成为上海精神文明建设的奇葩和现代都市绚丽的文化风景线。

三、中国上海国际艺术节群文工作

自 2005 年开始,中国上海国际艺术节期间,全市举办为期一个月的丰富多彩的群众文艺活动。由此,每年在艺术节开幕前,市政府主持召开中国上海国际艺术节群文工作会议,市政府副市长、秘书长、市委宣传部副部长出席会议并讲话,市文广局分管领导具体部署艺术节群众文化工作,全市各区(县)分管区长、文化(广)局长以及市教育党委、市总工会、团市委等相关部门和单位领导参加会议。

四、社会组织工作

2004 年 4 月 1 日,市文广局召开社团工作年会,表彰了 10 项特色活动。2006 年 9 月 25 日,全市召开文广影视社会组织工作年会暨 2006—2007 年度特色活动表彰会,表彰了上海市收藏协会的"毋忘历史,祈福和平"等 12 项特色活动。市文广局党委书记陈燮君、副书记刘建与市社会工作党委副巡视员刘庆出席会议、颁奖并讲话。2007 年 8 月 2 日,文广影视民间组织工作年会召开,市文广局党委书记陈燮君、副书记刘建出席会议并讲话。陈燮君在讲话中提出,要充分认识在民间组织中建立党组织的重要性,进一步加强文广影视民间组织的党组织建设等要求。2008 年 10 月 15 日,在上海图书馆举行文广影视社会组织工作年会暨 2006—2007 年度特色活动表彰会,15 个文广影视社会组织获奖。

五、其他

【民族、民间、民俗文化保护与弘扬工程会议】

2004 年 2 月 25 日,市文广局召开上海民族民间文化保护工程动员部署工作会议,传达文化部有关实施中国民族民间文化保护工程的精神,并宣布成立上海民族民间文化保护工程中心。

【上海市文化信息资源共享工程工作会议】

2004 年 5 月 31 日,"上海市文化信息资源共享工程工作会议"在上海图书馆举行。全市拟建成 20 个社区文化中心和 80 个信息苑。

【社会文化统计工作会议】

2005 年 12 月 23 日,市文广局召开社会文化统计工作会议,着重培训各区(县)文化局统计工作干部,并对社会文化统计工作进行了全面部署,以确保统计工作由手工统计向计算机软件统计过渡。

第四章 考 核 评 估

自 20 世纪 90 年代开始,特别是 2000 年以后,市文化(广)局组织对全市的群众文化工作机构、群众文化重大活动等开展评估、考核工作,包括制定考评指标体系,组织实施考核、评估,总结表彰考评结果等,以推动群众文化事业持续发展,提升群众文化工作的效能。

第一节 文化馆评估定级

自 2002 年起,文化部组织对县以上的文化馆开展四年一度的评估定级工作。评估定级标准由文化部制定。文化部规定,上海市群众艺术馆由文化部组织考评,区(县)文化馆由市文广局组织考评。最终的文化馆评估定级的结果由文化部审定公布,并颁发标牌证书。

一、2004 年等级评定

2000 年,市文广局按文化部要求和制定的评估定级指标,组织全市区(县)文化馆学习评估定级指标规定,做好考核评估的各项准备工作。2002 年成立市考核评估工作组,进行实地评估工作,前后历经 2 年时间。2004 年 9 月 3 日,上海市公共文化馆评估工作总结会议在浦东新区文化艺术指导中心举行。会上,宣读了文化部命名的上海地区文化馆的等级名录,并颁发了标牌;命名一级馆 6 家,命名二级馆 11 家,命名三级馆 4 家。

2004 年文化部命名的上海地区文化馆等级名录
一级馆(6 家)
闵行区群众艺术馆
浦东新区浦东文化馆
崇明县文化馆
宝山区文化馆
徐汇区文化艺术中心
浦东新区文化艺术指导中心
二级馆(11 家)
虹口区曲阳文化馆
卢湾区文化馆
静安区文化馆
浦东川沙文化馆
长宁区文化艺术中心
杨浦区杨浦文化馆
黄浦区文化馆
青浦区文化馆

闵行区江川文化馆

奉贤区文化馆

普陀区长风文化馆

三级馆（4 家）

杨浦区中原文化馆

金山区文化馆

松江区文化馆

闵行区吴泾文化馆

二、2008 年等级评定

2007 年，按文化部要求，自 5 月 22 日起，市文广局组织考核评估工作组，赴各参评的区（县）文化馆开展第二次评估定级工作。全市有 25 家文化馆参加，其中，市群艺馆 1 家，按省级标准由文化部组织考评；区（县）文化馆中有 20 家，按地市级标准评估；4 家按县级标准评估。至 8 月中旬结束，评估结果显示，区（县）文化馆与 2004 年首次评估定级时比较，馆舍总面积增加了 6.2％；财政日常经费投入总量增加了 74.3％；区（县）文化馆人员中大专以上文化程度占全体职工比例平均达63.5％，提高了 14.8％。2008 年 5 月 19 日，文化部下发《关于命名一、二、三级文化馆的决定》，命名上海地区一级文化馆 19 家、二级文化馆 4 家、三级文化馆 2 家。

2008 年文化部命名的上海地区文化馆等级名录

一级馆（19 家）

上海市群众艺术馆

徐汇区文化馆

浦东新区文化艺术指导中心

宝山区文化馆

卢湾区文化馆

南汇区文化馆

金山区文化馆

静安区文化馆

长宁文化艺术中心

闵行区群众艺术馆

普陀区文化馆

黄浦区文化馆

杨浦区文化馆

青浦区文化馆

嘉定区文化馆

崇明县文化馆

闸北区文化馆

梅陇文化馆

浦东新区川沙文化馆

二级馆(4家)

虹口文化艺术馆

奉贤区文化馆

长宁民俗文化中心

普陀区桃浦文化馆

三级馆(2家)

松江区文化馆

普陀区甘泉文化馆

第二节　街道(乡镇)文化站(活动中心)考核评估

一、街道(乡镇)文化站考核评估

1992年,市文化局组织对全市街道(乡镇)文化站进行考评定级,根据文化部的要求,结合上海的情况,制定了上海市街道(乡镇)文化站考评定级指标体系,包括文化站建筑面积、活动阵地、活动内容、活动设施、人员编制、经费来源等指标,通过区(县)文化管理部门组成的考评定级小组进行初评,市文化局组织考评组复评,经市文化局评定审核,全市343个文化站,评定特级文化站15个、一级文化站47个、二级文化站102个、达标文化站82个。通过这次考评定级,推动了基层文化活动的开展。

二、社区文化活动中心绩效评估

2008年9月1日,市文广局制定并颁发《关于在本市开展社区文化活动中心绩效评估工作的通知》,并附发《上海社区文化活动中心绩效评估指标体系(试行)》,对2007年以前已建成并正常运行1年以上的77家社区文化中心进行评估。各区(县)文化(广)局根据《上海社区文化中心绩效评估指标体系(试行)》,对所管辖的社区文化中心进行评估,并将评估结果向市文广局申报。市文广局委托上海市社会科学院文学研究所评估研究中心组织专业人员成立考评组,对各区(县)申报的社区文化中心进行实地检查,通过一听(汇报)、二看(现场)、三查(档案)、四问(提问)的方式进行考评,并在现场进行公众满意度测评。经过考核,结合公众满意度测评,列为第一类的有13家,占总数的16.9%;第二类32家,占总数的41.5%;第三类23家,占总数29.9%;第四类9家,占总数11.7%。首次评估情况,作为修订《上海市社区文化活动中心绩效评估指标体系(试行)》的重要依据,为全面开展考核评估工作打下了基础。同时,市评估小组将每个参评文化活动中心的评估结果反馈给各区(县),作为各社区文化中心改进工作的参考。

第三节　重大文化活动评估

上海每年有重大文艺活动50余项,自2007年开始,由上海市重大文化活动办公室主持,对全市2006年及以后每年度的重大文化活动进行评估,以加强对重大文艺活动的科学管理,提高重大文艺活动的水准。

市重大文化活动办公室邀请上海社会科学院公共文化评估中心共同成立课题小组,在广泛调研的基础上,制定《上海市重大文化活动绩效评估指标体系》,评估指标重在绩效评估,关注投入与产出比例,效率与效果结合。评估范围确定为由上海市政府全额拨款的重大文艺演出类活动,或冠以"上海市"名称或以上海市委、市政府名义主办的大型文艺演出类活动,包含晚会类、节庆类、展览展示类,包括"蓝天下的至爱大型慈善晚会""上海桃花节""西班牙萨拉戈萨世博会上海周庆贺演出"等。市重大文化活动办公室组织上海宣传、文化、新闻系统的相关人员组成评估专家组,根据《上海市重大文化活动绩效评估指标体系》,兼顾审核评估材料、观摩录像资料、现场陈述、召开座谈会等综合评价打分,由上海社会科学院公共文化评估中心汇总,综合排名并撰写评估报告,从艺术性、规范性、专业性、影响力等方面作出评价,提出意见和建议,向各项活动的主办单位反馈。同时,报告递交市文广局,作为对主办单位业绩考核的一项依据。

第五章 公共文化馆队伍建设

群众文化事业的从业人员,具有多层次、多专业技术相融合的特征,有管理人员、具备各类文化艺术专长的专业人员,以及两者结合的复合型人才。市和区(县)文化主管部门及培训机构等,通过组织专业培训、岗位培训、专业技术职称培训等形式,为全市公共文化馆培养了一支相对稳定的群众文化专业人才队伍。

"文化大革命"结束后,原有的群众文化从业人员队伍重新集聚起来,在文化馆恢复与发展的过程中起到重要作用。20世纪80年代,文化馆面临改革开放的新形势,原有人才队伍的年龄和知识结构逐渐老化,与时代发展不相适应。在各级文化行政部门的领导与支持下,全市加强群众文化队伍建设,通过人员调配、吸纳高校毕业生、向社会招聘等措施,充实群众文化队伍,合理调整人才结构;建立起职工的培训教育制度,搭建起培训人才的平台,开展各类教育培训活动,并将从业人员接受培训教育时数纳入文化馆的考核内容;推进人才管理制度改革,实施专业技术职称评聘制、聘用合同制,从而大大提高群文工作者的责任意识、专业素养与工作能力。至2010年,市、区(县)和街道(乡镇)三级公共文化馆(站、中心)总计240家,有从业人员4 702人,其中高级职称104人、中级职称444人;居(村)综合文化活动室5 245家,专职人员约5 000人。全市形成了比较完善的培训教育与管理制度,建立起比较稳定、有一定专业素养的群文从业人员队伍,为上海群众文化事业的繁荣发展作出了积极贡献。

第一节 从 业 人 员

一、市和区(县)文化馆

上海市群众艺术馆和区(县)文化馆(艺术馆、艺术指导中心)从业人员属于文化事业编制,但随着社会的发展,文化体制的改革、设施机构的变化,从业人员的情况也在不断发展变化。

"文化大革命"结束之后,市群艺馆和区(县)文化馆处在整顿恢复阶段,1978年,全市有20家区(县)文化馆,从业人员789人。从业人员大多有长期的群众文化工作经验,虽受到"文化大革命"的冲击,但仍保持着对群众文化工作的热爱之情,很快就使文化馆设施正常开放,群众文化机构重新运转起来,其功能作用得到发挥。1982年,市文化局召开了表彰会议,表彰长期从事群文工作的先进集体与个人,有效地调动了广大群文工作者的积极性,使公共文化馆迅速得到恢复与发展。

随着20世纪80年代改革开放高潮的到来,区(县)文化馆新馆不断涌现,功能不断拓展,原有的群众文化干部已不能完全适应新的形势,各区(县)政府通过引进与培训,使从业人员的队伍有所扩大,基本素养有所提高。进入20世纪90年代,上海事业单位开始人事制度改革,恢复职称评聘制,实施岗位考核制及奖勤罚懒等新的政策制度,逐渐打破计划经济下的"大锅饭""终身制",文化馆的运行管理机制得到激活,员工的积极性得到调动。至1992年底,全市34个区(县)文化馆,有从业人员1 371人;至1998年,全市区(县)文化馆达到了45个,从业人员增加到2 017人,初步形成了比较稳固的群众文艺专职干部队伍。1998年6月,上海市政府颁布《公共文化管理办法实施细则》,对从业人员配置作出具体规定,要求公共文化馆必须配备文化艺术专业人员,其比例应当不低于在编总人数的75%;市、区(县)文化馆的专业人员,应当达到大专以上文化程度;街道(乡镇)文化站的专业人员,应当达到中等以上文化程度,从而使全市公共文化馆的队伍建设有章可循。

进入21世纪后,全市群众文化工作逐渐进入发展新阶段,加大了对从业人员的培训教育力度,队伍得到发展与提高。2004年,市文广局制定《贯彻落实上海市群众文化工作会议精神,推进上海群众文化创新发展的意见》,特别强调要建设一支专兼职结合、面广量大、梯度结构的群众文艺队伍体系;要求重点培养具有较高艺术素养、创新发展意识和先进管理理念的职业和非职业组成的5个"百名群众文艺干部",包括百名大型群众文艺活动的策划组织者、百名中高级管理人才、百名群众文艺创作人才、百名青少年文艺指导人才、百名优秀群众文艺理论研究人才;依托社会力量,发展万名热心群众文艺事业的社工和义工。在文化部制定的《县以上公共文化馆评估定级标准》中,也规定了各级文化馆从业人员的学历与专业技术职称人数的配备指标,有力地促进了文化馆员工队伍的建设。市和区(县)文化行政主管部门加大对从业人员的培养力度,建立起继续教育与岗位培训制度,市和区(县)文化馆业务人员的年平均受教育培训时数,都达到72学时以上,提升了专业素养。通过向社会公开招聘,开放人才引进的绿色通道,完善激励机制等方法,吸纳跨地区、跨行业有高水平的专业文艺人才和高校艺术专业毕业的大学本科生、硕士生进入各级文化馆,逐渐使市、区(县)文化馆队伍趋向年轻化、知识化、专业化,各大艺术门类的专业人才也逐渐完备。

【上海市群众艺术馆】

1996年,市群艺馆有从业人员50人,有高级专业技术职称的9人、中级专业技术职称的24人。2004年,市群艺馆有从业人员70人,有高级专业技术职称的15人、中级专业技术职称的23人。2006年,市群艺馆有从业人员54人,有高级专业技术职称的15人、中级专业技术职称的20人。

2010年,市群艺馆有从业人员53人,其中业务人员44人。从业人员中,大专以上学历的33人,占62.5%;有专业技术职称的50人,占94.3%,包括有高级专业技术职称的13人、中级专业技术职称的27人、初级专业技术职称的10人。

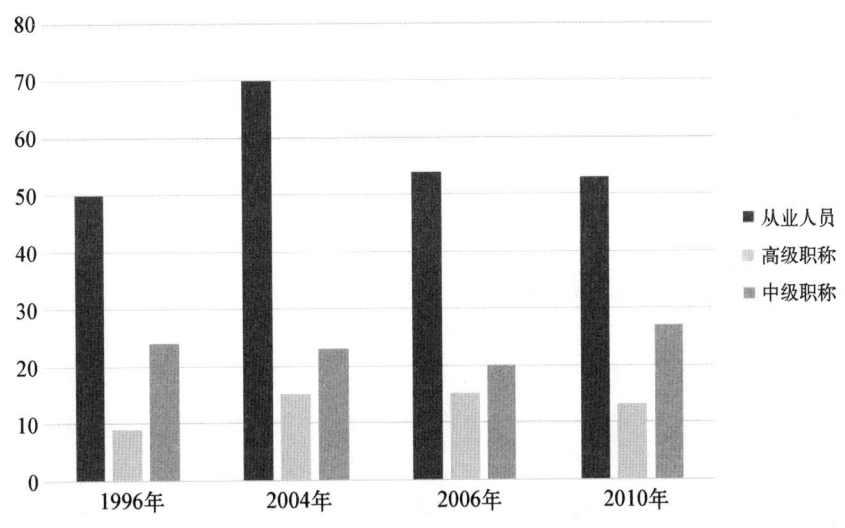

图6-5-1　1996—2010年上海市群众艺术馆从业人员职称情况图

【区(县)文化馆】

1978年,全市20家区(县)文化馆有从业人员789人。1992年,全市34家区(县)文化馆有从业人员1371人。1998年,全市区(县)文化馆增加到45家,从业人员增加到2017人。2004年,全市区(县)文化馆从业人员1308人,其中有高级专业技术职称的51人、中级专业技术职称的235人。2006年,全市区(县)文化馆从业人员1097人,其中有高级专业技术职称的47人、中级专业技术职称的208人。2008年,全市区(县)文化馆从业人员1057人,其中有高级专业技术职称的53人、中级专业技术职称的211人。2010年,全市区(县)26家文化馆有从业人员1371人,其中有高级专业技术职称的66人、中级专业技术职称的212人。

卢湾区文化馆2000年有从业人员59人,其中大专以上学历的21人。通过招聘考试入职和鼓励职工学习,至2010年,文化馆有从业人员71人,大专以上学历的增加到48人,其中有高级专业技术职称的1人、中级专业技术职称的4人。青浦区文化馆从2000年起,相继引进18名年轻的专业人员,2008—2010年直接从专业院校引进9名毕业生。至2010年底,文化馆有从业人员39人,其中有高级专业技术职称的2人、中级专业技术职称的10人,本科学历的员工占从业人员总数三分之二以上。浦东新区文化艺术指导中心完善聘用制,2000年起先后招聘了7名大学本科生和硕士研究生,同时打破地域体制界限,引进高层次专业人才3人。至2010年底,中心在编的36名从业人员中,有大专以上学历的27人,占在编人数的75%。其中有高级专业技术职称的13人,中级专业技术职称的20人。

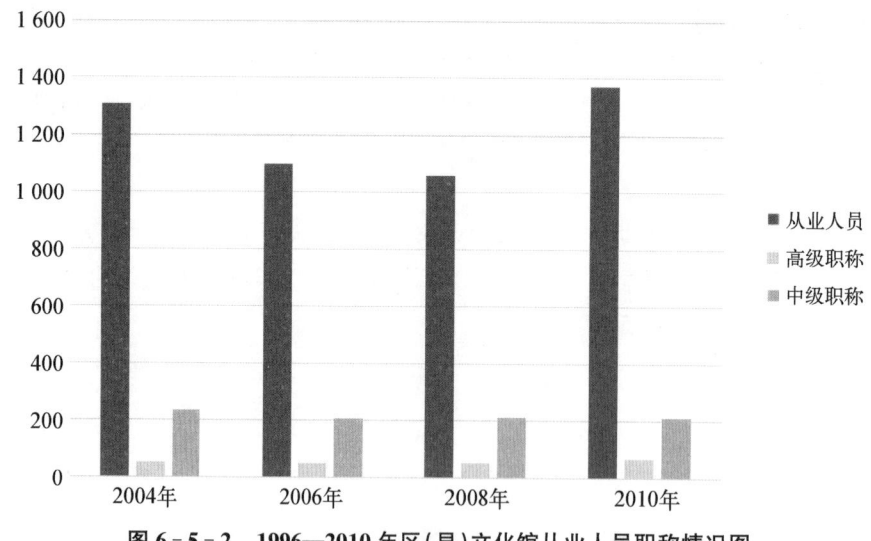

图6-5-2　1996—2010年区(县)文化馆从业人员职称情况图

二、街道(乡镇)文化站与社区文化活动中心

【街道(乡镇)文化站】

1978年以后,上海街道(乡镇)文化站由街道办事处和乡镇人民政府主办,其从业人员主要由两部分人构成:一是专职人员,二是外聘临时人员。由于上海街道(乡镇)文化站不是独立法人机构,其专职的从业人员就来自各方,有的是公务员编制,由乡镇政府或街道办事处派遣,大多担任站长职务;外聘人员,相当一批是从"文化大革命"年代上山下乡返沪的知识青年中安排到文化站,成

为当时文化站的专职人员。文化站中的外聘人员,工资待遇不高,一般参照集体事业编制。街道(乡镇)文化站由于大多没有固定的人员编制额度,文化站人员的流动性较大。1978年,全市街道(乡镇)有文化站344家,从业人员589人。1984年,市文化局根据国务院文件精神,发出做好文化站配备专职工作人员的通知,要求给文化站配备一名专职工作人员,享受文化馆干部的待遇。至1985年,全市361家文化站配备了181个专职人员。

20世纪80年代后期,随着文化体制改革的不断推进,公共文化馆(站)推行"以文补文、多业助文"经营机制,文化站工作人员既要努力去创收,维持文化站生存,又要坚持为群众服务,但工资待遇很低,文化站员工队伍不稳定,流失较多。各街道(乡镇)主管部门陆续采取一些措施,从社会上吸纳新人,以弥补文化站人力的不足,也有从外地回沪的文艺工作者陆续加入文化站工作。1995年,全市有500多位文化站工作人员落实了专职干部编制。至2002年,街道(乡镇)有文化站309家,从业人员1852人。其中,乡镇文化站的工作人员,由乡镇文体服务中心(站)安排少数编制人员从事文化站工作,但因没有明确配额和从业资格规定,配置人数带有一定随意性。从社会上招聘的街道文化站的从业人员,双方签订聘用协议,但其福利待遇与在编人员存在差别,大多参考集体所有制待遇。因此,这支队伍一直处于不稳定状态。至2004年,街道(乡镇)文化站有员工2 248人,其中有高级职称5人、中级职称156人。2004年以后,街道(乡镇)文化站逐渐整合为社区文化中心,从业人员重新组建,有的留用,有的离岗转业。

【社区文化中心从业人员】

2002年,全国基层文化工作会议召开,强调要解决好基层文化机构设置、队伍稳定和人员待遇问题。2004年,上海在加强基层文化建设,推进综合性、多功能的社区文化中心建设中,把队伍建设纳入考核指标体系,提出业务工作人员必备的学历条件与年度接受业务培训教育的时数,以保证社区文化中心从业人员的数量与质量。街道文化活动中心的从业人员大多向社会公开招聘,按社工标准吸纳;乡镇文化活动中心的专职人员仍纳入乡镇文化体育广播电视站(服务中心)的事业编制。

2002年,全市街道(乡镇)文化站(活动中心)有从业人员1852人,没有中高级专业技术职称人员。2004年,全市街道(乡镇)文化站(活动中心)有从业人员2 248人,其中有高级专业技术职称的5人、中级专业技术职称的156人。2006年,全市街道(乡镇)文化站(活动中心)有从业人员2 560人,其中高级专业技术职称的25人、中级专业技术职称的174人。2008年,全市街道(乡镇)文化站(活动中心)有从业人员3 122人,其中有高级专业技术职称的40人、中级专业技术职称的192人。

至2010年,全市街道(乡镇)文化活动中心(站)有213家,从业人员3 510人,其中有高级专业技术职称的44人、中级专业技术职称的205人。

三、居(村)委综合文化活动室(中心)

居(村)委综合文化活动室(中心)的工作人员,基本是由居(村)民中的志愿者与居(村)委干部两方面组成。据调查,57.3%的活动室有专职人员,平均每室配备1.59名工作人员;无专职人员的居(村)委活动室(中心)采用志愿者管理,或由居(村)委会工作人员兼职管理。其中,闵行区由区财政出资,为每个居(村)委文化活动室配备1名经统一招聘、考试和体检合格的文化服务员,为专职工作人员。嘉定区江桥镇太平村文化活动室建立了以党总支为核心,新村民(外来务工人员)自治组织与志

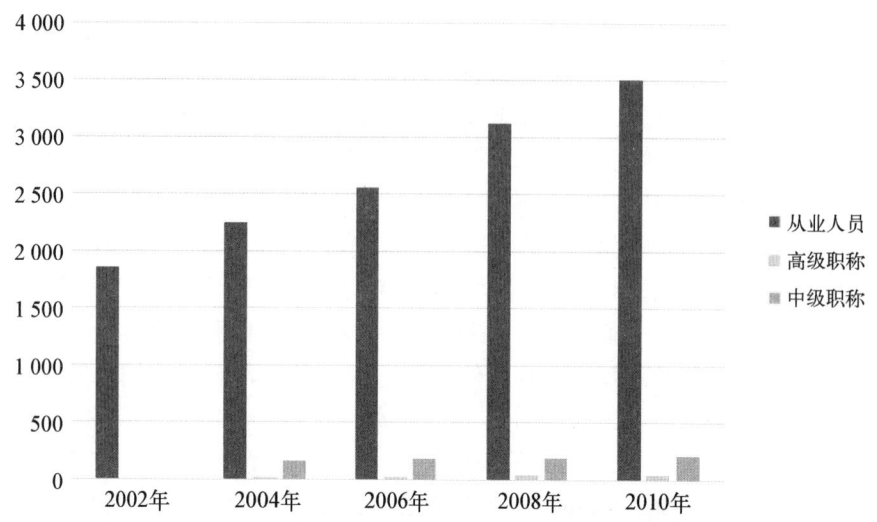

图 6-5-3　1996—2010 年社区文化中心从业人员职称情况图

愿者队伍联动的文化服务网络组织,由1名文体干部负责全村文化活动的开展;新村民自治组织的代表参与文化活动的策划组织。该村的百姓学校有8所分校,并有多支文体团队,都由群众自己管理。因此,该村的文化活动能充分考虑到地区新、村民多的特点,关注这部分群体精神文化生活的需求。据不完全统计,至2010年,全市5 245家居(村)委综合文化活动室,有专职的从业人员5 000余人。

表 6-5-1　2010 年上海市公共文化馆(站、中心)从业人员基本情况统计表

名　称	市、区(县)馆从业人员数				街镇文化活动中心(站)从业人员			
	数　量	总人数	高级	中级	数　量	总人数	高级	中级
市群艺馆	1	53	13	27				
黄浦区	1	53	3	6	6	52		1
卢湾区	1	71	1	4	4	112	3	4
徐汇区	1	68	2	8	13	206	7	9
长宁区	2	22	1	6	10	150		5
静安区	1	56	3	11	5	80		2
普陀区	3	116	2	20	9	103		9
闸北区	1	36		4	9	118		1
虹口区	2	42	5	9	8	167	3	3
杨浦区	1	38	5	8	12	144		8
闵行区	1	38	6	10	12	336	2	20
宝山区	2	102		1	12	170	1	11
嘉定区	1	29		5	12	169	1	12
浦东新区	4	209	6	53	38	705	13	50
金山区	1	59	1	12	11	229	4	12
松江区	1	28	4	10	15	134	2	13

（续表）

名　称	市、区(县)馆从业人员数				街镇文化活动中心(站)从业人员			
	数　量	总人数	高　级	中　级	数　量	总人数	高　级	中　级
青浦区	1	39	2	10	11	310		7
奉贤区	1	28	2	6	8	167	8	21
崇明县	1	38	4	11	18	158		8
合　计	27	1 192	60	239	213	3 510	44	205

　　从公共文化馆工作人员队伍的整体发展情况看,至2010年,全市公共文化馆有从业人员4 702人,其中具有高级职称的104人、中级职称的444人。与2000年相比较,文化馆从业人员年龄趋向年轻化,文化程度进一步提高,中高级专业技术人员数量的比例保持相对稳定。

　　以卢湾区文化馆为例,2000年有从业人员59人,其中35岁以下的3人,36—49岁的46人,50岁以上的10人;其中大专以上学历的21人,高中学历的19人,高中以下的19人;其中有高级职称的2人,中级职称的4人,初级职称的3人。2010年有从业人员44人,其中35岁以下的17人,36—49岁的5人,50岁以上的22人;其中大专以上学历的30人,高中学历的7人,高中以下的7人;其中有高级职称的1人,中级职称的4人,初级职称的9人。

　　2010年与2000年相比较,从业人员中35岁以下的比例提高了34%,大专以上学历的比例提高了32%,中高级专业技术职称的人数比例因新进人员增多而降低了1%。

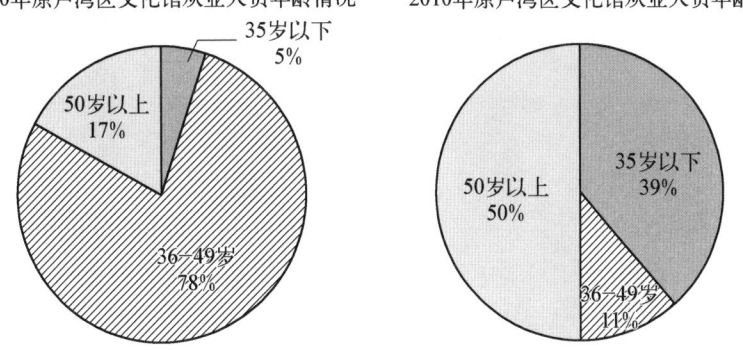

图 6 - 5 - 4　卢湾区文化馆 2000—2010 年从业人员年龄情况对比图

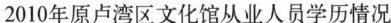
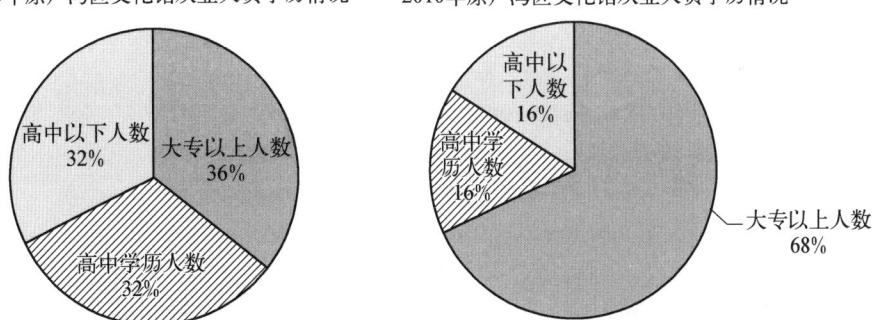

图 6 - 5 - 5　卢湾区文化馆 2000—2010 年从业人员学历情况对比图

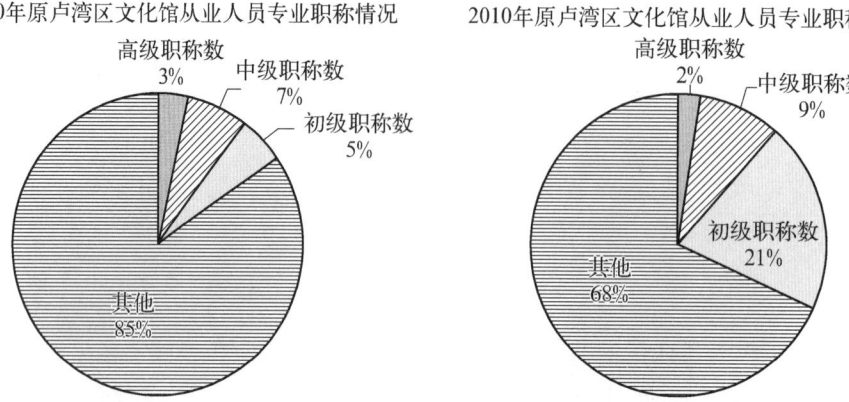

2000年原卢湾区文化馆从业人员专业职称情况

2010年原卢湾区文化馆从业人员专业职称情况

图6‑5‑6　卢湾区文化馆2000—2010年从业人员专业职称情况对比图

第二节　教育培训

全市各级文化主管部门和各公共文化单位不断加强群众文化队伍建设,开辟了多种培训教育途径,开展有针对性、形式多样、内容丰富的培训活动。各级文化行政管理部门,依托高等学校,组织从业人员接受学历教育和专业知识技能进修;市文广局人才培训与交流中心开展与专业技术职称相匹配的知识和实务培训;市群艺馆和区(县)文化馆组织在职员工的岗位业务培训成为一种常态,加强对行政管理者、专业文化工作者及业余文化指导员的培训教育。据两次评估考核结果显示,市和区(县)文化馆从业人员平均每人每年受教育培训的时数达到72学时以上;街道(乡镇)文化站(中心)从业人员平均每人每年受教育培训的时数达到56学时以上。

一、委托高校培训

【学历进修】

1987年9月1日,由市文化局委托上海大学举办首届上海市文化馆大专班在上海大学开学,学制2年。1984年至1986年9月、1994至1996年9月,市文化局委托上海师范学院代办学制两年的区(县)文化馆音乐、美术干部的大专和本科班各一期。由市文化局、市群艺馆负责教学的管理工作,提供教学场所;文化入学考试由市高等教育局招生办公室统一组织;上海师范学院负责教学,学业结业考试合格者发给学历文凭。1987年9月,文化馆戏剧干部大专班开学。通过高校统考,录取学员15名。由上海戏剧学院和华东师大教师任教,两年进修期满毕业,仍回原单位工作。2004年,市群艺馆和上海戏剧学院戏曲舞蹈分院合作联办的首届群众文化专业大专班的学员毕业,建立了全市群众文化人才储备库。

【专业进修】

1997年9—12月,市文化局与上海戏剧学院联合举办"'97上海市群文创作干部进修班",为期3个月。由市群艺馆和上海戏剧学院戏剧文学系具体负责教学工作,招收来自全市14个区县的戏剧、舞蹈干部25名。学员接受《艺术原理》《艺术概论》《创作技巧》《艺术流派讲析》《名作欣赏》等课程的学习。戏剧专业的每个学员在短短的 3 个月时间里,提高了艺术修养和艺术鉴赏力,完成了 2 个戏剧小品、1 个独幕话剧(或小戏)的创作,并汇编成册。2005 年 3—6 月,市文广局举办"合唱指挥高级进修班",全市 40 名学员参加了 80 课时的学习。

二、上海市群众艺术馆组织的岗位培训

【馆长培训】

市文化局委托市群艺馆开设全市各区(县)文化馆馆长和街道(乡镇)文化站站长专题培训班,以提升职业素养。1995 年 8 月 8—13 日,在上海农业大厦举办上海市文化馆改革与管理研讨班,市区(县)文化馆的 34 位馆长参加,共同研讨群众文化事业单位在市场经济体制下如何确立自身的位置,在深化改革中如何进一步发展文化馆事业等专题。1998 年 12 月,在崇明举办文化站站长培训班,将培训对象扩大到群众文化系列的专业技术人员,扩大了人员受训范围。2002 年 7 月 11—13 日,市群艺馆承办的上海市公共文化馆长研讨班学习班在松江区举行,33 位区级文化馆的馆长参加,以专家授课、小组讨论、参观考察等形式开展培训。围绕学习"全国基层文化工作会议"精神,研究如何开展社区文化工作,讨论《上海市群众文化三年发展纲要》,邀请专家学者专题讲授《WTO 与中国文化》《国外社区文化介绍》《社区文化资源共享》等课程。同年 10 月 14 日,市群艺馆与中国群文学会合作,在市群艺馆内举办全国社区文化骨干培训班,全国 19 个省市包括少数民族地区的群艺馆馆长、文化站长等 57 名学员参加了培训。2003 年 6 月 24 日,以"文化世博——上海群文工作的机遇和责任"为主题的区、县文化馆长专题研讨班在市群艺馆开班。2006 年 12 月 19 日,在松江区召开 2006 年度馆长工作研讨会,学习市文艺创作会议精神,同时对市群艺馆建馆 50 年来的工作进行总结,并对今后的发展共献良策。

【文艺专业人员培训】

1979 年 11 月 19 日,市群艺馆举办区(县)文化馆和宣传队舞蹈干部训练班,42 人参加培训;同年 11 月 24 日至 12 月 8 日,上海市文化馆干部歌曲创作学习班开班,50 名学员参加了培训。1981 年 9 月,市群艺馆举办为期三年半的音乐干部学习班,采用学以致用、因人施教的教学方针,集体课和个别课相结合的教学方法,聘请上海音乐学院教授和专业艺术团体的名家任教,以音乐专科学校毕业生的水平要求培训学员。1982 年 5—8 月,举办文化馆戏剧导演辅导干部业务进修班。1983 年 6 月 15 日,市群艺馆举办各区、县文化馆舞蹈专职干部进修班,为期 3 个月,学习结束后举行了汇报演出。1997 年 11 月 24 日至 12 月 8 日,市群艺馆举办区、县文化馆音乐干部和业余作曲者歌曲创作学习班,参加的学员有 51 名,旁听的有 97 名。1999 年 3—5 月,市文化局、市群艺馆举办首届大型文化活动、大型广场晚会组织策划艺术培训班。全国地、市、县级文化局领导及相关社文(群文)科长,全国部分群众文化系统的艺术馆、文化馆(站)、工人文化宫、青少年宫及部队文工团等领导、业务骨干参加了培训。2000 年 7 月 18—25 日,市文广局、上海市舞蹈家协会、市群艺馆联合举办"新千年全国舞蹈编导研修班",由全国资深舞蹈家授课。2001 年 5 月 22 日,举办群文舞蹈编导学习班,邀请一级编导魏芙对群文舞蹈创作和第十届全国"群星奖"舞蹈作品进行讲析。2002 年 12 月,市群艺馆组织全市文化馆、站 30 名创作人员,在青浦朱家角举办创作讲座,观摩"群星奖"获奖戏剧作品,并组织创作人员交流讨论,探讨群文创作的发展方向。2003 年 8 月 4—21 日,举办芭蕾舞一、二级师资及三、四级师资培训班,来自贵州、南京、湖南等地的 20 多名学员参加了培训;同年 9

月2—3日,市群艺馆与上海市舞蹈家协会共同举办全市群文舞蹈编导培训班,来自各区(县)文化馆(站)、少年宫及社区街道350名学员参加了培训。2004年,举办合唱、小戏小品曲艺等7个创作培训、辅导班,近2 000人次参加。2008年3月18—27日,市群艺馆与静安区文化馆联合举办两期群众文化舞蹈干部培训班,全市群文舞蹈干部73人参加了培训,学习了不同舞种、不同风格的当代民族民间舞蹈组合及爵士舞现代舞组合表演知识。2009年,市群艺馆与东方社区艺术指导中心共同主办"社区合唱指挥班",150余人参加了培训;同年,举办"上海市广场舞蹈骨干训练班",全市各区(县)文化馆舞蹈骨干30余人参加,为创作"海宝舞"提供技术支撑。

【社区文艺指导员培训】

2001年4月、5月,市文广局委托市群艺馆举办两期"上海市社区文化指导员师资培训班",全市106人参加培训,104人领到结业证书。培训设《社区文化概论》《文化法规》《社区文化活动的策划与实施》等课程。上海社会科学院社会研究所卢汉龙研究员,上海大学教授胡申生,上海大学文学院邓朴安教授、章钟汝教授、博士生章友德,上海市社区研究会副会长、市社联科研处处长徐中振等人为学员授课。自2007年开始,上海有系统地举办社区文化指导员培训班,组织专家组编写了《社区艺术指导》培训教材,向社会招募有志于从事社区文化指导员的人才,有计划地开展培训;经培训后,组织他们参加上海职业能力考试院组织的社会艺术教育(群众文艺指导)认证考试。2009年,举办社区文化指导员培训班6期,包括专业院团指导员培训班1期,艺术院校指导员培训班2期,区(县)指导员培训3期,每期2—4天;经培训后,参加上海职业能力考试院组织的社会艺术教育(群众文艺指导)认证考试,考试通过后,由上海市人事局颁发证书;先后共计培训了422人。

图6-5-7　上海首届社区舞蹈指导培训班结业合影
(2007年5月31日)

2007—2010年,在市委宣传部、市文广局的指导下,市群艺馆、上海东方社区文化艺术指导中心、市宣传系统人才交流中心联动各相关单位及区县,开设对专业院团、院校、文化馆站、社会专业人员招募各类社区艺术指导员的认证、培训班35期,培训指导员2 640人,对建立和培育社区文化指导员队伍,开展基础性工作起到了良好的推进作用。

2009年,市群艺馆、上海东方社区文化艺术指导中心组织策划《社区艺术指导》教材的编写工作,内容涉及上海公共文化服务体系建设、上海社区文化艺术指导的现状、特点和发展趋势、上海社区文化艺术指导相关基础知识、基本原理、工作机制等,并于次年投入使用,对社区文化指导员的专业培训起到积极作用。

2010年,市群艺馆举办网上派送工作培训班19期。其中,6月18日在徐家汇街道社区活动中心召开全市社区文化指导员网上派送信息员培训班,对改版后的上海东方社区文化艺术指导中心网站进行介绍和相关的网络培训,培训对象是各区县文化馆指导员等,使指导员网上派送工作得到更好的落实。同年7—12月,在各区县共举办18期培训班,覆盖全市112家社区文化活动中心的相关配送工作人员。

【非物质文化遗产普查工作培训】

2006年3—4月,市文广局主办上海市非物质文化普查工作培训班,旨在加强非物质文化遗产的普查工作,提高基层非物质文化遗产普查员的工作能力和水平,使各区县分中心和街镇普查干部对非遗保护工作有一个较为全面系统的认识。培训班由市群艺馆承办,共举办4期,分别是东北片(宝山、崇明、杨浦、闸北、虹口)、西南片(松江、徐汇、奉贤、闵行、金山)、西北片(嘉定、普陀、静安、长宁、青浦)、东南片(南汇、卢湾、黄浦)。培训班分别在宝山、松江、嘉定和南汇举办,239名各区县分中心和乡镇的普查干部参加了学习。经过为期3天的学习,学员能够初步掌握非物质文化遗产的基本知识,为此项工作的顺利开展奠定了基础。

【艺术档案工作培训】

2006年5月25—26日,由市文广局主办,市群艺馆承办的区县艺术档案工作培训班在市群艺馆举行,旨在进一步提高全市群文艺术档案人员的业务水平和管理水平;同年6月22日,市群艺馆主办全市群文系统信息员培训班,通过《新闻宣传》《政策法规》《新闻写作》《网站管理》等课程的学习,有效提升了业务人员运用信息宣传的综合能力。

三、上海市文化广播影视管理局人才培训中心组织的专业知识技能培训

【群众文化专业知识技能培训】

2009年,群众文化系列的初、中级职称评审,采用考试方式,核定全市参加群众文化系列职称评审初、中级专业技术人员的专业能力与资质。群众文化能力水平测试的内容分为应知考核与应会考核两大部分;应知为群众文化公共理论考核,应会为群众文化各类专业技能水平测试。各类专业设置,按照文化部群众文化系列的划分方法,分为音乐、舞蹈、美术、书法、戏剧(曲艺)、摄影、非物质文化遗产7个专业类别。市文广局培训交流中心承担每年一次初、中级群众文化专业能力水平考核的组织与实施工作。考试前,开设应知应会相关课程的辅导。经培训辅导后,组织参加初级考试139人,中级考试146人,两年的平均合格率分别是72.6%和65.1%。

【特有工种培训和鉴定】

2004年开始,市文广局人才培训与交流中心对文化广电行业特有工种实施培训,包括"音响调音""舞台灯光照明""舞台监督""展览讲解"等6个项目,并按文化部和上海特有工种职业技能鉴定要求进行技能鉴定。2004—2010年,组织音响调音班培训,分初级、中级、高级班,共计培训3100人;组织舞台灯光培训班培训,分初级、中级、高级班,共计培训1500人。还举办了打击乐、芭蕾舞、文献修复师等11个职业技能鉴定项目的培训。

【文化事业管理高级研修班】

2004年,举办群众文艺事业管理高级研修班,主要对象是公共文化馆馆长。共举办3期,每期30—40人,以提升群众文艺事业管理能力。

【上海非物质文化遗产保护工作培训班】

2005年6月23—25日,上海非物质文化遗产保护工作培训班在市文广局人才交流培训中心

举行。

四、区(县)业务培训工作

全市各区县文化主管部门与各文化馆,根据本区域实际情况,每年不定期地举办辖区内公共文化馆、街道(乡镇)文化站(活动中心)等的从业人员培训班。

崇明县文化馆,自 1985 年开始,先后与上海师范大学、上海教育学院、上海大学在崇明联合举办大专班。1985 年 9 月至 1988 年 7 月,与上海教育学院联合举办美术大专班;1988 年 9 月至 1991 年 7 月,与上海师范大学联合举办美术摄影大专班;1991 年 9 月至 1994 年 7 月,与上海大学美术学院联合举办美术大专班;1994 年 9 月至 1997 年 7 月,与上海大学文学院联合举办文化行政管理大专班。4 期大专班,有 100 多名群众文化干部与业余爱好者获得了大专毕业证书。崇明县每年还举办其他各类业务培训班,包括文艺创作、文艺表演以及书法、美术、摄影等培训班,为乡镇社区等基层单位培养业余文艺骨干。

青浦区文化馆,邀请专业老师教授,培养文化站干部及业余文艺骨干。1997—2010 年,先后举办了沪剧唱腔学习班,小戏、小品创作班,民乐技巧学习班,爵士舞培训班,民族舞培训班,区文化指导员培训班等。2004—2010 年,该馆以青浦水印版画中心创作组成员为主体,采取"请进来、走出去"的方式,每年坚持举办一次为期 3 天的集中创作培训活动,每次培训人数保持在 20 人左右。此外,还举办故事培训活动,辐射乡镇两级故事创作队伍;共有 150 多人参加学习,先后办班 50 多期;每年从口头到笔头,创编的故事将近百篇。

2008 年,浦东新区北蔡镇文化服务中心编写了《上海市国家级非物质文化遗产名录项目丛书·浦东说书》分卷、《浦东说书》教材和《十年风雨路——浦东说书保护传承工作纪实》等书籍,并在北蔡镇中心小学、北蔡中学举办浦东说书培训班。

同年,闵行区文化馆组织区、镇、村(居委)群众文化从业人员培训,举办以"闵行文化论坛""闵行艺术讲坛""闵行文艺讲座"3 种不同内容的讲座,并采取区、镇间协办、联办培训的方式,建立了有合同、有考核的培训服务新机制。闵行区文化馆还邀请尚长荣、王汝刚、马莉莉、严顺开、肖白 5 位文化名人谈艺术、谈人生、谈文化、谈甘苦、谈奉献,并通过电视台录像,作为每月"闵行文化论坛"专栏主题在闵行电视台向全区播出。闵行区文化馆还聘请市级资深教师,在"闵行艺术讲台"先后开办了艺术档案管理、群众合唱、舞蹈编导、踢踏舞、诗歌沙龙、沪剧唱腔、文化礼仪、表演、装饰画、摄影等培训班。同年,闵行区成立社区公共文化服务指导中心,由闵行区群艺馆负责业务指导,要求每镇对文化活动中心或村综合文化活动室的工作人员完成 30 期以上的培训任务,包括舞蹈、合唱、小品、沪剧表演等课程。2008—2010 年,全区完成 420 期培训。

上海群众文化事业在各级党委、政府的支持下,由市、区(县)、街道(乡镇)文化行政部门负责管理,市教委、市总工会、团市委等相关部门参与协同管理,形成了统筹协调机制,制订了各个时期的发展规划,推进了文化体制机制的改革创新,建立了较完善的规章制度。通过全市群众文化工作者孜孜不倦的努力,上海群众文化事业不断创新发展,形成了政府主导、政策引领,条块结合、共建共享,社会支持、群众参与的运行管理新格局。至 2010 年,基本建成覆盖城乡、发展均衡、保障基本、运行有效的公共文化服务体系,对上海建设国际文化大都市作出了积极的贡献。

第七篇

非物质文化遗产保护

《升腾的太阳谷》 许本燮摄

非物质文化遗产(下称非遗)是人民群众世代传承、与人民群众生活密切相关的各种传统文化表现形式及其实物和场所。上海的非遗资源丰富,种类繁多,源远流长。改革开放后,上海恢复开展各类民族、民俗、民间文化活动,其中很大一部分属于非遗范畴。政府和社会各界日益重视传统文化的保护、传承和振兴,一些濒危的传统文化表现形式也因此重现生机,为后续开展的非遗保护工作创造了良好的社会基础和条件。

　　2004年8月,中国加入联合国教科文组织制定的《保护非物质文化遗产公约》。2005年3月,国务院办公厅印发《关于加强我国非物质文化遗产保护工作的意见》,全面启动非遗保护工作。上海的非遗保护工作在各级政府和文化行政管理部门的主导和推动下,进入新的发展阶段。2005年,全市召开上海市非物质文化遗产保护工作会议、上海非物质文化遗产普查工作现场会等一系列会议,部署和开展全市的非遗保护工作。

　　2006年1月开始,上海开展历时两年、覆盖全市的非遗资源普查,调查、梳理全市的非遗种类、数量以及分布等情况,初步掌握具有保护价值的非遗资源项目40多项,为后续开展的非遗保护工作奠定了基础。同年,上海开展国家级非物质文化遗产名录的项目申报工作。随后,市、区(县)级非遗名录项目及其代表性传承人的申报工作也相继启动。同年6月2日,中国首批非物质文化遗产名录发布,上海申报的江南丝竹、昆曲、京剧、越剧、沪剧、锣鼓书、顾绣、嘉定竹刻和乌泥泾手工棉纺织技艺9个项目成功列入第一批国家非物质文化遗产名录,浦东说书、上海龙华庙会等项目被列入备选名单。2008年6月14日,国务院公布第二批国家级非物质文化遗产名录,上海申报的吴歌、上海港码头号子、琵琶艺术(浦东派、瀛洲古调派)、泗泾十锦细锣鼓、上海道教音乐、舞草龙、奉贤滚灯、淮剧、苏州评弹(苏州评话、苏州弹词)、浦东说书、独脚戏、上海剪纸、黄杨木雕、上海灯彩、上海面人赵、徐行草编、木版水印技艺、金银细工制作技艺、印泥制作技艺(上海鲁庵印泥)、钱万隆酱油酿造技艺、功德林素食制作技艺、石氏伤科疗法、罗店划龙船习俗、上海龙华庙会等24项名列其中。

　　2006年8月,上海市文化广播影视管理局(下称市文广局)制定并发布《上海市非物质文化遗产名录项目申报评审管理暂行办法》。之后,上海出台多项非遗保护规章,建立了相关的工作机制。2007年,全市开展非遗保护专业机构建设,设立上海市非遗保护中心、各区(县)非遗保护分中心,形成市、区(县)和单位三级保护网络体系,具体落实政府的各项保护措施。同年6月5日,市政府公布第一批上海市非物质文化遗产名录,共计83项。2009年,市政府公布第二批上海市非物质文化遗产代名录,共45项。同年,上海建立市非遗保护工作专家委员会,为保护工作提供专业咨询和指导。这些举措有力地促进了全市非遗保护工作在制度框架下的有序开展。

　　2007年、2008年和2009年,文化部公布第一至第三批国家级非物质文化遗产项目代表性传承人,上海有61名传承人被授予国家级非遗项目代表性传承人称号。

　　2006—2010年,上海广泛开展形式多样的非遗保护和传承、传播活动。一类是以"文化遗产日"活动为代表的具有一定社会影响的全市性非遗主题活动,包括"上海民族民俗民间文化博览会"等,活动规模和参与人群不断扩大;一类是演出、展览、民俗节庆、讲座等小型多样、群众喜闻乐见的非遗普及推广活动,营造非遗保护的社会氛围。上海的非遗活动还与2008北京奥运会、2010上海世博会等体育、文化盛会结合,推动上海非遗走向全国、走向世界。

在非遗学术研究方面,政府部门、专业机构及社会各界组织开展上海非物质文化遗产保护论坛等专题调研、理论研讨和学术研究活动,对提升非遗保护工作水平提供理论支撑。2010年3月,上海启动了国家级非遗代表性项目系列专题片的摄制和丛书出版工作,宣传、普及全市国家级非遗名录项目,为深入开展非遗保护理论研究提供基础依据。

至2010年,上海已经形成非遗三级名录体系,共有国家级非遗名录项目33项、市级非遗名录项目128项、区(县)级非遗名录项目263项,市级非遗项目代表性传承人211名(包括国家级非遗项目代表性传承人61名)。全市珍贵、濒危并具有历史、文化、艺术和科学价值的非遗项目得到有效保护,并推动传承和发扬,上海的非遗保护工作取得显著成效。

第一章 机构与管理

第一节 机 构

2005 年开始,上海着力加强全市非遗保护工作的机制建设,在相关行政管理部门设置职能处室,建立协调机制,成立专业机构。

一、上海市文化广播影视管理局公共文化处(非物质文化遗产处)

2009 年 6 月,市文广局社会文化处更名为公共文化处(非物质文化遗产处)。非物质文化遗产处是上海非遗保护工作行政管理部门的内设机构,与公共文化处合署办公,职能包括:拟订上海市非遗保护规划,起草地方性保护法规、规章草案;组织、指导全市非遗的认定、记录、建档、传承、传播等工作。

二、上海市非物质文化遗产保护工作局际联席会议

2005 年,上海成立市非物质文化遗产保护工作联席会议(下称"局际联席会议"),成员单位包括上海市发展和改革委员会、上海市教育委员会、上海市文化广播影视管理局、上海市经济和信息化委员会、上海市财政局、上海市科学技术委员会、上海市民族和宗教事务委员会、上海市城乡建设和交通委员会、上海市农业委员会、上海市卫生局、上海市新闻出版局、上海市体育局、上海市旅游事业管理委员会、上海市文物管理委员会、上海市文学艺术界联合会。"局际联席会议"是参照文化部"非物质文化遗产保护工作部际联席会议"的模式,结合上海实际情况设立的协调机构,职责是决策全市非遗保护工作中的重大事项。市文广局为"局际联席会议"的牵头单位,设立办公室,负责日常工作。"局际联席会议"定期召开工作例会,传达贯彻党中央、国务院,市委、市政府关于非遗保护工作的指示和要求;研究、协调非遗保护工作中的重大问题,提出政策措施和建议;审议"局际联席会议"办公室提交的上海市非物质文化遗产名录项目建议名单,上报市政府;推荐、审核上海申报国家级非物质文化遗产名录项目名单,并上报文化部。

三、上海市非物质文化遗产保护中心

上海市非物质文化遗产保护中心(下称市非遗保护中心)作为全市非遗保护工作的专业机构,2007 年 1 月由市编制办发文正式成立,工作机构设在上海市群众艺术馆(下称市群艺馆)。

市非遗保护中心受政府委托,承担非遗保护相关具体工作,包括:推动全市范围普查工作的开展;组织各级非遗名录项目、代表性传承人等的专家评审;指导保护计划的实施;进行非遗保护的理论研究;举办学术、展览(演)及公益活动;交流、推介、宣传保护工作的成果和经验;组织实施研究成

果的发表和人才培训等工作。2009年6月13日,由市非遗保护中心主办的上海市非物质文化遗产网(www.ichshanghai.cn)开通。市非遗保护中心成立以后,坚持专业意识和职能意识并重的工作思路,具体推动全市非遗保护工作开展,在非遗保护传承工作领域发挥了积极作用。

至2010年,市非遗保护中心历任主任为孟平安、萧烨璎。

四、上海市非物质文化遗产保护分中心

上海市非遗保护中心区(县)分中心(下称区〈县〉分中心)是区(县)非遗保护工作的专业部门。区(县)分中心大多设立于区(县)文化馆,部分设立于区民俗文化中心或区文物史料馆等。2007年,上海19个区(县)全部成立非遗保护分中心。

区(县)分中心在业务上受市非遗保护中心指导,承担区域范围内非遗保护的相关具体工作,包括非遗资源的调查、挖掘、整理、保护和建档;具体负责全区(县)国家级、市级非物质文化遗产名录项目和代表性传承人的申报工作,具体承担区(县)级非遗名录项目、代表性传承人的评审工作;开展非遗保护的社会宣传活动,推进非遗在社区、校园的传承传播工作。各区(县)分中心充分发挥贴近基层、贴近市民的特点,结合"文化遗产日"、传统节庆、重要节日开展有区域特色的活动等。各区(县)分中心在推动非遗保护的社会认知、市民参与、项目传承传播等方面发挥了重要作用,并为全市的非遗资源普查、理论研究、丛书编辑、项目专题片摄制等工作提供了大量基础性资料。

表 7-1-1　2010 年上海市非物质文化遗产保护中心区(县)分中心一览表

名　称	地　址	主　任
浦东新区分中心	崂山东路 687 号	闵雪生、王玺昌
黄浦区分中心	浙江中路 379 号	陆寅莺
静安区分中心	乌鲁木齐北路 459 号	张行、蒋善勇
长宁区分中心	天山西路 201 号	徐剑清
卢湾区分中心	重庆南路 308 号	张忠
闸北区分中心	中兴路 1111 号	周国成
杨浦区分中心	中原路 188 号	裘金凤
徐汇区分中心	平福路 451 弄 10 号	黄树林
虹口区分中心	巴林路 68 号	葛建平、李瑞、刘莹
宝山区分中心	牡丹江路 1760 号	胡建
嘉定区分中心	嘉定镇梅园路 210 号	费翔宝、张霖
普陀区分中心	兰溪路 138 号	范文翔
松江区分中心	谷阳南路 24 号	周浩、薛亚锋、胡春、王春雷
闵行区分中心	莘庄镇七莘路 182 号	张乃清、叶晓山
金山区分中心	石化城象州路 238 号	黄美娟
青浦区分中心	青浦镇公园路 78 号	盛玲芳、焦红心、金瑾
南汇区分中心	惠南镇靖海路 509 号	张治国、顾永刚

（续表）

名　　称	地　　址	主　　任
奉贤区分中心	南桥镇解放东路 90 号	钱国弟、瞿建国
崇明县分中心	城桥镇八一路 335 号	黄晓

第二节　管　　理

一、办法与纲要

以规范上海市非遗名录项目、代表性传承人申报评定工作,保护、弘扬上海优秀民族、民俗、民间文化为目标,市文广局制定了一系列工作规章,包括管理办法和规划纲要等。

【上海市非物质文化遗产名录项目申报评审管理暂行办法】

2006 年,市文广局制定、发布《上海市非物质文化遗产名录项目申报评审管理暂行办法》(下称《管理暂行办法》)。《管理暂行办法》共 19 条,明确了非物质文化遗产是指人民群众世代传承、与人民群众生活密切相关的各种传统文化表现形式和文化空间;规定非遗名录项目申报、评审、认定、管理等具体办法。《管理暂行办法》自 2006 年 10 月 1 日起施行。

【上海市非物质文化遗产项目代表性传承人认定与管理暂行办法】

2009 年,市文广局制定、发布了《上海市非物质文化遗产项目代表性传承人认定与管理暂行办法》(下称《认定与管理暂行办法》)。《认定与管理暂行办法》共 21 条,明确上海市非物质文化遗产项目代表性传承人是指经市文广局认定,承担上海市非物质文化遗产项目传承和保护责任,具有公认的代表性、权威性与影响力的传承人;规定代表性传承人申报、评审、认定、管理的具体办法。《认定与管理暂行办法》于 2009 年 5 月 1 日起施行。

【上海市"民族、民俗、民间"文化保护与弘扬工程实施纲要】

2006 年 6 月,市文广局制订《上海市"民族、民俗、民间"文化保护与弘扬工程实施纲要》(下称《纲要》)。《纲要》指出:"民族、民俗、民间"文化是上海文化的根基,也是城市社会和经济可持续发展的资源,扶持对重要文化遗产和优秀民间艺术的保护工作,是构成国家文化安全的屏障、建设社会主义先进文化的必然要求。《纲要》明确了保护工作的指导思想、基本方针、主要任务和保障措施。

二、保护工作会议

上海召开了一系列由各级文化管理部门、非遗保护机构、非遗保护单位及有关方面参加的工作会议,包括现场会、座谈会等,有效推进非遗保护工作。

【民族民间文化保护工作会议】

2005年4月22—25日,上海市民族民间文化保护工程领导小组办公室召开文化系统民族民间文化保护工作会议,传达领导小组全体会议精神,各相关单位汇报保护工作情况。

【上海市非物质文化遗产保护工作会议】

2005年7月26日,上海市非物质文化遗产保护工作会议在广电大厦召开,市文广局、市民族民间文化保护工程领导小组成员及相关单位负责人参加会议,副市长杨晓渡出席会议并讲话。会议确定建立上海市非物质文化遗产保护工作局际联席会议制度,加强政府对非遗保护工作的指导力度。会议明确,在全市范围内进一步开展非遗资源的普查工作,形成普查报告、保护项目清单,建立上海非遗分布地图,浦东新区被确定为非遗普查工作的试点区。会议要求做好第一批国家级非遗代表作(后改称名录)的项目推荐和申报工作,尤其要将具有重大历史价值的黄道婆及其纺织技术、沪剧等作为重点项目加以挖掘、整理并进行推荐申报。

【上海市非物质文化遗产普查工作现场会】

2005年12月21日,市文广局在浦东新区三林镇召开上海非物质文化遗产普查工作现场会,部署开展全市非遗资源的全面普查工作。市文广局领导出席会议并讲话,浦东新区作交流发言。全市非遗保护工作局际联席会议成员单位、各区(县)文化行政部门及有关单位200多人参加会议。会议下发了市文广局《关于在全市开展非物质文化遗产普查工作的通知》,要求自2006年1月至2008年9月,在全市范围内进一步开展非遗资源普查工作,运用文字、录音、录像、数字化等多种形式,全面了解、记录和掌握上海区域内非遗的种类数量、分布状况、生存环境、保护现状以及存在的问题,通过真实、系统、全面和科学的记录,建立完整的档案和数据库。

【上海非物质文化遗产保护工作座谈会】

2006年6月8日,上海非物质文化遗产保护工作座谈会在上海博物馆召开,副市长杨晓渡出席会议并讲话。市文广局党委书记陈燮君、局长穆端正参加座谈会并发言。

【上海市非物质文化遗产普查工作总结阶段现场会】

2007年12月6—8日,上海市非遗普查工作总结阶段现场会在浦东新区北蔡镇召开,全市各区县文化管理部门、非遗保护机构和部分市属非遗项目保护单位的代表参加会议。会上,市文广局进行了工作动员,市非遗保护中心布置了相关工作。

第二章　上海市非物质文化遗产名录和项目代表性传承人

第一节　国家级非物质文化遗产名录和项目代表性传承人

国家级非物质文化遗产名录是经中华人民共和国国务院批准并公布的非物质文化遗产名录（下称国家级名录）。国家级名录分为民间文学，传统音乐（民间音乐），传统舞蹈（民间舞蹈），传统戏剧，曲艺，传统体育、游艺与杂技（杂技与竞技），传统美术（民间美术），传统技艺（传统手工技艺），传统医药，民俗10个类别。每个代表性项目都有一个专属的项目编号，编号中的罗马数字代表所属门类。从第二批国家级名录开始，设立扩展项目名录，对传承于不同区域或不同社区、群体持有的同一项非物质文化遗产项目进行确认和保护。扩展项目与此前已列入国家级非物质文化遗产名录的同名项目共用一个项目编号，但项目特征、传承状况存在差异，保护单位也不同。

国务院于2006年、2008年分别公布两批国家级名录。至2010年，上海有33个项目列入国家级名录，其中第一批9项，第二批24项。共涉及9个类别，分别为民间文学1项、传统音乐（民间音乐）类5项、传统舞蹈（民间舞蹈）类2项、传统戏剧类5项、曲艺类4项、传统美术（民间美术）类7项、传统技艺（传统手工技艺）类6项、传统医药类1项、民俗类2项。

2007年，文化部印发了《文化部办公厅关于推荐国家级非物质文化遗产项目代表性传承人的通知》，启动首批国家级非物质文化遗产项目代表性传承人推荐认定工作。同年6月9日，文化部公布第一批国家级非物质文化遗产项目代表性传承人226名，上海的"顾绣"传承人戴明教和"乌泥泾手工棉纺织技艺"传承人康新琴分别被授予国家级非遗项目代表性传承人称号。2008年2月20日，文化部公布第二批国家级非物质文化遗产项目代表性传承人551名，上海27名非遗代表性传承人上榜。2008年5月，文化部公布《国家级非物质文化遗产项目代表性传承人认定与管理办法》，明确"国家级非物质文化遗产项目代表性传承人"是承担国家级非物质文化遗产名录项目传承保护责任，具有公认的代表性、权威性与影响力的传承人，由国务院文化行政部门认定、公布。2009年5月26日，文化部公布第三批国家级非物质文化遗产代表性项目传承人711名，上海有32名非遗代表性传承人入选。

一、上海第一批国家级非物质文化遗产名录项目

【江南丝竹】

江南丝竹是流行于江、浙、沪一带的传统器乐合奏形式，以丝弦乐器和竹管乐器为基本编制，演奏风格优雅，曲调婉丽。在上海，江南丝竹初兴于19世纪末、20世纪初，当时多称其为"丝竹""国乐""清音""仙鹤"等。江南丝竹的娱乐性很强，人们常聚集在私宅茶楼合奏丝竹以"涵养性情、荡涤邪秽"，也在婚丧喜庆、节日庙会时演奏助兴。百余年来，上海的丝竹活动从未间断，20世纪40年代

进入全盛时期,覆盖整个上海城乡,其产生和存续对沪上民族音乐、戏曲艺术、民俗生活和群众文艺等多个方面的发展均有重要意义。

江南丝竹的乐队组合灵活多变,根据不同乐曲的表达需要和客观条件,可多至一二十人,也可少至二三件乐器。主要乐器为笛、笙、箫、二胡、琵琶、三弦、扬琴、鼓板等。演奏时,常即兴通过"加、减、抢、让、变"的处理,突出主要乐器,体现个人和乐社的演奏风格。

【昆曲】

昆曲,又称昆剧、昆腔、昆山腔,是中国最古老的剧种。昆曲发源于 14 世纪苏州昆山,后经魏良辅等人的改良而走向全国,自明代中叶起,独领中国剧坛近 300 年。昆曲糅合了唱念做打、舞蹈及武术等,以曲词典雅、行腔婉转、表演细腻著称,被誉为"百戏之祖"。

昆曲以曲笛、三弦等为主要伴奏乐器,音乐属于联曲体结构,简称"曲牌体",所使用的曲牌,大约有 1 000 种以上。昆曲演唱讲究"以字行腔",同时有一定的腔格,演唱时不同于其他戏曲可以根据演员个人条件随意发挥,而是有严格的定调、定腔、定板和定谱;技巧上注重声音的控制,节奏速度的顿挫疾徐和咬字吐音的讲究,以达到行腔优美,缠绵婉转,柔曼悠远的效果。昆曲的角色分工随着表演艺术的发展,也越来越细致,在生、旦、净、末、丑五大行当之下,又细分二十小行,称作"二十个家门"。

昆曲唱腔华丽婉转、念白儒雅、表演细腻、舞蹈飘逸,许多地方剧种都受到过昆曲艺术的哺育和滋养。

【京剧】

京剧,又称平剧、京戏、国剧,是中国影响最大的戏曲剧种,分布地以北京为中心,遍及全国。1867 年,京剧正式传播到上海,并迅速盛行,成为晚清上海城市流行艺术。受到都市文明影响,徽、昆、梆子各剧的某些技艺特长被移植转化到京剧中,使上海京剧表演艺术融合了各剧之长,丰富并提高了表现力,形成了海派特色。

京剧音乐属于板腔体,用锣鼓、京胡、京二胡、月琴等伴奏。主要唱腔有二黄、西皮两个系统和声腔为主的"三庆",所以京剧也称"皮黄"。京剧常用唱腔还有南梆子、四平调、高拨子和昆腔、吹腔。京剧的传统剧目约 1 000 个,常演的有三四百个,其中除来自徽戏、汉戏、昆曲与秦腔外,也有相当数量是京剧艺人和民间作家陆续编写的。京剧较擅长表现历史题材的政治、军事斗争,故事大多取自历史演义和小说话本,既有整本的大戏,也有大量的折子戏,此外还有一些连台本戏。

20 世纪 20 年代,上海出现了周信芳、盖叫天,以及南方四大名旦、江南名净、江南名丑等一批海派京剧代表人物,他们继承了前辈的优良传统,在刻画人物、表现剧情、丰富程式、贴近生活方面进一步突破和提高,使海派京剧的表演艺术发展到一个新阶段。

【越剧】

越剧为中国五大戏曲剧种之一,起源于浙江嵊州。在发展过程中,汲取了昆曲、话剧、绍剧等剧种的养分,并经历了由男子越剧到以女子越剧为主的历史性演变。越剧从起初的"落地唱书"和"小歌班""的笃班"到"剡剧""嵊剧",演出范围从农村到了城市,从绍兴进入上海,并在上海发展成为具有全国影响的戏曲剧种。

越剧长于抒情,以唱为主,声音优美动听,表演真切委婉,唯美典雅,极具江南灵秀之气。越剧多以才子佳人为题材,艺术流派纷呈,主要流派有袁(雪芬)派、范(瑞娟)派、尹(桂芳)派、傅(全香)派、徐(玉兰)派、戚(雅仙)派、毕(春芳)派、王(文娟)派、张(桂凤)派、陆(锦花)派等。代表剧目包括《红楼梦》《情探》《打金枝》《碧玉簪》《九斤姑娘》《盘妻索妻》等。

越剧20世纪初叶进入上海的游乐场时,只是些"草台班""路头戏"。为了能在各路名家纷至沓来的上海舞台占有一席之地,1942年,以袁雪芬为代表的艺人们就开始了越剧的改革。艺术上,从话剧以及其他新型艺术中寻求借鉴;管理上,建立以"剧务部"为初级形式的编导制度,从而扩大、深化了同编、导、音、美等各种新的专业文艺工作者的结合,辅之以从昆曲中演化而来的形体设计和美化身段语汇的外部技巧,开创了越剧崭新的表演风格和独特的艺术个性。

【沪剧】

沪剧兴起于晚清时期的上海,因上海简称"沪"而得名,属于吴语地区滩簧系统,主要流布于上海、苏南及浙江杭、嘉、湖地区。

沪剧初名花鼓戏,源于吴淞江及黄浦江一带农村的田头山歌,最初的演出形式相当简单,由两人分别操胡琴、击响鼓,自奏自唱。由于其以说新闻、唱新闻的形式,描绘清末市郊乡镇的世俗风情,因而受到大众的欢迎。后来沪剧又发展成由三个以上演员装扮人物,另设专人操乐器伴奏的"同场戏",称作本地滩簧,简名"本滩"。辛亥革命前后,本滩进入游艺场,1914年,邵文滨、施兰亭、丁少兰等发起组织"振新集",从事本滩改良,并将其改名为"申曲"。抗日战争胜利后正式定名为沪剧。1953年,第一个国家沪剧演出团体——上海人民沪剧团(上海沪剧院前身)成立,从此沪剧有了系统的发展。

沪剧音乐柔和、优美,它既擅于叙事,也长于抒情,为了适应剧情和人物感情的需要,在演唱时巧妙地运用速度的放慢或加快,变化其节奏、节拍、调式与伴奏过门等,从而形成了一整套板式。沪剧曲调主要分为板腔体和曲牌体两大类,主要曲调有长腔长板、三角板、赋子板等,富有江南乡土气息。沪剧擅长表现现代生活,《罗汉钱》《芦荡火种》《一个明星的遭遇》等优秀剧目深受观众喜爱,经典唱段传唱不息。

【锣鼓书】

锣鼓书,旧称"太保书",是说唱民间传说、历史故事的民间唱说。锣鼓书融豫、浙、苏的民间音乐为一体,旋律高起低落,基本演出形式是演员自击锣鼓、唱表说书,节奏重音与语言逻辑紧密结合,是保存在大都市中为数不多的民间乡土艺术形式。

相传锣鼓书起源于汉末晋初,流行于明清时期。清末民初时,锣鼓书已广泛流行于上海市郊"东乡""西乡",并传播到浙江嘉兴、平湖一带。当时一部分锣鼓书艺人走向茶馆、书场,专门说书,人们也以听书为时尚,1949年前上海市郊以及毗邻地区的书场有近千座。目前可知的锣鼓书艺术近代传人为清代嘉庆年间的南汇人顾秀春,发展至今已传承十代。

在流传过程中,因地域不同,锣鼓书音乐有川沙、南汇一带的"东乡"和松江、金山一带的"西乡"之分,曲调有"金平调""东方调"和"西方调"三种流派。演出时,桌上架一书鼓,演唱者立于桌旁,右手执鼓箭击鼓,左手大拇指上套一镗锣,其余四指夹锣槌敲锣,以为拍节,后来又增加了琵琶、扬琴伴奏。长期以来,锣鼓书形成了"说、表、唱、做、自击鼓;手、眼、身、法、步加舞"的十字艺诀,表演方面则有帽子功、扇子功等。锣鼓书的剧本称"脚本",传承方式主要为口传心授,传统曲目有《玉蜻蜓》《珍珠塔》等大本书,也有不少开篇,包括《十二月野花名》等。

【顾绣】

顾绣,又称露香园顾绣,汉族传统刺绣工艺之一,以技法精湛、形式典雅、艺术性极高而著称于世。

顾绣始创于明代嘉靖三十八年松江府进士顾名世家族女眷,是江南地区唯一以家族冠名的绣艺流派。顾绣继承了宋绣的传统针法并与国画笔法相结合,有别于以实用性为主的苏、粤、湘、蜀四大名绣,而专绣书画作品,以名画为蓝本,以针代笔,以线代墨,勾画晕染,浑然一体,历经400年的跌宕起伏,先后出现了缪氏、韩希孟等名手。

顾绣使用的丝线比头发还细,配色精妙,绣制时不但要求形似,更重视表现绘画原作的神韵,且技法多变,仅针法就有施、楼、抢、摘、铺、齐、套针等数十种,一幅绣品往往要耗时数月才能完成。顾绣作品中的山水、人物、花鸟,气韵生动,工细无匹,因而被誉为"画绣"。明末,顾氏家道中落,顾绣悄然走出士大夫家庭,在上海周边地区流传开来,民间妇女争相传习、仿制,商人开设绣庄,收购绣品,影响遍及苏、宁、杭、湘、蜀,后来的四大名绣皆从中获益。

【竹刻(嘉定竹刻)】

嘉定竹刻起于明代,至今已有400多年的历史,创始者为明代正德、嘉靖年间的朱鹤。朱鹤把书画艺术融入竹刻,开创了以透雕、深雕为特征的深刻技法,将竹刻从实用工艺的范畴内脱胎出来,成为一门独立的雕刻艺术。

朱鹤之子朱缨,书画全能,刻竹师承家法,有出蓝之誉,所刻古仙佛像,可与吴道子的画媲美。朱鹤之孙朱稚征(号三松),善画远山淡石,丛竹枯木,尤长画驴,刻竹更胜于父祖一筹。嘉定竹刻传至三松一代,"器物愈备,技法愈精,声名愈盛,而学之者愈众"。清代康熙雍正年间,嘉定竹刻更是名家辈出,迎来了全盛时期,作品作为贡品进入宫廷,名噪一时。

嘉定竹刻历代艺人以刀代笔,将书、画、诗、文、印多种艺术融为一体,使作品获得了书卷之气和金石品味,风雅绝俗,受到世人的追捧,成为历代文人士大夫的雅玩。嘉定竹刻的形制多适合文人口味,有以竹筒和竹片制成的笔筒、香筒(薰)、臂搁、插屏、抱对等,也有以竹根刻成的人物、山水、草木、走兽等。竹刻技法包括浅刻、深刻、薄地阳文、浅浮雕、深浮雕、透雕、圆刻等10余种,具有明显的地域风格和鲜明的原创性,审美价值远远超实用价值。

【乌泥泾手工棉纺织技艺】

乌泥泾手工棉纺织技艺形成于宋末元初,由当时松江府乌泥泾人黄道婆在崖洲(今海南岛地区)棉纺织技术的基础上,结合当地生产实践发展而成。

黄道婆改革了在崖州学到的纺织技术,制成一套"擀(搅车,即轧棉机)、弹(弹棉弓、椎弓)、纺(纺车、三锭脚踏纺车)、织(织机)之具",提高了纺纱效率。在织造方面,她用错纱、配色、综线、挈花工艺技术,织制出有名的乌泥泾被。经由黄道婆改进后的乌泥泾手工棉纺技艺形成了由碾籽、弹花、纺纱到织布等当时最先进的手工棉纺织技术工序,乌泥泾手工棉织物也获得了"衣被天下"的美誉。

松江府乌泥泾的印染技艺也很著名,扣布、稀布、标布、丁娘子布、高丽布、斜纹布、斗布、紫花布、刮成布、踏光布等,与印染的云青布、毛宝蓝、灰色布、彩印花布、蓝印花布(药斑布)等同享盛誉。

乌泥泾手工棉纺织技艺改变了国人上千年来以丝、麻为主要衣料的传统,也促进了上海以及江南地区集镇的形成和繁荣。

二、上海第二批国家级非物质文化遗产名录项目

【吴歌】

吴地民歌、民谣总称"吴歌",是具有浓厚民族和地域特色的民间文学艺术,距今已有3 200多年历史。吴歌以民间口头演唱方式表演,在没有任何乐器伴奏的情况下吟唱,口语化的演唱是其艺术表现的基本方式。上海田山歌亦为吴歌的一种,主要集中在青浦地区的练塘、赵巷、金泽、商榻等地。

上海田山歌是农民在耘稻、耥稻时所歌唱,形式为一人领唱、众人轮流接唱,又称"吆卖山歌""落秧歌""大头山歌"。上海田山歌音调高亢嘹亮,旋律起伏自由,拥有大量拖腔和多声部形态;歌词内容主要来自当地民众的现实生活,多表现民众的劳动、生活、思想、爱情等,是反映上海及周边稻作地区社会生活、风情民俗的重要资料。

【码头号子(上海港码头号子)】

号子也称劳动号子、哨子,是一种伴随着劳动而歌唱的民间歌曲,流传于中国各地。传统的劳动号子按不同工种可分为搬运、工程、农事、船渔和作坊五类,上海港码头号子是传唱于黄浦江畔的码头工人搬运号子。

1870年以后,伴随上海"远东航运中心"地位的确立和工业城市的发展,上海码头的货物吞吐量急速扩张。在繁重的体力劳动中,码头工人创造了独特的上海港码头号子。

上海港码头号子因所装卸货物、搬运路线及搬运方法的不同而分为四大类九个种类,主要包括搭肩号子、肩运号子、堆装号子、杠棒号子、单抬号子、挑担号子、起重号子、摇车号子、拖车号子等,其节拍变化多样,每一类每一种号子都各具特点。号子演唱者都是男性,音域宽广嘹亮,尽显阳刚之美。由于各地方言语音不同,所唱号子也带有各地特色和各派风格,其中以苏北号子和湖北号子最具代表性,也最为普及。

码头号子的歌唱方式主要是"领、合"式,即一人领、众人合,或者众人领、众人合。在节奏较缓的劳动中,"领"句较长,"合"句稍短;而在较紧张繁重的劳动中,"领"句、"合"句都十分短促。

码头号子是一种艺术化的劳动指挥号令,指挥大家统一步伐、统一发力、协调动作。其节奏与劳动节奏完全契合,在所有民歌中与生产劳动实践关系最为紧密。

【琵琶艺术(瀛洲古调派、浦东派)】

"瀛洲古调派琵琶"也称"崇明派琵琶",是"瀛洲古调"琵琶曲和演奏技法风格的总称。瀛洲古调派琵琶的创始人是清代康熙年间寓居崇明的贾公达,演奏取北派琵琶刚劲雄伟、气势磅礴之长,收南派琵琶优美柔和、华丽袅娜之精,浑然一体,形成隽永淳朴、清新绮丽的特色,为我国著名的琵琶流派。早期的瀛洲古调琵琶曲谱为工尺谱,通过手抄传承。1916年,沈肇州首次编纂出版了《瀛洲古调》,收入乐曲45首,是瀛洲古调代表性的精华曲目。

瀛洲古调派琵琶指法要求"捻法疏而劲,轮法密而清",主张"慢而不断,快而不乱,雅正之乐,音不过高,节不可促"。尤其是轮指以"下出轮"见长,故而音色细腻柔和,善于表现文静、幽雅的情感,具有闲适、纤巧的情趣。曲目多为文板小曲,其中著名的有《飞花点翠》《昭君怨》等慢板、文板乐曲;而《鱼儿戏水》等小曲都描写了某个场景或事物,与崇明的民风、民俗、民情息息相关。

浦东派琵琶属于南派琵琶,始祖为清乾隆年间的南汇人鞠士林,人称"鞠琵琶",其徒弟王东田被誉为"江南第一手",第三代传人陈子敬被召晋京为醇亲王教授琵琶,受封"天下第一琵琶"。陈子敬的代表传人沈浩初汇集先人琵琶之精髓,博采众长,编著《养正轩琵琶谱》。

浦东派琵琶的主要艺术特征为武曲气势雄伟,文曲沉静细腻,往往运用大琵琶,讲究开弓饱满、力度强烈,保存和发展了一些富有海派特色的演奏方法。其代表性曲目《夕阳箫鼓》《普庵咒》《将军令》等,已成为民族音乐之经典。

【锣鼓艺术（泗泾十锦细锣鼓）】

十锦细锣鼓是上海松江泗泾地区的吹打艺人们在吸收了昆腔艺术特色的基础上,在长期的演奏过程中不断打磨而形成的独具特色的民间音乐,距今已有300年的历史,是上海地区为数不多保存比较完整的古代民间音乐。

十锦细锣鼓可溯源至流传于松江地区的民间戏曲,系以集锦的方式将不同的戏曲剧目中人物演唱片段、伴奏（过门）音乐、民歌小调有选择地融合在一起,形成具有一定意蕴的曲式和旋律,以一定的音乐形式进行演奏。十锦细锣鼓在吹打艺人"锣鼓经"的基础上,吸收了南昆中软、糯的艺术特色,又融打击乐与丝竹乐为一体,节拍鲜明,抒情欢快。

十锦细锣鼓的艺术特色主要体现于锣鼓。演奏时,一个人要兼带几件乐器,敲以短锣鼓点板后,就能拿起丝竹来演奏,二者交替进行,演员一专多能。在乐器运用上,同一面锣鼓,由于敲法、轻重不同,点板着落处不同,从而敲出不同的音色、音质。锣梗、鼓梗的敲头,通常用木质较重的材料,发出的声响短促而沉闷,符合十锦细锣鼓节奏感鲜明的特点。与众不同的是,锣梗的敲头可以勒上脱下,演奏时用槌梗头敲奏,音质效果别具一格。

【道教音乐（上海道教音乐）】

上海道教音乐源自苏州及江西龙虎山的道教科仪和音乐,至今已有800多年历史,是多乐种成分相互融会、具有江南独特音乐风格和丰富道教色彩的仪式音乐。上海道教音乐经过30代道士的传承发展,融入了本地的音乐传统,声、器并重,在行腔和旋律装饰上表现出了浓重的上海特色。

上海道教音乐按照地域分布,可以分为东乡、西乡和市区三大派。东乡道乐以浦东川沙、南汇为典型,音乐特色为"热闹",演奏上注重粗锣鼓的打击,有时还用京胡作为主要的旋律乐器,具有欢快、明朗的韵律和生活气息;西乡派道乐以嘉定、宝山为典型,以粗乐为主,打击乐套路与十番锣鼓相近,曲牌音乐多用昆曲和京剧,科仪结束后还加唱戏曲、奏乐以娱心;市区道乐主要是以本帮道士为主,注重音乐的文静、细腻,讲究演唱风格、曲调运用、乐器配置的整体和谐。

道教唱曲中"赞""颂""偈""步虚"四种格式,是传统的道教唱腔,节奏缓慢,风格清新。"香偈"唱腔婉转抒情,乐曲为一板三眼的慢板结构,旋律的发展具有大幅度高低变化,音域极宽,行腔流畅婉转。法事场面上的"上表""朝奏"还运用了很多道教曲牌,这些曲调大多以五声宫调、羽调式为主,乐曲典雅飘逸,表达了人们盼望风调雨顺、求福祈愿的心情。

吹打音乐是道教音乐重要的组成部分,乐曲来源于三个方面:一是吸收地方民间小调;二是引进戏曲曲牌;三是根据道教唱腔联奏。曲调均明快爽朗,热烈奔放。

【龙舞（舞草龙）】

龙舞也称"舞龙",是中国分布最广、影响最为深远的一种民间舞蹈。"舞草龙"是松江叶榭镇草龙求雨仪式的组成部分,相传源自唐代的一场旱灾。传说"八仙"中的韩湘子是叶榭堰泾村人,为解家乡旱灾,召来东海"青龙",普降大雨,使得叶榭盐铁塘两岸久旱逢甘霖。当地百姓为报韩湘子"吹箫召龙"的恩德,便将盐铁塘更名为"龙泉港"(唐贞元元年〔790年〕),沿用至今。此后,乡民每年用金黄色的稻草扎成4丈4节、牛头、虎口、鹿角、蛇身、鹰爪、凤尾的草龙,祈求风调雨顺,成为叶榭民间的一种习俗,并影响到周边地区,在传承过程中,形成了草龙舞、滚灯舞、水族舞等民俗舞蹈。

舞草龙是村落群体性的祭祀活动,每年农历五月十三、九月十三在当地关帝庙会时举行。仪式中供奉"神箫(象征韩湘子)"和"青龙王"牌位,供品产自本地,包括陈稻谷、麦、豆、浜瓜、鲤鱼等,表达当地农民朴实、强烈的感恩之情。活动分为"祷告""行云""求雨""取水""降雨""滚龙""返宫"等7个程式,庄严、隆重。表演中,舞龙者充分运用手(甩、摆、翻)、眼(望、顾、盼)、身(转、仰、扭)、步(踩、蹲、蹉)四法,全队配合,箫龙合一。在"降雨"仪式中,两名村姑将盆中之水不断泼向观众,象征"泼龙水",被水泼到为吉祥,观者纷纷争着让村姑泼水,将草龙舞推向高潮。

这种接近古代原生态的祭龙求雨仪式,具有整合村落、凝聚人心的文化功能,已传承了近千年,并孕育出富有特色的民间音乐、舞蹈。

【滚灯(奉贤滚灯)】

滚灯为汉族民间节日中群众自娱自乐,集舞蹈、杂技、体育为一体的运动,至今已有七百余年的历史。奉贤的传统滚灯有三种功能和表演形态:一是由于水患频繁,产生了戴二郎神(司水利之神)面具,舞滚灯以求降伏水魔的祭祀仪式;二是自明代起奉贤就是抗倭重镇,滚灯成为地方驻军强体尚武的训练形式,他们在滚灯的内球中挂上铁锤或石块,以提高训练难度;三是每逢灯会、节庆或者庆丰收、贺高升之日,以舞滚灯为荣耀。

奉贤滚灯有大、中、小三种规格,均用十二根毛竹片条制扎而成,由外球、内球两部分组成,用红布包裹内球称为"文灯",用黑布包裹内球称为"武灯"。内球用麻绳或铅丝固定在外球中心位置,两端用铁质转销连接,转动自如,有的内球中间还装有蜡烛,在表演时点燃。

图7-2-1　奉贤滚灯表演(2006年)

舞滚灯者多为男子,以单人和双人表演为主,为了使表演更具观赏性,后发展演变为多人群体舞灯,亦有女子参加。滚灯表演在演变发展中糅进了许多现代体育和舞蹈元素,有"白鹤生蛋""蜘蛛放丝""缠腰缠足半脱靴""金猴嬉球""日落西山""鲤鱼卷水草""鹧鸪冲天"等高难度技巧,集中了跳、滚、爬、窜、转、旋、腾、跃、甩等多种刚柔相济的体育、舞蹈动作。

【淮剧】

淮剧,又名江淮戏,流行于江苏、上海和安徽部分地区。淮剧的前身是清代中叶流行的一种由农民号子和田歌"雷雷腔""栽秧调"发展而成的说唱形式"门叹词",当时为一人单唱或二人对唱,仅以竹板击节伴奏。之后,它与苏北民间酬神的香火戏结合,形成了江北小戏,同时受到徽剧和京剧的影响,在唱腔、表演和剧目等方面逐渐丰富,最终形成了淮剧。

清光绪三十二年(1906 年),淮剧自江苏进入上海。早期观众主要是聚居于黄浦江、苏州河沿岸码头及市区边沿地带、郊野市镇的贫苦民众。凭借顽强的艺术生命力,淮剧最终在十里洋场争得一席之地,此后虽历经变迁却依然受到人们的喜爱。

淮剧有八大流派,分别是"筱派旦腔""何派生腔""李派旦腔""马派自由调""徐派老旦""周派生腔""杨派生腔""李派生腔",分别由淮剧名家筱文艳、何叫天、李玉花、马麟童、徐桂芳、周筱芳、杨占魁、李少林在长期的艺术实践中形成和发展而来。传统经典剧目有《赵五娘》《莲花庵》《孔雀东南飞》《孟丽君》《打金枝》《牙痕记》《血手印》等。

【苏州评弹(苏州评话、苏州弹词)】

评弹是"评话"和"弹词"的合称,清代乾隆、嘉庆年间兴盛于苏州地区,19 世纪中叶传入上海。从 20 世纪初开始,上海成为评弹演出的中心,涌现了一大批轰动当时、影响后世的著名演员和流派创始人。20 世纪 30 年代,"空中书场"(即电台播放说书节目)盛行一时,听书成了上海市民日常生活中的重要内容,使得评弹的影响辐射长江三角洲地区,还远达北京、天津、武汉等地。

评话通常一人登台开讲,不加演唱,内容多为历史和侠义故事;弹词一般两人说唱,上手持三弦,下手抱琵琶,自弹自唱,内容多为传奇小说和民间故事。评弹说表运用苏州方言,艺术手法除说、噱、弹、唱之外,大胆吸收了其他舞台表演形式的艺术营养,丰富自己的表现手段。评弹音乐优美细腻,曲调丰富独特,唱腔具有浓郁的江南韵味。

评弹长篇书目数量众多,内容丰富,蕴含着深厚的历史文化内涵,折射出江南地区的民风民情和生活百态。

【浦东说书】

浦东说书又称"沪书",因单手击打钹子,又称"钹子书""唱单片""敲刮子",是上海极具乡土特色的地方曲艺。浦东说书起源于黄浦江以东包括川沙、南汇、奉贤在内的"浦东",主要分布于川沙、南汇、奉贤、金山以及松江、青浦等市郊全境,除在上海老城厢演出外,也流传到浙江平湖、嘉兴等地。

浦东说书始于清代嘉庆年间,为顾秀春所创。从业艺人大多半农半艺,农忙种田,农闲在集镇的茶馆演出,逢庙会、节庆时演出频繁。艺人以浦东方言表演,一般为单人坐唱,演员手拿钹子,身着长衫,演出开始时,用竹筷敲钹子唱四句诗或词,再唱开篇,后说长篇正本。长篇以说为主,开头时也是先唱一段,时有唱段穿插,敲钹子打出许多花样,以渲染气氛,并通过钹子声的轻重缓急、动作的停顿和转换来表达书中人物的思想情感,曲调节奏明快,朗朗如诉,有长调、慢调、急调、哭调等。浦东说书的题材多与宣传佛教的因果报应有关,光绪年间的《图画日报》载有"说因果画",并题打油诗曰:"手敲小钹说因果,口唱还将手势做,多人环听笑眯眯,只为乡音说得真清楚。"此诗指的就是浦东说书。

【独脚戏】

独脚戏亦称"滑稽",是上海富有地方特色的曲艺表演形式,发祥于上海,流布于长江三角洲等区域,形成了一个高达千万人口的沪方言曲艺文化圈。

独脚戏兴起于 20 世纪 20 年代末,其源头为一种叫卖梨膏糖的说唱形式。艺人为了兜售自制的梨膏糖而演唱一些滑稽的段子,也有即兴的"卖口",称为"小热昏"。隔壁戏、苏滩等曲艺样式也含有许多滑稽谐趣的成分。这些不同的样式逐渐融合演变,形成了独脚戏这种以滑稽逗笑为特征的说唱艺术。独脚戏的形成与艺人王无能有直接的关系,1920年前后,有一次他应邀去演堂会,单独进行滑稽表演,大受欢迎,此后经常作类似的演出,因一人饰演多种角色,故取名"独脚戏"。

独脚戏一般可分两种类型:一种是以说为主,或说一个滑稽故事,或讲一段笑话,其间学讲各地方言等;另一种以唱为主,或唱各种地方戏曲,或唱民间小调,以叙述一个滑稽故事,但大多说唱相间。独脚戏表演主要有说、学、做、唱四种。说,包括叙述故事、角色对白、绕口令等;学,指学说各地方言;做,指虚拟性表演,包括脸部表情,手势、动作等;唱,指学唱南腔北调,如京剧及其他地方戏曲、苏滩、宣卷和江南各种小调等。

独脚戏具有强烈的喜剧色彩和娱乐性,表现形式广采杂糅,剧目甚多,诸如《哭妙根笃爷》《宁波空城计》《三毛学生意》等。

【剪纸(上海剪纸)】

中国剪纸源于南北朝,唐代以后广为流传,具有广泛的群众性和很强的装饰性、趣味性。20世纪初,上海已有剪纸出现,常见于民间的门笺、鞋花、绣花样上。在近百年的历史演变中,上海剪纸逐渐形成了与众不同的"海派"风格,在中国剪纸中具有相当地位。王子淦、林曦明是公认的海派剪纸艺术代表人物。

王子淦将北方剪纸的粗犷、大气和南方剪纸的细腻流畅融为一体,既继承前辈的优秀技艺,又表现出极强的艺术个性。他的作品简练、夸张、装饰性强,花鸟虫鱼、飞禽走兽、山水风景、人物建筑等题材均有涉及。

林曦明创作了近千幅反映中国农村和城市变化的剪纸作品,相继在多种报刊上发表,并成为众多书籍中的插图。他的作品既有传统剪纸的细腻质朴,又大胆运用写意手法,把书画和民间剪纸融会贯通,堪称一绝。

图 7-2-2　剪纸作品《农家乐》(作者:林曦明,2003年)

【黄杨木雕】

木雕艺术在我国历史悠久。黄杨木以其紧密、坚韧的木纹成为理想的雕刻材料,有"木中象牙"之称。上海的黄杨木雕于20世纪30年代出现在徐家汇地区,创始人徐宝庆经过70多年的艺术锤炼,将上海的黄杨木雕发展成为有着独特艺术理念、艺术风格的木雕派别,形成了一套完整的艺术体系。

上海黄杨木雕的特点是将西方素描技法、线条表现和雕塑技巧与中国传统雕刻技法相结合,继承传统而又大胆创新,雕刻风格圆润明快,刀法凝练,作品形神兼备,生动地表现历史典故、民间故事及神话传说、传统道德人物及故事、文学作品人物、传统吉祥图案、传统民间游戏、农村题材和动物题材等,作品讲求生动传神,捕捉生活中最灵动的瞬间予以艺术化表现。

上海黄杨木雕艺术凝结着民族传统文化底蕴,有着极高的文化价值、艺术价值、审美价值和社会价值。

【灯彩（上海灯彩）】

灯彩，又叫"花灯"，已有近2 000年历史，是起源于汉代的一种传统民间手工艺项目。上海灯彩是中国灯彩的一部分，它继承古代灯彩的优秀技艺，在材质上不断更新，有麻、纱、丝绸、玻璃等；品种也更为丰富，有撑棚灯、走马灯、宫灯、立体动物灯四大类。其中"何克明灯彩"（又称"上海立体动物灯彩"），集观赏性、艺术性、装饰性于一体，是上海灯彩艺术的精粹。

有"江南灯王"美誉的上海灯彩艺术大师何克明，是立体动物灯彩的创始人。他博采南北灯彩精华，又吸收西洋雕塑艺术，别出心裁，以艺术手段赋予灯彩灵动的生命，讲究雅俗共赏，形成独特的风格。何克明灯彩以动物造型为骨架结构，用铅丝缠绕皱纸代替传统的竹篾，扎制出的灯彩骨骼结构准确、细致精湛、造型生动、姿态传神。他创作的灯彩都以充满灵性和吉祥象征的动物为题材，包括龙、凤、麒麟、仙鹤等，作品蕴含着丰富多彩的民间故事内涵，寄托着人们追求美好生活的思想感情。

【面人（上海面人赵）】

面人也称"面塑"，是一种用面粉加彩以后捏塑成各种人物、动物等形态的民间手工艺术，流传于全国各地。面人多以动物和神话传说、历史故事及地方戏曲中的人物为题材，制作一般先采用捏、搓、揉、掀等手法塑造大体形制，再用竹刀灵巧地点、切、刻、划，刻画手脚、头面、神情等局部细节，最后加上发饰、衣裙及相关插件，作品即告完成。上海面人赵技艺是海派面塑的杰出代表，由素有"面人大王"之誉的赵阔明（1900—1980）开创。它主要流传于上海地区，但在发展中逐渐形成了超越上海一隅的广泛影响。

在上海面人赵的发展过程中，赵阔明总结出了"工具八法"和"手捏八法"。工具八法指采用拔子、骨针、小剪刀、小梳子、毛笔、镊子等特制工具，手捏八法指采用揉、捏、搓、捻、拧、挤、掐、拉等手法。这些技法大大丰富了面塑艺术的表现力，尤其是加强了对人物相貌和对象质感的表现，使作品产生人物表情细腻传神、服饰飘逸、场面宏大、塑造逼真等特点，体现出鲜明的海派文化特色。赵阔明的创造性努力强化了面塑艺术的雅化倾向，使之由流行于民间的普通玩具发展成为反映现代都市审美趣味的精致艺术。上海面人赵作品题材丰富，代表作《二进宫》《关公夜读》《民族大团结》《友谊长城》等已成为面塑艺术的典范。

【草编（徐行草编）】

徐行草编是一种传统的民间编结手工艺，主要流行于上海市嘉定区徐行镇。徐行系江南著名的草编之乡，徐行黄草色泽淡雅，质地光滑坚韧，并能染色，用它编出的工艺品纹理清晰，细密匀称，松紧有度，平整光洁。当地的先民们利用黄草秆茎编织成玲珑精致的生活用品，缀以色彩鲜艳的花纹图案，精细美观，轻巧方便，成为一方名产。

黄草编织开始仅蒲鞋一种，故俗语也用"蒲鞋"一词泛指黄草编织。据清代史学家王鸣盛考证，徐行的黄草拖鞋在唐代已作为苏州府的土贡之一，江南官员晋京一般均携带几件精美的徐行草编以作贡品。至元代，文人墨客也有"野翁织履街头卖，日暮裹盐市酒归"之句，描述当时徐行草编普及的图景。至清代，徐行草编被列为贡品。

清同治年间，嘉定已形成了以徐行镇为中心的黄草编织区，黄草编织成为当地农村一项主要的家庭手工业。数百年来，黄草草编的产地主要分布在嘉定徐行镇及周边一些地区，如嘉定的华亭、曹王、娄塘以及邻近的江苏省太仓、昆山等，徐行镇是黄草编织最为集中的地区，徐行镇各村均有编织黄草的记录,是名副其实的"草编之乡"。

【木版水印技艺】

木版水印源于中国古老的雕版印刷术,早在唐代就已经相当成熟,明代更是盛极一时,当时"饾版"和"拱花"等复杂的套版叠印工艺已被广泛采用。这一技法随后在民间广为流传,用以印制谱笺小品和民间年画等,形成了中国特有的传统绘画复制印刷技艺。

木版水印的重要工序是勾描、刻版、水印和裱画,完整保留着中国传统雕版印刷术的技艺特征。作为木版水印的主要工艺——"饾版"套印技术,将印刷真正带进丰富的彩色世界。在木版水印制作的诗笺小品、书画作品中,既能欣赏到书画家的笔墨神采、又能欣赏木版水印的工艺技巧。

朵云轩自1900年创立之日起,就承袭木版水印这一传统技艺,在海派文化的滋养下,历经百余年的研究、制作和拓展,已经发展成为一门综合绘画、雕刻和印刷的再创造艺术,形成作品用料考究,精致、典雅、秀润的风格特征。朵云轩所印制的木版水印作品惟妙惟肖、几可乱真,为人们学习、欣赏和收藏各朝各代的佳作提供了机会,起到其他印刷品不可替代的表达和流传作用。

【金银细工制作技艺】

金银摆件是供室内陈设欣赏的造型艺术,以金银为主要材料制成,品种繁多,大小齐备。中国金银摆件的生产历史可上溯至殷夏以前,汉代趋于兴盛,唐代进入鼎盛时期,明代嵌宝盛行,清代极重华丽,历代名作迭出,展现了高超的艺术成就和精深的工艺水平。

金银细工是制作金银器物的传统工艺,至今已有3 000多年历史。老凤祥是上海地区现存历史最悠久的金银制作技艺流派的传承者。上海老凤祥有限公司由始创于1848年的"老凤祥银楼"发展沿革而来,以制作金银首饰、中西器皿、宝景徽章、珠翠钻石、珐琅镀金、精制礼券等上乘工艺品为主。20世纪30年代,银楼业组成同业会时,老凤祥已经列入九大银楼之一。

老凤祥金银细工所涉及的捶揲、錾刻、旋切等都源自传统工艺,其中半立体抬压是摆件的主要技术,又称阳花抬压,是在平面材料上用各类钢凿抬压出有立体效果的花纹,类似浮雕,其表现的题材也相当宽泛,包括花草、鸟鱼、山水、人物、建筑等,皆能适应。阳花抬压一般工艺过程是:取金银片——上胶水板——贴样——錾轮廓线——起胶抬压,呈立方体——上胶成形——开色(錾出花纹)——起胶整型——成品。一般器皿摆件的工艺流程为:来料——成型材——铸模压制——焊接——修饰整型——电镀光亮——成品。老凤祥金银细工还有泥塑、钣金、拗丝、镶嵌、雕琢等多种技法。

【印泥制作技艺(上海鲁庵印泥)】

印泥是图章盖印所使用的一种涂料,以朱砂为主要制作原料。制作时,先将艾叶捣如棉绒状,再和陈蓖麻油加朱砂等反复搅拌,这样制成的印泥色泽鲜丽夺目,久不褪色。南朝梁代(502—557)的《文心雕龙》中已出现关于印泥的记载。唐宋时期,随着书画艺术的兴盛,印泥制作技艺不断进步。至明清两代,书画艺术在各地普遍流行,印泥的制作技术相应有了很大发展,相关的制作技艺一直传承至今。

鲁庵印泥是上海地区印泥制作技艺的重要代表,系20世纪初上海印泥名家张鲁庵所创。鲁庵印泥制作需经过一个自然氧化的过程,主要包括研朱、搓艾、制油三道工序。鲁庵印泥有特定的配方和制作技艺,按在纸上不渗油、不跑色,色彩鲜艳沉着,呈现出一种堆积的厚实感,具有"印色鲜艳雅丽、质薄匀净,细腻而黏稠度高,热天不烂,寒天不硬,永不褪色"的特点。书画家吴湖帆、贺天健、高振霄、王福厂,篆刻大家陈巨来等都专门使用这种印泥。用此印泥,即便连续盖印十方,印文也不走样,因此备受江南和上海书画名家的青睐,影响波及日本、韩国及东南亚地区。

【酱油酿造技艺(钱万隆酱油酿造技艺)】

钱万隆酱油酿造是清末沪上本帮酱作工艺的主要代表,因1880年由浦东绅士钱锦南在上海南市磨坊弄创办的万隆酱园而得名。由于酱园生意兴隆,信誉良好,江浙两省衙门特颁发"官酱园"三个金字的青龙匾牌作为奖励。2011年,商务部将"钱万隆"认定为"中华老字号"。

酱油的主要原料是黄豆、面粉,钱万隆酱油酿造技艺不使用任何添加剂,以自然晒制为主,"春准备、夏造酱、秋翻晒、冬成酱"。存放一年为陈酱后,再进行压榨出酱油,成品酱油的生产周期因此长达两年之久。由于原料选用低油脂、高蛋白质小颗粒黄豆,加上工人长期日夜照看,特别注重传统酿造工艺中的"日晒"工序,因而产生了质地厚、鲜味好、色泽红、香味足、久储不变的特色"晒街油"和之后的"晒街卫油"。

钱万隆酱油酿造技艺的精髓是"料好、曲优、艺精、晒制",手法关键是"眼看、心记、手研、鼻嗅、口试",十二道传统工艺为搬料、(大)豆浸豆、蒸豆、拌料、制曲、制酱醅、晒酱、榨油、炒酱色、配酱色、晒油、酿成出缸。

经过百年的发展,钱万隆酱油先后开发出酿红、原汁红、特酿、佳酿等16种系列产品,产品远销20多个国家和地区。

【素食制作技艺(功德林素食制作技艺)】

功德林素食制作技艺起源于寺庙。清代同治年间,庙宇素食逐渐流入社会。1922年农历四月初八佛诞节,杭州城隍山常寂寺讲经法师维均和尚的高徒赵云韶,在北京路贵州路口开设了功德林蔬食处,将素食推向社会,这也是上海第一家社会素菜馆。功德林以"弘扬佛法、提倡素食、解杀放生"为宗旨,以豆腐、菌菇、蔬菜为原料,经手工制作,素食荤烧,所制菜肴有"鱼"有"肉",而且形态逼真,一经面世即顾客盈门。

1927年,功德林移迁至黄河路43号,面积从原来的300平方米扩大至1 000平方米,分出三个楼层,一楼为小吃餐厅,二楼为包厢,三楼为佛堂,此时功德林开始从全国寺庙招聘素食厨师,生意蒸蒸日上。1997年,功德林因街坊改造,再次迁移至上海市中心的南京西路。

功德林素食制作技艺经过不断发展创新,形成了选料精细、制作考究、花色繁多、口味仿荤、烹调多样、形态逼真的鲜明特色。著名的素食菜肴有黄油蟹粉、香油鳝丝、糟溜鱼片、糖醋黄鱼、香卤嫩鸡、鲫鱼冬笋等,每款菜肴皆精工细作,顾客就餐时可以边欣赏边品尝,兼具精神与物质的双重享受。

【中医正骨疗法(石氏伤科疗法)】

中医伤科学是一门研究骨与关节及其周围组织损伤与疾病的学科。石氏伤科疗法为石兰亭于1880年所创,熔传统武术整骨手法与中医内治调理方法于一炉,是中医骨伤科独特的诊治方法,发展至今已传承五代。石氏伤科立足传统中医基础理论,把握骨伤疾患的病理机制,吸取中医内外各科临床精华,融会贯通,广收博蓄,形成了以石氏特色理论、石氏特色诊治、石氏特色手法、石氏特色用药等为一体的学科体系。

石氏伤科以"十三科一理以贯之"的中医理念运用于中医骨伤科。在理论上,重视整体观念,强调气血兼顾、内外结合,创立了"三十二字治病思想";在诊治上,强调"筋骨损伤,三期治疗;内伤症治,需辨脏腑气血;陈伤劳损,审因度势";在手法上,强调"稳而有劲、柔而灵活、细而正确"的准则,总结十二字为用,即"拔伸捺正、拽搦端提、按揉摇抖";在用药上,重视方随症变、药随病异,并通过长期的实践积累,总结出了三色敷药、消散膏、麒麟散、新伤续断汤等一系列名方验方。

【端午节(罗店划龙船习俗)】

每年农历五月初五为中国传统节日端午节,又称端阳节。宝山罗店地区的划龙船活动源于端阳龙船竞渡的习俗,始于明、盛于清,至今已有400多年的历史,成为长三角地区端午时节的经典民俗活动。

罗店划龙船活动保留了江南古老的民俗形态,在祭祀仪式、船体装饰和水上表演方面尤为突出。划龙船以端午正日为始,通常进行5—7天,其中包含立竿、出龙、点睛、接龙、送标、旺盆等聚众共行的祭祀仪式,意在驱除"瘟疫病灾",保佑一方水土洁净。

罗店龙船特色鲜明,独树一帜。龙船的船体脱胎于罗店滩船,平底、昂首、翘尾、小巧玲珑,能在当地曲折狭小的河道中灵活行驶;龙头用整段樟木雕刻而成,呈"鳄嘴,虾眼,麒麟角,口含明珠,颚下长须飘拂,遍体鳞甲叠彩"的形象;彩旗上亦描绘有图案,"以象龙子,避蛟龙之害";船首的"台角"本系真人童子表演,后为安全起见,改用彩塑人物代替,这些都是远古"披发文身"时代社会习俗衍化的产物。

罗店划龙船以表演为主,比招式,不比速度。与此同时,陆上表演也是丰富多彩,形式多达十几种,故每年罗店龙船表演总会"引方圆百里之民众,呈万人空巷之盛况"。

【庙会(上海龙华庙会)】

龙华庙会是华东地区著名的传统庙会之一。龙华寺相传为弥勒菩萨的道场,因此,每逢弥勒菩萨的化身——布袋和尚的涅槃日,龙华寺都会举行隆重的纪念法会,做众姓水陆道场。

龙华庙会最早可以追溯到唐代。从明代开始,庙会由礼佛的单一庙会发展为集礼佛、商贸、娱乐为一体的综合性庙会。至清代,庙会正日的时间由农历三月初三直至三月十五。之后又与赏桃花的习俗结合起来,不仅扩大了庙会的规模和影响,也增加了许多娱乐内容。1920年以后,庙会由乡村庙会向都市庙会转化,商贸成为龙华庙会期间的重要内容,形成了龙华素斋、龙华五香豆、龙华豆腐干等著名庙会饮食品牌以及踏青赏桃花,观看皮影戏、花鼓戏、舞龙舞狮、荡湖船表演等娱乐习俗。

在龙华庙会的发展过程中,产生了众多的传说、故事、诗词、谚语,生动体现了庙会在民众生活中的重要作用。龙华庙会对江南地区在信仰、文化娱乐和商业贸易等方面产生较大的影响。

表7-2-1　第一批国家级非物质文化遗产名录(上海市)

项 目 名 称	项 目 分 类	项 目 编 号	申报地区或单位
江南丝竹	传统音乐 (民间音乐)	Ⅱ-40	上海市
昆曲	传统戏剧	Ⅳ-1	
京剧		Ⅳ-28	
越剧		Ⅳ-53	
沪剧		Ⅳ-54	

项目名称	项目分类	项目编号	申报地区或单位
锣鼓书	曲艺	V－22	上海市浦东新区
顾绣	传统美术 （民间美术）	Ⅶ－17	上海市松江区
竹刻（嘉定竹刻）		Ⅶ－46	上海市嘉定区
乌泥泾手工棉纺织技艺	传统技艺 （传统手工技艺）	Ⅷ－17	上海市徐汇区

表7－2－2 第二批国家级非物质文化遗产名录（上海市）

项目名称	项目分类	项目编号	申报地区或单位
吴歌	民间文学	Ⅰ－22	上海市青浦区
码头号子（上海港码头号子）	传统音乐 （民间音乐）	Ⅱ－99	上海市浦东新区、 上海市杨浦区
琵琶艺术（瀛洲古调派）		Ⅱ－119	上海市崇明县
琵琶艺术（浦东派）			上海市浦东新区
锣鼓艺术（泗泾十锦细锣鼓）		Ⅱ－123	上海市松江区
道教音乐（上海道教音乐）		Ⅱ－139	上海市道教协会
龙舞（舞草龙）	传统舞蹈 （民间舞蹈）	Ⅲ－4	上海市松江区
滚灯（奉贤滚灯）		Ⅲ－16	上海市奉贤区
淮剧	传统戏剧	Ⅳ－102	上海淮剧团
苏州评弹（苏州评话、苏州弹词）	曲艺	V－1	上海市书场 工作者协会
浦东说书		V－59	上海市浦东新区
独脚戏		V－68	上海市黄浦区
剪纸（上海剪纸）	传统美术 （民间美术）	Ⅶ－16	上海市徐汇区
黄杨木雕		Ⅶ－42	上海市徐汇区
灯彩（上海灯彩）		Ⅶ－50	上海市卢湾区
面人（上海面人赵）		Ⅶ－52	上海工艺美术研究所
草编（徐行草编）		Ⅶ－54	上海市嘉定区
木版水印技艺	传统技艺 （传统手工技艺）	Ⅷ－77	上海书画出版社
金银细工制作技艺		Ⅷ－117	上海市黄浦区
印泥制作技艺（上海鲁庵印泥）		Ⅷ－134	上海市静安区
酱油酿造技艺（钱万隆酱油 酿造技艺）		Ⅷ－154	上海市浦东新区
素食制作技艺（功德林素食 制作技艺）		Ⅷ－164	上海功德林素食有限公司

(续表)

项 目 名 称	项 目 分 类	项 目 编 号	申报地区或单位
中医正骨疗法(石氏伤科疗法)	传统医药	Ⅸ-6	上海市黄浦区
端午节(罗店划龙船习俗)	民俗	Ⅹ-3	上海市宝山区
庙会(上海龙华庙会)		Ⅹ-84	上海市徐汇区

表7-2-3　第一批国家级非物质文化遗产项目代表性传承人名单(上海市)
(二〇〇七年六月五日公布)

项 目 名 称	代表性传承人		项目编码	申报地区或单位
	姓 名	性 别		
顾绣	戴明教	女	Ⅶ-17	上海市松江区
乌泥泾手工棉纺织技艺	康新琴	女	Ⅷ-17	上海市徐汇区

表7-2-4　第二批国家级非物质文化遗产项目代表性传承人名单(上海市)
(二〇〇八年一月二十六日公布)

项 目 名 称	代表性传承人		项 目 编 码	申报地区或单位
	姓 名	性 别		
江南丝竹	陆春龄	男	Ⅱ-40	上海市
	周皓	男		
昆曲	蔡正仁	男	Ⅳ-1	上海市
	计镇华	男		
	倪传钺	男		
	梁谷音	女		
	张洵澎	女		
	刘异龙	男		
	岳美缇	女		
	张静娴	女		
京剧	尚长荣	男	Ⅳ-28	上海市
	陈少云	男		
	王梦云	女		
	孙正阳	男		
	关栋天	男		
越剧	袁雪芬	女	Ⅳ-53	上海市
	徐玉兰	女		
	傅全香	女		
	王文娟	女		

（续表）

项　目　名　称	代表性传承人		项目编码	申报地区或单位
	姓　名	性　别		
越剧	范瑞娟	女	Ⅳ-53	上海市
	张桂凤	女		
沪剧	杨飞飞	女	Ⅳ-54	上海市
	马莉莉	女		
	王盘声	男		
	陈瑜	女		
锣鼓书	谈敬德	男	Ⅴ-22	上海市南汇区
	康文英	女		

表7-2-5　第三批国家级非物质文化遗产项目代表性传承人名单（上海市）

（二〇〇九年五月二十六日公布）

项　目　名　称	代表性传承人		项目编码	申报地区或单位
	姓　名	性　别		
吴歌	王锡余	男	Ⅰ-22	上海市青浦区
江南丝竹	周惠	男	Ⅱ-40	上海市
琵琶艺术（瀛洲古调派）	殷荣珠	女	Ⅱ-119	上海市崇明县
琵琶艺术（浦东派）	林嘉庆	男		上海市南汇区
道教音乐（上海道教音乐）	石季通	男	Ⅱ-139	上海市道教协会
龙舞（舞草龙）	费土根	男	Ⅲ-4	上海市松江区
昆曲	辛清华	男	Ⅳ-1	上海市
	王芝泉	女		
京剧	艾世菊	男	Ⅳ-28	上海市
	汪正华	男		
	李炳淑	女		
	童祥苓	男		
	周少麟	男		
越剧	金采风	女	Ⅳ-53	上海市
	吕瑞英	女		
	毕春芳	女		
沪剧	韩玉敏	女	Ⅳ-54	上海市
	沈仁伟	男		
	茅善玉	女		

（续表）

项 目 名 称	代表性传承人		项 目 编 码	申报地区或单位
	姓 名	性 别		
淮剧	筱文艳	女	Ⅳ-102	上海淮剧团
	马秀英	女		
苏州评弹(苏州评话、苏州弹词)	陈希安	男	Ⅴ-1	上海市书场工作者协会
	余红仙	女		
独脚戏	杨华生	男	Ⅴ-68	上海市黄浦区
	王汝刚	男		
灯彩(上海灯彩)	何伟福	男	Ⅶ-50	上海市卢湾区
面人(上海面人赵)	赵艳林	女	Ⅶ-52	上海工艺美术研究所
木版水印技艺	蒋敏	男	Ⅷ-77	上海书画出版社
印泥制作技艺(上海鲁庵印泥)	高式熊	男	Ⅷ-134	上海市静安区
	符骥良	男		
素食制作技艺(功德林素食制作技艺)	赵友铭	男	Ⅷ-164	上海功德林素食有限公司
中医正骨疗法(石氏伤科疗法)	石仰山	男	Ⅸ-6	上海市黄浦区

第二节　市级非物质文化遗产名录和项目代表性传承人

一、市级非物质文化遗产名录

市级非物质文化遗产名录是经市政府批准并公布的非遗名录(下称市级名录)。市级名录分为民间文学,传统音乐(民间音乐),传统舞蹈(民间舞蹈),传统戏剧,曲艺,传统体育、游艺与杂技(杂技与竞技),传统美术(民间美术),传统技艺(传统手工技艺),传统医药,民俗 10 个类别。至 2010 年,市政府公布两批市级名录共 128 项,其中 2007 年公布第一批 83 项,2009 年公布第二批 45 项。市级名录项目中有民间音乐类 10 项、传统舞蹈(民间舞蹈)类 5 项、传统戏剧类 10 项、曲艺类 5 项、民间文学类 6 项、杂技与竞技类 8 项、民间美术类 20 项、传统手工技艺类 46 项、传统医药类 6 项、民俗类 12 项。

表 7-2-6　2007 年第一批上海市非物质文化遗产名录一览表

【传统音乐(民间音乐)(9项)】

项 目 名 称	编 号	申 报 地 区 或 单 位
江南丝竹*	Ⅰ-1	上海市群众艺术馆*、闵行区、杨浦区、嘉定区、崇明县、南汇区、徐汇区、普陀区、奉贤区
青浦田山歌*	Ⅰ-2	青浦区*

（续表）

项 目 名 称	编 号	申 报 地 区 或 单 位
上海港码头号子*	I－3	浦东新区*、杨浦区*、长宁区
上海道教音乐*	I－4	黄浦区*、嘉定区
孙文明民间二胡曲及演奏技艺	I－5	奉贤区
泗泾十锦细锣鼓*	I－6	松江区*
瀛洲古调派琵琶演奏技艺*	I－7	崇明县*
浦东派琵琶演奏技艺*	I－8	南汇区*
月浦锣鼓	I－9	宝山区

【传统舞蹈(民间舞蹈)(3项)】

项 目 名 称	编 号	申 报 地 区 或 单 位
滚灯*	II－1	奉贤区*
手狮舞	II－2	闵行区
卖盐茶	II－3	南汇区

【传统戏剧(8项)】

项 目 名 称	编 号	申 报 地 区 或 单 位
昆曲*	III－1	上海昆剧团*
京剧*	III－2	上海京剧院*
越剧*	III－3	上海越剧院*、静安区
沪剧*	III－4	上海沪剧院*、长宁区
淮剧*	III－5	上海淮剧团*
皮影戏	III－6	闵行区、奉贤区
奉贤山歌剧	III－7	奉贤区
扁担戏	III－8	崇明县

【曲艺(5项)】

项 目 名 称	编 号	申 报 地 区 或 单 位
锣鼓书*	IV－1	南汇区*
评弹*	IV－2	上海市书场工作者协会*
浦东说书*	IV－3	浦东新区*
独脚戏*	IV－4	黄浦区*
宣卷	IV－5	青浦区

【民间文学(5项)】

项 目 名 称	编 号	申报地区或单位
白杨村山歌	V-1	奉贤区
浦东地区哭嫁哭丧歌	V-2	南汇区
陈行谣谚	V-3	闵行区
沪上闻人名宅掌故与口碑	V-4	徐汇区
上海花样经	V-5	杨浦区

【传统体育、游艺与杂技(杂技与竞技)(4项)】

项 目 名 称	编 号	申报地区或单位
舞龙竞技	Ⅵ-1	浦东新区
鸟哨	Ⅵ-2	南汇区
耍石担石锁	Ⅵ-3	闸北区
摇快船	Ⅵ-4	青浦区

【传统美术(民间美术)(13项)】

项 目 名 称	编 号	申报地区或单位
顾绣*	Ⅶ-1	松江区*
竹刻*	Ⅶ-2	嘉定区*
海派黄杨木雕*	Ⅶ-3	徐汇区*
海派剪纸艺术*	Ⅶ-4	徐汇区*、上海工艺美术研究所
海派面塑艺术*	Ⅶ-5	上海工艺美术研究所*
何克明灯彩艺术*	Ⅶ-6	卢湾区*、上海工艺美术研究所
连环画	Ⅶ-7	徐汇区
金山农民画艺术	Ⅶ-8	金山区
灶花	Ⅶ-9	南汇区、崇明县
奉贤乡土纸艺	Ⅶ-10	奉贤区
罗店彩灯	Ⅶ-11	宝山区
吹塑纸版画	Ⅶ-12	宝山区
石雕	Ⅶ-13	南汇区

【传统技艺(传统手工技艺)(27项)】

项 目 名 称	编 号	申报地区或单位
乌泥泾手工棉纺织技艺*	Ⅷ-1	徐汇区*
朵云轩木版水印技艺*	Ⅷ-2	上海书画出版社*

（续表）

项　目　名　称	编　号	申报地区或单位
老凤祥金银细金制作技艺*	Ⅷ-3	黄浦区*
杏花楼广式月饼制作技艺	Ⅷ-4	黄浦区
培罗蒙奉帮裁缝缝纫技艺	Ⅷ-5	黄浦区
亨生奉帮裁缝缝纫技艺	Ⅷ-6	静安区
鼎丰乳腐酿造工艺	Ⅷ-7	奉贤区
南翔小笼馒头制作工艺	Ⅷ-8	黄浦区、嘉定区
功德林素食制作技艺*	Ⅷ-9	黄浦区*
绿杨村川扬菜点制作工艺	Ⅷ-10	静安区
凯司令蛋糕制作技艺	Ⅷ-11	静安区
海派旗袍制作技艺	Ⅷ-12	上海艺术研究所、徐汇区
钱币生产的手工雕刻技艺	Ⅷ-13	普陀区
钩针编织技艺	Ⅷ-14	闵行区
鲁庵印泥制作技艺*	Ⅷ-15	静安区*
鸿翔女装制作工艺	Ⅷ-16	静安区
钱万隆酱油酿造工艺*	Ⅷ-17	浦东新区*
王家沙本帮点心制作技艺	Ⅷ-18	静安区
三林刺绣技艺	Ⅷ-19	浦东新区
徐行草编工艺	Ⅷ-20	嘉定区
罗泾十字挑花技艺	Ⅷ-21	宝山区
上海黄酒传统酿造技艺	Ⅷ-22	金山区
枫泾丁蹄制作技艺	Ⅷ-23	金山区
高桥松饼制作技艺	Ⅷ-24	浦东新区
真如羊肉加工技艺	Ⅷ-25	普陀区
马陆篾竹编织技艺	Ⅷ-26	嘉定区
龙凤旗袍制作技艺	Ⅷ-27	静安区

【传统医药(1项)】

项　目　名　称	编　号	申报地区或单位
石氏伤科疗法*	Ⅸ-1	黄浦区*、闸北区

【民俗(8项)】

项　目　名　称	编　号	申　报　地　区　或　单　位
精武体育	X-1	虹口区
上海龙华庙会*	X-2	徐汇区*
豫园灯会*	X-3	黄浦区*
罗店龙船*	X-4	宝山区*
匾额习俗	X-5	徐汇区
舞草龙*	X-6	松江区*
阿婆茶	X-7	青浦区
天气谚语及其应用	X-8	崇明县

说明：带*号的为国家级非物质文化遗产名录项目及其申报地区或单位。

表7-2-7　第二批上海市非物质文化遗产名录

【传统音乐(民间音乐)(1项)】

项　目　名　称	编　号	申　报　地　区　或　单　位
华漕小锣鼓	I-10	闵行区

【传统舞蹈(民间舞蹈)(2项)】

项　目　名　称	编　号	申　报　地　区　或　单　位
花篮马灯舞	II-4	松江区
打莲湘	II-5	金山区、原南汇区

【传统戏剧(27项)】

项　目　名　称	编　号	申　报　地　区　或　单　位
滑稽戏	III-9	上海滑稽剧团
海派木偶戏	III-10	上海木偶剧团

【民间文学(1项)】

项　目　名　称	编　号	申　报　地　区　或　单　位
崇明山歌	V-6	崇明县

【传统体育、游艺与杂技(杂技与竞技)(4项)】

项　目　名　称	编　号	申　报　地　区　或　单　位
古本易筋十二势	VI-5	嘉定区
练功十八法	VI-6	上海市练功十八法协会

（续表）

项　目　名　称	编　号	申　报　地　区　或　单　位
海派杂技	Ⅵ-7	上海杂技团
海派魔术	Ⅵ-8	浦东新区

【传统美术（民间美术）（7项）】

项　目　名　称	编　号	申　报　地　区　或　单　位
擦笔水彩年画技法	Ⅶ-14	闸北区
紫檀雕刻	Ⅶ-15	中国紫檀文化研究院
海派玉雕	Ⅶ-16	上海海派玉雕文化协会
象牙篾丝编织	Ⅶ-17	闸北区
海派绒绣	Ⅶ-18	浦东新区、上海工艺美术研究所、 上海恒源祥（集团）有限公司
棕榈叶编织	Ⅶ-19	杨浦区
建筑微雕	Ⅶ-20	杨浦区

【传统技艺（传统手工技艺）（19项）】

项　目　名　称	编　号	申　报　地　区　或　单　位
石库门里弄营造技艺	Ⅷ-28	卢湾区
五香豆制作技艺	Ⅷ-29	黄浦区
梨膏糖制作技艺	Ⅷ-30	黄浦区
郁金香酒酿造技艺	Ⅷ-31	嘉定区
崇明老白酒传统酿造技法	Ⅷ-32	崇明县
三阳泰糕点制作技艺	Ⅷ-33	原南汇区
涵大隆酱菜制作技艺	Ⅷ-34	青浦区
汉字印刷字体书写技艺	Ⅷ-35	上海市印刷技术研究所
周虎臣毛笔制作技艺	Ⅷ-36	黄浦区
曹素功墨锭制作技艺	Ⅷ-37	黄浦区
土山湾手工工艺	Ⅷ-38	徐汇区
海派绒线编结技艺	Ⅷ-39	卢湾区、上海工艺美术研究所
民族乐器制作技艺	Ⅷ-40	闵行区
京剧服饰制作技艺	Ⅷ-41	奉贤区
中式服装盘扣制作技艺	Ⅷ-42	徐汇区
土布染织技艺	Ⅷ-43	奉贤区
药斑布印染技艺	Ⅷ-44	嘉定区

(续表)

项 目 名 称	编 号	申报地区或单位
手工织带技艺	Ⅷ-45	南汇区
法华牡丹嫁接技艺	Ⅷ-46	长宁区

【传统医药(5项)】

项 目 名 称	编 号	申报地区或单位
六神丸制作技艺	Ⅸ-2	黄浦区
余天成堂传统中药文化	Ⅸ-3	松江区
敛痔散制作技艺	Ⅸ-4	金山区
陆氏针灸疗法	Ⅸ-5	上海针灸经络研究所
朱氏一指禅推拿疗法	Ⅸ-6	华东医院

【民俗(4项)】

项 目 名 称	编 号	申报地区或单位
石库门里弄居住习俗	Ⅹ-9	虹口区
生肖文化	Ⅹ-10	虹口区、上海夏征农民族文化教育发展基金会
小青龙舞龙会	Ⅹ-11	嘉定区
羊肉烧酒食俗	Ⅹ-12	奉贤区

表7-2-8 第一批上海市非物质文化遗产扩展项目名录(随第二批名录一并公布)

【传统音乐(民间音乐)(1项)】

项 目 名 称	编 号	申报地区或单位
江南丝竹	Ⅰ-1	浦东新区、宝山区、青浦区

【传统戏剧(1项)】

项 目 名 称	编 号	申报地区或单位
皮影戏	Ⅲ-6	松江区

【曲艺(1项)】

项 目 名 称	编 号	申报地区或单位
宣卷	Ⅳ-5	闵行区

【传统美术(民间美术)(1项)】

项　目　名　称	编　号	申 报 地 区 或 单 位
海派剪纸艺术	Ⅶ-4	卢湾区、闵行区

【传统技艺(传统手工技艺)(1项)】

项　目　名　称	编　号	申 报 地 区 或 单 位
印泥制作技艺(潜泉印泥制作技艺)	Ⅷ-15	黄浦区

说明:本扩展项目名录的序号、编号均为第一批上海市非物质文化遗产名录的序号和编号。

二、市级非物质文化遗产项目代表性传承人

2009年2月23日,市文广局认定、公布了第一批上海市非物质文化遗产项目代表性传承人,共211名。其中,传统音乐(民间音乐)类25名,传统舞蹈(民间舞蹈)3名,传统戏剧类69名,曲艺类20名,民间文学3名,传统体育、游艺与杂技(杂技与竞技)8名,传统美术(民间美术)类39名,传统技艺(传统手工技艺)类39名,传统医药类1名,民俗类4名。

表7-2-9　上海市非物质文化遗产项目代表性传承人一览表(排名不分先后)

(二○○九年五月二十六日公布)

【传统音乐(民间音乐)(25名)】

项　目　名　称	代表性传承人		项目编码	申 报 地 区 或 单 位
	姓　名	性　别		
江南丝竹	**陆春龄	男	Ⅰ-1	上海市群众艺术馆
	**周皓	男		
	李财余	男		奉贤区金汇镇
	***周惠	男		杨浦区四平街道
	张徵明	男		长宁民俗文化中心
	姚振平	男		
	黄企康	男		崇明县文化馆
	陆正鑫	男		南汇区六灶镇
	瞿连根	男		南汇区老港镇
青浦田山歌	***王锡余	男	Ⅰ-2	青浦区赵巷镇
	范志达	男		青浦区练塘镇
	张永联	男		
	蒋永林	男		青浦区朱家角镇
上海港码头号子	程年宛	男	Ⅰ-3	浦东新区塘桥街道
	韩纬国	男		

（续表）

项 目 名 称	代表性传承人		项目编码	申报地区或单位
	姓 名	性 别		
上海港码头号子	贾志虎	男	I-3	杨浦区定海街道
上海道教音乐	***石季通	男	I-4	嘉定区嘉定镇街道
	吉宏忠	男		黄浦区城隍庙
孙文明民间二胡曲及演奏技艺	马嘉华	男	I-5	奉贤区文化馆
泗泾十锦细锣鼓	彭景良	男	I-6	松江区泗泾镇
	张洪生	男		
瀛洲古调派琵琶演奏技艺	***殷荣珠	女	I-7	崇明县文化馆
	赵洪相	男		
浦东派琵琶演奏技艺	***林嘉庆	男	I-8	南汇区非物质文化遗产保护分中心
	周丽娟	女		

【传统舞蹈(民间舞蹈)(3名)】

项 目 名 称	代表性传承人		项目编码	申报地区或单位
	姓 名	性 别		
滚 灯	徐思燕	男	II-1	奉贤区柘林镇
手狮舞	孙炳祥	男	II-2	闵行区马桥镇
卖盐茶	徐斌芬	女	II-3	南汇区航头镇

【传统戏剧类(69名)】

项 目 名 称	代表性传承人		项目编码	申报地区或单位
	姓 名	性 别		
昆曲	**倪传钺	男	III-1	上海昆剧团
	**刘异龙	男		
	**蔡正仁	男		
	**张洵澎	女		
	**岳美缇	女		
	**梁谷音	女		
	**计镇华	男		
	**张静娴	女		
	***辛清华	男		
	方洋	男		

（续表一）

项 目 名 称	代表性传承人		项目编码	申报地区或单位
	姓 名	性 别		
昆曲	*** 王芝泉	女	Ⅲ-1	上海昆剧团
	张铭荣	男		
	周雪华	女		
	顾兆琳	男		上海戏剧学院附属戏曲学校、上海昆剧团
京剧	** 孙正阳	男	Ⅲ-2	上海京剧院
	** 王梦云	女		
	** 尚长荣	男		
	** 陈少云	男		
	** 关栋天	男		
	*** 艾世菊	男		
	张鑫海	男		
	筱高雪樵	男		
	*** 汪正华	男		
	*** 童祥苓	男		
	陈正柱	男		
	张南云	女		
	*** 李炳淑	女		
	夏慧华	女		
	方小亚	女		
	奚中路	男		
	严庆谷	男		
	史敏	女		
	小王桂卿	男		上海戏剧学院附属戏曲学校、上海京剧院
	*** 周少麟	男		上海市文史研究馆、上海京剧院
越剧	** 徐玉兰	女	Ⅲ-3	上海越剧院
	** 袁雪芬	女		
	** 张桂凤	女		
	** 傅全香	女		
	** 范瑞娟	女		

（续表二）

项 目 名 称	代表性传承人		项目编码	申报地区或单位
	姓　名	性　别		
越剧	** 王文娟	女	Ⅲ-3	上海越剧院
	*** 金采风	女		
	*** 吕瑞英	女		
	赵志刚	男		
	单仰萍	女		
	钱惠丽	女		
	方亚芬	女		
	*** 毕春芳	女		静安区文化馆
	金静	女		
沪剧	** 王盘声	男	Ⅲ-4	上海沪剧院
	** 杨飞飞	女		
	** 陈瑜	女		
	** 马莉莉	女		
	*** 韩玉敏	女		
	*** 沈仁伟	男		
	汪华忠	男		
	孙徐春	男		
	*** 茅善玉	女		
	小筱月珍	女		黄浦区文化馆、上海沪剧院
	陈甦萍	女		长宁沪剧团、长宁民俗文化中心
	华雯	女		宝山沪剧团
淮剧	*** 筱文艳	女	Ⅲ-5	上海淮剧团
	顾少春	男		
	武筱凤	女		
	*** 马秀英	女		
	何双林	男		
	梁伟平	男		
皮影戏	严忠阳	男	Ⅲ-6	奉贤区金汇镇
奉贤山歌剧	吴美华	女	Ⅲ-7	奉贤区南桥镇
扁担戏	朱雪山	男	Ⅲ-8	崇明县文化馆

【曲艺（20名）】

项 目 名 称	代表性传承人		项目编码	申报地区或单位
	姓 名	性 别		
锣鼓书	** 谈敬德	男	Ⅳ-1	南汇区文化馆
	** 康文英	女		
评弹	*** 陈希安	男	Ⅳ-2	上海评弹团
	江文兰	女		
	张如君	男		
	赵开生	男		
	张振华	男		
	*** 余红仙	女		
	秦建国	男		
浦东说书	陈建纬	女	Ⅳ-3	浦东新区北蔡镇
独脚戏	*** 杨华生	男	Ⅳ-4	上海人民滑稽剧团
	绿杨	女		
	李九松	男		
	*** 王汝刚	男		
	吴双艺	男		上海滑稽剧团
	王双庆	男		
	童双春	男		
	姚祺儿	男		上海青艺滑稽剧团
宣卷	朱其元	男	Ⅳ-5	青浦区金泽镇
	诸(孙)留云	男		

【民间文学（3名）】

项 目 名 称	代表性传承人		项目编码	申报地区或单位
	姓 名	性 别		
浦东地区哭嫁哭丧歌	张文仙	女	Ⅴ-2	南汇区书院镇
	王龙仙	女		南汇区大团镇
上海花样经	郑树林	男	Ⅴ-5	杨浦区五角场镇

【传统体育、游艺与杂技(杂技与竞技)(8名)】

项 目 名 称	代表性传承人		项目编码	申报地区或单位
	姓 名	性 别		
舞龙竞技	陆大杰	男	Ⅵ-1	浦东新区三林镇
鸟哨	朱德龙	男	Ⅵ-2	南汇区芦潮港镇
	袁菊平	男		
耍石担石锁	王保根	男	Ⅵ-3	闸北区天目西街道
	刘海	男		
摇快船	陆福良	男	Ⅵ-4	青浦区朱家角镇
	杜善钧	男		
	杜协钧	男		

【传统美术(民间美术)(39名)】

项 目 名 称	代表性传承人		项目编码	申报地区或单位
	姓 名	性 别		
顾绣	* 戴明教	女	Ⅶ-1	松江区文化馆
	朱庆华	女		
	高秀芳	女		
	吴树新	女		
	富永萍	女		
	钱月芳	女		松江区顾绣研究所
竹刻	王威	男	Ⅶ-2	嘉定区竹刻协会
	张伟忠	男		
海派黄杨木雕	侯志飞	男	Ⅶ-3	徐汇区非物质文化遗产保护办公室
	毛关福	男		上海工艺美术研究所
海派剪纸艺术	赵子平	男	Ⅶ-4	上海工艺美术研究所
	奚小琴	女		
	林曦明	男		徐汇区枫林街道
	李守白	男		
	王建中	男		上海民间文艺家协会、上海工艺美术研究所
海派面塑艺术	*** 赵艳林	女	Ⅶ-5	上海工艺美术研究所
	谢雅芬	女		
	赵凤林	女		

项 目 名 称	代表性传承人		项 目 编 码	申报地区或单位
	姓 名	性 别		
海派面塑艺术	陈瑜	女	Ⅶ-5	上海工艺美术研究所
	容淑芝	女		
何克明灯彩艺术	*** 何伟福	男	Ⅶ-6	卢湾区文化馆、上海工艺美术研究所
	吕协庄	女		上海工艺美术研究所
连环画	贺友直	男	Ⅶ-7	上海人民美术出版社
	刘旦宅	男		
	汪观清	男		
	韩和平	男		
	范生福	男		上海奇景网络有限公司
金山农民画艺术	吴彤章	男	Ⅶ-8	金山农民画院
	怀明富	男		
	曹秀文	女		
	阮章云	男		
灶花	黄汉生	男	Ⅶ-9	崇明县文化馆
	高阿帮	男		
奉贤乡土纸艺	徐菊洪	男	Ⅶ-10	奉贤区图书馆
	张建荣	男		
罗店彩灯	朱玲宝	男	Ⅶ-11	宝山区罗店镇
吹塑纸版画	龚赣弟	男	Ⅶ-12	宝山区杨行镇
	金益明	男		
石雕	王金根	男	Ⅶ-13	南汇区书院镇

【传统技艺（传统手工技艺）（39 名）】

项 目 名 称	代表性传承人		项 目 编 码	申报地区或单位
	姓 名	性 别		
乌泥泾手工棉纺织技艺	* 康新琴	女	Ⅷ-1	徐汇区华泾镇
朵云轩木版水印技艺	*** 蒋敏	男	Ⅷ-2	上海书画出版社
	林玉晴	女		
	郑名川	男		
老凤祥金银细工制作技艺	张心一	男	Ⅷ-3	上海老凤祥有限公司

（续表一）

项 目 名 称	代表性传承人		项 目 编 码	申报地区或单位
	姓 名	性 别		
杏花楼广式月饼制作技艺	梁树成	男	Ⅷ-4	杏花楼食品餐饮股份有限公司
	陈明信	男		
	张素莲	女		
	徐惠耀	男		
培罗蒙奉帮裁缝缝纫技艺	李佩鹤	男	Ⅷ-5	上海培罗蒙西服公司
	吴文青	男		
亨生奉帮裁缝缝纫技艺	林瑞祥	男	Ⅷ-6	上海亨生西服有限公司
鼎丰腐乳酿造工艺	沈仲华	男	Ⅷ-7	上海鼎丰酿造食品有限公司
南翔小笼馒头制作工艺	徐惠黎	女	Ⅷ-8	上海豫园旅游商城股份有限公司
	李建钢	男		嘉定区南翔镇
功德林素食制作技艺	***赵友铭	男	Ⅷ-9	功德林素食有限公司
	张洪山	男		
绿杨村川扬菜点制作工艺	李兴福	男	Ⅷ-10	上海绿杨村酒家有限公司
	沈振贤	男		
	杨隽	男		
凯司令蛋糕制作技艺	杨雷雷	女	Ⅷ-11	上海凯司令食品有限公司
	陈凤平	男		
海派旗袍制作技艺	金泰钧	男	Ⅷ-12	上海艺术研究所
	李霞芳	女		上海霞芳中华服饰研究交流中心
钱币生产的手工雕刻技艺	方茂森	男	Ⅷ-13	上海造币有限公司
	黄坚	男		
鲁庵印泥制作技艺	***高式熊	男	Ⅷ-15	静安区文史馆
	***符骥良	男		
钱万隆酱油酿造工艺	王良官	男	Ⅷ-17	浦东新区张江镇
三林刺绣技艺	康美莉	女	Ⅷ-19	浦东新区三林镇
徐行草编工艺	计学成	男	Ⅷ-20	嘉定区徐行镇
罗泾十字挑花技艺	陈育娥	女	Ⅷ-21	宝山区罗泾镇
上海黄酒传统酿造技艺	汪建华	男	Ⅷ-22	金山区枫泾镇
枫泾丁蹄制作技艺	张桂发	男	Ⅷ-23	金山区枫泾镇

（续表二）

项 目 名 称	代表性传承人		项目编码	申报地区或单位
	姓 名	性 别		
高桥松饼制作技艺	张玲凤	女	Ⅷ-24	浦东新区高桥镇
	顾玉英	女		
真如羊肉加工技艺	沈建中	男	Ⅷ-25	普陀区真如镇
马陆篾竹编织技艺	薛其华	男	Ⅷ-26	嘉定区马陆镇
龙凤旗袍制作技艺	徐永良	男	Ⅷ-27	上海龙凤中式服装有限公司

【传统医药（1名）】

项 目 名 称	代表性传承人		项目编码	申报地区或单位
	姓 名	性 别		
石氏伤科疗法	*** 石仰山	男	Ⅸ-1	黄浦区中心医院

【民俗（4名）】

（二〇〇九年五月二十六日公布）

项 目 名 称	代表性传承人		项目编码	申报地区或单位
	姓 名	性 别		
罗店龙船	张福成	男	Ⅹ-4	宝山区罗店镇
舞草龙	*** 费土根	男	Ⅹ-6	松江区叶榭镇
	顾顺林	男		
天气谚语及其应用	秦卫堂	男	Ⅹ-8	崇明县文化馆

说明：带 * 者为第一批国家级非物质文化遗产项目代表性传承人；带 ** 者为第二批国家级非物质文化遗产项目代表性传承人；带 *** 者为第三批国家级非物质文化遗产项目代表性传承人。

三、区（县）级非物质文化遗产名录

区（县）非物质文化遗产名录是经所在区（县）人民政府批准并公布的非物质文化遗产名录（下称区〈县〉级名录），也是全市非遗三级名录体系中的基础性项目。至2010年，全市共有区（县）级非物质文化遗产名录项目263项。其中浦东新区14项，黄浦区43项，静安区10项，卢湾区10项，徐汇区15项，长宁区18项，闸北区12项，杨浦区14项，虹口区2项，普陀区6项，宝山区9项，闵行区28项，嘉定区17项，金山区7项，松江区8项，青浦区10项，南汇区16项，奉贤区15项，崇明县9项。

表 7-2-10 浦东新区非物质文化遗产名录一览表

名 称	申 报 单 位	类 别	批 次
浦东说书	北蔡镇文化服务中心	曲艺	第一批
上海港码头号子	塘桥街道社区文化活动中心	传统音乐	第一批

(续表)

名　　称	申　报　单　位	类　别	批　次
浦东绕龙灯	三林镇文化服务中心	传统舞蹈	第一批
上海绒绣	洋泾街道、黎晖工艺品公司、高桥镇文化服务中心	传统美术	第一批
钱万隆酱油酿造工艺	上海钱万隆酿造厂	传统技艺	第一批
三林刺绣	三林镇文化服务中心	传统技艺	第一批
高桥松饼制作技艺	高桥镇文化服务中心	传统技艺	第一批
打莲花	花木街道社区文化活动中心、北蔡镇文化服务中心	传统舞蹈	第一批
肉皮汤制作工艺	北蔡镇文化服务中心	传统技艺	第一批
圣堂庙会	三林镇文化服务中心	民俗	第一批
花篮灯舞	曹路镇文化服务中心	传统舞蹈	第二批
海派魔术	南码头路街道社区文化活动中心	传统体育、游艺与杂技	第二批
三林瓷刻	三林镇文化服务中心	传统美术	第二批
三林本帮菜	三林镇文化服务中心	传统技艺	第二批

表 7 - 2 - 11　黄浦区非物质文化遗产名录一览表

名　　称	申　报　单　位	类　别	批　次
城隍庙道教音乐	上海市道教协会	传统音乐	第一批
独脚戏	上海人民滑稽剧团	曲艺	第一批
朵云轩木版水印技艺	上海朵云轩	传统技艺	第一批
面塑	上海工艺美术研究所	传统技艺	第一批
露香园顾绣	露香园顾绣研究所	传统技艺	第一批
小花园绣花鞋制作技艺	小花园鞋店	传统技艺	第一批
老凤祥金银首饰工艺	上海老凤祥有限公司	传统技艺	第一批
老周虎臣制笔技艺	上海新世界笔墨有限公司	传统技艺	第一批
恒源祥绒线制作技艺	恒源祥(集团)有限公司	传统技艺	第一批
曹素功制墨技艺	上海新世界笔墨有限公司	传统技艺	第一批
上海老饭店本帮菜烹饪技艺	上海老饭店	传统技艺	第一批
杏花楼月饼制作技艺	杏花楼食品餐饮股份有限公司	传统技艺	第一批
南翔小笼制作技艺	上海老城隍庙餐饮有限公司	传统技艺	第一批
乔家栅糕团制作技艺	上海老城隍庙餐饮有限公司	传统技艺	第一批
万有全腌腊技艺	上海万有全集团	传统技艺	第一批

（续表）

名　　称	申　报　单　位	类别	批次
王大隆刀剪制作技艺	豫园旅游商城股份有限公司	传统技艺	第一批
永青假发制作技艺	豫园旅游商城股份有限公司	传统技艺	第一批
丽云阁笺扇制作技艺	豫园旅游商城股份有限公司	传统技艺	第一批
铁画轩刻磁技艺	豫园旅游商城股份有限公司	传统技艺	第一批
湖心亭茶艺	豫园旅游商城股份有限公司	传统技艺	第一批
老同盛南北货加工技艺	豫园(集团)有限公司	传统技艺	第一批
大富贵酒楼海派徽菜烹饪技艺	豫园(集团)有限公司	传统技艺	第一批
稻香村禽、腊制品制作技艺	上海市泰康食品有限公司稻香村肫肝食品分公司	传统技艺	第一批
三阳宁式糕点	上海三阳南货店	传统技艺	第一批
老正兴本帮菜烹饪技艺	上海老正兴菜馆	传统技艺	第一批
老大同调味品制作技艺	上海老大同调味品有限公司	传统技艺	第一批
功德林素食技艺	上海功德林食品有限公司	传统技艺	第一批
沈大成糕团、小吃制作技艺	上海沈大成餐饮速食有限公司	传统技艺	第一批
培罗蒙西服制作技艺	上海培罗蒙西服公司	传统技艺	第一批
邵万生糟醉加工工艺	上海邵万生食品公司	传统技艺	第一批
王宝和蟹菜烹饪技艺	王宝和大酒店	传统技艺	第一批
小绍兴白斩鸡	小绍兴大酒家	传统技艺	第一批
雷允上六神丸制作技艺	上海雷允上药业有限公司	传统医药	第一批
蔡同德膏药制作技艺	上海蔡同德堂药号	传统医药	第一批
童涵春药丸制作技艺	上海童涵春药业股份有限公司	传统医药	第一批
石氏伤科	黄浦区中心医院	传统医药	第一批
楚氏伤科	金陵东路地段医院	传统医药	第一批
群力草药文化	上海群力草药店	传统医药	第一批
上海城隍庙庙会	豫园旅游商城股份有限公司	民俗	第一批
豫园元宵灯会	豫园旅游商城股份有限公司	民俗	第一批
梨膏糖制作技艺	上海梨膏糖食品厂	传统技艺	第二批
五香豆制作技艺	上海老城隍庙五香豆食品有限公司	传统技艺	第二批
潜泉印泥制作技艺	上海西泠印社有限公司	传统技艺	第二批

表 7－2－12　静安区非物质文化遗产名录一览表

名　称	申报单位	类别	批次
戚毕越剧流派表演艺术	静安区文化馆	传统戏剧	第一批
鲁庵印泥制作技艺	静安区文物史料馆	传技技艺	第一批
龙凤旗袍制作技艺	上海龙凤中式服装有限公司	传统技艺	第一批
鸿翔服装制作技艺	上海鸿翔制衣有限公司	传统技艺	第一批
王家沙点心制作技艺	上海王家沙餐饮有限公司	传统技艺	第一批
立丰食品制作技艺	上海立丰食品有限公司	传统技艺	第一批
陆氏伤科	静安区卫生局	传统医药	第一批
川扬菜点制作工艺	上海绿杨村酒家有限公司	传统技艺	第一批
亨生奉帮西服中山装制作工艺	上海亨生西服有限公司	传统技艺	第一批
凯司令蛋糕制作技艺	上海凯司令食品有限公司	传统技艺	第一批

表 7－2－13　卢湾区非物质文化遗产名录一览表

名　称	申报单位	类别	批次
何克明灯彩	上海大世界传艺中心	传统美术	第一批
琉璃工房——琉璃铸造工艺	上海琉璃艺术博物馆	传统美术	第一批
李守白剪纸	上海守白艺术文化有限公司	传统美术	第一批
殷孟珍摄影技艺	殷孟珍照相馆	传统美术	第一批
海派绒线编织	上海李黎明创意设计有限公司	传统技艺	第一批
机械相机修理技艺	新光照相器材商店	传统技艺	第一批
正章洗涤技艺	正章洗涤用品有限公司	传统技艺	第一批
上海女性内衣消费习俗	古今内衣商店	民俗	第一批
上海人西餐文化	红房子西餐馆	民俗	第一批
石库门文化	上海美达建筑工程有限公司	民俗	第一批

表 7－2－14　徐汇区非物质文化遗产名录一览表

名　称	申报单位	类别	批次
沪上闻人名宅掌故与口碑	天平街道、湖南街道	民间文学	第一批
"南浦站"杠棒号子	斜土街道	传统音乐	第一批
江南丝竹	长桥街道	传统音乐	第一批
"桂林班"皮影艺术	康健街道	传统戏剧	第一批
海派剪纸艺术	枫林街道	传统美术	第一批
海派黄杨木雕	长桥街道、上海工艺美术研究所	传统美术	第一批

（续表）

名　　称	申　报　单　位	类　别	批　次
留墨石刻	胡川隆（龙华街道）	传统美术	第一批
连环画	上海奇景网络有限公司	传统美术	第一批
黄道婆及乌泥泾手工棉纺织技艺	华泾镇	传统技艺	第一批
土山湾手工技艺	徐家汇街道	传统技艺	第一批
旗袍制作技艺	李霞芳（湖南街道）	传统技艺	第一批
上海龙华庙会	龙华街道	民俗	第一批
匾额习俗	上海翰林匾额博物馆	民俗	第一批
盘扣	漕河泾街道	传统技艺	第二批
上海说唱	徐家汇街道	曲艺	第三批

表 7－2－15　长宁区非物质文化遗产名录一览表

名　　称	申　报　单　位	类　别	批　次
沪剧	长宁沪剧团	传统戏剧	第一批
江南丝竹	长宁民俗文化中心	传统音乐	第一批
法华牡丹嫁接技艺	上海法华文化发展有限公司中山公园	民俗	第一批
西郊农民画	新泾镇文化中心	传统美术	第一批
刻纸	长宁民俗文化中心	传统美术	第一批
皮影戏	长宁民俗文化中心	传统戏剧	第一批
响铃游戏	长宁民俗文化中心	传统体育、游艺与杂技	第一批
作裙	长宁民俗文化中心	民俗	第一批
羊肉烧酒	长宁民俗文化中心	民俗	第一批
荡湖船舞	长宁民俗文化中心	传统舞蹈	第一批
踩高跷	长宁民俗文化中心	传统舞蹈	第一批
蚌壳舞	长宁民俗文化中心	传统舞蹈	第一批
舞狮子	长宁民俗文化中心	传统舞蹈	第一批
花轿舞	长宁民俗文化中心	传统舞蹈	第一批
打莲湘	长宁民俗文化中心	传统舞蹈	第一批
大头娃娃	长宁民俗文化中心	传统舞蹈	第一批
致和堂药号	上海致和堂医药有限公司	传统医药	第一批
人寿堂药号	上海人寿堂国药有限公司	传统医药	第一批

表 7–2–16　闸北区非物质文化遗产名录一览表

名　称	申　报　单　位	类　别	批　次
象牙丝编	市非遗保护中心闸北区分中心	传统美术	第一批
石担石锁	市非遗保护中心闸北区分中心	传统技艺	第一批
石氏伤科	市非遗保护中心闸北区分中心	传统医药	第一批
地书	市非遗保护中心闸北区分中心	传统技艺	第一批
绒刻	市非遗保护中心闸北区分中心	传统技艺	第一批
面塑	市非遗保护中心闸北区分中心	传统技艺	第一批
匾刻	市非遗保护中心闸北区分中心	传统技艺	第一批
石壶制作	市非遗保护中心闸北区分中心	传统技艺	第一批
竹刻	市非遗保护中心闸北区分中心	传统技艺	第一批
硬功绝技	市非遗保护中心闸北区分中心	传统体育、游艺与杂技	第一批
底座艺术	市非遗保护中心闸北区分中心	传统技艺	第一批
月份牌年画擦笔水彩年画技法	市非遗保护中心闸北区分中心	传统美术	第二批

表 7–2–17　杨浦区非物质文化遗产名录一览表

名　称	申　报　单　位	类　别	批　次
上海港码头号子	定海路街道办事处	传统音乐	第一批
江南丝竹	四平路街道办事处	传统音乐	第一批
上海花样经	五角场镇	传统文学	第一批
棕榈叶编织	五角场街道办事处	传统技艺	第一批
建筑微雕	殷行街道办事处	传统美术	第一批
海派根艺	延吉街道办事处	传统美术	第一批
瓷刻	四平路街道办事处	传统美术	第一批
麦秆画	定海路街道办事处	传统美术	第一批
竹笔逆锋倒书	五角场街道办事处	传统美术	第一批
瓶中船模	殷行街道办事处	传统美术	第一批
指画	五角场镇	传统美术	第一批
微雕	控江街道办事处	传统美术	第一批
上海扬剧小调	长白新村街道办事处	曲艺	第一批
杨家一心拳道	五角场街道办事处	传统体育、游艺与杂技	第一批

表 7－2－18　虹口区非物质文化遗产名录一览表

名　称	申　报　单　位	类　别	批　次
浦江码头号子	虹口区非遗保护中心	传统音乐	第一批
民间口头文学	虹口区非遗保护中心	民间文学	第一批

表 7－2－19　普陀区非物质文化遗产名录一览表

名　称	申　报　单　位	类　别	批　次
江南丝竹	普陀区非物质遗产保护中心	传统音乐	第一批
钱币生产的手工雕刻技艺	上海造币有限公司	传统技艺	第一批
真如羊肉加工技艺	真如镇人民政府	传统技艺	第一批
长征江南丝竹	长征镇人民政府	传统音乐	第一批
长征道教仪式美术	长征镇人民政府	传统美术	第一批
真如庙会	真如镇人民政府	民俗	第一批

表 7－2－20　宝山区非物质文化遗产名录一览表

名　称	申　报　单　位	类　别	批　次
罗店划龙船习俗	罗店镇社区文化活动中心	民俗	第一批
大场江南丝竹	大场镇社区文化活动中心	传统音乐	第一批
月浦锣鼓	月浦社区文化活动中心	传统音乐	第一批
罗店彩灯	罗店镇社区文化活动中心	传统美术	第一批
杨行吹塑版画	杨行镇社区文化活动中心	传统美术	第一批
罗泾十字挑花技艺	罗泾镇社区文化活动中心	传统技艺	第一批
庙行江南丝竹	庙行镇社区文化活动中心	传统音乐	第二批
顾村民歌民谣	顾村镇社区文化活动中心	民间文学	第二批
刘行白切羊肉制作工艺	顾村镇社区文化活动中心	传统技艺	第二批

表 7－2－21　闵行区非物质文化遗产名录一览表

名　称	申　报　单　位	类　别	批　次
陈行口头文学	浦江镇文化站	民间文学	第一批
马桥手狮舞	马桥镇文化站	传统舞蹈	第一批
江南丝竹	闵行区群众艺术馆	传统音乐	第一批
七宝皮影戏	七宝镇文化站	传统戏剧	第一批
莘庄钩针编结	莘庄镇文化站	传统技艺	第一批
上海小锣鼓	华漕镇文化站	传统音乐	第一批
颛桥剪纸	颛桥镇文化站	传统美术	第一批

(续表)

名　　称	申　报　单　位	类　别	批　次
上海西南方言	闵行区图书馆	民间文学	第一批
浦江苏家桥宣卷	浦江镇文化站	曲艺	第二批
塘湾打虎舞	吴泾镇文化站	传统舞蹈	第二批
浦江打莲湘	浦江镇文化站	传统舞蹈	第二批
陈行套板葫芦制作技艺	浦江镇文化站	传统美术	第二批
颛桥伞灯制作技艺	颛桥镇文化站	传统技艺	第二批
上海本帮农家菜制作技艺（诸翟羊肉、马桥豆腐干、七宝糟肉、浦东老八样）	华漕、马桥、七宝、浦江镇文化站	传统技艺	第二批
七宝农家糕饼制作技艺	七宝镇文化站及古镇公司	传统技艺	第二批
土布纺织技艺	马桥镇文化站	传统技艺	第二批
女红技艺	古美路街道文化站	传统技艺	第二批
	闵行区图书馆		
上海城郊传统游戏	虹桥镇文化站	传统体育、游艺与杂技	第二批
沪剧演唱	马桥镇文化体育事业发展中心	传统戏剧	第三批
本帮造像木雕	浦江镇文化体育事业发展中心	传统美术	第三批
中国民族乐器制作技艺	上海民族乐器一厂	传统技艺	第三批
海派红木家具雕刻技艺	梅陇镇文化体育事业发展中心	传统技艺	第三批
灯彩制作技艺	江川文化馆	传统技艺	第三批
回娘家习俗	龙柏街道文化体育事业发展中心	民俗	第三批
元宵节习俗	莘庄镇文化体育事业发展中心	民俗	第三批
端午节习俗	浦江镇文化体育事业发展中心	民俗	第三批
中秋节习俗	虹桥镇文化体育事业发展中心	民俗	第三批
重阳节习俗	颛桥镇文化体育事业发展中心	民俗	第三批

表7－2－22　嘉定区非物质文化遗产名录一览表

名　　称	申报地区或单位	类　别	批　次
嘉定竹刻	嘉定竹刻协会	传统技艺	第一批
徐行草编	徐行镇文化体育服务中心	传统技艺	第一批
南翔小笼馒头制作技艺	南翔镇文化体育服务中心	传统技艺	第一批
马陆篾竹编织技艺	嘉定新城(马陆镇)文化体育服务中心	传统技艺	第一批
江桥白切羊肉加工技艺	江桥镇文化体育服务中心	传统技艺	第一批

（续表）

名　　称	申报地区或单位	类别	批　次
药斑布印染工艺	安亭镇文化体育服务中心	传统技艺	第一批
嘉定锡剧	嘉定镇街道文化体育服务中心	传统戏剧	第一批
石担石锁	南翔镇文化体育服务中心	传统体育、游艺与杂技	第一批
徐行风筝	徐行镇文化体育服务中心	传统体育、游艺与杂技	第一批
上海道教音乐	上海市道教协会 嘉定镇街道文化体育服务中心	传统音乐	第一批
江南丝竹	嘉定镇街道文化体育服务中心	传统音乐	第一批
茶担舞	嘉定工业区文化体育服务中心	传统舞蹈	第一批
荷花灯舞	嘉定工业区文化体育服务中心	传统舞蹈	第一批
郁金香酒酿造技艺	上海稻香酒业有限公司	传统技艺	第二批
小青龙舞龙会	菊园新区文化体育服务中心	民俗	第二批
黄渡沪书	安亭镇文化体育服务中心	曲艺	第二批
达摩·易筋经	嘉定镇街道文化体育服务中心	传统体育、游艺与杂技	第二批

表 7 - 2 - 23　金山区非物质文化遗产名录一览表

名　　称	申　报　单　位	类　别	批　次
金山农民画艺术	上海市金山区农民画院	传统美术	第一批
上海黄酒传统酿造技法	上海金枫酿酒有限公司	传统技艺	第一批
枫泾丁蹄传统手工技艺	上海丁义兴食品有限公司	传统技艺	第一批
打莲湘	金山区廊下镇文广中心	传统舞蹈	第一批
干巷小白龙	金山区吕巷镇文广中心	传统舞蹈	第一批
金山故事	金山区文化广播影视管理局	民间文学	第二批
枫泾痔科"敛痔散"制作技艺	金山区中心医院枫泾分院	传统医药	第二批

表 7 - 2 - 24　松江区非物质文化遗产名录一览表

名　　称	申　报　单　位	类　别	批　次
顾绣	松江区文广局	传统美术	第一批
松江古戏曲音乐(泗泾十锦细锣鼓)	泗泾镇文体所	传统音乐	第一批
松江民间舞蹈(草龙舞、滚灯舞、水族舞)	叶榭镇文体所	传统舞蹈	第一批

（续表）

名　　称	申　报　单　位	类　别	批　次
松江民间山歌	新浜镇文体所、泖港镇文体所	传统音乐	第一批
松江百年老字号(余天成堂)	上海余天成医药有限公司	传统医药	第一批
余天成堂中医药文化	松江区供销合作联合社	传统医药	第二批
新浜花篮马灯舞	新浜镇文体所	传统舞蹈	第二批
松江皮影戏	泗泾镇文体所	传统戏剧	第二批

表 7-2-25　青浦区非物质文化遗产名录一览表

名　　称	申　报　单　位	类　别	批　次
田山歌	青浦区文化馆	民间文学	第一批
宣卷	金泽镇文化体育指导中心	曲艺	第一批
阿婆茶	金泽镇文化体育指导中心	民俗	第一批
摇快船	朱家角镇文化体育指导中心	传统体育、游艺与杂技	第一批
船拳	华新镇、朱家角镇文化体育指导中心	传统体育、游艺与杂技	第一批
涵大隆酱园酱菜制作技艺	朱家角镇文化体育指导中心	传统技艺	第二批
江南丝竹	白鹤镇文化体育指导中心	传统音乐	第二批
潘其华中医骨伤疗法	重固镇文化体育指导中心	传统医药	第二批
练塘匐经	练塘镇文化体育指导中心	传统医药	第二批
斩蛇痧	赵巷镇文化体育指导中心	传统医药	第二批

表 7-2-26　南汇区非物质文化遗产名录一览表

名　　称	申　报　单　位	类　别	批　次
锣鼓书	南汇区文化馆	曲艺	第一批
浦东宣卷	周浦镇文化服务中心	曲艺	第一批
浦东派琵琶演奏艺术	南汇区文化馆	传统音乐	第一批
南汇哭嫁歌和哭丧歌	书院镇、祝桥镇、老港镇、大团镇文化服务中心	民间文学	第一批
江南丝竹	祝桥镇、新场、老港镇、宣桥镇文化服务中心	传统音乐	第一批
卖盐茶	航头镇、新场镇文化服务中心	传统舞蹈	第一批
鸟哨	芦潮港镇文化服务中心	传统体育、游艺与杂技	第一批
王金根石雕	书院镇文化服务中心	传统美术	第一批
灶花	泥城镇、新场镇文化服务中心	传统美术	第一批

（续表）

名　　称	申　报　单　位	类　别	批　次
季家武术	宣桥镇文化服务中心	传统体育、游艺与杂技	第一批
龙潭竹篮	大团镇文化服务中心	传统技艺	第一批
打莲湘	惠南镇文化服务中心	传统舞蹈	第二批
张氏风科疗法	祝桥镇文化服务中心	传统医药	第二批
三阳泰糕点制作技艺	周浦镇文化服务中心	传统技艺	第二批
织带	万祥镇文化服务中心	传统技艺	第二批
沪剧	宣桥镇文化服务中心	传统戏剧	第二批

表 7－2－27　奉贤区非物质文化遗产名录一览表

名　　称	申　报　单　位	类　别	批　次
滚灯	柘林镇社会事业服务中心	传统舞蹈	第一批
孙文明民间二胡曲及演奏技艺	奉贤区文化馆	传统音乐	第一批
白杨村山歌	金汇镇社会事业服务中心	民间文学	第一批
鼎丰乳腐酿造工艺	上海鼎丰酿造食品有限公司	传统技艺	第一批
奉贤乡土纸艺（折纸/剪纸/刻纸）	奉贤区图书馆（折纸） 青村镇社事中心（剪纸） 奉城镇社事中心（刻纸）	传统美术	第一批
江南丝竹	金汇镇社会事业服务中心	传统音乐	第一批
皮影戏	金汇镇社会事业服务中心	传统戏剧	第一批
奉贤山歌剧	南桥镇社会事业服务中心	传统戏剧	第一批
土布染织技艺	庄行镇社会事业服务中心	传统技艺	第一批
羊肉烧酒食俗	庄行镇社会事业服务中心	民俗	第二批
京剧服饰制作技艺	奉贤区文化馆	传统技艺	第一批
奉城木雕	奉城镇社会事业服务中心	传统美术	第一批
神仙酒传统酿造技艺	四团镇社会事业服务中心	传统技艺	第一批
柘林地区市井歌谣	柘林镇社会事业服务中心	民间文学	第一批
海湾农垦技艺	海湾镇社会事业服务中心	传统技艺	第一批

表 7－2－28　崇明县非物质文化遗产名录一览表

名　　称	申　报　单　位	类　别	批　次
瀛洲古调派琵琶演奏技艺	崇明县文化馆	传统音乐	第一批
牡丹亭江南丝竹	崇明县文化馆	传统音乐	第一批

（续表）

名　　称	申　报　单　位	类　　别	批　　次
扁担戏	崇明县文化馆	传统戏剧	第一批
天气谚语及其应用	崇明县文化馆	民俗	第一批
崇明灶花	崇明县文化馆	传统美术	第一批
崇明山歌	崇明县文化馆	民间文学	第二批
崇明老白酒传统酿造技法	崇明县文化馆	传统技艺	第二批
杨瑟严的故事	崇明县文化馆	民间文学	第二批
鸟哨	崇明县文化馆	传统体育、游艺与杂技	第二批

第三章　活　　动

第一节　主 题 活 动

主题活动是指由政府部门、职能单位或有影响力的民间机构策划组织、宗旨明确、社会广泛参与、围绕文化遗产传承保护开展的活动，包括"文化遗产日"活动，民族、民俗、民间文化活动，节庆活动等。

一、"文化遗产日"与上海民族民俗民间文化博览会

【文化遗产日】

2005 年 12 月 22 日，国务院发布《关于加强文化遗产保护工作的通知》，要求进一步加强文化遗产保护工作，并决定从 2006 年起，每年 6 月的第二个星期六为"文化遗产日"。通过举办"文化遗产日"活动，切实唤起全社会文化遗产保护的意识，建立并完善政府主导、社会参与的工作机制，推动文化遗产保护传承，继承和弘扬中华优秀传统文化。每年"文化遗产日"的活动主题由文化部确定。

上海的"文化遗产日"活动由市文广局统筹推进，市非遗保护中心以及各区（县）分中心、全市各有关部门、有关单位围绕主题开展内容丰富、形式多样的非遗宣传展示活动。

表 7-3-1　2006—2010 年"文化遗产日"上海主要活动一览表

日　　期	主　　题	主　要　活　动
2006 年 6 月 10 日	保护文化遗产　守护精神家园	中国"文化遗产日"暨上海民族民间艺术博览会
2007 年 6 月 9 日	保护文化遗产　构建和谐社会	公布首批上海市非物质文化遗产名录
2008 年 6 月 14 日	保护文化遗产　构建和谐社会	"薪火相传"——上海市国家非物质文化遗产项目代表性传承人颁证仪式暨 2008 年"文化遗产日"专场晚会
2009 年 6 月 11 日	保护文化遗产　促进科学发展	"全国非物质文化遗产保护、古籍保护暨文博事业杰出人物表彰、颁证、授牌电视电话会议"上海分会场会议
2010 年 6 月 12 日	非遗保护　人人参与	2010 年上海市非物质文化遗产系列活动启动仪式

2006 年 6 月 10 日，2006 年中国"文化遗产日"暨上海民族民间艺术博览会在上海东亚展览馆开幕，由市文广局、市发改委、市教委、市文管委、市旅游委等单位共同举办。活动通过戏曲演变和发展、民间工艺传承和发展、古镇风貌、民风民俗等方面的展览展示，生动呈现了上海非遗项目的独特魅力和保护成果。上海市委副书记殷一璀，市委常委、市委宣传部部长王仲伟，副市长杨晓渡参观展览。

2007 年"文化遗产日"期间，市文广局公布了首批上海市非物质文化遗产名录；市文管委组织

图 7-3-1 "文化遗产日"系列活动暨上海民族民俗民间文化博览会开幕式(2007 年)

了全市 60 家博物馆、纪念馆免费向社会公众开放,并与虹口区政府联合举行了"沈尹默故居修缮竣工暨开馆仪式"。全市 19 个区(县)的文物部门及相关单位分别组织了文物展示、学术研讨、流动展览、广场宣传、专题讲座等形式多样的活动。

2008 年"文化遗产日",在兰心大戏院举行"薪火相传"——上海市国家级非物质文化遗产项目代表性传承人颁证仪式暨 2008 年"文化遗产日"专场晚会。活动由市文广局、上海文广新闻传媒集团主办,市非遗保护中心、上海文广新闻传媒集团艺术人文频道承办。市委常委、市委宣传部部长王仲伟为上海市 32 位国家级非遗项目代表性传承人颁发证书;国家级非遗项目代表性传承人龚一、陆春龄、马莉莉、陈瑜、陈少云、蔡正仁、张静娴等分别表演了古琴、昆曲、京剧、越剧、沪剧等节目。晚会还演示和介绍了锣鼓书、吴歌、上海港码头号子、海派旗袍、顾绣、嘉定竹刻、乌泥泾手工棉纺织技艺等非遗项目。

2009 年"文化遗产日",上海在市政府 3M 会议厅举行"全国非物质文化遗产保护、古籍保护暨文博事业杰出人物表彰、颁证、授牌电视电话会议"上海分会场会议。全市相关委办局负责人、各区(县)人民政府、文化(广)局,以及非遗保护、古籍保护和文博工作人员近百人参加会议。市政府副秘书长蒋卓庆出席会议并讲话。会议表彰了上海获得全国荣誉称号的单位和个人,并进行颁证、授牌;市文广局、市文管委分别对上海非遗保护、古籍保护及文博工作进行总结部署。

2009 年"文化遗产日"的主要活动还包括"中华元素"高峰论坛、上海市古籍保护工作成果展、上海地区公共图书馆非物质文化遗产保护宣传展示活动和各区(县)的相关活动。

表 7-3-2 2009 年"文化遗产日"部分区活动一览表

举 办 地	活 动 名 称
浦东新区	文博志愿者授旗仪式
浦东新区	新区非遗重点项目版面展
浦东新区	"迎世博"专题收藏展
卢湾区	尔东强石库门摄影作品展
卢湾区	灯彩、海派绒线编织、剪纸艺术作品主题展示活动
徐汇区	乌泥泾(黄道婆)手工棉纺织技艺展演
虹口区	"精武体育"主题宣传活动
黄浦区	"三民文化"与上海城市发展"世博"论坛
普陀区、闸北区、青浦区	非物质文化遗产专题展览
松江区、闵行区、杨浦区、静安区	非遗保护知识普及推广活动

2010 年"文化遗产日",在普陀图书馆举行上海市非物质文化遗产系列活动启动仪式,市委宣传部、市文广局、市建委、市科委、市旅游委、普陀区政府、上海文艺出版总社、上海图书馆等部门和单位的领导出席。市非遗保护工作局际联席会议成员单位有关负责人、各区(县)文化(广)局、有关项目保护单位的负责人、非遗项目代表性传承人、非遗保护工作的专家学者和市民代表 700 余人参加了活动。

启动仪式上,展示《越剧》《沪剧》《嘉定竹刻》《乌泥泾手工棉纺织技艺》《江南丝竹》首批 5 卷上海市国家级非遗名录项目丛书和《上海港码头号子》《评弹》《嘉定竹刻》《朵云轩木版水印技艺》《功德林素食制作技艺》《石氏伤科疗法》6 部非遗项目专题片,公布第二批上海市非物质文化遗产项目代表性传承人名单和第二批上海市珍贵古籍名录。上海非物质文化遗产网正式开通,并启动了以网站为平台的"文明盛会·传统瑰宝"非物质文化遗产主题摄影比赛和"传承文化·风情民间"上海市非物质文化遗产网上知识竞赛。启动仪式后,还举行了"海上春潮"——2010 年度上海民歌新唱音乐会。全市各区(县)也围绕"文化遗产日"主题开展了一系列活动。

表 7 - 3 - 3　2010 年"文化遗产日"部分区活动一览表

举　办　地	活　动　名　称
静安区	"龙凤旗袍的现代创意、产业开发及文化传承"研讨活动
浦东新区	优秀非物质文化遗产节目展演
闵行区	"丝竹情韵"专场音乐会
徐汇区	土山湾博物馆开馆仪式
崇明县	扁担戏现场展演
卢湾区	"城市记忆"——卢湾区石库门瓦雕展
嘉定区	"相约世博"——2010 年全国竹刻艺术邀请展
黄浦区	"豫园·金龙鱼"端午文化节
普陀区、闵行区、嘉定区、黄浦区	"世博城市文化体验日"活动
宝山区、长宁区、闸北区、普陀区	端午民俗节庆活动
长宁区、虹口区、嘉定区、青浦区、奉贤区	"聆听城市声音　感受非遗文化"主题演出

【上海民族民俗民间文化博览会】

上海民族民俗民间文化博览会(下称"民博会")是汇集全国各民族有代表性的民俗民间文化艺术的展示、展览活动。活动由市委宣传部、市文明办、市政府新闻办、市文广局、市文联、市对外文化交流协会等单位指导,市非遗保护中心、市社会经济文化交流协会等单位主办。

"民博会"秉持"保护遗存、扶持传承、守护民俗、回归民间"和"诠释民族文化、演绎民俗风情、展示民间艺术"的理念,促进全国各民族各地区的民间艺术交流与合作。至 2010 年,"民博会"成功举办 7 届。

2004 年 3 月 18—21 日,首届"民博会"在上海展览中心举行。全国 20 多个省市及美国、法国、韩国等民间艺术团体参加,展出的民间艺术品共 12 大类数百种。"民博会"专门设立上海馆,展出嘉定竹刻和徐行草编、金山黑陶和农民画、松江刺绣和丝网版画、宝山瓷刻和吹塑版画、闵行皮影和剪纸、南汇木雕及石刻,奉贤风筝、崇明渔民画等全市 16 个民间艺术之乡的精品力作。展览期间,还举行了民间艺术精品拍卖及"城市发展与民间文化"研讨会。

2005 年"民博会"于 10 月 15—21 日在上海展览中心举行。此届展会设国家馆、地区馆、上海工艺、上海特艺、民间百工、专题馆和学生馆等展区,全国 20 多个省市选送优秀民族民间艺术作品参展,展品达 3 万余件。主办方组织 14 个省市的工艺大师来沪,在现场为市民展示民族工艺品的制作过程,还深入社区为居民表演。

2006 年"民博会"于 6 月 10—12 日在上海东亚展览馆举行,并被纳入首个中国"文化遗产日"上海系列活动。该届展会通过实物、照片、文字等形式,集中展示上海文化遗产保护成果、古镇开发利用成果、民族民间艺术发展和利用成果。展会集中展示京剧、昆曲、越剧、沪剧、江南丝竹、锣鼓书、嘉定竹刻、顾绣、乌泥泾手工棉纺织技艺等 9 个上海市第一批国家级非遗名录项目。上海历史博物馆和上海文化艺术档案馆也联袂展出珍贵的艺术藏品和艺术资料。

2007 年"民博会"于 6 月 9 日在东亚展览馆开幕,主题为"中国元素,海上聚宝"。市委常委、市委宣传部部长王仲伟为民博会开幕剪彩。30 多件来自全国各地艺术领军人物的作品在展会展出,83 项第一批上海市非遗代表性项目在"民博会"上悉数亮相,港澳台和海外华裔艺术家及其作品也首次参展。此届"民博会"在高校和社区开设 10 多个分会场,开展"留住上海话"音像展示、民间艺术摄影大赛、"粽艺秀"大赛和现场鉴宝等活动。

2008 年"民博会"于 9 月 11—16 日在东亚展览馆举办,市委常委、市委宣传部部长王仲伟,市人大常委会副主任胡炜,副市长沈晓明出席开幕仪式,文化部发来贺信。此届"民博会"强调民族民间艺术可展示、可产品化,力求用展品演绎工艺奥秘、讲述艺术故事、传播文化精神。展会期间,开展现场互动、现场演示、民间艺术鉴赏讲座等活动。展会还在上海体育场设分会场,举办"中秋民俗嘉年华"活动,来自中国台湾的"花好月圆"工艺品展区成为亮点。此次"民博会"融入迎世博元素,展品中有一套自 1911 年以来上海参加历届世博会的产品商标及一套上海百年老字号商标等与世博会相关的珍贵展品。

2009 年"民博会"于 9 月 29—10 月 6 日在东亚展览馆举行。市委常委、市委宣传部部长王仲伟,副市长屠光绍出席开幕式,并为上海"三民"文化创意推广中心、上海工艺美术职业学院、上海市青少年三民文化创意基地揭牌。此届"民博会"以"礼仪天下,和谐中华"为主题,以丰富多彩的展览和生动形象的演示,传承诗书礼乐,弘扬民族文化。展览分设 6 个展区和 1 个舞台,以钟鼓礼乐、青铜鼎礼器等为展示重点,展览还展出 60 件(套)国外友人赠送给中国党和国家领导人的礼品。展览现场,有关专家和民众共同参与礼仪行为演示、礼仪知识竞猜和礼仪文化空中论坛。

2010 年 4 月 23 日,"民博会"开幕式与新落成的上海民族民俗民间文化博览馆揭牌仪式同时举行,上海市有关领导为"三民博览馆""上海民间艺术展示基地"和"上海世博会城市特色文化展示馆"揭牌,陈香梅等海内外人士为"民博会"开幕剪彩。市人大常委会副主任胡炜及市有关委办局的领导、社会各界代表 300 余人出席了开幕式。"民博会"期间,这些新揭幕的场馆还分别举办了"纸的文明""'工艺·绿色生活演绎'台湾工艺精品展""世界最大根雕风采——巨型根雕展"等特展。

"民博会"除举办展会活动外,还举办"上海文化论坛",积极搭建民族民俗民间文化的研讨、交流平台。历届论坛主题包括:"从民博走向世博——中国元素在 2010 上海世博会上的表达""民族民间艺术与 2010 年上海世博会""三民文化与公共文化政策""中华元素:诠释、演绎及现代表达"等。

二、长三角非物质文化遗产保护项目·服饰·织物展

"长三角非物质文化遗产保护项目·服饰·织物展"是长三角地区非遗保护工作的城际合作交流活动,由上海市徐汇区文化局、江苏省非物质文化遗产保护中心、浙江省民族民间文化保护工作领导小组办公室、上海市非物质文化遗产保护中心联合举办,2007 年 12 月 28 日至 2008 年 1 月 25 日在徐汇区西南文化艺术中心二楼展厅免费向公众展出。展览展现江南地区纺织服装产业从传统手工艺形态走向工业化、现代工业化以及进入后工业时代,新的文化回归和螺旋式上升的历史发展轨迹。

三、2008 北京奥运会"中国故事"文化展示活动

2008 年北京奥运会和残奥会期间,北京奥组委、文化部在北京奥林匹克公园中心区举办"中国故事"文化展示活动,通过设在公园中心区的约 30 个祥云小屋(展厅),向国际奥委会官员、世界各地运动员及持票入场的观众展示中国非物质文化遗产的独特魅力。上海馆以"锦绣上海"为主题,以中国民族乐器为主要展示内容,由市文广局联合市非遗保护中心、市群艺馆、市残疾人联合会、闵行区文广局、闵行区博物馆、上海民族乐器一厂、闵行区收藏协会等单位共同举办。

2008 年 8 月 9—24 日、9 月 7—17 日共计 28 天的正式运行期间,"锦绣上海"馆精致典雅的展馆布置、历史悠远的乐器文化、精彩纷呈的民乐表演、热情积极的服务态度,吸引了中外游客近 30 万人次。中共中央政治局常委、北京市委书记,北京奥组委主席刘淇,以及文化部部长蔡武、副部长周和平,北京市委副书记王安顺,中国残联副主席汤小泉等先后参观"锦绣上海"馆。中央电视台、中国国际广播电台、北京电视台、《文汇报》、《新民晚报》等 10 多家新闻媒体进行了采访报道。

展示任务圆满完成后,"锦绣上海"馆获得了由北京奥组委和文化部联合颁发的"最受欢迎奖"。

图 7 - 3 - 2　奥运会花车巡游的小朋友参观"中国故事"展区上海小屋(2008 年)

四、2009"中华元素"创意作品征集系列活动

在市委宣传部和上海世博会事务协调局的指导下,市文广局、市文联、上海夏征农民族文化教育发展基金会等单位共同举办 2009"中华元素"创意作品征集系列活动。这一在全国范围征稿的大型传统文化创意设计活动,于 2009 年 3 月正式启动。活动以"中华元素、时尚表达"为主题,广泛征集中华元素 LOGO 设计、世博会吉祥物"海宝"服饰设计、创意产品设计以及舞台艺术设计作品。经组委会的广泛宣传、征集和协调整合,社会反响热烈,投稿踊跃。上海工会系统、妇联系统及世博

会特许产品和旅游纪念品设计活动的主办单位也推荐了大量作品应征。经统计,投稿作品总数达5 599件,其中,中华元素 LOGO 设计作品1 722件,世博会吉祥物"海宝"服饰设计作品942件,创意产品设计作品2 735件,舞台艺术作品200件。作品来自中央美院、华东师大等310所大学和上海、台湾等地的30多家设计公司及设计工作室,其中,50%来自资深专业设计师,40%来自专业艺术院校师生和行业协会会员、管理人员等,18—25岁的青年作者占77%。应征投稿作者遍及全国40多个城市。

2009"中华元素"创意作品征集系列活动开设官方网站,为作品征集和宣传搭建平台。其中,活动投稿专区有140 516人登录,浏览量达1 783 073次。新华网、东方网、今题网、中新网、海峡之声等网站或以专题或以多个版面刊出活动征集到的作品。包括中央电视台、新华社在内的电视、广播、平面媒体刊发和播出新闻、评论及照片350多篇(幅)。

投稿作品由相关行业专家、媒体和社会大众共同参与评选,初评、终评结果均在官方网站上进行公示。评选过程中,相关法律机构提供了咨询和指导,确保了评选结果的权威性和公正性。在终评阶段,组委会邀请中国工业设计协会副理事长兼学术委员会主任柳冠中,国际平面设计社团协会副主席、香港区旗区徽设计者韩秉华,上海艺术研究所所长高春明,中国音乐家协会副主席、上海音乐家协会主席陆在易等江、浙、沪艺术、设计领域的知名人士担任评委,共评选出四大类优秀作品56件。

"2009中华元素创意盛典"于同年12月22日举行,市委常委、市委宣传部部长杨振武等市领导出席,为优秀作者颁发证书,并对参加盛典演出的优秀舞台艺术作品给予高度评价。2009"中华元素"创意作品征集系列活动的部分优秀作品被推荐参与世博礼品遴选;一批作品参加世博会"上海周"展示,其中刺绣等作品受邀进入世博园区展览和销售。

五、2010 年上海世博会"上海活动周"——非遗传习馆展示活动

2010 年10月8—12日,2010年上海世博会"上海活动周"——非遗传习馆展示活动在世博园浦东片区宝钢大舞台举行。传习馆以"上海的一天"为叙述主线,通过实物展览和互动交流的形式,引导观众体验海派传统文化。传习馆外部构造为上海石库门民居造型,内部分为"早晨""午后""下午""夜晚"等多个区域。观众从上海老弄堂步高里进入,穿过多个时间场景和展示区域,一边欣赏展品,一边参与互动,最后从田子坊的暮色中走出。在这"一天"中,感受百年申城发展历程和民众日常生活中的多元文化。

传习馆展品由民间音乐、民间美术、传统手工技艺等门类共16项上海非遗项目构成,其中70%以上为国家级非遗名录项目。展品包括微雕微刻作品《清明上河图》、巨幅动画版《清明上河图》、顾绣作品《泼墨仙人图》、象牙篾丝编织《花好月圆》团扇、民族乐器巨制"虎座鸟架鼓"、海派绒绣作品《浦江两岸尽朝晖》、大型紫檀雕刻作品《世纪龙舟》等。传习馆通过中英文对照的展品文字说明、传承人交流、派发宣传折页、体验产品制作等方式,向观众普及非物质文化遗产知识。

2010 年10月8日,市文广局与市政府新闻办合作,在上海世博会新闻中心召开世博"感知上海"——非遗保护媒体情况介绍会,向上海世博会注册媒体记者全面介绍传习馆有关情况,以及上海"十一五"期间非遗保护工作的成果,并围绕传习馆的再利用计划、非遗保护专项资金的使用和管理、生产性保护的宣传推广等进行互动交流。

第二节　专项活动

专项活动是为某个非遗项目专门开展的传承、传播活动,包括演出、展览、展示等。

一、"扁担戏"演出

崇明扁担戏,又称崇明木人戏,属单人布袋木偶戏。

1984年春节期间,扁担戏传承人朱氏家族的第三代传人朱雪山应上海市民间艺术研究所邀请,参加上海市民间艺术展览,并在上海美术馆演出。演出引起中外观众的极大关注,上海电视台新闻节目播放了他的演出录像,《文汇报》《新民晚报》《解放日报》先后撰文介绍、推广崇明扁担戏。同年8月19日,朱雪山应上海木偶剧团邀请,在上海风雷剧场为德国、日本及中国戏曲界人士演出《武松夜战蜈蚣岭》。2006年6月"文化遗产日"期间,朱雪山参加"非物质文化遗产上海民间收藏展"。为迎接上海世博会,已被认定为扁担戏市级非遗代表性传承人的朱雪山,编排了《海宝来了》,到集镇和学校宣传演出,受到社区群众和学生的欢迎。

2009年春节期间,韩国高丽大学民俗研究所所长田耕旭率20余名研究生专程到崇明观看扁担戏表演。他们对扁担戏艺人朱顺发的表演十分赞赏,邀请朱顺发于同年10月赴韩国参加亚太地区民俗文艺交流演出。2010年10月,朱顺发再次应邀赴韩国参加交流演出。

二、"嘉定竹刻"传承和展览

2005年,嘉定区人民政府制订并启动"嘉定竹刻保护五年计划"。同年12月,嘉定区把竹刻艺人组织起来,成立嘉定历史上第一个竹刻行业协会——嘉定区竹刻协会。2007年,建立嘉定竹刻博物馆,用以收藏、展示历代竹刻艺术精品。同年,建立嘉定竹刻名师工作室。竹刻艺人王威、张伟忠被认定为上海市非物质文化遗产项目代表性传承人;张伟忠被评为上海市工艺美术大师。同年,嘉定竹刻经批准成为注册商标。

2006年初,嘉定区创办竹刻师资培训班,培养中小学竹刻专业指导教师。区教育局劳技教育中心成立竹刻科,加强对竹刻进校园工作的指导。嘉定区马陆育才联合中学、黄渡中学、城中路小学先后成立竹刻社。城中路小学的"晨晓竹刻社"邀请名家进校辅导,并举办师生作品展。马陆育才联合中学编著了《竹刻艺术基础》《竹刻技法的学习与提高》等辅导教材,嘉定镇成人社区学校编写了教科书《嘉定竹刻》。

同年11月10日至12月10日,嘉定区文广局举办"'城市的记忆'——嘉定竹刻展"。展览汇集上海博物馆、扬州博物馆、嘉定博物馆和私人收藏的竹刻精品以及当代嘉定竹刻艺人的186件作品,引起社会各界的广泛关注,近万名观众慕名而来。北京、上海等10多家新闻媒体进行报道。

竹刻协会邀请竹刻大师潘行庸的弟子张迎尧、范其昌开设讲座,对竹刻艺人进行技艺指导,鼓励竹刻艺人参加美术院校进修,接受专业美术训练,帮助竹刻艺人先后建立竹缘堂、新篁馆、绿玉轩、竹汀斋、多艺轩、草竹轩、竹韵堂、竹筠斋、博竹斋、三宜阁、研竹轩、明典堂等12家竹刻工作室。这些工作室带徒传艺,取得成效,在"竹艺传薪——2009当代嘉定竹刻作品展览"中,有11个竹刻工作室及部分竹刻培训班学员、业余爱好者的70余件作品入选参展。

2008年6月1日,"2008年海峡两岸竹刻艺术交流展"在上海工艺美术博物馆开展,展出了台湾艺术大师陈春明、翁明川、赖进益、刘昌宏、施惠闵及各地竹刻大师徐秉方、徐秉言、刘硕识、叶瑜荪、潘峰等的作品。

2009年,嘉定区有关部门组织专家、学者编写上海市国家级非物质文化遗产名录项目丛书分卷《嘉定竹刻》,系统介绍嘉定竹刻的产生、发展历史,相关技艺以及名家、名作等。该书融通俗性、学术性于一体,成为了解和研究嘉定竹刻的入门书籍。

2010年上海世博会期间,由世博会公众参与馆、嘉定区文广局主办,嘉定区文化馆、嘉定区竹刻协会承办的"嘉定竹刻"展示活动亮相上海世博会公众参与馆"秀·空间"及世博会"上海活动周"非遗传习馆展示活动。嘉定竹刻博物馆也举办了"相约世博——2010年全国竹刻艺术邀请展",展览汇集了来自全国40位竹刻艺人的73件当代作品。

同年12月,张伟忠、俞田个人竹刻艺术作品展在嘉定竹刻博物馆举行,集中展示了他们数年来的创作成果共计36组(件)作品。

三、江南丝竹传承和交流演出

江南丝竹是流行于上海、江苏、浙江一带的传统器乐合奏形式。2006年,江南丝竹被列入国家级非物质文化遗产名录,由市群艺馆承担国家级项目保护单位职责,由浦东新区、闵行区、长宁区、杨浦区、嘉定区、崇明区、徐汇区、普陀区、奉贤区、宝山区、青浦区相关单位担任市级项目保护单位职责。市群艺馆牵头拟定两个上海江南丝竹五年保护规划,开展两次全市江南丝竹普查工作,2008年初,市非遗保护中心对全市19个区(县)江南丝竹乐团及其演出情况开展普查,确认上海有各类江南丝竹民间乐团60余个,这些乐团演出活动频繁,在文艺舞台有一定影响力。市非遗保护中心编撰出版《江南丝竹》专著和教材4本;拍摄播放《江南丝竹》专题片一部,利用现代科技手段,建立江南丝竹及其代表人物、代表作品以及其他相关资料的文字、图片和音像档案,在已建成的市非遗网站和市非遗数据库中,设立江南丝竹专题区。

改革开放后,上海开展一系列江南丝竹交流演出活动。1983年,上海音乐学院组成民乐小组参加日本大阪府友好交流演出,上海民族音乐家小组赴美国俄亥俄州演出;1987年和1988年,被誉为"笛王"的江南丝竹传人陆春龄分别赴新加坡和英国伦敦等5大城市演出;1988年,江南丝竹传人周惠、周皓兄弟应邀赴英国参加国际艺术节;1991年,浦东川沙县14个乡的民间音乐团体在顾路乡举行"江南丝竹闹元宵"行街活动和演奏比赛;1992年,在第二届"海内外江南丝竹演奏和创作比赛"中,中国福利会少年宫民乐队获得演出一等奖;1995年2月,周氏兄弟、陆春龄和马圣龙一行4人应邀参加在新加坡大会堂举行的"江南丝竹迎新春华乐大师演奏会";2000年春,加拿大温哥华中华文化中心邀请陆春龄参加"魔笛陆春龄与江南丝竹"音乐会;2004年,上海江南丝竹协会应邀赴荷兰参加中国艺术节,在荷兰连演34场次。江南丝竹通过民间组织,在国外得到广泛传播。

2006年,受国家非遗保护中心及福建厦门"博饼节"的邀请,新场镇民乐队组织了沪上江南丝竹艺术家张国荣、苏振华、蔡梅花、谈敬德等赴厦门,与广东省民族粤曲、福建南音等各地的代表乐种同台展演原生态民间音乐、器乐节目,《厦门日报》发表评论文章,对新场镇民乐队演奏的《春辉曲》等曲目予以高度评价。

同年,市群艺馆组建了非职业的上海江南丝竹乐团,并在全市创建22家上海市江南丝竹项目保护传承基地,基层丝竹团队从62个增长至93个。2008年开始,组织举办或派出江南丝竹乐队参与"2008北京奥运会重大文化活动"、2010年上海世博会等重大国内外演出活动和赛事。至2010年,已形成一定规模的上海江南丝竹保护和传承普及网络,江南丝竹的国内外交流演出得到进一步推动。

四、顾绣展览

20世纪70年代,松江工艺品厂响应国务院总理周恩来关于挖掘发展中国传统工艺美术品的指示,于1972年底开始筹备恢复顾绣业务。自此,顾绣得到了系统性研究和传授,顾绣的传统技艺也得到恢复。

2006年2月,顾绣参加在国家博物馆举办的"中国非物质文化遗产保护成果展"。参展的两件作品均为松江博物馆收藏的顾绣精品,一件为元代赵松雪的《吴兴清远图》,一件为元代倪瓒的《渔庄秋霁图》。展览期间,顾绣传承人还当场演示刺绣技艺,并进行了现场讲解。

1984—2010年,顾绣参与了大量展览展示活动,主要包括:上海市工艺展览会、中国国际艺术展、上海艺术节民间工艺美术精品展、中国非物质文化遗产保护成果展、第二届中国(深圳)国际文化产业博览会、中国西部国际博览会、上海民族民间艺术博览会;参加了2010年上海世博会的公众参与馆"秀·空间"展示和"上海活动周"活动;参加了中国传统工艺美术文化交流团赴日本展示;在松江博物馆举行了顾绣艺术展览;在上海博物馆举办了"海上锦绣——顾绣珍品特展"等。

五、崇明灶花保护和展示

灶花又称"灶头画",是崇明民间美术品种之一,至今已有800年历史。崇明县向化镇开展一系列活动进行有效保护传承,筹建占地面积2 000平方米、展厅面积1 000平方米,可展出350多件展品和400多幅照(图)片的仿古式崇明灶文化博物馆;在向化镇南江村建立了一条100多米长的灶花艺术作品展示长廊,长廊内展出近百幅灶花精品;举办了"尘封的美丽——崇明灶花作品展""我为美丽乡村画灶花——崇明灶花精品摄影展"等展览,并在市群艺馆、崇明县博物馆、崇明县图书馆、东平国家森林公园、崇明灶文化博物馆、社区文化活动中心、各村居暑期学校等地巡回展出,累计观众近8万人次。

2008年9月,上海崇明灶文化研究会成立,下设5个专业团队,有会员108名,初步形成崇明灶花老、中、青三代传承梯队。

2009年,市非遗保护中心、上海炎黄文化研究会、崇明县向化镇政府、县文广影视局、旅游局、农委等主办"'南江风韵杯'崇明县灶花艺术节暨江浙沪灶花邀请赛",邀请江苏省启东市、海门市,浙江省嘉兴市以及浦东新区等地共19名灶花绘制高手参赛,进一步扩大了灶花艺术的社会影响。经过近10年的努力,崇明灶花这一濒于湮没的民间美术项目获得新生。

图7-3-3 上海市非物质文化遗产项目崇明灶花展示(2009年)

六、颛桥剪纸展示

剪纸在上海地区流派众多。其中,颛桥剪纸以其刻工精巧细腻、构图立体新颖、图案经典古朴、海派特色鲜明、时代气息浓郁而独树一帜。

2001年11月至2005年6月,颛桥镇连续举办剪纸培训班和剪纸作品下社区巡回展览,剪纸艺人创作的"水乡风情""城镇风貌""吉祥纹样""自然百态"等系列作品,乡土气息和时代感兼具。剪纸艺人尝试传统技艺与新材质的结合,创作出了剪纸艺术装饰屏风、剪纸艺术书签和挂件、丝巾、黑紫砂等作品。2003年4月,经上海市民间文艺家协会批准,上海剪纸学会颛桥分会成立。

颛桥镇将剪纸艺术用于美化颛桥轻轨公园、人行道、绿化带、宣传墙等环境空间,还结合闵行区创建全国文明城区、创建全国文明镇活动,将剪纸用于宣传标语、宣传栏,使颛桥剪纸得到多方位展示。

颛桥剪纸大观园于2008年10月开园,园内分设展示区和互动区。展示区有"千年文化时空""守望精神家园""走进千家万户""美化人文环境"四个部分,介绍传统吉祥文化和剪纸艺术;互动区设有剪纸工具,常年开展培训活动。颛桥镇还举办了"廉政剪纸展""中草药剪纸展""幼儿剪纸展""培训班学员剪纸作品汇报展"等不同主题、类别的剪纸作品展览。2010年,颛桥剪纸参加了中国上海世博会开幕式剪纸展示。

七、龙华庙会传承活动

龙华庙会在唐代垂拱年间已具雏形,宋元时期初具规模。随着龙华寺的声名和规模的逐渐增大,到明、清时期已成为集礼佛、娱乐、商贸为一体的综合性庙会,且辐射到安徽、江苏、浙江等周边地区。进入20世纪20年代,龙华庙会由单纯的乡村型庙会向都市型庙会转化。1937年"八·一三"事变后,上海沦陷,龙华庙会一度被日军取缔。

中华人民共和国成立以后,龙华庙会日趋兴旺。1953年,政府首次参与组织龙华庙会,并将其易名为龙华物资交流会。自此,龙华庙会在政府指导下进入新的发展阶段。龙华物资交流会在"文化大革命"期间中断,1980年恢复,1985年复名龙华庙会,由徐汇区主办,1987年开始改称为上海龙华庙会。1995年以后,上海龙华庙会成为以民间文艺表演和民间手工艺制作展示为主体的文化活动。活动中的娱乐项目有舞龙舞狮、荡湖船表演等,特色饮食有龙华素斋等。每逢农历三月初三,在龙华寺周边举办上海龙华庙会活动,每年游览者达500余万人次。

以保护和传承上海龙华庙会为目标,龙华街道分别建立荡湖船表演队、龙华童谣表演队、"华狮龙"龙狮队、"龙之梦"少年舞龙队等,每年参加市、区和社区民俗民间文化节展示活动。2008年龙华镇由文化部命名为中国民间文化艺术之乡。

八、徐行草编传承

嘉定区徐行镇是黄草种植、编织发源地,徐行草编是中国独有的手工艺,原料、制作工艺与众不同。黄草织品轻巧实用,精致美观。

1986年,徐行成立草编工艺品联营厂。1996年,徐行成立出口营销的股份制企业徐行工艺品有限公司,全年销售工艺品60万件,销售额达1 200多万元。镇政府高度重视传承保护,建立上海草编之乡创意园和徐行草编合作社。同年,徐行镇(黄草编艺术)由文化部命名为中国民间艺术之乡;1999年,由全国农村特色经济之乡宣传活动组委会命名为中国草编之乡;2008年,徐行草编入选国家级非物质文化遗产名录;同年,由文化部命名为中国民间文化艺术之乡。

徐行镇精心打造"徐行草编客堂汇",在全镇33家客堂汇里常年开展"指尖上的传承·徐行草编客堂汇"活动。以草编为民俗文化为核心,构建起镇文化体育服务中心、村居综合文化活动室、农家客堂汇民间文化艺术三级网络,实现镇、村(社区)、组(楼道)全覆盖,有50%的户籍人口掌握草编技艺,70%的常住人口参与草编文化活动。每年举办"春动徐行"民俗文化之旅、"我们的节日"青少年民俗文化展示、非遗嘉年华等大型主题活动,吸引群众参与草编制作体验、编织培训、草编大赛等活动;数年来,有2万人次参加了草编活动。

徐行草编设有名师工作室。草编团队中,计学成设计的"孔夫子周游列国"拎包获得上海市工艺美术展览会创新奖,菊花包获得市民间工艺品展览会优秀作品奖;世博吉祥物获得首届中国农民艺术节优秀作品奖;入选中国农业博物馆永久馆藏。王勤的作品入选由文化部非遗司主办的非遗走进现代生活展。

九、西郊农民画传承

20世纪三四十年代,以农村家庆喜事、道教神龛为主题的炉灶画、手绘年画在新泾地区盛行。中华人民共和国成立后,这一艺术形式逐步淡出人们的视野。20世纪70年代末,上海新泾地区的一批农民画家重新认识到炉灶画、手绘年画的艺术价值,对原有新泾地区炉灶画、手绘年画进行发掘、整理、创作出一系列以农村田野风情、民俗风情为基本题材,以水粉为颜料,具有重彩丽色、线条流畅、人物夸张稚朴特色的绘画作品,画面在浓重色彩中透出中国彩墨画的艺术风格和西洋油画的肌理笔触,形成西郊农民画。1993年、2008年文化部授予新泾镇(西郊农民画)为中国民间文化艺术之乡。

1993年,新泾镇启动民间文化保护项目计划,在全镇33家居委、12家企业、6家幼儿园、小学、初中开展西郊农民画的创作和体验互动班。至2010年,每年开展各类展览展示、互动体验活动近百场。组织举办西郊农民画创作作品大赛,累计参与者6万多人次。论文《浅谈传承民间文化与社区教育的意义》《西郊农民画的传承和保护》《中国民间文化艺术之乡建设与发展初探》等在《群文世界》等刊物发表。编制的《西郊农民画社区教育教材》获得全国社区教育教材二等奖。

新泾镇西郊农民画先后为到访的世界卫生组织总干事冯陈富珍、联合国国别处总干事那华等国际团体友人进行创作表演;作品赠送给多个国内外政府组织和社会团体。

第三节 论坛与研讨会

在推进非遗保护传承工作中,政府部门、专业机构及社会各界组织开展了一系列理论研讨和学术研究活动,包括论坛、讲坛、培训、研讨会等。

图7-3-4　江南民族民间文化保护与发展论坛在嘉兴举行(2005年10月20日)

一、"中华元素：诠释、演绎及现代表达"高峰论坛

2009年6月13日,由市委宣传部、上海世博局指导,市文广局、市文联、市社会经济文化交流协会、夏征农民族文化教育发展基金会主办,健生文化教育发展有限公司、市非遗保护中心、市民间文艺家协会等单位承办的"中华元素：诠释、演绎及现代表达"高峰论坛在上海天禧嘉福璞缇客酒店成功举办。

该论坛是同期举行的2009年"文化遗产日"全市活动的重要配套活动。来自上海和全国各地的40余位民族民俗民间文化专家学者就如何诠释中华元素,让中华优秀文化遗产走入当下百姓生活,"变身"为含有中华元素的时尚生活用品,继而走向产业化开发进行了多方位、多角度、多层次的研究与探讨。

复旦大学中国历史地理研究所所长、历史地理研究中心主任葛剑雄,复旦大学文史学院院长葛兆光,南京艺术学院教授徐艺乙,上海市作家协会副主席赵丽宏等学者、作家分别围绕"中华元素的时空变迁""关于中华元素相关问题的思考""发现中国：什么是中国风格""文化的担忧"等议题发言。与会专家、学者还根据学科背景分为三个不同的专题组,分议题进行了研讨,并对理论成果进行了精彩的总结和阐述。这些成果为正在开展的"2009'中华元素'创意作品征集系列活动"提供了丰富的理论参考。

二、"薪尽火传,参与世博"城市非物质文化遗产保护专家讲坛

2010年3月17日,"薪尽火传,参与世博"城市非物质文化遗产保护专家讲坛在上海斯波特大酒店举行。市文广局、徐汇区人民政府相关领导出席活动。国家博物馆研究馆员、国家非物质文化遗产保护工作专家委员会委员宋兆麟作了《他山之石可以攻玉》专题演讲,他比较中外非物质文化遗产保护工作,强调非物质文化遗产立法保护的必要性;上海社会科学院文学研究所文化室主任蔡丰明作了《上海非物质文化遗产保护现状和存在的问题》专题演讲,总结了上海通过多样性的保护所取得的成果以及存在的问题;国家非物质文化遗产保护工作专家委员会委员、华东师范大学博士

生导师、终身教授陈勤建作了《非物质文化遗产保护项目申报与认定》专题辅导,他强调非物质文化遗产项目申报要实事求是,尊重历史,体现传承脉络等必须把握的基本要素。

讲坛活动中,还举行了由徐汇区文化局和上海社会科学院共同策划编撰的《薪尽火传——上海徐汇非物质文化遗产》新书首发仪式。

三、上海非物质文化遗产保护论坛

上海非物质文化遗产保护论坛是由市民间文艺家协会主办的学术性论坛。2005年12月14日,首届论坛在闵行区华一村举行。至2009年12月,论坛共成功举办5届。每届论坛围绕一个议题,讨论非物质文化遗产保护现状、存在问题和应对策略。议题涉及新农村保护、田野调查、古镇开发等多个方面。民俗学专家根据各自的研究领域,结合上海特点,从不同角度各抒己见,先后提出了"充分注重调查研究""在非物质文化遗产保护中力争文化先行"等思想理念,并对新农村发展、古镇开发提供了详细可行的建议。会议积累了大量有深度的综述性资料,对上海乃至全国的非遗保护工作都具有借鉴作用。

四、黄道婆文化研讨会

2006年11月16—17日,由中国民俗学会、市文广局、市文管委指导,上海市徐汇区人民政府、东华大学主办,徐汇区文化局、东华大学纺织学院、徐汇区华泾镇人民政府、海南省三亚市文化出版体育局承办的黄道婆文化研讨会在上海市委党校举行。来自印度、韩国、日本和中国北京、海南、江苏、广东、浙江、河南、重庆、上海的80多位专家学者出席了会议。

文化部社会文化图书馆司、市文管委、徐汇区文化局、东华大学、海南省三亚市的相关领导出席开幕式并致辞,高度评价黄道婆文化的现实意义。中国中纺集团公司向大会赠送了黄道婆纪念铜像。

开幕式当天,徐汇区委宣传部副部长、文化局局长刘敏以"弘扬黄道婆精神、构建和谐文化"为题进行主旨发言。在后续研讨中,东华大学纺织学院教授屠恒贤以纺织技术为切入点谈黄道婆文化的内涵和特征;中国民俗学会副会长、中国国家博物馆研究员宋兆麟就黄道婆的棉纺织工艺保护,分析黄道婆文化研究中的困惑,并对黄道婆文化保护提出建议;国家非物质文化遗产保护工作专家委员会委员、华东师范大学博士生导师、终身教授陈勤建发言强调对非遗生态场的恢复、整合和重建。印度资深纺织设计师帕特密尼、韩国韩尚洙刺绣博物馆副馆长金鼗兰博士、原日本大阪艺术大学教授鸟丸贞惠、日本国立民俗博物馆研究部部长比嘉政夫分别介绍了各自国家的棉纺织文化。当天共有19位专家发言。次日,与会专家、学者还展开了分组讨论。

五、中国金山农民画艺术发展论坛

2006年10月18日,中国金山农民画艺术发展论坛在上海外滩18号创意中心开幕,"泥土的芬芳·中国金山农民画30周年回顾展"同时开幕。开幕式上,中国民间文艺家协会正式授予金山区"中国农民画之乡"称号,并宣布中国农民画艺术研究中心落户金山。会上,由金山区委、区政府和上海文化发展基金会共同发起并筹资1 000万元设立的"上海文化发展基金会金山农民画专项基金"正式启动,成为全国首个为促进农民画艺术发展而设立的基金。

金山区政府命名首批 18 名"金山农民画"画师,激励、培育农民画艺术优秀人才,创作出更多精品、名品。

来自全国的专家、学者及各画乡代表出席论坛,对金山农民画三十年的发展历程及其艺术成就予以高度评价,并就其艺术特色、艺术风格进行深入探讨,对金山农民画的传承、保护和发展发表了各自的意见和建议。

六、中国农民画高峰论坛

2007 年 11 月 16 日,由中国民间文艺家协会、中国农民画研究会等 10 家单位联合主办的中国农民画高峰论坛在枫泾镇金山农民画村举行。全国 20 个画乡的艺术家和各级领导约 200 人参加。论坛对中国农民画传承与发展、农民画风格特色保护等进行了探讨。其间,还举办了上海金山、陕西户县、吉林东丰、青海湟中和重庆綦江"五地农民画联展",并编辑出版了《中国农民画册》。

七、七宝皮影造型艺术研讨会

1992 年 6 月,闵行区七宝镇召开了七宝皮影造型艺术研讨会。主办方组织 10 多位民间艺术、民间美术、文史工作者,对七宝皮影老艺人琚墨熙的皮影收藏及其绘制的成套皮影道具、画谱以及上海县文化馆美术干部邢元虎研制的新皮影画展开艺术创作专题研讨。同时,在七宝镇举办创作培训班,组织业余美术作者创作 100 多幅皮影画作品,并进行展览,使"七宝皮影"这一已有 100 多年历史的传统民间艺术得到继承和发扬。

2006 年 7 月 13 日,闵行区七宝镇召开传承人、专家座谈会,共同探讨七宝皮影戏的保护和传承议题。七宝皮影戏第五代传人叶金舟的徒弟簿金福、孙子叶光华,第六代传人徐晋泉、王访如等 20 余人参加座谈会。

八、锣鼓书研讨会

20 世纪 70 年代,市群艺馆对南汇民间曲艺"太保书"进行挖掘研究,将其更名为锣鼓书,使"太保书"这一濒临消亡的民间曲艺重获生机。1978 年以后,市群艺馆、中国曲艺家协会上海分会联合召开了两次锣鼓书艺术研讨会,共有 50 篇论文在研讨会上进行交流,推进了锣鼓书的创作和演出,使之逐步发展为上海地区民间曲艺常见的表演形式。

1987 年 5 月 5—6 日,南汇县文化馆、市群艺馆、中国曲艺家协会上海分会等 7 个单位联合举办上海锣鼓书艺术探讨会,专家学者就锣鼓书的历史渊源、艺术特色、脚本创作、音乐改革、表演特色以及发展趋势等发表了真知灼见。

2005 年 6 月 21 日,南汇区新场镇举办锣鼓书民俗"社书"研讨会,浙江平湖曲艺团队的锣鼓书艺人姚明飞、曹荣华、宋葆飞、沈荣庆、陆文仙等 20 多人参与,对传统锣鼓书民俗"做社"的传承历史、传播范围、社会反响及音乐唱腔、仪式程序等展开研讨。此次研讨会推动了后续开展的锣鼓书普查深入到还在"做社"的平湖埭、南汇大团、奉贤泰日等地,为锣鼓书成功申报列入国家级非物质文化遗产名录起到促进作用。

九、"土山湾"文化历史讲坛

2008年6月20日,徐汇区文化局、复旦大学历史系、复旦大学宗教学系、新民晚报社副刊部、徐家汇街道办事处等单位联合举办了"土山湾"文化历史讲坛,共100余人出席。"土山湾"文化作为徐汇区历史进程中的一个重要组成部分,对近代上海乃至全国的文化发展产生过非常重要的影响。复旦大学宗教系教授李天纲、上海师范大学人文学院副院长苏智良、上海工艺美术杂志主编汤兆基等近20位专家学者从不同角度作专题报告。

十、田山歌学术研讨会

田山歌学术研讨会于2008年在青浦区举办,旨在集思广益,探寻出更多适宜田山歌发展的途径,促进当代上海田山歌的创新。与会专家学者以论文宣读、经验交流、综合座谈等方式,对田山歌的保护现状、传承发展、创作创新等问题展开了深入研讨。

十一、上海港码头号子专题论坛、研讨会

在2010年"浦东塘桥杯"长三角地区原生民歌邀请赛期间,浦东新区主办上海港码头号子专题论坛,邀请专家对上海港码头号子的传承、保护进行指导和研讨,推动几近失传的上海港码头号子向原生民歌方向拓展,提升其在全国同类艺术形式中的影响力。论坛出版论文集,收录了《"上海港码头号子"的保护与传承》《国家非遗"上海港码头号子"的形成与价值》《劳动号子潜质的挖掘与弘扬——以镇江丹徒南乡田歌为例》《声音遗产保护视野中的"上海港码头号子"》《塘桥绝唱,不老的码头号子》等研究成果。

杨浦区、徐汇区也于2008年分别举办上海港码头号子研讨会和特色文化——杠棒号子传承研讨会,探讨这一非遗项目保护传承的方法和途径。

十二、民族音乐与江南丝竹传承发展研讨会

2010年10月26日,由徐汇区文化局、徐汇区学习办、徐汇区长桥街道办事处主办的民族音乐与江南丝竹传承发展研讨会,在徐汇区西南文化艺术中心举行。20世纪30年代,江南丝竹在徐汇的长桥、华泾一带盛极一时。研讨会旨在进一步弘扬民族民间文化,传承发展江南丝竹文化遗产,推动社区群众文化的发展与繁荣。

第八篇

人 物

《奔向世博》 刘涛摄

这一篇章所载人物,一是选自《上海文化志》(1999年版)的记述。二是根据上海市文化广播影视管理局(下称上海市文广局)职改办1978—2010年通过专家评审成为群文系统副研究馆员及以上职称的专业工作者,其作品或组织的活动获中华人民共和国文化部"群星奖""四进社区"奖和上海市级奖项;2010年之前被认定为国家级非物质文化遗产项目代表性传承人的人物;直接参与领导组织群众文化工作的杰出代表,对上海群众文化作出重要贡献的人员。本篇简述人物的生平,着重记载他们从事群众文化的事迹,反映其辛勤耕耘、孜孜以求,在群众文化领域的政策规划、组织管理、理论研究、创作、活动、培训辅导、展览展示,以及民间文化发掘、非遗保护传承等方面做出的卓越成绩,为上海群众文化的繁荣发展发挥的积极作用和作出的突出贡献。

本篇分为《人物传略》《人物简介》《非物质文化遗产项目代表性传承人》《人物表》4章。

第一章《人物传略》录入1978年至2020年2月底离世的群众文化领域的人物,按卒年排序,卒年相同的按姓氏笔画排序。

第二章《人物简介》录入健在的《上海文化志》(1999年版)记述的人物、2010年之前获评群文研究馆员和部分作出突出贡献的专业工作者、管理者和上海市文广局相关分管领导,按其出生年份排序,出生同年的按姓氏笔画排序。

第三章《非物质文化遗产项目代表性传承人》录入2010年之前被文化部认定为国家级非物质文化遗产项目代表性传承人的人物。按出生年份排序,出生同年的按姓氏笔画排序。离世人物以传略记述(卒年延至2020年2月底),在世人物以简介记述。

第四章《人物表》录入人物传略、人物简介之外的截至2010年底之前获评的副研究馆员及他们的工作业绩。按区、市顺序排序。

第一章 人物传略

注：本章人物按卒年排序，保留《上海群众文化志》(1999年版)1978—1990年离世人员。

李友生(1884—1979)

木雕、砖雕艺人。技艺精湛，能在红木床栏上雕出《松鼠采葡萄图》，床架上方雕刻《松鹤常青图》等。最大的雕刻工程，首推张泽徐家祠堂全部砖雕和门窗格子雕花及全部三国人物图，花卉千姿百态，人物惟妙惟肖。还被礼聘至各大寺庙雕刻神佛像，其中包括净渡桥关帝庙的关圣像、金山獭皮庵的观音像、新桥猛将庙的猛将像、超果寺的香樟木雕千手观音像等。千手观音像高达16米，与石刻《泼水观音碑》并称"双绝"。民国20年(1931年)，到南京参加全国雕刻比赛，获第三名。1956年，已逾古稀之年，仍亲手雕刻《乌龙戏珠》和《凤踩牡丹》两块花板，龙眼、龙珠手拨能转，龙舌、凤嘴风吹则动，令人叫绝。1963年，受邀赴京参加修理故宫工程，因已年届80岁，乃推荐一名高足前往。90高龄时，仍欣然接受松江工艺品厂的聘请，任雕刻技术指导。

魏继长(1928—1980)

历任虹口文化馆文艺、艺训、艺术团队、创作组组长，市民间文学研究会会员。1952年8月调入上海市虹口区政府。1958年11月调入虹口区文化馆，负责筹办业余艺术学校。搜集整理了江、浙、沪一带的常用曲调64首，在《小舞台》3年间分期连载。任创作组长时，组建业余创作队伍，经他辅导的作品，在全市会演或交流演出中多次获奖。其中，1979年业余作者王金富创作的话剧《崇高的职责》获市一等奖，剧协为此召开研讨会，给予很高评价。创作的活报剧《白宫一幕》获市优秀奖。业余作者经过他的培养，有的被输送到了空政文工团、上海电视台等单位从事创作、编辑工作。负责举办的艺校，规模较大，学员众多，培养出大批基层群众文艺骨干，是全市优秀业余艺校之一。

杨里冈(1921—1981)

上海民间文学研究会员。中华人民共和国成立后，考入华东军政大学学习，毕业后分配在中国人民解放军上海警备区工作。1957年初转业至上海市群众艺术馆(下称上海市群艺馆)任编辑，1961年任编辑部负责人。"文化大革命"后调上海艺术研究所工作。在上海市群艺馆从事编辑和业余戏剧辅导工作期间，完成了《演唱》期刊、演唱材料的编辑任务。自1960年底主持编辑室工作后，积极开展农村业余戏剧辅导活动，连续举办农村剧作者培训班、创作班，在实践中总结出"三边""四结合""八字经"等一整套行之有效的辅导方法。1958年借调上海市委宣传部，参与新民歌的搜集、整理和《上海民歌选》的编辑工作。1962年前后，参加上海民间文学研究会组织的采风组，参与白杨村山歌等的搜集整理工作。

杨国辉(1921—1981)

女。上海音乐家协会会员。自学成才，考入国立音乐院，创作、演出了《秋日的石头》等不少富有民间特色的独唱歌曲。民国35年(1946年)，在上海创作、演唱了《农家苦》《月儿弯弯》《卖儿郎》等歌曲。1949年，在苏南文工团创作、演唱独唱歌曲《幸亏来了共产党》《歌唱解放军》，作品发表在全国各主要报刊并灌成唱片，蜚声全国。1950年调入上海，先后在上海广播乐团、上海合唱团任演员。1958年调进上海市群艺馆任声乐辅导干部。1958年至离休，在上海市群艺馆从事群众音乐辅导工作20余年，积极投入对农村歌手的辅导、培训工作，辅导独唱、小组唱、表演唱等活动。经她辅导的金山县业余歌手凌翠英,1963年春节参加市交流演出,演唱由她谱曲的《唱得年年大丰收》《毛主席像红太阳》两首独唱歌曲,受到欢迎。20世纪60年代初,根据《六样机》的词、曲进行再创作,排演成表演唱,公演后受到关注。《六样机》多次参加"上海之春"等市级会演和全国会演并获奖。1962—1966年,又先后对《夸女婿》《六好社员赵阿宝》《三个老太婆》《种菜想着吃菜人》《队里生产大丰收》《夸老头》等33个表演唱、独唱节目进行加工辅导,提高了演出质量。

施阿根(1924—1981)

民歌手。从小喜唱山歌小曲,能即兴编词,在当地有"小山歌手"之称。对崇明岛上流行的小山歌、小调、耕作号子及风俗歌等,都能演唱。此外,还能讲故事,说顺口溜,表演民间舞蹈。1949年冬,创办了协隆业余剧团,任团长、导演兼主演。业余剧团结合当时的形势,编排了《穷人恨》《送夫参军》《鸭绿江上》《夫妻识字》等节目,节目以群众喜闻乐见的山歌、小调表现,效果良好。1956年,表演的民间文艺节目在南通专区及江苏省的会演中获奖。1958年,县艺校编排了第一个山歌剧《领红旗》,担任主角赴市区演出受好评。陈家镇的奚家港是著名的渔港,他学会了整套海上作业渔歌,群众称赞他"比打鱼的还唱得入调"。1960年,崇明县成立专业文工团,任副团长。

余建光(1924—1983)

原名余规贤,笔名三毛哥。民歌手。先后在上海县新泾区虹东乡、虹桥乡任文书。1980年提前退休,任嘉定县政协代表。未入学读过书,靠自学获得文化知识。从小酷爱民间歌谣,在田头歇工、场地纳凉、迎亲、庆寿等场合,聆听人家唱山歌,凭口传心记,先后学会了80多种民歌曲调,包括传统山歌、情歌、猜谜歌等,嗓音洪亮、吐字清晰。善于即兴编唱,"小菜吃新鲜,山歌唱眼前"。先后创作近3 000首新民歌,在报刊发表近百首,部分选入《红旗歌谣》《上海民歌选》。1953年,创作的民歌《总路线照到哪里哪里亮》是他的成名作。他和全国民歌手郭龙桂合作出版了一本《歌唱新农村》诗集。由虹桥公社演出的表演唱《种菜想着吃菜人》入选1966年第七届"上海之春"音乐节,开头四句序歌,系他所作。1960年出席全国民间文学工作者大会,毛泽东主席和中央领导同志接见了全体与会人员并合影留念。

苏 犁(1946—1984)

字均忠,业余画家。从小爱绘画,念中学时开始学习山水画。进上海市第九设计院勘察队后因工作走遍祖国名山大川,沿途作画,绘画水平大有提高。他学画无名师指点,全靠自己下苦工夫,悉心研究宋、元、明、清画家的传统笔法。元王蒙的《青天隐居图》,他在5年中临摹了13遍。清王石谷的《江山纵览图》,他根据四开面的旧印本,边临边揣度,历时1年画成15米的长卷。他的作品《青山几何》《拾级上中天,极目吴楚地》《三清画》等为人称道。1984年4月,宝山县文化馆举办了《苏犁个人画展》。上海中国画院也举办了《苏犁山水画观摩展览》。

石人望(1906—1985)

原名石惠良。口琴演奏家、口琴作曲家及指挥家。上海市文学艺术界联合会(下称上海市文联)委员、中国音乐家协会会员及上海分会理事。历任中福会少年宫、上海市青年宫、上海市工人文化宫及各区文化馆的口琴艺术指导,致力于口琴事业50余年,被聘为北京、天津口琴会和多地口琴会顾问。民国21年(1932年),他在上海创办了大众口琴会,除在广播电台进行口琴广播教学外,还常组织口琴独奏、重奏和大型口琴队合奏演出。民国25年(1936年),他在上海首创全沪第一次口琴独奏锦标比赛;次年,又举行全沪第二次口琴独奏锦标比赛。民国35年(1946年)10月,他发起举办全国口琴独奏锦标比赛。他对复音口琴的演奏技术进行了深入研究创新,使口琴可以用三度、五度、八度和音及震颤音、分解和音、提琴奏音、鼓音奏音等,克服了某些复音口琴在和声和半音方面的不足之处。早期将大量的西洋音乐名曲改编成口琴独奏或重奏曲,主要有《蓝色的多瑙河》《风流寡妇》《杜鹃圆舞曲》《天鹅湖选曲》等。中华人民共和国成立后,他将国内流行的歌曲改编成口琴独奏或重奏曲,包括《毛主席派人来》《在北京的金山上》《桂花开放幸福来》《洪湖水,浪打浪》等。他创作的口琴曲有《在幸福的日子里》《江南之春圆舞曲》《美丽的祖国》等。编有《怎样吹口琴》《标准口琴吹奏法》《口琴编曲法》《口琴广播教材》等书。《口琴广播教材》一版再版,印数达数十万册,多次为上海人民广播电台、中央人民广播电台选用。香港等地的一些出版社,也先后出版了他的《口琴自学法》《新编口琴吹奏法》《口琴名曲选》等。

钱　进(1928—1985)

业余歌词曲作者。1949 年 11 月,加入中国人民解放军第九兵团教导团文工队。1952 年 11 月随军赴朝参战,为中国人民志愿军第 23 军文工团团员。1953 年荣立三等功。1955 年 7 月复员回上海,进上海溶剂厂工作,很快从微生物学的门外汉成为生产能手、技术员,多次被评为厂生产标兵,1980 年被评为技师。他坚持参加业余文艺活动,积极投入歌词、曲创作,创作的歌词通俗易懂,时代感强,风格独特。1958 年,创作了女声表演唱《溶剂花儿遍地开》,在 1959 年全市职工文艺会演中一举夺冠并被选为 1960 年赴京参加会演节目,在全国职工文艺会演中获优秀创作、优秀演出奖。20 世纪 60 年代,又先后创作了表演唱《看电影》《王小毛》《合家欢》《开会忙》等作品。1965 年他创作的男声表演唱《老年工人学毛选》入选"上海之春"开幕式演出并在电视台转播。市工人文化宫文艺组专门组织了一次钱进作品演唱研究会,给予高度评价。1977 年他创作相声《"四人帮"变魔术》,1978 年又创作表演唱《溶剂花儿遍地开》的续篇《溶剂花开更鲜艳》《唱唱伲格小阿弟》,1984 年创作男声表演唱《溶剂厂的菜汤面》等。

朱炳良(1911—1986)

民歌手。中国民间文艺研究会会员上海分会会员。15 岁时拜江海乡"山歌大王"唐银山为师。《白杨村山歌》《严家私情》《林氏女望郎》是奉贤地区最长的叙事山歌,歌词 6 000 多行,他全部学会且演唱情真意切。除了唱长篇叙事山歌外,他还能唱《南桥花名》《十把扇子》《三杯香花》等数十首短山歌,四六句情歌一口气能唱 30 多首。每逢庙会,他当"拜香班"领班,每到一站,见啥唱啥,有很强的即兴创作才能。中华人民共和国成立后,他参加松江地区民歌会演和上海郊区群众文艺会演,并到华东师范大学、上海市群艺馆等单位作民歌演唱示范表演,是上海的"山歌大王"。1982 年,年已古稀的朱炳良和另两名山歌手王柄桃、方梅春应邀参加上海民间文学艺术第二届年会,会上,他演唱了《白杨村山歌》《林氏女望郎》等选段,特别是一口气演唱 100 多字的"急口功",赢得热烈掌声。他演唱的《白杨村山歌》《严家私情》《林氏女望郎》等叙事山歌,由《民间文艺集刊》相继发表,上海电视台专题报道。1984 年《解放日报》市郊版发表了对他的长篇专访《春催老柳发新枝》。

蔡宝藩(1925—1986)

回族,业余曲艺演员。上海市曲艺家协会会员。上海市邮电局职工,20 世纪 50 年代先后加入市邮电工人业余艺术团、市工人业余艺术团。30 年中,他参加各种业余演出近千场。先后参加创作并演出数十个独脚戏节目,被电台、电视台和出版社采用,在群众中有较大影响。1959 年,他与王连源合作编写和演出的、反映上海解放后面貌变化的独脚戏《老上海》连续演出上百场。该节目由电台、电视台录播,并被上海文艺出版社编入《上海职工十年曲艺选》专辑,电台还用作庆祝中华人民共和国成立 10 周年广播节目。20 世纪 60 年代,他与徐群华合作,创作并演出反映三轮车工人程德旺先进事迹的独脚戏《有求必应》,在基层演出获好评,并应邀参加电台举办的专业、业余曲艺团队联合演出的滑稽广播会。1981 年,他参加创作、演出的独脚戏《点心》,在电台"说说唱唱"专栏中播放,上海电视台做了演出实况转播。上海文艺出版社编辑出版的曲艺作品专辑刊登了该作品,还附载了他的创作演出心得杂谈。1983年,参与演出反映环卫工人先进事迹的大型滑稽戏《美丽的心灵》,扮演记者,在每句台词中巧妙地加上一个"的"字,引得满场笑声,观众戏称他为"的"记者。

邵家珍(1938—1987)

女。1954年进入上海市工人文化宫工作。1980年任上海市职工曲艺爱好者协会副会长。1958年1月,参与筹建红孩子艺术团,先后任该团和市工人业余艺术团曲艺团(含评弹、相声、说唱三个队)以及艺术训练班的带团、带班老师。1959年,红孩子艺术团的《金色的童年》参加"上海之春"演出获得好评。该团与中福会少年宫的小伙伴艺术团被称为上海市儿童艺术姊妹团。带教的组织、管理工作十分繁重,包括组团招生、业务培训、创作、排练、演出等,从安排计划到付诸实施需要付出很多精力。她带领的曲艺团每年创作两台新节目,演出超百场,其中不少曲目获奖,在市工人文化宫18个分团中名列前茅。《解放日报》在20世纪60年代头版介绍该曲艺团,以《要听新评弹,请到文化宫》为题进行了报道。

魏汉樑(1931—1987)

业余评弹演员。上海市曲艺家协会会员。上海五金交电站职工,喜爱评弹艺术,20世纪80年代,参与组织上海市职工曲艺爱好者协会,被推选为副会长。1954年参与筹建市工人文化宫评弹队,1956年评弹队扩充为评弹团,后由他担任团长。他坚持写新书、唱新书,努力塑造工人形象,每个月推出1个新书目,举行评弹新作品专场演出,先后组织举办劳动模范先进事迹专场、五讲四美专场,文明礼貌专场,法制教育专场,张海迪、朱伯儒先进事迹专场等。他创作的评话《威震海外》、评弹《爱情与骗子》及多个开篇,受到欢迎。《工人日报》《解放日报》《劳动报》先后对他主持工作的市工人文化宫评弹团作专题报道。逢年过节,他参与组织全市职工系统迎春书会、国庆书会等演唱活动。

刘良模(1909—1988)

群众歌咏活动的倡导者。全国政协常委、市政协副主席、宗教界爱国人士、社会活动家。在抗日战争期间,为推动群众抗日救亡歌咏运动作出了贡献。在民国23年(1934年)12月,他创建的民众歌咏会,是抗日救亡歌咏运动中出现最早、较有影响的一个歌咏组织,其成员大多是职业青年,人数最多时达千余人。他教唱《义勇军进行曲》《五月的鲜花》《救国军歌》等救亡歌曲,用歌声唤醒民众、教育民众和组织民众。他还将美国歌曲《摇、摇、摇小船》重新填词,改编为《救中国》在群众中广为流传。他编纂《青年歌集》,编写《民众歌咏A、B、C》,以推动歌咏运动。他带领歌团参加上海各界救国会举办的公祭十九路军抗日将士的无名英雄墓、国耻纪念大会、五卅纪念大会等活动。民国25年(1936年)6月7日,由他组织和指挥的第三届歌咏大会在西门公共体育场举行,5 000余人同声高唱救亡歌曲,引起社会各界的强烈反响,进一步推动了救亡歌咏运动。同年11月,他代表青年会战地服务团奔赴绥远前线慰问。民国26年(1937年),他组织服务队去淞沪军队后方慰问。民国29年(1940年),他去往美国,积极向美国人民介绍中国人民的抗战和抗战歌曲,并组织华侨青年歌咏团。他还一字一句地教美国黑人歌唱家保罗·罗伯逊唱《义勇军进行曲》等中国歌曲,并和罗伯逊一起灌制了一套中国抗战歌曲集《起来》,还把《黄河大合唱》介绍给美国音乐界。1949年9月,他回国参加全国政协第一届全体会议。中华人民共和国成立时,他是《义勇军进行曲》作为中国国歌的倡议人之一。

陈侨安(1943—1988)

1963年任南汇县文化馆故事专职干部。1977年后调南汇县中学工作。他在南汇县从事故事工作十余年,与南汇县团委联合开展讲故事活动,大力组织故事员队伍的培训工作。1963年,他先后举办大型故事员培训班、新故事会串、故事交流会等23次。在他的培养下,全县故事队伍迅速发展,故事员达2530余人,平均每个生产大队有六七名故事员,其中6个公社的生产队,队队有故事员。1964年,他又培养了2500余名少年故事员,不少小学高年级和中学"班班有故事员,周周有故事活动"。在他的带动下,各公社、各村都设有故事组;全县成立了新故事创作中心组,先后创作《夫妻心事》等20个新故事;与县广播站联合举办每周1次有线广播故事员培训,传授新故事;故事员们活跃在田头、场角、会场、茶馆等地,宣讲新故事。

俞伟民(1950—1988)

女。1970年5月,响应"知识青年上山下乡"的号召,到江西省宜黄县棠门五四林场插队落户,不久考入宜黄县文工团,在江西省文艺学校舞蹈专业学习4年,成为宜黄文工团主要舞蹈演员,主演舞剧《白毛女》。她创作和演出的《选种》等舞蹈,获江西省文艺会演优秀创作、优秀演出奖。1979年回沪后,在上海第二十二棉纺厂工作;1980年8月调入沪西工人文化宫,任舞蹈辅导干部。1981年秋患病,带病工作的7年中,她辅导排演的50多个舞蹈,演出300多场次。其中,《龙舞》参加上海、全国运动会开幕式及中日青年大联欢演出,并参加全国15个城市职工舞蹈邀请赛。她创作的《电子交响曲》《欢乐秧歌》《西宫湖之恋》《彩云归》《金鼓催春》《优美的旋律》等舞蹈节目,在市、区文艺调演比赛中获奖。先后被授予全国五一劳动奖章、上海市优秀工会工作者,市、区三八红旗手等称号。《解放日报》《劳动报》对她短暂的一生给予了高度评价。

丰　村(1917—1989)

原名冯时莘,笔名林野、贞木。作家,研究馆员,中国作家协会会员,上海市作家协会理事,上海市文联第二、三届委员会委员,上海市科普创作协会常任理事,第一任上海市群艺馆常务副馆长。中华人民共和国成立后,丰村历任上海人民文化报社社长、上海市人民政府新闻出版处审查科长、文教委员会办公室副主任和文联副秘书长等职。1956年8月,他调上海市文化局从事群众文化工作,主持筹备上海市群艺馆建馆工作,任常务副馆长。抗战时期他创作了揭露国民党反动统治及人民悲惨生活和觉醒的小说,包括中篇《烦恼的年代》、长篇《太阳出来了》《大地之城》,并出版了《望八里家》《灵魂的受难》等多部短篇小说集。解放战争时期,他在上海参加编写党组织领导的学生刊物,出版文艺丛书,参与护校斗争。在上海市群艺馆初建时,他以其长期从事革命文化工作的丰富经验,结合实际,指导工作,创办、主编《演唱》月刊,组织举办戏剧、音乐、舞蹈、美术等辅导讲座,开展对上海地区民间文艺的调查研究等。1958年,江苏省10个县划归上海市管辖后,1960年,他修订了上海市群艺馆"面向全市,重点农村"的工作方针,分期分批地开展县文化馆、文化站干部、文艺骨干的业务培训活动,从而推动了市郊农村群众文化活动的蓬勃开展。1962年4月,他调回上海市文联工作,之后仍十分关心上海市群艺馆的工作,并在病榻上为上海市群艺馆复刊的《大世界》期刊撰写指导性文章。

何克明(1894—1989)

别名俊德,又名公男。回族,灯彩艺人,被誉为"江南灯王"。上海工艺美术研究所灯彩高级工艺师、特级工艺大师,上海市伊斯兰教协会副主任,卢湾区政协常委。他16岁时迷上了灯彩,在大世界、小世界游乐场等处摆设仙鹤灯、凤凰灯、孔雀灯灯摊,人称"灯彩何"。1953年,华东工艺美术观摩会在上海举行,应筹委会邀请,他创作的大型艺术灯彩《百鸟朝凤》获一等奖。其作品作为上海的4件礼品之一送到北京,作为毛泽东主席60寿辰的贺礼,陈列在北京博物馆。同年,他又创作《八骏图》《松鹤同春》《和平鸽》《金鸡三唱》等艺术性较高的作品。1957年,他出席第一届全国工艺美术艺人代表大会。同年，他扎的一对《白孔雀》灯，被作为国礼，赠送给越南胡志明主席；另一件《鹿鹤长春》灯，送给当时来华访问的苏联国家主席伏罗希洛夫。其作品作为国礼还送给西哈努克、撒切尔夫人等。1977年创作的大型灯彩《龙舟》和《龙凤呈祥》，参加"文化大革命"后首次举办的全国工艺美术展览会，《龙凤呈祥》由北京民族文化宫收藏。1979年，《松鹤》灯、《龙舟》灯等作品赴南斯拉夫巡回展出。1980年，他创作的《龙龟》《龙凤》等作品选送日本横滨中国工艺品展览会。1981年上海恢复举办元宵灯会后，他每年都扎制一批灯彩在灯会上供市民观赏。1982年，他的灯彩再次赴英、美等国巡回展出。上海电视台分别于1983年以《灯王之寿》、1984年以《何氏灯彩耀申城》为题进行了专题报道。1985年，何克明灯彩艺术八十年纪念展览在上海美术馆举行，中央电视台拍摄了《灯彩世家》专题片。他创作的灯彩流派——立体动物灯，兼具动物形象的生动造型和色彩浓郁的绘画装饰效果，在灯彩艺术中独树一帜。代表作有双龙戏珠灯、龙舟灯等。

沈伟鹏（1933—1989）

业余评弹作者。上海市曲艺家协会会员。上海第八钢铁厂财务科职工，喜爱评弹。1953年，他改编、演出的短篇评弹《废品的报复》，参加1954年上海市职工戏曲曲艺会演，获优秀奖。他参与筹建上海市工人文化宫业余评弹队。1956年6月，市工人文化宫业余评弹队扩充为评弹团，任副团长兼创作组副组长。1955年，他创作短篇评弹《血的教训》下基层巡回演出，听众达4 000余人。1956年，创作的《废品的报复》参加全国第一届职工曲艺会演，获创作一等奖、演出一等奖，并被上海市评弹团采用作为上演曲目。他编演了宣传劳动模范先进事迹的《黄国林》《眼明心亮》《计瑞弟》，以及颂扬商业新风的《绿杨邨》和先进服务态度的《三字经》、歌颂公安战士的《月下哨兵》、反映职工思想建设的《橘子情》、根据刘海粟爱国事迹创编的《风雨同舟》等短篇评弹，还有歌颂雷锋、王杰、张海迪、朱伯儒等的评弹开篇。上海市工人文化宫把他的作品编印成演唱材料，向基层推荐。1958年，上海文艺出版社出版了他的评弹作品专辑。

王永奎（1946—1990）

上海市摄影家协会会员。1987年12月任奉贤县文化馆副馆长。20世纪70年代调入县文化馆负责摄影工作，创作摄影作品150余幅。其代表作有：黑白照片《响了》获1983年《大众摄影》评比一等奖；黑白片《雪轻情重》获1986年中国摄影报社举办的全国黑白片抓拍比赛银奖；黑白片《水巷客悠闲》获1986年首届尼康杯摄影公开赛优异奖；《水上葡萄村》在1987年摄影世界杂志社、农民日报社举办的80年代新农村摄影赛中获三等奖。《水巷客悠闲》等5幅作品赴美国、日本、中国香港等地展出，26幅作品在省市级摄影赛中获奖或入选展出，120余幅新闻照片在省市级报刊上发表或获奖。

王安坚（1930—1990）

钟表收藏家。上海市政协第七届委员，上海市长途汽车运输公司职员。从1953年开始致力于钟表的收藏，搜集古今中外钟表100多件，于1983年开设家庭钟表博物馆供人参观。其收藏珍品有中国早期的计时器——日晷，有高达2.5米的德国落地钟，还有"四百天钟""双战马车钟""南京钟"等。他的钟表博物馆被编进《中国博物馆指南》一书。1981年，他的钟表收藏品被选入上海职工第一届八小时以外的业余文化生活集锦展。其家庭钟表博物馆多次参加市、区的各种收藏展览，并接待日、美、英、比利时、澳大利亚、丹麦等国际友人参观。全国人大常委会副委员长周谷城为其亲笔题词"钟表之家"。他的后半生把精力放在钟表发展史的研究上，撰写了《钟表趣谈》《清王朝对钟表的贡献》，为钟表发展史提供了宝贵的资料。1986年，他被中国博物学会破格批准为全国唯一的非专业会员。

邹 群(1927—1990)

研究馆员,山歌剧和锣鼓书的创始人之一,上海市群艺馆民间文艺研究室负责人。中国音乐家协会会员及上海分会会员、中国曲艺家协会上海分会会员、中国民间文学研究会上海分会会员、上海市群文学会(下称市群文学会)会员。1957 年,调入上海市群艺馆,从事对上海地区民间音乐的搜集、整理、研究和发展工作。在山歌剧唱腔设计上,他实现了 3 个突破:一是在崇明四句头山歌的基调上,解决了男腔与女腔不同音区的矛盾,创立了女腔基本调和男腔基本调;二是突破了崇明山歌的局限性,吸取了上海东、西乡山歌、小调和曲艺音乐的素材,使山歌剧唱腔更加丰富多彩;三是在上海民间音调的基础上,创造出能表现多种情绪的、具有板腔特点的唱腔。他是锣鼓书曲种的主要创新者之一。在大量采集、研究上海民间曲艺音乐的基础上,他对过去带有迷信色彩的太保书进行改造,将不同流派的多种唱腔融为一体,创作、演出了第一个新锣鼓书唱段《芦花荡里稻谷香》,并将原来的"坐唱"形式改为"立唱",增加了对唱、伴唱和丝弦伴奏,使演唱形式更加生动。他创作的歌曲《新嫂嫂》《晴采桑,雨采桑》《江南雨》及其作曲的山歌剧《梅娘与桃郎》《琵琶行》和锣鼓书《芦花荡里稻谷香》等,分别在全国和上海地区会演中获奖。1983 年退休后,他受聘担任《中国民间歌曲集成·上海卷》副主编。他主持的《中国名族民间乐器集成·上海卷》编辑工作被文化部等 4 个主办单位评为先进集体、先进个人。

马贵民(1938—1991)

中国舞蹈家协会会员及上海分会会员,上海市群众文化学会会员,中国民族民间舞蹈研究会上海分会会员,奉贤县政协第四、五、六届委员,县文化馆馆长、支部书记。1964 年,担任齐贤公社文化站站长。1972 年 10 月,经过上海师范大学文艺系两年多培训后,被调入县文化馆工作。1964 年开始从事辅导工作,培训文艺骨干 1 000 多名。其所编的教材在上海市群艺馆举办的全市文化站长业务进修班上讲授,并担任《上海民间舞蹈集成·奉贤资料卷》主编。他创作过许多反映农村生活的表演唱和舞蹈,多次获奖:创作、排演表演唱《贫下中农好代表》,参加市级巡演,并由上海唱片公司灌制唱片发行;1965 年,创作、排演歌舞《毛头姑娘学耕田》(剧照刊登《解放军画报》)和表演唱《红色故事员》,入选第七届"上海之春"音乐节;1968 年,创排歌舞《闹春耕》,参加由上海市群艺馆组织的文化广场演出;1971 年 10 月,创排《编草帘》,参加市群众文艺会演;1979 年,创排由陈培峰作词的表演唱《夸夸农业现代化》,入选第九届"上海之春"演出,并于 1980 年 6 月参加全国部分省、自治区、直辖市农民业余艺术调演,获优秀节目奖,在中南海怀仁堂向中央领导作汇报演出;1980 年,创排农村致富的表演唱《接新娘》,获全市群众文艺会演一等奖;1981 年,创作舞蹈《拾海鲜》,获全市群众文艺会演一等奖,入选第十届"上海之春"演出;1983 年,创作舞蹈《下盐田》,获市群众文艺会演一等奖,入选第十一届"上海之春"和第二届上海"十月歌会"演出;1985 年,创作舞蹈《赶集去》,获市群众文艺汇演一等奖,入选第十二届"上海之春"演出;1989 年,创作舞蹈《网船女》,获 1989 年上海文化艺术节优秀成果奖;1990 年,创作舞蹈《海防哨所女民兵》,获上海警备区民兵文艺汇演一等奖。

苏局仙(1881—1991)

原名裕国。业余书法家、诗人。先后当选为南汇县人大特邀代表、县政协委员,中国书法家协会会员、南京诗词协会和上海半江诗社社员,1980 年被推荐为上海文史馆馆员。24 岁在松江府考中秀才,成为中国封建科举史上的末代生员。先后在周浦公学等校任教 46 年,翻译家傅雷是他的学生。其住处名为"水石居",以水清石坚自励。自幼爱好书法,90 多年,天天习书,亦嗜好作诗。每天作诗少则一首,多则五六首,日积月累,共写诗万余首。他的诗作题材广泛,情感真挚,不尚雕琢,平实易解,有"俗不伤雅,淡而有味"之称。另编《蓼莪居诗存》两卷。至百岁,稿存共8册。南汇县志办公室为其编印《水石居诗钞》出版。1979年,他的行楷王羲之《兰亭集序》横幅,获上海《书法》杂志举办的全国群众书法比赛一等奖。其文字交往遍及半个中国,也远交纽约、巴黎、缅甸、巴西等世界各地同好。

金秀芬(1931—1991)

女。1950年在中央音乐学院华东分院音乐工作团任演员,后转为上海合唱团团员。1958年调西郊区文化馆(后更名为长宁区新泾文化馆)任音乐辅导干部。她率先在上海农村进行多声部合唱辅导,组织辅导曹行公社男声小组唱,先后设计、排练《我伲也来个小秋收》《阿兰探亲》《种菜想着吃菜人》等表演唱,参加全市演出获优秀演出奖。其中表演唱《种菜想着吃菜人》,参加1966年春节全市群众文艺创作节目交流展演,并被推选参加第七届"上海之春"音乐节演出,上海人民广播电台录音播放,中央新闻纪录电影制片厂及上海电影制片厂分别于1966年、1972年拍成纪录片在全国公映,并多次参加接待外宾的演出。

经元度(1939—1991)

业余故事作者。蓬莱中学教师。1974年参加南市区文化馆故事创作组,从事业余故事创作。他创作的故事,题材广泛,构思新颖,情节跌宕起伏,富于传奇色彩,受到故事员的欢迎。其故事作品多次参加全市故事会串,其中《小经理认娘》获一等奖;《汪教授的宝贝砚台》(与朱其昌合作)、《特殊生日的礼物》、《神秘的新娘》等获二等奖。他埋头写作,辛勤耕耘,创作故事作品数百篇、30余万字,作品多刊登在《故事会》《上海故事》《采风》《剑与盾》《故事林》《故事世界》等刊物上。

姜辉平(1932—1991)

从事群众文化工作40年。1951年开始,在奉贤县先后担任文化站站长、文教助理及县文化馆馆长、党支部书记、县文化局副局长等职。任县文化馆馆长期间,致力于文化馆业务干部的培养,使文化馆形成戏剧、舞蹈、摄影、美术、文学等专业干部的群体。他组织创作的沪剧《说话算数》《春风吹进小阁楼》《石头赔情》《红玫瑰》、舞蹈《下盐田》《拾海鲜》等,在全市获得各类奖项。他每年举办几十期戏剧、歌舞、美术、摄影学习班,培养近千名文艺骨干,县内形成了一支业余文艺骨干队伍。党的十一届三中全会后,他推动奉贤县文化中心与文艺工厂的建设,协助创办19个文艺工厂和11个文化中心。1984年,他牵头在美琪大戏院举行奉贤县业余沪剧创作专场汇报演出,演出《不该枯萎的小花》《鸡鸣万家》《接新娘》等沪剧小戏。沪剧小戏《不该枯萎的小花》被评为全国农民创作节目二等奖;表演唱《夸夸农业现代化》选送北京参加全国部分省市农民艺术调演,获优秀节目奖,并到中南海汇报演出。他致力于民间文艺的挖掘与抢救工作,恢复奉贤大型滚灯、龙舞、狮舞、荡湖船等民间艺术,并使之在1982年的春节灯会上重现。

钱　基(1923—1991)

上海民间文学研究会会员、理事,上海群众文化学会会员。1949年12月调职上海,先后任市军管会文艺处电影室干事和华东军政委员会文化部电影事业管理处副科长、兼电影放映队队长;1955年1月调上海市文化局工作;1956年12月上海市群艺馆成立,任办公室副主任。他从事群众文化工作30年,有较扎实的古典文学基础。1955年,参加内部刊物《农村俱乐部》的编辑工作;1956年初参加上海市群艺馆的筹建工作,制订建馆方案和工作计划等。他到农村、城市居民中搜集、发掘民间民俗文化,尤其关注民间传统故事的搜集、整理。20世纪60年代初,上海倡导开展新故事活动,他任《新故事》(内部发行)编辑,为推动新故事活动的开展,不遗余力地开办故事作品加工班、故事员培训班,经常深入农村,发掘素材,辅导、加工成故事作品。他在《新故事》发表优秀的故事作品,包括《说嘴媒人》《母女会》《二个稻穗头》等。1983年,他应邀参加文化部主持的《文化馆工作概论》中有关章节的撰写。

虞哲光(1906—1991)

木偶艺术工作者。上海美术电影制片厂一级导演,中国木偶皮影艺术学会名誉会长,中国戏剧家协会理事,全国少年儿童文化艺术委员会委员,中国美术家协会会员,上海市文联委员,上海美协儿童美术组组长。民国21年(1932年),他开始研究木偶戏的创作,1933年编写了木偶戏《卧薪尝胆》《原始人》,在学校里试演;民国31年(1942年),创办上海业余木偶剧团,首演自编自导木偶戏《原始人》;之后,又创作木偶戏《黑天鹅》《长恨歌》《史可法》《爱丽思的梦》等。民国37年(1948年),其作品《长恨歌》被美籍华裔翁庄兴、黄嘉思改编拍摄成彩色电影,配以英、法语拷贝,作为《中国大观》中的一个节目,在欧美发行、放映。中华人民共和国成立后,他编写了木偶戏活报剧《四大家族》《兄妹开荒》等。他以中国唯一的木偶艺术工作者代表的身份,参加了第一次全国文代会。1950年,转向电影木偶片艺术的创作。1952年为准备与苏联木偶专家奥布拉兹卓夫的交流演出,他组织由蒋树春剧团演出提线木偶戏《水漫金山》、泉州提线木偶戏《花木兰》、漳州布袋戏《醉打山门》,以及中福会儿童艺术剧院根据奥布拉兹卓夫编写的剧本、他指导人偶同演的布袋木偶戏《兔子和猫》等5个节目,组成一台木偶戏进行表演。奥布拉兹卓夫回国后在《真理报》上撰文,赞誉中国木偶为"世界第一流艺术"。1953年,捷克利培兹木偶剧团到上海演出,他组织民间木偶剧团与之交流。1960年,他成立了上海市第一个专业木偶剧团——上海木偶皮影剧团。1980年,中国木偶皮影艺术学会成立,他被推选为会长。他积50年的创作经验,编写了《木偶戏艺术》《皮影戏艺术》等著作。

叶德馨(1915—1992)

民国22年(1933年),市工人文化宫内设立上海工人运动史料馆,他任副馆长,负责史料图片的翻拍、摄制、放大、展出等工作。他在雷士德工专就读时,被选为学校抗日救国会主席。民国24年(1935年)进上海邮局任邮务员,业余爱好为拉小提琴与摄影,积极参加进步活动。民国37年(1948年)4月被吸收为中共党员。上海工人运动史料馆展出达13年之久,观众累计数千万人次。以后,他任文化宫美工摄影小组长,积极组织开展工厂、企业的群众摄影活动。1952年,上海人民赴朝慰问团赴朝前夕,他带领摄影小组日夜突击,精心编制了一套20张反映上海工人阶级开展爱国劳动竞赛事迹的图片,送往时在济南集训的慰问团,出色地完成任务,受到领导表扬。1953年,他参与组织本市首届工人摄影展览会,取得成功。嗣后,影展成为文化宫的经常性活动。1979年他回市文化宫,一如既往从事群众摄影工作。

朱克成(1907—1992)

崇明民间木偶戏(扁担戏)艺人。拜堡镇的木偶艺人朱克伟为师学艺,自己雕刻、描绘、缝制木偶衣衫,并改造木偶戏担,将艺人坐的木桶改为凳,扁担置于凳下横档凹榫里,上面撑起小舞台,锣、钹置于凳下,支起帷幕,钻入幕中,口中唱念,双手驱动木偶,脚踩锣钹,手脚并用,使演出更加精彩。经他改进的木偶戏担,方便走村串乡演出,其演出足迹遍及崇明全岛,受到观众欢迎。他还外出演出,北至江苏射阳,南至浙江宁波,西至苏、锡、常一带。演出的剧目包括《武松大闹蜈蚣岭》《薛仁贵大闹摩天岭》《三打白骨精》《罗通扫北》《薛丁山征西》《杨家将》《白蛇传》等10多出戏,均为他改编。他的8位木偶传人,农闲时经常在崇明或应邀到市区为中外来宾演出。

李金城(1951—1992)

1966年就读于上海大通中学;1982年调入静安区武定街道文化站工作;1983年开始担任文化

站站长,创作了一些戏剧、故事、歌曲等文艺演唱节目。他创作的越剧小戏《领证以后》《赔蛋记》在静安区会演中获优秀创作奖,并参加了市两届戏剧节的创作会演,获创作奖。此后,他组织开展"以文补文、多业补文"改革。文化站阵地活动从早到晚,每天5场,有早茶、兴趣茶座、京剧彩排、弹词演唱、大象棋擂台赛、交谊舞表演赛、诗画展览等,具有地域特色。文化站自1983年至1987年连续被评为静安区先进集体,他多次被评为区文化系统的先进个人。文化站1988年获市"以文补文、多业补文"先进单位称号。1990年,他出席全国先进文化馆、站经验交流暨表彰会,获全国先进文化站站长称号。

吴关明(1933—1992)

上海七宝农校毕业,1953年开始在青浦县龙固区文化站工作;1958年,经江苏省文化干部学校培训后,调入青浦县文化馆工作;1973年和1975年,先后调入青浦县广播站和中共青浦县委农工部工作。1962年,文化馆举办故事员培训班,他以报纸长篇通讯为蓝本,通过辅导,改编成《雷锋》《大庆人》等故事。他与沈尔立合作,根据新闻稿《六粒种子》和故事员吕燕华的家史,创作了《两个稻穗头》《母女会》等故事。他的故事代表作《第二次上任》,刊登于《故事会》。20世纪60年代初,青浦建立了县、公社、大队三级故事员网络。他负责组织、辅导朱家角镇、青浦镇和徐泾乡的故事组,大力推广茶室故事会,涌现了吕燕华、徐雅珍、钱昌萍等故事员。1964年,他组织这些故事员在朱家角镇茶室讲青浦县作者创作的故事,上海人民广播电台前往现场录音,并将录音带送文化部,推荐了上海市的新故事活动。同年,《故事会》发表了青浦县新故事专辑。

施鹤耇(1910—1992)

崇明农民、民歌手。他从小受家庭影响,酷爱唱山歌,其父亲和二叔是当地著名的山歌手。放牛、耕田、莳秧、挑担他都会唱山歌,人们在田头、村旁、宅前都能听到他高亢激扬的山歌声。他在耕田时唱的山歌,顺风能传出好几里路。他唱山歌嗓音洪亮,妙趣横生。因受"文化大革命"影响,他的山歌声沉寂多年。1986年,在民间文学普查中,县文化馆同志专程到他家中,请他演唱,现场录音并记谱。年已古稀的他经努力回忆,完成了300余首山歌演唱。崇明县民间文学集成办公室和合作乡文化站据此编印《施鹤耇歌谣300首专辑》。1992年10月,市委宣传部、市文化局、市民族事务委员会、市民间文艺家协会颁发证书,授予他"上海市优秀民歌手"称号。

倪慧玲(1951—1992)

女,中国作家协会上海分会会员。1981年1月,由上海第三十一棉纺织厂调入上海市工人文化宫《工人创作》编辑部任编辑,1984年任副主编。1988年5月,《工人创作》并入劳动报社,改名《现代风》,任副主编。1985年当选黄浦区人民代表大会代表。她的文学创作起步于20世纪70年代,主要从事小说创作,代表作有《姐妹们》《上铺下铺》等,大多反映纺织女工的工作和生活,得到社会的肯定。在担任编辑和副主编期间,她先后3次负责组织全市性的文学创作征文活动,并主持出版《建设者》征文选编和庆祝中华人民共和国成立40周年《上海市职工文学创作征文选辑》等,发掘和培养了许多青年业余作者。

李叔良(1911—1993)

广东音乐曲艺教师。从小热爱广东家乡音乐,10岁即在家中跟叔父李明德(精通粤乐和七弦古琴)学艺,先后两次参加吕文成、甘时雨、钱大叔等人在白保罗路(今新乡路)举办的广东音乐研讨会。20世纪30年代自圣芳济学堂毕业,以毕生的精力,投入广东音乐曲艺的教育与研究工作。抗日战争胜利后,先后在杏花楼粤剧组、丽华公司、中华公司、友信公司、大三元、上海港务局、新亚酒店粤乐组和黄浦区饮食业粤剧组等8个业余粤乐、粤剧组织任音乐、曲艺教师。中华人民共和国成立后,他又先后在联谊粤剧团、黄浦区饮食业粤剧文工团、南京东路街道粤乐组、虹口区文化馆粤剧团等4个业余团体任教,著有《广东音乐研究》(油印本)、《广东戏曲唱腔研究——写、唱、伴奏、锣钹基础知识》(油印本),分发沪、穗两地粤乐、粤剧爱好者,进行普及。发表的文章有《粤剧在沪演出概述》(与张德亮合编,载《上海戏曲史料荟萃》第1期)、《我所知道的上海业余粤剧组织》、《上海解放前的广东音乐曲艺业余活动》(载广州市文艺研究室主办的《戏剧研究资料》第82期)。作品有《鸟语花香》《梅开二度》《花月归舟》等,均录制唱片。

罗子蒂(1924—1993)

1952年参加工作,1962年调入闸北区文化馆,任创作组长。1963年,成立闸北区故事团。故事团在同年纳凉讲故事活动中做出突出成绩,《人民日报》和上海各新闻媒体进行报道。他辅导业余创作二十余年,团结业余作者并善于调动作者的创作积极性。经他辅导的作品上海文书《花一枝》《两房相亲》、上海说唱《闪光的团结》《买衣裳》《巧运驳壳枪》、小戏《起飞》《第二课堂》《白云之歌》《钟声》《开锁》《金凤展翅》、故事《三两三》《重金组稿记》等,均在市、区会演中获奖。他创作的表演唱《八个姑娘买大饼》在市曲艺会演中获奖。

曾步信(1935—1993)

1972年,调入黄浦区文化馆工作,历任创作、宣传组长,副馆长。在黄浦区文化馆工作的20多年,3次被评为区文化局先进工作者;其领导的宣传组,先后被市文化局、黄浦区政府评为先进集体。他与《小草连环画报》合作,发起组建了小草连环画研究会,担任该会秘书长。10多年中,研究会培养了100多名青年连环画作者,成为全国连环画坛上的一支中坚力量。他多次撰写文章,在研究会刊物上发表。他参与和热心支持在全市成立第一个区级画院——黄浦画院,团结一批知名书画家,并发展多名青年画师。黄浦画院与日本炭火书画院进行交流,在日本和上海联合举办展览,扩大中日民间艺术交流。他率黄浦画院去无锡、金华等地举办画展,与当地书画家开展研讨、交流活动。

慕　寅(1928—1993)

原名陆驾雄,1986年任上海少年儿童民乐研究会会长,1987年任华东地区少年儿童民乐教育研究会副理事长。民国34年(1945年)8月,参加中国人民解放军,在苏北地区从事文化工作;1949年10月加入中国共产党,在厦门29军文工团、上海华东防空军政治部文工团工作;1952年11月调至中国福利会少儿文化工作处任干事;1953年1月任上海市少年宫艺术教育部副主任、民族音乐指导员,从事校外儿童艺术教育和儿童歌曲、民族器乐曲的创作。以少年宫为基地,举办讲座、开展研究、辅导、会演等,促进了全市少儿民乐教育工作的开展。出版了《怎样拉二胡》《少年民乐队》等著作;创作了《学习解放军》《红领巾的队伍在前进》《奔向四个现代化》等儿童歌曲几十首,其中部分儿童歌曲先后灌制唱片和录音盒带,或被选为音乐教材。他经常深入学校,深入少年生活,创作的儿童歌曲富有儿童特点、民族特色和时代气息。谱写的《摘茶》《少年友谊舞曲》《红领巾组曲》等民族乐曲,先后获得全国和华东地区优秀奖。

潘彩莲(1907—1993)

女,南汇民歌手。从小酷爱唱山歌,15岁时学唱《哭嫁歌》《哭丧歌》《九行十八镇》《大姑娘花名》《断私情》等。20岁出嫁,靠摇纱、打工度日,但她还是每天边摇纱边唱山歌,被当地群众誉为"山歌大王"。1982年,市、县联合采风队向她征集《哭嫁歌》时,已75岁高龄的她一字不漏地唱出2 000余行。她唱的《哭嫁歌》,语言淳朴,感情真挚,赋、比、兴手法运用自如。2 000余行的《哭嫁歌》在《民间文艺集刊》发表后,引起国内外民间文艺界的重视,称她是"活着的民间文学宝库"。

1984年5月,日本民俗学专家中原律子慕名到南汇听她演唱《哭嫁歌》,先后进行两次采访,并撰写论文。上海市文联副主席、市民间文艺家协会主席姜彬专程前往听她演唱,给予高度评价。1985年,市、县联合采风队再次向她采录《哭丧歌》2 000行。《潘彩莲歌谣集》选编其歌谣3 000多行,由上海文艺出版社出版。1989年9月,中国民间文艺出版社出版她演唱的《婚丧仪式歌》。上海民间文艺家协会授予她"市优秀民歌手"称号。

陈　岩(1927—1995)

女。1949年上海解放前夕,参加党领导的上海十八民众夜校革命斗争活动。中华人民共和国成立后,她用自己的文艺特长深入工厂教歌,组织群众游行欢庆、宣传党的政策,为恢复工厂生产和筹建基层工会组织做出努力。先后在市总工会、第二劳工医院、医工之家工作,1958年调沪东工人文化宫任辅导员、导演、文艺组长。她联系基层,开展文艺辅导,举办各种文艺学习班,选拔基层优秀节目参加文艺会演、交流演出。20世纪60年代初,已届不惑之年的她进入上海戏剧学院导演系进修,以适应工作需要,并取得大专学历。她组织、辅导的沪东工人文化宫话剧队,培养出一批业余文艺骨干。其执导的话剧《两地春天》《群山之春》以及沪剧《桃李芬芬》、滑稽戏《登高》等剧目,在职工和全市的文艺会演中获优秀奖。贺国甫的处女作、独幕话剧《一张照片》,经她执导在职工文艺会演中获奖,贺国甫从此步入剧坛,成为知名的工人剧作家。

柳尧章(1904—1997)

民族民间音乐家。自小受到家庭熏陶,对音乐怀有浓厚兴趣。民国5年(1916年),他随父来沪经商,就读于徐汇公学,向校长、意大利钢琴家C. Vrania神甫学习钢琴兼习小提琴和大提琴,受到西方音乐教育。民国13年(1924年)2月,其结识大同乐会主任郑觐文,二人结成忘年交。郑觐文介绍他向琵琶名家汪昱庭学习琵琶。第二年,他将向汪昱庭学习的琵琶独奏曲《浔阳夜月》,按照丝竹演奏形式改编成合奏曲《春江花月夜》,当时编出10行总谱。民国16年(1927年),他又根据《华秋苹琵琶谱》,将已经绝响的《月儿高》挖掘展示出来。随后上海丝竹界争相仿效他的做法,纷纷将琵琶独奏曲改编成丝竹合奏曲,大大丰富了上海江南丝竹的演奏曲目。上海江南丝竹乐队演奏的《浔阳夜月》《青莲乐府》等,就是这样移植流传下来的。他自民国21年(1932年)创办中西音乐研究室后一直从事自由职业,教授中西乐器,对上门求教的音乐爱好者,尽其所能,悉心教诲。

钱行健(1932—1997)

上海宋庆龄研究会常务理事、上海市陶行知研究会副会长。中国福利会办公室调研员,高级政工师。1944年9月进入重庆育才学校学习,开始接受陶行知的教育思想,追求光明,热爱祖国。民国37年(1948年)3月,到上海就读于大场育才中学新闻系,并在大场农民补习班教书。其间,参加农村社会教育工作,成为上海解放前夕群众文化工作的热心人。1949年6月,参加上海市青年文工团工作,次年7月,调入青年团上海市工委,积极投入建立上海市青年宫的筹备工作。1956年1月至1961年3月,出任上海市青年宫副主任、党支部书记。1961年3月,调团市委工作。"文化大革命"期间,被下放工厂劳动。1980年3月,任中国福利会少年宫党支部书记,团结全宫同志,努力开创了校外教育工作的新局面。少年宫1982年被评为"全国少年儿童工作先进集体",并于1984年、1985年连续评为"上海市文明单位"。1992年离休后,他受聘为中国福利会史志办公室主任,担任《宋庆龄和中国福利会》《中国福利会志》副主编,《宋庆龄书信集》编委。

王庆华(1908—2000)

民间手工艺人。擅长祖传扎灯手工技艺,凡宫灯、动物灯、植物灯、风筝均形神毕肖,精巧美观。中华人民共和国成立后,区(县)文化馆经常请他去传授技艺。1983年上海举办民间文化年会,他制作罗店传统龙船模型一件,该龙船昂首翘尾,口含明珠,龙船上台阁、牌楼、各式旗帜、艄亭、划手、锣鼓乐班、掌舵大刀等一应俱全,使龙船风采重现。他另制了一艘龙船模型成为上海市政府赠予荷兰贵宾的特色工艺品。1984 年,改革开放后举办首届上海城隍庙灯会,其间展出的彩灯大多出于他之手。他所扎彩灯于 1985 年在荷兰、比利时举办的上海民间艺术欣赏活动中展出,展品被当地国家博物馆收藏。在上海举办的民间艺术博览会上,有 17 个国家购买了他制作的彩灯。

方 行(1915—2000)

第一至六届上海市政协委员、第四至六届上海市政协常委。民国 26 年(1937 年)8 月,参加上海文化界救亡协会,次年进入沪江大学社会科学讲习所(后改为社会科学专科学校)学习,接受党的培养和教育,任同学会主席。出版了《综合半月刊》《学习半学刊》,鼓励青年热爱祖国追求进步。民国 30 年(1941 年)12 月,加入中国共产党。抗战胜利后,任《新文化半月刊》《消息半月刊》编辑,同时从事上海地下党领导机关的机要工作和上海东方、瑞明公司的经营业务。上海解放后,任上海市工商局主任秘书,参与接管工作。后参加筹建上海人民检察署,1951 年初任副检察长,1952 年 7 月任上海政法工作委员会委员兼秘书长,1954 年春任上海市政府政法委专职秘书长,1955 年 1 月任副检察长和党组副书记,1957 年 7 月调任文化局副局长及党组成员,1982—1988 年兼任上海市文物保管委员会副主任和市社科联常委及历史学会理事。1988 年 10 月上海文管会实行独立建制后,任顾问。他调任文化局以后,还兼任上海美协党组书记、中国古籍善本书目编委会副主任、上海市图书馆学会会长、上海市地方志编纂委员会委员、上海市党史资料征集委员会委员;复旦大学历史系兼职教授。1995 年 7 月离休。出版著作、编辑、主编《图书馆杂志》《上海文献丛书》《中国文化》研究集刊,另编有《上海当代丛书》《瞿秋白文集》和《郑振铎文集》《李大钊著译系年目录》《李大钊选集》《谭嗣同全集》《唐才常著作系年目录》《徐光启著译集》《樊锥文集》《王韬日记》《宋人佚简》《船子和尚拨棹歌》《朱氏舜水谈倚》《陈子龙文集》《中国古籍善本书目(经部)》等。

黄征和(1924—2001)

微雕艺术家。长期从事微雕艺术,多次在钢笔上刻诗文,送给毛泽东、刘少奇、伏罗希洛夫等中外领导人,字数最多的是 1957 年赠送给共青团中央的一支钢笔,上刻有胡耀邦在第三次团代会上的报告全文共 18 101 字。在半个世纪的艺术生涯中,用金笔、象牙、金石等微雕艺术作品为中外友好交往作出贡献。1990 年第十一届亚运会期间,应邀为各国运动员献艺。1993 年 5 月东亚运动会在上海举行,又一次为中外运动员献艺,创作微雕纪念品 3 000 多件,其魅力让各国体坛健儿倾倒。他的微雕为祖国赢得了荣誉,增进了友谊,被誉为"民间外交家"。

司 同(1940—2002)

先后在宝山县刘行农业中学任教、在大场镇三八化工厂做杂务工。1962 年进入上海市青年美术班学画,学习中国画期间,得刘海粟、朱屺瞻、程十发等前辈指导、点拨。同年在《新民晚报》发表首幅作品,此后佳作不断,尤以画牛见长,大场人戏称他为"牛"画家。他笔下的牛生动活泼、朴实传神。1982 年,他与友人在上海举办的画展引起画坛关注,《美术》丛刊、《江苏画刊》相继发表了他的作品。1983 年,其画作《人逢喜事》在上海市职工美术展览会上获一等奖,《解放日报》《文汇报》《新民晚报》均发表此作。《中学文科教学》也以他的画为封面画。1986—1987 年,他两次应邀赴日本,在东京、大阪、神户、九州等地举办个人画展。日本电视台对画展实况转播,其画作制成的明信片在日本发行。1989 年在中国台湾台北市举办个人画展。1992 年,在新加坡举办司同画展获成功。2002 年 1 月,在大场逝世,家属遵照他的遗嘱将其 600 余件遗物捐赠给宝山区档案局。2005 年司同陈列馆在宝山区档案局开馆。

施春年(1936—2003)

师承陈鸿山等曲艺界前辈,汲取前辈艺人陈鸿山丹田用气、李凤山开打动作和施凤飞说表艺术经验,吸收了京剧、评弹、沪书的艺术养料,形成了自己的艺术风格。在手、眼、身、法、步、说唱、表演上达到了一定的艺术水准。20世纪60年代初多次为中央领导陈云等演出。"文化大革命"期间,因改编表演长篇评话《林海雪原·飞马比双枪》,被以破坏"样板戏"的罪名审查10年。改革开放以后,重新登上舞台,担任春江沪书团团长,后因剧团改革,进入浦南文化馆担任文艺辅导干部,从事群众文艺骨干的创作表演的辅导与培训工作,培养了多名在群众文化战线有一定影响的群众文艺爱好者。1996年3月1日,浦东新区文化部门在浦南文化馆举办了施春年艺术回顾演出。

赵家彦(1935—2004)

1990年7月至1993年11月任上海市群艺馆书记、馆长。任职期间认真贯彻党的"十四大"会议精神,协调全馆干部与群众、党内外同志的关系,注意发挥职工积极性,通过他的工作,《大世界》编辑部的工作状态有了很大的转变;正确处理《上海故事》编辑部与印刷方的问题,在合作中推进了工作的开展。他工作有魄力,使上海市群艺馆相关工作持续推进,组织完成第六届上海"十月歌会"的全面展开;第七届"江南之春"美术作品展在上海美术馆开幕展出;第十五届"上海之春"群文活动以及第三届全国"群星奖"颁奖大会顺利举行。导演的话剧《水,应该喝甜的》获第二届上海"十月业余剧展"优秀创作、优秀演出奖。在华东六省一市群文理论研讨会上,他组织了上海4篇论文进行交流。

冯广泉(1946—2005)

副研究馆员,上海市工人文化宫茉莉花艺术团话剧团长,中国戏剧家协会上海分会会员,中国电视艺术家协会上海分会会员。1997年被上海市总工会评为"上海职工十佳艺术家",被授予"上海工人表演艺术家"称号。在市工人文化宫担任艺术部艺术总监期间,恢复组建了市工人文化宫茉莉花越剧团、沪剧团、评弹团、曲艺团。1980年参演的话剧《屋外有热流》获文化部、全国总工会授予的"勇于探索,敢于创新"奖。1987年任电视连续剧《邹韬奋》副导演、现场执行导演。1991年,由他主演并兼任副导演的话剧《大桥》获1991年度中宣部"五个一工程"优秀戏剧奖,上海文化艺术优秀成果奖。1992年,获上海市"白玉兰"戏剧表演奖主角奖、宝钢首届高雅艺术奖个人奖。在《于无声处》《血、总是热的》《路》等多部话剧中塑造了重要角色。1994年,在百集电视系列剧《东方小故事》中出任《孔子拜师》《河伯娶妻》等10集的导演,获中共上海市委宣传部颁发的导演奖。1995年开始,在《寻梦上海滩》《滑稽春秋》《都市刑警》《看不懂啦,女人们》《白领生活》《上海人》等电视连续剧中出任重要角色,并执导大型专题片《今朝风流》、电视剧《上海大世界》、系列宣传片《社会三分钟》等。

杨振龙(1935—2005)

1979—1985年任上海市委宣传部文艺处干事、副处长;1985年任上海市文化局副局长,是第二、三届市群文学会会长。长期从事新闻、宣传、电影、群众文化工作,熟悉文化理论与中华人民共和国成立以来文化发展的情况和规律,坚定地贯彻党的文艺路线、方针和政策。在担任市群文学会会长期间,有创意性地开展一系列活动,对学会工作产生了一定的影响,对群文工作建设和发展作出了贡献。工作认真负责、坚持原则、兢兢业业、任劳任怨,并严于律己、顾全大局、团结同志,带领大家共同做好各项工作。离休后继续关心上海的群文工作,经常参加市群文学会的活动,为上海群文工作的发展出谋划策。

宋凌云（1926—2005）

中国摄影家协会会员、中国摄影家协会上海分会会员、上海职工摄影协会副主席,沪东工人文化宫专职摄影辅导干部,杨浦区职工摄影协会副主席。长期从事职工业余摄影创作的组织和辅导工作,拍摄了大量工业题材和反映基层职工群众工作、生活场景的人文照片,是上海职工摄影创作活动的领军人物。其摄影作品《我送煤球为人民》入选全国影展,获上海市摄影艺术比赛二等奖,并发表于日本《朝日摄影》。《精心装配》《英姿初展》《哺育幼苗》等摄影作品入选上海工人影展,《春催桃李》入选"春在上海"摄影比赛。其中《英姿初展》被送往日本、多哥、尼日利亚等国展出,并发表于美国《大众摄影》。

陈心豪（1951—2007）

剧作家,副研究馆员,上海市职工文艺创作中心副主任。1999年被上海市总工会授予"上海工人艺术家"称号,2003年被评为上海市劳动模范。20世纪90年代后,作为市工人文化宫的专职作家,潜心创作,成绩突出。其作品以贴近时代、贴近生活、贴近百姓为写作特色,以题材多样、主题鲜明、风格独特、故事性强为艺术特点,包括诗歌、戏曲、小说、话剧、电影、电视连续剧等多种艺术样式。创作了电视连续剧《香堂往事》《无瑕人生》《红色康乃馨》《蓝色马蹄莲》《褐色美人蕉》《太阳作证》《e网情深》《悄然走进你的世界》《东方大律师》等;长篇小说《天缘》《香堂往事》《红色康乃馨》《蓝色马蹄莲》;电影《犬杀》《被叛卖的情人》《走入险区》等;话剧《杏花雨》。其中《无瑕人生》《红色康乃馨》分别获中宣部第五届、第七届全国"五个一工程"奖和国家广电总局"飞天奖"一等奖;长篇小说《红色康乃馨》获第七届中国图书奖;长篇小说《香堂往事》获华东六省一市优秀长篇小说一等奖。创作的大型沪剧《钢城春燕》《五月花雨》分别获上海市首届戏剧节奖项和第二届上海"十月业余剧展"剧展奖。

习 文（1925—2008）

原名习家驯,又名习良尘、习腰根,研究馆员,从事群文工作43年。1951年2月,被分配到曹杨新村文化馆任副馆长,1953—1956年任馆长。1960年11月至1966年12月任上海市群艺馆办公室音乐舞蹈组副主任、主任,1977—1981年任上海市群艺馆建馆筹备组长,1981—1985年10月任上海市群艺馆副馆长(主持工作),1987年被聘为上海市图博系列群文专业中级评审委副主任、群文专业高级评审委员。在基层文化馆和上海市群艺馆业务部门组织指导各类业务讲习班,培养了大批文艺人才;并组织了数十次全市大型文艺会演和调演以及交流演出。还撰写了数十篇调查报告和论文,其中有的获中国群文学会论文三等奖。1991年受聘担任《上海文化志》编纂工作及主编(1999年出版)。1992—1995年,获评上海史志工作先进工作者。

徐宝庆（1926—2008）

海派黄杨木雕的创始人。7岁时到天主教会创办的土山湾孤儿工艺院学习,师从日本美术家田中德和西班牙雕刻家那彦英。民国34年(1945年)在震旦女子文理学院举办的宗教艺术展览会上,其作品《圣母》《圣家族》《善牧》引起了宗教界的轰动,《传教报》给予了大篇幅的报道。他在木雕上不断钻研,勤勉创作,成就卓著。1957年出席第一届全国工艺美术艺人代表大会,受到了朱德副主席的接见;1958年参加首都十大建筑设计会议,为人民大会堂上海厅创作了"农""林""牧""渔"大型樟木雕。同年,携弟子进入上海市工艺美术研究所,对上海黄杨木雕创作发展产生积极影响。他到上海黄杨木雕培训班教授木雕工艺,为上海黄杨木雕的持久兴盛培养了许多后继之才。1964年轻工业部授予其"雕刻工艺师"称号。1979年,中华人民共和国成立以来规模最大的上海工艺美术展销会上,他的 19 件作品在预展时就被日本客户全部订购。同年,在全国工艺美术设计代表大会上被授予为中国工艺美术事业作出重大贡献的勋章。1987 年,被轻工业部评为"高级工艺美术师"。2002 年,上海工艺美术博物馆开幕之际,专辟了他的个人雕刻回顾展。上海文庙内的孔子铜像,出自他之手。2003 年,上海电视台对他进行了专访,并以《最后的土山湾人——访上海黄杨木雕创始人徐宝庆》为题播出。同年 8 月,上海古籍出版社出版的《黄杨木雕第一家——徐宝庆黄杨木雕鉴赏》正式面世。

周立中(1947—2010)

1974 年开始,先后任奉贤县图书馆辅导组人员、县文化馆导演、文艺组组长、文化馆副馆长、博物馆馆长。他导演的戏剧、表演唱等大量作品多次在市内获奖。1987 年 12 月,在上海市农村业余戏剧创作剧目调演中,奉贤县文化局选送的由严志东编剧、周立中导演、潘永刚作曲的六场沪剧大戏作品《红玫瑰》获得专家、评委和观众的一致好评,囊括了该次会演优秀编剧、优秀导演、优秀作曲、优秀舞美、优秀演出 5 项大奖。1989—1991 年,导演的《苦酒》《蟹肥时节》获上海市文化艺术节群众文艺优秀奖,导演的《石头赔情》获第一届上海"十月业余剧展"演出二等奖。他与王兴仁共同导演沪剧小戏《不该枯萎的小花》获第二届上海"十月业余剧展"优秀创作、优秀演出奖。导演的《桃红柳绿》获第三届上海"十月业余剧展"最佳演出奖。同年 11 月 9 日,第四届上海"十月业余剧展"组委会在沪西工人文化宫举办周立中导演研讨会。

何其美(1927—2014)

副研究馆员,中国曲艺家协会上海分会会员。1949 年 5 月加入中国人民解放军第 23 军政治部文工团任团员,创作组员;1952 年参加抗美援朝战争,任军文工团创作组成员;1956 年 12 月上海市群艺馆成立,进馆任编辑部编辑。1958 年,创作独幕沪剧《人民公社好》,发表单行本;沪剧小戏《接亲人》《姑嫂争先》分别发表于《群众文艺》和《农民日报》(原名《沪郊农民报》);编写的《怎样创作卫生文艺作品》教材,被编入中央爱卫会编辑出版的《健康教育学》。1977 年上海市群艺馆恢复建制后,任戏剧曲艺室负责人。他深入基层开展基层文化馆干部和业余作者培训,组织干部辅导班、创作培训班,并多次协助馆领导筹备组织戏剧节会演,对节目进行深加工和选定。1979 年协助组织《摇篮曲》节目参加全国农民会演;同年辅导表演唱《六样机》参加全国农民会演获奖。1981 年春节,去松江文艺工厂交流,组织剧目《定心丸》参加戏剧节。1982 年、1983 年,组织发动市区和农村戏剧创作,开展《角落里的火花》《石库门》《青春回旋曲》《赶不走的媳妇》等农村小戏的讨论修改和辅导,《赶不走的媳妇》《角落里的火花》参加第一届上海"十月业余剧展"演出获一等奖。他编写的《怎样写好唱词》《表演唱歌词的创作》等教材用于馆内和区县培训班授课;辅导的作品《芦花荡里稻谷香》《王婆骂鸡》《张勇擒贼》《三粒蚕豆》等分别获奖。1987 年离休后,参加了《上海群众文化志》《沪剧志》等修订工作。

干树海(1940—2020)

1979 年 11 月转业回到上海,在上海青艺滑稽剧团先后任舞美设计师、党支部书记;1983 年 8 月任中共上海市黄浦区委委员、宣传部部长;1985 年 11 月任上海市委宣传部文艺处处长;1991 年 8 月任上海市文化局副局长;2000 年 4 月任上海市文广局副局级巡视员。在上海青艺滑稽剧团工作的 3 年中,经他排练的《啥格花样经》《出租的新娘》等 8 台大戏在布景、服装、灯光、道具等方面都有较大提升,获得好评。《出租的新娘》获 1981 年上海市戏曲节演出奖。1982 年开始兼任剧团党支部书记后,在剧团体制改革中,改革奖金分配制度,使剧团的社会效益和经济效益都取得好成绩。任上海市委宣传部文艺处处长期间,坚决贯彻党的十一届三中全会有关文艺工作精神。任市文化局副局长期间,对全市343个街镇文化站、28个区县文化馆组织开展考核评比,推进各区县文化设施建设。牵头制定了《上海市公共图书馆管理条例》《上海市公共文化馆管理办法》,在全市增设2 500多家里弄、村图书馆,形成公共图书馆四级网络,实行电脑借阅卡和全市联网,在全国保持领先;全市区县图书馆均被文化部评为地区级的一、二级图书馆,部分文化馆和文化站得到文化部的命名。重视社区文化建设,筹备召开市社区文化工作和市农村文化工作会议,积极发展广场音乐、广场美术、广场戏曲、广场舞蹈等广场文化。1997年,在迎接香港回归活动中,牵头组织了全市1 073台各类广场文艺演出。

闵雪生(1950—2020)

研究馆员,中国音乐家协会、中国民族管弦乐学会会员;中国群众文化学会理事、上海市群文学会副会长、上海音乐家协会理事、上海音乐家协会民族管弦乐专业委员会名誉会长、上海非遗保护工作专家组成员、上海非遗协会常务理事。历任川沙县文化馆长、川沙县文化馆沪剧团长、浦南文化馆长、浦东新区文化艺术指导中心主任,上海市群文系列中级、副高级职称评委会副主任委员、上海市艺术系列正高级职称评委会委员。1978年开始,从事群文工作40多年,获浦东新区先进工作者、浦东新区社发局优秀党员、浦东新区科技工作先进个人、浦东新区重大实事项目立功人员和上海市先进文化馆长、市群众文化工作先进个人等荣誉称号。参与策划组织了市、区级举办的各类大中型活动数百场,在活动中担任总导演、总策划、艺术总监、现场总指挥工作。创作的器乐合奏作品《碧海银波》获1989上海市文化艺术节优秀创作奖;器乐合奏作品《龙狮飞舞》《江南情韵》分获2010中国国际艺术节长三角地区民乐邀请赛银奖和金奖。歌曲《永恒的眷恋》获2001年上海市"阳光·大地"全市党团员优秀歌曲演唱比赛优秀创作奖、2007年"上海之春"群文新人新作比赛优秀新人新作奖;歌曲《我是男子汉》获2003年第十一届中国人口文化奖铜奖。他还撰写了论文《以人为本发展公益性文化事业》《浦东说书的前世今生》《江南丝竹的传承与创新》《浦东文化馆系列改革报告》《在改革开放中探索文化馆工作新路》和专著《甘苦寸心知》,不少文章在多家刊物发表。

第二章　人物简介

田沛泽（1925— ）

研究馆员，中国音乐家协会、中国群众文化学会会员，先后任上海市歌咏团体联谊会主席、上海市群艺馆辅导部副主任、音乐舞蹈室主任等职。1947 年就读于上海中华音乐院理论作曲专业，1957 年初调入上海市群艺馆工作。在全国群众艺术馆长讲习会上主讲《群众音乐工作初探》，致力于委托上海师范大学、上海音乐学院开设为期 3 年半的音乐学习班大专班，培育群文队伍。改革开放后，他倡议举办全国性的通俗歌曲比赛，得到作曲家王酩、徐沛东、付林等响应，《难忘今宵》《十五的月亮十六圆》《我热恋的故乡》《月亮走我也走》等在大赛中脱颖而出。他创作的音乐作品有民乐合奏《调龙》、沪剧音乐《云房审侄》、舞蹈音乐《渔民号子》、女声独唱歌曲《哥哥摇橹妹绷绳》、群众歌曲《我伲农民热气高》《乡村医生之歌》等，其中《调龙》获上海市民乐创作比赛优秀创作奖，入选第十届"上海之春"开幕节目。1988 年离休后担任《中国民间歌曲集成·上海卷》副主编。20 世纪八九十年代，两次被评为上海文化系统先进工作者，并获艺术学科国家重点研究项目文艺集成编纂成果一等奖。其出版著作有《音乐知识趣谈》《乐海拾贝》《大音乐家的小故事》《名曲轶事》《乐坛传奇》《歌剧故事》《上海群文史话》；主编有《音乐与我》《五夫的故事》系列图书；编写了《怎样改编民歌》《怎样写歌词》《歌咏指挥法》等教材。

尹小芳（1931— ）

女。研究馆员，虹口区第七届政协常委，第八届人大代表，上海市戏剧家协会会员，上海越剧联谊会顾问，复旦大学、同济大学越剧团艺术顾问。1948 年被观众评选为"越剧后起之秀冠军"，1994 年荣获文化部艺术局颁发的"突出贡献艺术家"荣誉证书。代表剧目有：1951 年《何文秀》饰侯朝宗；1979 年在"尹桂芳越剧流派演唱会"上演唱《浪荡子·叹钟点》；1980 年整理改编并演出《何文秀》；1982 年整理改编《沙漠王子》。调入虹口文化馆工作以后，主要从事戏剧辅导和演出。其艺术业绩载入《中国当代文艺家名人录》《上海高级专家名录》《世界名人录》。

袁荫华（1931— ）

副研究馆员。1948 年参加工作，任中国人民解放军某军政治部主任秘书，转业后历任长宁区总工会宣传科长、长宁区文化馆馆长、长宁区文化局社文科科长、长宁区文化局局长，兼任长宁区政协委员文体委副主任，长宁区群文学会、图书馆学会、影评协会会长。从事、分管文化工作 40 年。他牵头组织创作沪剧《竞赛浪花》、说唱《两面红旗》，参加全国职工文艺会演双双获奖；参加修改的话剧《苦难的年代》被长宁区委推荐为社会主义教育运动形象化教材。改革开放后，创立了"长宁之夏"（"虹桥文化之秋"艺术节前身）大型区级群文活动；举办中华人民共和国成立 35 周年彩车游览活动；发起和组织全国部分城区文化馆馆际交流会；创建长宁民间艺术年会活动；联动长宁区各部门开展中学生艺术节、尊老敬贤大联欢、各界青年大联欢、长宁之夏、天山夜市等活动，1985 年获人民政府颁发的荣立三等功证书。他撰写出版的《随谈我见集——文化点滴论》《老年心理谈》两本书，由澳大利亚悉尼欧本图书馆、美国加州大学硅谷分校硅谷图书馆分别收藏并颁发了收藏证书。

顾炎培（1931— ）

笔名顾延培，副研究馆员，毕业于上海市立师范。先后任南市区文化馆长、文化局副局长，1991

年退休后留任南市区文物古迹保管委员会办公室副主任、上海文化生活技艺专修学校校长、上海中华书画协会理事长。他接受陈毅市长的聘书,担任南市区滑稽曲艺专业中级职称评审委员会主任委员。在文化馆工作期间,创编大合唱《蚂蚁啃骨头》等。独自或合作主编、编著的书籍有《辛亥革命货币》《交谊舞速成》《上海夜生活指南》《上海老城厢风情录》《上海路名地名指南》《中国古塔鉴赏》《中国古今对联大全》《上海城隍庙大观》《少儿谜语新絮》等 20 多本,被评为上海市先进文化馆馆长、群文先进工作者。

王家骅(1932—　)

副研究馆员。1951 年起在黄浦区文化局工作;1958 调入黄浦区文化馆工作,任黄浦画院常务副院长,市美术家协会会员。1978 年,他创办上海市水彩画展;同年策划创办上海市第一届美术活动周,参加活动的画家有程十发、朱屹瞻、邱瑞敏、王家骅、胡文遂等 25 位海派书画家,举办讲课、示范、现场作画等活动;同年与朱屹瞻、李咏森、曹简楼、王家骅、万籁鸣、周有武、王康乐、胡倬云、顾雨民等八位画家在南京路老西施大楼举办八人联合书画展览。1985—2009 年,创办美术夜大学。1986 年,参与策划创立上海市黄浦画院,汇集老中青 198 位画家。1997 年 8 月,在外滩策划千人大会现场作画;纪念八一建军节与南京路上好八连战士合作,绘制大幅画作《军民鱼水情》。1999 年 8 月,受市委、市政府委托,在外滩举行的上海市迎澳门回归倒计时揭幕仪式上,树立的巨幅画卷《九九回归图》仅用了 45 分钟完成创作,该画由市委领导金炳华同志代表上海赠送给澳门特区行政官何厚铧。2000 年 5 月,他在南京路世纪广场举办"老上海,新上海"一家三代画上海画展,上海报纸、电视台、中央四台专题报道。

胡蔚然(1932—　)

女,副研究馆员。1950 年参加华东革命大学杭州分校文工团,1951 年调入华东防空军政治部文工团,1958 年进入卢湾区文化馆从事群众文化工作,负责组织辅导话剧队和老妈妈合唱队的工作。1986 年 6 月,辅导的话剧《彩色的问号》《烛光》获上海市文化局颁发的辅导奖;同年,上海市群众文化工作委员会为她颁发群众文化工作 25 周年荣誉证书。1988 年,与付宣合演小品《夜曲》获江、浙、皖、沪戏剧小品大奖赛演出二等奖和优秀演员奖;同年 10 月,被上海市群众文化工作委员会评为第四届上海"十月歌会"合唱比赛优秀组织者奖。1996 年,上海市文化局特授予其荣誉证书,以表彰其在群众文化、图书工作(卢湾区图书馆)耕耘 30 年。2005 年 11 月,文化部和中央精神文明办在第四届全国"四进社区"活动中,授予其"社区文化优秀辅导员"荣誉称号。

吴彤章(1933—　)

副研究馆员,中国美术家协会会员。年轻时入上海美术专科学校国画系学习;1962 年在上海中国画院进修两年。先后任金山县文化馆美术组长、县文广局副局长;1986 年任金山农民画院院长,享受国务院特殊津贴;后任金山农民画院名誉院长。幼年受民间艺人影响,喜爱雕刻和绘画,在开拓中国现代民间绘画方面成绩显著。作品入选全国画展 50 多幅;其作品油画《胜利归航》参加全军美展,被解放军总政治部收藏;国画《飒爽英姿五尺枪,不爱红装爱武装》由沈阳故宫博物院收藏;国画《农民全家学毛著》赴叙利亚等中东 7 国巡回展,被国家美术馆收藏。他的论文《民间年画与农民画》1979 年 2 月在《美术丛刊》(上海人民美术出版社)发表;专著《中国民间美术研究》1987 年 10 月由贵州美术出版社出版;2004 年 5 月在《亚洲民间艺术研究会》发表论文《金山农民画艺术风格的由来》;2005 年在《上海美术》丛书发表论文《金山农民画再怎么走》;2008 年 2 月在《美术报》发表论文《守住乡土创新艺》。1981 年文化部授予其"全国农村文化艺术先进工作者"称号;同年他被上海市人民政府授予"上海市劳动模范"称号;1988 年文化部授予其"中国民间美术工作开拓者"称号。

胡林森(1935—　)

副研究馆员,金山县文化馆馆长,中国民间文艺家协会、上海作家协会、上海电影家协会会员,上海市故事学会副会长。1952年开始从事民间文学搜集、整理工作,1954年发表《中国人民拍手笑》等民歌60多首。1960年开始从事小说、散文、报告文学写作,报告文学《重塑上海农民新形象》1993年在《文汇报》上发表后获二等奖。他编写新故事《瓜王赴宴》《三进宴馆》等120多篇,分别发表在全国各省市的故事刊物上,其中中篇新故事《儿子孙子和种子》(与吴仲川合作)1979年由上海文艺出版社出版。他编著出版了新故事集《海滨新一代》《冲锋号》《顶天队长》等。20世纪80年代,发表电影文学剧本《儿子孙子和种子》《飞来的女婿》《特殊身份的警官》《未来的太子村》,以及电视文学剧本《双枪唐白妹》《我是男子汉》等,这些作品分别由上海电影制片厂、湖南潇湘电影制片厂拍摄上映;他撰写的调查报告《这个思想文化阵地不容忽视》《金山县文化馆搞活了》由《文汇报》刊发内参。其论文《上海市郊村落文化建设之浅见》《论加强农村文艺作者新人的培养》《浅论上海民间艺术在对外经济开发中的地位》获上海市1991学术年会优秀论文奖。获全国先进工作者称号。

王　海(1937—　)

原名王金千,笔名王海。研究馆员,中国作家协会、中国音乐家协会会员,上海市文学艺术著作权协会、中国民间文艺家协会、中国科学诗人协会、上海市作家协会、上海科普作家协会、上海音乐家协会会员。1959年开始学习和创作新民歌、发表作品。2005年加入中国作家协会,是多产、高产作家,著有诗集《乡音集》《心的律动》《上世纪的诗》,儿童读物《四季儿歌》(4册),新民歌集《王海四十年笔耕录》,歌词集《湿漉漉的水乡》等10余种,主编"中国沿海作家书系""中国学人丛书"(均为奉贤卷,各五集)。其科学诗《癞蛤蟆的传奇和功勋》获上海市第二届(1980—1984)科普作品奖;1995年8月,其《入夏的晚上》一诗被中国当代作家陈列馆收藏;1997年他编写的《四季儿歌》获山西省优秀图书奖;1997年《牛年歌谣》获上海市儿歌赛二等奖;2000年《王海四十年笔耕录》获"新世纪大众诗歌赛"全国民歌体诗一等奖;2004年《乡村新情歌》获首届中国北京国风诗人一等奖;2005年《上世纪的诗》获首届国际文学笔会评选获首届中山图书奖;《小猫跑跑》获2007全国少儿歌曲创作比赛铜奖;《躲雨》获2009年上海市优秀童谣评选活动二等奖。

1999年,由上海市民间文艺家协会和县文化局联合主办的"沃野放歌——王海民歌创作40年研讨会"在市文艺会堂召开,作家丁景唐、市民间文艺家协会秘书长吴祖德和沪上一些诗人、诗歌评论家出席,与会者对王海坚持民歌创作的诗风作了高度评价。其《新民歌创作的现状及前景》荣获上海民间文艺家协会'91学术年会好论文奖。1999年10月,其《握手的魅力》荣获"亚农杯"全国农民读书征文赛上海赛区最佳征文奖。2001—2002年他创办了《民工诗报》《诗芽》两张诗歌报刊和多个民间诗社。2010年12月,王海名人手迹艺术收藏展在奉贤庄行举行,历时3个月,展出贺敬之、叶辛、杨可扬、赵丽宏等名人手迹200余幅。1990年获上海市自学成才奖,1998年被评为上海市优秀科普作家,2008年被授予中国改革开放文艺终身成就奖。

曲信先(1938—　)

研究馆员。长期从事业余戏剧与影视创作学习班的组织工作并担任主讲,开展编剧及编剧理论的讲授活动。培训辅导宗福先、贺国甫、汪天云、贾鸿源、马中骏、史美俊等一大批具有全国影响的职工业余剧作家。他辅导的职工业余作者先后发表《于无声处》《屋外有热流》《血,总是热的》《街上流行红裙子》《路》《有一个航次》《传呼电话》《大桥》《中国制造》《开天辟地》《天堂回信》《情洒浦江》《大上海出租车》《哎呦妈妈》《故事2001》《股疯》及《大潮汐》等剧本,根据这些剧本演出、拍摄的戏剧、电影、电视剧,获得国家级的政府特别奖,"华表奖""文华奖""金鸡奖""百花奖""飞天奖""童牛奖""五个一工程"奖等。

蔡 铭(1938—)

副研究馆员。1960 年上海戏剧学院毕业,1960—1978 年任陕西人民艺术剧院、西安电影制片厂、空政话剧团演员;1982 年调回上海任普陀区文化馆戏剧业务干部;1985 年进入上海文化录音录像中心任导演;1988—1998 年在上海市群艺馆工作。在 22 年演员职业生涯中,担任主要角色 20 多个,出演超百场的多幕剧,包括《浪涛滚滚》《九龙滩》等。1979 年,在庆祝中华人民共和国成立 30 周年全国话剧调演获一等奖剧目《陈毅出山》中扮演马英才,在获二等奖剧目《这里通向云端》中扮演廖政委。1983 年,导演的独幕剧《三村十八号》在上海"十月业余剧展"中获奖。1985 年后在文化录音录像中心执导了电视剧《提篮桥故事》《名誉》以及纪录片数十部。1988—1998 年编导了十几部舞台艺术片和纪录片,其中,《江南之春》《民俗大世界荟萃》等 6 部艺术纪录片为上海图书馆视听资料馆收藏。他组织辅导的戏剧小品在 1988 年、1990 年华东五省一市的大赛中获一、二等奖。在 1997 年第四届全国残联艺术会演中,他辅导的戏剧小品《模范夫妻》获文化部、广电部、中国残联等联合颁发的辅导一等奖。

朱杰仁(1940—)

副研究馆员,上海戏剧学院毕业,第十七届中国戏剧梅花奖获得者。1989 年奉贤沪剧团解散,调入奉贤县文化馆工作,导演(含编剧)话剧、电视剧、广播剧、戏曲、小品等不同风格、题材、样式的剧目。其作品有话剧《猎狼》、电视剧《净土》(太原电视台摄制并播出)、《豆芽庄》(山西人民广播电台录制)。他参加了由中国戏剧家协会、中央人民广播电台等联合主办的中国广播剧首届"丹桂杯"大奖赛,获优秀广播剧奖、导演奖、剧本创作奖、效果奖、录音制作奖并获山西省文学艺术特别奖。1996 年,其作品《村里来了新乡长》获中宣部第五届"五个一工程"奖一等奖、山西省文学艺术特别奖。他移植喜剧风格豫剧创排的沪剧《470 风波》(1986 年),由奉贤沪剧团演出 300 多场;他与施贵贤合作编剧小品《强化训练》获 2000 年"上海市学生戏剧节·戏剧小品专场比赛"剧本创作一等奖、表演一等奖。他还组织举办了奉贤桥乡艺术展。其论文《论"穷困戏剧"——回归以表演艺术为中心的戏剧艺术》在山西省文联出版的《山西文化艺术》创刊号发表;影评《阿卜杜拉和他的水磨坊》则获上海首届农民电影节影评征文金穗奖。

严世善(1942—)

研究馆员。1964 年上海戏剧学院舞台美术系设计专业毕业,1989 年调入上海市群艺馆工作。他对舞台美术、滑稽戏表演、曲艺表演艺术、群众文化、民间美术等进行研究,发表笔记、传记、舞台美术设计图、杂志封面设计等,并参与《群文论苑》《大世界》杂志编辑出版工作。发表了群众文化理论文章 70 余篇,主要代表文章《当代庙会文化的新特点及其思考》(《社会科学》杂志 1991 年第 9 期刊登,同年人民出版社《新华文摘》转载),《具有伟大历史意义的群众文化工作战略转移》(刊于中央文献出版社《文化大视野》)。出版著作有《舞台美术延伸》(香港世纪风出版社)、《浦东说书》(上海文化出版社)。论文《当代庙会文化的新特点及其思考》获上海市群文优秀学术成果奖,《乡镇文化市场的行政管理与文化导向》获文化部社图司、中国文化报"乡镇文化发展战略百家谈"论文评选二等奖,《沿海开放城市青年农民工文化特征及其文化馆(站)公益性文化的必要性》获 2007 年文化部社会文化司"全国农民工文化建设"征文二等奖。

郑秀珠(1942—)

女,副研究馆员。1975 年进入南市区文化馆工作,任副馆长。她的舞蹈《枷》获 1986 年第十二届"上海之春"创作三等奖和演出三等奖;同年入选中国艺术节全国十大城市优秀舞蹈专场演出,并获优秀创作奖、优秀表演奖;1987年在全国民间音乐舞蹈比赛中获丰收奖。她创作并参演的双人舞《韶乐臆想》获华东六省一市优秀创作奖、优秀演出奖。1995年,合作小品《偶尔相遇》获第五届上海"十月业余剧展"剧本评选最佳创作奖。举办了两期个人摄影展,分别为《走进地球村》《莲影荷香》。1984年,合作编写的《交谊舞速成》由上海翻译出版社出版。她发表论文10余篇,其中,《营造良好的社区文化环境,迎接知识经济时代到来》入选京津沪渝第二届"都市风采"城市群众文化理论研讨会交流;《试论在当前加强社区文化建设的特殊意义》入选上海市社区建设理论研讨会。

夏友梅(1943—　)

副研究馆员,中国民间文艺家协会、上海市作家协会会员,上海故事家协会副会长。浦东新区川沙文化馆馆长、书记,浦东新区政府授予其"开发浦东杰出人才贡献奖""浦东'十佳'公益文化风云人物"等荣誉称号,1990年被评为"全国文化系统先进工作者",受到党和国家主要领导人的接见。他自1965年开始从事民间故事创作和演讲50年,先后在《故事会》等报刊发表故事作品300余篇百余万字,结集出版了《夏友梅故事集》《夏友梅戏曲故事评论集》。其创作的故事《作弊的三好学生》获第三届全国"群星奖"金奖,《模范教师打工》获第七届全国"群星奖"铜奖。他率领的川沙故事队获上海市故事创作演讲比赛八连冠殊荣,故事活动成为川沙地区特色文化品牌。上海大学文学院等高校为其举办故事研讨会。1991年获"上海市劳动模范"称号;同年上海市民间艺术家协会授予其"上海故事家"的称号,被誉为全国故事大王。

徐维新(1943—　)

研究馆员。浦东新区文化艺术指导中心主任助理,上海市曲艺家协会副主席、上海市文联委员。1987年调入上海市群艺馆,任《上海故事》主编、群艺馆副馆长,创作了戏剧、曲艺、论著等各类作品70多万字。2003年退休后,又创作了电视剧本等文艺作品。在上海市群艺馆工作时,组织开展第八至第十届上海新故事会串、市群众文艺曲艺调演、市民俗文化庙会、华东地区戏剧小品大赛等大型群众文化活动;辅导业余文艺创作骨干,使一批文艺创作新人在各类比赛中脱颖而出。任《上海故事》主编期间,主持出版期刊和书籍450多万字,《上海故事》的发行量一直保持50万册以上,成为上海发行量位列前位的十大期刊之一。他与徐英合作的故事《公鸡会下蛋吗》和小品《"核"反应》分获第十一届全国"群星奖"金奖、优秀奖,与何庆和一起编导的上海说唱《登高》在第十五届全国"群星奖"评选中获群星奖(曲艺类)。

杨鑫基(1945—　)

研究馆员,中国群众文化学会、上海市戏剧家协会会员,上海艺术摄影协会常务理事。1985年进入上海市群艺馆工作,历任戏剧室、少儿工作室主任,调研部主任,市群文学会办公室主任暨《大世界》期刊副主编,上海市群艺馆艺委会副主任等。2004年,参与创建上海市民族民间文化保护中心(市非遗中心前身),是首任非遗保护中心办公室主任,任内完成首批申报文化部中国民族民间文化保护工程第二批试点项目——南汇锣鼓书,并获评审通过;青浦田歌、松江顾绣由文化部批准为上海市级重点保护项目。承担了为松江顾绣编制申报文本、撰写申报录像片文学脚本的任务。撰写《试点与保护:上海民族民间文化保护工程的实践与启示——兼谈南汇锣鼓书、青浦田歌与松江顾绣保护中的若干问题》,入选文化部《中国非物质文化遗产保护·苏州论坛》论文集;完成《文化如水　坚如磐石——顾绣的沉浮与变迁》。完成《顾绣笔记》(执笔,与唐西林、苏颐忠合作,三联书店出版)、《绣谱》、《顾绣针法初探》等著作;有《上海地域文化的特色和影响》《小品谈艺录》等论文。其长篇小说《疯狂的节日》获首届中国当代文学奖;大型话剧《水应当喝甜的》获上海第二届"十月业余剧展"优秀创作、演出奖;电影故事片《奥菲斯小姐》获1994年上海影评人协会"十佳影片奖"。

贺国甫（1945—　）

副研究馆员，上海市作家协会理事，上海市戏剧家协会会员，上海市工人文化宫专职编剧、剧作家。1981年开始在上海市工人文化宫从事编剧工作，先后创作话剧《血，总是热的》《大桥》《谁主沉浮》等；电影《血总是热的》《天堂回信》等，有电视连续剧《大上海出租车》《哎哟，妈妈》《情洒浦江》《梦酒家之夜》《天若有情》等，所创作的作品获全国优秀剧本奖，"文华大奖""华表奖""飞天奖""五个一工程"奖等奖项近20个。编写的电视剧《故事，2000》创下全国25家电视台同播的纪录，创作四幕话剧《有一个航次》获第一届上海"十月业余剧展"二等奖。1991年、1993年和1995年3次被评为上海市劳动模范；1997年被上海市总工会授予"上海十大工人艺术家"称号；2004年被评为第三届上海十佳电视艺术工作者，第四届中国百佳电视艺术工作者。

吴伟刚（1946—　）

副研究馆员，中国曲艺家协会、中国通俗文艺研究会、上海市曲艺家协会会员，上海通俗文艺研究会戏剧委员会副主任、浦东新区文学协会副会长。先后任浦东新区文化艺术指导中心主任助理，浦南文化馆、浦东文化馆党支部书记等职。导演话剧小品《妈妈，您好》，创作演出的大型滑稽戏《抢爷》《成功勿成功》，分别获得全市群文汇演一、二、三等奖。创作的大型滑稽戏《当心阿诈里》，由滑稽戏表演艺术家童双春主演，该剧本由上海艺术家杂志发表。他还参加上海电视台的电视室内剧《新上海屋檐下》的编剧和东方电视台戏剧频道《一笑了之》喜剧小品的编剧，创编了40多个作品分别在上视电视剧频道和戏剧频道播放。1982年开始参与《中国曲艺音乐集成·上海卷》《中国曲艺志·上海卷》编辑和撰稿，其间获文化部、国家民委等颁发的奖状。担任中央电视台、上海艺术研究所联合摄制的电视连续剧《大桥魂》剧组的副导演；担任央视、上海艺术研究所联合摄制的电视连续剧《在华夏星空下》剧组的副导演。

吴海燕（1946—　）

女，研究馆员，上海戏剧家协会会员。毕业于上海戏剧学院戏剧文学专业，1973年起任上海话剧团编剧兼艺术室主任，1993年进入上海市群艺馆主要从事文艺创作。作品《母与子》获全国优秀剧本创作奖等；《五星红旗下》获上海优秀剧目奖。在上海市委、市政府主办的大型文化活动中担任主要文字撰稿工作，包括1990年上海少儿活动年闭幕式；1991年、1992年上海各界春节联欢晚会；1991年市政府举办的上海军民联欢会；1992年上海市委宣传部主办的"五一"晚会；1992年上海市委市政府举办的国庆晚会；第三届全国"群星奖"闭幕式等。还参与指导创作工作，其中，京剧小品《司马光砸缸》应邀进京演出。担任了第三届、第四届上海"十月业余剧展"评委。

季金安（1946—　）

研究馆员，上海市群艺馆副馆长，分管理论调研工作。长期从事群众文化理论调查研究工作，撰写发表多篇理论文章。主编《上海群众文化志》（第一卷），填补了上海群众文化史志方面的空白。他与张黎明合作撰写的论文《上海公共文化馆参与文化产业建设的思考》获第十一届全国"群星奖"金奖、2001年中国群文学会科研成果金奖，还入选第三届中国沿海开放城市群文理论研讨会。

柴焘熊（1946—　）

副研究馆员，中国民间文艺家协会、上海市作家协会、上海民间文艺家协会、上海音乐文学协会会员，崇明县文史学会副会长，崇明民间文艺家协会常务副主席，崇明县文化馆业务副馆长，长期从事文艺演唱创作和文史研究以及大型群众文化活动的组织策划工作。他的论文《崇明的特色民居》《群众文化工作现状剖析》《文化养老模式探析》多次获文化部门奖项。他创作的小戏、小品、歌词、故事等作品数次获省市级奖项；编创近百个文艺演唱作品，其中创作歌词《故乡的金瓜》获第九届上海"十月歌会"优秀创作奖。其《春三四月桃花汛》获第十届上海"十月歌会"优秀创作奖;小戏《心愿》获首届华东地区地方现代小戏会演金奖。出版有《崇明文史之谜》《古瀛钩沉》《江风海韵》《沙洲袅袅的乡音》《江口田园的抒情》《沙洲诗意的积淀》《江口民风的演绎》《崇明地名故事》等民风民俗书籍 26 本,校点《瀛洲竹枝词》《瀛洲诗抄》《钝庐文集》等文选。致力于民间文化方面的研究,对市级非遗名录——灶花的挖掘、保护及研究,编纂和撰写《民俗上海·崇明卷》《崇明灶花》等书。被评为上海市优秀群文工作者,2004 年获得上海市劳动模范称号。

梁晓庄(1946—　)

第二届安徽省广播电视学会副会长,第三届上海市广播电视学会副会长,上海市有线电视协会名誉会长,上海视觉艺术学院常务副校长、副校长。1969 年毕业于上海师范学院中文系,1970 年分配到解放军某部下属连队锻炼,1971 年 12 月进入安徽日报社编辑部任编辑,1980 年调入安徽电视台,先后任播出制作组组长、台宣传办公室主任。1985 年开始历任安徽电视台副台长、常务副台长,1987 年评为主任编辑,1992 年任安徽省广播电视厅纪检组长,1995 年任安徽省广播电视厅副厅长。2000 年调入上海市文广局任副局长,分管广播影视的宣传、监测、科技、经营管理和社会文化工作。

潘永刚(1946—　)

副研究馆员,任奉贤区文化馆长、党支部书记等职务。擅长戏曲音乐创作,担任文艺演出队主胡,为一些沪剧大戏、沪剧小戏进行二胡伴奏。从事群文工作 32 年,经其编曲配器演出的获奖节目 47 个,获国家级奖项 10 多个。其作曲的《阿富根采访养殖场》获第六届上海"十月歌会"创作表演奖,《十七八岁女哨兵》获第八届上海"十月歌会"优秀创作表演奖。他创作的表演唱《姑嫂画笔情》获第八届上海"十月歌会"创作表演奖,舞蹈音乐《奉贤滚灯舞》获国家级奖项 4 次,民乐合奏《荷亭听雨》在长三角地区丝竹会演中获二等奖,《巧嫂嫂赶考》获全国"群星奖"复赛入围作品。1988 年 8 月,由他负责普查、记载、主编的《上海市奉贤县民族民间器乐曲集成》,录有流传奉贤的民间器乐曲 67 首,1997 年 1 月,该书被文化部艺术科学规划领导小组评为二等奖。

杨立华(1947—　)

研究馆员,上海民间文艺家协会、上海市戏剧家协会、上海市作家协会、上海市曲艺家协会、中国曲艺家协会等会员。毕业于上海市戏曲学校,1984 年从上海青年话剧团调入上海市群艺馆,担任戏曲曲艺创作指导工作。主要创作获奖作品有:三幕话剧《石库门》(合作)获 1983 年上海首届"十月业余剧展"二等奖;独幕历史剧《毛遂之死》获第四届上海"十月业余剧展"最佳创作表演奖;小品《茉莉发廊》获第十一届中国曹禺戏剧奖小戏小品评选一等奖;小品《奶奶的香水》参加第七届中国艺术节暨第十三届全国"群星奖"评选获群星奖;小品《实话实说》(合作)获 2008 年第九届华东六省一市小品大赛金奖,并被改名为《一句话的事儿》演播于 2010 年央视春晚,同时获语言类节目二等奖。辅导获奖的作品有:沪剧小戏《三女认爷》获第二届上海"十月业余剧展"创作表演奖;指导小品《偶然相遇》获第五届上海"十月业余剧展"剧本创作一等奖。

侯小声(1947—　)

副研究馆员,中国社会音乐研究会名誉副会长,中国音乐家协会、中国民间文艺家协会、中国群众文化学会会员。历任上海市群艺馆副馆长、闸北区文化局副局长、普陀区文化局非遗办主任等职。他 40 多年创作的歌曲、乐曲、舞蹈音乐和音乐剧获国家级奖项 70 多次。其中,获全国一等奖(金奖)20 多次。作曲《黄树叶、绿树叶》获第五届全国"群星奖"银奖;作曲《致太阳的爱》获第五届全国"群星奖"铜奖;合唱《美丽的花环》(万卯义词)获 1990 年文化部等单位举办的全国民族之声征歌比赛一等奖;评弹歌《玉兰树下迎客来》(1995 年)获上海第三届全国戏歌大赛金奖;合唱歌曲《爱的履历》(1989 年)获中国音协"九十年代之歌"征歌一等奖;表演唱《双龙戏珠夸浦东》《我伲大学生》在 1995 年、1998 年全国表演唱大赛中获一等奖;创作的儿童歌曲童声合唱《玫瑰,红红的玫瑰》获 1988 年中央电视台全国少先队歌曲比赛一等奖、全国主旋律歌曲大赛金奖。其创作的童声合唱《装扮蓝色的地球》(陈锰康词)被列为中宣部推荐百首爱国主义歌曲之一(2005);《真是一个好样的少年》被列为全国群众歌咏大赛推荐曲目。2008 年其歌舞系列剧作曲《嫁女歌》(胡天麟、黄玉燕词)获上海国际艺术节长三角曲艺展演金奖、首届全国山歌大赛银奖。

石 磊(1948—)

副研究馆员。1989 年 7 月毕业于华东师范大学艺术系编导进修班,1979 年调入黄浦区文化馆工作,长期从事群众戏曲活动的组织和辅导工作,任黄浦区文化馆副馆长。组织了京昆之友社、沪剧之友社、评弹之友社的讲座、大家唱、星期书会等活动。由他任领队的上海代表队在参加文化部社文司等单位主办的"和平杯"中国京剧票友邀请赛的历届大赛中成绩优异,2010 年中国京剧票友邀请赛组委会向他颁发十大"和平杯"杰出贡献奖荣誉证书。参与艺术创作、导演的沪剧小戏《赶不走的媳妇》获上海市第一届上海"十月业余剧展"演出一等奖;《月缺月圆》获第二届上海"十月业余剧展"创作奖、演出奖。参与演出的戏剧小品《空调坏了》获第七届上海"十月业余剧展"优秀演出奖。参与《中国民间故事集成·上海卷·黄浦分卷》编纂工作,任副主编。还撰写发表《功能定位,走出误区》《自我定位,重塑形象》等论文,其中《创建文明城区,发挥群众文化阵地作用》于 2000 年入选中国作家出版社《中国世纪改革与决策文库》。1993 年被评为上海市先进文化馆馆长;1997 年被评为上海市群众文化先进工作者。

邢 展(1948—)

研究馆员。毕业于昆明师范学院艺术系美术专业,1974 年 9 月任职于云南省楚雄彝族自治州群众艺术馆,1996 年 12 月任职于浦东新区文化艺术指导中心,为上海市美术家协会会员、上海市摄影家协会会员。自 1974 年起从事群文美术的组织、辅导、创作工作。调入上海后,整合浦东美术书法群体优势,侧重组织美术活动、辅导作品的过程和服务。1970 年起作品入选云南省历年、历届美术作品展览,油画《又是迎春》、年画《公社又来新社员》入选全国画展,代表作油画《亲情》分别刊登在美术、人民日报等报刊,作品《彝女》入选民族百花奖全国第二届少数民族美术作品展览并获优秀作品奖,作品《春之舞》《井》入选第八届全国"群星奖",油画《亲情》《依依村的纺织女》《土林古道》《金秋》入选在中国美术馆举办的"情系金沙"画展,作品《夕照归路》入展文化部第一届"爱我中华"中国画、油画大赛并由台湾中华文化艺术基金会收藏。2002 年在第十二届全国"群星奖"评奖活动中获文化部颁发的组织工作个人奖。

施仲君(1948—)

副研究馆员。1981 年复旦大学分校毕业,分配到崇明县图书馆工作,1984 年 11 月担任崇明县文化局副局长,1990 年 6 月至 2007 年担任崇明县文化馆馆长。担任县文化馆长期间,崇明县文化馆多次被评为上海市群文工作先进集体。2003 年全国首次对文化馆进行考评定级,崇明县文化馆被评为一级文化馆(地市级馆标准)。从事文化工作 30 年,结合工作实际撰写多篇论文,在省市级刊物上发表并多次获奖。其中,论文《如何发展都市郊区村级老年文化活动室》2001 年获第十一届全国"群星奖"群文科研成果优秀奖。致力于民间文化研究,2005 年开始重点负责崇明非遗普查挖掘和申报工作,到 2010 年,崇明县已有 2 个非遗项目入选国家级非遗名录,5 个非遗项目入选市级非遗名录。主编有《中国民间故事全书上海·崇明卷》《崇明机智人物杨瑟严》。被评为上海市先进文化馆长;多次被评为上海市群文工作先进个人,上海市非遗保护工作先进个人。

王中一(1949—)

研究馆员,中国美术家协会会员、中央国家机关美术家协会艺术顾问、上海市美术家协会会员、南汇区美术家协会主席、上海浦东新区美术家协会名誉主席。毕业于上海师范大学艺术系美术中国画专业,任南汇区文化馆美术摄影组组长,兼任上海大写意画院院长。2008年9月,其中国画《寒香图》入选2008年纪念中国改革开放30周年"盛世丹青"全国中国画名家邀请展;2009年6月,中国画《霜英图》入选上海著名画家迎世博邀请展,并入编《精彩世博,文明先行——上海著名画家迎世博邀请展作品集》。2010年3月,应邀出访韩国参加《中韩文化交流首尔邀请展》。同年6月,《魅力中国》杂志社出版《王中一中国画作品专集》。同年6月,其中国画《姹紫千红春醉》入编《百年世博、千年圣火——全国著名国画画家作品集》,此画册在世博会尼泊尔国家馆开馆日作为礼物赠送中尼两国领导人和各国嘉宾,尼泊尔国家馆馆长、释迦族后裔Shakya为画册作序。

严志东(1949—)

副研究馆员。1982年参加工作,历任四团文化站图书管理员、文化站站长、文化中心党支部书记兼站长,1995年起先后担任奉贤县文化局局长助理、业务科长、创作室主任,奉贤县(区)文化局副局长、奉贤区文广局副局长。创作诗歌、小说、歌曲、小品、小戏、大戏、论文等各类文艺作品300多件(100多万字),参与组织、策划市、区级大型活动20多次并为其中的大部分活动撰稿。1987年参与创作的沪剧六幕大戏《红玫瑰》,参加上海市农村业余戏剧创作剧目调演,获得优秀编剧、优秀导演、优秀作曲、优秀舞美、优秀演出5项大奖。1990年创作的故事《阿福买砖记》获上海市十大"故事大王"称号。1993年小品《晨曲》、小戏《龙凤镜》双获第四届上海"十月业余剧展"最佳创作奖;1999年小品《特种兵》参加南京军区空军后勤部文艺会演获一等奖;《回家》获第八届上海"十月业余剧展"创作奖;《假钞风波》获2008年"上海之春"群文新人新作暨第十三届上海"十月歌会"优秀新人新作奖(戏曲类)。他的《群众业余戏剧创作演出浅论》等12篇论文在《群文论苑》等刊物上发表。被评为上海市文化系统先进工作者,上海市精神文明建设活动优秀组织者,1990年被评为全国先进文化站长。

顾文彬(1949—)

副研究馆员,上海浦东新区美术家协会主席、中国工笔画学会理事、上海市美术家协会会员,任浦东新区川沙文化馆美术摄影组长、馆长助理,上海书画院特聘画师,上海书画院浦东分院常务副院长。创作的作品《凉山瑰宝》《正月》连续两届蝉联上海"江南之春"画展一等奖;《日出侗寨》入选"时代风采"——上海市美术大展和第八届全国"群星奖"。2001年8月,中央电视台教育频道拍摄播出专题片《中国当代花鸟家专辑——顾文彬的绘画艺术》。2003年,创作作品《紫气东来》《夕照》分别入选中国美术家协会主办的全国中国画展、全国当代花鸟大展。2009年,浦东新区文广局、上海书画院等在上海朵云轩主办顾文彬书画作品展。作品同年参加上海书画院举办的上海书画院精品展。应邀为2010年上海世博会联合国国际信息发展网馆创作丈六匹巨幅国画《盛夏荷韵》《唤东风吹遍天涯》并被收藏。2010年5月,上海电视台东方电影频道、纪实频道录制播出专题片《不拘一格——顾文彬的绘画艺术》。中国国际广播出版社、上海人民美术出版社等出版《顾文彬画集》。

钱光辉(1949—)

副研究馆员,上海市戏剧家协会会员。1975年调入奉贤县文化馆任创作辅导员,先后担任副馆长、馆长;1985年起先后任奉贤县文化局副局长、局长;1998年起任奉贤县广播电视局局长兼党委书记、文广局局长。从20世纪70年代起从事创作,创作了反映在党的领导下农村发生巨大变化的作品《根深叶茂》《说话算数》《换花记》《春风吹进小阁楼》《潇潇洒洒》《悠悠琴声对明月》等小戏小品,作品在市、县各类比赛中屡屡获奖。其中,《相约十二点》获第九届上海"十月业余剧展"金奖。20世纪80年代初,他与郑道溥合作创作的五场风俗喜剧《三接新娘》由上海沪剧院参加上海戏剧节演出。2006年《根深叶茂——钱光辉戏剧作品集》在百家出版社出版。同年7月,由上海市群艺馆、上海文广集团综艺部、奉贤区文广局举办的"根深叶茂抒情怀"——钱光辉戏剧作品专场在美琪大戏院演出,上海电视台作现场录制,解放日报发表题为《笔蘸雨和露　讴歌新农村——记全国文化系统先进工作者钱光辉》的报道。2005年,被文化部、人事部评为全国文化系统先进工作者,在北京人民大会堂接受表彰。被评为奉贤区"十大人民公仆"。

唐西林(1949—)

研究馆员,中国摄影家协会、上海市美术家协会、上海民间艺术家协会会员。1977年始分别在松江文化馆、松江博物馆、程十发艺术馆从事文化工作,任松江区文化馆副馆长、松江美协会会长、上海农民书画协会副会长、松江区文联副主席等职。2005年获国务院政府特殊津贴。创作美术、摄影作品1 000多幅,获省市级以上奖项100多幅。其中,美术作品《春》(1999年)获第十届"江南之春"画展二等奖;速写作品获首届上海国际艺术节速写比赛一等奖;《乡情悠悠》获上海迎澳门回归书画展二等奖。摄影作品《责任与荣誉》获"中华之光"全国乐凯彩色艺术摄影大展一等奖;《六十春秋》(1991年)获香港《摄影画报》金牌奖;《育》获全国菜篮子工程摄影大奖赛一等奖;《彩排》获第二届上海市民艺术大展一等奖。扶持松江农民丝网版画的发展,开展松江群众书画摄影,收集松江《民间文艺集成》资料,为松江顾绣成功申报国家级首批非遗项目、收集拍摄松江老建筑形象作出了积极的努力。2009年,他已60周岁,由组织委派,调入程十发艺术馆担任副馆长,主持日常工作(法人),开展程十发艺术文献的展示、研究、收集、挖掘、交流等工作。

龚赣弟(1949—)

研究馆员,中国美术家协会会员,上海市美术家协会理事,享受国务院特殊津贴。前期在江西省余江县文化馆工作,1980年作为人才引进上海,任宝山区文化馆馆长,党支部书记。将江西首创的吹塑版画带到宝山,在发展这一新画种中融入宝山传统艺术。推广宝山吹塑版画艺术,在杨行镇建立宝山吹塑版画基地,深入基层培训授艺,培养了一大批宝山吹塑版画的艺术人才,杨行镇因此成为全国民间文化艺术之乡,宝山吹塑版画被列入上海非遗名录。20多年中,创作了大量的宝山吹塑版画作品,作品入选第七、八、九、十一、十二届全国美术作品展和其他高级别的国内外画展,出版有《龚赣弟吹塑版画集》。其作品中,版画《忆江南》获第三届全国"群星奖"优秀奖;版画《古屋系列·桥孔下的古戏台》获第八届全国"群星奖"优秀奖,并分别获上海"江南之春"画展一、二等奖。其作品在《美术》《人民画报》等刊物上发表,被中国美术馆、上海市美术家协会、上海美术馆、解放日报社、深圳美术馆、浙江省美术馆、上海图书馆等新闻文化机构收藏。他与苏颐忠合作撰写的论文《集群意识·样式个性·群体中的个体——上海"画乡"工作的思考》获第七届全国"群星奖"银奖。

马小村(1950—)

副研究馆员。毕业于上海师范大学中国语言文学专科,为上海市群艺馆摄影干部。他组织推动上海地区的摄影爱好者和系统单位的摄影活动,组织上海地区摄影爱好者取得多届全国"群星奖"摄影奖项。在全国摄影比赛和其他系统摄影比赛中担当摄影评委,还承担摄像工作,为市文化局组织处、群文处拍摄多部专题片并得到表扬。创作作品《情不自禁》获中国艺术家摄影协会佳作奖,《蒙族少女》《魅》《被拆的蒙古包》《国粹前的冲动》《中国娃》等摄影作品获上海市摄影家协会、上海艺术摄影协会优秀奖,论文《浅谈当今群文摄影展中的艺术创新》《试谈群文摄影工作者之路》《漫谈群文摄影作品中的几个问题》在《群文世界》发表。1994 年参加文化部举行的首届"民间一绝"的民间工艺活动组织工作,并获一金一银等多个奖项,获得文化部颁发的优秀组织者称号和优秀组织奖。

李志豪(1950—)

研究馆员,上海市群艺馆创作部成员。2004—2005 年,作为上海民歌专家,应邀在中央电视台录制《民歌·中国》,共分 6 期播出。1997 年 11 月,参与编纂的《中国民间歌曲集成·上海卷》《中国民族民间器乐曲集成·上海卷》分别获文化部等单位颁发的艺术学科国家重点研究项目编纂成果一等奖和二等奖。2006—2007 年,创作的混声合唱《上海笑了》获 2006 年"十月歌会"金奖,《海纳百川涌春潮》(合作)参加 2007 年"上海之春"群文新人新作比赛暨小节目展演、第十一届上海"十月剧展"(音乐类),获优秀新人新作奖,同时获市群文奖励基金奖励。创作的少儿古诗词吟唱《中华锦绣满诗文》获 2009 年中华元素大赛铜翎奖;2007 年 11 月编导的《上海港码头号子》获文化部首届全国原生态民歌大赛银奖、优秀组织奖;2007 年辅导的宝钢松涛合唱团获文化部"永远的辉煌"第九届老年合唱大赛金奖(黄河奖);2008 年辅导的金秋合唱团获文化部"永远的辉煌"第十届老年合唱大赛金奖(骏马奖);2009 年辅导的浦东新区大团镇合唱团获文化部全国农民合唱大赛银奖(铁城杯)。2005 年 11 月,被文化部授予"特殊贡献个人奖",2006 年 10 月入选文化部文化志人物篇。

肖　白(1950—)

副研究馆员,上海故事家协会、中国民间文艺家协会、上海民间文艺家协会会员。在长宁区文化馆从事戏剧曲艺创作辅导工作 30 多年中,在省市级刊物发表故事、小说、小品、戏剧、论文 30 篇 25 万字。1988 年创作故事《代号布谷鸟》获上海都市故事大赛创作一等奖;1989 年《锁不住的金龙》获全国故事大奖赛短篇故事一等奖;2001 年合作创作故事《巧计拔钉》获上海社区故事大赛创作一等奖;2004 年创作故事《阿才哥哥》获华东地区故事大奖赛金奖;故事《零号首长》等 10 个故事获得上海故事大赛创作二等奖。1994 年创作广播连续剧《代号布谷鸟》、小品《滑稽王小毛》等多部作品在广播电台播放。小品《钓鱼》获第五届上海"十月业余剧展"剧本优秀创作奖和第七届全国"群星奖"银奖,同时获上海电视小品大奖赛大奖,同年在上海市纪念中国话剧 90 周年活动中参加演出;创作小品《寻》获中国人口文化奖优秀奖;小品《部长住店》《花的旋律》获第七届上海"十月业余剧展"优秀创作奖。2005 年,创作的 8 场越剧大戏《伯阳与西施》发表于浙江戏文杂志。论文《从新泾文化看上海新城集镇文化的建设》入选首届长江沿岸城市群众文化理论研讨会专集。

赵其华(1950—)

女。1995 年 4 月调入上海市群艺馆任馆长。任职近 8 年时间里,为上海市群艺馆力争获得新的场所,将其建成局文明单位,1999 年度获上海市群文奖励基金特殊贡献奖的集体。组织制订一年打基础、两年求发展、三年见成效的发展规划,在体制改革过程中,分阶段有重点地推进、完善、规范各项管理制度及机制,先后出台了一系列规章制度,从实际出发拟定工作量化指标,为上海市群艺馆的发展作出了积极的努力。在全市许多大型节庆活动中,统筹协调,带领员工完成庆祝上海解放 50 周年活动、1997 年喜迎和庆祝香港回归祖国活动、1998 年上海国际艺术节群文活动在外滩新世纪广场 26 台文艺演出和 1999 年喜迎、庆祝澳门回归祖国活动,同年在复兴公园举办上海国际艺术节首届上海市民与外国友人联欢活动等。组织完成反映群文重点创作及活动的上海"十月歌会"、上海"十月业余剧展",使这两项活动列入市精神文明建设实事工程。1999 年,倡议发起举办中国沿海开放城市群众文化理论研讨会;2000 年,倡议发起举办长江沿岸城市群文工作理论研讨会。1996 年、1998 年,被评为上海市三八红旗手;2000 年被评为全国文化系统先进工作者,受到国务院总理朱镕基等领导接见、合影。

徐 荣(1950—)

副研究馆员。在部队从事文艺工作近 30 年,1997 年复员到上海市群艺馆,先后担任创作辅导部副主任、艺术部主任、艺术委员会副主任等职。组织策划实施各项重大(重要)的艺术活动和任务,包括中国上海国际艺术节群文活动、第五届全国残疾人运动会开幕式、第五届全国残疾人艺术汇演、全国"群星奖"评比、全国"四进社区"等全国性活动或赛事和上海各界庆祝澳门回归祖国联欢晚会、"我们的家园"系列活动、上海"十月歌会"、上海"十月业余剧展"、上海"江南之春"画展等全市性大型活动或赛事。由他排练指挥的中国建设银行上海分行管乐团获 2007 上海非职业优秀管乐团队展演评比社会组金奖;2008 年获"创智杯"中国第二届非职业优秀管乐团队展演社会组金奖。创作的交响管乐作品《映山红随想》、合作创作的沪语混声合唱歌曲《海纳百川涌春潮》成为连续两届"海上春潮"新民歌音乐会的演出曲目。他还撰写发表《群文音乐创作的现状与思考》等多篇论文。在担任上海音乐家协会管乐专业委员会副会长期间,组织专家共同编撰《管乐考级曲集系列》《2007 版音乐考级系列丛书管乐考级系列》。被评为 2001 年度上海市群文工作先进个人。

徐思燕(1950—)

研究馆员,华东师范大学戏剧编导专业毕业,1969 年始从事群文工作。其沪剧小戏《蟹肥时节》获 1989 年上海文化艺术节群众文艺优秀奖;舞蹈《滚灯》获 1996 年第六届全国"群星奖"优秀奖,该节目又获 2003 年第二届全国"四进社区"金奖;戏剧小品《晨曲》获 1993 年第四届上海"十月业余剧展"最佳创作奖、表演奖;合唱《小哥哥你不傻》获 1999 年第八届上海"十月歌会"优秀作品创作奖;表演唱《乡村网速》获 2000 年第九届上海"十月歌会"创作奖;小品《相约 12 点》获 2004 年第九届上海"十月业余剧展"金奖;山歌剧《海爷爷招亲》、山歌小演唱《老桃王拜师》获 2009 年群文艺术创作成果展演优秀节目奖。他培育和创建的滚灯和山歌剧分别列入国家与上海市非物质文化遗产的保护项目。2005 年,撰写的《试论滚灯艺术的趋势和价值》被选入上海科技出版社《山高水长》论文集。2006 年,主编的《奉贤滚灯集成》由上海百家出版社出版。2008 年获评市非遗保护先进个人,2009 年获评市非遗项目滚灯代表性传承人。

殷渭清(1950—)

研究馆员,上海市舞蹈家协会、上海市曲艺家协会会员。1992—2004 年任南汇区文化馆副馆长、浦东新区文化艺术指导中心舞蹈辅导干部,1992 年起 8 次担任上海桃花节开幕式总导演。1995 年,原创大型歌舞《春到浦东南大门》由东方电视台直播。2007—2013 年担任上海说唱《桥》《登高》《花与瓜》的导演,其中《桥》《登高》分获第十四、十五届"群星奖"群星奖;编导舞蹈《扇韵》获全国首届社区健身舞金奖;健身舞《开门红》获"玉屏杯"全国健身舞大赛二等奖;导演表演唱《看花灯》获全国表演唱大赛二等奖;撰写的论文在省市级刊物发表 6 篇。他的论文《关于上海群众曲艺的思考》获 2008 年中国人文科学与当代改革丛书编委会一等奖。2007 年获评上海市群众文化工作先进个人。浦东电视台有专题报道《殷殷文化情——记优秀群文工作者殷渭清》。

曹舒天(1950—)

研究馆员,中国美术家协会会员,上海市美术家协会会员,浦东新区美术家协会副主席。毕业于华东师范大学。就职于浦东新区川沙文化馆,为上海东方书画院画师,上海书画院特聘画家。2010 年在第七届中国"文华奖"评选活动中获得最佳成就奖。擅长中国画,《井冈忆旧》在中国人民革命军事博物馆展出并被收藏；《悠悠水乡情》入选第八届全国美术作品展览。蓝花布系列作品入选 2001 年、2009 年、2011 年及 2013 年上海美术大展；2002 年、2003 年、2012 年全国中国画展览；第一届、第二届、第三届、第五届、第七届中国美术家协会会员中国画精品展；同里——保护世界遗产国际中国画作品展（优秀奖）；纪念叶浅予百年诞辰中国画提名展；全国第六届工笔画大展；全国第二届工笔山水画展（优秀奖）。他参加第二届"红船颂"纪念中国共产党成立 85 周年全国中国画名家邀请展；"绿色和谐"第二届全国中国画作品邀请展。2001 年 10 月，在华东师范大学举办了曹舒天江南水乡中国画展。出版有《曹舒天江南老屋中国画集》。

王　坚（1951—　　）

副研究馆员。毕业于江西省宜春师范专科学校艺术专业，后任浦东文化馆副馆长、馆长。1996 年从江西调入浦东文化馆工作，组织新区各类群众文化活动，拓展区域群文工作，推动市区活动联动，为浦东文化馆连续获得市、区群众文化先进单位作出了积极的努力。在浦东文化馆任职期间，小品《送玫瑰花的人》、故事《公鸡会下蛋吗》获第十一届全国"群星奖"金奖。

刘卫平（1951—　　）

副研究馆员，中国音乐家协会会员。1977 年在浦东文化馆工作，1995 年在浦东新区文化艺术指导中心音乐创作部任职。音乐创作涉及各类声乐、器乐、舞蹈、电视剧，多次在上海市及全国各类音乐评选比赛中获奖。合唱《十月之歌》获首届全国"群星奖"繁荣奖；合唱《十月畅想曲》获第三届全国"群星奖"金奖；童声合唱《我们是明天的太阳》编入《向着太阳歌唱——少先队歌曲大集合》；童声合唱《四季童趣》获国家教委、中国音协、中央电视台"全国少儿歌曲新作"奖，是国家教委、文化部、广电部、团中央全国中小学生文艺会演推荐曲目，并编入《合唱教程》《合唱精品曲库》等书；《希望之光》获第五届"十月歌会"创作十佳歌曲奖；合唱《举起这杯祝福的酒》获第八届全国"群星奖"银奖；男女声二重唱《梦圆 2010》获第十四届全国"群星奖"表演奖。在 2010 年上海世博会期间，上述节目多次出现在各类活动的舞台上，还在加拿大、土耳其和中国香港、中国台湾等国家和地区进行传唱。

苏颐忠（1951—　　）

研究馆员。上海市美术家协会、上海市民间艺术家协会会员，上海市农民书画协会副会长，上海市群艺馆创作部美术指导，上海"江南之春"画展的主要策展人。工作几十年间，联合市美协、解放日报社、市农民书画协会和刘海粟美术馆等 5 家单位，为上海市群文美术、民间美术传承保护和画乡工作作出了积极的努力。其创作作品纸本彩墨《西递·时间的小巷》、摄影作品《老墙的记忆》《冥想》入围第八届全国"群星奖"（美术类）；油画《中国风》获文化部中国画油画大展优秀奖；美术作品 5 次获"江南之春"画展、市民美术大展等市级展一等奖。论文《集群意识·样式个性·群体中的个体——上海"画乡工作"的思考》获第七届全国"群星奖"银奖；《传统·海派·商品画——"现代民间绘画"三题》获第十一届全国"群星奖"银奖；《现代民间绘画视觉方式探幽》《无墙的博物馆——上海民间美术"观"》分获 2002 年文化部文化司"蒲公英奖"（儿童文化理论）银奖、中国群众文化学会举办的 2002 年度全国群众文化论文评选一等奖。著有《顾绣笔记》（16 万字，合作，上海三联书店出版）、《顾绣》（首批国家级非遗代表名录，合作）等书。2002 年在第十二届全国"群星奖"评奖活动中获文化部颁发的组织工作个人奖。

杨飞君（1951—　　）

女。副研究馆员，中国音乐家协会会员。上海音乐学院声乐系本科毕业，1977 年进入上海市群艺馆任声乐指导，在大型群众性活动及声乐比赛中担任评委和辅导工作，曾在 1991 年、1995 年、

1999 年全国"群星奖"上海赛区选拔赛组织工作中承担声乐辅导、作品加工等任务。其合唱作品《共同的中国》获第八届上海"十月歌会"创作奖；作曲《月光豆豆》获第九届上海"十月歌会"优秀创作奖。辅导的歌曲《致太阳的爱》获第五届全国"群星奖"铜奖；辅导的声乐作品《灞桥柳》获文化部第四届全国残疾人艺术会演辅导优秀奖；辅导的独唱《青藏高原》获文化部第五届全国残疾人艺术会演辅导铜奖及安徽赛区辅导二等奖；辅导的男声小组唱《祖国不会忘记我》获安徽赛区辅导一等奖。论文《指导业余歌手举办独唱音乐会的探索和启示》《坚持方向 走出误区——关于繁荣当前群众文艺的思考》《试论老年群众文化活动的社会文化价值》在《群文论苑》上发表。其中，论文《试论老年群众文化活动的社会文化价值》获第十一届全国"群星奖"群众文化科研成果优秀奖。

周永生（1951— ）

研究馆员，中国音乐家协会会员，中国民族管弦乐学会打击乐专业委员会常务理事，上海市打击乐协会理事。上海音乐学院打击乐专业毕业后，任横沙文化站长，后调入宝山区文化馆任艺术总监、党支部书记。群文工作 30 多年中，以民间音乐为素材，创作近百首音乐作品，包括女声独唱《心中的慈母》、打击乐《博》、吹打五重奏《赶潮》、竹乐合奏《翠竹嬉春》等。作曲《紧贴你的怀抱》获第五届全国"群星奖"银奖。参与挖掘月浦锣鼓的历史文脉，引进各地锣鼓艺术并融会贯通，使月浦锣鼓在推陈出新中形成特色，被列入市级非遗名录，月浦镇被评为中国民间文化艺术之乡。发起组织宝山区月浦地区的锣鼓协会并担任秘书长，辅导宝冶工人鼓乐艺术团、建行宝钢宝山支行鼓乐队、上海海派扁鼓艺术团、东华大学学生艺术团鼓乐队等。他以较高的打击乐演奏技艺，多次为党和国家领导人及外国贵宾演奏，并出访法国、巴西、匈牙利等国。2007 年，出版专著《赶潮——周永生音乐创作作品选》。

孟平安（1951— ）

研究馆员。毕业于空军政治学院经济管理专业，1968 年参军，先后在空军航空兵部队和军事院校服役，衔至空军上校。1992 年转业，历任上海有线电视台办公室主任、市广播电影电视局宣传教育处处长、《上海广播电视志》执行副主编、上海市文广局人才培训交流中心主任、上海市群艺馆馆长兼书记、上海市非遗保护中心负责人、上海市社会文化管理处长等职。担任上海市群艺馆馆长期间，提出"发动群众创作新品，依靠专家打磨优品"的创作方针。在第十四届全国"群星奖"大赛中组织上海队参赛，获 13 项"群星奖"。上海市群艺馆被评为上海市群众文化工作先进单位；其个人获评上海市优秀群文工作者。建立上海东方社区文化艺术指导中心，搭建社区文艺指导员配送平台，总结"配送形式多样化，人才内容配套化，队伍结构多元化，协作单位广泛化，经费来源专项化，操作程序规范化"的工作套路。发表各类论文 20 余篇。长诗《丰碑》《怀念小平》获省级大奖；歌曲《壮士行》获华东地区奖项。2003 年、2004 年，被评为上海市思想政治工作优秀组织者和上海市精神文明建设优秀组织者。

贾鸿源（1951— ）

研究馆员，剧作家。是由印刷厂工人戏剧创作爱好者成长起来的剧作家，1980 年进入上海市工人文化宫从事戏剧创作工作，创作了许多脍炙人口的作品。其作品擅长当代题材，有的成为 20 世纪八九十年代话剧艺术的热点，有的入选大学教材。主要作品有电视剧剧本《祖国的儿子》、长篇电视剧剧本《大潮汐》《诺尔曼·白求恩》，话剧剧本《戴国徽的人》《屋外有热流》《路》《街上流行红裙子》《和空气爱人做游戏》《股疯》《中国制造》，电影剧本《面对生命》《街上流行红裙子》《股啊股》《民工兄弟》等。《有一个航次》四幕话剧获第一届上海"十月业余剧展"演出二等奖。中型话剧《六个小伙和一个姑娘》获第二届"十月业余剧展"优秀演出奖。3 次获"五个一工程"奖、两次获电视剧"飞天"长篇一等奖及电影华表奖。获电影中外首届合拍片奖、夏衍电影文学剧本奖等多项国家级奖项。

黄 森(1951—)

副研究馆员,上海音乐家协会、古筝专业委员会、二胡专业委员会会员,长期担任古筝专委会、古筝等级评委会评委。毕业于上海音乐学院作曲指挥系,在普陀区文化馆担任所属上海市西部艺术进修学校校长。1991年上海市"七一"群众歌咏比赛中,参与组织、排练的团队获上海市优秀歌团奖。1994年在庆祝上海解放45周年上海歌咏节中,获优秀组织奖。1997年担任戏剧小品《小夜曲》剧务,该作品获全国"群星奖"金奖,并获上海电视大奖。长期从事古筝教育培训,2001年其培训的古筝学生表演的古筝独奏《山丹丹花开红艳艳》,获全国新人奖;2004年他的古筝学生参加上海十大琴童电视大赛分别获一等奖和二等奖,他获最佳指导奖。

朱 燕(1952—)

女。副研究馆员。毕业于华东师范大学戏剧文学专科、华东师范大学艺术教育系编导专业。1978年进入上海市群艺馆,任戏曲指导。参与策划创立、组织实施上海"十月业余剧展"达20余年。1987年参与由国家教委批准的群文戏剧干部编导大专班的组织工作,培训在职群文业务干部。2001年12月,辅导的作品《攀亲》入围第十一届全国"群星奖";2004年9月编导的作品《牵手》入围第十三届全国"群星奖",作品被推荐发表于《曲艺》月刊;同年8月,导演作品《鸭蛋》获第七届华东地区小品银奖,同年获上海市群众文化奖励基金"群众文艺创作、演出优秀作品奖";2005年12月,导演作品《一枚戒指》获上海市小节目评选活动一等奖、优秀创作奖,2006年10月该作品获第八届华东地区小品大赛银奖。

李为民(1952—)

副研究馆员,上海艺术摄影协会常务理事,1988年创建彭浦镇摄影协会,出任会长。1996年任闸北区彭浦镇文化站长,创作作品多次获奖。2004年,作品《聚会》《向日葵》获第六届中国上海国际艺术节"我们的家园"首届《金秋魅力》摄影巡回展银奖;作品《草原盛会》《门泊东吴万里船》同时获铜奖;同年,作品《金色礼赞(组照)》获上海市政协首届(嘉华杯)摄影大赛金奖,作品《门泊东吴万里船》《牧歌》《风云嘉峪关》同时获得此赛事铜奖。2005年,作品《牧归》获上海市政协第二届(嘉华杯)摄影大赛金奖。2006年,作品《今日农家》获第八届中国上海国际艺术节——建设社会主义新农村摄影巡回展银奖,《老屋新故事》获该赛事铜奖。1984年,汇编出版了《农民摄影作品集》(上海人民美术出版社);2000年出版《走进欧洲》(上海人民美术出版社)。2006年,在第五届全国"四进社区"活动中,被中央文明办、文化部评为"全国社区文化优秀辅导员"。

周建义(1952—)

副研究馆员,中国版画协会会员,浦南文化馆馆长。他创作了不少优秀作品:1985年,《斗蛐蛐》入选由中国美术家协会、中国奥林匹克委员会主办的中国体育美术展览;1987年,《山林之子》《春雨》《歇脚》《五月果》入选北京中国美术馆展出(中国美术家协会、版画协会主办);1989年,《春雨》入选由文化部、中国美术家协会主办的中华人民共和国第七届美展;1990年,《醉舞》入选由中国民间艺术家协会、中国美术馆主办的中国风俗画获奖作品展览;同年,《书票三枚》入选由中国出版工作者协会主办的全国第三届书票展;1992年,《催春》入选由中国美术家、中国版画家协会主办的全国第十一届版画展览;同年,版画《醉舞》获全国首届中国风俗画大赛三等奖。1999年,《催春》入选由文化部社会文化司主办的全国第八届群文美术展览。2001年,《五月果》获上海十一届"江南之春"美展二等奖。2008年,论文《发挥农民工在城乡统筹公共文化中的作用》获中国群众文化学会论文大赛一等奖。

胡蕴琪（1952— ）

女。研究馆员，上海市特级教师，享受国务院津贴，任上海市学生艺术团仲盛舞蹈团团长，虹口区少年宫、虹口青少年活动中心教师。她在青少年艺术教育领域辛勤耕耘40多年，创编优秀舞蹈作品200余件，获全国、省市级金奖80余件。舞蹈《劳动的小天使》获1992年上海"十月歌会"舞蹈专场创作一等奖；1995—1998年，《雨中花》《梦幻霓裳》《新书包》获白俄罗斯、克罗地亚国际少儿艺术节金奖；《雨中花》获1996年第六届全国"群星奖"舞蹈比赛优秀奖；《红领巾告诉我》《一二三四、二二三四》《网络童谣》《花裙子飘起来》分别获1999年全国"小荷风采"少儿舞蹈比赛金奖，《红领巾告诉我》《一二三四、二二三四》《幸福鸟》《网络童谣》《花裙子飘起来》获2000年第十届全国"群星奖"金、银、铜奖；《为你喊加油》获2004年第一届全国中小学生文艺展演一等奖；《玩瓜》获2010年第十五届全国"群星奖"比赛（少儿舞蹈组）群星奖；《乐悠游》获第三届全国中小学生艺术展演中学组金奖、优秀创作奖。1997年《胡蕴琪舞蹈教学演示汇编》（四套）由上海音像出版社出版；2007年其《全国第一套中小学校园集体舞示范》由人民教育电子音像出版社出版；1992年其《儿童舞蹈教学指导》由上海文艺出版社出版。获"全国优秀教师""全国先进工作者""全国艺术教育先进个人""全国群文之星""全国三八红旗手""中国青少年社会教育银杏奖突出贡献奖""新中国60年上海百位杰出女教师""上海市教书育人楷模""上海市儿童工作白玉兰奖""上海世博会先进个人"等荣誉称号。入选"2008北京奥运"火炬手，2010年获文化部全国"群文之星"称号。

徐开麟（1952— ）

副研究馆员，中国曲艺家协会、中国通俗文艺研究会会员，上海市曲艺家协会理事，相声专业委员会副主任。1999—2013年就职于黄浦区文化馆。创作戏剧小品500多件，电视情景剧、广播剧500多部，曲艺作品60多件，文学作品300万字，大型戏剧20余部，论文20余篇；策划及创作电视连续剧100多集，策划文艺晚会200多场。如创作沪剧《情归中秋》，滑稽戏《老家福》，话剧《金磐石》，小品《看车人》《看路人》《花烛夜》，独脚戏《歌星梦》《颠倒》等。作品获全国及上海的上百个奖项。其中，沪剧《风雨同龄人》获第三届中国戏剧节优秀创作奖；电视连续剧《风雨同龄人》获第一届爱国主义戏曲电视剧展播一等奖；滑稽戏《臂膊朝里弯》《阿拉富民街》获上海市新剧目奖；小品《特殊乘客》获全国职工小品一等奖；小品《夜半客》获上海第五届"十月业余剧展"优秀演出奖，小品《Yes，NO》获上海第八届"十月业余剧展"最佳创作奖，小品《回家》《的士兄弟》获上海第九届"十月业余剧展"银奖，小品《对门》（合作）获文化部"四进社区"展演金奖、上海第十届"十月业余剧展"小戏小品专场优秀作品奖。先后获得全国工会文化先进个人、上海市十大工人艺术家、上海市群文工作先进个人、全国文化惠民工程先进个人、第二届全国"书香之家"、上海市曲艺家协会先进个人等荣誉称号。

蔡维扬（1952— ）

研究馆员。上海市民间文艺家协会、上海市故事家协会理事，上海市戏剧家协会、上海市社会科学界联合会、广东省汕头市作家协会会员，上海市群艺馆创作辅导部主任。1987—2003年在《上海故事》杂志社任编辑、记者，1995年任常务副主编主持《上海故事》的日常工作。其间，《上海故事》居全国故事类期刊发行量的第二位，年发行量近700万册。2005—2010年，任创作辅导部主任，组织上海团队参加2010年第十五届全国"群星奖"，获得好成绩。创作了一批现代城市歌曲（以歌词为主），主要作品有《明珠闪耀的东方》《明珠线·彩虹路》《放学啦……》《城市的笑脸》《相逢在上海》《天使的壮举》《苏州河，水长廊》《古镇风情》《召稼楼古镇重光》《上海的夜晚》《苏州河之恋》等。

他发表上百万字的文艺作品和相关论文。2003—2004年,论文《长江入海流——上海民族民间文化保护的现状及发展思路》获全国二等奖;出版有散文专集《疾走的兔》(中国作家出版社)、小说集《香港:1938年命案》(学林出版社)、心理学专集《最佳儿童教养方案》(上海文化出版社)。

全昌杰(1953—)

研究馆员。中国戏剧家协会、上海市戏剧家协会、上海市曲艺家协会会员,上海市群文高级职称评委会委员。上海社会科学院产经济专业研究生,任闵行区群众艺术馆馆长,享受国务院特殊津贴。编导20余部大中型戏曲、戏剧。其中,编导沪剧小戏《花农嫁女》获第十一届全国"群星奖"金奖;2003年,剧组获中宣部、文化部颁发的"全国服务农民、服务基层文化工作先进集体"称号;2007年,编导沪语歌舞剧《荷畔飘香》获第十四届全国"群星奖"群星创作奖;2008年,编导沪语歌舞剧《花缘》获首届全国农民文艺会演金穗奖一等奖;2010年,编导沪语歌舞剧《花开灿烂》、话剧小品《婚纱》参加第十五届全国"群星奖"评选获群星奖;戏剧小品《大喜的日子》获第二届华东六省一市戏剧小品大赛二等奖;戏剧小品《花农嫁图》获第三届上海"十月业余剧展"最佳演出奖;编导小品《藤》获第四届上海"十月业余剧展"最佳创作表演奖;导演小品《红舞鞋》获第七届上海"十月业余剧展"最佳创作奖;编导沪语歌舞剧《花样年华》获第十届上海"十月业余剧展"小戏小品专场优秀作品奖。出版、发表戏剧、论文180余万字。2006年,获奖作品集《花样年华》(百家出版社)出版;同年9月23日,上海市群艺馆等单位在浦江剧院联合举办上海群文领军人物《花样年华》全昌杰戏剧作品专场展演活动。2001年,受聘上海戏剧学院群文专业客座教授。2010年起受文化部公共文化司之邀,为全国宣传文化干部培训授课累计300余期。2005年被评为上海市群文先进个人,2010年获文化部全国"群文之星"称号。

刘 建(1953—)

2006年毕业于中央党校函授政治学专业,研究生。1968年入伍,历任班长、排长、政治指导员、团宣传股股长、师宣传科副科长、团政治处主任、团政委、师政治部主任、旅政委,1992年晋升为大校军衔。其间,3次立三等功,1989年被总政治部评选为全军优秀党务工作者。1995年转业,历任上海市精神文明办公室主任、活动指导处处长,1997年任上海市文化局党委副书记、纪委书记。2000年起,历任上海市文广局副局长、党委副书记、纪委书记,2010年任上海市地方志办公室党组书记、主任,上海市《世博会志》编委会执行副主任,《上海年鉴》编辑部主任。上海市第十次党代会代表;第十一、十二届上海市政协委员;上海市政协文史委常务副主任。分管群文事业期间,他参与上海文化体制改革、队伍建设、事业发展的重大决策和组织实施,组织《上海群文三年规划》等的研究与制定,指导组织很多大型群众文化活动,为上海群众文化事业发展作出积极的努力。1997年被评为上海市精神文明建设优秀组织者,2000年被评为上海市职工信得过的好干部。

宋肇年(1953—)

副研究馆员。毕业于上海轻工业高等专科学校美术系,1979年进入黄浦区文化馆工作。1996年起负责黄浦水彩画研究会,负责历届上海群文美术大展黄浦区文化馆选送参展作品的组织与辅导工作。作品多次在《美术》《中国水彩》《水彩艺术》《新民晚报》《解放日报》《文汇报》《香港大公报》发表。1999年,水彩画《早春》获第十届"江南之春"画展三等奖;同年,水彩画《西递明居》获第八届全国"群星奖"铜奖,2000年又获第五届全国水彩粉画展览银奖;2001年,水彩画《起点》获第十一届"江南之春"画展一等奖;同年水彩画《石桅胜景》获"红蜻蜓杯"全国水彩画大奖赛优秀奖;2002年,水彩画《天使餐厅》获第六届全国水彩粉画展览金奖;2003年,水彩画《古韵今风》获第十二届"江南之春"画展三等奖;2007年,水彩画《迁徙的记忆》获第十四届"江南之春"画展二等奖;2009年,水彩画《大山深处》获第十五届"江南之春"画展三等奖;2010年,水彩画《都市之恋》获第十二届中国上海国际艺术节第三届市民艺术大展优秀奖。

贝鲁平(1954—)

副研究馆员,闸北区文化馆创作部主任,中国作家协会、上海市作家协会、上海市戏剧家协会、上海市曲艺家协会、上海群众文化学会会员。上海电影评论学会、上海通俗文艺研究会理事。20多年发表论文《试论社区文化的特点和功能》等作品100多万字。小品《热土》获上海市"洋山颂"小戏小品大赛二等奖;小品《社区新曲》获"上海之春"暨第十三届上海"十月歌会"新人新作奖。2008—2010年,创作话剧《今天是情人节》《离婚男女》《复婚》等;创作电影剧本《滴血的羔羊》《月色朦胧》《都市情梦》等,在《电影新作》《电视电影文学》上发表。2009年,中篇小说《与你同归于尽》在《中国作家》举办的小说大奖赛中获一等奖;出版长篇小说《别把我当真》(上海文艺出版社),出版《离婚男女》(上海文艺出版社)、《灵感》《就怕见到你》(作家出版社)、《缘分的星空》(中国电影出版社)等小说;2009—2010年,在《文学报》发表短篇小说《风筝的故事》《苏青与阿兰》《为诚信干杯》等。

张伟民(1954—)

副研究馆员。上海音乐家协会会员,市合唱专业委员会常务理事。毕业于上海师范大学,1979年12月至2014年11月先后在虹口区文化馆、虹口文化艺术馆工作,历任虹口区文化馆艺术部主任、馆长助理、副馆长、虹口文化艺术馆馆长、虹口区文化馆馆长。1975年,创作并演奏手风琴独奏曲《南京路上好八连》,参加全国独奏独唱、重奏重唱调演,获优秀表演奖。创作的童声合唱《上海等你来》,获全国第五届学生艺术节金奖。创作的女声独唱《上海等你来》获2008年"上海之春"群文新人新作评选获优秀新人新作奖;童声合唱《想和你一样》获全国学雷锋征歌大赛优秀歌曲奖。2009年先后由音乐出版社出版其个人音乐作品集两册。获"上海市群众文化先进工作者"称号。

胡永其(1954—)

研究馆员。中国戏剧家协会、上海市作家协会、上海民间文艺家协会会员,任浦东新区文化艺术指导中心创作研究室、文艺辅导部主任。辛勤笔耕多年,著有《含羞草》《婚礼》《财富》小说散文集3本。其微型小说《陶四指》入选上海市初二语文教材。创作并排演《宋庆龄在上海》《滨江情缘》等大型戏剧22部、小戏小品40多件,作品获"中国人口文化奖"等多个国家级、省市级奖项;戏剧小品《雨中有支歌》获第七届全国"群星奖"铜奖;小品《水晶心》获第十一届全国"群星奖"金奖。他积极扶持浦东各街镇文艺团队的成长,组织举办业余文艺骨干的培训、采风活动,帮助许多作者编辑出版各类作品专集。每年的浦东新区群文创作会演、新区合唱节、长三角系列邀请赛等活动中,都参与各街镇策划实施,为打造浦东的群文品牌作出了积极的努力。2002年,中央文明办、文化部授予其全国首届"四进社区"优秀文化指导员称号。2005年,浦东新区人民政府授予其"浦东开发建设杰出人才奖"。

黄树林(1954—)

研究馆员。1978年复员后相继在徐汇区图书馆、文化馆、社区文化中心任职,1987年起担任徐汇区文化馆副馆长,策划、参与组织历届上海龙华庙会、上海桂花节、上海龙华撞钟等大型群众文化活动。2005年,筹划和组织徐家汇艺术广场书画活动,上海中国画院院长等20余位著名书画家和数千名书画爱好者参与。创作快板书《一张密方》等作品50余件,获11个奖项和曹禺戏剧奖小品小戏评选银奖2个。任区文化发展研究室主任、区非遗保护办公室副主任期间,撰写论文50余篇,其中16篇分别获全国一、二、三等奖。还组织查寻手工棉纺织技艺历史渊源、生产器具等数据资料百余份,寻找黄道婆故乡传承 20 余人,申报《黄道婆手工技艺》《龙华庙会》《枫林剪纸》《盘扣》等材料,乌泥泾手工棉纺织技术、龙华庙会、枫林剪纸等被列入国家级非物质文化遗产名录。论文《以人为本,服务社区,建设精神文明新家园》获第十一届全国"群星奖"金奖;《营造高雅文化,体现城区魅力》获全国广场文化论文一等奖。出版有群文理论专著《斑斓秋色》(时代文艺出版社)。2003 年被评为上海市群众文化先进个人。

龚文硕(1954—)

副研究馆员。上海音乐家协会理事,上海江南丝竹协会副会长,上海江南丝竹(笛子)项目上海市代表性传承人。毕业于华东师范大学专科。任浦东新区文化艺术指导中心外高桥分中心主任。2000 年开始,与陆春龄教授一起创办笛子进校园项目,培养数百名笛子水平达到十级的学生,为校园笛子文化的传承发展作出了积极的努力。有专著《笛子名曲欣赏与伴奏》《笛子教室》《笛子考级教程》《新江南丝竹作品集》。1993 年被上海市人民政府评为市劳动模范。获国家级园丁奖等。

管更新(1954—)

副研究馆员。上海音乐家协会合唱专业委员会常务理事、副秘书长,长宁区第四轮拔尖人才。长宁区文化馆副馆长。担任长宁区和部分上海市大型活动总策划、艺术总监 30 多年。1990 年参与上海电视台"卡西欧杯"电视演唱大奖赛活动项目策划;2000 年策划"圆社区艺术明星之梦"——长宁区群星展示月系列活动等,应上海电视台邀请为总台标作曲和《上海早晨》栏目作曲,担任多个片头、电视片和广告作曲。作曲《祖国之爱》入选第六届上海"十月歌会"推荐歌曲,《走进1997》获第七届上海"十月歌会"最佳创作、最佳演出奖;《回首》获第八届上海"十月歌会"优秀作品创作奖;《上海笑了》《相思家园》获第十二届上海"十月歌会"金奖;《美丽的黄浦江》获"上海之春"暨第十三届上海"十月歌会"优秀新人新作奖、华东六省一市"江南风"新作品比赛创作大奖。另有创作作品《白玉兰花开的时候》《异乡茶客》《我看我的祖国》《石库门里一盏灯》等分获"上海之春"群文新人新作奖。创作领唱合唱《中国爱》获全国抗震救灾公益歌曲最高奖优秀作品奖。2009 年,创作的男声独唱《最恋是故乡》入选上海世博会"华人华侨之歌"。

马亚平(1955—)

研究馆员。中国故事期刊协会副会长,上海故事家协会常务理事,上海民间文艺家协会、上海艺术摄影协会、上海群众文化学会会员,历任上海市群艺馆调研部干部、办公室主任、文艺部副主任、艺术活动部主任、《上海故事》主编。1984 年担任长宁区文化馆常务副馆长期间,策划、组织长宁民间艺术年会等群文活动。在上海市群艺馆任艺术活动部主任期间,策划和组织 140 多项群文活动,包括上海市迎接香港回归中心场活动,迎接澳门回归中心场活动、"我们的家园"——社区文化系列活动,第一至第四届中国上海国际艺术节开幕式中外友人大联欢活动,全国第二届残疾人职业技能大赛开幕活动等。任《上海故事》主编期间,该刊物 4 次获评华东地区优秀期刊奖。先后发表论文 13 篇,其中,《论新形势下的群众文化》(与白寅合作)获 1988 年上海市群文论文评选一等奖;《社会主义初级阶段文化转变特征辨析》由《中国文化报》刊登,《新华文摘》转载,获 1988 年文化部青年论文比赛二等奖;《群众艺术馆功能辨析》获 1993 年上海市群众文化论文评选优秀成果奖。2002 年获得上海市群众文化工作优秀个人奖。

王小明(1955—)

副研究馆员,国家文化和旅游部公共服务专家委员会委员。先后任上海少年儿童图书馆馆长、上海市文化局群文图美处处长、上海市文广局社文处处长、上海博物馆副馆长、上海市文广局副局长、上海市图书馆学会副理事长。1998 年开始从事群文管理工作,参与"上海市社区文化协调小组"统筹全市公共文化服务体系建设;参与组织《上海群文三年规划》《上海市公共文化"十二五"规划》《上海市非物质文化遗产保护"十二五"规划》研究与制定;参与《上海市社区文化管理规定》《社区文化活动中心基本配置标准》《社区文化活动中心绩效评估办法》《上海市社区文化活动中心服务标准》起草与出台。至2009年,组织完成479个文化信息资源共享工程,实现农村基层服务点建设全覆盖;推进社区文艺指导员派送工作创建,实现16个市属专业院团和18个区县、社区文化活动中心100%覆盖的目标;组织群文创作,在全市打造了一批反映现实生活的群文优秀作品;推进非遗保护工作,完成了一批国家级名录项目的专题片摄制和丛书、图典编印项目,在普查基础上建立了资源数据库。1996年被文化部和人事部授予"全国文化系统先进工作者"称号。

孔繁荣(1955—)

女。副研究馆员。1971年在云南省地方文工团任导演兼演员;1981年回沪,先后就职于松江区文化馆、卢湾区文化馆;1992—2010年在黄浦区文化馆工作。30多年来,培育了一批业余舞蹈爱好者,其中获市级以上奖项的有300多人次。编创辅导近百个表演类作品,获国家级奖项22个、华东地区奖3个、市级奖项59个。1996—2010年期间,群舞《扦脚女》获第六届全国"群星奖"优秀奖;群舞《时髦外婆》获第十三届全国"群星奖"优秀奖、第三届全国"四进社区"文艺精品银奖及上海市社区舞蹈比赛金奖、个人文艺精品辅导奖;群舞《农家画谣》获2007年"上海之春"群文新人新作比赛(舞蹈类)优秀新人新作奖。多次获黄浦区社区学院优秀教师、优秀校外辅导员称号。

张 行(1955—)

女。副研究馆员。市群文学会会员,第十一届、十二届静安区政协委员。毕业于上海市行政管理学院,1973—2015年先后任静安区工人文化宫副主任,静安区文化馆副馆长、馆长。从事群文工作几十年,带领团队创作演出《都市空间》《播撒阳光的人们》等一批讴歌精神文明风貌的文艺作品;小品《金色鱼塘》《浦江放飞》《好日子》先后获市、全国群文作品创作奖。带领全馆承接各类节庆文化活动、主题文化活动,为推进静安区公益性文化发展作出积极的努力。在她的组织领导下,区文化馆连续获得"五连冠",被评为上海市文明单位、全国一级文化馆。被上海市文广局评为第六届中国上海国际艺术节群文展演优秀组织者;2006年被上海市群文奖励基金理事会评为"上海市群众文化工作先进个人"。

张 坚(1955—)

研究馆员。上海市摄影家协会会员,市收藏协会常务副会长,市非遗保护工作专家委员会委员。1972年3月在中共一大会址纪念馆任专职讲解员,1973年12月后任行政组副组长、办公室主任。1988年10月调任上海美术馆办公室主任、工会主席、副馆长。2003年5月,任上海市群艺馆常务副馆长(法人代表)、党支部副书记、《上海故事》杂志社主编。2003年12月,被授予上海紧缺人才培训工程高级管理咨询师。在主持上海市群艺馆的工作期间中,注重积累推进创作,加强区域性沟通与合作、推进国内外文化交流活动,在上海民族民间文化保护工程和非遗保护工作中着重培育特色。撰写10余篇论文,其中,《风,风——大风:金山农民画、上海民间美术"保护"及其他》(与苏颐忠合作)获长三角民族民间文化保护与发展优秀论文奖,编入获奖论文集,并在《群文世界》发表;《固本培元、平衡心境、维系正气于不堕——亦谈"现代民间绘画"》在2007年10月第四届中国现代民间绘画杨行年会论坛上获论文奖并编入论文集。参与撰写2005年《关于上海文化发展的思考调研报告》和《关于公共文化馆实施服务质量标准的研究报告》等调查报告3篇。此外,主编和出版大型画册和文集80多种,并为画家出版画册撰写序和评论文章60多篇。

陈白桦(1955—　)

女。舞蹈特级教师,中学特级校长。上海市舞蹈家协会副主席,中国儿童歌舞学会常务理事,第七届上海市文联委员,享受政府特殊津贴。毕业于上海师范大学,后任小伙伴艺术团团长,中国福利会少年宫主任,中国福利会副巡视员。她对校外教育教学进行探索和实践,形成一套适合校外开展的少儿舞蹈教学方法和教材。30年间,创作少儿艺术获奖作品百余个,如少儿舞蹈《白鸽》获第六届全国"群星奖"金奖。她在小伙伴艺术团创设"规划、扶新、奖励"多元化创作机制保障,设计教师带教、学生推新、演出历练的梯队建设长效机制。小伙伴艺术团频频亮相 APEC、赴法申博、上合峰会、上海世博会等各类国内外重大文艺演出舞台,成为"上海的城市名片""中国的小大使"。2008年,小伙伴艺术团获由美国第一夫人劳拉·布什倡议,美国总统艺术人文委员会、美国艺术基金会等共同颁发的"站得更高"奖。中福会少年宫成为中国小公民道德建设活动实践基地、全国青少年校外活动示范基地,被评为全国未成年人思想道德建设工作先进单位。2010年,小伙伴艺术团获"上海世博会先进集体"称号。获"上海市劳动模范""全国五一劳动奖章""全国先进工作者""全国少年儿童校外教育名师""2008年度上海市领军人才""第十五届全国'群星奖'群文之星"等荣誉称号。

王鹏程(1956—　)

副研究馆员。毕业于同济大学文化艺术事业管理专业。从事文化工作20多年,创作了多部戏剧小品作品。话剧小品《锁》获首届全国"群星奖"二等奖;故事《孽海恩仇》入围第三届全国"群星奖"。1993年,合作话剧小品《蓝色酒吧》获第四届上海"十月剧展"最佳创作表演奖;小品《电话亭》第六届上海"十月业余剧展"最佳创作奖。2001年,戏剧小品《送玫瑰花的人》获得第十一届全国"群星奖"金奖;同年,戏剧小品《明天是晴天》获第七届上海"十月业余剧展"优秀演出奖、第六届华东地区戏剧小品一等奖;沪剧小品《修钢琴的人》获得第九届上海"十月业余剧展"金奖;《夜归人》获得上海市法治文艺汇演金奖。1994—2002年,在《群文论苑》《群文世界》发表了多篇关于群众文化作品创作的论文。

金祥龙(1956—　)

研究馆员。中国美术家协会、中国版画家协会会员,上海市美术家协会理事,浦东新区美术家协会副主席。先后在南汇县文化馆、浦东新区文化艺术指导中心工作。从事绘画艺术40年,创作了很多反映农村、部队、边疆、都市生活的美术作品,绝版版画作品具有特色。1990年《泼水节的传说》(中国画组画)获"冰心儿童图书奖";1999年,获中国版画家协会授予的"鲁迅版画奖";2001年7月,《眺望浦东》(版画)入选建党80周年全国美术作品展览并获优秀奖;版画《开发区》、书法《对联行书》入围第八届全国"群星奖";版画《高原人——藏族姑娘》入围第十三届全国"群星奖";《小村秋色》《皓月》《天堑》参加上海市第十三届、十四届、十五届"江南之春"美展并获一等奖;2006年,《春回江南》(版画)参加第八届中国上海国际艺术节创智天地艺术大展获一等奖。出版有《金祥龙版画》《金祥龙版画作品集》《画忆春秋——金祥龙版画、国画、陶艺作品集》等。作品分别为上海美术馆、上海图书馆、上海刘海粟美术馆、深圳美术馆、四川神州博物馆、江苏美术馆、贵阳美术馆、安徽省文学艺术界联合会、美国哈佛大学图书馆、俄罗斯新西伯利亚美术馆等收藏。

胡卫平(1956—　)

女。研究馆员。中国书法家协会会员,上海市书法家协会常务理事,行书专业委员会及草书专业委员会副主任,市女书法家协会副会长,市美术家协会会员,杨浦区文联副主席,杨浦区书法家协会主席,杨浦画院常务副院长,杨浦区文化馆书画干部,杨浦区美术书法摄影办公室主任。书画作品多次入选省市级、国家级及国际书法展并获奖,作品及论文发表于《书法》《书与画》《书法研究》等专业报刊。《新民晚报》美国版、《上海艺术家》、《书法》等报刊有署名文章专题介绍其作品。1993年在上海美术家画廊、1994年在广东珠海艺海精舍、2000年在上海棠柏艺苑、2009年在上海美术馆,4次举办个人书画展,并于2000年在上海举办作品研讨会。2001年上海人民美术出版社出版《胡卫平书法作品集》;2009年上海人民美术出版社出版《胡卫平作品集》。

俞志清（1956— ）

副研究馆员,国家一级编剧。中国文联志愿者协会会员,上海市戏剧家协会理事,虹口区政协委员。毕业于上海戏剧学院群文干部专修班,任中国剧协上海剧协（虹口）小戏小品创作基地主任;俞志清海派小品工作室负责人。主要从事小戏小品创作辅导,代表作品《寻找男子汉》《调解明星》《拉链夫妻》获中国戏剧奖小戏小品奖;《一句话的事》登上央视虎年春晚;小品《回归》获第六届上海"十月业余剧展"剧本评选优秀创作奖;小品《生命放飞》获第七届上海"十月业余剧展"优秀创作奖;《一束康乃馨》获第十届上海"十月业余剧展"优秀作品、优秀表演奖;小品《夜话》获第十届上海"十月业余剧展"小戏小品专场银奖;小品《实话实说》获第十三届上海"十月歌会"（戏曲类）优秀新人新作奖。先后获上海市劳动模范、全国文化先进工作者、文化部"群文之星"等荣誉称号。

高春明（1956— ）

研究馆员。中国非物质文化遗产保护协会理事,上海市非遗保护中心常务副主任,历任上海艺术研究所所长、《上海艺术家》杂志主编。长期致力于中国文化遗产和中国服饰史研究,主持多项国家重点科研项目。受上海市人民政府委托,先后在国内外举办上海非物质文化遗产精品展、上海手工艺术作品展、中国历代服饰展、百年旗袍展等大型展览,任总策划、总设计;在中国、美国、法国、日本、泰国、土耳其等国家展出后,获得广泛好评。他编撰和主持编撰《中国分类美术全集》《西域艺术》《上海艺术史》《上海文艺六十年》《中国服饰五千年》《中国服饰名物考》《中国历代妇女妆饰》等学术专著40余部,其中大部分著作被翻译成英、德、法、日、韩等文字,在世界各地出版,并获中国国家图书奖、美国第二十五届书展优异奖、德国莱比锡"世界最美的书"称号等。绘制的图稿在美国、法国、德国、日本、韩国、新加坡等国家和中国台湾、中国香港等地展出,被中国邮政总局和香港邮政局印制成特种邮票,向全世界发行。2006年4月21日,国家主席胡锦涛应邀访美,特别将其专著《锦绣文章——中国传统织绣纹样》赠给耶鲁大学校长。

黄 晓（1956— ）

副研究馆员。上海音乐家协会会员,崇明区音乐舞蹈家协会副主席。毕业于上海师范大学,后入上海音乐学院进修作曲指挥。1980年调入崇明县文化馆工作,从事群文专业工作近40年,先后担任音乐部主任、辅导部主任等职;2005年任业务副馆长,兼任崇明县非物质文化遗产保护分中心副主任;2013年6月成为崇明山歌上海市级代表性传承人。撰写和发表《崇明山歌》《浅谈沈肇州在瀛洲古调传承中的作用》《浅谈崇明灶花及其保护传承》《瀛洲古调派琵琶》《崇明吹打乐简述》等论文,发表《赛龙舟》《江南桃花情》等歌曲,担任《崇明民间音乐集成》的主编,参与《中国民间音乐集成·上海卷》《中国民间故事大全·上海崇明卷》《崇明机智人物杨瑟严》编纂,主编《中国崇明山歌集》。积极组织瀛洲古调派琵琶、崇明山歌等专业理论研讨会;多次策划实施崇明文化艺术节的开幕式、闭幕式演出和长三角地区优秀群文节目展演、环崇明岛国际公路女子自行车赛开幕式等大型文艺演出活动。他还经常为上海师范大学、上海大学音乐学院学生开办讲座,辅导专题论文。作曲的沪剧、崇明山歌剧、表演唱、舞蹈、歌曲共200多首。作品在市级、部级展演比赛中多次获奖。

裘金凤(1956—)

女。副研究馆员,上海音乐家协会会员,担任南京军区前线歌剧团专业演员。1984年由部队转业至杨浦区文化局群文科工作,1990年任杨浦区文化馆常务副馆长,1996年任馆长。2000年区文化馆整合调整后担任新的杨浦区文化馆常务副馆长,2002年开始担任馆长。从事群文工作数十年,在声乐等领域获得较好成绩。1986年,组织、辅导聂耳、星海合唱团获全国二级大奖;1989年,获上海市歌唱中国歌曲大赛金奖。1994年,在上海音乐厅举办个人独唱音乐会。她还积极组织杨浦区群文创作和活动,2007年6月,由杨浦区文化馆选送的书法作品行草《明人书论二则》获得第十四届全国"群星奖"群星创作奖。

朱　希(1957—)

研究馆员。中国美术家协会会员,上海市美术家协会第七、八届理事,金山农民画院副院长,上海工商外国语学院创意设计学院人文艺术委员会委员、客座教授,上海中侨艺术学院兼职教授。毕业于上海美术学院油画系。1976年,年画《金谷满仓》入选全国年画展,由中国美术馆收藏;1978年,农民画《织网姑娘》入选金山农民画展,由中国美术馆收藏;1989年,油画《苗女》获美国加州艺博会金奖;1990年,赴美国举办个人油画作品展;1997年,其油画《春之歌》获第七届"江南之春"美展金奖;油画《童年》《粉色的回忆》获上海市美术作品展二、三等奖;2004年,其论文《对金山农民画发展现状几点思考》获第七届中国艺术节民间艺术组委会二等奖;2010年,作品《摇篮曲》获上海世博会中华艺展金奖。2009年,被上海市授予优秀共产党员称号。

张阿君(1957—)

女。研究馆员。第一届承德地区舞蹈家协会主席,河北省舞蹈家协会理事,中国舞蹈家协会、中国社会舞蹈研究会会员,河北省社会舞蹈研究会理事,河北省承德市第六届政协委员,上海市舞蹈家协会第五届常务理事,上海市舞蹈家协会2006—2008年度十佳舞蹈工作者。1972年10月至1982年,在河北省承德市歌舞剧团舞剧《沂蒙颂》选场中担任主要角色。1983—1996年,在河北省承德市群众艺术馆任馆员、副研究馆员。编演的双人舞《宫妃泪》获河北省文艺最高奖"文艺振兴奖"并记功一次。1989年,任《中国民族民间舞蹈集成河北省·承德地区卷》副主编。1989年,个人事迹以纪实形式编入花山出版社出版的《艺术家的风采》。1997年,作为人才引进上海市群艺馆工作。多年为基层编创了大量舞蹈作品,包括《盛开的白玉兰》《走在春风里》《欢庆锣鼓》《快乐的黄手绢》《洗车工》《好日子》等。合作创作的指导广场舞《2010海上风》获第十五届全国"群星奖"群星奖;《织织乐》入选第十四届全国"群星奖"复赛;编导舞蹈《织之知》获第十一届上海"十月剧展"(舞蹈类)优秀新人新作奖。

殷星妹(1957—)

女。副研究馆员,上海市舞蹈家协会会员,任普陀区文化馆馆长、书记。在市、区国际花卉节、龙舟邀请赛、歌咏晚会、舞蹈节目等群文活动担任导演。编导的舞蹈《超越》《都市节奏》获全市群文比赛创作奖、表演奖;1996年,编导的舞蹈《春花》获第六届全国"群星奖"银奖;舞蹈《红旗颂》获第六届全国"群星奖"优秀奖。2000年,编导少儿舞蹈作品《快乐摇摇摇》获第十届全国"群星奖"银奖;2003年,编导的表演唱《快乐的上树工》获第三届全国"四进社区"文艺展演铜奖。

黄玉燕(1957—)

女。副研究馆员,中国音乐文学学会常务理事,上海音乐文学学会副会长,浦东新区作家协会副主席,为浦东新区文化艺术指导中心创作员。近30年群文工作生涯中,创作了大量歌词、朗诵诗,并为市、区级晚会、庆典类活动撰稿。著有诗歌、歌词集《绿吻》《风中独舞》,作品多次获国家级奖项。2002年,男声独唱《哦,我的长城》(朱良镇曲),由周小燕歌剧中心男高音姜必群作为参赛作品,参加第十届全国青年歌手电视大奖赛专业组美声唱法,获优秀奖,作品入选《中国艺术歌曲集》;作词男声小合唱《我是男子汉》(闵雪生曲),获第十一届全国人口文化奖铜奖;男女声二重唱《梦圆2010》(刘卫平曲),获第十四届全国"群星奖"表演奖、第十二届上海"十月歌会"金奖;作词《永恒的眷恋》《海纳百川涌春潮》获"上海之春"群文新人新作比赛暨上海十一届"十月歌会"(音乐类)优秀新人新作奖。

曹伟明(1958—　)

研究馆员。中国作家协会、中国音乐家协会、中国戏剧家协会、中国曲艺家协会、中国民间文艺家协会会员,上海市文联委员,青浦区文联主席,中国群众文化学会常务理事,市群文学会副会长。华东师范大学中文系毕业,研究生,历任青浦区文化馆馆长兼书记,青浦区文化局副局长,青浦区文广局长兼区委宣传部副部长,青浦区政协常委。任青浦区文化馆馆长期间,开展"春之声、夏之花、秋之韵、冬之魅"等活动,策划上海淀山湖文化艺术节,联手长三角地区文化部门开展田山歌展演研讨活动。创作《三难鸭司令》等系列作品,9次获上海市曲艺创作比赛一等奖;《三难鸭司令》被评为首届上海文学艺术奖、全国曲艺创作评比一等奖;《竞选鸭司令》获第三届全国"群星奖"银奖。1997年,论文《现代化进程中的农村社区文化建设》获第七届全国"群星奖"铜奖、科研成果奖;《试论上海新城文化建设中的创新》获第十一届全国"群星奖"银奖。出版个人诗集《水乡恋歌》;词集《生命船》《放歌淀山湖》《淀山湖表情》;文集《永远的情结》《守望江南》《寻梦江南》等,并在国内外核心期刊上发表论文近百篇。1996年获评上海市先进文化馆馆长,被授予"全国文化系统先进工作者"称号。

杨　峰(1958—　)

副研究馆员。松江区文学艺术界联合会副主席,松江戏剧协会会长。毕业于华东师范大学艺术系戏剧编导专业专科。1980年进松江区文化馆工作,先后任松江区文化馆副馆长,松江区图书馆副馆长。导演的19个节目在全国、市级以上文艺赛事中获奖。其中,2005年,与人合作导演的越剧小戏《董其昌学书》代表上海参加在北京举行的都市戏曲(票友)邀请赛,获优秀演出奖;2008年,导演的吹打唱《阿伲农民哈哈笑》在首届全国农民文艺汇演中获丰收奖,后经文化部推荐入选"倾注'三农'"专题综艺晚会在中央电视台播出;与人合作编导的舞蹈《超市即景》在第六届全国"四进社区"文艺展演活动中获银奖;在第六、第八、第九届国际艺术节群文综合艺术成果展演中分获优秀组织者奖和优秀策划编导奖。有论文《关于文化馆业务工作现状的思考》《群文创作理念之窥见》在《群文世界》发表。

张　震(1958—　)

副研究馆员。复旦大学新闻学专业毕业。从事群文工作30多年,积极辅导与培养群众戏剧文艺骨干,并主演几十部小品。主演《无弦的小提琴》入围第十届全国"群星奖";主演《送玫瑰花的人》获第十一届全国"群星奖"戏剧金奖;主演《我行我塑》获"天穆杯"全国第二届"新农村、新文化、新风貌"小品展演优秀剧目奖,该剧在"第十届华东六省一市戏剧小品大赛"中获银奖;主演《干事和院士》获2007年上海市小节目评比展演优秀节目奖。

卢青生(1959—　)

女。副研究馆员。1999年调入闵行区群艺馆任舞蹈干部,长期从事群众文化舞蹈创作辅导工作,面向基层服务,培育社会各界的业余舞蹈创作骨干。参与创作并辅导的沪剧歌舞小戏《花农嫁女》获全国"群星奖""金穗奖"等荣誉;创编舞蹈《鼓儿乐》获第十二届"十月歌会"金奖;创编舞蹈《鼓韵》、踢踏舞《玩偶》等十多个作品先后获市、区级及长三角地区各类大赛获优良成绩。先后获得"优秀辅导奖""优秀工作奖"等荣誉;2000年、2003年、2006年分获区人事局记功奖励。

阮章云(1959—　)

副研究馆员。长期主持金山农民画创作辅导、画家培养和民间美术研究工作,并进行农民画、漆画创作。1991年,漆画《寻故》获第六届"江南之春"画展二等奖;1996年,农民画《丛林放鹿》获中国美术家协会中国农民画优秀作品展优秀奖;1997年,漆画《古村新韵》获第九届上海"江南之春"画展二等奖;1999年,漆画《古镇新韵》获第八届全国"群星奖"银奖,被中国美术馆收藏。2009年,被上海市文广局命名为首批上海市级非遗金山农民画艺术代表性传承人,同年获上海"江南之春"画展30年回顾展杰出贡献奖。

沈健人(1959—　)

副研究馆员。中国美术家协会、上海市美术家协会会员,浦东新区美术家协会副主席。1976年参加工作,先后在浦东新区外高桥文化馆、浦东新区文化艺术指导中心从事群文美术创作辅导工作。创作反映人文风情和都市生活的美术作品200多幅,其中50多幅国画作品参加省市、全国美术作品展览,多次获奖。1984年,作品《家园》入选第六届全国美术作品展;1994年,《春之母》入选第八届全国美术作品展;《春宵》获第九届全国美展铜奖;2002年,《蟹爪兰》获第十二届全国"群星奖"金奖;2005年,《故园秋声》入选上海美术大展;《领春风》入选第六届上海美术大展。

徐卫平(1959—　)

副研究馆员。国家一级摄影师,中国摄影家协会、中国艺术摄影学会、中国民俗摄影协会会员,上海艺术摄影协会副会长,上海市摄影家协会理事,长宁区文化艺术中心摄影干部。先后在各种展览、影赛、报刊、图书中发表作品上千幅(组),数百幅获市级、国家级、国际奖项,并被省、市级档案馆收藏。创作的作品涉及自然风光、城市景观、环境变迁、市井生活、人文风情、文化遗产等。2002年由长宁区委宣传部与上海市摄影家协会在上海图书馆共同主办"激情年代"——徐卫平长宁区城市建设成就摄影展,展出其100多幅作品。论文《摄影图像的文学化追求》《数码时代艺术摄影的二度创作》和专题《面对终将隐去的亘古》《城市,让生活更美好》专版在《群文世界》《上海摄影》等报刊发表。1999年,论文《群文摄影工作的认知与辨析》入编《中国摄影家大辞典》,2001年入编中国摄影家协会编、三联书店出版的《中国摄影家》。获长宁区青年拔尖人才希望奖、拔尖人才奖、领军人物奖;市年度优秀摄影家、市摄影家协会先进基层团队优秀组织者奖;"迎世博"宣传教育贡献奖和百名市民摄影家称号。

沈　杰(1961—　)

副研究馆员。中国书法家协会、上海市书法家协会会员,奉贤区书法家协会主席。毕业于上海教育学院美术系,任奉贤区文化馆书法辅导干部。1992年,在上海美术馆举办个人书法展;1995年,其作品入选中国书协举办的第三届中国书坛新人作品展、全国第六届中青年书法篆刻作品展;1997年,其作品入选文化部、中国书协首次举办的世界华人书画展;1998年,作品入选第八届全国"群星奖";2000年,作品获全国第五届残疾人运动会组委会主办的江、浙、沪残疾人书法、美术、摄影大赛一等奖。2001年,在上海朵云轩举办个人书法展暨书法作品集首发式。作品参加2008年在香港展出的上海当代书法家迎春作品展。2010年,书法作品在上海世博会博物馆中展示。自2005年开展青少年书法普及活动以来,每年获上海市书法家协会颁发的优秀指导老师奖。作品入选由上海市书法家协会选编、上海人民美术出版社出版的《上海市中青年书法篆刻家作品集》。1987年被授予上海市新长征突击手称号。

王晓宁（1962—　）

副研究馆员。中国音乐家学会会员，上海音乐家协会理事，中国文化馆协会音乐创作委员会副主任，中国群众文化学会音乐专业委员会副主任。毕业于上海音乐学院作曲专业，1998 年任卢湾区文化馆音乐创作干部；2009 年调入上海市群艺馆任创作部副主任，组织辅导群文音乐创作工作。创作交响乐《游子吟——小提琴与乐队》《金山卫·中国的记忆》、合唱《阳光》等 8 首，《奋飞吧，虹口》等 6 首作品；2008 年在虹口体育场举行千人合唱与交响乐队的演出。创作古琴与埙《和一》，2010 年由中央民族乐团在山东东阿演出。交响组曲《辉煌颂》5 首、室内乐《香山路随想》《西部咏叹》分别获"上海之春"群文优秀新作奖；合唱组曲《辉煌大合唱》、民乐五重奏《香山路随想》分别获上海"十月歌会"最佳创作奖；领唱合唱《这一方热土》获第十届上海"十月歌会"创作一等奖；2004年，《塔里木的胡杨》获文化部首届全国流行音乐大赛创作二等奖、2007 年获第十四届全国"群星奖"大奖、群星创作奖；2006 年，女声合唱《桃花缘》获"上海之春"群文优秀新人新作奖；作曲《我爱上海》获"上海之春"新人新作暨第十三届上海"十月歌会"优秀新人新作奖；2010 年，《古镇音画》获第十五届全国"群星奖"群星奖。2009 年，获国务院政府特殊津贴。

吴榕美（1962—　）

女。满族，副研究馆员。1980 年开始先后任武汉市青山区文化馆文学编辑、艺术辅导部主任；2001 年调入上海市群艺馆工作，先后任调研部编辑、活动部主任。撰写《风筝·蝴蝶·兔子灯》《鼻烟·老酒·线装书》《绽放在盘中的花蕾》等随笔和报告文学在《长江日报》《武汉晚报》发表。论文《老年妇女文化心态初探》《文化"多媒体"对"小康"家庭的影响》分别在全国"老年文化"研讨会、"小康文化"征文中获优秀论文奖。执笔撰写的上海市文广局课题《上海市社会艺术水平考级情况调研报告》和《上海群众文化特色在探索和实干中产生》等文章在《中国文化报》等报刊发表。策划举办2005 年"抗战珍存"——上海市民抗战时期实物图片收藏展（四行仓库）和每年的"海上年俗"风情展等各类节庆及主题群文活动；策划完成多届上海国际艺术节、奥运会、世博会等政府交办的重大群文活动。参与策划组织的中华老夫老妻魅力展全国邀请赛获市级创新项目奖；"世博印象"——上海市民数码摄影大赛、2010 年世博会"上海周"群文活动和世博会城市文化广场"周周演"活动获市群文优秀项目奖。

张黎明（1962—　）

研究馆员。1986 年大学毕业进入上海市群艺馆工作。1993 年起任上海市群艺馆调研部副主任、主任；2005 年起兼上海市民族民间文化保护中心办公室主任；2007 年任上海市非物质文化遗产保护中心办公室主任。执笔撰写《社区公共文化活动中心支持系统研究》等调研报告，参与文化部公共文化馆建设标准和全国民间艺术之乡评选标准的起草工作，参与上海市《民族、民俗、民间文化保护与弘扬工程实施纲要》起草工作。作为主要撰稿人编写《社区文化工作实务》教材，作为主要撰稿人撰写的《上海公共文化馆参与文化产业建设的思考》《城市化进程中的上海农村文化工作》分别获第十一届全国"群星奖"金奖、中国群文学会科研成果金奖；执笔撰写的《上海市文化馆、站基本现状调查报告》获第十一届全国"群星奖"银奖、科研成果金奖；合作撰写的《上海市徐汇区公共文化服务"西南模式"创新建设案例分析》获中国群文学会 2007 年度科研成果金奖。2005 年中期开始，他配合协调 5 批次国家级非遗名录和 6 批次上海市非遗名录的申报组织工作，为上海开展非遗保护工作打下基础。被文化部授予全国非遗保护工作先进个人称号。

刘　勇（1963—　）

研究馆员。国家一级作曲，中国音乐家协会会员，海南省音乐家协会副主席。毕业于沈阳音乐学院作曲系专科。2005年,进入松江区文化馆工作,创作了许多品种不同的音乐作品。1998年,创作歌曲《国门卫士》获公安部、中国音协比赛金奖;1999年,歌曲《蓝色南沙》获中央电视台音乐电视大赛银奖;2001年少儿歌曲《我要上学去》获文化部"蒲公英奖"银奖;2003年,作曲的舞剧《达达瑟》获中宣部"五个一工程"奖、文化部"文华奖";2009年,男女声二重唱《永远在一起》获第十五届全国"群星奖"群星奖。其作曲的《我是你的眼睛、你是我的手杖》获第十三届上海"十月歌会"优秀新人新作奖。参与松江泗泾十锦戏锣鼓申报国家级非遗并列入名录。

田文惠(1964—　)

女。副研究馆员。中国书法家协会会员,上海市文联委员,上海市书法家协会女书家联谊会副主席兼秘书长,上海市楹联学会书法专业委员会副主席。1985年进入中国美术学院学习;2004年调入上海市群艺馆工作,任创作部书法指导。作品入展第二、第三、第八届全国中青年书展,第三届全国书法展,中国书法家协会成立30周年会员优秀作品展,第一、第二、第三届全国妇女书法展,第一、第二、第三届中日妇女书法交流展,第二届中日女书法家代表作品展,第二、第三届全国楹联展等全国性书法展。作品多次在全国书法赛中获一等奖。其五体书作品获《书法》杂志主办的中国书坛青年百强榜提名奖,小楷《苏轼前后赤壁赋》入展当代书坛名家系统工程千人千作书法大展、中国书法家协会优秀会员作品展。2007年,辅导的张卫东、王曦、吴雯婷3人同获第十四届全国"群星奖"群星创作奖。2010年《中国书法》第三期对其进行了专题介绍。

张亚非(1966—　)

副研究馆员。毕业于安徽师范大学中文系。2001年进入杨浦区群文系统工作,历任中原文化馆副馆长、杨浦区文化馆副馆长,分管艺术培训、群文理论研究和非遗保护工作。在《上海故事》《群文世界》等刊物发表多篇故事作品和论文,并多次获市级以上奖励。2004年,参与辅导的小品《茉莉发廊》获全国小品小戏大赛业余组一等奖。他参与编辑出版《中国民间故事·上海杨浦卷》《杨浦文化名人》《绵拳》《杨浦非遗精粹》等书;组织建立杨浦区非遗项目名录,推荐一批非遗项目成功申报国家级、市级非遗项目;牵头组织长江流域民歌号子交流展演、上海杨浦非遗节、杨浦区端午民俗活动、四平元宵行街会、五区元宵书画笔会、非遗高校行等一系列文化品牌活动。被评为上海市非遗保护工作先进个人。

张　斌(1968—　)

副研究馆员,金山农民画院画家。1989年,作品《夜色水镇》获上海第五届"江南之春"画展一等奖。1993年,农民画作品《插花》被美国马萨诸塞州博物馆收藏。同年,作品《春花》获第七届"江南之春"画展三等奖。2002年,农民画作品《月如勾》参加由中国农民书画研究会主办的《跨世纪艺坛风采铭录》作品展,获二等奖。2004年,作品《天唱》获第十届全国美术作品展——上海艺术大展一等奖。2007年,参加"扬帆奥运"——中国民族民间艺术精品巡展,获突出贡献奖;同年,作品《忆中背影》入选第十四届全国"群星奖";2007年,获文化部主办的第三届中国农民画艺术节"中国现代民间绘画——秀洲论坛"论文二等奖。2008年,磨漆画作品《搏浪》参加"创新城市　创意生活"——第十届中国上海国际艺术节上海市民艺术大展获一等奖。2010年,参加"世博风　城市情"——第十二届中国上海国际艺术节第三届上海市民艺术大展,获优秀组织奖。

刘　瑛(1969—　)

女。副研究馆员,中国戏剧文学学会、上海市戏剧家协会、上海市作家协会会员,上海音乐文学专业委员会副主任兼秘书长,闵行区作家协会副会长,《上海词家》副主编。毕业于上海戏剧学院戏剧文学系,任闵行区群众艺术馆馆长助理。从事文学、戏剧创作,分别在湖南省少儿出版社、中国文联出版社、上海文汇出版社出版书籍多本,包括长篇纪实文学《我的世界你不懂》、长篇小说《倒吊男》、评论及剧本集《清风明月》、中篇小说集《温柔的唇膏》。担任多部电视剧及舞台戏剧作品的编剧。作品获第十三届中国田汉戏剧奖,"中国曹禺戏剧奖"小品小戏评选暨中国剧协百优小品大赛奖,第八届全国优秀青年读物奖二等奖,第三届中国戏剧文学奖,第八届华东六省一市小品小戏大赛银奖。她与全昌杰合作编导小品《婚纱》获第十五届全国"群星奖"群星奖。

陆春彪(1969—　)

副研究馆员。上海市戏剧家协会、上海市青年文化艺术界联合会会员,任松江区文化馆馆长。1995 年从松江曲艺团调入松江区文化馆工作,创作各类戏剧作品近 60 个、诗歌散文 20 多篇、各类杂文 20 多篇。小品《捣浆糊》获华东六省一市戏剧小品比赛特等奖;喜剧小品《村长吃鱼》获市会演一等奖,个人获优秀表演奖;小品《大胖儿子》获市小戏小品评选一等奖、华东六省一市戏剧小品大赛银奖;小品《来自海上电话》获市小品小戏创作大赛二等奖;《有话要说》获全国原创戏剧小品大赛创作奖;小戏《村主任》获"天鹅杯"第四届全国小戏小品曲艺大展二等奖;为歌曲《你是我的眼睛,我是你的手杖》作词获第十三届"十月歌会"优秀新人新作奖;男女声二重唱《永远在一起》获第十五届全国"群星奖"群星奖、全国第七届"四进社区"文艺展演优秀节目奖。撰写了古戏乐《十锦》《舞草龙》《花篮马灯》《余天成堂中医药》《松江皮影》等非遗申报文本和电视片脚本;《十锦》《舞草龙》等被列入国家非遗保护名录,《松江皮影》《花篮马灯》等被列入市级非遗保护名录。

李维红(1970—　)

女。副研究馆员,青浦区文化馆副馆长。担任在青浦举行的第五届世界龙舟锦标赛开幕式总导演;在筹划第一届上海青浦"淀山湖"文化艺术节时,用舞台表演形式来展现青浦水文化和古文化的内涵,以"水"为主轴贯穿整台晚会。针对青浦田山歌这一上海地区罕见的原生态非遗形式进行研究,两次代表上海参加江浙沪田歌学术研讨会,撰写论文在《群文论苑》《群文世界》《青浦赵巷田歌》发表。编导的舞蹈《战士的风采》获市民政系统比赛一等奖;舞蹈《绿色畅想》、表演唱《妹依杨柳望情哥》、韵律操等节目分获上海市各条线会演优秀创作、表演奖。2004 年被评为上海市群文工作先进个人;2005 年被授予全国文化系统先进个人称号。

栾　岚(1972—　)

女。副研究馆员。毕业于上海戏剧学院导演系、哈尔滨师范大学音乐系。2007 年底进入上海市群艺馆担任戏剧创作指导工作,主要导演作品包括德国音乐剧《汉斯和格蕾特》,歌剧《江姐》《货郎与小姐》,话剧《榆树下的欲望》《同船过渡》《天堂小镇》等。她与赖声川合作,担任大陆版话剧《暗恋桃花源》副导演。编导小品《普通人家普通事》获第十届上海"十月业余剧展"优秀作品奖;2006年,编、导、演小品《迟来也是春》获上海群文新人新作比赛优秀新人新作奖、华东地区戏剧小品大赛金奖;同年,导演情景表演唱《人间真情在》获第五届全国"四进社区"文艺展演金奖;2007 年,导演锣鼓书《桃花审鸡》获上海市群文新人新作比赛优秀新人新作奖;同年,编、导、演的小品《普通人家普通事》、导演的《桃花缘》等 4 个作品,代表上海参加全国"群星奖"比赛,其中小品《普通人家普通事》获第十四届全国"群星奖"群星创作奖。她承担 2007 年上海市群文优秀创作节目展演暨"群星奖"颁奖晚会、2008 年"上海之春"国际音乐节"海上春潮"民歌演唱会、上海市"五一"晚会中情景剧《冰雪英雄》的导演工作。

萧烨璎(1976—　)

女。2009 年调入上海市群艺馆,任馆长、党支部书记,上海市非物质文化遗产保护中心主任。推动上海市群艺馆确立工作目标:积极发挥集聚辐射、教育孵化、示范引领、平台展示的"司令部"

作用,带领团队实现群艺馆开放式办馆。新馆开放3年,365天全年无休满载运行,进馆活动人次90万。在推出的数百项活动中,50％由各类社会主体自发举办。在全市建立推动群文作品原创的良性机制。第十届中国艺术节"群星奖"参赛评选上海成绩位列全国第二。率领团队策划、组织、实施完成世博会"上海周"巡游、非遗传习馆展演展示、世博园区外600场演出,上海市群艺馆被市委、市政府评为世博工作先进集体。获"上海市三八红旗手""上海市新长征突击手""全国优秀共青团干部""上海市群众文化先进个人"等称号。

第三章　非物质文化遗产项目
代表性传承人

倪传钺（1908—2010）

原名筱荣，昆曲"传字辈"艺术家，国家级非物质文化遗产项目昆曲代表性传承人。民国 10 年（1921 年），进昆剧传习所，先后在沈斌泉、吴义生作台学戏，工老外，兼老生、末。新乐府时其名仅次于施传镇，擅演《牧羊记·望乡》《绣襦记·打子》等。民国 18 年（1929 年）新乐府中止后，是共和班发起者之一。仙霓社成立后，与郑传鉴等一起主持社务。民国 22 年（1933 年）2 月，在演出之余他与华传萍同为同声曲社拍曲。抗战前夕离班，易名倪宗扬，至重庆四川丝业公司供职，业余为重庆曲社教戏。1957 年，调至上海市戏曲学校任教，参与培养计镇华、甘明智、姚祖福等老生演员。后应邀至江苏省昆剧院、苏昆剧团教戏。代表剧目《交印》于昆剧传习所 60 周年纪念活动期间演出。1986 年，在文化部昆剧演员培训班传授《闹朝扑犬》。

艾世菊（1917—2012）

国家一级演员，国家级非物质文化遗产项目京剧代表性传承人。12 岁入富连成科班世字科习艺，受教于叶盛章，并拜马富禄为师。工文丑、武丑，文得萧长华、萧盛萱父子亲传，武得叶盛章教授。身段干净利落，念白口齿清楚，做戏诙谐幽默，文戏儒雅大方，武戏艺技出众。他的丑角表演艺术具有正规的传统风格，雅致大方、醇厚隽永、谑而不油、谐而不俗，为南方京剧名丑。代表剧目有《群英会》《时迁偷鸡》，嘴上功夫和身上功夫俱佳，深受广大观众欢迎。晚年致力于教学，桃李满天下。获上海第三届戏剧节配角奖。

杨华生（1918—2012）

国家级非物质文化遗产项目独脚戏代表性传承人。上海市人民滑稽剧团副团长、名誉团长，获国务院颁发的文化突出贡献证书和政府特殊津贴。

自幼爱唱京剧。因父母反对他当京剧演员，故考进大世界华光新剧社，成为演文明戏的实习演员。在大世界，接触了不少前辈滑稽名家，并拜滑稽名家鲍乐乐为师。1951 年后，组建大公滑稽剧团，在《苏州两公差》中饰张超；在《七十二家房客》里的"三六九"艺术形象家喻户晓。独脚戏作品有《滑稽空城计》《戏曲杂谈》《小菜场》《不怕鬼》《扬州五更相思》《普通话与方言》《假内行》《跑龙套》《万宝全书》《借红灯》《方言与京戏》《覆水难收》《好师傅》《服务生》《西洋镜》《电话夫妻》《笑与生活》《新婚之夜》《1234567》《梁山伯讲文明》《学麒派》《对诗句》《福来》《修表》《阿福上生意》《一字之差》《小贩叫卖》《车厢里的笑声》《三堂会审》。先后出席全国喜剧美学讨论会，赴上海交通大学、复旦大学等 10 余所高校作滑稽讲座。相关著作有《杨华生滑稽生涯 60 年》等。

王锡余（1919—2013）

国家级非物质文化遗产项目吴歌代表性传承人。代表作有《五姑》《十二月花名》《做长年》。从 20 世纪 50 年代开始，教授村民唱田歌，其妻王雪娟学唱后，发动一批农妇演唱，为田歌更添色彩。1953 年 2 月，带领赵巷田歌队参加青浦县第一届民间音乐舞蹈比赛，获得第一名；同年又代表青浦参加华东六省一市田歌会演并夺冠；同年 4 月，代表华东地区参加全国会演，受到周恩来总理的接见。至此，赵巷田歌队（原丁家窑田歌队）在当地享有盛誉。1983 年全国农民运动会，赵巷田歌队与新疆歌舞团交流演出。1985年,日本考察团3次考察赵巷田歌,并和他们一起交流演出。1989年,赵巷田歌队参加江、浙、沪吴歌会演,获优秀演出奖。1993年开始,为文化站培训、教授一批青年田歌手,其中以张小美为主要代表。

陆春龄(1921—2018)

国家级非物质文化遗产项目江南丝竹代表性传承人。上海音乐学院教授、上海江南丝竹协会会长。7岁时怀着对竹笛强烈的兴趣,向精通音律的皮匠邻居求教,从此踏上音乐之旅。因为家境清贫,初中未毕业就当上汽车司机,后又靠踏三轮车谋生,继而在江南造船厂做车床工人。不论生活发生什么变化,从未放弃对民族音乐的热爱,苦练笛子。不满20岁时加入了当时沪上民间丝竹团体——紫韵国乐社,从此专攻民乐,投身于江南丝竹的演奏和创作之中。

中华人民共和国成立后,他在国内各地从事大量演出和教学活动,挖掘并开发了许多中国民族音乐素材。1952年,受上海市文化局委托,与许光毅、凌律等同仁筹建上海民族乐团。20世纪50年代,又开始在上海音乐学院兼课,从事民族音乐教育工作。1976年,正式受聘于上海音乐学院从事教学工作,培养了大批竹笛和江南丝竹的专业人才。自1954年起,多次走出国门进行演出和教学,足迹遍及亚洲、非洲、美洲、欧洲、拉丁美洲以及中国香港、中国澳门、中国台湾等70多个国家和地区,为多国元首演奏。他为弘扬中华民族音乐作出巨大贡献,被周恩来总理评价为"音乐大使"。用笛子演奏80多年,江南丝竹是他竹笛演奏艺术成长的沃土,江南丝竹具有的清新活泼、韵味隽永的特色,是他演奏风格的基调。他把江南丝竹乐曲编成笛子独奏曲,对江南丝竹的挖掘,奠定了他艺术造诣的坚实基础。在其音乐生涯中,创作、改编、整理与江南丝竹相关的曲目200多首,录制与江南丝竹相关的唱片近100张,参与出版与江南丝竹相关的文字资料近50本,是中国南派笛艺的杰出代表,享有"笛王"美誉。

徐玉兰(1921—2017)

女。越剧表演艺术家,越剧小生流派——徐派创始人,国家级非物质文化遗产项目越剧代表性传承人,中国戏剧家协会理事,享受国务院有突出贡献专家的政府特殊津贴。民国22年(1933年),进新登东安舞台科班学艺,同年随科班到上海演出。民国30年(1941年),在上海老闸戏院与施银花搭档,并于民国31年(1942年)下半年,与施银花一起至宁波天然舞台演出。民国32年(1943年),回上海与傅全香合作演出。民国34年(1945年)下半年,与筱丹桂搭档。民国37年(1948年)下半年起,与王文娟长期搭档。1952年,率团参加中央军委总政治部文工团越剧队;1953年春,参加中国人民志愿军停战谈判代表团政治部文工队,获得朝鲜劳动党颁发的三级国旗勋章和志愿军二等军功章。1954年春,剧团调回上海,编为华东戏曲研究院越剧实验剧团二团(后调入上海越剧院)。主要作品有《西厢记》《红楼梦》《春香传》《北地王》《追鱼》等。1958年,她在《红楼梦》中成功地塑造了贾宝玉的艺术形象,于1962年被摄制成电影。

1952年10月,参加了中央文化部举办的第一届全国戏曲观摩演出大会,在《西厢记》中饰张珙,获演员一等奖;1954年,参加华东戏曲观摩演出大会,在《春香传》中扮李梦龙,获表演一等奖;1989年,所灌《红楼梦》唱片获中国唱片总公司颁发的首届"金唱片奖"。1992年7月和1994年10月,上海文艺出版社分别出版了她的唱腔集《徐玉兰唱腔集成》和传记《徐玉兰传》。2004年,获上海市三八红旗手。2006年,获"百年越剧特殊贡献艺术家"荣誉称号。

高式熊(1921—2019)

国家级非物质文化遗产项目印泥制作技艺(上海鲁庵印泥)代表性传承人。民国30年(1941年),经赵叔孺先生介绍结识张鲁庵先生,与鲁庵先生亦师亦友。出版《西泠印社同仁录》、与鲁庵先生收藏并深入研究的《十钟山房印谱》均以印泥试制为重。鲁庵印泥成为篆刻界、书画界之神话,其色泽艳不丽,厚而不黏,百年不褪色,细腻入微,神采奕奕,为民国书画家使用之珍品。张大千、吴湖帆、唐云、贺天际、陈巨来等名家均以鲁庵印泥为傲。27 岁加入西泠印社;28 岁出版《西泠印社同仁录》;30 岁出版《西泠胜迹印谱》;35 岁筹备成立中国金石篆刻研究社;36 岁加入民主促进会并刻制和组织《鲁迅笔名印谱》专题组。1962 年 4 月,张鲁庵逝世。他根据鲁庵先生嘱托珍藏 49 号秘方,与李耘萍坚持研究试制和完善鲁庵印泥,于 2005—2008 年申报国家非遗项目,是国家级非物质文化遗产 03‑1397 号证书传承人。

筱文艳(1921—2013)

女。原名张士勤,国家一级演员,国家级非物质文化遗产项目淮剧代表性传承人,先后任上海市人民淮剧团艺委会主任、上海淮剧团团长。1956 年,当选上海市戏剧家协会理事;1964 年,任全国政协委员,第四届全国人大代表;1975 年,当选第四届全国人大会议主席团成员。11 岁学艺,拜苏维连为师,工文武青衣花旦。善于学习兄弟剧种曲调,有选择地汲取融入淮剧唱腔,于 1939 年新创出旋律婉转、行腔自如的"自由调",成为上海淮剧流行的三大声腔之一。民国 34 年(1945 年),组建共和班。1951 年,参加淮光淮剧团(上海淮剧团前身)。多年精心塑造《白蛇传》中的白娘、《秦香莲》中的秦香莲、《走上新路》中的李瑞珍、《党的女儿》中的李玉梅、《水漫泗洲》中的水母、《三女抢板》中的黄秀兰、《海港的早晨》中的金树英、《蓝桥会》中的贾玉珍、《千里送京娘》中的赵京娘、《女审》中的秦香莲、《爱情的审判》中的叶母、《牙痕记》中的顾凤英等舞台艺术形象。积极带头执行"文艺为人民服务,为社会主义服务"的方针,经常率领演出队到工厂、码头、公交、环卫及市郊农村集镇的大礼堂演出,同时努力对基层淮剧业余组织进行辅导,将自己塑造角色的体会和表演技能,一招一式、一点一滴地传授给淮剧爱好者,数十年如一日。

1950 年、1951 年,先后获上海市春节戏曲演唱竞赛纪念奖和一等工作奖;1952 年,获得第一届全国戏曲观摩演出大会演员一等奖。1956 年,出席全国先进文化工作者代表会议;1954 年、1960 年、1979 年出席第二、三、四届全国文代会。1978 年,获上海市劳动模范称号;1989 年,获中国唱片总公司"金唱片奖"。

张桂凤(1922—2012)

女。越剧表演艺术家,越剧老生流派——张派创始人,国家级非物质文化遗产项目越剧代表性传承人,中国戏剧家协会会员,上海剧协理事,第二届上海市人大代表。民国 25 年(1936 年)6 月,进入嵊县招龙桥科班学戏工老生,兼习小生、花脸。民国 30 年(1941 年)到上海,在东安越艺社任头肩老生,拜绍剧名演员筱芳锦为师,学会《二堂放子》《斩经堂》等绍剧。民国 31 年(1942 年),转向袁雪芬从事新越剧的大来剧场演戏。民国 32 年(1943 年),流动演出于上海、杭州、嘉兴、湖州一带。民国 34 年(1945 年),加盟雪声剧团。在民国 35 年(1946 年)演出的《祥林嫂》剧中,突破老生行当,创造了卫癞子一角,蜚声越坛。民国 36 年(1947 年),加入范瑞娟、傅全香的东山越艺社,任头肩老生。1951 年,参加华东越剧实验剧团。1953 年,投入彩色越剧艺术影片《梁山伯与祝英台》的拍摄。戏路宽广,唱腔刚劲质朴,善于刻画人物性格,所演《梁山伯与祝英台》中的祝公远、《二堂放子》中的刘彦昌、《打金枝》中的唐皇、《九斤姑娘》中的石二佬、《金山战鼓》中的韩世忠、《李娃传》中的郑北海、《西厢记》中的崔夫人、《江姐》中的双枪老太婆、《小二黑结婚》中的二孔明、《祥林嫂》中的卫癞子等,个性突出,形象鲜明。1952 年,参加第一届全国戏曲观摩演出大会,扮演《梁山伯与祝英台》中的祝公远,获演员二等奖;1954 年参加华东区戏曲观摩演出大会,扮演《打金枝》中的唐皇,获演员一等奖。

周　惠(1922—2011)

国家级非物质文化遗产项目江南丝竹代表性传承人,上海江南丝竹协会副会长。民国 30 年(1941 年),毕业于中国医学院;民国 24 年(1935 年),参加其父亲主持的声扬国乐社;民国 29 年(1940 年),参加上海友声国乐社;民国 30 年(1941 年),参加孙裕德主持的上海国乐研究会;民国 36 年(1947 年),在孙裕德组织下与另 6 位民族乐器演奏家开始进行义演,以弘扬中华文化。参加中国文化艺术团前往美国旧金山、芝加哥、纽约等十几个城市进行为期 10 个月的巡回演出,共演出 60 多场。其间,在好莱坞米高梅电影制片厂,为电影《Sleep, My love》配音,在旧金山录制传统丝竹乐唱片,曲目有《浔阳夜月》《青莲乐府》《怀古》《普庵咒》等。在演奏手法上,擅长运用连打音、轮竹、颤音、反竹、八度等技巧,自然发挥乐器的性能,时而加花,时而减字,时而又抓住时机奏出优美动听的主旋律。

1952 年,进入上海民间管弦乐队(上海民族乐团前身),任扬琴演奏兼江南丝竹组组长,任职至退休。其间,兼任学馆及上海戏曲学校、上海音乐学院附中的扬琴教师。是 1935 年成立的沪东国乐研究会的主要成员之一,并在此乐团从事扬琴演奏,尤擅左竹法演奏。长期担任杨浦区四平街道沪东江南丝竹队的音乐指导员,录制江南丝竹合奏唱片、磁带,包括上海声像出版社出版的《江南丝韵》、中国音乐发烧天碟《江南小调》等。他与周皓共同整理《江南丝竹传统八大曲》,于 1986 年由上海文艺出版社出版。

袁雪芬(1922—2011)

女。越剧表演艺术家,越剧旦角流派"袁派"创始人,国家级非物质文化遗产项目越剧代表性传承人。先后任华东越剧实验剧团任团长、华东戏曲研究院副院长、上海越剧院院长、中国戏剧家协会副主席、上海市文联副主席、上海市人民对外友好协会副会长、上海市白玉兰戏剧奖评委会主任,享受国务院有突出贡献专家的政府特殊津贴。第一、二、三、五、六、七、八届全国人大代表,第五、六、七届全国人大常务委员会委员。民国 22 年(1933 年),进入嵊县四季春科班学戏,民国 27 年(1938 年)后在上海从事艺术活动。民国 31 年(1942 年),她发起新越剧改革,率先在中国戏曲中建立编、导、演、音、美的综合艺术机制。民国 35 年(1946 年),根据鲁迅名著《祝福》改编的《祥林嫂》被称为"新越剧的里程碑"。与琴师周宝财合作,创造了"尺调腔",后发展成越剧的主腔并在此基础上衍化出不同的流派。主要作品有《梁山伯与祝英台》《祥林嫂》《西厢记》《双烈记》《火椰村》等。晚年注重越剧剧种的理论建设,主持编撰了《越剧舞台美术》和《越剧艺术论》等书籍。

1952 年,参加第一届全国戏曲观摩演出大会,获荣誉奖。1953 年,与范瑞娟合作主演的《梁山伯与祝英台》,拍摄成为中国第一部大型彩色戏曲影片,获国际电影节"音乐片奖"。1955 年,缅甸总理吴努授予其金质奖章;1956 年,《梁山伯与祝英台》获文化部颁发的"1949—1955 优秀影片奖"荣誉奖;1989 年,获中国唱片总公司颁发的首届"金唱片奖";1996 年,被授予中国文联荣誉委员;2003 年 12 月获文化部颁发的表演艺术成就奖;2005 年 4 月,获上海市三八红旗荣誉奖章;2006 年 4 月,获首次颁发的上海"白玉兰"戏剧表演艺术奖终身成就奖;2009 年 10 月,被中国文联和中国剧协授予首届中国戏剧奖终身成就奖。

戴明教(1922—2018)

女。国家级非物质文化遗产项目顾绣代表性传承人。自幼跟随精于女红针黹的姑母拈针引线,学习刺绣。民国 24 年(1935 年),就读于松筠女子职业学校,接受国文、英语、美术等教育;师从刺绣名家宋金苓,系统学习中国传统刺绣技法,绣艺日趋成熟。抗战爆发后女校停办,她并未荒废绣艺,依旧在家绣小品。20 世纪 70 年代,进入松江工艺品厂顾绣小组,继续钻研顾绣技艺,并悉心带徒授艺,培养了朱庆华、高秀芳、钱月芳、吴树新、富永萍等顾绣传承人。主张绣工要懂画,尤其要懂得松江文人画派画理,领悟"画绣"的真谛。1983年,口述并由其子记录整理了技术专著《顾绣针法初探》,将顾绣的艺术特色提炼为24个字:风格典雅,色泽古朴;亦画亦绣,有如晕染;气韵生动,自然浑成。2005年,获得中国文联颁发的"中国民间文学杰出传承人"称号。

王盘声(1923—2016)

国家级非物质文化遗产项目沪剧代表性传承人。1992年10月,获国务院颁发的政府特殊津贴奖。民国25年(1936年),师从申曲艺人陈秀山学艺,长期在文滨剧团演出。民国34年(1945年)起成为剧团台柱之一,因在《白兔记》《碧落黄泉》的演出中一举成名。在戏中演唱的"刘智远敲更"和"志超读信"等唱段音色甜润、感情真切广为流传,成为沪剧王派唱腔的代表作。

1951年,担任艺华沪剧团副团长,积极投入戏曲改革,在许多现代戏中扮演男主角,包括《黄浦怒潮》中的林耀华,《金沙江畔》中的金明和《三代人》中的李玉和等。1971年,调入爱华沪剧团,在沪剧《红灯记》中饰演李玉和。1978年,在上海沪剧团的《艰难的历程》和《被唾弃的人》中担任主演。1979年,出任新艺华沪剧团团长,主演了《第二次握手》《风流英豪》等剧目。他的王派唱腔又有新的发展,在保持原来飘逸潇洒的艺术特色的基础上增强了艺术表现力,成为反映新生活、塑造新人物的重要手段。

杨飞飞(1923—2012)

女。原名翁凤清。沪剧表演艺术家,国家级非物质文化遗产项目沪剧代表性传承人,宝山区人大代表。民国22年(1933年)拜文明戏演员胡铁魂为师,学演文明戏;民国27年(1938年),进入婉社儿童申曲班学习,拜丁婉娥为师,改唱申曲。此后参加跑码头演出,民国28年(1939年),进鸣英剧团;民国31年(1942年),进文滨剧团;民国37年(1948年),与赵春芳、钱逸梦等共组正艺沪剧团,开始挑大梁。民国38年(1949年),与赵春芳、丁国斌等组建勤艺沪剧团,任团长。1978年后重建宝山沪剧团,任团长、顾问,先后主演了《家》《为奴隶的母亲》《雷雨》《卖红菱》《妓女泪》等剧,创造了以朴实柔和为主要特色的杨派唱腔。其中《妓女泪》中的"金媛自叹"以沪剧8种曲调组成的"杨八曲"为其代表作。1954年,参加华东区戏曲观摩演出大会演出《张凤山卖布送人情》,获演员二等奖。

傅全香(1923—2017)

女。越剧表演艺术家,越剧旦角流派——傅派创始人,国家级非物质文化遗产项目越剧代表性传承人,中国戏剧家协会理事,享受国务院有突出贡献专家的政府特殊津贴。历任上海市政协委员、常委。民国22年(1933年),进入四季春科班学艺,工花旦;民国30年(1941年),与尹桂芳、竺水招搭班演出;民国32年(1943年)春,到"四季春"挂头牌;民国33年(1944年)8月,与徐玉兰搭档;民国35年(1946年),与张桂莲搭档;民国37年(1948年),参加芳华剧团与尹桂芳搭档。先后3次与范瑞娟合作,组建东山越艺社,演出了许多越剧名剧。1950年8月,与范瑞娟率东山越艺社赴京公演,进入中南海为党和国家领导人演出,毛泽东主席观看了其演出的《梁山伯与祝英台》。1951年,参加华东越剧实验剧团(后调入上海越剧院)。20世纪50年代初期,与新音乐工作者合作,在由她主演的《十八相送》和《织锦记》剧中,首开定腔定谱的先例。在《情探》一剧中,学习吸取了川剧旦角的形体动作,唱腔上借鉴京剧程砚秋及昆曲评弹的唱法,尖团音规范分明,真假嗓音结合演唱。《情探》"行路"一场的唱做念舞,是傅派艺术最具创造性的精品。主要作品有《梁山伯与祝英台》《情探》《孔雀东南飞》《李娃传》《杜十娘》《江姐》等。

1952年,参加第一届全国戏曲观摩演出大会,主演《梁山伯与祝英台》中的祝英台,获演员一等奖;1954年,参加华东区戏曲观摩演出大会,扮演《西厢记》中的红娘,获表演一等奖;1989年,获中国唱片总公司颁发的"金唱片奖";20世纪90年代初,她与昆曲演员计镇华合作主演的戏曲电视剧《人比黄花瘦》,获得了全国电视剧"飞天奖"荣誉奖;2005年,获上海市三八红旗荣誉奖章;2006年5月,获"百年越剧特殊贡献艺术家"荣誉称号。

石季通(1924—)

国家级非物质文化遗产项目道教音乐(上海道教音乐)代表性传承人。民国20年(1931年),随父石付岩学艺,从事道教音乐,至解放后停止道教活动,参加江南丝竹班活动。1960年,进入朱家桥乡文化站工作。1986—1991年,在嘉定县民族民间器乐曲集成办公室工作,协助普查、搜集、整理等工作。熟悉道教的各种法事音乐,包括吟唱、鼓乐、吹打乐和器乐合奏等各种音乐形式,全面掌握道教艺术的吹、打、写、念。多年间,根据群众的要求,在法事内容中加入了很多现代的音乐内容,比较有代表性的有"弹鲜花""解冤结"等。以吹、打技艺见长,尤其是唢呐、笛子,也能熟练演奏二胡等乐器,演奏道家高难度的吹打乐《大红袍》《万花灯》等。1986年后,整理道教音乐的科仪资料,包括步虚、颂、赞、偈多种法事内容。参与嘉定县民族民间器乐曲集成工作,协同嘉定地区老一辈道教家,贡献了大量法事音乐,比较著名的有《万花灯》《马队》等大型吹打乐曲,成为上海市道教音乐中的收藏曲目。在朱家桥文化站工作和后续从事道教音乐的活动中,培训了一批音乐爱好者,是嘉定地区道教艺术的领军人物。热心参与上海道教音乐申报非物质文化遗产代表名录工作,提供了极具价值的资料。

范瑞娟(1924—2017)

女。越剧表演艺术家,越剧小生流派——范派创始人,国家级非物质文化遗产项目越剧代表性传承人,中国戏剧家协会理事,上海市政协委员,享受国务院有突出贡献专家的政府特殊津贴。民国24年(1935年),进入龙凤舞台科班学戏,工小生。民国27年(1938年),随姚水娟、邢竹琴等所在的越升舞台到上海演出。20世纪40年代初,分别和邢竹琴、支兰芳、金香琴搭班。民国32年(1943年)下半年至民国33年(1944年)夏,与傅全香第一次合作。同年8月至民国36年(1947年)1月,与袁雪芬合作,投入"新越剧"的改革。民国34年(1945年),在演出《梁祝哀史》"山伯临终"一场中与琴师周宝财配合,创造了"弦下腔"。民国37年(1948年)秋,与袁雪芬合作于大上海戏院,演出田汉编剧的《珊瑚引》等剧目。1949年春,与傅全香重组东山越艺社。1950年,率团进京,演出了《梁山伯与祝英台》《祝福》,受到周总理的亲切接见。主要作品有《梁山伯与祝英台》《孔雀东南飞》《打金枝》《李娃传》《祥林嫂》等。

1952年,在第一届全国戏曲观摩演出大会上,与傅全香、袁雪芬等合演《梁山伯与祝英台》《白蛇传》,获演员一等奖;1953年,与袁雪芬合作主演《梁山伯与祝英台》,拍摄成中国第一部大型彩色戏曲影片;1956年获文化部颁发"1949—1955优秀影片奖";1953年冬,与袁雪芬等演出《西厢记》,饰张珙,参加1954年华东区戏曲会演,获演员一等奖;1989年,获中国唱片总公司颁发的首届"金唱片奖";2005年4月,获上海市三八红旗荣誉奖章;2006年5月,获"百年越剧特殊贡献艺术家"荣誉称号。

王文娟(1926—)

女。越剧表演艺术家,越剧旦角流派——王派创始人,国家级非物质文化遗产项目越剧代表性传承人,中国戏剧家协会理事。13岁到上海拜越剧小生竺素娥学艺,民国36年(1947年)与陆锦花组建少壮剧团,民国37年(1948年)加入玉兰剧团,1952年随玉兰剧团参加中央军委总政文工团越剧队。1953年参加中国人民志愿军停战谈判代表团政治部文工队,赴朝鲜为中朝军队演出,获朝鲜劳动党颁发的三级国旗勋章和志愿军司令部授予的二等军功章。1954年加入华东戏曲研究院越剧实验剧团,1955年调入上海越剧院。1985年,与徐玉兰共同组建改革型剧团——上海越剧院红楼剧团,先后担任副团长、团长。主要作品有《红楼梦》《春香传》《追鱼》《则天皇帝》《忠魂曲》《慧梅》《孟丽君》等,塑造的人物个性鲜活、形象分明,被誉为善于塑造人物的"性格演员"。

符骥良(1926—2011)

号雪之、白果、铣之,以"语石楼""白果厂""梵怡堂"言其居。国家级非物质文化遗产项目印泥制作技艺(上海鲁庵印泥)代表性传承人,上海市美协海墨画会副会长、上海市书法家协会会员、上海东方书画院画师、上海市纺织书画协会顾问、铜城书画研究院高级艺术顾问、上海炎黄书画会一级画师、静安书法协会顾问、香梅画苑特级画师。

民国37年(1948年),毕业于中国新闻专科学校。1956年,进入中国金石篆刻研究社,学王福厂、张鲁庵之印,任秘书长张鲁庵助理。与翰墨金石结缘,数十年转艺多师,有刀如笔,精于篆刻,尤擅刻铜、刻紫砂,其篆刻上及秦汉,下至明清、当代诸家,而于赵之谦、吴昌硕、黄牧甫用力最勤。有笔如刀,擅长书法,篆书一如其印,尤擅隶书,笔势洒脱清隽,结体精密蕴秀。又以钤拓、印泥制作称誉于世。著有《篆刻器用常识》,刻有《雪之印存》四卷,出版《骥良印存》,编校及钤拓《赵之谦印谱》《鲁迅先生笔名印谱》《潘伯鹰自用印谱》《长征印谱》《吴昌硕印谱》,后又为钱君匋钤拓了《黄牧甫印谱》《君匋印存》《长征印谱》《西泠胜迹印谱》《玄隐庐印录》《钱刻朱屺瞻印存》《无倦苦斋印存》等数百部印谱,并为《故宫藏宝录》《上海博物馆藏宝录》《南京博物馆藏宝录》等书写篆书部分,担任《中华书法篆刻大辞典》《文艺生活小百科》《书法篆刻实用辞典》《文艺鉴赏大成》《国宝大观》等辞书编委并撰写有关项目内容。

毕春芳(1927—2016)

女。越剧表演艺术家,国家级非物质文化遗产项目越剧代表性传承人。先后任上海静安越剧团副团长、静安越剧团艺术顾问,上海剧协理事,中国戏剧家协会会员,为第九届静安区人大常委、静安区政协常委。

12岁进上海鸿兴舞台科班学艺。民国35年(1946年),加入天红剧团;民国37年(1948年),参加袁雪芬领衔的雪声剧团;民国38年(1949年),二度进东山越艺社;1951年,参加合作越剧团,与戚雅仙搭档;1979年,重建静安越剧团,任副团长兼主要演员。1988年,她退休后举办"我的舞台生涯五十年演唱会";参加中国越剧艺术团访问美国,到纽约、旧金山等地巡回演出。其代表剧目有《光绪皇帝》《卖油郎》《王老虎抢亲》《三笑》《红色医生》《玉蜻蜓》《玉堂春》《梁山伯与祝英台》《白蛇传》《林冲》《血手印》等。1995年获中国唱片总公司第三届"金唱片奖"。

陈希安(1927—2019)

国家一级演员,国家级非物质文化遗产项目苏州评弹(苏州评话、苏州弹词)代表性传承人,上海评弹团18位创始艺人之一。先后任上海评弹团副团长、上海市曲艺家协会理事。民国30年(1941年),拜沈俭安为师习《珍珠塔》,一年后即与老师拼档演出。民国34年(1945年),与师兄周云瑞拼档,任下手,被誉为"小沈薛""七煞档""四响档"之一。1951年,加入上海市人民评弹工作团(今上海评弹团),为首批入团的18位演员之一。1952年,参加第二届中国人民赴朝慰问团赴朝鲜慰问演出。20世纪70年代后期,改任上手,说表清晰,口齿伶俐,擅长弹唱,工"薛调"。在演唱《王孝和》选段"党的叮咛"时,将"蒋调"旋律融于"薛调"唱法之中,具新意。他传承沈俭安、薛筱卿长篇弹词《珍珠塔》,在艺术实践的积累中,形成了自己独特的风格。代表作品有《人民当家作主人》《党的叮咛》《七十二个他》《十八因何》等,有的被列为教材。

辛清华(1929—2015)

昆剧作曲家,国家级非物质文化遗产项目昆曲代表性传承人。民国34年(1945年)于夏声戏剧学校毕业后留校任教,民国38年(1949年),进入华东野战军政治部文工团第三团,1952年调入华东戏曲研究院京剧实验学校和华东京剧团。1954年,调入上海市戏曲学校,任该校研究室作曲。1958年,开始对昆剧表现现代生活进行探索,谱写《红松林》《双教子》等现代戏曲。1964年,为现代戏《琼花》谱曲。

1978年,上海昆剧团成立,任艺术室作曲,为昆剧《蔡文姬》、《唐太宗》(均与傅雪漪合作)、《钗头凤》、《牡丹亭》、《占花魁》、《新蝴蝶梦》、《司马相如》等剧目谱写曲子。1981年,《钗头凤》获首届上海戏剧节"作曲奖";1982年,获首届上海戏剧节"作曲奖";1992年,《孔三传》获优秀音乐"创作奖";2002年,获文化部"长期潜心昆曲艺术事业成就显著"表彰。为唐诗宋词和毛泽东诗词谱曲并结集,于2005年出版《辛清华诗词曲谱》。

汪正华(1929—2012)

国家一级演员,国家级非物质文化遗产项目京剧代表性传承人。民国28年(1939年)毕业于上海戏剧学校,学习老生。1950年拜马连良为师;1951年后得杨宝森真传,专攻杨派老生;1957年加入上海京剧院。扮相潇洒,唱功韵味淳厚,极得观众追捧。20世纪90年代起,加入杨派音配像工程,在《杨家将》《失街亭·空城计·斩马谡》《伍子胥》中配像,为杨派传承作出了贡献。主演剧目有《徐庶荐诸葛》《失街亭·空城计·斩马谡》《四郎探母》《珠帘寨》《伍子胥》《杨家将》《捉放曹》《武家坡》等。

金采风(1929—　　)

女。原名金翠凤。越剧表演艺术家,越剧旦角流派——金派创始人,国家级非物质文化遗产项目越剧代表性传承人,中国戏剧家协会会员,享受国务院有突出贡献专家奖的政府特殊津贴。民国35年(1946年)考入雪声剧团训练班,工小生。后转东山越艺社改演旦角,与吕瑞英、丁赛君,被称为东山的"三鼎甲"。1951年8月,加入华东戏曲研究院越剧团。主要作品有《碧玉簪》《盘夫索夫》《彩楼记》《三月春潮》《汉文皇后》等。1962年,在电影《红楼梦》中,成功地塑造了王熙凤一角。1963年主演的《碧玉簪》被摄制成电影。1978年后,她参与男女合演。在1978年拍摄的宽银幕越剧艺术影片《祥林嫂》中,扮演青年祥林嫂。

1952年,演出传统戏《桑园访妻》一折,在第一届全国戏曲观摩演出大会上获演员三等奖。1954年,主演的传统剧目《盘夫索夫》参加华东地区戏曲观摩演出获表演一等奖。1993年,获美国纽约美华艺术协会颁发的"亚洲最杰出艺人奖"。

周　皓(1929—　　)

国家级非物质文化遗产项目江南丝竹代表性传承人。1950年毕业于东吴大学法学院法律系。前上海江南丝竹学会副秘书长兼表演艺术委员会主任,上海国乐研究会副会长,中国音乐家协会二胡专业委员会顾问,上海音乐家协会二胡专业委员会常任理事,上海音乐学院二胡考级常任评委。出生于上海的丝竹音乐世家,父亲周俊卿是江南丝竹的前辈名家。自幼受父兄影响,六七岁时开始向父亲学习二胡、琵琶、扬琴,年纪稍长后,因更喜爱胡琴而专攻二胡。10余岁时,常常随父亲前往上海的各个音乐社团,悉心聆听丝竹音乐名家张丽森、陈永禄、金筱伯、王杏生、金忠信、蔡之炜等人的演奏。随父亲学得《中花六板》等江南丝竹八大曲及《霓裳曲》《汉宫秋月》《阳八曲》等名曲。又进入其父主持的友声国乐会和孙裕德主持的上海国乐研究会,进一步以江南丝竹二胡演奏方法研学演奏古典乐曲《高山流水》《青莲乐府》《浔阳夜月》《月儿高》《灯月交辉》及客家音乐《琵琶词》《怀古》

等。1954 年开始,先后在上海民族乐团及上海歌剧院任乐队首席及二胡独奏演员。1955 年,上海民族乐团第一次在上海市工人文化宫举行音乐会,他演奏的二胡独奏《二泉映月》,成为上海乐坛音乐会的首演。1956 年 12 月,在第一届全国音乐舞蹈会演时亦演奏了此曲。1957 年,上海人民广播电台为周皓演奏的《二泉映月》录音并播出,此曲遂在上海地区乃至全国广为流传。1963 年,随刘少奇赴朝鲜访问演出,亦演奏此曲。

石仰山(1931—2015)

石氏伤科第四代传人,国医大师,国家级非物质文化遗产项目中医正骨疗法(石氏伤科疗法)代表性传承人。1990 年,任上海市黄浦区中医院院长、黄浦区中心医院副院长、伤科主任;2010 开始,任上海市黄浦区中心医院名誉院长。先后任上海市中医药学会常务理事、上海市伤科学会主任委员、中国中医药研究院特约研究员,担任上海中医药大学兼职教授、研究生导师,上海中医药大学、上海中医药研究院专家委员会名誉委员等。

1950 年继承父业,从父石筱山学习中医伤科及针灸、外科,并师从王文东医师攻读中医经典著作。1955 年,开业行医。1980 年,调入黄浦区中心医院伤科。黄浦区中心医院中医骨伤科在他的带领下,于 2008 年成为国家中医药管理局重点专科。他参与主持的"益气化瘀法治疗椎间盘退变性疾病的基础研究和临床应用"获得 2010 年国家科技进步二等奖。3 次获上海市劳动模范称号;2006 年,被中华中医药学会授予中医药传承特别贡献奖。

孙正阳(1931—　)

国家一级演员,国家级非物质文化遗产项目京剧代表性传承人。9 岁进入上海戏剧学校学戏,是"正"字辈学生,师从刘嵩樵、罗文奎、关鸿宾、梁连柱等。1953 年,进入上海京剧院,与周信芳、李玉茹、童芷苓、汪正华、黄正勤等长期同台合作。幼功扎实,文武兼备,嗓音脆亮,念白爽利,表演谐而不俗,在表演风格上又对南北流派艺术兼容并蓄,形成了具有个性、清新洒脱的表演风格。戏路宽广,并善于刻画人物内心,所演的人物诙谐雅致,有"漂亮小丑""江南名丑"之誉。代表作有《海周过关》《秋江》《挡马》《铁弓缘》《十八扯》等。孙正阳获第八届中国京剧艺术节优秀表演奖。

马秀英(1932—2012)

女。国家一级演员,国家级非物质文化遗产项目淮剧代表性传承人。1980 年,当选上海市戏剧家协会常务理事及上海市文联第三届委员,1983 年当选黄浦区人大代表。8 岁随父马麟童学艺,幼得马艳琴亲授,工刀马旦和青衣花旦。1951 年,参加淮光淮剧团(上海淮剧团前身),塑造过《白蛇传》中的小青、《探寒窑》中的王宝钏、《三女抢板》中的王玉环、《杨排风》中的杨排风、《八姐打店》中的杨八姐、《牙痕记》中的顾凤英、《琵琶寿》中的秦香莲、《郑巧娇》中的郑巧娇、《爱情的审判》中的凌锁妹、《吴汉三杀》中的王玉莲、《骂灯记》中的王月英、《李翠莲》中的李翠莲等舞台艺术形象。1977 年,被评为上海市文化局先进工作者、三八红旗手。

吕瑞英(1932—　)

女。越剧表演艺术家,越剧旦角流派——吕派创始人,国家级非物质文化遗产项目越剧代表性传承人,中国戏剧家协会理事,中国音乐家协会会员,上海市戏剧家协会副主席。1985 年任上海越剧院院长;1989 年起任上海越剧院顾问,享受国务院有突出贡献专家的政府特殊津贴。民国 29 年(1940 年)入科班学艺,民国 32 年(1943 年)起演出于杭、嘉、湖地区。民国 34 年(1945 年)回上海,先在小剧团唱头肩旦,后进红星、云华等大型越剧团唱三肩旦。1949 年,进入东山越艺社。1951 年夏,进入华东戏曲研究院越剧实验剧团。1955 年调入上海越剧院,主演作品《打金枝》《三看御妹》《穆桂英挂帅》《金山战鼓》《九斤姑娘》《十一郎》《桃李梅》《凄凉辽宫月》《花中君子》等,并在《梁山伯与祝英台》中扮演银心、《西厢记》中扮演红娘、《红楼梦》中扮演薛宝钗等主要配角。

1954年,在华东戏曲观摩演出大会中,获表演一等奖。1955年被评为全国青年社会主义建设积极分子;1959年被评为上海市先进工作者,出席全国群英会;1994年,获美国纽约美华艺术协会颁发的"亚洲最杰出艺人奖"。先后被评为上海市文化局三八红旗手、优秀共产党员及记大功表彰。

康新琴(1932—2020)

女。国家级非物质文化遗产项目乌泥泾手工棉纺织技艺代表性传承人。从小喜欢纺织,自7岁开始向母亲学习纺纱,11岁学会去籽、弹棉、纺纱、织布等技艺,年轻时便是村里的纺织能手,学成一手"捍""弹""纺""织"的好技艺。之后,她又把这一传统手工纺织技艺传授给自己的女儿王梅芳及其他村民。

2003年,黄道婆纪念馆开馆,徐汇区文化局和华泾镇政府开始共同保护这项古老的技艺,她也开始教课授徒。其学生包括有纺纱经验的金桂琴、王梅芳、林秀梅,也有从没接触过三锭纺纱的李晓明、陈静、蔡玉兰,但在她卓有成效的教导下,她们都成为市级、区级传承人。紫阳中学、园南中学开设的纺纱兴趣班,她虽不是每次亲自授课,但经常关心和询问同学们的技艺进展情况。除教课授徒外,还全身心投入这一传统技艺的守护工作中。她的家就在黄道婆墓旁边,可以说她见证和陪伴了黄道婆墓自中华人民共和国成立以来的每一次改变,从1957年的考察重建到1987年的迁址修葺,是每天早起不变的墓园扫地人。

韩玉敏(1933—　)

女。原名朱曼倩,国家级非物质文化遗产项目沪剧代表性传承人。上海沪剧院艺委会副主任,上海老文艺工作者协会理事,第四届全国人大代表。民国37年(1948年),进入文滨剧团,拜"沪剧皇后"王雅琴为师。1951年,进爱华沪剧团任主要演员,受沪剧表演艺术家凌爱珍影响较大。与沪剧表演艺术家袁滨忠合作多年,成为一组黄金搭档。1973年起,在上海沪剧团、上海沪剧院任主要演员。她的唱腔融合各派所长,既有石筱英的柔美甜润,又有凌爱珍的刚劲挺秀,委婉情切,跌宕多姿;在沪剧唱腔上对"4"的半音运用别具一格,表演上能以情制腔,感情丰满,并随角色而异刻画性格。主要作品有《少奶奶的扇子》《苗家儿女》《桃李颂》《南海长城》《年青的一代》《红灯记》《洪湖赤卫队》《救救她》《寻娘记》《啼笑因缘》等。

周少麟(1934—2010)

国家级非物质文化遗产项目京剧代表性传承人。2001年先后被聘为上海市文史馆馆员、上海海外联谊会理事、中国周信芳艺术研究会顾问等。

麒派表演艺术大师周信芳之子。除受父亲传艺外,其武功老师是王少芳、刘君林,文戏老师是产保福、陈秀华和刘叔诒,昆曲老师是方传芸。1960年,进入上海京剧院,主演传统戏,也在现代戏《芦荡火种》里扮演刁德一,在《南方战歌》中扮演美国军官,成功地塑造了京剧舞台上的反面角色形象。"文化大革命"后重新登上舞台,首演传统戏。1979年,主演的周信芳名剧《海瑞上疏》获得成功。1980年后在美国教授电影、话剧、歌剧等的表演艺术。2001年,回到祖国,定居上海。

童祥苓(1935—　)

国家一级演员,国家级非物质文化遗产项目京剧代表性传承人。8岁起学戏,师从张伯驹、李适可、陈秀华、张少甫、陈大护等。19岁正式拜马连良为师,后又得周信芳赏识并收入门下,对马派、麒派的艺术思想和京剧创新有深刻的领悟和独到的认识。工老生,文武兼备,在余派的基础上融入马派、麒派的表演方法,演唱富有韵味,表演洒脱,善于刻画人物。在塑造现代京剧《智取威虎山》杨子荣这一角色时,他把余派、马派、麒派艺术精华吸纳并融汇到角色之中,唱功以余派为底色,流水板吸纳马派,做功吸纳麒派,从而塑造了独具特色、光彩照人的英雄杨子荣的形象,《智取威虎山》成为现代京剧经典之作。

王梦云(1938—)

女。国家一级演员,国家级非物质文化遗产项目京剧代表性传承人。1950年进入中国戏曲学校学老旦,得时青山、孙甫亭等授业;1958年毕业,任中国戏曲学校实验京剧团主要演员;1961年,拜李多奎为师,深入学习李派演唱艺术;1970年为上海京剧院主要演员;1994年,担任上海市戏曲学校校长。培养了王珮瑜、田磊、傅希如、蓝天等一批优秀青年演员,为上海各艺术院团后续人才的培养作出贡献。基本功扎实,嗓音嘹亮,戏路广,唱做兼备,长期的舞台实践形成的传统技法与现实主义表演的融合,逐渐形成了声情并茂、人物性格各异的艺术风格。代表作有《钓金龟》《李逵探母》《青风亭》《徐母骂曹》和京剧电影《智取威虎山》《盘石湾》等。

沈仁伟(1938—)

国家级非物质文化遗产项目沪剧代表性传承人。1956年考取上海戏曲学校沪剧班,1959年进入上海人民沪剧团(今上海沪剧院)担任主要演员。得前辈沪剧宗师、文派创始人筱文滨亲授,兼学解(洪元)派和王(盘声)派,为沪剧文派重要传承人。他的戏路较宽,小生、老生及正反角色都演得相当自如,其表演真挚朴实,具有浓郁的乡土气息;唱腔博采众长,逐渐形成宽厚适中、韵味清醇的沈派表演艺术。主要作品有《星星之火》《大雷雨》《庵堂相会》《母子岭》《明月照母心》《金绣娘》《三接新娘》《方桥情缘》等。1959年,获上海市戏曲青年演员会演演出奖;1988年,获上海沪剧中年演员声屏大赛十佳演员奖。

余红仙(1939—)

女。国家一级演员,国家级非物质文化遗产项目苏州评弹(苏州评话、苏州弹词)代表性传承人。中国曲艺家协会第二届理事,享受国务院特殊津贴。师从醉霓裳习《双珠凤》。1959年,进入上海长征评弹团;1960年,进入上海市人民评弹团。长于弹唱、音色明亮,高低裕如,擅唱多种弹词流派唱腔。首次试唱毛主席诗词《蝶恋花·答李淑一》即获成功,后又经大型交响乐队及合唱队伴奏伴唱,灌成唱片。此后在数届"上海之春"音乐会上,相继演唱用弹词曲调所谱毛泽东诗词《咏梅》《十六字令三首》等。她演唱的《蝶恋花·答李淑一》《浦江两岸沐春风》获中国曲艺牡丹奖;《王熙凤》获得"长治杯"全国曲艺表演奉献奖。2001年被评上海市"德艺双馨"艺术家;2009年获"新中国曲艺60年突出贡献曲艺家"称号;2010年获上海文艺家荣誉奖。

刘异龙(1940—)

昆剧表演艺术家,国家一级演员,国家级非物质文化遗产项目昆曲代表性传承人,享受国务院特殊津贴。1954年进华东戏曲研究院昆曲演员训练班,次年随班转为上海市戏曲学校第一届昆剧演员班学生,1961年8月毕业。后任中国戏曲学院客座教授,在上海市戏曲学校京昆剧实验剧团、上海青年京昆剧团任主要演员。1978年上海昆剧团成立后,是该团主要丑角演员,"昆大班"老艺术家之一。初随陈富瑞习净,继随郑传鉴习老生,又随白鸿林习武生、沈传芷习小生,还学习过老旦、彩旦等,最后师承华传浩、王传淞、周传沧及京剧名家刘斌昆,习丑、副。代表剧目有《下山》《借茶》《活捉》《芦林》《挑帘裁衣》《评话》《借靴》《说亲回话》《狗洞》《访鼠测字》《惊丑前亲》《山门》《醉皂》等传统折子戏以及《十五贯》《蝴蝶梦》《墙头马上》《司马相如》《牡丹亭》《枯井案》《贵人魔影》《一捧雪》等大戏。获第三届上海戏剧节优秀表演奖及花冠奖,第一届上海"白玉兰"戏剧表演艺术奖配角奖,首届中国昆剧艺术节荣誉表演奖,2002年获文化部"长期潜心昆曲艺术事业成就显著"表彰。

尚长荣(1940—　)

国家一级演员,国家级非物质文化遗产项目京剧代表性传承人。5岁登台,10岁习花脸,由陈富瑞开蒙,后师从侯喜瑞、苏连汉等诸位名净。表演唱念并举、张弛有度,嗓音与功架俱佳。1959年调到陕西省京剧团当演员;1976年任陕西省京剧团副团长,开始参与剧团管理和组织艺术创作;1984年任陕西省京剧团团长;1987年改任陕西省京剧团名誉团长;1988年调入上海京剧院。一直活跃在京剧表演舞台,是中国京剧艺术的领军人物,长期悉心培养了众多青年花脸演员。代表剧目有《连环套》《霸王别姬》《将相和》《取洛阳》《曹操与杨修》《廉吏于成龙》《贞观盛事》等。获奖无数,如1985年,获中国戏剧奖·梅花表演奖;2002年,成为中国戏剧梅花大奖首位获得者;1998年,获第五届上海国际艺术节"艺术之星"殊誉;获第六届中国艺术节"优秀表演奖"、第三届中国京剧艺术节"优秀表演奖"、第十届"文华表演奖"和第八届中国戏剧节"优秀表演奖";3次获得上海"白玉兰"戏剧表演艺术奖主角奖;1次获得上海"白玉兰"戏剧表演艺术奖特别奖。

王芝泉(1941—　)

女。昆剧表演艺术家,国家一级演员,国家级非物质文化遗产项目昆曲代表性传承人,享受国务院特殊津贴。1954年进华东戏曲研究院昆曲演员训练班学艺,次年随班转为上海市戏曲学校第一届昆剧演员班学生,1961年8月毕业。在上海市戏曲学校京昆剧实验剧团、上海青年京昆剧团担任主要演员。1978年上海昆剧团成立后,她是该团主要武旦演员,"昆大班"老艺术家之一,工刀马旦、武旦。初随张传芳习六旦,后改武旦,师从方传芸及京剧名家松雪芳。代表剧目有《挡马》《扈家庄》《借扇》《盗仙草》《盗库银》《金山寺》《雅观楼》《请神降妖》《白骨夫人》《上灵山》《白蛇后传》《百鸟朝凤》等。

所获奖项主要有:1985年以《挡马》参加全国戏曲观摩演出获主演一等奖;第三届上海戏剧节获主演一等奖。1987年,以《扈家庄》获第四届中国戏剧"梅花奖";首届上海文学艺术优秀演员奖。1991年,获评"上海市优秀共产党员";1993年,获"上海市劳动模范"称号;1995年,获国务院授予"全国先进工作者"称号;2002年,获文化部"长期潜心昆曲艺术事业成就显著"表彰。

张洵澎(1941—　)

女。昆曲表演艺术家,戏曲教育家,国家一级演员,国家级非物质文化遗产项目昆曲代表性传承人,享受国务院特殊津贴。1954年进入上海市戏曲学校首届昆剧演员班学艺,1961年8月毕业,任上海青年京昆剧团主要演员。1979年回母校执教,1999年调回上海昆剧团,为"昆大班"老艺术家之一。工闺门旦,师从朱传茗、沈传芷、姚传芗、言慧珠等京昆大师学习了大量的昆曲传统剧目,被冠以"小言慧珠"之雅号。1958年,在北京怀仁堂演出昆曲《游园惊梦》,得到梅兰芳大师亲临指点;又得到程砚秋大师亲授昆曲《百花赠剑》江花佑一角。在长期的舞台、教学实践中,形成了清纯可人、风骨迷人气质的独特闺门旦表演艺术。代表作有全本俞言版《牡丹亭》《玉簪记》《拜月亭》《墙头马上》《连环计》《长生殿·定情赐盒·絮阁小宴·惊变埋玉·月宫》《贩马记》及折子戏《评雪辨踪》《狮吼记梳妆·跪池》《金雀记·觅花庵会·乔醋》《孽海记·思凡·下山》《红梨记·亭会》《疗妒羹·题曲》《凤凰山·百花赠剑》《雷峰塔·水斗·断桥》《南柯记·瑶台》《蝴蝶梦·说亲回话》《西厢记·佳期》《渔家乐·藏舟·相梁刺梁》《铁冠图·刺虎》等。潜心于戏曲教育事业,培养了昆剧、京剧、越剧等地方剧种的众多拔尖艺术人才。

获第六届上海白玉兰戏剧表演艺术主角奖(榜首),美国马丁·路德奖访问学者奖,上海市优秀园丁奖。2002年,获文化部"长期潜心昆曲艺术事业成就显著"表彰。

岳美缇(1941—　)

女。昆剧表演艺术家,国家一级演员,国家级非物质文化遗产项目昆曲代表性传承人,享受国务院特殊津贴。1954年进华东戏曲研究院昆曲演员训练班学习,次年随班转为上海市戏曲学校第一届昆剧演员班学生,1961年8月毕业。当选第九、十、十一、十二届上海市人大代表。在上海市戏曲学校京剧实验剧团、上海青年京昆剧团任主要演员,主演《红楼梦》《墙头马上》《琼花》等,在上海越剧院学馆任教。1978年上海昆剧团成立后,她是该团主要巾生、小官生演员,是"昆大班"老艺术家之一。工小生,师承京昆艺术大师俞振飞和沈传芷、朱传茗、周传瑛等名家。代表剧目有《望乡》《楼会》《拆书》《长亭》《梳妆》《跪池》《看状》《拾画叫画》《藏舟》《断桥》等传统折子戏以及《司马相如》《牡丹亭》《玉簪记》《占花魁》《墙头马上》《狮吼记》《晴雯》等大戏。

获第四届中国戏剧"梅花奖"、第四届上海"白玉兰"戏剧表演艺术主角奖(榜首)、第八届上海"白玉兰"戏剧表演艺术主角奖、第八届"文华"表演奖、全国电视戏曲"飞天奖"一等奖。1997年,获上海市三八红旗手;1999年,获文化部、人事部"文化系统先进个人"称号,首届中国昆剧艺术节荣誉表演奖;2002年,获文化部"长期潜心昆曲艺术事业成就显著"表彰;同年获美国林肯艺术中心"亚洲最杰出艺人奖"。

赵艳林(1941—　)

女。国家级非物质文化遗产项目面人(面人赵)代表性传承人。自幼跟随父亲赵阔明学习面塑,1959年,进入上海工艺美术研究所继续学艺。从事面塑事业60多年,先后拜张充仁、万籁鸣等艺术大师为师。她继承并总结其父创立的面塑传统技法:手捏八法和工具八法,在面塑领域技艺精湛,功底深厚,擅长大型组合式人物制作,配有布景和道具。捏制的古装仕女、戏剧人物、现代人物,造型生动,神态逼真。代表作有《霸王别姬》《贵妃醉酒》《苏三起解》《打渔杀家》《挡马》《美猴王》《红楼梦》《老寿星》,现代题材作品《各族人民大团结》《我们的朋友遍天下》《春,夏,秋,冬》《嫦娥奔月》《抗疫情保家园》《庆祝建党一百周年》。作品在中国美术馆和上海美术馆等展出,并作为礼品赠予南非建交大使、张学良将军的百岁寿辰等。20世纪80年代,应邀赴美国、日本、澳大利亚、加拿大和中国香港等地讲学及献艺。

1996年,获联合国教科文组织颁发的"一级民间工艺美术家"证书;2005年,获上海市人民政府颁发的"工艺美术大师"证书;2007年,获中国民间文化非物质遗产上海"面人赵"杰出传承人证书;2008年,获国际联展"和平杯"澳大利亚雕塑系列(面塑创作)艺术特别金奖。

蒋　敏(1941—　)

国家级非物质文化遗产项目木版水印技艺代表性传承人。1957年,就读于上海出版学校初中木版水印班;在朵云轩半工半读(3天文化课、3天学技艺)学习文化必修课、木版水印雕版技艺和相关绘画艺术课程。雕版技艺师从韦志荣、于书勤。学成后在朵云轩从事雕版工作60余年,具有"以刀代笔""刀头具眼"的娴熟技艺,以"技术全面"著称。擅长"饾版""拱花版"制作,尤以雕制再现原稿的笔墨形态和神韵的枯笔版见长。其主刻的代表作品有《顾恺之洛神赋图卷》《孙位高逸图卷》等,合刻的代表作品有《萝轩变古笺谱》《十竹斋书画谱》《明刻套色〈西厢记〉图册》等。

1989年,雕版木版水印《十竹斋书画谱》获德国莱比锡国际书籍艺术博览会最高奖"国家大奖";1991年,木版水印《十竹斋书画谱》《徐渭杂花图卷》获首届中国优秀美术图书银奖;1994年,木版水印《十竹斋书画谱》《唐孙位高逸图卷》获上海优秀图书一等奖;2000年,木版水印《顾恺之洛神赋图卷》获中国优秀美术图书奖铜奖。

蔡正仁(1941—　)

昆剧表演艺术家,国家一级演员,国家级非物质文化遗产项目昆曲代表性传承人,享受国务院特殊津贴,当选第八、九、十届全国政协委员。1954年进入华东戏曲研究院昆曲演员训练班学习,次年随班转为上海市戏曲学校第一届昆剧演员班学生,1961年8月毕业。其后在上海市戏曲学校京昆剧实验剧团、上海青年京昆剧团任主要演员。1978年上海昆剧团成立后,他是该团主要小生演员,"昆大班"老艺术家之一。工小生,尤擅官生戏,师承京昆艺术大师俞振飞及沈传芷、周传瑛等名家。代表剧目有《撞钟分宫》《惊变埋玉》《迎像哭像》《太白醉写》《八阳》《见娘》《乔醋》《评雪辨踪》等传统折子戏以及《长生殿》《琵琶记》《牡丹亭》《白蛇传》《风筝误》《连环记》《班昭》《桃花扇》《贩马记》等大戏,塑造了昆剧小生中官生、巾生、穷生、雉尾生等各种行当的不同人物。1995—2007年,任上海昆剧团团长。

获第四届中国戏剧"梅花奖"、第五届上海"白玉兰"戏剧表演艺术主角奖、首届中国昆剧艺术节荣誉表演奖、第四届中国昆剧艺术节特别荣誉奖、上海文艺人才基金优秀文艺人才特别奖、上海文艺家荣誉奖、第十三届文华表演奖、上海文艺人才基金优秀文艺人才特别奖、上海市第六届文学艺术奖杰出贡献奖;2002年,获文化部"长期潜心昆曲艺术事业成就显著"表彰;2004年,获美国林肯艺术中心"亚洲最杰出艺人奖"。

殷荣珠(1941—2009)

女。国家级非物质文化遗产项目琵琶艺术(瀛洲古调派)代表性传承人,中国音乐家协会全国琵琶协会副会长、上海分会琵琶学会副会长、"东方艺术"新星选拔赛评委会副主任(2006),上海音乐学院社会艺术水平专业民乐考级考官。

1956—1960年在上海音乐学院学习琵琶专业,1960—2000年教授琵琶专业。大学期间,师从卫仲乐、龚万里、樊伯炎和陈恭则(瀛洲古调传人)。其琵琶艺术道路的启蒙老师是其兄殷荣良(评弹表演艺术家,艺名殷震亭),后向书法家、国乐家戴尧天学艺。毕业后留校任教,教授琵琶,潜心钻研瀛洲古调,成为瀛洲古调的嫡系传人。1983年,在四川成都举行的第二届全国琵琶教材会议上作推广演奏,四川省电台进行录音并播放。1984年,与前辈传人樊伯炎、陈恭则两位历经一年整理编辑完成《瀛洲古调选曲》,由琵琶界前辈林石城推荐给人民音乐出版社,作为琵琶资料的重要遗产抢救内容予以出版,瀛洲古调琵琶曲即在全国范围内流传,成为琵琶教学、演奏资料与作品。1982年,其学生何树凤,获第一届全国琵琶比赛第一名。1998年,获上海音乐学院唐氏教育奖励金一等奖。1990年,获第三届全国少儿音乐智力竞赛(上海赛区)指导奖。1997年,其学生杨敏获全国琵琶比赛南京邀请赛少年组第一名。同年,其学生秦毅获"天华杯"全国琵琶比赛少年组第二名。2001年,其学生刘晓岑获"澳美通杯"全国琵琶比赛优秀奖。2003年10月,受邀赴中国台湾省台北市作示范性演奏会,并作了短期推广瀛洲古调音乐的教学活动,获台北市长马英九赠送的荣誉奖杯。

李炳淑(1942—　)

女。国家一级演员,国家级非物质文化遗产项目京剧代表性传承人。1961年毕业于上海戏曲学校,师从梅派传人杨畹农、言慧珠,后拜魏莲芳为师,又向张君秋学艺。1970年后成为上海京剧院主要演员。艺术上宗梅派又兼张派(张君秋)之长,嗓音甜美,唱腔委婉缠绵、刚柔相济、声情并茂,表演端庄大方、细腻深沉。代表作品有《白蛇传》《龙江颂》《玉堂春》《杨门女将》等。在戏曲影片《白蛇传》《龙江颂》中,她塑造的白娘子、江水英形象享誉海内外。参与拍摄的戏曲影片《白蛇传》获文化部"优秀影片奖"、第五届大众电影"百花奖最佳戏曲片奖",获美国林肯艺术中心"亚洲最杰出艺人奖"。

谈敬德（1942— ）

副研究馆员。国家级非物质文化遗产项目锣鼓书代表性传承人,中国社会音乐研究会、上海市曲艺家协会会员。1961年开始先后任南汇县新场镇文化站站长、南汇文化馆副馆长、南汇区非遗办副主任。1965年,他自编自演《阿坤移沙》《百睪变勿睪》等。1976年,师从南汇曲艺团团长胡善言,后又向江浙沪地区20多位锣鼓书名家学唱。此后,为锣鼓书耕耘60年。艺术特点是伴奏时强调轻重缓急不喧宾夺主,表演时讲究精气神。为锣鼓书编曲200多件,曲本创作150多件,锣鼓书代表作有《百鸟图》《丁头亮办案》《柏万春审鸟》《野鸭子的梦》《升旗》《长寿仙》等,其中20多件作品分获上海市、全国曲艺比赛各类奖项,沪剧《今年出"怪"》作曲获第十一届全国"群星奖"银奖。编写出版有《锣鼓书(成人)基础教材》《锣鼓书艺术(小学教材)(中学教材)》《锣鼓书民俗》《锣鼓书传统曲目选》、浦东新区国家级非遗传承系列丛书《锣鼓书》《锣鼓书音乐》等教材和《上海锣鼓书》《琵琶艺术·浦东派》等。撰写《上海宣卷音乐艺术特点初探》《上海郊区风俗歌哭调艺术特点》等论文10余篇。文化部编纂出版的十大文艺集成志书中收录有他记谱的民歌、民间音乐、民间故事等300多首(件)。他组织申报的《锣鼓书》《琵琶艺术·浦东派》《浦东宣卷》为国家级非遗项目,《江南丝竹》《卖盐茶》《灶花》《张氏风科疗法》《下沙烧卖》《浦东山歌》《上海说唱》等9项为市级非遗项目。

梁谷音（1942— ）

女。昆剧表演艺术家,国家一级演员,国家级非物质文化遗产项目昆曲代表性传承人,享受国务院特殊津贴,为第七、八、九、十届上海市政协委员。1954年进华东戏曲研究院昆曲演员训练班学艺,次年随班转为上海市戏曲学校第一届昆剧演员班学生。1961年8月毕业,在上海市戏曲学校京昆剧实验剧团、上海青年京昆剧团任主要演员,1973年5月调至浙江京剧团演现代京剧,1978年调回上海昆剧团,为该团主要旦角演员,是"昆大班"老艺术家之一。工六旦,师承张传芳、朱传茗、沈传芷等名家。在校期间主演大戏《渔家乐》《调风月》《红楼梦》,折子戏《思凡·下山》《琴跳》《絮阁》《秋江》《盗铃》《痴梦》等。代表剧目有《借茶》《活捉》《思凡·下山》《描容别坟》《剪发卖发》《阳告》等传统折子戏以及《烂柯山》《琵琶行》《蝴蝶梦》《潘金莲》《西厢记》《牡丹亭》《渔家乐》等大戏。

获首届上海戏剧节纪念奖;第二届上海戏剧节表演奖;第三届中国戏剧"梅花奖";第三届上海戏剧节主演奖;第一届、第五届上海"白玉兰"戏剧表演艺术奖主角奖;日中友好协会"山本安英文化基金会"大奖;第七届中国戏剧节优秀表演奖;第十二届文华表演奖;2002年获文化部"长期潜心昆曲艺术事业成就显著"表彰。

计镇华（1943— ）

昆剧表演艺术家,国家一级演员,国家级非物质文化遗产项目昆曲代表性传承人,享受国务院特殊津贴。第九、十届上海市政协委员。1954年进华东戏曲研究院昆曲演员训练班学艺,次年随班转为上海市戏曲学校第一届昆剧演员班学生,1961年8月毕业。在上海市戏曲学校京昆剧实验剧团、上海青年京昆剧团任主要演员。1978年上海昆剧团成立后,他是该团主要老生演员,"昆大班"老艺术家之一。工老生,师承郑传鉴、倪传钺。代表剧目有《搜山打车》《开眼上路》《扫松》《弹词》《酒楼》《打子》《吃糠遗嘱》等传统折子戏和《蔡文姬》《钗头凤》《血手记》《十五贯》《烂柯山》《蝴蝶梦》《邯郸梦》等大戏。撰有《我演朱买臣》等表演心得文章多篇。

所获奖项主要有:1979年,获文化部一等奖;1981年,获首届上海戏剧节表演奖、演出奖和纪念奖;1987年,获第四届中国戏剧"梅花奖"(榜首);获第二届上海"白玉兰"戏剧表演艺术主角奖(榜首);获第七届上海"白玉兰"戏剧表演艺术配角奖(榜首);获首届中国昆剧艺术节荣誉表演奖;

获第十二届"文华"表演奖及观众最喜爱演员奖。主演《邯郸梦》之卢生获第十八届"白玉兰"戏剧表演艺术奖主角奖(榜首)其本人获上海文艺家荣誉奖、上海优秀文艺人才奖。2002年,获得文化部"长期潜心昆曲艺术事业成就显著"表彰。

张静娴(1947—)

女。昆剧表演艺术家,国家一级演员,国家级非物质文化遗产项目昆曲代表性传承人,享受国务院特殊津贴,为第八、九、十届上海市政协委员,上海市戏剧家协会副主席。1959—1966年在上海市戏曲学校昆剧演员二班学习;1971年调入上海京剧团《智取威虎山》剧组;1978年调入上海昆剧团,任剧团主要演员。工闺门旦、正旦。师承朱传茗,又得方传芸、沈传芷、姚传芗等昆剧名家的亲授。代表剧目有《乔醋》《跪池》《斩娥》《吃糠》《芦林》《刺虎》《赠剑》等传统折子戏,《长生殿》《玉簪记》《牡丹亭》《占花魁》《墙头马上》等大型传统剧目,以及《血手记》《司马相如》《班昭》等原创昆曲大型剧目。

获首届上海戏剧节表演奖;因主演《长生殿》《班昭》,先后获第七届、第十九届中国戏剧"梅花奖";主演《司马相如》获第八届上海"白玉兰"戏剧表演艺术主角奖、第十八届中国电视剧"飞天奖";获第十届"文华"表演奖、第四届中国昆剧艺术节特别荣誉奖、第九届中国艺术节优秀表演奖;获上海文艺人才基金优秀文艺人才特别奖、上海文艺家荣誉奖;获"上海优秀文艺工作者"称号、第三届"上海市德艺双馨文艺工作者"称号。两次获上海市三八红旗手及上海市三八红旗手标兵;获全国文化系统先进工作者、全国三八红旗手等多项荣誉称号;2002年,获文化部"长期潜心昆曲艺术事业成就显著"表彰。

陈 瑜(1947—)

女。国家级非物质文化遗产项目沪剧代表性传承人。1993年获国务院颁发的政府特殊津贴,第九届、第十届、第十一届上海市政协常委,上海文史研究馆馆员。1960年考取上海黄浦区戏曲学校,1962年进入艺华沪剧团,1972年调入上海沪剧院。1993年1月至2003年1月,任上海沪剧院青年团团长。先后主演《孔雀胆》《半把剪刀》《返魂香》《无辜的罪人》《雷雨》《杨乃武与小白菜》《樱花》《画女情》《清风歌》《明月照母心》《方桥情缘》《我心握你手》《今日梦圆》《影子》《星星之火》《心有泪千行》《上海老师》等剧目。在《明月照母心》《昨夜情》等沪剧电视连续剧中担任主演;在沪剧电影《雷雨》中饰演鲁妈一角;在《碧落黄泉》《永恒的旋律》等剧目中甘当配角,为培养青年演员作出贡献。表演有激情,擅长塑造当代各种不同类型的人物形象,在赋子板的演唱上尤见功力。

1989年和1992年,获第一届、第二届国家文华表演奖;1989年和1992年,分别获第一届、第三届上海"白玉兰"戏剧表演主角奖;1991年,获全国戏曲现代戏优秀演员奖;1992年,获第九届中国戏剧"梅花奖";1995年,获第四届中国戏剧节优秀配角奖,2002年,获国务院颁发的"优秀专家"称号。被评为上海"德艺双馨"的文艺工作者、上海市三八红旗手,上海市劳动模范。

费士根(1947—)

国家级非物质文化遗产项目龙舞(舞草龙)代表性传承人。生活在农村,自幼学习竹编,擅长制作竹篮、竹筐等农家生活用具。20世纪70年代,向草龙制作传人孙岳贤学习草龙、水族舞和滚灯的道具制作,结合师傅传授要领及长期的制作经验,总结出草龙的制作工序。1987年起参加松江县叶榭镇文体所组织的草龙、滚灯道具制作团队,多次参与设计和制作草龙、滚灯等表演道具,不断改进和创新制作工艺,逐渐在周边乡镇小有名气。因其技艺精湛,制作的草龙坚固耐用、庄重威严、古朴典雅,多次受邀为松江周边区县制作草龙、滚灯、水族舞等表演道具。2008年,他创新构思、设计、制作了适合学生表演的草龙与滚灯的道具,获得好评。

陈少云（1948—　　）

国家一级演员，国家级非物质文化遗产项目京剧代表性传承人。1964年毕业于湖南省怀化地区戏曲学校，为中国戏剧家协会会员、湖南剧协理事、周信芳艺术研究会会员、中国音乐家协会戏曲声乐研究会会员。

师承方航生、侯育臣、达子红等，工文武老生，后向麒派名师张信忠、明毓昆、李如春，杨派老师曹世嘉学戏，1990年拜麒派老生赵麟童、周少麟为师。其表演内心充实，激情洋溢，外部动作挥洒自如，嗓音浑厚、宽甜，吐字运腔强烈，立音古朴率直。代表作有《狸猫换太子》《成败萧何》《金缕曲》等。

获首届中国文化艺术政府奖"文华"表演奖；第十一届中国戏剧"梅花奖"；3次获文化部文华奖；2次获上海"白玉兰"戏剧表演艺术主角奖；另获第六届上海文学艺术奖杰出贡献奖；获第七届上海文学艺术终身成就奖。

马莉莉（1949—　　）

女。沪剧表演艺术家，国家一级演员，第十、十一届上海市政协委员，上海市文史研究馆馆员。1992年，获国务院颁发的政府特殊津贴。为国家级非物质文化遗产项目沪剧代表性传承人。1960年入杨浦区艺校沪剧班学艺，毕业后进爱华沪剧团工作。1973年进入上海沪剧团（后称上海沪剧院）工作；1993年1月至1994年任浦东分院院长；2002年2月至2009年任上海沪剧院艺术副院长；2011年任上海沪剧院一团团长。先后主演《红灯记》《女儿的回忆》《张志新之死》《寻娘记》《日出》《少奶奶扇子》《啼笑因缘》《雷雨》《雾中人》《人间热土》《宋庆龄在上海》等剧目，还在《风雨同龄人》《寻娘记》《雾中人》等沪剧电视连续剧中担任主演。表演稳重大气，善于塑造各种类型的女性形象，在艺术上不断有新的追求、新的突破。

获首届上海"白玉兰"戏剧表演主角奖、第三届中国戏剧节优秀演员奖、第十届中国戏剧"梅花奖"、第三届中国"金唱片奖"、第十一届全国戏曲电视剧STV杯优秀演员奖、第五届中国映山红民间戏剧节演员表演一等奖、中国戏曲现代戏优秀保留剧目展演优秀主角奖。1988年，获上海沪剧界中年演员声屏大赛"十佳"称号；1991年，获"全国文化系统先进工作者"称号；1993年，获国家文化部颁发的"优秀专家"称号。

何伟福（1949—　　）

国家级非物质文化遗产项目灯彩（上海灯彩）代表性传承人，任上海工艺美术研究所、上海工艺美术博物馆灯彩工艺美术师和灯彩工作室主任，为中国工艺美术学会会员、上海市民间文艺家协会会员、上海市工艺设计协会会员。先后担任上海市青年联合会第五、第六届委员会委员，第十、十一届卢湾区政协委员。"江南灯王"何克明的长孙，"何氏灯彩"的第三代传人。1976年正式跟随祖父学习灯彩艺术，1983年调入上海工艺美术研究所从事何氏灯彩的扎制工作。擅长扎制各种立体动物灯彩，尤其是对复制祖父灯彩作品得心应手。1982年、1983年，上海电视台先后拍摄"灯王之寿"和"扎盏彩灯庆元宵"，介绍"何氏灯彩"及其前后创作的"雄鸡三唱"和其扎制的兔子灯。1988年10月，应邀赴德国汉堡参加"中国文化周"，表演"何氏灯彩"技艺。2002年2月，东方电视台拍摄"海上神技"介绍他扎制的各种立体灯彩。2007年，上海教育电视台播出他在学校传授小学生技艺的情况。

1984年，创作的大型金鱼灯获上海工艺美术公司创新奖；1992年，与其父合作的《龙凤飞舞》被评为"上海市第二届桂花节灯彩展"一等奖；2008年，制作的《松鹤长青图》灯彩获第九届中国工艺美术大师作品展"百花杯"银奖；2009年，创作的《凤穿牡丹》获中国工艺美术大师作品展"百花杯"

优秀奖、上海市灯彩传承展二等奖。

王汝刚(1952—)

国家一级演员,国家级非物质文化遗产项目独脚戏代表性传承人、上海市非物质文化遗产项目滑稽戏代表性传承人,享受国务院特殊津贴。任中国曲艺家协会专家指导委员会主任,上海市文联副主席、上海市曲艺家协会主席、上海市剧协主席团委员、上海独脚戏艺术传承中心书记兼主任,上海文史研究馆馆员,上海市人大代表。

师承滑稽泰斗杨华生、笑嘻嘻、绿杨等人,在长期的艺术实践中,逐步形成轻松、传神、细腻的表演风格。主演的独脚戏《头头是道》获江浙沪滑稽会演优秀表演奖;滑稽戏《七十三家房客》获上海艺术节优秀成果奖;独脚戏《征婚》分获全国曲艺小品邀请赛和江浙沪滑稽汇演一等奖、优秀表演奖及演员个人特别奖;滑稽戏《明媒争娶》获第三届上海"白玉兰"戏剧表演艺术奖主角奖;独脚戏《爱心》获全国优秀栏目银奖;小品《神秘电话》和电视小品《男子汉》分获国家计生委颁发的一等奖、全国人口奖;百集电视小品《你说好不好》获国家广电部"飞天奖";电视戏曲片《明媒争娶》获国家广电部电视"星光奖"。

被上海市委宣传部、上海市文联评选为首届"德艺双馨艺术家";获上海"市劳动模范"光荣称号;获中共中央宣传部、中央人事部、中国文联颁发的全国第二届"德艺双馨文艺工作者"称号。当选为"北京2008奥林匹克火炬接力火炬手"和2010年世博会上海馆"祝福大使"。

赵友铭(1954—)

国家高级烹饪技师,中国烹饪大师,国家级非物质文化遗产项目素食制作技艺(功德林素食制作技艺)代表性传承人。2004—2009年,任杭州功德林厨师长、上海功德林素食有限公司技术总监。中国饭店协会素食专业委员会聘其为副理事长。1979年,进入上海功德林从事素食烹饪工作。受邀担任马来西亚吉隆坡素食馆总厨两年多。其技艺特征为选料讲究,四季分明,刀工精巧,注重形态,形象逼真,达到以假乱真的水平。代表作品有竹报平安、梅花海参、鲫鱼冬笋、西柠班片奶油松露、组雕松鹤延年等。

1992年,参加世界烹饪大赛,获团体展台金牌;1993年,获上海财贸职工先进技艺演示会食品雕刻表演荣誉证书。1999年,调任昆明国家经贸宾馆素食厅主厨,参与组织经贸宾馆创吉尼斯中西自助餐品种之最活动,并获荣誉证书。2001年,参加沪港饮食文化交流会,所制作素食被誉为"天厨妙食,神仙素菜"。2010年,担任上海世博园区功德林素食馆行政总厨,获"上海世博园区服务保障先进个人"称号。

关栋天(1956—)

国家一级演员,国家级非物质文化遗产项目京剧代表性传承人。出身梨园世家,自幼酷爱京剧,天赋极佳,后随父关正明学艺。工老生。1978年,考入武汉京剧院;1984年,正式调入上海京剧院。行腔自由飘逸、富于韵味,被誉为京剧界的男高音。代表作有《乾隆下江南》《贞观盛事》《廉吏于成龙》等。

获2000年上海"白玉兰"戏剧表演艺术主角奖、第六届中国艺术节优秀表演奖、第三届中国京剧艺术节优秀表演奖、第九届中国戏剧节优秀表演奖、第四届中国京剧节优秀表演奖、第十二届"文华"表演奖等。

林嘉庆(1956—)

国家级非物质文化遗产项目琵琶艺术(浦东派)代表性传承人,中国歌剧舞剧院国家一级演员,中国音协琵琶研究会常务理事、副秘书长,林石城琵琶发展促进会会长。出生于音乐世家,从小随父林石城学习琵琶等乐器演奏。1975年受聘于上海乐团,担任琵琶演奏。1979年考入上海音乐学院,师从教育家、琵琶大师卫仲乐教授和孙裕德教授学习汪派琵琶。录制、发表了《琵琶三十课》《林嘉庆琵琶独奏音乐专辑》《怎样挑选琵琶》《广东音乐漫谈》《考级乐曲浅谈》等VCD、音乐磁带和文章。熟练掌握浦东派琵琶的演奏技艺:一是左手十宣穴部位按弦,二是右手四缝穴前端弹弦,三是琴执左腿上。

代表作品为《十面埋伏》(GB/T33665—2017数字音像领域国家标准),出版有50万字琵琶谱。退休前是国家外事一级接待活动的参与者之一,在人民大会堂专门为来访的外国元首们演出,获得"珠穆朗玛优秀演员奖",获文化部记功一次。

茅善玉(1962—　)

女。沪剧表演艺术家,国家一级演员,国家级非物质文化遗产项目沪剧代表性传承人,全国宣传文化系统"四个一批"人才。任中国戏曲现代戏研究会副会长、中国戏剧家协会理事、上海市戏剧家协会副主席、上海戏曲艺术中心艺委会副主任。2002年2月至2010年,任上海沪剧院院长,为全国政协委员。1974年考入上海沪剧团学馆;1979年毕业后留团(后上海沪剧院)担任主要演员。其师承沪剧宗师丁是娥和石筱英,并转益多师,唱腔兼有"丁派"的华丽多变和"石派"的委婉甜糯,行腔圆润妩媚,旋律丰富,表演传神。她先后主演《庵堂相会》《一个明星的遭遇》《姊妹俩》《魂断蓝桥》《血染姐妹花》《牛仔女》《碧海青天夜夜心》《今日梦圆》《红灯记》《生死对话》《露香女》《家》《雷雨》《瑞珏》《董梅卿》等剧目,还在《璇子》《姊妹俩》《牛仔女》等沪剧电视连续剧、电影《风雨相思雁》中担任主演。先后为来华访问的美国总统里根、德国总理科尔等国家首脑作专场演出,获得第四届中国戏剧节优秀主角奖。

康文英(1962—　)

女。国家级非物质文化遗产项目锣鼓书代表性传承人。1980年开始学锣鼓书,1986年其师从南汇县文化馆祝伟中、谈敬德,演出作品200多个,代表作品有《三上门》《阿六卖肉》《县长的儿子》《阴差阳错》《一个党员一面旗》《公示风波》《木兰从军》《五百万嫁妆》等。2004年4月,在央视音乐频道"民歌·中国"栏目录制锣鼓书曲牌联唱并转播,演唱的资料收藏在央视出版的《民歌博览》一书中。参与上海音乐学院传统音乐录制《锣鼓书线上课程》共10集。她还在小学、中学、老年大学开设锣鼓书艺术特色班,定期授课传艺,在学校、企业、军营锣鼓书培训基地辅导、培训千余人次。

表演的《县长的儿子》获市文化艺术节群文优秀奖;《木兰从军》获第十二届国际艺术节长三角地区原生态民歌邀请赛银奖。《五百万嫁妆》参加首届中国东部优秀曲艺节目展演,并在浙江义乌举办的全国曲艺(鼓书琴书)传承发展论坛进行观摩交流展演;代表上海参加在山东济南举办的全国非遗曲艺周展演。

第四章 人 物 表

表 8-4-1 1978—2010 年上海市群文系统部分副研究馆员及以上人员名录及工作业绩一览表(按区、市顺序排序)

姓 名	性 别	出生年份	单 位	工 作 业 绩
张 琳	女	1947	浦东新区文艺指导中心	从事声乐教学指导,辅导学生获上海市"阳光·大地"全市党团员优秀歌曲演唱比赛、全国声乐比赛二等奖。
徐国庆	男	1949	浦东新区文艺指导中心	创作作品《懒阿福相亲》《海迪学医》等 20 余篇,分获上海市群文会演一、二等奖。
黄亚新	男	1953	浦东新区文艺指导中心	获奖作品超过 250 首。编曲《上海紫竹调——海派秧歌》参加北京奥运会开幕仪式前表演;作曲《醉娘子》《新婚娘子打年糕》分获 2007 年、2009 年"上海之春"群文新人新作奖。
陆家栋	男	1946	浦东新区文艺指导中心	担任上海"十月歌会"副总指挥,"五一"劳动节大型文艺演出、上海市首届国际艺术节开幕式等活动总设计、总导演;辅导编排的作品获上海群文舞蹈大赛金奖等。
吕丹平	男	1958	浦东新区文艺指导中心	创作曲艺宣卷《红梅劝酒》获"上海之春"曲艺大赛创作奖,并入围 2017 年全国"群星奖"。
沈承智	男	1954	浦东新区文艺指导中心	在《清明》《上海文学》《人民文学》等发表《栀子花开》等中篇小说;撰写浦东题材纪实文学 40 多万字;策划并主持拍摄 MTV《浦东传奇》人物宣传片 15 集。
眭朝晖	男	1947	浦东新区文艺指导中心	创作导演滑稽戏《侬勿要我要》《妈妈不要哭》等;2007 年获上海市非遗保护工作先进个人称号。
唐 倩	女	1964	浦东新区文艺指导中心	创作一系列绘画作品参加上海美术大展、国内外当代绘画邀请展、全国中青年艺术家推荐展、全国"群星奖"展览等。
张国伟	男	1959	浦东新区文艺指导中心	为三林舞龙队创作的锣鼓经《与龙共舞》;在全国和国际龙狮大赛上摘金夺冠 30 余项。
何庆和	男	1949	浦东新区浦东文化馆	参与创作舞蹈《海派秧歌》获国家级金奖;论文《略论海派秧歌对社区文化活动的创新》获中国群众文化学会举办的 2009 年度全国群文论文评选三等奖。
孙鲁明	女	1959	浦东新区浦东文化馆	创作男声独唱《儿要远行》、男女生三重唱《大步走向希望》、男女生二重唱《梦的故乡》,分别获"上海之春"群文新人新作奖。
童国敏	男	1951	浦东新区浦东文化馆	1995 年获上海"十月歌会"组织奖。
王国祥	男	1941	浦东新区浦东文化馆	撰写《试论灯谜的美学特征》《试论市场经济条件下,提高公益性文化活动服务质量的思考》入选《文化大视野——全国群众文化论文集》(上下集),获得优秀论文一等奖。

（续表一）

姓 名	性 别	出生年份	单 位	工 作 业 绩
张昆莲	女	1948	浦东新区浦东文化馆	录制越剧作品《打金枝》多次在电台播放；越剧《状元打更》在上海电影厂录制唱片全国发行。
徐莉莉	女	1955	浦东新区浦南文化馆	2005年辅导指挥三林镇合唱团获"上海市优秀合唱团"称号；2009年辅导指挥浦南文化馆合唱团获上海市迎世博合唱比赛一等奖。
龚伟海	男	1952	浦东新区川沙文化馆	在《中国书画》《中国艺苑》等20多种国家级艺术类期刊上发表120多幅作品；1992年在《社会科学》发表论文《浦东群众文化初探》。
林幼光	男	1930	浦东新区川沙文化馆	为群文团队排演剧目20多部；为专业剧团导演戏剧剧目25部；培养了一批戏剧干部与戏剧演员。
奚国林	男	1961	浦东新区川沙文化馆	创作油画《他们》入选首届中国油画展；中国画《丰市》《秋艳》获第七、九届"江南之春"一、二等奖。
徐金安	男	1948	浦东新区川沙文化馆	1999年创作《浦东陆家嘴》在全国50城市摄影展中获得二等奖；作品《环保工程师》《菜篮子工程》《新事》《绒绣》《黄金遍地》等入选全国、市级奖项。
陈建龙	男	1955	浦东新区文艺指导中心	导演作品《(小品)爬坡的人》《蛋》等获省、市级以上奖项30余件；培养演员在省市级和全国获奖。
顾永刚	男	1955	浦东新区文艺指导中心	指导上海说唱《登高》获第十五届全国"群星奖"群星奖；《出狱之后》获20省市自治区电视短片大赛荣誉奖。
吕艳伟	女	1966	浦东新区文艺指导中心	2007年《哭嫁》获"上海之春"(舞蹈类)优秀新人新作奖；2006—2008年连续3年获中国上海国际艺术节群文艺术成果展演优秀组织者奖。
薛振东	男	1936	浦东南汇县文化局创作组	1981年开始发表《名人母亲的故事》《社会科学十万个为什么·风情卷》《论语今读·人生百题》及《上海郊县抗日武装斗争》等短篇小说、著作20余篇。
钱广才（已故）	男	1941	南汇区文化馆	创作《一枚港币》等7个剧本，多次获市级一、二等奖；《从文化经济角度谈农村群文工作的服务类型》等30篇论文在市级出版物发表。
邬盛林（已故）	男	1943	南汇区文化馆	创作沪剧小戏《风雨公仆情》获1989上海文化艺术节优秀成果奖；《公诉之前》获第三届上海"十月剧展"优秀演出奖、《悠悠净土情》第四届上海"十月业余剧展"优秀创作演出奖。
周进祥	男	1951	宝山高桥文化馆	创作与辅导的戏剧、曲艺、故事作品50多篇在上海市群文演出中获佳作奖；任《中国民间歌谣集成·上海卷》责任编辑，获编纂成果一等奖。
侯秀珍	女	1956	宝山高桥文化馆	带队参加全国健身秧歌和广场舞比赛，分获两个金奖、两个一等奖；2018年代表上海参加第六届全国农民运动会健身秧歌赛，获1块金牌和1块铜牌。

（续表二）

姓　名	性　别	出生年份	单　　位	工　作　业　绩
陈晓芬	女	1959	黄浦区文化馆	2005年为商职校辅导学生大合唱，获上海教育系统歌咏比赛一等奖；2006年为黄浦区医保中心辅导大合唱，参加上海"十月歌会"大赛获一等奖；2011年为武警一支队战士合唱团辅导大合唱，参加全军文艺会演获全军银奖。
陈惠芳	女	1958	黄浦区文化馆	创作歌曲《春风　杏花　江南》(合作)获第十届上海"十月歌会"银奖；创作女声合唱《和谐社会》(合作)获第十二届上海"十月歌会"银奖。
李海艇	男	1957	卢湾区文化馆	创作戏剧小品《私房钱》获第三届中国戏剧奖小戏小品奖优秀剧目奖；创作滑稽小品《刷卡》获第五届中国曲艺"牡丹奖"节目大奖；小品《约定激情》获第七届上海"十月业余剧展"优秀创作奖；戏剧小品《路遇》获第十三届上海"十月业余剧展"优秀新人新作奖(曲艺类)。
彭美德	男	1930	黄浦区文化馆	创办群文刊物《黄浦文艺》；与人合作以市劳模五味斋3号服务员桑钟焙事迹创作的独幕沪剧《春满人间》，1959年参加全国职工文艺会演赴京演出，获创作奖和演出奖。
董生甫	男	1936	南市区文化馆	创作剧本《无住生非》《机声隆隆》《爱的咏叹》《抢爷爷》《路路不通》等，《路路不通》被青艺滑稽剧团选用；被上海市文化局评为先进文化馆馆长。
邢月莉	女	1935	南市区文化馆	辅导并主演沪剧小戏《月缺月圆》，获第二届上海"十月业余剧展"创作奖、演出奖。
赵洁民	男	1946	黄浦区文化馆	导演大型话剧《序曲》，获1989年上海文化艺术节展演奖；导演小品《都市交响曲》，获江、浙、沪、皖小品大赛二等奖；导演小戏《湖畔奏鸣曲》，获第三届上海"十月业余剧展"优秀演出奖；小品《生命放飞》获第七届上海"十月业余剧展"优秀创作奖。
胥厚峥	男	1950	黄浦区工人文化宫	作品《南湖红舟》获第八届全国"群星奖"铜奖；《西藏明珠扎什伦布寺》获第十三届全国"群星奖"优秀作品奖(老年组)。2006年、2010年出版《水乡行——胥厚峥速写集》《忆江南——胥厚峥重彩画》。
李振谷	男	1937	静安区文化馆	为《两房相会》《红绿灯下的葬礼》《红花朵朵唱英雄》等多个作品作曲并参加全市群文会演，均获奖；参加《中国曲艺音乐集成·上海卷》编写；1991年被评中国民间集成工作全国先进工作者。
林伟夫	男	1938	闸北区文化馆	创作歌曲《如今渔林风光》获1989年上海市文化艺术节群众声乐一等奖；小歌剧《希望之歌》获1995年上海"十月业余剧展"优秀演出奖；《小镇的月亮》获1996年上海"十月歌会"最佳创作奖。
金钜康	男	1931	静安区文化馆	参与编辑《中国民间文学集成·上海卷·静安分卷》两卷，72万字，被市民间文学集成领导小组评为"优秀区卷本"。

（续表三）

姓 名	性 别	出生年份	单 位	工 作 业 绩
吴万才	男	1943	静安区文化馆	1982年执笔编导的小话剧《开锁》（与张广雷合作），获第二届上海"十月业余剧展"二等奖；1984年执笔编导上海文书《两房相会》（与范权合作），获创作表演一等奖。
蒋云仲	男	1943	徐汇区文化馆	创作油画《李清照》《热土》入选全国美展；油画《渔湾》刊于1987年12月29日《新民晚报》；创作水彩画《春寒》参加第四届亚细亚国际水彩画展。
瞿顺发	男	1933	徐汇区文化馆	编绘《桥》画册、《中外装饰图案资料》《橱窗装潢图案》；在《少年报》上发表科普文章《千奇百怪的哑巴》《生命的奇迹》等，由上海美术馆收藏。
石建华	女	1955	徐汇区艺术馆	创作话剧小品《同在蓝天下》《小雨中的车站》，分获上海"十月业余剧展"创作二等奖；《山乡情节》《女人心事》获全国"群星奖"入围奖。
俞思阳	男	1935	徐汇区文化馆	编辑《徐汇区民间故事集》《徐汇区歌谣·谚语卷本》《龙华民间传说》。
徐剑清	男	1950	长宁民俗文化中心	撰写《公共文化馆在非物质文化遗产保护工作中的功能定位》入选2008年"阳澄湖杯"中国民间特色艺术之乡书画展；在文化部的民间特色艺术之乡建设论坛交流发言；为北新泾民俗研究和保护作出努力。
周笑梅	女	1965	长宁民俗文化中心	在中央电视台国际频道拍摄的8集儿童片《我们的眼睛》《珠玛的香格里拉》担任编剧策划工作；担任话剧《张国荣·负距离接触》《和你去过夜生活》演出统筹工作。
杨定彪	男	1955	普陀区文化馆	任馆长期间，组织创作男声小合唱《站在高高的脚手架上》、男声小合唱《大家都来唱红歌》获华东六省一市首届新红歌大赛大奖；民乐《新良宵》获江南丝竹金奖。
陆元敏	男	1950	普陀区文化馆	举办摄影个展；出版作品集《苏州河》《上海人》《摄影家丛书 陆元敏》《记忆——恍惚间的上海影像》。
陆人伟	男	1935	普陀区文化馆	参与辅导的《角落里的火花》获首届上海"十月业余剧展"一等奖、上海第二届戏剧节一等奖；1985年指导独幕剧《水，应该喝甜的》获第二届"十月业余剧展"一等奖。
查文有	男	1954	普陀区文化馆	论文《浅谈群众文化活动品牌的创造》在《群文世界》2005年第三期发表；根据电影《地雷战》《小兵张嘎》故事创作改编多本连环画，由上海教育出版社出版发行。
徐顺逵	男	1955	普陀区桃浦文化馆	参演的《天上掉下个林妹妹》获第八届中国人口文化奖小品、短剧一等奖；参演的《新年的礼物》获2002年中国"曹禺戏剧奖"小品小戏剧目二等奖。
唐永和	男	1955	普陀区文化馆	创作民乐合奏《丰收的季节》获1989年上海文化艺术节优秀奖；1997年参与小品《小夜曲》辅导获第七届全国"群星奖"。

（续表四）

姓　名	性　别	出生年份	单　位	工　作　业　绩
何剑平	男	1952	虹口区文化馆	上海音乐家协会合唱专业委员会副主任；创作歌曲《亲爱的妈妈——献给查文红的歌》获第十届上海"十月歌会"金奖。
张宝玉	女	1955	虹口文化艺术馆	1988年担任主持《新闻纵横(2)》获浙江省1987年度广播电视新闻作品一等奖；1994年诗朗诵《接班人之歌》获第五届全国十二城区群文业务干部表演赛优秀奖。
都丽芳	女	1936	虹口区文化馆	与杨彻共同编写艺术理论教材《戏曲演员基础》刊于文化部教育司编印的《艺术教育》1979年第六期；1987年至1991年导演《芙蓉屏》《一剪梅》等剧目。
周锦熊	男	1946	虹口区文化馆	1988年起为陆锦娟、筱一峰、尹小芳、肖雅、韩婷婷操琴伴奏；1992年参与《三世奇缘》《沈园绝唱》《流浪王子》的谱曲及主胡伴奏《三世奇缘》，获白玉兰奖。
彭安娜	女	1951	虹口区文化馆	执导沪剧《明月照母心》在1991年全国戏曲现代戏观摩演出中获优秀导演奖，并在1992年获文化部第二届"文华奖"导演奖。
余仁杰	男	1955	虹口区文化馆	1993年国画作品《渔》获上海群艺馆、文化馆（站）优秀美术作品展二等奖；1998年获全国第八届群星奖美术、书法上海赛区入围奖。
曹宝根	男	1937	杨浦区文化馆	创作戏剧小品《靠山》、沪剧小戏《沪上新妹》、淮剧小戏《暖流》等多次获得"中华颂"全国小戏小品曲艺大展奖项；论文《讴歌时代精神，繁荣群文创作》获1988—1991年上海市群文学会成果奖。
严美键	男	1951	杨浦区文化馆	分管音乐舞蹈、声乐器乐、书法、美术、摄影等工作；1984年评为"上海市群文工作先进工作者"。
魏少平	男	1958	杨浦区文化馆	善画蟋蟀，花鸟兼画人物，作品多次在国内展出，在各类报刊、杂志发表和收藏。
王渭山	男	1930	宝山区文化馆	创作歌曲100余首、诗词400余首、文章300余篇；出书及CD12本，其中独著6本，合著6本，责编3本；1997年创作歌曲《和平鸽传喜报》在外滩大合唱演出并获奖；"非典"时期，创作歌曲《白衣天使水晶心》获奖。
胡惠良	男	1955	宝山区文化馆	参演的打击乐节目《博》《老鼠娶亲》《出山》多次获奖；导演200多个节目，获市级以上奖项的有20多件；沪剧小戏《绝对保密》等获得市级一等奖。
胡　建	男	1955	宝山区文化馆	在宝山国际民间艺术节、罗店龙船文化节等大型活动中担任总导演；参加《水浒》《忠诚》等影视作品的拍摄；在创作的话剧《平凡的报告》中担任主要角色。
潘德龙	男	1947	宝山区月浦文化馆	创作沪剧小戏《绝对保密》、小品《避风头》、表演唱《采访模范杨怀仁》等分获国家级、市级项目一等奖；承办"罗店划龙船习俗""罗店彩灯""罗泾十字挑花""宝山吹塑版画""大场江南丝竹"等项目的发掘和整理。

姓　名	性　别	出生年份	单　　位	工　作　业　绩
谭玉岐	男	1950	宝山区文化局	撰写论文《宝山区乡镇群众艺术特色文化现象浅析》《上海城市群众文化的世纪选择》等20余篇；2008年，上海人民出版社出版他的专著《务文笔记》。
程启明	男	1940	宝山区彭浦乡文化站	作品《老区新居》1996年获全国群艺馆、文化馆（站）摄影大赛三等奖。
陈大霖	男	1949	宝山区杨行镇文化体育中心	2006年、2008年分别出版上海道教音乐CD"迎仙客"系列Ⅰ、Ⅱ和江西葛仙山道教音乐CD；编撰国家级非遗名录项目丛书《上海道教音乐》。
叶晓山	男	1954	闵行区群众艺术馆	上海非遗江南丝竹项目代表性传承人；在非遗保护、江南丝竹传承、民族民间音乐保护方面取得成绩；每年举办"丝竹情韵"江南丝竹专场音乐会。
任万勇	男	1951	闵行区群众艺术馆	2007年获首届"松庭杯"中国竹笛邀请赛银奖；作曲《畅想春天的歌谣》获十一届上海"十月剧展"（音乐类）优秀新人新作奖。2009年获"上海之春"全国竹笛邀请赛优秀园丁奖；2010年上海世博会期间举办"山那边的歌"任万勇笛子独奏专场。
邢元虎	男	1948	闵行区群众艺术馆	创立上海县农民粉末画、现代七宝皮影画；创作重彩画《育苗》获得第十届"江南之春"美展一等奖。
冯云生	男	1954	闵行区江川文化馆	男声组唱《工棚的思念》获第十三届"十月歌会"优秀新人新作奖；2009年与陈念祖合作歌曲《与善良同行》（作词）在京、津、沪、渝城市青年歌手大赛中获最佳创作奖。
费翔宝	男	1950	嘉定区文化馆	表演唱《好嫂嫂》、自编自演上海说唱《三盘磁带》、锡剧小戏《板凳风波》、小品《真爱一生》、舞蹈《编》等获市级群文比赛一等奖、优秀作品奖。
朱德谟	男	1949	嘉定区文化馆	创作评书《甲鱼豁边》获上海市首届曲艺会演创作一等奖；故事《人来疯》获上海市第八届故事会串创作一等奖；小品《保姆》获中国文化部小品汇演三等奖。
刘　群	男	1968	青浦区文化馆	1997年、1999年、2001年、2002年获上海故事创作演讲大赛优秀组织奖；创作小品《噪声管理员》在第八届上海"十月业余剧展"中获得创作二等奖。
钱昌平	男	1939	青浦县文化馆	创作故事《雅影追船》（合作）获上海市第二届故事会串一等奖；创作小品《蒲公英》获第三届上海"十月业余剧展"优秀演出奖。
王宣明	男	1938	青浦县文化馆	撰写《画牡丹十招》《牡丹画谱》等牡丹画专著10余本，其中2册成为高等艺术院校美术基础教材。
张新英	女	1931	金山农民画画院	1989年创作《新灶头》获全国首届风俗画大赛二等奖；1992年创作《闹厨房》获全国第二届民族文化博览会民间美术大展一等奖；作品《旋风》《打瞌睡》《擀面》等在"江南之春"画展分获一等奖。

（续表六）

姓　名	性　别	出生年份	单　　位	工　作　业　绩
王卫乐	男	1960	金山区文化馆	1994年带领金山石化工人文化宫合唱团参加首届北京国际合唱节展演，曲目《崛起的朝阳》获创作、展演金奖；2006年、2008年参加上海市合唱协会无伴奏合唱比赛获金奖；《牧歌》参加2010年上海首届社区合唱比赛获金奖。
郏永明	男	1962	金山区文化馆	书法作品行草《黄宾虹论画》获第八届全国"群星奖"银奖，四屏《稗海一则》获第十二届全国"群星奖"银奖；2004年获中华全国总工会全国"五一文化奖"书法评委提名奖。
薛林红	女	1970	奉贤区文化馆	上海市非遗项目奉贤孙文明二胡演奏技艺代表性传承人。
林子材	男	1942	崇明县文化馆	参与大量群众文艺的创作、培训、辅导及大型文化活动组织策划工作；参与筹建崇明摄影工作者协会、崇明美术工作者协会。
王霖	男	1942	崇明县文化馆	以崇明山歌剧民间曲艺"唱春牛""钹子因果调"为元素创作丝竹乐《苏杨桥》；创作笛子二重奏《秧机突突添锦绣》；创作的渔歌表演唱《渔家姑娘唱新歌》获上海市1983—1984年业余音乐创作一等奖；作曲《故乡的金瓜》获第九届上海"十月歌会"优秀创作奖；
顾勤	男	1956	崇明县文化馆	作品《春雨潇潇》获上海首届即时摄影大奖赛三等奖；作品《奋勇争先》获长三角优秀摄影展览一等奖。2003—2005年连续被评为"中国优秀摄影家"。
黄胜	男	1965	崇明县文化馆	书画作品获2006年"伟大的征程"——纪念长征胜利70周年中国书法美术大展银奖；2006年获"创新城市·创意生活"——第八届中国上海国际艺术节"创智天地艺术大展"书法成人（隶书）二等奖；2009年获长三角群文书法交流邀请展获铜奖。
宋玉琴	女	1966	崇明县文化馆	撰写论文《沙洲上的奇葩——崇明的土特产传说》《浅析崇明岛民间文艺特点》（合作）分获全国群众文化（图书、博物）论文三等奖、优秀奖。
王钰君	男	1953	崇明县文化馆	群舞《推虾乐》获全国民间音乐舞蹈比赛创作三等奖；三人舞《捉蟹》获全国民间音乐舞蹈比赛表演三等奖；民族民间舞《米酒飘香》、健身舞《莲湘乐》获全国第二届广场舞蹈大赛表演一等奖；获上海市群众文化先进个人、中国上海国际艺术节群文活动优秀个人奖。
王宝华	男	1933	上海市群艺馆	国庆10周年时创作《万岁，我们的祖国》由中央广播合唱团演唱；创作队列歌曲《炸药包》等在1964年全军大比武传唱；为纪念周总理逝世1周年创作《大江歌罢掉头东》；1986年全国民间音乐舞蹈比赛，声乐辅导分获文化部、广电部辅导三等奖。

（续表七）

姓　名	性　别	出生年份	单　位	工　作　业　绩
陆　廉	女	1944	上海市群艺馆	辅导1995年全国农民歌手参加上海赛区比赛,获两个金奖、一个银奖;个人获1995年全国农民歌手辅导金奖。
王如华	男	1946	上海市群艺馆	创作舞蹈《申城钹子》《石童子》分获第六届、第八届上海"十月歌会"优秀创作表演奖。
章慧敏	女	1952	上海市群艺馆	创作表现上海与都江堰对口援建的15万字报告文学集《情动天府》;上海世博会的184天中,主管公众参与馆项目之一《海宝游历记》接龙故事工作;出版报告文学集《人生广角镜》《江山如此多娇》等著作。
李晓霞	女	1958	上海市群艺馆	副馆长,分管创作、活动等工作。1990年获中央电视台青年歌手大赛银奖;1994年获中央电视台青年歌手大赛铜奖;1993年获上海"为了和平"歌唱比赛一等奖;1994年、1999年两次获上海市"阳光·大地"全市党团员优秀歌曲演唱比赛一等奖;1995年演唱《黄树叶,绿树叶》获第五届全国"群星奖"银奖。
魏　琪	男	1965	上海市群艺馆	撰写《共享网络资源开创群文活动新领域——长三角地区群文系统共建网络的构想》《解构符号元素——重组文化基因——试论民族民间文化的高科技保护和深度开发》《构建共同家园的文化交流空间——长三角城市广场文化品质提升工程深度发展初探》等学术论文。

专 记

《世博小龙迎朝晖》 盛晓玉摄

一、上海广场文化活动

1993年11月,上海的广场文化活动自外滩起步;至2010年,走过近20年。上海广场文化的艺术内容从音乐、戏曲、舞蹈,拓展到电影、诗会、展览,使广场成为展示企业文化、军营文化、校园文化、社区文化的舞台。广大市民热情关注和积极参与广场文化,后续专业队伍的加入,更使得上海广场文化从单一小规模的文艺表演,发展成为包括教、科、文、卫、体等综合性大型文化活动的载体,成为上海国际大都市的一大文化景观。每个区县根据自身的区域特点与优势,因地制宜地开展形式多样的广场文化活动,不断创造广场文化的特色项目和区域品牌,包括戏曲演唱、文艺晚会、纳凉晚会、广场歌会等。至2010年,全市已在黄浦、静安、徐汇、卢湾、南市、长宁、宝山、闸北、浦东新区、青浦等区县形成数十个经常性、有一定规模的广场文化活动点。

1990年10月6日,第一届上海黄浦旅游节在南京西路仙乐斯广场隆重开幕,拉开了上海新时期在广场上开展群众性文化活动的序幕。1992年9月,黄浦区在仙乐斯广场举办广场音乐会。此后,黄浦江外滩和人民广场等开始举行规模不等的群众性广场文化活动。1993年9月,在黄浦旅游节期间,黄浦区文化局在南京西路仙乐斯广场组织了由上海交响乐团演出的交响音乐会,4天内连演8场,这是上海市第一次在广场上举行交响音乐会。

1993年11月16日,黄浦区政府在市领导的倡导以及宣传文化主管部门的指导与支持下,精心策划组织"美的旋律——外滩音乐会",在黄浦江外滩陈毅广场亮相。这场音乐会由上海海运集团公司职工业余艺术团演出。音乐会获得了很大成功,吸引了数千名行人驻足观看,成为企业文化走向社会、面向市民的一个良好开端,体现了上海城市的风尚和活力。1994年4月,黄浦区文化局、教育局在外滩公园联合创办了"黄浦艺苑",每个星期日上午对青少年开展器乐、美术等辅导活动,小提琴演奏家俞丽拿、丁芷诺等先后参与辅导。5月22日上午,上海乐团指挥曹鹏在外滩公园辅导、指挥800名少年小提琴爱好者齐奏《梁祝》《G大调小夜曲》《茉莉花》《军队进行曲》等中外名曲,倾倒无数听众,在上海参加全国中小学爱国主义教育现场会的中宣部、国家教委、广电部、文化部、团中央领导,以及来自全国各地200多位代表也赶来观看了演出。

1994年4月起,黄浦区文化局与上海人民广播电台合作,在上海人民英雄纪念塔前举办普及交响乐等高雅艺术为主旨的新世纪广场音乐会,隔周星期六晚上由专业文艺团体演出,每场观众逾万人。其间,还组织了沪剧演唱会等活动,沪剧演唱会盛况空前,观众达2万余人。每一场音乐会均由上海人民广播电台现场直播,很好地展示广场文化的成果。

1995年,黄浦区文化局开始将"新世纪广场音乐会"活动列入每年的文化工作计划,委托新世纪演艺公司承办。从此,外滩陈毅广场"美的旋律——外滩音乐会"与"新世纪广场音乐会"成为上海广场文化中最为重要的两个品牌项目,但两者在演出内容与节目形式上各有侧重,前者强调群众性、参与性,后者突出专业化、高品质。至2002年的7年间,这两个广场先后举办了音乐、舞蹈、戏曲、曲艺、杂技、诗朗诵等各类文艺演出500多场,有近千个专业或业余文艺团体参加演出,观众达百万人次。

1995年6月24日,黄浦区外滩公园纪念碑广场举办的"百架钢琴大联奏"因其规模宏大而被载入吉尼斯纪录;同年8月12日,"中国人的脊梁——《综艺大观》110期外滩音乐会"举行,其影响遍及全国。1996 年 8 月 24 日晚,"普陀人赞徐虎"广场歌会在外滩陈毅广场举行。徐虎以"辛苦我一人,方便千万家"的行动在服务行业成为明星。为了歌颂他的职业精神和行业风貌,普陀区联合上海人民广播电台、中山北路街道办事处举办广场歌会,演唱新创作的 15 首歌曲:《赞徐虎》《十九点钟的太阳》《身影·脚印》《好人徐虎》《永恒的精神》《平常人的歌》《人人学徐虎》《信守承诺》《徐虎,你在哪里》《徐虎的队伍越来越长》《那一颗星闪闪亮》《夜明珠亮起来》《徐虎,你一生付出》《百姓在你心中》《爱的倾注》。词曲作家王森、张鸿西、陈念祖、薛锡祥、汤昭智、陆在易、朱良镇、吕其明、金月苓、金苗苓、茹银鹤、孟津津、侯小声等担任上述作品的创作,并参加广场活动。普陀区业余歌唱演员、合唱团队和特邀演员登台表演,广场汇聚了 2 000 名观众。上海人民广播电台现场录制并播送实况。徐虎十分激动地接受电台采访,正在上海采访的德国一家电视台拍摄了实况。

1997 年是上海广场文化发展的一个重要年份,这一年我国迎来了香港回归的重大喜事,因此各种大型广场庆祝活动蓬勃兴起。同年 6 月 30 日晚,外滩广场举行了多场广场文化活动,上海市民迎香港回归文艺晚会持续至翌日清晨。"上海·台湾中秋夜两岸情"活动,通过卫星双向传送,把海峡两岸人民的心连在一起。上海金秋企业之声音乐会、"鱼水情——外滩街道军民演唱会"、储能中学铜管乐队演奏专场、武警总队军乐团纪念"七一"广场音乐会等外滩广场文化活动,成为展示企业、社区、校园、军营文化风貌的窗口。在迎接香港回归的 1 个月中,全市共举办 1 093 场广场文化活动。特别是 6 月 30 日晚上,100 支歌队、近万名市民,在外滩广场举行"迎香港回归,颂伟大祖国"大型活动。上海交响乐团中外名曲广场音乐会、卫星双向传递的"中国上海·新加坡狮城中秋夜音乐会"、德国乡村摇滚乐广场音乐会、美国帕洛阿图室内交响乐专场音乐会、"中国—巴西两国海军军乐团交流演出"等一些具有中外文化交流特点的外滩广场文化活动,成为中外文化交流的平台和上海国际大都市文化形象的标志。1997 年举行的广场群众性文化活动约有数千场,观众达 800 多万人次,成为一道富有上海特色的城市人文风景线。

1998 年 11 月 28 日,在新世纪广场举办了庆贺外滩广场文化活动 5 周年演出暨"1998 黄浦社区文化大赛"闭幕式,参与群众上千人。活动包括女声独唱比赛、京剧清唱比赛、青春健美舞比赛等节目,还有精彩的评委点评、示范演唱等。演出展示了歌舞、男声独唱、金盾军乐团的铜管乐、手风琴独奏、配乐演讲、少儿武术以及长途电信局合唱团的大合唱、大世界木兰拳艺术院的木兰拳双扇等。参加表演的有专业演员,也有普通群众。上海市委副书记龚学平,市委常委、市委宣传部部长金炳华等观看了演出,并为"1998 黄浦社区文化大赛"的获奖者颁奖。

1999 年,上海文化活动的重点是庆祝中华人民共和国成立 50 周年。市文明办和市文化局联合举办了上海市广场文化展演周活动。9 月 25 日晚,外滩陈毅广场鼓乐欢腾,歌声飞扬。"50 华诞,99 祝福"文艺晚会作为开幕式的序曲首先亮相。主办单位以优秀的获奖节目为基础,经过精心策划和组合排练,以 20 台大型文艺演出、4 个游园活动、百余场群众文化活动,营造了热烈的广场文化氛围,为市民群众提供了欢度佳节的文化盛宴。在 20 台大型广场文化活动中,来自全市区县文化馆、工人文化宫、少年宫、学校、武警部队的数百名业余演员满怀豪情的演出,向伟大祖国五十华诞献礼。展演周至 10 月 2 日结束。

2000 年 12 月 31 日,四面八方的群众有组织地来到了外滩新世纪广场迎接新世纪的到来。21时,在欢庆的锣鼓声中,"走进新世纪,再创新辉煌——上海各界人士迎接 21 世纪联欢活动"在外滩新世纪广场正式开始。歌手们唱起了《拥抱明天》,唐元才、胡璇、赵志刚、钱惠丽等专业演员表演了群唱《好日子》。从 23 时起,外滩新世纪广场成了歌舞鼓乐的海洋,热烈的大锣鼓《欢天喜地》、奔放的安塞腰鼓《火红军营》、欢快的手鼓舞《金梭银梭》,以及爵士鼓、腰鼓等的表演,启动了上海各界人士迎接 21 世纪联欢活动主会场的活动。零点时分,当新世纪钟声敲响时,礼炮齐鸣,焰火腾空,彩旗飞舞,在歌唱演员于丽红领唱下,3 000 名演员、群众纵情高歌《走进新世纪》,抒发了迈进新时代的豪迈情怀。广场内人声鼎沸,一片欢腾。广场外的外滩人山人海,以青年人为主体的众多市民,手持各式新奇的荧光、充气玩具,脸上带着喜庆的色彩。除外滩外,从杨浦到闵行,从宝山到嘉定,从浦东到崇明,从南汇到奉贤,各区县在这一天都举行了群众文艺演出,申城群众用大联欢来迎接新的世纪。

**图 ZJ1-1-1　庆祝上海解放 55 周年广场文化活动
　　　　　　　(2004 年 5 月 27 日)**

2001 年,围绕庆祝中国共产党成立 80 周年这一主题,开展各类广场文化活动 389 场次。其中,在中国共产党建党 80 周年纪念日前夕,上海相关单位组织了"太阳升起的地方"主题纪念活动,邀请嘉兴、南昌、瑞金、井冈山、遵义、延安等地的宣传文艺团队相聚卢湾,共同庆祝中国共产党的生日。来自 6 个革命纪念地的文艺团队还深入到街道社区、部队营房、学校等进行交流、座谈和演出。除了黄浦区以外,其他各个区县的广场文化活动也同时围绕这个主题进行。

此后,广场文化活动成为深受市民大众喜爱的形式,在各类重大纪念日和节庆活动中,成为开展全市群文活动、展示上海市民风采的主要样式。2010 年上海世博会园区内和园区外设置了很多广场文化活动,在园区外命名的 12 个世博文化广场中,半年时间内每周推出不同主题的文艺演出,成为改革开放后,上海持续时间最长、分布范围最广、参与人次最多的广场文化活动。随着时代的发展,上海的广场文化活动所涉及的内容范围、展示手法持续变化,越来越多样和丰富,为市民大众所广泛认同和参与。

二、上海世博会群文活动

上海举办世界博览会是国家赋予上海的一项光荣而艰巨的任务,也是上海国际大都市展示对外开放形象,进行国际交流的良好机遇。全市群众文化从业者遵照上级部署,按照行业特点,从迎接上海世博会活动设计,到开幕后的活动实施,展开了多层次、多角度、丰富多彩的群众文化活动。

(一) 世博会开幕前的活动

【"世博印象——上海市民数码摄影大赛"】

2008 年 12 月 14 日,上海市文化广播影视管理局(下称市文广局)、上海世博会事务协调局(下称上海世博局)、共青团上海市委(下称团市委)共同主办,上海市群众艺术馆(下称市群艺馆)、上海市摄影家协会、上海艺术摄影协会、东方网承办的"世博印象——上海市民数码摄影大赛"启动仪式在淮海东路香港新世界商厦下沉式广场举行。该赛事连续举办 3 届,以数码摄影记录世博会建设和展示全程。作为较早通过网络开展的群众文化活动项目,"世博印象"活动推出后,大赛网站吸引了众多市民的投稿与投票。第一届至征稿截止日的点击量达到 3 543 623 次,访问数突破 41 865 次,共征集到 1 000 多幅(组)高质量的参赛照片。经过各方专家评选,最终揭晓了 5 个最佳奖项与 100 幅(组)优秀入围奖,并在东方网公布获奖名单和作品。

2009 年 8 月 12 日,由市文广局、上海世博局、团市委共同主办的"世博印象——上海市民数码摄影大赛首届获奖作品展暨第二届启动仪式"在徐汇艺术馆举行。市文广局副局长王小明、团市委副书记夏科家、上海世博局宣传部部长徐威、市群艺馆馆长孟平安、徐汇区文化局局长陈澄泉共同为第二届比赛启动剪彩。第二届比赛征稿时间自 2009 年 8 月 12 日至 11 月 30 日,面向所有在上海生活与工作的市民,不论年龄、地区、国籍,均可报名参赛。征稿期内,市民登录网址 www.shimage2010.com 进行报名与投稿。第二届比赛继续围绕"城市——世博建设""城市——多元文化"和"城市——市民生活"3 大主题展开。截至 11 月 30 日,网上投稿 1 700 多幅(组),点击量超过 500 万次,点击量和作品数量超过上届。其间,组织开展"见证世博·劳动最光荣"世博园区建设风采拍摄活动。上海世博局新闻宣传部再次与市群艺馆合作,在 2008 年 3 月启动世博园区建设风采摄影活动。市群艺馆推荐组织 30 位由摄影家、区县群文摄影干部、市民摄影爱好者、大学生摄影社团成员等组成的摄影队伍深入世博园区建设现场,用镜头多角度、多方位地采集记录因时间流逝而永不重现的世博会建设场景,用真实的视觉语言表现园区建设者的风采,用摄影艺术体现园区建设过程中的"瞬间之实、凝固之情、丰厚之美",并于上海世博会倒计时一周年之际出版"见证世博·劳动最光荣"迎世博倒计时 1 周年特刊,部分作品在世博会展示厅进行了展览。市群艺馆参与了摄影家的组织协调、进园区拍摄的策划联络、作品的收集评选、画册的编辑出版等工作。

"世博印象"——上海市民数码摄影大赛第二届获奖作品展暨第三届启动仪式于 2010 年 4 月 16 日在徐汇艺术馆举行。第二届比赛经过各方专家的评选,最终评出了 4 项最佳奖项与 100 幅(组)优秀入围奖。第三届比赛拍摄主题为"世博进行时",作品的征稿期至 10 月 31 日截止。市群艺馆对作品的征集、整理、官网管理、赛事宣传等工作贯穿始终。

市群艺馆活动部自主策划创办的"世博印象"活动,得到各合作方的支持,受到广大普通市民的欢迎。参赛者用手中的相机,以各自的视角,真诚而自由地记录下对上海世博会、对城市、对生活独到的理解和感悟。这项连续举办3届的赛事,总赛程从2008年持续到2011年世博会结束之后,历时3年,让广大市民持续地关注世博、关注上海,以数码摄影独特的表现形式,记录上海世博会这一全球展览盛会的全程以及与之相关的包括居民动迁开始的城市建设和人文风貌的变迁,为上海新时代发展汇集了珍贵的市民视角的影像资料和城市档案。

【上海世博会开幕倒计时800天·元宵节活动】

上海世博会开幕倒计时800天正值2008年元宵佳节,通过闹元宵与迎世博倒计时仪式的有机结合,依托上海新天地独特的人文环境,对传统的民俗节庆文化内涵与现代时尚元素相结合进行了有益的探索,在弘扬民族文化的元宵节活动中,注入迎世博的文明礼仪宣传内容,为上海市民营造了欢度新年、喜迎世博的热烈气氛。

2008年2月21日举行的元宵节活动从新天地东起黄陂南路,西至马当路,南起兴业路,北至太仓路以及太平湖观景台和湖边区域,内容丰富,包括多项活动。一是作为元宵节传统习俗之一的猜灯谜,除了传统灯谜外,还结合迎接世博会、市民文明礼仪等主题,创作了有趣、好玩、富有知识含量的灯谜,猜中灯谜者可获得"海宝"小礼品,另设展板向市民介绍元宵习俗和灯谜知识。二是赏灯、玩灯,以灯的展示为看点,在南里活动区域内布置各式彩灯,涵盖传统花灯和现代工艺灯,以及来自各国的灯供游人观赏;现场还提供兔子灯、荷花灯、鼠灯等各式花灯,吸引游人参与"闹元宵"。三是迎世博倒计时800天亮灯仪式,当市领导和嘉宾步入现场时,瞬间所有彩灯被点亮,标志倒计时活动开启。四是花灯工艺展示,邀请民间艺人现场展示何氏灯彩和普通民用工艺灯的制作工艺,让游人对花灯有更多的了解和体验。五是龙灯表演,作为元宵节的传统项目,在太平湖观景台仪式前后安排龙灯表演,太平湖区域以大型龙灯、舞狮为主,南北里区域以小型龙灯为主,现场还有"海宝"人偶穿行在人群中,与游人合影、分发纪念品。六是漂流"心愿灯",结合迎世博倒计时800天的"心愿"主题,设计了心愿漂流瓶,在瓶中放置发光荧光棒和闪烁小灯。约200位市民代表在太平湖湖边区域的心愿瓶上写下了各自的心愿,并将"心愿灯"放入湖中。

【迎世博600天行动计划】

2008年9月8日,上海举行全市迎世博600天行动计划动员大会,对做好上海世博会下阶段的筹办工作进行动员和部署。中共中央政治局委员、上海市委书记俞正声出席会议并讲话指出,要把2010年上海世博会办成"世界文明的盛会、我们大家的世博",激发全体市民的参与热情,用创意活力打造精彩,用平安和谐铸就成功,用快乐温馨实现难忘,将"成功、精彩、难忘"的承诺通过"创意、和谐、快乐"的行动来实现。市委副书记、市长韩正就全市迎世博600天行动计划作具体部署。

当天,由市教委指导、中国福利会少年宫设计的"小伙伴礼仪城"向全市少年儿童开放,来自四川都江堰的百名少年和上海的百名爱心少年成为首批进"城"学礼仪的小伙伴。活动围绕仪表礼仪、剧场礼仪、交往礼仪、电话礼仪、观展礼仪、用餐礼仪等10余项内容展开,让孩子们了解文明礼仪的重要性,学会做一个讲文明懂礼貌的好少年。

11月8—30日,上海"迎世博600天行动计划"活动单元之一的"非物质文化遗产·中国故事巡展"在徐汇区西南文化艺术中心揭幕。

【"爱我中华,喜迎世博——爱国歌曲大家唱"上海市社区合唱大赛】

以庆祝中华人民共和国成立60周年、喜迎上海世博会为主题,市文明办、市文广局、市文联共同主办"爱我中华,喜迎世博——爱国歌曲大家唱"上海市社区合唱大赛。大赛的参赛对象以各社区(乡、镇)所辖区域内的干部群众为主体,包括社区合唱团队。

大赛自2009年6月下旬开始,分为4个阶段。6月下旬至7月,第一阶段传唱活动由各区县文明办、文化(广)局以社区文化活动中心、社区学校为主阵地,发动组织各社区(乡镇)干部群众广泛开展爱国歌曲和世博歌曲教唱、学唱、传唱活动;东方宣传教育服务中心、东方社区文化艺术指导中心通过配送讲座、派送辅导员等方式帮助各社区开展教唱、学唱活动;各社区(乡镇)在学唱、传唱的基础上,举办"百场社区(乡镇)爱国歌曲演唱会",即每个社区文化活动中心举办一场"爱国歌曲演唱会"。8月上中旬,第二阶段初赛由各区县自行组织,凡是符合参赛条件的社区合唱团队均可参赛。9月中下旬,第三阶段复赛和决赛由每个区县选送2—4个社区合唱团参加全市复赛。第四阶段的展示,社区合唱大赛中获胜的团队在全市庆祝中华人民共和国成立60周年活动中集中展演。

2009年11月8日,由市文明办、市文广局、市文联主办,市音协承办的"爱我中华,喜迎世博——爱国歌曲大家唱"上海市社区合唱大赛决赛在上海音乐厅举行。奉贤区南桥镇市民合唱团等10支社区合唱队获得"2009上海市十佳优秀社区合唱团"称号。

【"迎世博"扎灯大赛暨大型公益灯展】

2009年2月7日(正月十三)至2月9日(正月十五)晚,由上海世博局、市文广局、徐汇区人民政府联合主办,江苏省非物质文化遗产保护中心、浙江省非物质文化遗产保护中心、上海市非物质文化遗产保护中心、徐汇区文化局、徐汇区旅游局和徐汇区龙华街道办事处共同承办的"迎世博"扎灯大赛暨大型公益灯展活动在龙华塔园广场和步行街举行。6万多上海市民、外来务工者参加活动。

参加大赛的绝大多数彩灯均是由长三角地区灯彩传承人突破传统彩灯题材,以上海世博会为主题创作的参赛作品,有江苏省秦淮灯彩选送的《九龙壁》、浙江省浦江灯会选送的《百花盛开迎世博》、上海工艺美术厂设计的《东方之冠——中国馆》等60多组彩灯。集观赏性、趣味性、艺术性和知识性于一体的各式参赛彩灯组成灯的长龙,打造出火树银花不夜天、和谐祥乐的节日氛围。

元宵夜,长三角民俗文化表演队云集龙华,精彩亮相。民俗演出板块的节目有江苏省的"海安花鼓"和"男欢女喜",浙江省的"浦江迎会"和"青田鱼灯",上海市的"月浦锣鼓"和"海派秧歌"。这些节目均为长三角地区非物质文化遗产的名录项目,有些项目还参加过2008年北京奥运会开幕式的文艺演出。还有来自浙江遂昌县热闹非凡的"抬阁"表演,以及上海市区中断多年后又重新恢复的民间行街习俗表演。龙华步行街同时设置民俗互动板块,软陶制作(上海市)、传统香袋(上海市)、风筝造型(上海市)、黄杨木雕(浙江省)、西溪花篮(浙江省)、秦淮荷花灯(江苏)、百态葫芦(江苏省)、丝加车(江苏省)等数十个民间手工工艺制作互动点,吸引了众多市民参与。

【上海市迎世博百场文艺巡演活动】

2009年3月22日,由市文明办、市文广局共同主办的"上海市迎世博百场文艺巡演"活动举行启动仪式,并为演出团队举行授旗仪式。巡演分两个层面展开,市级层面通过社会招标、政府购买服务等方式组织100场文艺演出到社区(乡镇)、公园、商场、企事业单位、建设工地等进行巡演;各区县、社区广泛开展具有地域特点的演出、讲座、展览等形式多样的迎世博文艺宣传活动,全年活动总量3 000场。每周双休日在全市举行4—5场巡演,历时半年。

由虹口区文化馆策划组织的首场迎世博文艺巡演活动在虹口区工人文体活动中心举行,700余位社区群众观看了演出。2009年8月26日,"上海市迎世博百场文艺巡演"群众文化活动在奉贤区落幕。

【上海市优秀童谣征集评选】

2009年8月,市委宣传部、市文明办、市教委、团市委、市妇联联合开展"小八腊子开会喽"——上海市优秀童谣征集评选活动。未成年人网络天地网开通"优秀童谣征集评选活动"专题网页,上海文明网、心域网、雏鹰网建立活动的专题链接。共征集到童谣1 000多首。经两轮专家评审、专题网页网上投票,评选出优秀童谣100首,并汇编成《上海市优秀童谣集》出版。市文明办从中选出《两条龙》《太阳爬高楼》等11首童谣推荐上报中央文明办,参加全国优秀童谣评选,其中《两条龙》获二等奖,《太阳爬高楼》获三等奖。10月15日开始,主办单位又联合举办优秀童谣征集评选的后续活动——"童声念童谣,文明迎世博"上海市优秀童谣朗诵大赛,在全市小学、幼儿园朗诵传唱100首优秀童谣。"童谣朗诵大赛"设个人和团体两个类别。通过初赛、市级复赛和决赛,评选出一、二、三等奖和优秀组织奖。

2010年1月28日,"小八腊子开会喽"——上海市优秀童谣征集评选暨"童声念童谣,文明迎世博"朗诵大赛颁奖典礼在中国福利会少年宫举行。

(二)世博会园区内的活动

【2010年上海世博会"上海活动周"巡游和群文活动】

2009年,上海群文条线参与上海世博会场馆活动的投标工作,目标是宝钢大舞台和小舞台的活动。市群艺馆活动部完成"海上民风"——2010年上海世博会群文活动专场演出的方案投标,并在评审会上进行陈述。方案在总体思路上,依照时代发展的脉络,通过历年群文创作作品和社团特色以及上海非物质文化遗产项目的板块组合,突出上海海纳百川、融合提升、精致时尚的风格特点,以展示上海城市发展和民风变迁。在内容上,鉴于上海世博园区大、场馆多、游客观展时间短、观众流动性大的特点,园区内的演出节目需变化迅速,色彩丰富,方能吸引观者短时间驻足观赏。方案设计整场演出时间为30分钟至40分钟,循环表演;而每个节目则要改编、压缩或节选时间在2—4分钟。围绕"海上民风"这一主题,设计"吴淞回声""江海朝旭""海上华芳"三个板块,以展示上海不同时代的城市民风。经评委会评审,决定将"上海周"彩车巡游和宝钢小舞台的非物质文化遗产展示传习馆的展示以及相关演出交市群艺馆、市非遗保护中心等单位组织完成。

作为世博会期间上海文化对外宣传交流的窗口,上海非物质文化遗产展示传习馆发挥世博会在上海举办的优势,选择上海非物质文化遗产中能反映上海人首开风气、讲求情趣的审美品位和生活意趣的项目,以"上海人的一天"为动线,策划了以非物质文化遗产为主题的展览,展示了具有上海特点、中国元素和现代设计的非遗文化展品。展览的同时还开展观众参与、体验和互动的活动。

同年10月8—12日,以"创新""时尚""活力""多元"为主题的上海世博会"上海活动周"欢乐大巡游活动在世博会浦东园区内举行。作为世博会"上海活动周"的重要组成部分,巡游活动规模盛大、形式活泼,展示了上海的本土文化特色。巡游活动持续1周,包括6辆花车、500多位演职人员,每天3场在世博大道3千米的欢乐大巡游，赢得了沿途中外游客的欢呼与喝彩。

"上海活动周"巡游活动由上海市委宣传部主办，市文广局牵头总负责，由市群艺馆、上海话剧艺术中心、上海杂技团联合承办。从创意策划到组织实施，各单位明确职责，通力合作，在实施工作中既分工明确，又互相补台，形成"一个团队，多股力量"，为活动的成功举行奠定了组织基础。2009年底，搭建由三家单位业务骨干构成的巡游项目主创团队，以反映世博主题、上海特色为目标，经过多次策划会议，从创意概念到演出效果，再到技术支持，进行反复论证。在实地考察巡游线路的基础上，主创人员重点研究各类可用的节目资源，他们的足迹几乎踏遍上海各高校、演艺团体，并将巡游演出从最初的概念落实到有具体节目安排的策划文本，最终确定巡游活动的形式，以科技、舞蹈、时装、杂技、艺术体操、极限运动等为创意素材，并以"低碳、环保"概念贯穿始终，反映上海文化与科技的融合，时尚与创意的连接，展示上海人对美好生活的期望。巡游队伍设计包括6大方阵、6辆彩车，第一方阵是兼具时尚和传统元素的"啦啦队表演"作为"上海活动周"巡游的开场表演，表现海纳百川的浦江情怀；第二方阵是行进的高科技海宝机器人，表现上海的创新精神；第三方阵以轮滑和舞蹈相结合的表演，展现上海世博会形象，并与海宝机器人形成呼应，展现上海的科技与创新；第四方阵以新颖幽默的时装秀展示各种明丽炫目的创意服饰，表达上海的时尚创造理念；第五方阵以富有艺术美感和爆发力的艺术体操表演为主体，与彩车相呼应，展现上海的青春活力；第六方阵以充满想象和挑战的街舞表演为主，表现了上海的包容性和生命力。此外，彩车展示还穿插了柔术、高跷小丑、人体雕塑、新民乐等形式的表演。

市群艺馆活动部作为项目责任团队与参加活动的各家单位洽谈，签订协议、合同，确定包含体操、模特、杂技、轮滑、街舞、新民乐等形式的巡游队伍。通过积极动员、精心制作，在创意策划的同时，集中精力统筹各方资源，调集来自全市各高校和各类演艺团体的队伍，落实演员和节目，并组织排练、合练、彩排和巡游的现场实施。通过市文广局层面召开专题工作协调会，工作团队与上海师范大学、上海工程技术大学、上海学生艺术团、上海杂技团、上海体育学院等10多家单位数百名演员冒着酷暑在东华大学参加排练、合练和彩排。

市群艺馆制定工作推进表，明确每项任务完成的时间节点。从2010年8月开始，各节目的排练修改、服装道具、音乐制作等工作逐项推进、完成；随后进行局部合成、联排、总体合成、彩排等。作为"上海活动周"的一部分，活动涉及大量繁复的协调、对接工作，包括申请巡游部分的500余名演职人员、非遗传习区项目人员的入园通行证；演职员的餐饮保障；化妆休息室、演员车辆停车证、园区内演员接驳车的安排和调度等。

"上海活动周"巡游期间，世博会进入最后一个月，由于市群艺馆和参演单位都承接了世博会的多项相关工作，整个工作团队以及大部分演员已很疲惫，但大家没有丝毫懈怠，一些演员甚至带病参加。从"十一"期间的连续排练到10月5日深夜到6日凌晨的实地接车、彩排，连续5天的排练演出，每一个演职人员都付出了艰辛的努力。在一周的现场巡游演出中，演员每天3次行进表演，演员们还要做人梯、翻腾等高难度的表演动作；模特穿着沉重的概念时装、高跟鞋走台步；人体雕塑演员始终保持着同一动作；杂技演员踩着3米的高跷和观众进行互动，演员们以饱满的精神状态，顺利完成了"上海活动周"的巡游任务，受到观众欢迎。

上海世博会"上海活动周"巡游活动的策划组织，通过多家单位联手合作，不仅高质量地完成任务，也为大型活动的组织策划提供了创意空间和经验思路。500多位演职人员200多天的辛勤付出，展示了上海的风采，团队的力量，成为多方协同合作的一个成功案例。

【世博合唱节】

2010年7月21日,"世博合唱节"在上海世博文化中心举行,参与2010年绍兴市第六届世界合唱比赛的9支国际优秀合唱团队600人、专业音乐学院学生合唱团队150人、上海各区县社区合唱团队1 260人组成2 010人的合唱阵容,共同演绎世界合唱名曲和世博优秀歌曲。晚会以德国作曲家卡尔·奥尔夫的清唱剧《卡尔米拉·布拉纳》(片段)大合唱开幕,在全场共同吟唱中国经典民歌《茉莉花》中结束。来自印度尼西亚、波黑等国家的演员身穿具有各国民族特色的服装,携带特色乐器登台,演绎了《哈利路亚》《世界著名旋律联奏》《四海一家》等多首经典合唱曲目。全场以合唱互动为主要演出基调,实现了专业与业余、场上与场下的多重互动,为观众奉献了30余首经典合唱曲目,赢得了经久不息的掌声。曲目中还包含一首专门为上海世博会创作的合唱作品《交响之红》,成为这部作品的世界首演。

(三) 世博园区外的活动

【"璀璨耀浦江"——上海世博会城市文化广场"周周演"活动】

"璀璨耀浦江"——2010上海世博会城市文化广场"周周演"活动由市文广局牵头主办,市文明办、市教委、市体育局、市旅游局、市总工会、团市委、市妇联共同支持,市群艺馆、各区县文化(广)局和市有关单位共同承办。自2010年5月1日至10月31日的每个双休日,即历时184天的上海世博会期间,27个周末的54天里,在全市12个统一命名的"上海世博会城市文化广场"推出近600场文艺演出,并带动全市3万场广场主题演出,在全市营造出浓郁的世博氛围,让广大市民和中外游客共享世博会带来的城市文化的丰富和繁荣。

上海世博会期间的每个双休日(周六、日两天),结合具体情况,上午、下午、晚上均安排演出。活动地点是南京路世纪广场(黄浦区)、四川北路欢乐广场(虹口区)、静安寺下沉式广场(静安区)、徐家汇港汇广场(徐汇区)、三林龙狮文化广场(浦东新区)、奉贤南桥广场(奉贤区)、百联西郊中庭广场(长宁区)、大宁国际商业广场(闸北区)、长寿路绿地广场(普陀区)、东方明珠广场、东方绿舟广场。活动内容分为四大系列,包括"海上风"——以综合文艺展演为特色;"民族风"——以民俗民间文化为特色;"时尚风"——以休闲文化、校园文化为特色;"世界风"——以多元文化交流为特色。

在4个主题板块中,第一季"海上风"集中展示上海各区县各系统的群文优秀舞台艺术成果,从18个区县和4个系统单位征集了近40台节目;第二季"民族风"以江、浙、皖等地的地域色彩浓郁的艺术展示为主体,在江、浙两省文化主管部门的支持下,邀请长三角的十几个城市共同参与展示;第三季"时尚风"以各大学和艺术学校为主体,展示青春活力,5所大学和1所艺术学校参加展示;第四季"世界风"集中展示艺术节的国外民间艺术团队,以及上海的涉外艺术团队和以国外艺术形式为主题的区县节目。

各文化广场的演出内容由市里统筹安排。节目的主要来源,一是各区县和有关系统集中推荐的群文优秀作品;二是面向社会(包括专业院团和社会文化单位)招标,征集各类优秀、特色节目;三是参加世博园区内的各类文艺展演的内容;四是长三角地区、其他省市及海外演出团队的节目资源。此外,来自法国的"夏之音乐日"项目加入"周周演"的行列,全国"群星奖"节目巡演也纳入"周周演"的活动中。其中,对上海的社会艺术院团进行招标,实行购买服务,充实提升广场活动的舞台。对40余家院团进行初审后,组织专家组进行第二轮评审;同时安排所有进入第二轮的院团参加试演,组织人员对试演进行评分,并听取各场地方对各演出院团的评价,最终确定入选演出的院团,进行签约。

活动的展演团队来自上海市各区县各系统的市民艺术社团、社会艺术团体、部分专业院团、学生艺术社团,以及来自江苏省、浙江省、安徽省、云南省4省15个城市,还有来自欧洲、非洲、南美洲、亚洲四大洲的8个国家艺术团体约100支团队、1.5万名演职人员参与演出。

责任分工方面,市文广局成立"世博园区外群文活动部",负责演出资源的调配,节目的审定、安排,演出事务的协调和整个展演活动过程的跟踪督察等工作;区县文化(广)局负责文化广场的场地协调、舞台搭建、舞美制作、灯光音响、环境布置,以及安全保卫等属地工作。

对各承办场地方统一要求,设立专门机构,落实专职人员,对演出所需舞台、舞美、灯光、音响的配置、化妆休息室、观众座席等进行统一要求,对观众组织、安全保卫、交警治安、卫生防疫、便民设施等一系列工作实行包干责任制,保障了延续半年活动的展开。

全市12个广场舞台背景板是经过几轮的策划设计、定稿后,统一刻盘分送场地承办制作单位的。各场地方都投入了大量的人力物力,每周拆建舞台、安置设备、接待演出团队、布置后勤安保。巨大的工作量要持续半年,在整个活动的策划之初被认为是"不可能完成的任务"都出色完成。12个广场中有多个商业广场的场地方放弃了许多商业盈利的活动,为"周周演"腾出专门档期,体现了大局意识。另外,"周周演"每一季都设计制作一本精美的画册,既是当季的演出目录,也是值得收藏的纪念册、宣传资料和档案资料。半年时间的四本画册,每一册的策划编辑都紧跟着上一季的编辑内容,每一本画册从排片核实、文字介绍、图片搜集、节目单确认等,都进行了大量的组织协调和联络沟通工作;每一本画册涉及的数十个单位,设计编辑人员都加班加点,从而保证了每一季按时完成。

"周周演"活动的成功举办,得到各区县、系统、长三角城市和社会各界的大力支持,12个城市文化广场和众多演职人员的倾情奉献,是上海群众文化工作者的忘我付出结出的硕果。来自各方面的演出团队在全市12个广场间奔波巡演,在高温天里穿着厚重的演出服挥汗如雨,许多演员同时承担世博园内的演出任务,都是园区内外连轴转。不少专业院团和知名艺术家也来加盟助阵,奉献了一台台平日只能在剧场里欣赏的专业演出。在全市培育了一大批忠实观众。通过《"周周演"活动指南》的发放和12个广场的演出预告,许多市民将到广场看演出当成了周末生活中的重要项目,有的还会追随喜爱的团队到不同的广场去观看。观众中,平均有三分之一是中外游客,他们偶然邂逅"周周演",当听到介绍这些表演者大多是来自社区的退休人员和业余爱好者时,引起了他们的兴趣,观看演出成为他们旅途中收获的一个惊喜,先后有300万名观众驻足观看。

图ZJ2-1-1　上海世博会城市文化广场周周演开幕式
（2010年4月25日）

上海世博会城市文化广场"周周演"活动持续时间之长、覆盖面之广、参与人数之多、影响力之大创造了上海市群众文化活动之最。《解放日报》《新民晚报》《东方早报》、上海电视台、东方网等媒体都对活动内容持续进行报道,网上相关信息近20万条,点击率达30多万。

同年11月5日,2010年上海世博会城市文化广场"周周演"闭幕式在静安寺下沉式广场举行。市文广局对给予"周周演"活动大力支持并作出贡献的单位和个人进行表彰,颁发"优秀组织奖""优秀演出奖"等多个奖项。闭幕演出选取在"周周演"舞台上演出并获得观众热烈反响的歌舞、器乐、武术等 12 个优秀节目,展现了充满活力与创意的都市风采。

参加上海世博会城市文化广场"周周演"获奖名单:

优秀组织奖(14 个):徐汇区文化局、长宁区文化局、静安区文化局、闸北区文化局、普陀区文化局、黄浦区文化局、浦东新区文化广播影视管理局、浦东新区三林镇人民政府、浦东新区潍坊街道办事处、青浦区文化广播影视管理局、奉贤区文化广播影视管理局、松江区文化广播影视管理局、上海东方明珠广播电视塔有限公司、上海市群众艺术馆。

组织奖(12 个):上海警备区政治部宣传处、武警上海总队政治部宣传处、上海市教育委员会体育卫生艺术科普处、中国福利会少年宫、卢湾区文化局、虹口区文化局、杨浦区文化局、宝山区文化广播影视管理局、闵行区文化广播影视管理局、嘉定区文化广播影视管理局、金山区文化广播影视管理局、崇明县文化广播影视管理局。

优秀演出奖(12 个):"多彩的军营 和谐的城市 美好的生活"专场演出(上海警备区政治部文工团);"七彩童心 欢享世博"专场演出(中国福利会少年宫小伙伴艺术团);"世博卫士风采"专场演出(武警上海市总队政治部文工团);"欢乐世博 多彩校园"专场演出(上海市科技艺术教育中心艺术教育部);"来自黄浦的精彩"专场演出(黄浦区文化馆);"世博大舞台 静安大都会"专场演出(静安区文化馆);"风采苏州河 魅力新普陀"专场演出(普陀区文化馆);"知识杨浦 创新城区"专场演出(杨浦区文化馆);"天下一家"专场演出(浦东新区文化艺术指导中心);"花开灿烂炫闵行"专场演出(闵行区群众艺术馆);"滨江风情"专场演出(宝山区文化馆);"江海潮"专场演出(崇明县文化馆)。

演出奖(10 个):"世界的旋律 我们的世博"专场演出(徐汇区文化局大型活动部办公室);"舞动盛世 欢歌世博"专场演出(卢湾区文化馆);"多彩虹口 舞动世博"专场演出(虹口区文化艺术馆);"腾飞闸北 跨越梦想"专场演出(闸北区文化馆);"都市民俗风"专场演出(长宁区民俗文化中心);"贤城和韵世博情"专场演出(奉贤区文化馆);"和谐水乡 欢庆世博"专场演出(青浦区文化馆);"锦绣江南嘉定风"专场演出(嘉定区文化馆);"金山民俗风"专场演出(金山区文化馆);"上海之根 欢乐之源"专场演出(松江区文化馆)。

先进个人(40 名):王建军(浦东新区三林镇文广服务中心)、康洁丽(黄浦区文化馆)、余龙发(新世纪演出公司)、王有仁(徐汇区文化局)、石建华(徐汇区文化馆)、吴培华(长宁区文化局)、彭艺(长宁文化艺术中心)、王润惠(卢湾区文化馆)、何柄玺(静安区文化局)、韦燕华(静安区文化馆)、谢穗儿(虹口区文化馆)、范文翔(普陀区文化局)、洪伟(普陀区文化馆)、周方益(杨浦区文化馆)、陈列(闸北区文化局)、王坚伟(闸北区文化局)、陆顺麟(浦东新区文化艺术指导中心)、王健(浦东新区潍坊新村街道文化活动中心)、周建义(浦东新区浦南文化馆)、郭赟(宝山区文化馆)、卞莉莉(闵行区群众艺术馆)、李辉(嘉定区文化馆)、李美幸(金山区文化广播影视管理局)、薛亚锋(松江区文化广播影视管理局)、庄德德(松江区文化广播影视管理局)、戴明(青浦区文化馆)、张帆(青浦区文化馆)、卫继平(奉贤区文化馆)、张鲁一(奉贤区文化馆)、朱振东(崇明县文化馆)、谢静(中国福利会少年宫)、戴勤燕(上海市科技艺术教育中心)、陈盈盈(上海警备区政治部文工团)、敖长生(武警上海总队政治部文工团)、吴榕美(上海市群众艺术馆)、梁英杰(上海市群众艺术馆)、高芸(上海市群众艺术馆)、闵雪生(世博会园区外群众文化活动部办公室)、李向阳(上海市文化广播影视管理局)、孙晨晔(上海市文化广播影视管理局)。

特别支持奖(5个):世纪广场管理办公室;上海锦迪城市建设开发有限公司;徐家汇商城集团;上海百联西郊购物中心有限公司;上海大宁国际商业广场。

【"炫动世博,舞动上海"——迎接世博活动】

2010年9月27日至10月27日,历时1个月的时间,第十二届中国上海国际艺术节围绕2010上海世博会,以"炫动世博,舞动上海"为主题,策划了舞台演出、论坛、群文活动、展览博览、节中节、演出交易会等六大板块活动。第十二届国际艺术节组委会副主任、文化部副部长赵少华宣布第十二届中国上海国际艺术节开幕时说,中国上海国际艺术节已成为国际艺坛上极具影响力的艺术节之一。在举世瞩目的世博年,世博园内展示着人类文明发展的丰硕成果,世博园外的国际艺术节汇聚着中外优秀艺术的精品佳作,园区内外交相辉映,共同谱写各国交流合作、世界和谐发展的美好篇章。

活动利用各省市在世博园举办文化周的机遇,安排各省市文化周剧(节)目在园区内外交替演出,形成园区内外互相呼应的效应。其中,园区内外举办四川、贵州等省的民族舞蹈风情专场和香港文化周活动等;国际艺术节校园行项目策划了"挪威音乐校园行——世博板块",在世博园区内的欧洲广场上,挪威音乐家携手沪上100余名学生献演12台互动的音乐表演,吸引观众驻足观赏;在豫园中华戏曲"天天演"舞台举办"唱响世博——全国戏迷展演"活动,全国十余家广播电台组织来自全国各地各剧种的戏迷,包括河南越调、安徽庐剧等,相聚上海世博会,以弘扬中华民族传统戏曲文化;在"天天演"活动中举办上海世博会志愿者专场、"唱响世博——全国戏迷大联欢"活动。

国际艺术节期间举办的世博主题群文活动还有静安2010"爵士上海"音乐节、普陀"长风杯"新上海人歌手大赛、虹口戏剧小品节、第二届徐汇金秋民乐节、第四届上海朱家角"水乡音乐节"、松江第四届上海朗诵艺术节、浦东缤纷长三角系列活动、首届中国莲湘文化节以及"书香苏州河"巴金著作版本、手稿、书名篆刻艺术展,杨浦区的"世博风城市情"第三届上海市民艺术大展,"璀璨春申绿色家园"闵行庆世博文化活动等一系列由各区县主办的群众文化品牌项目;市教委"莘莘学子庆世博、青春放歌颂祖国"校园文化展演,以"世博情、中国心、世界风"为三大主题的大学生艺术实践基地展演,包括华东师范大学、上海音乐学院、上海戏剧学院等高校参与展演;上海市总工会"放歌世博"上海市职工文化展演等。

附 录

《洋山港全景》 杨焕敏摄

一、文献辑存

上海市公共文化馆管理办法

(1997 年 9 月 22 日上海市人民政府发布)

第一条 （目的）

为了加强对本市公共文化馆的管理,充分发挥公共文化馆在提高市民文化素质和提高城市文明程度中的作用,促进文化事业的发展,制定本办法。

第二条 （定义）

本办法所称的公共文化馆,是指政府设置,向社会公众开放,组织和指导群众文化活动的公益性文化事业单位,包括市文化馆、区(县)文化馆和街道(乡、镇)文化馆(站)。

第三条 （适用范围）

本办法适用于本市行政区域内公共文化馆的设置、使用及其监督管理。

第四条 （设置原则）

公共文化馆按照行政区划设置。市和区(县)行政区域内分别设置市文化馆和区(县)文化馆;街道(乡、镇)行政区域内设置街道(乡、镇)文化馆(站)。

第五条 （主管和协管部门）

上海市文化局(以下简称市文化局)是本市公共文化馆的行政主管部门。区(县)文化行政部门负责辖区内公共文化馆的管理。各级财政、规划、人事、物价、建设和房地等行政管理部门应当根据各自职责,协同文化行政部门实施本办法。

第六条 （设置规划）

市文化局应当会同有关部门编制本市公共文化馆设置规划,报市人民政府批准后组织实施。

区(县)文化行政部门应当根据本市公共文化馆设置规划,会同有关部门编制本区(县)公共文化馆设置规划,报区(县)人民政府批准后组织实施。

第七条 （建筑设计规范与竣工验收）

新建、改建、扩建公共文化馆,应当符合公共文化馆的建筑设计规范。

新建、改建、扩建的公共文化馆经竣工验收合格后,方可交付使用。市文化局或者区(县)文化行政部门应当参加公共文化馆的竣工验收。

第八条 （馆舍面积）

区(县)文化馆和街道(乡、镇)文化馆(站)的建筑面积之和应当达到平均每千人 50 平方米。其中,区(县)文化馆的建筑面积不少于 5 000 平方米,街道(乡、镇)文化馆的建筑面积不少于 1 200 平方米。

市文化馆的建筑面积另行规定。

第九条 （使用登记）

市和区(县)文化馆应当自建成投入使用之日起 30 日内,向市文化局办理使用登记手续;街道(乡、镇)文化馆(站)应当自建成投入使用之日起 30 日内,向区(县)文化行政部门办理使用登记手续。

第十条 （终止和变更）

公共文化馆合并、分立、撤销或者变更馆址、馆名的,应当报办理使用登记的文化行政部门批准,并办理合并、分立、撤销或者变更登记手续。

第十一条 （人员配备）

公共文化馆应当配备一定数量的专业技术人员和管理人员,具体要求由市文化局会同上海市人事局另行规定。

公共文化馆的馆长经市文化局培训、考核合格后,方可上岗。

第十二条 （设备、器材的配置与更新）

公共文化馆应当根据工作需要,配置、更新专用设备和器材。

第十三条 （公益性文化活动的开展）

公共文化馆应当开展下列公益性文化活动:

（一）组织业余文化艺术创作、表演和展览活动,向业余艺术表演团体提供排练活动场所;

（二）免费提供报刊阅览服务,开设免费文化艺术活动专场;

（三）通过讲座、培训班等形式,组织群众学习文化艺术技能和进行时事政治、文化科技知识教育;

（四）收集、整理、利用本地区的民族、民间文化艺术形式,组织民间文化艺术交流;

（五）开展群众文化理论的学术研究,编辑群众文化理论书籍和资料,建立本地区的群众文化工作档案。

第十四条 （文化娱乐活动和其他经营活动的开展）

公共文化馆可以开展多项文化娱乐活动,其中,利用公共文化馆的设施和场地开展文化娱乐经营活动或者其他经营活动的,应当征得办理使用登记的文化行政部门同意后,按照国家和本市的有关规定办理审批手续。

第十五条 （业务辅导）

市文化馆应当对区(县)、街道(乡、镇)文化馆进行业务指导;区(县)文化馆应当对街道(乡、镇)文化馆进行业务指导。

公共文化馆应当做好对群众文化活动的业务辅导工作。

第十六条 （公益性文化活动用房）

公共文化馆用于开展本办法第十三条所列的公益性文化活动的房屋(以下称公益性文化活动用房),应当严格管理和保护,不得任意改变用途。因特殊情况确需调整用途的,公共文化馆应当报办理使用登记的文化行政部门批准,并由使用者在本地段内限期落实公益性文化活动用房。

区(县)文化馆的公益性文化活动用房的建筑面积,应当在2 500平方米以上。

街道(乡、镇)文化馆的馆舍主要用于开展公益性文化活动,公益性文化活动用房的建筑面积的具体要求,由所在地的区、县人民政府规定。

禁止将公共文化馆的公益性文化活动用房转让、出租给他人从事经营活动。

第十七条 （收费规定）

公共文化馆开展公益性文化活动时,可以收取服务成本费,但本办法规定应当提供免费服务的除外。服务成本费的具体标准,由上海市财政局、上海市物价局和市文化局另行规定。

第十八条 （开放时间）

公共文化馆应当每天(包括国定节假日)开放,每天开放的时间不得少于8小时。

第十九条 （经费筹集）

公共文化馆的经费,通过下列渠道筹集:

(一) 各级财政的拨付和街道办事处的补贴;

(二) 开展自主经营活动的收入;

(三) 社会捐赠和赞助。

第二十条 （经费使用的监督）

公共文化馆应当积极筹措公益性文化活动经费。公共文化馆的公益性文化活动经费,必须专款专用,并接受财政、审计和文化行政部门的监督,任何单位和个人不得截留、挪用。

第二十一条 （考核）

市文化局应当制订公共文化馆的考核办法。

市文化局和区(县)文化行政部门应当根据公共文化馆的考核办法,定期对各级公共文化馆进行考核。

第二十二条 （对违反本办法有关规定的处理）

对违反本办法规定,有下列行为之一的单位,由市文化局或者区(县)文化行政部门责令停止违法活动、限期改正,并可给予通报批评;

对直接责任人员,由其所在单位或者上级主管部门给予行政处分:

(一) 未按规定办理公共文化馆使用、合并、分立、撤销或者变更登记手续的;

(二) 未经批准合并、分立、撤销公共文化馆或者变更公共文化馆馆址、馆名的;

(三) 未按规定开展公益性文化活动的;

(四) 未经批准改变公共文化馆的公益性文化活动用房用途的;

(五) 将公共文化馆的公益性文化活动用房转让、出租给他人从事经营活动的;

(六) 未经文化行政部门同意,利用公共文化馆的设施和场地开展经营活动的;

(七) 公共文化馆未按规定时间开放的;

(八) 截留、挪用公共文化馆的公益性文化活动经费的。

第二十三条 （对本办法施行前有关事项的处理）

本办法施行前设置的公共文化馆,应当根据市文化局规定的时限,按照本办法的有关规定,重新办理使用登记手续。

第二十四条 （应用解释部门）

本办法的具体应用问题,由市文化局负责解释。

第二十五条 （施行日期）

本办法自 1998 年 1 月 1 日起施行。

关于下发《上海市社区文化活动中心配置
要求》及《上海市社区文化信息化综合服务
功能性标准和应用技术规范》的通知

各区(县)人民政府:

根据上海新一轮社会文化发展的规划,上海在 2007 年前要建成百个社区文化活动中心。市委市政府决定 2004 年完成 20 个社区文化活动中心的建设,并已列入市委今年的主要工作以及市政府 2004 年的实事工程。百个社区文化活动中心是加强和促进社区精神文明建设的重要阵地,体现高标准公益性文化设施建设的重要内容,是为社区居民提供文化娱乐、教育培训、体育健身及信息服务等多项功能的重要设施。为保证市府实事工程圆满完成,由市委宣传部、市文明办牵头,在广泛征求意见并请专家论证的基础上,制定了《上海市社区文化活动中心配置要求》以及《上海市社区文化信息化综合服务功能性标准和应用技术规范》。现将上述《要求》和《规范》发给你们,请在建设社区文化活动中心时参照执行。

中共上海市委宣传部

上海市精神文明建设委员会办公室

上海市发展和改革委员会

上海市信息化委员会

上海市教育委员会

上海市科学技术委员会

上海市城市规划管理局

上海市文化广播影视管理局

上海市民政局

上海市体育局

2004 年 3 月 2 日

附: 1. 上海市社区文化活动中心配置要求
    2. 上海市社区文化信息化综合服务工程功能性标准

上海市社区文化活动中心配置要求

一、功能定位

社区文化活动中心是以街道、乡镇为依托,为社区居民提供文化、体育、教育、科技、信息服务的多功能设施。

社区文化活动中心应具备以下功能:

1. 社区文化活动中心应为社区居民集中活动的场地,向社区居民提供文化娱乐、体育健身等各类服务,尤其应注重为社区老年和青少年服务。

2. 社区文化活动中心应成为社区教育的固定场所,在为地方经济服务的同时,也为社区居民接受职业、文化、艺术、法律、健康、科技、政治等教育培训提供设施场地。

3. 社区文化活动中心应成为社区居民交际联络的阵地,充分发挥其组织功能,以场地和团队为依托,以活动为纽带,增强社区的凝聚力,参与社区精神文明建设。

4. 社区文化活动中心应成为本市社区文化信息化综合服务建设的基础设施,成为以运用计算机网络等高科技为特征的社区文化新阵地,通过载体的创新,让先进、健康的文化服务进入社区,使社区居民真正享受到文化信息化成果,不断提高文化生活质量。

二、配置要求

1. 本要求中的社区人口规模以 5—10 万人为计算依据,相当于 1 个街道或乡镇。

2. 本要求适用于新建社区文化活动中心,原有社区文化中心改建可参照此要求执行。

3. 本要求以平方米为基本单位,除室外设施按用地面积计算外,其余均按使用面积计算。

4. 本要求分为基本配置和推荐配置,新建社区文化活动中心必须达到基本配置,有条件的社区可根据推荐配置酌情调整。

5. 社区文化活动中心原则上为两至三层建筑物。

6. 地域较广的大型社区可采用开放辐射式的文化信息服务方式,根据人口与地区的实际情况,在社区文化活动中心内建立信息苑的同时,在居住小区建立 3—4 个基层社区信息苑,形成社区文化活动中心和基层社区信息苑的互动网络。

表一　基本配置

项　目		功　能	面积	说　明
1	多功能厅	群众文艺表演;电影、音像、数字放映;歌舞交谊;报告讲座;小型会议	500	观众座位在 400 人左右;配备小型舞台、舞池、音响灯光、活动椅桌、大屏幕、投影机等放映设备
2	展示厅	文艺展示(群众书画摄影等);科普宣传展览;作品收藏	200	无展览期间可用作宣传、标本展示等
3	排练厅	文艺排练(舞蹈、戏剧等)	100	配备墙镜、扶杆、衣帽箱
4	健身房	器械健身;跳操场地	400	室内健身器材 30 余件
5	体质监测站	体质测试;健身处方;生理、心理健康咨询	100	体质测试仪 10 余台
6	活动室	棋牌室	100	可兼作棋牌类教室
7		台球房	100	台球桌 3 张
8		乒乓房	200	乒乓桌 6 张
9		其他游艺室	100	具体功能各社区自定
10	特色活动室	吹塑版画、摄影暗房等民间或特色文化学习交流	50	可辟为多间,具体功能各社区自定
11	*室外广场	文化广场;健身苑;社区学校操场	2 000	建有简易舞台、扩音设备;健身器材 30 余件;篮球场按要求球场 32 * 19 建

注: 第6—9项"活动室"项目列, 左侧大项栏为"文体活动"。

(续表)

	项 目	功 能	面积	说 明
12	信息中心 / 社区图书馆	图书报刊、地方文献或特色资料借阅;文献档案资料收藏保管	500	成人图书馆和少儿图书馆可综合设置,阅览座80—100个,藏书量15 000—20 000册
13	信息服务苑	电子阅览室;电脑教室;远程教育;健康的互联网上网服务场所	150	电脑50台左右,30—50PC终端,宽带接入、路由、服务器及实现远程流媒体互动的电脑配置
14	文化便利店	书籍报刊、音像、礼品购买;票务服务;文化便利服务	50	与社区文化及综合信息服务平台衔接,可提供其他网上综合服务
15	社区教育 / 音乐教室	琴房、教唱、乐器培训	100	可辟为多间
16	书画教室	书法篆刻、绘画雕塑培训	100	配备专用教学设备
17	普通教室	老年和青少年教育(文化、艺术、法律、健康、科技等培训);成人职业培训	50 * 10 = 500	可与电子阅览室、电脑教室合并设置;每个教室可容纳40人左右,可按不同教学需要分割教室面积
18	多媒体教室	视听教育讲座;音乐戏剧影视欣赏	50	配备电脑幻灯、音像放映、语音设备等
19	团队办公室	青少年管理、维权;团队活动指导;志愿者联络站;青年社工站;科普工作站	50	办公室配置
20	社区学校总部办公室	社区学校综合管理	100	办公室配置
21	办公室及配套设施		100	办公室配置
	总 计		3 550(使用面积)+2 000(用地面积)	

表二 推荐配置

	项 目	功 能	面积	说 明
1	文体活动 / 影剧场	舞台表演;电影放映;大型集会	900	观众座位在700人左右,可适用于团体包场
2	歌舞厅	歌舞交谊;沙龙活动;茶座	200	配备舞池、音响灯光,可兼作排练厅
3	多功能厅	报告讲座;小型会议;音像、数字放映	300	配备会议桌椅、大屏幕、投影机等音像放映设备
4	展示厅	文艺、科普展示(群众书画摄影等);宣传展览;作品收藏	300	无展览期间可用作宣传、标本展示等
5	排练厅	文艺排练(舞蹈、戏剧等)	100	配备墙镜、扶杆、衣帽箱
6	健身房	器械健身;跳操场地	400	室内健身器材40余件
7	体质测试站	体质测试;健身处方;生理、心理等健康咨询	100	体质测试仪15台
8	活动室	棋牌室	200	可兼作棋牌类教室
9		台球房	100	台球桌4张
10		乒乓房	200	乒乓桌8张
		儿童玩具馆	50	可兼作幼托班场所

	项　目		功　能	面积	说　明
11	活动室		其他游艺室	100	具体功能各社区自定
12			技术创新工作室	80	提供创新创造实践平台
13	文体活动	特色活动室	吹塑版画、摄影暗房等民间或特色文化学习交流	50	可辟为多间 具体功能各社区自定
14		小型游泳池	游泳健身、比赛	1 200	按要求泳池 25＊12 建（室外）
15		＊室外广场	文化广场，健身苑；运动场；社区学校操场	7 000	建有舞台、扩音设备；健身器材40 余件；篮球场按要求球场 32＊19 建；门球场按 20＊15 建；网球场按 30＊15 建；小足球场按70＊40 建，可建半场
16	信息服务	社区图书馆信息服务中心	图书报刊、地方文献或特色资料借阅；文献档案资料收藏保管；电子阅览室；电脑教育培训；远程教育；远程医疗；健康的互联网上网服务场所	600	成人图书馆和少儿图书馆可综合设置，阅览座 50 人以上，藏书量 10 000 册以上；电脑 50 台左右，30—50PC 终端，宽带接入；与社区文化及综合信息服务平台衔接
17		书店	书籍报刊、音像、礼品购买；票务服务；文化便利服务	200	书店可与图书馆信息服务功能共享，可提供其他网上综合服务
18		信息服务苑	电子阅览室；电脑教室；远程教育；远程医疗；健康的互联网上网服务场所	200	电脑 50 台左右，30—50PC 终端，宽带接入、路由、服务器及实现远程流媒体互动的电脑配置
19	社区教育	音乐教室	琴房；教唱、乐器培训	100	可辟为多间 配备专用教学设备
20		书画教室	书法篆刻、绘画雕塑培训	100	
21		科技教室	电子、电台、模型、创造发明等科技教育培训	100	
22		普通教室	老年和青少年教育（文化、艺术、法律、健康、科技等培训）；成人职业培训	50＊10＝500	每个教室可容纳 40 人左右，可按不同教学需要分割教室面积
23		多媒体教室	视听教育讲座；音乐戏剧影视欣赏	100	配备电脑幻灯、音像放映、语音设备等
24		团队办公室	青少年管理、维权；团队活动指导；志愿者联络站；青年社工站；科普工作站	100	办公室配置
25		社区学校总部办公室	社区学校综合管理	100	办公室配置
26	办公室及配套设施			100	办公室配置
总　计				6 400（使用面积）＋7 000（用地面积）	

三、制定说明

1. 依据

本要求主要根据市文明办、市信息委、市规划局、市文广局、市体育局、市民政局、市教委、市科委、团市委、市总工会等相关单位提出的要求建议,参考 2002 年 12 月颁布的《城市居住区公共服务设施设置标准》及 2003 年 10 月由市委宣传部、市文明办等部门签发的《关于推进本市社区文化信息化综合服务建设工程的意见》,整合全国文化信息资源共享工程、中国数字图书馆工程等资源,并依据社区现有文化、体育、教育、服务等相关活动设施的具体情况和实际需要制定而成。

2. 原则

本要求主要依据资源共享原则,尽可能将原有的社区文化中心(街道乡镇文化站)、社区学校、社区老年活动中心、社区青少年活动服务中心、社区体育健身设施、少年宫少科站、文化宫俱乐部等项目功能综合设置,整合一体。通过实行室别功能多用、开放时间错位等方法,尽可能提高各设施项目的利用率,降低闲置率,避免重复建设和资源浪费。

3. 目标

本要求旨在建立一个功能较为完备的社区文化活动中心,使居民不出社区便能享受"一站式"服务,以满足社区居民日益增长的精神文化需求,从而实现政府对市民的基本承诺。

4. 对象

鉴于目前老年(60 岁以上)和青少年(15 岁以下)人口数约占社区总人口的 30％,且为现有社区活动设施的主要参与人群,本要求在兼顾社区全体居民的同时,着重考虑了老年和青少年这两大目标人群的需求,加强了相关功能设置,以期使本要求更具实用性和有效性。

5. 范围

本要求主要针对文体、教育、科普等活动资源稀缺、需要新建社区文化活动中心的社区。对于已有一定活动设施的社区,不强行要求,但可在考虑利用率的基础上参照本要求执行,也可通过置换等方式整合资源,新建本要求推荐的社区文化活动中心。对于中心城区场地稀缺的社区,经批准后可酌情参照执行。

上海市社区文化信息化
综合服务工程功能性标准

"上海市社区文化信息化综合服务工程"是由上海市委宣传部、上海市精神文明建设委员会办公室、上海市信息化委员会和上海市文广局组织并实施的市级文化工程。此工程于 2004 年初正式启动,将分阶段完成全市近 400 个社区信息化苑建设。

1. 总则

1.1 为了推进上海市社区文化信息化综合服务建设,提高社区信息化程度,制定本标准。

1.2 上海市社区文化信息化综合服务工程是利用先进科技手段传播、建设先进文化的大型公益性文化网络工程,旨在通过互联网、光盘和宽带传输来整合文化信息资源共享等各种深入社区的信息内容提供和服务,并通过信息化手段为社区居民提供文化、教育、学习、娱乐等服务,以满足广大社区居民日益增长的文化需求。

1.3　本标准结合"百个社区文化活动中心建设工程",推进数字文化社区建设。适用于本市各社区信息苑、社区公告板、全国文化信息共享工程基层中心等信息化工程的新建、改建、扩建。

1.4　社区文化信息化综合服务系统的功能应根据各个社区的规模、管理要求和建设投资以及原有的信息化程度和建筑条件进行确定,应具有可扩展性、开放性和灵活性并且能使社区信息化建设主要功能指标达到发达国家中心城市平均水平。

1.5　上海市社区文化信息化工程建设,必须遵循国家的有关政策法规与相关信息化的规划、规定,与社区现有的信息服务资源与实际条件相协调,面向社区内的各年龄段居民,提供便捷的综合文化信息服务。

1.6　上海市社区文化信息化工程是一项市场化运作的公益性项目,应确保其系统运行安全、管理简便、建设成果具有长效机制。

1.7　每一个社区文化信息苑的服务范围原则上不跨街道或乡镇行政区域,以便于管理。

1.8　本标准是在现阶段社区信息基础与应用水平上建立的导向性标准,在执行中需结合社区文化信息化的发展逐步加以提升与修正,以达到建设完成具有综合整合能力的上海社区文化信息化综合服务公共平台的目标。

2.　总体目标

● 通过文化信息资源整合,建立网上文化信息交流和互动学习,利用中心资源和基层文化信息苑资源开展网络服务和应用。

● 通过网络资源,为社区居民提供文化教育、学习、娱乐、服务等的便利。

● 通过社区电子公告板,向社区居民宣传国家政策、发布政府公告、公益信息、便民利民的服务信息。

● 实现由信息苑综合管理中心平台通过城域 IP 网络,对全市所有社区基层文化信息苑与电子公告板进行监控管理。

3.　指导性文件规定

《中共上海市委、上海市人民政府关于全面推进上海信息化建设的决定》

《国家信息化"九五"规划和 2010 年发展纲要》

《关于推进本市社区文化信息化综合服务建设工程的意见》

《中华人民共和国电信条例》

《互联网信息服务管理办法》

《中国互联网城域管理办法》

《计算机信息系统国际联网保密管理规定》

《关于维护互联网安全的决定》

《全国文化信息资源共享工程》文件

4.　术语和符号

4.1　社区信息苑　为社区居民提供电子阅览形式的文化、教育、学习、娱乐的服务,满足居民文化教育需求的信息场所。

4.2　数字图书馆　以计算机技术和网络通信技术为核心,综合利用先进的信息技术管理和利用馆藏资源,是现代图书馆业务的组成部分。其馆藏资源以数字化信息为主体,通过完备的网络通信设备,实现数字文化信息资源共享。社区信息苑的居民可以采用电子阅读方式查阅其开放的数字化文化资源。

4.3　全国文化信息资源共享工程　采用现代信息技术,对文化信息资源进行数字化加工和整合,通过网络最大限度地为社会公众享用的文化工程。

4.4　通信网络系统　它是社区数据、语音、图像通信的基础,同时与外部通信网络(如综合业务数字网、计算机互联网、数据通信网等)互联,确保信息传输过程的通畅。

4.5　社区电子公告板　采用大屏幕双基色或者全彩色(视具体社区而论),利用网络技术,统一发布公共信息,同时也是发布不同社区个性化信息的窗口。

4.6　社区信息苑管理平台　单个社区信息苑的管理平台,为信息苑内的管理部门,负责日常的管理、控制和记录等工作。具有二级权限,并拥有向综合管理中心平台申请的发布社区个性化信息的职能。

4.7　信息苑综合管理中心平台　信息苑综合管理中心,管理所有信息苑的信息管理工作。它拥有一级权限,具有审批和验证信息合法化的权限,并具有电子公告及各类信息编辑发布的功能。

5. 社区信息苑的功能定位

5.1　社区信息苑的一般要求

作为以社区不同年龄、不同教育程度和层次的居民为服务对象的社区信息苑,应能为社区的管理者以及居住使用者创造良好的管理环境和文化信息环境,并提供快捷有效的信息服务。系统能对来自社区内外的各类信息,予以收集、处理、存储、检索、查询等综合处理,并且能够提供相应的服务功能。

在管理层面,该系统应该便于管理操作,能实现一定权限的用户管理功能,具有用户登入登出管理记录等职能。

在使用层面,该系统应该便于运行操作,能够实现互联网的访问,电子书刊阅览、科技传播、VOD 的视频点播等信息查询、文化娱乐的职能。

5.2　社区信息苑的整体功能要求

5.2.1　服务功能

➢ 信息发布服务功能

1. 公共信息查询功能:社区信息苑为社区居民提供高速便捷查询文化教育、科普知识、实时新闻、医疗卫生、公共交通、住房公积金、购物消费、政策法规等公用信息。

2. 政府信息公开功能:向社区居民提供信息化场所以了解政府行政公开的各项信息。

3. 市民信箱功能:信息苑的电脑终端是上海市市民信箱的载体,为社区居民提供收发电子邮件的设备与场所。

4. 电子地图景点和气象查询功能:社区居民可以通过信息苑终端,查询数字化社区、上海、国家乃至其他国家的地图与气象资料,包括旅游景点、名胜古迹的导向和说明介绍、各地各国的风俗习惯等。

➢ 终身学习服务功能

1. 电子阅览功能:引入数字图书馆资源(上海图书馆、中国实验型数字图书馆乃至国外健康公益数字图书馆),提供丰富的电子图书资料;由社区中各类人员通过信息苑指定的电脑终端进行有目的的选择、排列和组合电子读物的内容,而且提供电子式的阅读指导和辅导。

2. 网络培训功能:在社区信息苑,可以通过信息苑的电脑终端定期对特定对象(如老年人、少年儿童、部分家庭主妇等)提供网络培训,充分利用网络资源和信息高速公路,使社区居民足不出区就可以学习。为社区学校、老年大学、职业教育提供信息化的教学、考试场所。

➢ 文化娱乐服务功能

1. 实时信息互通功能：各信息苑之间能进行信息互通，实现部分文化资源（影视、游戏）与电子政务资源的共享和互通。

2. 娱乐文化功能：针对不同用户对象，信息苑引入各类视频资源（饮食片、纪录片、资料片、戏剧片、影视片等）等媒体内容，并且可以与相关的影视集团公司连接，得到更为丰富的片源，让社区居民通过使用信息苑中的指定电脑终端，欣赏和在线点播自己喜欢的节目。

3. 益智游戏功能：信息苑提供丰富多样的网上演艺以及游戏比赛等，让社区居民通过信息苑指定电脑终端就能够享受到交互式的动画/网络游戏的乐趣。

4. 文化服务功能：提供网上购买戏票、球票、电影票服务和网上订阅图书报刊服务等。

➢ 网络平台功能

1. 社区信息苑应能为街道或乡镇政府的为民服务信息发布提供网络环境。

2. 互联网访问功能：提供快速便捷的上网功能，使街道社区居民通过信息苑指定电脑终端登录互联网，进行资源搜索和共享。

5.2.2　社区信息苑综合管理中心平台功能要求

社区信息苑的服务对象是所有的社区人群，因此社区信息苑的管理必须满足对不同背景的服务对象、服务内容的管理。鉴于这一前提，管理平台的三级管理要求实现以下的功能：

5.2.2.1　中心平台系统设置

1）行政区设置

● 添加行政区

● 注销行政区

● 修改行政区信息

2）信息苑等级设置

● 添加信息苑等级

● 修改等级信息

3）信息苑的运行控制

不同等级的信息苑对外开放时间等方面有不同政策，便于管理。

4）人工删除

● 删除已注销的行政区

● 删除已注销的信息苑

● 删除已注销的中心管理员

● 删除已注销的特殊用户

● 删除已注销的信息苑管理员

● 删除已注销的普通用户

系统自动删除注销超过1年的记录（二期）。

5）权限分组设置

● 添加新权限组（为其分配权限）

● 修改组权限

● 删除权限组

只能删除空权限组，即在删除权限组之前先注销组中全部管理员。

5.2.2.2　社区信息苑管理平台

1) 信息苑注册：信息苑信息包括信息苑名称、信息苑上级管理单位、信息苑地址、联系电话、负责人身份证信息、负责人联系电话等。

2) 修改信息苑信息

3) 信息苑管理员注册

● 信息苑负责人注册

● 信息苑管理员注册

● 信息苑负责人注销

● 信息苑管理员注销

● 信息苑负责人/管理员信息查询

4) 信息苑注销

5) 信息苑运行管理

● 一般信息苑在工作日的运营时间设置。

● 特殊节假日设置，包括增加和删除时间段。

● 特殊运营时间设置：分别按联盟、行政区、信息苑等级、单个信息苑设置，同样区分工作日和双休日、节假日。

● 年龄段的添加，单独设置未成年用户时间段。

● 按年龄段设置上网时段、一天累计上网时间。

6) 信息苑信息查询

组合查询条件：

● 行政区：所有区、黄浦区……

● 等级：所有等级、一级、二级……

● 规模：

● 信息苑名称：

● 信息苑负责人名称：

信息苑局域网信息查询(机器数量，IP 地址，网关地址等等)。

5.2.2.3　人员管理

1) 中心管理员

● 中心管理员注册(同时为其分配权限)

● 中心管理员分组(设置每个管理员的权限组)

● 中心管理员修改(修改身份信息和权限分组)

● 中心管理员注销

● 中心管理员信息查询

2) 特殊用户(二期)

● 特殊用户注册：指定用户数字身份证有效期、指定优惠地域、指定优惠时段。

● 特殊用户注销

● 特殊用户信息查询

3) 普通用户

● 普通用户注册，发数字身份证。

● 普通用户注销
● 普通用户信息修改
● 普通用户信息查询

4）未成年用户

● 未成年用户注册、添加未成年用户及其监护人信息，发数字身份证。
● 未成年用户注销，连同注销其监护人。
● 未成年用户信息修改，包括其监护人信息修改。
● 未成年用户信息查询，包括其监护人信息。

5.2.2.4　在线运营

1）在线信息苑运行状态查询
2）在线用户信息查询
3）当前 URL 记录查询
4）在线抓屏
5）在线灰名单告警，实时刷新灰名单用户以及灰色 URL
6）寻人，根据用户名等信息确定用户位置（信息苑位置）

5.2.2.5　安全设置

1）增、改黑 URL 列表
2）增、改灰 URL 列表
3）增、改黑名单
4）增、改灰名单
5）查询黑 URL 列表
6）查询灰 URL 列表
7）查询黑名单
8）查询灰名单

5.2.2.6　日志记录

1）用户 URL 记录
2）系统操作记录

● 注册/注销/更改管理员（包括权限）
● 注册/注销/更改特殊用户
● 注册/注销/更改普通用户
● 手工删除记录、自动删除记录
● 注册/注销/更改网吧/信息苑负责人/信息苑管理员
● 修改黑/灰 URL、黑/灰名单
● 信息苑临时停/开业
● 修改信息苑营业时间
● 修改年龄段

5.2.2.7　程序认证

1）增加认证程序
2）删除认证程序

3）打开/关闭认证程序开关，可以开启/中止程序认证功能。

5.2.2.8 计费中心

1）设置营运管理费率：按行政区、信息苑等级、信息苑名称设置。

2）设置服务费方式：可以选择按小时收服务费，按营业额％计，按次数计。

3）查询和统计：分时段统计单个信息苑营业情况（按行政区、信息苑等级、信息苑名称），分时段统计全部信息苑服务情况。

5.2.2.9 广告发布（二期）

1）设置发布内容

2）设置发布对象：分不同地区、信息苑等级、信息苑名称。

3）设置发布方式：分时段滚动、静态。

5.2.3 社区信息苑管理平台

社区信息苑有两种类型，设置在社区文化活动中心的社区中心信息苑与基层社区信息苑。社区中心信息苑的规模应不小于 50 台终端设备，基层社区信息苑可以视具体条件适当调整规模。根据人口与地域的实际情况，一般在一个街道可设一个社区中心信息苑与三到四个基层社区信息苑。

社区信息苑的管理平台应服从综合管理中心平台的功能需求，完成以下功能：

1. 按信息苑不同的对外开放时间与政策，进行日常运行管理。

2. 信息苑管理员注册

● 信息苑负责人注册

● 信息苑管理员注册

● 信息苑负责人注销

● 信息苑管理员注销

● 信息苑负责人/管理员信息查询

3. 信息苑运行管理

● 一般信息苑在工作日的运营时间设置。

● 特殊节假日设置，包括增加和删除时间段。

● 特殊运营时间设置：分别按联盟、行政区、信息苑等级、单个信息苑设置，同样区分工作日和双休日、节假日。

● 年龄段的添加，单独设置未成年用户时间段。

● 按年龄段设置上网时段、一天累计上网时间。

4. 用户登记管理

特殊用户（二期）

● 特殊用户注册/注销/查询

普通用户

● 普通用户注册，发数字身份证/注销/信息修改/信息查询

未成年用户

● 未成年用户注册、添加未成年用户及其监护人信息，发数字身份证/用户注销，连同注销其监护人/未成年用户信息修改，包括其监护人信息修改/信息查询，包括其监护人信息。

5. 计费

按营运管理费率设置服务费方式，计算并收取服务费。可查询和统计。

6．广告发布(二期)

按照街道或乡镇政府机构的指令,向社区信息苑综合管理中心发送请求在当地电子公告板发布的内容与方式。

5.2.4　社区信息苑通信接口

整个社区信息苑网络由社区信息苑综合管理中心与各信息苑接入的城域 IP 网络和各信息苑的内部局域网组成。每个社区信息苑采用光纤 IP 和铜缆 XDSL 两种不同方式接入,其中 XDSL 作为备用传输方式,以保证各个社区信息苑信息服务的高可靠性,体现实事工程的高质量,高品质服务。

6．社区电子公告板的功能定位

社区电子公告板的信息发布由各社区信息苑管理中心和社区信息苑综合管理中心进行控制和发布,作为社区的文化宣传窗口,其功能要求如下:

6.1　社区电子公告板的公益性功能要求

6.1.1　社区信息辐射功能:在街道社区架设的电子公告板应是辐射社区的直接信息渠道和综合信息平台。

6.1.2　公共信息辐射功能:通过社区信息苑综合管理中心,集中统一发布政府信息(如政府公告、报刊头条、紧急公告等)。

6.1.3　公益性信息发布功能:集中统一提供公益型的公共信息发布(天气预报、公交路况等)。

6.2　社区电子公告板通用性功能要求

6.2.1　低廉收费服务信息发布功能:适当收取费用,以根据社区居民需要进行个性化信息发布。

6.2.2　商业广告信息发布功能:提供符合广告法的商业性广告信息发布。

6.3　社区电子公告板建设要求

6.3.1　所有的电子公告板由社区信息苑综合管理中心统一控制,与各个社区信息苑联网,审查、编辑信息苑申请的信息统一发布内容制作,进行一级管理。

6.3.2　在以居民区为主的社区,设置双基色公告板;在商业密集地区,设置全彩色公告板。

6.3.3　能动态显示文本、图像、视频、动画、音频等信息。

6.3.4　用屏幕分隔技术,同时融合动态信息和静态信息,确保多重信息的同时非同步发布。

6.3.5　电子公告板的物理面积双基色屏不小于 6 平方米,全彩色屏不小于 20 平方米。

6.3.6　适应户外恶劣气象环境与高亮度的视觉环境。

7．社区信息苑工程的设备与机房

7.1　社区信息苑设备

为了降低社区信息苑管理工作的难度与工作量,保证整个社区文化信息化工程的安全,社区信息苑的设备采用开放式网络结构,以实现综合管理中心的集中管理模式。因此要求采用成熟的客户机/中间件/服务器体系,而且系统具有一定的外存和较强的远程通信能力。在每一个社区信息苑中必须设置 NT110 设备。

7.2　信息苑综合管理中心设备

信息苑综合管理中心应采用开放式网络结构,采用成熟的客户机/中间件/服务器体系,系统应具有较大的外存和较强的远程通信能力,并应支持各种系统软件,数据库管理系统,高级语言及开发工具,商品化的应用软件。

根据信息苑的使用性质、保密性和可靠性要求,网络系统的防火墙和其他安全措施应予以足够重视。

根据不同的需求,要建立服务器池(WEB服务器、FTP服务器、DNS服务器、数据库服务器、应用服务器、视频服务器等)。

信息苑综合管理中心的设备配置必须保证信息苑运行时的身份认证、权限管理、信息安全与文化信息服务的质量。

7.3　信息设备电源

信息设备机房用电负荷等级应按所在建筑中最高供电负荷等级供电,电源应符合系统的安全要求,并配有UPS备用电源。

7.4　设备机房的接地

设备机房接地装置的设置应满足人身的安全及系统设备正常运行的电气安全要求。

7.5　信息设备机房的安全

信息设备机房应设消防设施,应有防雷击电磁脉冲措施与防鼠、防虫措施。

7.6　信息设备机房面积

鉴于中国电信市场引入了竞争机制,信息苑的信息设备机房可有多家ISP进驻,因此在设计信息设备机房时必须在面积与布局上给予足够的考虑。信息设备机房布置应该充分考虑设备的安装维护,为系统的扩容及发展预留一定的空间,并预留足够的进出线管孔。

贯彻落实上海市文化工作会议精神
推进上海群众文化创新发展的意见

为了贯彻落实党的十六届四中全会和上海市文化工作会议精神,整体推进上海群众文化事业的创新发展,实现上海城市文化发展的目标和任务,特提出如下意见。

一、上海群众文化创新发展的指导思想和基本原则

(一)群众文化和专业文化是上海城市文化发展的两个轮子,共同塑造和支撑着上海城市文化的形象。大力发展群众文化事业,是贯彻党的十六大精神和"三个代表"重要思想的重要实践,是加强党的执政能力建设和改进党的思想政治工作的重要手段,是上海率先全面建成小康社会和率先基本实现现代化的重要内容,是提升城市文明程度、促进人的全面发展的重要途径。

(二)推进上海群众文化的创新发展,必须坚持以邓小平理论和"三个代表"重要思想为指导,牢固树立和全面落实科学发展观,按照建设面向现代化、面向世界、面向未来的民族的科学的大众的社会主义先进文化的要求,解放思想、实事求是、与时俱进。必须坚持为人民服务、为社会主义服务的方向,贴近实际、贴近群众、贴近生活,积极发扬中华民族的优秀传统文化,努力吸收世界优秀文化成果,促进不同种类、不同样式、不同内容、不同风格文化的共同繁荣。必须坚持以人为本,创新内容、创新形式,创新手段,最大限度地满足不同年龄、不同职业、不同层次人民群众日益增长的精神文化需求,着力提高广大市民的思想文化素质。必须坚持把社会效益放在首位。增强群众文化的感召力和辐射力,促进文化与城市经济社会的和谐发展,为上海建设文明城市、建设学习型社会、建设国际文化交流中心,努力走在发展社会主义先进文化的前列作出积极贡献。

(三)上海群众文化创新发展应遵循的基本原则:

1. 以人为本,服务至上的原则。发展群众文化,要以人民群众的精神文化需求为导向,以人民群众的广泛参与为动力,以人民群众的实际评价为准则,让人民群众在参与中实现自身的全面发展。

2. 全面覆盖,多元发展的原则。发展群众文化,要以保障广大人民群众的基本文化权益为宗旨,在服务对象上实现对不同年龄层次、不同文化水平、不同居住区域市民群众的全面覆盖;在服务方式上实现纵向到底、横向到边的宽领域辐射;在服务内容上实现先进性、多样性有机统一的多层次发展。

3. 政府主导、社会参与的原则。发展群众文化,是社会主义制度优越性的重要体现。一方面要加大公共财政的投入,一方面要培育和提高社会参与、群众自主运行的能力,形成政府、集体、个人共同承办群众文化的社会化运作机制。

二、上海群众文化创新发展的行动目标

抓住举办 2010 世博会的发展机遇,以体现党和政府服务于人民群众、保障人民群众的基本文化权益为出发点,根本以满足人民群众的精神文化需求,促进人的全面发展为着力点,以传播先进

文化、弘扬民族精神、培育城市精神、提升市民素质为根本任务,积极发展各类健康向上、各具特色的群众文化,营造"人人参与群众文化、人人建设群众文化、人人享有群众文化"的环境和氛围。充分发挥群众文化在促进上海城市形态、文化神态和市民心态和谐发展中的协调性作用;在上海建设法治之城、健康之城、生态之城、礼仪之城、诚信之城、学习之城、友善之城中的先导性作用,切实增强城市文化的渗透力、感召力、辐射力和竞争力,力争使上海在公共文化设施建设水平、群文创作演出和活动水平、群众文化队伍综合素质、民族民间文化资源保护成效等方面名列全国前茅。

具体目标包括:

——优化布局,提升服务,构筑以社区公共文化活动中心为主体,以现代信息网络技术为支撑,市、区县、街镇、小区(村)四级文化设施网络上下贯通、资源共享的城市公共文化服务体系新格局;

——扩展空间,打造品牌,形成群文创作蓬勃繁荣,群文活动多样丰富,历史与现代交融、传统与时尚并蓄,多元文化并存、凸显个性魅力的都市群众文化活动新特色;

——优化结构,创新机制,打造面广量大、专兼结合、素质优良、富有创造力的群众文化人才队伍体系,形成全方位、多层次和宽领域、广覆盖的群众文化发展新局面;

——深化改革,完善政策,构建党委领导、政府主管、社会参与、条块结合、群众自主管理的,有利于全民参与、全民共享、全民共建,有利于推进事业稳步、健康、可持续发展的群众文化工作新体制、新机制。

三、上海群众文化创新发展的主要任务

(一) 构建 15 分钟都市公共文化圈

按照"区域规划最佳、设施配置最优、服务效能最高、资源效益最大"的原则,采取新建扩建和改造挖潜相结合的方式,统筹规划,差别配置,建设一批惠及广大群众的基础性公共文化设施和开放性的特色文化活动阵地,优化、完善已经基本形成的市、区县、街镇、小区(村)四级公共文化设施网络,以及少年宫、青少年活动中心、工人文化宫等各类公共文化设施。通过整合资源、优化配置、内容支持、网络支撑、专业管理等手段,提高各级各类公共文化设施的服务品质,在全市构建起一个以市民出门步行 15 分钟路程为服务半径的、便捷、高效的都市公共文化圈。

1. 建设与上海国际化大都市文化发展要求相适应的上海市群众艺术馆新馆。市群艺馆新馆要深化改革,强化"组织、指导、展示、培训、服务"五大功能。要对全市文化馆发挥指导、引领作用;对全市重要群文活动发挥策划、示范作用;对全市群文队伍发挥培训、辅导作用;对全市群文活动资源发挥整合、调配作用;对全市群文信息发挥集成、传播作用,使市群艺馆发展成为全市群文创作中心大型群文活动中心(活动组织和示范中心)、信息服务和资源配置中心、民族民间文化保护中心、团队服务中心和人才培训中心。要按照职能定位的新要求,实行内部运作机制改革,打造精干高效、具有实战能力的团队,在全市的群众文化工作中发挥引领作用和示范作用。

2. 建设功能完备、设施先进的区(县)文化馆。区(县)文化馆要在增加投入的同时,通过转换机制,增强发展活力来提高服务水平,成为区域文化资源的调配中心、地区群文活动的指导中心、基层文化骨干的培养基地和提高地区居民文艺素养的重要阵地。要重点发挥其实施区县群文工作规划、策划组织区县群文活动、培育辅导区县文艺团队、指导社区公共文化活动开展等方面的功能。

3. 建设覆盖全市各街道(乡镇)的标准化社区公共文化活动中心。社区公共文化活动中心是以街道、乡镇为依托,以 1 公里为服务半径,为社区居民提供文化、教育、科技、体育、信息服务的多

功能新型公益性文化设施。原则上一个社区设置一座，面积在3 000平方米左右。人口超过10万、地域较大的社区可增设一座。

4. 建设方便居民就近享受文化服务的小区多功能文化活动室。以居委（村）或小区为单元，因地制宜地建设具有书刊阅览、娱乐休闲、公共信息传播等功能的小型文化活动室，面积在150平方米左右，重点满足老人、儿童等闲暇时间较多的社区居民就近、就便享受基本公益文化服务的需求。

5. 建设开放型的特色文化活动阵地。文化活动广场、主题公园、群众文化活动特色区域是体现城市文明形象、展示城市文化成果、营造城市文化氛围、凸显城市文化魅力的重要阵地，也是开展各类重大文化活动的基本阵地。结合"一轴、两河、多圈、特色文化街区和文化服务网络"的空间布局，推进建设一批大型文化活动特色广场、主题公园和群文活动特色区城，为市民大众提供环境幽雅、设施完备、自主开放的户外文化活动场所。

（二）增强群众文化的"两个力"

1. 着力增强群众文化的原创力。以弘扬民族精神、培育城市精神为主线，围绕"城市，让生活更美好"的世博会主题，紧扣时代脉搏，大力推进群众文化"精品优品新品"创作。要以合唱、小品、朗诵、舞蹈等文艺样式为重点，创作一批展现上海改革开放和现代化建设成就，展示大都市社风民情，反映人民群众愿望和呼声的现实题材作品，提升上海城市的文化内涵。要积极调动和激发广大市民群众的创作积极性，鼓励和引导健康向上的数码、网络、短信、动漫等时尚样式的文化产品的创作。要整合力量，完善群文创作推动机制，健全网络，建立创作团队和创作中心，发展个人创作工作室，培育多元化的群文创作队伍，建立交流、展示、推广、普及群文优秀作品的宽广渠道，为群文创作的繁荣创造良好的社会环境。要通过构建优秀群文资源信息共享平台、组织群文佳作巡演、汇编群文创作成果集等方式，使更多经典的、高质量的群文作品广为传播。要积极发挥上海群文学会和《群文世界》的作用，加强文艺评论和理论研究，为群文事业的创新发展提供理论引导。

2. 着力增强群众文化的生命力。深化推进文化体制改革，努力在健全法规、完善政策、转变职能、创新机制等方面取得突破，为增强群众文化的活力，保障群文事业的可持续发展创造良好的外部环境。文化行政管理部门要切实转变职能，从办活动的状态中解脱出来，面向社会管规划、管行业、管队伍。要会同有关部门建立多元有效的公共财政投入机制，推动各级财政对文化公益事业的投入力度，不断提高文化投入资金的使用效益。要健全群众文化工作的统筹协调机制，改变"条块分割、各自为政"的现状，形成党委政府、社会团体和其他单位组织各司其职、优势互补、共建共享、合力发展群众文化的和谐局面。要推进公共文化事业单位的体制机制改革，积极探索建立和健全领导决策制度、人事管理制度、财务管理和成本核算制度、分配制度、监督评估制度等，不断增强发展活力，提高服务水平和质量，提升文化辐射力。要改善重大公益性文化活动的运作机制，拓宽社会参与公益性文化事业建设的渠道，积极建设以国办文化为主体、民办文化为补充的文化创作、文化服务、文化消费兴旺的群众文化运行体系，努力构建党委领导、政府主管、社会参与、条块结合、群众自主的群众文化发展机制。

（三）打造三大群文交流展示平台

1. 依托"上海之春"，打造全方位展示群文新人新作的平台。每年五月，举办"世博畅想——上海市群众文化新人新作展示月"（暂名），通过创作比赛、新作展演、新人推介、创作研讨等活动，推出新人新作，展现专业文艺引领群众文化互动的新成果，全力提升上海群文的创作演出水平。

2. 依托"国际艺术节"打造全方位展示群文建设成果、展现市民文化风采的平台。每年十月，举办"璀璨上海都市文化欢乐节"(暂名),集中展示交流上海多元化的群文形态、群文创作的精品优品、国内外的优秀民间文艺、各具特色的优秀群文活动资源,广泛开展符合职业、行业特色,符合年龄特征的小型多样化的群众文化活动,吸引全市 1 600 万市民的广泛参与,使艺术节真正成为上海市民的文化盛会。

3. 依托优秀文化资源,打造群众文化对内对外交流的平台。在充分挖掘、保护、传承本地文化资源的基础上,集聚全国各地的各类优秀资源和项目,把上海打造成为国内群众文化交流、展示、创新、发展的公共平台,使更多优秀的中华文化从上海"走向世界"。要继续办好"上海国际少儿文化艺术节",使之成为世界少年儿童文化艺术交流的大舞台。自 2005 年至 2010 年世博会,每年要举办以展示世界不同国家、不同地区、不同民族文化艺术为内容的"世界风情系列活动"。每年一个主题,如"亚洲风情""欧洲风情""北美风情"等,使中外各类优秀民间文化资源在上海这个大舞台上汇聚、交流、展示、传播,充分展示国际大都市海纳百川、开放包容的魅力风采,为迎接 2010 中国上海世博会营造浓郁的文化氛围。

(四)实施四大重点工程

1. 群众文化全民共享工程。着力策划和设计一批适应不同年龄、不同职业、不同文化层次群体需求的群文产品、积极拓展具有吸引力、影响力,为市民大众喜闻乐见、乐于参与的群文活动项目,在全市形成全民参与、全民共享、全民共建群众文化的良好局面。结合传统节庆活动和重大文化活动的开展,每月推出一个主题文化展示周(例如:"春节民俗文化展示周""五一职工文化展示周""五四青年文化展示周""六一儿童文化展示周""七一机关文化展示周""八一军营文化展示周""中秋家庭文化展示周""十一社区文化展示周""重阳老年文化展示周""新年楼宇、时尚文化展示周"等);每年寒、暑假期举办"文化导航、欢乐成长"——未成年人系列文化活动,推动社区文化、企业文化、校园文化、军营文化、机关文化、农村文化、家庭文化、老年文化、未成年人文化、外来建设者文化以及人口生育文化等各式各类群众文化的全面繁荣。充分发挥专业文化对群众文化的引领作用,有计划、有组织、有重点地安排专业剧目、专业剧团、专业文艺工作者走进校园、走进企业、走进部队、走进社区、走进农村,传播和普及高雅艺术,让市民能够亲近文化艺术、提高欣赏水平、享受文化生活。

2. 群文活动品质提升工程。以创新发展广场文化、创建特色活动项目、打造开发品牌项目为突破口,推动上海群文活动水平再上新台阶,争取利用 2—3 年时间,基本完成"上海群众文化活动品牌"的框架构建,营造高品位的城市人文环境。

——推出一批特色广场文化活动和项目,打造城市东西南北中若干个广场文化汇演中心,激活和发挥广场文化的"文旅商"集聚效应;改善广场文化活动的策划运作机制,创新组织形式,丰富内容样式,使广场文化成为剧院以外市民群众欣赏国内外优秀文化艺术的舞台和普通百姓自娱自乐、展示风采的舞台,凸显大都市广场文化的时代性、国际性、特色性和群众性的特点。

——在全方位、多层次、宽领域、广覆盖地开展群众文化活动的基础上,积极开展发挥区位优势、体现行业特点、表现群体特征的"一区一品""一业一品"群文活动特色项目创建活动,并逐步向"多品""精品"方向发展。计划到 2007 年,全市群文特色活动项目达到 100 个。

——在继续推进举办"文化下乡""天天演""周周演""中外艺术家进社区""青春的节日""中小学生艺术节"等传统品牌文化活动的基础上,集中力量培育"数码文化节""城市图书馆周""长三角文化周""新诗新歌朗诵会""行业戏曲大家唱""星期音乐会""世界风情之窗"等一系列新的活动品牌项目,传承发展民族民间文化,活跃丰富大众休闲文化,倡导普及城市知识文化,引导规范网络信息文化,满足市民群众的文化新需求,打造都市群众文化的新亮点。

3. 民族民间文化保护工程。以延续城市历史文脉,保护城市文化遗产为目标,遵循"保护为主,抢救第一,合理利用,加强管理"的方针,开展全面、深入的本地民族民间文化资源普查工作,认定、保护和发展易批优秀民族民间艺术项目,建立保护名录和资料数据库,建立重要民族民间文化传承人保护制度和机制,举办"民族民间文化艺术博览会",组织"长三角民族民间文化保护发展论坛"和"长三角优秀民族民间文化资源交易会",在市群艺馆设立"上海民族民间文化展示馆",加大推广普及力度,扩大社会影响。加强对现有的"中国民间艺术之乡"的长效管理,创建一批新的"中国民间艺术之乡",使城市的文化个性和传统价值得以更好的体现。

4. 群文队伍百千万培育工程。构建专兼结合、面广量大、梯度结构、富有活力的群众文化队伍体系。把握聚才、育才、用才三大环节,以能力培养为核心,依托上海丰富优质的艺术教育资源和区县、行业、系统、社会组织的力量,重点培养具有较高艺术素养、创新发展意识和先进管理理念的、职业和非职业人员组成的"百名群文业务骨干"队伍,包括百名大型群文活动策划组织者,百名中高级管理人才,百名群众文化创作人才,百名专业辅导人才,百名青少年文化指导人才,百名优秀群文理论工作者。着力培育千支具有发展潜力和艺术特色的优秀业余文艺团队,精心扶持百支引领型、品牌型特色团队,使他们成为活跃繁荣上海群文舞台的重要力量。顺应基层公共文化机构运作模式的改革要求,依托社会,发展万名热心群众文化事业的社工和义工,为基层文化建设提供人力支持和保障。建立从业人员准入制度、继续教育制度和考核评价体系,整体提高群文从业人员的素养。创新用人机制,完善激励机制,设立"上海群文突出贡献奖",对长期从事群众文化工作,并在一定领域取得突出成绩的人员给予特殊奖励,营造尊重人才,尊重劳动的良好氛围。

四、推进上海群众文化创新发展的主要举措

(一)组建上海群众文化工作协调促进机构,充分发挥集聚效应

建立上海市群众文化工作的协调机构和制度,统筹、规划、指导、协调和督查全市群众文化工作和重大文化活动的开展,改变目前群众文化建设中存在的各自为政、资源浪费、无法形成发展合力的局面,各区县也要建立和完善相应的工作机构和工作制度。工、青、妇及各行业主管部门,要加强群众文化活动的指导,按照统筹规划、分工实施、形成合力的要求,有计划的组织开展群众文化活动,在全市形成横向到边、纵向到底的群众文化工作体系。

(二)转变职能,完善政策,保障群众文化的可持续发展

切实推进市和区县两级政府文化主管部门的职能转变,建立规范、高效、透明的依法管理体制。市文广局把群文工作重点放在制定规划、政策引导、行业监管、公共服务以及指导协调市群艺馆、区县文化主管部门的业务建设等方面,切实加强对全市群众文化工作的宏观管理。要会同市有关部门,加快制定《上海市民文化权益保障条例》《上海市社区公共文化活动中心管理条例》《公共文化体育设施条例实施细则》等法制规章。要充分发挥群众文化学会的作用,加强群文工作政策理论的研究,为政府改善群众文化重大活动的运作机制、基层公共文化机构的管理机制、公益性文化事业的投融资机制、群众文化工作绩效评估机制,制定从业人员职业资格、行业准入条件、继续教育制度等行业规范标准、政策、规章提供科学的可行性依据,切实保障和推进公益性文化事业的可持续发展。区县文化主管部门也要逐步从"办活动"的紧张状态中摆脱出来,强化调研、规划、监管、协调、服务、评估等职能,推动地区文化建设与地区经济社会建设的同步协调发展。要将群众文化事业经费纳

入财政预算,确保经费投入随财政收入增长而增长,确保群众文化事业的建立和运作资金,确保基层文化建设的公益性方向,确保人民得到应有的文化权益。

(三)着眼全市群文事业发展需要,结合市群艺馆功能定位调整和内部运作机制改革,设立六个工作机构

——群文创作中心,负责组织和推进全市群众文化的创作与生产。具体任务包括:制定群文创作整体规划,策划每年的创作选题;组织"群星奖"等重要项目的实施;推动创作作品的交流展示,对基础较好的群文作品提供修改和加工服务,并组织研讨、推介活动;每年至少举办2—3次业务培训和进修活动,挖掘,集聚和培养各类群文创作人才,对重点创作骨干进行重点扶持,对35岁以下青年创作新秀给予重点关注;在《群文世界》设立"群文评论"栏目,加强群众文艺创作的理论研究,及时掌握群文创作发展态势,研究政策,完善机制。各区县文化部门也要专门设立相应的创作机构。

——大型群文活动中心,承担全市性重大群众文化活动的策划、布局、协调和推进工作。具体任务包括:实施对"上海之春""国际艺术节"等全市性重大群文活动项目的滚动策划,尝试通过社会招标、购买服务等方式对政府项目实行市场运作;合理使用媒体宣传、招商引资等政府配套资源,扩大宣传,增强活动的影响力和辐射力;办好引领型、示范型的重大群众文化活动;建立科学、全面的评价体系,配合政府部门对重大群众文化活动实行绩效评估。该机构成员中专业策划人员必须占一定比例。机构要实行创新运作,建立项目管理制度,变"养人"为"养项目",激活机构的自身活力。同时,积极争取政府支持"上海之春""中国上海国际艺术节"相关项目的原有资源随项目一起划拨该活动中心。

——群文信息服务和资源配置中心,承担整合社会文化源,实现优化配置,提供群文活动内容资源服务等工作。具体任务包括:建立完备的"上海群文资源数据库",集聚整合本市乃至全国各类优秀的、有特色的群众文化资源,为基层公共文化服务机构提供内容支撑和项目的开拓策划服务;构建"公共文化信息高速公路",为社会提供快速、便捷、高效的公共文化信息检索咨询服务。

——民族民间文化保护中心,承担上海市民族民间文化保护工程建设工作。具体任务包括:建立健全民族民间文化工作网络;在开展普查的基础上,编纂本市民族民间文化保护名录,建立档案资料数据库;认定并保护一批民族民间文化项目,推进"中国民间艺术之乡"的创建工作;实施对重要民族民间文化传承人的保护。

——群文人才培训中心,承担各类群文管理人才、专业人才和志愿者的培训工作。具体任务包括:制定上海群文人才建设规划,编制培训计划和教材,实施对群文机构的管理者和群文活动的策划者、组织者、专业辅导员等各类群文业务骨干的培训。

——业余文艺团队服务中心,承担全市业余文艺团队的资源整合、辅导和培育工作。具体任务包括:对本市的各类业余文艺团队进行普查、登记;集聚一批热心群众文化事业的专业人才,建立专家辅导网络,为基层团队提升水平提供咨询和辅导;重点培育百支引领型文化团队。

(四)改革基层文化机构运作模式,提高群众文化服务能级

在保障财政投入的基础上,建立群众自主、政府支持、专业服务的运作机制,提升基层公共文化设施服务能级,提高公共文化活动场所的使用效益。推进区县公共文化馆等公益性文化事业单位内部体制机制的改革取得局部突破,实现事业与经营项目的剥离,实行分类管理,保障公益性文化活动阵地作用的有效发挥。依托市群艺馆和区县文化馆,建立市、区县两级内容支持系统和群文资

源配置中心,实现对全市各类群众文化资源的有效整合和优化配置,为以社区公共文化活动中心为重点的基层公共文化机构提供强有力的内容支撑。丰富基层文化活动内容,使社区公共文化活动中心天天有活动、周周有亮点、月月有高潮。招募和发展一批专业表演团体和表演艺术工作者担任"社区文化大使",参与社区文化活动的策划、组织和开展,扩大文化艺术在基层的普及,提高社区文化活动的水平。强化社区公共文化活动中心的服务指导功能,带动小区文化活动室建设水平的提高。

（五）充分利用好文化基金,加大对群众文化的支持力度

群众文化要充分利用文化发展基金对群众文化的有力支持,要主动积极申报优秀的群众文化活动项目和优秀的群众文化创作作品,做到事先有计划,项目有创新,投入精打算,工作见实效。

（六）开展文化资源普查,把握发展态势

由市区两级文化馆会同相关单位,对全市现有的群众文化资源实施全面普查,把握新的业态发展态势。

——业余文艺团队普查:对全市的业余文艺团队进行登记和建档,了解和掌握业余文艺团队的建设和活动情况,挖掘具有代表性和发展潜力的团队,为培育百支引领型团队作准备。

——文化活动广场普查:对全市经常性开展群众文化活动的广场文化活动点进行梳理和普查,建立重点广场名录,为打造特色文化广场、建设广场汇演中心、整体策划和推进重点广场文化活动作准备。

——群文创作队伍普查:全面掌握了解目前全市的群众创作队伍的人员结构、创作能力、创作活动的组织开展情况,为健全网络、整合资源、完善机制作准备。

——民族民间文化保护项目普查:在健全工作网络的基础上,摸清上海现有的民族民间文化资源,建立档案资料数据库,编撰保护名录。

（七）有效运用媒体资源,加强宣传力度

要充分地、有效地运用各种媒体,推介优秀的群众文化活动,展示本市群众文化建设的成果,宣传长期以来作出突出贡献的群文工作者,不断扩大群众文化的知名度和影响力,吸引社会多元力量参与群众文化建设。同时,也发挥媒体的舆论监督作用,促进群众文化服务水平的切实提升。

上海市文化广播影视管理局

2004 年 12 月

二、获奖作品一览表

1984—2009 年上海"十月歌会"
音乐类获奖作品一览表

获奖作品	主创人员	奖　　项	获奖单位
女声独唱《太湖美》	作词：任红举 作曲：龙飞 表演：姚沁	1984 年第二届上海"十月歌会"一等奖	徐汇区文化馆、中国钟厂
独唱《清蓝蓝的河》（山东民歌）	表演：杨伟莉	1984 年第二届上海"十月歌会"二等奖	沪东工人文化宫、上海武警总队
独唱《姑娘我生来爱唱歌》（云南民歌）	表演：陈云云	1984 年第二届上海"十月歌会"二等奖	上海邮电俱乐部
《知道不知道》（陕北民歌）	表演：徐杏娟	1984 年第二届上海"十月歌会"二等奖	新泾镇文艺工厂
合唱《解放区的天》 合唱《退休二人之歌》	作词：严国庆 作曲：蒲琦璋	1984 年第二届上海"十月歌会"一等奖	虹口区文化馆
合唱《望星空》	作词：石祥 作曲：铁源	1986 年第三届上海"十月歌会"演出	石化一厂合唱团
合唱《别处哪儿有》	作词：史白 作曲：沈亚威	1986 年第三届上海"十月歌会"演出	老战士合唱团
合唱《青春的路》	作词：王森 作曲：陆在易	1986 年第三届上海"十月歌会"演出	市教工合唱团
合唱《我们的 21 世纪》	作词：周威 作曲：史真荣	1986 年第三届上海"十月歌会"演出	中福会少年宫小伙伴艺术团
合唱《长江之歌》	填词：胡宏伟 作曲：王世光	1986 年第三届上海"十月歌会"演出	上海市工人合唱团
合唱《医院之歌》	词曲：蒋金根	1986 年第三届上海"十月歌会"演出	中山医院合唱团
合唱《长征》	编曲：彦克、吕远	1986 年第三届上海"十月歌会"演出	上海老年合唱艺术团
合唱《人民的教师，光荣的称号》	作词：周荣钧 作曲：金复载	1988 年第四届上海"十月歌会"一等奖	长宁区教工合唱队
合唱《灯碗碗开花在窗台》	作曲：张强、陆宜	1988 年第四届上海"十月歌会"一等奖	上海市行知艺术师范学校合唱队
合唱《战友啊您在哪里》	作词：赵宏丽 作曲：沈传薪	1988 年第四届上海"十月歌会"二等奖	上海邮政局合唱团

（续表一）

获奖作品	主创人员	奖　　项	获奖单位
合唱《长江之歌》	填词：胡宏伟 作曲：王世光	1988年第四届上海"十月歌会"二等奖	上海梅林罐头食品厂合唱团
合唱《献给母亲的歌》	作词：茅晓峰 作曲：沈传薪	1988年第四届上海"十月歌会"二等奖	上海铁路分局合唱团
合唱《半个月亮爬上来》	编曲：杨嘉仁	1988年第四届上海"十月歌会"二等奖	虹口区嘉兴街道合唱
合唱《走进十月的阳光》	作词：王小龙 作曲：奚其明	1988年第四届上海"十月歌会"二等奖	上海搪瓷五厂合唱队
合唱《我们属于祖国》	作词：文治平 作曲：王歆宇	1990年第五届上海"十月歌会"创作十佳歌曲奖	宝山区文化馆
合唱《十月之歌》	作词：晓鹰 作曲：刘卫平	1990年第五届上海"十月歌会"创作十佳歌曲奖	虹口区东长治街道社区合唱团
合唱《浦东在呼唤》	作词：罗勇敢 作曲：陆顺麟	1990年第五届上海"十月歌会"创作十佳歌曲奖	浦东文艺指导中心
混声合唱《白玉兰盛开的时候》	作曲：管更新 作词：汤昭智	1990年第五届上海"十月歌会"创作十佳歌曲奖	长宁文化艺术中心
独唱《心中的慈母》	作词：陈念祖 作曲：周永生	1990年第五届上海"十月歌会"创作"十佳歌曲"奖	宝山区文化馆
独唱《时时刻刻与你相伴》	作词：方青 作曲：彭正元	1990年第五届上海"十月歌会"创作十佳歌曲奖	上海市群艺馆
独唱《长江入海的地方》	作词：吴永生 作曲：计兆琪	1990年第五届上海"十月歌会"十佳歌曲奖	宝山区文化馆
独唱《上海抒情曲》	作词：汤昭智 作曲：戴宇华	1990年第五届上海"十月歌会"创作十佳歌曲奖	上钢一厂
独唱《希望之光》	作词：陈镒康 作曲：刘卫平	1990年第五届上海"十月歌会"创作十佳歌曲奖	浦东文艺指导中心
独唱《也许》	作词：孙志明 作曲：张振庭	1990年第五届上海"十月歌会"创作十佳歌曲奖	浦东文化馆
小合唱《麦客走了》	作词：俞明龙 作曲：侯小声	1992年第六届上海"十月歌会"最佳创作表演奖	虹口区乍浦路街道办事处
小合唱《文明市民歌》	作词：金兮敏 作曲：侯小声	1992年第六届上海"十月歌会"最佳表演奖	杨浦区少年艺术学校
小合唱《麦客走了》	作词：俞明龙 作曲：侯小声	1992年第六届上海"十月歌会"创作表演奖	闸北区文化馆
女声小组唱《千个梦》	作词：高险峰 作曲：侯小声	1992年第六届上海"十月歌会"最佳表演奖	沪西工人文化宫
男声四重唱《那是什么》	作词：徐凤 作曲：林业良	1992年第六届上海"十月歌会"最佳表演奖	闵行区文化馆

（续表二）

获奖作品	主创人员	奖 项	获奖单位
小合唱《十月之歌》	作词：汤昭智 作曲：刘卫平	1992年第六届上海"十月歌会"最佳创作奖	卢湾区五里桥文化中心
表演唱《六样机》	作词：徐正衍 作曲：茹银鹤	1992年第六届上海"十月歌会"最佳创作表演奖	浦东川沙县城厢镇文化站
小合奏《丝长竹青》	作曲：付沛华	1992年第六届上海"十月歌会"最佳创作表演奖	中福会少年宫
小合奏《水乡吟》	作曲：翁美芳	1992年第六届上海"十月歌会"最佳创作表演奖	闸北区文化馆
舞蹈《上海潮》	作曲：徐坚强 编导：叶蕙星	1992年第六届上海"十月歌会"最佳创作表演奖	静安区文化馆
舞蹈《劳动最光荣》	作曲：刘年劬 编导：胡蕴琪	1992年第六届上海"十月歌会"最佳创作表演奖	虹口区少年宫
舞蹈《洁白的哈达》	编导：陈玲珠	1992年第六届上海"十月歌会"最佳创作表演奖	市学生艺术团舞蹈一团
混声合唱《走进一九九七》	作曲：管更新 作词：吕永清	1996年第七届上海"十月歌会"最佳创作奖、最佳演出奖	长宁文化艺术中心
女声独唱《孔书记不要走》	作曲：朱振维 作词：任志萍	1996年第七届上海"十月歌会"最佳创作奖、最佳演出奖	长宁区北新泾文化站
女声独唱《歌唱孔繁森》	作词：任宝常 作曲：董文才、王顺娣	1996年第七届上海"十月歌会"最佳创作奖	长宁文化艺术中心
女声独唱《我心中有你》	作曲：王华 作词：孙祥	1996年第七届上海"十月歌会"最佳创作奖	长宁文化艺术中心
歌曲《战士的心声》	作词：周璞 作曲：邹誉、李恒	1996年第七届上海"十月歌会"最佳创作奖	上海警备区文工团
男女声二重唱《十月之恋》	作词：陈念祖 作曲：流云	1996年第七届上海"十月歌会"最佳创作奖	黄浦区文化馆
歌曲《百姓在你心中》	作词：黄持一 作曲：侯小声	1996年第七届上海"十月歌会"最佳创作奖	普陀区文化馆
合唱《月夜小唱》	作词：顾愉 作曲：王韵宇	1996年第七届上海"十月歌会"最佳创作奖	宝山区文化馆
歌曲《小镇的月亮》	作词：朱积聚 作曲：林伟夫	1996年第七届上海"十月歌会"最佳创作奖	闸北区文化馆
歌曲《为了把您遗忘》	作词：罗晓航 作曲：章吉华	1996年第七届上海"十月歌会"优秀创作奖	闵行区群艺馆
民乐合奏《灯节》	作曲：彭正元	1996年第七届上海"十月歌会"最佳创作奖、优秀演出奖	黄浦区少年宫
扬琴二重奏《彩虹飞来》	作曲：曹建辉、邵素勤	1996年第七届上海"十月歌会"最佳创作奖、优秀演出奖	杨浦区艺术学校

获奖作品	主创人员	奖　项	获奖单位
民乐合奏《手拉手献爱心》		1996年第七届上海"十月歌会"最佳演出奖	上海市学生艺术团、杨浦区少年宫
男声独唱《怎能忘记》	作词：袁贤良 作曲：王曦 表演：刘兆森	1996年第七届上海"十月歌会"最佳演出奖	卢湾区文化馆
女声独唱《你属于中国》	演唱：吴翠云	1996年第七届上海"十月歌会"最佳演出奖	宝山区文化馆
男声独唱《今宵梦圆》	作曲：何剑平 作词：赵明 演唱：卜鸿林	1996年第七届上海"十月歌会"最佳演出奖	虹口区曲阳文化馆
群舞《当兵的人》	编导：唐健等	1996年第七届上海"十月歌会"最佳创作、演出奖	上海警备区文工团
群舞《情满苗寨》	编导：朱蕙毓	1996年第七届上海"十月歌会"最佳创作演出奖	长宁区少年宫
群舞《喜雨》	编导：叶蕙星	1996年第七届上海"十月歌会"最佳创作演出奖	静安区文化馆
表演唱《敲门球》	词曲：谈敬德	1998年第八届上海"十月歌会"最佳创作表演奖	南汇县文化馆
表演唱《十七八岁的女哨兵》	作词：严志东 作曲：潘勇刚 导演：徐思燕	1998年第八届上海"十月歌会"优秀创作表演奖	奉贤县钱桥镇文化站
合唱《我侬也是大学生》	作词：马赛 作曲：侯小声	1998年第八届上海"十月歌会"优秀创作表演奖	卢湾区文化馆老妈妈歌咏队
表演唱《八个老太看浦东》	创作：川沙文化馆、川沙镇文化站集体创作	1998年第八届上海"十月歌会"优秀表演奖、创作奖	浦东新区川沙文化馆、川沙镇文化站
民乐合奏《牧民歌曲》	作曲：彭正元	1998年第八届上海"十月歌会"最佳创作奖	上海市教委
弦乐钢琴五重奏《猜调》	作曲：李长缨	1998年第八届上海"十月歌会"最佳创作奖	上海市教委
民乐合奏《故乡行》	作曲：彭正元	1998年第八届上海"十月歌会"优秀创作奖	上海市教委
民乐合奏《山娃的心愿》	作曲：曹建辉	1998年第八届上海"十月歌会"优秀创作奖	上海市教委
民乐合奏《筷子舞曲》	作曲：彭正元	1998年第八届上海"十月歌会"优秀创作奖	上海市教委
民乐合奏《古丝道随想》	作曲：章吉华	1998年第八届上海"十月歌会"优秀创作奖	闵行区文化局
合唱《牧归》	作词：白立平 作曲：章吉华	1998年第八届上海"十月歌会"最佳作品创作奖	静安区文化馆

（续表四）

获奖作品	主创人员	奖　项	获奖单位
合唱组曲《辉煌大合唱》	作词：李海艇、薛锡祥、贾立夫 作曲：王晓宁	1998年第八届上海"十月歌会"最佳作品创作奖	卢湾区文化馆
合唱《共和国的土地》	作词：贾立夫 作曲：王曦	1998年第八届上海"十月歌会"最佳作品创作奖	卢湾区文化馆
组歌《四季风》(春、夏)	作词：熊益美、李如会 作曲：黄允箴	1998年第八届上海"十月歌会"最佳作品创作奖	上海市教委
合唱《小楼晚茶》	作词：王成荣 作曲：顾彤	1998年第八届上海"十月歌会"最佳作品创作奖	闸北区文化局
合唱《举起这杯祝福的酒》	作词：陈娟 作曲：刘卫平	1998年第八届上海"十月歌会"最佳作品创作奖	浦东新区文体局
套曲《四季》(套曲《冬天的请帖》)	作词：周荣钧 作曲：田光玉	1998年第八届上海"十月歌会"最佳作品创作奖	浦东新区文体局
合唱《说咱老百姓》	作词：张枚同 作曲：朱根祥、郑克宁	1998年第八届上海"十月歌会"最佳作品创作奖	黄浦区文体局
合唱《回归谣》	作词：周荣钧 作曲：王歆宇	1998年第八届上海"十月歌会"最佳作品创作奖	闸北区文化局
合唱《阳光牵着我的手》	作词：李幼容 作曲：徐思盟	1998年第八届上海"十月歌会"最佳作品创作奖	卢湾区文化局
歌曲《小哥哥你不傻》	作词：顾煜平 作曲：徐思燕	1998年第八届上海"十月歌会"优秀作品创作奖	奉贤县文化馆
合唱《回首》	作曲：管更新 作词：汤昭智	1998年第八届上海"十月歌会"优秀作品创作奖	长宁文化艺术中心
合唱《共和国的土地》	作词：贾立夫 作曲：王曦 王晓宁配合唱	1998年第八届上海"十月歌会"优秀作品创作奖	卢湾区文化馆
合唱《浦东歌谣》	作词：贾立夫 作曲：浦冬生	1998年第八届上海"十月歌会"优秀作品创作奖	浦东新区文体局
合唱《没有走不通的路》	作词：唐文清 作曲：珊卡	1998年第八届上海"十月歌会"优秀作品创作奖	闵行区文化局
合唱《啊上海，我们可爱的家》	作词：朱杰仁 作曲：王也弟	1998年第八届上海"十月歌会"优秀作品创作奖	奉贤县文化馆
合唱《为了春天的美好》	作词：包以璐 作曲：任万勇	1998年第八届上海"十月歌会"优秀作品创作奖	闵行区群艺馆
合唱《曾乐组歌》	作词：周振铨 作曲：李沛泉	1998年第八届上海"十月歌会"优秀作品创作奖	宝山区文化局
合唱《在祖国的怀抱里》	作词：曾泉星 作曲：徐思盟	1998年第八届上海"十月歌会"优秀作品创作奖	卢湾区文化局
合唱《少年宫是欢乐的家》	作词：孟昭曾 作曲：徐思盟	1998年第八届上海"十月歌会"优秀作品创作奖	上海市教委

（续表五）

获奖作品	主创人员	奖　项	获奖单位
合唱《紫荆花,白莲花》	作词：胡泽民 作曲：浦栋	1998 年第八届上海"十月歌会"优秀作品创作奖	浦东新区文体局
合唱《彩色的童年》	作词：朱积聚 作曲：张琳	1998 年第八届上海"十月歌会"优秀作品创作奖	浦东新区文体局
合唱《中国不老》	作词：汤昭智 作曲：胡济良	1998 年第八届上海"十月歌会"优秀作品创作奖	长宁区文化局
合唱《为中国喝彩》	作词：杨舜涛 作曲：马平川	1998 年第八届上海"十月歌会"优秀作品创作奖	黄浦区文体局
女声小组唱《提灯女神》	作词：曹伟明 作曲：侯小声	2000 年第九届上海"十月歌会"最佳创作奖	普陀区文化馆
女声小组唱《中国只有一个》	作词：李慕平 作曲：刘卫平	2000 年第九届上海"十月歌会"最佳创作奖	浦东新区文体局
女声小组唱《让我心情放个假》	作词：张金水 作曲：戴宇华	2000 年第九届上海"十月歌会"最佳创作奖	嘉定区文化局
女声小合唱《把微笑带上蓝天》	作词：宋书林 作曲：王华	2000 年第九届上海"十月歌会"最佳创作奖	闸北区文化局
男声小合唱《"110"警察之歌》	作词：王成荣 作曲：何仲德	2000 年第九届上海"十月歌会"最佳创作奖	闸北区文化局
女声小组唱《我为你唱支歌》	作词：贾立夫 作曲：顾培德	2000 年第九届上海"十月歌会"优秀创作奖	奉贤县文化馆
中学生歌曲《十四岁的故事》	作词：朱积聚 作曲：黄耀国	2000 年第九届上海"十月歌会"优秀创作奖	虹口区文化馆
男声小合唱《牧归》	作词：金鸿为 作曲：顾湧泉	2000 年第九届上海"十月歌会"优秀创作奖	长宁文化艺术中心
小合唱《伊犁姑娘》	作词：陈道斌 作曲：章吉华	2000 年第九届上海"十月歌会"优秀创作奖	闵行区文化局
男声小组唱《故乡的金瓜》	作词：柴焘熊 作曲：王霖	2000 年第九届上海"十月歌会"优秀创作奖	崇明县文体委
小合唱《上网歌》	作词：赵明硅 作曲：朱沁汀	2000 年第九届上海"十月歌会"优秀创作奖	黄浦区文体局
童声合唱《月光豆豆》	作词：王希异 作曲：杨飞君	2000 年第九届上海"十月歌会"优秀创作奖	上海市群艺馆
女声小合唱《因我们而美丽》	作词：邹毅 作曲：万安	2000 年第九届上海"十月歌会"优秀创作奖	闸北区文化局
小合唱《手牵手》	作词：贾立夫 作曲：黄耀国	2000 年第九届上海"十月歌会"优秀创作奖	浦东新区文体局
女声小合唱《阿妹的小船》	作词：魏凤 作曲：李永萍	2000 年第九届上海"十月歌会"优秀创作奖	静安区文化局
童声独唱《走路》	作曲：邓融合 作词：陈嵩云	2002 年第十届上海"十月歌会"声乐创作金奖	虹口区文化局

（续表六）

获奖作品	主创人员	奖　项	获奖单位
女声独唱《亲爱的妈妈——献给查文红的歌》	作曲：何剑平 作词：张存洁	2002年第十届上海"十月歌会"金奖	虹口区文化局
领唱合唱《梦中的卓玛》	作词：陈道斌 作曲：黄耀国	2002年第十届上海"十月歌会"声乐创作金奖	徐汇区文化局
领唱合唱《这一方热土》	作词：汤昭智 作曲：王晓宁	2002年第十届上海"十月歌会"声乐创作金奖	卢湾区文化馆
女声独唱《中国节日》	作词：陈念祖 作曲：计兆琪	2002年第十届上海"十月歌会"声乐创作金奖	上海市总工会
混声合唱《梦中楼兰》	作词：刘昆黎、傅坛堂 作曲：章吉华	2002年第十届上海"十月歌会"声乐创作银奖	闵行区群艺馆
男声独唱《塔里木的胡杨》	作词：陈宗涛 作曲：王晓宁	2002年第十届上海"十月歌会"声乐创作银奖	卢湾区文化馆
女声独唱《苗寨风情》	作词：张璐 作曲：纪冬泳	2002年第十届上海"十月歌会"声乐创作银奖	上海武警总队政治部
女声独唱《古镇的风》	作词：贾立夫 作曲：许玉辉	2002年第十届上海"十月歌会"声乐创作银奖	闵行区文广局
幼儿歌曲《感谢妈妈的爱》	作词：郭荣安 作曲：金月苓	2002年第十届上海"十月歌会"声乐创作银奖	闵行区文广局
女声独唱《有个地方叫七宝》	作词：汤昭智 作曲：林业良	2002年第十届上海"十月歌会"声乐创作银奖	闸北区文化局
女声独唱《大都市》	作词：王晓玉 作曲：宁佐良	2002年第十届上海"十月歌会"声乐创作银奖	卢湾区文化局
女声独唱《春风、杏花、江南》	作词：李幼容 作曲：朱根祥、陈惠芳	2002年第十届上海"十月歌会"声乐创作银奖	黄浦区文化局
女声独唱《都市哨兵》	作词：姜忠民 作曲：黄钟声	2002年第十届上海"十月歌会"声乐创作银奖	上海武警总队政治部
女声独唱《祖国妈妈》	作词作曲：郭亮	2002年第十届上海"十月歌会"声乐创作银奖	上海市群艺馆
混声合唱《阳光》	作词：阎肃 作曲：王晓宁	2004年第十一届上海"十月歌会"合唱比赛一等奖	卢湾区文化馆
合唱《世博家园》	作词：黄玉燕 作曲：刘卫平	2004年第十一届上海"十月歌会"合唱比赛一等奖	浦东新区文艺指导中心
歌曲《帕米尔风情》	作词：宋研勋 作曲：章吉华	2004年第十一届上海"十月歌会"创作一等奖	闵行区群艺馆
少儿合唱《祖国好妈妈》	作词：贾立夫 作曲：任万勇	2004年第十一届上海"十月歌会"创作二等奖	闵行区群艺馆
合唱《奥运花》	作词：薛锡祥 作曲：侯小声	2004年第十一届上海"十月歌会"创作二等奖	普陀区文化馆
合唱《浦江之夜》	作词：王道诚 作曲：郝永刚、高华	2004年第十一届上海"十月歌会"创作二等奖	杨浦区中原文化馆

（续表七）

获奖作品	主创人员	奖　项	获奖单位
合唱《月亮扯起黑面纱》	作词：王秀月 作曲：珊卡	2004年第十一届上海"十月歌会"创作二等奖	闵行区群艺馆
女声合唱《家园》	作词：乔习 作曲：冯云生	2004年第十一届上海"十月歌会"创作二等奖	闵行区江川文化馆
合唱《草原上的阿诗玛》	作词：徐艳玲 作曲：黄耀国	2004年第十一届上海"十月歌会"创作二等奖	徐汇区文化馆
歌曲《梦圆2010》	作词：黄玉燕 作曲：刘卫平	2006年第十二届上海"十月歌会"金奖	浦东新区三林镇文化中心
男声独唱《相思家园》	作曲：管更新 作词：董树棠	2006年第十二届上海"十月歌会"金奖	长宁文化艺术中心
混声合唱《上海笑了》	作曲：管更新 作词：李志豪	2006年第十二届上海"十月歌会"金奖	长宁区教工合唱团
男声独唱《感谢祖国》	作词：薛锡祥 作曲：林伟夫	2006年第十二届上海"十月歌会"银奖	虹口文化艺术馆
女声独唱《田野上的葵花》	作词：张文忠 作曲：朱加农	2006年第十二届上海"十月歌会"银奖	虹口文化艺术馆
舞蹈《社区小义工》	编导：胡蕴琪	2006年第十二届上海"十月歌会"金奖	上海仲盛舞蹈团
舞蹈《拔萝卜新传》	编导：胡蕴琪	2006年第十二届上海"十月歌会"金奖	虹口区第三中心小学
舞蹈《织女情》	编舞：施君娜 毕仁东	2006年第十二届上海"十月歌会"金奖	徐汇区西南文化艺术中心
舞蹈《荷花与青蛙》	编舞：李宁	2006年第十二届上海"十月歌会"金奖	嘉定区市属联办幼儿园
舞蹈《绿色的梦》	编舞：万玮	2006年第十二届上海"十月歌会"金奖	虹口文化艺术馆
舞蹈《拯救地球村》	编舞：杨杨	2006年第十二届上海"十月歌会"金奖	上海市残联艺术团
舞蹈《鼓儿乐》	编舞：卢青生	2006年第十二届上海"十月歌会"金奖	闵行区颛桥文化站
民乐合奏《吴韵》	作曲：李燮山	2007年"上海之春"群文新人新作比赛暨小节目展演、第十一届上海"十月剧展"（音乐类）优秀新人新作奖	徐汇区徐家汇街道社区服务中心
木鱼二重奏《斗鸡》	创作：宝山区文化馆打击乐工作室 执笔：周永生	2007年"上海之春"群文新人新作比赛暨小节目展演、第十一届上海"十月剧展"（音乐类）优秀新人新作奖	宝山区文化馆

（续表八）

获奖作品	主创人员	奖　　项	获奖单位
名乐合奏《赛场英姿》	主创：金志红、徐荣	2007年"上海之春"群文新人新作比赛暨小节目展演、第11届上海"十月剧展"（音乐类）优秀新人新作奖	徐汇区文化馆
新民乐演奏《紫竹阿紫竹》	编曲：梁启慧(中国台湾)	2007年"上海之春"群文新人新作比赛暨小节目展演、第十一届上海"十月剧展"（音乐类）优秀新人新作奖	上海透明思考文化传播有限公司
器乐合奏《江南闻啼鸟》	作词：松平 作曲：郑德仁	2007年"上海之春"群文新人新作比赛暨小节目展演、第十一届上海"十月剧展"（音乐类）优秀新人新作奖	上海左邻右舍文化艺术传播有限公司
童声无伴奏小合唱《时钟》	创作：中福会少年宫 指挥：顾晓萌	2007年"上海之春"群文新人新作比赛暨小节目展演、第十一届上海"十月剧展"（音乐类）优秀新人新作奖	中福会少年宫
混声合唱《海纳百川涌春潮》	作词：黄玉燕 作曲：李志豪、徐荣	2007年"上海之春"群文新人新作比赛暨小节目展演、第十一届上海"十月剧展"（音乐类）优秀新人新作奖	浦东新区金桥镇合唱团
男女声二重唱《有一种情感》	创作：宝山区文化馆群文艺术部集体创作,黄涛执笔 编曲：王晓峰	2007年"上海之春"群文新人新作比赛暨小节目展演、第十一届上海"十月剧展"（音乐类）优秀新人新作奖	宝山区文化馆
女声四重唱《清清、绿绿、蓝蓝》	创作：徐汇区文化馆创作部集体创作	2007年"上海之春"群文新人新作比赛暨小节目展演、第十一届上海"十月剧展"（音乐类）优秀新人新作奖	徐汇区文化馆
男声独唱《永恒的眷恋》	作词：黄玉燕 作曲：闵雪生	2007年"上海之春"群文新人新作比赛暨小节目展演、第十一届上海"十月剧展"（音乐类）优秀新人新作奖	浦东新区文艺指导中心
男声独唱《社区我们的家》	作词：徐倩 作曲：刘勇	2007年"上海之春"群文新人新作比赛暨小节目展演、第十一届上海"十月剧展"（音乐类）优秀新人新作奖	松江区文化馆
男声独唱《天才——牛顿》	词曲：张江涛	2007年"上海之春"群文新人新作比赛暨小节目展演、第十一届上海"十月剧展"（音乐类）优秀新人新作奖	崇明县文化馆
女声独唱《谁说我看不见太阳》	作词：朱积聚 作曲：屠巴海	2007年"上海之春"群文新人新作比赛暨小节目展演、第十一届上海"十月剧展"（音乐类）优秀新人新作奖	上海市残联艺术中心

获奖作品	主创人员	奖 项	获奖单位
男声独唱《那就是你》	词曲：马宝平	2007年"上海之春"群文新人新作比赛暨小节目展演、第十一届上海"十月剧展"（音乐类）优秀新人新作奖	闸北区文化馆
男女声二重唱《畅想春天的歌谣》	作词：汤昭智 作曲：任万勇	2007年上海之春群文新人新作比赛暨小节目展演、第十一届"十月剧展"（音乐类）优秀新人新作奖	闵行区吴泾镇文化体育事业发展中心
女声独唱《江南水乡美》（上海郊区民歌）	填词编曲：鞠秀芳	2007年"上海之春"群文新人新作比赛暨小节目展演、第十一届"十月剧展"（音乐类）优秀新人新作奖	闵行区七宝镇文化中心
男声独唱《明珠闪耀的东方》	作词：草易 作曲：陈智强、陈音桦	2007年"上海之春"群文新人新作比赛暨小节目展演、第十一届"十月剧展"（音乐类）优秀新人新作奖	徐汇区西南文化艺术中心
舞蹈《拥抱太阳》	创作：郭子徽 编舞：陆燕卿	2007年"上海之春"群文新人新作比赛暨小节目展演、第十一届"十月剧展"（舞蹈类）优秀新人新作奖	上海市青少年活动中心手拉手艺术团
群舞《我们都是红帽子》	编舞：陈晓晟	2007年"上海之春"群文新人新作比赛暨小节目展演、第十一届"十月剧展"（舞蹈类）优秀新人新作奖	杨浦区文化馆
幼儿体操舞《玉米地里的快乐鼠》	编导：李宁、贾慧、田甜、刘璐	2007年"上海之春"群文新人新作比赛暨小节目展演、第十一届上海"十月剧展"（舞蹈类）优秀新人新作奖	嘉定区市属联办幼儿园
舞蹈《时间之光》	创作：郭子徽 编舞：陆燕卿、张珽珺	2007年"上海之春"群文新人新作比赛暨小节目展演、第十一届"十月剧展"（舞蹈类）优秀新人新作奖	上海市青少年活动中心手拉手艺术团
舞蹈《摄影、社区、生活》	编舞：刘彬 音乐：珊卡、小船	2007年"上海之春"群文新人新作比赛暨小节目展演、第十一届"十月剧展"（舞蹈类）优秀新人新作奖	闸北区临汾路社区青松合唱队
老年舞蹈《晚香》	编舞：胡曦 作曲：王晓宁	2007年"上海之春"群文新人新作比赛暨小节目展演、第十一届"十月剧展"（舞蹈类）优秀新人新作奖	卢湾区文化馆
舞蹈《哭嫁》	编导：曹石麟、吕艳伟	2007年"上海之春"群文新人新作比赛暨小节目展演、第十一届"十月剧展"（舞蹈类）优秀新人新作奖	南汇区万祥镇文化服务中心
群舞《金色年华》	编舞：杨林 音乐：郭亮	2007年"上海之春"群文新人新作比赛暨小节目展演、第十一届"十月剧展"（舞蹈类）优秀新人新作奖	静安区文化馆
群舞《农家画谣》	编舞：孔繁荣、殷星妹	2007年"上海之春"群文新人新作比赛暨小节目展演、第十一届"十月剧展"（舞蹈类）优秀新人新作奖	黄浦区文化馆

（续表十）

获奖作品	主创人员	奖 项	获奖单位
舞蹈《老胳膊老腿舞起来》	编导：万玮、张宝玉	2007年"上海之春"群文新人新作比赛暨小节目展演、第十一届"十月剧展"（舞蹈类）优秀新人新作奖	虹口文化艺术馆
中老年舞蹈《织之知》	编导：金笛、张阿君	2007年"上海之春"群文新人新作比赛暨小节目展演、第十一届"十月剧展"（舞蹈类）优秀新人新作奖	徐汇区文化馆
舞蹈《剪之恋》	编舞：陈跃萍	2007年"上海之春"群文新人新作比赛暨小节目展演、第十一届"十月剧展"（舞蹈类）优秀新人新作奖	闵行区颛桥镇文化中心
女声小合唱《江南雨巷》	作词：黄玉燕 作曲：朱根祥	2008年"上海之春"新人新作暨第十三届上海"十月歌会"优秀新人新作奖	黄浦区文化馆
男声独唱《美丽的黄浦江》	作曲：管更新 作词：汤昭智	2008年"上海之春"新人新作暨第十三届上海"十月歌会"优秀新人新作奖	长宁文化艺术中心
女声独唱《随着老百姓的愿望走》	作词：梁和平 作曲：朱加农等	2008年"上海之春"新人新作暨第十三届上海"十月歌会"优秀新人新作奖	闸北区文化馆
男声独唱《兰》	作词：朱培德 作曲：陈宇鹏	2008年"上海之春"新人新作暨第十三届上海"十月歌会"优秀新人新作奖	闸北区文化馆
男女声二重唱《我是你的眼睛，你是我的手仗》	作词：大陆 作曲：刘勇	2008年"上海之春"新人新作暨第十三届上海"十月歌会"优秀新人新作奖	松江区文化馆
男声独唱《我爱我的祖国》	作词：阿行、安子 作曲：建波	2008年"上海之春"新人新作暨第十三届上海"十月歌会"优秀新人新作奖	徐汇区西南文化艺术中心
女声独唱《都市月夜》	作词：薛锡祥 作曲：潘龙江	2008年"上海之春"新人新作暨第十三届上海"十月歌会"优秀新人新作奖	徐汇区西南文化艺术中心
合唱《我爱上海》	作词：阎肃 作曲：王晓宁	2008年"上海之春"新人新作暨第十三届上海"十月歌会"优秀新人新作奖	卢湾区文化馆
男女声二重唱《梦之旅》	作词：刘志毅 作曲：陆路	2008年"上海之春"新人新作暨第十三届上海"十月歌会"优秀新人新作奖	宝山区文化馆
表演合唱《彩色梦想》	作词作曲：王歆宇 编导：陈白桦、顾晓萌	2008年"上海之春"新人新作暨第十三届上海"十月歌会"优秀新人新作奖	中福会少年宫小伙伴艺术团
男声独唱《水上人家》	作词：吴飞 作曲：孟用	2008年"上海之春"新人新作暨第十三届上海"十月歌会"优秀新人新作奖	武警上海总队政治部文工团

获 奖 作 品	主 创 人 员	奖 项	获 奖 单 位
男声组唱《工棚的思念》	作词：乔新谔、鲁伟明 作曲：冯云生	2008 年"上海之春"新人新作暨第十三届上海"十月歌会"优秀新人新作奖	闵行区江川文化馆
民乐合奏《炫动的都市》	作曲：豆子、金志红	2008 年"上海之春"新人新作暨第十三届上海"十月歌会"优秀新人新作奖	徐汇区文化馆
男声小组唱《水乡鹰歌》	作词：晓萧 作曲：谈敬德	2008 年"上海之春"新人新作暨第十三届上海"十月歌会"优秀新人新作奖	宝山区文化馆、南汇区康桥镇文化服务中心
女声独唱《情怀》	作词：姜忠民、吴佳 作曲：晓苹	2008 年"上海之春"新人新作暨第十三届上海"十月歌会"优秀新人新作奖	武警上海总队政治部文工团
女声独唱《美好的你》	作词：董德平 作曲：木楠	2008 年"上海之春"新人新作暨第十三届上海"十月歌会"优秀新人新作奖	武警上海总队政治部文工团
男女声二重唱《放飞沃土》	作词：陈沪铭 作曲：禹卫洪	2008 年"上海之春"新人新作暨第13届上海"十月歌会"优秀新人新作奖	卢湾区青少年活动中心
舞蹈《编》	作曲：左翼 编舞：田甜、贾慧	2008 年"上海之春"新人新作暨第十三届上海"十月歌会"优秀新人新作奖	嘉定区文化馆
舞蹈《超市即景》	编舞：顾风、杨峰	2008 年"上海之春"新人新作暨第十三届上海"十月歌会"优秀新人新作奖	松江区岳阳街道文体站
群舞《拥抱吧》	编舞：杨林	2008 年"上海之春"新人新作暨第十三届上海"十月歌会"优秀新人新作奖	静安区文化馆
舞蹈《留守妈妈》	编舞：金笛、张阿君	2008 年"上海之春"新人新作暨第十三届上海"十月歌会"优秀新人新作奖	徐汇区"乐滋滋舞蹈队"
舞蹈《白云间的歌声》	编舞：欧阳军	2008 年"上海之春"新人新作暨第十三届上海"十月歌会"优秀新人新作奖	沪东工人文化宫
舞蹈《孩子要回家》	编舞：还志国	2008 年"上海之春"新人新作暨第十三届上海"十月歌会"优秀新人新作奖	闸北区文化馆北站街道舞蹈队
舞蹈《士兵突击》	编舞：尹文佳	2008 年"上海之春"新人新作暨第十三届上海"十月歌会"优秀新人新作奖	武警上海总队政治部文工团
舞蹈《一脉相承》	作曲：王也弟 导演：徐顺龙 编舞：徐顺龙、顾承杰	2008 年"上海之春"新人新作暨第十三届上海"十月歌会"优秀新人新作奖	奉贤区南桥镇社事中心

(续表十二)

获奖作品	主创人员	奖　项	获奖单位
舞蹈《走向新的希望》	作曲：王晓宁 编舞：胡曦	2008年"上海之春"新人新作暨第十三届上海"十月歌会"优秀新人新作奖	卢湾区文化馆
男声小组唱《好老爸顶呱呱》	作词：汤昭智 作曲：集体创作	2009年"上海之春"群文新人新作评选优秀新人新作奖(声乐)	中福会少年宫小伙伴艺术团
萨克斯四重奏《海上变奏曲》	作曲：张侃胤、张尽才	2009年"上海之春"群文新人新作评选优秀新人新作奖(声乐)	静安区文化馆
笛子独奏《补天》	作曲：蒋薇	2009年"上海之春"群文新人新作评选优秀新人新作奖(声乐)	上海市群艺馆
男女声二重唱《世博畅想》	作词：汤昭智 作曲：彭程	2009年"上海之春"群文新人新作评选优秀新人新作奖(声乐)	宝山区文化馆
男声四重唱《上海，也是我们的家》	作词：汤昭智 作曲：章吉华	2009年"上海之春"群文新人新作评选优秀新人新作奖(声乐)	闵行区吴泾镇文化体育事业发展中心
女声小组唱《滴水湖之恋》	作词：宋青松 作曲：王佑贵	2009年"上海之春"群文新人新作评选优秀新人新作奖(声乐)	南汇区大团镇文化服务中心
女声独唱《上海等你来》	作词：李成福 作曲：张伟民	2009年"上海之春"群文新人新作评选优秀新人新作奖(声乐)	虹口区文化馆
女声无伴奏四重唱《农家四月艳阳天》	作词：黄荫红 作曲：陆培	2009年"上海之春"群文新人新作评选优秀新人新作奖(声乐)	嘉定区安亭镇文体信息传媒中心
歌伴舞《如花的姑娘把灯编》	作词：严志东 作曲：侯小声	2009年"上海之春"群文新人新作评选优秀新人新作奖(声乐)	奉贤区柘林镇社事中心
器乐小合奏《苏河遐想2010》	作曲配器：李庆、孙畅	2009年"上海之春"群文新人新作评选优秀新人新作奖(声乐)	普陀区文化馆
少儿舞蹈《Hello 哒嘀哒》	编导：胡蕴琪	2009年"上海之春"群文新人新作评选优秀新人新作奖(舞蹈)	虹口区第三中心小学
舞蹈《玩瓜》	编导：胡蕴琪、陈玥	2009年"上海之春"群文新人新作评选优秀新人新作奖(舞蹈)	市学生艺术团仲盛舞蹈团
舞蹈《双面胶》	编导：李晶晶	2009年"上海之春"群文新人新作评选优秀新人新作奖(舞蹈)	宝山区文化馆
舞蹈《快乐的嘛溜嘎》	编导：陈白桦、姜羽飞	2009年"上海之春"群文新人新作评选优秀新人新作奖(舞蹈)	中福会少年宫小伙伴艺术团
群舞《绮梦》	编导：刘何	2009年"上海之春"群文新人新作评选优秀新人新作奖(舞蹈)	华东师范大学学生艺术团
舞蹈《世博快递车》	编导：顾凤庆、叶凌飞	2009年"上海之春"群文新人新作评选优秀新人新作奖(舞蹈)	松江区岳阳街道办事处

　　说明：1. 1982年首届"十月歌会"新创作6首歌曲,分别为《可爱的中华》《我爱祖国我爱党》《中国中国鲜红的太阳永不落》《雷锋就在我们身边》《青年进行曲》《金梭和银梭》,由上海市文化局选送,此年不设奖。

　　2. 囿于资料,获奖作品信息不全。

1983—2009 年上海"十月业余剧展"(含 2007 年及以后上海市群文新人新作评选)获奖一览表

获奖作品	主创人员	奖　项	获奖单位
七场话剧《角落里的火花》	编剧：王金富、王俭 导演：群智	1983 年第一届"十月业余剧展"演出一等奖	虹口区文化馆
独幕方言话剧《婆婆妈妈》	编剧：史美俊、张志成 导演：张应湘	1983 年第一届"十月业余剧展"演出一等奖	沪西工人文化宫业余艺术团话剧队
五幕话剧《青春回旋曲》	编剧：金文备、张桂兰 导演：程浦林	1983 年第一届"十月业余剧展"演出二等奖	长宁区文化馆
三幕话剧《石库门》	编剧：卢湾文化馆创作组 执笔：杨立华、马赛 导演：文忠山	1983 年第一届"十月业余剧展"演出二等奖	卢湾区文化馆
独幕话剧《出了废品以后》	编剧：经绍维、王连源 导演：王澂泊、胡廷源	1983 年第一届"十月业余剧展"演出二等奖	上海市工人文化宫业余艺术团曲艺团
四幕话剧《有一个航次》	编剧：贾鸿源、贺国甫 导演：苏乐慈	1983 年第一届"十月业余剧展"演出二等奖	上海市工人文化宫业余话剧队
五幕滑稽戏《美丽的心灵》	编剧：经绍维（执笔）、王飘、将荣鑫 导演：胡廷源	1983 年第一届"十月业余剧展"演出二等奖	上海市工人文化宫业余艺术团曲艺团
童话剧《潘高峰大战错误元帅》	编剧：郑士俊	1983 年第一届"十月业余剧展"少儿专场一等奖	徐汇区少年宫
儿童话剧《丢三拉四》	编剧：勇浩良 导演：杨达	1983 年第一届"十月业余剧展"少儿专场一等奖	静安区北京西路第五小学
儿童话剧《自修课的风波》	编导：李善珍	1983 年第一届"十月业余剧展"少儿专场一等奖	上海县少年宫
木偶剧《不怕困难的奥秘》	编导：童箴	1983 年第一届"十月业余剧展"少儿专场一等奖	中福会少年宫
童话剧《转弯道上》	编剧：陶春生 导演：朱巧金	1983 年第一届"十月业余剧展"少儿专场一等奖	普陀区潭子湾路第一小学
话剧《比天空更广阔》	编剧：汪天云、严寒 导演：钮心荣、付晓明	1983 年第一届"十月业余剧展"演出二等奖	上海师范学院话剧队
话剧《船魂》	编剧：梁星明 导演：薛伟君	1983 年第一届"十月业余剧展"演出二等奖	江南造船厂业余话剧队
沪剧小戏《石头赔情》	编剧：钱光辉、郑道溥 导演：周立中、瞿亚南	1983 年第一届"十月业余剧展"演出二等奖	奉贤头桥、钱桥公社文艺演出工厂
沪剧小戏《赶不走的媳妇》	编剧：计金弟、宋夫 导演：兰流、石磊	1983 年第一届"十月业余剧展"演出一等奖	南汇县书院公社文艺工厂

(续表一)

获奖作品	主创人员	奖　项	获奖单位
越剧小戏《风雨同舟》	编剧：吕连敦、何美其、李永林 导演：赵德荣、夏阳	1983年第一届"十月业余剧展"演出二等奖	嘉定县曹王公社文艺工厂
话剧《水，应该喝甜的》	编剧：杨鑫基 导演：赵家彦、钱史梅	1985年第二届上海市"十月业余剧展"优秀创作、优秀演出奖	吴淞区科技文化馆
沪剧小戏《不该枯萎的小花》	编剧：韩群华 作曲：奚耿虎 导演：王兴仁	1985年第二届上海市"十月业余剧展"优秀创作、优秀演出奖	奉贤县肖塘乡、齐贤乡文艺工厂
滑稽小戏《多此一举》	编剧：傅锋 导演：胡廷源	1985年二届上海市"十月业余剧展"优秀创作、优秀演出奖	上海市工人文化宫曲艺团
中型话剧《六个小伙子和一个姑娘》	编剧：贾鸿源 导演：胡伟民	1985年二届上海市"十月业余剧展"优秀演出奖、创作奖	市工人文化宫
儿童小话剧《啊，明天是星期天》	编剧：俞梓 导演：王惠莉	1985年第二届上海市"十月业余剧展"优秀创作、优秀演出奖	静安区少年宫
儿童剧《我的蟋蟀好朋友》	编剧：勇浩良 导演：王又乐	1985年第二届上海市"十月业余剧展"优秀演出奖	中福会少年宫
儿童小话剧《金色的晚霞》	编剧：史美俊 导演：李向阳	1985年第二届上海市"十月业余剧展"优秀演出奖	普陀区少年宫
儿童小话剧《汪汪小报》	编导：王惠莉	1985年第二届上海市"十月业余剧展"优秀演出奖	黄浦区少年宫
沪剧小戏《别样情》	编剧：邹蜜蜂 导演：全昌杰	1989上海文化艺术节群众文艺展优秀奖	上海县马桥镇文化中心
话剧《大桥》	编剧：贺国甫 导演：陈明正、谷亦安、曹路生	1991年第三届上海市"十月业余剧展"特别荣誉奖	上海市工人文化宫话剧团
沪剧《三朵花闹婚》	编剧：陆军 导演：吴伯英 作曲：汝金山	1991年第三届上海市"十月业余剧展"最佳演出奖	松江县文化馆
课本剧《少年英雄雨来》	编剧：诗梅 导演：诗梅、飞镜	1991年第三届上海市"十月业余剧展"最佳演出奖	长宁区少年宫
沪剧《绝对保密》	编剧：汪慰卿 导演：胡惠良 作曲：周明华	1991年第三届上海市"十月业余剧展"最佳演出奖	宝山区盛桥镇文化站
京剧《春江夜渡》	编剧：徐明华、席与荣 导演：席与荣、李孔銮 作曲：龚国泰	1991年第三届上海市"十月业余剧展"最佳演出奖	黄浦区浦东文化馆
沪剧《桃红柳绿》	编剧：顾煜平 导演：周立中 作曲：潘勇刚	1991年第三届上海市"十月业余剧展"最佳演出奖	奉贤县青村乡文化站

（续表二）

获奖作品	主创人员	奖　　项	获奖单位
沪剧《花农嫁囡》	编剧：邹蜜蜂 导演：全昌杰	1991年第三届上海市"十月业余剧展"最佳演出奖	上海县三林乡文化站
小品《爸爸妈妈在蓝天》	编剧：集体创作 导演：陈体江、丁铮宜	1991年第三届上海市"十月业余剧展"最佳演出奖	中国东方航空公司
小品《张三其人》	编剧：孙慧 导演：李志良、何方	1991年第三届上海市"十月业余剧展"最佳演出奖	虹口区文化局
小品《小绿叶》	编剧：吴蕴 导演：王昆	1991年第三届上海市"十月业余剧展"最佳演出奖	卢湾区五里桥街道文化站
小品《心声》	编剧：雪怀、洪林 导演：吴洪林、蒋联生	1991年第三届上海市"十月业余剧展"最佳演出奖	卢湾区打浦桥街道文化站
音乐剧《OK，OK》	编剧：任洛敏、张家龙 导演：杜冶秋、任洛敏	1991年第三届上海市"十月业余剧展"优秀演出奖	虹口区文化局
沪剧《公诉之前》	编剧：邬盛林 导演：陈建龙 作曲：钱友林	1991年第三届上海市"十月业余剧展"优秀演出奖	南汇县周浦乡文化站
小品《霓虹灯下》	编剧：李向阳 导演：卢若平	1991年第三届上海市"十月业余剧展"优秀演出奖	武警上海总队军乐团
课本剧《司马光砸缸》	编剧：周有成、孙花满 导演：张玉帆	1991年第三届上海市"十月业余剧展"优秀演出奖	真如文化馆回民小学
山歌剧《三根火柴》	编剧：黄秀廉 导演：高振威 作曲：王霖、黄晓	1991年第三届上海市"十月业余剧展"优秀演出奖	崇明县城桥供销社
小品《天下父母心》	编剧：孙慧 导演：李志良、何方	1991年第三届上海市"十月业余剧展"优秀演出奖	虹口区文化局
小歌剧《桔乡情》	编剧：房黎明 导演：胡惠良 作曲：张永明	1991年第三届上海市"十月业余剧展"优秀演出奖	宝山区文化馆
小品《晚晴》	编剧：徐开麟 导演：顾邦俊	1991年第三届上海市"十月业余剧展"优秀演出奖	黄浦区文化馆
小品《蒲公英》	编剧：钱昌萍 导演：戴秀清	1991年第三届上海市"十月　业余剧展"优秀演出奖	青浦县文化馆
小品《妻子临产了》	编剧：石建华 导演：雷长喜	1991年第三届上海市"十月业余剧展"优秀演出奖	上海公用阀门厂
小品《雨中情》	编剧：经思忠 导演：李学通	1991年第三届上海市"十月业余剧展"优秀演出奖	沪西工人文化宫
锡剧《兰盾曲》	编剧：朱仁兴 导演：袁佳兰、朱大贞	1991年第三届上海市"十月业余剧展"优秀演出奖	嘉定县娄圹镇文化站

（续表三）

获奖作品	主创人员	奖 项	获奖单位
越剧《夜归》	编剧：王鹏程、杨锐 导演：杨锐、张昆莲 作曲：沈国良	1991年第三届上海市"十月业余剧展"优秀演出奖	川沙县六里、严桥文化站
沪剧《乡村里的月亮》	编剧：陆军 导演：雷磊 作曲：奚耿虎	1991年第三届上海市"十月业余剧展"优秀演出奖	松江县文化馆
课本剧《聪明的曹冲》	编剧：徐志华 导演：徐志华	1991年第三届上海市"十月业余剧展"优秀演出奖	黄浦区少年宫
话剧《近视眼》	编剧：王洪泉、隋鹏举 导演：王松平、佟玉山	1991年第三届上海市"十月业余剧展"优秀演出奖	武警上海总队
越剧《将军夫人》	编剧：赵化南、王国元 导演：谢文芳 作曲：沈国良	1991年第三届上海市"十月业余剧展"优秀演出奖	徐汇区工人俱乐部
话剧《湖畔奏鸣曲》	编剧：俞志清 导演：赵洁民	1991年第三届上海市"十月业余剧展"优秀演出奖	卢湾区文化馆
历史剧《毛遂之死》	编剧：杨立华 导演：安振吉	1993年第四届上海市"十月业余剧展"最佳创作表演奖	卢湾区文化馆
沪剧《悠悠净土情》	编剧：邬盛林 导演：王兴仁	1993年第四届上海市"十月业余剧展"最佳创作表演奖	南汇县周浦乡文化站
京剧小武戏《哪吒闹海》	编剧：朱妙善、袁伦兆 导演：朱妙善、潘菊英	1993年第四届上海市"十月业余剧展"最佳创作表演奖	徐汇区少年宫
小品《溃》	编剧：李维道 导演：李维道	1993年第四届上海市"十月业余剧展"最佳创作表演奖	虹口区文化局
小品《招生》	编剧：集体创作，张彬执笔	1993年第四届上海市"十月业余剧展"最佳创作表演奖	黄浦区文化馆
小品《蛋》	编剧：陈建龙、王鹏程 导演：陈建龙	1993年第四届上海市"十月业余剧展"最佳创作表演奖	南汇县周浦镇文化站
小品《今夜加班》	编剧：孙霍 导演：姚明德	1993年第四届上海市"十月业余剧展"最佳创作表演奖	虹口区文化局
小品《娃娃雪糕》	编剧：孙霍 导演：李志良	1993年第四届上海市"十月业余剧展"最佳创作表演奖	虹口区文化局
小品《雨夜》	编剧：徐开麟 导演：沈正仪	1993年第四届上海市"十月业余剧展"最佳创作表演奖	沪西工人文化宫
小品《回归》	编剧：王鹏程 导演：顾邦俊	1993年第四届上海市"十业余剧展"最佳创作表演奖	黄浦区文化馆
小品《晨曲》	编剧：严志东	1993年第四届上海"十月业余剧展"最佳创作奖、表演奖	奉贤县邬桥文艺工厂

（续表四）

获奖作品	主创人员	奖　项	获奖单位
小品《妈妈,你好》	编剧:王鹏程 导演:吴伟刚	1993年第四届上海"十月业余剧展"最佳创作奖表演奖	浦东新区浦南文化馆
小品《藤》	编导:邹蜜蜂、全昌杰	1993年第四届上海市"十月业余剧展"最佳创作表演奖	闵行区虹桥镇文化中心
小品《蓝色酒吧》	编剧:马毓俊、王鹏程 导演:李耀宇	1993年第四届上海市"十月业余剧展"最佳创作表演奖	浦东新区浦东文化馆
沪剧《选择》	编剧:陆福兴 导演:陈建龙	1993年第四届上海市"十月业余剧展"最佳创作表演奖	南汇县盐仓乡文化站
小戏《送子观音》	编剧:陆军 导演:雷磊	1993年第四届上海市"十月业余剧展"最佳创作表演奖	松江县文化馆
沪剧《龙凤镜》	编剧:严志东、顾煜平 导演:周立中	1993年第四届上海市"十月业余剧展"最佳创作表演奖	奉贤县青村文化站
沪剧《庙会》	编剧:陆金宝 导演:吴伯英	1993年第四届上海市"十月业余剧展"最佳创作表演奖	普陀区真如文化馆
小品《双雄会》	编剧:施海生、彭纪明、郁林兴 导演:韩正林	1993年第四届上海"十月业余剧展"优秀创作表演奖	金山县文化馆
小品《爱心》	编导:孙一卿	1993年第四届上海市"十月业余剧展"优秀创作表演奖	闵行区马桥镇文化中心
童话剧《卖火柴的小女孩》	编导:徐志华	1993年第四届上海市"十月业余剧展"优秀创作表演奖	黄浦区少年宫
小品《好人坏人》	编剧:俞志清 导演:顾邦君	1993年第四届上海市"十月业余剧展"优秀创作表演奖	宝山区代表团
小品《看懂了,上海》	编剧:孙晓峰、谭玉岐 导演:胡惠良	1993年第四届上海市"十月业余剧展"优秀创作表演奖	宝山区盛桥镇文化中心
小品《晚宴》	编导:徐开麟	1993年第四届上海市"十月业余剧展"优秀创作表演奖	沪西工人文化宫
小品《天上有个太阳》	编剧:魏荣苏 导演:江建平	1993年第四届上海市"十月业余剧展"优秀创作表演奖	静安区文化馆
小品《给你一支枪》	编剧:魏荣苏 导演:江建平	1993年第四届上海市"十月业余剧展"优秀创作表演奖	静安区工人俱乐部
小品《寻找》	编剧:陆金宝 导演:吴伯英	1993年第四届上海市"十月业余剧展"优秀创作表演奖	普陀区真如文化馆
小品《家庭风波》	编剧:梁小晶 导演:李学通	1993年第四届上海市"十月业余剧展"优秀创作表演奖	长宁区个体协会
小品《雪妈妈》	编剧:陆军 导演:杨峰	1993年第四届上海市"十月业余剧展"优秀创作表演奖	松江县文化馆

（续表五）

获奖作品	主创人员	奖 项	获奖单位
小品《净化器》	编剧：陆永庭、杜金根 导演：陆永庭	1993年第四届上海市"十月业余剧展"优秀创作表演奖	杨浦区文化馆
小品《白背心、红背心、黑背心》	编剧：陈东湖 导演：向能春、张皆兵	1993年第四届上海市"十月业余剧展"优秀创作表演奖	市工人文化宫
小品《送考》	编剧：曲信先 导演：郭宁	1993年第四届上海市"十月业余剧展"优秀创作表演奖	市工人文化宫
小品《新房》	编剧：徐开麟 导演：夏剑青	1993年第四届上海市"十月业余剧展"优秀创作表演奖	沪西工人文化宫
小品《最后一块乐土》	编剧：邵立 导演：徐志华	1993年第四届上海市"十月业余剧展"优秀创作表演奖	黄浦区金陵西路小学
小品《寻》	编剧：叶小涛 导演：孙东杰	1993年第四届上海市"十月业余剧展"优秀创作表演奖	静安区少年宫
沪剧小戏《苦爱》	编导：张孝中	1993年第四届上海市"十月业余剧展"优秀创作表演奖	上钢一厂
方言小品《夕阳照黄昏》	编剧：吴蕴 导演：胡廷源	1993年第四届上海市"十月业余剧展"优秀创作表演奖	卢湾区五里桥街道文化中心
讽刺小品《蠹虫》	编剧：乐金根、席与荣 导演：席与荣	1993年第四届上海市"十月业余剧展"优秀创作表演奖	南市区小东门街道文化中心
系列小品《阿拉浦东人》	编剧：王鹏程、马毓俊、张震 导演：刘云	1993年第四届上海市"十月业余剧展"优秀创作表演奖	浦东新区浦东文化馆
多场次话剧《春来也有寒冷时》	编剧：琚金水	1993年第四届上海市"十月业余剧展"优秀创作表演奖	闸北区文化馆
小品《走向》	编剧：俞志清 导演：陆人伟	1993年第四届上海市"十月业余剧展"优秀创作表演奖	普陀区文化馆
小品《送水》	编剧：朱德谟 导演：卢若平、朱大贞、袁嘉蓝	1993年第四届上海市"十月业余剧展"优秀创作表演奖	嘉定区曹王镇文化站
小品《井边》	编剧：柴焘熊 导演：高振威	1993年第四届上海市"十月业余剧展"优秀创作表演奖	崇明县文化馆
喜剧小品《蝶花飘飘》	编剧：蒋益峰 导演：集体导演	1993年第四届上海市"十月业余剧展"优秀创作表演奖	青浦县朱家角镇文化馆
小品《迎春花》	编剧：金春梅 导演：沈一卿	1993年第四届上海市"十月业余剧展"优秀创作表演奖	闵行区群艺馆
话剧小品《出远门、赚大钱》	编剧：孙霍、姚明德	1993年第四届上海市"十月业余剧展"优秀创作表演奖	虹口区文化局
小品《小夜曲》	编导：许如中、李志良	1995年第五届上海市"十月业余剧展"电视大奖、剧本创作一等奖	普陀区文化馆

获奖作品	主创人员	奖　项	获奖单位
小品《钓鱼》	编剧：肖白 导演：张应湘	1995 年第五届上海市"十月业余剧展"电视大奖	长宁区税务局、长宁区工人俱乐部
小品《吉庆有"鱼"》	编剧：马毓俊 导演：向能春	1995 年第五届上海市"十月业余剧展"最佳演出奖、剧本创作一等奖	浦东新区浦东文化馆
小品《障碍》	编剧：戴慕仁 导演：顾邦俊	1995 年第五届上海市"十月业余剧展"最佳演出奖、剧本一等奖	黄浦区文化馆
小品《滥竽新传》	编剧：马毓俊 导演：杨关兴	1995 年第五届上海市"十月业余剧展"最佳演出奖、剧本创作二等奖	黄浦区文化馆
小品《雨中有支歌》	编剧：胡永其 导演：方红林	1995 年第五届上海市"十月业余剧展"优秀演出奖	闵行区文化馆
小品《同在蓝天下》	编剧：石建华 导演：石俊	1995 年第五届上海市"十月业余剧展"优秀演出奖	徐汇区文化馆
小品《银铃声声》	编剧：洪林、小倩 导演：洪林、高桂芳	1995 年第五届上海市"十月业余剧展"优秀演出、剧本创作一等奖	卢湾区五里桥文化中心
小品《夜半客》	编剧：徐开麟 导演：李志良	1995 年第五届上海市"十月业余剧展"优秀演出奖	沪西工人文化宫
小品《爸爸妈妈请回答》	编剧：刘建、嘉隆 导演：李志良	1995 年第五届上海市"十月业余剧展"优秀演出奖、剧本创作二等奖	虹口区文化馆
小品《中秋月更圆》	编剧：徐峥 导演：杨屹	1995 年第五届上海市"十月业余剧展"优秀演出奖	上海警备区文工团
小歌剧《希望之歌》	作曲：林伟夫 作词：周荣钧	1995 年第五届上海市"十月业余剧展"优秀演出奖	闸北区文化馆
新闻小品《真情》	编剧：梁小品 导演：顾邦俊	1995 年第五届上海市"十月业余剧展"优秀演出奖、剧本创作二等奖	长宁区工商局个体协会
小品《捣浆糊》	编剧：欧粤	1995 年第五届上海市"十月业余剧展"剧本创作一等奖	松江县文化馆
小品《偶然相遇》	编剧：前园、程皓 导演：縻曾	1995 年第五届上海市"十月业余剧展"剧本创作一等奖	南市区半淞园路街道文化中心
小品《探亲插曲》	编剧：巫为民	1995 年第五届上海市"十月业余剧展"剧本创作一奖	浦东新区文化广播电视局
戏剧小品《礼品》	编剧：谈敬德 导演：吴伯英	1995 年第五届上海市"十月业余剧展"剧本创作一等奖	浦东新区浦东文化馆
独幕越剧《救救我们》	编导：良苑、卢艺	1995 年第五届上海市"十月业余剧展"剧本创作二等奖	卢湾区文化馆
方言小品《代理厂长》		1995 年第五届上海市"十月业余剧展"剧本创作二等奖	松江县文化馆
小品《哦，BB 机》	编导：顾斐	1995 年第五届上海市"十月业余剧展"剧本创作二等奖	黄浦区文化馆

(续表七)

获奖作品	主创人员	奖　　项	获奖单位
小品《儿子》	编剧：巫为民	1995年第五届上海市"十月业余剧展"剧本创作二等奖	卢湾区文化馆
小品《权衡》	编剧：王世艾 导演：安振民、赵洁民	1995年第五届上海市"十月业余剧展"剧本创作二等奖	卢湾区文化馆
小品《小雨中的车站》	编剧：米有 导演：石俊	1995年第五届上海市"十月业余剧展"剧本创作二等奖	徐汇区文化馆
小品《老王和小黄》	编剧：浦华	1995年第五届上海市"十月业余剧展"剧本创作二等奖	杨浦区文化馆
小品《应聘》	编剧：邱伟鸣	1995年第五届上海市"十月业余剧展"剧本创作二等奖	杨浦区文化馆
沪剧小戏《沪上新妹》	编剧：曹宝妹 导演：杨观复	1995年第五届上海市"十月业余剧展"剧本创作二等奖	杨浦区文化馆
小品《彩虹》	编剧：梁小品 导演：李学通	1995年第五届上海市"十月业余剧展"剧本创作二等奖	沪西工人文化宫
戏剧小品《心愿》	编剧：潘玉华 导演：朱国桢	1995年第五届上海市"十月业余剧展"剧本创作二等奖	浦东新区周家渡街道文化站
戏剧小品《挪位》	编剧：邱凤英 导演：康毅、邱凤英	1995年第五届上海市"十月业余剧展"剧本创作二等奖	浦东新区川沙镇乡文化站
小品《郑人卖履》	编剧：马毓俊 导演：杨关兴	1997年第六届上海市"十月业余剧展"最佳创作奖、最佳演出奖	黄浦区文化馆
小品《送玫瑰花的人》	编剧：王鹏程 导演：李志良	1997年第六届上海市"十月业余剧展"最佳创作奖	浦东新区浦东文化馆
小品《共享》	编剧：徐英 导演：吴伯英	1997年第六届上海市"十月业余剧展"最佳创作奖	浦东新区浦东文化馆
小品《帽子》	编剧：徐英 导演：张双勤	1997年第六届上海市"十月业余剧展"最佳创作奖	浦东新区浦东文化馆
小品《电话亭》	编剧：王鹏程 导演：李志恩	1997年第六届上海市"十月业余剧展"最佳创作奖	黄浦区文化馆
小品《路在何方》	编剧：邓家彬 导演：吴双艺	1997年第六届上海市"十月业余剧展"最佳创作奖	市总工会
小品《墙》	编剧：王鹏程 导演：向能春	1997年第六届上海市"十月业余剧展"最佳创作奖	浦东新区浦东文化馆
小品《看不见的手》	编剧：戴慕仁	1997年第六届上海市"十月业余剧展"优秀创作奖	黄浦区文化馆
小品《地平线》	编剧：马毓俊	1997年第六届上海市"十月业余剧展"优秀创作奖	黄浦区文化馆
小品《马路小老板》	编剧：孙炳华	1997年第六届上海市"十月业余剧展"优秀创作奖	黄浦区文化馆

获奖作品	主创人员	奖　项	获奖单位
小品《献给命运的紫罗兰》	编剧：马毓俊 导演：顾邦俊	1997年第六届上海市"十月业余剧展"优秀创作奖	虹口区曲阳文化馆
小品《回归》	编剧：俞志清 导演：陆人伟	1997年第六届上海市"十月业余剧展"优秀创作奖	虹口区文化局创作室
小品《风雨之夜》	编剧：史荣东 导演：孙洁、曹宝根	1997年第六届上海市"十月业余剧展"优秀创作奖	杨浦区文化馆
小品《正常规律》	编剧：见谷 导演：龚建国	1997年第六届上海市"十月业余剧展"优秀创作奖	青浦县文化馆
小品《山乡情结》	编剧：石建华 导演：龙俊杰	1997年第六届上海市"十月业余剧展"优秀创作奖	徐汇区文化馆
小品《买鱼的孩子》	编剧：陶文进 导演：宋崇	1997年第六届上海市"十月业余剧展"优秀创作奖	南市区文化馆
喜剧小品《比经之路》	编剧：朱政莲 导演：雷磊	1997年第六届上海市"十月业余剧展"优秀创作奖	松江县文化局
小品《感谢停电》	编剧：朱米天 导演：顾邦俊	1999年第七届上海市"十月业余剧展"最佳演出奖、最佳创作奖	虹口区文化局、虹口文化艺术馆
小品《"核"反应》	编剧：佳慈、徐英 导演：向能春	1999年第七届上海市"十月业余剧展"最佳演出奖	浦东新区浦东文化馆
小品《明天是晴天》	编剧：王鹏程 导演：李志良	1999年第七届上海市"十月业余剧展"优秀演出奖	浦东新区浦东文化馆
小品《家家有本经》	编剧：戴慕仁 导演：杨关兴	1999年第七届上海市"十月业余剧展"优秀演出奖	黄浦区文化馆
小品《对,不对,不能绝对》	编剧：薛伟君、阮建成 导演：姚侃	1999年第七届上海市"十月业余剧展"优秀演出奖	浦东新区社发局文体处
小品《空调坏了》	编剧：黄宣林 导演：石磊、顾邦俊	1999年第七届上海市"十月业余剧展"优秀演出奖	黄浦区文体局
小品《爱情角》	编剧：肖华荣 导演：全昌杰	1999年第七届上海市"十月业余剧展"最佳创作奖	闵行区群艺馆
小品《红舞鞋》	编剧：黄溪 导演：全昌杰	1999年第七届上海市"十月业余剧展"最佳创作奖	闵行区群艺馆
小品《甜蜜》	编剧：巫为民	1999年第七届上海市"十月业余剧展"最佳创作奖	徐汇区文化艺术中心
小品《乡长找鸡》	编剧：魏宙 导演：安振吉	1999年第七届上海市"十月业余剧展"最佳创作奖	静安区群工委
小品《开会》	编剧：马赛 导演：李志良	1999年第七届上海市"十月业余剧展"最佳创作奖	卢湾区文化局
小品《论道》	编剧：见谷、薛芸 导演：杜冶秋	1999年第七届上海市"十月业余剧展"最佳创作奖	青浦区文化局

（续表九）

获奖作品	主创人员	奖　项	获奖单位
小品《砸缸以后》	编剧：朱尔仪 导演：陆永庭	1999年第七届上海市"十月业余剧展"最佳创作奖	杨浦区文化局
小品《光应该是暖的》	编剧：石建华 导演：张应湘	1999年第七届上海市"十月业余剧展"优秀创作奖	徐汇区文化艺术中心
小品《约定激情》	编剧：李海艇、赵洁民 导演：李学通	1999年第七届上海市"十月业余剧展"优秀创作奖	卢湾区文化馆
小品《生命放飞》	编剧：俞志清 导演：赵洁民	1999年第七届上海市"十月业余剧展"优秀创作奖	虹口区文化馆
小品《小和尚分粥》	编剧：张乃清	1999年第七届上海市"十月业余剧展"优秀创作奖	闵行区群艺馆
小歌剧《生死不明》	编剧：何翼 导演：王丽鹤	1999年第七届上海市"十月业余剧展"优秀创作奖	虹口区文化馆
小品《花的旋律》	编剧：肖白	1999年第七届上海市"十月业余剧展"优秀创作奖	长宁文化艺术中心
小品《部长住店》	编剧：肖白 导演：李志良	1999年第七届上海市"十月业余剧展"优秀创作奖	长宁文化艺术中心
小品《厕所人事》	编剧：袁中传	1999年第七届上海市"十月业余剧展"优秀创作奖	浦东新区社发局文体处
小品《上海小姐外来妹》	编剧：浦华	1999年第七届上海市"十月业余剧展"优秀创作奖	卢湾区文化局
小品《相约星期六》	编导：沈正仪	1999年第七届上海市"十月业余剧展"优秀创作奖	闵行区文化局
小品《换鞋》	编剧：邱伟民 导演：张应湘	1999年第七届上海市"十月业余剧展"优秀创作奖	杨浦区文化局
小品《新村电话亭》	编剧：艾平	1999年第七届上海市"十月业余剧展"优秀创作奖	卢湾区文化局
小品《午夜玫瑰》	编剧：杨立华	1999年第七届上海市"十月业余剧展"优秀创作奖	杨浦区文化局
少儿京剧《送虎还山》	编剧：郑士俊 导演：熊志麟、钱更生	1999年第七届上海市"十月业余剧展"优秀创作奖	上海市教委
小品《老夫老妻》	编剧：邓亦敏	1999年第七届上海市"十月业余剧展"优秀创作奖	市群艺馆
小品《特种兵》	编剧：严志东	2001年第八届上海市"十月业余剧展"最佳创作奖	奉贤县文化馆
小品《YES,NO?》	编剧：徐开麟 导演：胡善良	2001年第八届上海市"十月业余剧展"最佳创作奖	黄浦区文化馆
小品《大年初一》	编剧：马毓俊 导演：赵武	2001年第八届上海市"十月业余剧展"最佳创作奖	黄浦区文化馆

（续表十）

获奖作品	主创人员	奖　项	获奖单位
小品《社区风景线》	编剧：马毓俊	2001 年第八届上海市"十月业余剧展"最佳创作奖	卢湾区文化馆
小品《今年出"怪"》	编剧：邬盛林 导演：王兴仁	2001 年第八届上海市"十月业余剧展"最佳创作奖、优秀演出奖	南汇县文化馆
小品《找错门的父亲》	编剧：张雨民	2001 年第八届上海市"十月业余剧展"优秀创作奖	卢湾区文化馆
小品《雨中的伞》	编剧：陆荣民	2001 年第八届上海市"十月业余剧展"优秀创作奖	市艺术教育中心
小品《心中的金牌》	创作：交通大学集体创作 导演：刘忠芬	2001 年第八届上海市"十月业余剧展"优秀创作奖	市艺术教育中心
小品《噪声管理员》	编剧：刘群	2001 年第八届上海市"十月业余剧展"优秀创作奖	青浦区文化局
小品《永生的雕像》	编剧：巫为民	2001 年第八届上海市"十月业余剧展"优秀创作奖	闸北区文广局
小品《新年的礼物》	编剧：黄溪	2001 年第八届上海市"十月业余剧展"优秀创作奖	闵行区文广局
小品《番茄宴》	编剧：季枫、顾煜平	2001 年第八届上海市"十月业余剧展"优秀创作奖	奉贤县文化局
小品《攀亲》	编剧：邹宝琛 导演：陆永庭	2001 年第八届上海市"十月业余剧展"优秀创作奖、优秀演出奖	杨浦区文化局
小品《金色鱼塘》	编剧：王兆梅、黄溪 导演：张应湘	2001 年第八届上海市"十月业余剧展"最佳演出奖	静安区文化局
小品《水晶心》	编剧：胡永其 导演：王梦玖	2001 年第八届上海市"十月业余剧展"最佳演出奖	浦东新区文艺指导中心
小品《心中的盾牌》	创作：交通大学集体创作	2001 年第八届上海市"十月业余剧展"优秀演出奖	上海市教委
小品《德行》	编剧：徐英 导演：向熊春	2001 年第八届上海市"十月业余剧展"优秀演出奖	浦东新区浦东文化馆
沪剧小戏《相约十二点》	编导：钱光辉、顾煜平 导演：徐思燕	2003 年"新上海人"小品、小戏大赛暨第九届上海"十月剧展"金奖	奉贤区庄行镇文广中心
小品《为美丽干杯》	编剧：王寅社 导演：王寅社	2003 年"新上海人"小品、小戏大赛暨第九届上海"十月剧展"金奖	武警上海指挥学院、虹口文化艺术馆
沪剧小戏《花缘》	编剧：邹蜜蜂、全昌杰 导演：全昌杰	2003 年"新上海人"小品、小戏大赛暨第九届上海"十月剧展"金奖	闵行区群艺馆
小品《修钢琴的人》	编剧：王鹏程 导演：李志良	2003 年"新上海人"小品、小戏大赛暨第九届上海"十月剧展"金奖	浦东新区浦东文化馆

获奖作品	主创人员	奖　项	获奖单位
小品《妈，我们回家》	编剧：李海艇 导演：李志良	2003 年"新上海人"小品、小戏大赛暨第九届上海"十月剧展"银奖	卢湾区文化馆
小品《回家》	编剧：徐开麟 导演：石磊	2003 年"新上海人"小品、小戏大赛暨第九届上海"十月剧展"银奖	黄浦区文化馆
小品《的士兄弟》	编剧：徐开麟 导演：顾邦俊	2003 年"新上海人"小品、小戏大赛暨第九届上海"十月剧展"银奖	黄浦区文化馆
小品《上海即景》	编剧：管新生 导演：黄树林	2003 年"新上海人"小品、小戏大赛暨第九届上海"十月剧展"银奖	徐汇区创研中心
沪剧小戏《银杏树》	编剧：贝谷 导演：王梦玖	2003 年"新上海人"小品、小戏大赛暨第九届上海"十月剧展"金奖	青浦区赵巷文广中心
小品《夜话》	编剧：俞志清、欣眷 导演：徐志华	2005 年上海市小节目评选暨第十届上海"十月剧展"小品小戏专场银奖	虹口区文化艺术馆
沪语歌舞剧《花样年华》	编剧：邹蜜蜂、全昌杰 导演：全昌杰	2005 年上海市小节目评选暨第十届上海"十月剧展"小品小戏专场优秀作品奖	闵行区群艺馆
小品《对门》	编剧：戴慕仁、徐开麟 导演：张应湘	2005 年上海市小节目评选暨第十届上海"十月剧展"小品小戏专场优秀作品奖	黄浦区文化馆
小品《普通人家的普通事》	编剧：陶文进 导演：鲍永伟	2005 年上海市小节目评选暨第十届上海"十月剧展"小品小戏专场优秀作品奖	徐汇区文化局
小品《看信》	编剧：季蕾	2005 年上海市小节目评选暨第十届上海"十月剧展"小品小戏专场优秀作品奖	金山区实验幼儿园、金山区文广局
小品《有一个朋友就是你》	编剧：吴海燕 导演：鲁俊	2005 年上海市小节目评选暨第十届上海"十月剧展"专场优秀作品奖	上海市残疾人艺术团、市群艺馆
小品《一束康乃馨》	编剧：俞志清 导演：顾邦俊	2005 年上海市小节目评选暨第十届上海"十月剧展"小品小戏专场优秀作品奖、优秀表演奖	虹口文化艺术馆
小品《应聘》	编剧：李海艇 导演：李志良	2005 年上海市小节目评选暨第十届上海"十月剧展"小品小戏专场优秀作品奖	卢湾区文化馆
小品《一枚戒指》	编剧：徐英 导演：朱燕 艺术总监：闵雪生	2005 年上海市小节目评选暨第十届上海"十月剧展"小品小戏专场优秀表演奖	浦东新区文艺指导中心
越剧小戏《董其昌学书》	编剧：沈玉亮 导演：吴伯英、杨峰	2005 年上海市小节目评选暨第十届上海"十月剧展"小品小戏专场优秀表演奖	松江区文化馆

获奖作品	主创人员	奖　项	获奖单位
小品《我们的名字》	编剧：管新生 导演：华艺、裘金凤	2005 年上海市小节目评选暨第十届上海"十月剧展"小品小戏专场优秀表演奖	杨浦区文化馆
小话剧《爱的翅膀》	编剧：卢小芳、夏燕飞 导演：夏燕飞、卢小芳	2005 年上海市小节目评选暨第十届上海"十月剧展"小品小戏专场优秀表演奖	中福会少年宫小伙伴艺术团
小品《捐款》	编剧：徐迅 导演：陈峨	2007 年群文小戏小品暨第十一届上海"十月剧展"优秀新人新作奖	徐家汇街道办事处
沪语歌舞剧《荷畔飘香》	编剧：邹蜜蜂、全昌杰 导演：全昌杰	2007 年群文小戏小品暨第十一届上海"十月剧展"优秀新人新作奖	闵行区群艺馆
小品《寻找男子汉》	编剧：俞志清 导演：俞志清、王丽鹤	2007 年群文小戏小品暨第十一届上海"十月剧展"优秀新人新作	虹口文化艺术馆
小品《让我叫你一声爸》	编剧：王玮 导演：薛伟君、杨德根	2007 年群文小戏小品暨第十一届上海"十月剧展"优秀新人新作	静安区文化馆
小品《让道》	编剧：曹石麟 导演：李志良	2007 年群文小戏小品暨第十一届上海"十月剧展"优秀新人新作奖	南汇区万祥镇文化服务中心
小品《女人心事》	编剧：王晓怡、石建华 导演：张应湘	2007 年群文小戏小品暨第十一届上海"十月剧展"优秀新人新作奖	徐汇区西南文化艺术中心
小品《钟点工》	编剧：李海艇 导演：李志良	2007 年群文小戏小品暨第十一届上海"十月剧展"优秀新人新作奖	卢湾区文化馆
小品《心锁》	编剧：牛文佳 导演：娄嗣家、段琛	2007 年群文小戏小品暨第十一届上海"十月剧展"优秀新人新作奖	闸北区文化馆
小品《谁之过》	编导：卢森堡	2007 年群文小戏小品暨第十一届上海"十月剧展"优秀新人新作奖	徐汇区龙华街道办事处
小品《拨浪鼓》	编剧：蒋良琛	2007 年群文小戏小品暨第十一届上海"十月剧展"优秀新人新作奖	闵行区虹桥镇文化中心
小品《钱眼》	编剧：徐国庆、胡永其 导演：忠明	2007 年群文小戏小品暨第十一届上海"十月剧展"优秀新人新作奖	浦东新区花木街道文广中心
小品《网上的朋友》	编剧：谷鸣 导演：江建平、徐顺达	2007 年群文小戏小品暨第十一届上海"十月剧展"优秀新人新作奖	普陀区桃浦文化馆
小品《三个女人和一个醉汉》	编剧：沈玉亮 导演：杨建国	2007 年群文小戏小品暨第十一届上海"十月剧展"优秀新人新作奖	松江区中山街道文体站
上海说唱《桥》	编剧：宋波祥、徐英 导演：殷渭清	2007 年群文小戏小品暨第十一届上海"十月剧展"优秀新人新作奖	南汇区祝桥镇文化服务中心
音舞快板《万里奔波为神州》	编剧：苏雷静 导演：尤洋、徐菊妹	2007 年群文小戏小品暨第十一届上海"十月剧展"优秀新人新作奖	闵行区虹桥镇文化中心
表演唱《醉娘子》	编剧：沈海洋、周建义 导演：王殷 作曲：黄亚新	2007 年群文小戏小品暨第十一届上海"十月剧展"优秀新人新作奖	浦东新区浦南文化馆

（续表十三）

获奖作品	主创人员	奖　项	获奖单位
锣鼓书《公示风波》	编剧：邬盛林 导演：谈敬德	2007年群文小戏小品暨第十一届上海"十月剧展"优秀新人新作奖	南汇区大团镇文化服务中心
表演唱《社区老哥》	作词：胡天麟 作曲：侯小声	2007年群文小戏小品暨第十一届上海"十月剧展"优秀新人新作奖	闸北区文化馆
锣鼓书《桃花审鸡》	编剧：曹石麟 作曲：谈敬德、侯小声 导演：岚栾、曹石麟	2007年群文小戏小品暨第十一届上海"十月剧展"优秀新人新作奖	南汇区新场镇文化服务中心
表演唱《巧嫂嫂赶考》	词曲：潘永刚 导演：徐思燕	2007年群文小戏小品暨第十一届上海"十月剧展"优秀新人新作奖	奉贤区文化馆
小品《白雪的记忆》	编剧：瞿建国	2008年"上海之春"新人新作暨第十三届"上海十月歌会"优秀新人新作奖(戏曲类)	奉贤区南桥镇社会事业服务中心
沪剧《假钞风波》	编剧：严志东 导演：徐思燕	2008年"上海之春"新人新作暨第十三届上海"十月歌会"优秀新人新作奖(戏曲类)	奉贤区四团镇社会事业服务中心
小品《实话实说》	编剧：俞志清、戴慕仁 导演：顾邦俊	2008年"上海之春"新人新作暨第十三届上海"十月歌会"优秀新人新作奖(戏曲类)	虹口文化艺术馆
小品《心愿》	编导：卢森堡	2008年"上海之春"新人新作暨第十三届上海"十月歌会"优秀新人新作奖(戏曲类)	徐汇区文化馆
话剧小品《婚纱》	编剧：刘瑛 导演：全昌杰	2008年"上海之春"新人新作暨第十三届上海"十月歌会"优秀新人新作奖(戏曲类)	闵行区群艺馆
小品《路遇》	编剧：李海艇 导演：李志良	2008年"上海之春"新人新作暨第十三届上海"十月歌会"优秀新人新作奖(戏曲类)	卢湾区文化馆
小品《微笑》	编导：顾攀	2008年"上海之春"新人新作暨第十三届上海"十月歌会"优秀新人新作奖(戏曲类)	上海机场集团有限公司、市工人文化宫
小品《全家福》	编剧：牛文佳 导演：杨小东	2008年"上海之春"新人新作暨第十三届上海"十月歌会"优秀新人新作奖(戏曲类)	上海边防检查总站浦东边检站
上海说唱《登高》	编剧：徐维新、何庆和 作曲：谈敬德	2008年"上海之春"新人新作暨第十三届上海"十月歌会"优秀新人新作奖(戏曲类)	南汇区祝桥镇文化服务中心
男声表演唱《梅花章》	作词：谈敬德 作曲：谈敬德	2008年"上海之春"新人新作暨第十三届上海"十月歌会"优秀新人新作奖(戏曲类)	南汇区新场镇文化服务中心
表演唱《情联》	编剧：沈玉琴 作曲：潘勇刚	2008年"上海之春"新人新作暨第十三届上海"十月歌会"优秀新人新作奖(戏曲类)	奉贤区柘林镇社事中心

获奖作品	主创人员	奖 项	获奖单位
相声《领馆卫士》	编剧：董德平 导演：董德平、邢杰晨	2008年"上海之春"新人新作暨第十三届上海"十月歌会"优秀新人新作奖（戏曲类）	武警上海政治部文工团
宣卷《桂花立规矩》	编剧：邬盛林 作曲：奚耿虎	2008年"上海之春"新人新作暨第十三届上海"十月歌会"评选优秀新人新作奖（戏曲类）	宝山区文化馆、南汇区周浦镇文化服务中心
故事《打电话的女孩》	编导：李佳	2009年"上海之春"群文新人新作评选优秀新人新作奖（曲艺类）	浦东新区浦南文化馆
山歌小演唱《老桃王拜师》	编剧：钱国弟 导演：徐思燕 作曲：潘勇刚	2009年"上海之春"群文新人新作评选优秀新人新作奖（曲艺类）	奉贤区南桥镇社会事业服务中心
上海说唱《喜酒》	编剧：邬盛林 导演：殷渭清 作曲：谈敬德	2009年"上海之春"群文新人新作评选优秀新人新作奖（曲艺类）	南汇惠南镇文化服务中心
小品《镇定针》	编剧：魏龙溪、马小光 导演：魏龙溪	2009年"上海之春"群文新人新作评选优秀新人新作奖（戏剧类）	武警上海总队政治部文工团
小品《红丝带》	编剧：瞿建国、范颖 导演：俞翔	2009年"上海之春"群文新人新作评选优秀新人新作奖（戏剧类）	奉贤区庄行镇社会事业服务中心
本土歌舞剧《花开灿烂》	编剧：邹蜜蜂、全昌杰 导演：全昌杰	2009年"上海之春"群文新人新作评选优秀新人新作奖（戏剧类）	闵行区群艺馆
小品《钟点房》	编剧：刘闻、夏海滨 导演：郭华	2009年"上海之春"群文新人新作评选优秀新人新作奖（戏剧类）	普陀区长寿社区文化活动中心
沪剧小戏《情系端午》	编剧：张东平 导演：秦雷	2009年"上海之春"群文新人新作评选优秀新人新作奖（戏剧类）	浦东新区川沙文化馆
小品《半夜来客》	编剧：陈留贵 导演：徐菊妹	2009年"上海之春"群文新人新作评选优秀新人新作奖（戏剧类）	闵行区虹桥镇文体中心

说明：因囿于资料，获奖作品信息不全。

1991—2010 年历届中华人民共和国文化部
"群星奖"上海获奖一览表

届别及年份	获奖作品	获奖单位和作者	奖项等级
第一届 1991年	话剧小品《锁》	黄浦区浦东文化馆 编剧：李孔銮、王鹏程	二等奖
	歌曲《祖国，我深深地爱您》	中国轻音乐团 作词：黄淑子　作曲：朱良镇	二等奖
	韵白书《买香皂》	崇明县文化馆 创作：倪俊伟	三等奖
	歌曲《十月之歌》	黄浦区浦东文化馆 作词：晚鹰　作曲：刘卫平	繁荣奖
第二届 1992年	民乐合奏《水乡吟》	闸北区文化馆 作曲：彭正元	金奖
	话剧小品《张三其人》	虹口区文化局 编剧：孙惠　导演：李志良	金奖
	声乐《麦客走了》	闸北区文化馆 作词：俞明龙　作曲：侯小声	银奖
	群舞《上海潮》	静安区文化馆 编导：叶蕙星	银奖
	摄影《高原魂》	上海市群艺馆 作者：王榕屏	铜奖
第三届 1993年	故事《作弊的三好学生》	浦东新区川沙文化馆 创作：夏友梅、张鸿昌	金奖
	歌曲《十月畅想曲》	浦东新区浦东文化馆 作词：汤昭智　作曲：刘卫平	金奖
	话剧小品《心声》	卢湾区打浦桥街道文化站 编剧：雪怀、洪林　导演：吴洪林、蒋联生	银奖
	话剧小品《天下父母心》	虹口区文化馆 编剧：孙惠	银奖
	说唱《竞选鸭司令》	青浦县文化馆 创作：曹伟明	银奖
	故事《曹长桂捐款救灾记》	黄浦区文体局 创作：黄宣林	铜奖
第四届 1994年	女声独唱《闪亮的星，常青的树》	杨浦区文化馆	优秀奖
	合唱《鸽群在飞翔》	宝山区文化馆	创作一等奖

届别及年份	获 奖 作 品	获奖单位和作者	奖项等级
第五届 1995年	少儿器乐《红领巾圆舞曲》	黄浦区少年宫 作曲：彭正元　指导：周国华	金奖
	少儿器乐《美丽的非洲》	中国福利会少年宫 改编曲：傅沛华	银奖
	独唱《黄树叶，绿树叶》	普陀区文化馆 作词：张藜　作曲：侯小声	银奖
	独唱《紧贴着你的怀抱》	宝山区文化馆 作词：陈念祖　作曲：周永生	银奖
	独唱《致太阳的爱》	普陀区文化馆 作词：樊秋生　作曲：侯小声	铜奖
	器乐合奏《满园春》	宝山区文化馆 作词：陈念祖　作曲：彭正元	铜奖
第六届 1996年	少儿舞蹈《白鸽》	中国福利会少年宫 编导：陈白桦	金奖
	舞蹈《春花》	普陀区宜川文化馆 编导：殷星妹	银奖
	舞蹈《咱当兵的人》	上海警备区战士演出队 编导：唐健、杨屹	铜奖
	少儿舞蹈《雨中花》	上海学生舞蹈团 编导：胡蕴琪	优秀奖
	舞蹈《滚灯》	奉贤县文化馆 编导：徐思燕	优秀奖
	舞蹈《红旗颂》	普陀区宜川文化馆 编导：殷星妹	优秀奖
	舞蹈《水乡珍珠》	嘉定区文化馆 编导：邵玉琴	优秀奖
	舞蹈《扦脚女》	黄浦区文化馆 编导：孔繁荣	优秀奖
第七届 1997年	小品《小夜曲》	普陀区文化馆 编剧：许如忠　导演：李志良	金奖
	小品《钓鱼》	长宁文化艺术中心 编剧：肖白	银奖
	小品《郑人买履》	黄浦区文化馆 创作：马毓俊	银奖
	小品《雨中有支歌》	闵行区文化馆 创作：胡永其	铜奖
	故事《模范教师打工》	浦东新区川沙文化馆 创作：夏友梅	铜奖

（续表二）

届别及年份	获 奖 作 品	获奖单位和作者	奖项等级
第七届 1997年	小品《捣浆糊》	松江县文化馆 编剧：欧粤	优秀奖
	小品《山乡情结》	徐汇区文化馆 编剧：石建华　导演：龙俊杰	优秀奖
	论文《都市社区文化建设刍议》	浦东新区浦东文化馆 作者：张曙光	金奖
	论文《集群意识、样式个性、群体中的个体——上海"画乡"工作的思考》	上海市群艺馆、宝山区文化馆 作者：苏颐忠、龚赣弟	银奖
	论文《现代化进程中的农村社区文化建设》	青浦区文化馆 作者：曹伟明	铜奖
	调查报告《关于当前工会群众文化工作的现状及其存在的问题的调查》	上海市总工会宣传部 作者：陈振民、陈丽	铜奖
		上海市文化局	优秀组织工作奖
第八届 1998年	漆画《古镇新韵》	金山区文化馆 作者：阮章云	银奖
	行草《黄宾虹论画》	金山区文化馆 作者：郏永明	银奖
	水彩《西递明居》	黄浦区文化馆 作者：宋肇年	铜奖
	国画《南湖红舟》	南市区工人俱乐部 作者：胥厚峥	铜奖
	油画《春潮将临》	浦东新区文艺指导中心 作者：高奇倬	铜奖
第九届 1999年	民乐合奏《灯节》	黄浦区青少年活动中心 作曲：彭正元　指导：周国华	金奖
	无伴奏合唱《牧归》	静安区文化馆 作曲：章吉华	金奖
	民乐合奏《山娃的心愿》	杨浦区少年宫 作曲：曹建辉	银奖
	大合唱《举起这杯祝福的酒》	浦东新区文艺指导中心 作词：陈娟　作曲：刘卫平	银奖
	男声独唱《母爱》	虹口区文化馆 作词：陈念祖　作曲：左翼建	银奖
	小合唱《夏　枣儿红了》	行知艺术师范学校少女合唱团	铜奖
		上海市文化局	组织奖

届别及年份	获 奖 作 品	获奖单位和作者	奖项等级
第十届 2000 年	双人舞《同行》	虹口文化艺术馆 编导：范洪	金奖
	少儿舞蹈《红领巾告诉我》	虹口区第三中心小学 编导：胡蕴琪	金奖
	群舞《红韵》	静安区文化馆 编导：叶蕙星	银奖
	广场舞《欢乐滚灯》	闸北区学生艺术团 编导：胡伟华	银奖
	少儿舞蹈《快乐摇摇摇》	普陀区朝春小学 编导：殷星妹	银奖
	少儿舞蹈《一二三四、二二三四》	仲盛舞蹈团 编导：胡蕴琪	银奖
	少儿舞蹈《星光木偶家园》	浦东新区文艺指导中心 编导：陈怡、周艳	铜奖
	少儿舞蹈《花裙子飘起来》	仲盛舞蹈团 编导：胡蕴琪	铜奖
	少儿舞蹈《天地喜洋洋》	虹口区青少年活动中心 编导：王薇红	铜奖
	少儿舞蹈《幸福鸟》	仲盛舞蹈团 编导：胡蕴琪	铜奖
	少儿舞蹈《网络童谣》	仲盛舞蹈团 编导：胡蕴琪	铜奖
		上海市文化广播影视管理局	集体组织奖
		沈伟民、梁建敏	个人组织奖
第十一届 2001 年	小品《送玫瑰花的人》	浦东新区浦东文化馆 编剧：王鹏程　导演：李志良	金奖
	小品《水晶心》	浦东新区文艺指导中心 创作：胡永其	金奖
	沪剧小戏《花农嫁女》	闵行区群艺馆 编剧：邹蜜蜂　导演：全昌杰	金奖
	故事《公鸡会下蛋吗》	浦东新区浦东文化馆 编导：徐维新、徐英	金奖
	小品《金色鱼塘》	静安区文化馆 编剧：王兆梅、黄溪　导演：张应湘	银奖
	沪剧小戏《今年出"怪"》	南汇区文化馆 编剧：邹盛林　导演：王兴仁	银奖

（续表四）

届别及年份	获 奖 作 品	获奖单位和作者	奖项等级
第十一届 2001年	论文《社区文化重在建设——关于上海社区文化工作的探索与展望》	上海市群艺馆	金奖
	论文《上海公共文化馆参与文化产业的思考》	上海市群艺馆 作者：季金安、张黎明	金奖
	论文《以人为本，服务社区，建设精神文明新家园》	徐汇区西南文化馆 作者：黄树林	金奖
	调查报告《上海市文化馆、站基本现状调查报告》	上海市群艺馆	金奖
	论文《试论上海新城文化建设中的创新》	青浦区文化局 作者：曹伟明	银奖
	论文《"白领"群体社区文化整合浅论——新世纪国际大都市社区文化建设前瞻》	《宣传通讯》编辑部 作者：郭常明	银奖
	论文《传统·海派·商品画——"现代民间绘画"三题》	上海市群艺馆 作者：苏颐忠	银奖
	论文《上海大都市家庭文化的特点与发展对策》	闸北区文化局 作者：王凯	银奖
	论文《浅谈工会文化事业单位新世纪的走势与展望》	嘉定工人俱乐部 作者：朱烨其	铜奖
	论文《繁荣群众文化：关于地方政府有关职能的探讨》	奉贤县文化局 作者：任向阳	铜奖
	专著《小小说创作技法》	金山区文化馆 作者：沈玉亮	铜奖
第十二届 2002年	国画《蟹爪兰》	浦东新区川沙文化馆 作者：沈建人	金奖
	行书《稗海一则》	金山区文化馆 作者：郑永明	银奖
	摄影《交叉》	黄浦区文化馆 作者：刘圣辉	银奖
	版画《失落的家园》	闵行区文化馆 作者：陈丽丽	铜奖
	国画《向阳人家》	浦东新区文艺指导中心 作者：陈可爱	铜奖
	国画《安然的日子》	南汇区文化馆 作者：朱忠民	铜奖
	草书《饮中八仙歌》	闵行区文化馆 作者：孙天祥	铜奖

届别及年份	获 奖 作 品	获奖单位和作者	奖项等级
第十二届 2002 年	摄影《母子同游步行街》	浦东新区文艺指导中心 作者：方忠麟	铜奖
	摄影《沙滩排球》	徐汇区文化馆 作者：殷增善	铜奖
		苏颐忠、邢展	组织工作个人奖
第十三届 2004 年	民乐合奏《希望心曲》（少儿组）	杨浦区文化馆 作曲：曹建辉	群星奖
	上海说唱《风》（老年组）	闸北区文化馆 编导：乐秀琴	群星奖
	小品《奶奶的香水》（老年组）	徐汇区文化馆 编剧：杨立华　导演：雷国华	群星奖
	摄影《试试，别害怕》（少儿组）	徐汇区文化艺术中心 作者：郑梦田	群星奖
	群舞《时髦外婆》（老年组）	黄浦区文化馆 编导：孔繁荣、万玮	优秀作品奖
	沪书《洪柳复仇记》（成人组）	嘉定区文化馆 创作：黄宣林	优秀作品奖
	行书立轴《苏东坡诗二首》（少儿组）	作者：黄恺	优秀作品奖
	小楷立轴《楚辞·屈原》（老年组）	作者：李嘉和	优秀作品奖
	国画《小平之路》（老年组）	徐汇区书画协会 作者：杨宏富	优秀作品奖
	水粉画《西藏明珠扎什伦布寺》（老年组）	浦东新区文艺指导中心 作者：胥厚峥	优秀作品奖
	版画《迎新》（老年组）	松江区文化馆 作者：周洪声	优秀作品奖
	宣传画《水清岸绿苏州河》（成年组）	浦东新区文艺指导中心 作者：高搏	优秀作品奖
	版画《高原人——藏族姑娘》（成年组）	南汇区文化馆 作者：金祥龙	优秀作品奖
	油画《南屏深秋》（成年组）	杨浦区中原文化馆 作者：杨继德	优秀作品奖
	版画《向您敬礼》（少儿组）	宝山区文化馆 作者：唐华真	优秀作品奖
	少儿画《可爱的小鸟》（少儿组）	上海艺教中心 作者：吴菲	优秀作品奖
	儿童画《我们的家园》（少儿组）	闸北区文化馆集体创作	优秀作品奖

(续表六)

届别及年份	获 奖 作 品	获奖单位和作者	奖项等级
第十四届 2007年	男声独唱《塔里木的胡杨》	卢湾区文化馆 作词：陈宗涛　作曲：王晓宁	大奖、群星创作奖
	音乐小品《女兵的颜色》	武警总政治部、武警上海总队	大奖
	丝网版画《乡戏之家》(老年组)	松江区文化馆 作者：周洪声	群星创作奖
	速写《欧洲旅行日记》(少儿组)	长宁文化艺术中心 作者：王心瑶	群星创作奖
	行草《明人书论二则》	杨浦区文化馆 作者：张卫东	群星创作奖
	楷书《陆羽〈茶经〉》(少儿组)	上海书协 作者：吴雯婷	群星创作奖
	草书《黄庭坚论书》	虹口文化艺术馆 作者：王曦	群星创作奖
	摄影《夜上海》	普陀区文化馆 作者：寇善勤	群星创作奖
	戏剧《普通人家普通事》	徐汇区文化馆 编剧：鲍永伟、岳磊、栾岚　导演：岳磊、栾岚	群星创作奖
	戏剧《荷畔飘香》	闵行区群艺馆 编导：全昌杰、邹蜜蜂	群星创作奖
	上海说唱《桥》	南汇区文化馆、浦东新区祝桥镇 编剧：宋波祥、徐英　导演：殷渭清	群星创作奖
	戏剧《缘是一家人》	静安区文化馆 编剧：洪靖慧　导演：孟聪	表演奖
	男女声二重唱《梦圆2010》	浦东新区文艺指导中心 作词：黄玉燕　作曲：刘卫平	表演奖
	上海宝山国际民间艺术节		服务奖
第十五届 2010年	萨克斯四重奏《海上变奏曲》	静安区文化局、静安区文化馆 作曲：张尽才、张侃胤	群星奖
	男女声二重唱《永远在一起》	松江区文广局、松江区文化馆、 宝山区文化馆 作词：陆春彪　作曲：刘勇	群星奖
	男声表演唱《老爸老爸顶呱呱》	中福会少年宫小伙伴艺术团 集体创作	群星奖
	男女声四重唱《古镇音画》	闵行区文广局、闵行区七宝文化中心 作词：钱建隆　作曲：王晓宁	群星奖
	合唱《黑眼睛》	中福会少年宫小伙伴艺术团 集体创作	群星奖

届别及年份	获 奖 作 品	获奖单位和作者	奖项等级
第十五届 2010 年	现代三人舞《双面胶》	宝山区文广局、宝山区文化馆 编导：李晶晶	群星奖
	群舞《玩瓜》	虹口区教育局、虹口区第三中心小学 编导：胡蕴琪、徐玥	群星奖
	广场舞《2010 海上风》	徐汇区文化局、徐汇区徐家汇 社区文化活动中心	群星奖
	小品《婚纱》	闵行区文广局、闵行区群艺馆、吴泾文化馆 编导：刘瑛、全昌杰	群星奖
	沪剧歌舞剧《花开灿烂》	闵行区文广局、闵行区群艺馆 编剧：全昌杰、邹蜜蜂　导演：全昌杰	群星奖
	沪书《存心不还》	嘉定区文广局、嘉定区安亭镇文化 体育服务中心 创作：黄宣林	群星奖
	上海说唱《登高》	浦东新区祝桥镇 编剧：何庆和、徐维新　作曲：谈敬德 导演：殷渭清	群星奖
	中国上海国际艺术节"天天演"活动		项目奖
	上海市社区文化指导员派送		项目奖
	上海教育系统高雅艺术进校园活动		项目奖
	文化部首次表彰在群文工作中作出 突出贡献的先进工作者	陈白桦、胡蕴琪、全昌杰、黄涛、顾亚平	"群文之星"

说明：囿于资料，所列获奖作品不全。

索　引

G

（王彦祥、毋栋、刘子涵　编制）

编　后　记

　　历经八个春秋,《上海市志·文学·艺术分志·群众文艺卷(1978—2010)》(下称《群众文艺卷》)终于与读者见面了。

　　2012年10月,受上海市文化广播影视管理局(现上海市文化和旅游局)委托,上海市群众艺术馆(下称市群艺馆)承接《群众文艺卷》项目编撰工作。该卷书编纂材料的征集时间从1978年至2010年,时间跨度33年;项目实施时间为2012年10月至2020年12月。

　　《群众文艺卷》由市群艺馆主持具体编纂工作,各区文化和旅游局、区文化馆合作参编,全市各有关委办局以及部分其他方面的社会团体、群文工作者协作参与。市群艺馆成立了编纂工作领导小组,作为本卷志书编纂工作的领导机构,主要承担本卷志书的规划、统筹、推进工作。具体任务包括:组织召开编纂工作动员大会,传达落实上海市地方志办公室、局方志办的会议精神和工作内容,部署具体编纂任务,定期检查编纂工作进度,统筹与协调相关工作,后期成稿、组织修改、接受评审、再修改等。

　　市群艺馆志书编纂工作领导小组下设办公室,成员由馆调研部、财务部和上海市群众文化学会(现上海市群众文化协会)相关同志兼任。该项目具有一定的理论性,且时间跨度长、覆盖面广,经市群艺馆班子讨论研究,协同上海社会科学院民俗与非遗研究中心合作组建编纂室。之后又吸纳群众文化条线工作的副研究馆员以上的20余位专家,组成内审补遗小组,其中设总编纂1位、主笔统稿8位。

　　《群众文艺卷》编纂分两个阶段:第一阶段从2012年10月至2019年1月,完成资料征集、电子卡片制作、志书初稿等;第二阶段从2019年1月20日至2020年12月,完成志书修改、补遗、完善成稿。

　　30多年间,上海群众文化工作者砥砺奋进、负重前行,不断创新、勇于创造,群众文化事业发展在不同的历史阶段对上海城市文化发展和满足人民群众的精神文化需求作出了积极的贡献,产生了不可磨灭的社会影响,积累了许多有价值的宝贵经验。为了确保志书资料的全面、客观、翔实,各篇章主笔统稿和编辑成员都心怀敬意,以对历史负责、对工作历程的深情和极其认真的态度,反复查询和采集资料,对主线脉络进行反复讨论研究,对文本逐章、逐句、逐字进行修改。

　　在本志书编纂过程中,市文化广播影视管理局(市文化和旅游局)档案室、上海市档案馆、上海图书馆等单位对资料查询工作给予大力支持;全市16个区的文广局(文化和旅游局)由局主要负责人亲自挂帅,带领区文化馆工作人员共同对志书进行审阅、补遗及纠错;在群众文化战线工作数十年的"老群文"们虽大都已退休,但为了《群众文艺卷》的编纂,依然笔耕不辍;各位主笔统稿更是不分昼夜,放弃节假日、双休日的休息时间,争分夺秒补遗修正。《群众文艺卷》前后共计修改了16版,在此向所有参与编纂这本志书的同志们致以崇高的敬意!

《群众文艺卷》的编纂工作得到了上海市方志办、原市文广局的领导和专家的很大帮助和支持，市方志办和市文广局相关职能部门以及专家多次专程走访市群艺馆，关心《群众文艺卷》的编纂进程，面对面地进行指导和交流，上海市文化和旅游局分管领导亲自参与后期的修改工作，让《群众文艺卷》得以顺利出版，在此一并表示由衷的感谢！

虽然《群众文艺卷》已经出版，但由于年代跨越时间较长，馆舍搬家频繁等原因，加之以往缺乏资料保存意识，很多资料留存较少甚至缺损，在编纂过程中虽极尽努力向相关单位、部门和很多个人征集、核实、订正采用的资料，并得到广泛的支持，但难免挂一漏万，存在一些遗憾。《群众文艺卷》的编纂工作，让群众文化工作者更加认识到档案管理工作的重要性。本着对历史负责的态度，在今后的工作中，要加强对资料的保存，健全档案管理，以便未来修志能够更准确地反映群众文化事业发展的全貌。

《上海市志·文学·艺术分志·群众文艺卷(1978—2010)》

编辑部

2020 年 12 月

图书在版编目(CIP)数据

上海市志. 文学. 艺术分志. 群众文艺卷：1978 -
2010/上海市地方志编纂委员会编. —上海：上海古
籍出版社,2021.11
ISBN 978 - 7 - 5732 - 0102 - 7

Ⅰ.①上… Ⅱ.①上… Ⅲ.①上海—地方志②群众文
化—概况—上海—1978 - 2010 Ⅳ.①K295.1②G249.251

中国版本图书馆 CIP 数据核字(2021)第 222673 号

责任编辑 曾晓红
封面设计 严克勤

上海市志·文学·艺术分志·群众文艺卷(1978—2010)
上海市地方志编纂委员会 编

出版发行 上海古籍出版社
（201101 上海市号景路 159 弄 A 座 5 层）
印 刷 上海中华商务联合印刷有限公司
开 本 889×1194 1/16
印 张 57
插 页 41
字 数 1,494,000
版 次 2021 年 11 月第 1 版
印 次 2021 年 11 月第 1 次印刷
ISBN 978-7-5732-0102-7/K · 3062
定 价 360.00 元